国家出版基金项目
NATIONAL PUBLICATION FOUNDATION

藏籍译典丛书
ZANGJIYIDIANCONGSHU

贤者喜宴·吐蕃史

[明]巴卧·祖拉陈瓦/著
黄颢 周润年/译注

青海人民出版社

图书在版编目（CIP）数据

贤者喜宴．吐蕃史 /（明）巴卧·祖拉陈瓦著；黄颢，周润年译注．-- 西宁：青海人民出版社，2016.12（2024.4 重印）
（藏籍译典丛书）
ISBN 978-7-225-05302-8

Ⅰ．①贤… Ⅱ．①巴… ②黄… ③周… Ⅲ．①藏族—民族历史—中国—古代 Ⅳ．①K281.4

中国版本图书馆 CIP 数据核字 (2017) 第 040448 号

藏籍译典丛书

贤者喜宴·吐蕃史

[明] 巴卧·祖拉陈瓦　著
黄　颢　周润年　译注

出 版 人　樊原成
出版发行　青海人民出版社有限责任公司
西宁市城西区五四西路 71 号　邮政编码：810023　电话：（0971）6143426（总编室）
发行热线　（0971）6143516 / 6137730
网　　址　http://www.qhrmcbs.com
印　　刷　西安五星印刷有限公司
经　　销　新华书店
开　　本　720 mm × 1010 mm　1/16
印　　张　42.25
字　　数　545 千
版　　次　2017 年 4 月第 1 版　2024 年 4 月第 3 次印刷
书　　号　ISBN 978-7-225-05302-8
定　　价　198.00 元（全 2 册）

贤者喜宴……序

王尧

一

记得是1954年秋天，在北京召开的第一次全国人民代表大会，西藏的代表除了第十四世达赖喇嘛旦增嘉措、第十世班禅额尔德尼曲吉坚参二位藏传佛教领袖人物以外，还有一大批西藏著名人物、社会显贵、寺庙高僧和名门望族的官员、勋贵、学者等，其中还有一位达赖喇嘛的副经师——赤江活佛。当时，先师于道泉（伯源）教授听说他手里带来了一部藏文史书《贤者喜宴》（mkhas-pavi-dgav-ston），于老夫子久已知道这部书的大名。意大利的藏学家杜奇教授在他主持的罗马大学“东方学丛书”上已经宣布了《贤者喜宴》将由他翻译出版的消息。他老人家急切希望能见到这本“名”著。于是跟王森（雨农）先生商量，要把这本书从赤江活佛手中借出来。当时我正在人民代表大会秘书处翻译科做个小学徒，有些方便，几经交涉，说了很多好话，居然从赤江活佛手中借了出来。二位先生喜之不禁，于是商定（全书共700多页，A、B两面）用胶卷照了下来，又一一冲洗放大，粘在一大簿子上，就成了“照相本”（资料应收藏在中央民族学院图书馆），花了800多元，按当时物价可是一大笔开支，当时助教每月工资56元，可以说相当于一年半的工资了。

不久，我们进藏工作后，又收集到山南洛扎寺版的印本，这就是“木刻本”。于是由民族出版社铅印排版，到出版发行已在1985年了，仅仅重印过几次，这就是“铅印本”。经过多年教学中的频频引用，引起了藏学界注意，后黄颢同志花了相当气力，把“吐蕃史”部分摘译，并加以注释，在《西藏民族学院学报》上连载发表。黄颢同志于1959年中央民族学院藏语专业毕业，又考入学部民族所（今为中国社会科学院民族学与人类学研究所）研究生，后在民族所历史组长期从事藏族史研究工作，勤勤恳恳、兢兢业业，一直在努力垦荒，在藏族史料的翻译、整理、研究工作上做出了不少的努力与贡献。可惜他英年早逝，后面的许多章节由周润年同志续译而成，就是现在大家见到的“汉文译注本”。周润年同志1975年于中央民族学院少数民族语文系藏语文专业学习，大学毕业后留在中央民族学院藏族研究所工作，几年后转到教学岗位，孜孜不倦，努力工作，曾参与翻译了《藏族古代法典》《红史》《萨迦世系史》等多部藏文史籍，长期从事藏文史籍的教学和研究工作，并指导硕士和博士研究生，取得很好的成绩。如今又将《贤者喜宴》中的“吐蕃史”及“噶玛岗仓史”全部译完，即将付梓出版，令人高兴。润年征序于我，义不容辞，介绍了当年的一些往事。

据东嘎·洛桑赤列教授生前所撰《贤者喜宴》作者小传所述，巴卧·祖拉陈瓦活佛1504年出生，1566年故世，寿63岁，是拉萨地区业塘地方人氏，“尼牙”（gn-yags）族，父名喇嘛达尔，母名拉尼卓玛，是他们三子之中子。五岁被确认为“巴卧曲旺伦珠之转世”，称为二世巴卧活佛，迎到洛扎卓卧寺坐床、受教；九岁时从四世噶玛巴红帽派曲吉扎巴受沙弥戒；二十九岁与第八世黑帽派大宝法王噶玛巴不动金刚相会，得名“大德祖拉陈瓦”。有多种著作面世，其中最为著名的是《贤者喜宴》。这部书取材丰富广泛，而且吸收了大量原始资料，收集到吐蕃赞普诏告、会盟誓词、吐蕃小邦、氏族分布、五如六十一东岱名录等等罕见史料，有重要历史价值，受到广泛注意和大量引用，在藏族古代历史文献中最受关注。全书分为五大章，计为：

一、世界形成章

二、天竺之章

三、吐蕃古代之章

四、于阗、汉地、西夏（木雅）、蒙古、汉地晚近之章

五、大小五明之章

其最为重要当为第三章，也是全书与众不同的精华所在，受到广泛注意。因在洛扎卓卧寺刻版，故称为《洛扎教法史》，而《贤者喜宴》乃藏族学者常用一藻饰性名称，并以此名世。

二

藏族是个富有史学传统的民族，流传至今的藏文史籍不仅卷帙浩繁，在我国的民族古籍中占领先地位，而且门类齐全、体裁各异，各种类别

的文献相辅相成、相得益彰。藏文史籍为研究藏族历史和整个中国历史，以及印度、不丹、尼泊尔等国历史和中亚地区历史等提供了极为丰富的资料。对藏文史籍的发掘和利用，既是史学研究发展的迫切要求，也是我们从事藏学研究者义不容辞的职责。

（一）藏文史籍的种类及其特点

由于历史的原因，佛教在藏族社会中一直占有主流的思想地位，自唐代以来，藏文就是传播佛法的文字。所以，我们会发现藏文史籍从内容到形式都与宗教密不可分，成了所有藏文史籍共同的，也是最显著的特点。伴随着藏族史学水平和文学表达能力的不断提高，和内地历代史学方法的影响，先后出现了名目繁多的不同体裁的史书，如编年史、史册、教法史、王统史、世系史、人物传、地理志、寺庙志、年表、喇嘛全集、名录等，不一而足。虽然各种体裁的分野并非壁垒分明，而有较多的类同，特别是后期，许多著作既是史册，又是世系史或教法史，这可从标题上反映出来。藏族历史编纂学的发展呈现出两种倾向，一是各类史籍的划分越来越精细，史籍的种类也越来越多；二是不同种类的史籍也有互相趋同的倾向，许多不同名称的著作在体例上表现出了较多的类同，但大体说来，它们仍各有侧重，各有特点。以下分类予以介绍。

1. 编年史

藏文称为 lo-rgyus，意为按年纪事。最早，也是最著名的编年史是《吐蕃王统纪年》。在敦煌文书中它是一份残卷，即英藏斯坦因敦煌文书卷 750 和法藏伯希和 P.T.1288 号写卷，它是当时吐蕃王朝及附庸吐谷浑的编年史。编年史的撰述相对来说比较简便，只需将每年发生的大事编串起来就行，不需要做很多加工和分类整理工作，因而它是最早为藏族接受的史书体裁，并且在相当长一段时间内，它是唯一的一种史书类型。吐蕃分裂时期出现的《拔协》（sba-bzhed），也号称大编年史，是一部按时间顺序叙述墀德祖赞和墀松德赞两代赞普的史事的编年史。13~14 世纪，入元以后，随着教法史和史册类著作的出现，编年史著作逐渐减少。虽然教法史和史册也都有很浓的编年史倾向，但离纯粹的编年史的距离已经很远了。而编年史作为一种史书体裁一直保存下来，并有了较大的改进。后期的编年史的内容无所不包，不再像《吐蕃王统纪年》那样，每年下面只有干巴巴的几条内容。我们以《青海史》为例，说明编年史的特点。《青海史》用非常准确的资料，将青海地区的政治、军事、宗教、著名人物的活动、地理等内容，全都按年编排在一起，它不太强调宗教事件，更少涉及教义、经典等内容，因此比教法史、史册都容易被读者作为历史来接受，它的文字也比较平直，没有很多可以渲染、夸张的描述。

2. 史册

藏文称为 Deb-ther，这是一个波斯语经过蒙古语而来的借词，原型为 dabtar，意为文体、书本、记录。藏族人很可能是通过蒙古人这个中间转介接受这个词的。蒙古人较早使用了这个词，在《元朝秘史》中就有“阔阔迭卜帖儿”（意为青册）这个名称。而西藏的第一部史册《红史》的蒙古书名，即为“忽兰迭卜帖儿”，意为红册。史册类著作在各类藏文史著中居于领先地位。继《红史》之后，又有《青史》《新红史》《西藏王臣记》等相继问世，连近人根敦群培也将自己关于西藏古代历史的著作定名为《白史》。这类史著一般分成两大部分，第一部分先叙述世界和吐蕃的来历，即记载佛教的源流，然后是印度、尼泊尔、汉地、西夏、蒙古的王统；第二部分是西藏的历史，先述吐蕃王统，然后记载各个教派的历史。这种修史体例对后世影响极大。后出的藏文史书有的虽然名称不叫史册，但形式与史册大同小异，例如著名的《汉藏史集》，它的前半部分内容与《红史》大同小异，后半部分在记述各教派历史时，没有涉及很多教法传承的内容，而是保存了许多藏汉文档案，且对被《红史》忽略的一些地方势力也做了必要的交代，因此比《红史》更具时代感和史料价值，但在体例上仍然与过去的史册一致。后期，史册类著作与教法史类著作已有趋同的倾向，有些干脆合而为一，你中有我，我中有你。例如《安多政教史》（Mdo-smad-chos-vbyung）又名《史海》（Deb-ther-rgya-mtsho），就是一个典型的例子。

藏族史册类史籍还对蒙古族的历史编纂学产生了巨大的影响。明代以及明代以后出现的蒙文史籍，大都借用了藏文史册类史籍的编撰模式，如《蒙古源流》《黄金史纲》《白史》等蒙文史籍，都以不小的篇幅述说印度、西藏王统和佛教的源头，并将蒙古族的起源与印度、西藏附会在一起。

3. 教法史

藏文称之为Chos-vbyung，意为法源或教法源流。最早的教法史，即著名的《布顿佛教史》，它总述了印度和西藏的教法源流，并附有藏文《甘珠尔》《丹珠尔》的目录。以后，随着藏传佛教的进一步发展，各教派传承的教法渐趋固定，便相继出现了一批总结某个教派或地区佛教发展历史的著作，著名的有《珠巴教法史》《达隆教法史》《贡却伦珠教法史》《噶当教法史》《安多政教史》和《洛扎教法史》等。尽管西藏是政教合一的社会，对佛教历史的记载在一定程度上反映了政治史的内容，但它与其他类型的史籍相比，要明显侧重于教法传承的历史和对各教派之教义、经典的阐释，以及一些宗教大师的生平著作、寺院修筑情况的记载，它是研究藏传佛教史的最好素材，但很少直接牵涉政治史的内容。

土观·罗桑曲结尼玛的《宗派源流晶镜史》，虽然书名不是教法史，而是 Grub-mthav，意为教派奥义，但实际上也是一部教法史。它与前述教法史的差别只是在于它所叙述的内容要远远超过教法史。土观此书不仅叙述佛教总的历史和藏传佛教各宗派的历史，而且还叙述汉地儒教、道教、佛教史和蒙古、于阗、香巴拉等地的宗教史，甚至对西藏本教的教义、大师、传承都有较详细的记载。

4. 王统记

藏文称作 Rgyal-rabs，意为王族传承世系。这类史籍最早形态是《红史》等书中的印度、汉地、西藏、蒙古王统等章节。它只是简单地罗列王族或赞普的传承世系，以后渐渐超出这个范围，演变为以世系为纲，分目详述其政教事迹的新型史书。一个家族的天降传说、宗教信仰、政治活动、施主的宗教行止、寺院建筑、圣物名目等都成了王统记所记载的内容。王统记一方面继续保持编年体系，另一方面根据其需要掺入大量的宗教和政治内容。后出的王统记则完全将王室的政治活动与宗教信仰联系在一起，将他们的结盟与战争完全看作是宗教行为。最著名的王统记是索南坚赞的《西藏王统记》（又译《王统世系明鉴》），它是以吐蕃赞普世系为纲，分述整个吐蕃王朝政教、人物历史的断代史。另外，还有一本著名的王统记事《拉达克王统记》，此书前半部分一般叙述印度和吐蕃王统，后半部分则专门叙述历代拉达克王族的政教事迹。王统记和史册类史籍在后期也有趋同的倾向，例如根敦群培的《白史》，全名为《全西藏政教两途之王统白史》。

5. 世系史

藏语称为 Gdung-rabs，意为家族传承世系。世系史与王统记颇为类似，只是王统记叙述吐蕃王族的世系，而世系史叙述各教派所依附的某个家族的世系；世系史与各教派的教法史也比较接近，但教法史侧重于对教法的传承、教义、经典修行方法的阐释，而世系史相对来说更注意人物的活动、家族的兴衰、寺院的兴建、对外交往以及行政管理等内容的记载。它是研究一个家族、一个教派兴衰历史的最好资料。著名的世系史有《朗氏宗谱》（或译《朗氏宗谱·灵犀宝卷》）和《萨迦世系史》，前者成书较早，专门叙述伯木古鲁派和朗氏家族的历史，它对朗氏家族的来历、兴盛，特别是它在元代与其他各教派之间的关系，以及最后并吞各部的历史记载甚详。后者尽管成书较晚，但它所依靠的是《萨迦世系口饰》等四五种早期史著和藏于萨迦寺的大量元代政治档案，书中收录了元代皇帝颁发的一些诏诰和萨迦派高僧给元朝皇帝、西藏僧俗头人的信件，弥足珍贵。《萨迦世系史》与《朗氏宗谱》相比有一个明显的差别是，它较多地将笔墨集中在萨迦派的高僧大德身上，而对于世俗人物的注意则远远不够。它分别用 110 页和 79 页的篇幅叙述了萨迦班智达和八思巴的事迹，而对于八思巴的弟弟白兰王恰那朵尔杰则仅用了八行，就一笔带过了。藏文史籍中的一个普遍性的问题，就是极不重视非僧人的政治活动和影响，这不能不说是一个很大的缺陷。

6. 传记

藏文传记类文献有两种形式，一种称为 rnam-thar，叙述一位高僧从出生到圆寂的所有事迹，它分为内传、外传和秘传三个部分，类似于汉文文献中的高僧和中世纪欧洲相当普遍的圣者传记，主要记述某位高僧学经、修法、游方、著作及其培育弟子、修筑寺院等内容。由于许多高僧大德都是他以前某位著名高僧的转世，因而他的传记往往都与其前世有关，也必须简略地记载其前世的生平事迹，因而 rnam-thar 有时也被称为 skye-rabs，意为转世世系。rnam-thar 类传记非常普遍，几乎每一位著名的高僧都能找到他的传记，比较著名的有《米拉日巴传》《萨迦班智达传》《布顿仁钦珠传》《唐东杰伯传》以及历世达赖喇嘛和班禅喇嘛的传记。这类传记除了是研究某个人物的最佳资料外，也是研究这些人物所处时代的政治、社会、宗教、经济等情况的宝贵素材。同时，根据书中显示的高僧足迹，可以构拟西藏的历史地理，确定不同时期人口的流动情况。另外，还有许多传记中保留了一些编年史的片断和许多关于寺院建筑特点的记载，这也是弥足珍贵的。rnam-thar 的写作方法千变万化，有的行文平淡，用口语写成；有的用诗体，辞藻满篇，充满诗韵。

另一种称为 Rtogs-brjod，即 mngon-par-brtogs-pa-brjod-pa 的简称，这个词规则地翻译自梵语 Avadana，或 Jataka。Avadana 原意为譬喻或出曜，是用十二种隐喻或故事的形式来说明教义的经典之一。后引申为对能够用佛经中的一个例子或故事来解释特殊事件。Jataka 则是关于佛陀本生故事的传记。这两种形式常常混合在一起，它既可以散文体作 Ava-danasataka，又可用颂偈体作 Ksemendra 或 Avada-naKapalata。Rtogs-brjod 类传记一般只记载某人一生中某个时期的特殊事件，而不是整个人生的事迹，比较著名的是朵喀夏仲才旺结的《颇罗鼐传》（mi-dbang-rtogs-brjod）和《噶伦传》（Bkav-blon-rtogs-brjod）。前者通过颇罗鼐的生平记述了十六、十七、十八世纪西藏地区的重大事件；后者则用主要笔墨叙述了作者亲眼目睹的阿尔布巴叛乱和珠尔墨特叛乱事件。

7. 地理志

藏文地理书出现的时间很晚，到 19 世纪才有较完整的地理著作问世，数量也极少。最著名的是钦则的《卫藏圣迹志》（Dbus-gtsang-gnas-yig）和敏珠儿诺门汗的《赡部洲志》（vDzam-gling-rgyas-bshad，或译《世界广说》）。圣迹志即所谓圣迹指南，是具有很大实用性的地理书，编写这种书籍的目的在于为香客提供朝圣的道路、山口、寺庙等情况，其主要价值在于它表明了每个圣迹的名称、地望，从一个圣迹到另一个圣迹所花的时间、路线，清楚地展示了这些地区的山川、道路面貌。另外它还对各寺院的建置沿革、著名大师和所藏身、语、意三门秘密做了记载。《赡部洲志》顾名思义是一部世界地理著作，作者在北京从一些俄国人那里获得了关于世界各大洲的地理知识，因此，他对于整个世界的地理情况都做了叙述，而最有价值的部分则是关于西藏地理的记载。它的写作方法与圣迹志基本相同，而内容扩大了很多，除了卫藏以外，还包括阿里三围和朵甘思六岗地区。

藏文文献中还有一种名为路引（Lam-yig）的地理书，它也是一种朝圣、旅行指南，内容与圣迹志（gnas-yig）相仿。例如六世班禅罗桑班丹意希所写的《香巴拉路引》，就是其中之一。

除此之外，桑结嘉措的《黄琉璃》在记述格鲁派历史时，也兼述地理状况，是一部格鲁派寺院志。《安多政教史》则是青海和四川东部的寺院志。噶陀司徒写成了 20 世纪的《巡礼记》，以日记体裁，详细记载寺院名称、特色和路程，可补充《卫藏圣迹志》的记载。

8. 寺庙志

藏文称为 Dkar-chag，意为目录，或称为寺庙传承史（gdan-rabs），主要记载各大寺院的兴建，主要建筑的修造经过、布局，寺院内收藏的主要佛宝，包括典籍、偶像和佛塔的目录等；另外也记载寺内住持的生平、寺院之施主名册和供养物清单等。寺庙志的大量出现是在明清两代。比较著名的寺庙志有公哥仁钦的《萨迦寺志》、多罗那它的《觉囊寺志》、五世达赖喇嘛的《大昭寺志》、阿旺江巴的《四寺志》、噶伦霞扎旺秋的《桑耶寺志》等。寺庙志的篇幅和重要性依它们所描写的寺院之声誉的大小而各有不同，有的只有薄薄几页，有的则洋洋万言。在寺庙志中往往能发现一些在一般著作中不易找到的地方传说，有时它们叙述的范围也不只是一座寺院，而是涉及这座寺院所在的整个地区。寺庙志中大量关于寺院建筑和艺术造像的记载是研究西藏建筑史、艺术史所必须掌握的资料。由于寺庙志是为香客提供的一个导游手册，因而一般说来，它的文字尚平直，常用散文体写作，而其形式则比较精巧。

9. 年表

藏文称之为 Revu-mig，本义为山羊眼睛，颇似格子，取其形似而已，通译为方格年表，又因这种年表专门记述有关佛教的大事，所以又称为佛历表（Bstan-rtsis-revu-mig）。它是在编年史基础上发展而成的，类似于汉文文献中的大事年表。它的主要作用在于能使读者方便地检索各类大事，并准确地确定其年代。最著名的年表有松巴堪布的《方格年表》和嘉木样谢贝多吉的《佛历表》，前者记载自藏历第一胜生第一年火兔年（北宋天圣五年丁卯，1027 年），共 720 年史事，每年之下列有此年发生的政教大事，为研究西藏史之最佳工具。后者纪事的始年与前者相同，终年为第十二胜生木羊年（康熙五十四年乙未，1715 年），它逐年罗列了 688 年间藏区宗教界所发生的大事，其内容多与宗教活动有关，间或插入一些重要的政治事件，与前者相比价值稍逊一筹。

10. 名人录

藏文称之为 ming-grangs，几乎相当于近现代常用的“who is who”。它采用表格的形式，排列各位高僧大德或著名政治人物的生平事迹，文字非常简洁，间或也抄引一些古代文献的原始资料。这类著作以隆多喇嘛阿旺罗桑著的《佛教名人录》和《佛教施主名人录》最为著名。前者成书于 1779 年，专门记载西藏佛教名人的身世和教法传承情况，尤详于噶当和格鲁两派。后者成书于 1777 年，他从《青史》《西藏王统记》《西藏王臣史》等史书中，提炼出西藏历史的主要线索，浓缩成一册，专述西藏政治史上的风云人物，也辑录一些有关历史事件的原始资料，如乌思藏十三万户目下就转录了《五世达赖传》中有关各万户户口的记载。这两部名人录是可以相互补充、参证的姊妹篇。

11. 全集

藏文称之为 Gsung-vbum 或 Bkav-vbum。这是藏文文献中数量最大的部分，自元以后的高僧大德，几乎每一位都留下了洋洋可观的全集，有的也是同一教派的几位大师的合集。18 世纪末，隆多喇嘛编纂的《噶当、格鲁派高僧文集简目》收文集 40 家。19 世纪中叶，仲钦·喜饶嘉措编《罕见书目》，分藏文典籍为 12 类，其中文集类收 90 余家，1959 年，《甘肃拉卜楞寺书目》中分 17 类，文集类收 174 家。民族文化宫图书馆由杰雅·贡布先生主编的《藏文典籍目录——文集类子目》，共收文集 180 余家，足见此类著作的数量是极为可观的。与汉地文人、学士和官宦、士绅的文集一样，藏族高僧大德之文集的内容也很庞杂，且绝大部分是有关佛教经论的注疏和笺释以及有关大小五明的著述。但也有小部分是历史著作，或很有史料价值，而其他各类史书难以吸收的内容，如有关的档案文书、来往书信、皇上的诏令文告等。全集中出现的许多内容既可补其他史书之不足，提供新的史料，也可订正其舛误和疏漏之处。比较著名且史料价值较高的全集有《萨迦五祖全集》《隆多喇嘛全集》等，而《布顿仁钦珠全集》则被誉为藏传佛教的百科全书。

（二）藏文史籍的价值

近年来，随着大量藏文文献被运用于历史研究的许多领域，人们对它的价值和意义的认识得到了不断的提高。藏文史籍既能为其本民族历史的研究提供最丰富的资料，使藏族历史的研究建立在比较科学的基础之上，也在于它能为整个中国历史以及印度、不丹、尼泊尔等国的历史和中亚地区的历史提供许多新的资料。藏文史料的出现才使它们的历史面貌焕然一新，若没有藏文史料，则在它们的历史上都将遗憾地留下许多空白。

我们先来考察一下藏文史料对于研究西藏历史的意义。我国传统的藏学研究是以汉藏文史料为基础的。在我国历史上，汉、藏两族之间长期友好往来，不断融合，但不容忽视的是，他们之间依然存在着地理的阻隔和语言文字的障碍，因而汉族人对藏族地区的了解非常有限。现存有关西藏的汉文文献，特别是清以前的文献寥寥无几，而且就是仅有的一些资料也因受到作者观察角度、材料来源和思想观念的局限而出现许多的错误，因此这个基础是极不牢靠的。只有将对西藏历史研究的基础建立在丰富的藏文历史文献上，并以汉文史料的记载参证，才能使之立于科学的高度，否则难免雾里观花，隔靴搔痒，以致事倍而功半。

相对于宋、元两代而言，唐代留下的关于吐蕃的汉文史料算是比较丰富的，除了新、旧唐书中的《吐蕃传》以外，《册府元龟》《资治通鉴》《全唐文》等书中，都有不少珍贵的史料。苏晋仁先生曾对此有所辑录，有利于学者使用。因而，研究吐蕃王朝史，不能不重视这些汉文史料。但若光凭这些，则远远不够，因为在汉文史料中对吐蕃史上的许多重大事件、人物和政治制度等缺乏记载，或者语焉不详；几种文献之中，也有一些互相抵牾的记载；还有许多用汉文音译记载下来的名物、制度，无法探明其渊源所在。显而易见，要将吐蕃史研究引向深入，还必须吸收新的养分。这个新的养分便是几经辗转而终于重见天日的敦煌吐蕃历史文书。它是当时、当地人记载的最权威的第一手资料，它的出现和一批藏文金石录、简牍的利用，使吐蕃史研究摆脱了困境，达到了一个新的高度。它们不仅提供了大量汉文史籍缺载的新史料，如吐蕃的军事、经济、政治制度、人口情况等，从而使吐蕃历史的内容得到了极大的丰富，而且还纠正了汉文史籍中的不少谬误，印证和补充了汉文史籍的某些记载。许多在汉文史籍中找不到头绪的问题，在藏文史料中涣然冰释。

自9世纪中叶吐蕃王朝瓦解开始，到13世纪中叶元朝统一西藏为止的400年间，西藏处在分裂割据的状态之中。与此同时，中原汉地也先后处于五代十国和宋、辽、夏、金几个政权鼎立的局面下。虽然西藏与内地的联系从未中断，特别是茶马贸易为主要内容的经济往来较前有所发展，但双方的联系与唐代相比毕竟要少了许多。因而汉文文献中关于这个时期西藏历史的记载极度贫乏；就是犹如天女散花般植于茫茫文海中的零星记载，也多半是关于安多和康区藏族的情况，而关于卫藏地区的记载实难觅得。毋庸置疑，这400年西藏历史的重建只能依靠藏文历史文献。尽管从这个时期流传下来的藏文文献并不多，而且都是一些伪托的“掘藏”，但后出的教法史、史册大多辟有专门的章节，记载这个时期的历史，例如《布顿佛教史》中就用了相当多的篇幅来介绍后弘期佛教的发展史。几乎每一个教派的教法史、世系史在叙述其肇始、兴盛的历史时，都要着力描述它们在这个时期的形成和发展情况。因为除后期的格鲁派以外，藏传佛教各宗派都是在这个时期形成，并具备其各自的特色的。另外，叙述这个时期高僧生平的传记，也为我们提供了丰富且生动的素材，如《米拉日巴传》《玛尔巴译师传》等传记中关于当时乌思藏地区社会、宗教生活的描述，实在是研究这段历史的不可多得的好资料。总而言之，只有从大量的藏文史籍中去追根溯源，将每个教派的渊源和形成过程搞个水落石出，然后才能重新构拟当时整个西藏的总体面貌，这是一项极为艰苦的工作，需要付出大量的劳动。

元朝统一并有效地管理了西藏地区，从此西藏历史与中原历史的关系愈加紧密了。西藏作为元朝统治下的一个行政特区，它的历史自然就是元朝历史的一个组成部分。明代官修正史《元史》的纪、志、表、传中，相应地对西藏的行政管理制度、职官、地理、人物、宗教等做了一些重要的记载。元代政书《经世大典·站赤》中也保存了不少关于西藏站赤的记载。但由于《元史》成书仓促，许多重要内容被忽略了，显然还不足以搞清元代西藏历史的全貌。明代也是如此，它基本上因袭了元朝在西藏的统治制度，并发展了元代分而治之的统治策略，取得了显著的效果。明代以来汉地的西藏高僧人数众多，而从汉地去西藏的使者也大有人在，藏汉两族之间的交往极为频繁，这些在《明实录》中都做了相应的记载。但对于西藏本身的政治、经济及社会状况，甚至这些高僧的来历，汉文史料中不是完全沉默，就是语焉不详。要深入研究元、明两代的西藏历史，同样必须借助藏文历史文献。

元、明两代出现的藏文史籍数量多、门类齐，应该说是研究这个时期西藏历史的主要史料。不少成书于清代的藏文文献对于研究这两个朝代的西藏史同样很具参考价值。比较重要的藏文文献有《红史》《青史》《朗氏宗谱》《汉藏史集》《萨迦世系史》《新红史》《贤者喜宴》《西藏王臣史》《萨迦班智达传》《布顿仁钦珠传》《沙鲁世系史》《萨迦五祖全集》《历辈噶玛巴高僧传》《历辈蔡巴派高僧传》，等等。特别值得一提的是，成书于明朝初年的《汉藏史集》，使元朝西藏史的研究出现了明显的进步。书中关于西藏驿站、括户、十三万户的记载和藏族宰相桑哥的传记等，不仅为元代西藏史提供了不少新内容，而且解决了一些长期以来莫衷一是的老问题。

清代对西藏的统治又有了进一步的加强。汉藏之间的政治、军事和经济往来空前紧密。特别是驻扎于拉萨的驻藏大臣及其随员不仅代表中央王朝行使其统一管理的职责，而且也频频地向朝廷呈上有关西藏政治、军事、经济形势的报告。一时间关于西藏的汉文文献骤然增多，除了《清实录》中的常规性记载外，又出现了一批专门性的著作，如《西藏志》《卫藏通志》《圣武记》《皇朝藩部要略》《平定朔漠方略》《平定准格尔方略》《巴勒布纪略》《廓尔喀纪略》《平定金川方略》《国朝耆献类徵》等。另外还有许多驻藏大臣的奏牍，较重要的有《清季筹藏奏牍》《联豫驻藏奏稿》《赵尔丰川边奏牍》，均由吴丰培先生辑录出书，功莫大焉。相对于以前几代来说，清代汉文文献对于清代西藏史研究的意义重要得多。但藏文文献的主导地位仍然是无可替代的。例如要研究 18 世纪早期西藏、清朝和准格尔势力在西藏地区的角逐，罗卜藏丹津起事以及阿尔布巴叛乱、珠尔墨特叛乱等事件，若不能利用《颇罗鼐传》《多仁班智达传》《噶伦传》等藏文文献是不可想象的。另外，自五世达赖、四世班禅开始的历辈达赖、班禅的传记、全集也是研究清代藏族史之最直接的史料，而保存至今的一大批清代藏文档案，则更是一个亟待开发的宝库，清代西藏的研究要走向深入，非利用这些官方政府的藏文档案不可。

接下来我们考察一下藏文史籍对于整个中国历史研究的价值。在藏族的历史上，藏族的活动范围并不局限于今天的西藏地区，吐蕃王朝的势力在古代西域（今天的新疆、河西和中亚部分地区）活动了 170 余年。而现在的青海、甘肃、四川、云南等省的部分地区，即古代之朵甘思和朵思麻所包括的地区，本身就是古代西藏的三大组成部分之一。藏文史籍中自然留下了不少关于这些地区的记载。自元朝开始，蒙古人普遍地接受了藏传佛教，藏族宗教文化也给蒙古人带来了深远的影响，而且在政治上蒙古方面与西藏的关系也很密切，因而藏文资料中有许多关于蒙藏政治、文化关系的记载，也有专门记载蒙古地区藏传佛教传播历史的专著。藏文史籍对于研究这些地区的历史弥足珍贵。

对吐蕃占领下的西域的认识，以往只能依靠以新、旧唐书中的有关记载为主的汉文史料。这些史料大多数只涉及吐蕃和唐朝在西域进行的军事争夺过程，而关于吐蕃统治下之西域的部落、行政组织、军队、经济、法律、宗教等内容却几乎完全没有提到。因此，在应用藏文史料以前，对这段历史的认识还是比较肤浅的。关于西域的藏文文献有两大部分，一部分是在敦煌发现的藏文卷子，大多数收录于英人托玛斯编辑的《有关西域的藏文文献和文书》中，它分成七个部分：1. 吐谷浑；2. 沙州；3. 罗布泊；4. 于阗；5. 突厥；6. 政府组织和社会状况；7. 吐蕃军队。第二部分是在慕士塔克、米兰等地发现的 460 余支藏文木简，内容涉及经济、军事、部落、文书、宗教等各个方面。除此以外，在《吐蕃王统纪年》中也有一些关于 675~760 年间吐蕃和西域诸王国之间外交和战争关系的有价值的史料。

藏文史籍对研究西域历史的重要性，还可从六部关于于阗的藏文著作中略见一斑。这六部著作中有五部是采用佛陀或于阗佛教圣者所说预言的形式写成的，它们是：《无垢光校订的经籍》《牛头山授记》《阿罗汉根敦培授记》《于阗阿罗汉授记》《于阗教法史》。这些著作内容丰富，涉及宗教、地理和历史等问题，是研究古代于阗史不可缺少的资料。英国学者埃默瑞克认真地研究了这些文书，先后刊布了《于阗国授记》的校勘、翻译本，以及《于阗教法史》的刊本，后又出版了这二本书的译注本，名为《关于于阗的藏文文献》。

敦煌藏文卷子中还有一份关于研究北方民族史很有价值的文书，题为《北方若干国君之王统叙记》，它是 8~9 世纪间记录并书写成藏文的。它记载了 8 世纪后半期在从古代高丽和南西伯利亚，到天山山脉的广阔地区内活动的各个民族的名称、地理分布、语言、生活习俗等内容，是研究古代北方民族史的一份宝贵资料。

藏文文献中记载甘、青、川边地区的著作也有不少，最著名的有《安多政教史》《青海史》。前者专述安多地区主要寺院的历史、佛教各派的主要人物的生平、教法传承等情况；后者则用非常准确的资料，按年代编排了 1570~1768 年间青海地区的历史和山川风貌，同时也涉及四川、云南、甘肃及西藏的地理和宗教状况。除此之外，大量的人物传记和寺庙志也可为研究这些地区的历史提供很多资料，如《宗喀巴传》《德格土司传》《松巴佛教传》《历辈章嘉呼图克图传》《塔尔寺志》《佑宁寺志》等，都不可不重视。

济美南喀在1819年写成的《蒙古佛教史》，全称为《叙述正法在大蒙古国兴隆的胜教宝灯之光》，即日僧桥本光宝翻译的所谓《蒙古喇嘛教史》。作者是一位出生于西藏，而久居于蒙古地区的僧人。此书分为两个部分，第一部分是蒙古政治史，先简述西藏王统，即对元朝到清朝的蒙古王统和历史做了叙述。第二部分是蒙古佛教史，对元、明两代佛教通过西藏高僧在蒙古地区传播的历史记载很详细，还对宗喀巴宗教改革，第三、四世达赖喇嘛的传教活动也做了记载。此书不仅对研究蒙古族的历史，特别是蒙古教法史具有重要的意义，而且对于研究蒙藏关系史者也是不可不读的一部著作。

藏文史料对于汉藏关系史、中原王朝史研究的价值也是值得重视的。藏文文献出现有许多汉文资料缺载或因载籍疏略而莫能详述的人物、事件，甚至有些已经佚失的汉文资料，会出人意料地从藏文史料中找出一些片段。我们不妨以元朝为例。藏文史料中有许多记载可补元代汉文史料之不足。如《汉藏史集》中关于元代著名的敛财之臣桑哥的传记至少可以部分地改写桑哥的历史，并稍稍改变人们对于这些敛财之臣的一边倒的看法。在汉文史料中记载桑哥是一位极为贪婪、残忍的角色，而《汉藏史集》中的桑哥却是精明强干、富有同情心的善良大臣。更重要的是《汉藏史集》纠正了以往穆斯林文献记载桑哥为畏兀儿人的错误说法，明确记载桑哥是元朝的藏族宰相。《大元通制》是元代一部大型政书，至今已不复存在，而在《汉藏史集》有关元代西藏行政组织、括户、驿站等记载中，却保留了《大元通制》中的若干内容。还有在汉文文献中只笼统地描述了元代汉藏间友好往来的盛况，但其具体情形则不甚了了。

而在《沙鲁世系史》《萨迦世系史》，以及一些人物传记中，都有名有姓地记载了前往汉地朝觐的藏族官员、高僧和一些来西藏的汉地官员的活动，如《布顿仁钦珠传》中记载了元朝镇西武靖王搠思班带领上百蒙古人来到沙鲁，接受布顿大师之灌顶的事迹。所有这些大大地加深了我们对历史上汉藏之间政治、文化交流之深度和广度的认识，开阔了我们的视野，在一定程度上也提高了我们对中原王朝历史的认识。

最后，谈一下藏文史籍对于研究印度、不丹、尼泊尔等邻近国家历史的价值。印度是佛教的发源地，藏传佛教是佛教与西藏原有的本教结合而演化出的奇花异果。印度宗教文化对西藏的多方面影响是显而易见的，它与藏族文化有很密切的联系，而同样藏族文化也反过来对印度文明产生了一些影响。从12世纪开始，穆斯林势力侵入印度，佛教在其老家渐趋式微，保存至今的梵文经典寥若星辰，而且古代印度没有写史的传统，没有专门的历史书问世，因而只有利用大量的藏、汉文典籍和史志，才能部分地复原出印度历史的本来面目。从总体来说，古代藏族学者研究佛教历史的成就，要远远超过印度本地的学者。藏文文献中除了大量翻译过来的经典和关于大、小五明的著作外，还有许多记载印度教法史的文献。几乎每一本史册和教法史类的著作，都有专门章节记述印度的王统和佛教的源流。另外，还有一部专门叙述印度教法史的著作，它便是觉囊派高僧多罗那他的《印度佛教史》。此书写成于1608年，主要叙述印度和邻近地区佛教晚期历史，书中对后期大乘派的历史、教派的分立、著名人物生平等都有记载。它的资料来源于从西路进藏的印度人的口述，这些口碑材料虽然未经严格甄别，也包含有一些传奇性的内容，但仍提高了多罗那他这部著作的权威性。作者通过收集、整理这些印度人的回忆，并参证其他古代文献，使许多含糊不清的史实得到了澄清。《印度佛教史》受到了中外学者的高度重视，迄今为止已有施夫纳（F.A.Schiefner）的德译本、寺本婉雅的日译本、清巴（Chimpa）喇嘛和查托帕达那（A.Chattopadhyana）的英译本以及张建木先生的汉译本等多种译本问世。

拉达克地区即古代之阿里三围之一的玛域（Mar–yul）地区，《大唐西域记》中称它为秣逻娑，此即为藏语 Mar–sa 的音译。现代的拉达克绝大部分由印度实际控制，而古代拉达克王国的历史则完全要依靠藏文史料来重建。正如意大利藏学家毕达克先生所言："研究拉达克历史的主要史料，现在是，也将永远是《拉达克王统记》。"此书除述及一般吐蕃历史及元明之际藏族史外，主要叙述直至 15 世纪的拉达克王统史，这是其他任何史书所不及的。此书最先有弗兰克（A.H.Franke）的刊本和译文。毕达克的《公元前 950~公元 1842 年的拉达克王国》一书，主要就是根据《拉达克王统记》提供的史料，另外还加上藏文《达包热巴传》和许多藏文碑铭史料写成的，这是目前研究拉达克史的最权威著作。

不丹地处西藏南部，是喜马拉雅山南麓的内陆国。12 世纪中叶，噶举派高僧帕玛多吉在主巴（vbrug–pa，即布鲁克巴，今之不丹）传教建寺，创立了噶举派。不丹的历史在英帝国主义势力入侵以前，在疆域、语言、宗教文化上都与西藏连为一体。在藏文历史文献中，有许多专门叙述不丹历史的著作，常用的有《络绒教法史》《Hun–ral 世系史》《萨衮杰波世系》《主巴地神世系》《主巴活佛通钦阿吉旺布大诏令集》等。英国学者爱理斯主要就是根据这些资料，写成了颇负盛名的著作《不丹，一个喜马拉雅王国的早期历史》。

尼泊尔也是一个喜马拉雅山南麓的内陆国，早在吐蕃王朝时期，它就与西藏建立了联系。在古藏文文献中，尼泊尔被称为 bal–yul。虽然至今为止还没有发现专门叙述尼泊尔历史的藏文史籍，但在各个不同时期的藏文史籍中都有关于尼泊尔的王统和其他一些内容的记载。从藏文史料中发掘资料来研究尼泊尔的历史，也是较受国外学者重视的一个课题，至今已有不少论著出现，其中较著名的有毕达克的《尼泊尔中世纪史（C.

750–1480)》等。

总之，藏文史籍是一个宝库，挖掘越深，收获越大。它是藏族文化遗产的一个重要组成部分，也是中华民族的一笔宝贵财富。我们必须重视它、研究它，将它广泛地应用于对藏族史、整个中国历史和世界地区史的研究中去，让这笔宝贵的财富造福于今天的历史研究。只有这样，我们才能昭彰和光大藏族优秀的史学传统，并使这种优秀传统继续下去。

目录

前言

《贤者喜宴》一书全称是《dam–pavi–chos–kyi–vkhor–lo–bsgyur–ba–rnams–kyi–byung–ba–gsal–bar–byed–pa–mkhas–pavi–dgav–ston–zhes–bya–ba》，一般简称为《mkhas–pavi–dgav–ston》，又称《洛扎佛教史》（lho–brag–chos–vbyung）。全书共分五大章（skabs–chen–po–lnga），即世界形成之章；天竺之章；吐蕃史之章；于阗、汉地、西夏（木雅）、蒙古、汉地晚近之章；大、小五明之章。本译文是其中 ja 函《吐蕃史》（bod–kyi–rgyal–rabs）的部分，其全称是《chos–byung–mkhas–pavi–dgav–ston–gyi–yan–lag–gsum–pa–bod–kyi–skabs–la–levu–bcu–las–skabs–gnyis–pa–bod–kyi–rgyal–rabs–bzhugs》。

该书作者巴卧·祖拉陈瓦（dpav–bo–gtsug–lag–vphreng–ba，1504 年～

1566年）自述于42岁和60岁先后两次撰写此书，最后完稿于61岁阳木鼠年（shing–pho–byi–bavi–hor–zla–gnyis–bvi–tshes–gcig，明嘉靖四十三年，1564年），地在贝桑结敏久伦珠寺（dpal–sangs–rgyas–mi–vgyur–lhun–gyis–grub–pavi–gtsug–lag–khang），刻版于洛扎乃溪卡（lho–brag–gnas–kyi–gzhis–kha）。除正版木刻版外，目前尚有打印、刻印以及印刷等版本。印度学者钱德拉·罗开什(Chandna Lokesh)有手抄楷书晒蓝本（其中ja为原木版影印本），书名《mkhas–pahi–dgav–ston of Dpah–bo–gtsug–lag；also known as lho–drag–chos–vbyung》，1969年出版。

据《土观宗派源流》一书载，巴卧·祖拉陈瓦是当时一位“著名大德”，又是噶举派噶玛支系的活佛，其师为噶玛派世系第八世弥觉多吉(mi–vgyur–rdo–rje，意为不动金刚)。在治学方面，该书说他“适应时代要求，专重研究五明者论”，“其学问可入善巧之数，著有八行论大疏、历数学论、佛教史等”。

《贤者喜宴》以其史料详实和内容丰富而闻名于世。以时间而论，从远古西藏以迄元明藏族史；言其内容，除西藏本身之外，尚涉及汉地、突厥、苏毗、吐谷浑、于阗、南诏、西夏、蒙古等，至于古天竺、泥婆罗、克什米尔、勃律、大食等亦多有记载。具体说来，该书述及藏族的政治、历史、经济、宗教、文化、法律、天文、地理、自然、医学、建筑、音乐、歌舞、绘图，等等。

《贤者喜宴》的《吐蕃史》部分，由于征引了像《广史》（lo–rgyus–chen–mo）一类至今已难以见到的原始史料，而这些史料又多数能与汉文史料、碑铭及敦煌古藏文史料相印证，因此其学术价值甚高。例如：通过吐蕃时期各赞普的经济措施和“七智勇谋臣”（bod–yul–vphrul–blon–mdsangs–pavi–mi–bdun）业绩的记载，为我们勾勒出吐蕃经济各阶段的一般特征；松赞干布划分“四如”（ru–bzhi）、“六十一东岱”（rgod–kyi–stong–sde–drug–bcu–rtsa–gcig）以及各如之军队编制（ru–rta–ru–dar–ru–

dpon)，使我们得以洞悉此时军事行政区划基本概貌；“七官”（dpon-bdun）及“三十六制”（bod-kyi-khos-sum-bcub-rtsa-drug）的设置，如此吐蕃王朝的管理体制即可一目了然；“桂”（rgod）、“雍”（gyung）、“阐”（bran）、“悠”（gyog）、“更（kheng）”等阶级的划分，使我们更清楚地了解吐蕃社会的阶级结构和等级差别，同时为确认吐蕃奴隶制社会性质提供了可靠的根据；通过《大清净民法十六条》（mi-tshos-chen-po-gtsang-ma-bcu-drug）、《九类木牍法》（byang-bu-cha-dgu）和《三喜之法》（zhal-ce-dgav-gsum）等法律记载，可以看到吐蕃贵族奴隶主怎样利用法律以巩固其统治；通过文成、金城两公主进藏和长庆会盟等记载，使我们看到汉藏关系的密切；文中有兴建大小昭、桑耶及叶尔巴等寺及桑耶寺兴佛盟誓（bkav-gtsigs）、“七试人”（sad-mi-bdun）、佛本和顿渐之争（ston-min-kyi-rtsod-pa）等记载，使我们看到佛教的发展及其社会的作用；通过由“三户养僧制”（rab-byung-re-la-vbangs-mi-khyim-gsum-gsum）到“七户养僧制”（vbangs-mi-khyim-bdun）的演变以及“四大供养”（mchod-pa-chen-po-bzhi）的大力兴佛，使我们看到吐蕃广大属民和奴隶的社会负担。而穆尼赞普的“三次均贫富”（bod-vpangs-lhogs-vphyag-lan-gsum-ba-du-bsnyams），暴露了吐蕃社会的两极分化；“九大尚论”（zhang-blon-che-dgu）拥有大量奴隶和无穷财富，而下层属民（包括 rje-vbangs 和 lha-vbangs）等所谓“黔首之众（mgo-nag-po）”则只有破衣烂衫，这些为吐蕃王朝末期爆发“属民、奴隶起义”（vbangs-kyi-kheng-log-byas）道出了原因所在。概言之，《吐蕃史》史料颇丰，于此不可一一列举，仅此数例以窥一斑。

此外，在《贤者喜宴》其他诸函中亦有许多吐蕃史料，例如：ta 函（论师、译师史）、tha 函（金刚乘旧译史）及 tsa 函（五明之学源流史）、ma 函（于阗、汉地古昔、西夏、蒙古、汉地晚近等王统及教法史），其中包括汉、藏医学和宗教等文化交流的珍贵史料，吐蕃与邻族关系史料等等。如与 ja 函内容相参阅，对深入研究吐蕃史颇有裨益。

作者治学严谨，探微求源，尤其重视原始史料的搜集，例如吐蕃早期十二小邦（rgyal-phran-sil-ma-bchu-gnyis）的史料就与敦煌古藏文史料基本相合。而桑耶寺几次兴佛盟誓之盟文诏书，就目前来说可谓独此一家。至于吐蕃末期属民奴隶大起义的史料，亦堪称首屈一指。这样，就形成他的以史料为主、以论为辅的史学风格。在行文方面，其用词朴实无华，通俗简练，无晚近藏史中的冗长浮华之风。他虽尊重史实，用词朴实，但有时文中也出现史料堆砌、衔接有差、出处不明等缺陷，然而这些小瑕并不掩其长。从观点上说，他尊重史实本身。例如，对于吐蕃奴隶起义。他虽在文中流露出惋惜吐蕃一统王朝的衰亡之情，但总的来说，他并未站在皇权主义立场上去对奴隶起义史料删减、篡改，亦未对起义本身大张挞伐，而是全面、如实地记录和保存了原始史料，因此使我们今日得以一览当时声势浩大的起义情景。此外，作者在治学中有独立见解，他求实而不从众。例如，他对一年之内“三次均贫富”的传统说法表示怀疑；对于诸史所说吐蕃赞普陵墓在奴隶起义中均被挖掘一事，他据掌握的史料认为松赞干布等陵墓当时被保存而未遭挖掘。当然，巴卧·祖拉陈瓦如同藏史的某些作者一样，由于他的社会地位和身为宗教上层，因此唯心史观、宗教意识和剥削阶级的传统观念在其著作中屡见不鲜，这反映了他的时代和阶级局限。但是，综观全书，去其糟粕取其精华，《贤者喜宴》一书终可列入藏籍中之上乘，而作者本人仍不失为藏史名家。

近年来，随着大量藏文文献被运用于藏学研究的许多领域，人们对它的价值和意义的认识得到了不断的提高。藏文史籍《贤者喜宴——吐蕃史》内容丰富，有着重要的史料价值，不仅为研究吐蕃的政治、经济、社会、军事、宗教、文化等方面提供了珍贵的资料，而且也填补了中国历史以及藏学研究领域的一些空白。

一、藏族族源

藏族族源问题研究一直是学术界十分关心的问题。在一些藏族史籍中有关藏族族源的记载有着与佛教紧密相关的动人传说。《贤者喜宴——吐蕃史》采用了藏族传统的说法即“神猴与岩魔女结合”产生了藏族的后代；《敦煌古藏文历史文书》中认为吐蕃第一位赞普是“从天而降，做为天下之主”；《雍仲本教史》重复了所谓“猴与魔女结合”的说法，但对本教最崇拜的辛师却又认为是“六个黄色发光之卵”所生的后代；本教史《四洲之源》则说西藏人类是天神的后代，即由天神之子茹（rug）、祥（zhang）、波（bo）及果（sgo）等七幼童繁衍而成。藏族族源的产生与分支，虽有多种说法，但《贤者喜宴——吐蕃史》的作者认为：神猴与岩魔女结合生下不同肤色、不同性格的六个小猴崽，他们皆分为父系和母系两种，出自夫猴之系的有信仰、勤奋、慈悲和喜欢施舍，且性情柔和、出言谨慎、善言、天性向善，但胆小而身心轻浮；出自岩魔女母系的大部分烦恼多、好争斗，且嫉妒性强、贪食、性情粗暴、常说人短，但身强力壮，无所畏惧。后来逐渐繁衍成四部即所谓藏族之斯（se）、穆（rmu）、桐（ldong）及冬（stong）等四人种，后来增加查（dbra）、楚（vdru）共六人种，以后依次由十二小邦等统治。[1]藏族猕猴变人神话也有一个类似生命演进阶段的划分，其神话的推理具有生物自然演进为人类的观念，按其逻辑推理，生命也是一个由低级到高级的转化过程，这一点倒与达尔文的看法有相似之处。此外，《贤者喜宴——吐蕃史》的作者以史实为本，直言不讳。如对藏族族源和聂赤赞普来源于印度一说，虽有一些藏文权威著作已肯定并成定论的情况下，他旁征博引，不讳“圣人”，以极令人信服的史料，指出了“印度一说”的谬误，可以说他是古代第一个反对“印度说”的史学家。上述这些关于藏族族源的珍贵史料，对藏族族源的深入研究有着重要的价值。

二、吐蕃的佛教

有关吐蕃佛教的记述，《贤者喜宴——吐蕃史》运用了大量史料论述了从第一代赞普聂墀赞普至德祖衮的兴佛措施和发展历程。吐蕃佛教的兴起和发展，可以说从请僧建寺伊始便特别得到吐蕃王室的强有力的支持，这无疑是吐蕃佛教能够迅速发展的关键所在。这可以通过《贤者喜宴——吐蕃史》所记载的两件兴佛诏书和一通兴佛石碑得到进一步说明。这三件是吐蕃时期可信的珍贵文献，从文字到内容都具有很高的价值。其内容告诉我们，吐蕃的一些重大事件的决定是通过以赞普为首的大臣盟誓的形式进行的，或者说它是当时特别重要的形式，而且一经盟誓署名决定就使诏书具有不得违反的法律性质。吐蕃的佛教便通过诏书、盟文形式而开始定其为正统宗教，申明吐蕃世代尊崇佛教而不得违反。言外之意，吐蕃原有的本教势力即被完全排除，就连一向崇本而不怕流放的大臣恩兰·达扎路恭也署名于诏崇佛书。就诏书内容来看，如果说松赞干布时的群臣盟誓着重于效忠赞普，那么时至墀松德赞之际的盟誓诏书，其内容则以崇佛为中心了。这反映了吐蕃赞普王权此时已相当巩固，也就是说属民从此时起就要受到王权与神权的双重控制。诏书的丰富内容提供了许多可供研究的史料，例如盟誓、崇佛与佛教发展过程、王室与佛教僧侣的关系、吐蕃佛教与邻族勃律、苏毗及吐谷浑的关系、吐蕃佛教的经济来源、吐蕃官职及官员的变化，等等。

《贤者喜宴——吐蕃史》记载的桑耶寺几次兴佛盟誓之盟文诏书，就目前来说可谓独此一家。文中有兴建大小昭、桑耶及叶尔巴等寺及桑耶寺兴佛盟誓（bkav-gtsigs）、“七试人”（sad-mi-bdun）、佛本和顿渐之争（ston-min-kyi-rtsod-pa）等记载，使我们看到佛教的发展及其社会的作用；通过由“三户养僧制”（rab-byung-re-la-vbangs-mi-khyim-gsum-gsum）到“七户养僧制”（vbangs-mi-khyim-bdun）的演变以及“四大供养”（mchod-pa-chen-po-bzhi）的大力兴佛，使我们看到吐蕃广大属民和奴隶的社会负担。

通过这些史料的记载，首先我们可以看到佛教势力在政治上和经济上取得更为突出的特权。这表现在四个方面：1.墀德松赞发布兴佛盟誓诏书，这是继其父两次兴佛诏书后的又一法律性诏书，再次肯定兴佛。2.在正面肯定佛教的同时，对不信或反对佛教的人，进行威逼利诱，以使彼等弃本信佛；命令苏毗大臣改信佛教；将拒不信佛的大臣达策甫斩首；将信佛的妃子赐予大臣陆桂，并通过讲经促使陆桂皈依佛门等。3.恢复并增加对寺院的供养。除去规定的“三户养僧”之外，还必须由其他贵族予以资助。此外，赞普又借建立“四大供”之机，动员更多的属民广开财源支持寺院。同时，赞普又先后为僧侣建造了新的根据地——噶琼寺和多吉英寺。4.墀德松赞盟誓诏书再次肯定在经济上对寺院的支持，并且让八十七人署名盟誓，以示支持。其次从“三喜法”中可以看到对赞普权力的法律约束，即承认赞普杀属民的无罪，但又规定赞普以维护法律为条件，否则不能对属民治罪。这里所谓的属民指贵族而言，“三喜法”的“喜”，主要不是指贵族属民的“喜”，因为“三喜法”是由对穆底赞普杀属民是否治罪的问题引起的，而结果终究流放了穆底赞普。总之，“三喜法”是解决赞普与贵族之间的法律关系，因奴隶阶级是根本不可能得到什么法律保护的。“三喜法”的执行过程，表明赞普在与贵族集团的斗争中失败了，因为赞普最终保护不了自己的王子不受法律制裁。尽管《贤者喜宴——吐蕃史》在一定程度上反映了吐蕃政治等方面的内容，但亦明显侧重于吐蕃的佛教以及寺院修筑情况的记载，因此它是研究吐蕃佛教史的最好素材，具有重要的史料价值。

三、唐蕃关系

《贤者喜宴——吐蕃史》通过对吐蕃历代赞普和唐朝友好往来的记载，使我们看到唐蕃关系的密切。作者巴卧·祖拉陈瓦征引了详实的罕见史料，对松赞干布与唐朝的关系做了客观而忠实的记述。松赞干布奉行了和睦的政策，尤其对内地中央政权，自松赞干布起从政治、经济、宗教、文化以及婚姻等方面，同唐朝建立了极为密切的关系，文成公主的入藏和大、小昭寺的建造，就是这方面的生动体现。而作者巴卧·祖拉陈瓦以其丰富的史料、热烈的笔触为我们再现了当时的盛况。

墀德祖赞执政期间，唐蕃友好关系得到了发展，继都松芒波杰从汉地取得茶叶和各种乐器之后，金城公主又将医药、历算和汉地的五经传至吐蕃。继而赤岭交马、甘松岭互市，扩大了汉藏经济交流的范围。在宗教方面，一面派人前往汉地寻求佛典，另一面汉地和于阗僧人被迎至吐蕃。汉地僧人还协助吐蕃，将汉地的医学和历算等著作译成藏文传播。金城公主还将汉地的一些宗教礼仪及习俗传至吐蕃，如朝拜释迦佛像等谒佛仪式、对死去的大臣进行"七期荐亡"的追悼。此外，还记载了那囊氏与金城公主争夺王子墀松德赞的生动场面，最后以墀松德赞认汉人为舅告终，此墀松德赞认舅故事，使汉藏间"甥舅一家"的关系进一步牢固地建立起来，影响极其深远。

墀德祖赞晚年继续保持同汉地的密切关系，他派使者向唐朝皇帝求取汉地佛经千部，并首次朝拜五台山，期间受到唐朝皇帝及汉地僧人的盛情款待。这种以宗教文化交流为特点的汉藏友好关系，在墀德祖赞及墀松德赞两代赞普间甚为突出，值得指出的是，在吐蕃任职并受到特别重视的汉人桑希、巴德武、贾珠嘎堪等，为此贡献尤为显著，从而获得吐蕃赞普的高度赞扬和宠信，而且通过这种交流使汉地佛典传入吐蕃，并推动了吐蕃佛教的发展。

顿渐之争是汉藏宗教文化交流方面的一件大事。墀松德赞时期是汉藏文化特别是宗教文化不断交流的时期，而其中以汉地禅师摩诃衍入藏达到高潮，由摩诃衍等汉地禅师将汉地特有的禅宗学说传到了吐蕃宗教界，并从此影响到藏传佛教中的某些宗派，而且流传后世。像桑耶寺建立后大批吐蕃人跟随莲花生等天竺僧人出家一样，不久以王妃、大臣为首的无数显贵属民，又皈依于摩诃衍的汉地禅宗门下，几乎近于完全取代原有的天竺教派，这种情况很值得深思和研究。特别应提到的是，墀松德赞又再次派使者赴内地求取佛经，使者在内地受到唐朝皇帝和汉族僧俗人众的盛大欢迎，使他们请汉地和尚传授教诫的愿望得到满足，并以大量礼物相送。从当时的记载中，我们看到了汉藏之间的亲密关系。

墀祖德赞的事迹中最主要的是在公元821年及822年举行了唐蕃间的两次会盟，实现了唐蕃“舅甥二主，商议社稷如一”的大好政局，结束了过去时战时和的状态，在他主政三十年的时间里，使唐蕃间“边候晏然”。墀祖德赞对祖国的统一、民族的团结做出了巨大贡献，拉萨今存的唐蕃会盟碑就是此时的历史见证。

四、吐蕃的行政建制

《贤者喜宴——吐蕃史》不仅叙述了古代赞普们的佛教业绩，更是大量地记载了吐蕃政治、军事、法律、文化、行政建制等方面丰富的史料，较全面地反映了吐蕃时期的历史。赞普松赞干布时期，不但能吸收外族经验，还能结合吐蕃具体情况，实施和建立有吐蕃本民族特色的各种措施和体制：军事上和行政上相结合，产生了“五大如”和“六十一东岱”的军事行政社会组织。为了管理和掌握上自中央下至部落的各级政权，择取各民族的贤良之士，无论王族或宦族出身均可入官，四尚一论，外相、内相皆可发挥所长；各地如本、东本等各级官吏，亦能各持一面，加之法律严明，令行禁止，起到了维护政体的作用，致使身兼军事、行政之职的官员大权在握，忠于赞普，从政体上建立起吐蕃各级政权，并在初具规模的基础上逐步发展。

赞普墀松德赞在以桑耶寺落成为契机大力发展佛教之后，随即着手于法律的制定，其中突出的是刑事方面的法律，即所谓医疗赔偿费及命价赔偿的法律，这些法律明显地维护了贵族利益。在经济措施方面，首次规定吐蕃全体属民每户必需饲养大牲畜四头，并宣布富豪可以放债等。贵族势力不断增长，著名的九大尚论的出现就是这方面的突出代表。其中有的以高官显赫著称，有的以占有大量奴隶为荣，也有的以攫取奇珍异宝炫耀于世。九大尚论的史料生动地揭示了奴隶主对社会财富的掠夺和占有情况。

此外，《贤者喜宴——吐蕃史》征引了藏文史籍《广史》（lo-rgyus-chen-mo）一类至今已难以见到的原始史料，而这些史料又多数能与汉文史料、碑铭及敦煌古藏文史料相印证，因此其学术价值甚高。例如，通过吐蕃时期各赞普的经济措施和“七智勇谋臣”（bod-yul-vphrul-blon-mdsangs-pavi-mi-bdun）业绩的记载，为我们勾勒出吐蕃经济各阶段的一般特征；松赞干布划分“如”“东岱”以及各如之军队编制（ru-rta-ru-dar-ru-dpon），使我们得以洞悉此时军事行政区划基本概貌；“七官”（dpon-bdun）及“三十六制”（bod-kyi-khos-s um-bcub-rtsa-drug）的设置，使我们对吐蕃王朝的管理体制可一目了然；“桂”（rgod）、“雍”（gyung）、“阐”（bran）、“悠”（gyog）、“更（kheng）”等阶级的划分，使我们更清楚地了解吐蕃社会的阶级结构和等级差别，同时为确认吐蕃奴隶制社会性质提供了可靠的根据；通过《大清净民法十六条》（mi-tshos-chen-po-gtsang-ma-bcu-drug）、《九类木牍法》（byang-bu-cha-dgu）和《三喜之法》（zhal-ce-dgav-gsum）等法律记载，可以看到吐蕃贵族奴隶主怎样利用法律以巩固其统治。

上述这些记载是当时、当地人记载的最权威的第一手资料，它的出现和一批藏文金石录、简牍的利用，使吐蕃行政建制研究摆脱了困境，达到了一个新的高度，不仅提供了大量汉文史籍缺载的新史料，如吐蕃的军事、经济、政治制度、人口情况等，从而使吐蕃行政建制的内容得到了极大的丰富，而且还纠正了汉文史籍中的不少谬误，印证和补充了汉文史籍的某些记载。相比专门讲述吐蕃王朝史的《王统世系明鉴》，《贤者喜宴——吐蕃史》对吐蕃的行政建制的记述更有价值，其内容更为充实。

五、吐蕃的奴隶起义

《贤者喜宴——吐蕃史》关于吐蕃末期属民、奴隶大起义的史料，亦堪称首屈一指。例如，对于吐蕃奴隶起义，作者虽在文中流露出惋惜吐蕃一统王朝的衰亡之情，但总的来说，他并未站在皇权主义立场上去对奴隶起义史料删减、篡改，亦未对起义本身大张挞伐，而是全面、如实地记录和保存了原始史料，因此使我们今日得以一览当时声势浩大的起义情景。而穆尼赞普的“三次均贫富”（bod-vpangs-lhogs-vphyag-lan-gsum-ba-du-bsnyams），暴露了吐蕃社会的两极分化；“九大尚论”（zhang-blon-che-dgu）拥有大量奴隶和无穷财富，而下层属民（包括rje-vbangs和lha-vbangs）等所谓“黔首之众”（mgo-nag-po）则只有破衣烂衫，这些为吐蕃王朝末期爆发“属民、奴隶起义”（vbangs-kyi-kheng-log-byas）道出了原因所在。此外，作者在治学中有独立见解，他求实而不从众。例如，他对穆尼赞普一年之内“三次均贫富”的传统说法表示怀疑；对于诸史所说吐蕃赞普陵墓在奴隶起义中均被挖掘一事，他据掌握的史料认为松赞干布等陵墓当时被保存而未遭挖掘。

从吐蕃奴隶大起义的史料看，吐蕃奴隶起义后的三大变化最为显著，一是阶级变化，原来的许多王室后裔沦为一般属民，而原来的奴隶或平民却扬眉吐气，作者如实地指出了这点，这是其他史书没有记载的，反映了作者对政治变化的重视。另一大变化，就是奴隶起义后广大下层属民生活的悲惨，如大昭寺和桑耶寺内变成了乞丐住地就是例证。第三个大变化是佛教寺院长期荒废、破败无修；而僧侣们最初是不住在寺内的，如大昭寺、桑耶寺不住僧而住了乞丐，后来渐有所恢复，但只是“剃发更名”而不受戒，而且不少僧人多做邪行之事，背离了教规。作者甚至指出，其所做的非佛法的行径甚至比朗达玛灭法时还盛。这种记载弥补了其他诸书中所不载的一段空白，对于深入研究吐蕃奴隶起义颇有裨益。

六、吐蕃的语言文字

《贤者喜宴——吐蕃史》在吐蕃的语言文字研究方面，同样有着不可替代的学术价值。关于藏语言文字一事，藏文史籍有各种不同的记载。据《敦煌吐蕃古藏文文选》记载：“吐蕃以前尚无文字，于此赞普时方有之。”[2]但本教史说法与此大相径庭，认为在松赞干布以前吐蕃已有文字。巴卧·祖拉陈瓦沿用了敦煌吐蕃古藏文文献的说法，他认为：“吞米模仿纳卡热（na-ga-ra）及喀什弥罗（kha-che，即今之克什米尔）等文字，在玛荣宫（sku-mkhar-ma-rung）内创制字形，仿照神字连察体（lha-yig-lanytsha）作楷体字，以瓦都龙字（klu-yig-wa-rtu）作草书。天竺文字有 50 个辅音字母，16 个元音，元音被称为 i、u、e、o 四个，删掉反部和叠部，加上在天竺字母中没有的 ca、cha、ja、zha、za、va 六个字母，同为元音和辅音字母的‘A’，确定了 30 个辅音字母，主要有二十个基字，十个后加字，不能缺少的五个前加字，没有也可以存在的字母 wa、ra、la、sa 为下加字，元音 o、e、i 在字母上犹如戴在头上的帽子，元音 u 犹如座下坐垫之美丽，并分为强音、中音、弱音，七个判断词和合集音，并制定了连词、分词、增词、否定词等。吞米又著有《声明学》（mdo-rdzivi-sgra-mdo）、《藏文三十颂论及相转论》（sum-rtags）,这些谓之《声明论八部》（brda-sprod-kyi-bstan-bcos-brgyad）。”[3]

藏文自创制以来，形成规范的文字经历了数次重大的厘定。藏文史书记载，藏文曾经经历过三次重大的厘定。第一次厘定，是在赞普墀松德赞执政以后，为了改进藏文，命噶、焦、湘三位译师厘定藏文，统一佛学名词等。第二次厘定，是在赞普墀祖德赞执政时期，译师们主要是统一佛经译语和简化正字法，以适应语音变化、文字规范和使佛经通俗易懂的要求。当时还编写了《语合二卷》和《大、小翻译名义集》等语法修辞和字典一类的工具书。《丹珠尔》杂部的《语合二卷》里收录了这次厘定译语的法令全文和厘定译语的词目。这次藏文厘定工作得到了吐蕃赞普的支持，以法令形式强制推行，取得较大成效。现行藏文基本上与这次规范后的藏文相同，这次文字厘定也成为鉴别古今藏文的重要标志。第三次厘定，是在吐蕃王朝分裂后，赞普朗达玛之子奥松在阿里地区建立了古格王朝，古格王益西奥执政时期，命大译师仁青桑布对藏文进行了最后一次厘定。藏文经过三次厘定，更加完善，表述更为准确。藏文的厘定规范与佛典术语之统一并行，二者关系密切。文字乃佛典之载体，离开文字而无有佛典之成立，而就当日吐蕃文字之运用范围而言，最广者莫如佛教经典，其中所用藏语词汇最为丰富，而且是规范的书面文字。因此，要研究吐蕃时代藏文词汇、语法的演变，《贤者喜宴——吐蕃史》显然是一本很有价值的第一手资料。

此外，《贤者喜宴——吐蕃史》关于墀松德赞颁布的两件兴佛诏书和桑耶寺石碑的文字本身，为我们研究吐蕃古文字改革前的藏文情况提供了早期的物证，同时也可以看到这时的文字运用对后世的影响。总之，关于《贤者喜宴——吐蕃史》的史料，大都可以得到敦煌文献等汉、藏文资料的印证，不少还是罕见的，因此其价值甚高。

七、吐蕃的翻译

译经是吐蕃佛教的重要内容。《贤者喜宴——吐蕃史》记载："松赞干布时，迎请天竺、泥婆罗诸贤者，广译佛经。天竺的阿阇黎古萨热（ku-sa-ra）、婆罗门香嘎（shang-kar）、迦什弥罗之达努（ta-nu）、泥婆罗之尸罗曼殊（shvia-la-manydsu）、汉地和尚玛哈德瓦茨（ma-hva-de-wa-tshe，旧译为大寿天和尚）等等，均至吐蕃，参加了翻译经典的工作。”[4]如果说此前的吐蕃佛教译经多借外力，那么自从墀松德赞培养吐蕃翻译人才和藏人出家之后，吐蕃译经已逐渐通过内外结合走向独立自主的译经了。墀松德赞时期译经成绩很大，有一系列译经规定，很值得研究。

到了墀松德赞时期，在新建的桑耶寺设立了大型翻译机构，来自印度、唐朝等地的1 000多人在此从事翻译工作，翻译事业在吐蕃开展得如火如荼。这是吐蕃历史上，也是人类翻译史上的一大壮举。庞大的翻译队伍不仅翻译了一大批佛教经典，还翻译了文学、医学以及天文历算等方面的书籍。当时翻译的经典分别存放在三座宫殿中，这就是藏文经籍中著名的《青浦目录》《旁塘目录》和《丹喀目录》。据流传至今的《丹喀目录》记载，当时所译经典数共27类，约700种之多，藏文版《大般若经》即是其中之一。《贤者喜宴——吐蕃史》记载：“当巴热丹翻译《十万般若颂》之时，梦中得到如下授记：‘在吐蕃大量翻译《十万般若颂》，由此所带来的福泽将使世间均奉行大乘佛教。’当巴阐堪布曼殊向赞普墀松德赞王臣百姓宣讲《十万般若颂》之时，赞普欣喜，拊手而笑，并赐予丰厚奖赏。”[5]期间还有许多汉人到吐蕃协助译经，据《莲花生传》，当时被迎至吐蕃从事译经等翻译工作的汉人有帕桑(rgya–nag–sang)（音译名）、和尚玛哈热咱(hwa–shang–ma–hva–ra–dsa)、和尚德哇(hwa–shang–de–ba)、和尚摩诃衍(hwa–shang–mahva–yan)、汉地学者哈热纳波(rgya–nan–mkhas–pa–ha–ra–nag–po)、和尚玛哈苏扎(hwa–shang–ma–hva–su–tra)。此外还有汉地学者桑西(rgya–nag–mkhas–pa–sam–shi)。[6]他们不仅将汉文佛经译到吐蕃，而且还同时将汉地医学、历算等著述译到吐蕃，从而密切了汉藏两族的文化交流。

此外，巴卧·祖拉陈瓦在论述吐蕃译经时，他还参阅过丹喀、青浦、旁塘的目录以及《大乘密严经》《世间施舍论》等许多佛典。特别是作者还引用了古老的近似敦煌文献的文书档案资料，显得尤为珍贵，具有不可估量的价值。

综上所述，《贤者喜宴——吐蕃史》的价值是多方面的，它所蕴含的众多历史文化信息，需要从多方位、多学科的角度加以研究，从而不断充实吐蕃的思想史、文学史、民族关系史及语言学、民俗学等方面的史料。《贤者喜宴——吐蕃史》不仅记述详备，考证精当，而且史料丰富、可靠，大多可与《敦煌古藏文历史文书》相互印证，有极高的史学价值。今天，国内外藏学界视这部历史文献为研究吐蕃史不可缺少的重要史籍。

注释：

[1]见《贤者喜宴》，木刻版，ja 函，4 页上。

[2]王尧、陈践编著：《敦煌吐蕃古藏文文选》，民族出版社 1986 年版，574 页。

[3]见《贤者喜宴》，木刻版，ja 函，14 页下。

[4]见《贤者喜宴》，木刻版，ja 函，17 页上。

[5]见《贤者喜宴》，木刻版，ja 函，105 页上。

[6]《莲花生传》，木刻版，146 页下 ~153 页上。

第一章　赞普囊日松赞之前的吐蕃历史

【译文提要】 第一章共有16节，即西藏远古情况；远古统治西藏的十种情况；人类在西藏的起源；古代十二小邦；聂墀赞普的出现；穆墀赞普及“天墀七王”；止贡赞普及本教的出现；止贡赞普与洛昂达孜的斗争；布代贡杰时的经济；吐蕃早期本教；赞普“六地列王”；“八代王”与“五赞”；托托日年赞及早期佛教文物；墀年松赞及仲年代如；达日年塞时的政治、经济；囊日松赞执政。

本章作者着重叙述西藏人类起源、古代西藏的历史以及从吐蕃第一代赞普聂墀赞普至囊日松赞之间32代赞普执政期间的社会、政治、经济、宗教等方面的情况。

关于西藏人类起源，在许多藏族史籍中有着与佛教紧密相关的动人传说。《贤者喜宴》一书采用了藏族传统的说法即“神猴与岩魔女结合”（sprul-pavi-spevu-brag-srin-vdus-pa）产生了藏族的后代；《敦煌古藏文历史文书》中认为吐蕃最早的赞普是“从天而降，做为天下之主”；《雍仲本教史》（gyung-drung-bon-gyi-bstan-pavi-dkar-chag）重复了所谓“猴与魔女结合”的说法，但对本教最崇拜的辛师却又认为是“六个黄色发光之卵”所生的后代；本教史《四洲之源》则说西藏人类是天神的后代，即由天神之子茹（rug）、祥（zhang）、波（bo）及果（sgo）等七幼童繁衍而成。实际上据1949年后的科学考察，从1958年西藏林芝发现古代人类头骨，直到1978年昌都卡若遗址的出土。20年来，西起阿里，东至昌都，北起那曲，南达定日、墨脱等广大藏区，发现有大量新旧石器时代的遗存——石器、骨器、陶器以及房屋等等，证明青藏高原很早就有人类活动，而卡若遗址更加证明，早在距今4800年前西藏已进入原始社会的新石器时代，而且大量器物之特征还与中原文化密切相关。

藏族原始氏族（部落）的产生与分支虽有多种说法，但巴卧·祖拉陈瓦认为：神猴与岩魔女结合生下不同肤色、不同性格的六个小猴崽，后来逐渐繁衍成四部即所谓藏族之斯（se）、穆（rmu）、桐（ldong）及冬（stong）等四人种，后来增加查（dbra）、楚（vdru）共六人种，以后依次由十二小邦等统治。

作者巴卧·祖拉陈瓦征引了详实的罕见史料，对从聂墀赞普至囊日松赞历代赞普的史绩做了客观而忠实的记述。此期间，由于吐蕃历代君臣百姓的艰苦创业，尤其是历代君臣十分重视发展生产，到赞普托托日年赞时，社会生产得到较大的发展。从布代贡杰至囊日松赞长达900多年的漫长时间里，是藏族社会大发展的时期。此期间，一是无有发生大规模的战争，社会相对稳定，为藏族社会的发展创造了一个和平安定的发展空间。二是农业、牧业以及手工业分工的强化，促进了吐蕃社会经济的大发展。三是随着各地商贸城镇的出现，商品交易日益频繁，加之升、斗、秤等计量用具的出现，推动了商贸的向前发展。

尤其是到囊日松赞执政时期，吐蕃已经领属有苏毗、工布、塔波、彭域、年波等处，并攻占邻近唐朝和突厥之地，以土地、堡垒及奴隶分封有功之臣，为松赞干布时代的开拓疆域奠定了基础。他又从北方羌塘获得食盐，从汉地获得医药和历算等。

总之，通过此章的记述，可以窥视出藏族早期社会的政治、宗教、经济、文化等方面的概貌，对于研究古代藏族历史有着极其重要的意义。

第一节　西藏远古情况

南摩格夏热亚（na-mo-ke-shwa-ra-ya，梵语，意为向世界自在佛顶礼）。佛祖和诸位菩萨悲心之化身——观世音菩萨，担负起调伏雪域众生之重任。其时雪域西藏，上部阿里三围（stod-mangv-ris-bskor-gsum）状如池沼，中部卫藏四如（dbus-gtsang-ru-bzhi）形如沟渠，下部朵康三岗（mdo-khams-sgang-gsum）宛似田畴，这些均淹没于大海之中。[1]

（观世音菩萨）见到无数众生痛苦无比，便授予六字真言经，为使（众生）成为未来所化而进行加持。随后，（观世音菩萨）来到雪域中心伍如雪青（dbu-ru-shod-chen）之红山顶，看到中心全都浸在水中，中间有恶道众生居住，边缘被黑暗般的森林覆盖，各种凶残的动物在相互杀戮，尤其他看到卧塘湖（vo-thang-mstho）为无间地狱之门，经受着无法忍受之苦，见到自作恶之果报，遂在心中生起无限悲怜。（观世音菩萨）

犹如莲花般的双眼中，甘露般的泪水在滴，随之变为觉摩忿怒佛（jo-mo-khro-gnyer）和度母，曰：“孩儿你要调伏边地众生，不要懒惰和悲伤，我俩帮助你利益众生。”言罢隐于（尊者）双眼。随后，（观世音菩萨）来到地狱湖中，念诵六字真言经，无限怜悯地祈祷道：“当初聚恶因之故，便在这无边的大地狱中，忍受痛苦和煎熬（的众生），祈愿众生到达解脱的彼岸。煎熬在沸腾的毒海中，地狱之火常烧身，无怙（众生）痛苦悲吟，祈愿他们得到利乐雨水，永久滋润。在毒海中忍受着寒暑、饥饿、煎熬之众生，弃身前往吾之刹土，祈愿他们投身于优越种姓，持佛布道。念诵‘唵嘛呢呗咪吽’（六字真言），无限光芒照射边地，消除地狱众生之痛苦，获得利乐及解脱。”后因观世音菩萨为处于水深火热之中的众生祈祷，热海[2]始而冷却、平静，并像注入桶一般，从称为“贡吉曲拉”（kong-gi-chu-brlag）之中间打开，充满“四如”之水亦在各“如”渗去；它处之水也均渗去，随后方使西藏地区面貌清楚地显露出来。阿里三围为鹿、驴野兽区（shwa-rkyang-ri-dwags-gling），中部四如为虎、豹猛兽区（stag-gzig-gcan-gzan-gling），下部六岗为飞禽鸣鸟区（vdab-chags-bya-yi-gling）。[3]

（观世音菩萨）指明佛法解脱无数众生，长期致力于利益众生从未中断，打开各种方便之法门，超度了无边众生。为消除疲劳即来到南赡部洲被称为布达拉的山顶上的禅室休息，从禅睡中醒后见三界众生，尤其是看到雪域时，在亿万众生中连一小部分都未有超度，更有甚者即彼等行为暴力难以调伏，成为浊世中的最差浊世。见此景后慈悲之心随之产生，后悔此前的发愿并诅咒时，头被裂为十瓣，身体裂为千块。无量佛（阿弥陀佛）随之来到（身边），拿着裂开的头和身体便道：“一切法产生于条件，要意向不变，志趣坚定。你如何祈愿，就会成就你的心愿。你强烈的祈愿力量，诸佛皆非常称赞。所愿之事，将会如愿。善男子你莫要悲伤，你的头被裂为十瓣，加持成为十面（菩萨）；你的身体裂为千块，加持成为千手千眼观世音菩萨，你要重新发愿救度众生。”此时十方菩萨聚集一起，十面佛诵十彼岸（波罗蜜多）经，十一面佛中间坐着无量光佛，从事息、增、怀、伏四业，向观世音菩萨顶礼膜拜。千手为千个转轮王，千眼为明世千佛，谁适宜调伏那类众生，相应给予指明道路，向观世音菩萨顶礼膜拜。三世佛祖皆称赞，佛祖预言谁调伏边地众生，适宜调伏那类众生即可相应利益众生，向观世音菩萨顶礼膜拜。如此赞颂、供奉即可如意圆满。据说雪域最初为非人之地，由夜叉等十种类统辖之。

第二节　远古统治西藏的十种情况

《广史》（lo-rgyus-chen-mo）等书记载：第一，西藏最初为鬼魅所统辖，地方的名称亦称为桑域坚美（bzang-yul-rgyan-med），此时出现箭、弓等武器。第二，此后，为牛头魔王所统治，此地遂称堆域卡热茸古（bdud-yul-kha-rag-rong-dgu），此时出现斧头、斧钺。第三，此后，为强项血目罗刹所据，此地遂称森布那布古域（srin-bo-nag-bo-dgu-yul），此时出现矛和叉两种武器。第四，此时西藏为红柔神所辖，于拉域贡塘（lha-yul-gung-thang）出现钢刀。第五，此时西藏为由神和鬼结合生的孩子穆杰括杰（rmu-rgyal-kho-rje）所统治[4]，此时于达昌姜昌（da-vphrang-cang-vphrang）出现了投索绳。第六，西藏为惊逃鬼（krog-krog-vdre）所掌管，于朗当灵当（lang-tang-ling-tang）出现了投石器。第七，（西藏）为玛桑九族（ma-sanggs-ris-dgu）所统领，此九族为：1.年亚邦杰（gnyan-gyav-spang-skyes），2.卡丁纳木擦（gar-ting-namtsha），3.莱岸朗藏杰（gle–ngn–lam–tsang–skyes），4.汝托卡杰（ru–tho–gar–skyes），5.谢托盖丁囊（she–do–ker–ting–nam），6.梅白马杰（me–padma–skyes），7.赛盖朱波切（gsad–ge–vphrul–po–che），8.昌瓦昌玛沽（drang–ba–drangs–ma–mgur），9.桂多纳木擦（bkod–stor–nam–tsha）。此时西藏称为蕃卡年雅楚（bod–kha–nya–drug）[5]，这时出现了箭套、剑、铠甲及小盾等武器。第八，西藏为龙统治，遂名为蕃康九洲（bod–gmas–gling–dgu）。第九，西藏为王所统治，遂名昂波切（ngam–po–che）。第十，西藏为工布严古（vgong–po–dbyan–dgu）所统治，西藏遂名十八个东岱（stong–sde—bco–brgyad）。

第三节　人类在西藏的起源

慈悲之主观世音菩萨看到雪域外的饿鬼、畜生等众生，认为投身人间的时机成熟，便幻化为一猕猴居住布达拉，受居士戒，加持其具有禅定幻化之力，并派其到雪域静修。（猕猴）在一岩洞中静修，发慈悲菩提心，静心观空时，为女神度母之化身。一罗刹女（brag–srin–mo）来到此地，给（猕猴）暗送秋波，如此每天纠缠，猕猴始终不动心。随后罗刹女变为人间美女，启请与猕猴结为夫妻。猕猴回答道："我乃是神圣居士，如此不可，请你走吧！"（罗刹女）痛哭流涕叹道："我因作孽投身为罗刹女，现爱恋于你，才向你表达此意，你若不与我结为夫妇，我势必要与一位魔鬼结合，每天杀害万余众生，魔子将遍及世间，最终使藏地变成魔域，吃尽世间一切众生，故请你三思而行。"言罢放声痛哭。猕猴心怀慈悲，但却无可奈何，眨眼之间即到达普陀山。遂（对观世音菩萨）说：“我一向持戒律严如命，罗刹女对我纠缠不休，这如何是好，敬请圣贤给予明示。”观世音菩萨言道：“你与其结为夫妇，你便会成就伟大的利他之业！”圣母忿怒面佛和度母佛随之说道：“善哉！藏地雪域，释教昌盛永存，善知识者川流不息，珍贵伏藏将会开启，获得三功德之加持。”猕猴与罗刹女结成夫妻后，生下了六个猴崽，他们分别从六道轮回之生灵投胎而来，因此相貌、性情各不一样。从地狱投胎的生灵，面色黑暗，能吃苦耐劳；由饿鬼处投生的猴崽，相貌丑陋，贪吃爱喝；由牲畜处投生的猴崽，粗笨懒惰，性情顽固；由人世间投生的猴崽，见多识广，细心小气；由非天投生的猴崽，身体健壮，容易嫉妒；由天声处投生的猴崽，深谋远虑，性情善良。这六个猴崽被他们的父亲送到果实遍地的那玛夏措尖（nags-ma-bay-mtsho-can）地方。然而数年后，当父猴前去探望时，（最初的六个猴子）发展到四百余非人非猴类，且山上的果实早已吃完。众猴子嗷嗷待哺，饥饿难耐，其情景惨不忍睹。猕猴又无任何能力去抚养他们，毫无一点办法。

《遗训》（ka-bkol-ma）一书中记载：最初仅有一猴雏。《总遗教》（bkav-chems-spyi）中则说：起初有六猴雏。总之，俟后繁衍众多，分为四部，并彼此发生争执，此即所谓西藏之四个人种：斯（se）、穆（rmu）、桐（ldong）及冬（stong）等四种血统。还有一说是：增加查（dbra）、楚（vdru）等，谓之六人种[6]。

（猕猴）通过神变来到普陀山，双手合十启请道：“呜呼！未知家庭乃轮回之狱，妇女乃鬼神之使，未知欲望是毒叶，而今身陷轮回之泥滩，怜悯成为欲望诱惑之根。（如今）欲望缠身尽受痛苦大山之压迫，食烦恼之毒，并渐种恶业，苦蕴诱惑于吾。呜呼哀哉！如何养育这些孩子是好，信奉圣者之言我便成为如此，如今真正身处于饿鬼之城，后世无疑投身地狱之门，慈爱之神请你拯救我吧。”观世音菩萨道：“善士，无需悲伤，尔之行为甚佳，尔之后嗣将会变为人，并将能够弘扬佛法，吾会向彼等指点弘法之计划。"言罢，立身看雪域藏地，观世音菩萨从须弥山缝隙中取出青稞、小麦、豆子、荞麦、大麦等种子，撒向藏地遂成为不种自熟之谷物。手撒五种宝贝，祈愿未来各种宝物（金、银、铜、铁、锡）从大地中生出。

据说，菩萨（指父猴——译者注）携其子孙，向他们示以不种自熟之谷物，并说"索塘"（意为"吃吧"），遂将此地称为"索塘"。众猴遂于索塘贡布尔日塘（zo-dang-gong-po-ri-dang）嬉戏，故此地也称泽塘（rtses-dang）[7]。众猴因食谷物而变为人，他们食自然之谷物，穿树叶之衣，在森林中如同野兽一样生活，犹如洛（klo）与门（mon）（地方之人）那样进行活动[8]，而遍及于西藏[9]。

他们皆分为父系和母系两种，出自父猴之系的有信仰、勤奋、慈悲和喜欢施舍，且性情柔和、出言谨慎、善言、天性向善，但胆小而身心轻浮。出自罗刹女母系的大部分烦恼多，好争斗且嫉妒性强、贪食、性情粗暴、常说人短，但身强力壮，无所畏惧。父系和母系皆为幻化之身，大多与佛教之情器相融。

第四节　古代十二小邦

如是，西藏人类众生广为繁衍。其时有十二小邦（rgyal-phran-sil-ma-bcu-gnyis），然而，最后则有四十小邦（rgyal-phran-bzhi-bcu）割据。1.琛地（mchims）之楚许（gru-shul），琛王（mchims-rje）名古雍（gu-yong），大臣（blon-po）为囊（snang）及亭（ding）。2.香雄（zhang-zhuuong）之地，王为黎纳许（rgyal-po-lig-snya-shur），大臣为玛（rma）

及热桑（ra-sangs）。3.娘若琼嘎（myang-ro-phyong-dkar）之地，藏王（gtsang-rje）为童嘎（thong-dkar），大臣为囊（gnang）。4.努域陵古（gnubs-yug-gling-dgu）地区，努王为米巴（snubs-rje-dmigs-pa），大臣为梅乌（rmovu）及卓（vbro）。5.娘若香波（nyang-ro-sham-bor）地区，以洛昂王为钟（lo-rngam-rje-vbrom），大臣为谢（she）及苏（sug）。6.吉日群云（kyi-ri-ljon-sngon）地区，有吉王为芒布（kyi-rje-rmang-po），大臣为昂(ngam）及卓（vbro）。7.昂雪查纳（ngam-shod-khra-sna）地区，有森王迟昌松（khri-vphrang-gsum）[10]，大臣为噶尔（mgar）及年（gnyan）。8.约甫邦卡（vol-phu-spang-mkhar）地区，有邢王敦诚（zing-rje-gong-nam），大臣为俄（rngrg）及贝（spas）。9.芝显瑞莫贡（krvn-rol-mo-gong）地区，有昌王贡囊（brang-rje-j·gong-nam），大臣为窄（sprad）及秀（zhugs）[11]。10.工域芝纳地区（kong-yul-bre-sna），有工王嘎布（kong-rje-gong-nam），大臣为督（tug）及卡巴（mgar-pa）。11.娘域纳松（nyang-yul-rnam-gsum）地区，有娘尊朗杰（nyang-btsun-glang-rgyal）为王，大臣为蒲（bug）及托杰（do-rje）。12.达域楚奚（dgas-yul-gru-bzhi）地区，有达王莽波杰（dags-rje-mang-po-rgyal），大臣为朗（rlangs）及冈木（skam）二人。所谓四十小邦，在卓穆囊松（vbrog-mo-rnam-gsum）地区，其王为斯米陈休（rgyal-po-se-mir-khring-bzhugs），其臣为嘎日纳（ka-re-nag）等。叶穆域楚（gye-mo-yul-drug）地区，王为叶王卡瓦（gye-ji-mkhar-ba），其臣为博（rbo）及杜（stug）。斯穆楚奚（se-mo-gru-bzhi）地区，王为尼雅王楚昌（gnyags-rje-gru-vphung），二大臣是赛（se）及娘（nyang）。上述诸小邦喜争战格杀，不计善恶，定罪之后遂即投入监牢。四边诸王（mthav-bzhivi-rgyal-po）里面压迫伤害，据谓：汉地之王如缠树之蛇；天竺之王如恶狼窥羊；大食之王如鹰扑鸟群；格萨尔王（ge-sar-rgyal-po）如系树之马，暴躁不安。如是，西藏无法同彼等作战，欲往别地，然而诸小邦不肯通融，以致兵员日减，于是

失去了平原，唯依坚硬岩山而居，饮食不济，饥饿干渴，西藏苍生极为痛苦。

第五节 聂墀赞普的出现

观世音菩萨授以加持，聂墀赞普遂往西藏为王，致使西藏属民安乐。关于聂墀赞普抵达人间，其经过如是：据谓于第十三天，其来自色界光明之须弥山，观世音菩萨以加持之力、慈悲之心下凡而为人主。[12]

按《本教之行盛》之说法，（根据）藏地古愚民喜欢恰（phya）和天的之兴趣，与彼等和平共处。总之，按瑜伽拉金杰（yo–ga–lha–gyes–can）之说法，有迎请肋骨之神嘎玛药德（kar–ma–yol–sde）和稀有之神朗如嘎（glang–ru–dkar）等的情况以及大部分有寂之神出现的情况。《人主天神统治赡部洲》记载：“为与优胜者辩论不可诅咒，亦不可有密人之教。”此看法虽略有不同但不相悖，其他高种姓的人们也不会诅咒。《密法大方广菩萨文殊师利根本仪轨经》（gsang–ba–chos–lugs–vjam–dpal–rsta–rgyad）记载，因（赞普）出自离遮毗（li–stab–wi）种族，与优秀种族乔达摩释迦族同一族。彼等有离遮毗的种姓继承者苏金宁波（gzugs–can–snying–po）和郭萨拉塞结王（ko–sa–lavi–gsal–rgyal）、杜波热囊（gtum–po–rab–snang）之子夏巴（shar–pa）等。关于佛祖释迦王之后出现有加森五王子（skya–seng–bu–lnga）等说法，在《若巴德（ru–pa–ti）预言经》和《全智子上释经》中有记载，（根据此记载）藏人应源于若巴德。藏地萨拉（sa–la）之王恰谢（vchr–byed）或郭萨拉塞结王或苏金宁波之幼子多穷（stobs–chos）之五子，因其手指之间连肉，视为不祥之兆，遂装入铜盒里弃之河中。后被一农民找到并被抚养成人。此后他知晓此事，痛苦异常，遂逃到藏地，被封为藏王等多种说法。但尚未见到正确之说法。加森五王子早于佛祖，（佛祖）自天降时，诸神商议适合降到世界何地？有些神子说降到具有加森血统的黄牛城中做王适合，有些神则说此地种族冲突。如此玉哦（gyul-ngor）为大自在天之子、稷德（vjig-sde）为风神之子、释珠（srid-sgrub）为帝释天之子、日美（ris-med）和拉金（lhar-bcas）为娄宿神（tha-skar）之子，彼等相互攻伐，长年征战，不易（降伏），《大方广严经》中有此记载。关于苏金宁波等源自释迦种族之说法，在《显经》中未见有记载。总之，苏金宁波（gzugs-can-snying-po）、塞结（gsal-rgyal）、热囊（rab-snang）、夏巴（shar-pa）四位与佛祖同龄，彼等大多比佛祖先前离世，此在《戒律部》中有记载，故佛祖圆寂后出现有（加森五王子）之说法不正确。总之，诸国王在世之时，婆罗门吠陀师与术数士多算作贤哲之列，故一个普通臣民都要学六十四种幻术之故，何能将具有相术之子疑为不祥之兆呢？喜饶果恰（shes-rab-go-cha）所著的《胜出灭神赞之注释》[13]记载：古时，加森五王子和札安（sgra-ngan）的十二支军队相互攻伐时，若巴德王带领百余随从身着女装逃到雪域，并繁衍生息为现在的藏族。虽有如此记载，但并不见所有藏人源自该部落。如果将若巴德视为聂墀赞普，那么以前许多人所说的（赞普）就与此相悖。若非如此，藏地则有其他的释迦种族。这种假设如果正确的话，那可能是距离藏地较近的门域地区，同样将部分人称为藏族，类似这样的说法有许多种。也有许多古代学者认为，加森王和玛加巴（dmag-brgya-pa）二人为同时出生，后因争夺王权，玛加巴生有百子，故称玛加巴（意即百人军）。加森王因祭供神灵，一位仙人赐予其非人之五子。便问："彼等有何功德？"彼等皆言，释珠（srid-sgrub）言道"能胜百人军"，为探虚实，便指示与百军作战，共杀九十九人，将最小的具有相术的若巴德俘虏带至监牢。加森不忍心杀之，便将其装入铜盒内，赐予衣食，抛入河中。后被一农民救起抚养，此后来到藏地成为藏王。但《逻娑大谕辞》记载，从聂墀赞普到托托日年赞期间共经过五百年，托托日年赞活有一百二十岁。此后从（托托日年赞）到松赞干布之间共经历四代，为一百一十一年。故知佛祖圆寂多年后藏王才出现，玛加巴之子若巴德等皆于佛祖尚未诞生之时就肯定出现了。故佛陀圆寂较长时间之后，具有上佳相术的释迦离遮毗之后裔至藏地为王，名为茹巴德，如此即与史实不相悖。但是如此确凿的历史在藏族古代历史中无有任何记载，《遗训》（ka–bkol–ma）记载，出现有所谓的释迦日扎巴（shvakya–ri–brgs–pa）种族。《大方广菩萨文殊师利根本仪轨经》记载，出自离遮毗种族，有如此之预言，但文字已消失。《遗训》的蓝本佚失，后经逻娑一位香灯师口传整理成文，流传后世。

观世音菩萨加持之化身，所谓（赞普）出自释迦离遮毗（shwakya–li–tswa–wi）种族，则是由该种族诞生一位仪表堂堂之伟人，由神引导，首先成为西藏之王，降自光明神处和来自释迦王系并不矛盾，就像释迦净饭王子与降自兜率天的说法并不矛盾一样。[14]此人首先降落在拉日江脱(lha–ri–byang–tho) 山巅，后至拉日瑞布赞塘果西（lha–ri–rol–po–btsan–thang–sgo–bzhi）[15]。其时，被一些有福分的藏人所见，诸目睹人中，有严谨的洛（lho）及尼雅（gnyags）、公正的琼（khyung）及努（snubs）、友善的赛（se）及波底父民六族（spo–ste–yab–vbangs–rus–drug），尚有拉布拉塞（lha–po–lha–sras）、塞本（se–bon）、玛本（rma–bon）、久拉本（cog–la–bon）、香雄本（zhang–zhung–bon）、蔡米本（tshe–mi–bon）等等十二位智者。他们见此天降之人体态高傲，遂生至奇稀有之感，讯问，互不理解，表示不能会意，天降之人乃以手指着天空，说：“我是自神域空降之赞普（btsan–po）。”（众智者）对天降之人说：“请为我等之王吧！”于是即将座椅支于脖颈之上，迎请而至。一切见闻者遂生敬仰稀奇之情，由是称此天降之人为聂墀赞普（gnyav–khri–btsan–po）[16]。此时建造了最早堡寨雍布拉冈（yu-bu-bla-rgang）[17]，降伏苏毗之本教徒（sum-pvi-bon-po）卧雍杰瓦（o-yong-rgyl-ba），又将努王（snubs-rje）所有小邦亦收为属民[18]。

第六节　穆墀赞普及“天墀七王”

聂墀赞普之子穆墀赞普（mu-khri-btsan-po），此王之后则称为丁墀（ding-khri）、索墀（so-khri）、梅墀（mer-khri）、达墀（bdags-khri）以及瑟墀（sibs-khri）等赞普，彼等统称“天墀七王”（gnam-la-khri-bdun）。穆墀赞普之母名囊穆穆（gnam-mug-mug），因穆墀赞普系囊穆穆所生，故名穆墀赞普。同样，其他赞普的母亲为萨丁丁（sa-ding-ding）、索唐唐（so-tham-tham）、托梅梅（dog-mer-mer）、达拉嘎莫（bdags-lha-dkar-mo）、瑟拉云莫（sebs-lha-sngon-mo）等。据说，王子们的名字就是以这些母亲的名字命名的。[19]其时，他们不受山岩阻碍，而能飞往天空，白昼降临在地，夜晚归天，当诸子长大能骑马之时，他们即握天绳升天而逝[20]。

传说其尸体犹如彩虹消失在天际，死后陵墓建于天空之中。（瑟墀）赞普的王妃萨祖龙杰（sa-bstun-klu-rje）之子，出生时问祖母阿西达拉尕毛（va-phyi-gdags-mo）冠以何名，（祖母问：）“魂附之草地和玛定（ma-ding）是否被火燃烧？蓝神湖未干枯吗？白神岩未倒塌吗？”众人回答道：“这些均完好无恙。”但祖母因年岁大，耳目不灵，（所答之事）均已听反，故曰：“不要执掌国政。”遂起名时，冠以不吉祥之名。

第七节　止贡赞普及本教的出现

祖母为其命名为止贡赞普（gri-gum-btsan-po），其王妃（btsun-mo）是露森梅江（klu-sring-mer-lcam），生有霞墀（sha-khri）、尼雅墀（nya-khri）、恰墀（bya-khri）三子。其时，自天竺（rgya-gar-yul）及大食（stag-gzig）交界处的古然瓦扎（gu-rna-wa-tra）地方，得到了外道“阿夏本教”（bon-po-va-zha），他们翱翔于空，割树成条，裂石为砾，并常以酒肉供奉鬼怪，王将这些本教徒奉为上师。[21]

第八节　止贡赞普与洛昂达孜的斗争

用玉石的雍仲、威猛的虎皮衣、宝剑来供奉，威力无比。外道邪说的本教，其加持力日减，本教徒遂请魔鬼扰乱止贡赞普之心，于是止贡赞普说：“为何称我为‘止贡’？”答曰：“你最后要在刀下丧生，故称你为‘止贡’（止贡，藏文作 grir-gum，意为死于刀下——译者注）。”止贡赞普说：“如果一定要我死于刀下的话，那么我将与他人进行格斗。”随后并提出：“让属民洛昂达孜（lo-ngam-rta-rdzis）做我的决斗对手。”《遗训》（ka-bkol-ma）一书记载说：在同迦湿弥罗（kha-che，又称“个失蜜”，即今克什米尔——译者注）王作战时，西藏获胜，在归途中，有一掉队的迦湿弥罗人说：“西藏勇士用柱子那样粗的弓，射出了像椽木一样的箭。”并说：“就在那边。”因士兵们看到箭还在磐石上摆动，对此，有人说那是赞普所射；亦有谓那是属民洛昂达孜所发。这些挑拨离间之词，旨在弄清二人是谁所射。由是，止贡赞普说："那就比武吧！"比武时，洛昂达孜心中想道："我如不能取胜，将受惩罚。"随即胡说："假如以娘若孜之尘土园（nyang-ro-rtsibs-kyi-thal-ba-tshal）作为比武场，以星宿移至山峰时作为比武时刻的话（我将失败）。"这些话被止贡赞普派去的密探戚莫年吉那桑（khyi-mo-nyan-gyi-rna-gsang）偷听到，他也将所闻告予止贡赞普，于是乃决定在上述地点和时间进行比武。他知道止贡赞普的密探在偷听，便道："如果止贡赞普头系黑色丝绸，额前挂上镜子，右肩挂狐狸的尸体，左肩挂狗尸，百余红色公母黄牛驮上灰尘，利剑朗夏普（glang-bya-pho）在头顶舞，那么我将会被打败。"止贡赞普（不知是计），便按以上事项做好准备后进行战斗，星宿时值风星，狂风大作，大呼一声，惊吓得黄牛乱奔，灰尘四起，尘土迷眼。黑丝系头、狐狸尸体、狗尸使赞普之颈神、战神、父神均已消失，挥舞剑砍断了天索（rmu-thag）和天梯（rmu-skas）。洛昂对准止贡赞普额上的镜子，以箭射之，止贡赞普随即被杀。或谓：赞普在同小王洛昂达孜格斗时死于刀下。[22]

将赞普尸体装入铜盒，并钉上铁钉，投放到白浪滔滔的娘曲河中。在将卡巴察（rgyng-mkhar-ba-cthab）地方停留了七天，赤塘古（khri-vthang-dgur-mo）停放了十三天，最后被水冲到工布地方，而后被龙什火抵热（klu-srin-lo-te-re）的女仆谢玛拉惹（bye-ma-lag-ring）抓住，放置于仓库中成为至圣宝物。

据说，后来止贡赞普三子，从其父宝库中取出神牛犊一只，名杰乌汝嘎（ce-vu-ru-dkar），此牛犊善于飞腾。止贡赞普三子骑飞牛逃往工布地区（kong-povi-yul）。长子霞墀做了工布王（kong-gi-rje-po），次子恰墀担任波密主宰（po-povi-mngav-dbang），幼子尼雅墀成为了娘布之王（nyang-povi-rje）。洛昂掠一公主为妻，派四姐妹之母牧马。[23]（彼等）牧马时入睡，梦中出现一美丽的白人，并与之交媾，醒来时见一白牦牛离去，月份满时生出一团血，遂放入野牦牛角中用牛奶喂养，温暖后里面出现一个非常可爱的儿童，被起名为茹列金阿索波（ru-las-skyes-dang-ngar-sos-po）。七岁时问起父王和哥哥，便去寻找国王的尸骨和兄弟，虽在工布找到了国王的尸骨，但乞讨未还，偷之未果。国王的尸骨拯救龙类于鹏鸟之口，虽见其镇库之宝，如能找到一年方十六的鸟眼者，将会赎回尸骨。（回来）寻找尸体时，在叶地岗哇玉贡（gyevi-gangs-bar-yur）觅得一位名叫格莫的女子，其父说要一大小像女子（身体）的黄金来交换。其母道：为求得子在其棺上。

（从此）赎回尸骨。本教徒才角两者调伏未成，巴热（pa-ra）之子吉加芝布杰调伏成功，将棺木迎至雅隆，铜棺开启之时，棺中发出阿热热的声音，从此该地名为那巴塘（nar-pa-thang），由三百名臣民守灵，张末（drang-mo）、张琼（drang-chang）坐在山洞中。这时天降金绳，溶到尸棺中，并称该地为天神金绳（gnam-lha-gser-thig），现在为该地的神。茹列金通过幻化和威力，消灭罗阿的军队和随从，茹列金送给罗阿的内卫一条白狗，并在狗身上涂上毒药，罗阿用手抚摸狗时中毒，随从聚在其身边时，在娘若香波（nyang-ro-sham-po）对面山上的鹰巢中（埋伏），从城头一直打到娘若香波城里。

第九节　布代贡杰时的经济

据说，洛昂、百男、百女均被杀。[24]当迎请（止贡赞普）诸子返归王都之时，长、幼二子不愿前往，次子恰墀自波密而来，当他登基之际，其母握恰墀说道："汝子勿败坏王统！如若铭记（此语），则社稷稳固而昌盛。”其时，天空诸神说道：“你之子将战胜一切（khyod-kyi-bu-de-kun-las-rgyl）。”因闻此语，其名随即如是而成。然因音变，属民遂称其为布代贡杰（pu-de-gung-rgyal，即指恰墀——译者注）。其时，建筑了王宫青昂达孜（rgyal-povi-sku-mkhar-vching-nga-stag-rtse），并掀倒香波卡（sham-po-mkhar）之堡顶以做基石。[25]

公主说我有罗阿波身孕，把我也作为基石，言罢自尽。成为该地区的“拉曼”（lha-sman）[26]。赞普道：“人中对者若刘金，你替父王夺回王权，代替王子孝道父王，不分大、小人皆会敬重你，赐名为库斡拉吾蒙松（khu-bo-lha-bu-smon-gzung），并广为报恩，为赞普之叔，故可视之源乎。”吐蕃之地有智勇谋臣七人（vphrul-blon-mdsangs-pavi-mi-bdun），为首者即如莱杰（ru-las-skres）[27]，其聪睿之业绩是：烧木为炭；炼矿石而为金、银、铜、铁；钻木为孔，制作犁及牛轭；开垦土地，引溪水灌溉；犁地耦耕；垦草原平滩而为田亩；于不能渡过的河上建造桥梁；由耕种而得谷物即始于此时。[28]

第十节　吐蕃早期本教

未来将出现密咒及律的征兆是：出现了南木本教辛波大师（gnam-bon-gshen-po-che）及本教经典。在名为辛域（gshen-yul）之温莫隆仁（von-mo-long-ring）地方[29]，有一名叫温杜如辛（von-du-rus-gshen）的儿童，生有驴耳，其满十二岁时被鬼携去，十二年未进人群，历十二载方归，他说彼地有鬼怪。如是，随即出现一位通晓一切祭鬼之人，为遮盖他的驴耳，他用羊毛头缠之，于是祭鬼之兑本（rdol-bon）遂之兴盛。

所谓可获成果之五种本教（vbras–buvi–bon–rigs–lnga）其中之“无上雍仲之乘”（gyung–drung–bla–med–kyi–theg–pa），是为了获取天神善趣之果。所谓获财的四种本教（rgyuvi–bon–rigs–bzhi）是：囊辛本教之裴兑坚（snang–gshen–bal–thod–can），它是为了祈福，祈求获得人财两旺；垂辛本教之裴村坚（vphrul–gshen–bas–mtshon–can），它是为了施舍送鬼用品，克服违缘；恰辛本教之久梯坚（cha–gshen–ju–thig–can），它是为了指明善恶、阐述诸漏神通；图辛本教之村恰坚（dur–gshen–mtshon–cha–can），它是为了卜算人之生死。[30]上述诸本教，均伴以鼓钹之声。据说他们具有乘泥鹿行空、骑鼓而行等众多变幻。又，关于将出现经藏（mdo–sde）的征兆是：诸神话传奇（sgrung）得以流行，如《炼尸成金故事》（ro–langs–gser–sgrub–kyi–sgrung，或译《诈尸成金故事》）、《玛桑故事》（ma–sangs–kyi–sgrung）、《麻雀故事》（mchil–pavi–sgrung）等等，这些故事均有传闻。至于出现对法藏（mngon–pavi–sde–snod，或译“阿毗朗达玛藏”）的征兆是：流行隐语(ldevu)，如在秤上能来回移动的块状物是什么（指秤砣——译者注）？在波（po）地所生的上端似头、中腰粗大的为何物（指佛塔——译者注）？等等，此外，据说关于本教（bon）、神话传奇（sgrung）和隐语（ldevu，或译“谜语”）等三种情况，在《逻娑诸传承》（lha–savi–gdung–rnams）一书中有所记载。[31]

第十一节　赞普“六地列王”

此王父子二人（即止贡赞普与布代贡杰——译者注）称为“上丁”（stod–kyi–stengs），此二丁（stengs–gnyis）之墓建于荒山及石崖上。

布代贡杰与其妃翁塘缅措（vom–thang–sman–mtsho）之子为“六列”（legs–drug），为首者名埃肖列（ai–sho–legs），其大臣名拉甫果嘎（lha–bu–mgo–dkar），彼系沽沽如莱杰（khu–khu–ru–las–skyes）之子，他是“七智勇谋臣”（vphrul–blon–mdsang–mi–bdun）中之第二人，其聪睿之业绩是：他以双牛（dor–kha）一日所耕土地面积作为计算耕地面积；以“颓”（thul）做计算畜单位；引溪头流水而成灌田沟渠；在低处种植水田行于此时。代肖列（de–sho–legs）、替肖列（thi–sho–legs）、贡如列（gong–ru–legs）及第五位仲协列（vbrong–gsher–legs）等诸王称为“六地列王”（sa–la–legs–drug）。他们的母亲是木江查玛（rmu–lcam–bra–ma）、路江美玛（klu–lcam–mer–ma）、岑莫贡缅（mtshan–mo–gung–sman）、措缅仲玛（mtsho–sman–vbrong–ma）、囊缅甫莫（gnam–sman–bu–mo）等。于此“六地列王”之时，建有六座青昂孜（vching–nga–rtse）堡塞，即达孜（stag–rtse）、桂孜（rgod–rtse）、扬孜（yang–rtse）、赤孜（khri–rtse）、孜莫琼杰（rtse–mo–khyung–rgyal）及赤兹崩杜（khri–brtsigs–vbum–gdugs）等六座，此六列之陵建于石崖草坪交界处。[32]

第十二节　“八代王”与“五赞”

此后，出现八代王（rgyal–po–lde–brgyad），他们的母亲是：木江芒莱（rmu–lcam–rmang–legs）、措缅赤嘎（mtsho–sman–khri–dkar）、赛年芒莫（se–gnyan–ma–mo）、路莫美莫（klu–mo–mer–mo）、卧萨代莫措（vo–za–te–mo–mtsho）、赤缅杰莫（khri–sman–rje–mo）、赤斯尊年莫（khri–se–btsun–gnyan–mo）及缅尊路贡（sman–btsun–lug–skong）。上述诸母之子

为：拔赛囊森代（za–nam–zin–lde）、朱囊雄赞代（vphrul–nam–gzhung–btsab–lde）[33]、斯虐囊代（se–snol–nam–lde）、斯虐布代（se–snol–po–lde）、代虐囊（lde–snol–nam）、代虐布（lde–snol–po）、代杰布（lde–rgyal–po）及代珍赞（lde–sprin–btsan）等八人。“八代王”（lde–brgyad）之陵建于河流之中央，据谓（陵墓之形）宛若白雪落于湖中。

“五赞”（btsan–lnga）之首是多日隆赞（to–re–long–btsan），其母为聂尊芒玛杰（nye–btsun–mang–ma–rje）。大臣由吞弥珍波杰（ton–mi–vbring–po–rgyal）、努缅塔日（snubs–sman–da–re）及兑达杰（stod–vdar–rje）担任。此以上之诸母乃神女及龙女。据谓王妃（btsun–mo）住处无光，（死后）无尸，故称彼等所生子女为“拉塞”（lha–sras，意为“神子”或“天子”）、“代塞”（lde–sras）。迨与属民联姻，随后则只有“代塞”（lde–sras）[34]，然其代称谓之“天子赞普”（lha–srs–btsan–po，或译“神子赞普”）[35]。

多日隆赞与卧玛代萨墀尊强玛（vo–ma–lde–za–khri–btsun–byang–ma）之子为墀赞囊（khri–btsan–nam），努尼雅托祖伦（snubs–gnyav–dor–gtsug–blon）及贝墀松蒙桂（sbas–khri–zung–mong–khod）任大臣。墀赞囊与缅萨墀嘎（sman–za–khri–dkar）之子为墀查崩赞（khri–sgra–spungs–btsan），噶尔查孜门（mgar–sgra–dzi–mun）及吞弥路芒支波（thon–mi–glu–mang–dred–po）任大臣。墀查崩赞与缅松路丁（sman–gsum–klu–steng）之子为墀托杰托赞（khri–thog–rje–tog–btsan），噶尔尼雅赞亭甫（mgar–gnyav–btsan–ldem–bu）及努杰托杰蒙赞（snubs–skyes–tog–rje–mong–bsan）任大臣。四子托杰托赞之时出现了神乐笛箫等。此以上赞普世系二十七代，其政权由神话传奇（sgrung）、谜语（ldivu，或译“隐语”）及本教(bon)所护持。

第十三节　托托日年赞及早期佛教文物

此后，关于佛教（dma-pavi-chos）之肇端、普贤菩萨幻化王子，其情况为：化身王（sprul-pavi-rgyal-po）托托日年赞（tho-tho-ri-gnyan-btan）[36]。他是父托杰托赞及母茹雍萨冬杰莫措（ru-yong-za-stong-rgyal-mo-mtsho）之子，此与金刚手菩萨之化身的说法亦不悖，《观自在菩萨说普贤陀罗尼经》（kun-du-bzang-po-sngags）中之“灌顶者即金刚手菩萨”。此说系因源自《金刚手菩萨灌顶续》（phyag-rdor-dbang-bskur-gyi-rgyud）之故。而《德顿佛教史》（lde-ston-gyi-chos-byung）又有所谓地藏之化身的说法。

当托托日年赞六十岁时，其时他正坐在大堡寨雍布拉康（yum-bu-bla-sgang）之中，天空出现五光十色吉祥彩虹、花雨及天神之乐。日出之时，阳光并至，遂自（空中）降有如下（文物）：用琉璃写于金纸上的《诸佛菩萨名称经》（pang-kong-phyag-rgya）及《宝箧经》（mdo-sde-za-ma-tog）、两部如意经卷、金塔、牟陀罗印、如意珠印牌（tsinda-ma-nivi-skos-phor，或译“观世音咒塔印模”）等六种，在所降神物中又谓有四层玉塔。所谓如意珠印牌，乃系一具有十一面如意宝陀罗尼咒之印牌；所谓牟陀罗印，据说是一块上有自成六字陀罗尼的一肘长的宝石；故此，西藏即称最早的佛经为《宝箧经》（snga-ba-za-ma-tog），最早的咒语为“赞檀玛尼”（tsinada-ma-ni，梵文，意为极珍贵之物——译者注）[37]。

《遗训》中记载，法王阿育王（chos-rgal-mya-ngan-med）的后裔察（dsha）国王，在玛噶俄热（ma-ga-nglar）之前的祖先阿育王造了很多佛像和佛塔，唯独没有佛经，我要造佛经，一臣曰，就像阿育王倡导佛法一样，你也是被预言之国王，请祈祷圣宝。（国王）念诵真言后，金刚菩萨天降经函，把（经函）放在胜幢上供奉，起风后不见胜幢，可能是被风刮到了雪域，除二经以外未有四手印，芒尔达地区文字消失，可能是在萨霍（za-lhor）地区所创造的。前辈们认为是《胜乐戒律下续部》（bde-mchog-sdom-bvyung-gi-rgyud-phyi-ma）的传承。我不是这样认为，时值一百一十二岁时，佛家至宝，誉满神地三界，在世界东南方有一雄伟大山，慈悲之福力，有位国王被称为金（rje）者，手持金刚显现，如此记载到。藏地盛传佛教的经过是无垢女神光预言经中，经过一千五百年后佛法传入红脸地（藏地）的说法在时间上不相符，从咱地房顶上消失后到天界，然后降到藏地的说法并不相悖。藏地的佛教史中多数派把时间确定为两千五百年，但一千五百年的说法合理，可以确定在法王墀松德赞在位之时。全智子在《拔协》中把红脸之地说成是汉地，但在《拔协》中桑希（sang-shi）到汉地取经时，一位博学大师说，菩萨化身的使者，戴面具来时得到国王之重奖。"红脸地"将会出现讲佛经之源的菩萨，这个预言指的是你，说着赐予千函佛经。从此可以看出，"红脸地"实指藏地。

又谓：第一年以琉璃溶液写于金叶之上的两部经卷降落，对此以神酒、绿玉供奉，故此翌年又获其他经卷、塔、印等物。总之，两部大乘经、咒及四法印（lta-ba-bkar-btags-kyi-phyag-rgya-bzhi）出现了。对于所依持的这些象征物，某些密教（gsang-ba-chos-lugs）中曾记载说：堪布希瓦措(mkhan-po-zhi-ba-vtsho)[38]是为吐蕃而生，（希瓦措）曾想："是墀松德赞（khri-srong-lde-btsan）吗？"经（再三）考虑，遂将这两部经卷献予吐蕃王（bod-rje，即墀松德赞——译者注），于是墀松德赞心胸豁然开朗。诸信仰本教的大臣(bon-blon）喜敬上天，为教化这些大臣，因此，吐蕃赞普遂将上述诸种经典等物说成是从天而降。随后，所行稀有出离的赞普御前本教上师穆本(rgyal-povi-sku-gshen-rmu-bon）则说："此乃信奉本教之象征，故当按本教仪式祭祀。"因以血肉奉祀，结果出现了瘟疫和干旱。赞普在梦中梦到：（天降神物）乃信仰佛教的象征，当以香、花和灯进行供奉，五世之后将领悟其意。于是，（赞普）即按佛教（仪轨）祭祀，遂获吉祥。关于佛教或本教当时尚未明确领悟，遂对（天降神物）以敬神饮料（gser-skyems）和绿玉（gyu-sngon）加以供奉。所谓“敬神饮料”（gser-skyems）是在饮料中放入黄金，所谓绿玉是蒜，此说不确，绿玉者即于食品之上置以美玉。又，对（天降神物）献以尊号，即称作“年波桑哇”（gnyan-po-gsang-ba，意为“威严神秘”，或意译“玄秘神物”）[39]，赞普并对此奉献诸种财物，大事供养，故谓托托日年赞一生中获得两生之寿，并变成犹如十六岁时的年轻容貌；再者，其六十岁时又延年益寿，享年一百二十岁。托托日年赞对全体属民再三遗训说：我之誓愿即供奉“年波桑哇”。“五赞”（btsan-lnga）以下，其墓建于青域（vphying-yul）[40]，“五赞”之墓，其坟堆犹如帐幕。[41]

有人认为“三赞”“五赞”之说不准确。这种说法没有意义，《小秘部》（gsang-ba-yang-chung）记载，“五赞”坟墓犹如帐幕，坟墓未有砌成四方状，以前这样盛传。有人认为（赞普）耳朵似神耳，耳下垂长肉，故得名托托日年夏（tho-tho-ri-snyan-shal）。这种说法欠妥，此词中的“年”字为“年波桑哇”中的“年”，是严厉命令之意，不是什么耳朵的敬语。

第十四节　墀年松赞及仲年代如

托托日年赞以上即所谓“五赞”。托托日年赞之妃（btsun-mo，或译“赞蒙”）为娜萨芒嘎（no-za-mang-dgar），此妃生子墀年松赞（khri-gnyan-gzungs-btsan），此子因称“娜”（rno，意为“钢”——译者注）

为“香”（zhang，意为“舅”，唐书译为“尚”），故称其名为香杜娜阿瑞（zhang-du-rno-snga-rus）。据说，在此之前称舅父（zhang-po）为“觉卧”（jo-bo，意为“尊长”或“兄长”）。此赞普之大臣由贝囊谢拉赞（sbas-snang-gzher-lha-btsan）及噶尔墀真（mgar-khri-vbring）担任。墀年松赞之陵墓建于顿卡达（don-mkhar-mdav），其陵亦无供物，墓之土堆铺开。[42]

墀年松赞与妃没庐陵莫杜扬娴（vbro-za-mo-dur-yang-bzhan）之子为仲年代如（vbrong-gnyan-lde-ru）。此子因疑虑之病致使身受癞病之苦，俟后，他自达布（dwags-po）娶一名为琛萨路杰（mchims-za-klu-rgyal）之美女，此女后来变丑。（赞普）问其原因，美妃答道：“我家乡有一种食物，因无此物，是否由此之故？”于是赞普遣人取之。随后女仆取回众多油烹青蛙，并置于库中。琛萨路杰因食蛙而复变美。仲年代如想到：“我也食之！”遂以钥匙打开仓库之门，因见蛙尸，而生疑虑，遂之染疾。其时，吐蕃其他地方不食鱼，而称达布为“蛙食之乡”（sbal-zan-gyi-yul）。据谓，该地食鱼，并称鱼为蛙。

第十五节　达日年塞时的政治、经济

达布女琛萨路杰之子是一先天盲人，（赞普与王妃）对此子说道：“你从吐谷浑地（va-zhavi-yul）已召请医生，眼开后即可执政；如果没有眼睛或者绝嗣，那么苏毗地区（sum-bavi-yul）有一本教徒之妻，名贾莫贾江(rgya-mo-rgya-lcam)，可从她那里将我儿松日仁布（sum-ri-ring-po）唤来，你可佯装死去，以使其承续王位。”说罢，为使其后嗣无灾，据谓，赞普与王妃及大臣尼雅唐巴亚杰（snyags-thang-po-yar-rje）活着即居于坟墓之中。[43]

又，探讨世间俗事，当以蕴（phung）消除疑虑；良言闻如甘露，邪念如火燃烧。赞普遗嘱其子执掌政权，王臣三人生而入墓，其在祥达（zhang-mdav）之陵遂称苏切东波（gson-mchad-zlum，意为“圆形活墓”——译者注），其子穆隆恭巴扎（lha-sras-dmus-long-bkon-ba-bkra），彼因供奉“年波桑哇”而得加持，吐谷浑医生遂启开其眼，由于他目睹达莫山（stag-movi-ri）之盘羊，其名即称达日年塞赞（stag-ri-gnyan-gzigs-btsan）。[44]

小邦吐谷浑王（rgyal-phran-va-zha-rje），当其被召前往医治盲人眼睛之时，此吐谷浑王（va-zha-rje）是从悬挂王子靴子之门穿门而入的。俟后吐谷浑王返家，其母问之，吐谷浑王答道：“未见到吐蕃之王，唯见门上挂有饰以松耳石的一只小靴，我即从门下而入，内有一盲童，我医愈其眼，旋即返回。”于是，吐谷浑王之母说道：“这可不得了！我们现在将被置于吐蕃统治之下，已别无他法了！”如是，三分之二的小邦均纳入(吐蕃）统治之下。本巴王（ban-pa-rje）、吐谷浑王（va-zha-rje）、昌格王（dung-gar-rje）、森巴王（zin-po-rje）及香雄王等均被征服。娘(nyang)、贝（sbas)、嫩（gnon）等氏族也被纳为属民。其时，墀托囊尊蒙（khri-dor-snag-btsun-mong）之子制造升、斗及秤，以量谷物及酥油。此外，还出现了双方按照意愿进行交易的商业，在此之前，吐蕃尚无交易及升、斗和秤。故此，遂称墀托囊尊蒙之子为“七智勇谋臣”（md-sangs-mi-bdun）中之第三者。又，纳囊芒尼亚(sna-nam-mang-gnyan）及扎墀松连巴（sgra-khri-zung-lan-pa）担任(达日年塞赞普）大臣。仲年代如及达日年塞二赞普父子称为“中丁”（bar-gyi-steng)，据谓，当子穆隆套收扎目盲之际，其间二十一日无王，故称“冬丁”（gdung-stengs)。彼等陵墓建于顿卡达（don-mkhar-mdav)，在墀年松赞陵墓之左，陵无供物，墓土平铺。陵墓之下方有二土丘，此乃王妃没庐陵门赞（btsun-mo-vbro-za-smun-btsan）及门浦杰岑（mon-bu-rgyal-mtshan）二人之墓也。[45]

第十六节 囊日松赞执政

墀年松赞之子系囊日松赞（rgyal-po-gnam-ri-srong-btan）[46]，彼系其母冬尊卓嘎（stong-btsun-vbro-dkar）所生。韦囊谢(dbas-snang-bzher)、祭邦纳那塞（tshe-spong-na-gnag-ser)、娘宗古(nyang-tsong-gu)、暖潘阿松（gnon-vphan-lnga-sum）任大臣。其时，自汉地（rgya-nag-yul）取得历算及医药（rtsis-dang-sman-dpyad)；征服边地之佳（rgya）及突厥(gru-gu)[47]。于新年之际，将绵羊的生肉腿堆积起来，然后攀登其上，攻陷佳地之城堡（rgyavi-mkhar)。又，用藤子制成引火物，将其系在铁钩中腰，随后抛出，此即所谓“火烧佳地”（rgya-yul-mer-btang)。因此，传扬囊日松赞对吐蕃恩德深厚。其宫堡名墀孜崩杜(khri-brtsigs-vbum-gdugs)。该堡系以红牛之奶为泥建成。再者，囊日松赞携一盲人，自查松汀玛湖（brag-gsum-ding-mavi-mtsho）畔获得一匹识途之马，此马即成囊日松赞坐骑。昌戈波(sprang-dgav-po）及木崩仁（rmu-dpung-ring）二力士为侍者。其时，在牛群中有一北方疯野牛，名为泰嘎如仁（thal-ka-ru-ring，意为“灰色长角者”——译者注)，被力士所杀，其肉悬挂于马鞍上，然肉坠落在地，黏附了盐，遂感觉到吃咸肉的美味，由是始知取盐之事，并有了采运北方食盐的习俗。[48]又，建四方形陵墓亦始于此时，其墓列于墀年松赞陵墓之右，并广陈供物，墓形堆四方状，其名为贡日索嘎（gung-ri-sogs-ka)。

如是，自聂墀赞普开始的二十七代，共历六百六十年。俟后托托日年赞等五世，据谓历一百五十年，此系盟誓（bkav–btsigs）等诸古文献所云。

此时，见到藏地众生解脱的时机成熟，幻化赞普显示其功德。在《大方广菩萨藏文殊师利根本仪轨经》中，佛陀的圣教，将在北方出现，在拉丹（指逻娑）这个雪山环绕的地方，出现一位人中神者，是从离遮毗种族中产生的。成就密宗事业，财资富饶，任其享用。文韬武略，雄才大略，成就人中之王，执政八十年。

此族系丢弃窃贼之姿态，丧失赞普之生命，为的是尽快修成密宗，完成息与增之业。名称为世间救度母，身着白衣之天女，勤奋、努力，利益他众，经常心中无悲痛。彼等所言均为此，如此许多赞普是，许多姿态皆纯洁，各种颜色多种身，雪域野蛮人之王，其将指示皆尊奉。非凡亦为非凡好，地下如此地下好。如此镇伏彼对方，由此显示步态姿。护地以及比吾（be–vu）者，沃丹（vod–ldan）系为后来者，最终示现证觉姿。愚昧者多种多样，遵守规矩惟一种，彼岸众生近修持。此等预兆皆示于逻娑河下游（lha–ldan–gyi–yul–skyid–shod–lha–sa），出现有天人法王松赞干布（srong–btsan–sgam–po）、度母、着白衣者等诸王妃、非凡者芒松芒赞（mang–srong–mang–btsan）、非凡者都松芒波杰（vdus–srong–mang–po–rje）、地下王梅阿聪（mes–ag–tshoms）、地下王墀松德赞（khri–srong–lde–btsan）、镇伏对方王穆尼赞普（mu–ni–btsan–po）、步态王赛那勒（sad–na–legs）、护地王墀热巴（khri–ral–pa）、比吾（be–vu）王朗达玛（glang–dar–ma）以及沃丹(vod–ldan)、沃松（vod–srung），彼等大部分已证觉。

此后，所谓“各种愚昧者”皆成为殊胜者，并逐步征服了外部众生即西夏（mi–nyag）、回纥（hor）、汉（rgya）、南诏（ljang）、都鲁迦（tu–ru–shaka）[49]。是时，泥婆罗主宰者惧怕武器，据说许多酋长喜欢各种神和婆罗门。泥婆罗王沃色阔恰（vod–zer–go–cha）于新恭佛塔（shing–

kun-mchod-rten）之芒崆(rmang-khong）佛殿获得成就，并迎请诸多会供曼荼罗[50]，六十二位胜乐部众幻化于面前。做会供曼荼罗时，祈祷说："在我未来时，请在我面前不积聚幻化身。"到宫殿后，对其王子吩咐道："有一头红牛到此，你将它杀死！"此后，即把幻变为一头小牛杀死，大部分牛骨变为胜乐部众。据说大成就者也认为，目前在其面前没有积聚幻化身。所谓的果夏那达布日（sgo-sha-nata-pu-ri）即为现在之玄秘殿(lha-khang-gnyan-po)。据说，过去有刀轮，故不敢前去。吾（作者——译者注）认为，泥婆罗主宰者惧怕武器以及所有外部众生执持的各种规矩即是泥婆罗王之授记。

吾（作者——译者注）看到此授记后，即于此时写成。过了五六个月又看到了桂罗扎瓦（vgos-lo-dsva-ba）著的《青史》，所谓提出的"擦介阿璀尖"（ctshar-rgyal-ngana-tshul-can）即为南诏王（hor-rgyal-po）或者娘堆夏喀瓦（nyang-stod-shar-kha-ba）只是增添字句而已，亦像是在正本中见到。故吾（作者——译者注）唯独见到如此之记载。《文殊根本续之授记》等书唯有此记载，有情众生最终要牢记"三乘"，故雪域大部分赞普皆记住"三乘"。关于"南诏及汉地等是外部众生近修持"不需要再提了；关于"夏喀瓦（shar-kha-ba)"的说法是很难说清楚的，需要认真探究。上述诸问题祈请制胜佛明确授记。

注释：

[1] "阿里三围"，据《安多政教史》（mdo-smad-chos-vbyung）载，"阿里三围"由下述地区组成：1.布让（spung-rang，今译普兰）、芒域(mang-yul)、桑嘎（zang-dkar）是为一围（skor-gcig)。2.黎（li)、祝夏(bru-sha，即勃律)、贝底（sbal-ti）是为一围。3.香雄（zhang-zhung）及上下赤岱（khri-te-stod-smad）是为一围。（见西北民族学院打印本1~2页）。看来这是一种广义的说法。此外，《增续正法源流》（dma-chos-

byung-tshul-gyi-kha-skang-legs-bshad）之 163 页上则谓："所谓三围，即美域措（mal-yul-mtsho）、古格雅（gu-ge-gyav）及布让（spu-hrangs-gangs）。"文中之美域是芒域（mang-yul）。古格一名，《青史》之 19 页下则说即香雄，《黄琉璃》（beedvur-ser-po）之 218 页上则说："所谓香雄，因被西藏法王世系所据，遂称古格。"香雄即唐书所说之羊同。松赞干布曾设"香雄十东岱"（见《贤者喜宴》，ja 函，19 页上~20 页下）。香雄即在今札达县(rtsa-mdav-rdsong）境。此外，关于"阿里三围"一般藏史多指芒域（湖围）、古格（崖围）、布让（雪围）三地而言（见《松巴佛教史》，kha 函，《世间总述》，9 页）。又，"卫藏四如"，其建制始于吐蕃，即叶如（gyal-ru）、伍如（dbu-ru）、约如(dyo-ru）及如拉（ru-lag）。四如范围有具体划分，本译文在松赞干布史料中将予以详述。"朵康三岗"，在藏史中多称"朵康六岗"（mdo-kmas-sgang-drug），据《安多政教史》载，所谓"六岗"包括塞莫岗（zal-mo-sgang，即金沙江和雅砻江之间偏北地区）、擦哇岗（tsha-ba-sgang，即怒江与澜沧江之间的地区）、玛康岗（smar-khams-sgang，即澜沧江与金沙江之间偏北地区）、勃波岗(sbo-vbor-sgang，即金沙江与雅砻江之间偏南地区）、玛杂岗（dmar-rdsa-sgang，即青海省境内之黄河以南和雅砻江上游以东地区）及木雅热甫岗（mi-nyag-rab-sgang，即雅砻江中游以东地区），见该书打印本 2 页。"六岗"是古藏文史籍对青康藏区的地理划分，系以河流及山脉划分界限，即《隆多喇嘛全集》（klong-rdol-bla-mavi-gsung-vbum）据说之"一水之间即一岗"（见该书，23 品，va 函，4 页上~4 页下），藏史称青康地区六岗为下部，故又称"下部朵康六岗"（smad-mdo-khams-sgang-drug）。

关于古代西藏在远古时淹没于大海的传说，《青史》ka 函 18 页下亦有类似说法："最初，西藏被水充满……"据我国科学工作者多年对青藏高原的科学考察认为，在距今一亿六千万年到一亿四千万年的侏罗纪早期和中期，西藏是一片浩海，到上新世西藏地区上升为陆地，其后几百万年间，青藏高原才大幅度隆起。（见《青藏高原的奥秘》，1977 年 6 月 23 日，《人民日报》：《青藏高原综合科学考察》等）看来，西藏曾是大海的古老传说与科学考察虽是偶合，但可能是事出有因。

[2] 《贤者喜宴》记载了佛教徒的说法，说西藏的海水因受地狱之火的烧煮，海水遂成"毒海沸水"，故谓"热海"。

[3] 关于海水退后的西藏地貌及动植物情况，《西藏王臣记》亦有类似记载（见该书北京藏文排印本 16 页），认为上部（指阿里一带）是石山、雪山；中部卫藏是岩山与草地；下部朵康为果树及密林。

[4] 穆杰括杰（rmu-rgyal-kho-rje），相传此为神与鬼结合所生。

[5] 蕃卡年雅楚（bod-kha-nya-drug），《敦煌古藏文历史文书》(Documents De Touen-Houang Rel-arifs a hisroine Dun Tilet，Panis，1940) 编译者是巴考（J.Bacot）、杜散（CH.Tuossant）及托马斯（F.W.Thomas），第 81 页有另一种写法："bod-ka-guag-drug"，意为"六牦牛部"，此与汉文史籍《三国志·蜀志·张嶷传》所载相类似，该传载有"汉嘉郡界旄牛夷"及"旄牛王女"等，又称越羌，后西迁至西藏。《敦煌古藏文历史文书》之 81 页记述说："墀聂墀赞普……做了六牦牛部之王（bod-ka-gyag-drug-gi-rje）。"可见汉藏文献所载的"六牦牛部"与"旄牛夷"应是一事。藏史《五部遗教》中之《王者遗教》（rgral-povi-bkav-thang）之 18 页上，将"六牦牛部"写作"pod-khams-gyav-drug"。再者，在本教史《四洲之源》中，在记述统治西藏的第七种情况时，仅指出本教出现情况，例如，《四洲之源》说，在夜叉统治西藏之时（此为佛教史、本教史公认的最早时期——译者注），就出现了"魔本"（bdud-bon），而且最高和最神圣的是"威严的辛"（gshen-gnyan-pa）。总之，上述三种著作相互参阅，对研究远古西藏社会情况甚有价值。

有必要注明的一点是，上述的所谓"六牦牛部"（bod-ka-gyag-drug）一词中，“bod”（吐蕃、西藏）从此在文字上出现，关于吐蕃或西藏何以称之为“bod”，长期以来国内外藏学家多有探讨，这里简要介绍几个代表性的研究情况，首先是藏族学者，本教史《四洲之源》指出三种说法，但主要认为在“bod-khams”名称以前称西藏为“bon-khams”，其理由是：“在西藏先有雍仲本教（gyung-drung-gi-bon)，在西藏未有王以前已有本教，在未有王法(rgyal-kgrims) 之前已有本教之法（bon-khrims)，故此乃称‘本康’（bon-khams)。”（见本教史《格言宝库》（legs-bshad-rin-po-chevi-mdsod|)，216页）又，《白史》（deb-ther-dkar-po）作者根敦群培（dge-vdun-chos-vphel)，在其著作中除重复上述本教说法外，还从语言学的角度说明 na 与 da 的两音可互换，从而得出 bon 转化成 bod 的可能性。此外，又从汉文的“吐蕃”称谓、蒙语的 thu-bahda、克什米尔的 stod-bod 等等说法，找出国外之所以称西藏为土伯特 (Tibet) 的理由。（见《白史》，逻娑木刻版，3~4 页；青海民族学院排印本，6~7 页)。关于土伯特（Ti-Let）的说法，据中国社会科学院民族研究所安尼瓦尔同志和中央民族学院黄文焕同志提供的资料，在古突厥文《阙特勤碑》和敦煌出土吐蕃经文残叶上的九世纪回鹘文上，亦称唐之吐蕃为土伯特（TuPut 之音译)。又，法国人伯希和 (Pc-IIiot) 也曾用敦煌古藏文考证土伯特的称谓。（冯承均有译文，见《西北史地》丛书）四川大学任乃强教授，在解放前的《康导月刊》三卷四期的《吐蕃开国考》一文中，引用阿拉伯（stag-gzig，古之大食）语、古汉语、藏文、蒙语等，考证唐书何以用吐蕃称呼西藏。据同书五卷四期 61 页，又有文章论及此名。近年来有些藏学研究者研究发现，“bod”在古代藏语中有“农业”之意，例如《六世班禅贝丹益喜传》中，就称“农牧区诸百姓”为“bod-vbrog-gi-mi-ser-rnams”，又见《五世班禅传》31 页。故此推想吐蕃以雅隆部落为主创建，而雅隆部落是以农业发达为实力，并进而统一全吐蕃之地的，或许吐蕃即以此“bod”（农业）称呼整个部落以至吐蕃。

关于“蕃”字读音，据史金波同志提供，西夏文字典《番汉合时掌中珠》载，均以“鹁”及“孛”等注音。

[6] 见《法王松赞干布遗训》(chos-rgyal-srong-btsan-sgam-povi-bkav-chems-ka-khol-ma) 民族文化宫手抄本 47 页下。此书又译作《遗训》或《王窗柱诰》者，是记载吐蕃早期情况的重要史籍。关于西藏六种人，此书尚记有他们在西藏的分布情况（47页下）。《松巴佛教史》ka 函96 页上~96 页下，亦记述“西藏六人种”的传说。

[7] 泽塘（rtses-dang），此词在《卫藏胜迹志》(dbus-gtsang-gi-gnas-rten-rags-rim-gyi-mtshan-byang-mdor-bsdus-dad-pavi-sa-bon-zhes-pya-ba-bzhugs-so) 之 9 页下称作“rtses-thang”，意为“猴子玩耍的坝子”，此即今雅隆河谷泽当地名的由来。

[8] “犹如洛（klo）与门（mon）那样进行活动”是藏文原文之意，但从上下文看，当指像在洛域与门域两地过着原始社会的人一样活动，故加上“(地方之人)”四字，以达句意。

[9] 关于西藏人类起源，《贤者喜宴》在 ja 函 3 页下重复了“神猴与岩魔女结合”的西藏传统说法（sprul-pavi-spevu-brag-srin-vdus-pa)，两唐书《吐蕃传》则认为西藏人类与羌族南迁入藏有关。在《敦煌古藏文历史文书》中认为吐蕃最早赞普是“从天而降，做为天下之主”，见巴考编译《敦煌古藏文文书》81 页。看来，这比“神猴与岩魔女结合”的说法其宗教色彩少得多。《雍仲本教史》(gyung-drung-bon-gyi-bstan-pavi-dkar-chag) 手抄本 24 页也重复了所谓“猴与魔女结合”的说法，但对本教最崇拜的辛师却又认为是“六个黄色发光之卵”所生的后代。本教史《四洲之源》（手抄本 7 页上）则说西藏人类是天神的后代，即由天神之子茹（rug)、祥（zhang)、波（bo）及果（sgo）等七幼童繁衍而成。实际上据 1949 年后的科学考察，从 1958 年西藏林芝发现古代人类头骨起，直到 1978 年昌都卡若村新石器遗址的出土，20 年来，西起阿里，东至昌

都，北起那曲，南达定日、墨脱等广大地区，发现大量新旧石器时代的遗存——石器、骨器、陶器以及房屋等等，证明青藏高原很早即有人类活动，而卡若村遗址更证明，早在距今4800年前西藏已进入原始社会的新石器时代，而且大量器物特征还与中原文化密切相关。参见邱仲郎：《青藏高原旧石器的发现》，《古脊椎动物学报》，1958年第2卷，2、3期合刊；《西藏塔工林芝村发现的古代人类遗骸》，《古脊椎动物与古人类》，1961年9月第3期；《藏北申扎、双湖的旧石器和细石器》，《考古》1979年6期；《西藏林芝盆地新生代晚期的自然环境》，《古脊椎动物与古人类》，1980年18卷第1期；《西藏考古新发现》，《新观察》，1980年第1期。有关文章不少，仅举上述几例。

[10] 此小邦当即《敦煌古藏文历史文书》80页之埃波查松（yul-ngas-pon-khra-sum）地区的小邦。

[11] 《敦煌古藏文历史文书》80页，写作“rje-rkong-rjivi-dkar-po”，当即此处“kong-rje-kar-po”的早期写法。关于kong-po王，《工布第穆萨摩崖碑文》中写法不一，写作“rkong-dkar-po”或“rkong-kar-po”。有关十二小邦情况，除《贤者喜宴》有此记载外，《敦煌古藏文历史文书》80~81页及《西藏东北部民间文学》（F.W.Thomas：*AuCicnt Folk-Liteuotue Fuom Noth-Easteuu Tilet*，1957年。此书附有敦煌出土古藏文文书）第四章，亦有记载，而《贤者喜宴》所载史料来源显然出自古藏文文书，两者大体相合，颇有价值。

[12] 关于聂墀赞普由天而降的说法，正好与《敦煌古藏文历史文书》81页藏文原意基本相符。两者对比，《贤者喜宴》已受到佛教的影响。

[13] 《胜出灭神赞》是赞颂释迦牟尼的一部颂歌，古印度佛学家商羯罗主所著。此处指由喜饶果恰为此书做了注释。

[14] 这种将聂墀赞普与天竺王系有关的说法，是西藏吐蕃王朝结束以后的西藏佛教徒的一种附会。而在《敦煌古藏文历史文书》及《工布

第穆萨摩崖石刻》《唐蕃会盟碑》东侧碑文等等原始资料中，都无聂墀赞普来自天竺王系之说。《敦煌古藏文历史文书》81页载："神自天降，于广阔天庭之上住有六天父主宰之子：三兄三弟，连同墀敦茨（khrivi-bdun-tshigs）共为七人，墀敦茨之子即墀聂墀赞普（khri-nyag-khri-bt-san-po）。"其中"六天父主宰"藏文写作"mab-lha-bdah-drug"，《工布第穆萨摩崖石刻》则写作"phayva-ya-bla-bdag-drug"。《新疆出土古藏文文书》（F.W.Thomas：*Tiletam Liteuauy Texus and DoCu.mants Coucun-ing--mants Concouning Chinese Tunlestan*）沙州条，19.Ch.9.1.37.92~99页，有一长篇建寺发愿文，该文记载出自悉补野家族的聂墀赞普先祖来源，其文是："鹘提悉补野(vo-lde-spu-rgyal) 以天神下凡而为人主。"此材料亦表明吐蕃赞普与天竺王族释迦系无涉。

[15] "lha-ri-byang-tho"，《敦煌古藏文历史文书》81页写作"lha-ri-gyang-do"。《法王松赞干布遗训》57页下，写作"lha-ri-yor-po"。《雅隆觉卧佛教史》（yar-lung-jo-bo-shavakya-rin-chen-bdes-mdsad-pavi-chos-vbyung-bzhugs-so）则写作"lha-ri-gyang-mtho"（该书25页下）。看来，此字写法未规范。其地在今乃东县雅隆地区，又有谓在工布穆萨碑之后山。

[16] "gnyav-khri-btsan-po"《敦煌古藏文历史文书》81页写作"khri-nyag-khri-btsan-po"及"lde-nyag-khri-btsan-po"。"gnyav-khri-btsan-po"意为"颈座赞普"。《红史》（deb-ther-dmar-po）之19页上说："此为西藏王者（bod-kyi-rgyal-po）之初始。"（民族翻译局打印本43页）。《法王松赞干布遗训》之69页下说："因其如鸟从天而降；故又称恰墀赞普（bya-khri-btsan-po）。"《西藏王臣记》引《青史》（deb-sngon）说："（聂墀赞普）与所谓墀赞普鹘提（khri-btsan-po-vod-lde）同意。"（见该书北京民族出版社排印本18页末~19页上；另见《青史》，木刻版，ka函，19页上，第二行）"鹘提"即"鹘提悉补野"参见《通

典》卷190“边防·吐蕃条”。

[17] 雍布拉冈（yu-bu-bla-rgang）在《西藏王臣记》（bod-kyi-deb-ther-dpyid-kyi-rgyal-movi-glu-dbyangs）里写作“pho-brang-yum-bu-gla-rgang”（见排印本19页）。《红史》写作“sku-mkhar-vun-bu-bla-sgang”（民族翻译局打印本43页），这是吐蕃赞普最早的宫堡，今山南乃东县境内，遗址仍存。但《拉达克王系》（la-dwags-rgyal-rabs）则载，聂墀赞普居住于青旺达孜堡（ska-mkhar-phyi-dbang-stag-rtse），见该书29页，原藏文载于《印藏文物》（*Aniiquiities cl Indian Tilet*），作者为弗朗克（A.H.Francle），第二部分。

[18] 文中所述十二位本教徒智者迎请聂墀赞普事，是吐蕃史中早期的本教史料，但在《法王松赞干布遗训》（57页下~58页上）中，所载十二位本教徒名称与此有异：se-bon-po、smu-bon-po、ldong-bon-po、vob-bon-po、sgam-lha-bon-po、vbro-bon-po、khyung-bon-po、she-bon-po、gnyen-bon-po、vjag-bon-po、lcog-lha-bon-po。而本教史《格言宝库》（131页下）所载又与上述二者不同，为有利于研究，今均录如下，供读者参阅：“聂墀王（rgyal-po-gnyav-khri）之时，十二位智者弘扬了久本（rgyuvi-bon，意为“财本”），彼等是：mgon-shes-lha-bon、gyang-shes-phyava-bon、vgro-shes-glud-gtong、vdur-shes-srid-gshen、gtsang-shes-sel-vdebs、sgrol-shes-lta-bon、phan-shes-sman-dpyad、skos-shes-rtsis-mkhan、smra-shes-gto-dgu、lding-shem-sha-ba、vphur-shes-ju-tig、vgro-shes-vphrul-bon。”又，此十二位本教徒智者，其身份似乎非单纯宗教职业者，《雅隆觉卧佛教史》（25页下）说十二位本教徒又是“牧放牲畜者”（phyugs-skyong-ba）。此外，据《红史》（19页上）载，此赞普时，“本教蔡米辛（vtshe-mi-bshen）的穆杰（dmu-rgyal）翻译了本教”（见民族翻译局打印本43页）。再者，据《雍仲本教史》：“聂墀赞普敬奉本教，并建造了本教寺院雍仲拉孜寺（gyung-drung-lha-rtsevi-gsas-

mar。”（见该书藏文手抄本37页上）综观此时，本教业已流行。

又，关于聂墀赞普时的社会情况，《五部遗教》（bkav–thang–sde–lnga）及《拉达克王系》均有详载，例如《五部遗教》中之《大臣遗教》说：“此时西藏仍被小邦统治、不能抵抗四边大五。产生三舅臣、四大臣及父民六族(zhang–gsum–blon–bzhi–yab–vbangs–rus–drug)，由两位智者顶礼王者，据说聂墀赞普他有六忧虑：偷盗者、怒气、敌人、牦牛、毒和诅咒。后在火曜神星消失之后，其时西藏对偷者治罪，对怨怒者施以仁慈，对敌人加以压服，对牦牛予以管束，以药除毒，以及消解诅咒。”（见该书7页）《拉达克王系》载，聂墀赞普之时，以四卫戍部保卫赞普，“桂东岱”（rgod–ldong–lde，此与下文之“gyung–ldong–lde”均系松赞干布时的建制，似衍入此时——译者注）四十四部征服外敌，“庸东岱”四十四部管理内务（原意为调配需用品——译者注），于四哨所设哨卡，并以八队军旅征伐哨所之敌，于容多（rong–do）以二十二甲士保卫仓库，十二商市献来财宝，以好坏之奖品区别智勇，恶者惩罪责，杜绝欺诈之源，对于五种贤慧者以金至及身奖之，对于五类勇者饰之以狮、虎，五种骑士乘马奔驰。（见该书29页）

[19] 此系西藏原始人类的母系社会残余，诸藏史多有记载。

[20] 据《雍仲本教史》31页下载。此时本教徒已讲果本（vbras–bon），并且香雄迎请十八位本教学者，同时建造了四十五座本教寺院，本教史说他们是教义之王（bstan–pavi–rgyal–po）。同书又载，其时吐蕃四如之地已建本教寺院神殿37座（见该书41页下~42页上）。

[21] 关于止贡赞普的命名可参见《敦煌古藏文历史文书》77页。《雍仲本教史》说法不同，说当止贡赞普被杀时身有九种刀痕，故名。见该书44页。

[22] 关于止贡赞普与洛昂达孜比武的记载，《贤者喜宴》所载内容与《敦煌古藏文历史文书》（77~78页）大体相似。看来似乎不会是单纯

的比武斗胜。据《雍仲本教史》载，因此时社会形成“赞普王权大、大臣议事（权力）大、辛本教能力大”的局面，于是有些大臣对止贡赞普说：“现赞普陛下与诸辛本教师长相等，所有属民已被辛本教所收拢，因此，他们对诸辛本教大师的崇敬已大于赞普，如果现在对诸辛本教不采取贬低措施，那么到（赞普）儿子之时，肯定将被本教所夺。于是止贡赞普决心灭本教，因此本教衰败，而止贡赞普也因此遭到神的惩罚，心受妖魔蛊惑，遂邀洛昂比武丧命（见该书 44~45 页）。从后来演变到政权的更替看，应是一场带有宗教色彩的政治斗争。这是赞普王权所遇到的第一次打击。

[23] 《敦煌古藏文历史文书》99 页亦有记载，其中工布王（kong-gi-rje-po）写作“rkong-dkar-po”。《雍仲本教史》载，止贡赞普后代是被流放到工布的（44~45 页）。文中之娘布（nyang-po）地区在今工布和波密（po-bo）相接连的地区——尼洋河流域。文中波密“po-bo”，《五部遗教》中之《王者遗教》写作“spo-bo”（见该书 18 页下）。

[24] 洛昂等被杀于娘若香波（myang-ro-sham-po），见《敦煌古藏文历史文书》99 页。据敦煌文书说法，是霞墀亲率三千兵打下此堡（出处同上）。

[25] 布代贡杰（pu-de-gung-rgyal）一名，《敦煌古藏文历史文书》写作“spu-de-gung-rgyal”（该书 100 页），《拉达克王系》作“spu-lde-gung-rgyal”。《雍仲本教史》（45~46 页）说，该赞普将鸟、马和狼三种毛作为头发，故名；又称其为托列赞普（tho-legs-btsan-po）。此说见《贤者喜宴》ja 函，木刻版 8 页上~8 页下。又，据《西藏王臣记》北京排印本 20 页载，止贡赞普陵墓建于青域达塘（vphying-yul-dar-thang），是为吐蕃建陵之始。《敦煌古藏文历史文书》99 页记载，止贡赞普墓建于羌多拉（gyang-to-bla）。

[26] 意为药师佛。

[27] 如莱杰，据《敦煌古藏文历史文书》（98页）载，他是扎氏（bkrags）之子，是他协助止贡赞普三子杀洛昂后重新掌权。他是止贡赞普著名大臣，其氏族被封做沽（khu），故又称沽沽如莱杰（khu-khu-ru-las-skyes）。

[28] 布代贡杰时经济颇有发展，据《西藏王统世系明鉴》《bod-gyi-rgyal-rabs-gsal-bavi-me-long》26页上记载，当时还能"熬皮制胶"。这时还出现了谋略舅臣（thabs-kyi-zhang-blon）（《王者遗训》，19页下）。《雅隆觉卧佛教史》（29页下）载，还出现了工务官（lag-dpon），如莱杰即任此职。

[29] 温莫隆仁，本教史《格言宝库》（123页上）又作"vol-movi-gling"。《土观宗派源流》又写作"vol-mo-lung-ring"（地在今阿里札达县内）。同见《雍仲本教史》45~46页。

[30] 关于出现各种本教，诸史记载多异，如《五部遗教》中之《王者遗训》（19页下）载，止贡赞普时自香雄和大食得到本教并以活供（gson-kyi-lha-mcod）调伏阴间之鬼。而《雅隆觉卧佛教史》（29页上）载，止贡赞普时自香雄和祝夏（bru-sha）的本教徒带来辛之图本（gshen-gyi-dur-bon）。

[31] 此处之传奇（sgrung）、谜语（ldevu），据《五部遗教》之《王者遗教》（19页下）载，聂墀赞普时已有，而《西藏王臣记》（排印本20页）则将sgrung及ldevu都称为本（bon）：sgrung-bon、ldevu-bon。但《雅隆觉卧佛教史》（29页上）又认为，这个sgrung及ldevu和gnam-bon出现于布代贡杰之际。

[32] 据《敦煌古藏文文书》（182页）载，《贤者喜宴》之"六地列王"名单以益肖列（i-sho-legs）为首。而《敦煌古藏文文书》（82页）载，其位居末。

[33] 朱囊雄赞代，敦煌文书82页又写作lde-pru-bo-gnam-gzhung-

brtsan；又《敦煌古藏文文书》100页载有自此赞普开始历任大相名单，可参阅。

[34]《五部遗教》之《王者遗教》（19页下）作stong-ri-stong-btsan（《西藏王臣记》写法与此相同，即to-re-long-btsan），并指出此时赞普联姻多是玛妃（rma-bzav，即神女）及龙妃（klu-bzav），自此赞普以后赞普王族始与属民（vbangs）联姻。

[35]《五部遗教》中之《王者遗教》（19页下~20页上）载，此时赞普凭借返天的天绳（dmu-thug）中断，故赞普陵墓建在地上，天绳向上收缩致使天桥消逝。

[36]《敦煌古藏文历史文书》（82页）作“lha-tho-do-snya-brtsan”。

[37]关于这些天降神物，本教与佛教的史籍均有记载。据《青史》（木刻版20页上）载，说是这些宗教文物是由外族人带去的，非从天而降，该文是：“本教徒因敬爱上天，故谓（神物）从天而降，此为本教之说。实际上是班智达洛森措（pandi-blo-sems-tsho）及译师黎泰斯（lo-tsava-ba-li-the-se）将这些佛教（文物）为所欲为携带而来，而王（rgyal-po）因不识文字又不解其意，故此班智达及译师返回。此说似乎正确。”《松巴佛教史》（108页上）说洛森措即希瓦措。

[38]堪布希瓦措。系古天竺一佛学家，8世纪时，赞普墀松德赞请其入藏，协助墀松德赞发展佛教。据《拔协》载：“显达热格达（shavana-da-ragi-ta）即藏语之希瓦措（zhi-ba-vtsho），亦即所传之波堤萨达（bodhi-sadwa），此人被迫至芒域（mang-yul），并于芒域建寺院两座……”（见该书藏文排印本，北京版，11页）

[39]“年波桑哇”，据《五部遗教》中之《王者遗教》第2页上载：“金字梵文《诸佛菩萨名称经》（即《百拜忏悔经》），从天降落在自己（托托日年赞）上方，遂以丝绸包裹，此物高贵而尊严，由是献尊称为

‘年波桑哇’。”又据《雅隆觉卧佛教史》（30页下）载，在供奉“年波桑哇”的供物中还有稻米，并说天降佛教文物之时，赞普正坐在宫殿的回廊处，后来由于供奉“年波桑哇”，致使赞普白发变黑，面部皱纹消失。

[40]《西藏王臣记》中记载，其墓址在青隆达塘（phying-lung-dar-thang）（北京排印本23页），又《雅隆觉卧佛教史》（30页下~31页上）载，墓址在琼隆达塘（vphyongs-lung-dar-thang），并说此时陵前尚无供物，亦不知四方形陵墓。

[41]《青史》（20页上）、《红史》（打印本44页）及《雅隆觉卧佛教史》等书认为，此时是“吐蕃首获佛教”。但《松巴佛教史》说：“虽说施行佛教，然而并未能够做到。”（该书，ka函，108页下）又据《新红史》（deb-ther-gsar-ma，17页上）载，洛森措与希瓦措同义，进藏前居泥婆罗。

[42]据《新唐书·吐蕃传》，称墀年松赞为揭利失若，称其父托托日年赞为佗土度。又，据《拉达克王系》（30页）载：“墀年松赞之时，驯养牲畜，以‘颓’（thul）作为计算耕地面积单位，串联湖泊向上引水，将沟头之水蓄入池中，昼夜引水灌溉。”

[43]《雍仲本教史》（47页下）说穆隆套巴扎（即先天盲子）的眼疾，是由其本教上师从香雄请琼氏（rgyung）医愈的。

[44]《新唐书·吐蕃传》译其名为讵素若，译其父名为劲弄若（即仲年代如）。《敦煌吐蕃古藏文历史文书》（82页）称其名为“stag-bu-snya-gzigs”。据《拉达克王系》（30页）载，此赞普时“杂交出犏牛与骡，确定物价，储存干燥之山草等等”。

[45]据《雍仲本教史》（47页下）载：“在达日年塞征服十二小邦之时，曾与洛扎王（lho-brag-rgyal-po）作战，遂被洛扎人打败，被投入狱中，其时本教上师琼波墀内桂（khyung-po-khri-ne-khod）以神变之力，砍断木枷，从狱穴中将赞普救出……于是赞普说：‘永远崇敬辛饶

大师。'" 关于达日年塞医眼病事，据《雅隆觉卧佛教史》（32 页上）记载是"在雍布拉康（yun-bu-brla-sgang）宫顶"医治的。其办法据《医疗总纲》（dpal-ldan-gso-ba-rig-pavi-khog-vbubs）载，是"用金箸将王子眼睛医愈。因而得见吉雪达木日山（skyid-shod-stag-mo-ri）"。见该书 37 页下。

[46] 《新唐书·吐蕃传》称论赞索。《通典》称论赞率弄赞。《敦煌古藏文历史文书》（82 页）写作"slon-btsan-rlung-nam"。《敦煌古藏文历史文书》（106 页）作"gnam-ri-slon-mtshan"。

[47] "征服边地之佳（rgya）及突厥（gru-gu）"，据《拉达克王系》（30 页）载："征服天竺（rgy-gar）、突厥（gru-gu）及西方尼雅秀（gnyav-zhur）等诸王。"

[48] 关于此时经济，据《法王松赞干布遗训》（82 页）记载："囊日松赞建强农米久官堡（pho-brang-byams-snyoms-mi-vgyur），于蔡崩山（tse-spong-gi-ri）得金，于格日岩（ge-rivi-brag）得银，于成波崖（vphrer-povi-rdsa）得铜，于热嘎山（ra-gavi-ri-brag）得铁。于北方之拉措湖（bla-mtsho）得盐，将公母野牦牛驯养为公母牦牛，将公母鹿育成黄牛，将公母野山羊养成绵羊，将公母驯化成山羊，将公母野骡驯化成马，将公母狼驯化成犬，此时垦地而有农业，牧养牲畜之牧者亦产生于此时。"关于此时的政治措施，该书 82 页又载，王者之外相（phyi-blon，《唐蕃会盟碑》作"戚论"）和内相（nang-blon，《唐蕃会盟碑》作"囊论"的划分亦产生于此时。《雅隆觉卧佛教史》载："韦囊热（dbas-snang-bzher）、蔡朋纳赛（tshe-spong-nag-ser）、娘宗古（nyang-tsong-gu）、嫩潘阿松（gnon-vphan-lnga-sum）等任囊日松赞之大臣。"（见该书 32 页下）

囊日松赞是奠定吐蕃基础的赞普，他发展了雅隆部落的经济，怀着统一青藏高原的雄心使其势力扩展到了江北，他的势力范围，据《敦煌古藏文历史文书》（106~107页）载：南方到达雅隆、达波，东到工布、娘波，西到藏地（rtsang-bod）、朱孤（dru-gu），北到苏毗（sum-pa）。他将上千户乃至万户的奴隶（bran）赏赐给诸有功之臣，吐蕃进入了明显的奴隶制社会。囊日松赞住在雅隆河谷，据《通典》载："隋开皇中，其主论赞率弄赞都西匹播城已五十年矣。"匹播城即phying-ba，今琼结县境。其晚年被毒致死。

[49] 即古代克什米尔之突厥族。

[50] 佛教行者，观想凭借神力加持五欲及饮食品成为无漏智慧甘露以供师、佛三宝及自身蕴、处、支分三座坛场，积聚殊胜资粮的仪轨。

第二章　赞普松赞干布的政绩

【译文提要】 第二章共有10节，即松赞干布的诞生及执政；执政初期与造字过程；迎请四邻贤者及吞米译经；学邻族建政经验、设官及民政；建行政区划、定法律、委任官吏；吐蕃五如的划分；五如之势力范围；六十一“桂东岱”；阶级划分、官制与军事组织；七官、六决议大法及六告身。

在这部分译文中，《贤者喜宴》作者巴卧•祖拉陈瓦着重叙述吐蕃赞普松赞干布的事迹。作者征引了详实的罕见史料，对松赞干布的一生做了客观而忠实的记述。通过松赞干布的各种活动，作者为我们描绘了吐蕃王朝在青藏高原上的兴起过程。这期间，我们可以看到如下情况：松赞干布继承其父囊日松赞手中风雨飘摇的政权，首先内惩奸臣异己，外讨叛乱属部。政局稳定之后，立即有条不紊地着手建政。松赞干布开明，不闭关锁国，致力于一切有益于吐蕃政权建立和发展的事务，无论什么民族的长处他都兼收并蓄，竭力汲取。汉地、突厥、弥聂（木雅）、胡部、霍尔部以及天竺、泥婆罗等地区的工艺、医药、历算、法律、宗教以及文字等等都成为吐蕃的学习对象，这为吐蕃政权的建立、巩固和发展提供了宝贵的经验。

松赞干布不但能吸收外族经验，还能结合吐蕃具体情况，实施和建立有吐蕃本民族特色的各种措施和体制：军事上和行政上相结合，产生了“五大如”和“六十一东岱”的军事行政社会组织。为了管理和掌握上自中央下至部落的各级政权，择取各民族的贤良之士，无论王族或宦族出身均可入官，四尚一论，外相、内相皆可发挥所长；各地如本、东本等等各级官吏，亦能各持一面，加之法律严明，令行禁止，起到了维护政体的作用，致使身兼军事、行政两职的官员大权在握，忠于赞普，从政体上建立起吐蕃各级政权，并在初具规模的基础上逐步发展。

松赞干布还采取了两种措施巩固吐蕃政权。一方面，从阶级上明确划分属民中的各阶层武士、平民及奴隶，以便根据不同阶级、社会地位分而治之，各阶级职能划分之细是前所未有的。由于松赞干布第一次采取这种关键措施，从而能在以广大奴隶为底层的社会基础上，使吐蕃奴隶政权得以巩固。另一方面，松赞干布从精神上加强了统治，采取了在原来本教的基础上同时发展佛教的措施。

松赞干布奉行了和睦的政策，尤其对内地中央政权，自松赞干布起从政治、经济、宗教、文化以及婚姻等方面，同唐朝建立了极为密切的关系，文成公主的入藏和大、小昭寺的建造，就是这方面的生动体现。而《贤者喜宴》的作者，以其丰富的史料、热烈的笔触为我们再现了当时的盛况。

总之，这部分是《贤者喜宴》ja函中最精彩的部分，特别是其所摄取的史料，大都可以得到敦煌文献等汉藏文史料的印证，不少还是罕见的，因此其历史价值甚高。

第一节　松赞干布的诞生及执政

圣者观自在菩萨（vphags-mchog-spyan-ras-gzigs-dbang），他见调伏藏区众人之时已至，遂自体内同时射出四种光芒。为涤净恶趣之地，其右眼之光射向泥婆罗（bal-po，即今尼泊尔——译者注），在阔朋露城的王宫（grong-khyer-kho-phom-klu-yi-pho-brang）之内，投胎于月色果恰（vod-zer-go-cha，旧译为“光胄”——译者注）之王妃。其左眼之光射向汉地陕西（rgya-nag-zim-shivi-yul，或译“汉地京师”——译者注），投胎于唐太宗之皇后（tha-yi-dsung-gi-btsun-mo）。其口内之光射向藏地伍如（dbu-ru）之切热雅陈查（gye-revi-yar-phreng-brag），同时法身要义六字真言自然显现。其胸部之光射向雅嫩哲堆园（yar-snron-sbra-stod-tshal），在强巴敏久林王宫（pho-brang-byams-pa-mi-vgyur-gling）之内，囊日松赞（gnam-ri-srong-btsan）及其眷属臣工等，被光普照，而光复又收拢，随即投胎于赤萨推嘎王妃（btsun-mo-vbri-bzav-thod-dkar）[1]，王妃周身感到前所未有之安乐与舒适，其时，到处均充满吉祥象征。胎儿在其生命成熟时便降生。阴火牛年（me-mo-glang，丁丑）二十八星宿中的鬼宿之日[2]，化身法王、泥婆罗墀尊公主及文成公主三人，在彼等之各自宫中同时诞生。

尤其是有一位称为帕巴寨达美巴（vphags-ba-vgran-zla-med-ba，意为“殊胜无敌”）之王子，金黄色的头发闪闪发光，手足呈现圆满功德之相，头顶示现阿弥陀佛之像，犹如太阳穿出云雾，众佛加持之。众菩萨诵读赞词，众神忙于供奉，神物花儿空降，弥漫整个天空。此种景象有三种不同之说法：众佛看到观世音菩萨在藏地奉行十二功德；众菩萨看到观世音菩萨化身为赞普，超度雪域众生；众藏人见一无敌神人诞生。父王为掩其头顶之阿弥陀佛，用红巾把头缠住。其尽除内外之恶障者，看到头饰五冠，显十一尊容。噶尔和吞米两小孩作为臣子向其敬拜时，看到阿弥陀佛后，并告知他人，从此即流传赞普松赞干布有两个脑袋之说法。

此后，举行了时间甚长的极为隆重的欢庆宴会等，并启请命名为墀松赞（khri-srong-btsan）[3]。因此王子具有一切功德，且胸怀深不可测，故又称其名松赞干布（srong-btsan-sgam-po）。泥婆罗和汉地皇宫，亦各自诞生了绝世公主。泥婆罗公主系虚幻的颦蹙度母（khro-gnyer-can），有着洁白、红润之脸庞，身上飘着旃檀之气味，她精通经论，故称其名为墀尊公主（lha-gcig-khri-btsun）。度母化身（sgrol-mavi-sprul-pa）的唐皇公主（rgya-rjevi-sras-mo），有着青红相间之脸庞，身上飘着莲花香气，精通诸明（rig-pavi-gnas-mkhas），卓绝超人，其名曰文成公主（vun-shing-kong-jo），藏语称作“海莲花”（mtsho-yi-pad-ma）。天神之子（lha-sras）松赞干布年至十三岁时，父王将王权献给了松赞干布。虽然也有的说，松赞干布年满十三岁时，父王死去，松赞干布遂被立为王。[4]然而《遗训》（zhal-gdams-kyi-bskor）则说“由父王囊日松赞（gnam-ri-srong-btsan）提出，乃献出王权”等语。故可论定，即囊日松赞在世之时就献出了王权。

（赞普松赞干布）端坐于宝座时，天降诸神，为消除业障即头戴佛冠，用普贤宝瓶水灌顶，用无量光佛摸顶，众神云集供奉之。此时从赞普身上发出光芒，射向十方，每道光上有一报身刹土，刹土中的大日如来前有一位赞普，众大日如来为赞普摸顶时，每位赞普身上射出光芒，光芒上显示一骑马的赞普，其身上又射出无数光芒，每道光上有化身之刹土，每个刹土上有一佛祖释迦牟尼。每尊佛祖前出现一松赞干布，佛祖用手触及座前的赞普时，赞普身上光芒万丈，每道光芒射向天空，普照天际。每道光上有千手千眼观世音菩萨，每位菩萨普度着无数众生。

据谓，关于诸慈悲佛为松赞干布灌顶之情况，在昌珠王寺(khra-vbrug-gi-rgyal-povi-lha-khang）内有以金汁写者（或译作画—泽者注)[5]。如是，在松赞干布受权为法王（chos-kyi-rgyal-po）之后，随即统治吐蕃全体属民人等[6]。再者，松赞干布想到先祖托托日年赞（tho-tho-gnyan-btan，即前述tho-tho-ri-gnyan-btsan——译者注）曾谓：“伍如雪钦（dbu-ru-shod-chen）逻娑红山（lha-sa-dmar-po-ri）彼处我往之。”想罢说道：“我自王宫（pho-brang）迁往（此处）。”[7](地在红山山崖上。)

有位尚论可幻化多种功德，其见水中具有多彩之光，便惊奇地问(赞普）何为？赞普曰：“大尚论你听着，在边地雪域，为使超度众生，众佛的思想集为一体，所有功德利乐之源，超度边地众生之捷径，雪域藏地的法场，众佛的要义至密六字真言，在石崖上自然形成，并将利益众生。”供奉后崖上闪耀着光芒，射向对面之石崖上，形成一道美丽的彩虹，故将此地称为“江当”（彩虹之色)，观世音和度母、马头明王自然显现。泥婆罗工匠，仿照囊巴塞东寺（rnam-pa-gsal-gtong-lha-khang）形状，建造了观世音菩萨、观世音昆空奴（khar-pva-na)、佛母、度母、大吉祥马项等诸天然所成神像。此后，又于红山之上建造了宫室，法王为了众生而专居于此。《柱间史》记载，依止佛法，迎请诸大德，故出现像红山水滴一般之情景。

第二节　执政初期与造字过程

其时，天竺、汉地、仲格萨尔[8](khrom-ge-sar）以及大食等边地诸王，闻听化身王松赞干布，年少即能依教法治理政事之神奇事迹之后，他们便从各自地方献来赋税、礼品以及岁贡，又献很多宝画书信。《遗训》载：边地之王听说，有一年方四岁之王竟能依教法治理政务，于是献来了税、礼物以及岁贡，随同侍从人员还相继献来这个或那个书函，等等。但是，吐蕃在回赠礼物时，只能带口信，而不认识文字。《遗训》一书直截了当地指出：大约（松赞干布）之父囊日松赞又度过了四年随即去世，（松赞干布）继之掌握国政。松赞干布想到，对西藏而言，不能依靠其他地区文字，而需有自己之文字。于是，即派遣众多聪慧大臣前往天竺，但学习文字一事未能如愿以偿。此后，松赞干布复遣十六名聪慧大臣，给以黄金，命彼等赴天竺学习文字。然而，他们当中的某些人被三处魔鬼所阻，不能前进；其中某些人又因酷热而亡；据说，某些人因不晓天竺语言复折返吐蕃。后，大臣吞米阿奴（thon-mi-a-nu）之子吞米桑布扎（thon-mi-sambho-dra），为人精明、心地纯正、思维机敏，是一位具有多种品德之人。松赞干布降旨，授予吞米桑布扎黄金、财物等，遣其前往天竺。《吞吉露日卡》一书（thon-gyi-lug-ra-kha，似一书名——译者注）载：吞米阿奴热嘎扎（tho-mi-a-nu-ra-ka-ta）之子吞米桑布扎（thon-mi-sambho-dra），他是一聪慧少年，松赞干布授以满斗金粉，遣往（天竺）[9]云云。吞米遍及天竺，抵达南方。闻悉精通声明文字者即大婆罗门李瑾（bram-ze-chen-po-li-byin），于是，吞米前往参拜，并献以黄金。吞米说道："我乃荒凉藏地之臣，我王大慈大悲，以佛法慰抚臣民，想实行十善王法，然我地尚无文字习俗，遂来天竺学习文字，故请授以文字、声明。"贤者李瑾欣喜答道："二谛了义的智慧臣子，你学习诗词、文字、音韵以及各种奇妙的学问吧!”随后即将各种文字清楚地教给他。吞米开启知识的本领，擎起智慧的明灯，遂遍晓各种文字。继之，吞米复依拉日僧格（lha-rig-seng-ge）等众班智达学习声明，学习并领悟了诸种学科，学就了各类大乘经典（theg-pa-chen-povi-gsung-rab)。当他返回吐蕃时，李瑾对他进行了教导。

吞米学识渊博，正在为赞普松赞干布衷心效力，使藏地众生皆能满足于学习声明、因明、密诀等。吞米献上供物并吟诵赞词：“敬请佛子关照我等，感谢你啊！多么惊奇。慈悲之主请给予加持。在无垢智慧的天空中，升起智慧和方便之星，诚心祈愿引导，升起声明学和因明学之日月，冲破众生无明之黑暗。安定明亮之心海，智慧小溪环绕于此。诚心祈愿的火鸟飞舞，声明和因明的字常存，消除众生所有之贫苦。在无垢幻化之树上，长着智慧和方便之枝叶，开着智慧之花朵，结着声明、因明之果实。我藏地大臣吞米，心记赞普之教诲，来到圣地天竺，拜于大成就者你。智慧的基础是文字，已融会贯通。返回藏地都城，赞普定会盛宴款待（我等)，尊佛法执政，赞普会带头学习声明学和因明学，众臣亦会勤奋学习，并弘扬光大，请佛主予以加持吧!”随即膜拜佛主之足莲。

此后，吞米携大乘佛典等等返回吐蕃。吞米模仿纳卡热（na-ga-ra）及喀什弥罗（kha-che，即今克什米尔——译者注）等文字，在玛荣宫(sku-mkhar-ma-rung）内创制字形，仿照神字连察体（lha-yig-lanytsha）做楷体字，以瓦都龙字（klu-yig-wa-rtu）做草书[10]。天竺文字有50个辅音字母，16个元音，元音被称为i、u、e、o四个，删掉反部和叠部，加上在天竺字母中没有的ca、cha、ja、zha、za、va六个字母，同为元音和辅音字母的“A”，确定了30个辅音字母，主要有二十个基字，十个后加字，不能缺少的五个前加字，没有也可以存在的字母wa、ra、la、sa为下加字，元音o、e、i在字母上犹如戴在头上的帽子，元音u犹如座下坐垫之美丽，并分为强音、中音、弱音，七个判断词和合集音，并制定了连词、分词、增词、否定词等。

吞米又著有《声明学》(mdo-rdzivi-sgra-mdo)、《藏文三十颂论及相转论》(sum-rtags)，这些谓之《声明论八部》(brda-sprod-kyi-bstan-bcos-brgyad)。梵文的字缘和判位词，一种词（名词）应用多种方法组合，难以理解，而且繁多。对藏语的词汇，不需要看其他名词的字体，直接翻译即可，容易理解且能贯通，此种情形连天竺的大学者都惊奇万分，赞叹不已，并赞扬(吞米）乃是文殊菩萨真正之化身。

《时轮大释》(dus-kyi-vkhor-lovi-vgrel-chen）载：诸搜集佛经者，于吐蕃将三乘用吐蕃语 (bod-kyi-skad) 书写之，而各地方又用方言书写之。又，所明示之吐蕃（佛经及文字）搜集者，在吐蕃七位聪慧少年之中，吞米虽名列第四，但众人对（吞米）却不可比拟，作为吐蕃堪布译师 (mkhan-po-lo-tsva）之首的吞米[11]，其恩德就是吐蕃又如何能承担？（意为吞米恩德无量)。再者，松赞干布亲临欢庆宴会，吞米将元音配上艰难之音的字形献给松赞王，王之面容（露出）欣喜神彩。传承至密口诀不可中断，彻底消除邪恶业障，殊胜智慧、善逝真智、持定明见之圣贤唯此一人。消除烦恼之怙主，彻底消灭三世之魔鬼，观世音菩萨的传承人即被称为松赞干布，向法王（松赞干布）您顶礼膜拜。

据谓，吞米所献之文字，刻于甫东坚果囊多寺 (vbur-stong-jin-khog-snang-rdovi-lha-khang）的山崖之上。（松赞王）高兴地赐予礼品以资奖励。为了吐蕃属民能掌握声明学与文字等诸学科，据谓松赞干布勤勉学习长达四年之久，可是，广大臣民学习写读文字亦风行一时。

智慧莲花全部盛开，此时赞普松赞干布尤为尊敬贤臣吞米，竟招致其他大臣之嫉妒。赞普松赞干布对臣民说：“不要这样（嫉妒)。”随后吞米自豪地唱到：“我大臣吞米（有功于藏地)，历经千难万险抵达天竺，酷热难熬，苦难重重，我曾拜师于婆罗门李瑾大师，侍从其左右，献上宝物，解惑授业，学通了词和元音，将五十个梵文字母制定为三十个藏文字母，终于学成，掌握了所有知识，我现在高兴，未来幸福。在边地藏域，出现的贤者我乃为第一人。我是消除黑暗之明灯，与赞普一起日月同辉，在众大臣中唯我独尊。雪域藏地民众啊！我吞米难道没有功劳吗？”

第三节　迎请四邻贤者及吞米译经

吐蕃臣民极为敬重吞米桑布扎。继而迎请天竺、泥婆罗诸贤者，广译佛经。天竺的阿阇黎古萨热（ku-sa-ra）、婆罗门香嘎（shang-kar）、迦什弥罗之达努（ta-nu）、泥婆罗之尸罗曼殊（shvia-la-manydsu）、汉地和尚玛哈德瓦茨（ma-hva-de-wa-tshe，即旧译大寿天和尚——译者注）等等，均来至吐蕃。[12]译师吞米桑布扎及其子朗达玛郭霞（dha-ma-ko-sha）以及拉垅多吉贝（lha-lung-rdo-rje-dpal）翻译了《集宝顶经陀罗尼》（vdus-pa-rin-po-che-tog-gi-gzungs）、《月灯经》（zla-ba-sgron-ma）、《宝云经》（dkon-mchog-sprin）等。据谓，还译有《十万颂般若经》（shes-phyin-stong-phrag-brgya-ba）。主要之（经）尚译有《观音经续二十一种》（thugs-rje-chen-pon-mdo-rgyud-nyi-shu-rtsa-gcig）。再者，《遗教广史》（bkav-chems-kyi-lo-rgyus-chen-mo）载：其时之佛经有：1.《佛说大乘庄严宝王经》（za-ma-tog-bkod-pa），2.《千手千眼观世音陀罗尼》（phyag-stong-spyan-stong-gi-gzungs），3.《莲华藏》（padma-snying-povi-mdo），4.《十一面观音经》（zhal-bcu-gcig-pavi-mdo），5.《十一面观音陀罗尼》（bcu-gcig-zhal-gyi-gzungs），6.《不空绢索经》（don-yod-zhags-pa)，7.《后不空绢索经》（don-zhags-phyi-ma），8.《殊胜莲华经》（padma-mchog），9.《自在轮经》（dbang-bskyur-vkhor-lo），10.《仪轨咒续》（chog-sngags-kyi-rgyud），11.《如意宝珠陀罗尼》（yid-bzhin-nor-buvi-gzungs），12.《无大悲心经》（snying-rje-chen-po-mi-bshol-pa），13.《光明部庄严经》（vod-zer-rnam-bkod），14.《莲花顶髻续》（padma-cod-pan-gyi-rgyud），15.《观音六字明经》（yi-gi-drug-pavi-mdo），16.《妙法白莲华经》（dam-chos-pad-dkar），17.《白莲华续》（punda-rikavi-mdo），18.《诸种河流经》（chu-klung-sna-tsogs-pavi-mdo），19.《光显经》（snang-ba-rol-bavi-mdo），20.《百八名经》（mtshan-brgya-rtsa-brgyad-pa），21.《遍示佛相经》（mtshan-rab-yongs-su-bstan-pavi-mdo）。此二十一部佛经虽如是所述，但在《遗教广史》一书中亦有之。上述经中之《光明部庄严经》《诸种河流经》《光显经》以及《遍示佛相经》等经籍，乃是今之《甘珠尔经》（bkav-vgyur）中所未载者。此外，《不空绢索经》一书，其详细（名称），即所谓之《仪轨咒续》。除此特殊者外，今存之《观音经续二十一种》（mdo-rgyud-nyer-gcig-po），此即《观世音功德说法经》（spyan-ras-gzigs-kyi-yon-tan-brjod-pavi-chos）之异名。又，松赞干布对吞米说道：凡所修持“年波桑哇”（gnyan-po-gsang-ba）中之所有（经书）均当加以诵读。因此乃产生《诸佛菩萨名称经》（pang-kong-phyag-rgyag，即《百拜忏悔经》）、《佛说大乘庄严宝王经》（mdo-sde-za-ma-tog，即《玉箧经》）等（经名）。又有谓者，言诸如《如意宝珠陀罗尼》（tsandha-ma-nivi-gzungs）、《佛说大乘庄严宝王经》及《诸佛菩萨名称经》，乃系自经藏（mdo-sde）中所分出之四种佛经[13]，如是，化身法王松赞干布将全部学识之根本均予攻读，消除了吐蕃之愚迷黑暗，以政教造益于吐蕃。

第四节　学邻族建政经验、设官及民政

其时，大臣（bkav-yi-blon-po-chen-po）凡三百人，其间主要之化身大臣（vphru-blon）凡十六人，彼等执行王命，捍卫王国安宁。又，《大伏藏》（thang-yig-chen-mo）载：朱吉纳钦日桑（vphrul-gyi-gnav-lcon-rigs-bzang）、相布杰吉陈桑（zhang-po-rgyal-gyi-khrim-bzang）、久若日贝贡桑（cog-ro-rig-pavi-kong-bzang）、拉塞肖巴甸桑（lha-gzigs-shog-pa-bstan-bzang）、嘎依尼雅敦培桑（ka-yi-snyag-ston-vphel-bzang）、贝江白吉来桑（sbas-cang-dpal-gyi-legs-bzang）等，此即所谓内相六贤臣（nang-blon-bzang-po-rnam-drug），此种大臣凡一百人，他们是王之御前侍从（sku-yi-zhabs-tog），执掌全部内务。强格琼波本松赞（byang-gi-khyung-po-pun-zung-btsan）、朗墀代拉墀赞（lam-khri-bde-blag-khri-bt-san）、木墀多吉囊赞（mu-khri-rdo-rje-rnams-btsan）、亭格强秋巧赞（thing-gi-byang-chub-mchog-btsan）、塔巴路益贝赞（thar-pa-klu-yi-dpal-btsan）、绒布楚吉代赞（rong-po-vphrul-gyi-lde-btsan）等，此即所谓外相六猛臣（phyi-blon-btsan-po-rnam-drug）。这类大臣凡一百人，他们掌握全部外务。[14]

再者，是时自东方汉地（rgya）及木雅（mi-nyag）获得工艺与历算之书。自南方天竺（dkar-povi-rgya-gar）翻译了诸种佛经。自西方之胡部（sog-po）[15]泥婆罗，打开了享用食物财宝的库藏。自北方霍尔（hor）[16]、回纥（yu-gur）[17]取得了法律（khrims）及事业之楷模。如是，松赞干布遂统治四方，边地之全部受用财富悉聚于（松赞干布）权势之下。于是，松赞干布遂成了半个世间的统治者。

贤者吞米桑布扎[18]、噶尔·东赞域松（mgar-gyi-stong-btsan-yul-bzung）[19]、支·塞汝贡敦（vbri-yi-si-ru-gung-ston）、娘·墀桑扬敦（nyang-gi-khri-bzang-yang-ston）等，他们是不可缺少之四大臣(med-thabs-med-pavi-blon-po)，此种大臣凡一百名。彼等保持（社会）中间之均衡，维护政教两法。因吞米首创藏文，遂称其为吐蕃七聪慧少年(bod-phrug-mdsangs-mi-bdun）中之第四者。又，墀桑扬敦(khri-bzang-yang-ston）系尼雅(snyags）之子（此句因断句不同，又可译作“墀桑扬敦尼雅之子”），其聪睿之业绩是：他将山上居民（ri-khyim）迁往河谷，于高山顶处兴建堡寨，以此改造城镇，而往昔之吐蕃家舍均在山上。因此，墀桑扬敦成为吐蕃第五位聪慧者。此后，松赞干布召集全体属民，宣布当制定政教两法这一重大法典。松赞干布闭关四年学习文字等知识（rig-gnas，即旧译之明处)。

赞普松赞干布（闭关学习）四年不出宫，安抚藏地的诸位大臣将赞普视为一位学痴。（赞普松赞干布）闻此传言后想到：将我视为一位学痴，就不能折服民众。遂将百姓会聚于一处后即曰：“我没有随处搬迁，居一方宫殿，百姓方能安逸。说赞普是呆子，造福国家，诸大臣的这种说法是错误的，但大臣全都是由我任命的。”

第五节　建行政区划、定法律、委任官吏

（松赞干布说）现在我要制定王朝大法（rgyal-khrims-chen-po）。往昔，因无法律以致众小邦（rgyal-phran）离散。况且，若无法律则犯罪猖獗，我之众属民亦将沦于苦难之中，故此，应当制定法律[20]。（松赞干布）讲后，据说遂即制定法律。所定法律为《六类大法典》（bkav-yi-khrims-yig-chen-po-rnam-drug)。

首先，将吐蕃划作五大如（ru-chen-lnga）[21]，划定十八个地区势力范围（yul-gyi-dbang-ris-rnam-pa-bco-brgyad），划分六十一个“桂东岱”（rgod-kyi-stong-sde-drug-bcu-rtsa-gcig）[22]，将“雍之人部”（gyung-gi-mi-sde）[23] 划分为“更”（kheng）及“扬更”（yang-kheng）[24]，由三尚一论（zhang-gsum-blon-bcas）[25]掌管中央集会会址（dbus-kyi-vdun-sa），三勇部（dpav-sde-gsum）卫戍边地哨卡（mthav-yi-so-kha），上述即所谓“六奎”（khos-drug）[26]。

再者，《六种大法》（khrims-yig-drug）之内容是：1.《以万当十万之法》（khri-rtse-vbum-bzher-gyi-khrims）；2.《十万金顶具鹿之法》（vbum-gser-tog-sha-ba-can-gyi-khrims）；3.《王朝准则之法》（rgyal-khams-dper-blangs-kyi-khrims）；4.《扼要决断之法》（mdo-lon-zhu-bcad-kyi-khrims）；5.《权威判决之总法》（dbang-chen-bcad-kyi-spyi-khrims）；6.《内府内法》（khb-so-nang-pavi-khrims）。上述即所谓六法[27]。

第三，《六种大法》之第一种《以万当十万之法》，因该法指出了从政措施和“奎”（khos）。据此，松赞干布对众臣诸一颁布委任，任命：吐蕃之奎本(bod-kyi-khos-dpon）为噶尔·东赞域松、香雄之奎本（zhang-zhung-gi-khos-dpon）为琼波苯松孜（khyung-po-pun-zung-tse）、苏毗之奎本（sum-pavi-khos-dpon）为霍尔恰秀仁波（hor-bya-zhu-ring-po）、齐布之奎本（chibs-kyi-khod-dpon）[28]为韦赞桑贝来（dbas-btsan-bzang-dpal-legs）、同乔[29]之奎本为久若结岑扬恭(cog-ro-rgyal-mtshan-gyang-gong）等。据说，其时建造了吉雪雄热（skyi-shod-shom-ra）、琼垄堆卡（khyung-lung-rdul-mkhar）、囊热霞屯、昌巴园（namr-zha-don-gram-pa-tshal）以及红岩山（ri-bo-gyav-dmar）等。

第六节　吐蕃五如的划分

据说，噶尔（mgar，即噶尔·东赞域松——译者注）与达杰（dar-rgyal，即dar-rgyal-mang-po-rje——译者注）设置了“奎”（khod）。首先，划分如仓（ru-mtshams，意为“如界”——译者注）：东至约卡之秀巴本顿（vol-khavi-shug-pa-dpun-bdun），南至玛拉拉举（rma-la-la-rgyud，意为玛拉山脉），西至秀尼莫（gzhu-snye-mo），北至扎之朗玛古普（prags-kyi-glang-ma-gur-phub），以逻娑小昭寺（lha-sa-ra-mo-che）为中心，以上为伍如（dbu-ru）[30]。

东至工域芝纳（kung-yul-bres-sna），南至夏武达果（sha-vug-stag-sgo），西至卡热康孜（kha-rag-gangs-rtse），北至玛拉拉举（rma-la-la-brgyud），以雅隆昌珠（yar-lungs-khra-vbrug）为中心，以上为约如(gyo-ru)[31]。

东至扎之朗玛古普（prags-kyi-glang-ma-gur-phub），南至尼亚纳木雅波纳（gnyav-nam-gyag-povi-sna），西至切玛拉古（bye-ma-la-dgu），北至弥地曲纳（smri-ti-chu-nag），以香之雄巴园（shangs-kyi-zhong-pa-tshal）为中心，以上为叶如（gyas-ru）[32]。

东至强木尼扎（vjam-ne-bkra），南至泥婆罗之朗纳(bal-po-glang-sna)，西至拉金雅弥（la-kem-gyag-mig），北至切玛拉温（bye-ma-la-sngon），以柴之土巴纳（brad-kyi-dur-pa-sna）为中心，以上为如拉（ru-lag)[33]。

东至聂域朋纳（gnye-yul-bum-nag），南至弥地曲纳（smri-ti-chu-nag），西至叶晓丁波切（yel-zhabs-sdings-po-che），北至纳雪斯柴（nags-shod-bzi-vphrd），以仓甲雪达巴园（tshang-rgya-shod-stag-btshal）为中心，以上为苏毗如（sum-bavi-ru，或译作孙波如）[34]。

上述即所划分之藏地叶如、如拉（gtsang-la-gyas-ru-dang-ru-lag）、卫地伍如、约如（dbus-la-dbu-ru-dang-gyo-ru）及附属苏毗如（yan-lag-gsum-pavi-ru。此中之“gsum-pa”当是“sum-pa”之误——译者注）等五如。

第七节　五如之势力范围

上述诸地之势力范围（dbang-ris）是：伍如雪钦（dbu-ru-shod-chen）为赞普君王区（btsan-po-mngav-bdag-yul）；波昌乃切（pho-brang-sne-che或译乃切宫）为赞普王民区（btsan-po-rgyal-vbangs-yul）；雅隆素卡（yar-lungs-sogs-kha）为沽氏（khu）、尼雅氏（gnyags）之地；羊卓（ya-vbrag）为康钦古仁五部之地（gangs-khyim-ku-rings-sde-lnga-vo-yul）；青昂青域（vching-nga-vching-yul）为桂氏（mgos）、努氏（snubs）之地；恰吾（bya-vug）地段为五昌父王（drang-rje-pha-lnga）之地；柴及雄巴（brad-dang-zhong-pa）定为那囊氏（sna-nam）之地；上下查荣（brag-rum-stod-smad）作为蔡邦氏（tshe-spong）之地；上藏下藏（gtsang-stod-gtsang-smad）为没庐氏（vbro）、琼波氏（khyung-po）之地；隆雪囊波（klungs-shod-nam-po）为竹氏（vdru）及牧区（phyugs-mt-shams）[35]之地；彭域东岱（vphan-yul-sdong-sde）为卓氏（sgro）、玛氏（rma）之地；娘若仲巴（nyang-ro-grom-pa）为芝氏（vbre）、杰氏（lce）之地；香与来（shangs-dang-gle）为齐日氏（phyi-ri）与来氏（gle）之地；大小雍瓦（yung-ba-che-chung）为阐卡氏（bran-ka）之地；夏康三部（zha-gang-sde-gsum）为大臣贝氏（blon-po-sbas）之地；囊日恰贡

（nam–ra–chag–gong）为珍氏（vbring）、恰氏（chag）之地；当雪嘎莫（vdam–shod–dkar–mo）[36]为恰氏（phya）与热氏（rwa）之地；多康（mdo–khms）、多钦（mdo–chen）为“八桂东岱”（rgod–stong–sde–brgyad）之地。上述共分十八区。

第八节　六十一“桂东岱”

所谓“桂东岱”（rgod–kyi–stong–sde），每如有八个东岱（stong–sde–br gyad）、一个小东岱（stong–bu–chung）及一个近卫东岱（sku–srung–gi–stong–sde），总分为十个东岱。托岱（dor–sde）与岱仓（sde–mt-shams）两部、秋仓（phyags–mtshams）与昌仓（vbrang–mtshams）两部、迥巴（com–pa）与支仓（vbri–mtshams）两部、吉堆（skyid–stod）与吉麦（skyid–smad）两部、叶热小东岱（yel–rab–stong–bu–chung）及东部近卫（sku–srung–shar–phyogs–pa）（各一部），共为十部。此即伍如十东岱（dbu–ruvi–stong–sde–bcu）[37]。

雅隆（yar–lung）、青隆（vphying–lung）两部，雅仓（yar–mtshams）、玉邦(gyu–vbangs）两部，塔布（dags–po）与尼雅尼（nyg–nyi）两部，聂（dmyal）及洛扎（lho–brag）两部，洛若小东岱（lo–ro–stong–bu–chung）及北部近卫（sku–srung–bya–phyogs–pa）（各一部）。此即约如十东岱(gyo–rivi–stong–sde–bcu)。

东钦（stong–chen）、香钦（shangs–chen）两部，朗弥（lang–mi）、泊嘎(phod–dkar）两部，年嘎（nyen–kar）及帐幕区（vbrang–mtshams）两部，波热(spo–rab)、松岱（gzong–sde）两部，香小东岱（shangs–stong–

bu-rgyung）及西部近卫（sku-srung-nub-phyogs-pa）（各一部）。此即叶如（十）东岱（gyas-rivi-stong-sde）。

芒嘎（mang-kar）、墀松（khrim-som）两部，仲巴（brom-pa）、拉孜（lha-rtse）两部，娘若（myang-ro）、墀塘（khri-vthang）两部，康萨（khang-sar）、开扎木（gad-pram）两部，措俄小东岱（mtsho-ngos-stong-sde-bu-chung）及南部近卫（sku-srung-lho-phyogs-pa）（各一部）。此即如拉十东岱（ru-lag-gi-stong-sde-bcu）。

吐蕃与突厥（dru-gu）之边界处有：俄久（vo-co）、芒玛（mang-ma）两部，聂玛（gnye-ma）、咱莫（tsa-mo）两部，帕嘎小东岱（ba-ga-stong-bu-hung）（一部）。此为上香雄五东岱（zhang-zhung-stod-kyi-stong-sde-lnga）。

吐蕃与苏毗（sum-pa）之边界处有：古格（gug-ge）、久拉（cog-la）两部，吉藏（spyi-gtsang）、雅藏（yar-gtsang）两部，机堤小东岱(ci-di-stong-bu-chung）（一部）。此为下香雄五东岱（zhang-zhung-smad-kyi-stong-sde-lnga）。以上总为香雄十东岱。

孜屯（rtse-mthon）、勃屯（po-mthon）两部，上、下桂仓（rgod-tshang-stod-smad）两部，上炯（vjong-stod）、下炯（vjong-smad）两部，上支、下支（dre-stod-dre-smad）两部，卡若(kha-ro)、卡桑（kha-zangs）两部，纳雪小东岱（nags-shod-stong-bu-chung）（一部），此为苏毗如包括同乔汉户十一东岱（sum-pavi-ri-stong-khyab-rgya-ldan-gyi-stong-sde-bcu-gcig）。这些即所谓六十一桂东岱（rgod-kyi-stong-sde-drug-bcu-rtsa-gcig）。

第九节　阶级划分、官制与军事组织

所谓“桂”（rgod）者，即高等属民（vbangs-rab-tshan）从事军务者之名称（dmag-gi-las-byed-pavi-ming）。此等桂，据谓有六十一个东本（stong-dpon-yang-drug-bcu-rtsa-gcig）。

上下伍如（dbu-ru-stod-smad）之军事长官（dmag-dpon）是那囊杰干（sna-nam-rgyal-rgan）及贝·杰桑达纳（sbas-skyes-bzang-stag-sna）。其副将(dpav-zla）为嫩番松（gnon-vphan-gsum）及薛普奎赞（shod-bu-khod-btsan）。其如马（ru-rta）为白鬃灰白马及赤色豹纹马。如旗（ru-dar）为花边红旗及红色吉祥旗。其军队（遍布皆是），据谓宛如雪落湖中一样。

上、下约如（gyo-ru-stod-smad）之如本（ru-dpon），为娘·达斯尤赞（myang-stag-gzigs-gyu-btsan）及綝·杰斯许仁（mchims-rgyal-gzigs-shud-ring）。其副将为叶芒热（gyas-mang-bzher）及索凯年热（so-gad-gnyan-bzhed）。如马为棕黄花斑马及白蹄赤色马。如旗是红色狮子旗及白色黑心旗。（其万马奔腾的蹄声）犹如雨落湖中一般。

上、下如拉（ru-lag-stod-smad）之如本，是没庐氏杰岑桑格(vbro-rgyal-mtshan-seng-ge）及琼波玉素普（khyung-po-gyuvi-zur-phud）。其副将为囊岱古策（gnam-sde-gur-tshab）及綝·赞热拉塞(mchems-tsan-zher-lha-gzigs）。如旗为白狮悬天旗及黑色吉祥旗。如马为鹅黄红鬃马及棕色黑鬃马。（其骑兵战马之多）据谓如同冰雹入雪一样，（蹄印遍布）。

上、下叶如（gyas-ru-sted-smad）之如本，是琼波达桑东（khyung-po-ltag-bzang-stong）及桂墀年扬却（mgos-khri-gnyen-gyang-vphyos）。其副将为措热再隆（mtsho-zher-tsad-long）及朗巴衮乃（lang-pa-mgon-ne）。如马为赤色火花马及青鬃马。如旗为黑旗白心，上画鹏鸟之旗及淡

黄花斑旗。（其骑兵快速凶猛）如若烈火燎原[38]。

再者，所划分的“雍之人部”（gyu-gi-mi-sde），此即称之为“雍”或者“更”（gyung-ngam-kheng），这些是做属民事的人员名称。此亦即所谓“扬更”（yang-kheng）、“扬阐”（yang-bran）及“宁悠”（nying-gyog）之名称是也。

又，努王斯巴（snubs-rje-sris-pa）等等是为“九王”（rje-dgu），洛昂牧马(lo-ngam-rta-rdshi）等等是为“七牧者”（rdshi-bdun）,卡容马鞍匠（ga-rong-sga-mkhan）等等是为“六匠人”（mkhan-drug），经营汉地之茶的茶商（rgya-ja-tshong-pa）等等是为“五商贾”（tshong-pa-lnga），达氏执掌立帐篷（gdags-sbra-vdsin）等等，是为“三执”（vdsin-gsum）。对于上述这些人划分为“更”（kheng）、“扬更”（yang-kheng）及“宁更”（nying-kheng）[39]。因此，凡一切所需均已完成。囊巴财库王（nam-pa-lde-rgyal）[40]、泥婆罗铜王(bal-po-li-rgyal)、苏毗铁王（sum-pa-lcags-rgyal）及门地娱乐王（mon-rtse-rgyal）[41]，这些即所谓四方面王（phyogs-kyi-rgyal-po-bzhi），他们收集赋税上献，因此，他们亦隶属于属民之中。

上部之没庐氏（vbro）、下部之綝氏（mchims）、中部之那囊氏（sna-nam）及大臣贝（blon-po-sbas），此即所谓“三尚四论”（zhang-gsum-blon-dang-bzhi），彼等行使尚论（sku-zhung）及大臣（blon-chen）职责。

所谓“上勇部”（dpav-bavi-sde-gsum），是在昌达巴山(ri-brang-stag-pa）以上、门地四柴卡（mon-dbral-kha-bzhi）以下，由没庐氏（vbro）、琼氏（khying）、噶尔氏（mgar）、努氏（snubs）及年氏（gnyan）等所谓之“古、久等五部”（gug-cog-sde-lnga）在此为官（dpon-byas）。突厥金眼王之小妃霍摩庞东坚（hor-mo-bang-mdung-can）之右乳被火烧后，射箭者射出三块像小狗头大小的石块，并在射出之方位——巴蔡处（dpav-mtshan）建达吉机波(stag-gi-spyil-po）庙。在战场上把马杀死，将马血涂在面部，以视决不退却、继续反攻，故征服了突厥。

所谓“中勇部”（bar-gyi-dpav-sde）是在贝囊隆山（ri-pe-nam-lung）以上、恰贡（cha-skong）及佩（bas）以下，由“十二贝佳部”（sbas-rgya-sde-bcu-gnyis）[42]居此，并任纳雪（nags-shod）之官（此部攻取南诏，即“ljang”——译者注）。南诏（ljang）女手拿镖枪之尖前往军中。进攻时，于巴蔡(dpav-mtshan）处剑上画有图案，带上饥饱之干粮，反穿破烂的衣服，进攻而将南诏征服。

所谓“下勇部”（smad-kyi-dpavi-sde）在玛朋木热（rma-pom-ra）以下[43]嘎塘陆茨（ka-thang-klu-tshe）以上，由“同乔九政权部”（mthong-khyab-srid-sde-dgu）及吐谷浑六东岱（va-zha-stong-sde-drug）所据（此部攻取汉地，即“rgya”——译者注）。汉地哨所城墙上排列有九匹战马，其中矮个子战将手拿一肘多长的战斧。反攻时，以顿顿吉普秋察（ltong-ltong-gi-bu-phyugs-mtshams）为官。于巴蔡（dpav-mtshan）处箭鞘破裂，露出遗嘱，遂将其置于女人附近。准备反攻时，汉军投降，故称其为“下勇部”（smad-kyi-dpavi-sde）。

第十节　七官、六决议大法及六告身

七官（dpon-bdun）是：域本（yul-dpon，意为“地方官”——译者注）之职责是依法治理小地区（yul-chung）；玛本（dmag-dpon，意为“军事长官”——译者注）之职责是克敌制胜；戚本（chibs-dpon，意为“司马官”——译者注）[44]之职责是（为王）引路；安本（rngan-dpon，意为“度支官”——译者注）[45]之职责对管理粮食及金银者斥其罪责，遂交由安本掌管；楚本（phru-dpon）[46]管理母牦牛、犏牛及安营设帐等事；昌本（drang-dpon）[47]行使审判职责。以上即所谓七官。

此外，尚有“六决议大法”（bkav-gros-chen-po-drug）、“六告身”（yig-tshangs-drug）[48]、“六标志”（bkavi-phyag-rgya-drug）[49]、“六褒贬”（rkyen-drug，原意为“六条件”或“六因”）、“六勇饰”等，（dpav-mtshan-drug）遂总称之为“吐蕃三十六制”（bod-kyi-khos-sum-bcu-rtsa-drug）。

供养王者、献纳赋税、“桂”行使镇压职能，使“扬更”[50]有所依恃，“更”不被派作“桂”（意为“奴隶不被派作武士”——译者注）、女不参政、保卫边境、驰马不得穿越园田、克敌保民、行十善[51]、杜绝十不善[52]等等，以上即所谓“六决议大法”（bkav-gros-chen-po-drug）。

所谓告身（yig-tshangs），最上者为金、玉两种、次为银与颇罗弥（phra-men）[53]，再次为铜与铁文字告身。总为六种。告身各分大小两类。总为十二级。再者，大贡论（dgung-blon-chen-po）赐以大玉文字告身（gyu-yig-chen-po）、次贡论（dgung-blon-vbring）及大内相（nang-blon-chen-po）赐以小玉文字告身（gyu-yig-chung）。又，低级贡论（dgung-blon-tha-chung）、次内相（nang-blon-vbring）、决断大事（bkav-yo-gal-vchos-pa-chen-po）等三者赐以大金文字告身（gser-yig-chen-po）。又，低级内相（nang-blon-tha-chung）及次噶论（bkav-blon-tha-chung）赐以小金文字告身（gser-yig-chung）。又，低级噶论（bkar-blon-tha-chung）赐以颇罗弥告身（phr-men-gyi-yi-ge）。再者，寺院之阿阇黎、持咒者及高低级权臣（stod-smad-kyid-dbang-blon）等，赐以大银文字告身（dngul-gyi-yi-ge-chen-po）。对于保护（王臣）身体的本教徒、侍寝官员、管理坐骑人员（chibs-kha-ba）、羌塘向导（sa-mkhan，或译“堪舆家”）、保卫边境哨卡者以及守卫宫廷之最高处者等等，均授以小银文字告身（dngul-yig-chung-ba）。父民六族（yab-vbangs-rus-drug）等授以青铜告身

(vkhar-bavi-yi-ge)。东本(sdong-dpon)如本(ru-dpon)授以铜文字告身(zangs-yig)。作战勇士赐以铁文字告身(lcags-yig)。灰白色硬木并画以水纹的文字告身(tha-shing-skya-chu-ris-kyi-yi-ge)授予一般属民[54]。

注释:

[1] 此为松赞干布之母的名称。

[2] 《贤者喜宴》(53页下)作者认为,松赞干布生于阴火牛年(617年,丁丑),死于阳土狗年(sa-pho-khyi,戊戌,698年),享年八十二岁。《布顿佛教史》(《bde-bar-gshegs-pavi-bstan-pavi-gsal-byed-chos-kyi-vbyang-gnas-gsung-rab-rin-po-chevi-mdshod-ces-bya-ba-bzhugs》)亦载,松赞干布生于阴火牛年(me-mo-glang),终年八十二岁,见该书木刻版118页下及119页下。《青史》(木刻版24页上)虽亦认为松赞干布享年八十二岁,但生年是阴土牛年(己丑,569年),死年是阳铁狗年(lcags-pho-khyi,650年)。《松赞干布遗训》(木刻版245页下)则认为,松赞干布享年八十五岁,死于阴木牛年(shing-mo-glang,乙丑)。《白史》(deb-ther-dkar-po)认为,松赞干布生于火牛年,土牛年继位,三十四岁铁狗年(lcags-khyi)死,见该书青海民族学院排印本,87~88页。西北民院王沂暖教授考证认为,"松赞干布生于癸丑年,公元593年,卒于庚戌年,公元650年,享年五十八岁"。见《西北民族学院学报》,1980年第1期《松赞干布的生年卒年与享年》。

综上所述,虽作者看法不一,但目前多数作者认为松赞干布于"永徽年死(650年)"的记载较为可靠(见《新唐书·吐蕃传》)。其原因是:汉文记载与敦煌古藏文文书记载基本一致,据最近法国出版的《敦煌古藏文文书选辑》(*CHOIXDE DOCUMENTS TIBE' TAINS*,巴黎,1979年,上、下册)看,在这些640页的影印敦煌文书原件中,绝大多数清晰可辨,尤其在纪年部分,关于松赞干布的死年一段记载,由于原文是楷书，字体甚为工整，所以很易辨认，今据其中579页，伯希和藏文卷子1288号原文，将这段译出："此后三年，于赞普墀松赞（btsan–po–khri–srong–rtsan）时，灭黎纳许（lig–snya–shur），将全部香雄（zhang–zhung）收为属民（vbangs）并予统治。此后六年，赞普墀松赞归天，与赞蒙文成公主（btsan–mo–mun–cang–kong–co）同居三年。""迄狗年（khyivi–lo），厝祖赞普墀松赞（btsan–po–myes–khri–srong–rtsan）之遗体于青瓦（phy-ing–ba），久匿于灵堂……"文中之"三年"或"六年"，据上下文看，是指文成公主抵藏三年或六年，总计为九年，而《新唐书·吐蕃传》载，唐贞观"十五年，妻以宗女文成公主"，时在公元641年，加上上述之九年，正好为公元650年，此与敦煌文书之狗年（650年）基本相合。再者，在这段敦煌纪年的开始部分，原藏文卷子尚有九行残缺较严重的文字，这是巴考在《敦煌吐蕃古藏文文书》中所未收录的，虽很重要，但在涉及松赞干布生卒年方面关系不大，故待后文译述。

关于松赞干布享年，由于《青史》《红史》及《布顿佛教史》等名著，均主张八十二岁一说，虽其中矛盾较多，但在藏史中影响较大。

[3] 墀松赞（khri–srong–btsan）一名，在《敦煌吐蕃古藏文选辑》的568页，伯字1287号中，又称作"btsan–po–srong–btsan–sgam–po"。之所以称为松赞干布，据《敦煌吐蕃古藏文文选》574页中，伯字1287号卷子载，因其在内政外务诸方面"法度贤明、政绩崇伟"，"所有民众对其感恩戴德，遂上尊号为松赞干布。"对此，后世藏籍又谓："王子（指松赞干布）虽尚未成年，但却想做超世间之业绩，因其志向广博，故众大臣说：'我等之王子心胸甚为深邃！'由是乃称其为松赞干布（意为心胸深邃的松赞）。"又说"松赞"一名是"父王命其名为松赞"。上述两则，出处均见《玛尼宝训》(ma–ni–bkav–vbum) 德格木刻版，ka函，162页。看来，《玛尼宝训》与敦煌卷子的说法，两者大体一致，所不同者仅时间前后有别。

汉文史料对松赞干布一名译作弃宗弄赞、弃苏农、弄赞（《新唐书·吐蕃传》）及弃苏农赞（《通典》）等。唐代汉籍对吐蕃及其赞普称号的译文一向严谨。例如：对藏文称呼赞普的“vphrul-gyi-lha-btsan-po”，译作“圣神赞普”（见敦煌汉文卷子《宰相尚腊藏嘘律钵礼佛文》及唐蕃会盟碑汉文部分等）。近阅《敦煌吐蕃古藏文文选》影印原件，其中525页，伯字1263号是一汉藏对照词汇，对“bod”（吐蕃）和“bod-gyi-btsan-po”（吐蕃赞普）的译法与一般所见不同，该卷词汇将译作汉文“特蕃”或“土蕃”（原文将“土”字写作“主”），而将对译汉文为“土蕃天子”。特别是，还有“spu-rgyal-pon-gi-btsan-po”的写法（同书312页，伯字1038号）这几条资料，对进一步研究“bod”字的读音与翻译，及对“btsan-po”一词的含义，无疑是极为珍贵的资料。另参见第一章的有关注释。再者，关于囊日松赞之死，《松赞干布遗训》一书与敦煌文献说法有别，该书载：囊日松赞去猎杀牦牛，“因食牦牛肉，被肉毒致死。”（见该书84页）。

[4] 据藏文《西藏大藏经》中之《丹珠尔·目录》（bstan-vgyur-dkar-chag）载：“人王松赞干布当其十三岁时被授权执政。”（日本影印北京版藏文大藏经，卷151，65页，《丹珠尔》首函目录，11页上）《西藏王臣记》《布顿佛教史》也认为是被授权执政的。但《玛尼宝训》说法特殊，该书说是松赞干布请求授权给他：“此后，十三岁时，化身王子想道：眼下雪域王国，需要以佛法调服，居此之众人均为父猴与母岩魔之子，因将成为畜生，故需严加调服，当以猛烈之法镇压解决，然后调服之。为此，需要一种大权，于是想道：我需要王位和授权。继之，便对其父母说：我以前在无量光佛跟前，曾同意以佛法调伏北方雪域之王。因此我请求授权。为此，其父母极为欢欣，并将全体属民召集至此，请王子坐于宝座之上，将王权交出，由是（松赞干布）即成为雪域王国之君……”（《玛尼宝训》，265页）而《红史》（民族翻译局打印本，45

页）及《新红史》（意大利影印手抄本，18页上）均认为囊日松赞死后，松赞干布才受权。《红史》载："十三岁时，其父被杀而死，为此请求（松赞干布）受权，因此松赞干布掌政六十九年。"《雅隆觉卧佛教史》说法与《贤者喜宴》同，即指出了上述两种情况。

[5] 此寺是松赞干布时所建，内有壁画，文成公主曾居此，今乃东县。详见后译文。

[6] 松赞干布初掌权时，吐蕃政局甚险，据《敦煌吐蕃古藏文文选》568~569页，伯字1287号卷子，松赞干布之父被杀，属部叛乱。"赞普松赞干布时，父之属民逆行，母之属民反叛，亲戚香雄（gnyen-zhang-zhung）、牦牛（部）苏毗（mdso-sum-ba）、尼雅尼达布（nyagnyi-dags-po，此为原文写法）、工布（rkong-po）以及娘布（myang-po）皆叛。父王囊日伦赞被进毒而逝。王子松赞幼年亲政，首先想到的，即斩绝诸进毒者及其世系。此后，彼之所有叛民（myi-log）复收为属民。继之又派芒布支尚囊（mang-po-rje-zhang-snang）将苏毗（sum-pa）户数不失，尽收为真正之属民。"又后，"在此王时，发兵攻香雄王，统其政务，香雄王黎弥夏（lig-myi-rhya）失败，全部香雄收为属。"（同卷号，574页）

这里应提到的是，松赞干布此后向东发展，他"攻党项、白兰羌，破之"，"地乃入吐蕃，其处者皆为吐蕃役属，更号弭药（mi-nyag，当为宋之西夏，今之木雅——译者注）。"见《新唐书》之《吐蕃传》《党项传》。其中最主要的就是攻取吐谷浑，据《敦煌吐蕃古藏文文选》568页，伯字1287号卷子载："其后，赞普亲巡，当未抵北方亦未发兵之时，汉（人）与吐谷浑（va-zha）即已纳献贡赋，从此，吐谷浑首先被收为属民。"对此，这次《敦煌吐蕃古藏文文选》所发表的吐蕃纪年部分，在文成公主进藏前就有如下关于攻吐谷浑的记载；"赞普墀松赞乘隙前往北方，吐谷浑与汉地（下文残缺）……""……和吐谷浑两者交纳贡赋。"由于此句正在有关噶尔·禄东赞迎文成公主至吐蕃的记载之前，所以，此次攻吐谷浑当在641年之前。这与汉文史料记载相合，《吐蕃传》就记载，在文成公主进藏前，“弄赞怒，率羊同共击吐谷浑……尽取其资畜”。

需补述者，即吐谷浑一名，藏文作“va-zha”，汉文《北史·吐谷浑传》译为“阿柴虏”。唐书称之为吐谷浑、退浑。《敦煌吐蕃古藏文文选》525页，伯字1263号卷子，在这份汉藏对照词汇中，将“va-zha”对译为“退浑”，将“va-zha-rje”对译作“退浑王”。

总之，松赞干布下决心征服属部，巩固政权，上述史料说明了这一点。后世藏籍所说：“将一切边地小邦（mthavi-rgyal-phran）尽行统治。”（《布顿佛教史》，118页下）看来其所云是有根据的。

[7] 关于松赞干布在红山建宫堡的目的，据藏文《大藏经》之《丹珠尔·目录》11页上载：“为发展先祖之基业乃建红山宫（pho-brang-dmar-po-ri）。”（据实地情况，此句应是“在红山建造宫堡”方妥。今从原文）。对于松赞干布迁都逻娑（罗娑），藏文典籍载：“此后，松赞干布想道：我先祖拉托托日年赞曾考虑为了雪域众生，将居何处？想后，乃令居于红山（dmar-po-ri），松赞干布晓知此事后，又想：‘为了吐蕃属民事业，我亦当前往曾被先祖所加持的吉祥之地。’此后，即建造嫩达查堆园（snon-mdav-sbra-stod-tsal），并将供物用牲畜驮运，迎往之。此诸物遂置于雅昌（yar-vphrang）之鹏翅崖。”（《玛尼宝训》，169页上）。同时，该书又载：“化身松赞干布想道：‘现今，对此雪域王国我将完成教化之事，为了众生将于何处修行？’随后乃以神通之力观察，得见当在拉托托日年赞所居之吉雪（skyid-shod）地区修行。于是，将各种供物以车迎送，并连同眷属臣工人等一起前往……此后抵达达日卡（stag-ri-kha）并建宫室居之。”（《玛尼宝训》，270页上、下）。文中之吉雪，即逻娑河下游，达日卡即前译文达日年塞看到盘羊的达莫山（stag-mo-ri），其地亦在逻娑河下游。

[8] 此仲格萨尔（khrom-ge-sar）献赋税等事，在《大昭寺志》（lha-

ldan-sprul-pavi-gtsug-lag-khang-gi-dkar-chag-shek-dkar-me-long-bzhugs)中亦有记载："(松赞干布时)天竺、汉地、大食及格萨尔(ge-sar)等诸大王，对松赞干布尊敬顶礼，并献宝物贡赋。"(木刻版，3页上)所不同的是，这里的ge-sar(格萨尔)在写法上不同《贤者喜宴》的仲格萨尔(khrom-ge-sar)。那么khrom(仲)这个地望在何处？据《五部遗教》中《大臣遗教》载："在北方七星(skar-ma-rme-bdun)升起的(天空)之下，所谓仲地(khrom)之内有格萨尔武王(ge-sar-dmag-gi-rgyal-po)。"(该书6页下)"格萨尔武王"一名在《西藏王臣记》(44页)内有同载。此处将仲地(khrom)大体方位标了出来，但具体究竟在何处？据《敦煌吐蕃古藏文文选》493页，伯字1217号卷子，这是一封吐蕃驻河西走廊一带的将领上报文书，开头写着"大尚论之大仲会址(zhang-lon-chen-povi-khrom-chen-povi-vdun-sa)"。再者该文选429页，伯字1083号卷子，也是一封吐蕃大臣(blon-chen-po)的呈报文书，文书之尾右下方盖有一方印，印上方是一飞犬一类的坐兽，其下写有楷书"khrom-chen-po-nas"(下残)，意为：自大仲……该文书专门报告"汉地沙州人兄妹"(rgya-sha-cuvi-bu-sring)的事。

综上可知，"仲格萨尔"的"仲"(khrom)，有可能就是指包括沙州在内的河西"大仲"(khrom-chen-po)一带，亦即"瓜州仲之会址"(kwa-cu-khrom-kyi-vdun-sa)，见伯字1079号卷子。但更重要的问题并没解决，据巴考的《敦煌吐蕃古藏文文书》(巴考所收文书，绝大部分均在其中)以及《西藏东北部民间文学》《贤者喜宴》等书，在这些书中记载吐蕃诸小邦时，均未见格萨尔一名，最近在《敦煌吐蕃古藏文文选》544~545页，伯字1283号卷子，及600页，伯字1290号卷子，这两个卷中，前者以记述吐蕃四邻(主要是北方、西方、东方)各族情况(突厥、吐谷浑、霍尔……)为主；后者专记吐蕃内部各小邦情况。但在上述记载中，亦均未见"格萨尔"一词。

在藏史记载中，“格萨尔”是一个复杂的矛盾的问题，因除上述“khrom-ge-sar”“ge-sar-dmag-gi-rgyal-po”外，尚有“上拉达克格萨尔”（la-dwags-stod-ge-sar，《拉达克王统记》，35页）、前往古天竺萨霍尔(za-hor)地区求婚的ge-sar（见《莲花生传》，75页下）。此外，据西北民院王沂暖教授著文载，还有“gling-ge-sar”“hor-ge-sar”等等（见《西北民院学报》1979年第1期《格萨尔王传》中的“格萨尔”）。总之，因藏史记载格萨尔较多，故列上述几条史料，供读者研究。

[9] 关于松赞干布时创制文字一事，据《敦煌吐蕃古藏文文选》574页，伯字1287号卷子，其中记载：“吐蕃以前尚无文字，于此赞普时方有之。”至于创制文字的目的，藏籍有如下记载。《西藏王臣记》说：“观世音菩萨人王（松赞干布）想道：在保护众生所应做的一切事物方面，虽然以智慧的太阳彻底消除了隐隐形成的黑暗，但是，为使愚昧的众生之心境与此情况相适应，当以纯洁之政教二法加以护持，对此，文字则是一切功德之根本……此后，聂地(gnyal)吞米阿努之子桑布扎及随行奴隶人等，携带金粉一升、金钵一个等等……前往圣地天竺学习文字。”（北京排印本28页）《玛尼宝训》则说：“当前，雪域王国需掌握佛法，然而，学法则需文字，可是吐蕃尚无文字。”（264页上）这是从为发展佛教的角度来谈学文字的目的。

但本教史说法与此大相径庭，认为在松赞干部以前吐蕃已有文字，据《雍仲本教史》载：“首先由桑波朋墀（sangs-po-vbum-khri）及辛饶大师(ston-pa-gshen-rab）二人创造(文字)。”并从语言和文字两方面论述。该书引用本教经典（mdo）说，首先有雍仲神语（gyung-drung-lha-skad)，然后依次演变为自在神语（ye-srid-lha-skad，或译根本神语）之六大语系（skad-rigs-chen-po-drug)、大食八种本教语（stag-gzigs-bon-gyi-skad-brgyad)、二十四种香雄玛语（zhang-zhung-smar-gyi-skad-rigs-nyer-bzhi)，最后由香雄玛语演变成悉补野吐蕃语（spu-rgyal-bod-kyi-skad)。至于文字的演变，该书说：由“神文”（lha-yi-yi-ge，或译“天文”）经大食本教徒(sdag-gzigs-bon）转变为“崩文”（spungs-yig，或译“聚集文”），诸崩文又经香雄译师（zhang-zhung-gi-lo-tsa-ba）转变为“大小玛文”（smar-yig-che-chung），而大小玛文又被香雄和吐蕃译师(zhang-bod-kyi-lo-tsa-ba）转变为“大玛行书体”（smar-chen-rdsab-yig）及“小玛楷书体”（smar-chung-vbru-ma），并对此加以推广。据谓，在香雄之切玛雍仲园（zhang-zhung-bye-ma-gyung-drung-gi-tshal），由香雄学者东图钦（stong-mthu-chen）和吐蕃学者夏日乌钦（sha-ri-dbu-chen），将本教的八万四千香雄语转变成吐蕃语（文）。（以上两则，均见《雍仲本教史》，48页下）关于上述情况，本教史《格言宝库》亦有类似记载（129~130页）；该书还说由香雄语（文）转变成吐蕃语（文），是在“切玛雍仲之八十二泉的上部，根据辛饶米波大师（gshen-rab-mi-bo）的经典（bkav-gzhung），将吐蕃和香雄两种语汇之疑难部分加以存疑，而确定所能存留的词汇”（129页下）；该书还谈到译经事，说吐蕃本教徒琼波达扎屯祖(khyung-po-stag-sgra-don-gtsug)、聂黎许达仁(snya-li-shu-stag-ring)、贝雪昌（be-shod-khram）及墀祖（gco-khri-gt-sug）四人，吐蕃王给他们装满一野牦牛角的金粉，派他们去香雄学本教，后来他们将本教的《四大密部》《大十万部五种》及内外略等众多本教经籍，从香雄地区带往吐蕃，并将这些经籍献给吐蕃王看，吐蕃王甚喜(见129页上)。

关于上述本教史的说法，目前有待出土实物加以证明，迄今尚未发现确实的所谓用本教文字所记载的实物。此外，王忠同志在《〈新唐书·吐蕃传〉笺证》中，还支持《拉达克王统记》的译者弗朗克的看法，认为西藏文是依我国和阗文改制而成。其根据是“李瑾（教吞米习字的老师——译者注）之李即李域（应是“li-yul”——译者注）之李，李域为于阗，藏文与古于阗文最为接近”（见该书11页)。

[10] 《松赞干布遗训》对吞米造字尚有如下记载:“这些字中,前加字有五:ga、da、ba、ma、va,后加字有九:ga、nga、na、ma、ra、la、sa(原文如此——译者注),由是前加字及后加字就不致有误。‘ca’字,是取字久若地区(cog-rovi-yul);‘za’字则取自萨霍尔地区(za-hor-yul);‘zha’字取自香雄(zhang-zhung-gi-yul);‘va’字取自吐谷浑地区(va-zhavi-yul);‘cha’与‘ja’二字,系吞米心中所思;下加字及其他支属等均凭借智能制成,于是,乃将天竺之五十字(母)集制成吐蕃三十字(母)。”(该书89页)

[11] 吞米,出生地是聂(gnyal),今隆子县境。其名桑布扎,意为西藏(吐蕃)优秀者,是当时天竺学者给他的梵文尊号。藏史记载他的头衔较多,《逻娑大昭寺志》(3页上)称其为“却论”(chos-blon,意为执法大臣或信教大臣),其地位在大论(blon-chen-po)之上。

[12] 此时所迎四邻高僧至吐蕃,《大藏经》之《丹珠尔·目录》所载人名与此略有不同:“阿阇黎古萨热(旧译法师估萨罗)、夏热嘎(sha-raka,旧译沙罗恰)。尸罗曼殊及和尚摩诃衍那(hwa-shang-ma-hwa-ya-na)等,分自天竺、汉地及泥婆罗前来,自是三部经藏(sde-snod-gsum)及诸深奥大悲佛典得以受用,此即建立佛教之规范。”(见《大藏经》151卷,《丹珠尔》首函目录,11页上~11页下,版本同前)。

[13] 藏史多认为松赞干布时就翻译有佛典。八思巴的《彰所知论》(shes-bya-rab-gsal)亦载:“双赞思甘普(即松赞干布)时,班弥达名阿达陀,译主名曰端美三波罗(即吞米桑布扎),翻译教法、修建袷萨(即逻娑)等处精舍,流传教法。”(见日本《大正新修大藏经》,第32卷,《论集部》,226~237页)《青史》所列经书甚少,但却从当时的宗教活动来反映,该书说:“松赞干布长时间学习文字。吞米翻译《宝云经》。再者,松赞干布任教主(chos-gyi-bdag-po)之后,广泛诵读《观音六字明经》、大威德、护法依怙及佛母等诸种佛典,并以这些佛典进行修

行，遂显出众多神变。”（木刻版，ka函，20页下）该书又载：“松赞干布依恃各种喜怒之神（像），作为修密咒之法(gsang-sngags-kyi-sgrub-thabs)。此后，修上述诸佛的众生所在多有。”（木刻版，ga函2，页下）

据《西藏王臣记》载，吞米在天竺时还寻求大乘经典（theg-pa-chen-povi-dma-chos），并学了《观音经续二十一种》，返吐蕃后就翻译了此经（见该书排印本，28~29页）。《莲花生传》指出，当时译经是有主次的，该书说“佛典以《宝云经》为主”（该书，木刻版，108页）。

特别是《玛尼宝训》，它详述了当时译经的情况，其时，松赞干布、文成公主及泥婆罗公主亲自当施主（yon-bdag），而且持续译经，长达十三年之久。其情况是：“天竺阿阇黎古萨热的施主是泥婆罗公主墀尊(jo-mo-khri-btsun)，译师是吞米；婆罗门香嘎拉(sham-ra-ri，即shang-kar）之施主是松赞干布，译师是达摩郭霞；汉地堪布（mkhan-po，即hwa-shang-mhwa，和尚摩诃衍那）之施主是文成公主，译师是文成公主本人及拉垅多吉贝；泥婆罗（尸罗曼殊）的施主是墀尊公主，译师是墀尊公主本人及吞米。对诸班智达及译师授以丝坐垫，其前面置以米酒，葡萄酒、青稞酒及食品等各种丰富的饮食。随后松赞干布诏令说：为了调服雪域红面罗刹之王国，请天竺阿阇黎古萨热翻译对法藏经部及广中略三种《般若经》；请泥婆罗阿阇黎尸罗曼殊翻译经藏部及《华严经》《观音经续》等；请婆罗门香嘎拉翻译律部、偈文、调服提舍及密乘事部经续等等，请汉地堪布（摩诃衍那）翻译历算、药物及医疗法等等。松赞干布说罢，即赐给每人一升金粉及一个曼陀罗，而诸译师则以此作为最高供奉。于是，此后译经持续十三年之久。”（该书282页下）“译经功成，松赞干布对诸班智达深表谢忱和爱憨。亲渝送请班智达返回本地，并赐以礼品，作为赞普的供奉。”（同书283页上）

松赞干布还同时发展本教，而且与佛教并行发展，据《玛尼宝训》载，松赞干布让上自公主、王子以内外一切眷属均学习《观音六字明经》

之法，下自一般凡人（skye-po-tha-mal-pa）学习作为“经咒之穗”（gzung-kyi-snye-ma）的故事（sgrung）及有关佛法知识（rigs-pavi-chos）的谜语（ldevu）。（该书283页）与此同时，又自香雄（zhang-zhung-yur）迎请香雄本教徒拉岱木（bon-po-zhang-zhung-lha-ldem），让人们向被呼为“塞”（gsas，住在神体内的男子——译者注）的本教徒阿哇（a-ba）学习。对于病人，可以使之卜卦、祭神（天），举行本教活动、驱鬼。如是，对男女众生及一切病者均有受益。并诏令吐蕃从佛者，对病者诵《般若颂》，对死者颂《华严经》，等等，使生、死两者均得享佛法之益。（同书283页）

综上可知，如果史料确系如此，那么松赞干布时的佛教事业应是有所建树的，所以吕澂先生在《西藏佛学原论》中指出：“……译宝云、宝箧等经，此实为佛学传播之始。”据《敦煌吐蕃古藏文文选》509~511页，伯字1257号卷子，这是关于佛经名称的卷子，均系汉藏对照，共有对译经名88部，此外尚有只有藏文经名的佛经名称多部。其中就有四部经与《贤者喜宴》所记相同，这些经是：《报云经》（dkon-mchog-sprin，即《宝云经》）、《不空绢索经》（don-yod-pavi-zhags-pa）、《大般若经》（shes-rab-vbum-pa）及《月灯三昧经》（zla-bavi-sgron-ma-ting-nge-vdsin-gyi-rgyal-po，即《月灯经》）。这几部很可能就是松赞干布时译经的流传。然而，有人从实物角度说：“但诸译典今无一存，所传如何莫从推晓。”（吕澂：《西藏佛学原论》，21页）迄今据说仍未见经书实物。

[14] 《吐蕃史世系明鉴》亦有同样记载，所不同者，该书对每个大臣标明是什么地方的人，值得指出的是，大臣相布杰吉陈桑被指明是霍尔人（hor），此说可见该书德格木刻版，32页上~32页下。

[15] “sog-po”一词，由于在后期的藏史以此名称呼蒙古人，所以对此词的解释多有探讨。李方桂在《释藏语中的sog》一文中，他支持并发

挥了蒲立本（E.G.Pulleglank）的说法，认为sog-po原指粟特人。（CAJ.VoLⅢ.Nr.2.《Notes on Tibetan sog》）关于唐代对此词的注音，据《敦煌吐蕃古藏文文选》525页，伯字1263号卷子，将“sog-po”一词对译为“胡”。（此卷为《汉藏对译词汇》）

[16]“hor”一词，在后期藏史中亦用此词称呼蒙古，因此，此词也是藏学界注意探讨的问题。此词在古藏文中有载，据《敦煌吐蕃古藏文文选》544~548页，伯字1283号卷，指出在北方（意指吐蕃北方）有王存在，记载“霍尔王发布命令”（hor-gyi-rgyal-pos-bkav-stsal-te）。在相连的段落中，多次记载周围的民族同霍尔作战，有些部落要向霍尔人贡献兽皮。文中还详细记载与其相邻的“突厥九族”（dru-gu-rus-dgu）、吐谷浑（va-zha）等等的情况。看来，《贤者喜宴》这里所说的“北方霍尔”，在方位上是对的。

唐代对“hor”一词的译名，据中央民族学院王尧教授著文说：“敦煌遗书P.246号《藏汉对照字汇》中，以突骑施称突厥，对回纥人称霍尔(hor)。”（见作者所辑《敦煌古藏文历史文书》）再者，从古藏文对回纥、突厥的翻译看，都称作“dru-gu”，同时又以此词称“hor”人。又据上文，伯字1283号卷子是将“hor”与“dru-gu”明确分开的。看来，唐代藏文对“hor”一词的用法并不规范。

[17]此词（yu-gur）应是9世纪中叶以后对回鹘的称谓。9世纪中叶，回鹘内乱，其中一支东迁至河西走廊，史称其为河西回鹘。10世纪初建立王朝，又称甘州回鹘。元代称“撒里畏吾”，明代称“撒里畏兀儿”。这一支自称“尧乎尔”，当是“yu-gur”的对音，1953年称今之裕固族。看来，《贤者喜宴》作者是用稍晚期的“yu-gur”称呼松赞干布时的“dru-gu”。

回鹘藏文译名，由“dru-gu”而至“yu-gur”，有个演变过程。其汉文译名，据《敦煌吐蕃古藏文文选》525页，伯字1263号卷子，在这卷汉藏对照词汇中，将"dru-gu"对译为"回鹘"。

[18] 吞米桑布扎（tho-mi-sam-bho）。其家族多人任吐蕃相位，其氏族中之吞米·真波杰赞（mthon-myi-vbring-po-rgyal-btsan）曾任大相（blon-che）。见巴考：《敦煌吐蕃历史文书》，100~101页。这里之"mthon-myi"当即"thon-mi"。在《五部遗教》之《大臣遗教》将"thon-mi写作"thu-mi"，并记载其世系："图氏（thu，即吞"thon"——译者注）出现三相（blon-po）：真多日阿努（vbring-to-re-a-nu）、图米杰岑囊拉潘（thu-mi-rgyal-mtshan-snang-la-vphan）及图米路芒支（tu-mi-klu-mang-dred）等三人。"（该书，木刻版，8页上）在《王者遗训》中，将"thon-mi-sam-bha"写作"tu-mi-sam-bha-ta"（该书50页上）。

[19] 噶尔·东赞域松。其家族亦多人为吐蕃相（blon-che）。巴考之《敦煌吐蕃历史文书》载，噶尔·墀扎孜门（mgar-khri-sgra-vdsi-rmun）及噶尔·芒祥松囊（mgar-mang-zham-sum-snang）曾先后为相。《大臣遗教》（blon-po-bkav-thang）载噶尔家族世系是："噶尔氏有大相五人，即噶尔·松赞域松（mgar-srong-btsan-yul-gzung，当即stong-btsan-yul-bzung）、钦陵赞垂（khri-vbring-btsan-grol）、赞悉若东甫（btsan-snya-sdom-bu）、墀托杰阿努（khri-thog-rje-a-nu）及墀扎森隆（khri-sgra-zin-lung）等五人。"（该书7页下）《旧唐书·吐蕃传》载有禄东赞后裔情况："东赞有子五人，长曰赞悉若，早死，次钦陵，次悉多干，次勃论。"又据《张说之文集》载，上述五人的辈分是："拔川王论弓仁者（为钦陵之子——译者注），源出于疋末城，吐蕃赞普之王族也，曾祖赞、祖尊、父陵，代相蕃国。"（上海商务缩印本，卷17，111页）。论弓仁及赞婆后均投唐，授封并委以重任。噶氏家族"兄弟皆才略沈雄"（《新唐书·吐蕃传》），先后掌吐蕃实权近五十年，其中尤以禄东赞影响最大。《敦煌吐蕃古藏文文选》伯字1287号卷子曾赞扬说："在上者以墀松赞才略深沉，墀松赞以下之贤臣（blon-vdsangs）则为东赞域松。"

[20] 关于制定法律，据《松赞干布遗训》说，其主要目的是为了维护王族的利益，该书载："如无法律，则罪恶峰起，我之子孙及尚论等人势将沦于苦难，故当制法。"（见该书90页）对此，《玛尼宝训》亦载："往昔，十二小邦在吐蕃制造法律，致使十不善（mi-dge-ba）泛滥，吐蕃因之不安。我乃护法之王，当为全吐蕃造十善业绩。再者，无法律，十不善得逞，三恶趣将生矣！"（该书163页下）

[21] 如（ru），意为翼，系始于松赞干布时的行政区划名称，详见后文。从内容看，包括军事、家族以及经济，很值得研究，在藏史中以《贤者喜宴》所载资料最为珍贵。

[22] 桂东岱（rgod-kyi-stong-sde），其中"桂"（rgod），按《贤者喜宴》的解释是："高等属民从事军务者之名称。"这一阶层人谓之"桂"（rgod），即武士。《白史》（deb-ther-dkar-po）认为此"桂"意指武士（pho-rgod）及平民（phal-che）。（见该书排印本93页）其中"武士"一解与《贤者喜宴》所说相合，"平民"一说欠妥，在《新疆出土吐蕃古藏文文书》中，有"沙州武士部"（sha-cu-pha-rgod-gyi-sde）的记载（71页，沙州条，编年，ch，75，iii），其中之"pha-rgod"，似即《白史》所说之"pho-rgod"。

再者，"桂东岱"中之东岱"stong-sde"，意为"千部"或"千户""千户所"，其首长称为"东本"。在《汉藏字书》中，"东本"对译为"部落使"。次于"东岱"的叫"小东岱"（stong-bu-chung），在《汉藏字书》中，又写作"stong-cung"，对译为"抚千"。（以上两则均见该书756页）上述"stong-dpon"及"stong-bu-chung"在《敦煌吐蕃古藏文文选》434页，伯字1087号卷子中，又分别写作"stong-pon"及"stong-chung"。

所以，据上述看，"桂东岱"的含义就是"武士千户（部）"或"军事千户(部、所)"。再者，与此相关的还有"新桂东岱"（rgod-gsar-stong-sde，见《敦煌吐蕃古藏文文选》，449页，伯字1113号）和“新桂部”（rgod-sar-gyi-sde，见《新疆出土吐蕃历史文书》中，第二册，67页，沙州条，12，ch，73，xv，10）。此外，还有一种“万户（部）”（khri-sde），在《新疆出土吐蕃历史文书》中，就记有“吐谷浑万户（部）”（va-zha-khri-sde，见该书，第二册，30页，吐谷浑条，17，M. lxxviii.1），在《敦煌吐蕃古藏文文选》429页，伯字1083号卷子中，还有“在万户（部）中寻求挚友（khri-sdivi-nang-du-dgav-gnyen-vtshal-bar）”的记载。“万户（部）”的首领称作“墀本”（khri-dpon），《汉藏字书》中对译为“一万人将”（见该书757页）。

上述“桂”（rgod）与下述的“雍”（gyung）的划分，据《敦煌吐蕃古藏文文选》579~591页，伯字1288号卷子，时间在654年，“迄霓年（654年），赞普驻于美卡（mer-khe），大相东赞于蒙布苏宗（mong-pu-sul-mdsong）集会，区分‘桂’（rgod）、‘庸’（gyung）”。

[23] 庸（gyung），据《贤者喜宴》解释，“‘庸’或‘更’（gyung-ngam-kheng），这些是做属民事务人员的名称”。他们的社会地位是属民中的下层奴隶，从事属民工作(vbangs-las-byed)。在《敦煌吐蕃古藏文文选》448页，伯1111号卷子中，有如下记载：“统计汉地沙州人‘桂’（rgod）、‘庸’（yung，应即gyung——译者注）部众（rgya-sha-cu-pa-rgod-yung-tshogs-pavi-rtsis）。”

[24] “更”（kheng）与“扬更”（yang-kheng）。“更”是奴隶，“扬更”（yang-kheng）则是奴隶的奴隶。

[25] “三尚论”，原文是“zhang-gsum”，其意应是“三尚”或“三尚论”。其中“尚”意为“舅”，“尚论”（zhang-blon）即“舅臣”，同吐蕃王室通婚的臣子即称“舅臣”，《资治通鉴考异》引补国史说：“但王族则曰论、宦族则曰尚。”（平装本，卷21，148页）“尚论”一名，藏籍多有所见。《敦煌吐蕃古藏文文选》493页，伯字1217号卷子，就有

“zhang-lon-chen-po”（大尚论）的记载。（“zhang-lon”即“zhang-blon”）

关于官名及奴隶名称，除下文将有译述外，《敦煌古藏文文选》中尚有《贤者喜宴》所不载者，待后文引述。

[26] “六奎”（khos-drug），其中“奎”（khos），据藏文著作《藏文古词浅释》（brdav-gsar-rnying）解释，意为“计策”或“计划”“主意”等（该书16页）。据《贤者喜宴》所述“奎”之内容看，应指措施或制度。因此，“六奎”（khos-drug）意为“六制”或“六措施”。

[27] 有关吐蕃法律，以下正文有详述，内容甚丰；有关补注资料详后文。

[28] “chibs-kyi-khod-dpon”一词，其中之“khod-dpon”其意与“khos-dpon”同，意为“执行制度的官员”，或译为“执政官”。

[29] “同乔”（mthong-khyab），是吐蕃对其占领下的河西陇右所设行政单位的称谓。“mthong-khyab”又作“stong-khyab”，后文正文所谓“苏毗如包括同乔汉户十一东岱”（此句内用“stong-khyab”）及“同乔九政权部”（内用“mthong-khyab”）即是。此外，《敦煌吐蕃古藏文文选》115页亦有记载，墀松德赞时曾在陇山一带曾建“同乔五万户（部）”（mthong-khyab-khri-sde-lnga）。此外，《敦煌吐蕃古藏文文选》449页，伯字1113号载：“论恐热（blon-khrom-bzher）寄……（残）给代论（bde-blon，此官名多有出现——译者注），决定在沙州建同乔新桂东岱（mthong-khyab-rgod-gsar-stong-sde）。”该书429页，伯字1083号卷子亦载有“同乔”（mthong-khyab）事。《新疆出土吐蕃历史文书》（第二册，121~122页）还载有“tshal-byi-mthong-khyab”的字样。所谓“五万户（部）”，其中吐谷浑就是一个万户（部），《新疆出土吐蕃历史文书》（第二册，30页，吐谷浑条）称之为“吐谷浑上万户（部）”（va-zha-khri-sde-stod-pa）。

另据《通鉴》，卷二三六，贞元十八年正月条，曾记载："吐蕃遣其大相兼东鄙五道节度使论莽热将兵十万解维州之围。"《旧唐书·韦皋传》亦有同载，只是改"东鄙"为"东境"，《新唐书·吐蕃传》称"东方节度"或"五道节度"。其所指当是上述之"同乔五万户（部）"。据此，有的作者就将"同乔五万户（部）"译作"五道节度使"。（王尧：《敦煌古藏文历史文书》，汉译排印本，56页）

[30] 伍如（dbu-ru）。据此可知，其范围是以逻娑为中心，东至桑日，南至玛拉山脉，西至尼木，北至朗玛。据《隆多喇嘛全集》载，伍如有南北之分，南为堆垅（stod-lung）、彭域(phan-yul)，北辖秀（shog）、墨竹（mal-gro，此为吐蕃赞普牙帐处所重地之一）。（见木刻版，23品(va函)，4页。伍如是五如之中心翼。）

[31] 约如（gyo-ru）。据此，其范围大体为：东至工布，南至错那，西至卡热雪峰（即卡热康孜），北至玛拉山脉。其中心是乃东。《隆多喇嘛全集》说，伍如与约如共辖大地方203处，这两如属卫地（dbus）。

[32] 叶如（gyas-ru）。据此，其范围大体是：东至朗玛，南至聂拉木(gnyav-nam)，西至切玛拉古（似在定结gting-skyes），北至黑河麦底。此为五如中之右翼。以香河（shangs-chu）流域之南木林（rnam-gling）为中心。

[33] 如拉（ru-lag）。据此，其范围大体是：东至强木尼扎，南与泥婆罗的朗纳交界，西至拉金雅弥，北至切玛拉温。其中心在谢通门(shangs-mthong-smon）一带，总的范围在后藏与阿里接壤的南部地区。如拉后于晚近又称为"gyon-ru"（左如）。这两个如都在藏（gtsang）地。

[34] 苏毗如（sum-pavi-ru）。据此，其范围似是今藏北与青海连境地区，大体是苏毗（孙波）活动范围。

关于五如的地区划分，日本学者佐藤长氏著有《西藏历史地理研究》(1978年)，其中附图七张，内有五如的划分，是目前值得重视的参考图书之一。

[35] Phyugs-mtshams，照字面意思是“牲畜地界”，但总观全段十八区情况，又应是某氏族的族名方妥，但又与字意相悖，待考。又，伍如雪钦（dbu-ru-shod-chen），指逻娑河（skyid-chu）流域。波昌乃切（pho-brang-sne-che）地在乃东，意为“乃切宫”。青昂青域（vching-nga-vching-yul），见前译文之“六地列”及托托日年赞部分，又作“vphying-yul”，地在琼结。上、下查荣（brag-rum-stod-smad），地在日喀则县境内。上藏、下藏（gtsang-stod-gtsang-smad），今之后藏地区拉孜至雅鲁藏布江流域。隆雪囊波（klungs-shod-nam-po）地在墨竹。

[36] 当雪嘎莫（vdam-shod-dkar-mo），指今藏北当雄以下地区。

[37] 此为“赞普君王区”的范围。skyid-stod及skid-smad当指逻娑河上游及下游。

《五部遗教》中《大臣遗教》，其所记东岱情况与《贤者喜宴》有所不同，并在军队及人数、东岱数目、名称及军官告身等方面有重要补充，待下述补注。

[38] 现据《五部遗教》中之《大臣遗教》，对各东岱情况补注如下：“藏地之如拉（gtsang-ru-lag）有八东岱及一小岱，共九东岱。芒嘎（mang-gar）、墀恭（khri-dgongs）为没庐氏（vbro）之东岱；仲巴（grom-pa）及拉孜（lha-rtse）为没庐氏之东岱。汉藏（rgya-bod，或译印藏）作战时四如（ru-bzhi）之军官是：如拉之军事长官（dmag-dpon）为没庐氏杰桑格（vbro-rgyal-seng-ge）……副将（ru-sgab-pa）是囊达求如才（snang-stag-byu-ru-mtshal）。告身官员（yig-tshangs-pa）授以铜告身……人口有36万人。下如拉四东岱（ra-lug-smad-kyi-stong-sde-bzhi）是娘若（nyang-ro）及支（vdre）的东岱；墀塔（khri-tha）为琼波（khyung-po）之东岱；凯昌（gad-bkram）为桂（vgos）之东岱；卡巴（mkhar-pa）为秀古（shu-gu）之东岱；翠玛小东岱（vtshod-ma）为卓（sgro）之东岱。

下如拉之军事长官是支杰多日墀略(vdre-rgyal-to-re-khri-lod)，副将是琼波布纳松（khyung-po-spu-sna-zung），告身是玉（即瑟瑟）告身……人口为36万人。上、下二如拉人口总计72万人。

叶如（gyas-ru）有八东岱，堆雍（stod-yongs）、香丁（shangs-steng）为琼波氏（khyung-po）东岱；朗米（lang-mi）、泊嘎（phod-dkar）为巴曹（pa-tshab）东岱；昌仓(drang-mtshams)、年嘎（gnyen-dkar）为朗巴（langs-pa）之东岱；叶热（yel-rab）、松丁（som-sdeng）为桂氏（vgos）之东岱；香小东岱（shangs-kyi-stong-sde-bu-chung）为仁列恰（ring-sle-bya）之东岱。上叶如军事长官是杰瓦益西代珠麦波（rgyal-ba-ye-shes-de-drug-mes-po）、琼波达桑娘兑（khyung-po-stag-zangs-nyang-stod），副将是巴曹措谢(pa-tshab-mtsho-bsher)，告身是铜告身（zings-kyi-ye-ge）……人口是35万人。下叶如军官是桂墀年贝莫（vgos-khri-bsnyon-dpal-mo），……副将是朗巴衮普（langs-pa-mgon-bu），告身是铜告身……人口为35万人。总计人口70万整。

上、下伍如（dbu-ru-stod-smad）之东岱，有珍仓（vbring-mt-shams）、秋仓（phyug-mtshams）东岱；迥巴（bcom-pa）、松丁（zom-sdeng）为久若氏(cog-ro）之东岱；托德(dor-de)、代赞（sde-vdshem）为玛氏（rma）及嘎瓦(ka-ba）之东岱；吉堆（skyid-stod）、吉麦（skyid-smad）为贝氏（sbas）之东岱；叶晓小东岱（yel-zhabs）为阐卡（bran-ka）之东岱；上伍如军事长官是那囊干莫琼(sna-nam-rgam-mo-chung）……副将是嫩当松准杰（snon-vdang-gsum-vgron-skyes），告身是铜告身，人口是37万人。下伍如军官是贝杰桑达囊（sbas-skyes-bzang-stag-snang）……副将是徐普空珍宗赞(shud-pu-khong-vbring-tsong-btsan)，人口是37万人。两者共计74万人。

约如是八个东岱、一个小东岱，共九个东岱。雅隆、齐隆（phyi-lung）两者是尼雅(gnyags）及蔡邦氏（tshe-spong）之东岱；强（ljang）

或隆巴（lung-pa）两者是娘（myang）及那囊（sna-nam）东岱；聂（gnyal）与洛扎（lho-brag）两者是綝（mchims）及尼瓦（snyi-ba）之东岱；娘波（nyang-po）及达波（dags-po）是冬氏（ldong）及綝氏（mchims）之东岱；日沃（ri-bo）东岱是昌顿（sbrang-ston）之东岱。上约如之军官是娘达桑尤甸（myang-stag-bzang-gyu-brtan），副将是详玛兴兑琼（zhang-ma-bzhengs-stos-chung），告身是铜告身，人口是35万人。下约如军官是綝仁钦杰斯（mchims-rin-chen-rgyal-gzigs），……副将洛达丘墀斯（lho-stag-chu-khri-gzigs），告身是铜告身……人口35万人。上下相加为70万整。另外，王忠同志据德格版，指出各如还有军士数目，总计46万余人，参见《〈新唐书·吐蕃传〉笺证》。

此外《王者遗教》还记载松赞干布王室直属东岱，称作“sku-vkhor-stong-sde”，共三个，（直接下令调动）的东岱，约如（gyon-ru，即yo-ru）有二个，伍如有五个，叶如等有七个，并说十八东岱构成吐蕃王朝的基地（bod-khams-gzhi-mavi-sa）。此外，还指出十八东岱外围，还有其附属部分，称“stong-sdevi-sde-tshan”，这在门域与吐蕃交界处就有四个。文中还谈到，吐蕃曾设有保卫汉藏交界东岱的措施；命令发到苏毗部落（mi-sde）之后，就将在弥药（mi-nyag）地区防守哨卡地界，等等。（见该书，木刻版，54~55页）因篇幅有限，其详细情况，请查阅该书。

[39] nying-kheng“宁更”。此词同“nying-gyog”一样，意指奴隶的奴隶所役使的奴隶，即奴下奴的奴。

[40]“lde-rgyal”其中之“lde”，有人认为是一种本教王，“lde”代表一种心宿星。日本学者佐藤长在《唐代青海湖到逻娑的路线》一文中认为，此词应做“装饰”解。

[41]“rtse-rgyal”亦可译作“箭王”。《翻译名义集》有“rtse-rje”，意为“司戏类”。故据此而译为“娱乐王”。

[42]“sbas-rgya-sde”其中之“rgya”当指“汉（人）”之意。而

“sbas” 不知何所指。此原句或可译作：“‘十二汉部’居此，随后由巴氏(sba)任纳塞之官。”

[43]“rma-pom-ra” 似 “rma-chen-bom-ra”，即大积石山。

[44] 戚本（chibs-dpon）。《汉藏翻译名义大集》有 “chibs-kyi-bla” 一词，译作 “牧马；司马” （第二册，74页下）。

[45] 安本（rngan-dpon）。《汉藏翻译名义大集》有 “chibs-kyi-bla”，意为“司赏”。“rnga” 亦有奖赏之意。据此，看来 “mngan” 与 “rngan” 有同义之处。《唐蕃会盟碑》内亦有 “mngan-pon” 一词，对译为“岸奔”。在《敦煌吐蕃古藏文文选》579~591页、伯字1288号卷子，在编年部分的第四条（牛年，即653年），就有 “zhang-zhung-yul-gyi-mngan” 的记载，是在谈征农田赋税时提到这个 “mngan”。又，《新疆出土吐蕃古藏文文书》内记有 “stsang-mngan” 一词，这个词是在一封上报呈文中谈到沙州粮食的收缴时出现的（第二册，16~18页，12Fr.66）。这个词意为 “统计官”。据《白史》汉译者傅师仲解释，此词 “有类于 ‘度支’”。从上述几种材料看，“rngan-dpon” 或 “mngan-pon” “stsang-mngan”，均可做 “度支官” 或 “统计官” 解，专门负责财务粮食的管理。此外，在上面敦煌文书中，在上报呈文的末尾，署名为 “tshang-lon-lha-vbrag-brtsan” 其中 “tshang-lon” 应即是 “stsang-lon” （stsang-blon），与 “stsang-mngan” 意同。此种官在吐蕃社会至为重要。

[46] 楚本（phru-dpon）是管理牦牛、犏牛等牲畜和安营设帐的官员，特别在某种较大的统一行动时（例如集会、巡行），牵动各种单位，这样，各单位所带牲畜、帐幕以及人员食宿等等，必须有专门官员统一指挥，以避免混乱和事故，这种官员称作楚本。这种职务延续到后世，以前逻娑传大召时，各地人员云集逻娑，就由这种官员统一指挥，按指定地点和要求扎营设帐等等，此种官称作 “嘎本” （sgar-dpon），其含义与 “phru-dpon” 大体近似。

[47] 昌本（drang-dpon），直译为“公正之官”，据其职责看，即为法官。

[48] 告身（yig-tshangs），这是吐蕃仿唐制所做的旨在标志官员级别的一种装饰。《新唐书·吐蕃传》载，“其官之章饰，最上瑟瑟，金次之，金涂银又次之，银（又）次之，最下至铜止，差大小，缀臂前以辨贵贱。”《册府元龟》说其告身大小是“各以方圆三寸”。《通鉴》卷九八七载，韦皋在战争中曾缴获“吐蕃所赐金字告身五十五片”。看来，确有其事。详后文。

[49] “六标志”（bkavi-phyag-rgya-drug）直译是“六种规定的印章”，因后文原文记载了由王到贤者的六种所谓“phyag-rgya”，并非都是印，故据内容译作“六标志”。下文说“王命的标志是印篋”。实际上，除王使用印外，各地重要高级官府也用印章。据《敦煌吐蕃古藏文文选》载，印章已广为运用，形式多样：方形、长方形、圆形等，大小不一，印章内容不少是图文并茂，形象各异，有飞犬（伯字1083号），有站立的展翅天鹅（伯字1217号），有双人坐像，似僧侣打扮，旁刻万字纹（伯字1111号），有大方形篆字印（伯字1082号）。有的文书尾部一次就并排盖有十三个小圆形印章（上有楷书或草书文字两种、伯字1078号）。还有只签上“phyag-rgya”（有时一大，一小两个，“phyag-rgya”意为“印”）字形，但并无印章（伯字1072号）等等，总之，这对研究吐蕃文化颇有参考价值。

[50] “扬更”（yang-kheng），奴隶的奴隶。“更”（kheng），奴隶。在吐蕃还广泛使用“bran”，在敦煌古藏文中多有所见，其意亦是奴隶。在《敦煌吐蕃古藏文文选》中除见到“bran”“bran-pho”（男奴）、“bran-mo”（女奴）之外，还见到“dmangs-bran”（意为平民所役使的奴隶）、“dmangs-kyi-bran”（均见于伯字1071号），“ru-bran”（如阐，似为部落所属之奴）；另外，还有类似“bran”的“贵波”（khol-po）（巴考：

《敦煌古藏文文书》，103页）。

[51] 十善（sge-bcu）：系指不杀生、不偷、不淫、不妄语、不离间、不恶口、不绮语、不贪、不嗔、不邪见。参见《西藏王臣记》排印本，30页。

[52] 十不善（mi-dge-ba-bcu），系指“杀、盗、淫、妄语、离间语、恶语、绮语、贪欲、嗔、邪见”。《玛尼宝训》概括为“身、语、意三者十不善”（lus-ngag-yid-gsum-gyi-mi-dga-ba-bcu），其中身、意各三不善，语四不善，总计十不善。

[53] 颇罗弥（phra-men），这是一种金涂银或金饰银的告身，据有的研究者考证，即清代文献所译之“颇罗弥”（见王尧：《吐蕃金石录》，刻印本，58页）。另据中央民族学院黄布凡等老师考证，这是一种金银或铜金合金。

另，玉告身（gyuvi-yig-tshangs），其中之“玉”（gyu），唐代汉译作玉石或瑟瑟，瑟瑟是一种特殊的玉石，《唐国史补》说：“美石，非真瑟瑟也”，据此可知。（上海古籍出版社平装本，45页）

再者，据敦煌文书看，还有一些告身，如《敦煌吐蕃古藏文文书》60页载“黄色宝石文字告身”（ke-ke-ruvi-yi-ge），《敦煌吐蕃古藏文文选》387页，伯字1071号卷子载“黄铜告身”（ra-gan-kyi-yi-ge）。

特别应提到的是，在《敦煌吐蕃古藏文文选》378~403页，伯字1071号卷子中，提到了《贤者喜宴》所列的金、银、玉、铜、颇罗弥、黄铜等等告身名称，只是没有用“yig-tshangs”这种写法，而是一律用“yi-ge”或“yi-ga-pa”,如“zhang-lon-gyuvi-yi-ge-pa”（“yi-ga-pa”有时包含具有这种告身标志的人之意——译者注）、“zhang-lon-gser-kyi-yi-ge”。更重要的是，这个卷子将具有各种告身的官员在社会、法律上的地位做了详述，其中涉及具有各种告身的上层贵族官员及其家属，也涉及“平民”（dmangs)、“低层平民”（dmangs-mthav-ma)、“平民所役使之奴隶”(dmangs-bran)以及桂(rgod)、雍(gyung)、阐(bran，即奴隶)、贵(khol，亦属奴隶)及奴隶住地(khol-yul)以及属民地区(或土地)所属之奴隶(vbangs-savi-bran)……内容弥足珍贵，是研究吐蕃社会情况的珍品。因篇幅所限，今只提其梗概。

[54]《贤者喜宴》对于吐蕃官制的记载，以松赞干布时代所叙述的官制最细。此后，在墀松德赞兴建桑耶寺的前后盟会诏书中，亦详列了吐蕃各级官吏名称。另在《大臣遗教》中亦有详述。至于《唐蕃甥舅会盟碑》，更是研究官制的重要金石资料。几种史料相互参阅，甚有价值。此后待补注。今仅简要介绍如下几点，供读者参考。

文中之“决断大事”(bkav-yo-gal-vchos-pa-chen-po)，在《新唐书·吐蕃传》中，对译作“喻寒波制逋”，并说此职谓之“整事大相”。

据《敦煌吐蕃古藏文文选》378页，伯字1071号卷子列有如下官员名称：大相(blon-chen-po)、大内相(nang-blon-chen-po)、赞普御前大臣(btsan-povi-zhang-drung-chab-srid-la-dbang-ba)、次大相(blon-chen-povi-vog-pon)及四大尚论(zhang-blon-chen-po-bzhi)。其中“zhang-drung”，似应为“zhab-drung”，“chab-srid-la-dbang-ba”似即《汉藏翻译名义大集》所载之“vdun-na-vdon”(原译：辅臣；近臣)。除此而外，敦煌文选中还记有“bde-blon”，此官似出于“bod-bde-ba-blon-po-rnams-kyis-byas”，即“吐蕃之平安乃是诸臣所为”一句，“bde-ba-blon-po”当即“bde-blon”，“意为平安官”(见《贤者喜宴》，ja函，木刻版，18页下，见伯字1079及1552号卷子)，“khri-yig-blon-khral-pon”(税差官，均见伯字1078号卷子)，“rtse-rje-blon”(《白史》汉译者傅师仲释“rtse-rje”为“刺史”官。见伯字1079号卷子)，“nang-rje-po-blon”(伯字2123及1205号卷子)，“zhing-pon”(“田官”，见伯字2204及1205号卷子)，以及“chab-srid-blon-chen-po-la-chen-po”(据《唐蕃会盟碑》碑文，此官应是“大宰相同平章事”)。

再者，《松赞干布遗训》一书，记载松赞干布曾任命一批官吏，并派他们担任各地的“开本”（khas-dpon），很有价值，兹摘要译述如下：其中“nang-blon-sna-chen-po”（内大相，仅吞米桑布扎及噶尔·禄东赞任此职。又称“lotsatsha-ba-blon-bo-chen-po-gnyes”）。“chos-blon-sna-chen-po”（意为执法大臣或信教大臣。支塞汝恭顿等16人），并委任其中的綝芒杰芒备（mchims-mang-rje-mang-lod）任东部汉地之“开本”（khas-dpon，后文又有khas-blon），尼雅贝岱贝古久（gnyags-dpal-sde-be-ku-cog）任南方门域与天竺的开本（lho-phyogs-mon-rgya-gar-gyi-khas-dpon）、祖嫩（gcug-snon）等任西方大食之开本（stag-gzigs-kyi-khas-blon），朗岱墀桑洛赞（lam-lde-khri-bzang-lo-btsan）任北方突厥、巴尔之开本（drug-gu-spar-gyi-khe-dpon）。

据上述官制及告身等诸种史料，《贤者喜宴》作者的有关记载看来是言出有据的。

第三章 赞普松赞干布迎娶公主及初创佛教

【译文提要】第三章共有17节，即六标志、六褒贬、六勇饰；纯正大世俗法十六条及戒十恶法；三法及吐蕃疆界；松赞干布迎娶泥婆罗墀尊公主；泥婆罗墀尊公主建宫室；迎娶文成公主；兴建大昭寺、小昭寺；兴建昌珠寺；建边压寺及再压寺；建四压肢寺及九掩口寺；建叶尔巴崖三所依；香雄妃等建寺；吐蕃刑法；恭松恭赞与芒松芒赞；松赞干布埋藏经咒珍宝；松赞干布遗训芒松芒赞；松赞干布与文成、墀尊二公主去世。

在这部分译文中，主要记载松赞干布时期的法律，迎请泥婆罗墀尊公主及汉地文成公主入藏，兴建大小昭寺及昌珠寺等寺院，松赞干布两次执政、生前遗嘱、病故及建造陵墓等等。通过这些史料，我们看到作为吐蕃一代名王的松赞干布，由于采取与唐中央政权亲近和睦政策，并因此而迎娶文成公主入藏，使唐蕃双方长期和睦相处，彼此的社会经济文化也都有了长足的进步。这也与松赞干布积极向汉地及其他邻族学习有密切关系，本译文就反映了汉族、突厥、党项、吐火罗、胡人、霍尔人以及泥婆罗、天竺等各族对吐蕃的影响，无论从农牧业、法律、宗教、医学、天文方面，或是从建筑、手工业、艺术以及习俗方面，都可以找到这种影响；同时在这些方面也逐渐形成了吐蕃社会的民族特点。这部分资料丰富且提供了许多汉文史书中找不到的珍贵史料。

此章作者在叙述历史事件中，多采用了赞颂的写作方式，比如在“松赞干布与文成、墀尊二公主去世”一节，大篇幅地运用了赞颂的写作方式。

第一节　六标志、六褒贬、六勇饰

所谓六标志（phyag-rgya-drug）是：宣布命令的标志（bkav-rtags-kyi-phyag-rgya）是印匣；军队的标志（khrom-rtags-kyi-phyag-rgya）是军旗；地方的标志（yul-rtags-kyi-phyag-rgya）是宫堡；佛教的标志（chos-rtags-kyi-phyag-rgya）是寺院（lha-khang）；勇者的标志（dpav-rtags-kyi-phyag-rgya）是虎皮袍；贤者的标志（mdsangs-rtags-kyi-phyag-rgya）是告身。

所谓六褒贬（rkyen-drug）是：勇士褒以草豹与虎；懦夫贬以狐帽[1]；显贵褒以佛法（lha-chos）；贱民（gyung-po）贬为纺织工及本教徒；贤者褒以告身；歹徒则贬作盗贼。

所谓六勇饰（dpav-mtshan-drug）是：虎皮褂、虎皮裙两者；缎鞯

(zar-chen，即gzar-chen——译者注）及马蹬缎垫（zar-rgyung）两者；项巾及虎皮袍等，共为六种。

再者，恭论（dgung-blon）大、中、小三者，囊论（nang-blon，即内相）三者，决断大事（bkav-yo-gal-vchos-pa）三者，总为九种，此即九大论（blon-po-che-dgu）。又，恭论行事犹如丈夫，以威力决断外务；囊论如同贤妇处理内政；决断大事之官，对于贤者，彼虽系仇敌之子，如其贤善亦当奖赏，如系恶者，即使是本人之子仍当绳之以法。

以上诸种即所谓“以万当十万之法”（khri-rtse-vbum-bzher），此为六法（bkav-yi-khrims-yig-drug）之首。

升、两、合、勺、钱、分、厘、毫等等，（以上所订之度量衡）即第二法（bkav-la-btags-pa-khrims-yig-gnyis-pa），此即所称之“十万金顶具鹿之法”（vbum-gyi-gser-thog-sha-ba-can）。

第三，王朝准则之法（rgyal-khams-dper-blangs-khrims）。其内容是：指出事物可行与不可行；克敌制胜，国泰民安；治理内政保护臣工属民；为后世利益而推行佛教；对显贵有缘者（所讲）之佛法，则不讲授给无缘之贱民；密咒圆满乃成佛之因，勿将此售做财宝，而应铭记在心；如颂扬恶人则有损双方，因此勿令贱民为王侯；若不以虎袍褒奖勇士，则失去做英雄之媒介；若不以告身奖励贤者，则后世将贤愚不分；善者当奖而不奖，今后谁愿做善者？事先若不以狐尾诅咒（懦夫），那么何以区分英雄与懦夫？如不惩处恶者，则永不会形成正念正知；如当治罪者而不治其罪，则后患无穷；若使生身父母受苦，今生来世得报应；如果虐待自己之弟子，那么将被外敌所离异；如果虐待妻室，则内外家务及农事势必尽行废弃。

综上所述，此即可行者三、不可行者三、褒奖者三、应诅咒者三、不应欺辱者三，此等总称之为王法十五种（rgyal-khrims-bco-lnga）。

又，对战争中的勇士，以六勇饰（dpav-mtshan-drug）奖之；对懦夫则用狐尾以示憎恶及诅咒。

第二节　纯正大世俗法十六条及戒十恶法

所定之纯正大世俗法十六条，特别是所定之戒十恶法(mi-chos-chen-po-gtsang-ma-bcu-drug-dang-khyad-par-mi-dge-ba-bcu-spong-bkav-khrims)，内容是：不准杀生之法（srog-mi-gcod-pavi-khrims)。此法是赔偿死者命价（gshin-stong）及赔偿生者损失（gson-stong）之法。又，不授则不取之法(ma-byin-par-mi-len-pavi-khrims)。此法是：盗窃三宝财物者偿百倍；盗窃王之财物者偿八十倍；偷窃属民财物者偿八倍。又，勿淫之法（log-par-mi-g·yem-pavi-khrims)。此法是：奸淫罚金之法。又，禁诳言之法（brdsun-spong-bavi-khrims）是：以护法神为证遂之发誓。又，饮酒节制之法（chang-la-tshod-zin-pa)。以上即为佛教之五根本法（chos-kyi-gtan-khrims-lnga)。再者，以此五根本法为标准，再加上奴隶不造反（kheng-mi-ldog-pa）及不掘墓（bang-so-mi-vbru-ba)，则总称之为六大法（khrims-chen-drug）或七大法（khrims-chen-bdun)。总之，在戒十恶法外，再加上对母待之以母；对父待之以父；对沙门及婆罗门待之以沙门及婆罗门；尊敬族中长辈；报答恩德；不欺骗他人。以上即纯正大世俗法十六条。

此外尚有：皈依三宝且信仰敬奉；对父母当报恩敬重；对恩人追念(其恩）且报之以德；不犯上且听其言；凡所行应效仿显贵；潜心攻读佛法及文字；笃信因果及警惕恶业；对人莫生歹心，而应有益于人；凡所行事应秉心正直；节制酒食，明白羞耻；借债应按时偿还；升斗斤两禁伪诈；他人未曾委托之事，当禁无益之干涉；做事有主见，遇变化应坚定；对所发之誓言及保证，应视之如生命。

以上诸法广为宣布。对于贤者之高尚理论及造益于后世之高等事业，凡吐蕃一切属民均予执行，则必安乐幸福。

第三节　三法及吐蕃疆界

所谓三法（khrims-yig-gsum）是：判断真伪（bden-brdsun-zhal-lce）对于诸富豪不羞辱，只稍加审判；双方犯罪则按“优巴坚”（dbyug-pa-can）（之法）判之。双方均有理，则以“两种姓法”（rigs-gnyis）判之。强弱双方如果争讼，待察其真伪之后，对豪强者不加羞辱，对弱者不做令其沮丧之起诉，此种法律即谓之“扼要决断之法”（mdo-lon-zhu-chad-kyi-khrims-yig）。对于双方有罪之（断案法）是：婆罗门优巴坚向某户主借的黄牛，当交还时，驱牛至牛主人院内，遂即无言而返。牛主人虽已见所送之牛，但未予拴缚，故而牛自后门亡失。因此，双方乃诉之于国王麦隆东(rgyal-po-me-long-mdong)，请求判决，由是国王判决道：婆罗门送牛而不语，因此割其舌。然牛之主人虽见而不拴，故当断其手。以此（案）为例，乃制定出《犯罪双方同审大权决断之总法》(chad-pa-gnyis-mnyam-du-gcod-pa-dbang-chen-bcad-kyi-spyi-khrims)。再者，如争讼双方均有理者，其案例如下：某户主之子，刚生不久既落河中，被鱼吞食。又，有居于山下村内之另一户主，其仆捉到此鱼，剖腹而得一未死之婴，该户主抚养之。俟后，先前之户主闻悉，即争讼，且求国王审理，遂判决：双方轮流抚养此子，并为此子各娶一妻，所生之子双方各自领去。此子即谓之“两种姓之子”（khyevu–rigs–gnyis–pa）。后来，双方又各自携走此子所生之男婴，此婴后来出家，其名称作“两种姓比丘”（dge–slong–rigs–gnyis–pa）。以此（案）为例，遂制定所谓《决断双方有理三方欢喜内府之法》（gnyis–bden–dang–dgav–gsum–du–gcod–pa–khab–so–nang–pavi–khrims–yig）[2]。

如是，东方之咱米兴米（rtsa–mi–shing–mi）[3]、南方之洛（klo）[4]与门（mon）、西方之香雄（zhang–zhung）及突厥（gru–gu）、北方之霍尔（hor）及回纥（yu–gur）等均被收为属民。遂统治半个世界。十善之法（dge–bcuvi–khrims）坚固威严，安乐犹如天庭。

如此实行公平、威严之法律，使外部皆得到利益。（所有）动物规定为赞普之财富，牛羊等为自家私产，山上修筑拉则（la–btsas），大河中放行有船只。赞普之命令威严，百姓幸福安康。赞普的政事如春潮汹涌，人勤马快，富比神仙，信仰佛法可使今世与来世得到幸福，所有一切众生为父母而无纷争。读书写字盛行，众人信佛，使恶业无援，寻见十善之宝，（通过）幻化功德免除了差税，适时降雨，草木茂盛，硕果累累；枝繁叶茂，鸟儿悠闲鸣叫，藏地百姓福如太山。是时，吉祥地扎拉采（brag–chavi–tshal）核桃树之绿荫下，法王端坐于金座上，智勇双全的大臣们围坐于四周，犹如大海般的藏地民众汇聚于此，犹如五色彩虹的宝伞高悬于赞普座前上空，众神降下（吉祥）花雨。具有百味的神仙食物，堆放在犹如天空般（大）的仓库，终身享用不尽；面具舞、狮舞、虎狮舞、牦牛舞、鼓舞以及藏戏演员等目不暇接；神之大鼓从天而响，琴笛悠扬，乐声供奉；香味缭绕，如云满天；宝伞、胜幢、旌旗飘扬，满天舞动；美丽动人的少年们，身着华丽的衣服，手持供品，边歌边舞，恭敬供奉。法律之金刚杵树起，佛法之鼓声响起，是时臣民们见到赞普之功德如海，赞叹不已，人人欢乐无比。藏地民众安乐太平，人们都将十善法作为佛器。若使藏地百姓得到聚福及加持力，即需要供奉本尊佛。

究竟以何物造此佛像呢？正当考虑之时，空中的诸神预言道：“请迎奉蛇心旃檀上自然形成的观世音菩萨吧！”瞬间法王眉间白毫之光芒化为比丘，从僧伽拉犬和泥婆罗等地，迎请有无比奇特之圣物。

第四节　松赞干布迎娶泥婆罗墀尊公主

赞普松赞干布心想，为调伏藏地百姓，需要启请一尊佛像为吾之本尊。若用宝石做原料，未来至人们贫困之时必然遭劫；若用土石作原料，则有不吉祥之兆；若用木料作原料，则会裂缝。这如何是好啊！这时净地之诸神仙从天空之云层中齐声对赞普说：“幻化王菩萨，所有黑头人之主，你要迎请、膜拜和聚福之神像，如此之本尊位于天竺南方僧伽拉之大海边，自然形成的犬色巴拉观音背后之大象沉睡的沙子底下，蛇心旃檀中自然形成的观音菩萨，非常奇特地端坐于此，那即是赞普供养之本尊。”尚道：“凡人是不会找到的，需派一名具有幻化之力的人（前去）。”至此，（赞普）眉间射出之光尖上，出现一幻化比丘阿嘎玛德希拉（va-kar-ma-ti-shai-la），其头顶有尊阿弥陀佛像。赞普松赞干布即想到便说：“我前往完成（此业）。”说着与光芒一起来到天竺，并到达东方钟辛特金（grong-shing-thags-can）。是时，显现无量光佛之尊容，并传授慈悲之法后得到成就；于其座前的地上自然显现六字真言咒，遂被称为六字转轮质地。

在僧伽拉洲宫殿中，有位国王名称欧玛达格萨德（vu-ma-ta-ke-sa-da），是尼那朗巴（mye-na-nang-pa）之施主，信奉外道，（曾）灭佛并毁掉诸多寺庙，奉行恶道，砍断羊脖子，用血祭大自在天。为降伏其，将其带到宫殿前的莲花轮宝塔边。此宝塔是光护（vod-srong）亲自开光的，塔之宝瓶于空中可以旋转，国王目睹后虔诚信奉，并答应言听计从，迎请其为自己之供施处。

国王为比丘抛洒花朵，遂于其头顶的上空自然形成无量宫。（见此景）国王信仰更加坚定，并启请作为供施处，承诺用蛇心旃檀和郭日夏犬造一百零八尊佛像，行十善法以及完成其他诸事。但唯有蛇心旃檀居色究竟天、郭日夏犬于玛拉亚（ma-la-ya）由毒蛇缠绕，无法取出。比丘道：“蛇心旃檀在大海边，郭日夏犬在波那拉（po-na-la）北方之柏树林中，值十五日夜时，红花即可出现。此外，要成就大事须有福缘，若集福首先要供奉莲花轮宝塔。”

比丘言罢，即举行盛大供奉，带领国王及随从来到大海边，在沙漠中见有一自然形成的大犬萨巴尼菩萨之背后，有卧着的象群，其间有一大象，长着六颗象牙，鼻子像黄丹一样红，不断流出牛黄。即于此大象身下挖掘土地，大象被惊吓，遂从此地挖出一棵蛇心旃檀大树，有两孔及四处裂缝，四面充满香味、遍及光芒，香味传至十二个逾缮那（古印度长度单位，一逾缮那约合13公里多——译者注），光芒遍及整个世界。后汇聚在一起溶入其中，并发出“慢慢砍吧！”之声。后将其慢慢砍断，剖开后出现一尊十一面十臂观音菩萨。国王问起缘由，（比丘）道：“以前佛陀轮回（vkhor-ba-vjig）到龙域传教时，色究竟天（密严刹土）的众持明来供奉，途中为供奉自然形成之犬萨巴尼菩萨的手中获取甘露时，（甘露）滴在花上，使其发芽。佛陀色图（gser-tub）降生时枝叶茂盛；光护降生时开花；佛陀释迦牟尼降生时硕果累累；（佛陀）涅槃时大树倾倒并埋入沙漠中，大象为避暑而于旃檀树边卧睡。”

《遗训》如此记载道：“轮回威严之声闻罗汉从密严刹土取出一点旃檀之种子，共有四粒，三粒赐予佛陀，一粒放在犬萨巴尼的头顶后有生长出头发之说。”那头忿怒的大象因祈愿逆反，传说以后遂出现有朗达玛

(glang-dar-ma)。从布达拉取出郭日夏犬，于一百零八殿中造有佛像，将此地改信佛教。比丘于此地留有化身，并拿有自然形成的十一面观音像和一半旃檀。大海洲中所有的沙子、茅草以及有孔的宝贝上面皆显现有十万女神倡法。知彼等与化身无别，遂拿有一斗沙子和一把茅草。莲花轮宝塔中藏有七代到三代佛陀之舍利子，密封七道谁都无法开启。比丘知晓后打开封条，开启七到三层之黄金库眼，取出放有宝贝的箱子，从每个箱子中迎请出一把舍利子，其余按原样封存。此后，到达天竺中部的玛噶达（ma-ga-ngha）地方，国王因信奉佛教故予以迎接，两位公主以歌舞迎之。后从菩提树上摘来花朵敬献，（让其）戴上花蔓。把树枝作为供奉之塔，将佛陀的每粒舍利子安置其内，拿有长约一庹的菩提树枝。八大圣地大海中的每粒沙子上有化身千万，见彼等与真正化身无别，亦迎请有八斗沙子。在奈然扎热（nee-ranydsa-ra）的河边，见在佛陀用钵喝水的地方坐有十万菩提勇识，遂迎请有一斗沙子。如此，迎请有奇异之十供施处敬献给国王。（其）心想现在如此利益他人即可成就事业，故非常高兴，便举行盛大的供奉。因而见从自然形成的观音心间射出五道光芒，光芒射向泥婆罗。在大森林中心的旃檀林中看见有五尊观音，遂派遣幻化比丘前往此地，见四大城中瘟疫和麻风病肆虐，凶恶之魔鬼使生灵瞬间丧命。有一母水牛每天皆到森林中尽其奶汁后归，牧人跟随其后发现，母水牛围绕一发光的旃檀树转圈，时而抛撒奶子，故使路上撒满了奶子，（看到此景）他非常惊异。幻化比丘砍倒旃檀树时，从五处出现巨大光芒，并发出声音："慢慢砍吧！首先把我放到芒域林区。"裂开之旃檀树中出现有观世音菩萨，右面出现有五位供施者，遂安置于各处。称为圣贤哇德（wa-ti）和白色乌康布岗加玛离（au-khang-bhu-kma-vjav-ma-li）能够消除无时死亡之危害，到目前为止尚存在。第五尊佛言道："我要前往藏地作为赞普之本尊。"遂迎请献给赞普，幻化比丘也溶入赞普之眉间。

佛祖释迦牟尼的八岁和十二岁等身像放于何处？为了大乘佛法兴盛，应将此二尊佛像迎请到藏地。虔诚启请自然形成之佛像时，从其心间出现两道光芒，射向汉地和泥婆罗，见到两位幻化公主。若要迎娶此两位公主即可得到两尊佛像，佛法亦能引入藏地。次日清晨臣民拜见（赞普松赞干布），并向其请安时，讲说梦境并暗示。众臣一致同意迎娶，但商议如何迎娶之时，首先为迎请泥婆罗公主，吞米和噶尔等百人带着礼品和赞普旨令三函。后向忿怒女神启请，（忿怒女神）曰："你之心愿将会实现！"于是为泥婆罗王献上礼品和礼金，（泥婆罗王）说："若娶公主须秉承三谕旨。"后分别递予赞普谕旨三函，知其通慧且幻化无数，顿时畏惧心生敬意，将佛陀八岁等身像、慈氏法轮、旃檀度母、琉璃钵盒等无数随嫁物品敬献给幻化法王松赞干布。（泥婆罗公主）来到藏地，于喜宴王府拜见赞普松赞干布，正式册封为王妃。赞普松赞干布心想，释迦牟尼的三个等身佛像供奉于何处，方可使佛法昌盛，使大乘佛法更加兴旺。除三十五岁等身像不能迎请外，八岁和十二岁等身像必将迎请。

（松赞干布）祈祷自成旃檀佛像，于是自佛像胸间有光、声等射出，其声曰："因吐蕃众生出自猴之岩魔（女），故难以调伏，因之需迎请二化身（sprul-sku-gnyis，指墀尊与文成公主——译者注）调伏之"。松赞干布又问道："当从何处迎请化身？"于是自旃檀佛像胸间射出二光，此二光逐一射至泥婆罗及汉地，得见两地各有一位化身神女（sprul-pavi-lha-mo）。因此，松赞干布觉知：如迎请此二化身，则两尊神像及汉、泥（rgya-bal）两处之一切佛法均可传到吐蕃。

次日清晨，诸臣前来朝礼。当书写信函文件之时，松赞干布心有所思地说道："昨夜梦中，梦见西方泥婆罗处有一洁白娟美少女、东方汉地有位悦意之蓝色少女。"松赞干布说罢，右面噶尔·东赞域松、左面吞米桑布扎，此二大臣各以盛满谷酒之琉璃杯敬献赞普，并嘱赞普勿将所梦说予别人，又说："彼二化身神女当由我等迎请之。"言罢遂去。因提及有关迎请神女之事，于是向七城镇中之七首领征询，遂之议定：翌晨各自携带食品，集聚于卧塘湖畔草坪和鹿园核桃树干之下（商讨）。

（次日晨，）诸大臣及七位首领集会，将七首领所带之食品聚集一起，摆上新鲜肉腔。于是吞米桑布扎说道："现集会决定办法，此乃甚为吉祥之事，当圆满如愿。"遂后噶尔说道："汉、泥两王有两位绝好公主，今商议是否迎做赞普之妃？"众人一致答曰"善！"当研究迎娶方式时，众人认为赞普心胸深邃而广，非他人所能知晓，因此决定启问赞普本人。继之众大臣前往（赞普处），噶尔奏问如何迎请之事。松赞干布道："吞米为前导大臣（sna-drangs-pavi-blon-po），率骑士百名，于孟秋之八日吉祥时刻，在旭日初照红宫山（pho-brang-dmar-po-ri）时，当即启程，在整个行程中，为请得泥婆罗公主（jo-mo-khro-gnyer-can）而要祈祷。再者，带给泥婆罗王[5]的礼物为：金币（gser-gyi-dong-rtse）一千[6]，请婚聘礼为金粉一升，珍宝是镶以人间宝物和天神珍宝的璎珞等等。此外，泥婆罗王将连续发出三道不同谕旨，对于这些问题的答复，你等当依次无误地将这些箱箧呈上（此箱箧系做储放赞普信件之用，见下文——译者注）。"于是，诸属臣依此而行。

（吞米）向泥婆罗王呈献礼物、施之以礼，复将聘礼置于泥婆罗王面前，又把珍宝璎珞披挂在泥婆罗王身上。随后吞米说道："我等乃藏地观音化身法王之臣，今启请陛下之女墀尊公主（sras-mo-lha-gcig-khri-btsun）作为我王之妃。"泥婆罗王长久闭目不睁。过后泥婆罗王方说："吐蕃荒凉地区之王不宜为我之姻亲。我（处）自光护佛（sangs-rgyas-vod-srung，佛典译作迦叶佛——译者注）时始，圣教即传承不绝，且有三宝之所依。而你处却没有这些。但是，你等系远道而来者，吐蕃赞普能否建立三宝之所依？如能，则将公主予之。（你们）去向（赞普）讯问此事。"噶尔说道："如果每件事均须往返于吐蕃与泥婆罗之间进行请示，那将请不到墀尊公主。关于此问题的回答，现呈上第一个箱箧请阅。”遂之将第一个金箱箧打开，则见里面有一封在蓝黑色纸上用金写的泥婆罗文书，该文曰：“荒凉吐蕃松赞王致书泥婆罗王阁下：汝之南部泥婆罗（lho-bal）具有佛法。而我则无佛法及供奉之佛像，但我却乐于此事，如能许以公主，我将在一日之内用五千化身建造一百零八幢庙堂，其门均朝向泥婆罗之地。此事岂不极为稀有神奇焉！”

泥婆罗王又谓：“你王如能依止十善之法就许以公主。你等去奏问吐蕃赞普吧！”于是，（吐蕃使臣）复又呈上银箱箧，（箧内书函）对此答曰：“（吐蕃）在一日之内将以五千化身建立十善之法。”因此，泥婆罗王稍有惧意，虽想许以公主，然为表示深沉起见，复曰：“纵使你吐蕃赞普语气甚大，但我(地）自光护佛以来，即拥有如同炊烟不断般的享受。（你吐蕃）若在妙欲享受方面能和我相同，则即许以公主。你等去禀问赞普吧！”于是，（吐蕃使臣）再呈以铜箱箧，（箧内信函）对此答道：“我用五千化身，在五门的每一处，使之有以千万计的具有色、声、香、味、触等诸种享受；打开一切宝窟，开放诸种商市，使尔南部泥婆罗之全部黄金依存于我之吐蕃。此事岂不罕见神奇哉?！如仍不许以公主，则将发五万化身军队，令其摧毁泥婆罗，且将公主带来。”泥婆罗王闻之甚惧，遂对化身吐蕃之王始有所知，故而略示敬意，因之允诺许以公主。

继之，泥婆罗王对墀尊公主说道：“你须去做吐蕃王之王后。”墀尊公主说：“父王谕旨不可违抗，如须我去，但吐蕃王虽说是一位佛之信仰者，可是据说彼处根本没有被供奉的佛像，因此，请王赐以释迦佛不动金刚（jo-bo-mi-skyod-rdo-rje）、慈氏法轮（byams-pas-chos-kyi-vkhor-lo）及自成旃檀度母（tsandan-gyi-sgrol-ma-rang-byung）等三尊佛像。此外，据说吐蕃享用之物甚少，故请父王赐以七大象驮的珍宝。”泥婆罗王表示同意，遂将稀有佛像三尊、珍宝、翻白草（一种药用植物——译者注）、天宝（de-wa-ratna）、琉璃气化钵（de-wa-beedvu-rgyavilhung-bzer）等诸宝，以及其他诸宝等共七象驮，赐予了墀尊公主，并盛宴款待吐蕃诸臣。泥婆罗王讲了教诲的要义。然后，墀尊公主坐在一头高贵的巨象之上，手捧自成旃檀度母佛像，其余两尊佛像迎奉在巨象后面的凉龛之中，尚有七象驮之珍宝等等。由泥婆罗王臣等送至泥婆罗及芒域（mang-yul)[7]交界的一片广阔的树林处，并为吐蕃将得到幸福安乐进行了祈祷。随后诸王臣等返回。由于道路狭窄，难以通过，便打发大象回去。诸路道窄难行，故诸珍宝等乃由溜索运送。据说，墀尊公主和两尊佛像都曾徒步而行，自芒域开始，两尊佛像则用两头洁白雌犏牛奉迎，墀尊公主骑一白骡，由一百匹马载运诸种珍宝，口颂天女颦蹙度母（lha-mo-khro-gnyer-can）之名而来。在阳木马年（shing-pho-rtavi-lo）抵达吐蕃王宫，则与松赞干布王相会，墀尊即被封为王后。

第五节　泥婆罗墀尊公主建宫室

《遗训》（ka-bkol-ma）一书谓："役使龙与夜叉为奴，建造赤兹红宫（pho-brang-khri-rtse-dmar-po），此乃世间所无与伦比者。"复次，赞普松赞干布常于本尊前供奉、禅定，既不消遣亦不游幸。对此，泥婆罗公主心有所思："此王于身体及功德方面当颇有裨益，然而（赞普）不出王宫之外，此举将使彼方军队前来破坏，故此当造一座军队不可摧毁之宫室。"思罢，遂即启请神物琉璃气化钵，乃获无穷之饮食，并以诸种珍宝为顺缘，役使男女夜叉为奴，将此诸奴隶置于红山（dmar-po-ri）范围之内。宫为火砖之墙，每边一俱卢舍，墙高三十六版，四门有碉楼牌坊等，小门房屋均有流苏、飞檐，且饰以诸种珍宝，环饰以小银币。单垂及双重宝珞处设有铃网，铃铃奏响，复又庄严以牦牛尾及丝缨之幡。宫内有宫室九百九十九间，连同宫顶，总为红堡一千（mkhar-dmar-stong）。宫顶均逐一竖立系以红旗、中间缠以杂彩之枪矛十杆，并设各种兵器，悬挂各种丝绸之流苏。在南墙之内，仿胡人宫堡（sog-povi-mkhar）建九层之神岩吉祥无量宫（brag-lha-bkra-shis-kyi-gzhal-yas-khang），复建与赞普王宫相同之王妃宫（btsun-movi-pho-brang），王宫与王妃宫之间连有银桥，设置华丽的天窗，并连接以无数饰物，可使王与王后相互往来。（此宫）虽有一亿军士前来，而五人即可防守，观之如克敌制胜之宫殿。论其精美，美不胜收；其如日轮，光射难挡；又如罗刹域之楞伽布山（srin-yul-langka-pu-ri）那般可畏。宫之东门外，系赞普驰马之地，其长九百弓，广十八弓，深为两弓。其上铺以木板和火砖，然后再于其上覆以红铜，旁侧饰之以流苏瓔珞，绘以各种吉祥画图。或施以浮雕，或者以诸种丹青，内外犹如金色一般。赞普驰马其间，阵阵蹄声，如十万匹马（驰骋）之蹄声，又如遇到暴风雨之声，复如诸种敲钹奏乐之声。其声如四谛之颂，又如宣布政令之四印法语。有关此次建宫情况，据谓绘于逻娑之鲁康（ra-savi-klu-khang）西壁[8]。

第六节　迎娶文成公主

再者，化身法王松赞干布，其谕旨珍重威严：以谋臣妙计，将度母化身之公主（lha-gcig-kong-jo，即文成公主——译者注）及世间珍贵之释迦牟尼佛像（rten-mchog-shva-kya-mu-ni）[9]等等，自汉地迎请到吐蕃，四方诸人各有明见，彼等各见（公主）自本方而来并予迎送，在卧塘湖[10]

(vo-thang-mtsho）畔及林园、砂砾之中心[11]，车辆陷落、大地震动、畜驮倾倒。拉嘎（lha-dgav）、鲁嘎（klu-dgav）两大力士虽经发力，但仍不能动此释迦佛像之时，乃以龙宫（klu-yi-pho-brang）镇慑该地。有见于此，遂将佛像置之此地加以供奉。化身神女文成公主（lha-mo-mun-sheng-kong-jo），被迎为第二位贤惠王妃[12]，并举行如天庭般的盛大喜宴。又，(此次迎婚经过是)：噶尔所率领之百名大臣，携带礼品为一百枚钱币，聘礼为七枚金块及无价之宝天衣[13]。在乌鸦未啼之时，口颂祈祷度母之词，诸臣工遂即起程。抵达汉地神京万祥门（zim-shing-bkra-shis-khri-sgo)[14]，继而朝觐孔子化身王唐太宗（rgyal-po-thang-thavi-dsung-ngam-kong-tse-vphrul-rgyal)[15]呈上礼物及请婚礼品，并提出（迎请）公主之意，太宗欣然，想许以公主。而王子泰瓦（rgyal-bu-the-ba）则说："吐蕃攻掠我许多汉地，杀我戍边卫士，因此不予吐蕃！仲格萨尔（khrom-ge-sar）兵多将广，应许给他。"母后则说："吐蕃资财贫缺，不可许之。而大食(stag-gzigs）资财富庶，当许给之。"文成公主则说："那天竺佛法兴盛，我欲往天竺。"据谓，（在唐宫廷）还聚集有四百名求婚骑士。对此，吐蕃使臣说道："首先提出迎请者是我吐蕃，故应给我吐蕃。"然而，仲格萨尔、大食及天竺等均依次说道："若不给我，则将引兵、放火，并将水淹汉地。"对此，汉地法度严明，不能随意允诺任何一方，因此，唐太宗口谕："在诸求婚使者中，谁聪明便将（公主）许配谁。"

如是，（唐太宗）给百名求婚使者以百只绵羊、酒百秤，（规定）一日之内，凡能将酒肉吃完、羊皮揉好、房屋清洁者，即许之。又，一颗闪光之巨大玉珠，惟如小盾，其上有孔，一孔居中，一孔在边侧，而中间之孔，内如盾之(藤圈)[16]。兹授以丝绸一条，谁能将丝绸穿过玉石之孔，则许以（公主）。又，有百只母鸡、百只鸡雏及百匹母马、百匹马驹，谁能识别出彼等之母子关系，即许以（公主）。再者，令出百段断木，谁识其根与梢者即许之以（公主）。复又于夜晚举行宫宴，在迷蒙及初更时分，令（使者）归，谁能门户不错而找到自己住处者，即许以(公主)。

但是，其他诸使臣均未做到。而大臣噶尔则单另将绵羊杀死，并把每支肉腔分解开来，诸一切成小块，令大家轮流蘸盐而食，并轮回饮酒；羊皮按人之座次辗转揉之；因此，酒肉食毕，羊皮揉妥，不迷不呕、房室洁净。又，（噶尔）用食物和乳汁喂养一只汉地蚂蚁，以丝线系住丝绸之端，再用丝线(另一端）拴在蚂蚁腰部，继而将蚂蚁置于（玉石）之边孔处，吹之，蚂蚁遂从（玉石）中间钻出，于是丝绸得以穿过玉石之孔。再者，在平坝上撒下干糟粕，将鸡放出，于是母鸡与鸡雏双双共食，而在母鸡腰下掩蔽而食者即其子也。又，将马驹拴在一旁，一日之内不予饮水，令其干渴，次日清晨，将马驹放到母马群中，于是马驹各寻其母吮奶，遂可逐一识其母子矣。复次，将诸断水投入河中，树根部分下沉，据此即辨出（树之根、梢)。再者，暗携灯具（在所居之门）上涂以蓝靛、朱红，并将此第三百六十门上标出记号，乃去(赴宴)。（宴会上）抑制酒量。初更时分，点燃灯具，边看边行，因此，准确无误地抵达驻地。在以上一切经过中，吐蕃（使臣）成为聪明者。然而，据说（唐太宗）表示轻蔑，仍不许以（公主)。

(唐太宗）又谓：“明日，将公主置于百名宫女之中，谁认出，即予之。”于是，噶尔先以酒食诱哄驻地之女主人，以示友好，噶尔问道：“你与公主亲密，需要你予以指示。”该女说道：“我将谷秆插在（公主）的腰间，作为标记。”但噶尔经考虑表示（此法）不妥，遂微笑着说道：“那么如何是好？”

为此，噶尔又将一铜锅水，放在三足灶石之上，表面盖以盖板，其上放一女孩，其上再用一陶器覆罩之，继之又用一网状物遮住。在陶器的孔部，复安一铁嘴，令其说话。所说如是：“公主有女仆十六人，我乃公主之心腹。明日，向外数第五十名（宫女）以上，向内数第四十九名（宫女）有余，在这两者间姿态娟丽而身材适度者，其口内可闻有莲花之香气，所穿之七褶披风，其外生香，有一拇指大之玉石蜂，在空中(距头部）一支箭长的距离飞舞，再者，在额间画有朱砂万字花纹[17]。”

翌晨，其他使者们候于门旁，百名宫女依次而出，对此，其他使臣，但见何者貌美、何者衣着高贵，遂即两两相携，口说：“我得到公主矣。”乃去。大臣噶尔以丝绸将手缠住，举着一只雕翎箭，坐于宫门中间。公主出来，噶尔便用箭梢卷住（公主）衣领引之，此时（公主）笑着转过身来，于是溢出了青莲花之香气，玉石蜂和朱砂万字纹的标志亦得到证实。

俟后，其他诸使臣得到了各自所选择的宫女而去。唐太宗对公主说道：“你应前往吐蕃。”公主说：“请赐予我供奉神像金释迦牟尼、十八种工艺书籍（gzo-sna-bco-brgyad-kyi-dpe)[18]、《大医典》（sman-dpyad-chen-mo)[19]、八十部占筮历算法（rtsis-por-thang-brgyad-bcu)[20]等。”于是，唐太宗乃将上述诸种书籍、珍宝、锦缎等等无数物品，均赐予公主。继之，文成公主问噶尔道：“吐蕃有无蔓菁、瓷土、马兰草、虫石子以及刺縻树？”噶尔答道：“其他均有，唯无蔓菁。”公主说道：“那么，此地尚可取。”于是，乃携带蔓菁籽种[21]。

大臣噶尔因长久没有答应公主（嫁到西藏）之事。（噶尔）心想，如果拿去一升黑羊脾脏的血、丝绸灰一升、木炭矛杆一庹等作为聘礼的话，藏人虽会感到特别惊奇，但不会出现随即宰杀所有的羊、烧丝绸、火烧森林等等现象，这样会使汉地遭受损失。

于短程送行之地，支·塞汝贡敦[22]妒忌噶尔，说道：“作为公主之人质，需一聪明大臣留居汉地，若如此则汉藏关系即可亲密。”支·塞汝贡敦复以目注观噶尔，由是唐太宗言道：“需一聪明大臣作为人质留居汉地。”噶尔知悉支·塞汝贡敦（vbri-se-ru-gung-ston）心怀妒忌，但仍说：“让我居此，以使汉藏亲密和睦。”于是噶尔乃留居（汉地）[23]。（噶尔）

私下对其他的大臣说，我在汉地完成任务后立即返回，马上派遣一名化装成乞丐的人到我身前。

（文成公主）将释迦牟尼佛像置于车上，由力士拉嘎（lha-dgav）及鲁嘎（klu-dgav）牵引。文成公主骑一白骡，由达杰芒波结（dar-rgyal-mang-po-rje）引导，随行者尚有贵族少女十六名，勇武力士百人及九十九位吐蕃大臣等起程前往吐蕃[24]。文成公主一行在乌鸦未啼前出发，时至上午，在吉祥平安之地铺下坐垫，于白绸帐幕中，将释迦牟尼佛像安放在宝座中的彩缎软垫上，以饮食及五种供物祭奉，文成公主弹起白银（装饰）成的多弦琴和琵琶，并吟咏歌唱，以“圣体高洁隽美”等辞礼赞颂佛。敬献神佛之余物则赐予十六名女侍者及其他诸人。是时，有些人祭祀和礼佛，另一些人则欢乐嬉戏、载歌载舞、纵情娱乐。据说，上午即这般度过。

（这时唐皇在追查）是谁说出了（此事），即公主（是哪一位）。经占卜后方知晓，在三座大山上有一湖，湖上有一平原，并燃有火焰，平原上有一陶俑形状之女子，全身是眼，长有一张长铁嘴，遂道出了真相。众卦师一致如此认为，王子泰瓦（te-ba）很气愤，哪有这样的人，随即将三百种《五行卜辞》焚烧，从此汉地卜辞消失。噶尔对唐皇说：“在藏地人们把种子炒熟了下种，收成很好。”（唐皇信以为真）就照这样下种，现在逻娑还有在虎月毛驴耕地以及下种炒熟种子之现象。噶尔假装患有重病，并说：“如此死去会出现十八种不祥之兆，我七天后会身亡，将对汉地造成灾难。”（唐皇）道：“我的卜辞全烧掉了，你聪慧异常，有何良策？”（噶尔）说：“给我配以尸马、尸衣、尸食，并让你的心敌向藏地方向前进，不得回头观望。若返回，则不会出现对人危害的情况，对庄稼收成有些影响但不大。”随后将其（心敌）遣返。上述诸说皆出自《遗训》（ka-bkol-ma）一书。

对此，《唐益》（thang-yig）等书则载：巴达霍尔王（ba-ta-hor-gyi-rgyal-po）等等之求婚使臣，每使团各一百人，分为四部，连同吐蕃使臣共为五百人。唐朝轻视吐蕃，久不接见。后在外出之际（吐蕃使臣）乘隙谒见，奉献绝世之珠宝琉璃铠甲，复又次第开启三个有指令的箱箧，此与给泥婆罗者相似。经过斗智之后，（唐太宗）最后说："兹将公主混排在三百名宫女之中，列于平坝之上，谁认出来就赐予谁。"于是，噶尔送给文成公主婢女黄金一升，求问将以何法（辨别公主）。婢女遂指教说："那化身公主，不比其他宫女大，也并不比别人体态那样美。此女之特征是：青色中透着红彩（此喻文成公主容貌风韵，此与藏史传说文成公主是水中莲花"chu-nang-gi-padma"相映，见《隆多喇嘛全集》，va函，5页下——译者注），口生青莲之馨味，碧玉之蜂在她顶上飞翔，右颊有骰子点纹，左颊有一莲花纹，额间有黄丹圆圈，其上显有度母字样[25]，其齿白细密，中间略有缝隙，喉部柔润，颈部有小斑点。排列着的宫女共三百，右行排列，由首至尾末不会有她，而在左行排列中数过第七名少女之后，文成公主就出现了。"经过这番指点之后，噶尔便从左排竖起箭稍，逐一评道："啊！这个像屠夫之女，否则她的手为何是红色？"像这样，噶尔逐一认出了陶工（之女）、木工（之女）、厨师（之女）、器皿匠（之女）、铁匠（之女）及织绸匠（之女），继而数至第八位时，心想这大概是文成公主。于是，噶尔即将所谓"青中透红"等等特点叙述一番，继之则以箭稍牵领，文成公主乃哭泣着随之而行。噶尔和支·塞汝贡敦骄傲地引吭高歌，其歌曰："啊！何其妙哉！文成公主你，请听我所言，吐蕃之王土，诸宝所缔造，王者宫廷内，人王神所居，松赞干布王，仪表丰姿美，见而心神怡，观音大慈悲！"由于噶尔吟咏松赞王及吐蕃之功德，文成公主遂稍有喜色，并且向外随行。其时，唐太宗（对公主）说道："你看！其使臣（心机）之心变幻，其王所具有之预见及神通，倘若你不去，其神兵就会抢你，土地将被征服。因此，你应前往吐蕃！"言讫，唐太宗即将一切利益安乐之源——释迦牟尼佛像、众多珍宝仓库、宝库、金玉所制之告身文书、三百六十部佛经、珍宝黄金碧玉之种种饰物、各种熟食及干食之食物调制法、镶有玉片的黄金马鞍、上面有八种狮子和鸟的绸缎坐垫且垫上尚有枝叶宝篆纹，此外还有诸种无比之奇珍异宝等等，为使吐蕃王感到稀奇，而将上述诸宝赐予文成公主。复又将六十部工巧著作（gzo-yi-rig-byed-drug-bcu）、八观察法（brtag-babs-brgyad）、五诊断法（dpyad-lnga）、六祓除法（sbyongs-drug）、四部配药法（sbyor-sde-bzhi）等等医药及治疗法全部赐给（公主）。另有珍贵之饰物衣服等两万件、貌美又与其同心之少女等五名，等等，亦均赐予（公主）[26]。继之，唐太宗教诲公主说："你之举止当如此：远瞩深识，精通内外诸事，言语温和、善言健谈，善理住所、敬奉尊王、爱护诸众眷属、知羞明耻、举止检点。"噶尔作为人质留居（汉地），唐太宗赐以最佳庄园及绝世美人。

噶尔的心病未有消除，装病在床。（唐皇）派医生前往诊断时，（噶尔）于晚上头朝里倒着睡；医生把脉时噶尔将脉搏用绳子缠住并连接在老鼠和家鸡的身上。（医生）说："脉相错乱，只有小动物、小鸟、石脉。"唐皇闻后很不放心，便问噶尔："我死后，汉地将会发生大的灾难，藏地赞普得知后，会发兵讨伐等恫吓（汉地唐皇）吗？"故（告诉唐皇）需要做祈福禳灾之法事，准备三只绵羊脾脏之血等，到藏地高山处祭神。（唐皇）恐怕噶尔逃跑，便派了四位大力士护送。（噶尔）灌醉了大力士，毁掉武器，割断马蹄，随即逃走。大力士醒酒后，害怕（唐皇）怪罪，便无心返回，也跟着噶尔逃到藏地，故汉族姓氏即于藏地出现。大臣（噶尔）道："将丝绸之灰做成偏心国王之服饰，无粒麦穗成为贪婪王后之食粮，木炭茅杆作为英勇王子之武器。"宰杀羊为无脾脏之血，遂于本尊前忏悔。（噶尔）如此唱到。有些王统史集记载，唐皇前往供奉释迦牟尼像时，佛殿中的释迦牟尼像以前是面朝东，此时却面朝西，去向已定，只好答应赐予（藏地）。公主说："我去藏地甚好，如要迎请释迦牟尼像，敬请莅临到我的指尖上。”公主坚信释迦牟尼像已莅临其右手指尖后，便前往藏地。

总之，文成公主为了吐蕃之事业，专程前往吐蕃。虽然幻化女神之父母和兄弟皆为菩萨，做何事都不会出现差错，但不知其子有何本领，故不能得罪任何一方以及心思不可乱。一天谁要三心二意、谁要不专心，就不可能打败敌人。若说假话，神都不会保佑你；做何事都要正直，践行利乐，要具备圣人的品行；过分欺负别人或做事太偏心就会出现如此罪祸，为使后人知道唐皇偏心，而幻化大臣（指噶尔——译者注）降灾于汉地。为使（文成公主）显示尊贵，迎请甚为困难，这并不是有意制造障碍。此后，文成公主臣仆一行到达康地（khams）[27]。为了等候噶尔，于山崖上雕刻佛之圆满头像、佛之善行（即普贤行愿品——译者注）以及八十肘长石佛像，捕鹿耕田、建造水磨[28]。又在使人束手无策的森林中，公主沿途修筑小路，沿着刺縻树向前走，踏遍了各个地方。对此，某些不纯正的大臣认为公主滞留于途。普遍认为公主仍在观看刺縻树；而具有菩提心者，则见到公主与释迦佛踏遍全部吐蕃，并为之进行加持。当文成公主到达郭冬郭莫（sgo-dong-sgo-mo）跟前时，汉地吉兆业已衰减，因之汉地之护法神骚动起来，遂降无边大雪，所有森林相互杂乱倒伏，故而文成公主被阻途中达两月之久。俟后，大臣们到此，进行熏烟、焚香、敬献祭品，并祭祀了汉地神像，大雪乃止，林中树木复又立起，遂得以穿路而行。临抵吐蕃附近之时，吐蕃赞普乃遣使臣往迎，且将举行喜宴。松赞干布说道：“她乃度母化身之公主，因此变幻巨大，她将自何方到此不得而知。”言罢宣布要四面出迎。于阳火猴年仲夏初八日(me-pho-sprevuvi-lo-dbyar-zla-vbring-povi-tshes-brgyad-kyi-nyin)，于四方迎接之人，均见到公主、释迦牟尼佛像、百名吐蕃臣工、百名力士及人马等等是从自己(所迎接）的方向到来。在东方迎接之人，则见公主等是渡过纳东堡（mkhar-sna-mdong）之河而来[29]，故此地乃称嘉莫热卡（rgya-mo-rab-kha，意为“公主渡口”——译者注)。在南方迎接之人，则见公主是自哲斯卓(grib-se-sgrol)[30]河谷而来，公主在冰上插一银马鞭，如一右旋海螺，宣讲善事（bzang-gsung-ba）即产生于此时。于西方迎接之人，见到公主来自荒原之巅的森林[31]，为了镇压对王宫不利之地形——像千万座天门似的出鞘之剑抛立于空中，在走到千万座地门状如猪鼻似的贝巴才崖（sbal-pa-tshal）时，公主指示：“在崖石画以佛之诸亲眷属。”因汉地工匠于此地浮雕了依怙神像，遂称此地为帕东纳（phag-gdong-sna)[32]。在北方迎接之人，见到公主来至郭拉（sgo-la)[33],并于该地迎接神像，遂称此地为拉苏东（lha-bsu-gdong)。总之，四方之人均同时见到公主。在卧塘湖畔(vo-thang-gi-mtsho)，有森林及沙洲，其间有小草坪，上有泉，当公主一行抵达此地之时，载有释迦尊者之车辆陷此，继而地震，致使全部驮载之物尽倒，力士拉嘎、鲁嘎虽抬举之，然未能抬动，是时，文成公主摆好“博塘”（spor-thang）进行卜算[34]，悉知世界有四大地区。

往东走向的大山奔茄（vbigs-byed）山脉之北方，有一大象国犹如盛开的莲花；往东走向的雪山山脉以北有雪域，犹如魔鬼仰卧。玛拉雅（ma-la-ya）的北方有世界之中心，犹如宝贝洲。在增丹（mdses-ldan）河的北方有大象洲，犹如花儿洲。雪域魔鬼仰卧之中心，有魔鬼的心脏，卧塘湖便是魔鬼的心血，湖边有两座山是魔鬼的心骨，危害众生，遂用国王之宫殿镇压。在其四周有像乌龟和蝎形，便是魔鬼之随从，所有山脉的走向聚集于中心。见于逻娑布满盗贼，品行不端者皆至此。并知彼具有五种凶地之龙宫（kluvi-pho-brang)，当以释迦牟尼尊者之像镇之，于是，在尊者佛像四方立柱四根，悬挂白绸帘幕，四力士护持，即如是供奉之。在王宫擂起欢乐宴会之大鼓，在神奇之街道上，所有人均盛装向外疾驱，（喧闹）之声犹如地震。公主及臣工眷属人等驾抵王宫之东门，被住在索波卡（sog-bo-mkhar）宫殿中的墀尊（khri-btsun）发现，心想：（她们肯定在）建造供奉释迦牟尼像的一座神殿。汉人会占卜，可能还会建造别的庙。我是大妃子还没有神庙，不能在我之前造庙。便严厉地对文成公主言道："你有佛像，我也有三样奇异之佛像，一来我是大妃子，二来我来自佛教的故乡，故你不能在我之前修建庙宇。"文成公主回答说："墀尊说的极是，你在下面的湖中修建寺庙，我在上面平坦之处也修一座庙宇。"说罢将白银马鞭扔到卧塘湖的释迦牟尼像前，墀尊羞愧难当，无话可说，便不让文成公主和松赞干布见面，在《遗训》中有上述这样的记载。其他史书记载，墀尊如此唱道："我和你有区别，我是首先跨过门槛的，也是泥婆罗国王的御妹，正妻是国王的妃子，妾是妃子的奴仆。"文成公主回应唱道："我还没有找到住处，没跨门槛未与赞普见面，王妃你已争风吃醋，妻妾不过是名分之别，和气相处胜如亲姐妹，心生憎恨到头来自己会吃亏。"

其时，噶尔由于迎接公主时遇到阻难，因而心怀不满，故此既未给（公主）送去所需之物，亦未使公主与松赞干布王相会，时有月余。故此，文成公主欲返汉地，于是噶尔乃进行商议。此后，松赞干布登临欢庆的宝座，为文成公主加冕，并封其为王后。两位化身公主到来时，佛使观世音（指松赞干布——译者注）、墀尊公主及文成公主身上发出亿万无际的光芒。其光自无边虚空转照众生，见到顿时断除（众生之）一切烦恼，获得金刚禅定安乐。诸菩萨见到三位化身（指松赞干布与二王后——译者注）正为整个吐蕃加持祝福，使之处于无边禅定之中。而普通吐蕃属民则见到世间和睦相处，本教师正在招财引福，王与王后正合卺系丝、彼此轮流饮用肉汁及饮料、交替取食全羊及酥油汁合成的面团。

此外，还建造了寺庙。为了生育王子，松赞干布又娶香雄王（zhang-zhung-gi-rgyal-po）黎弥佳（li-mig-skya）之女香雄妃黎娣缅（zhang-zhung-bzav-li-thig-man）、弭药王（mi-nyag-gi-rgyal-po，即党项羌或后来所称之西夏或木雅之王——译者注）之女茹雍妃洁莫尊（ru-yongs-bzav-rgyal-mo-btsun）、堆垅芒地尚论（stod-lungs-mong-nas-zhang-blon）

之女芒妃墀江（mong-bzav-khri-lcam），总娶王妃五人。

第七节　兴建大昭寺、小昭寺

此后，文成公主查看了地相，（发现）藏地犹如罗刹女仰卧，在其八大关节和四肢处，首先要建寺镇伏之。卧塘湖是魔鬼的心脉，是恶道之门，填充后建造寺庙。八大恶地各修一寺镇伏之。随后大地呈八瓣莲花相，空中出现八大法轮之形，八方皆布满八种吉祥之兆。四相不拜具四宝，所有功德一时显现，（公主）这样说道。赞普心间之光芒射向湖心，湖中形成了光之宝塔。通过加持筑起幻化石门，用金刚砖在木头上打孔，在铁水根基之上铺以砖，如同金刚一般的大地上，地基被非人所破坏，这时从天空中传来声音："首先要造一尊赞普的塑像。"用诸多殊胜之物配以旃檀拌成药泥，制作成主体，而后放到赞普的枕边，睡时即可看到菩提勇识佛之光溶入其中。早晨醒来时，十一面观世音佛像中之根本白三面容光灿烂、嬉笑言开；其上三面为天鹅黄色，行忿怒增王之业；其上两面犹如珊瑚之色，行犬齿獠牙忿怒王之业；其上二面为黑怒容，行忿怒、凶猛之业；其上是为黄丹色的阿弥陀佛像；面部之下与赞普的身高相等。法身之根本十臂中之双手于心间合十，在无量光佛的右面有四佛，持绘有白莲之宝贝净瓶；左面四佛持有弓箭，彼等手脚用金镯和蛇来装饰，宝饰艳丽光芒如日，上身左乳被动物皮所覆盖，具有功德身相犹如自然形成。又有许多光芒照射在自然形成之旃檀和舍利子，并迎请之，用手将绸缎彩帘稍微掀开，佛之心中即显根本智慧菩萨之性。报身分为三十八个种类，化身分为千手千眼，传说由外部的泥婆罗工匠献上。世间自在等八随从，在藏地是最初塑造的。自然形成佛身中出现火焰和忿怒，犹如天空霹雷响，把月亮苑（zla-ba-tchal）的鬼怪皆摧毁。近地之恶相各自镇伏，镇伏两肩和髋骨称为四镇边寺庙；镇伏两肘部和膝盖称为四镇节寺庙[35]；镇伏双手心双足掌称为四镇肢寺庙[36]。东边由日、月、星辰为三断定，火、水、风之镇物各为二。镇伏大地之寺庙全部竣工，但藏地最早的寺庙昌珠寺竣工之时，一出家人听到传言说，如此随佛之人要对穿赭色法衣的僧人进行跪拜。是时，见一衣着褴褛的僧人，跪拜后说“惊奇”，并举起五尖佛塔。赞普随即示显阿弥陀佛像，那位僧人即开启心门，显现十九降伏神部众。此僧人虽衣着破烂不堪，却有如此功德。（赞普松赞干布）遂对全体藏人颁布圣旨：“今后要对其顶礼膜拜!”藏地金刚之中心逻娑的主要神山叶巴（yer-pa），用土石建造寺庙和宝塔，故有逻娑之建筑缘起于叶巴之说。

又，墀尊公主来至银桥之上，启奏建造神殿之基地，松赞干布王答道：“你可随心所欲择地而建。”于是，墀尊公主带领众多骑士，役使男女夜叉为奴，在拉东也奈塘（la-dong-gi-ne-thang）、帕热浦（ba-rag-phug）及雅隆(yar-lungs)[37]等水草林木丰盛之地奠基，当建造到一百零八座神殿时，夜晚即被神鬼彻底摧毁。因此，（墀尊公主）需要考察地形，遂向女仆授以金粉一升，派其前往文成公主供奉释迦尊者跟前，但（墀尊）未讲先前那种（失败情景），惟令女仆传达如下信息，即请求（文成公主）：“很好地指示建造我的神殿之地形。我的神殿完成之后，你亦可建造（神殿）。”于是，文成公主摆好“博塘”进行测算：如在吐蕃寻找建寺基地，总之，不同的地方为三百六十处，将考察的地方为一百零八处、已了解的地方为七十二处、宝地有四十五处。对于业已了解的凶地，当除其危害。那些福德之果小而尚未消失者，佛将彼等集中，聚拢众多民众，即可形成村镇及城市。权势显赫者即形成大王之地。隐者聚集之处，当为修道者所居之边僻之地。暂时处于安逸之中者则在普通民众之地。上述四种地方，其间王者之地为首屈一指者。再者，此吐蕃王土，地处仰卧之岩魔女身上，因此，岩魔女之两臂、头、两胯、两肘、两膝盖及四肢等等，当需逐一建以镇压之神殿，即使不成，亦当施以铁橛。至于卧塘湖乃岩魔女之心血，系恶趣之门，故当除之，建以神殿。

此外，还有八处凶地，即捣毁西南方魔鬼之会场；夺取西北方妖龙睡觉之地后修建寺庙；建塔降伏南北方游荡之恶鬼，并增建文成公主的驻地小昭寺龙宫；东方的哇拉珠巴（ba-lam-grum-pa）山犹如小鳖鱼过河，示以白海螺（镇之）；西南方的益玛夏日（yug-brag-bdud）山犹如魔巡山和魔女的发辫竖起，示以石塔（镇之）；北方娘站都德（nyang-bran-dog-sde）中心之山犹如大象出征，示以石狮镇之。对于上述种种凶地应加以镇慑，如是，一切福德将即出现。

东方班桂孔瓦山（ban-khos-gung-ba-ri）像佛塔一样，南方芝甫山（grib-ri）如宝堆积，西方堆陇昌甫山（stod-lung-brang-phuvi-ri）如坛城上置螺杯，北方托岱拉山（dog-sde-lha-ri）似莲花绽开。因有此四福德之山，则集聚各地俱有信仰之人，并因能广为供奉佛之舍利，遂自然形成此众多福德之地。天有八辐轮之形，地分莲花八瓣，娘禅潘迦山（nyang-bran-vphan-dkar-gyi-ri），其头如伞；麦仲后山（mal-grong-gi-rgyab-ri），其眼如鱼；东卡山崖(gdong-mkhar-gyi-brag)，其舌如莲；芝浦（grib-sa）之冰，其声如螺；宗赞山（rdsong-btsan-gyi-ri），其胫如瓶；尤玛山（yug-mavi-ri），其胸如吉祥结；班达山（vphan-dar-gyi-ri），身如胜幢；昌甫（brang-phu）平坝，其手足如轮。上述乃具足八吉祥之相。

再者，卡巴之觉木塞塞（gar-pavi-jo-mo-ze-ze）有铁、热卡拉同（ra-kha-la-dong）有铜与银、贾伽山（lcags-ka-ri）有金，此为四种宝藏。东方之白虎为下噶东（dgav-gdong-vog-ma）、南方之青龙为温莫吉曲（sngon-mo-skyid-chu）、西方之朱雀为旬地之查玛岱冬（shun-gyi-brag-dmar-sde-gdong)、北方之玄武为娘禅帕朋卡（nyang-bran-pha-bong-kha)[38],上述具足四观察是为吉祥。如是，镇慑诸种凶地，则一切福德之力即可获得、诸宝库亦可打开。所发愿之神殿，应建以石土之墙，用白山羊自彭域（vphan-yul)[39] 驮土，据此因缘可使湖水消除，若于此处建寺，则所有美好之事即可获得，并可泯除一切灾害凶险。

文成公主答复了上述诸种情况，但是，女仆将（文成公主所答之）信息在次序上弄错，她说："首先令山羊驮土，填平湖泊。"于是，墀尊公主即依女仆所说行事，因之湖水浑浊涌出，所盖处未及（湖面）千万分之一。故墀尊公主不信，且禀告松赞干布王："我曾问本尊佛，本尊佛曰：请向自成本尊供奉祈祷吧。"遂从自成本尊之右脚指射出光芒，并融入卧塘湖(vo-thang-gi-mtsho）中。湖中暂时变成松赞干布王之坐骑，当发出轰然之声时，众人观之，湖中出现了墀尊公主带领着坐骑赶来，并驯服了卧塘湖。其时，松赞干布摘下戒指说道："戒指落于何处，即在该处建（寺)。"言罢，松赞干布将戒指掷向天空，然后坠落湖中。此时，墀尊公主想道：松赞干布与文成公主已经商议过（指在湖中建寺——译者注)。因之，眼泪盈眶。松赞干布说道："擦干眼泪看吧！"说罢，但见自王胸中有光射出，直入湖中。是时，文成公主仍无妒忌，说道："我已有底细，即在此处（指湖——译者注）建（寺)！我助你一臂之力吧！"墀尊公主（闻听）甚喜，说道："此言闻如圣教。"松赞干布王说："我之宫堡当建此湖畔，建一座三层宫室，将王宫迁此，诸种供奉之物亦将迎至此处，并将举行盛大供养。"墀尊公主经常对黑龙进行开悟、摆弄，有时尚（将所办之事）委托于苏普江蔡园（zur-phud-rkyang-tshal）之龙等。吉秋河（skyi-chu）南面之小水泡变成梵天，使河水衰退。墀尊在湖内四面建造石碉房，以醋栗木支撑，在去不了的湖中心，松赞干布供献并启请一自成之佛像，于是自佛身汗毛处发出光芒，其光如半瓔珞悬于湖上；湖面上阴云密布，光照在湖面上犹如光链，绵绵细雨从天而降；湖里光泡形成了三层佛塔。此时，松赞干布王说：“向湖心光芒处投掷石头。”于是泥婆罗石匠即自桑浦（gsang-phu）[40]运来石块，并对石块进行加工，继之，众大臣伴随（口诵）六字真言之声将石头抛入湖心，遂成一座四方碉堡，其间置以宝藏，再加覆盖，遂将卧塘湖填平，其中心处即今日（大昭寺）之坛城处（dkyil-vkhor）。

从龙地拿取金刚泥涂抹在所有的木料上，使木料像金刚石一样坚固不朽。此上用熔化的铁水灌注，复铺垫有砖、草皮块、石块、沙子及吉祥土等，与大地无二。夜晚时，鬼神出来破坏已修建的地基。此后，从天空中传出声音：“请塑造一尊与赞普等身之像，即可消除灾难。”遂对泥婆罗的工匠说：“你能否塑造一尊像我身形一样的观世音像？”他乃为幻化之工匠，便说：“能造！”以前幻化比丘从八大胜地迎请来的大海边和那然扎拉(na-ranyadsa-ra）的沙子、蛇心旃檀（tsan-dan）、许多圣地纯洁少女挤自吃香料母牛的奶子，并拌以丝泥，用各种宝石粉拌匀的药泥堆放在赞普的枕边，菩提树为灵魂树，蛇心旃檀（tsan-dan）为外形。为塑造身形，从大海洲取来茅草、宝石以及各种颜料等，准备就绪后放置于枕头边。黎明时辰，可见从空中迎来日光尘般之佛和菩萨，并溶入药泥，福力无边。（究竟塑何种佛像为好呢？）塑造千手千眼观音、十一面观音、六字真言、世间自在、如意法轮、不空绢索、弘嫣寨瓦（hya-grvi-ba)、喀然萨巴尼（khva-rasa-pa-ni）等计有五十种观音像。睡醒之时，见枕前出现有十一面如意宝贝法身之十一手观音像。此时，工匠亦为了塑造佛像而特此前来。赞普对其说：“佛像虽然即将造好，但蛇心旃檀（tsan-dan）自成和三个供施物还未装藏。”工匠说：“我为造像而来，可佛像自然形成。”是时，此尊佛像从左手到右手将丝绸袖口卷起，右脚射出光芒，故特迎请将此圣物溶入佛像之心间。此佛像非常结实，并向左微倾，由此时出现卷起的丝绸袖口到现在还留有。此外，还有广增之深蓝三面佛、自在之赭色二面佛、诛法之红色二面佛等。右面四手持有化身箭轮以示制伏土地神；左面四手依次绘有珠串、宝贝、宝瓶。

从此地到河边建格如（ke-ru）佛塔，为使藏地的持咒者和修行者不受到伤害，砍断从紫布（grib）地到娘哉（nang-bran）地的战神镢。从自然形成的观音佛心间放射出光芒，照射到岩石上，并照射至岩石间龙神、龙魔和女鬼之卧室，在岩石上还自然出现了大日如来像和忿怒文殊像。

赞普于三十日晚，在卧塘（vo-thang）湖中洗澡时，发现在西南月亮苑的岩石下有一火堆。（赞普）走到跟前便看见雪域所有魔鬼全部聚集在一毒树根下，听见他们正商议着事情。一老鬼说："雪域之地佛祖未到过，其圣言未有传播，本应属于我等非人之领地，此具有双头的赞普断了我们的路，抢了我们的卧室，并颁布佛法纪律。我们也要振作起来，加害供奉三宝者之性命，阻止善行，降石雨摧毁寺庙。以前破坏了泥婆罗公主建造的一百零八座寺庙的根基，这大快人心。"说着散去。第二天晚上，赞普向自然形成之佛像启请，遂从忿怒面中射出的两道光尖上形成忿怒马头明王和甘露漩明王，并从彼等面部射出火光，如同打雷一般摧毁魔鬼聚集地之毒树，沸腾之毒水被风吹散，众魔鬼被驱散并晕倒，而后又被两忿怒神和世间火逼到大海边。两忿怒神和火光照射到岩石上形成了无量寿、喀然萨巴尼（khva-rasa-pa-ni）、吉祥马头明王三尊佛像。次日，赞普松赞干布到此供奉，观音和世间怙主即装饰了释迦佛顶，使之成为身色洁白明如雪，污浊无染之荷花，大慈大悲有威力，眷顾苦难之众生，消除疾病和痛苦，顶礼敬拜救世主！

又，对于在达瓦崖（zla-bavi-brag）所出现之具光自成佛像，（松赞干布）命泥婆罗工匠清晰地浮雕出来，遂称此处为察拉赞冬（brag-lha-btsan-gdong，意为"威严神面崖"——译者注）。问道："赞普松赞干布面部的光尖上出现的两尊忿怒神像你看到了吗？"工匠回答说："看见了。"遂说："请把两尊佛像塑造出来。"随后造出了马头明王和甘露漩明王。见观音的随从颇少，便继续造像，造出了世间王、卡萨巴尼、忿怒度母、光芒者、央金玛（妙音女），自然形成的观音报身像三十八手，其右十九手（依次）持有宝贝、绳索、钵、刀、十字、宝石、水晶、弓箭、鞭子、鼓、盾、宝瓶、战斧、珠、蓝色莲花、净瓶、太阳、白色莲花、稻谷之穗。其左十九手依次持有白云、净瓶、黄色莲花、刀、矛、棍、珠、铃、金刚、铁钩、禅杖、化身、神庙、经函、法轮、佛像、果子、蓝色莲花，持宝十九个。化身之千手千眼胜施妙印于西方建造格如（ke-ru）佛塔，以镇住此地恶相等，即压住四恶相。

第八节　兴建昌珠寺

此后，因建昌珠寺打地基，为镇压魔女之左肩，松赞干布前往雅隆（yar-lungs）。该地有一面积不大之湖，其内有龙居焉。松赞干布想道：将在此湖干涸后的基址上建（寺）。俟后，乃召集吐蕃属民，松赞干布颁布命令："谁能降伏此龙者，将赐以双份奖赏。"于是持咒者祖查祖囊（tsug-sgra-tsug-snang）及本教徒蔡米囊查琼查（bon-po-tshe-mi-snang-grags-vbyung-grags）二人请求降此龙怪。当此二人腾空之后，其时，在索塘贡布尔日之一百零八名入静定的阿罗汉前来，亦向松赞干布奏陈"众人降龙之法"。是时，本教徒说道："由我先行降伏，如不果，你当生发精进！"言罢，旋即设仪轨而行静定。顷刻，一大鹏出，翔于湖上，湖沸腾，一条五首龙蛇涌出。于是本教徒说道："我已不能降伏，凡一切均当由（持咒者）你精进奋力吧！"于是，持咒者设仪轨入静定，到时，巨声响处，天崩地裂，众生惊骇，大地震撼，禽鸟飞翔。继而，一形如隼鹰之鸟，其声如雷，此鸟以其如刀之翅，瞬息削断五蛇之头，血染湖泊。继之，湖如水倾沙中一般干涸，于是，发现在此湖之遗址上留存宝井一眼，其中心曾埋有帝释天像一尊。俟后，在该地供奉世尊无量光佛，内殿盖以烊铜之砖，四周建四密室以便静修，又于静修处前建塔，继而役使男女药叉为奴建造（寺庙），复塑密集神像十九尊，其中三尊主要佛像乃自成之石像，系迎自索塘贡布尔日，再经工匠雕刻，据谓所有石粉均成舍利。而菩萨等诸佛像，由于阗（li-yul）化身工匠依于阗佛像型制铸造，而有关珍宝之饰物则来自泥婆罗。妙吉祥、文殊等佛像，亦系泥婆罗自成石像，役使药叉，分别用黄金八升、七升、六升、五升及四升等不同规格浇铸而成的佛像是：毗卢遮那、金刚心母、宝生、无量光及释迦牟尼等，风格各异，其间无量光佛置于珍宝库殿，余者四佛及松赞干布塑像均放在内殿。

为藏民于非时之死，即转动如意天女法轮，打开宝藏之门，塑造灌顶夜叉之身像，将赞普松赞干布的一大仓库亦埋藏于宝殿之中，托梵天螺顶髻（tshangs-pa-dung-gi-thor-tshugs-can）来管理，以消除密宗之障。

为此龙又建造五顶之塔，而龙则成神祇。继而称该寺为不变慈悲殿（byams-pa-mi-vgyur-bavi-lha-khang），对此寺复以降龙之鸟名命之，遂称之为昌珠（khra-vbrug，意为鹰龙）寺[41]。

第九节　建边压寺及再压寺

藏地寺庙建得早而毁得迟，此乃为赞普松赞干布的本尊神为各座寺庙祈愿根本之故。臣察邦赞者东曲（tshe-spong-btsan-vdra-dong-chung）也建了一座洛本庙（glo-vbur-lha-khang），对此赞普松赞干布说：“我的本尊神庙是世界上最具加持之庙，对其敬拜供奉，启请会使万事顺心，是众庙之王，但无护庄严。”泥婆罗工匠说：“我们泥婆罗南部有一个名叫巴丹达（bha-dan-ta）光头赤脚穿着鹅黄色袈裟的样式，多处有人、神供奉的供施处，这样使护庄严佛前来。”赞普松赞干布立即双手合十，并曰：“只要见出家者，我会顶礼膜拜。”第二天赞普松赞干布和随从出宫云游，在五指塔前见到一个身着比丘袈裟者，头前额突起，鼻塌眼陷，身体上细下粗，臂部突出，正在缝补衣物。（赞普松赞干布心想：）我曾发誓只要见出家者便会敬拜，对面前这位真正的比丘为何不拜。但其面貌丑陋，（随从）大臣可能对其轻视小看，便到塔后拜其足莲，行大礼后说：“我乃为大地之主，拜你比丘，这难道不惊奇吗？”比丘道：“甚是惊奇！（难道）我的幻化不惊奇吗？”说着右手举起五指塔。赞普松赞干布道：“甚为惊奇。”随后（赞普松赞干布）头部显现阿弥陀佛像。（比丘）道：“你只有一尊佛，我有诸多（佛像）。”说着用刀子划开胸膛，里面显现十九尊佛像。赞普松赞干布异常兴奋，赞叹道：“出家人竟有如此功德，我的百姓对待出家者一定要拜其足莲。此比丘虽面部丑陋，却有如此无量功德，故不能小看之。”赞普松赞干布答应践行观世音菩萨之业，幻化比丘也答应护持赞普松赞干布的寺庙。作为昌珠寺的附属寺修建于瞻塘（tsam-thang）。

为镇压魔女之右肩头，在孜内东（tse-ne-gdeng）进行修行，并于伍如（dbu-ru）建嘎蔡寺（ka-tshal）及其分寺塞祥格底（gser-shang-gir-ti）；为镇压魔女左右胯骨，于孜浦（rtse-phug）及江浦（brgyad-phug）修行，并于叶如（g·yas-ru）建臧昌寺（gtsang-vgram）及其分寺格仲寺（dge-drung-gi-lha-khang）；在如拉（ru-lag）建仲巴杰寺（grom-pa-rgyal）及其分寺哲拉康寺（vbre-lha-khang）等。以上即所谓四边压寺（mthav-vdul-gyi-gtsug-lag-khang-bzhi）。在魔右女肘处，于东部虎头方位（shar-stag-gi-mgo）建工布浦曲寺（kong-po-bu-chu）；于魔女左肘处，

于南方龙头方位(lho-vbrug-gi-ze-steng) 建洛扎阔汀寺（lho-brag-kho-thing)；在魔女右膝处，于西方朱雀脊背方位（nub-bya-dmar-povi-sgal) 建格杰寺（dge-rgyas)；于左膝处，在北方龟额方位（byang-rus-sbal-gyi-dpral，byang-rus-sbal又作byang-gi-rus-sbal-nag-po，即北方黑龟[42]——译者注）建查甸孜寺（bra-dan-tsevi-lha-khang)。以上为四再压寺（yang-vdul-bzhi)[43]。

第十节　建四压肢寺及九掩口寺

为镇压魔女右手掌，弭药人做工头（mi-nyag-gis-lag-dpon-byas)，于康地（khams）建隆塘准玛寺（klong-thang-sgron-ma)；于左手掌处，吐火罗人为工头（tho-gar-gyis-lag-dpon-byas)，于门域（mon）建杰曲寺(skyer-chu)；以胡人为工头（hor-gyis-lag-dpon-byas)，在魔女之右脚心处，建蔡日准玛寺(mtshal-rigs-sgron-ma)；以泥婆罗人为工头(bal-pos-lag-dpon-byas)，在左脚心处，建仓巴隆嫩寺(tshangs-pa-rlung-gnon)。以上为四压肢寺（ru-gnon-gyi-gtsug-lag-khang-bzhi)[44]。

在东方，为镇压土及确定日月星辰，建嘎曲（ka-chu)、冈曲（kam-chu）及灵曲（gling-chu）三寺；为镇压南方火，建囊卓（snang-gro）及灵塘（gling-thang）二寺；为于西方镇压水，建古朗（gu-lang）及兴衮(shing-kun）二寺；为于北方镇压风，建格日（dge-ri）及贝日（dpal-ri）二寺。以上为九掩口寺（kha-gnon-gyi-gtsug-lag-khang-dgu)。

《叶巴目录之上部红色伏藏》记载，赞普曰："藏地暗色红脸魔域，鬼神威力大，掌控着诸多土石、雪和冰雹，出现饥荒，（人们）烦恼甚多、短命。将善知识视为仇敌，行恶者得到赞扬。这样恐怖的地方唯有我神观世音能够拯救，你们这些跟随我的人，要听从我的旨令。”泥婆罗公主道：“哎！大悲观世音难道不是你吗？为谋众生之业是否感到厌烦，请求解脱众生，点燃佛法之明灯，修百座寺庙。”（赞普松赞干布）曰：“我也专心为他人之利益而努力，想尽办法调伏之。”公主道：“你是大悲观世音，专心利益众生，我也会做好各种事业。”随后即变成千手千眼度母。（从此）藏地佛光普照，下起甘露之雨，使果实成熟，百花盛开，花木、森林、绿地茂盛，河流潺潺，皆感到如此身心舒畅。开始修建逻娑之城墙时，反复遭到鬼神的破坏而久不能修建成功，（他们）将所有的土石都抛到空中，山摇地动，人们皆感到恐惧。鬼神之叫声此起彼伏时，幻化赞普松赞干布供奉本尊神，起誓承诺（消灭鬼怪）。空中便出现一千手千眼观世音，眼观叶巴山，意依叶巴崖。忿怒神和度母佛莅临叶巴崖，众护法神答应帮忙行事。（见此情形，）众鬼神敬拜赞普松赞干布，对其言听计从。（此时）出现神之花朵和香料之雨水，叶巴崖上出现了自然形成的崖神大黑天护法，甘露之水自然流淌。

第十一节　建叶尔巴崖[45]三所依

此后，用逻娑（lha-sa）之第一堆土、第一批木头和第一堆石块，在叶尔巴崖自成五股金刚杵基地上（yer-pavi-brag-rdo-rje-rtse-lnga-rang-byung-gi-rmang），建身所依（skuvi-rten，即神像——译者注）为两只红、黄猴子；语之所依（gsung-gi-rten，即佛经——译者注）为十万组六字真言；意之所依(thugs-kyi-rten，即佛塔——译者注）为三座佛塔。此即所建之三所依。又，建无忧树园林作为护法神住处；通过禅定静修，幻化出发光石窟一百零八座；为功业所依，将山幻化出度母之驱；为便于统治，将草山变幻成忿怒度母。

为消除疾病，将水变成甘露。此时松赞干布幻化成千手千眼观世音菩萨，光芒使内外之众神、佛和菩萨得以迎请，土、石皆得到神之加持，忿怒神和度母佛之心间降下花雨，空中响起吉祥之声，乐器不击则鸣，鬼、神皆答应成为护法。（松赞干布）预言道，聚集此处者皆能降生于极乐世界。此外，把镇边寺庙的新土送到叶巴。如此藏地之土地通过加持，奠定了幻化寺庙的基础，为圆满善根于四方赐予三十七菩提分法；为使永恒牢固赐予有“雍仲”图；为实现终极果报而建防御城，仿造汉地安康毕哈（rgyari-hen-khang-bi-har）之样式，以大海之中型船大小为标准而进行奠基。

再者，松赞干布变化五千化身，因之砌筑墙壁、制作木件以及覆盖屋顶等等，仅两日即将下殿（vog-khang）全部建成。其时，吐蕃属民所见，在纷纷细雨和雾气之中，唯有众生各种做工之声和喧嚷之声。当在尚未吩咐之时，龙、夜叉、妖魔以及天界乐师即愿做寺庙之护法神，彼等亦亲身逐一启请。寺庙之门朝向西方之泥婆罗，该寺被称为四喜神变逻娑神殿（dgav-bzhi-vphrul-gyi-lha-khang-ra-sa）[46]。又，松赞干布之本尊自成十一面观世音置于何处？当有人言及此事时，于是（松赞干布）往观内殿等等，见于内殿中央有十尊主要众生保护者眷属及两尊忿怒明王等像，其右为十一尊无量光佛主要眷属，其左为弥勒佛及供养天女环绕，内殿南部为九尊能仁佛之主要眷属，所见诸佛均在讲论正教。北面后殿气势异常，那里见不到任何佛像，本想在第二天迎请自然形成的本尊佛，当晚诸神却亲自莅临并驻锡。命其绘画时，犬萨巴尼（khvarasa-pva-ni）八大威德救度众生、调伏诸魔，两洲自然显现；其他一百多比布（be-bum）园按标准绘出。此后，化身公主墀尊随即将上述诸佛塑造在大昭寺之上殿（ra–savi–steng–khang）。

度母化身之文成公主修建有小昭寺，另外三个后妃各自都修建有自己的寺庙。此时，松赞干布为所有藏人祈福。为完成以前对汉地和泥婆罗所承诺之事，其幻化成五千身，面向东、西，各修建寺庙百余座，最终圆满极喜（rab–dgav–lha–khang）寺遍及藏地，严厉执行十善法，掘出之宝贝犹如土石，福乐胜似天庭。

复次，化身松赞干布、墀尊王妃和文成公主三人，当松赞干布满十六岁时，泥婆罗公主墀尊于阳水龙年（chu–pho–vbrug–lo）前来。松赞干布二十岁时的火猴年（me–spre），汉文成公主抵此。松赞干布二十二岁时的狗年（sa–khyi）填平卧塘湖。松赞干布二十三岁阴土猪年（sa–mo–phag），（大昭寺）奠基。[47]

复次，赞普松赞干布颁布圣旨："藏地百姓需要帮助我修建庙宇。"各地百姓聚于一起商议如何修庙之事。此时，松赞干布幻化成五千身，仿造汉地安康毕哈（rgyari–hen–khang–bi–har）之样式，以大海之中型船大小为标准而进行奠基。（庙宇内）为出家人修建有戒律净殿；为表现北方三十七部造有三十七孔格子窗；为使众生无论所依何教皆可获得圆满解脱，在外面建四只大船；为使本教之要义和法性不变，在四角均绘有雍仲图；为表示持咒者的要义和终果佛土，在中心建有语自在威严坛城；为遮众人耳目，绘有乌云密布，细雨连绵，从山崖上流出的美妙之水声，使众人皆可听到。

众化身用砖建有逻娑（大昭寺）下殿（vog–khang），并在一天之内完工。据说乌云散去，众臣民前往观看时，见地基已完成。松赞干布说："明天，藏民们为我的寺庙准备所需木料。"后正在商量之时，五千幻化身于夜晚将所需木料堆满佛殿。次日，（松赞干布）幻化出三百工匠在做木工之时，墀尊公主正值洗头，没有时间送饭，便打发女仆前去送膳，银盘中放有鲜肉和新酥油等十三道食品，配送米酒和甜酒等。女仆见到三百个不认识的工匠，未认出赞普而返。墀尊公主亲自送饭之时，女仆随其后观看到，墀尊越过其他人径直走到工匠们之中间，其中有一人身着黑色长袍、额上系着红色幻化线绳（vphrul-thig），线绳的一头抓在手里。（墀尊）为此人献上膳食时，此人接膳时（不小心）松了线绳，使得三百工匠纷纷倒地。女仆见此状方知晓这些工匠都是赞普幻化的，便忍不住笑了。赞普眼一走神，小斧、钻子、锯子皆走偏了，使得百个工匠砍掉一百个狮子的鼻子，多钻有一百个孔，一百个柱角被锯掉。见此景后赞普说："女仆不乖巧，认出我之化身。"随后解除幻化身，别人见到赞普用斧子向木人、泥人砍去，（木人、泥人）纷纷倒地而死；大臣们见到木匠们迈着蹒跚的步伐从墙基边向外走去；又见所有木匠、雕刻工、油漆工同时皆死去。

太阳落山，夜幕降临，大臣噶尔说："天空乌云密布，电闪雷鸣，可能要下大雨了，担心树胶被雨淋后褪色，需要盖住。"便敲起开工的大鼓。住在城里的人们埋怨道："赞普做了那么多事从未敲鼓，现在半夜三更敲鼓是什么缘故。"（知晓此事后，）城中的人们将所有的羊毛毡收集起来准备盖到木料上时，傍晚（赞普）之五千化身遮住逻娑上空，上有一幻化者手拿着砖正在干活，众臣发现后异常惊奇，将羊毛毡盖上后随即返回。如此两天的时间，逻娑（大昭寺）下殿的外部工程全都结束。次日，（赞普）心想净殿要修建得至善至美，好让我的本尊大悲观世音主仆九尊（thugs-rje-chen-po-gtso-vkhor-dgu）于此就坐。于是赞普前来观看，打开净殿中间之门，只见上方为燃灯佛（sangs-rgyas-mar-me-mdzad），周围站立着八近侍弟子（nye-bavi-sras-brgyad），两忿怒神（khro-bo）护门，中央为不动施依佛（mi-vkhrugs-pa-skyabs-sbyin-can）；净殿右边为无量光佛（vod-dpag-med），周围环绕着八跏趺坐的菩萨，门边之外右方为金刚持（phyag-rdor），左方为秽适金刚珊瑚色者（rme-brtsegs-byi-ruvi-mdog-can），做除秽之手印；净殿左边为弥勒法轮

(byams-pa-chos-kyi-vkhor-lo)，做转法轮之手印，周围环绕着八度母正在商议法事；净殿南边为释迦牟尼八岁等身像觉卧米觉多吉（jo-bo-mi-bskyod-rdo-rje），周围有四臂大空摧破佛母（stong-chen-rab-vjoms-phyg-bzhi-ma）、六臂随行佛母（so-sor-vbrang-ma-phyag-drug-pa）、黑蓝色六面六臂六足之阎罗王(gshin-rje-mthar-byed)、白色四面八臂之智慧阎罗王（shes-rab-mthar-byed-dkar-po-zhal-ozhi-phyag-brgyad）、红色四臂莲花阎罗王（pad-ma-mthar-byed-dmar-bo-phyad-bzhi）、蓝色四臂除障阎罗王（bgegs-mthar-byed-mthing-ga-phyag-bzhi）等，以及由罗刹环绕降伏雪域鬼怪。此处尚有多闻子（rnam-thos-sras）和瞻巴拉（dzam-bha-ca）财神之宝瓶藏。净殿北边为布局合理、舒适自然之室，里面无有任何佛像。（赞普）心想将我之诸佛供奉于此处。出门时，见门上有一个三眼二十三个蛇头名为桑吉郡得玳（sangs-rgyas-bcom-ldan-Vdas）之白色龙王顶礼其足，并敬献一白蛇后言道："大王，你之神殿三千大世界由我护持，请造一尊吾之塑像吧！"说完隐去。如此，由白色龙喜九头蛇(klu-dgav-bo-dmar-po-sbrul-mgo-dgu-pa）护持二千世界；红黄龙近喜七头蛇(klu-nyer-dgav-dmar-ser-sbrul-mgo-bdun-pa）护持小千世界。如此，由三面四臂名为那尕古白热（nva-ga-ku-pe-ra）红色罗刹敬献金绳索，答应防护火灾发生。由五位芝萨苏鹏（dri-za-zur-phud）献上花朵，答应降伏非人之危害。由九头上有马头名为郎噶寨玖（lang-ka-mgrin-bcu）之蓝色魔鬼罗刹王献上一盆黄金，答应防止人之危害。吉祥天母献上一铁斗，答应防止水之危害。吉祥护法（mgon-po）答应防止边地军队之危害。诸神皆顶礼其足莲，启请塑造各自之身像，赞普也一一答应了。

赞普对周围的人吩咐道："明晨去迎请佛像。"墀尊公主准备有喜宴之器具，大臣们准备有马车等。此日，十六个少女前来供奉。大臣们和王妃前去迎请佛像时不见诸神踪影，只见撒在地上的花朵和香料，他们（见此景后）非常惊奇，一时议论纷纷。又见上有一只会说话的鹦鹉（向他们）问道："你们在慌忙什么？"答曰："诸神不见去向。"鹦鹉说："昨天半夜时分，诸神一个接一个地前来顶礼膜拜，供奉香料和花朵，从宫殿上空飞向北方的沙漠洲去了，我也有点不悦。"于是他们前往那里观看，只见沙漠洲上留有诸神的脚印，并有红闪闪的莲花。此时刮起暴风，脚印变得模糊不清，尘土迷眼。来回寻路时，只见一匹白色的骡子围着逻娑转圈，时而尖叫，时而把鼻子触到地面，跟随其后即来到净殿北边，里面有大悲观世音及随从九尊，彼等无有坐垫皆站立着。赞普甚喜，大臣们惊奇万分，相互观看并双手合十敬拜，十六少女供奉并赞颂。此后，赞普命令泥婆罗工匠在绘有树叶的柱子边准备好颜料和画笔等，第二天为商议如何画像，王臣及工匠来到神殿，在神殿南面的墙上用各种颜色绘出观世音卡萨巴尼（khva-rsa-pva-ni）拯救八畏难洲和调伏诸洲，尤其是自然形成，故大家都惊奇万分，纷纷敬拜。此后，幻化工匠绘其他佛像去了。此后，法王松赞干布对墀尊公主言道："你满足了我和父亲之意愿，我也要履行诺言。总之，为众生，尤其是为雪域众人和非人，塑造有很多供奉之像，你开创有吾兴佛之先例。同时有为降伏黑方、兴盛白方，完满修建有神殿。故我答应你的父王和使者可在藏地修建一百零八座寺院，并将寺院的所有门全朝向泥婆罗，为践行诺言，我要去修建寺院。"墀尊公主十分高兴，遵照赞普的旨令办去了。

再者，中殿（bar-khang）业已全部竣工。其间之全部中心部位，呈蓝琉璃光彩，绘有水纹图，内有鱼、水妖及水鸟等等图形，尚有神变形相等。所有柱子均呈金刚橛形，柱、斗拱、梁柁布套等等，构造精致，造型多样。上下天窗的所有椽头处，如悬一百零八个白狮子及绿狮子一般。所有墙壁建筑，每隔一肘长距离即砌有五彩之砖，内外共建五层，盖顶之后复又砌筑（彩砖），故而神殿宛如无量宫一般。神殿之上设有用砖、珍珠半璎珞和玉石（装饰的）青蓝色女墙檐，其状甚美，此外尚有栏杆及流苏，所有一切均饰以珍宝。旗之顶饰、伞、幢及尾毛拂尘等，其周围均以铁索环绕，上聚钟铃，奏出佛法之宏声，并以闪烁发光之黄金犍椎作为装饰。内殿之诸佛像，均用梅檀浆剂、诸种珍宝粉末和丝绸搭配，然后依松赞干布亲眼所见之形相，诸一加以塑造。绘有坛城画图之门的右侧，此处为药叉房室，左为龙房。在东南方有雍仲纹的殿隅处，建造翘角顶楼及角梯，并塑吉祥天女之像。南面之二画洲处，绘有文殊及极乐世界。西南部有密宗事部三怙主（即佛部文殊、金刚部金刚手和莲花部观世音——译者注）；西面为五部佛及神变王者传（五部佛是不动佛、定生佛、无量光佛、不空成就佛及毗卢佛——译者注）；西北面为三世诸佛；北面及东北面为能仁佛像等；东面有度母、观世音、能仁、降魔及菩萨等佛像；东南有诸药王佛像；中殿内绘有白马头金刚及度母、主母等佛像。在栋梁上绘有对法连环图画；在梁之头部绘有论藏连环图画；在柱子上绘有调伏藏连环图画。为了未来子孙和僧侣，又绘有三藏连环图画。为让后世了解诸明之法（rig-pavi-chos），又于挡板、柱、椽以及各种小梁上，分别绘以故事（sgrung）、谜语（ldevu）及本教徒骑鹿行空等诸种图画。大多数本教书籍均埋在柱子底下。为了将来修复上述诸种画图，画图底本放在小瓶之中，然后置于仓库或干燥的房中。

在大昭寺（ra-savi-lha-khang）地基尚未打好之时，文成公主尚无权建寺，于是公主即在小昭寺（ra-mo-che）柱子之间插立木柱和垒起草坯，门向东开。最初，门向西开，而后自转向东。继而用砖精心施工构筑。因寺庙之汉地宫廷式屋顶，如虎一样色彩斑斓，故称之为汉虎小昭寺（rgya-stag-ra-mo-chevi-lha-khang）[48]。

第十二节　香雄妃等建寺

香雄妃黎娣缅（zhang-zhung-bzav-li-thig-sman）建泰甫果巴寺（them-bu-bkog-pavi-lha-khang）……茹雍妃（ru-yongs-bzav）在查拉路甫（brag-lha-klu-phug）雕刻大梵天等佛像，当盐价（已涨至）八十（倍）时，每（雕）崖粉一升，其代价即给盐一升，由是在崖上雕凿成转经堂。芒妃墀江(mong-bzav-khri-lcam）建叶尔巴寺（yer-pavi-gtsug-lag-khang)。茹雍妃建造米芒才神殿（mig-mang-tshal-gyi-lha-khang)。弭药妃（mi-nyag-bzav）建逻娑卡查寺（lha-sa-mkhan-brag)。关于所谓五妃，又有如是说法：茹雍妃与弭药妃相同，而卡查寺是此后四代王统时始有者。此后，化身王松赞干布与十六名大臣，他们在整个吐蕃逐一显示身像，于是在西方泥婆罗地区依次建成一百零八座佛教寺院。为了汉地边卡哨所，而献了（书信)，同时，为确使汉地之王允诺，遂在直至汉地五台山之间依次建寺院（神殿）一百零八座，以使汉地弘扬佛教[49]。上述诸事之最后，又在弭药热甫岗(mi-nyag-rab-sgang，前译之木雅热甫岗——译者注）建造雍佐热甫嘎神殿(yongs-rdsogs-rab-dgavi-lha-khang)。有关自上述边压寺至此间之诸寺，尚有众多奇异珍贵之历史。以上所有寺院，历十三年圆满完成[50]。

松赞干布到达宫殿，将（释迦牟尼佛）迎请到逻娑。据说在宫殿内如水般的地面上出现幻影，湖水平静。泥婆罗公主说："这不是湖！"松赞干布把鞭子扔到湖里面，鞭子在水上跳起来，便不敢相信。墀尊把宝镯扔过去，发出清脆的响声，并一直滚到坛城边。松赞干布相信不是湖，前往佛殿看时，方知是真正的化身。

又，松赞干布观瞻了大昭寺上殿之后，对（墀尊公主）说道："你之各种工匠极好，与我之幻化之工匠无别。"由此称其寺名为"朱囊"

(vphrul-snang，意为“幻显”——译者注)，又因（建寺）之初用山羊驮土，所以就称大昭寺为“逻娑朱囊寺”（ra-sa-vphrul-snang，意为“山羊土幻显寺”——译者注)。又，由于此寺使神、龙、人、夜叉都欣喜，故又称之为“嘎西朱寺”（dgav-bzhi-vphrul-gyi-lha-khang，意为“四喜幻化寺”——译者注)。文成公主又请松赞干布王前往小昭寺（ra-mo-che)，致使松赞干布王获得极大欢乐。其他三位王妃，亦请（松赞干布王）往瞻各自之本尊神殿。

此后摆上大量供品，松赞干布手持花朵来到坛城，双手合十念诵真谛，人主能仁王释迦之子，幻化无敌利益众生，佛祖如来（bde-ba-gshegs-pa）等十方佛陀赐吉祥！方便和慈悲之水，使所有众生成熟并解脱，至尊观世音（rje-btsun-spyan-ris-gzigs-dbang）来授权，菩提勇识等诸位菩萨赐吉祥！正确无垢的佛言，四次集结后广为流传，佛子（rgyal-sras)、尊者（gnas-brian)、善观（rab-vbyor）等诸佛，殊胜尊者赐吉祥！尚有十方之福田，过去、未来、现在之佛陀，以及菩提勇识等诸佛，启请于此灌顶和加持。

如是幻化法王松赞干布，赞颂真谛祝福时，佛及菩萨、本尊(yi-dam）诸护法（chos-skyong)，像日光尘般之云雾聚汇，诸位佛陀抛撒花朵，具有加持力的王子赞美祝福。梵天等神降下倾盆花雨，女神们将供品奉上，从空中奏响神乐，香味缭绕遍及虚空，众智慧勇识（ye-shes-sems-dpav）坚定无分三昧耶，众天界赞颂之声悦耳，皆赞颂法王松赞干布。

如是，对这两座精美寺院进行开光，庆其吉祥天成，如镜中之像众人可睹，其时，歌舞、嬉戏等等，吐蕃属民同举喜宴时间长达数月之久，当时，松赞干布王吟唱了欢快的歌：

“慈悲之主系三宝（指佛、法、僧——译者注)，指路解脱为观世音，诚心礼拜并启请，敬请赐予吉祥歌。今日于广阔之天空，见到佛陀和菩萨如云聚集，开光吉祥万事皆顺。梵天（tshang-pa）等诸神，奏响悦耳之乐器，降下曼荼（man-dha）之花雨，开光吉祥万事皆顺。树起佛教之胜幢，彻底战胜黑暗方，降伏恶魔之威力，开光吉祥万事皆顺。敲响圣教之法鼓，五毒愚痴自行消失，吉祥三宝鼓声响，开光吉祥万事皆顺。今天升起幸福太阳，众人不由自主高兴，乐欲事务如雨普降，开光吉祥万事皆顺。本尊神口诵吉祥词，吉祥法王松赞干布，吉祥之歌此起彼伏，吾之藏民吉祥如意。如此梵音欢歌四起，天界人等众生兴奋，此时显六字真女神。”

第十三节　吐蕃刑法

为使十善之王法严厉而牢靠，幻化的监狱恐怖可畏，那些行十恶而不反悔者，则被令人畏惧的刽子手逮捕，并将头、双手、双足砍断剁碎，舌及眼球（灌以）熔化之铜水，还需剥皮。上述砍下的头、四肢及挖出的眼睛等等堆积如山。见到如此之监狱令人恐惧战栗。（有关狱中刑法）在逻娑及昌珠（khra-vbrug）等吐蕃地区及王宫均同时存在。智慧因幻法之勇猛，非善行皆灭十善存。不久，（二位于阗僧人）持着锡杖及乞化钵来到吐蕃，先抵昌珠地区（khra-vbrug），遇到上述砍杀等情况，因该处有头颅（堆成的）场所及眼睛(堆成的）山丘等，于是（于阗）僧人问道：“如是者为何物？何人所为？”答曰：“此为吐蕃王执行法律。”因此，于阗僧人不信，说道：“此非妙吉祥圣者，有魔。”言罢而返，并对果热瓦（mgovi-ra-ba，意为“头颅场”）名之曰伍热（dbu-ra，意为“头颅场或头颅院”）。继而抵达逻娑（lha-sa）附近，于阗僧人向一骑马的本教徒求问通往于阗之路，本教徒说："我是建造吐蕃王神殿的使者，很忙，无暇指路。"说毕而去。在堆陇达曲（stod-lungs-mdavi-chu）河畔有许多无头无眼之人尸，旋即来至逻娑（lha-sa）见到在西面之佳日山上（lcags-ri，即逻娑药王山——译者注），连续不断到处均系砍断的（肢体）。于阗僧人说道："这岂是观世音菩萨？"言罢返回。当来到丹巴吉塘（dan-vbag-gi-thang）时，松赞干布获悉，遂吩咐一大臣道："有骑黑马的两人已到达丹巴吉塘（dan-vbag-gi-thang），其装束不像我等，光着头、身着四方鹅黄衣服，请将他俩带到我之座前。"松赞干布拜其足莲便问："你俩来自何方？为何事而来？"此两人回答说："根据圣地妙吉祥（vphags-pa-vjam-dpal）之预言，来朝拜观世音菩萨。"松赞干布问："那么你俩想拜观音吗？"（他俩回答）说："想拜！"此后，带其至西方沙漠地（nub-phyogs-bye-mavi-gling），取掉头巾显现阿弥陀佛之尊容，有一说显示了十一面佛像。于阗僧人问："你为何杀死观世音之众生？"回答道："这些吐蕃人静息，因未曾调伏，那是我做的变幻。"说罢，松赞干布乃作禅指状，因之监狱及刽子手等等消失殆尽[51]。

此两位于阗僧人相信后启请教诫。（松赞干布）言道："请抛弃身之三恶业，磕头转经，为获取天人之果而受戒，不要远离三教诫；请抛弃语之四恶业，念诵佛陀和一切圣教之精要六字真言；请抛弃意之三恶业，皈依三宝，慈悲为怀，时常观修自他相换之菩提心，好心胜过好法。如具备这三个条件就可修成菩提心，不具备这三个条件即便诵读显密经典口诀也毫无意义。"此后，（松赞干布）讲说许多大慈悲教法。此后，两位于阗僧人说："化身法王啊！你具有阿耶巴罗（avarya-pa-lo）之慈悲，（我俩）要返回敬请护送。"（松赞干布问道：）"你俩想马上回去吗？"答道："是！"（松赞干布）于是在他俩的衣兜中装入一斗沙子，把手放到两位于阗僧人之头顶进行加持，不一会儿工夫他俩顺利地回到家中，装入衣兜中的沙子也变成了金子。从此在于阗(li-yul）盛传藏地赞普是真正的观世音菩萨。此两位于阗僧人也在以后获得了阿罗汉果，因他俩对佛法产生过怀疑，故其成就晚年方得以完成。尚有一种说法是，(此两位于阗僧人）修持文殊菩萨无有因缘，故请他俩到观世音菩萨面前修行吧！

第十四节　恭松恭赞与芒松芒赞

松赞干布之小妃芒妃墀江（btsun-mo-chung-ma-mong-bzav-khri-lcam)，其子名恭松恭赞(lha-sras-gung-srong-gung-btsan)[52]，具有大地之主真实体型，生于查拉扎西谢耶康（brag-lha-bkra-shis-gzhal-yas-khang)。届时举行了汤饼盛宴，吐蕃属民唱起欢快之歌。[53]

恭日恭赞（gung-ri-gung-btsan，即恭松恭赞，原作者未统一用名——译者注）受权执政。其子芒松芒赞（lha-sras-mang-srong-mang-btsan）生[54]。恭松（gung-srong，即恭日恭赞——译者注）执政五年，十八岁逝于布达拉（po-ta-la)。又，此恭松在其父松赞干布五十三岁阴铁蛇年时（nga-gsum-bzhes-pa-lcags-mo-sprul）出生，十三岁执政，娶妃吐谷浑妃蒙洁墀嘎（v-zha-bzav-mong-rje-khri-dkar)，其子芒松芒赞（mang-srong-mang-btsan）于火狗年（me-khyi）降世。由娘·芒波杰祥囊（myang-mang-po-rje-zhang-snang）及努·赞多日（snubs-btsan-to-re）任大臣。恭松恭赞执政五年，十八岁死。恭松之墓建于敦卡达(don-mkhar-mdav)，位于囊日松赞（陵墓）之左，墓名恭钦恭日(gung-chen-gung-ri)。而其父松赞干布依法重掌政权。

第十五节　松赞干布埋藏经咒珍宝

为了吐蕃得到安乐兴旺，（松赞干布）埋藏了许多能赐予所望之伏藏(gter)，其情况是：于瓶柱附近，埋藏正法之伏藏，以此作为功德，佛教将如日东升，凡一切均可受用于正法。于树叶柱处，埋藏金银珍宝，享用此珍宝，其后可聚无穷财富。在蛇头柱处，埋藏威猛真言及恶咒，可平息边乱恶魔及邪行。于狮头柱处，埋藏有关牲畜之福禄文书，可使牲畜兴旺、畜乳洁白而味道馨醇。在财神阎婆罗像下，埋藏热达提瓦(retana-de-wa)，装饰、服装、财宝及谷物等，其所得随心所欲。在龙王殿内埋藏达夏提瓦（stag-sha-de-wa）[55]可使年丰雨顺，消除龙害。将诸种食品盛满琉璃乞化钵，埋于药叉房内，可获无尽饮食，并且，食品精美，其味香馥。将大铜锅盛以黄金诸宝，埋在坛城之下，以备日后供奉及修葺（寺院之用），复祈祷有缘者而埋藏之。再者，以各种珍宝埋于一些圣地内环行路之内，其数无量，由是可使大地生光，（天降）时雨，干旱、霜雪、冰雹、植物锈病以及饥馑荒灾等等均无，疾病、边乱不生，吉祥如意焉！

善智变为无勇之根源，略微细心请阅圣书《唐益》。《唐益》如此记载，伏藏之门等一时显露。《遗训》记载，所谓树叶柱处有法藏，狮头柱处有废厌离，瓶柱处有宝藏，坛城下有达夏提瓦（stag-sha-de-wa），龙宫里有热达提瓦（retana-de-wa），吠琉璃钵盂埋藏于门槛下，亦有显示。总之，书籍非常丰富，也有部分正本。文成公主因精心于堪舆，遂对吐蕃属民恩德极重，松赞干布王及墀尊公主则感其恩德。

第十六节　松赞干布遗训芒松芒赞

松赞干布曰："在我之神殿里，因存有殊胜佛之圣物和无价宝物，故使佛教永传世间，像宝贝洲般具备无尚之功德。为使真正的殊胜化身常驻，一尊十地之菩提勇识圣人、一尊烦恼已尽的圣地阿罗汉、一尊殊胜智慧大成就者、一尊具有自然本性之空行，永远不断地常驻于此地。持各种形而一般人难以领悟，比藏地所有寺庙都显高。具一切功德且享乐无尽，胜于四边而遍及四洲。在赡部洲无与伦比，降服彼等服伺边地兴旺，边民归顺经济富比天高。未来之时我的子孙等，愿意在藏地修建寺庙者，将新土新石运到逻娑，自然开光能够消灾避难，具备各种吉祥之功德。"

此后，化身法王松赞干布，以手抚其孙芒松芒赞之顶，圆满传授《百拜忏悔经》（即《诸菩萨名称经》）、《白莲花经》《月灯经》、观世音成就法及注释续等一切修行义续等。松赞干布谓："崇高圣地大昭寺内，供养、绕行、见、闻、念、触，以及修葺等等功德，应广施力行。"言罢，命书于水绸之上，并埋藏在药叉殿等处。又谓："未来当祈祷有缘者，此外，在我五世之后，于我名称之上加'德'（lde）字之王出现，其时众多大班智达前来吐蕃，广建寺院弘扬佛教，并将出现许多穿袈裟之僧侣，故我之子孙当顶礼尊崇，用寺院予以优越赡养，当可尽得利乐吉祥矣！"松赞干布言罢，噶尔当即书写于铜版之上，并放置于青浦（mchims-phu）[56]宝库之内。再者，松赞干布又遗训于王妃、外相、内相以及吐蕃属民、少年："凡一切均当寓于六字大明佛法之中。"此言由吞米等大臣笔录于文书之中。为了将来之有缘者，遂将这些置于仓库之内。

幻化法王松赞干布所做奇有之事迹，将法旨藏于绘有宝瓶的柱子里。这些至秘之法旨，将来可利益藏地众生，谛力加持祈愿。《阐明秘密要义》记载："将法旨放入宝藏中，未来时祈愿利益众生，遂供奉至宝。向随从和百姓布施食物，以护法为证。"（松赞干布）说："现在吾将供奉至宝，施舍食物于众百姓。依此，吾之经卷将在后世按照此意愿，在浊世能与有缘者见面，祈愿在北方雪域之地圣者教言盛行。祈愿由于（圣教）昌盛，解除六道痛苦，获得无比安乐（见真谛）。是时在吾之诸寺庙中，尊敬、侍奉圣者的人会逐渐多起来，其加持力使所有藏地百姓幸福吉祥，祈愿成功。"（松赞干布）做了上述旨意。是时所有众生皆快乐无比，嬉耍玩乐。松赞干布又言道："有寂之众法无相，超出境界而无相。如此不加任何修饰即放手去做。"故将诸续如此存放于"二持"之中。

尤其对其孙芒松（mang—srong）开启心密之库。此外，还指明未来的许多预言。第二天早晨太阳升起之时，其孙芒松梳理好顶髻，整理好衣服，供上食物后敬拜道："诸位佛陀之事业，无量光佛大慈悲，极乐世界之使者，藏地众人皆皈依，敬请怜悯我等人。最后拜谒大佛陀，授予至深之思想，法性要义之慈悲，无须隐藏佛陀心，阐明秘密之要义。有寂之众法无相，超出境界而无相，无修无饰明指示，无有造作自然存。三身威力显形象，敬请加持我众人。"

松赞干布（听后）教诫道：大王子请聆听！我是诸位佛陀事业之化身，在无量光佛前曾发愿，怀菩提之心为藏地众生做事，吾与佛陀无二心。众生均为吾所化，尔等得到殊胜之加持。深奥佛经之要义，虽是殊胜之道次，法性要义之慈悲，不可授予愚昧者。《阐明秘密要义》此部经典，如不证悟就会有诬蔑和歪曲之嫌疑，对无缘人一定要保密，定要铭记在心间。直至穷尽法相，吾将予以明示，请谛听之：种种相，本为自观印象，未有对境，出于心识。出于心识者，本为无事，其所依止者，便是如所有。无所依止者，便是妙解缚。明白斯理之补特伽罗，若断除二边与戏论，便称之为见地；若远离昭然我执，便称之为观想；若未离正法，便称之为加行；若已取舍正行，便称之为果位；若无为而饶益众生，便称之为悲悯；若无悲痛与困苦，便称之为大士；若加行众生之事，而未染其病，便称之为圣者；若为慈悲之主宰，便称之为王者；若能驭导众生于平等之中，便称之为松赞[57]；若所讲者为最能利益众生之语，便称之为咒诀；若能弥补被遗忘或已散失之法，便称之为续；若能用爱心引导众生，便称之为经典；若寻思自灭，便称之为佛陀；若能引众生于正道，便称之为圣教；若心怀无事，便称之为僧伽；若无为而能断除自己之见地，便称之为无事；若能改彼邪见，便称之为生起次第；若能见唯一之理，便称之为唯一；若摄众多于一相之中，便称之为法身；若能自观为天神，便称之为报身；若能靠方便导化一切，便称之为化身；若已达无分别心之自地，便称之为现证。如许称呼皆为名，请弃名字之束缚；一切所弃皆心识，请弃心识之意乐；“弃”字本来亦心识，请隐此识于法空。隐乃妙识，无好恶，无隐藏，无来去，无取舍，无偏执，无弃执，无明暗，无忘惰，无弃置。请观彼出于心识之境，请观彼出于词条之义，请观彼未有好恶之法空，请观彼不分内外之心，请观彼无论阴阳之续，请观彼厌离常、断二边之义。所谓“义”者，要出于心，而后莫步所出者之尘，请观彼离弃表述语言之态。未有观而能见之对境，故唯有未观，方能证得法性；唯有未修，方能证得真实心；唯有未执，方能自解脱。在轮回和灭寂二者中，吾未曾观得能观如许之补特伽罗；我未曾观得善恶、好坏、常断、阴阳、苦乐之分，未曾观得光明与遮障之别。未观得而显现种种者，定是自我相。种种要置之于无遮障中，置之于无我执、无取舍中。对种种了无所执者，乃为法身；了无遮障而熠熠明亮者，乃为报身；超脱种种者，乃为化身；未思邪见者，乃为法身；思彼法性者，乃为邪见；出于心识者，乃为真实；惟离意乐者，符合真谛；惟脱二执者，证得真相；惟离取舍者，获得成就；惟利众生者，功德圆满；惟意坚决者，达彼目的。如许之补特伽罗，所慧均为自慧，所知均为自知，解脱均为自解；所明均为自明，所空均为自空，所住均为自住，所处均为自处，所乐均为自乐，所苦均为自苦，一切均为自观。无观修，故无念想；心无事，故无一切；无所置，故无所弃；无遗忘，故无舛误。智慧无间断之时，禅定无座间之分，所修无弃执之为，寻思无好坏之类，心境无内外之别。因为无事，所以无阴阳之别；因为凝望已弃，所以亦已远离诸病；因为无所欲，所以无所得；因为无为，所以已弃诸病；因为不数数然追求成果，所以已成大觉意乐；因为意乐与讲说出于心识，所以已经厌离语言。获得如是自在时，自己已得传承之续，从内心已经找到解脱，证得能取与所取之相，证知世间诸情为佛言传承，证知一切加行皆为法，证知一切观闻皆于三身之中，智慧自会从内向外流露，烦恼自行消除，虔心自然产生，悟出生死轮回和涅槃寂静之根本是自明，能明了苦与乐，吾执之念解脱于法身。是时，因为现证了根本，所以无须见地；因为已追根问底，所以无须观想；因为已达自地，所以无须修持；因为已证明自心，所以无须觉悟；因为智慧已自漏，所以一切已明亮，了无踪迹；因为一切已破遮障，获得解脱，所以感受已解脱，了无踪迹；因为明智成于戒律，所以能见到法身，昭昭而无遮；因为明智处于专一，所以无二之身，留在大自在相中；因为成于自然，所以就是任运成就；因为是自亮，所以会通明透彻；因为是自观，所以会呈为光明；因为是自明，所以会现为法身；因为是自解，所以亦为自超脱。如是之业，如果自己不为，他人会为否？如果自己不想，而能从为他人明示之过程中找见否？如果自己尚未证得，还能导化众生否？如果不分聚离而寻之，便能找到否？如果以未有到达之步追之，便能追到否？如果是无物，还能执否？如果是无色者，还能见否？自己所有者，还向他人寻找否？如果是明亮透明者，仍会观其深渊否？如果是解脱之根底，仍然会摧破否？如果是妙语之根底，仍然还会讲述否？如果已彻底吃饱，仍会继续食否？如果已彻底喝足，仍会继续饮否？如果已彻底暖和，仍会继续加衣否？如果已彻底明白，还会迷惑否？如果如是之心远离善因，且无勤修之念，尚能对治否？唯有远离无有之心，方能自清常、断之别；唯有自除二执之念，方能抛弃凝望之边；唯有贪著自行解脱，方能自然获得无生；唯有从内心现观无分别，方能自然断除敌方所设之障碍之劫。哦！如是之明，不被恍惚不觉所蒙，曰智慧自明加行；五寻思而处于自己见地者，曰无取舍；智慧内明者，曰寻思自解；是非出于心识者，曰离弃破立；无为而获得者，曰法性自现；五任运成就者，曰成果自现。如是，则所闻与所证在于同一时间，证悟与解脱在于同一时间，显现和现观在于同一时间，粘与触在于同一时间，变湿与成为液体在于同一时间。哦！持有如是见地之补特伽罗啊，因尔观点无偏执，请衣法空；因尔修持无明暗，请负日月；因尔加行无阻碍，请去乘风！持有如是见地之补特伽罗，尔之所观，具有可观之价值；尔之所思，具有可思之价值；尔之所行，具有加行之价值；尔之成果，具有修持之价值！请将诸相，观为自解脱；请将内外二执，予以断除；请将善恶之取舍，予以抛弃；请将贪恋之所执，予以解除；请将自大之我慢，予以粉碎；请将争逐之嫉妒，予以舍弃；请将忿怒之大火，予以扑灭；请将愚昧之黑暗，予以清除；请于无事之中，勤奋入定；请将二执之心，融于虚空！所谓真实，本无观想之价值，请靠明见，置于原地！哦！如是之补特伽罗啊，若观想生起次第，可修成世间神；若观想圆满次第，可断除二执相；若想合修二次第，请观空中彩虹！若想现证真实，请驻足于充斥邪见而了无佛法之地；若想成为上士，请依止佛言与传承之续，直至现证；若想修行佛法，请弃私欲与贪恋；若想身被无畏坚甲，请将身、语、意三门朝于神；若想加行利他之业，请发饶益众生之心；若想修行自己功业，请弃嬉戏与懒惰；若想降伏敌障，请发悲悯心；若想来世获得乐果，请于今世身受苦难；若想主宰众生，请怀爱他人胜过爱己之心；若生懒惰懈怠之心，请想无常死亡；若生贪执之念，请思梦寐与幻术；若被妖魔坎劫所惊，请定自心于泰然；若想依律修持圣教，请弃一切非佛法之行！即使与我长期相处，也无比此行更善者；即使瞻礼其他佛陀，也无比此行更善者！于是，法王心中隐隐所思，豁然明朗，获得现证。及至子孙之时，无须勤奋精进，自然无为而悉得诸法之法相以及大超脱之境界。是时，对苦与乐二者，不分取舍；对轮回与灭寂二者，不分善恶；对今世与来世二者，不做抉择。因而，无所见和能见，不以人之所观，而能亲瞻诸圣容颜；所有臣僚，也智慧自明，也无所立和能立之心；子孙由是随喜其功德，以内外二供，广为供奉，获得最大之恩德，未见毫厘之畏惧！赞普深思如此种种之故，一时沉默不语。然后仰视苍穹而道："大佛子菩萨啊！吾之逻娑地形，似鱼，似蝌蚪，似青蛙，也似笔，渐被河流分开。似鱼者，乃为佛地之相，酷似绘于画布之上的十方佛陀，故而佛陀必定会施以佛陀之行。任何有情众生，能达此呈鱼嘴形之所，与触佛境无二致，因而成就前世所修之余业，能走到轮回痛苦之尽头。若为此事勤奋努力，有意义啊，蕃民们！将土、石或泥，即使是微如鸡蛋者，谁人若能堆积于此方，就是利益诸佛陀，便能走上欢乐之道！对吾之诸位贵族之鞭策，就是号召尔等，似鱼之时，要如期到达[58]，似蝌蚪之时，要如期戴上若干顶帽子[59]；似青蛙之时，要如期铺上若干个垫子[60]；似笔之时，要如期广设供奉[61]，虔诚祈祷，予以珍视。唯有如此，方可于短期获得圆满。

（赞普松赞干布）尚吩咐道："供奉内神会利益外部诸神，供奉外部诸神会使内部众神昌盛，若摆置供品虔诚祈祷的话，藏地百姓即可心想事成。末劫时恶业多发生，但于吾之逻娑闻思（佛法），可使众生从轮回中解脱。此乃诸位圣贤之慈悲，系吾之百姓的福气。为此我救度的男女们，不懈努力加勤奋，请在吾之逻娑闻思佛法，如此所有意愿得以实现，有何愿望均可满足。在吾之逻娑地方，需要修复水患之时，不管发生任何情况，都要把伏藏埋藏起来，子孙们也要尽力服侍。若于宝贝诸多之时，也要将伏藏埋藏起来，祈祷吉祥。另外，从吾到第五代将会出现一位名称为‘德’（lde）的赞普，此间佛教极为昌盛。此时，佛陀之后出家的光头、赤脚、着鹅黄色袈裟者，成为人神供奉处的很多。自然为此而得到幸福。吾的子孙、王臣们要照顾好（出家者）的生活；在其政权下要给予他们安乐，作为自己的供施处。”（松赞干布言罢）大臣噶尔立即将（松赞干布所言）写在铜钟上，并存放于青浦（mchims-phu）宝库中。如此在法王松赞干布的关护下，此时众生的福气无边，佛陀显现非十功德之地，但圣贤观世音真实常驻，与布达拉山相差无别。虽无人着鹅黄色袈裟，但菩提勇识布满藏地，是为严密刹土第二宫。虽无声闻独觉佛之声，但众人皆走大乘之道，为此普见王之真实刹土！虽无精密推理之学者，却有领悟诸法之无数圣贤，犹如极乐世界之福田。虽无密宗本教寻食者，但有获得生起和圆满次第的无数成就者。尤其亲临姜罗尖（lcang-lo-can）之福田，众人奉行十善法，如在金轮王的统治下，按需所取享乐无穷，为此犹如圆满时之福缘。六字真言诵经声扬，圆满无别奉行三十三法。甚至连昆虫蚂蚁死后也不可进入恶道。殊胜佛法精华尤为昌盛，此时雪域之福分有多大啊！整个赡部洲都为之惊气。佳话只是一部分，在当今恶世亦成为耳之喜宴，喜听佳话并相信，此为法王之事业，余生修行无忍众人敬尊。

在逻娑和桑耶寺只有吉祥圣地，虽说已开光，但没有开光之仪轨，故算作未有开光。阿底峡大师到藏后，方创立了开光仪式，并吩咐对没有开光的(寺庙）要进行开光仪式。此时无声闻戒，故无佛教之教法。善行者们也仅限于中等善业，并无戒律者所持有之戒行善业。此种说法是对圣贤的极大诬蔑，并映射观世音菩萨不能开光之说狂妄至极。总之，朗达玛（glang-dar）灭佛后，其（开光仪轨）之习俗渐已衰颓，后来被阿底峡大师恢复，并非以前没有（开光仪轨）。阿底峡大师也曾高兴地说过：“墀松德赞（khri-srong-lde-btsan）时的佛教在藏地的盛况，在天竺也没有出现过。”未受小乘戒者认为，若无戒律之善业，唯有大乘即可；若有佛祖释迦牟尼之一切福田，就不需要戒律之善业。以前视大乘为最佳，受小乘佛子均为弱智吗？这样邪见偏见之声绝无于耳乎！如是，法王（松赞干布）受观世音菩萨戒，执政兴教，为利益众生留有遗训，其身隐入法界。此时迎请空行，只见(空行）飞向东方莲花洲。

第十七节　松赞干布与文成、墀尊二公主去世

诸内眷见到：两位化身公主变作莲花与青莲花，融于松赞干布体内，而松赞干布则化为光，融于十一面观世音神像之中。为最后使吐蕃属民相信，则宣布说（松赞干布与二王妃）死于病。并将（松赞干布及二王妃）像迎至车中，在雅隆琼波（yar-lungs-vphyong-po）建造陵墓，其陵(范围）之大小为一由旬，其陵内建有神殿五座，据传陵内尚有装饰，总之，称该陵为木日木波(smu-ri-smug-po)，建四方形陵墓始于此。

复次，佛陀菩提们见到三尊观世音主佛及随从圆满功德后，由空行(mkhav-vgro）迎请飞往东方莲花洲（shar-phyogs-pad-ma-gling)。

又，诸内眷所见：此化身王松赞干布十三岁执政，在七十二年中其政权以佛法护持，年八十二岁时，亦即阳土狗年十月初十（dgung-lo-brgyad-bcu-rtsa-gnyis-bzhes-pa-sa-pho-khyi-lo-smin-drug-gi-zla-bavi-tshes-bcuvi-nyin)，松赞干布以手抚王孙芒松之顶，说道：“善男子！我将王法（rgyal-khrims）变为佛法（chos-khrims)，弘扬正教，使吐蕃属民吉祥好善。你勿损我王朝，当以佛法护持。照料并承待我的两座寺院者，则由你奉行，并使之发扬光大。我之王官犹如天庭，你应加以护持。对

于我之王妃、大臣以及属民，应像关照父母一样待之，并使他们均获吉祥安乐。从我至第五代，其名为“德”（lde）的一位赞普,由他来护持佛法，他是文殊菩萨的化身，将本尊佛教发扬光大，最终成就佛果。其后二世，有位金刚手菩萨（之化身），其名字中有“墀”（khri）的赞普，他使佛法昌盛。其后出现一位由魔鬼加持，名为畜生的赞普，他把佛教全部毁掉，最后进入无间地狱。此时，在叶巴崖洞（yer-pa-brag-khung）中，有位金刚手菩萨的化身，名为“贝”（dpal）之比丘，杀死了罪恶的国王。此后在八个年轮（lo-skor）间，藏地变为无有佛教（的地方）。此后在五百劫后期，佛法的火星将从多康岗（mdo-khams-sgang）燃起。在雪域西藏出现有许多信佛者，佛像、佛经、佛塔等将会自然形成，供奉佛祖之舍利。我也在未来会成佛，对雪域众生，犹如将要熄灭的灯渐渐亮起，使佛法繁荣昌盛，至深佛法广为流传。将我之《圣教月亮明灯经》（dam-chos-zla-ba-sgron-me）、《宝云经》（dkon-mchog-sprin）、《诸佛菩萨名称经》（pang-kong-phyag-rgya）、《涅槃经》（mya-ngan-las-vdas-pa）、《开业经》（las-rnam-pat-vbyed-pa）等五部赐予你，你要交给护教法王墀松德赞（chos-rgyal-khri-srong-lde-btsan）。”（松赞干布）做了上述这般遗训。《遗训》（ka-bkol-ma）中记载，（法王松赞干布）隐入佛像前将遗训传给大鼻臣，另在《遗训》《唐益》（thang-yig）、《阐明秘密旨义》（gab-pa-mngon-byung）、《涅槃小史》（mya-ngan-vdas-chung）等书的记载相互讥讽以及详略各异。

再者，或谓松赞干布前往大昭寺，坐于坛城之上的座位内，说道：“你等十六名大臣，其中四人去唤请宾客，四人寻找肉品，四人觅取酒类，四人充仆役，大鼻臣任我之侍卫。”言罢诸大臣乃去。其时，三王妃前来。墀尊公主献一泥婆罗盘之金粉，文成公主献一盆金银，芒妃墀江献金粉一升，继而顶礼，恭候圣安，五王臣畅快叙谈。俟后王起，说道：“我们王臣人等去参拜我的观世音神像吧！”遂往观世音神殿，顶礼供奉，松赞干布立于观世音像前，右立者墀尊，左立者文成公主，后立者芒妃墀江。

大鼻臣（blon-po-sna-chen-po）把脚放在门槛外，双手扶着门框，腰间挂着刀箭，头伸过来（看松赞干布）时，松赞干布回头对大鼻臣说：“藏地信善臣民若要说没有拜见赞普，以后需要拜见时就向吾之佛大悲观世音祈祷吧，即会心想事成，这与拜见我无两样。”墀尊回头说：“藏地百姓若说没有拜见墀尊，就向大悲观世音祈祷吧！”文成公主回头说：“为防汉军迎请回佛像，请将两尊佛像调换，将释迦牟尼佛安置在南门麦龙结（me-long-can），并在油漆的门上绘文殊菩萨像。藏地百姓若说没有拜见文成公主，就向吾之佛大悲观世音祈祷吧，即会心想事成。”《遗训》和《阐明秘密旨义》中有上述这样的记载。其他史书记载，两位公主说：“向忿怒面和度母佛祈祷，与我相见无有差别。”

遂后，松赞干布向二王妃摸顶，于是泥婆罗公主墀尊则变成有吽字（hvum-yig）为标志的八瓣白莲花。而汉妃文成公主则变作有冬字（tvom-yig）为标志的十六瓣青莲花。二公主继而融入松赞干布之左右肩[62]。

松赞干布揭开头顶的布，瞪大眼睛朝天空看去，即来到大悲观世音佛面前，传说其头顶上的两尊阿弥陀佛像并无高低，形状相同。此后，（松赞干布）双手合十赞颂道：“从法身之空性中，利益众生而造佛，向息静四面佛、忿怒七面佛、十一面（观世音）佛敬礼！根本息静之白色三面神，其面带微笑而美丽动人，业和烦恼均已消除，向法身之面佛敬礼！其上有金色者，威严、兴奋（bzhad-pa）三面神，能使长寿、幸福、发财，向广增佛敬礼！其上有颜如珊瑚红面神，授权业之二面神，形态严肃的忿怒神，向报身之面佛敬礼！其上有做暴业者，颜如魔云二面神，威严傲慢之三只眼，向幻化身面佛敬礼！其上有上师幻化身，聚诸佛于一处颜如黄丹，向无量光佛造的顶饰敬礼！犹如莲花瓣之第一尊，双手在心间合十，向鼓励众佛慈悲敬礼！右面四手依次持有念珠、法轮、供云，向三世无量光佛敬礼！左面四手依次持有白莲花、净瓶、宝贝，向持箭与弓之智悲双运佛敬礼！向右面十九手持有宝贝、绳索、钵、刀、金刚、水晶、弓、细枝之佛敬礼！向持有鼓、盾、宝瓶、战斧、念珠、蓝莲、净瓶、太阳、白莲、麦穗之佛敬礼！向左面十九手持有白云、净瓶、莲花、刀、魔鬼头骨、念珠、铃、金刚之佛敬礼！向持有铁杖、化身、美宅、经函、法轮、佛像、果实、花蕊、宝贝之佛敬礼！向具有十手法身、三十八手报身、十手化身之天空之王（nam-mkhav-rgyal-bo）致敬！向犹如莲花般的手脚、像星星一样闪烁的睡莲般的眼睛的天空之王致敬！向头顶饰有佛髻、手脚饰有金手镯、身上香味缭绕的天空之王致敬！向身着各种丝绸衣、各种宝贝来装饰，看不厌美丽身体的天空之王致敬！向用野兽皮遮乳房、四肢饰有美蛇、功德威严身的天空之王致敬！向身像雪山般洁白靓丽、面色红润、射出慈悲白身的天空之王致敬！向具有佛神头顶之宝贝、双脚站立于莲月之上漂亮身体的天空之王致敬！向具有三世诸佛心之化身、拥有方便和慈悲以及怜悯众生的您祈祷！向众生依止处的您以及对常受诸多痛苦煎熬的弱小众生给予关照的您祈祷！向用慈悲铁勾救起不能辨别无明黑暗的众生以及聚恶业而投身三恶道者的您祈祷！”[63]

（松赞干布）赞颂后，将头贴在心间，加持启请：“敬请关注轮回在三界的无辜众生，生起了强烈的悲心予以关心。”松赞干布瞬间变成光圈就像水渗入沙子一样溶入十一面观世音之心中。其双手合十时因稍开启之故，致使观世音像稍微有点倾斜。

此后，大鼻臣和王妃芒妃墀江（jo-mo-mong-bzav-khri-lcam）对松赞干布与文成、墀尊三人劝说道：“（你们走后，）雪域众生无依无靠，（我等）怎么办？”松赞干布与文成、墀尊三人怜悯道：“这些人将不真实视为真实，将无常认为有常。”（松赞干布的）头从观世音（心间）伸出曰：“第一，雪域众生凡生者未有一人不死者；第二，身乃有故而死无疑；第三，时乃短暂亦不住马上会死，要知晓现在之行为犹如梦幻般不实。”墀尊从右乳中伸出头曰：“第一，时无择期故死无定期；第二，死因众多，故不可知何时死；第三，身无意义，故不可知何时死。要知晓现在之身犹如镜中之物。”文成公主从左乳中伸出头曰：“第一，死不能用钱赎；第二，死时亲朋好友无能为力；第三，自身更无办法。要知晓现在之身犹如幻影般不实。”大鼻臣又劝说道：“(赞普) 你要走了，我等怎么办？”松赞干布又说：“吝啬的大地铺开，却不离布施的食物；嫉妒犹如狂风般吹起，却不离戒律的装饰；懒惰像绳子捆绑，但不离勤奋之鸟儿；悠闲散漫犹如军队围困，却不离坚固禅定之城堡；五毒犹如强盗侵扰，却不离忍耐之武器；无明的黑暗降临，却不离圣者之慧眼。如此可与观世音长期相伴。”（松赞干布）说着便隐去。芒妃墀江对位为王妃说道：“黑暗无法常驻，佛陀福力注入，五毒自行消失。心生殊胜悟性，无明便会隐去，佛陀慈心怜悯，无愿长驻人间。认为自身为无性，启请观世音菩萨护持吧！”公主说道：“圣者之慈悲不实，恶道的痛苦不实，众生之业不实，自己对亲见佛陀不实，认为自身为无性，启请大悲观世音护持吧！”此后随即隐去。芒妃墀江道：“幻化王、妃[64]三人，不怜悯我等雪域众生而去。在王子未有成长之前，请你们关照我等吧！”王、妃等三人未显现身形，从文殊菩萨之上身和双乳中发出声音：“别认为是心识而内收，是现象而外排，其实心识外象皆为无我。意识和外境(能取而取) 便为游戏，法性亦要提炼，自死涅槃自性无别，你我无别今世后世无别。”墀尊说：“别把你内收，把我外排，赞普于阴空无修，我与你和赞普皆无别。你存在于我之空间，我的心性法性无别，三时为一己存在，要知内明外破无别是法身。”文成公主又道：“别把意识内收，六会外排，二持无置黑暗中，无破非立，法身明亮无持，报身各种无阻，化身吾等三者为一，不观不修阻无存。”于此芒妃墀江亲见松赞干布与文成、墀尊三人以及众佛之尊容，不惧生不恐死而获正法。在《唐益》中有赞颂词的记载，上述遗训则在《遗训》《阐明秘密要义》《小涅槃》三书中记载相同。

此后，大臣及百姓进行了盛大之祈祷。《小涅槃》记载，如今王妃三人讲授许多法旨后遁然而去。大鼻臣悲痛地道："呜呼哀哉！竟然会出现这样的时候，持教大王是明了观点之王，患有小病牵得众人悲，出现今天这样的时候，是梦是真虚实难辨，我最心爱的赞普，以衣饰作为信众的圣物。见到这些我痛苦伤叹，息静法性之中见慈悲。无尚国王仁波切，盖世庄严、慈悲之主，护持佛法圣教，能仁摄政松赞已圆寂。敬请指路持教主！法性光明岁无动，众生怙主松赞干布已逝世，别将无眼（蚂蚁）引入黑暗。佛子啊！虚空界中请关照。法界深奥且远离戏论之药，疗伤为解身之痛苦，领悟最终境界者，药王松赞去哪里？化身啊！子孙均受轮回苦，空性生悲请拯救，为无明黑暗之众生，赐予大悲光芒之照耀。冲破二观谬论之黑暗，慈悲光明之主去哪里？无光城中太阳落，指引我等佛之友，四大河之巨浪中，驾驭方便智慧之大船，救度到无生无死之陆地，持教法王您去哪里？法王啊！我等无怙无依，在息静法身中敬请救助，法界深奥大海中，驾驶方便之船，提取珍贵之宝，引领众生的舵手之王您去哪里？坠入悬崖了啊！法王，拯救无灭空中之悲心，闻其各则利众生，心想何事能满足，共和不共乃成就之源，怀念之松赞您去哪里？在无人引导、无依无怙的黑暗中，慈悲的阳光普照，三世空性大光音天中，生灭戏论不着迷执，觉现无数悲心幻化，功业彪炳者您去哪里？生死轮回犹如自转水桶，悲心引导我等信众，无法比拟的自性心，诸事无成但愿功满，未有表明切定能救护，无尚福力之王您去哪里？呜呼哀哉！臣民痛苦欲绝，化身法王，请用悲心关照啊！资粮之别怀之分类中，适合调和便调伏之，六字真言能使众生安乐。指明要义之王您去哪里？空性大光明天中，能取而取之幻象，自性指明二无根本智慧之轮，明知终极道路之王您去哪里？残暴凶恶的边地王，闻其名能消灭邪念，遂忘私利尊敬之，消灭嗔火您去哪里？高举大山般的火把，在无边大地中如何寻找，找不到像您这样的国王，无比天生之王您去哪里？呜呼哀哉！有恩德之法王，痛苦众生无怙无依，我等藏域百姓，伤叹有这样的时间出现。获得八种金刚不变身，（为显无常）患病去世，显现世间之常态，我等依靠那位怙主啊！九乘、次第、四大续部、佛经、论典、经释、口诀等，指明要义之王您去哪里？二取之幻境何人可消除。自心虽无脱离理智，普通眼睛不可窥视，若出现如幻喻般之事，如此何以忍受，具有大悲心之王，请不要忘掉我们啊。指明人生的伟大佛祖，无比平静如何是好，赐予内外福力之宝贝，法王请你与我们，因循因缘聚一处，时常不离您左右，吩咐何事尽力效劳，祈愿如意和功德事业等与您别无二样。祈愿佛陀之圣教不受任何阻力的困扰，在轮回未空以前，在天空中大力传播，如此悲伤地祈祷。”

此时王、妃等三人从大悲观世音之心中伸出头，芒妃墀江与大鼻臣请求彼等住下，未有答应。大鼻臣详细地问道：“赞普若不留下，那么佛教将会如何存在？灭佛前之征兆是什么？尤其在藏地会出现什么样的持教菩萨和赞普？佛法流传多久？那位赞普在执政期间灭掉哪些宗教？灭教的原因是什么？人们和僧人的行为以及修行将会怎样？出家人和持咒者的行为及妇人的行为将会怎样？出现哪些寺院？后期之王臣如何护持佛教？赞普在何处成佛？大臣们的后世将会如何渡过？过多久才能得道？出现哪些王子和王妃？教法后期将会盛行何种宗教？佛法后期由何人执教？”

松赞干布回答道：“艾玛哄（ae-ma-ho）！藏地雪域之地界，被众正觉大加赞赏，列为殊胜之地，将会出现众多菩提萨埵，从此至四世赞普，众生信奉菩提勇识佛，其子系为菩提勇识，殊胜者皆为赞普。建立众多法基寺庙，降伏边地多个国家，征收八方多种赋税，从天竺密库中翻译多部佛经。此位幻化王菩提勇识，迎请译师和五明学者弘传圣教，出现有多位学者圣人，此持教赞普带领藏地百姓安于乐道。赞普具有无量功业与行为，臣民获得吉祥幸福。墀松德赞时期，其子孙系二菩提勇识，其一变成魔鬼赞普，此位混世魔王使藏地百姓之福气渐衰，佛陀之教法衰落，黑色鬼神获得胜利，出现有白天魔（gnam-the-dkar-po）之化身大臣，其危害藏地的精灵，白天魔化身与魔鬼化身杀害持咒者。从此以后鬼神猖獗，黑方之所有鬼神，助阵魔王，使得两位菩提勇识其中一位被罚派远方，另一位被杀害。此时黑方得势发展，灭掉了佛陀教法，寺庙被毁，相互征伐，对修善者大加惩罚，施恶者大加奖励。在寺院里捕杀猎物，将绵羊、山羊关进了佛殿，奴役修善者劳作，强迫持咒者捕猎。呜呼！佛陀的教法已衰，黑方的教法得以发展，佛陀圣教已衰败，故将我之本尊佛像深藏于地下，那位赞普也成为刀下之鬼，知悉如此不吉祥，如来佛像便从伏藏中取出，其子执政时期出现报应，平民起义反赞普，恶世也由此开始。地之精华衰竭，药力小、食物无味，乱世冰雹多，庄稼不长、家畜不旺，大地多为沟壑、荆棘密布。悬崖峭壁多恶相，山岩不平使人畏，草干山枯萎崖陷，星象错乱两不均。多病短寿灾难频，魔鬼多而邪教盛，九魔兄（rbyung-bo-spun-dgu）降临人间，牲畜不旺粮不长，斗争频而多是非，武器多用来做装饰。敌人盗贼抢夺多，此地出现有各种不祥征兆。社稷佛法均衰落，藏域各地均不祥，出现各种恶行业。朗达时代和下分裂期，出现一位菩萨之化身，教法火星从多康燃起，从此僧人、寺院大发展，亦有诸多菩提勇识，对吾之逻娑的佛像，多有供品和侍奉，各方建有佛殿护持，践行圣者之行为。卫藏十人之教法，从此魔鬼幻化多，僧部辩论部众衰，寺院成为战场而比丘相互争斗，抢掠、毁烧寺院、佛殿，抢夺祭神供品。呜呼！佛陀教法毁于一旦，此时黑方势力大增，众人虽知系（恶道），却实践各种恶行，与鬼神共处，大地变的惨不忍睹。强盗野蛮人辈出，像鬼一般的坏人层出不穷，加害佛教和僧人，此乃‘中宏期’僧部衰微之情况。此时在西方降生有一位鸟脸比丘（bya-yi-gdong-pa-can），具有菩提勇识之智慧，称其为热达那帕扎(ratana-bha-dra)，对其多加供奉颂扬，侍佛礼仪多有加。名为译师仁钦桑波(rin-chen-bzang-po)，此时有位‘光’泽王，具有智慧菩提心。名为天喇嘛叔侄，彼等系为菩提五明学者，严守三戒，学问通达，德行高妙善知者，迎请通达三学知识者，勤于供奉多敬礼，赞颂其吉祥圆满，其将教法大为弘扬。名为阿底峡及其弟子，系殊胜比丘教法之领袖，对其尊敬及信奉，随行弟子有三百人，对其供养与侍奉。名为加麦桑吉翁顿(rgya-mave-sangs-rgyas-dbon-ston)，培养多名具有菩提心的顿巴（ston-pa）弟子，出现有许多名理论学家。艾玛哄！依止我之逻娑的佛像，具有菩提心之众人，执持佛法二百余年，佛陀教法之明灯，被诸佛教大师点燃。名为波多哇（po-to-ba）和俄多（rngog-co）系瑜珈传承，此后为旧教修行者，具有菩提心之比丘，有功德之圣者辈出，修显密教法之比丘，众多圣者供养之。所谓塔布噶举（dags-po-bkav-rgyud）派，此后尤为供养之，菩提勇识降生于东南方，持密宗的大瑜伽师，旧派边地之圣者，换面复次供养之。殊胜者名为达波贡巴慈成宁波(dwags-po-sgom-pa-tchul-khrims-snying-po）到逻娑做事，此后按照佛法传教，弟子犹如黎明之星辰多。此时白方势力小，魔鬼势大而有威力，魔鬼加持众小鬼，势广力大威慑人。细微通慧者修持真言，出现有许多证悟之教法。所谓自诩为学者的人们，树立一种前人无法知晓之观点，将自己粗制滥造之教法视为稀奇。佛陀的教法被众鬼神搅乱，制造出诸多非鬼宗教，将智慧变为邪恶，抓住‘无’之观点的局部，否认世俗因果，出现身语行法者，说无任何偏见，说无因无果自然而成，出现诸多无有预言之观点，佛陀未说智者未实践，诈称‘神旨’而鬼教盛行。这些人装束多穿鬼衣，身着羊皮、狗皮及刺猬衣，头戴毡帽，身着破衣，手持各种木棍杖，以化缘的名义，流窜至乡村间，为了衣食而苦苦哀求，危害自身所得其有。为显自己之名声，唱响密乘之歌，把歌舞当成善业善行，出现禅定妄念之幻想。无有见识便能领悟要义，将疯子视为有悟性之人，将疑心者视为圣者，反道行者视为瑜伽师，无有预言者视为法身，想得名利自称讲法智者，所谓佛法多讲胡言乱语。魔鬼唆使还说智慧增加，所谓使恶鬼高兴福力便能大增。所谓语诀多讲邪法，所谓口诀却念外道密语。将此等邪恶之见防入密部，女扮男行放肆聒噪，自见多而世间佛法衰，遂将自身引入恶道。不知因果真谛行各种不善，不知法与非法做无羞之事，对诸邪教尤为崇尚。视信佛不能得到菩提，不信佛则可自然得道。将不敢信佛者视为有崇拜，抢夺像善知识一类学者之心思，将部分持咒者视为异端密教。为圣教之酬经泄密义，所谓‘金法’是降价之法，一些未闻密续也讲说，有些（自己）未曾灌顶而为别人灌顶，有些说是要灌顶实际在敛财，有些喜欢受人尊敬且贪欲，不能驾驭自己的贪心，公开授予秘密灌顶，这些做法与依靠妓女无别。有些比丘授予智慧灌顶，实际授的是男女双修灌顶，戒律已破坠入地狱，此等是奉行邪法之故。为受尊敬和有名声而讲法，诸位闻思修行者，实施歪想邪法，使佛法和众生进入恶道。违背戒律、誓言、仪轨和行为者，误入歧途生恶道。有些尊者只持法衣，不受戒律，装模作样，享用供品引诱自己和他人，自己将自己引入地狱。有些用尽僧财而进恶道。有的将四处之财耗尽而进恶道。有些说是持咒僧却有家属。有些装扮成僧人争利益，外表堂堂却从事偷法假法之事。呜呼！依靠佛陀之教法而自身坠入恶道，这样胡乱造假者多有之，佛陀教法逐渐威严，不久将会出现这等事。这样（有些人）空谈佛法，不承认因果，为了得到此生之拥戴而装腔作势，装模作样地扮成学者、成就者和断执者，佛法之秘密要义让嘎饶旺秀（dgav-rab-dbang-phyug）等制服，无有密宗根器之人随意修改僧伽和上师之密法，假装僧人奉行邪法等，预言今天出现的这一切。”

“艾玛哄！未来获得圆满之众生，鼓起毅力努力奋进，敬拜真正善知识，并将其言行做标准，接受其意详加分析，要知死之无常而努力奉行佛法，不知何时死之而尽快努力，死时要把圣教溶心间，万法系于因缘，故努力奉行善业。痛苦皆出自恶业，因而要抛弃恶业，世间便是因果要持净戒，抛弃轮回之烦恼，产生离世之心，为了身体和性命也要弃恶从善，要认识轮回之苦产生出离心，对众生要有同情和慈悲之善心，为利益众生产生菩提心，坚守菩萨之戒律，万法自性皆空要观象无我，结合世俗谛和胜义谛，引入无上菩提道。俗人和出家者，各自保持行为规范，不要改变正确行为。不要观望外道行为，领悟自心要求证。不要贪恋于空谈，要有实践二谛的习惯，不要空谈圣教而要正确践行，不要诬蔑和歪曲，时时忏悔自己之行为。法无好坏，皆要掌握，这样会使今世后世永安乐。”（赞普如此教诫道。）

“复次，我在逻娑之佛殿，供奉的均为圣人，为此要对彼等产生敬仰之心。为何称彼等为圣人，彼等大兴佛教之事，这些功德会在圣人身上显现，佛陀的经典和佛陀之像也真实显现，并伴随左右；大功德山也在此存在。扎日扎贡（tsva-ri-tsva-gong）自然形成胜乐之地，水晶宝贝均在此地有。冈底斯雪山有五百罗汉，甘露之水也在此山。杰然（gye-re）崖上六字真言自然显现，空行手印也在此山中。玛旁湖（ma-pham-mtsho）中住有龙王菩萨，河流功德者也在这里，赤肖加毛（khri-shod-rgal-mo）药龙菩萨，利益所有大江大河。纳木措湖（gnam-mtsho）中有自在菩萨，唐拉（thang-lha）崖上有五百罗汉，怒湖（snums-mtsho）岛上住有龙王菩萨，哈波（ha-po）雪山有五百罗汉，山高地灵年（gnyan）神环绕雪山，声音悦耳犹如萨芝达（sma-skri-ta）语，人语与法结合之地，具十善之宽广而美丽。如此雪域地方之中心，获得暇满之身之众人，勤奋努力学习知识，前愿能使降此地，变为信奉和尊敬之心，不需要做它事，只要有信仰即可，努力敬拜、供奉、转经，这样会使福德聚，在佛陀教言中亦如说，故藏地百姓们请敬拜吧！我对你们如此说教，不为名声和利益，是取自慈悲之中的良言，内心崇拜置头顶。”说完便溶入进

（菩萨）之心间。总之有详细预言，在《重诵伏藏》正本中有很清楚的记载。

瞬间于自然形成之大悲观世音心间，闪烁着犹如十五月亮的光圈，神使内外皆明，尤其是持法轮弥勒佛（byams-pa-chos-kyi-vkhor-lo）和不动金刚佛（jo-bo-mi-bskyod-rdo-rje）两尊铜像。净殿中有不动佛(mi-vkhrugs-pa)，右面有燃灯佛、忿怒神、梅寨神（rme-brtsegs）三尊丝绸像，东南面有雍仲形之药王，中殿之西面有白马头明王，南面有三尊度母的画像，光芒照射到八尊佛像之心间，故称其为"光照八佛"。此后，从中殿的白马头明王之心间射出犹如白海螺的光环；中殿的度母射出绿色宝石般的光环；持法轮弥勒佛射出犹如太阳的光芒；不动金刚佛射出金色的光芒；药王射出琉璃色的光芒；忿怒神和梅寨神射出犹如铁刀箭之光芒，其鼻中流出无量铁水；燃灯佛射出彩虹般之光芒；不动佛射出纯金般之光芒，故称其为"光射八佛"。这些光芒遍布整个逻娑，并形成光网。虚空充满着勇士空行，歌舞乐器供奉，供奉神之花朵和乐器充满大地和空中，顿时变成天空之彩虹，两座寺庙成为自成秘密圣地。逻娑城中的人高兴地道："光芒普照逻娑之征兆一定是佛所赐予。"十六位大臣手拿供品前来拜见，未见王、妃等三人踪影，只见留有衣饰等。看见芒妃墀江和大鼻臣哭丧着脸，达加（dar-rgyal）向大鼻臣连问三次："你是赞普的警卫，王、妃等三人去往何地？"大鼻臣想说溶入佛心之中，（但觉得他们）可能不相信，故坐着不答，卫士塔仁莫（sbas-sgyid-thag-ring-mo）道："大尚论连问三次你却不答应，大鼻臣你活腻了。"说着便拔刀。王妃芒妃墀江见状想，若杀死大鼻臣，王子年龄还小，吐蕃内部必起纷争而导致国亡，便说王、妃等三人已溶入大悲观世音之心。大鼻臣此时才觉得可以告诉真相，便说："我当警卫之时，国王把手放到二位公主头上，（二位公主顿时）变成了莲花和睡莲。（赞普告诉）如说我等没有拜见，就启请大悲观世音即可心想事成。（赞普）说着溶入佛心。赞普是真正的佛陀，不能惩罚我啊。”大臣们道：“你有哪些证人？”大鼻臣道：“有赞普之娜挲比那（na-bzav-ber-nag）和三个妃子的赠礼为证，有王妃芒妃墀江亲自证明。”众大臣信之。一大臣惊奇地说：“我们的赞普肯定是佛陀的化身，以前唐朝皇帝和泥婆罗王所说的话他都能知道，并寄去函旨。”吞米说：“赞普是自在观世音的真正化身，头上有无量光佛像。黎域（li-yul）地方预言说其是观世音的化身，昌珠的僧人和黎域的僧人道出了事情的缘由，众人信奉（赞普）是真正人间之观世音。王、妃等三人在世时，信仰不够，呼喊‘阿牙巴洛’（avarya-pa-lo），有些人捶胸顿足，有些人则信仰而启请。”此时吞米桑布扎悲伤的启请道：“呜呼哀哉！赞普松赞之化身，于美丽雪域藏地，得到观世音之点化。化身赞普至人间，点化者之心目中，逝世乃法性不变，观世音前来护持之。赞普逝世如何办？大悲心利益他人，无边智慧之思想，庄严之身作手印。不威幻想和空虚，大宝法王观想事，佛陀释迦之刹土，遍及无边世界中。尤其在雪域藏地，第二佛陀之名声，赞普松赞之化身，大昭寺之宫殿中，不为众生而长住，请教大王如何做？大宝法王至何处？藏地百姓依靠谁？呜呼哀哉世间空，不可思议大手印，领悟大光明要义，虽无有生死来回，尔去此乃为何故？大宝法王至何处？大空性乃是法身，原始无动无变化。菩萨大兴利他事。无观时辰明想何事，身相威光至此处。呜呼！佛教教法已衰落，根本要义之口诀，不拯救有缘众生，不关心藏地百姓。至尊宝贝想何事？庄严之容法轮转，赞普远足而消失，美丽身相之宝贝，不为利益诸众生，赞普逝世如何办？呜呼！藏地百姓怎么办？具有加持之密续，止旧行新结因缘。不除众生之迷雾，赞普逝世如何办？智慧善者去此处，呜呼！藏地百姓要依谁，有缘藏地诸男女，时常观想无常死。具有虔诚之誓言，不作顶髻之装饰，赞普年岁八十二，时至此赞普将去。留有今世空世界，呜呼！只剩藏地众百姓。时在昨天之早上，通知幻影来告之，藏地众人聚一处，全都匆忙赶来时，音乐乐器乐彩虹显，空行会供遍虚空，藏地四洲皆为空。太阳光辉聚虚空，百姓陷入无明中，法王圆寂不在世，佛教瞬间一次灭，逻娑佛法即中断。鸣呼！大宝赞普啊！听到百姓呼唤吗？看到身体变形吗？看到后请加持吧！无明黑暗之密布，请求断其误之见，今世来世中阴界，永远不离尔左右。”

如此启请后，赞普真正现身道：“艾玛哄！三身不变庄严轮，生死涅槃无著有，我无生死之缘故，未有离开常启请，对诸众生常关照，见我容而闻其声，藏地臣民启请吧！”

吞米说：“我等之赞普是真正的大悲观世音，现在赞普现身说法，天空显现虹光，聚集天界和空行。许多人看见，其降生时出现有十一面等；为藏地百姓讲法时说他是三身之主，指明诸多佛界之刹土。我的事业和神变并非你等所见所闻以及想象的，其实全是（赞普）指令我做的事业，故相信赞普是真正的阿雅波罗（avarya-pa-lo，即为观世音佛——译者注），不要怀疑芒妃墀江和大鼻臣。”众人相信后，并同心祈祷。

其时，大臣噶尔身任卫戍汉地哨卡之官（rgyavi-so-kha-srung-bavi-dpon），心感疼痛，当其急返吐蕃时，方闻松赞干布业已谢世，遂于大昭寺内哀伤恸哭，并哀悼曰：“法王松赞干布，在王涅槃之后，属民怀有哀怨之悲痛，请王于冥府之中容我陈述：外界之南赡部洲、内部悉补野吐蕃（pur-rgyal-bod-gyi-yul），四如地界琛地以下（mchims-yul-smad）降福卫地(dbus）之中心，洛黑达河（chu-lo-hi-ta）之北，吉祥圣典祥瑞逻娑，王于此地亲奉神佛，故此人称松赞干布。但闻其名即生敬佩，一睹尊颜当可除障，如此化身之王，具车婆罗之王者（ba-ravi-rgyal-po）[65]，亦当合掌赞颂，王之诸种巨大功德，汉地之王亦有所闻，向本尊佛致敬。米聂遮米（mi-nyag-tsa-mi）赞普，闻你名而五体投地，道你名者赐予奖赏。格萨尔军中之王，闻你名而虔诚敬仰，祈愿生在你座前。人主菩萨化身，像你这样的国王，生在卫地之山谷，领悟法性之真谛，亲见本尊真容之化身，在今天以前皆存在，化身完成利益众生之事。浊世百姓福力浅，如来化身涅槃去。无比国王之宝贝，集福于无数大劫，通过祈愿和发心，在五浊横流之时，所化见地皆有别，指明各种密乘要义，决定悟性及心性。化身国王去哪里？空性大悲观世音，不做众生之舵手吗？福力智慧之法轮，无有根器之心可动否？化身怙主去哪里？伟大佛陀之化身，具有身之功德相，见其容即信仰之，远闻其言入福力，磕头转经聚福力，不为所化而长住，竟然如此悄然消失？绫和丝绸之贵重，赛秋（zin-chu）汉人买卖时，比其他绸缎皆贵重。国王在位时系头上，（如今）不带在身上，为何解下留之？呜呼！藏地百姓置空地，名为春胡（khrung-gshog）黑色坐骑，产自北方遮玛（tsa-ma）地，畜生身有人之心，具有骏马之标准，行远路而不骑，为何饲养而不骑？寂静之地大昭寺，外观美如伞盖形，内部有舒适之佛殿，具有福力之幻化地。无生无养不长住，聚于尔身前的藏地百姓们，不依靠您而依靠谁？对藏地百姓之天资优异者，为何不讲六字真言口诀之要义，舍弃百姓而离去。通达智慧者想何事？远处守卫之将士，为守护边界而奔忙，其脚皆是水泡而血流完，忍受酷暑和严寒，现在不常住这里，百姓纠纷如何处理？宝贝父王去那里，美丽身之大手印何时展现？容光焕发的面相何时隐去？梵音般的教言为何中断？呜呼！如意宝贝陷于泥潭中，当今需要希望寄托于谁，肢体首位头已断，无头身体如何办？器官齐全眼全瞎，无眼即为路途迷茫，佛子啊！请予以指引。殊胜高山顶端塌，七座金山地中陷，七座湖泊已干涸，八大龙王住何处？黑色铁山从边上塌陷，有情众生弓腰行礼。太阳在空中消失，适时庄稼如何劳作？十五的月亮被罗曜吃，在黑暗中行路要靠谁？大海湖中船绳断，商人舵手如何办？花园中的花朵已干枯，蜜蜂采蜜至何处？国王前往密严刹土，我藏地百姓依靠谁？我在汉地边界上，噩梦连连想国王，为见其容匆匆赶来，正当在途听到护教国王圆寂之消息，我还分不清真假，问谁都说（情况）真实，闻其消息而心颤，犹如陆地上爬行的鱼，未见到（国王）而我悲痛欲绝。我现在还是不相信。呜呼！留下空空之世界，解脱的法幢已消失，治理藏地不可行，实现愿望无希望？藏地百姓依靠谁？贫苦之父母已去世，孤苦之儿童依靠谁？第二佛陀已涅槃，我等百姓非常想念。昨天到达国王之宫殿，见到圣地乌茹逻娑时，想到国王便晕过去，不由自主地流出眼泪，心情恍惚无喜悦，身体犹如小鼠直颤抖，意识时明时而暗，伤心欲绝痛苦不堪，请您关照我吧！拯救六道轮回之众，以悲痛之心祈祷吧！见到我痛苦的表情了吗？听到我哀伤的呻吟了吗？法王不要切断与臣民联系之心绳，于无边虚空中关照我吧！呜呼！如此会出现这一时，法王离去犹如天地之柱倾倒，人间四洲空空也，天界忽被光普照。不变法之佛法灭，释迦牟尼后嗣断，大黑天和弥勒之教法灭，臣民天地下纷争，黑暗之洲油灯灭，大河中间渡船破，恐怖道中引路者丢，呜呼！人间空空也。反复思虑便想起法王，想起法王又有何作用，国王已驾鹤而去(升天)。听到不祥之消息而心烦，我之眼泪湿枕褥，不思饮食渐无力，不思穿衣不知羞。眼中泪水常不断，口中悲哀声终不止。为遮蔽藏地属民适时之罪孽，虽无缘再见尔之面，在今晚的梦境中稍时拜见，赐我一句教言，众生怙主请发慈悲吧！恩重似海之法王，怙主幻化撒手人间，总之世界北方暗淡无光，尤其乌茹逻娑无光芒。有业者如何完成菩提之业，藏地百姓见地已过去，二资复地已过去，经济富裕赐地已过去。从此无有打击强权者，无有扶持弱小者。幻化法王升虚空，昨天尚为执政之赞普，为鼓励后人有祈望，光芒、彩虹、声音以及勇士空行充满虚空。想起赞普之功德，我心中的冷热之痛无法忍受，我尚不断定之化身，贪婪身体亦无结果，我心情如此这般悲痛，难道您不觉得怜悯吗？父亲啊，您不回头看儿子一眼吗？化身国王为自然性，无所谓身体生与死，我等藏地百姓心中太阳已落。犹似挖掉身腔之心，法王本人已升天，于空性虚空中恰拉拉(cha-la-la)，无漏之胜乐赤立立（khri-li-li)，福力之泉水那热热（na-ra-ra），灿烂之太阳达拉拉（ta-la-la），国王身语意之三门，请加持我胜解之身与语。此生再无缘与您见面，祈愿下世于国王之座前，做各种美妙之正果，获得国王之欢心，经常侍奉您之左右。”

如此极度悲伤的启请，在此聚集的人们有的隐隐约约见到许多各种不同的景象；有的见到空行和众神供奉和迎请国王；大鼻臣见到国王之身躯十分高大，左右肩上坐着阿弥陀佛和观世音佛；芒妃墀江见到大昭寺内布满了花朵。大臣噶尔见到松赞干布手持金刚杵及铃，正为坐在该处的人们祝福，并说：“你等毋庸悲号，即获教诲，诸种美好景象亦可出现。”随后，大臣噶尔说道：“别国之人已前来讯问：‘吐蕃众大臣使王及王妃前往何处？’故此，如不葬王与王妃已不可矣！”于是议之，乃隐秘王与王妃融于神像之事，而传言：当王居彭域塞木冈之圣光宫（vphan-yul-zal-movi-sgang-vod-zer-dam-pavi-pho-brang）时，身染感冒（mgur-cham，此词原意为“喉部因伤风而痛”——译者注），归而避热，二王妃服侍，遂传染于二王妃，二王妃乃病逝。继之以丝绸、药及黏土制成松赞干布与二王妃塑像，穿以服装，复将三人塑像置于虎皮之上，迎至车内。再者，在雅隆琼波（yar-lungs-vphyung-po）建造陵墓，将（三塑像）放在格子中央，并以梅檀之火（熏）净之。

大臣噶尔在升起的烟中见到赞普松赞干布于宝塔上传授佛法。大鼻臣见到火中出现一道白光，溶入周围之人群，看到赞普松赞干布有诸多庄严身、大悲观世音和阿弥陀佛。达加芒布杰（dar-rgyal-mang-po-rje）见到赞普松赞干布亲临此地并成为教法之主；吞米看到赞普松赞干布及其妃子坐在宝座上和胜乐轮；智塞如恭顿（vbri-se-ru-gung-ston）看到许多菩提勇识佛环绕着法主；贝吉塔仁摩（sbas-sgyid-thag-ring-mo）看到无数大慈悲菩萨等诸神；其孙子芒松（dbon-sras-mang-srong）看到众多阿罗汉环绕着法主；角摩如永掌（jo-mo-ru-yongs-bzav）见到度母等众神。其次，还看见到处布满佛陀和菩提勇识佛，虚空布满普贤如来之供施；诸空行迎请赞普，赞普坐在狮子座，左顾右看后讲诵佛法；盛尸匣变成无量宫，其四角有七十二位吉祥怙主和许多供奉天女持供奉；声音和光交织、大地震动、香气扑鼻，天空密布光之宫殿；天降花儿和舍利，欲界和色界众神之供品犹如降花雨；勇士们跳起舞蹈，空行母们唱起悲歌；佛陀和菩萨如云密布，火中佛陀之身被彩虹环绕着，炊事员们见到诸勇士、空行在唱歌跳舞；赞普之顶髻竖立有殊胜而犹如金色的地增加神和同置神；四臂观世音犹如红珊瑚；五种报身佛相继显现；火中传出“诸法无我”之声；天空布满光圈，犹如持刀和持杖的蓝、黑勇士，众生化为光而为“无我”，此乃自然发出“诸法无我”之声。在无量陵墓宫之中央，坐着微笑之赞普，心间盛开着莲花，莲花之上有喜金刚九神，大威德金刚和蜕彩诸哇（dus-mtshan-bsnol-ba）佛之上有赞普讲法时周围坐有十六个明妃之光影；赞普手持甘露宝瓶，口诵“阿比西聂扎”（a-bhi-shvi-nyatsa），为聚于此处之众人灌顶。火中出现无数光芒，每束光尖上有无数空行舞蹈，并像空中之云一样密布，唱着无生金刚之歌；赞普的每个毛孔中出现有诸多俱生胜乐。息静和忿怒之观世音以及诸空行曰：“诸法原本一俱生，所有皆为乐空双运，未见曾有舍与取。”从云隙中一神子上身显现并降花雨，花雨从天空倾盆而下。赞普周围有无数佛陀报身赞诵与供奉，菩萨和众多美丽的少儿少女手持供品来迎请。见火舌变为勇士空行、烟变为佛子；见火中有一无数枝干的莲花树之中央坐着化身国王，枝干上坐者无数菩萨赞诵之。赞普从陵房内出来，端坐于座，眉间射出光芒，天地被光普照。所有果树、森林、土石、山崖皆环绕陵房，执受和不执受之声变成“无生之法”的声音，此声音七昼夜不间断。火舌上出现有金刚瑜伽母和观世音以及长耳垂上坐有释迦牟尼和观世音佛的赞普松赞干布，赞普与众佛陀比赛智力，弥勒和文殊菩萨讲论佛法。从陵房中王、妃等三人逝于天空。赞普的每个毛孔皆出现有众佛陀转动法轮、骨饰之空行围绕、密集文殊金刚的坛城、瑜伽天空、智慧空行、摩诃玛亚（ma-hva-mva-ya）、佛陀空行、八威德度母、息静忿怒金刚持、药师八佛、息静忿怒百种神、贝玛旺青（padma-dbang-chen）、巴扎嗨如尕格森（badsra-he-ru-ka-ke-seng）环绕、阎摩敌、殊胜、金刚橛等各种坛城。普贤被持明佛环绕，讲论"诸法自性净，二取自性净"之佛法。周围有玛贡（ma-mgon）和十方护持佛法等，藏地百姓心中有着不同的感受，满足于寂业与胜观的安乐中，皆远离痛苦。

此后，在陵内建神殿五座，其外封（土）如山。一年之间王臣属民人等环绕（陵墓祭之），此后，届时年祭，并绕（陵）供奉[66]。

注释：

[1]《旧唐书·吐蕃传》有同载："临阵败北者，悬狐尾于其首，表其似狐之怯。"

[2] 关于所订诸法，藏史多云为松赞干布所为。但《敦煌吐蕃古藏文文选》载，在松赞干布死后五年（655年），噶尔·东赞域松又"于果尔底（vgor-ti），写定法律条文（bkav-khrims-gyi-yi-ge-bris,见该书伯字1288号卷子）。"

又，在本书第二章中，记载松赞干布效法回纥（突厥）及霍尔一事制定法律。据《北史·突厥传》载："其刑法，反叛、杀人及奸人之妇、盗马绊者皆死，淫者，割势而腰斩之……盗马及杂物者，各十余倍征之。"又《北史·西域传》载：于阗刑法，"杀人者死，余罪各随轻重惩罚之……"龟兹刑法，"杀人者死，劫贼则断其臂，并刖一足"。这些刑法松赞干布时已备，《吐蕃史世系明鉴》载："……奸淫者，断其四肢之手足，流放他乡。伪言者割其舌。"（见该书33页上）而本译文下文中之"吐蕃刑法"部分，砍头、截肢、挖眼、剥皮等刑法无所不有（详见下文）。看来《新唐书·吐蕃传》所载："其刑，虽小罪必抉目，或刖、劓"，此言并不失实。而且与突厥刑法颇近。

再者，《五部遗教》所载此时法律对本书有所补充，如："又制订上三法、下三法、三行法及三不行法（stod-gsum-smad-gsum-mdsad-gsum-mi-mdsad-gsum）"。上三法包括："对贤良正直者以（社会）地位褒之（意为抬高社会地位），对克敌之勇士褒以虎（皮），对于报恩及聪敏者以告身褒之。"下三法包括："斩杀盗贼，摈除谣言及控制淫乱。"三行法包括："施行三宝正教，犯法者偿以命价（bsad-stong）及医疗费用（gsos-thang），偷王（财物）者偿百倍，偷寺庙（财物）者偿八十倍，偷平民（财物）者偿九倍。"三不行法包括："凡一切相反之行为勿令传播（原文残）……对于往昔及今后之习规，勿生损害之念，勿使奴隶与武士放纵（khengs-rgod-mi-btang），女奴当遵命行事，爱护新近知已……"（以上均见《五部遗教》中之《大臣遗教》，11页上、下）

从诸法律条文看，吐蕃早期就是凭借残酷的奴隶制法律进行统治的。

吐蕃法律对后世法律影响甚深，例如：明代帕木竹巴扎巴坚赞（grags-pa-rgyal-mtshan），即以"吐蕃法王之高尚习规十善法为本"制定法律（bod-chos-rgyal-gong-mavi-lugs-srol-bzang-po-dge-ba-bcus-gzhi-bzung-ba），所定法律诸如"勇士如虎之法（dpav-po-stag-gi-zhal-lce）、怯懦如狐之法（sdar-ma-wavi-zhal-lce）"等共十五条（zhal-lce-ste-bco-lnga），外加"消灭刁民反叛侵害之敌"等四法，总计十九条法律（见《西藏王臣记》，北京版，186~187页）。晚近所传之《十六法》（khrims-yig-zhal-lcel-bcu-drug）及《十三法》（khrims-yig-zhal-lcel-bcu-gsum）亦大体由此演变沿袭而来，其内容可明显见到吐蕃法律的影响。例如《十三法》中之第四条，即《重罪流血之法》（nag-chen-khrag-sbyor-gyi-zhal-lce）其内容："……行五无间者（mtshams-med-lngavi-las-byas-pa，五无间是指杀害父、母及阿罗汉等谓之），杀害喇嘛及官员者，盗窃僧侣财物及王者库藏者，使官员内部蒙受奇耻大辱者，放毒者，以诅恶咒及放污气、挑拨离间而导致杀人窃马者……流寇联合破坏、偷盗及杀戮者，穿盔甲持兵器者，阴谋进行特殊报复者，以及属民反上者，总之，对此违反及危害（法律）范例者，则予挖眼、割膝、断舌、截手、坠岩、投河以及砍杀等等……”（见《十三法》，手抄本，16页下~17页上）。再者，《水晶鉴》（drang-thig-dwangs-shel-me-long）这部法律书中，共收录法律21条，其中多处提到松赞干布法律，其痕迹留存于某些条内，例如第11条“管家及民官行事之法”（gnyer-pa-dang-mi-dpon-gyi-bgyi-bavi-livu），对于无论国内外任何商人，凡经商时被查出量具不准者，立即治以“鞭刑”（tsa-ra-gtong）之罪（见该书手抄本，32页上、下）。

总之，吐蕃时期法律正如《册府元龟》所说：“用政严酷，人无敢违。”这恰好反映了其奴隶制的特点。”

[3] “rtswa-mi-shing-mi”一词，在《红史》及《拉达克王系》等史中均有同载，是为吐蕃当时东境。《莲花生传》之147页下称该地为“咱米兴米九眼羌女之地”（rtswa-mi-shing-mi-ljang-mo-mig-dguvi-yul）。“rtswa-mi-shing-mi”一词在《红史》及《拉达克王系》中写作“rtsa-mi-dang-shing-mi”，据此看来rtsa-mi与shing-mi应是两地，就文字看，是指“咱米人”与“兴米人”居住地而言。据《玛尼宝训》之321页下载，“咱米人”是弭药(木雅）人的别称，该书记有“弭药咱米之王”（mi-nyag-rtsa-mivi-rgyal-po)。党项传，弭药即党项羌，松赞干布时为吐蕃属部，地在松州之西，吐谷浑之南。这一带大体在“下多康”（mdo-khams-smad）范围之内，该地所出高僧大德往往在名前冠以“咱米人”字样，例如《贤者喜宴》（ta函，12页上~12页下）即载：“咱米桑杰查巴(tsa-mi-sangs-rgyas-grags-pa）生于下多康之木雅地区（mdo-khams-smad-mi-nyag-gi-yul，或译弭药地区）。”另据“rtswa-mi”“tsa-mi”及“rtsa-mi”字样看，当时写法并不规范。本节原文页数同上。

[4] 此“klo”字，在本书之tha函，51页下，又作“lho”。民族所晒蓝

本《红史》则写作“blo”，民族宫本《红史》则写作“glo”。这些均是今日洛域（lho-yul）之洛（lho）的不同写法。又，“klo”，有时又指“klo-bo-smad-thang”。（见《世间广述》，127页）

[5] 此处之泥婆罗王，即《旧唐书·泥婆罗传》中之那陵提婆，前述藏文作月色果恰（vod-zer-go-cha，意为光胄）。

[6] “gser-gyi-dong-rtse”意为金币，在《新疆出土古藏文文书》中记有“zangs-gla-dong-tse”及“dong-tse”，两者是在记述军队财物经济开支时提及的。“zangs-gla-dong-tse”意为“铜币工资”（见该书第二册，438页，20，M.Tagh.C.iii.0036）。看来这类货币有金、铜之别。“dong-rtse”，意为“货币”，后世有译为“铜子”或“铜钱”者，并以为是汉音的音译。《五部遗教》载：“汉地之王所赠之宝有金币（gser-dong-tse）及丝绸珠宝等。”（该书kha函，63页下）此事在墀松德赞时，看来有可能是汉地“铜子”一词的借音？当时此类货币用量已不小，有时一次达到“四千五百铜币”（dong-tse-bzhi-stong-lnga-rgya）（《新疆出土古藏文文书》第二册，251页.110.Khad.052）。此“dong-tse”词直到清代仍在用，如《夏甫嘎喇嘛传》（zhabs-dkar-rdo-rje-vchang-chen-povi-rnam-thar）记载，当佛教信徒们献布施时，其中就包括这种“dong-rtse”（见该书木刻版，430页上）。

[7] 芒域（mang-yul），属日喀则市，其重镇为吉隆（skyid-grong）。芒域地区与泥婆罗都城雍布（yum-bu，即今之加德满都）在同一经线上(84°~85°)。唐代吐蕃与泥婆罗交往多经此地。后弘期著名僧人米拉日巴(mid-pa）即生于芒域之贡塘（rje-btsun-mi-lavi-vkhrungs-yul-mang-yul-gung-thang）。见《圣地指南》（gnas-yig），全称为“gnas-yig-ngo-mtshar-lung-ston-me-long”，木刻版，20页下。

[8] 此宫堡仿锡兰（今斯里兰卡）楞伽布尔日山（srin-yul-langka-pu-ri）而建。《西藏王臣记》作“srin-povi-rgyal-po-lang-ka-mgrin-

btsuvi-grong-khyer"，意为"罗刹王楞伽十项城"（见该书北京排印本，40页），此二书均载此宫堡在红山（dmar-po-rivi-phyogs-su，《西藏王臣记》，39页），此与松赞干布原在红山所建之宫室（dmar-po-rir-pho-brang-brtsigs，见《汉藏霍尔蒙佛教史》，即"rgya-bod-hor-sog-chos-vbyung"，木刻版，13页上）共为一千间。后据《西藏王臣记》56页载，在松赞干布孙芒松芒赞时，由于"唐军逼近，布达拉宫焚于火"（rgya-dmag-rnams-te-po-ta-lavi-pho-brang-me-la-bsregs）。同书同页还载，唐军"已抵大昭寺"（vphrul-snang-du-sleb-pa）。《西藏王臣记》在此所记唐军抵吐蕃事，在敦煌等地出土的古藏文文献和汉文史册中均无此事，应属杜撰，故泥婆罗公主在红山所筑宫室被烧一事，与唐军无涉。该宫室何以被焚？据《卫藏通志》载："后因藏王莽松以（即芒松芒赞）作乱，官兵拆毁布达拉，仅存观世音佛堂一所。"（见该书卷6，131~132页，"万有文库"本）这就是说泥婆罗妃所建红山宫室是毁于吐蕃军之手，但《卫藏通志》此说不知何所本。有人说"莽松"即后世的约松"vod-srung"之误。又《西藏王臣记》所说之"布达拉宫焚于火"，吐蕃时尚未用"布达拉"（po-ta-la）一词称呼红山（dmar-po-ri）。据《五部遗教》（ca函，38页下）已有"布达拉欧丹达布梨（寺）"的记载，但未与红山宫室联系起来，仍用红山一词，如："在法王松赞干布时，于逻娑红山（lha-sa-dmar-po-ri）之上，建宫堡（sku-mkhar）九十九间。"（kha函，41页上）另据查，成书于15世纪（1476~1478年）的《青史》（deb-sngon）已同时使用上述两词，如："达波旺杰与琼波查斯二人，于布达山和红山（po-ta-ri-dang-dmar-po-ri）进行辩论。"（kha函，4页下）此处之"po-ta-ri"，似即后来"po-ta-la"的较早的写法。而成书于16世纪（1564年）的《贤者喜宴》已正式使用"布达拉"一词，如："恭松（gung-srong）掌政五年之后，于18岁时，死于布达拉（po-ta-la）。"（ja函，47页）关于使用"布达拉"一词，或许尚有早于此者，待查。

又，文中说泥婆罗公主所建红山宫室情况画于“逻娑鲁康”（ra-savi-klu-khang）。此“鲁康”是指大昭寺内供奉龙王的一栋神殿。《逻娑大昭寺志》（lha-ldan-sprul-pavi-gtsug-lag-khang-gi-dkar-chag-shel-dkar-me-long）内有关此事记述说，在鲁康（klu-khang，意为“龙王神殿”）内的“壁画中（ldebs-ris），有建造与罗刹楞伽十项城相似的红山宫（pho-brang-dmar-po-ri）、砌筑围墙及吐蕃属民欢宴情况……”（该书木刻版，12页上）。又，今布达拉宫最高处的一间所谓“观世音佛堂”，相传是经多次天灾人祸中幸存者，其中在墀松德赞时（755~797年在位），“红宫被雷击毁（dmar-po-rivi-pho-brang-la-thog-brgyab）。”（见《西藏王臣记》，排印本，75页）。今之观世音佛堂内有松赞干布、文成公主、泥婆罗公主、吞米桑布扎及贡日贡赞等塑像，有关专家认为造型较古，或许早期遗物。

再者，据藏史撰述，松赞干布最初曾在逻娑北面的色拉（寺）附近住过，地名帕朋卡（pha-bong-kha），该处在《逻娑大昭寺志》中称作吉雪娘禅（skyid-shod-nyang-bran）之地，在一巨大石块上曾建九层坚堡，松赞干布、文成公主及泥婆罗公主均曾在此居住、修行。（见该书4页下~5页上；又见《圣地指南》5页下）《黄琉璃》称此地为“帕朋卡菩提树林”（见该书116页下）。其地至今仍有古迹遗存。

综上所述，红山建筑可知多次演变：最初拉托托日年赞居红山之顶（《松赞干布遗训》，103页上），后松赞干布又于红山建宫室（《小昭寺志》，39页下），继而泥婆罗墀尊公主复在红山建“红山顶宫”（dmar-po-rivi-rtse-movi-pho-brang，《玛尼宝训》，273页上），而芒松芒赞及墀松德赞时又先后遭火焚、雷击（后者见《布顿佛教史》，120页下），但“红山顶宫”及“红山宫”之名业已流布。迄至《青史》及《红史》，“红山”已同时有“布达拉”之称谓，直到清朝顺治二年，即公元1645年（藏历第十一饶迥阴木鸡年阴历三月二十五日，五世达赖首先在红山破土开建布达拉宫（《小昭寺志》，73页上），“布达拉宫”一名肇始于此。此后（康熙三十三年，1694年）第司桑结嘉措又续建九层红宫（《松巴堪布年表》，ka函，283页），“布达拉宫”之盛名乃为世人悉知。

[9] 释迦牟尼佛像（shvakya-mu-ni），据一般藏史，多传此十二岁身量之镏金佛像为佛在世时所建，佛为之亲自开光，后经天竺、乌仗那等地区辗转至汉地，最后由文成公主携至吐蕃（《逻娑小昭寺志》，44页下；《中国佛教》第1辑，法尊：《西藏前弘期佛教》，见该书1980年版，135页），此佛像最为藏人尊奉。

[10] 卧塘湖，即今大昭寺寺址，建寺前相传此地为沼泽地。据藏史载，文成公主曾卜算堪舆，说此地原为“龙王之宫殿”（kluvi-rgyal-povi-pho-brang），湖水为罗刹之心血。文成公主建议松赞干布及墀尊公主在此填湖建寺，此湖始干。《玛尼宝训》（213页下）和《西藏王臣记》（52页）载：此地古称卧塘或卧玛塘（vo-ma-thang）。详见本译文建大昭寺条。

[11] 此地在逻娑之东，据藏史载，唐代此地称乃琼砂砾洲（bye-mavi-gling-nevu-chung），地处逻娑森林中部（lha-savi-nags-kyi-dbus），内有泉，而成泥沙沼泽地（bye-mavi-vdam）。文成公主一行至此地时，车辆陷入泥沼。

[12] 一般藏史称文成公主为松赞干布之第二王妃，长妃为泥婆罗墀尊公主。藏史说松赞干布共娶五妃，据《贤者喜宴》记载：“为生育王子，（松赞干布）又娶香雄王黎米嘉（zhang-zhung-gi-rgyal-po-li-mig-skya）之女香雄妃黎娣缅（zhang-zhung-bzav-li-thig-man）、弭药王（mi-nyag-gi-rgyal-po，即木雅王）之女茹雍妃洁莫尊（ru-yongs-bzav-rgyal-mi-btsun）、堆垅（stod-lungs）尚论芒（mong-zhang-blon）之女芒妃墀江（mong-bzav-khri-lcam）。”（见该书，ja函，34页上）

又，《松赞干布遗训》所载松赞干布诸妃与上述有别，该书记有六妃，其中泥婆罗墀尊公主及汉地文成公主位居第五和第六。其他四妃依次是："松赞干布最早之妃是波恭冬萨墀尊（pho-gong-ldong-bzav-khri-btsun），彼奠定逻娑卡查寺（lha-sa-mkhar-brag-lha-khang）之基。此后为香雄本教徒之女（zhang-zhung-bon-povi-bu-mo）香雄妃墀尊（zhang-zhung-bzav-khri-btsun），此妃奠定泰甫果巴寺（them-bu-kog-pavi-lha-khang）之基；此后为茹雍冬妃（ru-yong-stong-bzav），彼奠定查拉衮布寺（brag-lha-mgon-pavi-lha-khang）之基。此后为黎江屯妃墀尊（li-lcam-mthon-bzav-khri-btsun），彼奠定米芒促寺（mig-mangs-tshul-gyi-lha-khang）之基。"（该书194页下~195页上）有关诸妃情况参见下文。

[13]《玛尼宝训》载，所送之宝物为一琉璃盔，该书传说："戴此盔后战可获胜；传染病滋生之际，戴此盔而绕行于城镇，则可断除疾病；当荒年惊恐之时，戴盔环绕田间，则使荒年消失。此为无价之宝也，兹奉献于唐皇……"（该书上册，175页下）。

[14]"神京万祥门"即指唐都长安。

[15]藏史多传唐太宗系孔子化身。《布顿佛教史》（119页上）中称唐太宗为"唐皇狮子赞普"（rgyavi-rgyal-po-seng-ge-btsan-po）。

[16]此如盾形之闪光玉珠，其内有孔可通，孔内盘绕曲折，其曲折之状如盘绕着的藤条一样。藤盾牌即用藤条盘制而成。

[17]"万字花纹"，藏文原文写作"g·yung-drung-ris"，是一种象征坚固不摧的符号，本教之万字纹形如"卍"，佛教万字纹为"卐"，两者方向相反。

[18]《西藏王统记》载，文成公主带到吐蕃的有："工巧技艺精美、悦意之装饰殊胜超绝，有关此类工艺技巧之书凡六十部。"（该书，木刻版，50页下）

[19]此医著又称《汉公主大医典》（gzhung-rgya-bzavs-sman-dpyad-chen-mo），见《贤者喜宴》tsa函，46页上；或称《汉文成公主所持大医

典》（rgya-mo-bzav-vun-shing-gong-jos-bsnams-pavi-sman-dpyad-chen-mo），见《医学总纲》（gso-ba-rig-pavi-khog-vbugs）77页下。此为文成公主带到吐蕃的第一部汉地医著，该书经当时汉地和尚玛哈德哇(ha-shang-ma-hvade-ba）及藏人达玛果霞(dva-rma-ko-sha）翻译成藏文。(《贤者喜宴》，tsa函，46页上)

《玛尼宝训》（179页上）载，“文成公主带至吐蕃的医药尚有：治疗四百零四种病之药物、八观察法及十五诊法，总为六十部，又有四部配药法等等。”《西藏王统记》（即《吐蕃史世系明鉴》）所载与此略同。可参见该书50页下。

[20] “rtsis-por-thang”意为占筮，《白琉璃》（phug-lugs-rtsis-kyi-legs-bshad-mkhas-pavi-mgul-rgyan-beedvu-ra-dkar-po）写作“gtsug-lag-spor-thang-rtsis”，可译作“(汉地) 五行算经”（见该书12页上)，此为古代汉族中流行的以五行推算吉凶等之算法。又有人译作《易经》。此术由文成公主带到吐蕃。《敦煌吐蕃古藏文文选》第1册，145页，伯字127号卷子就记载用金木水火土五行，加上阴阳（pho-mo)，与十二生肖搭配的方法，共八行，内有“阴金牛年（gser-mo-glang)、阳火虎年（mye-pho-stag）……”其中“阴金牛年”之“金”，此处写作“gser”，与汉语之“金”内涵一致，看来最初吐蕃人是用“gser”代表“金属”，“金”后来藏族才以“lcags”（铁）代表五行中之“金”。这一变化说明汉藏两族在历法方面源远流长。再者，同号卷子中，还用汉语的藏文拼音列出属于土命、金命（sa-vi-srog，gser-gyi-srog……）的内容，以做卜算之用。卷子中还用汉地五行相生相克的原理卜算命运，如载有“金火不合，木火不合(gser-dang-mye-myi-thun/shing-dang-mye-myi-thun）……土水相遇可合(sa-dang-chur-phrad-na-mthun)，土火相遇可合(sa-dang-myer-phrad-na-mthun）……”此项宝贵史料是汉藏间历算交流的有力佐证。可详参此卷。

又，在藏史中之“gab–rtse”或“gtsug–lag–gi–gab–rtse”，意为“五行算图表”，这是用五行占卜吉凶的数字表。《西藏王臣记》之41页载，文成公主带往吐蕃的就有“调伏硬石荒地之敌等等五行图经（gtsug–lag–gi–gab–rtse）”。《吐蕃史世系明鉴》之50页上载，文成公主带去的“汉地五行图经（rgya–yi–gab–rtse–gtsug–lag）共三百部”（该书50页上），《松赞干布遗训》之148~157页所载与此相同。又，《汉藏史集》（rgya–bod–kyi–yig–tshang）记有松赞干布派人学习汉地五行算及天文之详情。再者，何以称“gab–rtse”（五行算图表或五行图经）？《玛尼宝训》之212页上载，原文成公主在汉地曾令一卜算者（rtsis–mkhan）卜算吐蕃臣工返藏路途情况。王子泰瓦以为有假，遂将八十部五行图经（gab–rtse–brgyad–bcu）投入火中焚之，但被卜算者藏于怀中（phang–pa–gang–gab–pavi–vog–tu–chud），所谓“gab–rtse”一名由此而生。看来，“gab–rtse”原意应是“藏于（怀中）之占卜（书）”。

[21] 据《玛尼宝训》载，文成公主是将蔓菁种子卷在丝绸红花之中，然后系于头发之内带往吐蕃的（见该书182页上）。文成公主还对噶尔说“蔓菁应在吐蕃种植”（同书同页），今之广大藏区遍植蔓菁当始于此时。

[22] 当时除支·塞汝贡敦（vbri–se–ru–gung–thun）随噶尔进藏外，还有吞米桑布扎（thon–mi）。参见《西藏王臣记》，北京排印本，46页；又见《大昭寺志》，木刻版，9页下。《西藏王臣记》载，噶尔留在汉地，深受唐太宗器重，曾以美女妻之，噶尔辞而不受（见该书47页）。《新唐书·吐蕃传》载：“太宗擢拜右卫大将军，以琅邪公主外孙妻之。禄东赞自言：‘先臣为聘妇，不敢奉诏。且赞普未谒公主，陪臣敢辞！’”

[23] 禄东赞入唐朝为赞普请婚，为密切汉藏关系颇有功勋，故唐太宗令初唐著名画家阎立德、阎立本兄弟画禄东赞入唐请婚情景。《封氏闻见记》述及身为太宗近臣（官至右承相）的阎立本说：“国初，阎立本善画，尤工写真。”（见该书，卷五，718页，图画）他所画的《太宗

步辇图》及《文成公主降蕃图》，即是禄东赞入唐请婚之写真。后者已失，《太宗步辇图》在北京故宫绘画馆，实为历史画卷中之珍品。

[24] 《玛尼宝训》载，随公主进藏的“大臣骑士五百人；在其眷属中二十岁的男者五百人，十六岁的少女五百人，总为千人。”并载，公主及释迦牟尼佛像均在车中，由骆驼牵引（均见该书181~183页）。

[25] “骰子纹”（cho-lo-ris），“骰子”，系一种赌具，呈小立方体，六面，分刻一至六点。

“黄丹圆圈”，黄丹是一种橘黄色颜料，“黄丹圆圈”即以橘黄色颜料画成的圆圈。“avarya-tva-re”系梵音，“avarya”意为“圣”，“tva-re”即“tva-ra”意为“度母”，故“avarya-tva-re”即意为“圣度母”。

唐宋间妇女面部点以痣点，以示美容，人谓之“贴花”。唐《酉阳杂俎》载：“百姓间有面带青痣如点，旧言：妇人在草蓐亡者，以墨点其面，不尔，则不利后人。”因以为俗。文成公主之面以各种点纹为饰，揣其因似源于此者。可知藏史所载当有所本。

[26] 唐太宗与文成公主对汉藏和亲颇为重视，故文成公主带到吐蕃的东西甚丰，藏史所载各有特点，除上述注［18］~注［21］外，择主要者摘译如下：

《松赞干布遗训》载，文成公主带往吐蕃的物品计有：“金玉所制之大告身、经典文书三百六十部、各种食品三百六十种、饮料调制法多种、所穿之坚硬铠甲三百六十件、锐利武器多种，以上诸物为护持（松赞干布）之生命均赐予你；所载饰物三百种、玉片装饰之金鞍等等，为使王政美好这些均赐予你；绣以狮子、百鸟之五彩绸缎大垫，其上装饰以日月、彩虹、野兽、森林、大象及珍宝，这些为使（松赞干布）王惊奇均赏赐予你；如是，尚有诸种极稀罕之神变器物，执行寺庙十四种法规之措施，诸种字典和辞典、语法及咱纳嘎(tsa-na-ka）等等，以上之众多制度论典均赐予你；务农及改良土壤方法（或译耕地技术）之书籍、所施诸种众多之善行、掌握挤奶放牧之发展牲畜方法、算数及其书籍，这些出于爱戴亦均赐予女儿你；三百卷之汉地五行图经、能显示善业及罪业之镜鉴，这些出于爱戴，我亦均赐给女儿你；制造绝美之特殊工巧技艺六十种，这些出于爱戴，我亦赐予你；治疗四百零四种病之药物、百种观察法、五种诊断法、六部配药法、四部配药法等等，这些我亦赐（予你）……”（见该书148页上~149页上）。

文中“执行寺庙十四种法规之措施”句，原文作“gtsug-lag-thang-khrims……”而《玛尼宝训》作“gtsug-lag-khang-khrims”，不知孰是，译文系据《玛尼宝训》之“gtsug-lag-khang-khrims”译出。又，译文中之“咱纳嘎”（tsa-na-ka），原文是“山绿豆”之意，但在句中此解不妥，待查。再者，文中之“五种诊断法、六部配药法”句，在《玛尼宝训》中为“八观察法十五部（与医治四百零四种病之药物）等，总共书籍六十部”（该书179页上。此书所载文成公主所带物品，与《松赞干布遗训》所载基本相同，可参阅）。又：甘丹寺原藏有三十六幅绣像，极为精致，相传系文成公主所带；大昭寺内保存有文成公主带去的多种乐器(见《有关文成公主的几件文物》，《文物》，1960年)。

[27] 据《松赞干布遗训》载，文成公主进藏，先由二力士引车而行，俟后依次分别由白骡、骆驼拉车，还曾由贵族出身的力士用木柱抬行(见该书152页)，可见路途艰难。同书同页还载，一路之上，文成公主率领臣工侍从人等祭佛，并在休息时臣工人等欢娱情况，可参阅。

再者，此处之康地（khams），是指青海一带，非指今甘孜藏族自治州一带的所谓康地。《五部遗教》称青海湖的地理位置是：“赤秀洁莫湖（即青海湖），位于北方康地（khams）雅莫塘。”雅莫塘即青海湖地区的古称，逻娑达扎路恭纪碑中就记有此雅莫塘（dbyar-mo-thang）。文成公主进藏路线，经国内外学者多次考定，一般都倾向是走青海路线，亦即《新唐书·地理志》“鄯州鄯城条”所载路线，刘元鼎奉使吐蕃就是循此路而行，自鄯城（今西宁）经二十四个站程抵吐蕃勃令驿（屯；即《通典》之鄯播城，藏文作phying-ba-stag-rtse，见《西藏王臣记》20页）。俟后金城公主进藏亦走此路，唐李适在其送金城公主入吐蕃诗中说：“降河从云聘，青海赴和亲。”（见《唐诗纪事》，127页）关于文成公主进藏路线，1949年前任乃强及刘立千先生，均曾于《康导月刊》著文考释（藏文据《吐蕃史世系明鉴》，汉文据唐书），并实地考察过甘孜康定等地古迹。国外有布舍（1880年，《皇家亚洲学会杂志》）、日本足立喜六（1939年，《支那佛教史学》）、伯希和（1961年，《西藏古代史》）等，此外，松田寿男和豪克亦有论著。1975年日本佐藤长在英文版《亚洲学报》（ACIA ASATICA）第29期著文：《唐代从青海湖到逻娑的路线》，他据《新唐书·吐蕃传》及唐书地理志（鄯州鄯城条）、周希武《玉树县调查记》以及多部地图、史册，又利用藏文、蒙文、古汉语以及前人研究成果等，详细考定每一个站程，是一篇颇有价值的参考论著。

再者，文成公主抵康地时，青海湖一带的吐谷浑地区已在吐蕃统治之下。《新疆出土吐蕃古藏文文书》载，在吐谷浑地区，文成公主受到吐谷浑王莫贺吐浑可汗(ma-ga-tho-gon-kha-gan)、母后墀旁（btsan-mo-khri-bangs）及吐谷浑大尚论（va-zhavi-zhang-lon-chen-po）等王臣的盛大欢迎（见该书第二册，8~16页）。原文还载，此时是在狗年，即唐太宗贞观十二年（638年）。这里有一个时间上的矛盾，即文成公主入藏应在唐贞观十五年（“十五年，妻以宗室女文成公主”——《新唐书·吐蕃传》），两者相差近三年，虽然如此，但文成公主走青海路线并在吐谷浑暂居之事实当无疑。后来，文成公主还在该地之翁域（dbong-yul）中心驻憩，并在佐地朋约都（tso-gi-rbo-yo-du）建造宫室（pho-brang）。见《新疆出土吐蕃古藏文文书》第二册，8~16页。《新唐书·吐蕃传》：“诏江夏王道宗持节护送，筑馆河源王之国，弄赞率兵次柏海亲迎。”文中之“筑馆河源王之国”及“次柏海亲迎”，均与上述古藏文所载史料相关。

总之，以上这些史料以及有关文成公主在日月山、倒淌河及结古等地的西藏民间之悠久传说等，均表明文成公主取道青海入藏之说较为可靠。

[28]《松赞干布遗训》对此地点有具体记载："在康地之丹玛青岩（ldan-mavi-brag-sngon）处，有呈白色之（岩），上刻大佛头像，并将梦中突然显出之《普贤行愿品》（bzang-po-spyod-pa）刻于其上。在恰图朗纳（bya-dur-glang-sna）建八十肘高之能仁佛像，并在此地捕鹿耕田；在朗楚堆塘（glang-gru-dus-thang）建造水磨（rang-thag-chu-skor）……"（该书157页下）《吐蕃史世系明鉴》（54页）说，耕田、造磨是在康地之贝玛香（padma-shang）。《拉达克王统记》载，文成公主还将谷酒和青稞酒带到吐蕃，还说文成公主使吐蕃："各种食物具备，以乳提制为酪，以酪提炼为酥油及酪浆，以酪浆炼制酪糕，将陶土制为陶器，建造水磨。以织机织布，工巧技艺所获众多。"（该书弗朗克本，31页）。上述诸史料表明，文成公主将不少汉地先进工艺技术传到吐蕃，从而使吐蕃生产技术在原有的基础上得到进一步的提高。民间传说陶器、水磨和织布机即由文成公主所传，墨竹工卡的塔巴、帕热两村的制陶术，据陶工祖传，均认为传自文成公主，陶器所上的"釉子"，当地藏语仍用汉语借音，读作"玉子"（见民族所调查资料《制陶业的过去和现在》）。又如，唐朝设典牧署，分设七种官员负责，其中"主酪"即有五十人，"令掌牧杂畜、造酥酪脯腊给纳之事"（见《唐书·职官志》，199页）。看来，藏史所载文成公主带去乳制品的先进提炼技术之说，当有所据，亦对吐蕃历史较久的畜牧业应有所促进。

再者，文成公主进藏之后，仍然继续请唐朝中央政权向吐蕃提供先进工艺，如："因请蚕种及造酒、碾、纸、墨之匠，并许焉。"（《旧唐书·吐蕃传》）

藏族人民深深怀念文成公主的功绩，他们编成歌颂文成公主的民歌历代传诵，在西藏歌谣（bod-kyi-glu-gzhas）中就收集了九首有关文成公主的民歌，例如《文成公主不辞辛苦》民歌："有一处美丽的地方，此地名曰贝桂雄（phad-rgod-gzhung），那里有文成公主带来的粮食种子，共播下了三千八百种。"另一首是："阿姐文成公主，带来工艺五千种，为吐蕃的工巧技艺，打开了繁荣之门。"（见该书藏文版，111~114页）此外，有关文成公主进藏情景，在布达拉宫、扎什伦布寺、日喀则德钦颇章宫及萨迦寺大殿等地，均有精致壁画传世。文成公主进藏图以布达拉宫的连环颜色图画最负盛名。再者，藏剧《文成公主》更是脍炙人口，家喻户晓（见王尧：《藏剧故事集》，1980年版）。文成公主塑像见于布达拉宫观世音佛堂（spyan-ras-gzigs-kyi-pho-brang-po-ta-la）、大昭寺、山南昌珠寺以及玉树结古（石像）等地。

又，从下述事例中，可进一步看到文成公主进藏对后世的影响。元代八思巴曾用文成公主进藏事，说服蒙古忽必烈（hor-gyi-rgyal-po-ho-bi-lavi）应使蒙藏亲密无间，八思巴说："往昔，作为吐蕃之王，曾与唐军作战，吐蕃王胜，遂统治世间三分之二。俟后汉藏双方联姻，乃迎请文成公主及释迦佛像。"八思巴陈述之后，忽必烈言道："此事确否，当阅史册！"遂依言阅史，果有如八思巴所述之事，因此忽必烈心中甚喜。（见计美南喀，即vjigs-med-nam-mkhav著，《蒙古佛教史》，日本刻印本，130页）文成公主进藏，在吐蕃政治、经济、宗教、文化等方面影响不胜枚举，暂引数例，容后补述。

[29] 《玛尼宝训》记载此地名墨卓之苏甫（mal-drovi-zur-phug），见该书213页上。

[30] 《松赞干布遗训》（169页下）及《玛尼宝训》（213页）均写作"grib-phu"。

[31] 《松赞干布遗训》（170页上）及《玛尼宝训》（213页下）均认为是在"stod-lung-mdav"。

[32] 《松赞干布遗训》（170页上）及《玛尼宝训》（213页下），均

写作此地称为“查拉衮波”（brag-lha-mgon-po，意为“岩神依怙”）。

[33]《玛尼宝训》（213页下）将该地写作“彭域之郭甫”（vphan-yul-gyi-sgo-phu），并称该地为“来苏恰哇”（las-su-bya-ba），原意为“办事情”，实意为“行（佛）事”，此与“lha-bsu”（迎神）同义，“lha-bsu”一词，是《松赞干布遗训》（169页下）对“彭域之郭甫”地区的称呼。《圣地指南》作“vphan-po-sgo-la”。

[34]“博塘”（spor-thang）一词，已见上述注。“博塘”之术，对西藏影响颇深，刘立千先生曾译作“华土推数”。此词多与“gab-rtse”同用，有时“spor-thang”又称“nag-rtsis”。而“gab-rtse”（五行图经或五行图表）一词的出现，除上述外，《松赞干布遗训》一书又载：“斑斓的五行图表（spor-thang-khra-mo）如火之燃烧，文成公主说道：‘此五行图表，应让我以此去保护吐蕃’，说罢携取之，文成公主出于悲悯之心遂将此五行图表予以隐藏（snying-brtse-nas-gab-pa），由是“克甫孜”（gab-rtse，此词应是“snying-brtse-nas-gab-pa”词组的变体缩写，其意如译文）一名遂因之而生。又因文成公主说：‘当予保护’，因此，‘当以五行图表进行保护’（gab-rtses-bsrung-ba-byed-pa）的说法便如是而出。”（见该书152页上）汉地五行说的传入，对吐蕃天文、历算、堪舆、占卜、宗教、医学等等方面均有深刻影响。

[35]古堪舆家说，西藏地形为罗刹女仰卧状。松赞干布时倡建以镇压女魔肘部和膝盖的四座寺庙，即工布的楚布寺、洛札的孔延寺、降真格杰寺和降札冻则寺。

[36]即康垄塘卓玛寺、巴卓洁楚寺、采日协饶卓玛寺、昌巴垄伧寺。

[37]雅隆（yar-lungs），在《五部遗教》中又写作“yar-klungs”。雅隆一名的由来，据该书载，在远古西藏由猴变人之时，因在索塘贡布山（zo-dang-gong-po-ri），父猴令众猴“食此食物”（zo-dang-byas）！遂有所谓“索塘”（zo-dang）一词之说，而该地最初即称为“索塘”（zo-

dang)，因饥荒年消失于天，遂有"雅隆"（yar-klungs）一词之说，而该地最初乃称之为"雅隆"（yar-klung），（klungs，即klung，意为"宽广地带"，又有"谷地""山川"等解释）。故据此原文，"雅隆"一词其义当是："饥荒消失于天的大地"（mu-ge-gnam-la-yar-bas-yar-klung-zhes-su-grags，见该书《大臣遗教》6页上）。后世将"yar-klungs"又写作"yar-klung"或"yar-lungs"。

[38] 文中之白虎、青龙、朱雀、玄武，即取自汉地之"四象"或"四神"之法，以"四象"分别代表四个方向的星宿，每方七星，合为二十八宿，此法汉地战国时期已采用，《礼记·曲礼》上载："行，前朱鸟而后玄武，左青龙而右白虎。"并依次代表南北东西四方。显然，此法与汉地"四象"一脉相承，惟在方向上除北方玄武之外，其余与汉地略有不同而已。《神鬼遗教》对此有详述（ka函，46页上、下）。

[39] 彭域（vphan-yul），地在逻娑北部恰拉山（chag-la）与郭拉（sgo-la）之间，彭波河流域（vphan-po-chu）。在《圣地指南》（gnas-yig，3页下及4页上）中载："越过恰拉山，即所谓伍如彭域（dbu-ru-vphan-yul）。"此地在囊日松赞时原称埃波地区（yul-ngas-po），囊日松赞征服此地后，改名为彭域（vphan-yul）。（见巴考：《敦煌吐蕃古藏文文书》，105~108页）

[40] 桑浦（gsang-phu），在逻娑南部，地处桑达（gsang-mdar）及伍祥多（vu-shangs-rdo）之间，此地有藏波帕日山（gtsang-po-pha-ri）。桑浦乃托寺（gsang-phu-nevu-thog）即在此地（见《圣地指南》26页下~27页上）。

[41] 据《松赞干布遗训》载，杀掉龙的五名本教徒是：蔡米乃查（tshe-mi-gnas-grags）、琼查（vbyung-grags）、久若楚囊（lcog-ro-vbrug-snang）、阿亚本波久促（a-ya-bon-po-co-tshug）、塞促(sras-tshug)。后两者化为鹰杀掉龙蛇。建成昌珠寺时，蔡米阿亚本波父子还与松赞干布一

起参加了昌珠寺的开光（见该书，253页下~254页下）。该书还载，当时将托托日年赞时得到的《百拜忏悔经》《宝箧经》等供在此寺（同书，同页）；文成公主曾住此寺，并有炉灶等遗物。该寺尚有墀松德赞时由汉人比丘仁钦（rgyavi-dge-slong-rin-chen）所铸铜钟（《吐蕃金石录·昌珠铜钟铭文》）又，据藏史载，约如昌珠吉祥普悯寺（g·yu-ru-khra-vbrug-bkra-shis-byams-snyoms-gyi-gtsug-lag-khang）内主要供物是松赞干布自索塘贡布尔日山迎来的五佛石像(rgyal-ba-rigs-lngavi-rdo-sku)、六字嘛呢经等（见《圣地指南》10页下~11页上）。今昌珠寺所存之照壁，其上有吐蕃著名赞普王臣壁画，十分珍贵。

[42] “北方黑龟”，前译“北方玄武”，“玄武，龟也”。见《礼记·曲礼上》，孔颖达疏，玄表黑色。

[43] 其具体地址，多数可从《圣地指南》及《世间广述》中查出。请参阅。

[44] 又，其中“胡人为工头”，此胡人之名为“巴贝央”（sba-dpal-dbyangs）。见《吐蕃史世系明鉴》64页上，其具体地址可参阅上述注释。

[45] 叶尔巴崖（brag-yer-pa），地在逻娑北部，沿逻娑河偏北行(《圣地指南》，6页上）。《贤者喜宴》（ja函，34页下）又称作“lha-savi-rten-vbrel-yen-pa”。

[46] 《五部遗教》中之《王者遗教》载，大昭寺是以天竺嘎摩罗寺为模式（kva-ma-la-yi-gtsug-lag-dper-blabs-nas），嘎摩罗寺是天竺大寺(rgya-gar-yul-gyi-gtsug-lag-khang-chen)。“kva-ma-la”意为“莲花”。又，《莲花生传》载，当时建造“昌珠、大昭寺及小昭寺，以大昭寺为主（vphrul-snang-gtso-byas)”。（该书木刻版，108页下）

大昭寺建造之前，如本书及其他诸藏史所载，根据文成公主的“博塘”堪舆，为镇压四方凶地，先在各地建造昌珠及边压等寺（见下述译文），而后建大、小昭寺。据《松赞干布遗训》载：“此后，在建造昌珠这一王者本尊寺院(khra-vbrug-rgyal-povi-thugs-dam-gyi-gtsug-lag-khang)竣工之后，乃又令建造边压及再压寺院。当建造大昭寺及小昭寺之时，松赞干布王正居昌珠寺……”（该书254页下）同书又说：“如是，在吐蕃雪域，建造佛塔方面，以昌珠寺之五尖塔为早(khra-vbrug-gi-mchod-rten-rtse-lnga)，在建造佛寺方面，则以昌珠寺(khra-vbrug-gtsug-lag-khang)为先。”（该书257页上；另详见本译文建昌珠寺部分）

据《吐蕃史世系明鉴》及《西藏王臣记》载：此后，墀尊公主自泥婆罗召来精于工巧技艺的众多工匠，遂将大昭寺上殿建成。（前者见该书63页下；后者见该书57页）

据《玛尼宝训》载，墀尊公主为建筑大昭寺，曾前后两次请求于文成公主，文成公主告诉墀尊寺址应在卧塘湖，具体施工步骤是先填湖，然后在其上建寺。后墀尊又问松赞干布，松赞干布仍按文成公主方法答之，墀尊乃信。（见该书217页上）从译文过程看，大昭寺建造正如文成公主所说。可知，大昭寺的建造，文成公主是一位重要的勘察设计的筹建者。

《松赞干布遗训》所载与上述同。《逻娑大昭寺志》载，墀尊公主曾怀疑文成公主的设计方案，并且自己在拉东乃乌塘(la-gdong-nevu-thang)建寺，但彻底失败。（见该书4页下）

关于大昭寺的具体施工情景，《松赞干布遗训》载：“用一千只白山羊，自伍如彭域的山谷交接处的下部，地名亭甫果巴(them-bu-lkol-pa)，从这里以山羊驮土建寺。”（该书，227页下~228页上）又载，“将如金刚石般的金刚泥，此泥火不能焚，水不可蚀，取此泥涂于醋栗木上，其上平铺灌有铁水的扁砖……然后在此之上覆盖以砖、草坯、石板以及用白山羊自彭域驮来的好土……”（该书186页上~186页下）。

关于所谓“四喜神变逻娑神殿”，除本译文外，藏史又载：“诸本教徒说：‘王之神殿应建成本教样式。’而吐蕃诸属民则说：‘此王之神殿应建成吐蕃属民样式。'"（《吐蕃史世系明鉴》，62页下）因此，寺院建造上则是："为符合一般人，则建造如中等船筏一样的四方形地基；为符合世俗则画上了棋盘纹；为与本教相一致，在内部地基处则画以雍仲万字纹；为与出家尊者一致(松赞干布时，尚无剃度僧人"rab-byung-med"，见《正教总法明灯》，42页上——译者注)，建造了香室（drivi-gtsang-khang)；为与咒师相符，则绘出了忿怒明王的十种忿怒形象之坛城图，并将所有寺院柱子制成橛杵状。"（《松赞干布遗训》，186页下~187页上）《玛尼宝训》载："为与出家尊者一致，内殿造有格子窗。"（该书218页上）《小昭寺志》说，由于上述原因，此寺建成时，则使神、龙、夜叉及人均喜，故名"四喜"。（该书74页上）

《五部遗教》对大昭寺内部情状记载颇具特点，例如："在廊檐坛城前方之下部，有一庹长之洞，其中心是最初填湖时之瞭望点，当从此瞭望点的缝隙观看时，则风便呼呼而来。"（该书kha函，46页上）可详参此书。

大昭寺的具体建造者无疑是广大奴隶，藏史载："王后尺尊（即墀尊）以多量酒食，召致藏民，悉来服役。"（见王沂暖译：《西藏王统记》，47页）《松赞干布遗训》说得更为明确，说当时墀尊"曾将整碗的新鲜的肉和酥油给予各种奴隶(bran-pa-la-sogs-pa)"。（该书200页下）

关于建成大昭寺时间，《松赞干布遗训》说松赞干布时年三十四岁，墀尊与文成二公主与其同年（见该书222页下）；《吐蕃史世系明鉴》记为二十三岁；《藏汉史集》（rgya-bod-kyi-yig-tshang）说是："其时王年二十二岁，时在阳土狗年（sa-pho-khyi)。"（见该书上册，114页下）

据上述史料，大昭寺是由文成公主勘察设计筹建、由泥婆罗公主具体组织施工而成的，从而建筑上反映了藏、汉、尼泊尔等族建筑风格。据西藏建筑工业勘测设计院有关同志调查，今大昭寺石墙内，包围着砖墙，而砖这种材料又与制陶术密切相关，这或许与文成公主所带汉族匠人传授技艺有联系。此外，房屋木结构方法，如多层出昂斗拱、转角斗拱、贴墙斗拱、栏杆式样、托木（雀替）等，都明显受到汉族早期斗拱、雀替的影响。再者，柱头上的飞仙浮雕、单线平涂式壁画等等，以上这些都可与敦煌唐代壁画相似或相同。至于翘角飞檐（bya-vdab，意为“鸟的翅膀”）的金顶（rgya-phebs，意为“汉式金瓦顶”），便无疑是汉式特殊风格（有人认为金顶系唐以后所加）。此外，平屋转角处的狮首座兽，带翼仙人走兽及门楣的连幅木刻浮雕都反映了泥婆罗与古天竺的建筑影响；作为初檐与重檐间的承檐，有些是用近似于古埃及狮身人面兽的半圆雕。总之，以藏族碉房式建筑式样的大昭寺，融汇了邻族尤其是汉族的特点，更使大昭寺庄严肃穆，色彩纷呈（参见江道元及律鸿年分别写的《西藏建筑》；1980年西藏壁画艺术展览壁画，内收大昭寺各期壁画35帧；理查德森：《西藏艺术论文集》，巴黎，1977年；《逻娑的寺院——大昭寺》等。

大昭寺饱经沧桑，尤其唐末吐蕃末代赞普朗达玛反佛，首先就是破坏大昭寺，内外供物均受相当损失（见后译文朗达玛部分），但后期雅隆王系、萨迦、帕竹、蔡巴、宗喀巴、达赖、班禅、第司等等世系，对逻娑大昭寺内外建设、供物均有贡献，元及明清帝室亦均有物质等支持。由于篇幅所限，不能逐一注述，请参阅《逻娑大昭寺志》等书。

关于大昭寺的称谓（包括小昭寺），除上述译文所提及者外，藏人又简称为“觉卧康”（jo-bo-khang），“觉卧”（jo-bo）原意为“尊者”，释迦牟尼佛就被称作尊者释迦牟尼（jo-bo-shvakya-mu-ne）。同时为了避免直呼释迦牟尼名字以示敬意，遂又只以“觉卧”（尊者）代称之，“康”（khang）意为“房屋”。“觉卧康”，即意为“（供养）尊者（释迦佛像）的房屋”。“觉卧”（尊者）一词在连读时其音近似“昭”。而大昭寺内所供之释迦佛，是文成公主所带的十二岁身量的佛像，较小昭寺内由泥婆罗公主所带八岁身量之释迦佛像为大（原供大昭寺，金城公主进藏前两佛调换，详见后文），故称大昭寺的释迦佛为“大昭”，意为“大尊者”，大昭寺亦因此为名。小昭寺之名亦复如之。但需指出一点，即无论大昭或小昭之名，均为汉人所称，其时间约始于清季。

[47]《白琉璃》载，大昭寺建于水牛年（癸丑）。（见该书19页上）

[48] 小昭寺，据《吐蕃史世系明鉴》载：“与此同时（指与大昭寺建造同时——译者注），文成公主也自汉地召来许多木匠及神像之塑匠，建成小昭寺（rgya-stag-ra-mo-chevi-lha-khang）。”（见该书63页下；见《西藏王臣记》，57页）

据《松赞干布遗训》载，“(文成公主的）五百仆役人等，自汉地运来四根柱子。继之将柱子立起，搭上梁柁，盖上石板，支撑起丝绸围幕，然后在其间以砖砌筑，建为房屋，令门东向，亦复竣工。”（该书228页上）

据《汉藏史集》载，根据文成公主卜算之后，“遂在龙宫（kluvi-pho-brang）之上以金质释迦牟尼像压之”，该书对此句之“龙宫”注释说：“今之大昭寺地区即此也。”（该书上册，116页上）

关于小昭寺的命名，《玛尼宝训》说：“文成公主所建释迦牟尼佛像所在之寺，此寺甚为斑斓绚丽，状如汉地老虎一般。”（该书221页上）此即“汉虎小昭寺”一名的来源。又《小昭寺志》又称小昭寺为“汉人所建之小昭寺”（rgyas-btab-ra-mo-che-gtsug-lag-khang）。见该书77页下。《汉藏史集》又写作“rgya-thab-ra-mo-che”（该书116页下）。关于大、小昭寺的外形，《玛尼宝训》说：“墀尊公主所建之大昭寺形如覆斗之形；文成公主所建之小昭寺，形如狮子之上颚骨。”（该书281页下）

今之小昭寺亦经过历史的风雨，其间元代蔡巴万户长嘎德桑布（tshal-pa-khri-dpon-dgav-bde-bzang-po）在小昭寺建造了作为四种供养的房舍，即所称之“四部”（bzhi-sde-ba），此后逐渐发展而成为如扎仓（gra-tshang）一样的（房舍）。参见《黄琉璃》116页下。后来，逻娑小昭寺又成为上密院（rgyud-stod-pa）喇嘛诵经修持之地（见《圣地指南》，4页上）。

小昭寺藏文是"热莫切祖拉康"（ra-mo-che-gtsug-lag-khang），"热莫切"（ra-mo-che）意为"大院落"，"祖拉康"意为"寺院"。故"热莫切祖拉康"意即为"大院落寺"。小昭寺规模虽不如大昭寺大，但结构严谨，今之琉璃瓦顶之主殿仍存，可睹早期汉式建筑之风貌。小昭寺围墙建于清季，据载，"第司桑日瓦洛桑土多（sde-srid-zangs-ri-ba-blo-bzang-mthu-stobs，即第三任第司）新建小昭寺围墙（ra-mo-chevi-jo-khang-ra-ba）等"。（见《隆多喇嘛全集》，va函，16页上）

[49] 据《汉藏史集》说，此事是文成公主同意。（见该书119上）

[50] 此以上所建均为佛寺，但本教史载，松赞干布自"香雄迎请辛饶上师一岁身量之像，并建泰钦寺（theg-chen-lha-khang，见《雍仲本教目录》，48页上）。同书49页上又载，松赞干布还祈祷修习《无垢水晶经》等三部本教经典，并又说松赞干布后半生"燃起崇佛之灯，从而本教随之衰微"。关于松赞干布对待本教的态度，东嘎·洛桑赤列先生在《论西藏政教合一制度》中，曾引《卡卓益西措杰传》的资料说，依本教法规，每年需供献许多被杀的生灵，有鉴于此，松赞干布遂压抑本教（见东嘎著述中之19页）。从而露出本教行将受到排挤的预兆。但是，综观上述诸史料，总的说来，松赞干布为了威慑人民，"当时是把佛教和本教等量齐观的"（王森：《关于西藏佛教史的十篇资料》，第4页），这种分析是较为妥当的。

[51] 这是吐蕃当时对奴隶所施之酷刑，文中说是松赞干布的"变幻"，此说是后世佛教徒的掩盖之辞而已。《汉藏史集》说，当时法律及行刑条例有："杀人者偿命价二万一千(倍或两)；盗窃者偿还八十倍；奸淫者割鼻；离间妄语者割舌"（103页下），可知当时刑法之严酷。又，参见前注。

[52] 《敦煌古藏文历史文书》载，恭松恭赞写作“gung-srong-gung-rtsan”，其母之名为“mong-za-khri-mo-mnyen-ldong-steng”。（见巴考本，82页）

[53] 此段内容应是在《贤者喜宴》的ja函46页上，为了内容的统一将此段内容移到此处。

[54] 《敦煌古藏文历史文书》巴考本82页将芒松芒赞称作芒伦芒赞（mang-slon-mang-rtsan）。《通典》190页记载为乞黎跋布。《新唐书·吐蕃传》所说之“立其孙”，即此人。

[55] 本段中之“热达提瓦”（ratna-dhe-wa）及“达夏提瓦”（stag-sha-dhe-ba），按《五部遗教》解释均为“神域之宝”。此系梵语，“热达提瓦”意为“宝天”。“达夏提瓦”是汉梵混合词，“达夏”（stag-sha）按《藏文古词浅释》解，为治疗肿病及疱疮的草药。“提瓦”梵语，意为“天”（见《五部遗教》，kha函，47页下、48页上）。又参见前注。

[56] 青浦（mchims-phu），在逻娑东南，雅鲁藏布江北，其西即桑耶寺。该地有红岩修行岩洞多处（brag-dmar-kevu-tshang）。参见《圣地指南》，7页下。

[57] 松者，意为心正直；赞者，意为语严肃。

[58] 指要如期到达建筑工地。

[59] 指要像人戴上帽子一样地如期在地基上开始建筑。

[60] 指如期竣工，所有建筑物要像在空地上铺开垫子般地展现于此地。

[61] 竣工之后，要如期举办庆典与供奉神佛等活动。

[62] 文中之“hvum-yig”，意为“心字”。“tvom-yig”，意为“度母字”。

[63] 以上为赞颂词。

[64] 指松赞干布、文成公主和墀尊公主三人。

[65] “ba-ravi-rgyal-po”，似即天竺之婆罗尼斯。

[66] 此节叙述了松赞干布晚期情况。松赞干布对于向汉地学习极为重视，《旧唐书·吐蕃传》说：“自亦释毡裘、袭纨绮，渐慕华风，仍遣酋豪子弟请入国学以习诗书，又请中国识文之人典其表疏。”藏籍《汉藏史集》说，松赞干布曾遣人赴内地学习。该书载：“吐蕃之聪慧者查达甸(vbra-rta-brtan)、朗措多来（lang-tsho-ldo-legs)、恰嘎冬衮（bya-gag-stong-kun）及达米达卡(vdar-mi-stag-kha）四人……（松赞干布说：）‘你等前往汉地，学习有益于吐蕃之经典文籍。’”（该书117页下）同书又载，松赞干布对四人说：“生死之卜算，年月四时之法，因这些属于汉地，故此（你等）当向学者学之……”“彼四人抵汉地”，他们向一位汉地精于历法的学者学习，此人名“贾墀玛哈亚纳”（rgya-khri-ma-hva-ya-na)，该汉地学者“将《明灯续》（rgyud-snang-gsal—sgron-me)、《无上大无畏》（spang-rgya-bla-ma)、《天地寻踪》（gnam-sa-rjes-gcod）等中型手卷之历算（gab-rtse，前译为五行图经）赠给（他们)，这些聪慧者学会了生死卜算及年月四时之区分，随之返回（该书118页上)。松赞干布还让他们“将所了解的一切有关五行图表及历算之学问均译成藏语”（该书118页上)，其中以恰嘎冬衮之子恰嘎嘉措（bya-gag-rgya-mtsho）所学最精，其父子世系还担任了吐蕃王的御前卜者(rjevi-bla-rtsis-pa)，由是汉地五行算等即弘传于吐蕃（该书118页下)。

松赞干布在政治上致力于唐蕃团结友好，通婚之后，双方关系在松赞干布之世一直和平稳定，日益亲密。唐书对此多有所载。吐蕃经济也因此得到了发展，在河陇一带的汉藏交界处，更为明显，《安多政教史》(mdo-smad-chos-vbyung）就记载了文成公主在这一带设水磨、教耕作的情景（打印本，15页上~15页下)。玉树藏族自治州结古镇南10公里的贝纳沟就有一座藏人建造的文成公主庙，内刻有文成公主和其侍女的共九尊浮雕石像，极为庄严生动，其中还有以棉花、麦子、豆类、蔬菜、小树及书籍为内容的壁画，传说文成公主在此居住三个月，庙附近有传说文成公主一行开垦的一块良田，她在此试验耕种庄稼，教藏民耕田、种菜、磨面和酿酒等（见《文成公主庙纪行》，《青海日报》，1980年12月9日），所以这一带农业发展较快。后来，唐人王建说这里：“蕃人旧日不耕犁，相学如今种禾黍。”（《乐府·凉州行》）两族人民交往频繁，唐人诗中形容说：“自从贵主和亲后，一半胡风似汉家。”（《全唐诗》，第十一函，四册，陈陶《陇西行》）松赞干布由最初的东侵到与唐联姻友好，这种可贵的转变对吐蕃的发展颇为有益，所以《敦煌吐蕃古藏文历史文书》说松赞干布晚年治理下的吐蕃：“风俗纯良、政绩崇伟，天下百姓日益安乐”（见王尧、陈践译注：《敦煌本吐蕃历史文书》，1980年北京排印版，150页）。其文虽有粉饰之词，但在一定程度上却反映了当时吐蕃奴隶制社会发展的事实。

松赞干布及文成公主、墀尊公主之死，其死因、年龄及墓葬，汉藏史均有详略不同的记载。关于松赞干布死年，已如本书第二章中注释所记，今略补注两点。《汉藏史集》虽亦主张死年八十二岁，但时间却记为“阳土狗年”，（见该书121页上）。而本教史说，由于松赞干布后半生使佛教发展，本教衰减，故此“赞普寿命亦因之缩短，三十六岁即逝”（见《雍仲本教目录》，49页上）。

关于文成公主死年，《新唐书·吐蕃传》载：“永隆元年（即680年），文成公主薨。”藏籍《汉藏史集》载：“汉文成公主，于阴铁牛年（lcags-mo-glang，641年）自汉地前来，居吐蕃五十八年。”（该书121页下）若依此推算应在698~699年。汉史关于文成公主的记载，有《义净大唐西域求法高僧传》，叙述过玄奘去天竺时，往返两次见到文成公主，并资给归唐。但当时文成公主仍健在，没有提到更详细的资料。精通藏、汉、梵三种文字的吐蕃高僧法成（chos-vgrub），他所译成汉文的《释迦牟尼如来像法灭尽之记》（即《于阗国悬记》，一书则记载了文成公主的情况，该书说赤面国第七代王娶了汉地文成公主。（“赤面国”即吐蕃）据《新唐书·吐蕃传》载，从吐蕃君长瘕悉董摩（即墀托杰托赞，见本书第一章）算起，至松赞干布恰好第七代王。该书又载，文成公主“将六百侍从至赤面国时，彼公主极信佛法，大具福德，赤面王国亦大净信过于先代，广兴正法”。该书还记载文成公主系因恶疮致死：“后经三四年，公主心上有恶疮出。病苦之时，公主白王：‘妾因此疾终不得免，所有僮仆及财物愿施三宝’，王亦许之，六百侍从悉放出家，然后公主命将终尽，公主终后，赤面国王境界之内，豆疮病起，大臣百官并诸子孙而死者众。”（见日本羽田享等编：《敦煌遗书》，第一集，国大德三藏法师沙门法成译：《释迦牟尼如来像法灭尽之记》）。从上文可知，文成公主死于天花。又，藏文《于阗国教史》有与上述近似的记载：“其时，吐蕃赞普（松赞干布）与唐皇帝成甥舅（之好），文成公主被圣神赞普（松赞干布）迎娶。公主在吐蕃建大寺院一座，鉴于此因，所有僧侣亦来此地，公主均予资助，乃于吐蕃广弘大乘佛法。十二年间僧侣与一般俗人均奉行佛教。再者，妖魔生乱，严重天花病（vbrum-nag，即恶性痘疮）等等多种疾病被妖魔放出，于是文成公主亦心患严重天花（vbrum-nag）而逝。”（见《敦煌吐蕃古藏文文选》，第一册，244页，伯字960号卷子）上述两则史料，不仅指出了文成公主的死因，而且提供了文成公主及其侍从人等在吐蕃的活动情况，尤其在宗教方面的史料，使我们可以有理由进一步相信下面这种评价是不无道理的：“贞观十五年（641年）文成公主入藏，带去佛像、佛经等，使汉地佛教深入藏地。”（《中国佛学》，第一辑，吕澂：《唐代佛教》）关于松赞干布死前的居住地。据《松赞干布遗训》载：“松赞干布居彭域朋巴冈桑甫园约色塘巴查寺（vphan-yul-vbum-pa-sgang-zam-bu vi-tshal-tu-vod-zer-dam-pa-sgravi-gtsug-lag-khang）内之宫室（pho-brang）；墀尊公主居叶如臧陈寺（g·yas-ru-gtsang-bring-gi-gtsug-lag-khang）；文成公主居朋塘寺（vbum-thang-gi-gtsug-lag-khang)。以后一个月，据传松赞干布及二王妃（指文成公主及墀尊）身染疾病，继而又传病体加重，随后松赞干布王及二王妃三人去世。”（见该书，263页下~264页）

文成公主所居之朋塘寺，其中“朋塘”（vbum-thang）似即“bum-thang”，《布顿佛教史》载：“门域地区建造朋塘（bum-thang）、巴卓（spa-gro）及杰曲(skyer-chu）等等众多寺院（该书119页上）。《五部遗教》（kha函，40页下）写作“mon-yul-bum-thang”，《吐蕃史世系明鉴》又写作“lho-phyogs-su-bum-thang-skyer-chuvi-lha-khang”，据《圣地指南》载：“所谓杰曲寺，系法王所建之边压寺，内有毗卢遮那佛像等。”(17页上)，该书记载此寺是在山南范围之内。《玛尼宝训》（325页下）载文成公主照料松赞干布，遂亦病于朋塘寺（bum-thang-gi-gtsug-lag-khang)。此书用“bum-thang”写法，看来“vbum-thang”与“bum-thang”是一个词的两种写法。又，据上述诸史料看，藏史说松赞干布及二王妃同时而死，不确。

关于松赞干布及二王妃陵墓，《松赞干布遗训》载:“在雅隆顿卡塘(don-mkhar-thang)，由阿亚本教徒（a-ya-bon-po）等等建成（松赞干布）之陵，陵之范围为一箭程，呈四方形。”“墀尊公主墓建筑在藏地(gtsang）的白土白石之上。汉地文成公主之墓系由红土混拌以红牛之奶，在青巴达孜山（bying-pa-stag-rtsavi-ri，即青昂达孜)。”见该书，263页下~264页下。

关于松赞干布等人尸体的处理及陵墓内外管理设施，《五部遗教》中之《王者遗教》载：“诸王族后裔在雅隆之穆日山（yar-klungs-smug-ri）建造陵墓之后，遂将松赞干布、文成主公及墀尊公主三人尸体涂以黄金，置于银匣之中，然后停放在墓内中心格的座位之上。复将金、银、玉等各一克以及赞普所有珍宝堆置于（尸体）之前，丝绸华盖之上张挂以伞幢。”（见该书39页下）《松赞干布遗训》载：“陵内四角建四座神殿，中心划分成格，诸格内均以各类珍珠装填，际之中央处造门。王妃、王子及大臣等环绕而坐。王之两部遗教在陵内被画成连环画图。”（264页上~264页下）松赞干布墓当时还有专人管理守卫，《王者遗教》载：（陵墓）令已被任命为大臣的内相（nang-blon）管理，所有内相守卫王陵，按死者之习规而被纳为尸体（死者）之属民，其生死有别，被摈除于人群之外，并不得与在世的诸王系相遇；在非祭祀之时，生人与马等牲畜不得游荡于陵墓附近，若人畜一旦出现，则即被守陵之所谓“死者”（守陵人亦被视为死者）擒执，遂即为守陵人所有。凡被守陵人接触者则不再属生人即活人范围，并对被接触者系以标记，令彼等作为守陵人之奴仆（bran-g·yog），自此凡他事不做，惟只守护墓地、陵堂及宝物……同书又载，每年当王族前来祭祀时，“即呼‘一切死者远离！’随后举行大祭，以供品——珍宝、衣服、马等牲畜为供物。祭毕，所余之物堆积之，并呼死者来食矣！”呼罢，祭者不得观望而返回祭者住地。旋即守陵人返回，遂享用供物及大部食品等等，衣服、牲畜等亦均享用……”（见《王者遗教》，40页上~40页下）

今松赞干布陵墓“被称作‘红陵’（bang-so-dmar-po），陵如山丘，其上有娘缅隆巴（nyang-sman-lung-pa）所建之祭室（mchod-khang）及三所依”（《圣地指南》，13页上）。

国外杜齐所著《藏王陵墓》及哈尔所著之《毗隆王朝》均可参考。

第四章　赞普芒松芒赞、都松芒杰隆囊及墀德祖赞的事迹

【译文提要】第四章共有4节，即芒松芒赞执政；都松芒杰隆囊执政；墀德祖赞执政；迎娶金城公主。这部分译文中，记载芒松芒赞、都松芒杰隆囊及墀德祖赞三代赞普的事迹。从这些事迹中可以看到，噶尔家族在松赞干布死后擅政的情况，他们凭借大相实权，一反松赞干布时的亲唐政策，开始实行东侵南征的扩张政策，违背了汉藏两族以及其他民族的友好愿望，结果是噶尔·东赞域松死于军中，钦陵自杀，噶尔家族被摈除于政治舞台之外，此外，都松芒波杰也在征南诏时死去。

墀德祖赞执政初期仍走着其上一代赞普东侵的老路，但是后来改为亲唐和睦政策，迎娶金城公主，汉藏友好关系又重新得到恢复和发展，继都松芒波杰从汉地取得茶叶和各种乐器之后，金城公主又将医药、历算和汉地五经传至吐蕃。继而赤岭交马、甘松岭互市，扩大了汉藏经济交流的范围。在宗教方面，一面派人往汉地寻求佛典，另一面汉地和于阗僧人被迎至吐蕃。汉地僧人还协助吐蕃人，将汉地的医学和历算等著述译成藏文传播。金城公主还将汉地的某些宗教性习规传至吐蕃，如朝拜释迦佛像等谒佛仪式、对死去的大臣进行“七期荐亡”的追悼。此外，本文还记载了在西藏久已流传的墀松德赞认母故事，反映了汉藏关系的亲密。

从译文中还可看到藏文史籍中的一个共同错误，即松赞干布死后唐军进入吐蕃逻娑的杜撰，这是完全违背历史事实的凭空臆造。

这三代赞普事迹，在藏族史中都记载得比较简略，但是，我们通过汉藏文有关史料的补充，还是可以看到当时的概貌。这三代赞普的政绩和某些措施，为今后墀松德赞在各方面的大规模发展准备了条件。

第一节　芒松芒赞执政

芒松（mang-srong，即芒松芒赞“mang-srong-mang-btsan”——译者注）十三岁时执政[1]。彼传闻唐军将抵吐蕃[2]，乃将十二岁等身之释迦佛像置于大昭寺南镜门（ra-savi-lho-sgo-me-long-can），门上涂以灰烬，并绘文殊菩萨佛像（vjam-dbyangs）。

（芒松芒赞）娶没庐氏墀隆（vbro-bzav-khri-long）为妃。噶尔·东赞域松（mgar-stong-btsan-yul-srung）及綝芒聂（mchims-mang-gnyer）[3]任大臣。以佛法护政十五年，年二十七岁时（芒松）死于藏地巴囊岗（gt-sang-gi-bar-snang-sgang），其陵墓建于松赞干布陵之左，陵内满殉珍宝，称该陵为俄谢晒波（sngo-zhe-hral-po）。

其时唐军抵逻娑当途，忿怒明王其胸开裂，发出化身军队，遂阻之。噶尔存心使汉地遭到破坏，故在法王松赞干布刚死之际，立即集聚军旅，以噶尔为将领，多次败（唐军），此后，噶尔大臣亦死于军中[4]。

芒松（rgyal-po-mang-srung）赞普死时，五十万唐军抵藏（吐蕃），焚红墀孜宫（pho-brang-khri-rtsi-dmar-po）。初（唐军）未获释迦佛像，后虽知在彼处（指大昭寺南镜门——译者注），但不敢毁坏文殊菩萨画像，遂将不动金刚佛像携去。其时，逻娑忿怒明王以两拳相击，做摈除晦气之手印，其胸开裂，化身军队乃出，唐军甚恐，由是离逸，并将不动金刚佛像遗留于东部俄玛塘（shar-phyogs-ngo-mavi-thang）七日，此地遂谓觉卧吾杰塘（jo-bo-vo-rgyal-thang，意为“尊者辛苦坝”）。汉史载，大臣噶尔之长子为将（dmag-dpon），败唐军[5]。所见彼等（指吐蕃军——译者注）所拥有者为“人军”（mivi-dmag，此与前忿怒明王所用之“化身军队”相对而言——译者注）。

第二节　都松芒杰隆囊执政

（都松芒杰隆囊）之父逝世七天即水鸡年，化身王都松芒杰隆囊（vdus-srong-mang-rje-rlung-nam-vphrul-gyi-rgyal）[6]，生于查浦（sbrags-phu），尊奉其为化身王（vphrul-rgyal-po）。其妃为綝妃赞蒙多（mchims-bzav-btsan-mo-tog）。噶尔大臣之子尼雅赞德甫（gnyav-btsan-ldem-bu）[7]及韦·达扎恭略[8]（dbas-ta-ra-khong-lod）任大臣。

其时出现大臣属民七力士（rtsal-po-che-yi-blon-vbangs-mi-bdun），

即俄仁拉纳波（rngog-ring-la-nag-po）能举大象；鄂凌康（rngog-gling-khams）能举起愤怒的大牦牛；嫩杰赞（gnon-rgyal-mtshan）能用箭射断鹞鹰之腰；贝桂东赞（sbas-rgod-mdongs-btsan）每次射箭均达三个视程距离；桂雅琼（mgos-g·yag-chung）以沙装满鹿腔，并举至头顶上旋转；久若仲肖（cog-ro-vbrong-gshor）能拽回乱奔之野牦牛；嫩·墀顿尤金（gnon-khri-bdun-g·yu-byin）能将悬坠于深堑之骏马拖上来[9]。

此后，据谓得到茶（ja）及多种乐器[10]。权势如神，威力无边，征服边地之王（mthav-yi-rgyal-po）。在逻娑建立先祖死时之祭祀（lha-sar-mes-kyi-dgongs-dus-mchod-pa）。（较）往昔吐蕃王之权势为大：在北方升起七星之边地——先前只有林下的豹子，征服了（回纥）可汗（ga-gon）、霍尔（hor）及胡人（sog-po），遂统治今属于夏卜哈卜山脉（shab-hab-kyi-la-rgyud）（之地）[11]。执政二十九年，死于南诏（ljang-gi-yul）[12]。其陵建于其父之左，谓之拉日坚陵（bang-so-lha-ri-can）。以墙围之，系霍尔人部落（hor-gyi-mi-sde）建造[13]。

第三节　墀德祖甸执政

都松芒杰之子墀德祖甸（khri-lde-gtsug-brtan）[14] 于阳铁龙年（lcags-pho-vbrug）生于丹嘎宫（pho-brang-ldan-dkar），其妃为南诏女墀尊（btsun-mo-ljang-mo-khri-btsun）。贝·杰桑东赞（sbas-skyes-bzang-stong-btsan）、綝·杰斯秀丁（mchims-rgyal-gzigs-shu-ting）及没庐·邱桑俄玛（vbro-chu-bzang-vod-ma）三人为大臣[15]。因其胡须如老翁，故称其为梅阿聪（rgyal-po-mes-ag-tshoms，意为“胡须先祖王”）。

梅阿聪建神殿五座。翻译一些经藏及医药（之书）等等[16]。建造了旁塘宫（pho-brang-vphang-thang）。后生天子姜擦拉文(lha-sras-ljang-tsha-lha-dbon)，当为其迎娶唐皇之公主（rgya-rjevi-sras-mo）时此天子去世，为其在先祖陵前建圆形陵墓。

再者，《拔协》一书载[17]：松赞干布之遗训文书，经大臣噶尔书于铜版之上，埋藏在青浦（mchims-phu）之仓库中。墀德祖甸见此铜版之文书载："当我之孙名为墀与德（khri-dang-lde）之时，佛教将出现，随如来佛出家者[18]落发、赤足、穿黄色袈裟；并出现许多信神者之供施处。此后，此自他之时和后来之善趣及解脱安乐，凡一切均将出现。因此，我之王孙王臣等在做供养方面，当出自所辖之属民，并承担善事供养处(之供养)。"墀德祖甸见此文后想道："此所谓'德'（lde）者，当系我也。"想罢即遣阐卡木来果夏（bran-ka-mu-le-ko-sha）及尼雅咱纳古玛热（gnyags-dshnya-na-ku-ma-ra）二人往天竺寻求佛法。继闻班智达桑杰桑瓦（sangs-rgyas-gsang-ba）及桑结希瓦（sangs-rgyas-zhi-ba）二人[19]于冈底斯山（gangs-ti-se）修行，迎请之，不果。但却迎回由二人所亲述之经藏中的分别品、《金光明经》、密乘事部及邬波经（au-pa）等经卷[20]。因将诸经卷献给墀德祖甸王之供养处，遂在存放经卷之庭院内建五神殿(lha-khang-lnga)，此即逻娑卡查（lha-sa-mkhar-brag）、查玛珍桑(brag-dmar-mgrin-bzang)、青浦囊热（mchims-phu-nam-ral)、查玛嘎如(brag-dmar-ka-ru）及梅恭吉内（mas-gong-gi-gnas)[21]。由于此奉行佛法之加持，遂于西方达瓦才巴之边地（zla-ba-tshes-pavi-mthav)，征服了当当（tang-tang）及斯古尔（si-gur)，由是统辖地区直达巴达谢东门（spa-stag-shad-dung-gi-sgo-mo)[22]。

第四节　迎娶金城公主

其时，所有舅臣（zhang-blon）忙于歌舞，因此（有人）对此表示不悦[23]，并说："我等之赞普（指墀德祖赞——译者注）信仰诚笃，喜好佛法，乃奇异之人，是否系一婆罗门？"赞普闻后说道："如果我成为婆罗门，我妃南诏女墀尊之子与我相比，他将是一位信仰更笃而英俊之人。如果我是真正的赞普，那么诸舅臣就当立即发誓。"赞普言罢，（诸舅臣）随即发誓。墀尊生一子，犹如天神之子一般，此子高鼻、广额，甚为英俊。于是众舅臣言道："此真乃吐蕃之赞普也！"复又谓："(此子）非人，而系天神之孙。"故其名又称姜擦拉文（ljang-tsha-lha-dbon）[24]。

（其时王臣）有谓："如为姜擦拉文（迎娶）相宜之妃，则吐蕃人乃系猴与岩魔女之后裔，若以此种后裔为妃当不妥。应循先祖松赞干布之法（指迎汉公主——译者注）。"随后，一致议定迎唐皇李墀谢芒玛[25]（rgya-rje-li-khri-bzher-mang-ma）之公主，此即所谓之金城公主（gyim-shing-kong-jo）。继之，派尼雅墀桑阳顿（gnyags-khri-bzang-yang-ston）及随员等三十人为使臣。他们向唐朝皇帝献了箱箧，唐朝皇帝向其女金城公主做了教诲。于是，金城公主乃观其能见三域之幻化镜鉴（vphrul-gyi-me-long-srid-gsum-mthong-ba），遂得知吐蕃具有姻缘；并见王子姜擦拉文，状如天神之子，从而决定前往，并向吐蕃进发[26]。但是，据说途中王子于夜间遛马，在旁塘格热（vphang-thang-dge-ra）因咒师施放咒箭，王子中箭身亡。或有谓者，言建寺院八座，但诸正确说法仅五座。又有说法：因未娶尼雅墀桑阳顿之女，故怒而刺死王子[27]。

汉籍（rgyavi-deb）中载，唐朝皇帝及众臣工眷属，于始平县城（mkhar-chen-po-zhing-pheng-hen）为金城公主做了短程送行。并开释该县罪犯，免兵役及二成赋税一年[28]。王子姜擦拉文于吐蕃驰马，坠马而逝。

金城公主遂被奉为父王墀德祖甸之后妃。

金城公主瞻仰并供奉（文成公主）所迎来之释迦佛像。并为亡人建立了好的善事习规。于阳铁马年（lcags-mo-rta）生化身王子，但被长妃那囊氏（sna-nam-bzav）劫夺并予抵赖。次年，当举行王子开步宴会（rgyal-bu-zhabs-vdsugs-dgav-ston）之时，化身王墀松德赞(khri-srong-lde-btsan）说道："我的名字由我自己起。"并辨认出母亲金城公主[29]。

其他《王系》记载，当金城公主行至汉藏交界时，骤然心中剧痛，随即观看镜鉴，见（镜中）无彼王子，乃系一长满胡须而貌丑似老翁者。当金城公主见后心中痛苦之时，吐蕃王墀德祖甸遣使至（传吐蕃王谕道）："卿见我之后，来去均凭你决定。"（金城公主）说道："女子主意，惟只一次（即坚守原进藏联姻之决定——译者注）。"随后抵吐蕃。

《拔协》一书载，当建造姜擦拉文之陵墓时，金城公主来到旁塘宫(pho-brang-vphang-thang)，但（宫内）所谓之王仅系一位胡须老人。因此（金城公主）白天以银琵琶伴唱，夜晚以笛子伴唱，唱着郁悒之歌。此事禀告墀德祖甸王，王遂说道："那么就赐予金城公主丰厚礼物，将她送回其父之地。"此言报知金城公主，公主言道："只有我和英俊王子是和谐一致的。我无意返回父亲之地。同祖父相聚吧！"于是金城公主被奉为王妃。

再者，金城公主说："我要看我姑母文成公主之金释迦牟尼佛像。"随即前往逻娑。但小昭寺（ra-mo-che）内无释迦佛像。全城公主则做供奉祭祀，并遍寻各处，未获。俟后，复往大昭寺供奉，金城公主说道："在建造序列上应有五个门的寺院内殿，此处只有四个，这里应（还）有一座神殿。"说罢，金城公主就在突出墙外之护墙处，用手敲击南上方的下部，遂显出一道裂缝，继而挖凿之，门被打开，得见所放之释迦像。金城公主说："姑母之释迦佛，其全部容颜得以显现矣！"从此始建谒佛之供（zhal-mthong-gi-mchod-pa)[30]。

复次，往昔大臣死时无应享受之（祭祀）食品。（金城公主说：）“我汉地因佛法弘扬，故人死则有七期（bdun-tshigs）（之祭）。吐蕃佛法尚未发展，故大臣当应怜悯。人刚一去世，当立即向神及死者施以食品，所谓吐蕃之‘寿命’（bod-kyi-tshe，此处之“寿命”，“tshe”似指所谓阴间死者之“寿命”而言——译者注）。”此即指所建立之超荐佛事的习规。此俗始于此时[31]。

注释：

[1] 《敦煌吐蕃古藏文历史文书》称芒伦芒赞（mang-slon-mang-rt-san）（该书巴考本，82页）。《通典》卷一九〇作“孙号乞黎拨布”。

[2] 此处及下文均提及唐军抵吐蕃事，但全系杜撰。

[3] 綝芒聂（mchims-mang-gnyer），《雅隆觉卧佛教史》写作“vchims-ma-mnyer”。

[4] 噶尔·东赞域松在松赞干布死后，逐渐违背了松赞干布的亲唐和睦政策，连年向唐进犯，《通鉴》曾记载公元667年吐蕃东侵情况：“生羌十二州为吐蕃所破，三月戊寅，悉废之。”（该书201页，乾封二年三月记事）《新唐书·吐蕃传》亦载：“自是岁入边，尽破有诸羌羁縻十二州。”其时均由噶尔为吐蕃大相。噶尔之死据敦煌古藏文载，正是《通鉴》所载吐蕃东侵之667年：“至兔年（yos-buvi-lo）……大论东赞死于日布（blon-chen-stong-rtsan-ris-bur-gum-bar）……”查兔年，为667年。文中之“日布”，确切地望不详，但据敦煌古藏文载，噶尔在659~666年的七年间，除去662年之外，均在吐谷浑地区，该地也是唐蕃交界并争夺之地。加之《贤者喜宴》又说噶尔死于军中。据此看来，“日布”一地似在吐谷浑境。

关于噶尔之死，藏文又载是老死：“此后，令论东赞重任（大相），任六年之后，老死。”（vung-nas-blon-stong-rtsan-slar-bcug-ste/lo-drugbgyis-nas//rgas-te-gum-mo//)。见《敦煌吐蕃古藏文历史文书》，巴考本，101页。

[5] 噶尔死后，继其为相者先是尚论查莫（zhang-lon-pra-mo），不久，大相之职即由噶尔·赞尼雅敦布（mgar-btsan-snya-ldom-bu）担任（均见《敦煌吐蕃古藏文历史文书》，巴考本，102页）。此人任大相至685年。

[6] 都松芒杰隆囊，《新唐书·吐蕃传》作器弩悉弄。《通鉴》及《册府元龟》同。《通典》作梨弩悉笼。《敦煌吐蕃古藏文历史文书》称都松芒波杰（vdus-srong-mang-po-rje）。见巴考本，82页。《红史》作“vdus-srong-ma-po-rje-rlung-rnam-vphrul-gyi-rgyal-po”（民族翻译局打印本，47页）。特别是《拉达克王统记》写法殊异，写作“gung-srong-vdu-rje”及“vdu-srong-vdu-rje”。

[7] 尼雅赞德甫，即敦煌古藏文文书中之噶尔·赞尼雅敦布（mgar-btsan-snya-ldom-bu），《雅隆觉卧佛教史》写作“vgar-btsan-gnyav-ldom-bu”（见该书手抄本，36页上~36页下）。

[8] 韦·达扎恭略。《敦煌吐蕃古藏文历史文书》作“dbas-sta-sgra-khong-lod”（该书巴考本，102页）。《新唐书·吐蕃传》译其名为悉诺逻恭禄：“未几，悉诺逻恭禄、烛龙莽布支入陷瓜州。”他是都松芒波杰及墀德祖旬（即墀德祖赞）两代赞普之大相。他曾率吐蕃军攻占汉地甘州及瓜州。728年，唐河西节度使萧嵩施反间计，达扎恭略被赞普诛杀：“时悉诺逻恭禄威名甚振，萧嵩乃纵反间于吐蕃，云其与中国潜通，赞普遂召而诛之。”（《旧唐书·吐蕃传》）。《敦煌吐蕃古藏文历史文书》编年79条亦载：“至龙年（728年，玄宗开元十六年）……韦·悉诺逻恭禄遭罪谴（dbavs-stag-sgra-khong-lod-la-bkyon-phab-nas）。”见巴考本，24页。

[9] 此七力士名称与《西藏王统记》大体一致（见王沂暖译文，60

页)。《拉达克王系》所载有较大差别，力士名称是：khri–bdun–yul–byin，gsal–snang–dung–grags，a–thog–rkod–btsan，cog–ro–klu–gong，vbrom–ltag–bzang，vgos–g·yag–chung，有关力士各自技能亦有所不同，如阿托桂赞(a–thog–rkod–btsan)能抓住狮子之颈毛，桂雅琼（vgos–g·yag–chung）所举之鹿腔，其中装满黄金，等等。（均见该书弗朗克本，第二册，32页）

[10]《红史》也有此种记载（见民族翻译局打印本，47页）。但亦未载从何处得到茶和乐器，至于乐器种类也未提及。在这方面，《拉达克王系》所载较具体："自汉地获得茶及多达曼（rdo–dha–man，一种乐器名)、笛子（sur–na)、布桂（vbur–rgod，一种乐器名）及唢呐（rgya–gling）等。"（见弗朗克本，第二册，32页）

[11] 此赞普时之吐蕃势力所及，据《拉达克王系》载："东至黄河(shar–rgyal–povi–chu)，南至泥婆罗之兴衮（lhovi–bal–povi–shing–khun)，北抵霍尔之扎扎达钦（byang–hor–gyi–kra–krag–dar–chen)，西达洛波群仁(nub–lo–bo–chun–rings)。贝底之桑格囊以上(sbal–tivi–srang–gi–nang–gong)、下部希嘎以内（smad–kyi–shi–dkar–tshun–chad)，均置于统治之下。"（见弗朗克本，第二册，32页）《旧唐书·吐蕃传》亦载此赞普时吐蕃之势力范围："东与凉、松、茂、嶲等州相接，南至婆罗门，西又攻临龟兹、疏勒等四镇，北抵突厥，地方万余里，自汉魏以来，西戎之盛，未之有也。"

此赞普先将噶尔家族的权力削去，掌握大权，然后扩张。《敦煌吐蕃古藏文历史文书》载："噶尔等数大论心怀异志，谋逆背叛，赞普乃深谋远虑，运筹帷幄、以坚甲利兵处置之，将叛变诸臣悉数治罪。"（见王尧、陈践汉译文，141页；原藏文见巴考本，112页）在《新唐书·吐蕃传》中亦载："钦陵（噶尔·东赞域松之孙）方提兵居外，赞普托言猎，即勒兵执其亲党二千余人杀之。发使者召钦陵、赞婆，钦陵不受命，赞普自讨之。未战，钦陵兵溃，乃自杀，左右殉而死者百余人。”据《敦煌吐蕃古藏文文书》载，此事发生在698年冬（狗年）。（见该书，巴考本，编年第49条，18页）

[12] 此赞普于703年攻入南诏，704年死于该地（见《敦煌吐蕃古藏文历史文书》，巴考本，编年54~55两条，19页）。《新唐书·吐蕃传》亦载：“而虏南属帐皆叛，赞普自讨，死于军。”关于此赞普事迹，在《敦煌吐蕃古藏文历史文书》中有其小传一段（见该书，巴考本，112页）。

[13] 《雅隆觉卧佛教史》36页下载，此赞普之陵山久仲空墀（cog-krung-khong-khri）任管陵人（spur-gnyer）。又据《西藏王统记》载，此陵之名为僧格泽巴（seng-ge-rtsig-pa）。见该书藏文木刻版，82页上。

[14] 《敦煌吐蕃藏文历史文书》载，将墀德祖甸写作墀德祖赞“khri-lde-gtsug-brtsan”（见该书巴考本，82页）。《红史》（民族翻译局打印本，47页）与敦煌文书所载相同，并说此赞普生于阳铁龙年（lcags-pho-vbrug）。文中之阳铁龙年即敦煌文书（编年，55条）之龙年（704年）。又，据《新唐书·吐蕃传》载，墀德祖赞的王位是在“诸子争立”中取得的：“诸子争立，国人立弃隶蹜赞为赞普，始七岁。”其在位时间是704~754年。其掌政之初由“祖母没禄氏摄位（原为“禄没氏”，误，今改之，见《通典》——译者注）。”此赞普先秉承其父东侵南征的扩张政策，后来改为亲唐，迎请金城公主入吐蕃。

[15] 贝·杰桑东赞，在《雅隆觉卧佛教史》37页上，称其族姓是“韦氏”（dbas）。没庐·邱桑俄玛《敦煌吐蕃古藏文历史文书》写作“vbro-chung-bzang-vor-mang”，并说此人是在达扎恭略获罪之后任大臣的（见该书，巴考本，102页）。

[16] 此处之所谓“医药（之书）”，是指金城公主所带之医书，《贤者喜宴》（tsa函，46页下）载：“金城公主又带来了许多历算和医学（著作）。”其中最著名者为《月王药诊》（zla-bavi-rgyal-po），即《索玛

热咱》（so-ma-ra-tsa），后者见《贤者喜宴》tsa函，46页下；前者见《医学总纲》（gso-ba-rig-pavi-khog-vbubs）78页下。“索玛热咱”，原意为“大麻”。《松巴佛教史》（ka函，90页上）认为此书“在金城公主时来自汉地”。此书由汉地和尚玛哈谛陀（hwa-shang-ma-hva-thi-tha）、汉人贾珠嘎堪（rgya-phrug-gar-mkhan）及藏人琼波泽孜（khyung-po-tse-tse）、琼波塘祖（khyung-po-dam-tshugs）、久拉门巴（lcog-la-smon-vbar）等翻译成藏文（见《贤者喜宴》tsa函，46页下；《医学总纲》，78页下）。

[17] 见《拔协》北京民族出版社铅印本，1980年6月版，1页。但内容与《贤者喜宴》所引内容略有不同。

[18] 原文为“de-bzhin-gshegs-pavi-rjes-su-rab-tu-byung-ba”。此句似又可译作“如是过后，出家者……”

[19] 《贤者喜宴》对此二人又分别写作“bungdha-gu-hya-sangs-rgyas-gsang-ba”及“bungdha-shvanta-sangs-rgyas-zhi-ba”。

[20] 据《西藏王臣记》载：“当时还自汉地京师翻译了《金光明经》（gser-vod-dam-pa）、《律差别论》（vdul-ba-las-rnam-par-vbyed-pa）及一些医药（sman-dpyad）著述。”（该书北京排印本，67页）。《布顿佛教史》说此时所译佛经中尚有《百业经》（mdo-sde-las-brgya-pa）。见该书木刻版，119页下。又，《雅隆觉卧佛教史》说，桑杰桑瓦（旧译佛密）及桑结希瓦（旧译佛静）所述之佛经为“五种大乘经部”（theg-pa-chen-povi-mdo-sde-lnga）。该书又载，“毕孜赞达希（pi-tsi-tsan-tya-shi）翻译了许多医书（从上文看，亦译自汉地）”。均见该书37页上~37页下。

又，《西藏王臣记》除记载了当时译经情形之外，还说当时吐蕃还“自于阗（li-yul）迎请僧人予以供养”（该书，67页）。《松巴佛教史》说还请来很多汉族僧人（该书，110页下）。

[21] 此赞普建寺，诸书所载不太一致，《布顿佛教史》记为八座寺

院："lha-sa-mkhar-brag/mchims-phu-phu-gnam-sral/dar-vphur-mkhar-brag/mdo-smad-du-ling-chu-khri-rtse/brag-dmar-du-sga-chu-shar-sgo/vphang-thang-ka-med/ka-chu-ban-chung/brag-dmar-mbrin-bzang"（该书木刻版，119页下）。《拉达克王系》记寺院六座："lha-sa-kha-brag-dar-phu-khar-btab/mdo-smad-sgang/gling-bcu-khri-rtse/brag-dmar-ru-ga-chu-shar-sgo/phang-thang-ka-med/ka-chu-pan-chub/brag-dmar-mgrin-bzang"（该书，弗朗克本，第二册，32页）。又，《拔协》称梅恭为"ma-sa-gong"，称囊热为"na-ral"。

[22] 据中央民族学院洛桑群觉老师查阅藏史，此地曾是靠近大食的一个地区。

[23] 据《拔协》的记述看，这里是指舅臣对建寺不感兴趣。

[24] "姜擦拉文"一名意为"南诏（女）之子天神之孙"。《西藏王臣记》写作"vjang-tsha-lha-dbon"（北京排印本，67页）。《布顿佛教史》与《西藏王臣记》写法相同(119页下)。

[25] 《西藏王臣记》（北京排印本，68页）写作"rgya-rje-yag-vjam-mi-khri-bzher-lang-ma"。《西藏王统记》（木刻版，82页下）写作"唐皇中宗"（rgya-nag-gi-rgyal-po-dsung-dsung），中宗即李显。

[26] 《拔协》载："唐皇李墀谢朗米斯(rgya-rje-li-khri-bzher-lang-mig-ser)今在位，其女金城公主（gyim-shing-kong-jo），（吐蕃王臣）一致同意迎娶之。"（该书北京排印本，2页）《新唐书·吐蕃传》亦载："帝以雍王守礼女为金城公主妻之。"

[27] 《雅隆觉卧佛教史》（37页下）及《西藏王臣记》（68页）均认为姜擦拉文是被尼雅墀桑阳顿刺死，原因是由于赞普未选其女为妃。

[28] 此段似引自唐书，《新唐书·吐蕃传》载："帝为幸始平，帐饮，引群臣及虏使者宴，酒所帝悲涕歔欷，为赦始平县，罪死皆免，赐民徭赋一年。"《西藏王统记》（木刻版，102页下~103页上）亦有同载。

又，迎金城公主之吐蕃使臣，据《拔协》等藏史载是尼雅墀桑阳顿（2页）。而《通鉴考异》十二引文馆记说："吐蕃使其大首领瑟瑟告身赞咄，金告身尚钦藏以下来迎金城公主。"而文中所谓赞咄，据《新唐书·吐蕃传》载，即"赞咄名悉腊"，"吐蕃遣尚赞咄名悉腊等送公主。"

《旧唐书·吐蕃传》载，始平县因送金城公主而改名。"改始平县为金城县，又改其地为凤池乡怆别里。"《西藏王统记》（木刻版，103页上）说："遂为该城（指始平县——译者注）命名金城县（gyim-shing-hen）。"又，《拔协》（3页）载，当时唐中宗"赐以各种奁嫁，令使者人等同往吐蕃"。此载与《新唐书》同，即"帝念主幼，赐锦增别数万，杂技诸工悉从"。

据《敦煌吐蕃古藏文历史文书》载："于狗年（khyivi-lo，即710年，中宗景龙四年）……赞蒙金城公主（btsan-mo-kim-shing-khong-co）抵逻娑之鹿园（ra-savi-shwa-tshal）。"（巴考本，20页）

[29] 金城公主生子墀松德赞，此为诸藏史所同载者。但《敦煌吐蕃古藏文历史文书》载，墀松德赞是綝妃赞玛托（mchims-za-btsan-ma-thog）所生（巴考本，82页）。看来，敦煌文书此载失实。又，金城公主生子墀松德赞后，长妃那囊氏西丁（sna-nam-bzav-bzhi-stengs）将此子掠为己有，声言为其生，《拔协》记载大臣施计辨别真母情形："众大臣为验察故，遂即将幼儿（即墀松德赞）置于洞穴之内，（言道:）'谁能得此子者即予之。'因此，金城公主先握住此子，而长妃西丁想到：'死就死吧'遂夺之。但金城公主担心此子死掉，随即放手，并说：'此系我子，给你吧。'言罢放手予之。由此，（大臣）得悉此子为金城公主之子。"（见《拔协》，北京排印本，4页）。

《西藏王臣记》记载墀松德赞宴会认母情形："不久，于王子开步宴会之上，二王妃之父兄及诸臣工属民聚集其间。赞普墀德祖赞将盛满谷酒之金杯递予王子手中，说道：'此斟满酒之金杯，交予你舅之手中，你坚信谁为你母即予之。’说罢，王子即将宝杯递予汉人手中，并说道：‘我墀松德赞本系汉人之子，与那囊氏无关。’”（见该书北京排印本，70页）《拔协》（北京排印本，4页）亦载王子认舅情景，说当时那囊氏家族之人，每人手执小氅一件，向墀松德赞王子呼唤：“到舅舅怀中来吧！”但王子说道：“墀松德赞系汉人子，那囊如何做舅舅？”言罢随即走入汉人怀中。在西藏壁画中有专以王子认母为题材者，例如扎什伦布寺内的《金城公主与子墀松德赞》壁画，罗布尔卡新宫内之《墀松德赞宴前认母图》等等，以生动的笔触体现了汉藏之间“甥舅一家”之关系。

[30] 文成公主带到吐蕃的释迦佛像，最初仅置于寺内，未有朝佛的仪式，自金城公主找到释迦佛像后，举行了朝佛的供奉仪式，从此便延续至今。

[31] 七期（bdun-tshigs），即所谓“七期荐亡”，是指人死后四十九天之内，每逢七日举行祭祀亡人一次。此俗由金城公主传至吐蕃。金城公主进藏，促进了唐蕃关系日益密切。如吐蕃使者名悉腊所呈赞普给唐朝皇帝表文：“外甥是先皇帝舅宿亲，又蒙降金城公主，遂和同为一家，天下百姓，普皆安乐。”（《旧唐书·吐蕃传》）后来多次请盟，赤岭交马、甘松岭互市都是唐蕃友好的体现。在文化交流方面，“公主请毛诗、礼记、左传、文选各一部，制令秘书省写与之”（以上均见《旧唐书·吐蕃传》）。

金城公主生死年，据《敦煌吐蕃古藏文历史文书》载：“至兔年……赞蒙金城公主去世。”（见巴考本，25页）文中之兔年即739年。

第五章 赞普墀松德赞的事迹

【译文提要】第五章共有7节，即墀松德赞诞生；桑希内地取经；崇佛与反佛之争；赛囊赴印求佛；桑希助赞普兴佛；剪除反佛大臣玛祥；迎请菩提萨埵。

本章主要记载墀德祖赞晚年兴佛、王子墀松德赞诞生、墀德祖赞与金城公主去世、舅臣玛祥擅政、佛本两种贵族势力的权力之争、桑希和赛囊两大臣分赴内地及天竺求取佛经、剪除玛祥、重振佛教，以及迎请天竺高僧寂护和莲花生等。

墀德祖赞晚年继续保持同汉地的密切关系，他派使者向唐朝皇帝求取汉地佛经千部，并首次朝拜五台山，其间受到唐朝皇帝及汉地僧人的盛情款待。这种以宗教文化交流为特点的汉藏友好关系，在墀德祖赞及墀松德赞两代赞普间甚为突出，值得指出的是，在吐蕃任职并受到特别重视的汉人桑希、巴德武、贾珠格堪等，为此做出的贡献尤为显著，从而获得吐蕃赞普的高度赞扬和宠信，而且通过这种交流使汉地佛典传入吐蕃，影响并推动了吐蕃佛教的发展。所以，《莲花生传》说，这期间“在汉藏两地架起了佛法的桥梁”。

墀松德赞从诞生起直到排除舅臣玛祥擅权，期间通过所谓墀松德赞认舅和兴本排佛等等事件，可以看出争权夺利的斗争极为激烈，墀松德赞的执政初期就是在这种风浪中度过的。本文用精细的工笔，描写了那囊氏与金城公主争夺王子墀松德赞的生动场面，最后以墀松德赞认汉人为舅告终，此墀松德赞认舅故事，使汉藏间“甥舅一家”的关系进一步牢固地建立起来，影响极其深远。

本文所记载的佛本之争，远非宗教派别之争，它是以前信本旧贵族与信佛贵族势力，争夺世俗权力和宗教权力而展开的殊死斗争的继续，这种斗争在墀松德赞之世多次发生，从而暴露了吐蕃统治阶级内部的矛盾。

墀松德赞在上述纷乱的政治漩涡中，在以桂氏为代表的藏人贵族势力和汉人桑希等人的多方协助下，排除敌对势力巩固了政权，显示墀松德赞的政治才能与气魄。

本文记载了迎请天竺寂护及莲花生等名僧入吐蕃之事，从此天竺佛教的中观瑜伽行派的中观宗势力开始进入吐蕃宗教界，并逐步产生影响。

第一节　墀松德赞诞生

关于法王墀松德赞诞生情况，《拔协》载："兔年诞生之后，八岁执政。"虽有此说，但是，其父铁龙年诞生，六十三岁时死。如果火兔年（墀松德赞）王子诞生，那么年龄当是十六岁；如果墀松德赞生于土兔年，那么其年岁不到四岁。假设说八岁是正确的，那么墀松德赞则应生于木猪年。因此，这反映了该文之误。但大多数史籍则载：（墀松德赞）生于阳铁马年[1]，十三岁执政。想来此论正确无误。然而布顿则认为（墀松德赞）生于土马年[2]，这表明早了十三年。

《拔协》载：当金城公主在兔年生王子墀松德赞时，墀德祖赞王正居住在查玛温甫才宫堡（pho-brang-brag-dmar-vom-bu-tshal）。当到兔年春季正月三日时，有一先知者汉地和尚（rgyavi-hwa-shang）言道："大王你的王妃定将生一发大乘心之子，为此应做祈福佛事。"（墀德祖赞）答道："在祈福佛事方面，将建造佛塔一百零八座，所余之泥土则塑造我的身像。"于是建成一座附有马兰草绳的佛塔（mchod-rten-dres-thag-can）。翌晨，一使者至，说："金城公主已生一子。"随后，当墀德祖赞王前往雅隆旁塘（yar-lung-vphang-thang）观瞻所生之王子时，金城公主之子则被那囊妃西丁（sna-nam-bzav-bzhi-stengs）夺去[3]，此那囊妃西丁并说："此子为我所生。"对此，众大臣为了调查，遂将王子置于平坝上的洞穴之中，（规定）谁能得到即将此子给谁。当时金城公主先握到（此子），但那囊氏妃想到"反正是死"，遂即抢夺，金城公主担心王子死去，便松手放掉，并说道："（此子）乃是我者，你这个女凶手，拿走吧。"随之给了（那囊妃）。由于上述情况，（众大臣）便知悉王子乃金城公主之子。俟后，（王子）周岁之时，举行开步喜宴，其时，那囊氏家诸人手中各持小披风一件，（对墀松德赞）说道："到舅舅怀里来吧！”但王子说道：“墀松德赞乃汉人之子，你那囊氏焉能为舅乎？”王子言罢，便步入汉人怀中。据说，王子之名亦系其本人所起。又，在（祈福事佛方面）其时建造了敬佛塔一百余座。此外，所余之泥土造大塔一座，因泥土不能固其形体，遂以马兰草绳缚之。由于该塔发出说话声及笑声，乃称此塔为灵波芝达坚（gleng-po-gres-thag-can）。据说，因而得知王子将长寿。

其他诸史（thang-yig）又载：当金城公主之子被夺之时，公主悲戚伤叹，并示以乳房。再者，那囊妃以药物涂其乳房，乳汁流出，王子不（解其情），遂往那囊妃处。母亲（指那囊妃——译者注）心想，这个儿子从现在开始就对我不利，（将来）会使藏地遭殃。（那囊妃）为使赞普断子绝孙，在犹如狮子飞天之神山顶端上用胎血绘法轮，并用塔镇压之；为使聪明的大臣断代，将犹如蒙人愤嗔之大臣魂山的山鼻砍断；为使藏地发生内乱，将虎山和狮山的尾巴砍断；为使藏区出现灾荒，将犹如人鼻山上之稻苗根刨起；为使（藏地）出现龙之灾害，将犹如大鹏展翅的蒙卡山（mong mkar ri）之山唇割掉。

此后，当王子周岁举行开步宴会之际，墀德祖赞王坐于中间金座之上，那囊氏家族人等排列于右，诸汉地大臣（rgyavi-blon-po）列于左。父王将盛满谷酒之金杯递予王子，并说道：“两母所生唯一子，身体虽小神变成，注之以酒此金杯，汝子交予舅手中，确认谁系生身母。”父王诵念此语之后，随即放开王子。其时，那囊氏诸人拿出小儿所爱之服饰[4]，并召唤（王子），虽然如此，（王子）并不前去。正如前所述，这位稍能行走的王子将金杯递给汉地大臣，并步入他们的怀中。于是，金城公主大喜，且歌之曰：“以彼前世之业力，我乃来自汉地女，所生王子无伦比。以其欺侮之能事，他人夺我亲生子。不听信真语实词，虽显胸乳亦无益，汉女身心堪焦虑，胸中怒气不可忍，遂毁吐蕃之风水。其时长天太阳下，汝子认舅此事佳，为母身心得安宁。所毁吐蕃之风水，可使诸山无危害。”又，当是时，商议为（王子）当以何名命名，而王子则自己定名道：“即称天神下凡之主、地上自成之主宰、全体黔首之王、化身之王墀松德赞。”此即王子自己所命名者。[5]

王子墀松德赞五岁时，其母金城公主逝世[6]。因此，勘察地舆诸种（之书）大多未能保护，故而遗失[7]。吉祥的虎山与狮山之间是修建有土与火苗之山相连。

第二节　桑希内地取经

《拔协》载：当王子墀松德赞四岁居住在温甫才宫堡时，唐朝皇帝赠给(吐蕃）王大量礼物。并将使者巴德武（pho–nya–ba–vbav–devu）之子贾珠格堪（rgya–phrug–gar–mkhan）作为吐蕃王子的游伴（rtsed–zla）一并献上[8]。

父王欲推行佛教，派遣使者巴德武携带礼品前往天竺，路途洞穴连绵，并降雪七夜，粮食断绝，仰望天空，见有鸽子五只飞翔，遂一时连发四箭，均中，四只鸽子同时被杀。众人说：“此举太恶。”此话被在查玛池（brag–dmar–rdsing）上游玩的王子听到。当时王子的游伴还有：琼波东粗（khyung–po–dum–tshugs）、久拉缅兰巴（cog–la–smon–lam–vbar）及贾珠格堪等五人。此时，从他们在池上玩耍的沼泽边脚下，连续出现五个红妖小孩。因此，王子说道：“使者巴德武杀鸽，其事甚恶。如果往杀此全部妖孩，其罪大否？”琼波东粗说道：“若杀如是之无罪者，则罪孽深重，并将与我有害；如果杀鱼则可使牲畜发展。”贾珠格堪说：“汉地之《乎经》（hur–bya–bavi–gtsug–lag）说：如果照这样杀的话，必招至极大之罪孽。”王子又说：“《乎经》所说为何？”贾珠格堪说道：“《乎经》中载有十善法（dge-ba-bcuvi-chos）[9]。”因此，王子常谈及此事。而众舅臣亦有所了解，并问王子：“是否喜爱佛法？”王子答道：“甚喜！”于是，为了王子，父王墀德祖赞授以箱箧，派遣桑希（sang-shi）等四人作为求取汉地经典之使者[10]，并（规定）：如完成使命，当赐奖赏；若未成则杀之！此后，（使者们）抵达高列（kivu-le）隘口。其时，在唐朝皇帝的宝瓶主（bum-bzang-dbang-po）[11]跟前，一精通天文者（ju-zhag-mkhas-pa）说：“现在，于三个月内，自西方吐蕃将有一发大乘心之使者到此，其形体相貌如是。”说罢遂即画一图像。而宝瓶主则将此事禀告唐朝皇帝，于是皇帝吩咐道：“勿让此使者停留彼处，应加以供养，并送到我的跟前。”当是时，使者至，汉地和尚予以敬礼。因（使者）是奉命被派往内地者，故与皇帝相见后便献上赞普的箱箧。于是唐皇言道：“你若是汉人德武（rgya-devu）之子[12]，可否在这里担任我的舅臣（zhang-blon）？”使者对此想道：“若居此，今生有幸，但为了得到高尚之佛法，就当将佛所示之藏书(sde-snod-kyi-dpe)[13]献至赞普之手，为此当设法行之。所以，应禀明（于王）。”于是启奏道：“今赐我居住此地，其恩至大。但因吐蕃赞普之行令严峻，若以此事杀死我父，则捣碎我心矣！故而让我返回吐蕃与父商议，然后设法来做属民。”奏罢，皇帝言道：“我心中除你之外无悦意之人，你想要何种礼品？”使者说：“若赏赐礼品，则请赐佛经千部吧！”唐皇说道：“（你们）到达高列野兽隘口，未遭危害，因而受到盛大供奉。宝瓶主（bum-bzang-dbang-po）前之精通天文者也曾说你这位菩萨化身之人行将来到。先知者和尚也曾向你敬礼。联系你的所作所为，佛曾预言说：‘五百年后一位带给赭面国(gdong-dmar-gyi-yul，即吐蕃——译者注）佛法的善知识（dge-bavi-bshes-gnyen)[14]将要来到。’（看来）此佛之预言无疑就是你了。让我来协助你吧！”说罢，随即赏赐金写佛经一千部，复又赐以其他大量礼物[15]。

五位使者返回吐蕃，路上有一大盘石，旅客不敢通行，此处凡见之者即将堕岩身亡。此处有一城，名埃曲（grong-khyer-aeg-chu）。其间有一能人，名吉雅和尚（ki-ya-hwa-shang），他能令老儿驮载饰物及袈裟，颇具神通。他遵其师长之命，修行三日，即将盘石捣碎、铲除，并于该遗址处建寺庙一座，于其地垦田耕植，譬如天界。（使者们）来到埃曲(aeg-chu)[16]，吐蕃使者求问如何得到修行经教的教导，并问道："我与我父能否相见？我能否在吐蕃推行佛法？如果在吐蕃传布佛经，是否不致触伤吐蕃之魔鬼生命？赞普父子是否平安？"于是，和尚为此运用神通，见到：赞普已死。因王子尚未成年，故其所喜爱之诸奸臣施行小法(khrims-bu-chung)[17]。毁坏佛法。查玛珍桑寺(brag-dmar-mgrin-bzang)的一尊本尊佛像被彻底打翻[18]。并说："如果现在弘扬佛教，你将被任命为赞普的侍者。此后，王子长成，将要提及外道经典之事，其时，当将(有关佛法之事）向王子禀明，此事将使王子生起信仰。此后，由于王子听到此事，故将生起大信心！继此之后，再向王子阐明，王子则将推行！"和尚说罢，遂将三部佛教经典送予（吐蕃使者），并说："在吐蕃，佛法之劫数到达极点，必有佛法之大兴。振兴佛教之善知识，就是萨霍尔王之子（za-hor-rgyal-povi-bu）比丘显达热格希达（dge-slong-shvan-ta-ra-kshit-ta）[19]。"说罢，资助两个月的口粮。随后，又将（吐蕃使者）送了两日路程，然后彼此顶礼而别。

此后，查玛珍桑被毁一事，使桑希心灵受到打击。其时，在汉地之代县山（rgyavi-ri-devu-shan）顶[20]，有一块被非人（mi-ma-yin）笼罩之地，其上有座七天建成的圣曼殊宫（avary-mnydsuvi-pho-brang），当吐蕃之五位使者取此宫之式样时，其中一人不会登山；另一人虽至山顶，但无所见；另一人虽见神殿，但未寻得殿门；另一人虽见殿门，但此处被一种似网之物所盖，不得入内。而桑希则进入其中，并向妙吉祥等全部佛像顶礼、敬献供物。继而同所有佛圣交谈，佛说："为将此处所有诸物作为楷模，当铭记于心。你出去之时，此山之物均将向你敬礼，并送你至山后，如是即可到吐蕃矣！”至于此山，即所盛传之五台山（ri-bo-rtse-lnga）[21]。

第三节　崇佛与反佛之争

王子墀松德赞在未成年时，父王墀德祖赞死[22]，其陵建于穆日山（mu-ra-ri），该陵列于化身王松赞干布（陵）之左，陵名拉日祖囊（lha-ri-gt-sug-nam）。随即授权于王子，由是乃统治全部吐蕃国土。

然而，奸臣集会，制定不准推行佛教之小法律（khrims-chung）；将尊者佛像埋于地下，最后又将其送至芒域（mang-yul）。其时，吐蕃出现了一些不祥(之兆)。

墀松德赞成年，生起佛法之念。于是，桂氏（mgos）大臣贝玛恭赞（padma-gung-btsan）等一些崇佛大臣（chos-blon）实现了墀松德赞王的理想，下令处决了一些作为佛教之敌的奸臣，并将尊者佛像迎至洛玛神殿（gtsang-khang-lho-ma）。

又，《拔协》载：父王墀德祖赞六十三岁时，因在羊卓巴采(ya-vbrog-sba-tshal）赛马而死。是时，王子随即执政，但尚未成年，因此，舅臣玛祥仲巴杰（zhang-blon-ma-zhang-grom-pa-skyes）[23]说道：“王之寿短（指墀德祖赞——译者注）乃推行佛法之故，遂不吉祥。所谓后世可获转生，此乃妄语。消除此时之灾，当以本教行之。谁推行佛法，便将其孤身流放边地。”并制定了小法（khrims-bu-chung）。其时，将崇佛大臣朗（lang）与贝(vbal）二人定罪[24]，发往吐蕃黑暗（之地）。据说小昭寺之金释迦牟尼像因系汉地之神像，随后送往汉地，其初始，原可由一骑士所抱动的佛像，但今搬之不动[25]，于是乃将佛像置于由皮绳制作的网中，由三百人拖至门口，随后又由千人（将佛像弄到）卡查冬（mkhar-brag-gdong）的对面。但此一千人也未能运走佛像，于是便将神像埋在沙沟之中，并交由巴杰桂（rba-rje-khol）安置。再者，一位担任香灯师的汉地老和尚，也被驱回汉地，老僧走至汉藏交界处，据说该老僧言道："我的一只鞋遗留于昨天的路上，（这意味）佛教之火星将重现于吐蕃。"对此，《不纯之拔歇》（rba-bzhed-lhad-ma）载：在顿渐之争（ston-rt-sen-rtsod-pa）之时，和尚玛哈雅纳（hwa-shang-ma-hva-ya-na）的一只鞋在辩论的高潮时遗失了，并说："吐蕃还将执行我之宗派。"[26]

外道智者们说："和尚不知法，但略知表相。外道有见识，故可证觉。所谓这些是我等见解。"此等观点系无稽之言，彼等不知悉有犹如大海般的大乘之法，大臣中诸多冠有学者名号之人，对其大加肯定。但在《拔协》原本中并无此内容，是不是新加的内容，从外道智者们的这些言词中就可以清楚地看出。总之，如若见谛、见法、见心识等是和尚们的观点，那么大部分佛法也成为和尚之法了。所谓"若证悟心识是智慧，无需找其他佛法即可修行"之见识应当面进行反驳。（此等观点）足见彼等学识浅薄而贪憎大，弃佛法不顾而想出名者必将进入犹如引石马之恶道，彼等谎言不值得听闻。上述此乃附带加以分析的。

又，在《拔协》上述之后又载：卡查神殿（mkhar-brag-gi-lha-khang）被彻底推翻。（查玛）珍桑神殿（mgrin-bzang-gi-lha-khang）被毁，其间之钟被送到青浦（mchims-phu）之岩石处，此钟即后来之桑耶格杰钟（bsams-yas-dgo-rgyas-kyi-cong）[27]。将逻娑毕哈尔神殿（lha-sa-bi-har）处当作作坊[28]，屠宰牲畜之后，即将牲畜之皮盖于泥塑神像之上，神像手中托着牲畜内脏及羊的腔体。并决定：此后人死，不得举行冥寿之祭，如有履行汉地之佛法者，则立即将其孤身发配。当制定上述小法

(khrims-bu-chung)时，舅氏墀托杰脱(zhang-khri-thog-rje-thog)身体燃烧，昏迷于平坝，“啊！啊！啊！”连呼三次，背裂而亡。久若氏杰桑洁恭(cog-ro-skyes-bzang-rgyal-vgong)，其舌、小舌及脚、手翻转卷曲，由硬变软，随即身亡。据其上下人等及相士一致说：此系汉神发怒，因彼等将汉地神像投入地洞之中，故而汉神不悦，以致如此。又，卜卦说：因汉地神像之先祖最初确实来自天竺，故此应将神像送往邻近天竺之芒域(mang-yul)。由于以此卦为佳，随即从沙沟中将佛像取出，用两匹骡驮载，送往芒域，其时适逢气候甚恶。[29]

《不可做宴寿之祭》之小法公布以后，在巴兰拉(ba-lam-glag)赛囊的两个孩子(一男一女)同时死亡之时，众神祖说：“佛法乃真理也。”想问和尚，就把住在汉康(hen-khang)具有先知的一位老和尚叫来问道：“所谓有前世和后世以及佛法乃真理也。门外面要做本教的宴寿之祭，里面举行正规的宴寿之祭。”从小昭寺请老和尚为赛囊的两个孩子做七天之超度，和尚问：“转世成天好，还是投胎成你的孩子好？”父亲说：“转世成天好。”母亲则说：“投胎成自己的孩子好。”和尚对男孩的遗骨进行仪轨，变舍利后预言转世到天界。在女孩子的嘴里放置了一颗宛如大豆般用朱砂染过的珍珠，将其置于垫子的左边。为使他们相信，进行仪轨后装在罐中，将其埋在她的卧床下，并预言道：“明年你会生子。”第二年赛囊的妻子生有一子，口含珍珠，坐在红垫子的左边，把埋在卧床下的罐子打开后发现无珍珠，小孩才满一岁时，无有任何学习而能认出舅舅和姑姑，并像以前那样做事，便知道人有来世。

第四节　赛囊赴印求佛

此后，赛囊在汉族和尚那里获得修行之经教，并背着旁人而经常修习。迨后，为求得佛典，当去天竺及泥婆罗，于是遂禀明墀松德赞王，王心中想道：此赛囊对佛法虔诚，想来他决心前往天竺及泥婆罗，那么就让我任其为芒域之卡论（kha-blon）吧[30]！墀松德赞想毕，遂加以委任。于是赛囊前往芒域。他冲破了由舅氏所制定的小法的条令，直接到达天竺。他朝拜了大菩提寺（ma-hva-bo-dhi）[31]及那烂陀寺（nva-lendar）[32]，并献了供物，因此仲冬之日降雨，菩提树溢出乳汁。他在泥婆罗举行了萨帕哇司宴会（ston-mo-sarba-wa-se）。在罕康（hen-khang）[33]献纳供物及朝拜之时（天空）发出了"吉祥啊"之声，并有光芒显现。赛囊向泥婆罗王请求援助，于是便将具有精通（经教）、明悉（事理）等多种功德之显达热格希达（shvanta-raki-ta）即吐蕃所称之菩提萨埵（bo-dhisa-tva，即静命）迎到芒域，在此建造了两座寺院。由于（赛囊）在泥罗婆曾做泥婆罗王的属民，所以便从天竺、泥婆罗之所有学者学习佛法。（赛囊）向（学者们的）家献了供食，继之又献了供物请求佛法。（学者们）教他如何去做吐蕃赞普的善知识（dge-bavi-bshes-gnyen）。

此后，（赛囊）说："请为我发菩提心吧！"但堪布（mkhan-po）说："如求发菩提心，应献纳供物！"于是，为此（赛囊）将金银等等珍宝、长桶（zo-rin）、丝绸、大氅、茶具、毛垫、缎类衣服等凡所需者尽行予以供奉。（堪布）又说："还应供献！"虽然（赛囊）已一无所有，但仍将身上的腰带及毪子衣服[34]供献出来。因此，（堪布）便启发（赛囊）发大乘之心，说道："我是具有调伏吐蕃缘分之人，吐蕃王圣妙赞普（bod-kyi-rgyal-po-shri-btsan-po）和你二人因尚未成年，于是在更迭九代吐蕃王之间，我则往返居住于天竺萨霍尔地区及泥婆罗地区。现在，圣妙赞普及你二人业已成年。因时机已到，故应在金嘎地区（yul-byan-dkar）之洛黑达河畔（chu-bo-lo-hi-tavi-vgram）及海波山（has-po-ri）前的查玛地方（yul-brag-dmar）兴建桑耶寺（bsam-yas-lhun-gyis-grub-pa-ces-bya-bavi-gtsug-lag-khang）[35]，而（那时）则将做善知识。你当了解，你今世虽不是发大乘心者，但在数世之前你则是化身之发大乘心的佛法之后裔，名字曾称为益西旺波(ye-shes-dbang-po)[36]。”堪布说罢，遂以手摩其顶，并顺着（头发）轻轻抚摸，向他授以诸多赐教，当是时，天空亦三次发出“吉祥啊”之声。同时出现光芒。继而（堪布）将原(赛囊）所献之供物又全部赐还，一无所取。随后堪布重返泥婆罗，而赛囊则返抵下部（即吐蕃本部）。为了谒见赞普，（赛囊）请求派使者前去，（赞普）许之。因此（赛囊）来到隆促宫（pho-brang-rlungs-tshubs）[37]，向赞普行礼。墀松德赞说道：“赛囊你如果纯属行佛，他（玛祥仲巴杰）是否怀疑将你流放呢！”赛囊答道：“到了芒域的上部，此亦与流放相仿。”在开饭时，来到一处隐蔽地点，（赛囊）向赞普恰到好处地讲解了佛法，并祈请说：“堪布菩提萨埵是一位学识渊博、预知未来并具有多种功德之善知识”，同时将堪布前述之话详细奏明。墀松德赞说道：“舅臣将可能杀害于你，我已暗中吩咐舅臣尼雅桑（zhang-nya-bzang)，让舅臣在会场上慢慢地禀告(工作情况)。你暂且到地方上隐藏起来。”于是，赛囊便前往地方修行。

第五节　桑希助赞普兴佛

其时，桑希完成前往汉地的使命之后重返吐蕃。他将唐朝皇帝的回复及礼物呈献给赞普。因他有大臣的谋略，遂又赐其名曰“聪明的汉地少年”（rgya-phrug-mdsangs-pa-po）。鉴于当时墀松德赞尚未成年，遂将各种汉地佛典埋藏于青浦（mchims-phu）的荒山缝隙之中[38]。再者，墀松德赞王为了取得香雄有价值的财物以充实财库，曾派了许多使者，但前后无一返回者。据说：“如果派此汉地少年则能返回。”于是，赞普又派（桑希）作为取宝物的使者。在途中见到香雄的拉穆扎麦（lha-mu-tsa-men）女神，此女神之下身被玉雾笼罩，上身由珍珠和宝石装饰，双手合十敬拜桑希，并供奉饰宝说：“菩萨您若要去黑堡城（mkhar-nag-po）取财宝，就请骑我之黑鬃黄马，走琼龙（khyung-lung）之门，将加达（gya-rta）马鞭系在马鞍上，然后把取得的财物装入袋中，即可平安返回。”说完即消失。桑希按照上述吩咐，取得有价值的财宝之后，在黑堡城中打开一间房子，里面睡着一个高有十二庹的人。（此人）见到桑希站起后行跪拜礼，将其枕头边七个盛满酒的金勺以及面前犹如燃烧火光的一块玉石献给桑希。此后，在名为兰（glan）的库房中有牦牛之叫声、马嘶声和羊叫声，并叫声不断。在四个盒中有一名为兰的镜子，在镜子边上打开针眼大小的孔即可看到赞普的宫殿、万物以及自己的内脏等。此后，又将之埋藏，走到门口，见马鞭断裂为两截。俟后，桑希将财物转运回吐蕃。[39]

此后，墀松德赞成年，见到先祖文书，乃与诸舅臣商议，墀松德赞说道：“我先祖文书中有载：属民安乐之法，如能使用‘幸运经典’（rmavi-levu-tshe）[40]，则可得到像先祖所具有之神变。”众臣说道：“先祖之经典何所似？”为此，赞普对贾桑梅果（rgya-bzang-me-mgo）[41]说道：“我父之时，所得汉地经典（rgyavi-gtsug-lag-levu-ke-tse）其所言者为何？”梅果则诵读了文书，该文书述及了经典情况之究竟，于是赞普说道：“此经典极佳，我父祖曾躬行了此妙善之法轨，但今日所见世间之善行又是如何产生？”赞普说罢，桑希随即想道：“可能是这样：即在赞普谈论外道经典之时，具有神通的和尚就已向（赞普）陈述了佛法。”想罢随即禀奏：“即使得到了汉地妙善之佛法，但那些经典也进不了王宫之门。”赞普说道：“那么关于汉地妙善佛法之原理你有没有呢?”桑希说：“我们汉地有之。”随后，王、臣便藏匿于隐蔽地点，将藏在青浦岩中的佛典（dharma）取回。随后按照金和尚（kim-hwa-shang）的教诲传布，首先诵读了《十善经》（dge-ba-bcuvi-mdo），对此，赞普生起信仰之心，领悟了善行。继之，又诵读了《能断金刚般若波罗蜜多经》（rdo-rje-gcod-pa），于是（赞普）又领会了正确见解，从而信心大增。复诵《佛说稻秆经》（sva-li-ljang-pa）[42]，（赞普）因之了解了双修（spyod-zung-vbrel），由是笃信佛法。又有的说：（桑希）先在（赞普）面前极精炼地讲述了十善和五蕴，随后又传布了《佛说稻秆经》，因此，（赞普）乃从一切佛法之因缘中生起信仰之心念。赞普说：“此如是之完好的佛法，在我之时获得。当酬谢天地菩萨等一切神佛。赛囊对我所说的不可不行佛法，此说亦真。”随后，对于贡献了令人独爱这种佛法的赛囊，赐予他在雍仲告身之上又加赐大金告身。对于桑希，在颇罗弥雍仲告身之上又加赐小金告身，（赞普）又对桑希降旨道：“你所迎来的全部汉地佛法、芒域的诸佛典等，当由汉人梅果（rgya-me-mgo）、天竺阿年达（rgya-gar-ava-nanda）及精通汉语者加以翻译。”此三人在海波山（has-po-ri）的鸟穴内将佛典译成藏语。这时，另外之大臣昂木·达扎路恭（blon-po-dam-ta-ra-klu-gong）及舅臣玛祥等等来到跟前，说道：“你们三个勤奋人在那里干什么?玛祥的小法有载：人死如果所做冥福，定予只身流放；不得奉行供养南方泥婆罗之神佛。这些你们没有听到吗?!凡所行之诸多事务，如与佛法言论相同者，无需禀告于王，即当埋于沙中！然后以小法惩处。这是否还要辩论?!”于是，对于此事，决断大事官员会议（bkav-yo-gal-vchos-pavi-mdun-sa）接到紧急信息，桑希向墀松德赞禀告，赞普说道：“在赛囊未返回之时，不可立即改变（行动）。”此时，诸崇佛舅臣向墀松德赞启奏道：“应派遣桑希去做上部使者赛囊的助手。”赞普说道：“像桑希这样聪明的汉地少年，他能献贡赋、取佛经，在这种情况下如果派往上部后死去，那就可惜啦！如果他未能从上部返回，又无子，则其后裔将断绝矣！”而桑希则禀述道：“王者天子以及菩提萨埵、拔赛囊，我等祈祷寻取佛经，我亦凭此而寻取之，因此，我之后裔不会死绝。到了上部，出自天竺的两位持戒律的比丘，其中某一位寿终，那么立即就会转生成为我之子矣！”

第六节　剪除反佛大臣玛祥

此后，王、舅臣尼雅桑（zhang-blon-nya-bzang）及大臣桂氏（blon-chen-mgos）[43]等等全体崇佛大臣（chos-blon）集会，商议推行佛法之事。舅臣尼雅桑禀告说：“先祖松赞干布因推行佛法，致使吐蕃获得巨大利益。天子之父亦如此行之。但（你）父死后，（佛法）则被舅臣玛祥毁坏。彼汉地之佛像，（原来）由一骑士可以抱于怀中，但在决定将佛像送回汉地之时，则千人也抬不动。送至芒域之时，由两骡载运之。其时，一些毁坏佛法的舅臣则突然死去。于是上下之信使[44]以及所有相士均说，此系汉地佛像发怒所致。（此事表明，）对于佛像及政权不得损害，此事应铭记在心。至于汉地佛像当重新取回，并予供奉。（陛下）如能按往昔天子之父推行佛法那样奉佛，亦可会同样地获得好处，虽然如此，但因舅臣玛祥不好佛法，故此心愿未能实现。”继之，大臣桂氏说道：“对此，能够找出办法，请在我的后面给予支持，然后大王的愿望即可实现。”议定之后，桂氏遂暗中将奖励物品送给所有上下的信使、卦师及相士，并让他们一致说：“国王的身体遭到大难，此将危及政权。”继而还让他们放出这样的言论，即：“对此，怎么办呢？这要由大王之各级舅臣中的两个最大的舅臣，让他们在墓葬地内闲住三年，如果这样做，那么大王之寿命及国家政权均可增益。”这类话还向聚集起来的众生广为散布。此外，桂氏又向漫游于途的众旅客说：“所谓舅臣玛祥染病，此言当真！”（这样说）就是为了使玛祥听到。而玛祥闻悉，心灵受到打击。其时，一西部老妇对玛祥面部瞠目而视，并说道：“据说玛祥系大王后裔的承继者，怜爱全体属民，但却身染重病，此是否确实?!”此妇说罢，玛祥想道：“(我染重病一事,）当是确实。”随后，当（玛祥整日）卧于家中之时，其内眷说道：“所患何病?”玛祥说道：“已患重病，此举国尽知矣！”内眷答道：“此国人之言无定准，不足信。”玛祥随后观看镜鉴，见已苍老，说道：“国人之言，可谓慧眼所出，当是真切（之语)。”于是甚为愁苦。此事桂氏闻悉。后在全体王臣会议之上，舅臣尼雅桑提出：“王之御体，身染重疾，应予妥为服侍。此事当由大王之最大侍者承诺之。”于是，老桂氏起而说道：“在大王侍者之中，以我为大。子孙亦均善良。在告身职衔上，除大臣我之外还有谁比我大呢?! 所以，当由我来做！”此时，玛祥也要比试一番，遂起而说道：“如果没有比大臣我大者，那么就由身为大王传者的我来做！”继而又说：“现在（王）之墓葬地建于何处?”桂氏说道：“是建筑在帕日山（phag-ri）还是建在久邦桑（vjuvi-spang-bzang)?”玛祥说：“建在那囊昌浦（sna-nam-brang-bu)[45]吧！”随后即开阔地基，玛祥察看，并说：“从嘎莫纳（dgav-mo-sna）把石头搬走！”继之，又采取使水不断之法，即使水流入兽角连成的管内，还可使水流到外面。此外，又制作了使人不致挨饿的食物、不致受凉的衣服、不致堵塞的缝隙，等等。俟后，墓地竣工。因二大臣尚不能进入其内，于是墀松德赞王令老桂氏前来。桂氏与塔德古囊恭（lo-te-gu-snang-gong）二人商议。随后，桂氏足穿鹫鹰靴，身穿马脖形的斗篷，此大臣便与舅氏玛祥进入（墓地）之内。（桂氏）说道：“这里作为舅氏的睡卧之处，这里做我的（睡卧之地），此处存放饮水。”桂氏说着并来回走动。玛祥却恐惧地往外走，其时，桂氏拍掌道：“那边是什么？”说罢随即逃出，（玛祥）抓其足，但手中仅抓到鹰毛一把。马脖形衣服散开，致使（玛祥）眼睛一无所见。其时，珞德古随即用盘石将门堵住，于是（玛祥）中了桂氏之计。桂氏从下方逃出，洞内传出（玛祥）呻吟之声[46]。

第七节　迎请菩提萨埵

从远处听到家鸡的啼鸣声后，其心想：要出水了，遂于小骡子前蹄不断刨地之处，挖掘后见有一不断水之泉眼，但遭到破坏，泉眼里有一箭上写着“那囊氏挖掘”的（字样）。此后，泉水喷到外面。其时，天竺萨霍尔王（rgya-gar-za-hor-rgyal-po）之子，他是世间聪明而刚毅的高尚之人，名为显达热格希达（shvanta-ra-kshi-ta），亦即希瓦措（zhi-bavi-vtsho）。此人在吐蕃正处于调伏机缘之时诞生，并且是一位功德无量的大菩萨。他被佳愿使者所迎请，国王（墀松德赞）依恃此最佳之顶髻珠，正进行转动佛教法轮之时，吐蕃全部妖魔动怒，于是疾病、灾荒等非正常现象随之而生[47]。为了保护吐蕃诸属民之心念，堪布希瓦措又重返泥婆罗[48]。但（希瓦措）说：“身为乌仗那王子而出家者，此人名为比丘贝玛桑浦瓦（dge-slong-padma-sambha-wa）[49]，此世界上能力最高之咒师，应加以迎请，他能熟练地将吐蕃妖降伏。”俟后，迎请了两位堪布，彼是由莲花之囊中诞生，他彻底修成持明寿(之成就)。此第二位佛贝玛琼内

（padma-vbyung-gnas，即莲花生——译者注），他降伏十二丹玛（bstan-ma-bcu-gnyis）、唐古拉（thang-lha）及香波（sham-po）等等所有诸狂妄之妖魔[50]，将众多孤独地狱予以消除。并欲将全部沙砾、林园、高山草场以及一切河滩均变成肥沃之良田，将所有的山变成为森林和牧地草场。当堪布想以此使吐蕃美好犹佳之时，由于吐蕃属民福德低浅，而未能实现[51]。其（上述之想法）也未使诸大臣心有所领悟。

再者，《拔协》一书载：在惩处了玛祥等不喜佛法者之后，王臣开会，舅氏尼雅桑按前述（消灭玛祥情况）做了禀告。墀松德赞王想道："舅氏所说的决定是真切的，我亦如是思之。"遂下令召开诸舅臣会议。随后众多王臣集会。墀松德赞言道："我先祖行佛，而玛祥毁之，此事甚恶。由于舅氏尼雅桑又言，遂乃复迎汉地之神像，我等仍宜奉行佛法。"赞普说罢，（王臣）均议妥推行佛法，当时提到所谓："现为施行佛法，在天竺及泥婆罗堪布中，有谁精通佛法历史呢？"墀松德赞王说道："拔赛囊（rba-gsal-snang）今在巴朗拉（ba-lam-glag），召其来我跟前。"赞普说罢，便派了使者，于是拔赛囊来到（赞普）御前。鉴于前述已有旨令，因而赛囊说道："以前到达过天竺萨霍尔（rgya-gar-za-hor）。今日当前往泥婆罗。萨霍尔王之子名叫比丘显达热格希达（dge-slong-shvanta-rasha-ta），他是精通佛典者，他来甚好。"于是赞普降旨道："此人不可不召请。你勿往他方，应前往泥婆罗（bal-yul），将我的函件和箱箧呈送给泥婆罗王，因此，为了得到萨霍尔的僧人，你拿去吧！"随后，（拔赛囊）径直前往泥婆罗，并将赞普的指令箱箧呈给泥婆罗王。继而请求堪布到吐蕃去，（泥婆罗王）诏准。于是乃将泥婆罗译师带到（泥婆罗王）的跟前。此后乃将译师迎至芒域，并将使者派往（吐蕃）之宫廷，向（赞普）禀告说："堪布已亲抵（吐蕃），正居住于芒域（mang-yul）。"（赞普）于是立派内属臣工朗卓囊热（lang-gro-snang-ra）、聂达赞冬斯（gnyer-stag-btsan-gdong-gzigs）及昌杰来斯（sbrangrgyas-legs-gzigs）等三人往芒域迎请之，并下令说：“你等三人权当侍从，在罕康比哈尔（hen-khang-bi-har）神殿处侍奉之！”由是，三人奉命往迎，随请堪布及朗卓（lang-gro）居住于逻娑比哈尔神殿处(ra-sa-bi-har)。

赛囊前往宫殿，担负香灯师之职务。大尚伦们为观察南部泥婆罗来的僧人（bandhe）是否有邪法、恶咒和离间之行为，遂派秦梅拉（mchims-me-lha）和僧果拉隆斯（seng-mgo-lha-lung-gzigs）和桑希前去调查，因听不懂语言而无法交流，在达恰果塞（dar-chags-sgo-gseb）市场上遇到卡钦杰桑（kha-che-skyes-bzang）之子阿年达（a-nanta），其学习翻译而辍学在此做生意，故请他来做翻译。问：“如何成为一位游方僧？”回答说：“对所有善行者没有不做之事，对所有恶行者没有不放行的，特别要敬奉佛陀三宝，主要是利益有情众生，不行恶咒和诡计，我等供奉的佛陀是利益所有有情众生的。真正的堪布是对所有恶行者及他人不做半点危害之事；对行善者和众生则要努力去做利益之事。这是没有半点怀疑的。”此后，将其迎请到扎玛（brag-dmar）宫殿，见面并观察之。赞普拿出一升半金子作为见面之礼，并行礼。堪布说：“你认识我吗？”赞普回答说：“我以前没见过你。”堪布说：“在佛陀光护为修寺庙时，有三个庄严护孩子，用沙子做了宝塔。我做班智达，你做国王，赛囊做使者，共同祈愿于无边之疆域盛行圣教，你不记得了吗？”赞普久思后说：“想不起来了。”赞普问：“游方僧你能观相吗？”回答说：“能！赞普你头上有缠巾，上部有帽子大小的领地；脚上有鞋，下部有鞋大小的领地；身上没有系腰带，中部的佛法即将会消失；但若要供献宝贝之礼，会使佛法昌盛。”

注释：

[1] 见《雅隆觉卧佛教史》38页上，以及《西藏王统记》民族出版社

1981年铅印本，199页，此二书均认为墀松德赞生于阳铁马年。《红史》亦同。

[2] 见《布顿佛教史》，木刻版，119页下。关于墀松德赞生年，《敦煌吐蕃古藏文历史文书》载："赞普松德赞（btsan-po-srong-lde-brtsan，即墀松德赞）生于查玛（brag-mar），并载时期是马年（rtavi-lo，系指水马年，即742年）。"以上均见巴考本，26页。《西藏王臣记》认为生于土马年，与《布顿佛教史》同（《西藏王臣记》，北京排印本，71页）。又，《莲花生传》说，墀松德赞十五岁执政（该书108页）。

[3] 《拔协》民族出版社铅印本将"zhi-steng"（西丁）写作"bzhi-stings"（见该书4页）。《莲花生传》说，先知和尚名"bi-rje-btsan-pa"（该书108页上）。

[4] 《西藏王统记》载，那囊氏家族人等"手中持幼儿所爱之物品、饰物、衣服及花蔓等"诱惑王子（见该书北京民族出版社铅印本，200页）。

[5] 关于那囊氏西丁，《敦煌吐蕃古藏文历史文书》（巴考本，82页）又称其名为"那囊妃芒波杰西丁（sna-nam-bzav-mang-po-rje-bzhi-steng)"。此人与金城公主究竟谁为墀松德赞之生母，一般藏史与敦煌出土之吐蕃文书有异。敦煌出土之吐蕃文书认为是那囊妃芒波杰西丁。显然吐蕃文书这种记载是错误的。据823年之舅甥和盟碑东侧藏文载："景龙之岁，复迎娶金城公主降赞普之衙，永崇舅甥之喜庆矣（king-lung-givi-lo-la-kim-sheng-kong-co/btsan-povi-khab-du-blangs-nas/dbon-zhang-du-vgyur-de-dgyes-sa-las//……）。此句明确记述迎娶金城公主与结成舅甥关系，是一种因果关系，如果金城公主不是墀松德赞生母，何以谓之舅甥关系？同碑文记载汉藏双方为舅甥者，总为六处，即是明证（均见王尧：《吐蕃金石录》）。又，《旧唐书·吐蕃传》记有吐蕃赞普上玄宗表文，内载："外甥是先皇帝舅宿亲，又蒙降金城公主，遂和同为一家。"据此汉藏文

献可知，金城公主系墀松德赞之生母当属无疑，这种记载与一般藏史记载相同。

[6] 据《敦煌吐蕃古藏文文书》载："至兔年（即玄宗开元二十七年，己卯，739年）……赞蒙金城公主逝世。"（见巴考本，25页）《旧唐书·吐蕃传》载："二十九年（即玄宗开元二十九年，741年），金城公主薨，吐蕃来遣使告哀。"《新唐书·吐蕃传》说："是岁（即开元二十八年，740年），金城公主薨。明年，为发哀。"上述汉藏文献所载有差，当与吐蕃使者告哀时间及汉地举哀时间前后有别相关。

[7] 勘察地舆之书，系指前述文成公主所用之五行算及五行图表一类的书籍。

[8] 巴德武系留居吐蕃之汉族使者，深得赞普信任。其子名贾珠格堪（rgya-phrug-gar-mkhan，汉意为"汉地少年舞蹈者"）系藏文名称，其汉名未见。据其藏文名称及他陪伴幼年王子看，似是精于舞蹈的少年。此人精通汉藏文医学，曾协助吐蕃翻译汉地医书，据藏文医著《医学总纲》载，金城公主带到吐蕃的医书《月王药诊》，即由汉地和尚玛哈蒂陀、汉人贾珠格堪及藏人琼波译孜、琼波唐祖、久拉门巴等译为藏文。（见该书78页下）

[9] 藏文"hur-bya-bavi-gtsug-lag"一词组，可译作"名为'乎'（hur）之经典"。其中之"乎"（hur），原文似是汉语之拼音，而非是藏文意译，故此将该字音译为"乎"。

[10] 桑希系居吐蕃之汉人，下文论述墀松德赞曾誉其为"聪明的汉地少年"（rgya-phrug-mdsangs-pa-po）。他对墀松德赞初期掌政及发展佛教、沟通汉藏关系曾起重要作用。又称sba-sang-shi或vbav-sang-shi（见《拔协》，22页）。

[11] 据上下文看，此宝瓶主（bum-bzang-dbang-po，朋桑旺波），似是唐朝皇帝御前的一位大臣。

[12] 此处之“rgya-devu”，意为“汉人德武”，即前述之“使者巴德武”（pho-nya-ba-vbav-devu）。

[13] 此处之藏书（sde-snod-kyi-dpe）是指经、律、论三藏之藏。

[14] 善知识（dge-bavi-bshes-gnyen），即后世所谓之格西，系僧侣中的一种学位名称，旧译为善知识。高级善知识后来曾担任吐蕃赞普幼年之师僧，颇有权势，下文述及颁布的兴佛诏书中就有提及。下文之善知识又指静命大师及莲花生大师而言，详见下文。

[15] 此论又见《拔协》，民族出版社铅印本，7页。

[16] 此埃曲（aeg-chu）《拔协》写作“埃曲城”（grong-khyer-aeg-chu），似汉地一城市名。又，此段之吉雅和尚（ki-ya-hwa-shang），《拔协》写作金和尚（kim-hwa-shang），系埃曲城的高僧。均见《拔协》，民族出版社铅印本，7页。

[17] 小法（khrims-bu-chung），此词对国家大法而言，可译作“小法”。此法是玛祥等反佛势力禁行佛教的几种规定，称为“khrims-bu-chung”或“khrims-chung”。译见下文。《拔协》只提定了法律，未用此名称。《西藏王臣记》载有此法律名称（见北京1957年排印本，72页）。

[18] 查玛珍桑（寺）系墀德祖赞所建五神殿之一，地在桑耶寺北查玛地区。

[19] 据《天竺佛学源流略讲》及《论西藏政教合一制度》解释，萨霍尔（za-hor）即8世纪时之东天竺，亦即所谓孟加拉国（bham-ga-la）。但《莲花生传》说萨霍尔在天竺东南部，而孟加拉国在天竺东部（见该书28页下）。西藏佛教后弘期的关键人物阿底峡，亦系生于此地之王族，1042年来藏。又据《青史》载，“za-hor”系藏语称谓，原天竺之读音为“sa-hor”（见该书ka函，20页下，木刻版）。又，显达热格希达（shvan-ta-ra-sha-ta），系梵文sāntaraksita之音译，意为寂护。藏文史书多译为zhi-ba-vtsho，意为静命，又称菩提萨埵(bo-dhi-stva)。他是8世纪人，曾任天

竺名刹那烂陀寺主讲，他与智藏及其门徒莲花戒并称“东方自立量派三大家”，三人在中观学系方面的著作对西藏佛教有重要影响。其中以寂护最突出，在他的多方支持或建议之下，吐蕃佛教取得了对本教及汉地禅宗的辩论胜利。继之又先后协助筹建桑耶寺，剃度僧人正式建立吐蕃僧团组织。他为吐蕃奠定纯正的佛教基础费尽心机。吐蕃佛教中天竺中观派势力占优势也与寂护密切相关。（见吕澂：《天竺佛学源流略讲》244~246页；《中国佛教》第一辑，137~138页；《阿底峡传》，木刻版，21页。又见《拔协》，民族出版社铅印本，11页）

[20] 即今之山西省代县，此处之代县山即五台山（ri-bo-rtse-lnga），又称清凉山（ri-bo-dwangs-bsil）。见《章嘉瑞贝多吉全集》，ja函。

[21] 此段叙述吐蕃使者首次访问五台山。唐穆宗长庆四年，“吐蕃遣使求五台山图，山在代州（即今代县）……”五台山自吐蕃起直至清季，向为藏族僧侣所敬仰，朝山拜佛者络绎不绝，墀松德赞时之吐蕃大医学家玉脱·云丹贡布率两名弟子访五台山，取得汉地医书而归（《老玉脱·云丹贡布传》，120页上）。清季五台山文殊寺、镇海寺更是藏族僧人谒佛修行胜地。九世班禅、十五至十九世章嘉呼图克图都与五台山有关。九世班禅与十九世章嘉活佛都曾躬亲谒佛于五台山，九世至十八世章嘉活佛之龛供均在镇海寺，并有章嘉佛塔一座，极为精美。至今五台山寺院中仍藏有许多藏文经典(见妙舟著：《蒙藏佛教史》)。

[22] 《拔协》载，墀德祖赞在赛马时死去（见《拔协》，民族出版社铅印本，8页）。但《恩兰·达扎路恭纪功碑》（即所谓雪多仁外碑）记载，墀德祖赞是被大臣贝东策(vbal-ldong-tsab)及朗梅斯（lang-myes-zigs）二人害死（见王尧编著：《吐蕃金石录》，69页；理查德森《逻娑古迹考》，16~19页。此事记于该碑之南侧。或说死于“rgya-ma-yar-snon-sgra-tshal”（rgya-ma-khri-sgang)。见洛桑赤列：《论西藏政教合一制度》，19页。

[23] 玛祥仲巴杰，简称玛祥（ma-zhang，《拔协》，11页）。又写作“ma-zham”；有时又称玛祥春巴杰，即“ma-zham（zhang）-khron-pa-skyes”，见《拔协》8页）；本教史《格言宝库》（legs-bshad-mdsod）又称玛祥仲巴（ma-shang-khrom-pa，见该书257页）。此人是当时握有实权的反佛崇本的大臣。《五部遗教》说他是那囊氏家族，该家族任大臣者有四人，他居第二，该书写其名为“ma-shang-khrom-pa-skyabs”（见该书ca函，7页下）。

[24] 此处之朗氏，即碑文中之朗（lang）氏，即朗梅斯（lang-myes-zigs），此人与贝东策（vbal-sdong-tsab）害死墀德祖赞之后，其事被恩兰·达扎路恭（ngan-lam-stag-sgra-klu-khong）告诉墀松德赞，此二人遂被墀松德赞处死。事见《恩兰·达扎路恭纪功碑》（见理查德森：《逻娑古迹考》，16~19页；王尧编著：《吐蕃金石录》）。显然，碑文所载与《贤者喜宴》记述有别。本教史《格言宝库》（257页）又称达扎路恭为“ngam-stag-ra-klu-gong”。

[25] 原文写作“bang”似为“pang”之误。《拔协》写作“pang”，则意为“怀”。如是，“pang-du-theg-pa”其意应是“抱于怀中”（见《拔协》，9页，版本同前）。

[26] 玛祥驱汉人返内地遗留鞋子一事，见《拔协》，9页，版本同前；此书在顿渐之争的记载中，只说汉禅师摩诃衍那（hwa-shang-ma-hva-ya-na）辩败后，在吐蕃建寺院一座，随之返回内地，未载遗鞋事（见《拔协》，79页，版本同前）。又，所谓顿渐之争，即墀松德赞后来主持的吐蕃佛教的一场辩论。“顿”即“顿门巴”（ston-mun-pa，此为《布顿佛教史》写法；《西藏王统记》则写作“ston-min-pa”），“渐”即“渐门巴”，（tsen-min-pa，此为《布顿佛教史》所载；《拔协》写作“rtsen-min-pa”）。据《布顿佛教史》解释，两个名词均为汉语，“顿门”意为“顿时”（cig-car）。“渐门”意为“渐次”（rim-gyis）。前者代表人物是

墀松德赞请到吐蕃的汉僧摩诃衍（即玛哈雅纳），传授参禅修定。后者代表人物是天竺僧人莲花戒（即嘎玛拉西拉）。两方观点是汉地禅宗与天竺莲花戒所传中观宗之争。王锡之《顿悟大乘正理决序》所载与藏文史书所载，在辩论结果上不同，前者说汉僧胜；后者说汉僧失败，摩诃衍之书被埋地下，返回内地，并遗留鞋一只，以示禅宗将在吐蕃重兴（此说见《西藏王统记》，民族翻译局本，221~222页）。以上分见《拔协》，66~76页，版本同前；《布顿佛教史》，木刻版，322~323页；《中国佛教》，第一辑，138~139页。有关顿渐之争，下文将有详载。

[27] 此处之钟，藏文采用直接音译的方法——“cong”，此词的运用在桑耶寺钟铭中亦见（见王尧：《吐蕃金石录》；杜齐：《藏王墓》，108页）。据此可知吐蕃铸钟技术与汉地密切相关。如果联系到“由汉人比丘仁钦铸造(rgyavi-dge-slong-rin-chen-gyis-blugs-so)”的昌珠寺铜钟，则确信吐蕃铸钟工艺盖源自汉地，从而表明汉藏文化交流之密切（见王尧编著：《吐蕃金石录》中之昌珠寺铜钟铭文）。

[28] lha-sa-bi-har，意为逻娑护法神（殿）。这里指大昭寺及小昭寺两寺，有时专指大昭寺。《拔协》写作“lha-sa-dpe-dkar”（该书9页）。《西藏王臣记》说，玛祥只将大昭寺当作屠宰场，未提小昭寺（见该书北京民族出版社1957年排印本，72页），是佛教之前和吐蕃的一种护法神(见弗若瑞译：《卫藏圣迹志》，114页，注129)。

[29] 据《西藏王统记》载，当时玛祥将两尊佛像均送走：汉地释迦像送往芒域；泥婆罗神像（不动金刚像）送往东部的托莫塘（do-movi-thang)，后发现非汉地之佛像，遂遗此地达七日之久，故称此地为卧杰塘(vo-rgyal-thang，意为“辛苦坝”)，即在却隆达（chos-lung-mdav）地区。又后将不动金刚像放在小昭寺内。而汉地释迦像置芒域长达14年（见该书北京民族出版社铅印本，202页）。《布顿佛教史》说，将汉地佛像送至芒域的吉隆（skyid-grong)，并将暴卒的两大臣分别写作“sna-nam-

khri-thog-rje”及“cog-gru-skyes-ngas-rgyal-vgong”（均见《布顿佛教史》，木刻版，120页上）。

[30] 卡论（kha-blon）。在《西藏王臣记》中写作“康本”（khang-dpon，73页）。两种写法均系官职名称。法尊将“mang-yul-gyi-kha-blon”译作“芒宇守”，见《中国佛教》，第一辑，137页。

[31] 大菩提寺（ma-hva-bo-dhi）之建造年表，据吕澂先生考证：“菩提寺就是天竺摩揭陀国的摩诃菩提僧兰……这僧伽兰是公元四世纪中师子国功德云施款建筑，作为他国内僧人来此展敬圣迹时住宿之所。”见吕澂：《天竺佛学源流略讲》，260页，附录《讲南传的佛灭年代》。

[32] 那烂陀寺（nva-lendar）建于5世纪天竺笈多王朝之时，据义净《求法高僧传》卷上说，那烂陀寺是帝日王为北印度一个叫曷罗社槃社的比丘兴建的。后经笈多朝两代扩建而成天竺著名大寺。我国玄奘及义净等高僧均曾在此谒佛学经。至于藏族僧人来此朝佛者亦不乏其人（见吕澂：《天竺佛学源流略讲》，165~166页）。又，《天竺佛教史》说：“故那烂陀寺之最初建立者，为阿育王；作为弘法之根本地者，为五百阿阇黎与尊胜成就主兄弟；增广之者，为罗睺罗跋陀罗；大事发展者，则龙树也。”（见多罗那他著，王沂暖译：《天竺佛教史》，31页）

[33] 《拔协》写作（ston-mos-rba-wa-se），并将“寺院”（gtsug-lag-khang）注释为“hen-khang”，看来“hen--khang”（罕康）其意当是“寺院”。上引《拔协》，11页，版本同前。

[34] ral-ka，当即ral-ga，为梵文rallak之音变，又有披肩、大氅之意。（见新编《藏汉大辞典》，下册，354页）。

[35] 海波山（has-po-ri）在桑耶寺附近，本教史《格言宝库》附图说，海波山一带有海波日塘（has-po-ri-thang），意为海波山地平原。桑耶寺北有查玛及雅玛垅（g·yav-ma-lung）。桑耶寺、海波山、金嘎、查玛、雅玛垅等均处于南北向的河谷及河流（洛黑达）两岸。（见《圣地

指南》，6页下~7页下）

[36] 益西旺波即拔赛囊。

[37] 隆促官，《拔协》写作“rlung-tshugs”（该书12页，版本同前；又见《布顿佛教史》，木刻本，120页上）。《西藏王臣记》75页载，寂护与墀松德赞会见是在温浦才（vom-bu-tshal）。

[38] 青浦（mchims-phu），《圣地指南》7页下指出此地在桑耶附近，故常并称之为“桑耶青浦”（bsam-yas-mchims-phu）。

[39] 以上有关巴赛囊及桑希的活动情况，《贤者喜宴》基本采自《拔协》。可参阅《拔协》，10~14页，版本同前。

[40] “幸运经典”（rmavi-levu-tshe），其中之“levu-tshe”，下文又写作“levu-tse”或“levu-ke-tshe”。《拔协》也同样写作“levu-tse”等几种形式。这些不同的写法，据上下文看均是“lvu-tshe”一字的几种不同写法，此词变体较多，如le-tshe，ling-tshe等。其基本意思是指文章、著作中的章节或指图表及图表的格子，后世之《佛历年表》即写作“bstan-rtsis-revu-mig”，其中之“revu-mig”与“levu-tshe”同义。又据文中出现“rgyavi-levu-tshe”（《拔协》，14页）及rgyavi-gtsug-lag-levu-ke-tse等看，此处之“levu-tshe”是指汉地的一种经典而言，也或许指附有图表一类的经典文书。故“rgyavi-levu-tshe”或“rmavi-levu-tshe”，其意或可译作“汉地经典”“汉地图表”及“幸福经典”“幸运图表”，等等。

[41] 贾桑梅果（rgya-bzang-me-mgo），《西藏王臣记》及《布顿佛教史》均写作“rgyame-mgo”，是协助墀松德赞发展佛教的汉人，他与迦湿弥罗之阿年达以及桑希曾翻译汉文经典。

[42] 《西藏王臣记》写作“sa-lu-ljang-pa”（该书北京1957年排印本，74页）。这些经书均为汉地尼玛和尚所赠。（洛桑赤列：《论西藏政教合一制度》，19页）

[43] blon-chen-mgos——大臣桂氏，《拔协》及《布顿佛教史》均写作“vgos-khri-bzang”（分见两书之16页及120页下）。《敦煌吐蕃文书》写作“mgos-kri-bzang-yab-lag”，此大臣是吐蕃赞普墀松德赞最为倚重者。《五部遗教》记载桂氏家族有三人出任过吐蕃大臣，此大臣即居首位，其名为墀桑雅甫拉（khri-bzang-yab-lhag）（见该书ca函，8页上）。他对墀松德赞政权的巩固，佛教的恢复、发展以及政治法律等重大措施均起过重要作用，下文有译述。又，舅臣尼雅桑（zhang-blon-nya-bzang），在德格版的《布顿佛教史》写作“zhang-nyam-bzang”（120页），逻娑版同《贤者喜宴》。

[44] phyag-sprin-pa，《拔协》作“phyag-sprin”。此词在洛桑赤列所著之《论西藏政教合一制度》中解释为“bang-phyin-pa”，意为信使、送信人。

[45] 那囊昌浦（sna-nang-brang-bu），据《西藏王统记》载，此地在逻娑北部的堆垅（stod-lung），该书称此地为堆垅昌浦（stod-lung-brang-phu）。（见该书203页，版本同前）。

[46] 关于玛祥之死，《拔协》记载除与《贤者喜宴》这种记载相同之外，另又说：“此后，舅臣玛祥因舌与上颚破裂而亡。”（该书9页，版本同前）。

通过上述可以看出佛本两种势力的斗争。但本教史所载与佛教史有别。例如，《雍仲本教目录》记载，墀松德赞：其二十岁以前奉行本教，其本教上师是贝涅沽（spe-ne-gu）及颇哈雪章（vbo-ha-shod-dram）二人，如是，在托烈赞普（the-legs-btsan-po，即布代贡杰）到墀松德赞以上二十八代当中，雍仲本教之教义如拨云见日，永久发扬，此所谓本教之中兴也（见该书下册，49页）。

墀松德赞兴佛抑本，据本教史载，大臣都不同意，是赞普本人执意孤行的。桂·墀桑雅甫拉并非佛教信徒，他也崇本，他在回答墀松德赞想迎请天竺僧人时说："天子陛下年幼。先祖止贡赞普因灭本而寿短，其三十六岁即被属民洛昂杀死。先祖松赞干布亦压抑(本教)，故此寿短，三十六岁而亡。寺庙亦被雷击损毁，因此，现在像先祖那样之命运复将到来！"并说："彼三十八代以前，（吐蕃）未曾获得佛法之恩惠，今对此知与不知？学之与否呢?！天子权重，请陛下自裁！"这段资料表明桂氏原是一位崇本大臣，不过并不像玛祥及达扎路恭那样狂热。俟后，墀松德赞决定"派译师迎来莲花生及安扎波底(an-ta-bo-de）等人的佛法，随之五百名本教僧人改为佛教僧人，措阿湖地区之内（mtsho-rngavi-gnas）均被佛法充斥"。（以上见《格言宝库》，256~257页）

据本教史载，玛祥与达扎路恭并未激烈反佛，此二人面对墀松德赞兴佛，只是预示吐蕃将有动乱，玛祥说："如是，末日将至，往昔本教之经典将被抛弃，因做恶行，故此国将动乱，王与属民将遭祸害。"（同上，257页）

本教书又载，玛祥并未遭到像佛教史所说被活埋墓中的命运。而墀松德赞兴佛也不是通过剪除玛祥之后才得以实行的，而是通过"使佛本双方辩论"（bon-ban-gnyis-vgran-du-bcug-te)。见前引用之《格言宝库》，257页。

反对墀松德赞灭本兴佛者，最初有香雄王，他集中香雄十三个千户兵力攻打吐蕃墀松德赞，但遭失败（见《雍仲本教目录》，51页)。

关于佛本辩论及较量技能，详见后文。

[47] 据《布顿佛教史》载当时发生了多种灾害，诸如："水卷旁塘宫，雷击红山，人疫畜病。"（该书120页下）《西藏王臣记》说："雷击红山宫室，天灾及人畜疫病猖獗。"（1957年北京排印本，75页）《拔协》（22页）说红山是指"逻娑红山"（lha-sa-dmar-ri)。

[48] 《拔协》载，墀松德赞率领拔赛囊等五名大臣，将金粉献给菩提萨埵以示送行。（见该书22页）

[49] 贝玛桑浦瓦（padma-sambha-wa）系莲花生之梵文名，藏文即“padma-vbyung-gnas”。藏文《莲花生传》多写作“乌仗那上师贝玛琼内”（au-rgyan-ghu-ru-padma-vbyung-gnas）。又称“slob-dpon-chen-po-padma-vbyung-gnas”（大阿阇黎贝玛琼内）或“au-rgyan-mkhan-po-padma-vbyung-gnas”“a-tsvarya-padma-vbyung-gnas”。乌仗那即今巴基斯坦斯瓦特河谷一带。藏史称莲花生共有八个名字，藏文谓之“莲花生八称号”（ghu-ru-mtshan-brgyad），即：释迦释子（gu-ru-shvakya-sengge）、莲花生（gu-ru-padma-sambha）、日光（gu-ru-nyi-ma-vod-zer）、狮子吼（gu-ru-sengge-sgra-sgrog）、忿怒金刚（gu-ru-rdo-rje-gro-lod）、海生金刚（gu-ru-mtsho-skyes-rdo-rje）、莲花王（gu-ru-padma-rgyal-po）、爱慧（gu-ru-blo-ldan-mchod-sred）。他是乌仗那国王之子，又是著名咒师，所以藏史又简称其为“乌仗那大宝”（au-rgyan-rin-po-che）。上见《莲花生传》，木刻版，39页下~40页下。

菩提萨埵走时曾向吐蕃王臣介绍莲花生说：“(莲花生）现居天竺金刚座（rgya-gar-rdo-rje-ldan），是精通五明之大学者。”（《莲花生传》，木刻版，111页）。莲花生被西藏佛教宁玛派奉为开派上师，颇为推崇，藏史《莲花生传》即系记载莲花生事迹之专著。该书记述其生地在天竺西部的乌仗那（au-rgyan-yul），并说该国内有大地区五个、小地方二十一个、大城市九十六个，大地区达纳果夏（dha-na-ko-sha）在中央。内有大城市二十二个，其中名叫具美城的大城位在中央，内有九顶琉璃宝贝宫一座（geetvu-raa-yi-pho-brang-rin-po-che），印查波底国王（rgyal-po-aindra-bo-dhi）即居其间，娶妃约强玛（btsun-mo-vod-vchang-ma）。城内还有却甸黑如嘎佛寺一座（mchod-rten-he-ru-ka-yi-lha-khang）。此国王及王妃约强玛就是收养莲花生的王族。

莲花生出生在古玛茹城（grong-khyer-ka-ma-ru）的东北部，据说乌仗那国王手下的大臣是在一株巨大的莲花里发现了作为婴儿的莲花生，随后带回献给国王。实际上，莲花生有其生身父母，他稍长曾对国王说，其父名日巴益西（rig-pavi-ye-shes）、母名黛东衮杜桑莫（bde-stong-kun-tu-bzang-mo），其生地在曲英吉瓦梅巴（chos-dbyings-skye-ba-med-pa），族系为英族（dbyings-rigs）。最初国王将收养的这位王子起名为海生金刚（rgyal-buvi-mtshan-ni-mtsho-skyes-rdo-rjer-btags）。以上均见《莲花生传》，木刻版，30页、31页、32页、36页、39页。关于莲花生到吐蕃后的活动，后文将有译载。

[50] 文中之十二丹玛，唐古拉及香波都是宗教徒认为的神祇。上文的自然灾害，佛教徒说就是这些神祇所为。《土观宗派源流》载："念青唐拉（gnyen-thang-lha）雷击红山，雅拉香波（yar-lha-sham-po）水淹雅隆旁塘宫(yar-klung-phang-thang-gi-pho-brang)，十二丹玛放出众多人病畜疫。"（木刻版，25页上~25页下）

十二丹玛即西藏佛教传说的十二个女护法神，即四魔女、四夜叉女及四神女总为十二女神。其名称是：rdo-rje-kun-grags-ma（多吉衮查玛，在北方纳木措）、rdo-rje-g·yav-ma-skyong（多吉雅玛琼，在南部藏地拉日山）、rdo-rje-kun-bzang（多吉衮桑，在定日拉齐雪山）、rdo-rje-bgegs-kyi-gtso（多吉凯杰佐，在羊卓雪山湖）、rdo-rje-sbyan-gcig-ma（多吉简吉玛，在拉甫雪山）、rdo-rje-dpal-gyi-yum（多吉贝吉雍，在卫藏交界的文穆卡拉）、rdo-rje-klu-mo（多吉陆莫，在羌兑色饮当玛湖）、rdo-rje-drag-mo-rgyal（多吉察木杰，在大积石山）、rdo-rje-dpal-mo-che（多吉贝莫切，在工布芝纳山）、rdo-rje-sman-gcig-ma（多吉缅吉玛，在聂地洛若区）、rdo-rje-g·yar-mo-si（多吉雅莫斯，在藏兑文莫纳杰）、rdo-rje-g·yu-sgron-ma（多吉悠准玛，在多康悠日山）。据藏史传说，以上之十二丹玛、唐古拉及香波等神，均被莲花生降服，而成护法之神（见《隆多喇嘛全集》，ya函，5页下~6页上）。

又载，上述诸神祇妖魔之所以制造灾害，是由于菩提萨埵讲法所引起，据《拔协》载："此后，迦湿弥罗阿年达任翻译，（由菩提萨埵）在隆促宫（pho-brang-rlung-tshugs）讲授十善业（dge-ba-bcu）、十八界（khams-bco-brgyad）及十二因缘（rten-vbral-bcu-gnyis）等法门，时满四个月，喜好邪恶之妖魔均对此不悦，遂水卷旁塘宫……"（见该书21页，版本同前）实际上其行动招致吐蕃社会不满。

[51] 据《西藏王统记》载，莲花生后来被迫离开吐蕃，因作为供养，他娶了赞普的王妃卡钦萨措杰（mkhar-chen-bzav-vtsho-rgyal），所以吐蕃大臣均不高兴，并向赞普进谗言，随之不再听从莲花生之言。（见该书，北京民族出版社铅印本，204页）

第六章 赞普墀松德赞从印度和汉地迎请高僧

【译文提要】第六章共有3节，即菩提萨埵的活动；派使者赴内地；迎请莲花生。本章主要记载墀松德赞在消除统治集团内部以玛祥为代表的反佛势力之后，即在信佛大臣的支持下积极寻求佛教，欲图以此作为吐蕃赞普巩固政权的新式精神武器。他从天竺和汉地两方面着手，本文中的菩提萨埵（寂护）及莲花生（贝玛琼内）就是天竺高僧，前者是以显教为主，属中观宗顺瑜伽行派。后者是以密宗为主。墀松德赞迎请这两人都先后遭到吐蕃本教势力的反对，并都先后被驱逐，但是最后莲花生的密宗终在吐蕃占了重要地位。墀松德赞想从宗教上再进一步排除原有的本教势力，以咒术擅长的莲花生成了他的武器，莲花生的咒术对吐蕃后来宁玛派的出现有很大影响。所以他在西藏佛教中受到推崇，以至达到神乎其神的地步，从本文中就可以看到这种情况。我们从中得到的印象是，吐蕃统治集团内部的斗争一向是与宗教斗争相关联的。另一方面，也可看到吐蕃时期西藏佛教与天竺佛教的某些交流情况，为我们探讨西藏佛教问题提供了应予重视的线索。

特别应提到的是，墀松德赞又再次派使者赴内地求取佛教。使者在内地受到唐朝皇帝和汉族僧俗人等的盛大欢迎，使他们请汉地和尚传授教诫的愿望得到满足，并以大量礼物相送。从对当时的记载中，使我们看到汉藏之间的亲密关系。

第一节　菩提萨埵的活动

（菩提萨埵）在隆促宫堡（pho-brang-rlung-tshubs），由阿年达任翻译（av-nantas-lo-tsva-bgyis），（向墀松德赞等人）讲述十善业（dge-ba-bcu）[1]、十八界（khms-bco-brgyad）[2]、十二因缘（rden-vbrel-bcu-gngis）[3]等法门。在时满四个月或两个月时，一些嗜好邪恶的妖魔为之忿怒，随即发生了水卷旁塘宫堡（pho-brang-vphang-thang）、雷击红山（dmar-po-ri）、人疫畜病以及天灾[4]。因此全体属民心生反感，并说此因赞普推崇佛法所致，故当将阿阇黎重新驱回上部（天竺）。遂不再施行佛法。其时，阿阇黎正在鼓楼中的白绸帘幕内修行，赞普带领拔赛囊（rba-gsal-snang）、桑希（sang-shi）、祥尼雅桑（zhang-nya-bzang）、僧果（seng-mgo）[5]以及聂达赞（gnyer-stag-btsan）等五位侍从，携带一升金粉，轮流进行七次顶礼，随后即将所有黄金置于堪布跟前而去。如是进行三个夜晚。最后赞普（对堪布）说道："我福分微小，且生于吐蕃喜好邪恶时刻，因此难于扭转（局势）。如不以巧计，则佛法不能实现。此言（你）应记在心中。堪布你暂且离开，居住在泥婆罗。（我）将再次设法派人往迎。”赞普说罢，阿阇黎给泥婆罗王及其臣工拿了一捧金粉，其余的金粉又献给赞普本人。并且堪布说道：“往昔先祖之时，未令神龙魔妖发誓伏首，因此吐蕃境内未被压伏的邪魔力量很大，他们不喜佛法，由于处于这种势力之下，所以当推行佛法之时，便见到所发生的恶兆[6]，并导致佛法未能建立和赞普寿短。此后如果再次实行佛法，则需令诸神龙妖魔发誓，乌仗那王（ao-rgyan-gyi-rgyal-po）之子比丘贝玛桑菩哇（dge-slong-pad-ma-sam-bha-lba），这位世界上的持密咒者神通广大。我迎请此人。为此，当佛法出现已至五百年末的时刻，在吐蕃如果外道的争辩者尚在，如果需要寻找一位佛教徒或别的什么人与之进行较量，则神变者贝玛桑菩哇可与其相角逐[7]。（我这样说的）根据是，他能同我相互辩论。如果由贝玛桑菩哇（令妖魔发誓臣伏），那么赞普的愿望则可实现，佛教亦可由此以后变得稳固。”因菩提萨埵如上所述，赞普王、臣遂决定依此行事。随后，即按驱除阿阇黎的办法将其发往上部（天竺），其时，（在途中，）僧果拉隆斯（seng-mgo-lha-lung-gzigs）首先得到了不吃肉类的戒律，并加以坚持，随后又得到了可吃酥油的戒律[8]。继之便将阿阇黎送至朗纳楚促（glang-sna-gru-tshugs）。此后，朗卓囊哇（lang-gro-snang-ba）和赛囊二人将堪布送往泥婆罗。然后他们二人返回吐蕃皇宫。

第二节　派使者赴内地

墀松德赞下令，派遣使者前往内地，（其命令说）如果完成赞普的愿望，则在（官职告身级别方面），即在大银告身（dngul-chen-po）之上再赐以贵子名号（bu-chen-po）。赞普为了推行佛法，向所有舅臣（zhang-blon）宣布了命令。对此王臣决定：任命禅臧谢（sbran-gtsang-gsher）为使者之长官（pho-nyavi-khang-dpon）、桑希为副官（vog-dpon）、拔赛囊为佛法监察官（chos-kyi-spyan-pa）。于是官仆三十人起程（前往汉地）[9]。

正当此时，有一位在汉使宝瓶主[10]（bum-sangs-dbang-po，第五章记载，原藏文又写作bum-bzang-dbang-po——译者注）跟前的天象家，他每日卜算天象。此人奏禀宝瓶主说："从西方有一使者将在今明两日内起程，将以六月零六天的时间抵达宝瓶（主）跟前。使者之中有一至两位发大乘心的化身，其形状相貌如是。"说罢随即画出两幅图形。于是宝瓶主（dbang-po）随即派遣使者向汉地皇帝呈报。皇帝有旨："彼两位发大乘心者前来，对于他们的接待和礼遇不要在宝瓶主那里进行。将他们送到下面来。"俟后，当使者届时到达宝瓶（主）跟前的时候，佛法监察官拔赛囊[11]及副官桑希的形象与所画图形相同。继之请这两位吐蕃使者到丝绸搭成的平房内，予以招待和礼遇，随后吐蕃使者乘车，其他使者骑马，前往葛西（keg-shi）[12]。其时，因为已经首先传出两位发大乘心的化身业已来到，所以便称他们的名称为"达康、达康"（dar-khang-dar-khang）[13]。一路之上，远近的和尚（hwa-shang）以及汉地属民、信徒等等多如云集，对于这两位住过丝绸平房的吐蕃使者予以盛情款待和供奉，然后送至葛西（宫）。汉地皇帝将墙壁及空间都用丝绸覆盖和装饰起来，并焚香奏乐，以此迎接和供奉吐蕃使者。汉地皇帝使他们随其所爱，均可好之则安。汉地皇帝说道："拔赛囊！你是一位发大乘心者，先前所画之图形也是如此。据一位神通的和尚说，你是一位发大乘心者马鸣菩萨（rta-skad）的化身。对你，我非常称心悦意，你需要何种礼物均可给你。"于是赛囊说道："今一睹皇帝金颜，心中喜愉。所闻圣悦，此种奖赏之莫大过于此者。其余赏赐之物无所求，惟请赐以可传授经诫之和尚！”对此，唐皇照准。遂派人[14]骑着唐朝皇帝的马前往埃克曲地区（aeg-rgya）请来和尚。（吐蕃使者）从和尚那里得到了修行教诫和教诲。当吐蕃使者走时，为此唐朝皇帝赐予赛囊如下礼物：汉地丘纸（byevu-shog）一百秤；丝绸五百（匹）、嵌有颇罗弥的珊瑚及颇罗弥的盘子，各重一百两，每种各一；一庹长的珍珠豆十串；彩缎、毛呢、盆（瓶），及纱（hwan）一匹[15]。其余礼品经特别研究亦赐予赞普，所赐的这些礼品同吐蕃赞普文书箱（中所列礼品）相一致。送给赞普的礼品是：丝绸一万匹、嵌有颇罗弥的帽子及一庹长的高脚盘。此外，对于其他吐蕃使臣也赐予大量礼品。再者，（唐朝皇帝）还将回信函件交给吐蕃赞普。随后，（赛囊等吐蕃使臣）便起程返回吐蕃。在吐蕃，赞普正向诸宦臣（zhang-blon）宣布推行佛法之时，赛囊回到吐蕃，献上各种礼物，并向（赞普）敬礼，说道：“我已完成使命。”

《遍知之子教法史》记载，具有先知之和尚所说的“使者要到”，只不过是伪言而已。所谓的“使者”只不过是卜卦者，而并不是和尚。和尚是汉地出家修行者之名。关于迎请奥丹（ao-tan）堪布的情况，在堪布本人的传记和历史中记载，堪布菩提萨埵（bonghis-ta）曾预言说：“以前有恰寨玛（bya-rdze-ma）四兄弟将恰茸卡雪（bya-rung-kna-shor）塔修建在泥婆罗。为教化边地之众生，逐渐向赞普、持戒者、持咒者以及使者等祈愿，而幻化为现在的赞普、我、莲花生、拔赛囊，由祈愿之力而迎请。”

第三节　迎请莲花生

（墀松德赞）为拔赛囊及僧果拉隆斯（seng-mgo-lha-lung-gzigs）二人调派了侍从人员，他们是：那囊多吉堆琼（sna-nam-rdo-bdud-vjoms）、杰自纳斯丁（lce-dsnyvan-si-nghi）、琳释迦扎（mchims-shav-gya-prabha）、昌底咱雅日格达（brang-ti-dsa-ya-raksha-ta）、徐甫贝吉增格（shud-bu-dpal-gyi-seng-ge）等五人。这些人前往迎接阿阇黎莲花生[16]。其时，阿阇黎莲花生对此业已悉知，于是乃自泥婆罗之扬列雪（ang-le-shod）以神变之力抵达芒域贡塘（mang-yul-gung-thang）。众吐蕃使者与莲花生会见，并对莲花生表示崇敬。莲花生将赠给他的金粉献出，并抛撒开来，同时祝福道："在未来，此处将出现黄金。"于是众吐蕃使者便生起怜爱之心。莲花生复以锡杖触碰石头及沙砾，这些石头及沙砾均变成黄金。此后，阿阇黎又示以神变，将芒域山向左右移动，因此，吐蕃使者表示信服，并请阿阇黎前往（吐蕃）。但阿阇黎说道："现在应当制服诸神魔，然后再去（吐蕃）。因为据说胎生（之人）敌不过神妖，所以（你等）先走吧！"随后为（吐蕃使臣）祝福，让他们回到（吐蕃）。其时，香雄地区的拉穆咱缅（zhang-zhung-gi-lha-mu-tsa-men）欲使两山间之距离靠近，于是阿阇黎便以锡杖之柄触碰，两山遂之相互靠拢。后来阿阇黎又来到（山）顶上的天空。这时十二丹玛女神在卡拉绒阔（kha-la-rong-sgo）打雷，并以手心捧水饮之，血滴变成了豆粒。继之，在乌由（vu-yug）多吉列巴（rdo-rje-legs-pa）对（阿阇黎）予以迎接和供奉。但白雪对阿阇黎示以傲慢，于是阿阇黎即以目注视（白雪），白雪因之溶化，逃往贝措湖（dpal-mtsho），而阿阇黎又施以恐吓印（sdigs-mdsub-bstan-pa），湖水因之沸腾，仅仅留下（白雪山）的骨骼，在湖边上做着双手献供之状，阿阇黎又以金刚杵触之，遂为（白雪山）的骨骼上添加了一只眼睛，由此便称此白雪山为“霞麦冈嘎多杰坚吉山（sha-med-gangs-dkar-rdo-rje，“无肉白雪金刚山”——译者注）。俟后，念青唐拉（gnyan-chen-thang-lha）以其巨大神变之身挡住去路，于是阿阇黎即以手杖触之，遂使念青唐拉变成为乾闼婆文殊菩萨，即引导（阿阇黎）进行午餐[17]，同时派纳缅嘎莫（gnam-sman-dkar-mo）及强缅丁洛尊（gyang-sman-ting-lo-btsun）两个（侍女）到阿阇黎跟前。但是（以美色）没有能侵害成（阿阇黎），随之被阿阇黎降服。此后，阿阇黎复以神变之力来到雅莫塘（gyar-mo-thang）[18]等地，治服了多康的神魔。而雅拉香波（yar-lha-sham-po）变成一座白牦牛山（gyag-dgar-po-ri）以示傲慢。阿阇黎便以铁钩钩住白牦牛山的鼻子，并用绳索和铁枷的大手将它缚住，继而又以铃铛般的大手捶打使之听从命令，（用这种办法）又调服了玛钦朋热（rma-chen-sbom-ra，即大积石山）[19]之山神。上述所有各种妖魔均逐一交心立誓。随后又将龙库（klu-gter）置于墨竹斯坚（mal-gro-gzi-can）。在下夏甫（shab-smad）、唐拉措湖（thang-lhavi-mtsho）以及墨竹囊索（mal-grovi-nang-sogs）等地，全部狐鼻地狱之水，犹如沸腾的熔铜一样，大地宛如烧红的铁，天空飞翔的鸟被烤得摇摇欲坠。对这些，阿阇黎举行了曼荼罗仪轨，洒了咒水和抛了砂粒。因此，乃将诸种地狱之众生引导到清净之地。于是地狱之火熄灭，大地变得清净宜人。此后，阿阇黎在隆促宫堡（pho-brang-rlung-tshubs）觐见了赞普，并礼足致敬[20]。

观桑耶之地相，于四面的布巴（spos-pa）放置伏藏，四方的扎巴（vgrams-pa）放火烧之；天空布满跳金刚舞之幻影，故于围墙之角也出现金刚度母；将所有非人皆当做奴隶役使，由四大天王做工头；白天由人砌墙，夜晚由神鬼砌墙，木工等所有一切皆完好，桑耶寺所有建筑完全体现了赞普之意图。此处有堪布菩提萨埵（bonghis-ta）对赞普敬拜，（赞普）心想，莲花生也如此对我敬拜，故赞普站在帐房中未有行礼。后世怀疑对僧人不尊，故要求对僧人之身影也要敬拜，此乃以前吐蕃之国法。在天竺信奉佛教之出家僧人对国王不顶礼敬拜，就连外道遍行者和婆罗门等也对国王不敬拜。出家僧人与国王见面后平起平坐，（有时）国王还对出家僧人敬礼。在藏地出家僧人对俗官敬拜一事，源于萨迦班智达去蒙古为阔端治病时，萨迦长官释迦桑布（shvakya-bzang-po）继任，除乌王巴（va-gug-pa）和辛仁巴（shas-rin-pa）外，盛传所有善知识皆要向（俗官）行礼。故后世皆效仿。

此外尚有许多书记载，一掘藏者、一雪狮、一大鹏鸟、一伏魔树花会同时出现，掘藏的王族等四种姓于何地出生，于此地即生长有开白、黄、红、蓝的四种花的伏魔树。《显宗经籍》记载，伏魔树花只有长于小溪缓流之岸以及在伏魔树林处生长，而不在其他地方生长，伏魔树有茂盛的枝叶，但花儿只有佛陀和转轮王何时出现时方能够开花；若（佛陀和转轮王）消失时花儿即凋谢。《戒律经籍》记载，遍行者饶桑（rab-bzang）常在树林中观花，见花儿快要枯萎时便知佛陀不久转世而出家。《密宗经籍》也记载，就像伏魔树花一样，在一百次中也没有一次生长的可能，未来也不会生长。这样如果一位伏藏者也会使伏魔树开花一次，那么声闻、独觉、菩萨、圣者出生时伏魔树也会开花，故不懂显密二教而信口开河，且夹杂有众多疑点，连简单的法术知识都搞错了，故而使学者陷入疑虑之中，设法如何抛弃正法，这是对旧密的亵渎。

《拔协》一书又载，关于（墀松德赞）欲想迎请菩提萨埵（bonghis-ta）的情况如是：当赛囊刚由汉地返回（吐蕃），赞普墀松德赞就说：“现在应当迎请菩提萨埵。”在赞普降旨之后，赛囊随又前往泥婆罗迎请菩提萨埵。最初，菩提萨埵将莲花生（padma-sambha-wba）及建造寺院的占卜者（phywa-mkhan）二人迎至芒域（mang-yul），他们会合一起。赛囊造船，自芒域迎请两位堪布循水路径直前往乌由（vu-yug）[21]。莲花生说道：“在明晨行至打尖时刻，在那里将有一处狐鼻地狱，需要举行慈悲法事。”说罢，遂自船上下来，在乌由抛了施于鬼神的朵玛（gtor-ma，祭鬼之食品——译者注），并做了祈祷。于是河水始告平静。将不让在藏地兴佛的白龙之子米松巴（mi-srun-pa）镇压并调伏，在其前有一位名为尼采微聂瓦（nyi-tshe-bavi-dmyal-bo）说要对其怜悯并到泥滩中心。部分梵天龙说："请看堪布调伏施碍的办法。"堪布将于大红铜锅内放置有一死黄牛，然后踢其铜锅，使其锅口向下。俟后，唐拉之神愤怒，时在仲冬，却于雪山之顶响起清晰巨大的音响，继而乌云一片，旋即降雹，闪电交加、巨雷阵阵。此后，征服各方（魔鬼），火祭坛亦恢复以往之平静。阿阇黎做了祈祷，翻腾的宁仲河（snying-drung-gi-chu）的雾气终止消散，趋于平和，长达一月之久。复次，当阿阇黎想使唐拉山神发誓之时，于是唐拉雪山之上乌云生起，（一时）闪电、雷鸣，冰雹下落。对此情形，堪布莲花生说道："此系一条年幼之龙子逃奔大湖。"随即举行三天祈祷，因此爆炸之声消逝，大地安宁，继而擒住此龙，唐拉山神因之听命伏首。此后，阿阇黎又来到玛来晓（ma-le-sho），观察彭域（vphan-yul），说道："此乃凶地，其状如张口之马户。"接着又前往堆隆雅热（stod-lungs-ya-ral）。阿阇黎在尊莫陈之山岩（bdsun-mo-phreng-gi-brag）上说道："此处坚如强项，如不将其上部截断，则外道之徒势将来到吐蕃。"言罢，即将山岩上部砍断。此后，阿阇黎说："在雄巴（gzhong-pa）将可得到小麦。"又说："将此地应做成水浇地，并应使此处得到水。"说罢，阿阇黎即用锡杖之柄将地戳成地穴，于是出现了十处水口。因此，该地称之为雄巴拉秋（gzhong-pavi-lha-chu，意为"雄巴神水"——译者注）。随后阿阇黎又说："卡纳湖（mkhar-nag-gi-mtsho）内有恶龙，应予降服！"又谓："此龙极凶，应当制服！"说罢，山岩上自然出现一座世尊金刚像。其时泥婆罗石匠说："让我们看看吐蕃的石头能否凿刻？"随后便在岩石上刻了一只鹿。迨后，阿阇黎又前往昂雪（ngam-shod）[22]，并在苏卡昌（zur-mkhar-vphrang）修建了五座石塔。继之萨霍尔堪布莲花生到达赞普的王宫，并向赞普行礼。赞普亦予以欢迎和礼遇。[23]

莲花生大师将右手之手掌放在一块大石头上，石头裂成两块。（莲花生大师）问："现在要到何处？"桑希回答说："于扎玛寨桑（brag-dmar-mgrin-bzang）有一模仿汉地迪吴仙（devu-shan）修建的寺庙，请到那里吧。"这时，菩提萨埵对赞普启请说："以前佛陀在世之时，见到魔鬼非人全部降伏，唯独在藏地见到很多没有调伏之魔鬼非人，阻止赞普兴佛，现在迎请世界威力最大的莲花生到此。由于以前禁佛，遂使旁塘（vphang-tang）发大水，香波（sham-po）的雪山崩塌，在藏地连续五年人畜疾病蔓延、灾情不断，雷击逻娑城以及火灾等种种恶相和障碍。此位咒师做出犹如对付四大天王对人间降下的旱灾等诸恶相之仪轨。若对赞普的佛法进行诋毁则由我反击，没有任何人能胜过我。寺庙出现何相、吉祥与否、教法能不能常驻，占卜解疑方面没人胜过他，故请他到此。如此可使赞普的想法获得成功。"为此，桑希请求前往寨桑迎请莲花生大师，遂与赞普的侍卫一同前往。莲花生大师授权诸神，众神从（佛殿）的里面来到外面。众大臣于半夜时点燃酥油灯去看时，没有一尊神像。第二天前去看时，见众神像依旧存在，莲花生大师正在供奉，众神说话并吃着贡品。所有酥油灯自燃，乐器自鸣，香火自点，五个经幡增至五百个，钟自敲自鸣，有一掬大小的葡萄谁都不敢吃。莲花生大师在（佛殿）里绘制坛城，为内寝侍役拉拢错谢年列（lha-lung-vtsho-bzher-snyan-legs）做圆光法（pra-rten），并授色那达（se-na-ta）之圆光法，（莲花生大师）将藏地诸恶龙之名字一一说完后，并说水淹旁塘的是香波神，雷击逻娑城的是唐拉神，降下灾情和人畜病疫的是十二丹玛神。第二天，又请优秀种姓即祖孙三代齐全者十多人做圆光法，并授四大天王圆光法。夜叉火神（gnod-sbyin-me-lha）示现其容，凶狠鬼神降灾于人。堪布莲花生讲佛法后，菩提萨埵进行调伏，未能调伏者则由堪布莲花生通过火供来降伏。如此调伏两次后，莲花生大师说："（藏地）鬼神全都调伏，现在还得如此调伏一次吧。以后即可如此安稳地发展佛教，修建称心如意的寺庙!”于斯普江都察（zur-phud-rkyang-du-tshal）降龙，斯监（gzi-can）亲现后并说：“大地之上赞普墀松德赞为最大，大地之下大王我为最大，我们皆为朋友，修建赞普的佛殿我出资十四驮金粉，需要的话还可以到象鼻（glang-po-sna）金矿去取。”并献上金粉。为降伏香波（sham-po）神，大师从头降水，水至大师之鼻尖后形成金刚，遂使水逆流而上，故形成为拉金（lha-rdzing）之名。用金刚击后水沸腾，香波神坐在被融化的雪山顶上问：“大师为何对我如此这般?”大师回答说：“你对我尤有挑衅之举，若你不想成为调伏对象，那我就烧你吧。”（香波神）立誓道：“我是黑道之类，没有信佛之机会，以后我答应不伤及任何无辜，你不要在我之面前搞破坏。”此后，大师说：“尚需要进行一次火供。”赞普在洗头之时，菩提萨埵问：“藏地赞普洗头时水取自何处?”辛拉（bzheng-bla）回答说：“取自沃布蔡（vom-bu-tshal）。”堪布说：“在吉祥山之北面，有一处叫达那（rta-rna）的泉水，从那里取水洗头的话会使赞普长寿，多子多孙，政权稳固，万事如意，谁能够取此水?”赞普听后（即将此消息）公布于众。堪布莲花生说：“这个我能办到。”遂从衣服下取出一个吉祥金瓶，此瓶由白哈达缠有四圈。堪布诵咒后抛到空中越来越高即刻消失。过了一会儿，于扎乍康（dzapra-khang）中金瓶瞬间犹如孔雀开屏式地显现在空中，并落入大师怀中，打开后里面有如同牛奶般的满瓶水，此即所谓的“洗头水”，并交由众大臣拿到赞普的住地，其住地虽小但明亮。此为门域之疯水，赞普之近侍错当药水喝掉，未有洗头。

再者，阿阇黎莲花生又说：“吐蕃应行施舍，则可导致幸福安乐。因此当从贝夏瓦纳（beesha-wpa-na）取宝，然后施舍给无宝之人。如是，世界所有之珍宝库藏可为吐蕃所有。在昂雪之查兑达（ngam-shod-gra-dol-stag）有各种河谷，在缺水和水小的地方将水抽干，使全部沼泽地改造成良田，以耕地抚养整个吐蕃。将所有大河和湖泊装入箱中，可使人提之而去。我在乌仗那即曾将一条比此大河还大之河使其流入洞穴之中。此外，可将昂雪之所有沙砾（地）变成园林和绿色草原。可使吐蕃所有一切贫瘠之地改为沃土。如是一切均将呈现欢乐景象。”对于堪布莲花生如上所做的大力说教，行之与否呢？吐蕃王臣随即在小型会议上商议研讨。如是，在他们探讨可否进行的时刻，乌仗那莲花生进行了一个早晨的祈祷，于是措莫古（mtsho-mo-mgur）地区的沙砾下部变成了碧绿的草原。此后，又将查玛拉哇园（brag-dmar-gla-ba-tshal）的下部变成森林。录岑（klu-rdshongs）地区亦有了河水。此后，又做了一番观察，举行了一上午的祈祷，于是从苏卡地区（zur-mkhar）出现了长而清净的河流，也有了水泉。由于这些均确实地出现了，因此众大臣说：“吐蕃如果凭借做好事的咒师（莲花生）的能力进行统治，那么政权就将被天竺夺去。”于是经小型会议商议之后，便决定将莲花生驱逐杀死。其时，阿阇黎说：“让我造田吧！”并说：“以雅隆土地为佳。”此后，（吐蕃王臣）向咒师莲花生敬礼，并献了丰厚的礼物，继之便请莲花生启程返回天竺。赞普不悦，向阿阇黎献了一升金粉，并轮流敬礼。阿阇黎说道：“我非欲得黄金，我是为降服吐蕃荒凉之地的妖魔，为赞普建立佛法，为建美好之吐蕃，为吐蕃属民之安乐而来。如果想得到黄金，我可以如此做去。”阿阇黎说罢，凡经阿阇黎他的手抓过或接触过的石、木、草、沙等均成金粉。为了尊重赞普的心意，只取了一把金粉，余者又献给赞普本人。随后，莲花生又在查玛温甫园（brag-dmar-vom-bu-tshal），为二十一位赞普和属民讲授《秘法之见解蔓》（man-ngag-lta-bvi-phreng-ba）。

（莲花生对赞普说：）“大王，我之密宗之观点要符合法身，行为要符合菩提之要求。行为不可随观点，若随观点则变为无善无恶即产生断见，以后不可恢复。行为与观点相续，会使事物相互纠缠而不可解脱。这是我密要方面之观点，未来人们会不知其意。没有符合续部之观点，即为无有而未有找到，使众多人投身恶趣。观点行为不得分离，也要利益众生。总之，由众生修改后，产生诸多不同形式，故福力减少而证悟者少。若将所有未有篡改的书埋藏起来，总有一天会有缘分者翻译的。”

遂将许多书籍埋藏在山岩之内。又为赞普做了各种灌顶，传授大乘密咒教诫（theg-pa-chen-po-gsang-sngags-kyi-lung）。讲述了《金刚橛经部》（phur-bu-vbum-sde），随后向报身佛住地祈祷：“我与诸无遮胜施主（gtan-pa-med-pavi-sbyin-bdag，任人所取的布施的施主——译者注），今世后世生于何处？在报身佛之住地，去同享大乘瑜伽之果吧！”（阿阇黎）在火祭（焚烧树枝、杂粮、花果的祭神活动——译者注）未完便辞别归去。送行者为其牵马，前往上部泥婆罗送行，未曾送到天竺，其时有某些吐蕃大臣说道：“如不杀此咒师，则此具有大能量者将要诅咒吐蕃。”因此，经会议决定，据说派遣十八个人前去杀害（莲花生）。彼等遂往路上等候。但是，阿阇黎官仆等在抵达芒域的晚上，他对送行的人们说道：“明日迫害我们的人行将到达。”俟后，在行途中，于达纳地区（stag-sna），十八个杀人者，其中有的人拉满弓，有的人手持枪矛，有的人拔出刀剑。当他们向阿阇黎行凶之时，阿阇黎做了捆缚之手势，因此十八个人便不能讲话。阿阇黎又做了打击的手势，十八个人便因之不能行动，每个人都变得犹如塑像和壁画。从家中出发到达芒域（mang-yul）之山口，打发所有送行人返归。堪布赐言道：“若经过三次调伏藏地的鬼、神、龙等，赞普即可长寿，其子孙之社稷将宏大，佛法能够长存，你等要牢记心间。总之，一个法轮到哪里，哪里就会出现佛法，哪里就有外道与之争辩。藏地在五百劫后传佛法。若未传佛法，即不会有外道与之争辩，只可在本教派中自己争论，那么佛法也就成为一派之言了，故在藏地也会出现一次大的战乱。”此后，（堪布）赐给所有送行者每人一把白芥子，并对他们说：“（你们将白芥子）撒在朝我射箭者身上，便可指使他们行走。”众送行者依此照办，堪布说：“我现在暂时无有调伏者了，要到西南边地调伏魔鬼去了。”说着从马背上飞走，在云中袈裟飘飘而去。送行者按照堪布之吩咐，把白芥子撒在那些脸上画着面具的被杀死者的身上，使他们会说而能行走了。送行者们返回宫殿后，如实述说了以上事实，赞普心中极为喜悦。

再者，《拔协》记载，在桑耶寺[24]未奠定寺基之时，阿阇黎似已到达罗刹地区（srin-yul），此种说法想来可能是将莲花生的各种历史混为一谈的写法。在桑耶寺开光时，莲花生确实存在，这在巡礼道上的图画（vkhor-savi-ri-mo）里是清楚的，《大盟誓》（bkav-gtsigs-chen-mo）一书载：“阿阇黎莲花生，战胜了神魔。”总之，在大阿阇黎莲花生向赞普传授了秘密滋生圆满之三部经教（nang-gi-skyed-rdshogs-sde-gsum）之后，即为赞普灌顶。而赞普则将王妃卡茜萨措杰（btsun-mo-mkhar-chen-bzav-vtsho-rgyal）作为灌顶的报酬献给了（莲花生）。对此，众大臣不悦，说道：“(阿阇黎）先夺走王妃，现在就真的要夺取政权了。”说罢，便前去商议。[25]

注释：

[1] 十善业，参见前注。又据《大藏经》载，十善业又谓之十增法或十善行，该书说：“云何十增法，谓十善行，身不杀盗淫，口不两舌恶骂妄言绮语，意不贪取嫉妒邪见。”（见《大正新修大藏经》，第一卷，《长阿含经》卷第九，《增一经》，57页）

[2] 十八界，即六尘（色、声、香、味、触、法）、六根（眼、耳、鼻、舌、身、意）及六识（眼、耳、鼻、舌、身、意——此为中六识），总为十八界。

[3] 十二因缘，又谓十二缘起，此即指无明、行、识、名色、六触、受、爱、取、有、生、老、死。

[4] 此次天灾，据《贤者喜宴》载，为时长达五年之久（见该书ja函，

86页上）。

[5] 僧果之全称是僧果拉隆斯（seng–mgo–lha–lung–gzigs），见本译文。此人曾奉命去泥婆罗迎莲花生（《汉藏史集》，上册，129页上）。

[6] 所谓恶兆，即前述之水卷旁塘、雷击红山以及各种天灾等事。此事又见《拔协》，1980年民族出版社排印本，21~22页。旁塘宫即梅阿聪所建宫殿之一。见第四章中“墀德祖甸执政”部分。“红山”，据《拔协》载，即“逻娑红山”（lha–sa–dmar–po–ri），亦即今布达拉宫所处之红山（又称布达拉山）。

[7] 与外道争辩事，此指大约在公元792年至794年佛教内部的“顿渐之争”。但吐蕃当时迎请的天竺高僧不是莲花生，而是菩提萨埵（寂护）的弟子莲花戒（kla–ma–la–shi–la），他当时正在泥婆罗。他是“随瑜伽行中观派”的代表人物，亦即所谓“渐门”观点的一方代表。与他相争辩的是“汉地和尚摩诃衍”（rgya–nag–gi–hwa–shang–ma–hva–ya–na）（又可译玛哈雅纳），此人是所谓提倡禅宗的“顿门”代表者。此事详见后文。另在《拔协》一书亦有记载，见该书1980年民族出版社排印本，64~76页。

[8] 关于僧果拉隆斯受戒律，《拔协》所载与《贤者喜宴》有别。《拔协》说：“随后，僧果拉隆斯得到不吃肉的戒律。再后又得到不吃酥油的戒律。”（见该书北京民族出版社1980年排印本，23页）

[9] 所派赴内地的三位吐蕃使者，其名称、官职，在《拔协》中记载如是：任命使者的卡本为昌臧谢（pho–nyavi–kha–dpon–ni–sbrang–gtsang–bzher）、拔桑希为副官（vog–dpon–ni–sba–（vbav）sang–shi）和拔赛囊为佛法监察官。（《拔协》，1980年北京排印本，23页）

[10] 宝瓶主（bum–sangs–dbang–po），《贤者喜宴》与《拔协》均写作“rgya–navi–（rgyavi）pho–nya–bum–sangs–dbang–po”。“bum–bzang–dbang–po”似是汉使的名字，意为“净瓶主”。但本书第五章中，其藏文

又写作“bum-bzang-dbang-po”，故此处译法仍袭前译，写作“宝瓶主”。

[11] 拔赛囊。《布顿佛教史》又称其为“拔芒杰赛囊”（sba-mang-rje-gsal-snang）。见该书木刻版，121页上）

[12] 葛西（keg-shi）。从上下文来看，此“葛西”一词似指一座宫殿名或地名。

[13] 达康（dar-khang）。据其上文的意思看，“达康”应是“丝绸房屋”之意。但这里的称呼，是以其所曾住过的“丝绸之房屋”名来称呼吐蕃使者。

[14] 据《拔协》载，唐朝皇帝将大大小小的赏赐物品集中起来，然后派其师长（gu-ru）骑御马往迎汉僧。《贤者喜宴》中的“gu-rub”应是《拔协》的“gu-ru”之误（见该书排印本，24~25页）。

[15] 文中之“盆”（瓶），似是原藏文“ben-tse”一词的缩写。原藏文的“hwan”字，显然是一个拼音字，其意似是“纱”，又，“byevu-shog”应是一种纸张名称，“byevu”不知其准确之汉文对音为何，今以“丘”字标其音。《拔协》25页又作“丘金纸”（byevu-gser-shog）。

再者，所赠物品中有丝绸彩缎，这是藏族从唐以来最珍爱的汉地物品。唐代皇帝赐吐蕃赞普、赞普祖母及其母、大臣等的物品以杂彩最佳，曾赐赞普杂彩一次就达二千段之多（见《册府元龟》，卷九七四，外臣部褒异第一）。我们还可以从《米拉日巴传》中的一段关于丝绸的记载，看到藏族人民对汉地丝绸的珍爱。该书载：“在东方汉地万祥门（按：此即长安一宫殿之宫门），汉女将水纹织在丝绸上，如果内部穿引的纬绽不乱，后来的风就不能将它摇动，绫绸丝缎是用智慧织成！”（见《米拉日巴传及其道歌》，1981年藏文排印本，462页）

[16] 据《拔协》载，当时拔赛囊从泥婆罗迎菩提菩埵，而菩提萨埵又从泥婆罗迎莲花生及建造神殿的占卜师（lha-khang-rtsig-pa-vi-phywa-mkhan）同赴吐蕃。（该书排印本，25页）

[17] 午餐。佛教徒需正午或此前用餐。过午则不餐。此外之“恐吓印”以及后文的“捆缚手势”及“打击手势”，均为宗教徒做咒术时所采用的手势。

[18] 雅莫塘（gphar–mo–thang），唐代吐蕃《恩兰·达扎路恭纪功碑》中写作“dbyar–mo–thang”（见王尧：《吐蕃金石录》，该碑文中的南侧碑文）。《新疆发现吐蕃古藏文文书》则称“域扎西雅莫塘”（yul–bkra–shis–dbyar–mo–thang），意为“吉祥盛夏草原”（见陶玛斯所著该书之第二册，92~99页，沙州条，19、Ch、q、I、37），雅莫塘是青海湖地区的称谓，《五部遗教》说：“青海湖（赤秀洁莫措）位于北方康地（khams）雅莫塘。”总观诸说，雅莫塘正字应是“dbyar–mo–thang”。

[19] 玛钦朋热（rma–chen–sbom–ra），即大积石山，又称阿尼玛卿（a–mye–rma–chen）。《隆多喇嘛全集》（ya函，6页下）说，此山是在“多麦东部玛钦朋热山”（mdo–smad–na–shar–rma–chen–sbom–ra）。据本教传说，本教之玛（rma）神，最初住在大积石山，并以此山为其宫殿。后经莲花生降服而为佛教保护神。随后则以此“大玛神”（rma–chen）之名作为该山峰名称的一部分。

[20] 以上莲花生所谓降服念青唐拉、雅拉香波及玛钦朋热等等神祇，显然荒诞无稽。但这些被降服的神祇均成了吐蕃各地的保护神，并以此作为各山的山峰名称。这些神话流传至今，而且成为研究西藏历史地名的重要依据之一，从中可以看出地名学与民族学的关系。又，雅拉香波山在雅隆河谷西部。

墨竹即墨竹工卡之墨竹。夏甫麦（shab–smad）即“下夏甫”。夏甫在日喀则西南、纳塘之西，该处有夏甫河（shab–chu）。

[21] 莲花生乘船走水路，先到尼木之推嘎（snye–movi–thod–dkar）（见《拔协》，排印版，25页）。乌由在尼木之西，雅鲁藏布江北岸。

[22] 昂雪（ngam–shod），后藏之昂仁（ngam–ring）下部。又，彭域

及堆隆均在逻娑之西北。

[23] 从此段的内容，可以看出当时吐蕃已有水路可行。

[24] 桑耶寺，此为墀松德赞在779年所建。这是第一座有出家僧人住寺修行的吐蕃时期的寺院。据《布顿佛教史》（121页上）载，桑耶寺是阿阇黎菩提萨埵仿天竺欧丹富多梨寺（ao-rbya-na-ta-pvu-rivi-gtsug-lag-khang）建成。欧丹富多梨寺是公元8世纪中期建于天竺摩揭陀，其时正是古天竺瞿波罗王（gu-pa-la）在位，他是波罗王朝的国王。欧丹富多梨寺又称高翔寺或飞行寺（vphur-vgro-gtsug-lag-khang）。桑耶寺仿此寺建成后取名"吉祥无际不变自成寺"（dpal-gyis-bsam-yas-mi-vgyur-lhun-gyis-grub-pa-vi-gtsug-lag-khang），见《汉藏史集》，上册，131页下。《拔协》（1980年排印本，40页）又称其为"吉祥红岩无际不变自成世间洲"（dpal-brag-dmar-bsam-yas-mi-vgyur-lhun-gyis-grub-pa-vdsam-buvi-gling）。桑耶寺是上述的简称。此外，汉语又称桑耶寺为"三样寺"，因为桑耶寺有三种不同的房顶（dbu-rtse-rigs-gsum），即汉式、藏式和印式（有说是和阗式），故称"三样寺"。其写法有两种，一种是"gzan-yang-mi-vgyur-lhun-gyis-grub-pavi-gtsug-lag-khang"（三样不变自成寺），这是民族文化宫一部专讲各种文字的藏文书籍中所写（书名待考，该书16页上），另一种是《四大寺志》（grwa-sa-chen-po-bzhi）所载："大堪布希瓦措（即寂护）仿吉祥欧丹富多梨寺，建成寺院，该寺有三种屋顶、四洲（gling-bzhi）、八小洲（gling-phran-brgyad）及二日月轮（nyi-zla-gnyis）等。汉语则谓建成三样不变自成大法轮寺（rgya-nag-gi-skad-du-zan-yang-mi-vgyur-lhun-gyis-grub-pavi-chos-vkhor-chen-po-bskrun）。"（见该书木刻版，19页上）关于桑耶寺，在后文有详载。以上有关欧丹富多梨寺情况，参见吕澂：《天竺佛学源流略讲》，246页；刘立千：《印藏佛教史》，18页。

[25] 此处说墀松德赞为感谢莲花生为其灌顶，竟将其妃子赐给莲花

生。这导致吐蕃众大臣的不满从而为反佛势力提供了借口。他们说莲花生既然可以夺走王妃归己，那么下一步就可能夺走吐蕃王权。这种舆论压力很大，最后莲花生被迫返回天竺。这实际反映了旧贵族反佛势力的暂时胜利。

第七章　墀松德赞兴建桑耶寺等事迹

【译文提要】 第七章共有3节，即兴建桑耶寺；五妃业绩；达热路恭进攻突厥。本章主要记载桑耶寺的建立，此外还记述了在建寺过程中吐蕃与天竺、吐蕃与突厥的关系。在译文中还可以看到墀松德赞三位妃子崇佛建寺及出家的情形。在注释部分，据《汉藏史集》，为读者提供了有关墀松德赞之母金城公主建寺的史料。

从佛教意义方面来说桑耶寺是吐蕃佛教史上第一座有正式僧人居住修行的寺院。就寺院建筑方面而言，该寺是严格按佛教有关教义为指导原则兴建的，建筑艺术上体现了吐蕃建筑工艺已达到很高的水平。该寺的建筑是吐蕃人、汉人、天竺人、泥婆罗人及于阗人共同协作的结果，这既反映了此时吐蕃与邻族的友好关系，也从建筑艺术上显示了各族间的文化交流。根据上述几点，本章完整地记载了修建桑耶寺的全过程，以供读者研究参考。

桑耶寺的建立具有重要的社会意义，它象征着佛教作为一种新兴的势力开始登上了吐蕃的政治舞台。从支持建寺的王族和其大兴土木、不吝资财方面观察，佛教势力具有强大的政治和经济后盾，并有了得以生存发展的据点——寺院。这些都是本教势力所没有的。

第一节　兴建桑耶寺

经与墀松德赞王议决："将（莲花生）迎请到吐蕃的咱日扎（bod-kyi-tsva-ri-tra）及卡曲河（mkhar-chu）等等地方，或者迎到岩山、雪山等等诸非人之地，在那里主要从事非人所做之事。然后再回到桑耶。"而《萨迦喇嘛佛教史》（sa-skya-bla-ma-dam-pavi-chos-vbyung，此似指萨迦派喇嘛索南坚赞所著之《西藏王统记》而言——译者注）亦如是而言：佛本之争（chos-dang-bon-du-rtsod-ste）毁灭了本教。随之发布了威严的谕旨。众人请求圆满建成寺院，地基犹如满盛藏红花的金盘。兔年奠定寺院的地基[1]以欧丹富多梨寺为模式[2]，该寺有三种屋顶[3]。寺之中殿（象征）须弥山，四方分设三洲、四洲及八小洲，日月之形分处上下两部。内部皆白，外表有湖泊之图。寺之外围设有围墙，墙上有一千零八座内装舍利之塔[4]。须弥山四角顶部，建有能起镇慑作用的佛塔四种[5]。外如四十大洲之世界，内若佛国乐土之状。神秘宫堡如同巨大之曼荼罗。三十七菩提分法圆满具足。所建寺院该世界无比。诸自成大菩提之真实化身佛像安置（寺内）。再者，三位王妃各建其寺[6]。当与总体之护法神商议之时，于是第二位佛莲花生说道：“对于王者，如果执事僧是魔之化身，则因废弃佛法而导致王法被毁。其时白色魔鬼化身之霍尔（hor）[7]，此霍尔将统治吐蕃，遂（使吐蕃）蒙受苦难，因此，如若将霍尔之木雀神像及菩提天神神像供作护法神，则将使（王法）不遭损坏，因此彼二神像应予迎请。”莲花生言罢，据谓即于（桑耶寺）这毕哈尔洲（bi-har-gling）建造了王者之像。随后达热路恭（ta-ra-klu-gong）等人率领军队，摧毁霍尔之修道院，遂将该处神像等物携带而归。于是乃建大乌仗那金刚年（像）。至于北方多闻天王役使为奴之情形，他鼓动全部夜叉之军。天之优婆塞即妖魔之大统帅，他统治八部，使众生得以安定养息。而毕哈尔王召请诸智者，且以佛法调服之，继而令彼等为寺院之侍者。鉴于此神安排，随即称其为多闻天子绛域玛（rnam-sras-vjang-yul-ma）。如是，此吉祥桑耶不变自成大寺，系一难以想象之建筑。此世间无与伦比之寺院，兔年奠基，兔年竣工，十年圆满告成[8]。

再者，所谓《桑耶志》即《拔协》（bsam-yas-kyi-dkar-chag-chen-mor-grags-pa-rba-bzhed），该书载：此后，在查玛措莫古（brag-dmar-mtsho-mo-mgur）建立佛法会址，任命拔赛囊（gsal-snang）为法会之僧官（chos-kyi-tshugs-dpon-bla）。其时本教徒及崇本官员（bon-blon）抗议说：“勿行佛教，当行本教！”而菩提萨埵说道：“一国之内若行两种宗教，此情极恶。我等当辩论，如你获胜，我便离去，随即发展本教，假设佛教获胜，则应废弃本教，而弘扬佛教。”为此，佛本辩论较量时尚无证人予以裁断。此后猪年，（赞普王、臣）居住于苏培宫红甫园(pho-brang-zur-phud-rkyang-bu-tshal)。其时，倾向佛教二方的人是祥尼雅桑(zhang-nya-bzang)、聂·达赞东斯（gnyer-stag-btsan-gdong-gzigs）、僧果拉隆斯（seng-mgo-lha-lung-gzigs）及娘·肖玛（nyang-sho-ma）等四人，任命菩提萨埵为该方的辩论主持者。倾向本教一方的人是达热路恭（ta-ra-klu-gong）、大历算家琼波佟促（rtsis-pa-chen-po-khyung-po-dum-tshugs)、琼波·泽哇才米(khyung-po-rtse-ba-tshe-mi) 及久氏 (cog) 等人。辩论中，本教起源恶劣而且 (辩论) 理由微小无力；佛教起源高尚，(辩论) 之理由深广有力，论诤出色，智慧敏锐，不可战胜。继之，彭域 (vphan-yul) 地区的浪荡本教徒，把所有为死者唱葬歌的人也使之变成为损耗鬼。因此，随即决定不得施行本教 (bon-dgyid-tu-mi-gnang-bar-chad)。同时还决定：不准为死者宰杀牛马及生灵，不得放置肉类。再者，又决定：凡为诸王消祸禳灾时，如果对妖魔想举行本教法事，除蔡米 (tshe-mi) 及香雄两处外，他处不得做此法事。继而又将本教书籍悉数投于河内，余者最后均以黑塔压之[9]。

此后决定推行佛法，建造神殿。赞普对大臣桂·祥巴 (blon-po-mgos-bshams-ma) 教诲道："你不喜好佛法及建造神殿吗？"大臣回禀说："佛法如佳，我即奉佛，然而我已老矣，(佛法) 恐不可得，但将铭记于心。纵然如是，但王与王妃将能精通佛法。门地少年亦将精论 (佛法)。"此大臣回禀之后，赞普道："那么要感谢你这位大臣了！"言罢欢笑。

此后，决定从芒域 (mang-yul) 复将释迦牟尼像请回，由一位骑兵怀抱佛像迎请归来，安置于小昭寺。复次，当于兔年春季决定为桑耶寺奠基时，赛囊说道："在未建主寺之时应建配殿。"其时 (赞普) 不准拔氏父系 (rba-pha-tshan) 人等奉行本教，令其崇佛。拔拉斯 (rba-lha-gzigs) 担任其友娘若恭 (nyang-ro-kong) 的善知识[10]，并为之传授佛法，并授五种近事戒。而娘若恭又做了其父系兄弟的善知识，于是所有娘氏成员均皈依于善业。

此后，决定就在兔年兴建桑耶寺。在商议过程中大臣桂氏说道："国王陛下！如不设法计议，一旦吐蕃属民提出'不可奉佛'之抗议，即使业已决定之事亦不能完成。因此，应 (向属民) 提出一种选择 (方案)。"经此暗中议决之后，随即召集吐蕃属民，赞普言道："世间之上以吐蕃大王为大。在吐蕃大王中比我大者往昔未有，然而我尚无功绩，故今应做一番大事业，你等这些聪明的吐蕃属民说吧！”于是老年的大臣桂氏（mgos）[11]说道：“国王的谕旨比魔严，法律的山峰比天高。无论做何种功业当请（陛下）降旨。”随即赞普说道：“我是否建造一座看到舅家汉地的大宫堡？还是建造如同东山一样的水晶塔？还是用金粉填满沟渠深谷？还是将亥波山（has-po-ri）用铜包起来而其内部安上钉帽？还是将藏布江（gtsang-po）装进铜筒内并使其从旁侧流出呢？还是在嘎秋塘（ka-chu-vi-thang）挖一眼深达九百九十一庹的井呢？亦还是建造如升一样之寺院呢？上述这些做哪一种呢？你等选择吧！”赞普言罢，（属民）对于赞普圣谕以为难以完成，无论选择何种均不敢承担，因此属民均感恐惧。于是祥尼雅桑说道：“国王陛下，如果将那样大的宫堡无论是扩展开或是拆除掉均不成；巨大的水晶宝是难（以寻找的），因此那种佛塔亦不能完成；哇隆深谷（wa-lung-grog-po）毋庸说是用金粉，就是用沙砾亦不能填满；即使像杓形那样的亥波山亦不能包进铜内的。藏布河在冬天虽然流入洞穴之内，但夏季（洞穴）就会被水冲垮的；在嘎秋塘即使挖一庹宽（深）的井水就会涌出，又怎么敢挖九百九十一庹宽（深）的一眼井呢？就建像升一样的神殿吧，此外还有何者能比这个适合的呢?!”祥尼雅桑言罢，所有吐蕃属民均表高兴，并对他深致感谢。

但是，达热路恭厌恶佛法，他将藤鞭甩在地上，说道：“建造神殿一事。此系佛教之事也。我不喜好此事。我本身崇信本教。”因此，赞普降谕：“违背了我的御旨，兹将达热路恭驱往北方！”随即由两个吐蕃属民用草绳（将达热路恭）捆起，并以带刺的鞭子抽打，然后发配北方。此事致使所有属民畏惧，他们什么事也不复言了。

此后，为勘察寺址，阿阇黎莲花生、赞普、赛囊及聂东斯（gnyer-gdong-gzigs）等四人前往亥波山顶观看，所见该桑耶之地基处有零散分布的长有白刺的灌木植物、白药草及灰白色香草。而阿阇黎莲花生经勘察分析，随即做如下预言：东山似国王坐于座位之上；亥波山如同穿着白绸衣之王妃；黑山（ri-nag）像所钉之铁橛；梅亚地方（me-yar）因状如骡子饮水，故（其征兆）甚佳；此基址地势犹如满盛藏红花之铜盆一般。若欲在此建寺甚佳。”莲花生言毕，即以手杖画一图形，并谓：“应建造一（状如）马栅栏的围圈。”继之复将草冠集编成结，按照一个像人形之石堆围绕之，并说道：“(就这样)，首先建造（寺院之）外围。”但在另外有关王统的记载则说，是由汉地的卜算者进行了这种地舆勘察。此外并载，赞普说：“围墙（的范围）当按我射的箭程而定。”但诸大臣（考虑），（赞普所射）箭程一般要超过三个箭程。于是启禀说：“所射之箭需用大臣之箭。”随后，大臣将箭内灌以水银，然后献上。（赞普）射之，其箭程则不足先前（所估计的）三个箭程。对于此事，赞普觉察到大臣的变幻（指大臣将水银装入箭杆内的情况——译者注），于是说道：“吐蕃之福德也就只有所射箭程这样远了。”结果，（赞普所射之箭程）只有普通的两个半那样远。

首先，（破土动工）的第一堆土及第一堆石头献给了叶尔巴（yer-pa)[12],建造成了佛塔，在逻娑，第一堆土建成了大昭寺主殿的门神四大天王像（sgo-srung-rgyal-chen-bzhi）。所献之第一批木材建造了大门、牌坊，以为装饰。

关于桑耶寺建造之实情，《拔协》一书有载：举行了勘察地舆的仪式，随后即可动工破土[13]。其时，贵族舅臣的子孙、父母、祖父等四种人，连同赞普共五种人。赞普手执金铲，诸子孙盛装打扮，在珍宝器皿内放着绿色的香，口说尊贵之言，并手中牵着线。其时，赞普挖掘三次，随后四个子孙则依次挖掘。当挖至四肘深的时候，则献上白米及白青稞。于是鹅卵石及沙砾没有了，地表生出了一棵水白荷花，（赞普）放下了金铲。对此，菩提萨埵极为高兴，并为赞普摸顶，说道：“帕拉帕拉，斯底斯底（pha-la-pha-la-siddhi-siddhi)。”但赞普不解此语，遂问译师，译师说：“(菩提萨埵）说的是好啊！好啊！成功了！成功了！”此外，

(菩提萨埵)说:“尚需镇压邪魔。”于是钉了四个佛塔的橛子。此后,由于请求奠基,因此,阿阇黎说道:“赞普你生起大乘心,这是源于救度母。最后,佛鼓励在金刚座上转法轮,这也是出自救度母,现在因心生魔障,故也应由救度母予以清除。因此,先建造觉摩修道院(jo-movi-sgrub-khang)。”阿阇黎讲罢,赞普随即在南面首先建造了阿雅波罗洲佛殿(avrya-pa-lovi-gling),并盖好了殿顶[14]。

阿阇黎说:“寺庙甚佳,但无有画师。”赞普将话避开,把用具藏起后说:“画师会到来的。”从寒康比哈那粗(hen-kang-bi-har-na-tshur)来了一位汉地的画师,名为那穆佳睬纳勘(nam-rgya-mtshal-na-mkhan),端着油漆铸模型之灯盏并拿着一画笔说:“在这世上,我是善巧者。若说为藏地赞普的佛殿塑像和绘画的话,我皆懂。”故将他请来。(关于寺院及佛像形状,)工匠说道:“神像是建造天竺型还是汉地型呢?”因此需要商议。对此,堪布(菩提萨埵)说道:“因佛降临于天竺,故当用天竺风格!”而赞普则说:“如做成吐蕃风格,则可望吐蕃的那些贪欲罪恶的人们生起信仰之心,此举甚佳。”因此(属民)请求道:“那么请让建造吐蕃风格的神像吧!”于是,(赞普)说道:“将吐蕃的全体属民集中起来,建造吐蕃型的佛像吧!”于是,随即将体态美好的吐蕃人召集起来,以其中之美貌者为模式,当是时,乃以貌美者库达(khu-stag)为模式,塑造了主要的阿雅波罗观世音佛像(avarya-pa-lo-kharv-pva-na);以唐桑达略(thang-bzang-stag-lod)为模式,在右面塑造了六字观世音像,以玛桑恭(rma-gsang-kong)为模式,建造了马项金刚门神像;在天女的模式方面,以妇女中的美人久若妃拉浦缅(cog-ro-bzav-lha-bu-sman)为模式,在右面塑造了度母像;以久若妃努琼(cog-ro-bzav-nu-chung)为模式,在左面塑造了光明女神像。所有神像(塑造)完毕之后,又建造了供观瞻和(佛像)穿戴方面的物品[15]。

二十九日中午进行开光之时,阿阇黎摆上供品,遂在开光仪式和佛殿上出现了从阿雅波罗观世音佛像射出的太阳光，光辉不断扩散，普照红崖山谷（brag-dmar-phu-mdav）。问其原因，堪布道："这是阿弥陀佛所思藏地之光，明天需要在中间佛殿之上，修建一间供奉阿弥陀佛楼房。"此后，随即修建了塑有阿弥陀佛等五尊佛像的佛殿并进行开光。在对阿雅波罗观世音佛像进行隆重开光之时，为奖励画师，其坐下垫有用两块丝绸做成的垫子，画师到哪里垫子即到哪里，像是幻变的。此后，堪布对赞普说："你的善知识为度母，故你首先要启请念修度母经，随从其受戒。"阿阇黎在阿雅波罗观世音佛殿中修行，故马头明王像每昼夜要鸣三次，所有服侍者以及护寺者皆听见。阿阇黎说："赞普得到成就，马头明王像每昼夜鸣三次，世界三分之二的地方皆可听到，赞普的社稷属地也就如此大小。"此后，于兔年请求为桑耶寺乌孜大殿奠基。阿阇黎道："不变自成桑耶寺在世界上具有无比加持力，符合经律论和密宗续部等，是一座无法比拟的寺院。"阿阇黎问："这些话你懂吗？"回答道："我知道，此于奥然那达布日（ao-ryanta-pu-ri）山上有，那像什么？"阿阇黎道："以前有外道名为持明（rig-vdsin）的修行者在进行修尸时，需要有一位具有身相之修伴，到处寻找而未找到，在玛喀哈（ma-ga-dha）有位修行比丘僧之近侍，具有如此身相。于是为比丘僧频频献上金曼陀罗，问：'你想从我这里得到口诀吗？'持明说：'你之近侍具有威猛身相。'遂将（金曼陀罗）献上。"此后来到修行洞，见在坛城之上放有犹如秸秆般之尸体，（阿阇黎）说道："沙弥，你不要害怕威猛身相之尸体，将其舌割下，舌即可变为金箭，（金箭）指向哪里你便可走到哪里。我要去色究竟天修持明，尸体即可变成金子，赐予你作为报酬。"遂共同置于此处，沙弥骑在尸体身上，割其舌时，尸体在晃动，眼睛在眨巴，嘴一张一张的，舌头也在来回蠕动。（沙弥）两次均未抓住舌头，并说："如果这次不抓住舌头，首先我俩会被杀死，此后三世众生皆会被杀死。"此后，（沙弥）的嘴对着尸体，将尸体之舌头咬下来，遂即变成箭抛向天空，沙弥接着也飞向天空。持明说："你们佛教会失败的，此箭将会降落至我的怀中。"（阿阇黎）说："是否如此？我拭目以待。"言罢只见（此箭）到达须弥山，观看四大赡部洲、须弥山、日月星辰、三十三界时，皆可清楚地看到。然后箭向下落到赡部洲，并到达持明之身前。持明说："此尸体已变成金子，沙弥你拿走吧！它够五百比丘之生活，不要将（尸体）的骨头打断，若断骨后即会恢复原样，今后也不会生长。若砍掉（尸体）的其他部位，则可在晚上复生。"说完将箭抛下，前往色究竟天去了。沙弥对阿阇黎说："那么，需要一个容纳五百比丘的寺庙，故要制作供品，请求护法天神赐予土地。所做供品被乌鸦叼去，放在湖中心的小岛上。遂于小岛上模仿须弥山、四大赡部洲、小赡部洲、日月星辰等建有寺院，名称奥然那达布日（ao-ryanta-pu-ri）。请模仿此寺建吧！"

从上部泥婆罗，请来画师和卦师，做相地之仪轨，以前业缘亦决定一次建成。从东山亥布日（has-po-ri）运来巨石作为乌孜大殿的地基，从雅隆山上取土，木料用的是柏木和旃檀木，房屋建设完备。如何塑造佛像？赞普梦中出现一位白人对其说："大王，你想塑造什么样的佛像，请问阿阇黎吧。"（阿阇黎）说："大地被觉摩度母（jo-mo-sgrol-ma）加持，并亲临其地；在亥布日山顶有释迦牟尼等十三主尊及随从，以前曾被世尊佛所加持，请迎请吧。"问："彼等位于何处？请指明。"答："位于红母黄生长之地方。"此后领其到亥布日山观看诸山崖，并告诉："此乃为佛陀，此乃为菩提萨埵佛。"分别道其名，共有十九尊，后将忿怒神等一一指明。赞普异常高兴，"咳咳！"大笑一声便从梦中醒来，天刚亮即带大臣努康（gnon-knams）前往梦境中的地方观看，无任何境相。赞普断定就在此地，遂用脚剖开沙子发现有一鸟嘴大小的石头，去除沙土后清楚地显现有一大拇指般大小的石像痕迹，其是一有黑色发髻、两眼炯炯有神的大菩萨，与所梦相符合。在山崖中发现有一像鹞子（volbyi）大小的佛像，赞普非常高兴便派泥婆罗工匠前往迎请。（泥婆罗工匠）将佛像塑完后，放到马车时大地即震动了一次；迎请到香净殿时又震动了一次。此后迎请（佛像）至座上，赞普兴奋异常，献上曼陀罗、金鞍以及配以服装，赞普亲自为（佛像）系上金腰带，并于（佛像）上涂抹药泥。画师说："若放在赞普的神殿里，佛像有些嫌小。"此后，遂用茅草缠在（佛像）身上再涂抹药泥，赐以金色之面具。

此后，用石料所造之吐蕃式佛像是：在南面的右面是世尊佛、虚空藏菩萨、观世音、地藏菩萨、多吉祥及忿怒佛等三界殊胜六佛像；在北面的左面是普贤、金刚年、妙吉祥、菩萨、大优婆塞、无垢佛及红色忿怒虚空等十三尊主要佛像。而《集密一百零八注》（gsang-vdus-la-vgrel-ba-brgya-rtsa-brgyad）中又载：阿阇黎将十九尊智慧佛中的六尊除外，余者将其像均画在大菩提像后的墙上。中央部位的画是《佛三身所生经》(sku-gsum-vbyung-bavi-mdo）图；中央部位的外沿处，所见之画是《白莲花经》图画；内观之转经堂处，有《集宝顶陀罗尼咒》之画图；在鼓楼中画有《王者发愿经》图及《宝云经》图。下殿的护法神则交给空行母、狮子座之狮子担任；中殿之所有木料均由腊栗树及紫檀树制成。塑像的原料是缅地（men）之皮革制成，其风格是按汉地风格（rgya-nag-povi-lugs）造成。其主要佛像是明照佛，而右面是出世佛、燃灯佛；左面是未来佛、弥勒佛、依怙神；前面则是虚空能仁佛、八岁药师佛及琉璃鱼神（bee-dvurya-nyavi-lha）等。诸神像放射着无际光芒[16]。

此后，又画了二十三尊主母救度母神像。左右之神像是菩萨之八个近侍弟子、无垢居士及喜吉祥、忿怒二金刚像，"金刚"是汉语（rgya-nag-gi-skad)[17]，其情况与下殿同（指均为下殿之护法神——译者注）。再者，还有密乘事部之十五神像，广般若经中之因缘图；其前面有四大天王像。向外观转经堂，该处则见有八座佛塔，《出离经》图、《大云经》图。在鼓楼中有十方佛、阎王之害阎摩天众以及桑耶寺内所具有的诸护法神像。在中殿，则交由鸟王神（管理守卫），上殿的所有木料均为红杉（thang-ma，似为“thang-dmar”之误？——译者注）及松木，塑像的材料是布和香草，所塑佛像为天竺风格。主要佛像是明照佛，此佛像可通体显露，其四个面的每一面均各有两尊佛之眷属像，共为八个近侍弟子。此外之图像还有金刚杵、经幢等，出自十方的发大乘心的佛教徒、忿怒金刚、虚空佛等等四佛、金刚年等四佛，总共画有佛众四十二尊。再者，还画有《菩萨十地经》图，并交由红铜王之具斗拱者（护卫管理）。（神殿）之所有各层均有宫殿式屋顶，并绘有绸纹图。殿顶之四个翘角处，即在其上的所谓“佛土”处（绘）着令人喜爱并具有色彩的喜吉祥佛。并绘有发大乘心之佛眷属、施喜佛等四种佛像图画。这些佛图交给手持金刚而身穿蓝衣的四个夜叉（管理守护）。在楗椎上施以金，并置水晶顶。继之建立中间巡礼道。在其南面的三座乐器和祭祀用品的仓库之中，满藏乐器，并将这些交由持棍的夜叉三兄弟（管理护卫）。在西面的三座显密佛典的仓库之中，满藏天竺、吐蕃和汉地之经典等[18]。这些则交由手持刀剑的阿阇黎三兄弟（管理护持）。又在北面的珍宝库藏的三座仓库中，满藏金、银、铜、铁等。这些交由三个手持棍棒的阎王（管理护卫）。在大经藏的图画中画有神佛化身图。在中间画的是千尊贤劫佛图。随后画有万尊佛，而这些佛是在六十黑暗劫之后的佛。未包括在内的佛则画在墙角梯的墙面上。继之，绕着大转经通道，建有遍照佛消除恶趣的坛城（此句或译作：遍照佛像被塑造于涤除恶趣的坛城之上——译者注）。又，从外面看，在女墙的三面有五种塑像。在殿内。有以小树作为装饰的饰物，并有商官（tshong-dpon）之子诺桑（nor-bzang）所画之百余个善知识图像[19]。但由于并未画满，故又以八幅光明圣像充实之。这些佛像均交由护法神龙王阿年达乌里（管理护卫）。在寺院后面，有一座饰有莲花的石碑，其上刻有盟誓之盟文，其上安放（石）狮，并委护法神森哈木卡（sing-ha-mu-kha）来（管理守卫）。再者，殿顶的三门则与三解脱门中的空解脱门、无相解脱门及无愿解脱门相同。瓦匠砌墙、木匠雕刻，奠好房基，安设排水沟。殿内在已打好的柱基之上，安设柱、梁、椽、石板及砖等等，边缘围以栏杆。其附近的三分之一处的下部，即在天窗的外檐内有大海般的装饰。此外，为阻止鸟类飞入，则安装挡网。同时设置了防止蜂类进入的门薄板。为防止风将（门）吹开，随之安装了由干燥短木做成的门闩。另有借以向上攀登的六个屋角梯子，其中下面的梯子用石制成，中间的梯子以砖砌筑而成，上面之梯用木材建造，并建造有扶手的阶梯，其上钉以（使阶梯）固定的铁钉。此种做法则与戒律相符。而所画之图则与经藏相符，至于塑像则与密咒相符。据说，当时所做之诸物有：塑像七八十尊、佛教图画十四幅、柱子一千零二根、大门三十六扇、小门四十二扇、墙隅大梯六个、大钟八个、作为点缀之大草坪三处[20]。

再者，《大阿阇黎莲花生传》记载：“(寺院）大殿屋顶下面之下殿是汉地风格，中殿是天竺风格，上殿是于阗风格（livi-lugs)。”总之，主要佛像的大菩提像，其身量与天竺中心伽耶城之大菩提像相等，亦即与佛在世时所显示的身量相同。故后来尊者阿底峡等人说：“(此像）同大菩提（像）没有差别。”因之此像即与真佛相同。总之，据说昌珠及桑耶二神殿内，其主要之佛智集密诸本尊神像共十九尊。在此处虽有妙吉祥、金刚等主要佛像，但主要之佛像已被移走，而秘密和合之神像被埋藏。因此，只有化身像和具有装饰的佛像显示出来。

关于建造其他诸佛殿情况，《拔协》记载道：“建有与论藏相符合的十二洲及日、月（洲）等[21]。”首先建造了以东胜身洲为模式的半圆形(佛堂)。在中间，将清净法院洲中的五尊能仁佛等主要塑像改为新月图画，并交由螺王顶髻者（管理护卫)。总之，在十二洲中，其中心各有一门，在转经路上各有二门。而在左右的两座附属洲中的智慧妙吉祥洲中，有七尊由皮革制成的妙吉祥等佛眷属佛像。还有门神阎王之两尊大威德佛像以及妙吉祥庄严佛土像及《华严经》画图。这些均交火轮阎王（管理护卫）。在释名多宝洲（brda-sbyor-tshang-mang-gling，或译众多证验洲——译者注）中有七尊能仁佛主要眷属画像及多种珍宝。其外部是僧侣餐室灶厨之地，这些均交予穿皮袍之龙王（管理护卫）。在南部诸佛殿中为三角形建筑，其中有伏魔密咒洲，内有能仁佛伏魔情状之四塑像，中央部分为《十地经》（mdo-sde-sa-bcu-pa）图；而转经巡礼道上有《大摩尼宝髻经》（gtsug-na-rin-po-chevi-mdo）图，此处交予邬摩天女(管理护卫)。再者，如前述之阿雅波罗洲，在该洲突出于墙壁的屋中塑有王者胜一尊，该像以旃檀为骨架，以安息香为塑像之肌肤，其外以银皮敷之。此外，该洲还有大本尊佛母神像、颇罗弥佛塔、《宝箧经》图、由漆布制成之一千零二尊天女像。在转经巡礼道上画有《十地经》图。上述这些交予达摩热咱仙人八部眷属（管理护卫）。在天竺洲内，有释迦尊者等天竺风格的五尊主要眷属佛像、无量光佛像及集清净之画图。又在其前有译师之译场（lo-pan-sgra-bsgyur-gyi-khang-pa）[22]，每个门均可观察。这些均交予夜叉罗睺罗（管理护卫）。

在西面之三座圆形寺院（洲）中，其间有毗卢遮那洲，内有铜制之毗卢遮那佛像。另有佛眷属四明妃画图、毗卢现证佛。这些均交予牛头夜叉（管理护卫）。在兜率仁慈洲中，有以弥勒佛为主之七佛眷属，另有两位大威德之画图，因行恶业，致使佛教衰落，自人寿十岁起，弥勒佛使之实行善事，由是人寿始增。此外，还有二十一位顶礼度母（画像）。再者，还画有以舅臣杰擦拉囊（zhang-rgyas-tsha-lha-snang）为工头(lag-dpon）所制作的桑耶寺图（bsam-yas-kyi-dpe-ris）[23]，还有悔罪之诸天众图，这些均交予穿有豹（纹）衣服的空行母（管理护卫）。在虚空静虑洲中，有毗卢父王之五种本尊加持者图、十六位佛眷属闻思图、《金光明经》及了义之道（nges-don-gyi-lugs）等图，这些均交予银首王(rgyal-po-dngul-gyi-mgo-can）来（管理护卫）。在北方的三个四方形洲中的诸宝洲内，有能仁佛诸眷属，其间有如下画图：在兜率天为佛母讲经图、《报恩经》（drin–lan–bsab–pavi–mdo）图等。这些均交予以藤圈为饰物的猞猁孙王（管理护卫）。在发心菩提洲中，在其间的金刚年宫圣须弥山顶处，画有如下画图：以金刚年、金刚橛及甘露漩明玉三者解救灾难图；无碍莲花佛（sangs–rgyas–ma–chags–padma–can）往游虚空，而有大乘心之诸众人向其请求消除障碍，并请具有十地慈心、金刚本性等等之四十二位佛为之发菩提心。又，在上述诸图之间，有十方佛（phyo-gs–bcu–sangs–rgyas）为彼等加持祝福。以上所画诸图，以及《宝云经》图，这些可往转经巡礼道上寻得，并常能瞻观瞭知。上述诸图画均交予斯柯王（rgyal–po–gse–gab）及具有玫瑰步态的空行母所（护卫）。在宝库贝哈尔洲中，有以能仁佛为主之九佛眷属图像及《父子相会经》（yab–sras–mjal–bavi–mdo）画图。在突出于墙外的房屋之内，在其间的极为精巧的仓库之中，有保护（寺院经济）收入之账目文册的护法神。这些均交予贝嘎尔王（rgyal–po–pe–kar）管理护卫。在雅克厦前天神满贤房屋之中，有五位能仁佛主要眷属画图，另有千佛画图等，这些均交予天神满贤（管理保卫）。在雅克厦之下方，有天神善财之房室，其间之塑像与图画相同，彼等均交予天神善财（管理护卫），此即是日月洞（nyi–zlavi–dong）。东面诸洲（寺院），其色呈白水晶色；南面诸洲为蓝琉璃色；西面诸洲为红玛瑙色；北面诸洲色黄，如天然之黄金。诸洲（建筑之）墙面均饰有水纹样之波纹。在装饰方面，在洁净的(墙）外表面上又绘制出大海。再者，在西面仓芒格如洲（神殿）之上层，有阿阇黎菩提萨埵之寝室、象牙神殿、白色下殿及灶房，这些均交予手持珊瑚的夜叉管理。南面有水浴室，内部装以旃檀，下铺烧砖。其旁，为使人产生厌离之心，遂依“调伏骷髅诸像”之所云画以图画，这些均交予持杖夜叉管理护卫。在北方之威力洲中，有八根树枝，这些均为将一堆刺麋树经过火祭之后形成，继之将八根树枝制成八条巨龙。在中间部位，建有白色金刚手做息静调伏状之塑像，此外尚画有鱼、龟、水怪等画图。还有自然形成之小年神作为护法神像，其内充满水晶，但人皆不能见[24]。

此后，又建白塔[25]，即大菩提塔，此塔以狮装饰，遂建成声闻之风格。（此工程）以许甫弥杰多日（shud-bu-mi-rgyal-to-re）为工头[26]，但其因瘟热病死去。于是许甫墀珍更赞（shung-bu-khri-vbring-kheng-btsan）复任工匠首领。此塔交予星面夜叉（管理护卫）。又，红塔系长寿菩萨之风格，其上饰以莲花。此塔乃那囊杰擦拉囊（sna-nam-rgyal-tsha-lha-snang）所建[27]，并交予荧惑星神（管理护卫）。再者，黑塔以如来佛之遗骨为饰物，其形制系独觉佛风格[28]，此塔乃恩兰·达热路恭（ngan-lam-ta-ra-klu-gong）所建，交予铁嘴夜叉（管理护卫）。再者，绿塔乃法轮如来风格，以十六门为饰物，此塔乃綝氏多吉芝琼（mchims-rdo-rje-spre-chung）所建[29]，交予日面夜叉（管理保卫）。又，其时具光女妖，将卧着的人们首足颠倒，致使受害者甚多，由是乃在慈悲洲处以所建之光焰塔压之[30]。

复次，五佛塔内因无供奉礼物，赞普遂问阿阇黎，阿阇黎道："于摩揭陀国国王的七座宫门之内，有一塔，名为达如孜托（dha-ru-tse-do），其间有未生仇缘王（rgyal-po-ma-skyes-dgravi-skal-ba）所放置的如来佛之舍利，数量为摩揭陀国的"斋"（重量单位），共重一克。赞普为迎请（这些舍利），遂决定：凡吐蕃已长鬃之马全部立即备鞍，并加以集中，于桂之帕日（mgos-kyi-phag-ri）待时（出发）。是时，阿阇黎担任向导，荒凉吐蕃之骑兵起程，在贝莫贝塘地方（dpal-mo-dpal-thang）点兵，共有骑兵一千四百万人，随后进兵天竺边地（rgya-gar-tha-khob）。当地国王惊恐，并说道："像如是之荒凉吐蕃骑兵，怎么变成了童子军、战车兵及大象兵呢？"于是便在宫堡的门上悬挂起吐蕃王的靴子，并与其臣工眷属一起从其下钻了过去，同时说道："我的国土现在置于赞普你的（权力）之下，并且献纳地租及岁贡物品。"于是（吐蕃使依言）接收权力。继之又涉过恒河（chu-gangkva），乃进兵摩揭陀国。所有摩揭陀人将各种财宝送往乌仗那之布日山（ao-tyan-pu-ri），而各类人等则逃往东天竺（rgya-gar-shar-phyogs）。由于已无须交战，遂之便向吉祥金刚座（dpal-rdo-rje-gdan）及菩提树进行供奉，并迎请供物。后来，佛塔开裂，在其内一个转动的兵器轮的中央，有一宝瓶，但人皆不能取得。其时，有一天竺老人说道："我（知道）先前人们所说的一个故事，即在此塔之北，在一大石（板）的中间有一洞穴，其下有一瓶，系于由牲畜尾毛编成的绳子之上，此瓶内以水充满。从此瓶处向上量之，在与佛塔腰部相齐的地方，从池塘缝洞的中间有水流出，但可用草及沙砾阻塞之，当把水堵住时，则水中断，所谓之兵器轮（mtshon-chavi-vkhor-lo）则将中止转动。"老人讲罢，（吐蕃人）便依言行事，果真如此，随即从宝瓶内取得六升释迦佛的舍利。继之，复如前清除草木、放水，于是兵器轮又如往日一样转动，并如前一样做了标记，随后返回。继而在恒河河畔派遣四名吐蕃人（驻守），从此处以内则为吐蕃地界（bod-kyi-sa-bcad），并命令在该地立石碑一通（vdir-rdo-reng-gyis-cig）。

再者，据谓（吐蕃）众人于沙穴处立一铁柱（lcags-kyi-ka-ba-btsugs），但后来被勃律军队将此铁柱毁掉（bru-shvi-dmag-gis-de-bshig-pa），然而未能毁除，尚有被火烧熔的残余存留下来。又，在那里的鲁甫地方（lu-phugs）出现了四个建筑师，这种建筑师在波扎夏古热族（bho-dra-sha-kku-ravi-rigs）的一个大城市中亦有。（吐蕃）众骑兵返回吐蕃者极少，他们向赞普做了禀告。赞普说："天竺地方美好，是否没有留居下来的人呢？"继之，赞普又询问阿阇黎。阿阇黎说道："为征服天竺，一开始动用的就只是赞普所变幻的化身军队。"随即进行统计，结果不缺一人不少一马。由是遂称赞普墀松德赞为神变之人。[31]

此后，（赞普）来到法轮处，其时，舍利器皿和四个盒子在振动中滋生出舍利，（赞普令人）将不足一捧的舍利放在佛塔之上[32]，并将先祖托托（mes-tho-tho）之本尊“威严秘密”（gnyan-po-gsang-ba）及祖父松赞（mes-srong-btsan）之五本尊、父王之二本尊等等亦放在白色（佛塔之中），因此，白塔遂具有特大之加持[33]。在南方之佛塔处，塔之主心木、蓝色和白色之转轮，这些均由泥婆罗木匠、石匠及铁匠所制成。先是，于海波山（has-po-ri）后，（上述诸物）放置在泥婆罗工匠跟前，然后决定运来制作。于是诸大臣便准备套索及车辆。但是，刚到中午，工匠已将工程进入尾声，因此只留下了主心木等等。于是（大臣）禀告于王，王随即派遣使者观看，见到主心木已被建成佛塔。此使者向（赞普）禀告说：“此塔之上再建转轮将是好事。”其时，所有木匠及铁匠进行建造，当（使者前往）观看时，（转轮）业已竣工。于是使者奏禀赞普，赞普乃召集众人，说道：“在我的属民中，这位大力士是谁呢？应当赐予丰厚的奖赏！”但无人接受。这时一泥婆罗的占卜者说道：“我于昨晚梦中，梦见有四人携来转轮，遂之将轮建成。你如建七座佛塔则甚好。此座佛塔亦极佳，此佛塔乃世间之最大加持，谁对此塔顶礼和转（经），则其所想即可随心乘意，圆满实现。现以金甲赏赐予你，作为奖赏。此甲你拿去吧！但是一觉醒来，（梦中之）四人已无，然而有人说：‘甲胄即此。’现有金甲一件仍在。”由于禀告此事，（赞普）便对占卜者及其有关人等赐予重赏。其时阿阇黎说道：“上述所言（四人），乃四大天王。因此，其形象也应建造。”阿阇黎言罢，随即在塔瓶之上塑造并放置了四尊佛像。此后，在四座护法神殿之内，在最后的（神殿）中建释迦牟尼三眷属像，其前建有依怙神二姐妹像，殿门之上安装璎珞，门外之牌楼顶上，建造了由金子制成的法轮、八脚狮子、伞及幢等等，并委托四大大王（管理护卫）。在多角围墙金刚步处，以一千零八座佛塔一一环绕之[34]，每一圈上放置佛舍利一颗，并交予十八部王（管理护卫）。桑耶寺之总护法神则交予吉祥依怙神（管理护卫）。如是，吉祥红岩无边不变天成之寺（dpal-brag-dmar-bsam-yas-mi-vgyur-lhun-gyis-grub-pavi-gtsug-lag-khang，即桑耶寺)，其地基高厚而大，所备之原材料精致完好，如同螺蜿盛满玛瑙一般。赞普之本尊神殿、属民之供施处、佛与佛法之至宝乐土、僧人之住所及三宝之宫堡（即均指桑耶寺而言——译者注)，于兔年奠基，至兔年竣工。

第二节　五妃业绩

在（墀松德赞）所娶之五位后妃中，綝妃拉莫赞（mchims-bzav-lha-mo-btsan）及卡茜妃措洁（mkhar-chen-bzav-mtsho-rgyal）二人，她们由于从事修道，所以没有业绩。没庐氏妃墀洁莫赞（vbro-bzav-khri-rgyal-mo-btsan）[35]后来出家为尼，乃赐名日绛求洁赞（byang-chub-rjer-mt-shan)。其业绩有：建造了格吉寺（dge-rgyas-kyi-gtsug-lag-khang）无量光佛之九眷属佛像，按照佛经中之规则在上部（stod，从地理方面说，一般指阿里一带为“stod”——译者注）建立教规。后来此妃被迎至巧地（chab)，故其二眷属亦前往巧地（chab)。再者，在格吉寺之右殿内，有三种依怙神像。左殿有药师佛像、普贤佛像及虚空佛等佛像。绛求洁赞因无子，而其父姓之没庐氏地方（yab-ming-vbro-yul）路途遥远。因此，后来据说赡养者未能前来，所以此妃出走，故未建佛塔。格吉寺之墙壁系以砖及铅水黏合而成。该寺安有铜顶。寺内以所系之钟为乐器；建一旃檀井，以取供神之水；又在主要佛像眉间镶以发光之珠宝，以此为灯。

王妃蔡邦·美多纯（tshe-spong-bzav-me-tog-sgron)[36]因有子，她以父王（指墀松德赞——译者注）之屋顶为模式，兴建了康松桑康凌寺（khams-gsum-zangs-khang-gling)。该寺下殿内之栋柱，均以铜包裹。

阿阇黎曾预言说："母逝世，如娶波雍妃洁莫尊(pho-yos-bzav-rgyal-mo-btsun）为妃，则将有报应。"因此预言，（墀松德赞）遂娶此女为妃。由于此妃无子，故祈请？建浦泽塞康多吉英坛城(bu-tshab-gser-khang-rdo-rje-dbyings-kyi-dkyil-vkhor)[37]。其时给每个工匠以十三种食物，于是工匠特建十三种建筑物：该寺上殿，其外无墙；其内无柱，以黄铜为基；玉梁之上，饰以奔驰之金马；金梁之上玉龙盘绕；蓝色屋顶可内外观赏；所有之水汇集之后，经狮子之口流到龟蚨之背后；另有白旃檀之门，该门启闭之后，则可发出小金鼠之鸣声；殿内之诸天众佛像，其顶部各有伞盖一个，并为每尊像特遮伞盖一个；又，在廊后处浮雕着十二种佛事；用二十八个星宿天女像支撑神殿之屋顶；在殿内之四角处，有八个金狮子及小羊；在屋顶的流苏上浮现着二十八位供养天女；另有天神童子祈请以大鹏卵中之甘露水沐浴图像等。总之，共十三种特殊建筑，颇为罕见稀有。

再者，又据其他史籍所载："因赞普对父母极为思念，遂请问阿阇黎莲花生：'我之父母将投生于何处？'阿阇黎答道：'汝父已投生于天竺，现正学习，已成一班智达学者，他将在你子孙之时前来吐蕃。你母今已投生于苏卡（zur-mkhar）之贫家女。'"鉴于阿阇黎所云，墀松德赞对其母生起悲悯之心，随即娶彼贫家之女为妃，并委任其为金主妇(gser-gyi-bdag-mo)。关于其父，即所谓之达纳希拉（da-na-shvi-la）者是也[38]。

第三节　达热路恭进攻突厥

《拔协》一书载，其时不宜迎请庙产管理人。然而阿阇黎莲花生说道："白色天魔之化身[39]将在未来出现于突厥地区（hor-yul，这里指突厥地区——译者注），因此他将统治吐蕃，大部神殿亦将被毁。为不致被突厥人毁灭，赞普应依靠并委托菩提天神（gnam-lha-byang-chub）。"阿阇黎言罢，赞普随即委任达热路恭（ta-ra-klu-gong）为军事长官，摧毁了突厥的修道院，并将佛像等供奉之物及所有财物等一并携回。其时，大阿阇黎莲花生做了金刚年之禅定（phyag-rdor-gyi-ting-nge-vdsin），调集天神毗沙门等诸眷属之军队，于贝嘎宝洲（pe-kar-dkor-mdsod-gling）之上建立佛像，并令彼等发誓，要任他们为桑耶寺之总护法神。后来吐蕃地区之一般三宝之供物亦委托彼等（保护），此系多数往昔之文献所说。《大阿阇黎传》（slob-dpon-chen-povi-rnam-thar）及《王者亲誓》（rgyal-po-nyid-kyi-dam-bzhag）等史册均有明载[40]。

达热路恭死后变为一个大非人（mi-ma-yin-chen-po）[41]，遂称其为桂波达热（rgod-po-ta-ra，意为"野达热"——译者注）。又据称，又委任（达热路恭）为青浦（mchims-phu）之护法神[42]。

多数史册载，（桑耶寺）火兔年（me-yos）奠基，土兔年（sa-yos）竣工。又谓：在火兔年后的第四年即铁马年（lcags-rta），此年墀松德赞诞生，此后当他年满二十二岁的铁兔年（lcags-yos）时，（桑耶寺）奠基。（墀松德赞）在二十六岁时的木羊年（shing-lug）七试人剃度出家。（墀松德赞）三十四岁的水兔年（chu-yos）时桑耶寺竣工。此论确实。如是，桑耶大寺圆满告成[43]。

注释：

[1] 此兔年系指水兔年，即763年。

[2] 《五部遗教》kha函，20页下~21页上说："墀松德赞之时，大力弘扬佛教，以那烂陀寺（nva-landra-yi-gtsug-lag-khang）为模式，兴建赞普之本尊吉祥桑耶寺（rgyal-povi-thugs-dam-dpal-gyi-bsam-yas-bzhengs）。此说与《贤者喜宴》志载不同。

[3] 据《拔协》载，三种屋顶是指主殿的屋顶形制不同而言，即下殿为吐蕃风格（bzo-ni-bod-lugs-su-byas），该殿是由石料制成。中殿是汉地风格（bzo-rgya-nag-povi-lugs-su-byas），该殿由刺縻树及檀木建成。上殿是天竺风格（bzo-rgya-dkar-povi-lugs），该殿由红杉及松木制成。（见该书1980年北京民族出版社铅印本，43~44页）《五部遗教》所载与此相同，并说三种不同的殿代表三种不同的含意，该书说："下殿吐蕃风格、中殿汉式殿顶、上殿为天竺式殿顶，三种屋顶代表身语意（sku-gsung-thugs）。下殿有三门，表示解脱。上殿有四门，表示四无量（tshad-med-bzhi，意指慈、悲、喜、舍）。中殿有一门，表示精华独一（thig-le-nyag-cig，或译唯一明点）。转廊有二门，表示方便与智慧。有九间宝库，表示九乘（theg-pa-rim-dgu）。有六架角梯，表示六度（pha-rol-phyin-drug，或译六波罗密多，即指布施度、持戒度、忍辱度、精进度、禅定度及智慧度。又，pho-rol-phyin-drug即pha-rol-tu-phyin-pa-drug）。"（见该书kha函，31页上~31页下）

关于桑耶寺主殿（即所谓"乌孜大殿"）的殿顶形制，《莲花生传》所载与上述有别，该书载："所建三种屋顶特异，下殿为汉式，中殿为天竺式，上殿为于阗式（li-yi-lugs），殿之四个翘角处，画有欢喜佛图，均交予护法神四金刚（护卫）……"（见该书，158页上）桑耶寺曾遭火灾。但据今实物所观，三殿形制与《贤者喜宴》所载相合。

[4] 桑耶寺围墙成一圆形。据载，墙上之塔为红陶塔，每间隔一米左

右有一座（见《建筑师》编辑部编：《古建筑游览指南》，第一册，85页，1981年9月版）。

[5] 四塔是白、青、绿、红四色，分布于大殿（象征世界中心须弥山）四角，象征四大天王，据《五部遗教》载："所谓钤记年印四佛塔（bkav-rtags-phyag-rgya-mchod-rten-bzhi）是：白色佛塔，其上饰以八头狮子，交予护法神星宿面夜叉护卫，此塔系大臣许甫（blon-chen-shud-pu）所造。红色佛塔，以千朵莲花为饰，交予护法神红日星魔护卫，此塔系贾擦拉囊（rgya-tsha-lha-snang）所建。青色佛塔，以千座佛塔为饰，交予护法神铁口空行母护卫，此塔达热路恭(rta-ra-klu-gong）所造。绿色佛塔，以十六座神殿为饰，交予护法神降魔金刚护卫，此塔系多吉芝琼（rdo-rje-sbre-chung）所建。再者，将所余之土、石集聚起来，又请求并建成了在慈悲洲地方的佛塔，开光之时，见塔光焰无际，故称此塔为发光塔（mchod-rten-vod-vbar）……"（见该书kha函，34页上、下）

[6] 建寺之三妃是没庐氏墀洁莫赞（vbro-bzav-khri-rgyal-mo-btsan）、蔡邦美多纯（tshe-spong-bzav-me-tog-sgron）及波雍洁莫尊（pho-yongs-bzav-rgyal-mo-btsun），他们分别建有三寺，详见本译文后面的"五妃业绩"部分。

蔡邦氏所建之寺名康松桑康凌寺。据《五部遗教》载，在该寺之转经殿（skor-khang）内，有壁画，其中有各国王都图，内画汉地、泥婆罗、于阗、乌仗那格萨尔（ayon-ge-sar）及吐蕃地区等等画图。（见该书kha函，35页上）

[7] 此处之霍尔，在此处具体指突厥而言。西藏、于阗、龟兹等地在公元3世纪已盛行大乘佛教（见羽溪了谛：《西域之佛教》，57页）。据谓疏勒三仙洞佛窟是2世纪开凿而成（李遇春：《新疆三仙洞的开窟时代和壁画内容初探》，《文物》，1982年第4期）。这表明，佛教在这里早于吐蕃五个世纪已有佛教。本文说往霍尔地取护法神像事，当指突厥地区而

言。据《敦煌吐蕃历史文书》载，公元736年吐蕃曾用兵突厥（见王尧、陈践译注本，116页）。

[8] 关于桑耶寺动工至竣工的年代，历史研究者们推算不尽相同。《布顿佛教史》说阴火兔年（me–mo–yos–buvi–lo，即787年）奠基，阴土兔年（sa–mo–yos，即799年）竣工（见该书木刻版，121页上）。法尊认为应是762~766年完成桑耶寺（《中国佛教》，第一册，138页）。王森先生认为是“约于779年，建成了在西藏佛教史上著名的桑耶寺”（见《关于西藏佛教史的十篇资料》）。东嘎·洛桑赤列先生认为763年始建桑耶寺，历四年竣工（当是766年——译者注）。

[9] 这是佛本之争的第二次交锋。墀松德赞以前以强制手段剪除了玛祥，为佛教开路。此次则以辩论方式从所谓理论上除掉本教势力，当然，墀松德赞的裁决，表明他并非中立，而是站在佛教势力的立场仲裁的。对从宗教上对本教势力进行打击，实际上是为了在政治上排除信本教的旧贵族势力。

[10] 善知识，原藏文写作“dge–ba–vi–bshes–gnyen”。此即今日所谓“格西”（dge–bshes）之全称。又据《噶迥寺墀德松赞盟书誓文碑》载，在赞普幼年之时，即有僧侣中的学者担任他的善知识。（见王尧：《吐蕃金石录》）

[11] 桂氏，即mgos–khri–bzang。

[12] 叶尔巴，即查叶尔巴（brag–yer–pa），在逻娑东北不远，该地修造石窟甚多，据《道路指南》（gnas–yig）载，大德修道窟有80个（见该书木刻版，6页上）。

[13] 当时有勘察地舆风水的人进行此事，据《拔协》载：“自泥婆罗（bal–yul）请来观风水者和卜算者，并举行了勘察地舆的仪式。”（见该书1980年民族出版社铅印本，42页）

[14] 阿雅波罗洲即圣波罗洲。洲（gling），又作“寺庙”解，以下桑

耶寺内诸神殿多以“洲”称之，其意即此。

[15] 吐蕃时期的佛像朴实有质感，正是源于有真实生活的基础，同时也反映了佛像是人造的朴素真理，并非那么神秘。

[16] 关于神殿内壁画，桑耶寺的不少殿内均有。《五部遗教》及《阿阇黎莲花生传》内有详载，可参阅。

[17] “金刚”，原藏文是“kang-king”，实际应是“king-kang”，“king-kang”，当是汉语“金刚”之对音。

[18] 桑耶寺储藏汉、藏、印等文字经典事，在《拔协》45页中有同载，《贤者喜宴》所云似据此而论。又，桑耶寺在藏书的同时还有翻译机构，后文的译场（lo-napa-sgra-bsgyur-gyi-khang）即是。许多储藏的经典不少就是在桑耶寺译的。《五部遗教》kha函曾记载所译各种经典的情况：“九座宝库即经藏之库，每库之内即有修道处一间（kevu-tshang-re），在中央宝库之修道处内，有贝叶佛经（tva-lavi-lo-mavi-bkav-po-ti），共七十六卷。其间有印藏僧人译师班智达（lo-pan）翻译的天竺佛经。另有汉地的纸卷佛经，这些系和尚摩诃衍（hwa-shang-ma-tav-a-na）译自汉地的佛典，多达十二个檀木箱。吐蕃经典有四百卷，多是密咒续部修行方法。右面修道处的门内，储有续部佛经四十卷，另有密咒部等一百七十部。左面修道处的门内，有般若十万颂及二万（五千）颂，般若经典七十八部……”（见《五部遗教》，kha函，62页上~62页下）。

[19] 据《拔协》载，诺桑全名是诺布桑布（nor-bu-bzang-po），他画有一百零二位善知识图。见该书铅印本，46页。

[20] 此段同见《拔协》，铅印本，46页。

[21] 所谓十二洲，即指围绕桑耶寺大殿周围的十二座建筑。日、月二洲，是象征日、月轮，分别建筑在桑耶寺大殿之南北两处，十二洲是指弥须山四方的四大洲和八小洲，共十二洲。桑耶寺的所谓十二洲（gling-bcu-gnyis）即象征此宗教传说的十二洲。

[22] 译场是僧人译经之所，唐代汉地译经场的规制已相当完整，任继愈先生曾有专文（见《现代佛学》）论述译场的各种情况。现存有古译场译经图传世，可见当时译经情景（见《大唐西域记》古本三种之封图，名为《玄奘译经图》，该图据明洪武藏本《百法明门论疏》插页。见向达辑，中华书局1981年版）。据有关记载，桑耶寺译场及译场壁画，其情景与唐代汉地译经情状略同，这可能与随金城公主先后进藏协助译经的僧人有密切关系。桑耶寺译场在该寺之西南隅，译场呈井字形，占地面积很大，内有柳林、清泉，环境颇幽。译场东、西、南三面有带顶走道。三面墙上绘有数十组译经图壁画。译经僧人均盘脚相向而坐，一人诵经（似是非吐蕃文字的印度、汉等文字佛经——译者注），一人口译藏语，居高位的年迈高僧厘正译语，最后由青年僧人以竹笔写在经纸之上（见李佳俊：《西藏游记》，153~154页）。

[23] 在桑耶寺确有桑耶寺全图壁画，今仍存，可观当时盛况。桑耶寺曾失火，亦有的殿因年久失修而损毁者，故今之桑耶寺已有相当部分是后期修复或重建的。

[24] 在上述十二洲建筑中，是按佛经的论藏教义（mngon-pa-dang-bstun-pa）而建四大洲（gling-chen-bzhi）及八小洲(gling-phran-brgyad)。分置大殿东、南、西、北四面，每面三座，每面形制不一：东面建筑为半圆形。南面建筑（赡部洲，即《汉藏史集》所说的包括“译音天竺洲”等建筑）呈三角形。西面建筑呈圆形。北面建筑呈四方形。（见《汉藏史集》，上册，木刻版，129页下）。

再者，有必要补注的史料是，桑耶寺还有石碑建筑。据《拔协》记载：“在转经巡礼道的后面，建有石碑一通，其上有莲花为饰，碑上铭刻盟誓概要，碑顶安置石狮”（见该书铅印本，46页）。看来此碑即指今存之《兴佛证盟牌》。又据《汉藏史集》载，在大殿的四方还建有四座依怙神殿（mgon-gang），各殿门外的前方各建石碑一通，其上各安放铜母犬一条（zangs-kyi-khyi-mo-re-re）。见《汉藏史集》，上册，130页下。

[25] 桑耶寺建白塔等四塔，分置距主殿之四角不远处。四塔以绿塔造型最佳，塔身系由绿色琉璃砖砌筑成，釉色泛光，甚美，反映吐蕃当时造砖技术已有相当高的水平。就塔内储藏文物来说，即以白塔最丰，详见下文。

[26] 《汉藏史集》将此人写作“blon-po-chen-shud-po-dpal-gyis-ngang-mi-rgyal-re”。见该书上册，130页下。

[27] 《汉藏史集》，称此红塔为“转法轮塔”（chos-vkhor-bskor-bavi-mchod-rten）。见该书上册，130页下。

[28] 《汉藏史集》称此塔为“佛骨塔”（sku-gdung-mchod-rten）。见该书上册，130页下。

[29] 《汉藏史集》称此塔为“天降塔”（lha-babs-mchod-rten）。见该书上册，131页上。

[30] 《汉藏史集》在记载建四座彩色塔之后随即总结建桑耶寺的施工期，该书记载与其他史书所说不同，该书说：“于阳木虎年（shing-pho-stag，即774年）孟春月七日鬼宿（dpyid-zla-ra-bavi-tshos-bdun-skr-ma-rgyal）为诸神殿奠基，经六年全部完成（当是779年，即阴土羊年），于阴土羊年(sa-mo-lug，779年)，堪布菩提萨埵及阿阇黎莲花生，在开光典礼时为之祝福……”（见该书上册，131页上）

[31] 此段记载吐蕃势力南达天竺恒河之畔。在《贤者喜宴》后文亦记载墀松德赞南界事，该书说：“(吐蕃）南方直达轸宿星（skar-ma-me-bzhi）升起的边地——天竺恒河河畔（chu-bo-gangkhvi-vgram），遂统治世间三分之二的地区”（见该书ja函，112页上）。同书同页又载，吐蕃曾在恒河岸建立石碑。再者，在823年立的《唐蕃会盟碑》东侧碑文也说，墀祖德赞时，“南若门、天竺，西若大食，北若突厥、咽面等，莫不对此雍仲之王畏服，争相朝贡，俯首听命。”（文中之“雍仲之王”系

指墀祖德赞而言）

[32] 指在桑耶寺白塔中。

[33] 上述诸文物均放在白塔之内。见《西藏王统记》，藏文，1981年铅印本，212页。

[34] 《汉藏史集》说，舍利放在一百零八座佛塔之内，非一千零八座佛塔，不知孰是（见《汉藏史集》，上册，130页上~130页下）。又，所谓“金刚步”（rdo-rjevi-vgros），似指金刚所迈的步与步间距离而言。据有关资料载，在桑耶寺的围墙上，每隔一米左右建一塔。据此可知，“金刚步”似指一米距离而言。

[35] 《汉藏史集》称此妃为没庐氏绛求纯（vbro-bzav-byang-chub-sgron），称此妃所建之格吉寺为“格吉切玛林寺”（dge-rgyas-bye-ma-gling）。见该书上册，130页下。

[36] 《汉藏史集》称此妃为嘎洁措美多纯（dkar-rgyal-mtsho-me-tog-sgron），称该妃所建之寺为“khams-gsum-bzangs-khang-gling”。见该书上册，130页下。

[37] 《汉藏史集》称此妃所建之寺为甫才塞康林（sbu-tshal-gser-khang-gleng）。见该书上册，130页下。

[38] 墀松德赞之母为金城公主。据《汉藏史集》载：“（墀松德赞）母金城公主（yum-gyim-shang-kong-jo）建造了九顶正慧木屋寺（dam-pavi-shing-khang-rtse-dgu）。”见该书上册，130页下。

[39] 白色天魔，藏文写作“gnam-the-dkar”。文中之“the-dkar”，似即“the-rang-dkar-po”的缩写。

[40] 吐蕃攻突厥事，参见上述之注释。

[41] 非人（mi-ma-yin），这是一种鬼神。

[42] 除上述诸建筑之外，桑耶寺的钟最为有名，前述说有大钟八口，其中格吉寺的铜钟原是查玛珍桑寺的钟，寺毁，遂将铜钟埋于山崖之内。

后迁到格吉寺，将钟挂起。今日桑耶寺一个小院里，有红铜钟铸钟一口，原存在主殿前，后因悬钟之铁绳断裂，改移至此，上有铭文（阳文）。本段见《贤者喜宴》ja函，99页下。

再者，据《五部遗教》kha函载，桑耶寺内还曾储存有各地送来文物，如在三座宝库中有天竺、大食、突厥等诸国王所送的礼品，其中汉地皇帝所送之宝，有金制铜币（gser-gyi-dong-tse）等，还有丝绸珍宝等(dar-zab-rin-po-che)。

[43] 文中之火兔年为787年，土兔年为799年。再者，“又谓……”句内之火兔年为727年，铁马年为730年，铁兔年为751年，木羊年为755年，水兔年为763年。

第八章　藏人受戒出家及制定佛教大法

【译文提要】第八章共有4节，即桑耶寺开光；藏人受戒出家；建法律及桑耶兴佛碑；译经。本章主要记载桑耶寺开光、藏人受戒出家、定佛教大法、立兴佛盟誓碑及译经等情况。桑耶寺开光约在公元779年。开光仪式的全过程实际上是佛教仪轨在吐蕃的第一次实施，而且得到赞普王族及各大臣的支持。开光物资、差役是经过长期准备的，但主要宗教负担却从此落在属民肩上。本文说开光十二年及属民欢庆情况，明显地带有夸张性。不过从开光中的属民表演活动看，这种描写颇有吐蕃民俗画的味道，与那些神秘的宗教仪式相比显得清新别致。

从文字记载看，吐蕃藏人出家，包括显贵王族子弟在内，一开始就带有强制性，而且最突出的一点是，出家人几乎都是贵族出身者，也就是说都是官宦子弟(blon–sras)。这反映吐蕃佛教一开始就带有很强的阶级性，宗教权力也自然地掌握在贵族手中，由此我们可以意识到：吐蕃佛教也必然为统治者服务和利用，以后的吐蕃宗教史也证明了这一点。再者，吐蕃僧人的出现，使吐蕃社会又增添了一个新的阶层，这是一个特殊而重要的阶层，具有重要的意义，因为这一阶层的人背后有王权和神权的支持，它长期深刻地影响着吐蕃社会的进程。

佛教大法的订立及兴佛盟誓碑的出现，都是为维护佛教而设的，这两者都具有法律性质，以便使吐蕃人服从吐蕃佛教的摆布。

译经是吐蕃佛教的重要内容。如果说此前的吐蕃佛教译经多借助于外力，那么自从墀松德赞培养吐蕃翻译人才和藏人出家之后，吐蕃译经已逐渐通过内外结合走向独立自主地译经了。墀松德赞时期译经成绩很大，有一系列译经规定，很值得研究。

有必要指出一点，在吐蕃佛教发展的过程中，客观上通过宗教活动使各族人民之间的文化交流密切起来，我们可以看到某些虔诚的宗教徒，如天竺人、迦湿弥罗人、勃律人、泥婆罗人、突厥人、阻卜人等等，他们远道应邀来到吐蕃传布佛教文化，这里包括有历史、语言、地理、宗教、民俗、建筑等等情况被介绍到吐蕃，桑耶寺本身的建筑艺术价值就是很好的说明。其间还有许多汉人到吐蕃协助译经，他们不仅将汉文佛经译到吐蕃，而且还同时将汉地医学、历算等著述译到吐蕃，从而密切了汉藏两族的文化交流。

总之，本章译文内容是研究吐蕃佛教史的重要参考资料。

第一节　桑耶寺开光

其时，吐蕃之所有地方神及人（yul-lha-mi-thams-cad）集聚起来，举行不可想象之歌舞游宴，吐蕃地区幸福安乐甚于天庭，所举行之幸福喜宴为时一年之久[1]。

再者，《拔协》载[2]：如是，在十二年中桑耶寺竣工。随后（臣工）请求向阿阇黎菩提萨埵献六斤金粉[3]。于是（赞普）下令向吐蕃所有一切属民征集差税，并令准备（所需）之用具[4]。阿阇黎莲花生于格如林（ka-ra-gling）闭关修行之后，随即允诺举行开光[5]。赞普召集其所辖的全体属民，并将物资聚集起来。当开光的吉日良辰来临之际，聚集起来的属民遍布红岩（brag-dmar）。阿阇黎菩提萨埵在格如林用花朵将青铜大盆装满之后随即离去，继而来到白塔之上。其时赞普见到：在三面六臂的妙金刚佛像手中拿着一束宝花（rin-po-chevi-me-tog）。再者阿阇黎做完禅定，即将乌孜大殿（dbu-rtse）上的神像迎至殿外，环绕白塔而行。面向东望，在巡礼道上的一侧，佛像的天冠开裂，于是遂向此处抛掷花朵。诸神同时而至，次第排列如前。自二忿怒明王佛像后燃起智慧之火，烤燎大地，对此，阿阇黎抛洒香水，致使火熄。此时，赞普献黄金一盆，置于花朵之上。

当举行开光大典之时（zhal-sro-chen-povi-dus），在寺外围墙上的所有佛塔之间，均堆满装有食品和酪糕的皮口袋，拟赐予参加娱乐活动之人，每人可得二至三份（食品），没有没得到食品者。

此后，所有人举行了一次盛大的娱乐活动。在缅日兰嘎小山岩（sman-ril-lan-k-brag-chung）之被太阳照到的地方前面，此处出现了一只鹿，遂用绳索擒获，然后（执鹿）游街。上述举行的首次娱乐情况，均画于巡礼道上的门后。

次日清晨，阿阇黎菩提萨埵在格如林用花朵将青铜大盆装满之后随即离去。其时赞普见到戴有头饰的五种比丘。阿阇黎菩提萨埵做完禅定，即将乌孜大殿的中殿之神像予以迎请，在巡礼道上的一侧，向所见到的东部地方抛掷花朵。诸神同时来至（中殿）之内，并如前一样次第排列。继而（向诸神像）献一盆黄金布施。在开光之时，如以前一样向娱乐者赐以食品，然后进行一次盛大的娱乐活动。娱乐内容是：一个名叫俄帕拉（rngog-pha-la）的人，能轮换骑乘七匹骆驼；有些人将刀集在一起，在奔驰的马上，将刀掷向对面的刀门上（ril-grivi-sgo-vpen）；有的人，两人相叠（mi-nyis-brtsegs），（似叠罗汉，）手举旗幡等等。上述娱乐活动情况均画在巡礼道上的门后。

复次，阿阇黎菩提萨埵在格如林，将花朵装满青铜大盆之后随即离去。赞普见到一位有妙金刚头饰的比丘。（阿阇黎菩提萨埵）在旁莫波卡（bany-smug-povi-kha）做罢禅定，随即迎请乌孜大殿之上殿诸神，并向乌孜塘（dbu-rtse-thang）抛掷花朵。诸神同时来至殿内，复次第排列如前。继之向（诸神）献一盆黄金布施。在开光之后期，又向诸娱乐者赐予食品。随后又举行一次盛大娱乐活动：一人名叫强嘎波（vjang-dgav-bo），他将七根紫檀木柱立在头顶上，在乌孜塘奔跑，然后将（木柱）抛向乌孜大殿南门的门槛上；此外，有些人是：一个人支撑着另一个人，从齿木树和桦树等树的（木柱）顶部奔跑而过；有的魔术家在木（柱）顶端表演烈火烧身；又有一个聪明灵巧的少年，他的表演是，在松树上（将身体）探出（树外）。上述这种最后的娱乐活动情况，均画在巡礼道上的门后。总之，阿阇黎菩提萨埵（slob-dpon-bo-dhi-sa-dwa）在桑耶正式与非正式的法会上，经请求共举行了八次开光。在举行的第七次开光的标志是：他显出神变真身，此与加持祝福同样吉祥[6]。

此后，赞普坐在清凉殿（gsil-khang），此殿坐落于湖内的莲花干茎之上，观看精巧的本尊神殿，心中甚为欣悦，遂想道：“我之此三种形制的寺院屋顶，不像建造而成，而是如同（自然）生长出来的一般，我是多么高兴啊！”此后，他所做的十三种各类歌曲编成道情歌词。诸大臣分别各唱一支骄傲之歌，诸如琛氏（所唱）的《高声远扬》等等[7]。如是，在一年之内跳了大型的快乐舞；每人唱了一支歌；每匹马赛过一次跑；每只鸟啼鸣过一次。其时，吐蕃平安快乐，福禄吉祥。上述情形均画于乌孜大殿之门后的北面。

大阿阇黎莲花生（slob-dpon-chen-po-padma）举行开光的稀有（情状），在《拔协》一书中未有记载，然莲花生传记中（所载）的稀有情况却与之相同，例如，据谓石碑上的狮子曾发出过吼叫；护法神曾散步游玩，等等。如同查玛珍桑寺（brag-dmar-mgrin-bzang）的开光稀有情景一样，而且比它（规模）还大，也更为稀有罕见。然而却未见到（有关）文献。

至于如何举行喜庆宴会，在《大遗教》（bkavi-thang-yig-chen-mo）中有如是叙述：在吉祥桑耶寺（dpal-gyi-bsam-yas），当在举行开光喜宴之时，在措莫古（mtsho-mo-mgur）的中央[8]，此亦即生长着莲花主茎之地[9]，赞普坐于金座之上。可意的五位王妃盛装而坐；所供养的全部译师班智达，均在讲经说法；所有主要的执法大臣（chos-blon）环列于座位之后[10]。如是（赞普）属下的幸福属民，从卫藏阿里一切地方起，无一处不集会（庆祝）。以各种饮食等享用之物，使一切所欲均可满足。跳起欢乐舞，唱着快乐歌，日复一日无间断。伞、幢以及飞幡等等，（其数量之多）几乎遮蔽了中午的太阳，使飞禽雀鸟也几乎无飞翔之地。黔首属民充满大地，（其数量之多）致使骏马无驰骋之地。铙钹之乐如龙鸣。所有男女少年装饰打扮，手执牦牛尾，击鼓、歌唱、舞蹈，他们（学着）牦牛叫声、狮子吼声和老虎啸声。他们（戴着）面具（扮成）幼狮[11]，舞蹈者（佩以）美丽的装饰，手里拿着鼓，游戏、散步，等等。上述人们向赞普供奉。如是，全体王之属民（rje-vbangs）其欢乐的身体（dgab-bavi-lus）

欢乐得身不由己；人们跳舞，（其舞蹈之声）犹如天空降雨一样，快乐之心令人忘却（一切）。

每人各自唱一支敬慕之歌。如是，由神作为王者——法王墀松德赞，此赞普从宝座上站立起来，唱起一支快乐的歌："我那三种类型的大殿殿顶，系由多种珍宝建造而成[12]，此殿不像建造而成却似（天然）长成。我之神殿最为稀有，看上去多么令人欢欣！过后想起亦使人心情安逸[13]。以东胜身洲为模式，那是东部之三座神殿，（内藏）诸种珍宝[14]。以南赡部洲为模式，则是南部的神殿[15]。以西牛货洲为模式，则是西部的神殿[16]。以北俱卢洲为模式，则是北部的神殿[17]。我之雅克厦上下神殿[18]，其状如同升起于天空的日月。我之王妃的三座神殿，如同陈设着的玉质曼陀罗。我的那座白色佛塔，如同右旋之白螺。那座红色佛塔，犹如火焰冲天。那座青色佛塔，好似矗立着的玉柱。那座黑色佛塔，宛若铁钉钉在地上。我之佛塔实属稀有罕见[19]。"上述诸种即是欢乐之歌。复以三十三天之天神歌曲为模式，唱起了《玉殿金座》之歌。

天子穆尼赞普（mu-ne-btsan-po）唱了一支《宇宙之灯》。天子穆底赞普（mu-tig-btsan-po）唱了一支《健美之狮》。诸王妃亦歌之，其歌曰《玉湖漩波》及《玉叶嫩枝》。诸僧侣亦歌之，堪布菩提萨埵歌一曲《善静修次第》。阿阇黎莲花生歌一曲《制服神魔》。贤者贝若咱纳（bee-ro-tsa-na）歌一曲《韵歌回荡》。努班纳喀宁波（snubs-ban-na-mkhav-snying-po）歌一曲《鹏翔于空》[20]。恩兰杰哇秋央（ngan-lam-rgyal-ba-mchog-dbyangs）歌一曲《马项明王傲歌》[21]。久若贝吉桑波（cog-ro-dpal-gyi-bzang-po）歌一曲《九幸福吉祥歌》[22]。

诸大臣亦歌之。执法大臣桂干（chos-blon-chen-po-mgos-rgan）歌一曲《洁白的挺拔之树》。墀桑雅甫拉（khri-bzang-yab-lhag）歌一曲《慧书幻化之钥》[23]。雄甫贝吉僧格（shung-bu-dpal-gyi-seng-ge）歌一曲《小螺长玉》[24]。将军拉桑路贝（dmag-dpon-lha-bzang-klu-dpal）歌一曲《大

小胡麻》。娘桑祥波墀杰（nyang-bzang-zhang-po-khri-rgyal）歌一曲《狮子大滚》。贝吉甸桑贝莱（sbas-kyi-brtan-bzang-dpal-legs）歌一曲《六十八愿》。噶尔吉琼波彤促（mgar-gyi-khyung-po-dum-tshugs）歌一曲《鸷鹰翱翔》。琛吉多杰芝琼(mchims-kyi-rdo-rje-spre-chung）歌一曲《琛氏敬供歌》[25]。那囊杰擦拉囊(sna-nam-rgyal-tsha-lha-snang）歌一曲《上等白芷树》。墀真拉约库隆（kgri-vbring-lha-vod-khu-long）歌一曲《上中下三持藏》[26]。尼雅墀桑扬敦（gnyags-gyi-khri-bzang-yang-ston）歌一曲《明光遍布》[27]。恩兰·达热路恭（ngan-lam-stag-ra-klu-gong）歌一曲《六面铁猴》。

诸首领亦歌之，歌一曲《珍贵的黄金花》。诸勇士亦歌之，歌一曲《虎山九叠》。诸贵妇亦歌之，歌一曲《花蔓》。诸少女亦歌之，歌一曲《多光的村市》。其他之歌不可言状。总之，在一年之内，每人歌一曲，每匹马奔跑一次，每棵树顶飘曳旗帜一面。漫长的快乐吉祥集会，享受着安乐吉祥。

第二节　藏人受戒出家

墀松德赞王降旨云："今生安乐之梦，此系虚伪之事。因此，为长远理想计，当需修成菩提。"于是，遂令诸聪慧少年学习翻译两种语言。[28]同时迎请十二位说一切有部之比丘[29]，菩提萨埵亲任教师，首先是大信仰者拔墀斯（rba-khri-gzigs）出家为僧，并成为一位具五通者（mngon-zhes-lnga-ldan），而赞普则赐其名为"吐蕃之宝（bod-kyi-rin-bo-che）"，此即所有吐蕃人出家者之初始（bod-mi-rab-byung-kun-gyi-thog-ma-yin）[30]。这些事迹即所谓在吐蕃建立了僧伽（nab–byung–btub–ba），六名聪慧之人首先受了比丘戒（bsnyen–ngar–rdsogs）。此后比丘、沙弥广为发展[31]，并自天竺萨霍（za–hor）、迦湿弥罗（kha–che，即克什米尔）、中天竺（yul–dbus）及汉地（rgya）等地，迎请来许多标准的大班智达（pan–chen–tshad–ldan）。一些精通翻译的人，将天竺、汉地和于阗（li–yul）等地区的佛经，凡是能得到者大部分译到吐蕃[32]。诸僧侣的生活由吐蕃政权机构提供。（这些僧人）虽出自于（赞普）属下，但却被敬供于头顶之上。三学清净三藏清通[33]，大乘极广当通达，遂之出现无数学者大德，叶尔巴山（出现）一百零八位获得成就之人[34]，曲卧山（chu–bo–ri）[35]（出现）二十一位获得成就之人。在诸修道处，出自持咒及三藏者，其间获得殊胜共通悉地成就之人为数颇多。以适宜的宣讲佛法，将所有吐蕃的属民引向正路。其时所见到的吐蕃弘扬的佛教，据谓是世界上其他地方前所未有者。后来一些天竺大班智达亦加以赞扬。

再者，如《大拔协》一书原文，在桑耶寺喜宴之后，诸聪慧之人随即出家。但《中拔协》则谓，在桑耶寺竣工之后在未开光之前，（聪慧者）业已出家。诸史各有著述，但未计算先后次序。

《唐益》（thang–yig）则载：在举行喜宴之时，贝若咱纳（bee–re–tsa–na）即已在位（指已经出家——译者注）。而其他多数人则由巴热甸（rba–ratna）任亲教师授比丘戒。但是，如不满十年则不宜任亲教师，因此菩提萨埵（bo–dha–sa–ta）来到吐蕃，未久则众聪慧者出家为僧，此事明矣。于是，派遣朗卓囊谢（lang–gro–snang–bzer）、聂达赞董斯（gnyer–stag–btsan–gdong–gzigs）、森果拉隆斯（seng–mgo–lha–lung–gzigs）及琛梅拉（mchims–me–lha）等人，自天竺超行寺（bri–ka–ma–la–shvi–lavi–gt–sug–lag–khang，又称“超戒寺”——译者注）迎来十二位根本说一切有部之比丘，他们于羊年春正月之上旬八日抵达（赞普）王宫。菩提萨埵任堪布（亲教师），诸聪慧者随即出家。此后受比丘戒而相继出家者多有发展。其时任堪布（亲教师）之人是：霞日浦（shva-rivi-bu）、查坚森（dgra-gchan-zin）、路楚（klu-sgrub）、莱甸切（legs-ldan-byed）、贝贝（dpal-sbas）、益喜宁波（ye-shas-snying-po）以及菩提萨埵等人，在桑耶寺壁画中即有（彼等画像）[36]。

再者，《大拔协》载，其时，诸王臣进行歌舞消遣（指开光喜庆——译者注）。但在此以前在吐蕃尚无比丘之名，而桑耶寺之所有墙基均被弄成老鼠洞，神殿和佛像等因为没有供奉和侍者，所以赞普心中不安，遂对众属民说道："应宜推行佛法。"由是于羊年春正月时，阿阇黎迎请了说一切有部及中观分别说一切有部的十二位比丘。阿阇黎教尚论（zang-blon）之诸子（学习）梵语，因此，琛阿努（mchims-a-nu）之子释迦扎帕（shva-kya-pra-bha）、巴果罕兑（pa-gor-hen-vdod）之子贝若咱纳（bee-ro-tsa-na）、拔墀谢（rba-khri-bzher）之子墀斯（khri-gzigs）亦即桑希达（sang-shi-ta）、尚尼雅桑（zhang-nya-bzang）之子拉甫拉赞（lha-bu-lha-ptsan），以及许甫空列（shut-bu-khong-leb）等人学会（梵）语。琛列斯（mchims-legs-gzigs）等许多人则不会（梵语）。大臣桂干（blon-po-mgos-rgan）说道："我们大臣中没有空暇，因此无暇学习阿阇黎语（a-tsa-ravi-skad），所以，遂有所谓要求（学习）'老人法'（rgan-povi-chos）。"但阿阇黎则说："父语与母语（a-pa-dang-a-mavi-skad）实际上已经出现，这同梵语（mam-kri-tavi-skad）是相同的。为此，应了解并精通吐蕃语，虽然没有梵语（mam-kri-tavi-skad），但吐蕃（语）是菩萨神变之语，故此可以（用此种语言）传布佛法。于是随即传经布道。其时，赞普问道："在我吐蕃地区内尚无比丘，可否在我的纯良的尚论中选定比丘呢？"阿阇黎说道："可以试建（僧伽）。"于是随即从学习语言的人中，首先剃度吐蕃之大信仰者拔墀斯（rba-khri-gzigs）出家。此人做比丘后，其名则称贝央（dpal-dbyngs）。因此人具有五通成就，故赞普欣喜，并予顶礼，且称其为"吐蕃之宝"（bod-kyi-rin-po-che)。继之赐其名为“拔热甸”（rba-ratna）。此即为吐蕃之最早僧人。再者，又请求剃度僧人，（阿阇黎）说道：“试度之!”于是，拔赛囊（rba-gsal-snang）、巴果（pa-gor）、贝若咱纳（bee-ro-tsa-na）、恩兰杰哇秋央（ngan-lam-rgyal-ba-mchog-dbyangs）以及阿阇黎仁钦秋（rma-ava-tsarya-rin-che-mchog）等五人，加上杰哇绛秋（rgyal-ba-byang-chub）共为六人，彼等均做比丘。赛囊（gsal-snang）早先请求为其发菩提心，曾命名为益希旺波（ye-shes-dbang-po）。对上述诸人均予以命名，此后即称彼等为“预试六人出家”（sad-mi-drug-rab-du-byung）[37]。

上述文献中有误。早先之贾珠嘎堪（rgya-phrug-gar-mkhan），据谓又写作拔桑希（rba-sang-shi）。而拔热甸（rba-radna）乃所谓拔墀谢（rba-khri-bzher）之子。因贾珠桑希（rgya-phrug-sang-shi）乃汉地使者之子（rgya-nag-ge-po-nyavi-bu），因此不属于拔氏之族（rbavi-rus-su-mi-vong-pa）。复次，虽然有些（著作）写有所谓“恰墀斯（bya-khri-gzigs）”者[38]，然而此系文字之误。此二族的根基是不同的。

菩提萨埵（bo-dhi-sa-dwa）之名又称显达热格希达（shvan-rakshi-ta），其名称中所附带的“热格希达（rakshi-ta）”，此是全名的尾称，所谓贝若咱纳热格希达（bee-ro-tsa-na-rakshi-ta）等名称中亦有这种尾称。

又谓，《拔协》内载的“预试六人”（sad-mi-drug），其中的莱松（legs-gsum）[39]被换成臧莱楚（gtsang-legs-grub）；恩兰（ngan-lam）之下增加了昆禄旺布（khon-kluvi-dbang-po）。于是遂成“预试七人”（sad-mi-bdun）。

再者，在《布顿佛教史》中，当雕版时是否校勘者有错误呢？其中就如衮钦甫（kun-mkhyen-bo），此（记载）虽无错乱，但最初是令恰墀斯（bya-khri-gzigs）出家为僧，且此人成了具五通者。此后则是拔赛囊（rba-gsal-snang）、拔墀谢（rba-khri-bzher）、桑希达（sang-ve-ta）、巴果贝若咱纳（pa-gor-bee-ro-tsa-na）、恩兰杰秋（ngan-lam-rgyal-mchog）、昆禄旺布松哇（khon-kluvi-dbang-po-srung-ba）、玛仁钦秋（rma-rin-chen-mchog）及臧莱楚（gtsang-legs-grub）等八人出家，彼等之法名则为益希旺波（ye-shes-bang-po）及贝央（dpal-dbyangs）等。所谓“预试七人”，其中拔墀斯（rba-khri-gzigs）在第一和第三的（位置上）被计算了两次。而墀谢（khri-bzher）之子是桑希达（sang-shi-ta），在区分和判断他们的界限时错弄成了两人，于是随即计算成九人或八人。所谓“七人（mi-bdun）”，其中拔热甸（rba-ratna）似即益希旺波（ye-shes-dbang-po）[40]，这些都是大错的。

许多古代人又谓：拔曼珠宝利哇玛（rba-mnydsu-shri-warma，原藏文注云：即强贝果恰，vjam-dpal-go-cha）；臧埃温扎热格希达（rtsangs-nge-wendra-rakshita，原藏文注云：即拉旺松哇，lha-dbang-phrung-ba）；阐卡穆堪扎热格希达（brang-ga-mu-khendra-rakshita，原藏文注云：即桂旺波桑哇，sgovi-dbang-po-srung-ba），以上为“三老”（rgan-gsum）。中间者是：朗康巴果恰（rlangs-khams-pa-go-cha）；年轻者是：昆纳肯扎（khon-nva-gendra，原藏文注云：即禄旺波，kluvi-dbang-po）；巴果贝若咱纳（pa-gor-bee-ro-tsa-na，原藏文注云：即那囊氏，rnam-snang）；玛阿阇黎仁钦秋（rma-ava-tsarya-rin-chen-mchog），以上为“三少”（gzhon-gsum）。上述诸人即所称之“预试七人”（sad-mi-bdun）。

有人说是：拔热甸（rba-radna）、琛释迦扎帕（mchims-shwa-kya-pra-bha）、臧莱楚（gtsang-legs-grub）、贝若咱纳（bee-ro-tsa-na）、尚拉甫（zhang-lha-bu）、许甫空列（shud-bu-khong-legs）、益希旺波（ye-shes-dbang-po）等七人。总之，主张虽多，但是《拔协》的说法则掌握了关键。

《广史》（lo-rgyus-chen-po）又说，最早（受）比丘戒律者是拔氏二僧侣（rba-yi-bandve-gnyis）；大德中之最佳者是恩兰（ngan-lam）、拉隆（lha-lun）二人；最聪慧者是玛氏僧人仁钦秋（rma-ban-rin-chen-mchog)；听闻最广者是莱松绛秋杰（las-gsum-byang-chub-rgyal）；最佳学者是贝若咱纳（bee-ro-tsa-na）。这种说法是：在《拔协》的六人之上增加了拉隆热甫久央（lha-lung-rab-vbyor-dbyangs），遂为“预试七人”（sad-mi-bdun）。在此“预试七人”之上又增加了两人，即威力最盛的纳喀宁波（na-mkhav-snying-po）及福德最大的墀松德赞（khri-srong-lde-btsan），随即乃有所谓“吐蕃殊胜九人”（rab-kye-mi-dgu）之说。

《拔协》又载，其时，赞普说道：“如果实行佛教，则当需要僧侣。因之，未成年之后妃及尚论之子凡有信仰者，均令彼等出家。”赞普言罢，诸大臣说道：“如果出家，然无生活给养。”赞普口谕：“我将令上级机构付予给养。”（诸大臣）又谓：“如果（僧人）不当兵、不出差，将会遭到惩罚。”（赞普）则曰：“关于当兵、出差，我将令我的属下支付，以此作为善事供养。”（诸大臣）又说：“不能学习三藏。”（赞普）赐教曰：“当思念善事。”此后，遂于羊年仲冬月在桑耶寺竣工开光之后，当举行殊胜大供奉之时，长妃墀洁莫赞(khri-rgyal-mo-btsan）及苏赞莫杰（sru-btsan-mo-rgyal）等等一百人出家，拔热甸（rba-ratna）任彼等之亲教师。总之，其时有三百人出家。

第三节　建法律及桑耶兴佛碑

其时颁布大诏令，制定佛教之教戒法规（chos-khrims）。此后，对其统治下的属民规定：男人不挖眼，女人不割鼻(pho-mig-mi-dbyung-mo-sna-mi-bcad)。犯罪者不杀。一切众生听从王命。王与属民均应对出家者顶礼供奉。以上诸种即所颁布之“佛教之大法”（chos-kyi-bkav-khrims-chen-po)[41]。

如是，为奉行（佛教和遵循佛教大法），除赞普父子及权臣（btsan-po-yab-sras-dang-sna-chen-po）之外，大臣以下所有首领(blon-chen-man-chad-nas-sna-la-gtogs-pa）均持剑发誓（ril-gyis-bro-bor-ro），并建兴佛盟誓碑（chos-gtsigs-mdsad-bkav-gtsigs-kyi-rdo-ring-btsugs)[42]。

第四节 译经

继之，委任出家人的寺院轨范师（chos-grwavi-slob-dpon）及非正式门徒的轨范师（nya-mavi-slob-dpon）。其时及其以后，佛教三宝及僧侣之供养，均由大内府供应（dkon-mchog-gsum-dang-dge-vdun-gyi-bshos-ni-khab-so-chen-mo-las-sbyar）。

初，益希旺波（ye-shes-dbang-po）随阿阇黎菩提萨埵(slob-dpon-bo-dhi-sa-dwa)，遵（赞普）之谕而皈依佛教，俟后随即决定翻译（佛经）。大译师（lo-tswa-ba-chen-po）担任天竺（佛经）的翻译（rgya-gar-gyi-lo-tsva)[43]，阐卡莱贡（bran-ka-legs-kong）、拉隆禄恭(lha-lung-klu-gong)、果恭维恭（vgo-gom-dbus-gong）及琼波孜孜(khyung-po-rtse-rtse）等等担任汉地（佛经）的翻译，在迎请汉地和尚玛果莱(rgyavi-hwa-shang-ma-ko-le）之后，遂即进行翻译（汉地）佛教经典[44]。此后，当拔热甸（rba-radna）首译《十万般若颂》（shserb-vbum）之时，其梦中得到如下之预言："在吐蕃大量翻译《般若十万颂》，以此福德及灵验将使全世界均奉行大乘佛教（theg-pa-chen-po）。"当拔阐堪布曼殊(rba-bran-mkhan-po-mnydzu）向赞普墀松德赞（btsan-po-khri-srong-lde-btsan）王臣属民宣讲《十万般若颂》之时，赞普欣喜，随后即予以顶礼，并赐予丰厚奖赏。所集中之所有续部亦由曼殊（mnydzu）翻译。

又，仆从、比丘及所有众生说道：“对于精通佛法者应给以赏赐。”后妃拉洁（jo-mo）说道：“如是，为精通佛法者将赏赐何种食物呢？”据说宣布：凡一切能者翻译了所规定的天竺经典，其所有一切生活物资均由高级机构(bla-chen-po）提供。在格如林（ke-ru-kleng）设置厨房，为三百名僧人提供十三种膳食，负责此项事务的官员（lag-dpon）是王妃绛秋洁（jo-po-byang-chub-rje）。此外，（僧人）坐于垫上，每僧一卷大部头佛经（似指《般若经》——译者注），以此作为一卷，然后诵读，每白昼诵经十万次。以上即所宣布之诏令。

关于译经情况，虽然有某些推测的（说法），但在现今之《拔协》一书中则有如是记载，在《大拔协》中有一种（说）法是：首先翻译了汉地佛经（rgya-nag-povi-chos）。天竺佛典中之密宗三续部（nang-rgyud-sde-gsum），（其内容）耽于酒肉，此不适于吐蕃，故不译。但说一切有部（thmas-cad-yod-smravi-sde）、分别说一切有部（bye-brag-du-smra-ba），因（其内容）阐明因果，知此适于吐蕃，遂译之。再者，启请益希旺波（ye-shes-dbang-po），请其翻译少量之四阿含经（lun-sde-bzhi）中的《长阿含经》（lung-ring-po）及全部之《譬喻部》（rtogs-pa-brjod-pa），又翻译了《阿毗朗达玛之声闻俱舍》（mngon-pa-la-nyan-thos-kyi-ko-sha）。或有谓者，在律部方面（vdul-ba），关于《僧伽大方广经》(dge-vdun-phal-chen-sde）方面的广大戒律（khrim-yangs-ches-pa）、上座部（gnas-brtan-pa）及正量部（mang-bkur-ba）等三类佛经不译。声闻部之律藏（nyan-thos-kye-vdul-ba）、经藏(mdo-sde）以及大乘之阿毗朗达玛论(theg-chen-gyi-mngon-pavi-bstan-bcos）等均译之。又，在祖特罗(tandra）方面，其间有大瑜伽（ma-hva-yo-ga），为使外道转入善业，但(其内容）净秽不分，故不译。至于阿底瑜伽（a-ti-yo-ga），彼似是法宝

(chos-kyi-dbyig)，但在不领悟时，（其内容）可（使人）倒退，故不译。再者，密咒瑜伽（sngags-yo-ga），（此需要）能人，但吐蕃尚未出现能人，故不译。支雅波罗门(kri-ya-bram-ze）等人为持善业而所宣讲（之法），因吐蕃清净业尚小，故此不译。阿努瑜伽（a-nu-yo-ga），（其内容）旨在向有污点者宣讲，但吐蕃志向远大，故不译。此外，考虑到乌巴雅（a-pa-ya）有益于吐蕃，故由益希旺波（ye-shes-dbang-po）译之。至于经藏（mdo-sde）及陀罗尼咒（gzungs)，凡天竺所存者均译之。此后，赞普说道：“天竺和汉地之佛经已大部译就，俟后全部佛经凡存于那烂陀寺（shri-nva-lentra）者遭到火焚。该寺中尚有部分未焚者及未译者，这些已铭记我之心中。”上述虽所载如此，但这也是尚待（进一步）研究之题材[45]。

再者，《布顿佛教史》（bu-ston-chos-byun）载：此外，天竺之阿阇黎毕玛拉米扎（rgya-gar-gyi-slob-dpon-bi-ma-la-mi-tra）、桑结桑哇(sangs-rgyas-gsang-ba)、显底卡拔（shvanti-garba)、毗休达森（bi-shud-dha-sidngha）等，以及吐蕃译师“预试七人”（bod-kyi-lo-tsva-ba-sad-mi-bdun)、却吉囊哇（chos-kyi-snang-ba)、班底纳喀（ba-ddhan-mkhav)、卓仁钦岱（sgro-rin-chen-sde)、囊巴米多巴（rnam-par-mi-rdog-pa）和释迦约（shva-kya-vod）等，彼等担任翻译，翻译了众多佛经。继而迎请了持咒者达玛格底（dha-rma-ki-rdi)，在瑜伽金刚界（yo-ga-rdo-rje-dbyings）之坛城处，在伏魔密咒洲内，此持咒者传授灌顶。迦湿弥罗国（kha-che）之班智达孜纳米扎（panda-ta-dsi-na-mi-tra）及达纳希拉（dva-na-shvai-la）等，彼等在清净律室洲（rnam-dag-khrims-khang-gling）中宣讲戒律。汉地和尚（rgyavi-hwa-shang）等，他们于不动禅定洲（mi-gyo-bsam-gtan-gling）参禅入定。在声明清净洲（brda-sgyor-tshangs-pavi-glib）讲授声明论。在财库贝嘎洲（dkon-mdsod-pe-kar-gling）安置财宝。在毗卢遮那洲（bee-ro-tsa-navi-gling）讲授佛经

(chos-vchad-pa）等。以此圆满地弘扬佛法。此后，在龙年讲经者住于丹噶尔宫（pho-grang-ldan-dkar），担任翻译的师长底贝孜（bandha-dpal-brtsegs）及班底禄旺波（badha-glavi-dbang-po）等诸人，彼等在吐蕃翻译了佛教经典。据谓，其时将所做的（佛经）名签、卷数及页码予以确定，继之写成目录（dkar-chag-du-bris）[46]。

注释：

[1] 此庆祝是为桑耶寺竣工而举办的，藏文写作“rab-gnas”或“rab-tu-gnas-pa”，意为“开光”，届时举行迎佛仪式等。详见下文开光内容。

[2] 关于《拔协》所记载的开光庆典内容，见民族出版社1980年铅印本，55~57页。《贤者喜宴》所引《拔协》内容即如此。

[3] 《西藏王统记》（见1981年北京排印本，213页）说，赞普献给阿阇黎莲花生和菩提萨埵的礼物是黄金（gser-gyi-phyag-rten）及饰有珍宝的衣服（rin-po-ce-da-mas-brgyan-pali-na-bzav）。又，据《知识总汇》(shes-bya-kun-khab）说，此次桑耶寺开光是在桑耶寺竣工一年之后由菩提萨埵及莲花生主持的（mkhas-grub-de-gnyis-kyis-rab-gnas-mdsad）。见该书，民族出版社1982年排印本，上册，434页。

[4] 向属民征集差税，准备各种开光应用物资。这句话看来是可信的，以后的吐蕃宗教活动，其费用负担几乎都转嫁到属民身上。从这里可以看到，随着吐蕃寺院的出现，属民的宗教负担是相伴而行的。

[5] 《贤者喜宴》在下文说，桑耶寺开光共举行八次。而《西藏王统记》说是七次（该书214页）。前者说八次，为时十二年，后者说七次，为时一年（该书220页）。《汉藏史集》又说开光时间长达十三年（该书上册，130页下）。从各方面看，“十二年”或“十三年”之说有夸张之嫌，不足信。

[6] 以上记载吐蕃人在开光庆典上的各种杂技表演很精彩，是研究吐

蕃民间杂技艺术的珍贵史料，此为它书所未载者。对此，《莲花生传》只简要描述了几笔："当举行开光之时，王臣坐于中央，歌舞、音乐（同时而行），魔术家（sgya-ma-mkhan）表演魔术，力士们比赛膂力。"（该书木刻版，161页）关于藏族民间杂技及体育活动，从唐代一直流传下来，藏文写作"rtsed-vjo-rtsal-rigs"，内容相当丰富并有民族特色，如举石（rdo-vgyogs）、射箭（mdav-vphen，又作nyag-phrag-vphen-pa）、摔跤（vdsing-mo-vgyer）、赛马（rta-vgyogs）、赛跑（bang-apgyongs，或bang-rgyug-pa）、技巧（yang-rtse）、叠罗汉（mi-nyis-rtsegs）等。其他还有溜索一类的表演，此又谓之"飞神"，还有翻杆、跳火轮以及游泳表演等。上述诸种在布达拉宫司西平措大殿的壁画中有载。《颇罗鼐传》中亦曾记载1727年的一次民间体育杂技表演，地点在后藏巴朗县，是为迎接颇罗鼐而召开的，描写水陆两种技艺，颇为传神；布达拉宫的浴佛节图及扎什伦布寺的游泳壁画，都是描述藏人游泳技艺的，其中以浴佛节图最为精彩（时间约在1690年）。汉文书《西藏图考》亦有记载。

又，吐蕃杂技当与汉人有关。文成公主与金城公主进藏时均有"杂技"随从，"杂技"之中亦包括"百技"（即百戏，亦所谓杂技也）。821年，唐朝使臣刘元鼎出使吐蕃，吐蕃赞普特举行文艺表演以示欢迎，据《新唐书·吐蕃传》载，参加演出的人，其中"……杂曲、百技皆中国人（此处特指汉人而言——译者注）"。可见汉地杂技对吐蕃杂技艺术影响之深。另在敦煌壁画中的《百戏图》（85窟）及《营技图》（156窟）中也记载了汉地杂技。敦煌曾长期被吐蕃占领，汉地杂技艺术自然会与吐蕃杂技交流。再者，阿里所谓古格王宫壁画亦有音乐、歌舞、杂技内容，可参阅。

[7] 吐蕃民歌历史悠久。《敦煌吐蕃古藏文历史文书》中记载了许多吐蕃赞普王臣盟誓和庆典时的歌词。桑耶寺开光时，吐蕃王臣属民等人均表演歌唱，据《汉藏史集》载："赞普编制'十三种王者欢乐歌（rje-

vi-ragv-glu-bcu-gsum)’。诸大臣唱‘幸福吉祥九歌（skyid-pavi-dpal-dgu)’等。每人唱吉祥歌一首。”（该书上册，131页）。关于王臣、王妃、僧侣等歌唱情况下文有详载。

[8] 措莫古（mtsho-mo-mgur)，《莲花生传》写作“grag-rmar-mtsho-mo-mgur”（该书木刻版，161页下）；《汉藏史集》写作“grag-rman-mtsho-mo-vgur”，此地在桑耶寺近旁。

[9] 莲花生茎。此是神话传说，形容该地神圣，似莲花主茎一样。

[10] 在《西藏王统记》中说是大臣环列于赞普坐处的边上（rgyal-po-bzhugs-pavi-mthav-la-bskon)。又，《贤者喜宴》在这一大段记载中，均引自《大遗教》，但与《西藏王统记》所引的《大遗教》在内容上有差异，可能两者所据版本不同。例如，下文的“(赞普）属下的幸福属民”句，《西藏王臣记》所引同句中无“幸福”二字。同样，在“从卫藏阿里一切地方起”句中，《西藏王统记》中则无“阿里”二字。以上均见《西藏王统记》，1981年北京排印本，214页。

[11] 骏马，《贤者喜宴》写作“gye-gling-rta”，而《西藏王统记》写作“gyi-gleng-rta”。应从后者。

又，“他们（戴着）面具（扮成）幼狮”句，在《西藏王统记》将“面具”（vbag）写作“龙”（vbrug)。（见该书，215页）如是，此句则应是“(扮成）龙和幼狮。”

[12] “多种珍宝”，《西藏王统记》作“五种珍宝”（rin-chen-lnga)；下句“诸种珍宝”，《西藏王统记》亦作“五种珍宝”（该书215页）。

[13] 从上述“系由多种珍宝建成”至此句“过后想起亦使人心情安逸”，共五句。此五句在以下诸段中是重复出现的，此为《西藏王统记》所载。

[14] 此句以下按《西藏王统记》所载共缺五句。

[15] 《西藏王统记》说是“南部的三座神殿”。又，此句以下缺五句。

[16] 《西藏王统记》说是“西部的三座神殿”。又，此句以下缺五句。

[17] 《西藏王统记》说是“北部的三座神殿”。又，此句以下缺五句。

[18] 此“雅克厦上下神殿”，似指桑耶寺主殿南北的日、月二洲。

[19] 据《西藏王统记》比较，此句以下缺“只要一见心欢喜，此后想来心安逸”两句。

[20] 努班纳喀宁波（snubs-ban-na-mkhav-snying-po）。《西藏王统记》作“gnubs-ban-nam-mkhavi-snying-po”。（该书北京1981年排印本，218页）

[21] 恩兰杰哇秋央（ngan-lam-rgyal-ba-mchog-dbyangs），《西藏王统记》作“ngan-lam-btsun-pa-rgyal-mchog”。见该书218页。

[22] 久若贝吉桑波（cog-no-dpal-gyi-bzang-po）。《西藏王统记》作“mkhas-pa-cog- ro-dpal-bzang”。见该书218页。

[23] 墀桑雅甫拉（khri-bzang-yab-lhah）。《西藏王统记》记为“其弟子（或子）雅甫拉墀桑(de-sras-yab-lhag-khri-bzang)”。见该书219页。

[24] 《小螺长玉》（dung-chung-gyu-ring）。《西藏王统记》写作“ngur-nung-gyu-rings”，即小（红）鸭长玉。见该书219页。

[25] 琛吉多杰芝琼（mchims-kyi-rdo-rje-spre-nung）。《西藏王统记》写作“mchims-kyi-rdo-rje-sprel-chung”。见该书219页。

[26] 墀真拉约库隆（khri-vgring-lha-vod-khug-long）。《西藏王统记》写作“khri-vgring-lha-vod-khug-chos”。见该书219页。

[27] 尼雅墀桑扬敦（gnyags-kyi-khri-bzang-yang-ston）。《西藏王统记》写作“gnyags-kyi-khri-bzang-yang-bon”。见该书219页。

[28] 此段是说明墀松德赞为何下令让吐蕃人出家的原因。《汉藏史集》说，当在（开光）的安乐热闹的时刻，寺院的侍者出现了心思涣散的情况。这时赞普说道："现今如能使我的愿望实现，就需要各种使这些稀有的寺院免遭损坏的侍者，是否有适宜之人呢？"于是阿阇黎说道："在天竺对三宝之侍者称作香灯师大德（dkon-gnyer-zer-bavi-btsun-pa）。而早期的吐蕃则无香灯师大德，赞普陛下可想一下，需要找出有信仰的臣属，谁适宜，即可。"继之赞普说道："如是，在吐蕃人中凡有适合之大德，则请阿阇黎接纳吧。"阿阇黎说道："适宜与否，可以试验之。"（以上见该书上册，132页）

《拔协》也谈到桑耶寺开光后，桑耶寺因无侍者管理而趋于荒废和败坏的情景，该书说："其时（指开光——译者注），诸王侯臣工歌舞享受而心思涣散。此以前吐蕃尚无比丘之名（dge-slong-gi-ming-yang-med-pa）。因此，桑耶寺之墙基成了老鼠洞。也没有祭祀神殿和三宝的人员和管理侍者（mchod-pa-dang-zhabs-rtog-byed-pa-med-pa）。对此，赞普内心不悦，随即说道：'当令属民学习佛法方可。'"（见该书北京1980年排印本，57~58页）

[29] 关于迎十二位说一切有部之比丘事，这些约束来自天竺。《松巴佛教史》说："于阴火羊年，自天竺迎来说一切有部之十二位比丘（thams-char-yod-smu-bavi-dge-slong）。"（见该书ka函，木刻版，111页下）《布顿佛教史》写作"thams-cad-yod-smuvi-sde-pavi-tge-slong"（见该书木刻版，121页上）。又，说一切有部，又称一切有部律，简称"有部"，系佛教部派之一。主要分布在古天竺西北的克什米尔及犍陀罗等地，曾盛极一时。此派以阿毗朗达玛论为主要依据（阿毗朗达玛藏文写作"mngon-pa"，又译作"对法"）。其宗旨主要是"法"一切有及"时"一切有（详见《宗教词典》，1981年上海版，811页）。本文所说的菩提萨埵即属这一派，吕澂先生分析说，菩提萨埵所倡之说"本属中观

清辨学派之一别系，但秉律行持悉从旧范"，又说"所持学说或即中观而兼密乘号，后人谓之中观自立派（清辨学派）是也"（见《西藏佛学原理》，22~23页）。

[30] 拔墀斯（rba-khri-gzigs）是第一个吐蕃出家僧人。《知识总汇》亦载此人出家情况："法王墀松德赞闻三藏及佛教之主宰霍尔大堪布菩提萨埵亦即显达热格希达（shvanta-rakshi-ta）正居泥婆罗，随派拔赛囊（sba-gsal-snang）为使者往迎。墀松德赞亲近之。复迎天竺十二位说一切有部比丘。其时，为试验吐蕃人能否出家，为此，赞普请尚论中之信仰者拔墀斯出家，由菩提萨埵任亲教师，达纳希拉（dva-na-shi-la）及孜纳米扎（dsi-na-mi-tra）二人分任轨范师及教授师，其他十位班智达做补充人员，乃使拔墀斯出家，并受比丘戒。赐其名为贝央（dpal-rbyangs），赞普赞誉之，称其为拔热甸（sba-ratna）。"（见该书1982年北京排印本，436~437页）

又，"具五通者"，是具有五种神通之人而言，此五种神通是：天眼通、天耳通、他心通、宿住通及神境通。此与汉地佛教所谓"五通"不同。

[31] 六名聪慧人。这六人名称在藏史中说法不尽相同。《汉藏史集》载："拔赛囊（sba-gsal-snang）、达韦墀谢（da-was-khri-bzher）、巴果贝若咱纳（ba-gor-bee-ro-tsva-na）、恩兰杰哇秋央（ngan-lam-rgyal-ba-mchog-dbyangs）、昆禄旺波松哇（mkhon-kluvi-dbang-po-bsrung-pa）、玛阿咱热仁钦秋（sma-a-tsarya-rin-chen-mchog）、臧莱楚（gtsang-legs-grub）。由于彼等随阿阇黎出家是试验性的，但考虑到彼等殊胜不凡，遂为彼等依次命名：拔孜乃扎热格希达益希旺波松哇（sba-dsnyentre-rakshi-ta-ye-shes-rabs-po-bsrung-pa）、达韦热甸热格希达仁钦松哇亦或纳乃扎热格希达仁钦旺波松（da-was-ratna-rakshi-ta-rin-chen-bsrung-ba-ran-rad-nakshi-randre-ta-rin-chen-dbang-pe-bsrung-ba）、朗康巴苏卡达哇

玛热格希达（glang-khrms-pa-su-kha-ta-warma-rakvi-ta）、迪哇谢巴松哇（bde-bar-gshegs-pa-bsrungs-pa）、巴果贝若咱纳热格希达（pa-gor-bee-ro-tsva-na-rakshi-ta）、囊巴囊宰松哇（rnam-par-snang-mdsad-bsrung-pa）、昆纳嘎印扎热格希达禄旺波松哇（mkhon-na-ga-andre-rakshi-ta-kliv-rbang-po-bsrung-pa）、藏德贝扎热格希达拉益旺波松哇（gtsang-de-bendri-rakshi-ta-lhivi-rbang-po-bsrung-ba）。”以上即为吐蕃之最早大德（bor-kyi-btsun-pa-la-snga-ba），彼等被称作“预试七人”（sad-mi-mi-bdun）。以上见《汉藏史集》，上册，132页。

又，“预试七人”（sad-mi-mi-bdun），又写作“sad-mi-bdun”。《松巴佛教史》写作“dge-slong-btub-mi-btub-sad-mi-mi-bdun”，意为“试度七比丘”（见该书，ka函，木刻版，112页上）。“预试七人”又称为“七试人”。所谓“预试六人”是指继拔墀斯出家之后而剃度出家的六位僧人。

再者，《松巴佛教史》说：“预试七人”中还有桑希达（sang-shi-ta），并说此人是拔墀谢（rba-khri-bzher）之子。（见该书，ka函，111页下）但《拔协》说：“桑希达是汉语对拔贝央的称谓（sba-dpal-dbyangs-la-rgya-nag-sgad-sang-shi-ta-zer）。”拔贝央即拔墀斯的别称。该书又说：“或谓墀谢之子桑希达。”（以上均见《拔协》，1980年排印本，59页）关于拔赛囊（sba-gsal-snang），此名原系俗人之名，此人出家后菩提萨埵为其起僧名益希旺波（ye-shes-dbang-po）。见《拔协》，59页。

再者，《知识总汇》说的“预试七人”名单中没有臧莱楚（gtsang-legs-grub），而有“拉松杰哇降秋”（la-gsum-rgyal-ba-byang-chub）。见该书1982年排印本，437页。关于“预试七人”的不同说法，《贤者喜宴》在下文中尚有介绍。

关于“预试七人”以后的出家僧人，在《知识总汇》中有载，“预试七人”之后，尚论中的聪敏者及属民中的思维敏捷者，共三百余人出家（见该书上册，437页）。逻娑版《布顿佛教史》（ya函，127页上）说三百人均系大臣之子（blon-sras）。

[32] 关于请天竺等地僧人进藏译经事，《雅隆觉卧佛教史》说："'预试七人'及聪慧属民大批出家之后，受到顶礼供养，并命贝若咱纳等人学习译经，随后即将三藏译至吐蕃，且建大修道院（sgom-grva-chen-po）。"（见该书民族宫手抄本，38页下）又，《知识总汇》说，当时有嘎哇贝孜（ska-ba-dpal-brtsegs）等一百多名译师（该书，437页）。

有关培育译师及译经情况，《汉藏史集》记载具体，该书说："嘎哇师利古热格希达贝孜松哇（ka-ba-shi-ku-de-rakshi-ta-dpal-rtsegs）等一百零八位译师，被命令向'七试人'学习翻译。此后，向此一百零八位译师学习翻译的人，又有久若禄益坚赞（cog-ro-kluvi-rgyal-mtshan）及尚班第益希德（zhang-bendhe-ye-shes-dhe）等一千零八位译师。随后，令上述译师弘扬法相藏（mtshan-nyir-kyi-chos，即佛书中之经、律、论等显教三藏经典）。上述诸僧侣，从羊年（lug-lo）开始，按照阿阇黎之佛教理论，建立了说一切有部（yod-par-smra-bavi-sde，据王森先生在《关于西藏佛教史的十篇资料》中说，此系小乘教派）。又从天竺请来中观派比丘十二人（dbu-mavi-dge-slong-bcu-gnyis），建立了中观分别说一切有部（dbu-ma-bye-byag-tu-smra-bavi-sde，亦称毗婆沙部）。"见该书上册，132页下~133页上。

阿阇黎菩提萨埵及堪布莲花生对吐蕃发展佛教出力不少。在桑耶寺主殿开光之时，已经向吐蕃人讲授大乘佛教中之佛法（《五部遗教》，ga函，木刻版，23页下）。

吐蕃诸译师译经情况，《五部遗教》有如下记载：译师巴果贝若咱纳（lo-tsva-sba-gor-bee-ro-tsa-na）将天竺大乘经典（theg-chen-dam-chos）译至吐蕃。译师嘎哇贝孜（ska-ba-rpal-brtsegs），将菩提萨埵所讲的佛典译出。汉地和尚摩诃衍（hwa-shang-ma-ha-yan）传播了汉地医药及历算（rtsis），这些由译师那囊氏拉郡（sna–nam–sa–la–bcun）做了翻译。乌仗那莲花生所讲的深奥的密咒佛典（gsang–sngags），由译师贝若咱纳看、大译师丹五孜芒（ldan–ma–rtse–mang）在声明天竺洲（sgra–phyur–rgya–gar–gling）中做了翻译。大班智达毕玛拉米扎（pan–chen–bi–mva–la–mi–tra）所讲的天竺佛典，由久若禄益坚赞（lo–tsva–cog–ro–klu–yi–rgyal–mtsan）及精通七种语言的努译师桑杰益希（gnubs–kyi–lo–tsva–sangs–rgsas–ye–shes）做了翻译。此外，莲花生讲了不少佛经，努班南喀宁波（gnubs–ban–nam–mkhavi–snying–po）、益希咱纳古玛热（ye–shes–jnyve–na–ku–ava–ra）及仁钦秋（rin–chen–mcog）等人对此做了翻译。（见该书kha函，23页上）

再者，据《莲花生传》所载看，墀松德赞先令一百零八人学习翻译，然后从中选出七人试度出家（木刻版，130页上）。

[33] 三学，藏文写作“bsla–gsum”，具体指戒学（tshul–khrims–kyi–bslab–pa）、定学（ting–nge–vdzin–gyi–bslab–pa）及慧学（shes–rab–kyi–bslab–pa）。

[34] 叶尔巴山（yer–pavi–ri），又称叶尔巴岩（brag–yer–pa），此地是修道处，地在逻娑东北。

[35] 曲卧山（chu–bo–ri），在逻娑河下游与雅鲁藏布江汇流处，地处雅鲁藏布江南岸，位于曲水铁桥南。

[36] 此诸堪布于《布顿佛教史》中有同载。见该书木刻版，121页下。

[37] 此处《贤者喜宴》所引《拔协》原文，可参见《拔协》，1980年北京排印版，57~59页。内容基本相同。

关于试度七人出家事，《莲花生传》亦载，该书说，墀松德赞想：吐蕃能否护持三律仪？于是将阿阇黎请到朱康林（khrus–khang–kling），拔米赛囊（sba–mi–gsal–snang，即拔赛囊）、贝央（dpal–dbyangs）、杰

（哇）秋安(rgyal-mchog-dbyangs)、拉隆贝多（lha-lung-dpal-rdor)、玛仁(rma-rin)、拉松杰（la-gsum-rgyal)、贝若咱纳（bee-ro-tsa-na）等出家为僧，此“预试七人”受到崇高供奉。（见该书木刻版，130页上）

上文所谓“三律仪”，原藏文写作“sdom-gsum”，即“sdom-pa-gsum”，意指密乘、菩萨及别解脱三律仪。

[38]《布顿佛教史》即称“sba-khri-gzigs”为“bya-khri-gzigs”。见该书木刻版，121页。

[39] 莱松（legs-gsum)，此名写法不一，又作“las-gsum”及“la-gsum”，均指“la-gsum-rgyal-ba-gyang-chub”而言。

[40]《拔协》说益希旺波（ye-shes-dbangs-po）是拔赛囊（sba-gsal-snang）的出家后的名称。而拔热甸（rba-ratna）是拔墀斯出家后赞普所赐之名。以上分见《拔协》，59页；《知识总汇》，437页。

[41] 此时“男人不挖眼，女人不割鼻”之法，在墀热巴坚（khri-ral-pa-can）时又恢复挖眼、断指之刑。关于“佛教之大法”（chos-kyi-bgav-khrims-chen-mo)，《知识总汇》437页亦载，关于三种刑律，《拔协》60页有同载。

[42] 关于建桑耶寺兴佛盟誓碑事，《拔协》（排印本，60页）及《知识总汇》均有载。此碑及盟誓誓文，在《贤者喜宴》下文中将有详载。此碑今仍存桑耶寺。1950年杜齐在其所著《藏王墓》（The tombs of the Tibetan kings）一书中录有原碑碑文及照片（见该书Ⅲ，94~95页）。

[43] 此处之大译师系指益希旺波（ye-shes-dbang-pa）。《拔协》载：“大译师益希旺波（lo-tstsha-chen-po-ye-shes-dbang-pa）担任天竺(佛经）的翻译。”（见该书排印本，60页）

[44] 在墀松德赞时期，被迎至吐蕃的汉地僧人不少，据《莲花生传》，当时被迎至吐蕃从事译经等翻译工作的汉人有：帕桑（rgya-nag-sang，此为音译名)、和尚玛哈热咱（hwa-shang-ma-hva-ra-dsa)、和尚

德哇（hwa-shang-de-ba）、和尚摩诃衍（hwa-shang-mahva-yan）、汉地学者哈热纳波（rgya-nan-mkhas-pa-ha-ra-nag-po）、和尚玛哈苏扎（hwa-shang-ma-hva-su-tra）。见该书木刻版，146页下。此外还有汉地学者桑西（rgya-nag-mkhas-pa-sam-shi）。见《莲花生传》，木刻版，153页上。汉人不仅协助吐蕃人翻译佛经，而且还翻译汉地医书和五行算等。例如汉地学者毕洁赞巴（rgya-nag-mkhas-pa-bi-rje-btsan-pa），就翻译《五行图表》（gab-rtse）及《五行算》（sbor-tshang）。见《莲花生传》，木刻版，108页上。《莲花生传》155页上又说，还有一位名叫玛哈德哇（ma-hva-de-ba）的汉人。但据上文有和尚德哇一名，两者似一人。又，上述汉人译医学历算（rtsis-sman-bsgyur）等均在桑耶寺东门的妙吉祥洲（shar-sgo-vjam-dpal-gling）。见《莲花生传》，154页下~155页上。上述史料反映了汉藏文化交流的密切情况。

《莲花生传》记载了墀松德赞派一百零八人学习翻译的情况，并列举如下一些译师名称，如：雅隆拔米墀谢（yar-klangs-sba-mi-khri-gzher）、桑希达（sam-shi-ta）、昆杰禄旺松哇（lkhon-rje-klu-dbang-srung-ba）、尚斯赞（zhang-se-btsan）、许甫控列（shud-bu-khong-sleb）、拔洛热甸（sba-lo-radna）、玛班仁钦（rma-ban-cen-mchog）、雅拉甫（yar-lha-bu）、却吉聂雅钦咱纳（vphyos-kyi-gnyags-chen-dsnyva-na）、古玛热（ku-mva-ra）、云丹宁波（yon-tan-snying-po）、莱坚尼玛（legs-sgyin-nyi-ma）、甸玛孜芒（ldan-ma-rtse-mang）、阿咱热萨里（ava-tsarya-sa-le）、阐卡木拉果夏（bran-kamvu-la-ko-sha）、贝谛连（sbas-thir-lan）、娘班夏米果恰（nyang-ban-sha-mi-go-cha）、阿年达（a-nanta，同书又称此人为“勃律大波罗门阿年达”vbru-shavi-bram-ze-chen-po-nanta，153页下）、努敦南喀宁波(gnubs-lton-nam-mkhavi-snying-po)、芝杰洛（vdre-rgyal-blo）、朗钦贝森（rlangs-chen-dpal-seng）、如琼毕雅热（ru-gyong-bvirya-rva）、朱古埃巴(gru-gu-ae-bag)、朗卓衮秋琼（lang-gro-dkon-cog-vbyang)、阐巴南喀门甫（dran-pa-nam-mkhav-mon-bu）、杰绛秋（rgyal-byang-chub）、戚夏米扎（gyi-shwa-ma-tra）、沽遵琼乃约（khu-btsun-vbyung-gnas-vod）、琼波齐索（khyung-po-dbyig-bbod）、恩兰杰（哇）秋央（ngan-lam-rgyal-mchog-dgyangs）、努班桑结益希（gnubs-ban-sangs-rgyas-ye-shes）、贝赛囊（sbas-gsal-snang，即拔赛囊）、拔洛益希旺波（sba-lo-ye-shes-rbang-po）、拔贝央（sba-dpal-dbyungs）、益希强央（ye-shes-vjam-dbyangs）、拉隆贝多（lha-lung-dpal-rdor）、娘康果恰（nyang-khams-go-cha）、拉松杰绛秋（la-gsum-rgyal-byang-chub）、索波贝耶（sog-po-dpal-ye）、阿咱热益希扬（ava-tsar-ye-shes-dbyangs）、恰纳德哇果夏（dsnyva-na-da-ba-ko-sha）、桂却楚（vgos-chos-grub）、阐卡木迪嘎（bran-ka-mu-ti-ka）、珞格琼（lo-ki-chung）、卧阐贝吉旺秋（vo-bran-dpal-gyi-dbang-phyug）、祥梅果（sham-me-bkol）、拉隆瑜恭梅多（lha-lung-yul-skong-me-tog）、绛秋巴（byang-chub-vbar）、尚班咱纳喜饶（zhang-ban-dsnyva-na-shes-rab）、雅杰孜（yar-rje-brtsegs）、那囊多吉堆琼（sna-nam-rdo-rje-vdud-vjoms）、益希德（ye-she-sde）、释迦扎帕（shvakya-pra-bha）、阿咱热达玛利师（ava-tsar-dharmva-shwa）、德哇桑帕（de-ba-sa-mbha）、德哇绛秋(de-ba-byang-chub）、嘎哇贝孜（ska-ba-dpal-brtsegs）、久若禄益坚赞（cog-ro-kluvi-rgyal-mtsan）、贝若咱纳（bee-ro-tsa-na）、却吉伦波（chos-kyi-lhun-po）、臧班莱楚（rtsangs-ban-legs-grub）、班觉拉益达哇（dpal-vbyor-lhavi-zla-ba）。（以上见《莲花生传》，木刻版，129页下~130页上）

又，《拔协》60页称“汉地和尚玛果莱”为“汉地和尚玛祥果莱”（rgyavi-hwa-shangs-zhang-ma-ko-le）。

[45] 这段关于译经原则的史料，在《拔协》一书中有载。见该书北京排印本，60~62页。

又，其文说密宗三续部（nang-rgyud-sde-gsum）等密宗经典不译。

实际上并非完全不译，而是有限制地翻译。《莲花生传》说："翻译了密咒外经(gsang-sngags-phyi-mdo）一百零一函，幻化八部（sgyu-vphyul-sde-brgyd）集无上之意成，翻译密咒之情景犹如日月升空。"（该书，木刻版，129页上）墀松德赞时曾发布名为《语合二章》的关于译经的诏令(sgra-sgyor-bam-po-gnyis-pa)。其间也说到译密咒经典事(gsang-sngags-rgyu-rgyad-rnams-gzhung)，该文指出："据谓有从密咒经续（sngags-kyi-rgyud）中节译为吐蕃语者，尔后密咒及经续（ggruzungs-sngags-dang-rgyud)，除上级责成翻译者外，不得选择密宗经典及经咒。"（见《语合二章》，第一卷）关于《语合二章》的情况，中央民族大学周季文、罗秉芬两位老师有专文论述，名为《藏文翻译史上的重要文献——〈语合〉》，载于1981年6月中央民族学院建校三十周年藏文论文集，可参阅。

又，法尊关于墀松德赞译经情况指出："此时，对于佛教，尽量吸收，不论大小、显密、禅教、讲修，兼收并举。"（《中国佛教》，第一集，138页）

[46] 《贤者喜宴》在此处所引《布顿佛教史》原文，见《布顿佛教史》，木刻版，121页下~122页上。又，文中所说之译经目录即著名的丹噶目录（ldan-dkar-gyi-dkar-chag)。这是一部吐蕃时期的译经目录，带有总结性，很是珍贵，是后世编辑大藏经的重要依据。

第九章　墀松德赞颁布兴佛诏书及有关碑文

【译文提要】第九章共有4节，即叶尔巴与曲卧日的宗教情况；建造谐拉康寺；墀松德赞颁布兴佛诏书；桑耶寺碑文。从此章译文中可以看到，在桑耶寺建成之后，像著名的叶尔巴寺、曲卧日寺及谐拉康寺等一些修道场所又相继建成，再加上注释中所记述的吐蕃各地的各种修道处，表明佛教在吐蕃的传播日益广泛和深入。此时吐蕃不仅是形式上的建造寺院，而且已重视实际的修行，并且还出现了吐蕃族的高僧，像著名的贝吉多吉和娘丁增桑波等。这样，吐蕃开始了由本民族僧人收徒传教的活动，僧众之多已远非“预试七人”之时所能相比。同时伴随着修道场所的兴起，以其为中心的市镇也得以逐渐形成，后来的叶尔巴、曲卧日、谐拉康等之所以成为著名地区均与此不无关系。

吐蕃佛教的兴起和发展，可以说从请僧建寺伊始便特别得到吐蕃王室的强有力的支持，这无疑是吐蕃佛教能够迅速发展的关键所在。这一点还可以通过本文所记载的两件兴佛诏书和一通兴佛石碑得到进一步说明，这些都是吐蕃时期可信的珍贵文献，无论从文字到内容都有很高的价值。尤其是内容，它告诉我们，吐蕃的一些重大事件的决定是通过以赞普为首的大臣盟誓的形式进行的，或者说它是当时的特别重要的形式。而且一经盟誓署名决定就使诏书具有不得违反的法律性质。吐蕃的佛教便通过诏书盟文形式而开始定其为“国教”，申明吐蕃世代尊崇佛教而不得违反。言外之意，吐蕃原有的本教势力即被完全排除，就连一向崇本而不怕流放的大臣恩兰•达扎路恭也署名于崇佛诏书。

就诏书内容来看。如果说松赞干布时的群臣盟誓着重于效忠赞普，那么时至墀松德赞之际的盟誓诏书，其内容则以崇佛为中心了。这反映了吐蕃赞普王权此时已相当巩固，现在是到了使用精神武器的时候了，也就是说属民从此时起就要受到王权与神权的双重控制。

诏书的丰富内容提供了许多可供研究的史料，例如盟誓、崇佛、佛教发展过程，王室与佛教僧侣的关系，吐蕃佛教与邻族勃律、苏毗及吐谷浑的关系，吐蕃佛教的经济来源，吐蕃官职及官员的变化等等。

两件诏书和石碑文字本身，为我们研究吐蕃古文字改革前的藏文情况提供了早期的物证，同时也可以看到这时的文字运用对后世的影响。

第一节　叶尔巴与曲卧日的宗教情况

在叶尔巴（yer-pa）及曲卧日（chu-bo-ri）等地方，建有大修道院

(sgom-gr-chen-po)[1]，并出现众多有成就者。《叶尔巴寺志》（yer-pa-dkar-chak）一书是当喇嘛桑日哇（bla-ma-zangs-ri-ba）修葺叶尔巴寺时从一座黄色阁楼中发现的，该书载：拉隆贝吉多吉（lha-lung-dpal-gyi-rdo-rje）生于仲堆恭莫切（vbrom-stod-gung-mo-che），俗名称作达尼雅桑（stag-nya-bzang），此人曾卫戍汉藏之边地，并征服诸汉地。一次，在抛弃的盔甲中发现有一头盔，内有咒语。（拉隆贝吉多吉）读此咒语："胃宿星无论出现于何处，其脚心均有红斑，死后当入地狱。"（拉隆贝吉多吉）见此咒语之后，随即观看其足心，果有一红斑。他又令诵经师读之，（彼咒文）亦复如是。为此，（拉隆贝吉多吉之）父、叔二人及拉隆贝吉多吉本人的三兄弟，他们均前往居住于桑耶（bsam-yas）地方的班智达跟前[2]，依从毗玛拉米扎（bi-ma-la-mi-tra）出家为僧[3]，并随莲花生（pdma-sambha-wba）获得菩萨律仪（byang-chub-sems-dpavi）。热久旺波央（rab-vbyor-dbang-po-dbyangs）、贝吉多吉（dpal-gyi-rdo-rje）和尊巴贝吉央（btsun-pa-dpal-gyi-dbyangs）等三兄弟，便在芝蒲地方的嘎莫容（grib-kyi-dkar-mo-rong）修行。

一次，贝吉多吉之法衣被风吹走，于是贝吉多吉追之，后此法衣缠绕于叶尔巴拉日宁波（yer-pa-lha-ri-snying-po）的一棵柏树上。贝吉多吉其人精于地舆勘察之术，他见到：彼山如度母所坐之状，其左伸展，其右收缩，东山如（矿藏）堆积，西山好似珍宝。其山脉（之状），南部伸展，西北部收缩。此所分布之山脉犹如鹫鹰之聚集。柏树森林（密布），犹如众多之竹叶。因此处打开了上部之天煞，故是可获成就之地。贝吉多吉见此上述情景之后，随即将其父、叔等人迎至此处。[4]

继之，由于开凿石窟神像，于是岩魔女站立起来，遂即建造了瑜伽窟之佛塔。因下方之龙妖站立起来，遂建造了耕地佛塔（zhing-kha-mchod-rten）。复因喜笑岩魔女站立起来，故又建造了白色小者佛塔。为此，派遣属民贝虐（sbal-gnyos）等人前往北方盐池（byang-tshwa-kha），

（将所得之）六十单位食盐与开凿石窟的岩粉相交换，然后（将食盐）给予（凿窟匠人）[5]。

诸追求佛法教义者聚集于叶尔巴。其时对三座佛塔（有三种祭祀法）[6]，上等人被逐一送到祭祀处，中等人则需请求前往，而下等人则在浦润纳地方（phug-ron-sna）吹奏法螺，并集聚于花廊处（khyams-khra-mo）。属民朗米切琼（rlangs-mi-che-chung）、阻（卜）四境（sog-mthav-bzhi）、吐谷浑夏热（va-zha-sha-ra）、叶玛苏毗（gye-rma-sum-pa）等，他们作为诸大修道处之侍者（skom-chen-rnams-kyi-gyog-byed）。

如是，（当修道者）集中一起进行修道时，努·纳卡宁波（snubs-na-mkhav-snying-po）[7]在纳卡浦处（na-mkhav-phug）修得成就：他用日光织成法衣，后于某日晨乘日光而去。尊巴贝吉央（btsun-pa-dpal-gyi-dbyangs）[8]制成一头青面狮子，此狮由于来到山岗处，遂称此地为狮子岗（seng-ge-sgang）。继之建造了佛塔，并于仲夏望日太阳初升时，将其父之遗骸放置在支索波萨处（grib-so-phog-sa）。因称达哇浦（zla-ba-phug，意为月亮窟——译者注）为热甫达哇（rab-zla-ba），故将月光织成法衣，乘月光而去，遂抵达拉日宁波山顶（lha-ri-snying-povi-rtse）。聂格日（smyal-dage-rigs）修得通常之成就：他能飞上天空并变成铜瓶及神（形）而后藏于地上。又，图钦（mthu-chen）其人会飞往虚空。此外，于芝昌浦（vdre-phrang-phug）、珠丘浦（sgrub-chuvi-phug）及咱查浦（brag-rt-sa-phug）等地，杰玛波祥斯容（skye-dmar-po-zhang-srid-rum）、巴扬僧格雍仲(bag-yangs-seng-ge-gyung-drang）等人亦修得成就。芝耶绛秋旬努（vbri-yas-byang-chub-gzhon-nu）、多吉贝琼（rdo-rje-dpal-vbyang）、康来绛秋旬努（gang-las-byang-chub-gzhon-nu）、拉衮杜桑波（lha-kun-du-bzang-po）、佳多吉宁波（lcags-rdo-rje-snying-po）、索多吉宁波（so-rdo-rje-snying-po）、宜多吉杰岑（dbyig-rdo-rje-rgyal-mtshan）、热青多吉宁波（ra-bying-rdo-rje-snying-po）、贝热甫丘（rbas-rab-mchog）、恩兰

杰秋央（ngan-lam-rgyal-mchog-dbyangs）[9]、娘丁增桑波（myang-ting-vdsin-bza-po）[10]、索波贝吉旬努（sog-po-dpal-gyi-gzhon-nu）、贝多吉甸（rbas-rdo-rje-brdan）、仲贝吉宁波（vbrom-dpal-gyi-snying-po）、珠囊乃甸（vphrul-snang-gnas-brtan）、兴米果恰（shing-mi-go-cha）[11]、促纳贝吉益西（mtshur-nag-dpal-gyi-ye-shes）、乃久多吉杰岑（rnal-vbyor-rdo-rje-rgyal-mtshan）以及霍尔释迦绛秋（hor-sha-kya-byang-chub）等等一百零八位贤者获得成就。彼等之住地系在支耶浦（vbri-yas-phug）至霍尔仓浦（hor-tshang-phug）之间，并为（其间之地方）逐一命名：昆陆旺波（khon-kluvi-dbang-po）[12]修得黑如迦持铃者成就，他能将铃放置在天空之中，于是遂称该地为智普浦（dril-bu-phug）。尼雅咱纳古玛热（gnyags-dsva-na-ku-ma-ra）[13]和恩兰杰哇秋央（ngan-lam-rgyal-ba-mchog-dbyangs）二人请求轨范师莲花生（slob-dpon-padma）为他们灌顶及授戒，尼雅氏（gnyags，即咱纳古玛热）在尼雅浦修得成就：他制作一只乌鸦，令其飞翔，于是遂称该地为恰若吉（bya-rog-skyibs）。（尼雅咱纳古玛热）前往恩兰（ngan-lam，即恩兰杰哇秋央——译者注）处，恩兰视其为友人，故仍端坐，继而造小骆驼一头，令其环绕而行三次，故而乃称恩兰为最灵慧（spyang-rab）。如是，尊巴贝吉多吉（btsun-pa-dpal-gyi-rdo-rje）及诸属民担任了一百零八位成就者的侍者。

其时，众属民正往仓芒仁莫（tshang-mang-ring-mo）运送（建造）楼顶短墙所用之盖顶薄石片，而这时拉隆热久扬（lha-lung-rab-vbyor-dbyangs）正居旁萨浦（bang-sa-phug），他以手指弹射石头，射中短墙檐头。此时拉隆贝多（lha-lung-dpal-rdor）心想：此热久扬（rab-vbyor-dbyangs）系我三兄弟中最大者，而我之善业是，像此种事无须一顿饭时间即可用手指将石头弹出。拉隆贝多这样刚一想，则即被热久扬知悉，热久扬刹时速至拉隆贝多跟前，摆动着手说：“我们是修行还是进行房屋建筑工程？”拉隆贝多不答。热久扬又问：“那么你如何完成房屋建筑工程呢？”拉隆贝多答道：“完成房屋建筑工程。但因尚未完成开光及敬神所需的物品，故想派遣以贝虐（sbas-gnyos）为首的属民前往盐池（tshwa-kha）。”热久扬又说：“那么你想给我食物，但不要放盐，并将所得到的器皿洗涤好，在一日至八日之间不得将器皿盖打开。其时亦应将诸敬神者及施主召唤前来，并当将在贝钦曲卧日（dpal-chen-chu-bo-ri）处修得成就之二十一位瑜伽行者予以迎请，然后请彼等开光。饭食由我来做。”热久扬言罢，拉隆贝多随即如是行事，但将近八日的中午时候仍毫无动静。于是拉隆贝多便前往热久扬跟前行礼，但热久扬却坐禅闭目。旋即敬礼三次，热久扬骤然睁开眼睛说道：“你是否就这样办事呢？！”拉隆贝多请求道：“请您行动吧！”热久扬随即穿上法衣、下衣，在益西浦（ye-shes-phug）处放声歌唱，其歌词是：“施舍于僧的财宝无穷，勺舀海水舀不尽。因此当向你这位信徒去化缘。”热久扬言罢即以禅杖击打岩石，于是所有一切器皿均被神用供食及珍宝充满。继之热久扬说道：“你等享受这些物品吧！”又说：“我要前往南方贝吉山（dpal-gyi-ri）。”言讫动身，然而又说：“我忘记了一事。”说完即行告别礼。因此，该地便称为“恰才岗”（phyag-vtshal-sgang，意为“敬礼岗”——译者注）。继之，热久扬又对拉隆贝多及其仆从说道：“你二人亦前往贝吉山吗？”拉隆贝多答：“不去。”热久扬又说：“去不去呢？”而拉隆贝多仍不听从。之后热久扬又将三块赭色火炉石放入器皿之中，说道：“（你等）不抵达叶尔巴不得观看！”但是，有两块在久波浦（jog-po-phug）看了，结果（器皿内）是赤黄土。另一块于叶尔巴打开器皿盖，而内为黄金。因之此后此仆人便建造了一座无上佛塔，内置一只舍利乞化钵。后曲卧日（chu-bo-ri）之诸得道者为神举行了二十一次开光，继之又为如意及吉祥天女各举行三次开光，为岩神举行二十五次开光。对此，拉隆贝多说道：“（此种种开光）与神变之真身无别。”说罢又建造了青稞坛城（nas-vbru-dkyil-vkhor）。（拉隆贝多）并说：“他人不得涉足（此地）。”拉隆贝多说罢其本人便平静地安坐静修。此后，（拉隆贝多）又建造了本尊佛释迦牟尼像，在佛经方面缮写了佛说《般若经》，在发愿方面缮写了朱字《大广方经》（phal-chen-mtshal-yig-can）及昆空奴佛像等。拉隆贝多之弟子有索波贝吉旬努（sog-po-dpal-gyi-gzhon-nu）、比丘玛夏日甫达（dge-slong-rma-sha-ri-buddha）等十三人，彼等得成就。最后，聂地之格日山（smyal-gyi-dge-ri）被鬼统辖，而贝钦曲卧日地方（dpal-chen-chu-bo-ri）则被龙统治。以上即在叶尔巴地方诸皈依佛教者之修道处（情况）。上述系《叶尔巴志》一书（yor-pavi-dkar-cha）所载[14]。

第二节　建造谐拉康寺

《空行精义》（mkhav-vgro-snying-thig）一书载：大轨范师莲花生说道："我是进入除毒时刻（gdug-pa-vdul-bavi-dus）之人。至于自性大圆满现实精义之佛教，那是将来进入毗玛拉米扎的功勋时刻（bi-ma-la-mi-travi-phrin-las-dus-la-bab-pa）（之事），其原样正置于伏藏之中。"遂依莲花生所言迎请了毗玛拉米扎，此人讲述了众多佛法。毗玛拉米扎观察赞普及尼雅咱纳（gnyags-dsnyva-na）[15]等诸人之器（snod-brtags-pa）[16]，但彼等均非精主之器（snying-thig-gi-snod）。此后，为了考察娘班丁增桑波（myang-ban-ting-vdsin-bzang-po）之器，毗玛拉米扎又对娘班丁增桑波说道："我阿阇黎为了返回天竺需要众多黄金，你将你的所有私产等等折兑成黄金献给我吧！"丁增桑波（听罢）甚喜，遂将黄金倾其所有尽献之。毗玛拉米扎高兴地说道："我不需要黄金，而是考察你的根器。"说罢，毗玛拉米扎高兴地为丁增桑波圆满地传授了教诫。

此后，毗玛拉米扎又召请来骑狮护法神（dam-can-rdo-rje-legs-pa）。然后将一无顶之竹帽盖在房屋的一个小窗口上，随即对（丁增桑波）说道："你用青稞将此帽装满！"说罢多处地方降下冰雹，而（丁增桑波）所放入的青稞却从下房内流出，（故即以这些青稞）建造了神殿，并称此神殿为伍（如）谐拉康(dbur-stod-zhwavi-lha-khang)[17]。神殿圆满竣工之后遂交予护法神（护卫）。后该地又为娘班丁增桑波所有，并于石碑上刻以誓文诏书[18]。

第三节　墀松德赞颁布兴佛诏书

（墀松德赞）对于以前玛祥仲巴杰（ma-zhang-grom-pa-skyes）等人灭法之事铭记于心，为此后不再发生类似事件，遂制定不得灭法之诏书(chos-mi-bshig-pavi-bkav-gtsigs)，并进行了盟誓，如是之盟誓共两次[19]。

第一诏书（bkav-gtsags-dang-po）：当赞普墀松德赞之时，蓝纸写以金字，并置于金画之内的盟誓诏书（bkav-gtsigs-kyi-yi-ge）存于桑耶寺库府之中，现据此（诏书）书写之：

任何时候均不得毁弃三宝之誉文，其副本存于金画之内。在修习如来佛教诫本义之时，鉴于未正确领悟其法性，致使三界沦为痛苦之境地。自古一切（众生）无不生者，而生后即行有义及无义之事[20]，随后又死，死后复生于天堂地狱。如是，扬善者为佛，所见最佳者为佛经，显示善业者系诸僧侣。故（三宝）当永久维护，则大地安好。

三宝乃最大之加持（即祝福——译者注）。在往昔先祖之时，历代均奉行（佛教）之规，新旧寺院业已有之。父王赞普归天之后，由于已有诸僧侣所引来之（佛教）习规及（寺院）模式，故此寺院得以应运而生。当于羊年春正月十七日（lug-gi-lo-la-dpyid-zla-ra-bvi-tshes-bcu-bdun-pa）建造了寺院之时[21]，自此之后吐蕃遂建三宝。而赞普父子及母后（sras-kyi-yum，又可译作王妃——译者注）均赌咒发誓不毁坏佛事。随后写此由内外大小一切臣工所做之盟誓文书。由吐蕃上层贵族所建之三宝道场，即大昭寺、汉人所建之小昭寺（rgya-btags-ra-mo-chevi-gtsug-lag-khang）、红岩之桑耶寺以及三界不变解脱寺（khams-gsum-mi-ldog-sgrol-gyi-gtsug-lag-khang）[22]等。故吐蕃乃得以进入解脱。此佛事当在任何时刻均不得毁弃，则吐蕃亦可进入解脱矣！

彼诸寺院所需用三象器物之顺缘，均应妥善考虑，并由上级官府供献，任何时候不得减少、不得废弃[23]。从此以后，世世代代亦应如今之赞普父子一样发誓，并信守不渝。元老大臣亦已发誓。如是，对所举行之盟誓，十方诸佛[24]，一切正法、一切发大乘心之僧侣、我佛及一切声闻者（听经者——译者注）、天地各级诸神、吐蕃地区之神、一切九尊诸神[25]、龙、夜叉及一切非人[26]，敬请彼等作证，以使知此盟誓不得改变。如果不按盟誓行事，或者欺骗三宝并予以诅咒，则令众生转生地狱。若遵循盟誓行事，则一切（众生）可获正等觉[27]及现等觉[28]。

有关叙述佛法在吐蕃前后产生情况之文书有正副两本，如是之抄本共十三份。其中一份置于地窖，两份盖印之后分存于大昭寺及红岩桑耶寺。十份均于（文书）下部盖印，分置于大昭寺、桑耶寺、昌珠之扎西拉玉寺（khra-vbrug-ge-bkra-shes-lha-yul-gtsug-lag-khang）、王宫所属僧团（pho-brang-vkhor-gyi-dge-vdun）、逻娑之汉人所建小昭寺、红岩三界不变解脱寺（brag-dmar-gyi-khams-gsum-mi-ldog-sgrol）、勃律地区（bru-sha-yul）、香雄地区（zhang-zhun-yul）、多麦及各地方长官（sde-blon-ris），对于上述诸寺院之僧团各赐以盟誓文书一份。

盟誓者：甥吐谷浑王（dbon-va-zha-rje）[29]、大尚论伽罗笃波

(zhang-blon-chen-po-bkav-la-gtogs-pa)[30]、大论尚杰斯秀亭（blon-chen-po-zhang-rgyal-gzigs-shu-theng)[31]、论达扎路恭（blong-gstag-sgra-klu-gong)[32]、尚杰岑拉囊（zhang-rgyal-tshan-lha-snang)[33]、论杰扎来斯（blon-rgyal-sgra-legs-gzigs)、论赞谢多隆（blon-btsen-bzher-mdo-long)、尚杰年达恭（zhang-rgyal-nyen-zla-gong)、论墀代贾恭（blon-khri-gdas-rgya-gong)、坚措赞（gcen-matsho-btsan)、尚杰岑来恭(zhang-rgyal-tshan-le-gong)。囊论（内相）：论查孜尚让霞（blon-gra-vdsi-zhang-rmas-shags)、尚阿森（zhang-a-srin)、夏阿墀年(zha-snga-khri-gnyen)、论录恭（blon-klu-gong)、翁嘎拉措(vong-ka-lha-mtsho)、论祥赞（blon-shang-btsan)、论森久（blon-srin-skyags)、论堆敦（blon-vdus-ston)、尚达曹（zhang-stag-tshab)、尚来堆（zhang-legs-vdus)。戚论（外相）：尚贝甫当（zhang-bal-bu-stang)、尚拉斯（zhang-lha-gzigs)、论拉衮孜（blon-la-kun-rtse)、论查辛（blon-sbra-bzhin)、论东图（blon-stong-thub)、论略波（blon-lhos-po)、尚杰囊(zhang-rgyal-snang)、论勤勤（blon-byin-byin)、论隆波（blon-long-po)、论臧隆（blon-szhang-long)、论年恭（blon-gnyan-kong)。大小首领及武官（stod-smad-kyi-dbang-po-dang-dmag-dpon)：论杰桑达囊（blon-skyes-bzang-stag-snang)、论囊恭（blon-snang-kong)、论齐琼（blon-khyi-chung)、论路谢（blon-klu-bzher)、祥玛甫（shang-mar-bu)、论拉措（blon-lha-mtsho)、论巴米（blon-par-mi)、论祥宗（blon-shang-dsong)、论弥琼促（blon-mig-khyung-tshud)、论党甫（blon-tang-bu)、沽佳赞（khu-rgya-brtsan)、沽尤赞（khu-gyu-brtsan)、论多斯（blon-mdo-gzigs)、论孔墀（blon-khong-khri)、论恭来（blon-khong-legs)、论芒拉杰（blon-mang-la-skyes)、论多桑（blon-mdo-bzang)、论墀恭（blon-khri-gong)[34]。

关于佛法在吐蕃地区前后如何产生之手卷文书正副两本，由昌底希拉哇玛（brang-ti-sha-la-wbarma）所写。

第二诏书（bkav-getsegs-gnyigs-pa）：在赞普墀松德赞之时，关于佛法产生年代之文书存有正副两本，系用颇罗弥书写并置于金匣之内。放在桑耶寺之宝库中。今以此为底本抄写之。

往昔迄今，业已于吐蕃兴建三宝道场，并将奉行佛法之年代写成文书。存于匣内的文书（内容是）：当第四代赞普先祖松赞干布（khri-srong-btsan）之时[35]，建造逻娑贝哈寺（ra-savi-pe-har，即大昭寺——译者注）[36]，此为奉行佛法之始。此后在父王墀德祖赞赞普之时，建造了红岩嘎丘寺(brag-dmar-gyi-kwa-chur-gtsug-lag-khang)。此系自建佛法以来已满五代。父王赞普归天之后，某些尚论（即舅臣——译者注）居心叵测[37]，遂将先祖以来所奉行之佛法予以损毁。此后，（彼尚论）又借口南方泥婆罗之神与佛法不宜行之于吐蕃，继而又立下“以后不得奉行（佛法）”之法令。后于赞普二十岁时，先是手臂麻木并有凶兆。由于举行了祭祀仪轨，故有人言：在一些同龄人手臂麻木和出现凶兆之后，虽然有“不得奉行佛法”之法令，但如果此法令无人执行并被扬弃，而且重新供奉三宝，则可转危为安。后由善知识予以协助，复又聆听佛法。继之，有人又呈书于赞普陛下，于是便弘扬佛法并勉励之。

再者，吐蕃之古老佛法不完善，祭神与仪轨不相符合，因此，众人疑（佛法）不佳：有人疑虑不利于身，有人担忧政权衰落，有人顾虑发生人疫畜病，有人怀疑会降下天灾。然若观察佛法之本身，则是：所谓佛法之发生，如果世间无此（佛法），则无数众生均将投（胎）并轮回于四生[38]之内，在从原始混沌初开以迄终极之间，均以本人之业力而如是轮回之。所谓以身语意三方面尽行好事者则成善者，尽行罪孽者则成恶者，而无善恶者则为无记[39]。对他人所行之果，则此果亦转而及于己。生于诸天之神、地上之人、非人（即阿修罗——译者注）、饿鬼、畜生、地下之有情地狱，（我等）虽均生于此六道之中，然而皆依自身之业力而变。超脱于世间者而成世尊佛。所有发大乘心者、自证菩提者以及以声闻而修成各种成就者，彼等均系凭借自己将福德及智慧积累而成。

何谓善？即诸十善也。何谓恶？即诸十不善也。何谓无记？即诸四威仪路也。何谓超世间之福德与智慧的善业？即除十善之外的四谛[40]、与顺缘相合而出现之十二支[41]、三十七助道品[42]、十度[43]。上述之果即四无畏[44]、四正智[45]、十力[46]、十八不共佛法[47]及佛三十二相[48]等。至于上述详细之理由均在佛经之中。对于这些出自佛法之（情形）如果加以探讨，则是。有些人其善恶（行为）被立即发现并暴露出来，而有些人则不能立刻显露出来。如果对所显现之情况予以思考，则定能掌握其（真情）。倘若实行这些佛法之关键要点，则对此佛法或是抛弃或是奉行，即可酌情而知矣。

兹晓谕所辖属民、小王、吐谷浑王（va-zha-rje）等并诸戚论及囊论（phyi-nang-gi-blon-po）：经商议之后决定：（1）依靠世尊佛之教诲。（2）依持先祖之范例规制。（3）由善知识以力相助（dge-bvi-bshes-gnyen-gyi-mthus-bstang-pa）。

又，对上述实行后（之情况）再进行扼要之观察，那些对不善不良（行为）有疑虑而又依然不改其疑虑者，则尤应极力（与之）商讨。彼好的制度何以不变？重大（之事）何以为重大？因佛经是奉行善事（之书），故修得至高无上之真理者则佳。首先，直至善事之末亦不行罪孽之事，这对一切人均应永远必需如此。其次，不宜凭借主观臆测而作为所需。第三，直至数代先祖之间，虽有所作为，但未发生不善之事，迄今亦仍未形成罪恶，此事可谓重大矣！

对于所行之事均已经过商议而行。因此，随即奉行佛法，并且，（1）全体珍爱善业。（2）往昔因发生毁掉（佛法）之事，故此（人们）心生疑虑。兹发誓绝不毁损（佛法），并写成文书。从此以后，每一代王系均应发誓，大臣以下亦应盟誓。以上即存于宝库中之广本盟誓文书。而誓文之略本则刻于桑耶寺石碑之上[49]。

第四节　桑耶寺碑文

于逻娑及查玛之诸寺院（ra-sa-dang-brag-dmar-gyi-gtsug-lag-khang）建三宝之所依，此奉行佛法之事任何时候均不得毁弃。（寺院）之所用物资从此亦不得削减。此后世世代代，赞普父子亦应做如是之盟誓。自是所做之真实盟誓不得弃置、不得改变，为此祈请一切出世天神、世间天神及非人作证。赞普父子及所有小王及臣工均赌咒盟誓。此一份之详细盟文存于别室[50]。

注释：

[1] 叶尔巴与曲卧日是墀松德赞时著名的修道处。《莲花生广传》载："桑耶青浦（bsam-yas-mchims-phu）、雅隆谢吉查（yar-glungs-shel-gyi-brag）及叶尔巴达哇浦（yer-pa-zla-va-phug），此三者乃系修二合之大修道处（zung-du-vbrel-bvi-gnas-chen-sgrub-pavi-gnas）。"（见该书木刻版，184页下）文中之"二合"即指"双运"而言。关于上述三大修道处，《知识总汇》所载与《莲花生广传》所述有别，该书说："修造了青浦、叶尔巴及曲卧日（chu-bo-ri）三大修道处（sgom-grwa-chen-po-gsum）。"（见该书1982年北京民族出版社排印本，510页）

叶尔巴地处逻娑之北。《道路指南》一书载："自逻娑沿逻娑河北上，即有查叶尔巴达哇浦（brag-yer-pa-zla-ba-phug，意为：叶尔巴岩月亮窟），内有莲花生像及许多天然（古迹）。另有多吉浦(rdo-rje-phug）及智普浦（dril-bu-phug）等窟。"（见该书逻娑木刻版，6页上）同书又载："在叶尔巴寺中，于供奉尊者的殿堂处，有用阿底峡鼻血画成的图画，并有十六种供物的神殿一座。"（同书，6页上）叶尔巴是吐蕃时著名修道处，其间有修道石窟及寺院，故其名称亦多，仅《贤者喜宴》就有叶尔巴查（yer-pa-brag）、叶尔巴修道室（yer-pa-sgrub-khang）、叶尔巴查空（yer-pavi-brag-khung，即叶尔巴修道石洞）等（见该书ja函，138页~138页下）。有时又称叶尔巴神山（yer-pa-lha-ri），见刘立千译：《土观宗派源流》，民族研究所刻印本，44页。

叶尔巴自从松赞干布妃芒妃墀江（mong-bzav-khri-lcam）建叶尔巴寺（yer-pavi-gtsug-lag-khang）之后（见本书第三章），至墀松德赞、墀祖德赞时，叶尔巴地区寺院及修道窟已有相当规模，从下文拉隆贝吉多吉等扩建叶尔巴修道处情况就大体可以看出，墀祖德赞时又将兴建温江多寺（vu-shang-rdo-dpe-med-bkra-shis-dge-vphel-gyi-gtsug-lag-khang）的第一批土等材料建造了叶尔巴的佛塔（《贤者喜宴》，ja函，木刻版，133页上）。该寺内还有重要供物，例如，身为钵阐布的阐卡贝云在被朗达玛的亲信杰多日追捕杀死，被剥皮后，其皮即供于叶尔巴寺，作为护法供物（见《贤者喜宴》，ja函，木刻版，135页上）。又，叶尔巴钟及其铭文亦很珍贵，今存。

在叶尔巴地方修道者很多，本文下文即有详述。《知识总汇》说："在叶尔巴及曲卧日处修得光身成就者（vod-lus-grub-pa，即所谓可以乘日月之光而行者）各108人。"（该书510页）文中所言"修得光身成就"当属神话而已，但修道人数之多似不止这些，若加上未获成就的修行者则数字可能还要多。《道路指南》说，在叶尔巴修道的成就大德有八十人（见该书6页上）。叶尔巴后来亦是西藏僧人的修道传经之处，如噶当派大德俄译师列巴喜饶（rngog-lo-tsa-ba-legs-pavi-shes-rab）即曾于该地传授阿底峡之噶当宝函密法（见刘立千译：《土观宗派源流》，民族研究所刻印本，44页）。关于叶尔巴尚可参阅此书的第三章。

曲卧日。此地在曲水的雅鲁藏布江南。这一带称为藏容（gtsang-rong）。据《道路指南》载："从藏容河谷越过山峦，再经过羊卓措卡（yar-vbrog-mtsho-kha）及甘巴拉（gam-pa-la），即到达贝曲卧日（dpal-chu-bo-ri)。此曲卧日有可使西藏产生幸福的一百余处山泉（ri-chu-mig）及百余座修道处。”（见该书25页下）良好的湖区自然条件使修道处得以兴建。墀松德赞的王妃即在此处特地建寺，据《汉藏史集》载：“王妃嘎杰措美多准（jo-mo-dkar-rgyal-mtsho-me-tog-sgron）后半世，建造了贝曲卧日神殿（dpal-chu-bo-rivi-lha-khang）。”（见该书泥婆罗影印手抄本，上册，136页下）此寺址又称（dpal-chen-chu-bo-ri），见《土观宗派源流》，排印本，23页。《法海宝库》135页又写作“chu-bo-ri-dpal-gyi-brag-phug”。又，叶尔巴与曲卧日两地直到清代五世达赖时仍是著名寺院（见《五世达赖外传》，3页上）。

[2] 拉隆贝吉多吉生平以此处的《叶尔巴寺志》所载为详，此书今尚存。

拉隆贝吉多吉由于在叶尔巴出家为僧，并且久居该地，故史书又常称其为“叶尔巴拉隆贝吉多吉”（yer-bavi-lha-lung-dpal-rdor），见《贤者喜宴》，ja函，138页上。又简称贝吉多吉（dpal-gyi-rdo-rje），见《五部遗教》中之《王者遗教》，木刻版，30页下。拉隆贝吉多吉出家后逐渐成为著名译师，在《五部遗教》中的《译师班智达遗教》（lo-pan-bkav-thang）内就记有此人之名，在译师单中他名列拔赛囊之后、嘎哇贝孜（ska-ba-dpal-brtsega）之前（见该书木刻版，63页下）。此人后于吐蕃末期刺死朗达玛赞普，遂逃往青海安琼纳木宗（a-chung-gnam-rdzong），在当地甸迪谢之扬衮寺（dan-tig-shel-gyi-yang-dgon）一带修行。后在这里与从贝曲卧日（dpal-chu-bo-ri）逃到这里修行的藏热甫塞（gtsang-rab-gsal，即bla-chen-dgongs-pa-rab-gsal）等三人相遇。藏热甫塞等求拉隆贝吉多吉在他们剃度出家时担任授戒师。拉隆贝吉多吉说：“我曾杀赞普，故不宜任（授戒）之补充授戒师。”（以上见《红史》，1981年铅印本，40~41页；《布顿佛教史》，木刻版，125页下~126页上）此后，藏史未见再记载拉隆贝吉多吉情况。

又，《五部遗教》中之《大臣遗教》说，拉隆贝吉多吉还是吐蕃最早的出家七人之一（见该书15页下）。此说未见他书。又，拉隆贝吉多吉威望相当高，《广史》则称赞他：大德中之最佳者为恩兰（ngan-lam）及拉隆（lha-lung）。（见本书第八章）

[3] 毗玛拉米扎，又称毗玛米扎。据《莲花生广传》153页上载，称他是“迦湿弥罗班钦毗玛米扎”（kha-chevi-pazha-chen-bi-ma-mi-tra）。而《五部遗教》中之《王者遗教》则说：“在天竺之那烂陀寺（rgya-gar-yul-gyi-shvi-nva-landra），有大班智达学者毗玛米扎（pan-chen-mkhas-pa-bi-mva-mi-tra）。”（见该书kha函，木刻版，25页下）。毗玛拉米扎是天竺王因陀罗菩提（rgyal-po-aindra-bo-dhi）的供奉师长，当时共有大班智达五百名，其中之学者有两位即玛米扎及菩在古哈雅（bu-dha-gu-hya）。他们被迫到吐蕃并受到敬仰供奉（见《莲花生广传》，138页下）。当时是墀松德赞派嘎哇贝孜（ska-ba-dpal-btsega）、久若陆益坚赞（cog-ro-kvuvi-rgyal-mtshan）及玛班仁钦秋（rma-ban-rin-chen-mchog）三人赴印，向天竺法王因陀罗菩提达玛热咱（aindra-bo-dhi-dha-rmva-rva-dsa）请派学者入吐蕃。天竺王同意派毗玛拉米扎入吐蕃传播佛教。但是有人散布流言蜚语，说：“三个吐蕃僧人半角带着一个外道恶咒堪布来到吐蕃，并将去整个吐蕃各地。”因此，毗玛米扎抵桑耶时，墀松德赞等百臣除去敬礼之外，没有任何表示，虽然三位吐蕃僧人向赞普介绍毗玛米扎会讲密咒，精通众多显密经典，并尤精密教（vbras-bu-gsang-sngags），同时请求赞普妥为接待，但赞普说：“今晚即睡在乌才塞吉神殿(dbu-tshal-gser-gyi-lha-khang)，把所有早上的剩饭给他（毗玛米扎）吃。”三位吐蕃僧人心中不快。后毗玛米扎显示神通，三位僧人将此情景报予赞普，赞普始信。遂于王座上设高垫，赞普为其敬礼。（《莲花生广传》，木刻版，144~146页）。

毗玛米扎在吐蕃传教很受重视，他宣讲极喜金刚法（dgav-rab-rdo-rjevi-dongs)、大手印（phyag-rgya-rgya-chen）及大法界部（klong-chen-po）。见《贤者喜宴》，tsa函，2页上。他还特别传授《精义》（snying-thig），当时称作《毗玛拉精义》（bvi-ma-la-snying-thig）。见《贤者喜宴》，tsa函，24页下。《五部遗教》中之《王者遗教》28页上又称为“大圆精义水晶”（rdsogs-chen-snying-thig-man-shel）。

特别是，毗玛拉米扎曾在雅隆谢宗贝玛孜巴（yar-klungs-shel-rd-song-patma-brtsegs-pa），他打开圣甘露之坛城（bdud-rtsi-mchog-gi-dky-i-la-vkhor），为赞普墀松德赞及班底咱纳古玛热（bnde-dsnya-na-ku-ma-ra）二人授以内外密之圆满灌顶（phyi-nang-gsang-bavi-dbang-rnams-rd-sogs-par-bskun），并依次为之命名（gsang-mtshan）为仓巴拉益美多（tshangs-pa-lha-yi-me-tog）及咱纳芝梅达夏（dsnya-na-dri-med-zla-shar）。见《五部遗教》中之《王者遗教》，28页上。毗玛拉米扎因此很有威信，说话有相当分量。例如，他曾说服墀松德赞将玉扎宁波（gyu-sgra-snying-po）及贝若咱纳从莫擦哇容（rgyal-mo-tsha-ba-rong）迎回吐蕃，并向贝若咱纳道歉。（《莲花生广传》，145页上~146页下）

此外，毗玛拉米扎还同吐蕃僧人翻译了一些佛经，《莲花生广传》载：“迦湿弥罗大班智达毗玛米扎及译师尼雅钦咱纳古玛热翻译了《金刚勇识幻网经》（rdo-rje-sems-dpav-sgyu-vphrul-dra-ba）及心识部、法界部、语诀部精义（sems-sde-kvong-sde-man-ngag-snying-thig）等等。”（153页上）据《莲花生广传》149页上，毗玛拉米扎本人还讲述过《后译》（phyi-vgyur）。毗玛拉米扎学问很深，所以莲花生预先告诉墀松德赞，如果将来与汉和尚辩论应当迎请毗玛拉米扎及噶玛拉希拉（见《五部遗教》中之《大臣遗教》，15页下）。毗玛拉米扎所传旧派（即宁玛派）之“精义”（snying-thig），对吐蕃影响不小。其传承于《土观宗派源流》中有译载（见刘立千译本，33页）。总之，毗玛拉米扎在吐蕃居十三年，后曾赴汉地活动（《贤者喜宴》，tsa函，21页下；《莲花生广传》，166

页）。

[4] 这是一种神话性的描述，以度母之坐姿象征叶尔巴山势。

[5] 以盐交换石粉，实际上食盐起到了某种货币的作用，可见自囊日松赞在北方拉措湖发现食盐用途之后，到这时食盐的价值已显著提高了。今藏北湖盐仍是与南方农业区交换货物的重要物产，甚至远销尼泊尔、克什米尔及印度北方等地。

[6] 此三座佛塔即指上述瑜伽窟佛塔、耕地佛塔及白色小岩佛塔。

[7] 努·纳卡宁波，《五部遗教》中之《王者遗教》（木刻版，23页上）又称译师努·班纳卡宁波（lo-tsva-gnubs-ban-nam-mkhavi-snying-po），同书（29页上）有时还称大成就者纳卡宁波（thob-chen-po-nam-mkhavi-snying-po）。此人是著名译师，他曾与译师益西咱纳古玛热（lo-tsva-ye-shes-tsnya-na-ku-mva-ra）及译师仁钦秋（lo-tsva-rin-chen-mchog）等，翻译了莲花生教授的密咒教法(gsang-sngags-don-dam-vbras-buvi-dam-chos，全意为：密咒真谛果教)。见《王者遗教》，23页上。此人修道地除在纳卡浦外，还曾在洛扎卡秋查修道处（lhao-brag-mkhar-chu-brag-gyi-dben-gnas），并在这里曾为穆底赞普（rje-btsan-rgyal-po-mu-tig-btsan-po）及努·班底桑结益西（gnubs-kyi-bnde-sangs-rgyas-ye-shes）授以无上灌顶（bla-na-me-da-avi-dbang-bskur）。见《王者遗教》，29页上。

[8] 尊巴贝吉央，即拔贝央（sba-dpal-dbyngs）。拔氏家族出了不少著名译师，除拔贝央之外，还有拔塞囊（sba-gsal-gnang）、拔益希旺波（sba-ye-shes-dban-po）及拔嘉木样（sba-vjam-dbyangs）等。见《译师班智达遗教》（lo-pan-bkav-thang），即《五部遗教》，nga函，63页下。

[9] 恩兰杰秋央，《五部遗教》中之《王者遗教》（24页上）称其名为恩兰尊巴杰哇秋央（ngan-lam-btsun-pa-rgyal-ba-mchog-dbyangs）。此人是墀松德赞时最早出家为僧的七人之一。莲花生曾向他传授莲华语续

及修道法（padma-gsung-gi-rgyud-dang-sgrub-thabs）。以上见《王者遗教》，24页上；《知识总汇》，上册，437页。

[10] 娘丁增桑波。此人是与毗玛拉米扎一起建造霞衣拉康寺（zhwav-i-lha-khang）者，也是毗玛拉米扎的嫡传弟子之一。（见刘立千汉译：《土观宗派源流》，30页）此人是吐蕃时著名僧人和从政高级僧侣。

娘丁增桑波，《吐蕃金石录》之《谐拉康碑（一）》又称其名为班底娘丁埃增（ban-de-myang-teng-nge-vidsan）。同碑（二）藏文又称为“班底丁埃增”（ban-de-teng-nge-vdzin）。而墀松德赞建噶迥寺后所颁之盟文诏书中，则称“ban-de-myang-ting-vidsin”（见《贤者喜宴》，ja函，129页下）。总之，上述三者均指同一人。

《知识总汇》对娘丁埃增的名称又有另外写法，将“myang”写作“nyang”，并写其名是“娘班夏坚简丁增桑波”（nyang-ban-shvi-spyan-zan-ting-vidzan-bzang-po），又说：“五百大班智达之顶饰获彩虹金刚身者轨范师毗玛拉米扎抵吐蕃，他向娘班夏坚简丁增桑波授以大圆满修行法要部之教诫（rdsogs-pa-chen-po-man-ngag-sdevi-gdams-pa），由是娘班（nyang-ban）亦可（乘）光而去。玉查（gyu-sgro）宁波为译师，翻译了心识部后译十三卷（sems-sde-phyi-vgyur-bcu-gsum，此为宁玛派所传大圆胜会三部中之一）。而娘氏（即丁增桑波）则将此教授埋为（伏藏），后为当玛伦杰（ldang-ma-lhun-rgyal）取出，遂又听此教授……”（见该书1982年铅印本，512页）

丁增桑波以其宗教上的高深学识和地位跻身于吐蕃王室，他曾担任墀松德赞时的宰相同平章事（chab-srid-kyi-blon-po-chen-po）。见《谐拉康碑（一）》之藏文碑文。而在墀德松赞在建噶迥寺所颁布的盟文诏书中，丁增桑波的政治地位已上升为“钵阐布宰相平章政事”（ban-de-bkav-chenzha-po-la-gtogs-pa）。见《贤者喜宴》，ja函，128页下~130页下。在盟誓名单中，是大臣中的首位，仅在另一钵阐布宰相平章政事阐卡云甸（ban-de-bran-ka-yon-tan）之后。其他各级大臣均在此二人之后。可见这种从政高僧地位之显赫。

又，丁增桑波与阐卡贝云之被称为“钵阐布”（亦称“钵掣逋”）即藏文（ban-chen-po）的汉译对音。而“ban-chen-po”即《唐蕃会盟碑》中“ban-de-chen-po”的缩写。《汉藏史集》在记载唐穆宗（mu-dzung）时的唐蕃于吐蕃逻娑川（lha-svi-thang）会盟情况中说：“于逻娑川，吐蕃大臣聚会，由钵阐布（ban-chen-po）宣读誓文（ban-chen-pos-gnav-tshigs-ston）。”（见该书影印本，上册，80页上）此种记载正与汉文所载相同：“……酋领百余人坐于坛下。坛上设一塌，高五六尺，使钵掣逋读誓文……”（《册府元龟》，卷981，外臣部·盟誓）两种记载对比，可见“ban-chen-po”当即汉文之“钵阐布”之藏文对音。这在后来身任钵阐布的阐卡贝云被贝达纳（sba-stag-sna）杀死时，藏文亦用了“ban-chen-po-skum”的写法（《红史》，1981年排印本，39页）。所谓“钵阐布”（ban-chen-po，即ban-de-chen-po），意为“大僧人”或“高僧”，亦即汉文所载：“钵阐布者，虏浮屠豫国事者也，亦曰钵掣逋。”（《唐书·吐蕃传》）《册府元龟》则记为“国政蕃僧号钵掣逋”。（卷981，外臣部·盟誓）。

娘丁增桑波后来亦深受赞普墀德松赞的重视，墀德松赞两次为他下诏书赞誉其功绩，并保护其家族的政治经济特权，且铭石立碑永存。这是赞普对他参与社稷大事“忠贞不二”的特殊恩赐，其详情可参见《吐蕃金石录》之《谐拉康碑》（一）及（二）。此外，娘丁增桑波除去前述在宗教方面的贡献外，他还曾与阐卡贝云一起主持墀松德赞时的文字改革，吐蕃文献之《语合二章》（sgra-sbyor-bam-gnyis-pa）就记载此事是经“钵阐布贝吉云甸（bande-chen-po-dpal-gyi-yon-tan）等人合议”。此项文献对后世吐蕃文字的运用及译经原则等方面均有重大意义。详见日本影印藏文《大藏经》144卷，71~87页。此《语合二章》是今天得以保存的吐蕃文献，该书在西藏《大藏经》中又被译作《中品区谐切第二品》(bye-brag-tu-rtogs-byed-vbring-po-sgra-sbyor-bam-po-gnyis-pa)。详见日本影印西藏《大藏经》151卷，《丹珠尔目录》首函，藏文是138页上，汉文是194页下，第124函。

娘丁增桑波在朗达玛灭法时，被害身死："玛仁钦秋（rma-rin-chen-mchog，即rma-a-ra-rin-chen-mchog，预试七人之一）及娘丁增桑波（pyang-ting-vdsin-bzang-po）等许多善良众生被杀害。"（《贤者喜宴》，ja函，137页）

[11] 兴米果恰（shring-mi-go-cha），《五部遗教》中之《译师班智达遗教》63页上称作"myang-sha-mi-go-cha"。

[12] 昆陆旺波，《布顿佛教史》称其为（vkhon-kluvi-dbang-po-bsrung-pa），是"预试七人"之一。（见该书木刻版，121页下）据《红史》（铅印本，46页）载，昆陆旺波之先祖起于雅隆东部，最初之先祖名尊者昆巴杰（jo-bo-vkhon-par-skyes），其子孙为墀松德赞时之内相(nang-blon)，此人即昆杰贝卧切（vkhon-rgyal-dpal-bo-che）。他生有四子，第三子即昆陆旺波松哇（vkhon-kluvi-dbang-po-bsrung-ba）。此昆氏家族即后来元代时萨迦世系之远祖。

[13] 尼雅咱纳古玛热，《王者遗教》23页上称其为译师益西咱纳古玛热（lo-tsva-ye-shes-dsnyva-na-ku-mva-ra）。《法海宝库》（打印本，146页）写作"snyang-dsnyva-na-ku-mva-ra"。

[14] 这一节记载叶尔巴及曲卧日两地修道处的情况。实际上当时修道处已经在许多地方建立起来，《汉藏史集》说；"于叶尔巴及青浦等地方，共建修道院十二处。"（见该书影印本，143页下）。《法海宝库》记有"八大石窟"（brag-phug-chen-po-brgyad），叶尔巴及曲卧日即其中之二窟（见该书135页）。《莲花生广传》曾记载吐蕃埋伏藏的地点，该书说："有名者二十五处，无名者众多，均埋（有伏藏）。"这些地点大

都是著名修道处，涉及许多重要古代地名，今译之如下，供参考：青浦之扬温（mchims-phuvi-yang-dben）、雅玛隆（gyav-ma-lung）、纳囊郊（snam-snang-rgyb）。南方之杰秋拉康（lho-yi-skyer-chu-lha-khang）、朋塘孜隆（bum-thang-rtsi-lung）、朋塘格内（bum-thang-dge-gnas）、洛卧格嘎（kvo-bo-dge-kar）、藏昌拉康（gtsang-vphrang-lha-khang）、叶如藏查木（gyas-ru-gtsang-vgram）、孜吉拉康（rtsis-kyi-lha-khang）。北方之扎屯孜益拉康（byang-gi-pra-dun-rtsa-yi-lha-khang）。康地之隆塘（khams-kyi-lha-khang）。东部之工布秋塔来拉康（kong-bu-chu-mthar-legs-lha-khang）、甲拉泽冬（rgya-la-rtse-rdum）、辛结东卡（gshel-gyi-brag-kha）、斯莫浦隆（se-mo-phu-lung）、玉如昌珠（gyu-ru-khra-vbrug）、谢吉查浦（shel-gyi-brag-phug）、洛拉阔定（lho-brag-kho-mthing）、卡秋纳木盖坚（mkhar-chu-gnam）当墟（gtam-shul）、达仓僧浦（stag-tshang-seng-phug）、门卡（mon-kha）、纳仁（sna-rings）、僧格宗（seng-ge-rdsong）、巴卓纳木塘嘎波（spa-gro-gnam-thang-dkar-po）、波玛宗浦（pho-ma-rdsong-phug）、藏之浦莫切（gtsang-gi-phug-mo-che）、浦仁莫（phug-ring-mo）、查之扬宗（bsgrags-kyi-yang-rdsong）。察地之悠贡查（gra-yi-gyu-sgong-grag）、穆底萨玛贡（mu-tig-sma-ma-gong）、萨波桑吉措查（zar-po-zangs-gyi-mtsho-brag）、琼结墓（vphyong-rgyas-bang-so）、青哇达孜（vphying-ba-stag-rtse）、香波岗（sham-povi-gangs）。聂地之东嘎（gnyal-gyi-dong-kha）、查纳（brag-nag）、达卓（mdav-sgro）、聂麦格日纳波查（gnyal-smad-dge-ri-nag-povi-brag）、曲卓推嘎（chos-sgro-thod-dkar）、贝萨隆巴（spe-gsar-lung-pa）、萨曲堆（za-chu-vdus）、聂容东嘎（gnyal-rong-vdom-mkhar）、悠（gyu）、秋如（byu-ru）鲁堆查嘎冬（lug-stod-brag-dkar-gdong）、郭若昂卓（ko-ro-ngam-grog）、凯嘎拉域浦（mkhal-dkar-lha-yul-phug）、查莫唐拉（khra-mo-ldang-lha）、恰（byar）、达波（dwags）、工布（kong）、洛门（lho-mon)、洛聂（lor-gnyal）、咱日乃（tsa-rivi-gnas）、约卡嘎浦（vol-kvi-mkhar-phug）、温布达仓（von-phu-stag-tshang）、恰波斯哇（bya-pho-ze-ba）、昌阿查（brang-nga-brag）、车浦拉（khrab-la）、浦巴（phug-pa）、隆莫洛琼（long-mo-lo-chung）、雅隆（yar-klungs）、昌珠五塔顶（khra-vbrug-mchod-rten-mgo-lnga）、衮塘寺之查日山（dgan-thang-gtsug-lag-khang-gi-brag-ri）、旁塘寺之后山（vphang-thang-gtsung-lag-khang-gi-rgyab-ri）、雍布拉康（yum-bu-bla-sgang）、赞塘悠益拉康之查日山（bt-san-thang-gyu-yi-lha-khang-brag-ri）、门卡衮布冬（mon-mkhar-mgon-po-gdong）、查戚查波切（gra-phyivi-brag-po-che）、查地之乃东苏（gra-yi-sne-gdong-zur）。兑地之杰笛苏（dol-gyi-lce-tevi-zur）。雄地之热工久（gzhung-gi-ra-skong-rgyab）。藏地之塞马昌浦（gtsang-gi-sal-ma-brag-phug）、藏地之芒卡查（gtsang-gi-mang-mkhar-brag）、芒域贝莫塘（mang-yul-dpal-mo-thang）、秀聂卡（gzhu-snye-mkhar）、拉堆森波宗（la-stod-srin-po-rdsong）、拉堆、定日、定琼（la-ltod-ding-ri-ding-chung）、拉孜查（lha-rtsevi-brag）、杰波隆（rgyal-po-lung）、热索陆楚（ra-sog-klu-gru）、多吉岗之玉浦（rdo-rtse-gangs-kyi-dngul-phug）、冲巴强（grom-pa-rgyang）、桑浦隆（zam-phug-lung）、乌宇雅德（vu-gyu-gyag-sde）、巴卓曲莫浦（sba-gro-chu-mo-phug）、玉浦咱（gyu-phug-rtse）、叶尔巴达哇浦（yer-pa-zla-ba-phug）、桑雅查（zang-yag-brag）、秀兑底卓（gzho-ltod-te-sgro）、堆垅帕哇仓（stod-kvung-vphar-ba-tshang）、夏乌达果（sha-vug-stag-sgo）、卧擦容（ngo-mtshar-rong）、逻娑（lha-sa）、青浦伦波桂（mchims-phu-blon-po-mgul）。以上见《莲花生广传》，172页上~174页下。关于修道处地名，在《莲花生广传》174页以下还有记载，另在189页下~190页上亦提到许多修道处名称。再者，《五部遗教》中之《神鬼遗教》19页下~23页上亦有许多修道处地名。上述诸修道处有的后来成为著名寺院或地区，一些重要政治、宗教方面的事件

也多与这些地方有关。

[15] 即尼雅咱纳古玛热。见注 [13]。

[16] “器”，藏文写作“snod”，原为“容器”之意，在佛教中指“根器”而言，对可以接受佛家教育者谓之“有器”或“有根器”“有法器”，相反则谓之“非器”。

[17] 谐拉康，又称伍如谐拉康（dbu-ru-zhwavi-lha-khang），参见刘立千译：《土观宗派源流》，民族所刻印本，30页。其地在逻娑河上游，在此地左右都是著名地区，《道路指南》载：“（由甘丹寺）上行，在拉穆曲琼仓巴东兑坚（la-mo-chos-skong-tshangs-pa-dung-thod-can，意为：拉穆护法神梵天具螺髻者。即清乾隆五十七年文献所载“拉穆吹忠”所在地，见《清实录》——译者注）、甲马墀康（rgya-ma-khri-khang，为元代甲马户府所在地——译者注）、墨竹嘎才（mal-gro-ska-tshal，为松赞干布建造边埋寺“ka-tshal”所在地——译者注）、伍如谐拉康（dbu-ru-zhwavi-lha-khang）、止贡宗萨（vbri-khang-rdzong-sa）、扬日衮（yang-ri-dgon）、止贡贴寺（vbri-gung-thil）、秀堆笛仲（gzho-stos-ti-sgrom）等地之间，有众多宗教文物，如果对此环游当需五、六日。”（该书6页上~6页下）谐拉康具体在嘎才与扬日衮之间，逻娑河南岸附近。

《汉藏史集》（上册，145页上）说：“娘丁增建谐拉康寺（nyang-ting-vdsin-gyis-zhwavi-lha-khang）。”关于建寺经过，《黄琉璃》有载：“所谓秀容多之谐拉康寺（gzho-rong-mdor-zhwa-lha-khang），先是，大班智达毗玛拉（pan-chen-bi-ma-la）在其留居汉地后的五十岁时，金刚贤者（rdo-rje-legs-pa）于多康（mdo-kams）地区降下冰雹，随之得到可供运载一百骆驼驮子的青稞。对此，娘丁增桑波（nyang-rting-vdsian-bzang-po）想起抛掷金刚杵时所做之誓言，于是乃将青稞献出，并以此作为（建寺之）顺缘。继之为镇压黑龙妖又建黑白二塔，在玛萨多（ma-gzav-rdo）复塑造三座圣像。”（见该书木刻版，151页下）文中之“秀容多”是指秀容河（gzho-rong-chu）与逻娑河（skyid-chu）的交界地区名称。从此处向东北直到止贡均为秀容河流域。“容”（rong）指河谷或山峡地带，藏区以此为地名者甚多，如工布容（kong-po-rong）、查莫达仓容（khra-mo-stag-tshang-rong）、杰莫擦哇容（rgyal-mo-tsha-ba-rong）等，详见《法海宝库》（chos-kyi-rnam-grangs-rgya-mtshovi-gten）中之西藏四大容（bod-kyi-rong-chen-bzhi）部分，民族翻译局1982年11月打印本，134页。

[18] 此处所指之石碑及碑文即指谐拉康碑。碑文载：“天降之王圣神赞普墀德松赞谕（khri-lde-srong-btsan-gyi-bkas）：永远赐予班底娘丁埃增之盟誓诏书（dbu-snyung-gi-tshigs-gyung-drung-du-gnang-ba）。”(原藏文见《吐蕃金石录》）据此可知盟文诏书当为墀德松赞所赐，非墀松德赞所颁发。《贤者喜宴》这样记载是将后事提至此处补述。

又，此碑是一碑同刻两篇诏文，从碑文所记“龙年（vbrug-gi-lo)”看，此二诏书似应是800年和812年两次颁刻。前者为墀德松赞下诏，后者为应丁增桑波之请诏而颁发。诏文特别保护丁增桑波特权，诏文说：丁增桑波家族人犯罪，若无（赞普）下诏，无论何等罪行，不置有司，不予拘禁，其永久持有之告身及家世令名（yi-ge-gyung-drung-mying）不得湮没，所任职司大位，仍着令继续操持，其部落“岱本”（sdevi-dpon-po）一职仍予世袭传承。又申明对其经济特权是：“子孙后代之奴隶、牧场、草料、园林等项（bran-zhing-vbrog-sog-tshl-las-stsogs-pa），无论何时，设或断绝后嗣，或因事置狱，（赞普）决不没收，亦不赐予他人。”（见《吐蕃金石录》）此碑文对研究吐蕃奴隶制极有价值。

[19] 墀松德赞时颁布了两件兴佛诏书，第一件有大臣等署名，第二件无臣工署名，均是研究吐蕃佛教的珍贵史料，就目前所见，这两件诏书仅载于《贤者喜宴》，又由于文件是吐蕃时期流传下来的难得的史料，故更显得其价值之高。

又，文中所提之玛祥仲巴杰其人，即乘墀松德赞年幼而反佛教之大臣。

[20] “有义及无义”（don-dang-don-med-pa）又可译作“有益与无益”。此外，又有“法”之意。

[21] 此处所谓羊年建寺，从上下文看似指建桑耶寺而言。关于桑耶寺建寺年代说法不一，见本书第七章有关桑耶寺注释。其中东嘎·洛桑赤列先生主张火羊年竣工，火羊年即公元767年。（见《论西藏政教合一制度》，藏文版，27页）诏书又说“自此之后吐蕃遂建三宝”，这指建寺、剃度僧人及译经传教等事。从这句话看，上述之所谓羊年建寺，可能即指建桑耶寺事。

[22] 三界不变解脱寺。此前未见有此寺名，建在桑耶寺后，墀松德赞王妃蔡邦·美多纯曾建康松桑康凌寺（khams-gsum-zangs-khang-gling）（见本书第七章之“五妃绩”）。但两者名称不同，或许“三界不变解脱寺”（khams-gsum-mi-ldog-sgrol-gyi-gtshug-lag-khang），即是“康松桑康凌寺”的异名？待考。

[23] 寺院供养最早正如此诏书所载，均由官府供给，《拔协》及《贤者喜宴》对此有详载，按照僧人等级不同供给数量、内容不完全相同。供给内容包括赐给寺院及僧人的属民民户、青稞、衣服、酥油、食盐、马匹、纸张、墨等。数量均有具体规定。其详情本译文以后将有译述。另参见《贤者喜宴》，ja函，122页下；《拔协》，排印本，77页。

[24] 十方诸佛（phyogs-bcuvi-sangs-rgyas），即东方宝生佛（sangs-rgyas-rin-chen-vbyung-gnas）、南方无忧吉祥佛（sangs-rgyas-mya-ngan-med-pavi-dpal）、西方焰炽佛（sangs-rgyas-rin-chen-vod-vphro，或译宝光佛）、北方帝释佛（sangs-rgyas-rgyal-bavi-dbang-po）。此外还有东北、东南、西北、西南四佛，另加上、下二佛，总计十佛。详见《法海宝库》打印本，106页。此外，《敦煌吐蕃文献选》所载十佛，基本与《法海宝

库》同。见该书上册伯字22号卷子。这些神又称护方神（phyogs-bthu-nas-srung-bavi-lha，简称phyogs-skyong）。“十佛”说法不一，约有四种（见《实用佛学辞典》，166~167页）。

[25] 一切九尊诸神（lha-dgu-thams-cad），指不动佛九尊、大密马头明王九尊及长寿佛九尊。

[26] 龙、夜叉及一切非人。《五部遗教》内之《神鬼遗教》中记载，吐蕃有“外内密八部魔鬼”（phyi-nang-gsangs-bavi-srin-sde-brgyad）。例如“外八部魔鬼”即厉鬼（vgong-po）、饿鬼（thevu-rang）、土地神（sa-bdag）、地祇（yul-lha）、药神（sman）、妖怪（btsan）、龙（klu）及恶咒（nga-yam）。“内八部魔鬼”即主命神、鬼魅（ma-mo）、阎罗王（gshen-rje）、魔王（bdud）、夜叉（gnod-spyin）、水肿恶魔（dmu）及战神（dgra-lha）、妖魔（vgong-po）。“密八部妖魔”是罗睺罗及大罗睺罗等八个神魔（见该书，46页上~46页下）。又文中之“饿鬼”（thevu-rang-spun-dgu）种类甚多，仅据《法海宝库》记载就有所谓“九饿鬼”之说。（详见该书163页）

[27] 正等觉（yang-dag-par-rdsogs-pavi-gyang-chub），即正觉、正智、悟解。又译作“真实究竟菩提”。见（日）芳村修基：《西藏语字典》。

[28] 现等觉（mngon-par-sangs-rgyas），即成道之意。见（日）芳村修基：《西藏语字典》。

[29] 吐谷浑王又可译作“退浑王”，此为敦煌出土卷子所载，见法国影印《敦煌古藏文文献选》伯字1263号卷子。“va-zha”一词在《红史》等书中又用音译“thu-lu-hun”（见该书排印本，24页）。又，此处用“甥”（dbon）字冠于（va-zha-rje）前，原因是吐谷浑王先世以前曾娶唐朝王室弘化公主，故汉文史书称：“吐蕃与吐谷浑本为甥舅之国。”（见《册府元龟·外臣部·才智》）又，此处吐谷浑王在诏书上署名列于首位，

可见吐谷浑王归降吐蕃后其地位仍相当高。

[30] 伽罗笃波是“bkav–la–gtogs–pa”的音泽，此种译文原出自《唐蕃会盟碑碑文》：“戚论伽罗笃波”（见该碑北侧碑文会盟人吐蕃大臣名称）。其地位相当于“宰相同平章事”一类的职务。碑文中即有“chab–srid–kyi–blon–po–chen–po–bkav–la–gtogs–pa”职称。

[31] 大论尚杰斯秀亭（zhang–rgyal–gzigs–shu–theng）。此人即《敦煌古藏文历史文书》中的綝·尚杰斯秀丁（mchims–shang–rgyal–zigs–shu–teng），他继桂提桑耶甫拉（mgos–kri–bzang–yab–lag）为大相。此人在《王者遗教》中称作“blon–po–chen–po–khri–bzang–yab–lha”。（该书66页下）而恩兰·达扎路恭（ngan–lam–stag–sgra–klu–gong）任大相则又紧接其后。（以上见《敦煌古藏文历史文书》，巴考本，102页；《敦煌古藏文历史文选》第二册，561页，伯字1287号卷子）此人之名在《敦煌古藏文历史文书》中多简写作“zhang–rgyal–zigs”。上述三位大相的排列次序与《大臣遗教》所载相同，只是人名写法有异，《大臣遗教》将上述三大相名称依次写作：“hri–bzang–yab–lhag，cims–kyi–rgyal–gzigs–klu–mthong，blon–po–ngan–lam–rta–ra–klu–gong”（见该书50页下）。其中之“mcims–kyi–rgyal–gzigs–klu–mthong”当即指“zhang–rgyal–gzigs–shu–theng”而言。此人在755年曾受命清理叛乱大臣朗氏（lang）及贝氏（vbal）的家产。757年他与大论囊热（blon–chen–po–snang–bzhen），此人即是在尚杰斯秀亭前两任的大相韦·囊势苏赞（dbavs–snang–bzher–zu–brtsan）曾召集吐蕃夏季盟会（dbyar–vrun）。以上见王尧、阿践译注本：《敦煌吐蕃历史文书》，37页、38页、49页。特别应指出的是，尚杰斯秀亭在762年与达扎路恭等率吐蕃军攻陷长安。（见《敦煌吐蕃历史文书》，译注本，121页及144页）在攻陷长安的当年他回到吐蕃召集了大议事会。763年，尚杰斯秀亭被授以瑟瑟（gyuvi–yi–ge）文字告身，这是官职章饰之最高级。由上述诸事迹可知其人极受重视，故其在诏书中署名列在第二位当非偶然。

[32] 论达扎路恭，在《王者遗教》66页下，其名又写作大论达热路恭（blon-po-chen-po-rta-ra-klu-gong）。此人之名在《恩兰·达扎路恭纪功碑》中又写作“恩兰·路恭”（ngan-lam-klu-khong）或“路恭”(klu-khong)”。（见《吐蕃金石录》）《敦煌吐蕃历史文书》（编年，111条）则又简称为“论达扎”（blon-stag-sgra）。有些作者据“rma-grom”一名（《敦煌吐蕃历史文书》，编年，104条等）推论，此即汉文所载之“马重英”（见《资治通鉴》，卷二二三，代宗广德元年条：“吐蕃大将马重英”），而马重英即达扎路恭。

达扎路恭从墀德祖赞时即因揭发朗氏及贝氏的谋叛而受到赞普的重视。755年，达扎路恭因攻陷洮州等地而被授为元帅（dmag-dpon）。从此他即多次率吐蕃军与唐军作战，特别是762年，“恩兰·路恭乃首倡兴兵入唐深取京师之议，赞普遂以尚琛结结色（即尚杰斯秀亭）同与论达扎路恭二人为攻京师之统军元帅（dmag-dpon-chen-po），直趋京师。”以上见《敦煌吐蕃历史文书》编年，104及111条；《吐蕃金石录》中之《恩兰·达扎路恭纪功碑》碑文。

此人曾以崇本反佛著称（事见本书第七章），因此藏史说他“真诚地袒护本教。在本教五根金柱方面，他是发展（本教）外道的大臣”（《大臣遗教》，39页下）。他甚至因公开当面反对兴佛而被赞普流放北方。但从此次盟文诏书的署名看，达扎路恭不仅身价已提到大论伽罗笃波的地位（纪功碑文又说他是大内相平章事“nang-blon-chen-po-dang-yo-gal-vchos-pchen-po”及内相伽罗笃波“nang-blon-bkav-la-gtogs-pa”），而且一改反佛而为兴佛的赞助者。由于盟文诏书是在建桑耶寺后颁布的（诏书说是767年的羊年建寺），那么达扎的这一转变从桑耶寺时就开始了。这还可以从在桑耶寺开光时达扎路恭唱歌赞颂得到某种佐证（见本书第八章）。也许由于达扎路恭这种在宗教态度上的转变和他的所谓“武功”，因而倍受赞普宠幸，所以特在逻娑为其树碑立传，碑文极力赞颂其“忠贞不二”和“足智多谋”的所谓“武功”。碑文又申明给予其后代在政治上及经济上的种种特权：犯罪“不处死刑”、官衔“永为世职”、私有财产“永不没收”等。其特权之高比娘丁埃增家族有过之而无不及。详见《吐蕃金石录》中之《恩兰·达扎路恭纪功碑》；又见贝京：《西藏今昔》(*Tibet Past and Present*)。

[33] 尚杰岑拉囊，此人是继恩兰·达扎路恭之后为大相的大臣。《敦煌吐蕃历史文书》在记载大相情况中称他是那囊尚岑拉囊（sna–nam–zhang–rgyal–tshan–lha–snang）。（见译注本，50页；巴考本，102页）。《大臣遗教》称他为“sna–nam–zhang–dang–rgya–tsha–lha–sna”或“rgya–tsha–lha–snang–sna–nam–zhang”（见该书39页、56页下）。该书（7页下）又说，出自那囊氏族的著名大臣有四人，他即其一。该书（56页上）又称，此人后代曾在汉地的“朋兴”（rgya–nag–bum–zhim）地区发展，其后代称“哈王系”（ha–yi–ming–can–rgyal–rgyud）。

尚杰岑拉囊曾官至大论，故称“大论杰擦拉囊”（blon–po–chen–po–rgya–tsha–lha–snang）。见《大臣遗教》，66页下。此人极力主张改变恩兰·达扎路恭及尚杰斯秀亭（即《新唐书·吐蕃传》的“大相尚悉结”，实应是“大相尚结悉”）的侵唐政策而与之修好。《旧唐书》卷一二二《崔汉衡传》即云其事：“是时（782年，建中三年）吐蕃大相尚结息（即“zhang–rgyal–gzigs–shu–theng”，《大臣遗教》又作“rgyal–gzigs–shud–thong”，该书7页下）忍而好杀，以尝覆败于剑南，思刷其耻，不肯约和。其次相尚赞（即本文此处所译之“尚杰岑”）有才略，因言赞普，请定界明约以息力人，赞普然之，竟以结赞代结息为大相。”此后，在782年“泽与结赞盟于清水”（“泽”即“都官员外郎樊泽”，会盟时任计会使）。783年，陇右节度使张镒与吐蕃尚结赞“盟于清水”（《通鉴》，卷二二八，德宗建中四年正月条）。上述表明尚杰斯秀亭（即尚结赞）是唐蕃会盟的主要倡导者和主持者。

在783年这一年的十月又发生了朱泚据长安的“朱泚之乱”，而尚结赞又奏请唐廷协助：“吐蕃尚结赞请出兵助唐收京城。”（《通鉴》，卷二二九，德宗兴元元年正月条）等收回长安后，唐廷改变了“遂许四镇之地，以答收京之功”（《陆宣公翰苑集》，卷十）的约许，于是尚结赞乃发兵攻掠唐境，787年在取得夏州和盐州之后，在此年五月尚结赞又制造了平凉劫盟事件。自此尚结赞又日益走上了反唐之路。另外，尚结赞对内独掌大权，施行暴政，致使吐蕃“太子弟兄流窜，近臣横污，皆尚结赞阴计以行属害，平日功臣，无一二在”（《新唐书·南诏传》，卷二二二，上贞元九年《南诏王异牟寻遗书皋帛书》）。796年尚结赞死（《通鉴》，卷二三五，贞元十二年九月条）。

[34] 上述大臣名单很重要。另外，关于记载吐蕃大臣的史料，可参阅《大臣遗教》，39页上~40页上、50页下~51页下及7页上~8页上；《王者遗教》，66页下。

[35] 从吐蕃赞普仲年代如（勃弄若）算起至松赞干布为第四代赞普。《新唐书·吐蕃传》从墀托杰托赞（瘕悉董摩）算起，至松赞干布为第七代赞普，如是上推至仲年代如也是第四代（又见法成译：《于阗国悬记》）。

[36] 逻娑贝哈寺（ra-savi-pe-har）。文中之贝哈（pe-har）意为“护法神”。又，据美国劳费尔考证，“pe-har”即“大寺”（gtsug-lag-khang）之意，此词来自梵文“Vihāra”（日本芳村修基在《西藏语字典》中将此梵文写作“Vihārab”，借到藏语后音译为“pe-har”，后又藏语化而成“dpe-dkar”。此词在回鹘语中则写作“bakar”或“vaxar”），而蒙语又写作“bukar”，以上见（美）劳费尔著：《藏语中的借词》（B·Laufer. *LOAN-WORDS IN TIBETAN*），中国社会科学院民族研究所赵衍荪译，19页。

[37] 指玛祥（sna-rnam-ma-zhang-khrom-pa-skyabs，亦即“zhang-

blon-ma-zhang-grom-pa-rkyes")。参见本书第五章的有关注释。

[38] 四生(skye-ba-rnam-bzhi),指胎生、卵生、化生及湿生。

[39] 无记(lung-du-myi-ston-pa),又译作"遮侵记"。对无善恶可言之事物谓之无记。而下文又解释"无记"为"诸四威仪路"(spyod-lam-bzhi)。所谓"四威仪路"即行、住、坐、卧四事。人之举止行动,佛书则谓之"威仪"或"威仪路"。看来诏书对"无记"而释之为"四威仪路"似不确。

[40] 四谛(bden-pa-bzhi),即苦(sdug-bsngal)、集(kun-vbyung)、灭(vgog)、道(lam)。

[41] 十二支(yan-lag-bcu-gnyis),即十二缘起。参见本书第六章有关注释。

[42] 三十七助道品(byang-chub-kyi-phyogs-kyi-chos-sum-bcu-rtsa-bdun),即三十七菩提分法:四念住、四正断、四神足、五根、五力、七觉支及八圣道支。

[43] 十度(pha-road-tu-phyind-pa-bcu),又,"度"写作"pha-rol-ru-phyind-pa"(《敦煌吐蕃文选》上册,110页)。今音译为"波罗蜜多"pha-rol-tu-pyin-pa,源于梵语的Pāramitā,意译为"到彼岸"。所谓"十度"(即十波罗蜜多)是:布施度、持戒度、忍辱度、精进度、禅定度、智慧度,另加方便、力、愿及智四者。

[44] 四无畏(mi-vjigs-pa-bzhi),即正等觉无畏、漏永尽无畏、说障法无畏及说出道无畏。

[45] 四正智(yang-dag-par-shes-pa-bzhi),即大圆镜智、平等性智、妙观察智、成所作智。

[46] 十力(stobs-bcu),处非处智力、自业智力、种种胜解智力、种种界智力、根胜劣智力、偏趣行智力、静虑解脱等持等至智力、宿命随念智力、生死智力及漏尽智力。

[47] 十八不共佛法（ma-vdres-pavi-chos-bco-brgyd），即如来无误失业、无卒暴音、无忘失念、无不定心、无种种想、无不择已舍、欲无退、正勤无退、念无退、等持无退、慧无退、解脱智见无退、一切身业智为导首随智而行、一切语业智为导首随智而行、一切意业智为导首随智而行、于过去世无著无碍智、于现在世无著无碍智及于未来世无著无碍智。

[48] 佛三十二相（thugs-rje-chen-po-sum-bcu-brtsa-gnyis），即指佛陀的三十种显著特征，《大藏经》载三十二相是：足善安住等案地相（即足下安平立相）、足下现千幅轮相、纤长指、足跟趺圆长（即足跟广平相）、足趺高满相、手足细软、手足网缦（即手足间如蹼状）、垂手摩膝相、伊泥延腨相（即股骨如鹿那样纤好）、身不偻曲、势峰密藏、身相圆满如尼瞿陀树相（即身广长等相）、常光一寻（即身光照四面各一丈远）、身毛上靡（即毛向上相），其他诸如身皮金光、四十齿皆悉齐平、其齿无隙、其声雷震犹如天鼓、甘目绀青、睫如牛王、顶上现乌率腻沙（即顶髻相）以及眉间毫相（即眉间有白毛）等，共三十二相。详见大正新修《大藏经·破僧事》，卷第二，108~109页；参见《宗教辞典》有关条目。

[49] 又，其誓文之提要即桑耶寺碑之碑文，详见下述译文。

[50] 此碑立于桑耶寺主殿正门右侧之台阶上，背后靠墙。此碑今存。石碑碑文与《贤者喜宴》所载碑文相比，除有个别字及音节符号略有异样外，其余基本一致。由于有石碑实存，可以看出《贤者喜宴》所录碑文当源于石碑碑文。

从石碑碑文看，正如《贤者喜宴》所说，碑文是第一诏书和第二诏书的中心纲要，而第一诏书和第二诏书则正是石碑碑文所说的详细盟文（gtsigs-kyi-yi-ge-zhib-mo）。两者所说正合。上述两件诏书和碑文表明，佛教在此时已在吐蕃牢固地确立起来，并得到法律上的保证。

有关桑耶寺碑可参见杜齐之《藏王墓》，94~95页；《吐蕃金石录》

159~160页；《古建筑游览指南》第一册，85页。王毅：《西藏文物见闻记》，《文物》，1961年4~5期，此文有对桑耶寺碑造型的详细描述和评价。安旭：《西藏桑鸢寺主殿壁画略考》,载于《文物》，1982年8月号，5页。

第十章 墀松德赞制定各种习规及法律

【译文提要】 第十章共有9节，即制定贵族习规及攻陷长安；桂•墀桑雅拉厘定法律；牧业措施及《没庐氏小法》；九大尚论；菩提萨埵遗言与“三户养僧制”；顿渐之争起因；莲花生与菩提萨埵的晚期活动；益希旺波之业绩；顿渐之争。在本章译文里，分别记载了墀松德赞制定各种习规及法律、建立新的经济措施、九大尚论的出现、“三户养僧制”的确立以及顿渐之争等。此外，还记载了吐蕃东侵攻陷长安事件。

从这段史料可以看出，墀松德赞在以桑耶寺落成为契机大力发展佛教之后，随即着手于法律的制定，其中突出的是刑事方面的法律，即所谓医疗赔偿费及命价赔偿的法律，这些法律明显地维护了贵族的利益。

在经济措施方面，首次规定吐蕃全体属民每户必需饲养大牲畜四头，并宣布富豪可以放债，等等。

贵族势力不断增长，著名的九大尚论的出现就是这方面的突出代表。其中有的以高官显赫著称，有的以占有大量奴隶为荣，也有的以攫取奇异珍宝炫耀于世。九大尚论的史料生动地揭示了奴隶主对社会财富的掠夺和占有情况。

在宗教方面，有两件事很突出，一是“三户养僧制”，其本身旨在把寺院负担转嫁给属民，从而增加了属民的负担。而寺院不仅有“三户养僧制”予以保障，同时得到法定的二百户寺院属民，这样无疑壮大了寺院的经济实力。另一件是佛教内部的见解之争，即所谓的“顿渐之争”，这场争论持续两年之久，本文记载了顿渐之争的起因。通过这些史料的记载，既可以看到摩诃衍与莲花戒佛教见解的矛盾所在，也可以看到汉藏佛教交流之深。当然，顿渐之争的社会背景和实质远未揭示出来。

吐蕃奴隶主政权的本质决定了它于763年入侵长安，这反映了奴隶主的扩张野心。这是违背汉藏两族人民愿望的，因此很快被郭子仪等将领将吐蕃军击退。

第一节　制定贵族习规及攻陷长安

在弘扬佛教之后，继而便遵循大贡论桂氏（dgung-blon-chen-po-mgos）的禀奏[1]，制定了如下习规：王系与属民应有所区别（rje-yi-gdung-rabs-vbangs-kyi-sa-bcad）；对诸贵族应当敬礼与尊重；（贵族）在行事时应谈吐高雅并留下好的业绩；对于先祖的善业及各种文献以及有关贵族之高尚论典等，应妥善地安排全体吐蕃属民（奉行）。[2]

其时，吐蕃统治东至大海（shar–phyogs–rgya–mtshovi–bar）[3]。并颁布所谓大诏令（vjwa–sa–chen–po）[4]。此诏令是，依吐蕃（意图）拥立汉区皇帝及改元等等（rgya–nag–rje–bskos–lo–yi–ming–la–sogs/bod–ltar–bya–bvi–vjwa–schen–po–bsgrags）。南方直达轸宿星升起的边地，亦即天竺恒河河畔（lho–phyogs–skar–ma–mi–bzhi–vchar–bvi–mthav–rgya–gar–chu–bo–gangkvavi–vgram–la–thug）[5]。遂统治世间三分之二地区。

桂氏之大臣墀桑叶甫拉（mgos–kyi–khri–bzang–yab–lhag）[6]，其智勇之事迹是：他确定了赔偿医疗费及赔偿命价的标准（gsos–thang–stong–thang–bcad）[7]；减少后世大臣的差事（phyi–rabs–blon–po–gyar–khral–chung–bar–byas）。又，大臣聂氏之子（blon–po–gnyer–gyi–bu）达赞东斯（stag–btsan–gdong–gzigs）[8]，其智勇之事迹是：他可使夏季作物能在冬季干燥（dbyar–rtsi–dgun–du–bskags）[9]。此二人系七聪慧者中之最后二人（mdsangs–mi–bdun–las–tha–ma–gnyis–grags）[10]。再者，当时还出现了所谓"九大尚论"（zhang–po–che–dgu）[11]王者诏谕如日之普照，众吐蕃属民奉行安乐之风尚。

复次，《拔协》亦载，大臣桂氏（blon–po–mgos）言道："以弘扬佛教为佳。"继而（王者）问道："现今众生之世间俗事及道德规范等事又如何进行呢？"于是桂氏随即答道："应将王系与属民加以区分；敬奉三宝；尊敬长者及贵胄；在言谈和举止方面应有良好之办事方法及成就；应广泛推行先祖之善业及作为褒扬用的告身等等贵族规制（ya–rabs–kyi–lugs）。"[12]

又，舅甥不和，尚杰擦拉囊（zhang–rgyal–tsha–lha–snang）等为军事将领（dmag–dpon）[13]，于阴水兔年（chu–mo–yos–kyi–lo）击败唐廷（rgya–cham–la–phab），唐代宗逃往陕州（thavi–dzung–rgyal–po–shen–chur–bros），随即统治汉地，并立金城公主之至亲唐广王（即唐广武王）为唐朝之皇帝（thang–gvu–dbang–zhes–pa–gyim–shang–kong–jovi–mched–

zla-zhig-rgyvi-rgylo-por-bskos)，且改变唐朝年号并颁布诏令（rgya-nag-gi-lovi-ming-spos-cing-vjwa-sa-bsgrags）[14]。故（吐蕃势力），东达昴宿星升起之地京师万祥门[15]；南抵轸宿星升起的边地恒河河畔（chu-bo-gang-gavi-vgram）建立石碑之地，遂统治世间地区的三分之二。

第二节　桂·墀桑雅拉厘定法律

其时，大臣老桂氏（blon-chen-mgos-rgan）之子桂·墀桑雅拉（mgos-khri-bzang-yab-lhag）针对昔日未制定赔偿医疗费标准（gsos-thang-stong-thang）及赔偿命价标准，从而制定了这方面的法律规定，即所谓“九双木简”（byang-bu-cha-dgur-bcos）。（其内容是：）在裁决诸种命价时，将双方诉讼的起始（情况）写成文书，并写出真实确切的命价等，其间最高级的木简称作“强赛”（byang-zas），与此相对应的木简谓之“蛇头”（sbrul-mgo）。再一种名曰“黑蜥蝎”（smig-nag）。以上三者即系赔偿医疗费及赔偿命价之木简（gsos-dang-stong-gyi-byang-bu）[16]。又，在裁决亲属分离之时，（要写明）如何成为亲眷及如何成为怨敌的初始原委等，其间之最早（木简）称为“天强”（then-byang）[17]，而在裁决突患神经病者及发誓者时，其间所（写成）的木简称作“丘依”（mchu-smyung）[18]。上述总为“真智五木简”（blo-yus-kyi-byang-bu-lnga）。对于（按）真智（五木简）施行于诉讼双方，其判处公正者谓之“高出”（zang-yag）[19]；对于不公正的判处则称为“花腰”（rkod-khra）；对于明确宣布真伪者则谓之“善察木简”（byang-bu-kha-dmar）。以上三者总称为“三审判木简”（zhal-cevi-byang-bu-gsum）。再者，凡一切罪恶(案件)，业经盖以善良之印，即被消除，此种处治办法谓之“印除”(rgya-byang)。总之，上述即为“流动木简”（rgyug-pavi-byang-bu)[20]。

又，因大贡论（dgung-blon-chen-po）无与伦比，如果杀之，则当赔偿命价一万一千。次贡论（dgung-blon-vbring-po）与大内相(nang-blon-chen-po）两者相同，故各自命价为一万；小贡论（dgung-blon-chung-ngu)、次内相（nang-blon-vbring-po）及决断大事（bkar-yo-gla-vchos-pa-chen-po）三者相同，故命价均为九千；低级内相（nang-blon-tha-chung）与次决断大事（bkar-yo-gla-vbring）相同，其命价均为八千；小噶论（bkar-blon-chung-ngu）命价为七千。如是，属民至最低级属民之间，亦逐一确定（命价)[21]，并定为法律文书，故此举对后世诸大臣颇有恩德，因之，随即称桂·墀桑雅拉为吐蕃聪慧七少年中之第六者。

第三节　牧业措施及《没庐氏小法》

聂·达赞冬斯（gnyer-stag-btsan-gdong-gzigs）又令或属民饲养马一匹、犏牛一头、母黄牛一头、公黄牛一头等等[22]，并将夏季青草在冬季使其干燥等等。因此，便称其为第七位聪慧者。

再者，王妃没庐氏绛秋（btsun-mo-vbro-bzav-byang-chub)[23]之所谓小法律（khrims-bu-chung）是：教导男人行男性礼节，教导女人行女性礼节，并令富豪放债（phyug-pos-bun-gdong)[24]，于田地中竖立卜石(zhing-la-mo-rdo-vdsugs-pa)[25]，又规定秋春之间的（季节时间）相等(ston-dpyid-kyi-bar-kha-mnyam-pa)[26]。

第四节　九大尚论

所谓九大尚论（zhang–blon–che–dgu）是：贝·囊热拉赞（sbas–snang–bzher–lha–btsan）[27]，其英武的标志是：穿虎皮袍、饰以碧玉之文字告身或大雍仲之文字告身（yig–tshangs–gyu–yig–dang–gyung–drung–chen–po），以及珍宝、黄色宝石文字告身（dkon–nor–ke–ke–ru）等等，故其为大（尚论）。没庐氏墀松热霞（vbro–khri–zungs–ra–shags）[28]穿白狮皮袍，故为大（尚论）；大论尚琳杰斯秀亭（mchims–rgyal–gzigs–shud–ting）[29]因其有千万（匹）绸缎及九万奴隶，故为大（尚论）；昌·尤瓦贾热来斯（sbrang–gyu–ba–rgya–ra–legs–gzigs）饰以金字告身[30]，故为大（尚论）；那囊·墀松尼雅桑（khri–bzungs–nya–bzang），因是佛法之经师（chos–kyi–bla–mkhyen），故为大（尚论）；久若·达赞斯坚（cog–ro–stag–can–gzig–can），因其卫戍地哨所，故为大（尚论）；久若·空赞（cog–ro–khong–bt–san），因彼占有九百九十（户）属民，故为大（尚论）；娘·霞卧切（myang–zhwa–vo–che），因他有（镶着）一箭长的绿松宝石之冠，故为大（尚论）；努·贝波切（snubs–dpal–po–che），因其有九个高大的银斗，故为大(尚论)，上述诸尚论均各有勇武之标志，其告身分别是金、玉之文字告身，或各（饰以）珍宝。彼等行事均各有成就。因此，赞普遂予以褒扬，故乃有所谓“九大尚论连同赞普合而为十”之说[31]。

第五节　菩提萨埵遗言与“三户养僧制”

此后，所谓持明者莲花生（rig-vdsin-padma-vbyung-gnas）前往西南镇压夜叉。其时发大乘心者菩提萨埵堪布(mkhan-po-byang-chub-sems-dpav-zhi-ba-vcho）说道：“阿阇黎莲花生曾令护持吐蕃之十二丹玛立誓，如是，虽然吐蕃将不生邪门外道，但数年之后，在中观见解（dbu-mavi-lta-ba）方面，将产生不同之争论，其时，当令迎请吾之弟子嘎玛拉希拉（ka-ma-la-shiva-la)[32]进行辩论，则将使佛法（之争）得以平息。[33]”菩提萨埵言罢随即圆寂[34]。是时为其建造灵骨佛塔一座，由吐蕃赞普加以供奉。

继之，委任益希旺波为佛教之宗师（chos-kyi-ring-lugs)[35]；又决定赐予每名僧人以三户属民（rab-byung-re-la-vbangs-khyim-gsum-gsum)[36]，并赐三宝道场大量之寺院属民（dkon-cog-gsum-gyi-lha-vbangs-rgya-cher-bcad)[37]。

第六节　顿渐之争起因

益希旺波于卡丘查（mkhar-chuvi-brag）参禅修行[38]。后当贝央（dpal-dbyangs）担任佛教宗师（chos-kyi-ring-lugs）之时，和尚玛哈雅纳(hwa-shang-ma-hwa-ya-na)[39]之门徒广为发展，玛哈雅纳所言其道是：“善者转为善趣，恶者转为恶趣。迨破除身语一切善恶意念之后，则顿时可入无念（境界）（cig-char-dran-med-vjug-pa）。”[40]其时，踵菩提萨埵之后者寥寥无几[41]，而其他众人则均修和尚之道（hwa-shang-lugs）。由是随即演变顿门、渐门两者之争（ston-min-brtse-min-gnyis-ces-rtsod-par-gyur）[42]。其时，迎请了益希旺波[43]，因此益希旺波（向赞普）提醒轨范师菩提萨埵的如下遗训："如果我的修道不中断，则赞普可得长寿，而佛教亦可永存于吐蕃。"于是乃迎请像莲花生一样的学者（当指嘎玛拉希拉，即莲花戒——译者注）。当赞普命令安排僧侣进行辩论时，遂以合于佛经之教理击败和尚，故使佛教中的此次争论得以平息[44]。此后乃执持龙树之见解（lha-ba-klu-sgrub-lugs）[45]，而所行则是十善及六度（dge-bcu-phar-phyin-drug）[46]，禅定与无上息灾法两者并行，班智达不讲译师未译之经典。此外，赞普发布法令："未经（赞普）做施主之佛法不得修习[47]。"

第七节　莲花生与菩提萨埵的晚期活动

再者，乌仗那大阿阇黎莲花生为王与属民等二十一人，做了八大法行之曼荼罗灌顶（sgrub-pa-bkav-brgyad-kyi-dkyil-vkhor-du-dbang-bskur），讲授了教诫见解鬘大圆满（man-ngag-lta-bavi-phreng-ba-rdsogs-pa-chen-po）。王与属民二十一人均逐一获得成就，并各自显示了所获成就之神变特征。此外，努·桑结益西（snubs-sangs-rgyas-ye-shes）、菊纳岱谢（rgyus-nag-bde-gshegs）及桂·多吉旺久（mgos-rdo-rje-dbang-phyug）等等亦取得众多之瑜伽自在成就（rnal-vbyor-gyi-dbang-phyug-mang-du-smin-par-mdsad）。继之，（莲花生）又为全吐蕃加持祝福，并埋藏了许多矿藏(gter-kha)，同时为后世能够出现具有业根之人而祝福。随后（莲花生）便前往西南方之遮末罗洲（rnga-yab-gling）[48]镇压夜叉，继而莲花生乃入无涅槃境界(mya-ngan-las-vdav-ba-med-par-bzhugs)。后来，喇嘛金刚座者(bla-ma-rdo-rje-gdan-pa)[49]曾迎请诸成道者举行会供轮（tshogs-vkhor），（莲花生）即在此八十四位成道者之列。时人有赞曰：“比丘之身依手印，镇压西南罗刹鬼，应敬上师莲花生（padmva-kva-ra)[50]。”

第八节 益希旺波之业绩

关于莲花生出走及顿渐之争（ston-rtsen-rtsod-pa）的情况，《拔协》一书有载：此后，经长时期后，阿阇黎菩提萨埵[51]在九层宫堡之下被马踢中[52]，他在对益希旺波留下遗言后随即逝世。菩提萨埵之停尸房设在亥波山（has-po-ri）之后，并复建佛塔一座。为此，赞普任命益希旺波为佛法之宗师（chos-kyi-ring-lugs)。此后，赞普降旨云：益希旺波具有神通，彼系我王臣属民之善知识（dge-bavi-bshes-gnyen），故其（所说）则同于佛之所言（sangs-rgyas-kyi-zhas），遂赐其会议室（vdun-sa）一处[53]，并委任其为世尊（佛教）之宗师（bcom-ldan-vdas-kyi-ring-lugs)。继之，又颁布了佛法方面的命令，并赐予益希旺波以大金字告身（yig-tshangs-gser-gyi-yi-ge-chen-po)，故其地位则在大尚论之上（gral-yang-zhang-blon-chen-povi-gong-du-vdug)[54]。随后，复献佛法之会议室，而此会议室（之规格）高于小会议室，为此，则令佛法宗师益希旺波将大尚论之会议室建成小室。

后来，在王臣召开会议之时（rje-blon-tshogs-pavi-tshe），赞普颁发训令，委任了世尊佛教宗师（bcom-ldan-vdas-kyi-ring-lugs)[55]。此时，益希旺波启奏赞普道：“为使三宝之所依永存而不毁，如果制定这样的法律：即请王民如不向三宝及僧人供奉食品，致使助缘断绝，对此当绳之以法。”于是赞普想道：“将给予每名僧人以七户属民作为顺缘（ban-dhe-gcig-la-vbangs-khyim-bdun-du-rkyen-rigs-bcad）。”[56]益希旺波随即针对此想法奏禀道：“就道理而言，一些父系之人（mi-phag-tshan）亡失[57]；一些地方土地开裂而荒废；一些大赦却遇到灾年，（在这种情况下）仍然赐予（属民）。如果为每人户（mi-gcigs-gi-sgo）[58]赐以九百奴户（bran-khyim），那么此善良之佛教则将造益于（赞普）贵体及政权。长此以后，可使王民打开美好之路，并可封住三恶趣之门，等等。以所说的这些功德如能按（佛）之教诫作为一种永久的助缘，则可使罪过顿时消除。虽然如此，但以后如果人心不断生起大罪，或者人畜出现猖獗之疫病，或是西部边界的某种敌人出现于卫（dbus）地，亦或连续地出现大的荒灾饥馑，那么许多不良之事就将会出现，诸如将出现心意动摇者，将无三宝之所依，亦或使僧俗贵族之子弟以及王民变为大而真实的罪恶之徒，等等。因此，应决定给每处三宝（道场）以二百户属民，给每个补特伽罗僧人以三户属民[59]（dkon-cog-gsum-la-vbangs-khyim-nyis-brgya-gang-zag-ban-dhe-re-la-vbngs-khyim-gsum）[60]。如果在授予僧侣以权力之后，而又使上级机构不再统治寺院所属之属民及土地，那么（佛教之三宝道场）则会永固而美好。”益希旺波陈述上述理由之后，赞普随即按照益希旺波所禀奏予以赐授。因此之故，据说即称娘丁增（ban-dhe-myang-gi-ting-vdsian）等等所有不听从益希旺波的人为“九不归依者（mi-mchi-dgu）”“九不言归依者”（mchi-mi-zer-dgu）[61]。

再者，所谓作为顺缘的属民（rkyen-ris-kyi-vbangs）[62]系指桂（rkod）[63]、地方官长（rang-rje）[64]、执掌宫廷内府文书者（khab-sovi-nang-yig-can）、（显贵）之亲眷心腹（thugs-gnyen）以及持掌好根基者[65]。此外，所谓王田（rjevi-zhing）即决定向亲信士夫赐予重赏，并命令芝墀强古甸（vbri-khri-vjam-gur-sten）[66]（对于所赐之重赏）像幼童一样加以保管掌握。

此后，娘氏家族等人召集了歹徒[67]，并让歹徒向益希旺波请求参禅[68]，于是（益希旺波）逃走，当其来到隐居处洛扎卡丘赞的岩洞之后（dben-sa-lho-brag-mkhar-chu-btsan-gyi-brag-phag），随即委任拔贝央（rba-dpal-dbyangs）为宗师（ring-lugs）。益希旺波在洛扎（lho-brag）修行，并在越过达拉卡夏地区（stag-la-ga-sha）的下方建造藤桥一座（sba-zam）。然后来到一个险峻的岩洞，其时各种山鸟像落在石头和树木上一样落在益希旺波身上。

第九节　顿渐之争

在教法两方面是否正确，尚未取得一致。其时，汉地和尚玛哈雅纳（rgya-nag-gi-hwa-shang-ma-hva-ya-na）来到查玛（brag-dmar）[69]。玛哈雅纳说道："无需修习身语之法。不会因身语之善业而使人成佛。修得无念无贪即可成佛（dran-pa-med-cing-yid-la-byar-med-pa-bsgoms-pas-vtshang-rgya-zer）。"[70]此后，由于玛哈雅纳教授参禅修定，故吐蕃之大多数僧人均学习汉地和尚之教法，致使中断了对桑耶寺的供养，其门徒及身语之善事也为之中断[71]。只有拔热甸（rba-ratna）及贝若咱纳（bee-ro-tsa-na）等等少数人学习菩提萨埵之教法（bo-dhi-sa-twavi-chos）。由于见解不同而发生争论（rtsot-ste-vkhrugs-pa），因此赞普说道："汉地所宣讲的这种佛法并非少数吧！"由是遂称（玛哈雅纳所传之汉地佛法）为"顿门巴"（ston-min-pa）。而另一方则宣讲："因仙人讲述'忍耐'，于是遂有引火烧身以为献供之举，由于此'怜悯众生之念，故称此为集善业之首要'（tshogs-bsag-pa-gal-che）。"对此，赞普说道："此种以引火烧身为‘怜悯’者，当非佛法吧！”于是遂称（宣讲此道者）为“渐门巴”（brtse-min-pa）[72]。继而赞普说道：“总之，作为见行圆满具备的一种佛法，那就是‘渐门巴’的见解。”[73]赞普言罢，信奉“顿门巴”者因之沮丧，玛哈雅纳之弟子娘·夏弥（nyang-sha-mi）切割自身之肉，尼雅切玛拉（snyags-bye-ma-la）及埃仁波切（rngegs-rin-po-che）毁掉自身之生殖器，汉地和尚梅果（rgyvi-hwa-shang-me-mgo）纵火焚烧自身之头颅，随即死去[74]。而玛哈雅纳之其他门徒则手持利刃扬言“将杀尽‘渐门巴’，然后我等亦将死于王宫之前！”此事后来传闻于赞普。而顿、渐两派僧人间的相互纷争而招致所有僧人见解不一并引起动乱。[75]赞普对此不知如何是好，言道：“我如何做呢？”随后发出信函，并说：“将信送予益希旺波。”旋即派出一位使者，但未到达。于是复遣内相嫩康巴（nang-blon-gnon-khams-pa），赞普对其口谕道：“你如能使益希旺波到来，则对你以大铜文字告身[76]作为赏赐，如益希旺波未至则将你问斩。”言讫授其以箱箧一只[77]，并令其出发。

嫩康巴抵达卡丘（mkhar-chu），随即将御旨箱箧（bkvi-sgrom-bu）送往岩洞，并晋谒（益希旺波）。益希旺波问：“有何贵干？”言罢即与（嫩康巴）会见。继而嫩康巴陈述道：“我亲自前来时，（赞普曾面谕，）你要牢记于心，（益希旺波）如果到来，就将赐我以奖赏，如果（益希旺波）不来，则将把我杀死。现在我就跳此危岩而死吧！”对此，益希旺波说道：“此事将中断我的善行，并将导致一场大的‘障碍’（bdud-chen-po-cig-vong）。虽然如此，但是为了拯救你的生命我将前往。牵马来吧！”益希旺波言罢，嫩康巴大喜。随后回到王宫，赞普立即赐予嫩康巴大铜文字告身及大量奖赏。继之派去十六匹良马，于是益希旺波来到王宫，并至御前。赞普对（益希旺波）言道：“诸僧侣发生了纷争。”赞普在详细讲了（纷争）之后又说：“现在如何处治呢？”益希旺波回禀道：“对于此事，无须我去制止。我如果不来这里并且不中断修定，那将会使赞普和我的寿命长久。如果使佛法及弥勒佛的到来遭到破坏，那么吐蕃的福缘也就不复存在了。再者，阿阇黎菩提萨埵临死时曾说：在佛教出现的地方，虽然将会发生外道的辩难对抗，但因那将是在吐蕃已有佛教五百年之后的事了，故不会出现外道之辩争。将会发生的是佛教本身见解不一的争论，如果出现了这样的情况，就可迎请住在泥婆罗的我的弟子嘎玛拉希拉（ka-ma-la-shvi-la），他通晓（辩论），当令其争之，而赞普则予以仲裁，此即所谓仲裁佛法之争（rtsod-pa-chos-phyogs-su-vdum-pa）。现在就请这样办吧！”益希旺波奏禀之后，赞普随即派遣使者迎请嘎玛拉希拉[78]。

其时，信奉顿门巴教法的三百名官员仆从，他们取得《般若十万颂》，在禅定洲（bsam-gtan-gling）闭门学习四个月的有关辩论[79]。并说：“无须修法，卧眠即可（chos-bya-mi-dgos-nyal-bas-chog）。”此外，（玛哈雅纳）还著有《佛禅定可卧轮》（ston-pa-bsam-gtan-nyal-chog-gi-vkhor-lo）[80]，并为了辩论又著有《修定者参禅答问》（spong-ba-bsam-tan-gyi-lon）及《再答》（yang-lon）两书、《论证见解之表象》（rigs-pas-sgrub-pa-lta-pvi-rgyab-sha）、《引经为证八十经藏缘起》（lung-gis-sgrub-pa-mto-sde-brgyad-bcu-khungs）等等著述。再者，对经藏进行思考，并以此作为（佛经）的注补，继之又加以汇集，这即所谓“非法”（chos-min），应予以扬弃。

在嘎玛拉希拉未抵达这里时，益希旺波对于和尚见解及菩提萨埵见解即渐门之理论两者是什么样情况，均全部做了奏禀。天子（墀松德赞）对此业已通达，极为喜悦，并（向益希旺波）顶礼，同时一再言道：“益希旺波是我的轨范师。”旋即向益希旺波叩首礼足。

此后，嘎玛拉希拉抵达隆促隅（rlong-tshugs-kyi-gru），而使者也来到了。王臣均前往丘卡（chab-kha）地方迎接。和尚及其门徒人等亦均来至丘卡。嘎玛拉希拉在向和尚问了声明与因明之后，又做了（试问）三界[81]

轮回何为其因的手势：即以手杖绕头三次。和尚在河之此岸会意，乃以“二取”[82] 之手势答之：即将披风之后襟抖动两次。据说和尚同时说道：“可畏啊！”

此后，嘎玛拉希拉来到（王宫）。其时，在菩提洲（byang-chub-gling)[83]制造了狮子座，赞普坐于中央，和尚坐在右面的狮子座上，其后排列着顿门派的诸弟子：久穆绛秋（jo-mo-byang-chub)、苏扬达（sru-yang-dag）及班德朗嘎（bandhe-langka）等等多人，其行列甚长。嘎玛拉希拉坐于左面的狮子座上，其后是渐门派弟子拔贝央（rba-dpal-dbyangs)、贝若咱纳（bee-ro-tsa-na）及益希旺波等不多的少数人[84]。继之，赞普向两位轨范师及所有顿、渐派僧人手中各献白花一束，随即言道：“为了我的贪恋黑暗的吐蕃属民，而从天竺请来菩提萨埵，吐蕃少数人皈依佛法，一些信仰者则出家为僧，并建造了少数寺院，也建立了佛经、佛像及佛塔，并使人向所有属民教授佛法。而其中的少数信仰者出家为僧。在这种情况下，和尚玛哈雅纳来到此处，随后大部分吐蕃僧人向和尚学习。另一方面，菩提萨埵之弟子则不容许学习和尚之见解。因此分裂成顿、渐两派。此二派不和，发生动乱，我对此予以裁决，结果，和尚之诸门徒不悦，娘·夏弥切割自身之肉而死；和尚梅果火烧己头而死亡；埃仁波切及尼雅切玛拉自捶己身生殖器而逝，其他（顿门派）之诸人各持利刃，扬言：‘杀尽全部渐门派之人，然后我等亦死于王宫之前。’我不准这样行事，结果发生了麻烦。渐门派轨范师是菩提萨埵，其弟子则是嘎玛拉希拉[85]。你今来此，可与和尚进行争辩，谁理由充足而正确，则即由劣者向正确者申明：‘我败了’，然后按照佛教规则（向胜者）献上花鬘。”

注释：

[1] 此处之大贡论桂氏，即当时掌握实权的“mgos-rgan”，前述协助

墀松德赞剪除玛祥者即此人。桂氏家族有多人参政，《大臣遗教》载有三人，即墀桑叶甫拉(khri-bzang-yab-lhag)、杨恭拉玛（yang-gong-bla-ma）及拉卓(lha-gro)。（见该书，8页上）

[2] 桂氏曾制定不少习规和法律，对于吐蕃法律的不断完善颇有贡献。下述的“九双木简”“真智五木简”“三审判木简”及“流动木简”等等法律亦出于此人之手。

[3] 所谓“东至大海”实属夸张。据下句内容看，系指攻占长安而言，这是吐蕃武装东侵最远处，而吐蕃军在长安仅居十五日即退，何言“东至大海”？此后吐蕃长期占据清水以西河陇一带，而东南则以大渡河为界。或许此处之“东至大海”即至大渡河。

[4] 此处所谓大诏令，是指吐蕃占领长安后，宣布立承宏为帝及改元之事。译见下文。

[5] 南至天竺恒河事，请参见本书第七章。此事又见《拔协》，北京民族出版社1980年排印版，51~52页。再者，《西藏政治史册》（即根敦群培著《白史》）有载，见1962年中国社会科学院民族研究所打印本，法尊译，14~16页。《白史》译本，又见付师仲译注本，1964年中央民族学院藏语教研组油印本，16~18页。又见西北民族学院研究所1981年排印本，20~22页。关于南至恒河事，在公元823年立的长庆甥舅和盟碑（《布顿佛教史》称为“逻娑碑”，lha-savi-rdo-rings）中亦有载，碑文记载，其时吐蕃南界到达“南方之门、天竺（lho-phyogs-kyi-mon-rgya-gar)”。(见该碑东侧碑文)

[6] 桂·墀桑叶甫拉，《敦煌吐蕃古藏文历史文书》写作“mgos-kri-bzang-yab-lag”（见巴考本，102页)。《大臣遗教》（55页下）又称其为将军墀桑叶甫拉（dmag-dpon-khri-bzang-yab-lhag)。此人继韦·囊热苏赞（dbavs-snang-bzher-zu-brtsan）之后任吐蕃大相（见《敦煌吐蕃古藏文历史文书》，巴考本，102页)。又，此人系“mgos-rgan”之子，详见下

文。

[7] 赔偿医疗费是指刑事案件中案犯对受伤者所赔偿的医疗费。赔偿命价是案犯对死者以金钱抵偿死者生命的赔偿费（stong–thang）。上述两者都是特定的法律，对后世的法律有很大影响。其详细规定参见下文。

[8] 《大臣遗教》又称此人为“blon–po–stag–sna–ltong–gzigs”（见该书50页下）。该书称他是“使边地敌人不能得逞之大臣”（该书，39页上~39页下）。同书又记载此人在拉堆或绛堆（la–ltod–byang–stod）地区颇有威望，并统治拉堆地区。（见该书56页下）

[9] 这是指冬季储存并保管农作物的一种措施。

[10] 从布代贡杰时的大臣如莱杰（ru–las–skyes）为“七智勇谋臣”(即七聪慧者）之首算起，至此二人止，共为七人。前五人事迹详阅前述译文。

[11] 九大尚论是指墀松德赞时期的最有权势和最富有的九个尚论(舅臣)。详参下文。

[12] 此段即本章译文开始时所记载的“贵族习规”事。这里是原作者重引《拔协》原文加以重述。两者对照，可知两者并不完全一致，如：此段译文的“敬奉三宝”及“告身”等内容在前述“贵族习规”中所无。

[13] 尚杰擦拉囊，此人曾任吐蕃大相。他曾积极主张唐蕃和好，并导致了清水会盟，但晚期又走上了反唐邪路。其详情参阅《贤者喜宴》第九章的有关注释。

《贤者喜宴》在这里记载尚杰擦拉囊任统帅攻长安事，而他书所载非尚杰擦拉囊攻长安，攻长安者应是尚杰斯秀亭（zhang–rgyal–gzigs–shu–theng)，尚杰斯秀亭简称尚杰斯或尚野息，即唐书《吐蕃传》所载之尚结息。对尚结息（即尚杰斯或尚野息）攻长安事，藏汉文字史书均有载。《汉藏史集》载：“尚杰结息（zhang–rje–rgyal–gzigs，即zhang–rgyal–gzigs另一称谓）与达扎路恭（stag–sgra–kvu–gong）征服外敌，攻下汉地万祥门(rgya–bkra–shris–khri–sgo)，其诸种事迹刻写于斯地之石碑（srivi–rdo–ring–la–bris，此似指逻娑之《恩兰·达扎路恭纪功碑》——译者注）。”（见该书影印本，上册，141页下）文中之“汉地万祥门”即指汉地长安城。《敦煌吐蕃古藏文历史文书》对此事记载较具体：“尚野息（即尚结息——译者注）与论达扎（即达扎路恭，亦即马重英——译者注）、尚东赞、尚赞哇等人引劲旅至京师（king–shri，即长安——译者注），京师陷，唐帝遁走，遂立汉地之新君（rgya–rje–gsar–du–bcug）。事妥，复还师。”（见巴考本，60页）《恩兰·达扎路恭纪功碑》亦载此事：“恩兰·路恭乃首倡兴兵入唐深取京师之议，赞普遂以尚琛结结色书同（zhang–mchims–rgyal–rgyal–zigs–shu–theng）与论达扎路恭二人为攻京师之统军元帅，直趋京师，于周至（civu–ci）之渡口岸畔与唐（兵）大战，吐蕃（军）掩袭，击唐（军）多人，唐帝广平王（rgya–rje–kwang–peng–wang）自京师出走，遁陕州，京师陷落。”（见《吐蕃金石录》，油印本，74页、86页）又，文中之周至，系陕西县名，其时唐朝吕月将在该地与吐蕃军力战，“兵尽，为虏所擒”（见《通鉴》，卷二二三，代宗广德元年十月条）。

[14]《新唐书·吐蕃传》载，尚结息与恩兰·达扎路恭之能攻入长安，有降吐蕃的唐刺史高晖为向导，遂使吐蕃得手。该书载其事：“高晖导虏入长安，立广武王承宏为帝，改元，擅作赦令，署官吏。”其时唐代宗（即广平王李俶，也即《恩兰·达扎路恭纪功碑》所载之唐帝广平王“rgya–rje–kwang–peng–wang”，此处唐广王应为唐广武王承宏，非广平王！）逃往陕州。

[15]此处所谓“东达昴宿星升起之地京师万祥门”，可与前述之“东至大海”一说对比，亦可知所谓“东至大海”实谬。

[16]关于赔偿医疗费及命价规定，此处仅谈到了有关法律的名称，只有三项。其具体规定见下文。

[17] “then-byang”，音译“天强”，意为“依附木简”或“牵制木简”，及“贪恋木简”，等等。

[18] “mchu-smyung”，音译“丘侬”，意为“圆口木简”或“尖嘴木简”等等。

[19] “zang-yag”，（日）芳村修基著《西藏语字典》译为“高出”。又译作阿灵余伽丹（atyudgata，梵文），此为一梵文的大数字名称。

[20] 此段原文所载不明，“九双木简”及“真智五木简”等等，看来都只是略述，具体内容多被省去。

[21] 关于赔偿医疗费及命价，在松赞干布时已有类似法律，谓之“不准杀生之法”，并提出赔偿命价（gshin-stong）及赔偿医疗费（gson-stong）的规定，但不具体，表明当时法律尚不完善。（见本书第三章）《汉藏史集》所记当时赔偿命价虽有：“死人者偿命价二万一千（倍或两?）”但显然太笼统。这无法按“杀人者以大小抵偿命价”（bsad-pa-la-che-chung-gi-stong-byed-pa）。参见《西藏王统记》，墀松德赞时由桂·墀桑雅拉所定的赔偿命价的法律细则业已相当具体。观其内容，主要维护贵族切身利益，而贵族内部亦等级分明。又，文中所列命价数字，其后原文均无具体单位名称，估计可能是倍数或某种单位名称。

[22] 这是当时发展畜牧业的一种措施，看来当时除广大牧区或农区牧业户专门从事畜牧业外，又规定全体属民也必须照例饲养四种牲畜。这种措施目的似不只是仅仅为了发展牧业，对农业也有利。饲养马匹的目的既有利于属民平时骑乘，战时征用亦可。这是很有意义的吐蕃经济措施，对于后世吐蕃及藏区属民多以自养上述家畜为俗似亦有影响。

[23] 王妃没庐氏绛秋，此人系墀松德赞五妃之一，原名没庐氏妃墀洁莫赞（vbro-bzav-khri-rgyal-mo-btsan），后随汉僧摩诃衍出家，改名为绛求洁赞（byang-chub-rjer-mtshan）。详见本书第七章。《汉藏史集》称其名为没庐氏绛求纯（vbre-bzav-byang-chub-sgron）。详见该书上册，

130页下。桑耶寺铜钟铭文称其为主母洁莫赞（jo-mo-rgyal-mo-brtsan）。详见安旭：《西藏桑鸢寺主殿壁画略考》，载《文物》，1982年8月，第6页图一二：5，铜钟铭文，第一行（该文所附钟铭图版原件实缺一组——译者注）；又见杜齐：《藏王墓》，108页；《吐蕃金石录》，165页。昌珠寺铜钟铭文又称其为主母绛求（jo-mo-byang-chub）。详见《吐蕃金石录》，169页。《顿悟大乘正理决叙》，称其为“皇后没庐氏”。详见戴微密：《逻娑僧净记》，书末所附影印原件F127a。

[24] 允许富豪放债作为一种法律发布，这是最早的记载，表明高利贷的剥削形式不仅出现而且得到法律的承认。这本身反映在当时财富已经日益集中于贵族手中，而放债又将使贵族进一步攫取社会财富。这使人想到当时“九大尚论”的出现绝非偶然。相对之下，低层属民生活无疑更加艰难，奴隶阶级就更自不待言了。这种情况可以从敦煌出土的一张借据看到富人放债的残酷，该借据载：“桂萨部的萨格莱借得麦类，借据规定了偿还日期，如果到时不能交付，或者欺骗，总数将增两倍，并把房中庄稼收获物作为赠品交出，屋外的牛和屋内的物品、用具、衣服，无论什么均要交出方可，这些均将照规定夺取，届时不得反抗。”（见陶玛斯：《新疆发现吐蕃古藏文文书》，Ⅱ册，P58、沙州。11A，verso of ch残页82）再者，墀松德赞时的这种放债经济剥削形式的出现，当即后世农奴制债务剥削之滥觞，这是吐蕃经济史上的重要措施。

[25] 卜石（mo-rdo）。田中立石，最初在松赞干布时习惯以白色圆石（gor-ma-dkar-po）做墓道基石，盟誓时由赞普亲持此石并令臣下奉献（见王尧译：《敦煌吐蕃文书》，138页，240页）。田中立石似此举之延伸形式，以求农事吉利，今藏人仍有此种习俗。又，此种石又曰阴阳石，藏俗说以阴性石砌墙最坚。

[26] “规定春秋之间相等”，其意似是将春秋季节在时间上均分等同。据藏史所载，我们知道，在敦煌出土的古藏文历史文书中有一部分

是纪事编年，从文成公主进藏记到墀松德赞攻长安的第二年（即764年）。其中纪年方法是采用十二生肖（未分阴阳，也无干支）纪年。没有纪四季，更没有区分孟（ra–ba）、仲（vbring–po）、季（tha–chung），也未纪月份。据此可知当时吐蕃历法尚不完备。没庐氏绛秋将春秋季节平分，其意似指将每个季节均分为孟、仲、季三个月，以使每季月份相等。这种办法可能即始自没庐氏绛秋，其表现已在墀松德赞时的第一诏书中见到，如“羊年春正月十七日建造了寺院”（见本书第九章），“羊年春正月”亦可译作“羊年孟春月”（lug–gi–lo–la–dpyid–zla–ra–ba）。如果上述解释不错，那么没庐氏绛秋将春秋季节在时间上均分的规定就具有重要意义，可以说是藏历的一次重大进步，尤其以法律形式颁布，就更意味着此措施的有效性。此种历法的出现对后来历法的发展有重要影响。到公元823年的唐蕃会盟时，碑文（藏文部分）已采用较完备的藏历纪年了，如用五行及十二生肖相配，复分阴阳，季分孟、仲、季等，例如：“阴铁牛年孟冬月”“阳水虎年仲夏月”及“阴水兔年孟春月”。（见唐蕃会盟碑东侧藏文碑文）

[27]《大臣遗教》称此人为尚热拉赞（zhang–bzher–bla–bcan）。贝氏出任大臣者共五人“khri–gzigs–zhang–gnyan//khri–gsum–rje–stag–rje–stag–sna//zhang–bzher–bla–btsan//vpags–te–re–bzhi–tshab//rgyal–rto–re–stag–snang”（见该书7页下）。同书又称其为“sbas–pa–gnam–bzher–zla–btsan”（该书55页下）或“sbas–gnam–bzher–btsan”（该书39页下）。

[28] 在《大臣遗教》中未见有关此人记载，但在墀德松赞的诏书中记有此人名称：大臣尚论没庐氏墀苏热木霞（blon–chen–po–zhang–vbro–khri–gzu–ram–shags）。详见《贤者喜宴》，ja函，130页上。其地位仅位于两位钵阐布阐卡云甸及娘丁增之后，此人即墀松热霞（唯写法不规范）。

[29] 关于此人事迹参见本书第九章有关注释。

[30] 在第一诏书中有“blon–rgyal–sgra–legs–gzigs”一名，不知是否

即此人？

[31] 九大尚论各有特点，均位居尚论，并均拥有雄厚的财富，尤以琳杰斯秀亭最突出，他占有奴隶九万。如果以人数计算，远远超过囊日松赞时期贵族占有的奴隶数量，囊日松赞时贵族私人最多占有奴隶数一千五百户，以每户四人计算，合六千人。如果以户为单位计算，囊日松赞曾以整片地区赐予贵族奴隶主，苏孜最多得两万户（见《敦煌吐蕃古藏文历史文书》，巴考本，106页）。这样对比之下，琳杰斯秀亭所占九万奴隶（原文没标单位——译者注）实在是一惊人数字。据此可知，吐蕃奴隶制发展到墀松德赞时期似乎已近高峰阶段。

[32] 嘎玛拉希拉（ka-ma-la-shiva-la），是菩提萨埵的弟子。“噶玛拉希拉”是梵文名称，“ka-ma-la”即“莲花”（padma）之意，“shvi-la”意为“戒”（tshul-khrims）。故又称嘎玛拉希拉为莲花戒。

[33] 指摩诃衍与莲花戒之间的“顿渐之争”。详见下文。

[34] 菩提萨埵死于桑耶附近的亥波日山，系被马踢伤致死。详见下文。

[35] 益希旺波即拔赛囊，系“预试七人”之一。《译师遗教》又称“sba-ye-shes-dbang-po”（63页下），参见本书第八章。又，“chos-kyi-ring-lugs”，意为“佛教之宗师”。下文说拔贝央也担任过此头衔，但《布顿佛教史》说贝央担任的是“slob-dpon”，意为阿阇黎、轨范师或师长（见该书木刻版，122页上）。看来“chos-kyi-ring-lugs”与“slob-dpon”两词在古代似乎意思相近。又，《拔协》说，益希旺波即拔热甸“sba-radna”（该书排印本，64页）。

[36] 这种三户养僧制是吐蕃佛教极为重要的措施，具有深远的影响，最初墀松德赞提出七户养僧，经益希旺波建议后改为三户养僧。详情见下文。

[37] 寺院属民（dkon-cog-gsum-gyi-lha-vbangs），简称“lha-

vbangs”，即为寺院所属有的百姓。从墀松德赞这种措施看，寺院最初占有的属民是由赞普赐予的。此措施与三户养僧制都是助长佛教势力的措施，这样把原由上级供应寺院费用的负担，从此转嫁到属民身上。《新疆发现吐蕃古藏文文书》中有不少涉及寺院属民的史料，详见下文。

[38] 卡丘查地处洛扎（lho-brag）。益希旺波是被娘丁增逼迫逃到此处修行的。详见下文。

[39] 和尚玛哈雅纳。玛哈雅纳事参见本书第五章和第六章的有关注释。又，“玛哈雅纳”系梵语，“玛哈”（mahā）即藏语“大”（chen-po），“雅纳”（yānαm）即藏语之“乘”（theg-pa），故“玛哈雅纳”意译为“大乘”。因此，和尚玛哈雅纳又译作大乘和尚。又，“玛哈雅纳”在《敦煌古藏文文书》中则称“mkhan-po-ma-ha-yan”，即“堪布摩诃衍之对音”（见《敦煌吐蕃文书选集》，法国影印本，第一册，110页，伯字116号卷子）。《大臣遗教》20页又称他为“禅定堪布摩诃衍”（bsam-gtan-mkhan-po-ma-hwa-avan）。这与汉文史料所称的“禅师摩诃衍”正合（见戴微密：《逻娑僧诤记》，所附原件127a）。

摩诃衍原是在沙州的一位禅师，据他在《顿悟大乘正理决》中说：“摩诃衍依止和尚法号降魔小福张和尚、准仰大福六和尚，同教示大乘禅门。自从闻法以来，经五六十年，亦曾久居山林树下，出家已来所得信施财物亦不曾着积，随时尽皆转施，每日朝为施主及一切众生转大乘经一卷，随世间法焚香，皆发愿愿四方宁静、万姓安乐、早得成佛。亦曾于京中已上三处闻法信受弟子约五千余人，现令弟子沙弥未能修禅，已教诵得楞伽一部，维摩一部，每日长诵。”（见前河西观察判官朝散大夫殿中传御史王锡撰：《顿悟大乘正理决》，法国戴密微：《逻娑僧诤记》影印原件，F0156a~F0157a。《顿悟大乘正理决》由叙文、问答及摩诃衍生平等三部分组成。此外，关于此正理决，在《现代佛学》1950年第一卷第四期有载，题名《敦煌唐代写本〈顿悟大乘正理决〉》，该文录载时遗漏较多，其正文前有笔录者“瑜伽道在”的跋文。

上文大体显示了摩诃衍的简历。从其简历中知道摩诃衍与降魔小福张和尚及大福六和尚有关，有人考证此二人“或即神秀之裔。因《景德传灯录》卷四《神秀法嗣》中有京兆小福禅师及兖州降藏禅师也。”（见上引文《敦煌唐代写本〈顿悟大乘正理决〉》，瑜伽者道在跋文，载《现代佛学》，1950年第一卷第四期）日本山口瑞凤也持这种观点，并认为摩诃衍的基本立场是神秀的“观心论”。（见山口瑞凤：《摩诃衍的禅》，载于《敦煌讲座之八·敦煌佛典与禅》，402~403页）又，日本冲本克已考证“大福六和尚”即神秀。（见《敦煌讲座之八》，437页注47）

摩诃衍入吐蕃是应吐蕃赞普之请于公元781年起程的。《顿悟大乘正理决》说：“臣沙门摩诃衍言，当沙州降下之日，奉赞普恩命运追令开示禅门，及至逻娑众人共向禅法……”（见上述戴密微影印件，F0154a~F0154b）。文中“沙州降下之日”，即吐蕃陷沙州事，据《元和郡县志》说沙州“建中二年陷于西番，”建中二年即781年。国际上有人又说是在787年（戴密微：《逻娑僧诤记》，154页注3）。还有人考证应是786年（日本山口瑞凤：《摩诃衍的禅》，379页，见前旨书《敦煌讲座之八》；又见同书，冲本克已：《敦煌出土的藏文禅宗文献之内容》，409页）。786年或787年二说未见其论据，估计可能是根据斯坦因1483号敦煌卷子，该卷背面是《向吐蕃赞普进沙州莲花寺舍利骨陈情表》内载：“……自敦煌归化，向历八年、歃血寻盟，前后三度……”从建中二年（781年）吐蕃陷沙州算起，“向历八年”应是贞元五年，即789年。看来，786年或787年之说，似以敦煌彻底陷于吐蕃为据的。

迎汉僧进藏，非始自摩诃衍，墀松德赞在建中初就开始向唐请汉僧入藏：“初，吐蕃遣使求沙门之善讲者，至是，遣僧良琇、文素二人行，每人岁一更之。”（《唐会要》，卷九七，吐蕃条）。另据《大臣遗教》与《译师遗教》（lo-pan-bkav-thang）载，有不少汉族禅师被迎入吐蕃，其中就包括摩诃衍。藏文别称这些禅师为“禅师”（shan-shis，此为汉语中“禅师”音译之借词——译者注）、“顿门堪布”（ston-mun-mkhan-po）、“顿时堪布”（cig-car-mkhan-po）及“禅定堪布”（bsam-gtan-mkhan-po）等。汉族禅师入吐蕃传布佛教，是汉藏佛教文化交流的重要体现，这些藏文史料是极为珍贵的，现据《译师遗教》所载，将汉族人吐蕃禅师人名译之如下：顿门堪布久培（ston-mun-mkhan-po-mjug-sbus）、堪布阿丹海（mkhan-po-a-dhan-her）、堪布摩诃衍（mkhan-po-ma-hva-yan，此人即参加顿渐之争的“汉僧大禅师摩诃衍”——译者注）、堪布降魔藏（mkhan-po-bdud-vdul-snying-po，此人或是采用藏族名称的汉禅师，也可能是摩诃衍的藏族弟子——译者注）、顿门堪布坤混禅师（cig-car-mkhan-po-kun-hun-shen〈shis〉）、堪布慈禅师（mkhan-po-dsi-shin-sha〈sa〉）、堪布博普禅师（mkhan-po-sbab-shan-shis）、堪布迪照（mkhan-po-des-vdrevo）、堪布提悟禅师（mkhan-po-devu-shan-shis）、堪布桑堂禅师（mkhan-po-zangs-thang-shan-shis）、堪布和世禅师（mkhan-po-ha-zer-shan-shis）、堪布圣珠（mkhan-po-avarya-rakshi）、迦罗衍堪布（mkhan-po-ka-la-yan）、堪布普救（mkhan-po-bu-chus）、堪布克禅师（mkhan-po-kha-shan-shin）、堪布恰禅师（mkhan-po-ja-shan-shis）、堪布智禅师（mkhan-po-vdre-shan-shis）、堪布甘禅师（mkhan-po-kan-shan-shis）、堪布佐禅师（mkhan-po-dso-shan-shis）、堪布吉禅师（mkhan-po-ki-shan-shis）、堪布秀久禅师（mkhan-po-hyevu-gyevu-shan-shis）、堪布吉禅师（mkhan-po-gyi-shan-shis）、堪布齐禅师（mkhan-po-ci-shan-shis）、堪布普渡禅师（mksan-po-phog-tog-shan-shis）、堪布泽禅师（mkhan-po-dsa-shan-shis）、堪布颜禅师（mkhan-po-yan-shan-shis）、堪布韩禅师（mkhan-po-han-shan-shis）、堪布辛禅师（mkhan-po-shin-shan-shis）、堪布谢凯禅师（mkhan-po-hye-khas-shan-shis）、堪布郎禅师（mkhan-po-lang-shan-shis）、堪布麻禅师（mkhan-po-ma-shan-shis）

……”（见该书63页下~64页上）此外，《大臣遗教》还载有参加辩论的汉地诸禅师，详见后文注释。

上述禅师名，其中许多人很可能是吐蕃占领下的敦煌名僧。

摩诃衍的门徒广为发展。这里是指摩诃衍入吐蕃后所传弟子之广。前言摩诃衍入蕃于781年（或786年），从此时至渐门派于792年请求赞普制止摩诃衍传法："首自申年（792年），我大师忽奉明诏曰，婆罗门僧等奏言，汉僧所教授顿悟禅宗，并非金口所说，请即停废。"（见《顿悟大乘正理决》，影印件，F0127b）其间摩诃衍已在吐蕃传法近六至十年，据载，他活动的地点是"逻娑""章蹉"及"勃囊漫"。"蒙圣主法诰讫，却发遣赴逻裟教令说禅，复于章磋及特使（原文作"便"，误）逻娑数月盘诘（原文作"诰"，误），又于勃囊漫寻究其源，非是一度。"（《顿悟大乘正理决》，影印件，F0154b）摩诃衍所传顿悟禅宗为吐蕃大多数人所接受，《布顿佛教史》载："汉地和尚玛哈雅纳之门徒广为发展"，"吐蕃大多数人喜其（所云），并学其道（bod-phal-cher-de-la-dgav-ste-devi-lugs-slob）。"（见该书122页上）特别是在摩诃衍的学说影响之下，甚至墀松德赞的姨母、王妃以及居诸臣首位的苏毗王子这些王族显贵亦随摩诃衍出家学法。《顿悟大乘正理决》载其事云："……于大唐国请汉僧大禅师摩诃衍等三人，同会净域，互说真宗。我大师秘授禅门，明标法印，皇后没庐氏一自虔诚，顿然开悟，剃除绀发，披挂缁衣。……善能方便，化诱生灵，常为赞普姨母悉囊南氏及诸大臣夫人三十余人说大乘法，皆一时出家矣。……又有僧统大德宝真，俗本姓鸠，禅律不昧于情田，经论备谈于口海，护持佛法，倍更精修。或支解色身，曾非娆动，并禅习然也。又有僧苏毗王嗣子须伽提，节操精修，戒珠明朗，身披百纳，心契三空，谓我大师曰，恨大师来晚不得早闻此法耳。"（见该书影印件，F0127a~F0127b）。

上述之"没庐氏"即指没庐氏妃墀洁莫赞（vbro-bzav-khri-rgyal-mo–btsan)。详见前注 [24]，文中之“悉囊南氏”即藏文所载之“sna–rnam”，墀松德赞之父墀德祖赞有一妃即属“悉囊南氏（那囊萨）”，名那囊妃西丁（sna–nam–bzav–zhi–steng），详见本书第五章。又，文中之“大德宝真，俗本姓鸠”，据戴密微考证，似是玛仁钦秋（rma–rin–chen–mchog），详见《逻娑僧诤记》，33~34页，注6。“仁钦秋”意即“宝真”。“鸠”是族姓，古读音“从鸟儿声”（《说文解字》，中华书局本，81页）。而“rma”（玛）古读，上加字“ra”之读近似“儿声”。对此，山口瑞凤又认为鸠宝真即“rngegs–rin–po–che”（见上引山口氏：《摩诃衍的禅》，384页）。按“rngegs”，音与作为“儿声”的“鸠”字相近；但“rin–po–che”则意为“大宝”，亦顺译“宝大”，此与“宝真”原意有异。

[40] 对此，《西藏民族政教史》亦有类似记载：“由和尚立宗曰：行诸善业往生善趣，行不善业堕诸恶趣，故被二业皆不能出生死，且障成佛，譬如黑云白云俱蔽晴空，若能都无所思，（不取）即能解脱生死，由不作意思，即无所得，故顿悟者与十地相等也。”（见该书线装本，上卷，卷一，20页下）上述摩诃衍所云，即说善恶都应破除，因为两者均碍成佛，只有“无念”“无作意”或即“不思不观”，至此则可顿悟成佛。有关摩诃衍辩论中的佛学思想详见后文。又，《布顿佛教史》亦有载，详见后注。

[41] 当时随菩提萨埵学法者为数日少。《布顿佛教史》说只有贝央（dpal–dbyangs）及拉热甸（sba–ratna）等少数人（见该书122页上），《拔协》（见北京1980年铅印本，64页）说还有贝若咱纳（bvee–ro–tsa–na）。另见本译文下文。

[42] 顿渐之争始于792年，即“首自申年”，当时面对摩诃衍的学说声势，天竺僧人无能为力，乞求赞普制止，故“婆罗门僧等奏言，汉僧所教顿悟禅宗，并非金口所说，请即废”。对此，摩诃衍提出辩论：“请与小乘论议，商榷是非。”继之，“于是奏曰：伏请圣上于婆罗门僧责其

向目，对相诘难，校勘经义，须有指归，少似差违，便请停废。帝曰，俞”（见《顿悟大乘正理决》，影印件，F0127b、F0128a）。于是争端爆发。

[43] 益希旺波此时正在洛扎（lho-brag）。

[44] 此处之所谓“平息”，有两种记载：藏文史书多记载摩诃衍失败，返回内地，例如《汉藏史集》说：“因与和尚辩论，（赞普）遂了解一切，故裁定和尚之见解令人怀疑，汉和尚失败，返回内地。”（该书影印本，上册，135页下）但《顿悟大乘正理决》则说汉地和尚取得胜利：“至戌年正十五日，大宣诏命曰：摩诃衍所开禅义，究畅经文，一无差错，从今已后，任道俗依法修习。”（见前引文彩印件，F0129a）。文中之“戌年”即公元794年。从“申年”（792年）到“戌年”（794年）共辩论了两年之久，可见争论之激烈。其详情见后文。

[45] 龙树，梵文名是“Nāgārjuna”，旧译为“龙树”，传说其师姓龙，他是在树下生的，故名。玄奘新译其名为“龙猛”。西藏史书多译为“龙树”，意为“龙成”。龙树是公元3世纪人，当时正是天竺甘蔗王朝时期。他是大乘学说的创始人，影响很大。其著述甚多，有“千部论主”之称。西藏佛教界很尊重龙树，视其为密教祖师，其著述在西藏大藏经里保存很多，计译本有118种之多。（以上参见吕澂：《天竺佛学源流略讲》，96页、101页）

[46] 六度。即六波罗蜜多或六到彼岸。即：布施度、持戒度、忍辱度、精进度、禅定度及智慧度。这是大乘派的修行方法，即把与之相关的种种行事分为六类（六度），并均可得到解脱。（见吕澂：《印度佛学源流略讲》，84页）

[47] zhi-lhag，又意为“无上寂静法”。《雅隆觉卧佛教史》亦载：“令学经译师所确定之佛法。凡班智达未讲者，译师均不得加以翻译。未经王者任施主之佛法不得学习。以上即为赞普口谕诏令。”（该书民族文

化宫手抄本，39页下）而《拔协》又载：“(赞普）迎请天竺僧人学者并以为施主，并令学习经译师学者所确定之佛法。凡赞普未任施主及译师学者未确定之佛法，均不得学习。”（见1980年铅印本，76页）

[48] 即拂洲。佛书说在南赡部洲之西海中，又有的说遮末罗洲即乌仗那。

[49] 金刚座者，天竺达斯（das)。《藏英辞典》解释，此人系天竺中心伽耶地区的三圣者之一。又，“无涅槃”，又作“未涅槃”或“不般涅槃”，意为超脱成佛。

[50] “padmva-kva-ra”此系梵语拼音。“padmva”即“莲花”。“kva-ra”即梵文“ākarr”，意为“生”，即藏语“vbyung-gnas”。

[51] 菩提萨埵即梵语之“bodhisattoa”。“菩提萨埵”即简称为“菩萨”，藏文则称“byang-chub-sems-dpav”。

[52] 据《拔协》载：“堪布菩提萨埵在九层宫之下殿(pho-brang-rim-dguvi-vog-khang）头部被马踢中致死。”（见该书1980年排印本，62页）

[53] “vdun-sa”在梵文中称“sabha”，意为集会所，会堂，即指召开会议的场所。下文之“佛法（或佛教）之会议室”（lha-chos-kyi-vdun-sa）当专指佛教僧侣进行宗教会议之所。藏文“vdun-sa-chos-bzang”即善法堂，也属于这类。

[54] 作为僧侣身份的益希旺波位居尚论之上，这种僧官高于俗官的情况，说明僧侣在吐蕃的社会职能日益增大，到后来的阐卡贝云时似乎达到了极点。

[55] 此处应指益希旺波。

[56] 墀松德赞首次提出“七户养僧制”这种设想，但未能实现，到日巴坚时才正式推行(见《贤者喜宴》，ja函，133页上)。“七户养僧制”藏文又写作“rab-tu-byung-ba-re-re-la-vbangs-mi-khyim-bdun-bdun”

(见《雅隆觉卧佛教史》，民族宫手抄本，41页上)。

[57] 父系之人（mi-phag-tshan），此似指父系属民（yab-vbangs）而言。（见《敦煌吐蕃古藏文历史文书》，巴考本，111页）

[58] “每人户”，从全句之前后文看，这里似指有功的大臣而言。

[59] 这种赐予寺庙的属民，藏文又写作“lha-vbangs”。寺院属民之制即始自墀松德赞。在吐蕃占领区敦煌也推行寺院属民制度。《新疆发现之吐蕃文书》就详细记有曾光寺（pho-kwang-si）属民及灵图寺（leng-do-si）属民(leng-do-mivi-lha-vbangs）情况（见陶马斯英译本，67页，沙州条，12ch、73、xy、10)。另敦煌出土的汉文卷子《敦煌诸寺丁壮车牛役簿》也详细记载了寺院属民情况，内载龙兴寺等十三座寺院的属民情况，他们从事纸匠、泥匠、酒户、毡匠、皮匠、木匠、农耕方面的“营田夫”以及牧人等等劳作（见《敦煌资料》，261页，原卷S，0542号)。

[60] 此即三户养僧制。即以三户属民供养一名僧人。

[61] 从这条史料及下文看，娘丁增与益希旺波之间有隙，矛盾不小。

[62] 这类“顺缘属民”似与由赞普、大臣、王妃或贵族等为了宗教目的而赠送的“寺院属民”不同。

[63] 桂（rgod)，指吐蕃武士。详参本书第二章。

[64] 地方官长（rang-rje)，此词有地方官（yul-dpon）之意。

[65] “持掌好根基者”，似指“出身好者”，亦即贵族类。待考。

[66] 此句与《拔协》写法有别。《拔协》称“王田”为“rjevi-kham”（应是“rjevi-khams”——译者注)，意为“王界”或“王畿”。又，“gang-zag-ngo-vtshal-las”，《拔协》写作“gang-bzang-ngo-vtshal-las”。再者，“vbri-khri-vjam-gur-sten”，《拔协》写作“vbrong-khri-vjam-gung-ston”。又，“bus-bzung-ba-bzhin”，《拔协》写作“dbus-bzung-ba-bzhin”。如按《拔协》载，此句之意当是：“所谓王畿，即凡

好的（土地）均予以重赏，并由仲墀强恭顿像掌管中央（地带）一样加以掌管。”（见该书，北京1980年排印本，64页）

[67] 此处之“娘氏家族”似指娘丁增家族之诸人。

[68] 此意旨在破坏益希旺波修行。又，下句说益希旺波“逃走”，但《拔协》说，益希旺波是怒走洛扎（khros-nas……brag-phug-tu-mchis-pa）。参见该书1980年排印本，64页。

[69] 查玛（brag-dmar），这里指的是桑耶寺所在地之查玛。顿渐之争即在桑耶。

[70] 《布顿佛教史》对此亦有载：“修身语之善业，并不能成佛。如无所行则即所谓成佛。故持此见解者则不行善事矣！”（见该书，122页上）。

[71] 这正是广大吐蕃僧俗奉行摩诃衍“无需行善事”的理论之后果。可见摩诃衍的见解影响之深。看来，摩诃衍的见解较为易行，不需花大量供养费用就能修行“成佛”，故吐蕃人多从其教。

[72] 这种对“顿门派”与“渐门派”的解释是错误的。《布顿佛教史》（123页下）指出：“‘顿门’与‘渐门’是汉语，即所谓‘顿时’及‘渐行’（cig-car-dang-rim-gyis-pa）。”又，顿门即“禅定顿悟门”（bsam-gtan-cig-char-vjug-pavi-sgo）（见《敦煌讲座之八》，冲本克己：《敦煌出土之西藏文禅宗文献之内容》，424页）。

[73] 《顿悟大乘正理决》说法与此相反：“婆罗门等随言理屈，约义词穷，分已推锋……”（法国影印件，F0128b）。

[74] 这些都是摩诃衍的门徒，《顿悟大乘正理决》（法国影印件，F0128b）亦有类似记载：“有吐蕃僧乞奢弥尸毗磨罗等二人，知身聚沫，深契禅技，为法捐躯，何曾顾已，或头燃炽火，或身解双刀，曰吾不忍见朋党相结，毁谤禅法，遂而死矣。”文中之“乞奢弥尸毗磨罗”，即尼雅切玛拉（snyags-bye-ma-la）的对音。此人在《拔协》中写作“snya-bye-

ma–la”（该书65页）。又，文中之“头燃炽火”，即指“汉地和尚梅果纵火焚烧自身之头颅”事，“梅果”意为“火头”（me–mgo），推测该和尚之所以被吐蕃人称为“梅果”，可能即因其自焚头颅之故。再者，“身解双刀”句，即指“娘·夏弥切割自身之肉”事。《拔协》将娘·夏弥写作“myang–sha–mi”。（该书65页）

[75]《顿悟大乘正理决》亦载其事，云：“又有吐蕃僧三十余人，皆深悟真理，同辞而奏曰：若禅法不行，吾等请尽脱袈裟，委命沟壑。婆罗门等乃瞠目卷舌，破胆惊魂，顾影修墙，怀惭战股。”（法国影印件F0128b）。

[76] 原文为“zangs–chen–po”，意为“大铜”。从前后文看，当指“大铜文字告身”而言。

[77] 此箱箧系为存放赞普旨令的小箱。

[78] 此段在《拔协》一书中亦有同载（见该书1980年排印本，66页）。

[79] 顿渐之争的双方都做了相当充分的准备，时间几乎近一年，《顿悟大乘正理决》载：“婆罗门僧等以月系年，搜索经义，屡奏向目，务掇瑕疵。”（法国影印件，F0128a）关于“婆罗门僧等以月系年”地准备辩论的情况，藏文未载。

[80]《佛禅定可卧轮》，亦可译作《佛禅定可眠轮》。日本木村隆德考证，内地禅宗就有“卧轮禅师”，并有《卧轮禅师看心法》一类的著作（见《敦煌讲座之八》，445页）。冲本克已又引伯希和所藏《卧轮禅师安心出家十功德》（bsam–gtan–gyi–mkhan–po–nyal–bavi–vkhor–lo–sems–bde–bar–bshag–pavi–rab–du–byung–bavi–yon–tan–bcu，即伯字818号卷子）及《降魔藏禅师安心法》（bsam–gtan–gyi–mkhan–po–bdud–vdul–kyi–snying–povi–sems–bde–bar–gshag–pvi–chos，即伯字655号卷子）两件文献（见《敦煌讲座之八》，420~421页）。上述二作者都认为摩诃衍的《佛禅

定可卧轮》即与上述二文献密切相关。又，文中之“降魔藏”即摩诃衍所曾依止的“和尚法号降魔”，此人为北宗高僧。

再者，莲花戒为了辩论也有著述，共四部，北京版西藏大藏经收有这些论著，其文载：“法师噶麻剌失剌（即嘎玛拉希拉）所著：《恭修初分》（sgom-rim-dang-po）、《恭修中分》（sgom-rim-bar-ma）、《恭修末分》（sgom-rim-tha-ma）、《瑜伽恭修造诣》（rnal-vbyor-sgom-pa-vjug-pa）四部，右四种班的达波兰迎斡哩麻（pandi-ta-pradsnyva-war-ma），同印度语班的湮昝那啬那译（lo-tshva-ba-bne-ye-shes-sdevi-vgyur）。”见该书日本影印本151卷，首函藏文目录，114页上；汉文总目，157页上。

总之，从摩诃衍与莲花戒二人著书情况看，这些著作绝非短期内能完成，所以“以月系年”之说是可信的。

[81] 三界（khams-gsum），即欲界、色界、无色界。

[82] 二取（gzung-vdsin-gnyis），又译作“能取所取”，即指精神和物质，或意识和外境。

[83] 菩提洲，即桑耶寺内十二座建筑之一，亦称“发心菩提洲”（见本书第七章）。

[84] 当辩论前，双方彼此仇视、气氛紧张，甚至各带武器，《拔协》记载说：“当诸门徒环绕之时，（赞普）随即将所有人的武器全部收缴。向每人手中各送花环一束。”（该书73页）

又，站在摩诃衍一方的还有森梅哇久玛玛（gzims-mal-ba-co-rma-ma）及恩兰·达扎路恭（ngan-lam-stag-ra-klu-gong）。站在噶玛拉希拉一方的还有桂氏（blon-po-vgos）。（见《拔协》，排印本，73页）

[85] 菩提萨埵及嘎玛拉希拉之见解是天竺大乘中观宗自立量派（dbu-ma-rang-rgyud）内所谓“随瑜伽行中观派”的见解（见王森：《关于西藏佛教史的十篇资料》17页）。吕澂先生说上述二人所持学说“或即

中观而兼密乘者，后人谓之中观自立派（清辨派）是也”（《西藏佛学原理》，23页）。法尊称，属于中观顺瑜伽行派（《中国佛教》，第一集，139页）。《知识总汇》（上册，457页）说，前述之恭修初、中、末三部著作（sgom-rim-thog-mthav-bar-gsum），即是自立量派著述（rang-rgyud-pavi-gzhung）。该书（上册，456页）又说，自立量派（rang-rgyud-pavi-srol）分前后两期，前期是月称（zla-grags）及寂天（zhi-ba-lha）等，后期是益希宁波（ye-shes-snying-po）、菩提萨埵（zhi-ba-vtsho）及嘎玛拉希拉，此三人称作“东方自立量派”（rang-rgyud-shar-gsum）。

第十一章　顿渐诤辩及『三户养僧』

【译文提要】第十一章共有3节，即顿渐诤辩；供养僧人及“三户养僧”；嘎玛拉希拉之死。本章中则主要反映顿渐之争的具体辩论情况。同时介绍顿渐双方辩论后的结局。

在吐蕃时期的宗教之争有两次，即顿渐之争前的佛本之争及这次的顿渐之争。从佛本之争已使我们看到，表面上的本教大臣(bon-blon）及信佛大臣(chos-blon）似乎是信仰之争，实际上却是新旧贵族势力的权力之争。此次顿渐之争的起始及结局也透露了这种情形，虽然其矛盾程度不如佛本之争前的斗争那样明显而激烈。这种情况使我们可以看到这样一个人，即本教大臣达扎路恭，他在佛本斗争时坚决站在代表旧贵族势力的本教一方，而此次顿渐之争他又作为主要代表人物之一站在顿门一边，这个好斗的旧贵族实力人物与曾是坚决反本的大臣桂氏（新贵族实力人物）这次又成了对立面，这种情况又意味着什么呢？刚刚借助于桑耶寺的建立而得势的信佛贵族（包括桂氏在内），却因摩诃衍的禅宗势力的绝对优势而成了少数派，以至桑耶寺都断了香火。在这种形势下而展开的两年之久的顿渐之争，其实质能够简单地用宗教见解之争解释得了吗？这是一个很值得探讨的问题。至于顿渐之争后，嘎玛拉希拉代表的渐门派虽被赞普宣布获胜，但不久嘎玛拉希拉被刺身亡，贝若咱纳被流放到擦瓦绒，而益希旺波则绝食而死，渐门派三个主要代表人物竟遇到这样的结局，可见其背后定然隐藏着某些政治背景。可惜现有的材料还尚不能将其清楚地揭示出来。

顿渐之争，从宗教本身来说，这是汉藏宗教文化交流方面的一件大事。墀松德赞时期是汉藏文化特别是宗教文化不断交流的时期，而其中以汉地禅师摩诃衍入藏达到高潮，由摩诃衍等汉地禅师将汉地特有的禅宗学说传到了吐蕃宗教界，并从此影响到西藏佛教中的某些宗派，而且流传后世。像桑耶寺建立后大批吐蕃人跟随莲花生等天竺僧人出家一样，不久以王妃、大臣为首的无数显贵属民，又皈依于摩诃衍的汉地禅宗门下，几乎近于完全取代原有的天竺教派，这种情况很值得深思和研究。因此，顿渐之争就成了国内外藏学界的一个重要的研究课题。为了使读者进一步全面了解顿渐之争的具体辩论情况，除了完整地译出原文外，特将《大臣遗教》所载顿门派的发言史料译出，以此弥补一般藏文史书中有关顿门派辩论史料过简的缺陷。总之，顿渐之争及摩诃衍禅师已被藏汉文献载入史册，成为唐代汉藏文化交流的重要标志之一。

顿渐之争后，墀松德赞可能由于桑耶寺等寺院因顿门教义的传播而中断了供养，于是决定颁布维护寺院的新措施：规定给各级僧侣提供长期的固定供养物品；每三户属民供养一名僧人，为每座寺院划拨一百户属民，官府无权干涉寺院内政，寺院独立自主。至此，墀松德赞从建寺、剃度僧人出家、译经起，发展到现在的这些新措施，使我们看到吐蕃的佛教已趋完备，为墀日巴坚时期大兴佛教打下了基础。另外，寺院作为一种政治经济的独特势力从此迅速得到发展，从而为佛教进一步干涉社会创造了条件。与此同时，属民的宗教负担明显加重。

第一节　顿渐诤辩

和尚言道[1]：“现今在基本（理论）方面，是首先由我发问还是回答呢？”于是嘎玛拉希拉对曰：“对于你的思想见解，我想得到你的某种答辩”。[2]和尚言道：“凡一切均因思维而生，并以善业恶业而得善趣恶趣之果[3]，此又循环往复。凡事无所思又无所作为[4]，生此念后即可解脱矣！此种见解即凡事无所思也。对于诸布施之十法行[5]，其所行是：向无识者、智力差者、天资愚钝者宣讲众生之善业。先是，对于修心者、悟性强者，犹如黑白二云均可遮蔽太阳一样，亦被善恶两者所蔽[6]。故所谓凡事无思、无分别[7]、无伺察，此即无所得，由是顿悟者[8]（cig-char-du-vjug-pa）则与十地[9]相等也。”阿阇黎嘎玛拉言：“如是，此所谓凡事无思之说，将摈除分别诸事之慧矣！所谓不分别一切法之自性空性[10]，其本身即当以分别诸事之慧予以分别。彼正智之本，若系分别诸事之慧。然因已将此抛弃，故亦即抛弃了超世间之智与慧。无分别诸事之慧，则瑜伽行者将以何种方便而住无分别耶？若对一切法不思、不作意[11]，然而对诸所修却不能不思及不作意。若我对诸法不思、不作意，但此本身即已在深思矣！不可无思及不作意，若以无思而成无分别，那么当于昏迷、酒醉及闷倒之际，因其均无所思，此亦应得解脱也。故对诸事无正分别，则无人无分别之方便。虽阻碍念心，但无分别正法，此又如何能入一切法皆无自性耶？若不了达无自性空(ngo-bo-med-pa-stong-pa-nyi)，则绝不能断除障碍。若仅凭既未了达空性而又无思就获得解脱及涅槃，那么上界诸神亦当获得解脱、涅槃矣！以凡事无思之痴心何以能修得正道?!此则与酣睡愚痴之心相等耳！不能既做正念（dran-bchin）而又做无念。以无思无作意如何能成宿住随念（sngon-gyi-gnas-rjes-su-dran-pa）及一切智？又焉能断除烦恼？故当以正妙观察智[12]排除谬误，既谬见，则可渐明其真义，而确知此意之瑜伽行者，了达内外三时一切皆空，此方能灭诸分别，并离诸邪见矣！因持此说，并了达方便智慧，亦即断除诸障，此则获得圆满智慧及佛法矣！"对此，赞普言道："凡辩胜者——大师之诸门徒仍可对辩！"于是贝央（dpal-dbyangs）云："若依你汉人所说，则为'顿入'（cig-char-du-vjug）；若渐次行之，则六度[13]由所对治（mi-mthun-pavi-phyogs）而安立：为不取故而立名施舍，如若舍财而无摄受，则为施舍布施物；若灭三门贪欲嗔怒则为戒（tshul-khrims）；如无愤怒则为忍善；称戒除懒惰者而为精进；若无乱心则为静虑[14]。若了达佛法自身及总法相则为智慧。佛涅槃后，见解长期一致，后三中观（dbu-ma-rnam-khsum）不和而生诤辩。今顿渐两者不和，对于所谓'顿悟门'（ston-min-cig-char-du-vjug）因未做正察及未通达，故以致于此。方法虽异，然所谓欲想成佛，亦即在欲得果报方面，据谓则总归一致。"益希旺波（ye-shes-dbang-bo）谓："应明辨'顿入'（cig-char-vjug）及'渐行'（rim-gyis-vjug）两者，如系渐行，则无需'诤辩'，此则与我等相同耳。若系'顿入'，那你还有何事可为?!佛自初始岂有误乎?!是故，登山亦需步步而行，不能一步而成。如是，若所得之第一地既已遇到极度困难[15]，那何须说欲得一切智耶？所谓凡事不做即可成佛，为此有必要对你述其根源。顿渐不同，我等以渐门之道学诸佛典，依闻思修三慧（shes-rab-rnam-khsum）[16]而知其真义，随后乃学十法行(chos-spyod-bcu)。因修行故，即可于第一地中获得忍辱（度），复可得正性离生（yang-dag-pavi-skyon-med）。继之于第九地（sa-dgu）时渐习正智（yang-dag-pavi-shes-rab）,并学十度(pha-rol-du-phyin-pa-bcu)。经持续修习而获得圆满二资粮（tshogs-gnyis）[17]后，即可证得佛果。而你因缺如是之德又不修心，若不知世间之所行，如何能得一切智（thams-cad-mkhyen-pa）？又如何能入一切所智（shes-bya-thams-cad）？佛自他之利富足圆满，此由何因修得？修自二资粮也！既然不能以独空利自己，又何以能修得他利（gzhan-gyi-don）？为最低之生命生存，尚需依靠对饮食衣着等等之努力（寻求），若不依持这些生活之所需则将死亡，若未得食物，饿至七日而死，此又何须说为修得解脱而还要做十法行呢？如是，以既无根本又与方便智慧分离之佛法献佛，此属欺诳！所谓发大乘心，即心生饶益有情（sems-can-gyi-don）,乐于利他，集福德之善业，精学一切所识，修习三慧（shes-rab-gsum）,集聚智慧之善业，净除二障（sgrib-gnyis），断弃思想之一切垢，遂之威德具足，智慧圆满，于是使一切众生得入佛地（sangs-rgyas-kyi-sa）。上述所成之功业生于不空之时，此即佛经所谓之任运也（lhun-gyis-grub-pa）[18]。凡事不想，其如蛋卵。当未理解时，虽经举步但却踉跄而行，此如何能了达佛法耶？凡事不做而眠，若未得食物而饿死，此何以能成佛？！于隐修处依三摩地分心静住或做妙观想（lhag-mthong-yid-la-byas），因了达故，遂有心得。如是，不解其意而集聚善业，若谓其心思如何，犹如世俗化现，故对彼胜义不生了达。一切法宛如芭蕉之心，当视之为天然原品，如此可成三时无所缘（dus-gsum-mi-dmigs-pa）[19]。因已知佛法及补特伽罗之中无我，故神志清醒，遂可自然入于双运（zung-vbrel）[20]。修行亦如是也！”贝央言罢，顿门之人（ston-min-pa）无能答辩，随即献花认输矣！其时，森梅巴久玛玛（gzims-mal-pa-co-rma-rma）自捶生殖器自杀身死。此后，赞普言道。“彼所谓和尚之法即顿悟门（hwa-shang-gi-chos-ston-min-pa-cig-char-du-vjug），其有害于十法行，故不得推行。彼使心思昏沉，并阻止自他修心之门，遂使心思昏沉而佛法衰落，故当禁止。如是，你等修行吧！此外，汝等之诸眷属及吐蕃人等，今后应持纳卡久纳[21]之正见理论（lta-ba-nva-gardsha-navi-lugs）；所行当修六度及十法行，所修当修三慧（shes-rab-rnam-pa-gsum）、方便智慧双运结合，并依三摩地令住静心、修习妙观（zhi-gnas-dang-lhag-mthong-la-sgoms）。从今以后，我吐蕃王臣属民人等及诸僧侣均当如是而行。"总之，吐蕃变得荒凉，并多是心识愚痴而平庸者，故使彼等了达佛法甚难。因此，赞普迎请精通翻译之天竺学者，并由赞普颁布命令：凡赞普任施主，并经译师学者译定之佛典即应采用流传。凡赞普未任施主，而又未经译师学者译定之佛典则不得采用流传。继之，将有关上述之三份详细盟文诏书（bkav-gtsigs-kyi-yi-ge-zhib-mo-gsum）置于金箱（gser-vi-sgrom-bu）之内，其上加锁，存在王者之光阁（phyag-dbal）中，交予黑印夜叉（管理）。而（盟文）概要则向诸尚论传播。此后，和尚摩诃衍在建成一座寺院之后便返回汉地。[22]

往昔五世赞普中均未建佛法，而天子墀松德赞、萨霍尔王子菩提萨埵、拔益希旺波（rpa-ye-shes-dbang-po）及桑希达（sang-shi-ta）乃建佛经、佛像、佛塔及寺院，并将佛教弘传于吐蕃。赞普考虑：为使全体属民皈依佛教及必须奉行佛法，遂决定在中心卫地（dbus）及边地（mthav）均委派轨范师（slob-dpon），并令所有尚论之子孙及王妃每人均持书箧学习佛法。

此后，赞普问于阿阇黎嘎玛拉希拉："诸法均以闻思修而论议无我，此为何法？"由是，遂令（嘎玛拉希拉）著《参修初分》（sgom-rim-dang-po）。赞普观之，思考其意，遂问："今于垫上若修习其义理，如何修习？"由是，遂令（嘎玛拉希拉）著《参修中分》（sgom-rim-bar-ba）。为此又问："如何得入果报？"由是，遂令（嘎玛拉希拉）著《参修末分果报论》（sgom-rim-tha-ma-vbras-bu-bstan-pa）[23]。随着论述果报也就附带破了和尚之谬见。对此，赞普甚喜。在释义方面，因出现对菩提萨埵主张的辩难，故针对其疑问处，遂令（嘎玛拉希拉）在教义原文与说理两个方面又著《中观光显论》（dbu-ma-snang-ba）[24]，并将此著述献于赞普。以上即《真拔协》（rba-bzhed-khungs-thub）一书所载之原委。[25]

《布顿佛教史》载云，所谓“顿门”及“渐门”，乃系汉语，即所谓“顿时”及“渐生”（rim-skyes-pa）者也[26]。总之，若区别佛教中之有法与非法(chos-dang-chos-ma-yin)。彼所谓非法者，则以极嗔（之念）导致愤怒与骚乱，甚至在手执武器杀戮仇敌之时颇为用力。至于所谓有法者，则是纵使仇敌如何骚乱或愤怒，依然发扬悲心及忍辱，并届时以教义原理及说理两方面之充足语言，努力扭转仇敌之邪思维。所谓杀人越货，虽系他人所为，然若扭转（其所行），那么自身所为则更无须论及矣！因此，（此理）无论今日或未来均可适用。当区别佛教时，凡依持有法或非法者，只能做如是观，别无他法矣！诸非法者，其见解与宗派，犹如诱鱼时的铁钩尖上之食物，众生既依有法，为引诱彼等，首先唯只说教，事毕，于其所接受之见行中亦无自身。例如诸和尚门徒，彼等凡事无念无做，善恶两者亦不施行，虽言此为自己之见解及宗派，但渐门者若谓“不宜如此”，那么（顿门者）则会愤怒和骚乱，并生起一切根本烦恼及随烦恼（rtsa-nyon-dang-nye-nyon)，同时作意持刀，欲想杀人，极为凶恶，其行傲慢不驯。如是，此种行径即是自毁自己之见解宗派矣！所谓有法者之见解及宗派则与此不同，若遇作恶之诸种暴行，则如铠甲一样不会伤及自心，又如武器一样断除烦恼。凭借此二种见解则可一并修成。彼又如增柴之火一样，则系一种补充见解矣！上述所云以为备考也。[27]

《拔协》载，又有人言[28]，在（和尚）献花认输之后，一汉地比丘又提出一种理论[29]，其人云：“文字之中无精义，名言佛法（tha-snyad-kyi-chos）不成佛。如若思维，则系‘唯一白法’（dkar-po-chig-thub)[30]，是故当以此（论）为妥。”据谓，彼“唯一白法”（dkar-po-chig-thub）之说遂弘传于全吐蕃矣！再者，堪布曾遗言道[31]：“在我死后，将出现一汉地堪布，彼将言：‘抹杀方便智慧，唯思所谓唯一白法（dkar-po-chig-thub）即可成佛。’经（mdo）说：‘修习五浊（snyigs-ma-lnga）[32]中之所谓见浊（lta-bavi-snyigs-ma），则所爱之空性（stong-pa-nyid）可至。’”因此，不仅吐蕃流传了五浊（之说），而且全体民众亦喜爱此五浊（之说），此即法性者也！然若弘扬此种佛法理论，则将有损于佛教总体，故此当令人迎请嘎玛拉希拉。（汉地堪布云：）“你渐门巴当生起皈依之心，并依次行之，其所行应似猕猴一样自下（向上）爬行。以我等所行之佛法不能成佛，而凭所思则可成佛，此犹如鹏落树端，系由上而下落。”[33]对此，嘎玛拉则谓：“此例不妥。大鹏首先飞完收翅，此过程系依次完成后，始落于树端，若无首先之收翅停飞，就不能有以后之逐渐降落树端，更不能顿时落于树端也。总之，其理不通，彼所修之无分别（rnam-par-mi-rtog-pa），若阻分别，亦即阻止一切。若按前述（所说），睡眠及昏迷等等亦可变做修行，然若需阻止一切，则当修习无分别时，是否需要先抛弃所修之分别耶？若不需先抛弃所修之分别，则将使一切众生生起修习（sgom-skye-bar-thal），虽无修习心，但为生起修习故，如需先抛弃所修之分别，其本身业已做分别，是故，则败坏了所修之无分别宗旨。再者，我将缄口不语矣！如若言此，则非缄口不语矣！”因嘎玛拉希拉做如是言，汉地堪布犹如头被雷击一般而不知所云矣！今弃正教而欲以心证（sems-ngo-vphrod-pa）成佛者，彼等皈依“唯一白法”之原因即此也，云云。而久玛玛（co-rma-rma）[34]自杀等等（情况），则与前述相同耳。继之，赞普接着言道：彼所谓和尚之顿门法（hwa-shang-gi-chos-ston-min-cig-char-du-vjug），其所云者虽然业已记载，但是，像堪布摩诃衍所云及学者嘎玛拉理论是怎样呢？总之，《大法华经》（sangs-rgyas-phal-cher）在浊世之时（snyigs-mavi-dus）[35]即使尚未出现，但我佛生起希有之慈悲，以利他菩提心于所断灭之五浊横流[36]诸众生中祈祷成佛。源于《大慈白莲花经》（snying-rje-pad-dkar）之《海尘五百愿》（rgya-mtshovi-rdul-gyi-smon-lam-chen-po-lnga-brgya）即其一也。劫浊（dus-kyi-snyigs-ma）、具争（rtsod-ldan）见浊（lha-bavi-snyigs-ma）以及六十二萨迦耶见（vjig-tshogs-la-lta-ba）等等，彼等即《梵网经》（tshongs-pa-dra-bavi-mdo）所载之外道见解扩张（mu-stegs-kyi-lta-ba-rgyas-pa）、烦恼浊（nyon-mongs-pavi-rnyigs-ma）众生三毒（dug-gsum）泛滥、众生浊（sems-can-gyi-snyigs-ma）极难调伏、命浊人寿百岁（tshevi-snyigs-ma-tshe-lo-brga-pa）[37]，此为五浊之时（snyigs-ma-lngavi-dus）。佛见此五法后，乃自兜率天（dgav-ldan）出，与佛徒共转“法轮”（chos-vkhor-bskor-ba），破除见浊，讲述“所得解脱”（byang-grol-la-vgod-pa）。因佛宣讲佛法故，遂以所谓“出现见浊”（lta-bavi-snyigs-ma-byang）诽谤佛陀，如此之事，往昔凶魔亦未曾做过。所谓空性（stong-pa-nyid），乃诸佛之法库（chos-kyi-mdsod）。一般显密经典所谓之“阿”字（a），此即无生（ma-skyes-pa）[38]之后所言之诸法之门也（chos-thams-cad-kyi-sgo）。诸言如何获得八万四千法蕴（chos-kyi-phung-po）？则谓入定于空性。三昧王（ting-nge-vrdsin-rgyal-po）言：“众生何以能成佛？广说众多诸佛法，一切诸法皆空性，人明此义则清净，学得此种言论时，诸种佛法不难得。”《虚宝藏经》（na-mkhav-mdsod-kyi-mdo）载：“梵天于圣地真实相聚一切法，云何如是？因存空性，空性即真实相聚一切法也。”《集经》（mdo-sdud-pa）云：“诸法无生，精通空相，此系般若波罗蜜善行。”以上诸经所述不可胜数也。堪布菩提萨埵乃系掌握圣者龙树之道者（vphags-pa-klu-sgrub-kyi-lugs）。《中观中论》（dbu-ma-rtsa-ba）云：“诸佛谓：空性者众法出离。”所谓空性，犹如涤净见浊之泻药。《大乘密严经》（tgyan-stug-po-bkod-pavi-mdo）亦载：“为断灭众生所有之诸种见解，当显示空性实象。”继圣者龙树菩萨之后者为佛子寂天（rgyal-sras-zhi-bavi-lha），彼亦云：慈为愚昧痛苦者，当修依止轮颤，此即空性之果，故对空性不宜反驳，亦不可怀疑。应修习空性，烦恼为所知之障，对治黑暗系空性，因欲速知一切，对此为何不修习？一切事物均将产生痛苦，对此痛苦虽然使人产生畏惧，然而空性则可将痛苦消除，对此何需产生恐惧?！对此所说，阿阇黎嘎玛拉业已著有《三修习次第》[39]（sgom-rim-gsum）及《中观光显论》（dbu-ma-snang-ba），其间有所谓空性及见浊之论述，你等请阅览吧！因此，那种对于空性表示嫌恶并诽谤为幻术及幻象的人，应称其为妄想者（dmigs-ba-can），对彼等就连一杯信仰之药水亦不应赐予之，“彼等非吾徒，吾亦非其师”。对于上述所云，在《世间受持经》（vjig-rten-vrdsin-gyi-mdo）及《破戒调伏经》（tshul-khrims-vchal-pa-tshạr-gcod-pavi-mdo）中有广泛论述。彼和尚之理论是，因渴望真实轮颤，故以堕入轮回而生疑虑，遂不做善恶二事。因渴望真实涅槃，故凡事不做。为以“凡事不做”而欲有所得，此即密所缘见（dmigs-par-lta-ba-stug-po）也。关于所说“若了达心意则将解脱”等等，此亦可以智慧而洞悉法性，随后即超越三界，云云。所谓唯心即心知。照此诸说，最后因刹那间可以唯一智慧而见空性，故即成佛。在加行道（sbyor-lam）妙法之后，刹那间即可以唯一智慧而了达见道（mthong-bavi-lam）。今后一致，以本地慧见（rang-pas-shes-rab-kyi-mthong-ba）可生起极妙忍见（drod-rtse-bzod-mchog-gi-mthong-ba），对此等即名之曰“心悟”（sems-ngo-rtogs）。此后，因修以慧见所执受之二资粮双运（tshogs-gnyis-zung-vjug），遂可望成佛。此种和尚之修习即断想之修习（vdu-shes-bkag-pavi-sgom-pa），“无想”（vdu-shes-med）（一说），虽与板误（par-gol-pa）相同，但非真误。当得获四禅(bsam-gtan-bzhi-pa）中之正行（dngos-gzhi）[40]后即断灭了想与受（vdu-shes-dang-tshor-ba-bkag-ste），若修习之，则可修成此境，而且四禅[41]之正行亦不难得矣！那些对和尚的喻义所做的反驳，其能力低下，大鹏无疑是顿时收翅而来，《世间施舍论》（vjig-rten-gdags-pa）载：“为了以鹏鸟化生来说明龙生、罗刹生等等为大鹏化生，此意不通。修习无分别，而又要信仰自宗（rang-lugs），如若又重返以前之应成（观点）（thal-vgyur），对于三轮（vkhor-gsum-ga）则不能回答矣！是故，犹如日月一样之天竺贤者，像彼等之理论将不会发生危难。鉴于上述种种，那么以后（出现的）辩论者厌恶深义，为断灭佛法而损害并疑难贤者，特别是还将谬误、欲想等等也一并使用（于辩论中）。对于上述这些现象（我等）则不难理解矣！[42]

第二节　供养僧人及“三户养僧”

顿渐之争平息之后，关于奉行佛教的情况，《拔协》有载：此后，对二百五十名僧人（chos-vkhor-gyi-rkyen）由官府提供给养。每年每月供给佛教宗师（bcom-ldan-vdas-kyi-ring-lugs），青稞七十五克，并以众多衣服作为利益之根本（赐予之），即（每年）每人一套衣服[43]，香料酥油一千一百两、马一匹、纸四册（卷）、墨三锭、充足的食盐。青浦之二十五位大修道者，每人赐予青稞五十五克、香料酥油八百两、马一匹、衣服一套六件。所委任的寺院轨范师共十三位，每人青稞五十五克、衣服一套、水酥油八百两。秦地（mchims）之普通僧人[44]，每人给青稞八克、纸两卷、墨一锭。对二十五位学僧（slob-gnyer），每人给青稞二十五克、长期供给衣服一套三件。再者，为三宝之所依（dkon-mchog-gsum-gyi-rten）长存[45]，赐予（每座）寺院属民一百户（dkon-mchog-gi-rten-la-vbangs-mi-khyim-brgya），赐予每名僧人三户属民（bannghya-re-re-la-vbangs-mi-khyim-gsum-gsum-du-bcad）。对于（寺院）属民及僧众，官府无权干涉，将权力均授予僧人（dbang-dge-vdun-la-bskur）。由于弘扬了佛法，故天子（墀松德赞）之恩德至大。[46]

第三节 嘎玛拉希拉之死

此后，因阿阇黎莲花生之佛法只剩下了残余，故赞普心觉不足，遂派贝若咱纳（pee-ro-tsa-na）及藏尊列朱（tsangs-btsun-legs-grub）二人往寻（莲花生）。后彼等返回，但班智达（莲花生）未来，故所知不多，又因天竺谣言之故，遂将贝若咱纳流放到擦瓦绒（tsha-ba-rong）[47]。又，外道派出刽子手，据说嘎玛拉希拉于夜晚，在翻译室（sgra-bskyur-gyi-khang-pa）之寝卧处手按肾脏部位被杀身而死。[48]

注释：

[1] 此以下均为顿渐双方的互相争辩之词。《贤者喜宴》在此处所引顿渐之争的辩词，基本上与《拔协》记载相同。可参见《拔协》1980年北京排印本，68~72页。

[2] 《拔协》所载与此略异，该书云："嘎玛拉希拉言道：'依你之思想，你是立宗（dam-bcav-zhog，即提出立论或主张——译者注），还是答辩（shags-thob）？'"（见该书68页）

[3] 《拔协》载："以善恶之力（dge-mi-dgevi-dbang）及以善业恶业（las-dge-mi-dge）而得善趣恶趣之果（mtho-ris-dang-ngan-song）。"（见该书68页）

[4] 此句藏文写作：gang-zhig-ci-la-yang-mi-sems-zhing-ci-yang-mi-byed-pa.文中“凡事无所思”又可译作“凡事无念”。此亦即正理决“不思不观”中的“不思”。

[5] 十法行（chos-spyod-rnam-pa-bcu），即指缮写、供养、布施、听闻、朗诵、记忆、演说、默念、思维和修习。又据大藏经瑜伽七十四卷八页有载：又辩中边论下卷五页亦载云：“何等名为十种法行？颂曰：谓书写、供养、施他、听、披读、受持、正开演、讽诵及思、修。”另，显扬二卷二十页亦有类似记载。以上均见《法相辞典》，第一册，103页。

[6] 摩诃衍以云作为比喻，此源自禅宗，弘忍在《最上乘论》里即说：“……一切众生清净之心，亦复如是，只为攀缘、妄念、烦恼、诸见黑云所覆，但能凝然守心，妄念不生，涅槃法自然显现。故知自心本来清净。”慧能亦云：“……如是一切法，尽在自姓（性）。自姓（性）常清净。日月常名（明），只为云覆盖，上名（明）下暗，不能了见日月星辰，忽遇惠风吹散、卷尽云雾，万象参罗，一时皆现。世人性净，犹如晴天。……妄念浮云盖覆自姓（性），不能明，遇善知识开真法，吹却名（迷?）妄，内外名（明）彻，于自姓（性）中，万法皆见，一切法在自姓（性），名为清净法身。”（以上见郭朋：《隋唐佛教》，519页、528页）。

[7] 无分别（mi-rtog），有时又写作“rnam-par-mi-rtog-pa”或者“rtog-pa-med-pa”。又可译作无寻、无察，意指不做思维或不去寻思。

[8] 顿悟（cig-char-du-vjug-pa）。禅宗认为“迷来经累劫，悟则刹那间”，亦即将由凡夫到佛位的距离，缩短到了“一念”之间。又说：“法无顿渐，人有利、钝。明〔迷〕即渐劝，悟即顿修”“顿、渐皆立无念无〔为〕宗。”禅宗无论南禅北禅，均属顿悟，所以郭朋先生说：“如果说是‘禅宗’，那就应该是‘顿派’，如果是‘渐派’，那就不能算是禅宗。”（见《隋唐佛教》，525页）。又据有关佛学专家云，禅宗无分南北，

均主张顿悟，唯修习方法不同而已。

[9] 十地（sa-bcu-pa），即所谓“菩萨十地”。关于所说之“地”(sa)，据《成难识论》卷九十三页解释其意是：“如是十地，总摄有为无为功德以为自性，与所修行，为胜依持，令得生长，故名为地。”“十地”即极喜地、离垢地、发光地、焰慧地、极离胜地、现前地、远行地、不动地、善意地、法云地。又，此十地均有一定内容，如“极喜地，初获圣性。具证二空，能益自他，生大喜故”。以上即菩萨十地（或谓大乘菩萨十地）。关于此十地有三解，详见《法相辞典》，第一册，100页。另有“三来共十地”及“四乘十地”，内容与菩萨十地不同。

[10] 自性空性，即藏文“rang-bzhin-chos-dbyings”。《法相辞典》说，此意是指“二空所显为自性”，故名。

[11] 不作意，即藏文之“yid-la-byar-med-pa”。即不思念，此即“yid-la-byed-pa”（思念，作意思维）相反之意。

[12] 正妙观察智，即藏文之“yang-dag-pavi-so-sor-rtog-pavi-shes-rab”，又可译作“诸正思维智”。

[13] 六度，即“pha-rol-tu-phyin-pa-drug”，六到彼岸或六波罗蜜多(即梵文pāra mitā)，其内容指布施度、持戒度、忍辱度、精进度、禅定度、智慧度。贝央以下所述即此六度。此六度为大如来所独修。

[14] 静虑，藏文写作“bsam-gtan”，此词又译作禅定及禅那。其源自梵文“dhyāna”，又简称“禅”。郭朋先生解释“静虑”之意是：“静其思虑”及“静中思虑”两种意思。前者属“止”（定），后者属“观”(慧)。（见《隋唐佛教》，509页）佛教无论大小乘都极重视“禅”的修炼，因为佛教认为，禅定既能“制伏”烦恼，而且能“引发”智慧，即是佛教徒幻想中的由此岸到“彼岸”的一个重要桥梁。有关禅定内容甚多，可参见《佛学辞典》，下册，上海佛学书局印行，1793~1794页。

又，前句之“三门”（sgo-gsum），系指身、口、意而言。

[15] 此处之“第一地”，即指菩萨十地中之第一地而言。

[16] 三慧，指闻所成慧、思所成慧、修所成慧。依《佛学辞典》解释，闻慧：依见闻经教而生之智慧。思慧：依思维道理而生之智慧。修慧：依修禅定而生之智慧。（见该书上册，246页）

[17] 二资粮，即福德资粮及智慧资粮。资粮（tshogs）即指善业（sge-bavi-las）。

[18] 任运，即无然形成或自然形成之意。

[19] 三时无所缘，即为三时空性。

[20] 双运，意指二者连合而运转。

[21] 纳卡久纳（nva-gardsnu-na），即龙树（Nāgārjuna）。又，墀松德赞对顿渐之争的裁决有很大的主观成分。过去佛本之争，经较量，本教变幻能力高，佛教善辩，但墀松德赞听信佛教徒“本教要夺赞普王权”的离间之词，最后不顾本教徒的耐心解释，仍然宣布灭本兴佛，结果当时流传下来如下一句谚语以讽刺赞普之不公，该谚语是：“佛僧的嘴比凿子还锋利，藏王的耳朵比丝绸还薄。”（见《雍仲本教目录》，手抄本，52页下）同样，两年的顿渐之争涉及大量而复杂的佛学教义问题，并非真正精通佛学的墀松德赞怎能恰当地断其是非呢？究竟赞普出于什么动机呢？联想到后来被墀松德赞支持的渐门派僧人又怎么会有那种悲惨的结局呢？赞普与佛教某些派别间的相互利用很值得研究。但最终佛教仍是赞普手中的工具，取舍之大权均在赞普之意志。

[22] 关于顿渐之争中的顿门派发言，一般藏文史书记载很少，唯有《大臣遗教》（21页上~26页上）有较详细的一段记载，内容甚为重要，对于了解顿门派的全貌有着重要意义，兹将此段原文译之如下：

顿门巴（ston-mun-cig-car-vjug-pa）举例说道：到达须弥山顶（ri-rgyal-rtse-mo）无所不见，但从小山之巅则不见须弥山；渐门巴犹如坑中小鱼，而顿门巴则像大江之鱼。能知所知初始无生，全然不寻本性求知，

《胜决定经》（bla-ma-nges-pavi-mdo-sde）彼系无依（mi-brten-pa），不依境即不发心（sems-mi-skye），不依心即不见境（yul-mi-snang），能知所知两者即为互相观待（phan-tshun-bltos），不灭成就明（grub-pavi-snang-ba）即为方便，明无自性即是“般若”（智慧）。无二胜义一致判断，对此，顿门巴如狮行路，断壁危岩均不能阻。而渐门巴则如狐行路，对不通之悬岩绝壁唯有绕路而行。以罪恶懒惰论彼所缘，神志昏迷则无精进与精进矣！断离自性之对治为八引（vtun-byed-brgyad），信徒当极力精进涤净所欲。不想明知所想则为平等，贪爱及喜离仅能形成安乐之路，非苦非乐，则为舍、平等、正念、欲求四静虑(bsam-gtan-bzhi)。与渐门巴相比，（顿门巴）有十殊胜：方便殊胜（thabs-kye-khyad-pa）以顿门为优，流转之道殊胜（vjug-lugs-khyad-pa）以顿门为优，行为殊胜（spyod-pavi-khyad-pa）以顿门为优，禅定殊胜（ting-vdsin-khyad-pa）以顿门为优，修分别之法（rnam-rtog-bcos-lugs）以顿门为优，除障之法殊胜（sgrib-pa-spyod-thabs-khyad-pa）以顿门为优，修行殊胜（sgrub-pavi-khyad-pa）以顿门为优，善业殊胜（tshogs-kyi-khyad-pa）以顿门为优，证悟殊胜（rtogs-pavi-khyad-pa）以顿门为优，利生事业殊胜（vgro-don-khyad-pa），总为十殊胜。（见该书ca函，21页上、下）

全书还记载当时其他汉地禅师的辩论发言，其发言内容今译之如下：

禅定堪布葛深禅师（bsam-gtan-mkhan-po-ke-hun-shan-shis，原文误将“shan-shis”刻写为“shan-tis”，今改之——译者注），言道：“若心平等则诸法平等，凡非佛法则全然无有，一切贪欲为凡夫。”

禅定堪布静禅师（dsid-shin-shis）言道：“不生正念分别（dran-pavi-rtog-pa）则当禅定，因圆满遂生无分别智慧（rtog-med-shes-rab），此则超过三界。”

禅定堪布伯禅师言（sbab-shin-shis）道：“所谓无分别顿时领悟，犹如傲然之兽王雄狮，吼声四行不可惧。”

禅定堪布提悟禅师（devu-shan-shis）言道："心性既已洗灌无需水，既已布施无需财，如以正心修得真理，由于真得故，遂可见如来。"

禅定堪布唐桑禅师（thang-bzang-shin-shis）言道："若知一法则诸法不学亦可解。因之烦恼习气不生。"

禅定堪布寒瑟禅师（han-ze-shin-shis）言道："修行此道并亲见佛陀，不见佛陀则是错误，当亲近佛陀。"

禅定堪布圣珠（avarya-rag-shi）言道："所谓大乘见自在（theg-pa-chen-povi-lta-ba-chun-pa）世间有为一切无为，初始清净则平等。"

堪布迦罗衍巴玛（bkav-la-yan-par-ma）言道："迦叶顿入无方便（vod-srungs-cig-chur-vjug-ba-thabs-med），则法心（chos-sems）不生于众心（sems-kun）矣！"

禅定堪布普琼（bu-chung）言道："诸相法（mtshan-ma-chos-rnams）及一切相，以心求心则以心不能利心，全无所得亦全无所显。"

禅定堪布摩诃衍（bsam-gtan-mkhan-po-ma-hva-ava-na）言道："佛（yongs-blta-ba）为内外法主，身心共相（spyi-yi-mtshan-nyid），法主为大，自相（rang-gi-mtshan-nyi）无常痛苦，共相则见空无我。"

禅定堪布克禅师（kha-shen-shi）言道："所谓一切法知其为空，因知空故为能智空（nus-pavi-ye-shes-stong-pa），故诸法既为空性又是空（stong-pa-nyid-kyang-stong-pa）。"

禅定堪布臧禅师（dsang-shan-shi）言道："所谓诸法无碍（thogs-pa-med-pa），即指修习佛法之道（chos-lam-spyod-pa）而成六福智（tshogs-drug），获得佛经则宣讲佛训。"

禅定堪布殷禅师（yen-shan-shi）言道："亲见真性佛法之后，一切法亦即真谛之界也，自是何必寻觅其他耶?!"

禅定堪布阿禅师（a-shan-shi）言道："所谓正直之心（sems-drang-ba）即是修习佛法之道，不修空不寻方便，在彼正行之前当无道也。"

禅定堪布连禅师（len-shin-shi）言道："对于佛法自性不可怀疑，对于真正修行不应怀疑。"

禅定堪布航禅师（hang-shan-shi）言道："一切动与行亦为真如（de-bzhin-nyid）、凡所出之六尘（yul-drug）亦为真如，于是无变无异（tha-dad-med-pa）也。"

禅定堪布甘禅师（kan-shan-shi）言道："如果对任何事心不思而知，此事乃经典佛法之制度（chos-kyi-lam-srol），因被佛法所缚故不见逸。"

禅定堪布农禅师（na-shan-shi）言道："一切法无是非真实（yin-min-des-pa-med）。眼见色尘（gzugs）之时无不见，如是耳鼻舌身意，色尘之因如不生识（rnam-shes-mi-skye），则不知想（vdu-shes-mi-shes）亦不见色尘。"

禅定堪布刚莫禅师（kam-shan-shi）言道："六识（rnam-par-shes-drug）为不善之想（mi-dgevi-vtu-shes），其名即所知之魔业（bdud-kyi-las）。"

大堪布底达莫达热（mkhan-po-chen-po-dhi-dha-rmo-dtva-ra）言道："意想活动之时而未动，此为佛法，而众人则生六慧（shes-drug）。"

堪布候久禅师（hyavu-vgyevu-shan-she）言道："心与识（rnam-par-shes-pa）为自性（rang-bzhin），一切依止则佛涅槃，心之邪地（sems-kyi-yul-log）则无非法。"

禅定堪布吉禅师（gyi-shan-shi）言道："好的贱民是两门一理（sgo-gnyis-gnas-lugs-gcig），由于未见因与果中之一方，善恶之业未弃亦未离，若护卫五法(khrims-lnga）则身有真得。"

禅定堪布季禅师（ci-shan-shis）言道："一切法均将移入于佛法（sangs-rgyas-chos-la-gyos），（此种之）一切移动均为菩提，不惊不惧众称一切所依（gnas-so-cog-kun-grags）。"

禅定堪布普渡禅师（phog-tog-shin-shi）言道：“因有世俗真谛故此为空，因无克敌真谛故为非有（yod-ma-yin），如佛见之则是缘空无二。”

禅定堪布泽禅师（dse-shan-shi）言道：“受戒人（bslab-pavu-mi）无恶而见恶（sdig-med-sdig-tu-mthong），智者恶中不见恶(sdig-nas-sdig-med-mthong)。”

禅定堪布颜禅师（yan-shan-shi）言道：“众心者为不稳之法（gyo-bavi-chos），心既稳定何需禅定?！智者寻求智慧真谛无穷。”

禅定堪布罕禅师（han-shan-shi）言道：“心为法路（chos-lam）之自性（ngo-po-nyid），身为法路之器（snod），彼因是学者依缘而生。”

禅定堪布希禅师（shi-shan-shi）言道：“自心若知正心，则不分彼义是否深奥，得正道则不见歧途。”

禅定堪布郝禅师（he-shan-shi，原文“kha-shi”，误——译者注）言道：“若知五蕴圆满涅槃，修此身心则为巨著（gzhung-chen），故当清除众生之黑暗。”

禅定堪布洛禅师（la-shin-shis）言道：“若明法义应合于胜义，异与非异（tha-dad-tid-min）则无一切，显与非显（mngon-dang-mi-mngon）则系诸大精进。”

禅定堪布马禅师（ma-shan-shi）言道：“当明了时则乃出世间(vjig-rten-vdas-pa)，众人唯空悉尽（stong-pa-vbav-zhig-yongs-su-zad），则不随所示文章之后矣！”

禅定堪布阿木松秋（a-mo-gzong-chu）言道：“一切诸法应是非有(yod-pa-ma-yin)，汝是否未见所说？生而不生，不生则生。”

大堪布达莫达热（dharmo-ddva-ra）言道：“若不知则随俗（mi-chos-la-vbrang），若知则不随佛法矣（shes-na-lha-chos-la-ni-mi-vbrang-ngo），若知则识(rnam-par-shes-pa）集于色尘（gzugs-su-vdu），因此彼识则集于色尘，色生之因不生识，此即所谓之不达色尘（gzugs-su-mitheng）也。圣人之心犹如虚空，未见无常法(skye-vgag-med-mthong）则谓之菩提（byang-chub）。”

译师嘎瓦贝孜（lo-tstsha-ska-ba-dpal-brtsegs）言道：“断离一切世间，则无丝毫持生之心；施到彼岸圆满（spyin-pavi-pha-rol-phyin-pa-rdsogs)，则不生微尘之罪；戒到彼岸圆满（tshul-khrims-pha-rol-phyin-pa-rdsogs)，则法界自然坚忍；忍到彼岸圆满，则真义坚定不移；精进到彼岸圆满，则平等稳定无我；静虑到彼岸圆满，则无缘见义现证（dmigs-med-don-lta-rang-rig-pa)；智慧到彼岸圆满，则诸法无生，此为经典所载。邪心外道是否还有言可谈?！诸佛所做诸说，彼等均无差别；若知如是，则彼可成依怙。”

和尚摩诃衍（hva-shang-ma-hva-ya-na）言道：“身之坐姿及心之所存，所显示之身体坐姿是：安稳倾听而身体端正，双目观鼻舌舔上颚，结跏趺坐严紧处之，三门（sgo-gsum）不得放纵，并循规而行。身忙口说心乱焉能得闲?！障碍更多但集为昏沉及掉举两者，所谓昏沉之因则是土及人水昏沉，故滋味、饮食、疲乏、睡眠亦均昏沉。掉举（意为“心散”——译者注）之因系火风猛利尾随。若由享乐所出则障碍再生。”

比丘益西贝（dge-slong-ye-shes-dpal）言道：“不动则为大寂静禅定，对于无分别当昼夜行之，若如是者则为明理之人，不在喧闹混乱之地修行，黄昏黎明不睡而做禅定，内外暖状（drod-rtags）控制气息。”

拉松杰哇绛秋（la-gsum-rgyal-ba-byang-chub）言道：“不真虚伪之想即为极贪，不弃不取则精通方便（thabs-la-mkhas)。”

阿阇黎希哇秋坚（slob-dpon-zhi-ba-mchog-rgyan）言道：“当唯安立平等之时，则无尘境及分别。所谓不寂灭（mi-vgog-pa）即精通方便。”

娘阐贝吉益西坚赞（myang-bran-dpal-gyi-ye-shes-rgyal-mtshan）言道：“丝毫不希求于有寂法（vkhor-vdas-chos)，彼三感官安立于平等住义（don-mnyam-par-gzhag)。墀松德赞王诏令：内外一切法红白明又明

(dkar–dmar–snang–yang–snang)，见而又见则可知而复知。如是，其一为无分别，因角生（ri–bong–rwa）与石女相同。无法（chos–med）如是则无分别，此其二也。如无分别（mi–rtog–pa–vdra）则非无念（dran–pa–med–min），此其三也。顿悟别义无精进，此其四也。此四者一时刹那修习之（dus–gcig–ska–cig–ma–la–sgom）。”

堪布阿热纳陀钦（mkhan–po–ar–na–mthar–phyin）言道：“依循心性（sems–nyid）则为平等性（nyid–du–mnyam–pa），此遂入于瑜伽真谛之道矣（rnal–vbyor–nges–don–lam）。”

禅定堪布孜果坚（vdse–mgo–rgyan）言道：“遵循诸法若凡事不做，此则谓之‘禅定顿悟门’（bsam–gtan–cig–char–vjug–pavi–sgo）。”

堪布益秀宁波（mkhan–po–yi–zhu–snying–po）言道：“实际上因全非法性，故所是之心（yin–pavi–blo）全然不存，此即名之曰‘修无分别义’（rnam–par–mi–rtog–don–sgom）。”

松巴益希杰波（gsum–pa–ye–shes–rgyal–po）言道：“在凭见解考察时为非是（yin–pa–med），当于不生自证分时（rang–rig）则不云（brjod–du–med），故修行时则顿入于非智等引（dlo–med–mnyam–gzhag）。”

朗卓衮秋琼内（lang–vgro–dkon–cog–vbyung–gnas）言道：“不可思议不坏等引（ma–nyams–mnyam–par–gzhag），无生不成则无阻，此门洞中际全然无有（sgo–bug–dbus–mthav–gang–yang–med）。《离遮无垢称经》（li–tsa–dri–med–grags–pavi–mdo）载：无全然不生则无惧（gang–yang–ma–skyes–ma–byung–vjig–pa–med），证得无生法忍（mi–skyevi–chos–la–bzod–pa），如此则入于无二（gnyis–su–med–pa）矣！”

绛秋森巴贝贝（byang–chub–sems–dpav–dpal–sbas）言道：“所谓我及我所有（nga–yi）即二现（gnyis–snang），若无增益（sgro–btags）则无我所有，故得入于无二矣！”

绛秋森巴埃宗（byang–chub–sems–dpav–nges–adsum）言道：“因分

别不想（mi-dmigs-pa），遂凡事不做，故彼不行乃得入于无二。"

绛秋森巴格杰（byang-chub-sems-dpav-sgar-rgyal）言道："所谓善与恶两者，即入于有相及无相两者。"

绛森僧格洛垂（byang-sems-seng-ge-blo-gros）言道："当闻平等法（mnyam-pa-nyid-kyi-chos）后，此即无所有漏（zag-bcas），彼凡事无生（vjug-med-pa）即入无差别（gnyis-med-vjug）。"

绛秋森巴岱莫（byang-chub-sems-dpav-bde-mo）言道："对于此乐而非乐，此二者谓之智慧，无贪即入于无差别（即无二——译者注）。"

禅定堪布贝央（dpal-dbyangs）言道："以经诫及明智决断（事物），心之自性(sems-kyi-rang-bzhin）谓之正信（yang-dag-yid-ches）。"

和尚摩诃衍（hwa-shang-ma-hva-sva-na）言道："因分别诸戒故无需护持。因发心有学故不应骄傲，因誓言清净故不应败坏。欲入行当依止四行：其一报仇之行（vkhon-la-ldon-pa），其二为随顺缘（rkyen-gyi-rjes-su-spyod-pa），其三随寻所有（ci-yang-vtshol-rjes-spyod-pa），其四顺法行（chos-dang-mthun-pavi-spyod-pa）。首先则系报仇之行。当因自身修行而产生内苦之时，此种自心所想即系心想，当分离自身初无我之后，则断除正自性（yang-dag-pa-yi-ngo-bo-nyid）。在随外境之后则诸有流转，若生众多仇恨愤怒，因之遂有无数憎恶、非难及灾祸，其时虽不兴灾招祸，但往昔之恶业痛苦则形成于此时。神不做两人亦不做，因形成于自业（rang-gi-las）故无怨恨。忍而无怨为先取（dang-du-blang）；对于打击，虽受打击但不怒。不做痛苦及忧愁，勿与所生如是之自心相违。其二，所谓随顺缘，虽诸众生无我但将成作业者（las-can），所有取得之痛苦与安乐均出自于缘（rkyen），对于得与失无所谓乐与愁，顺应法义则为随顺缘。其三，所谓随寻所有，世间诸人长期修行安乐，虽然未有修行任何痛苦，但因已修得安乐故而失去痛苦，若有身根（lus，即形碍——译者注）则一切亦均有痛苦，任何人均不能获得任何安乐。若众生有安乐则不应作之事（byar-med）乃为安乐，此即是平息一切想。其四，所谓顺法行，若以慧眼而信解真理，则不必住于大厦之中进行享受，华衣美食贵宝将（招至）烦恼。譬如所总持一切咒药（sngags-sman）之毒，虽可饮于（体）内但不能导致死亡，如是因精通方便（thabs-shes）遂可总持一切，故虽作烦恼然而无过。铁丸虽小沉于水，器皿虽大浮于表，悲感慈心已坚固，善心（之人）则无过（skyon-med）。以上即为顿门顿入时（stor-mun-cig-char-vjug-pavi-skabs），第十三品完。”

以上顿门派汉藏僧人辩论发言之藏文史料目前仅见于《大臣遗教》。从而弥补了其他藏文史书对顿门派答辩的缺漏。

关于渐门派的辩论发言，《大臣遗教》亦有载，其间还有摩诃衍等禅师的答词，请参见该书20页上~21页上。有关顿渐之争的缘起，在该书16页上~20页上有较详细的记载，值得参阅。

又，摩诃衍返回汉地——敦煌，他仍然与其他汉人禅僧一起继续宣传禅宗。《敦煌吐蕃古藏文历史文选》上册，110页，伯字116号卷子就记载此事，该文有问有答，现将摩诃衍的两段发言译之如下：

堪布摩诃衍言道：“《静虑经》（bsam-brtan-gyi-mdo）有载，最初生死涅槃无二，故对于合与离（vdu-ba-dang-bral-ba）无所谓乐与愁也，若问何故，所谓轮回及平等涅槃，此即谓之涅槃。”

堪布摩诃衍言道：“在不思静虑（bsam-brtan-mi-rtogs-pa）之中，有集论六度及十度之经，当进入不思（myi-rtogs）之时，因全部抛弃三界，故大布施（sbyin-pa-chen-po）亦因之圆满。当进入不思之时，因不生三门之罪（sgo-gsum-gyi-nyes-pa），故大戒（tshul-khrims-chen-po）亦因之圆满。当进入不思之时，因心思不生且忍，故大忍亦因之圆满。因‘不思’（mi-rtog-pa）如江河长流不断，故大精进圆满。”

[23] 以上三部著作今存，见西藏《大藏经》。参见本书第十章的注释。

[24]《中观光显论》（dbu-ma-snang-ba），此经亦存，见西藏《大藏经》，3887号（日本影印本），原译名《中观明》（dbu-ma-snang-ba-zhes-bya-ba），梵文名称是：madhyamākaloka-nāma，德格版sa函，133页下~244页上。

[25] 此段即《拔协》所载，见1980年北京排印本，76~77页。以上见《贤者喜宴》，ja函，119页上~119页下。

[26] 渐生（rim-skyes-pa），在逻娑版《布顿佛教史》中写作"rim-gyis-pa"，意为"渐行"（见该书123页下）。比较之下，当以"rim-gyis-pa"为妥。正理决所说"渐修行"，即指渐行，并说："诸佛所说，皆是渐门，不见顿门。"（见$F^0$133a）

[27] 此段从"总之"起至结尾，均为《贤者喜宴》作者的评论，非《布顿佛教史》原文。

[28] 所谓"又有人言"，是《拔协》关于顿渐之争的另一种记载。

[29] 关于"一汉地比丘"，从以下全段所载内容看，其所指仍是摩诃衍。又，此段记载可参阅《拔协》1980年北京排印版，72~75页。

[30] "唯一白法"（dkar-po-chig-thub），意为唯一正确或唯一纯正的佛法。这种名称，若从以下段落内容看，似与禅宗的"身心本来清净"和"佛性常清净"等理论有关。又，瑜伽亦有"白法"之说："于一切门，集成自法。"见《法相辞典》"正行胜利四种"条。

[31] 此处之"堪布"系指阿阇黎菩提萨埵。

[32] 五浊（snyigs-ma-lnga），瑜伽与俱舍论所载"五浊"内容一致，唯次序有别。《俱舍论》十二卷八页载："言五浊者：一寿浊、二劫浊、三烦恼浊、四见浊、五有情浊。劫减将末，寿等鄙下；如滓秽故，说名为浊。"（见《法相辞典》，二册，251页）关于诸浊内容，瑜伽均有说明，例如寿浊："如于今时，人寿短促，极长寿者，不过百年，昔时不尔，是名寿浊。"（出处同上）

[33] 此段从全部内容看，当是汉地堪布摩诃衍所云，但原文将主语省略了。此段在《拔协》中有较明确记载："阿阇黎嘎玛拉希拉首先发问：'汉地之佛法理论为何?'于是汉地（禅僧）答道：'你之佛法理论是，在生起皈依心之后，则如猕猴爬树一般爬行。而我之佛法理论是：以所行之佛法（bya–byed–kyi–chor）不能成佛，修无分别后，则可凭籍证悟而成佛（rnam–par–mi–rtog–pa–bsgoms–nas–sems–rtog–pa–nyid–kyis–sangs–rgyas–te)，此犹如大鹏由虚空落于树端一般。因为此系由上而下落，故为'唯一白法'（dkar–po–chig–thub）也。"（见该书73~74页）。以此句与《贤者喜宴》所引同句相校，则知《贤者喜宴》有严重遗漏，尤其因略去"修无分别后"这样重要语句，则使全段之意违反了禅宗学说。因此，此处《贤者喜宴》所载应以《拔协》所载原文为准。

[34] 久玛玛即前述之森梅巴久玛玛。

[35] 浊世之时，即浊劫时，指在人寿二万岁以后。

[36] 五浊横流（snyigs–ma–lnga–bdo)，即指五浊恶世之时，《法华经·方便品》曰："诸佛出于五浊恶世。"（见《佛学辞典》，上册，402页）

[37] 文中之"众生浊"及"命浊"即"有情浊"及"寿浊"之别称。

[38] 无生（ma–skyes–pa)，又可写作"skye–med"，意即"空性"(stong–nyid)。此亦即"a"字之义（a–don)。梵文作"ɑkārɑ"。

[39] 《三修习次第》，即指《恭修初分》《恭修中分》及《恭修末分》。详参本书第十章的注释。

[40] 正行（dngos–gzhi)，（日）芳村修基《西藏语字典》又释作"根本又正禅"（135页)。瑜伽八卷十四页载："于诸有情，远离邪行，行无倒行，故名正行。"（见《法相辞典》，第二册，498页）瑜伽七十九卷十二页又说，经修行后能引发出八种行相，亦称正行。（见同书，第二册，503页，"正行八相"条）

[41] 四禅，系指修四种禅定的佛教术语，分观禅、练禅、熏禅、修

禅四种，故名四禅。参见《佛学辞典》，下册，上海佛学书局版，1931页，“观练熏修”条。

[42] 本段从“赞普接着言道”到此段结尾，均为赞普对顿渐之争的看法，从这段文字表明，赞普对顿门巴的理论并未采取强烈排斥的态度，颇有评介味道，这种有褒有贬的态度，同以前有关断然排斥顿门理论的记述显然不同。例如《拔协》就说：“将唯一白法之佛教理论予以抛弃，应按与经论相合的天竺佛教理论行事。今后如有奉行汉地唯一白法之教理者当绳之以法，此乃于全吐蕃所订之法律，继而将汉地之诸种经书聚集起来，于桑耶埋作伏藏。汉人堪布（摩诃衍）灰心丧气回到自己之住处，但却将鞋遗于彼佛寺，因此，（摩诃衍说道：）‘如果考虑此种预兆，则是：当佛教衰败之时，我的教法（即唯一白法——译者注）则将像此鞋一样遗留下来。’此即（摩诃衍）对其诸门徒所做之预言。”（见该书，1980年排印本，75页）显然，《拔协》的这种说法是全面排斥顿门派的说法。此外，《大臣遗教》并未像《拔协》那样一概否定顿门派，而是对顿渐两派采取同等对待的态度，现将该书所记原文译之如下：

墀松德赞对于顿门顿入派（ston-mun-cig-car-vjug-pa）的看法，据《大臣遗教》所载并非像一般书所说采取那样断然摒弃的态度。该书载：“此后，吐蕃赞普谕：我之诸僧侣意见方便（sems-blta-thabs），当按瑜伽中观理论（rnal-vbyor-dbu-mavi-gzhung）表明见解，则身语戒（lus-ngag-sdom-pa）逐一解脱，其类别当依循七种或八种，并奉行说一切有部理论（thams-cad-yod-par-smra-bavi-sde-gzhung）；顿门顿入派（ston-mun-cig-car-vjug-pa）乃系中观（dbu-ma），其已获得一地二地（指菩萨十地中之诸地而言，下同——译者注）于三地四地行境（spyod-yul）处，当显示密宗事部及行部（gsang-sngags-kri-ya-dang-ni-au-pa），第五地行境则显示瑜伽（yo-ga），其第六地行境则为大瑜伽（ma-hva-yo-ga），其第七地行境则显示小瑜伽（a-nu-yo-ga），其第八地则显示阿底瑜伽（a-ti-yo-ga，即指阿底瑜伽修习法“a-ti-rnal-vbyor-gyi-sgom-pav-thabs”而言——译者注），其第九地则显示吉底瑜伽（spyi-ti-yo-ga），第十地则显示扬底瑜伽（yang-ti-yo-ga），第十一地则显示普光无边（kun-tu-vod-la-mthav-chen）。”（见该书ca函，26页下）

以上《贤者喜宴》有关顿渐之争的记载，见该书ja函，120页上~122页下。

又，关于墀松德赞时的此次顿渐之争，向为藏学界所重视。对于顿门派的摩诃衍及其学说的研究不少，兹略介绍如下。关于摩诃衍，除本译文第十章之注[39]所述情况外，日本中川孝在《初期的禅语录》中的《后期北宗禅的顿悟说》一章内说，摩诃衍的理论应属北宗顿悟说的思想。日本山口瑞凤认为摩诃衍的基本立场是神秀的“观心论”，可是摩诃衍又舍弃了神秀的清净禅“观”，并从摩诃衍的言论分析，又认为摩诃衍也受到神会及保唐宗的某些影响。（见山口氏：《中国禅与吐蕃佛教》，391页~406页）饶宗颐认为摩诃衍的理论思想是南北禅的调和（见饶宗颐：《神会门下摩诃衍之入藏——兼论禅门南北宗之调和问题》，载《香港大学五十周年纪念论文集（一）》，1964年，173~181页）。

另外，关于记载顿渐之争的史料，除去前述译补的藏文《大臣遗教》的一节之外，还有《拉鲁目录》的藏文823号文献。汉文文献有《大乘二十二问本》，此文本与戴微密所引用的《顿悟大乘正理决》中间同一内容，见上山大峻：《敦煌和敦煌的佛教学研究》，载《东方学报》，1964年，35卷。另有今技由郎的《有关吐蕃僧争会的新敦煌文书》，载于《法国亚洲学报》。国内论述此次顿渐之争的文章有王尧的《吐蕃佛教述略》（见《青海民族学院学报》，1980年第4期。此文第七节即载此事，并录有《大乘二十二问本》文）。专论此顿渐之争的还有阿沛·晋美的《论赤松德赞时期汉地佛教在吐蕃的传播和影响》（见《藏族研究论文集》中央民族学院藏族研究所1982年印，129~157页）。

此次顿渐之争，使汉地禅宗并未因所谓“失败”而失去对吐蕃宗教的影响，行政的命令解决不了意识形态的问题，宗教派别之争更是如此。汉地禅宗对后世西藏佛教一直有着影响。禅宗在藏文中又称作宗门(tsung–men)，并称摩诃衍即属此宗，而此宗之理论与西藏佛教噶举派相同，《土观宗派源流》就指出：“心要派汉人呼为宗门（tsung–men），就其实义与噶举派相同，即大手印表示之传承。其入藏地之大乘和尚，虽是宗门，但彼之言论与宗门共许之见，略有不同。”此句正说明汉地禅宗对西藏佛教的影响。这种影响固然导源于摩诃衍理论最初在吐蕃的广泛传播，并为众多僧人所接受。而更重要的一点是，顿门与渐门者并无根本区别，亦即并非宗派之见，两者仅是引导修行的方法有所差别而已。《土观宗派源流》就明确指出这点：“以为顿门与渐门为各别宗趣，实属错误。顿门渐门之义，应作直入与次第入解释，仅为导引弟子方法之差别而已。”这种分析正说明汉地禅宗之所以能够在吐蕃得到传播的原因(当然还有其他原因)。至于摩诃衍的理论，用教义来衡量，其辩词有偏颇及错误，但并非全错，更不能认为一切和尚之见解均错。《土观宗派源流》指出，禅宗的修见法有所谓“全无所作，全无所思”之说，但这是对那些已经证得实相的人说的。但摩诃衍没有加以区别，而推广到一切人，“乃谓从初业行人即全不作意便可解脱”。（以上分见《土观宗派源流》，西北民院汉译本，213页，215页）土观对摩诃衍理论的一分为二的分析，正表明并非全错的禅宗理论是有存在理由的，因此，西藏佛教噶举派之受到禅宗的影响也就不是什么偶然的了。这种影响直到明末的宗喀巴时期仍然很大，以至宗喀巴在其名著《菩提道次第广论》中不得不用较多的笔墨去“清除”这种禅宗的影响，据民族所一位精于佛教的学者指出，宗喀巴在《菩提道次第广论》中多次点出摩诃衍的名字，并指出摩诃衍理论不宜施行，应按菩提道次第逐步修行才是正路。从这里使我们明确地认识到，起于吐蕃时的汉地禅宗直到明末还有再次“清除”

其影响的必要，这不正显示汉地禅宗影响之深和之久吗！如无影响何需宗喀巴用心清除呢？为什么嘎玛拉希拉的《修习三次第》清除不了禅宗的影响呢？现在看来，宗教中见解的差异，不能靠赞普的行政裁决来解决，往日佛本之争，墀松德赞宣布灭本兴佛，甚至对本教采用暴力，虽一时可以得逞，然而终不能持久，本教一直留存于藏区。佛本这种宗派之争尚且如此，更何况同一宗派内的见解之争了。再者，吐蕃时期的几次宗教之争实质上解决的是宗教背后的政治问题（达扎路恭先站在本教一方，后站在禅宗顿门巴一方，作为旧贵族的代表达扎路恭始终与佛教界中的某些势力相对抗），并非主要旨在解决宗教本身的各种教义问题。因此，作为见解或修习方法不同的禅宗，在一般佛教信徒中作为一种信仰乃得以延续流传。又加之佛教各派之间本身就在相互影响，格鲁派与宁玛派的关系就是如此，禅宗与噶举派的关系也是如此，就是宗派不同的本教，其中不少东西也已被格鲁派吸收，而本教也吸收了佛教的东西。从这些道理看来，汉地禅宗之影响于西藏（吐蕃）佛教，这正是汉藏佛教交流的结果和体现，至于禅宗在西藏影响这样深远，其原因之一或许正是顿渐之争的结果，因为两年的争辩在一定意义上又起到了某种宣传作用和效果，这恐怕是主张渐门之人原来所想象不到的。

总之，顿渐之争是汉藏宗教文化史上的大事。对于此次事件的研究还有待于从各方面进一步深入探讨。

[43]《拔协》载，每人所得衣服是九件（na-bzav-phrug-dgu-re-re）而非一件。（见该书，1980年北京排印版，77页）《贤者喜宴》所载似有漏写。

[44] 普通僧人，原藏文作“bandhya-rang-ga-ma”。

[45] 三宝之所依，《拔协》写作“rin-po-chevi-rten”。

[46] 此段具有重要意义，墀松德赞自建桑耶寺起，从政治、经济、生活、宗教活动等等各方面，逐步将佛教扶植起来，至此已臻于完善，

为以后佛教的发展打下了坚实的基础。此外，其中规定官府对于寺院属民及僧众无权干涉(vbangs-lha-ris-la-bla-nas-dbang-mi-bya-bar-chad-nas)，而将权力均授予僧人。这一规定为僧院今后逐渐发展成为一支独立的力量开了绿灯，其影响甚大。（以上见《贤者喜宴》122页下）

[47] 贝若咱纳所传密教，在吐蕃受到包括王妃蔡邦氏（jo-mo-tshe-spong-gzav）在内的许多人的强烈反对，墀松德赞多方袒护无效，被迫将贝若咱纳流放到擦瓦绒，《莲花生传》写作“rgyal-mo-tsha-ba-rong”，贝若咱纳就在森林峡谷地带的杰莫擦瓦地方（lung-pa-nags-rong-rgyal-mo-tsha-bavi-yul）住下来，并继续传播密咒(mdo-sngags)。见该书木刻版，138页下，140页下。文中之擦瓦绒即杰莫擦瓦绒（rgal-mo-tsha-ba-rong）的缩写，地在今四川西北的阿坝藏族自治州的西部，今日所称的嘉绒地区（rgyal-mo-tsha-ba-rong）即是“rgyal-mo-tsha-ba-rong”一词的简称，其中杰莫（rgyal-mo）意为“女王”，其来源似与古代东女国有关。贝若咱纳在顿渐之争时坚决站在渐门巴一方，但他之被流放一事，说明在政治斗争的关键时刻，赞普是以宗教是否有利于政权统治为原则的，而不是简单地以教义为取舍的标准。又，被流放的密咒僧人还有纳卡宁波，他被流放到洛扎；另有三人分别流放到香雄、于阗及北方。（见《莲花生传》，木刻版，143页）

[48] 关于嘎玛拉希拉被刺身死，《贤者喜宴》在此处是引自《拔协》（见该书排印本，77~78页）。其中所谓之“外道”，据《布顿佛教史》又说是汉地和尚所派之人：“其后，和尚之四名汉地刺客（hwa-shang-gi-rgyavi-shan-pa-mi-bzhi），伤害阿阇黎嘎玛拉希拉之肾部，遂将其杀死。”（见该书逻娑木刻版，123页下）渐门派的僧人结局都不好，嘎玛拉希拉被刺，贝若咱纳被流放，益希旺波（ye-shes-dbang-po）亦绝食而亡(kham-kyi-zas-spangs-gshegs-so)。（见《布顿佛教史》，123页下）渐门派头面人物的悲惨结局发人深思。

第十二章　墀松德赞晚年与墀德松赞执政

【译文提要】第十二章共有12节，即墀松德赞之死与穆尼赞普继位；拔热甸与益希旺波之死；以“十善法”推行佛教；汉、霍尔、南诏之和约；墀松德赞父子时期的译经情况；《拔协》记载墀松德赞晚年之情况；“三喜法”；穆尼赞普均贫富及建四供；穆尼赞普与穆底赞普死因；墀德松赞执政；恢复桑耶寺供养；建多吉英寺及颁布兴佛诏书。本章主要记载墀松德赞晚年退位修道，穆尼赞普及穆底赞普执政及相继被害，穆尼赞普的所谓“均贫富”，佛教“四大供”，恢复桑耶寺供养，上述三代赞普时的译经，“三喜法”的制定，唐、南诏、突厥“三方会议”以及墀松德赞颁布兴佛盟书。

通过这部分史料表明了如下几个现象：第一，吐蕃赞普势力迅速衰落，王妃幕后干政而势力大增。这种情况的具体表现是：墀松德赞违背历史潮流，抛弃了其远祖及其父的亲唐和睦政策，极力四出侵略，东攻唐境，夺城掠地；西攻突厥，南侵南诏，奴役邻族，结果招致四面受敌。穷兵黩武，损害了邻族，也严重地消耗了自己。再者，吐蕃执政者背信弃义，平凉劫盟，政治威信扫地。这几种情况表明吐蕃赞普已经从所谓“极盛”而走向它的反面。最后突厥与南诏摆脱吐蕃控制而相继与唐联盟，形势速变，这时吐蕃才发现自己处于被包围之中，这正是其错误政策造成的。从此，吐蕃节节败退。掌握对外军权的尚结赞也乘机操纵了吐蕃朝政近二十年之久，墀松德赞晚年权力旁落。内外局势迫使墀松德赞不得不晚年退位，把王权交给穆尼赞普。但是，墀松德赞的两个王子都在总计不到二年的时间里先后被害身亡，从此，赞普死者除一人外，均属暴亡：日巴坚被扭颈而死，朗达玛被刺丧命。这说明墀松德赞晚年不仅仅是王权力量衰落的开始，也是吐蕃力量走下坡路的开始，从此吐蕃被内部矛盾弄得自顾不暇，再无力外侵。此外，赞普权力衰落还表现在吐蕃社会经济的破产。穆尼赞普为举行“四大供”，下令吐蕃全体属民一律尽其所能献纳布施，结果一般属民只能交出破衣烂衫作为布施，说明人民生活何等贫困；而豪族大户则可供出金银财宝，这又显示奴隶主阶级掠夺了惊人的财富，两极分化极其尖锐，这正是吐蕃经济凋敝的写照。吐蕃赞普面对这种情况，想以所谓“均贫富”来解决，姑且不论是否确有此种事实，但赞普曾试图设法解决但却以失败告终，这倒是事实。这说明赞普的措施遇到了其他奴隶主集团广泛的有力的抵抗，而赞普对此无能为力，甚至引来杀身之祸。此外，衰落的另一表现是，墀松德赞曾极力想借助佛教的力量而壮大自己的王权力量，然而未能如愿，“顿渐之争”后，他依靠的主要人物嘎玛拉希拉被刺，益西旺波绝食身故，剩下一个贝若咱纳（毗卢遮那）又被以王妃蔡邦氏为首的人们攻击得无言可对，赞普被迫将此人流放擦哇绒。总之，从政治和宗教两方面看，赞普王权势力正被其他奴隶主势力集团逐步剥夺。另一方面，随着赞普势力的衰落，母后及王妃势力（实际是奴隶主的派别势力）却迅速上升，她们干预朝政，蔡邦氏与那囊氏极力争权火并，她们先迫使赞普流放穆底赞普，继而又将其暗杀致死；而蔡邦氏竟下毒并亲自害死了穆尼赞普。总之，她们按照她们的喜怒来决定赞普的废立，这表明她们背后有着一股奴隶主集团势力的强大支持，她们敢于在墀松德赞生前弄死赞普而不怕遭到惩罚，正是她们力量增长的标志。再一点，母后及王妃力量的另一表现，就是公开参与朝政，她们把松赞干布时代“妇女不得参政”的规定抛掷一旁，这突出地表现在她们争得了盟誓权力。我们知道，在墀松德赞时两次兴佛盟誓诏书中均无母后或王妃参加，但到了墀德松赞的兴佛盟书中，王妃署名在盟书之首位，钵阐布及大臣署名均在其下，王妃署名是王妃势力急剧上升的突出标志。从此以后，母后及王妃势力与日俱增，发展到朗达玛晚年及其死后，吐蕃政局已完全在王妃势力操纵之下了。概言之，无论王权或王妃势力的变化如何，都表明吐蕃统治阶级内部矛盾日趋激化，预示着吐蕃王朝的末日行将到来，这是奴隶主阶级所不可避免的。

第二，佛教势力在政治上和经济上取得更为突出的特权。这表现在1.墀德松赞发布兴佛盟誓诏书，这是继其父两次兴佛诏书后的又一法律性诏书，再次肯定兴佛。其中特别引人注目的是，僧侣上层出任赞普善知识的职位不仅得到再次加强，而且在盟誓活动中身居前列，署名仅次于王妃而位在俗官大相之上，可谓显赫一时，这表明高级僧侣在参政的路上迈出了极为重要的一步，这是僧侣也是宗教势力以前从未捞到过的政治资本。此外，僧人还得到如下特权：“诸出家僧侣不得被给予他人为奴，不得强行征税，不得将彼等列入俗人范畴而予以诉讼。”2.在正面肯定佛教的同时，对不信或反对佛教的人，进行威逼利诱，以使彼等弃本信佛：命令苏毗族大臣改信佛教；将拒不信佛的大臣达策甫斩首；将信佛的妃子赐予大臣陆桂，并通过讲经促使陆桂皈依佛门等等。3.恢复并增加对寺院的供养。“顿渐之争”后，寺院供养受到严重影响，桑耶寺这座当时的首座大寺，其僧侣几乎达到断炊的地步，寺院设施也遭到不少破坏。这种情况不能简单看成是摩诃衍提倡禅修不必供养佛寺的理论影响，看来，当时墀松德赞只规定僧侣生活由官府上级供给，而当时吐蕃又调动整个社会力量对外侵略，似无力顾及寺院。此外，虽然两次兴佛诏书下达，但一般贵族属民并未承担负责供养寺院的义务，诏书也无此规定。所以，眼看着桑耶寺香火中断而不愿出力相救，这也说明一般贵族甚至较大的贵族对佛教并不真信。为了维护王朝的支柱——佛教，这对开始衰落的吐蕃王朝来说是有用的，所以必须恢复供养。而这次是以王妃及大臣带头发起的，所供物资各种各样，数量虽然不甚多，但却是贵族属民献布施和官府献布施相结合的开始，看来，以前墀松德赞“三户养僧”制的规定并不能保证僧人的生活所需。现在是，除去规定的“三户养僧”之外，还必须由其他贵族予以资助。此外，赞普又借建立“四大供”之机，动员更多的属民广开财源支持寺院。同时，赞普又先后为僧侣建造了新的根据地——噶琼寺和多吉英寺。再者，墀德松赞盟誓诏书再次肯定在经济上对寺院的支持，并且让八十七人署名盟誓，以示支持（第一次诏书署名是四十八人）。

除上述主要的两种情况外，译文中还有“三喜法”及所谓唐、南诏及突厥的“三方会商”等。从“三喜法”中可以看到对赞普权力的法律约束，即承认赞普杀属民无罪，但又规定赞普以维护法律为条件，否则不能对属民治罪。这里所谓的属民指贵族而言，“三喜法”的“喜”，主要不是指贵族属民的“喜”，因为“三喜法”是由对穆底赞普杀属民是否治罪的问题引起的，而结果终究流放了穆底赞普。总的看，“三喜法”是解决赞普与贵族之间的法律关系，因奴隶阶级是根本不可能得到什么法律保护的。“三喜法”的执行过程，表明赞普在与贵族集团的斗争中失败了，因为赞普最后保护不了自己的王子不受法律制裁。至于译文中的“三喜法”之外，《西藏王臣记》载当时还同时制定了“三刑法”(zhal-lce-vdar-gsum)，这在《贤者喜宴》中未见载。

所谓唐、南诏、突厥之“三方会商”，虽然在出土的古藏文文献找到了类似的内容，但在汉文正史中尚未见到这种记载，有待进一步研究。

第一节　墀松德赞之死与穆尼赞普继位

此后，王子穆底赞普（mu-tig-btsan-bo）[1]因杀死舅臣武仁（zhang-blon-dbu-rings）[2]而被驱逐到北方（byang）[3]。桂氏（mgos）制定了“三喜法”（zhal-ce-dgav-gsum）[4]。益希旺布（ye-shes-dbang-bo）圆寂[5]，将其死后之舍利建佛塔一百余座[6]。

化身法王墀松德赞将政权移交给天子托波穆尼赞普（lha-sras-tho-bo-mu-ne-btsan-bo）[7]，委任其为法王（chos-kyi-rgyal-bo）。墀松德赞在苏卡米玛园（zur-mkhar-smig-mavi-tshal）中去世[8]，其陵建于穆日山（mu-ra-ri），其陵位排列在其父（陵）之右后方，此地即称为“护父之光”(yab-kyi-vod-pa-srung-ba)。墀松德赞陵内装满各种珍宝财物，此陵命名为“朱日祖囊”（vphrul-ri-gtsug-snang）。在陵基处建立一通带有文字的石碑[9]，据说此碑用意旨在保护诸本教大臣（bon-blon-rnams-kyi-sems-srung-phyir），是于赞普墀松德赞在世时建造的。

穆尼赞普创建了四种大型祭祀（mchod-chen-bzhi）[10]，并为吐蕃属民进行了三次平均贫富（bod-vbangs-stogs-phyug-lan-gsum-bar-bsnyams）[11]。穆尼赞普执政一年零九个月即被其母杀死[12]，其陵建在梅奥聪（ag-tshoms）

陵之右前方，其陵名为佳日丁甫（skya-ri-ldem-bu）[13]。

穆底赞普被那囊氏（sna-nam-pa）杀害[14]，陵墓建在敦卡达（don-mkhar-mdav）、陵名为佳丁（skya-ldem）。[15]

第二节　拔热甸与益希旺波之死

再者，《拔协》载：拔热甸（rba-radna）死时[16]，如意轮身主母（神像）流下了眼泪。益希旺波死时，众非人发出了迎接之声，天空中也出现了无穷供祭。益希旺波向圣者请示：“赞普天子死后请赐以米粥。”在吃了此种由主公所赏赐的残饭之后，则从此以后即停止段食矣。此即所谓以禅定替代了食物（原藏文注：即以佛法取代食物）。益希旺波遂后逝去。其时，天空有声发出——所有飞禽发出哀鸣：“灵堂如果建于亥波日山（has-po-ri）之上端则佳。”随后乃在该地建造灵堂。益希旺波的两个女儿坚日塞[17]及格亭（sbyan-ras-gzigs-dang-dge-ldem）二人，她们为了观世音而在其父的佛塔塔基处建造了一座佛塔，而建塔所用之好土则是由龙献出来的。由于依靠了王及众属民的福德，于是在查玛岩上下便建造了一百零八座佛塔，在尚未建完佛塔的当中，龙献出了泉眼和好土，并还出现带有天竺文字的石头，（用这些材料）建成了佛塔。每座佛塔均环饰着三层天女像，每层十名，凡谁想要去天堂者，据说就应当绕行此一百零八座佛塔[18]。坚日塞在梦中梦到（佛说）：“你姐妹二人如欲往无量佛土，则应为此佛塔开光。”

第三节 以“十善法”推行佛教

在吐蕃统治之下的苏毗（sum-pa）厌恶佛法，没有前来（参加开光），遂以令其皈依佛法而予以调伏；为了把人引向善业，而将拔萨拉丁（rba-bzav-lha-ldem）赐给了舅臣墀松泽（zhang-blon-khri-sum-brtsegs）；遵照高尚的佛语将苏毗墀德希（sum-pa-khri-lde-bzi）引入十善之中；上级让弟子班第朗苏卡达（badhi-rlangs-su-ga-ta）、贝吉僧格（dpal-gyi-seng-ge）及阿热雅（avarkya）等等与善良、（学识）精通和广博的弟子娘夏米（nyang-sha-mi）较量佛教理论，因此由拉亭当桑（lha-sdem-stangs-bzang）赐予重赏——十二户奴隶（bran-khyim-bcu-gnyis）；朗日（rlangs-ril）皈依十善；朗陆桂（rlangs-klung-rgod）及达策甫（stag-tshab）对于推行佛法充耳不闻，达策甫（stag-tshab）被下令斩首。陆桂得到了拔氏妃中信仰最诚的拔萨莱尊（rba-bzav-legs-btsun）为妻，此妻是上级赐予他的。陆桂抛弃了本教而信仰佛教（lha-chos），并做了许多善事，后来陆桂因见《贤愚经》（dharma-mdsangs-blun）由是出家为僧[19]。苏毗大臣包氏（sum-pa-blon-dpogs）亦从此以后皈依佛教[20]。

总之，神变法王墀松德赞是妙吉祥佛之化身，其手中有莲花之图画。当（墀松德赞时）从天竺取得舍利之际，即已显示了化身军队等等之诸种神变。他当时已经立下了兴建一百零八座寺院之誓言，在顿渐不和（ston-brtsen-ma-mthun-pa）之时，寺院略有破坏，但其后终于全部建成。

第四节　汉、霍尔、南诏之和约

先于父祖之时，因不和而发生汉、霍尔（hor）及南诏（ljang）三方之间的战争，追逐厮杀。到最后，吐蕃大臣墀松杰达纳（blon-po-khri-sum-rje-stag-snar）说道："应当进行协商。"于是，汉人说道："日月星辰在我汉地上方升起，因为我们掌握天之上部，故此应在我们跟前进行协商。"但霍尔人则说："北斗七星是在天之中心，其下为我霍尔人所居，天之中心由我们掌管，因此应在我们的灶灰井处协商。"南诏人则说："银白色的天河是天的中心线，我们南诏即在其下，我们掌握天之中心线，因此应在我们的土地上协商。"此后进行会见时就将按各自（说的）那样做。然而，墀松杰却做了一种神变，集中各方在雅玛塘（dbyar-ma-thang）开会，将青树皮做的绳子伸向天空，其上系着闪烁发光的日月星辰。继之，又令人在堆积着青树皮的树皮堆下面燃起火，当出现蒸汽的时候，（墀松杰）又使蒸气变成了烟雾，涂着黄金的鹅被引往彼岸。(墀松杰说道：）"在彼岸处是白天即有星辰升空之地，也是日月星辰同时升起之地，也是新年时烟雾升在山岗之地，又是形成雪山水晶佛塔之地。由神而成的人王被金鸟引向彼岸，我比你们所有人都优越，因此，协商应在我的前面举行。"（墀松杰）说罢，（汉、霍尔及南诏三方）均无言以对，于是据说就在吐蕃王前（对上述三方）进行了调解。[21]

第五节　墀松德赞父子时期的译经情况

特别是，佛教如日东升，墀松德赞亲自著有《圣言量》（bkav-yang-dag-pavi-tshad-ma）七部、《圣言量概论》（de-mdor-bstan-pa）一部、《如来语》（de-bzhen-gshegs-pavi-skad-brda）五部、《弥勒大赞》（byams-pavi-bstod-chen）一部。特殊的诸种著作是：《论典巨著》（bstan-bcos-gzhung-tshan-che-ba）、《宗派注释》（grub-pavi-mthav-dgrol-ba）、《中观橛》（dbu-mavi-gzer-bu）、《除静魔八疑》（bsam-gtan-gyi-dogs-ba-brgyad-bsal-ba）。奉赞普之旨所著者是：对毗卢遮那佛、释迦牟尼、文殊菩萨、弥勒、不动依怙明王及菩萨等诸佛之百颂，这些均系一些小的论著。《旁塘目录》（dkar-chag-vphang-thang-ma）中据说有墀松德赞做的《般若经十万释》（yum-stong-phrag-brgya-pavi-vgrel-chen）七十八部[22]，虽然这样说，但是在《青浦目录》（dkar-chag-mchims-phu-ma）及《丹喀尔目录》（ldan-dkar-ma）[23]中此两种目录是《天竺目录》（rgya-gar-ma）业已讲过的，因此布顿大师（kun-mkhyen-bu）则说那就是所谓的《塘夏扎塞纳所著十万颂布大疏》（dashata-se-navi-vbum-gsi-ka）。此外，穆底赞普著有《深密解脱经疏》（dgings-pa-nges-vgrel-gyi-mdovi-vgrel），王子及王妃著有《主母菩提尊者祈愿》（jo-mo-byang-chub-rjevi-smon-lam）等等著述。贝若咱纳之著作是：《明义灯》（don-gsal-sgron-me），此是从《六十正理论》（rigs-pa-drog-bcu）中归纳后所讲述之经。此外还有《无量光佛名号论》（snang-mthavi-mt-shan-brjod）等等。贝央（dpal-dbyangs）著有：《集要书信》（gjes-pa-bsdus-pavi-phrin-yig）。嘎瓦贝兹（ka-ba-dpal-brtsegs）著有：《圣言宝论》（gsung-rab-rin-po-chevi-gtam）、《于外境念续中除欲》（phyivi-yul-dran-rgyad-tu-yod-par-vdod-pa-sel-ba）及《三相简述》（mtshan-nyid-gsum-mdor-bstan)。祥益希德（zhang-ye-shes-ste）著有：《观差别》（lta-bavi-khyad-par）、《善行四释要义》（bzang-spyod-kyi-vgrel-ba-bzhivi-don-bstus）、《彼世间成就》（vjig-rten-pha-rol-sgrab-pa）及《秘义四念录》（dgongs-ldem-dgongs-bzhivi-brjed-byang）。久若陆益杰岑（cog-ro-kluvi-rgyal-mtshan）著有：《深密解脱经大疏（dgongs-nges-vgrel-gyi-rgya-cher-vgrel）》四十卷、《中观了义》（nges-pavi-don-dbu-ma）、《般若波罗蜜多集要》（shes-phyin-mdor-bstus）、《蔓饰》（phreng-bavi-rgyan）、《佛法抉择关键》（chos-gtan-la-dbab-pavi-gal）、《贝兹与陆益杰岑五组答辩》（dpal-brtsegs-dang-kluvi-rgyal-mtshan-gyi-brgal-lan-bzhi-phrugs）、《阿阇黎喜饶宁波之注释慈悲录》（slob-dpon-shes-rab-snying-povi-dgongs-vgrel-byams-levi-brjed-byang）、《扎夏塞纳所著之般若波罗蜜多心经大疏》（pra-sha-se-navi-sher-snying-tva-ka）。轨范师扎西（slob-dpon-bkra-shis）著有：《中观庄严录》（dbu-ma-rgyan-gyi-brjed-byang）十部及《二十律仪释》（sdom-pa-nyi-shu-pavi-vgrel-pa）。此外，贝吉伦波（dpal-gyi-lhun-po）所著的有《比丘别解脱释》（dge-slong-mavi-so-thar-gyi-vgrel-ba），阿阇黎嘎拉雅纳（ava-tsa-rya-ka-a-ya-na）、仁钦达琼（rin-chen-zla-vbyung）及恭乌达巴拉果沙（kong-autapa-la-ko-kha）等人之《问答》（dris-lan）。杰吉楚（lce-khyi-vbrug）著有《声明八要本注》（sgravi-gnas-brgyad-rtsa-vgrel）及诸大译师关于从盗窃时（指天竺远古出现盗窃公社稻谷时期，即私有制出现时——译者注）到四堪布调查等事所著之众多论述。

贝若咱纳、甸玛兹芒（ldan-ma-rtse-mang）、克什米尔阿年达(kha-che-ava-nanda）等为三老译师（lo-tsva-ba-rgan-gsum）。尼雅咱纳古玛热（gnyags-dsnyva-na-ku-ma-ra）、昆陆旺布（khun-lkuvi-dbang-po）、玛仁钦丘（rma-rin-vhen-mchog）等为三中译师（bar-pa-gsum）。嘎瓦贝兹（ka-ba-dpal-brtsegs）、久若陆益杰岑（cog-ro-kluvi-rgyal-mtshan）、祥益

希德(zhang-ye-shes-sde) 等为三少译师 (gzhon-gsum)。上述即是九位最佳译师 (lo-tsva-ba-rab-dgu)。此后又出现了一百零八位译师，内分上、中、下三等，上等者称为主校译师 (zhus-chen)，中等者谓之助校译师(bar-zhus)，下等者称作见习译师 (mchan-buvi-lo-tsva-ba)[24]。

第六节　《拔协》记载墀松德赞晚年之情况

关于将政权交给王子的情况，对此，《拔协》有载：在益希旺波(ye-shes-dbang-po) 去世之时，赞普墀松德赞曾说：“随着大轨范师益希旺波的去世，我等之寿命亦不会长久。”继之，赞普又说：“过去某时，听了顿门派之言，众人都不学习佛法亦不求取佛教经书了。最初，得到的只是那些未曾用心记住的天竺佛教经书，当把这些经书翻译完的时候，那烂陀寺中的天竺佛教经书被火焚了。佛经不全了，于是才到汉地取得，此后当满一千二百年而佛教经书齐全完整时，要将那些以前未曾翻译的汉地之佛教经书铭记在心啊!”赞普讲罢，心中悲伤。

在为僧侣学习佛法而建造了僧舍之后，益希旺波死去。益希旺波之女坚日塞 (spyan-ras-gzigs) 请求为后妃卓穆莱 (jo-mo-khro-mo-legs)学法建造一所经堂。后妃遂将这种请求禀奏了天子赞普，于是建造了学法经堂。

此后，天子赞普墀松德赞说道：“如按轨范师的话行事，我等寿命则将不会长久。”赞普说罢，遂放下心中琐事，派人往迎一位班智达，因此轨范师毕玛拉米扎 (ava-tsarya-bi-ma-la-mi-tra) 来到 (吐蕃)。墀松德赞向毕玛拉米扎求教有关轨范师莲花生所遗留下来的佛法，同时表示愿意从事修道，继之便将政权委付给王子穆尼赞普。在这时，舅臣武仁(blon-po-zhang-dbu-ring)在宫殿之上殿中正商议委任大臣之事。这种情况被王妃梅准(jo-mo-me-sgron)见到，她怒从心起，并想准是将政权给了那囊氏人(sna-nam-pa)，于是将此事告予穆底赞普(mu-tig-btsan-po)。天子穆底赞普在门的中央处将(武仁)用刀杀死。父王墀松德赞说道："祖谢(btsur-bzher)到何处去了？"(王子)把这柄带血刀抛下之后说道："武仁到远地方去了(暗示已死——译者注)。"说罢，王子就逃到宫殿的中殿，从而拖延了赞普的修道，于是(赞普)产生了怀疑，心中不安。所有聪敏的大臣进行了讨论，并由大臣桂氏(dlon-chen-po-mgos)用所制定的"三喜法"(zhal-ce-rgav-gsum)惩处了(王子)，并宣布将政权交予穆尼赞普掌握。世间习惯法(mi-chos)按阶段执行之后随即实施。据说父王墀松德赞便在苏卡地方进行修行。[25]

第七节 "三喜法"

据其他史书记载：在将三分之二的世界统治之后，为了收取另外的三分之一部分，舅臣杰擦拉囊(zhang-rgyal-tsha-lha-snang)在大殿内的中层殿中向赞普奏议。其时舅臣之子武仁守门，王子穆底赞普匆忙往里走来，受到(武仁)阻拦，于是王子穆底赞普怒杀武仁，并说："将那长头人(指武仁，因藏语"武仁"意为"长头颅"——译者注)远远地扔掉！"这话把诸舅臣气得脸色铁青。

所谓"三喜法"(zhal-ce-dgav-gsum)，对此，大臣桂氏(mgos)说道："去将(保存于)苏卡佛塔塔基的法律取来！"于是便有人骑马前往。到达苏卡佛塔处后，（见到）石塔下面写有如下的文字：王者如杀死属民则如母亲打孩子一样，无法可言[26]。继之，由于佛塔中部也写有文字，因此，赞普父子高兴了。塔中部所依次写的文字是：如果杀死（属民），则属民不得起来（反抗），赞普应将去看视属者；再者，又因看到佛塔上部所写的文字，于是众属民高兴了，佛塔上部的文字是："赞普本身如果不捍卫法律，那么就不得对属民执行法律。"因此，随后即将天子穆底赞普流放到北方羌塘，长达九年之久。继之又将上部（stod）的一处地区赐予了舅臣，由是那囊氏人高兴了。以上即所称之"三喜（法）"。

第八节　穆尼赞普均贫富及建四供

墀松德赞与王妃蔡邦氏梅多准（btsun-mo-tshe-spong-bzav-me-tog-sgron）生有四子，长子穆墀赞普（mu-khri-btsan-po）夭折，无墓；次子穆尼赞普（mu-ne-btsan-po）在其父三十四岁的阳水虎年（chu-phog-stag）时降生，此后之水兔年穆底赞普（mu-tig-btsan-po）降生。穆底赞普之后的木龙年（lo-shing-vbyug），墀德松赞（khri-lde-srong-btsan）降生。父王墀松德赞年五十五岁阳木鼠年便往苏卡纽玛采（zur-mkhrar-smyu-ma-tshal）地方的王宫修行，遂将政权委付年二十三岁的墀松德赞。

王妃是其母波雍妃（pho-yongs-bzav）所生，王妃心甚慈善，故而乃给王子作为侍者。穆尼赞普娶茹雍妃多杰（btsun-mo-ru-yongs-bzav-mdo-rgyal）为妃。

穆尼赞普在桑耶寺供献了许多铃蔓、旗幡以及大幡。在逻娑及昌珠寺院建立了毗奈耶律和对法供（vdul-ba-dang-mngon-pavi-mchod-pa）；

在桑耶寺建立了经藏和现证菩提代（mdo-sde-dang-mngon-par-byang-chub-bavi-mchod-pa），以上即所建之“四大供”（mchod-chen-bzhi）。

赞普说：“为了供献物品，众属民要献出钱财物资！”但是，有些人献出了金、玉和大丝缎等等；穷人们献出的是破衣服，等等。对此，赞普说道：“我的众属民在信仰方面，为何出现这么大的差别？”诸大臣答道：“这是财产大小的差别。”赞普说：“我的属民不应贫富不均。”说罢，遂好平均贫富（ltogs-phyag-bsnyams）。但是，没过多久，人们之贫富差别又一如往日。因此，（穆尼赞普）又进行了两次均贫富，然而贫富之差别又很快与先前一样。对此，赞普说：“何以如此呢？”于是，寺院之诸译师班智达答道：“这首先是当初因有没有布施能力（而造成）的差别。”[27]有人将此种有关因果关系的话禀明了赞普。由是赞普生起极大信仰（佛教）之心，遂大肆供奉三宝。

第九节　穆尼赞普与穆底赞普死因

（穆尼赞普）对于父王墀松德赞的王妃波雍妃仁慈爱护，因之引起穆尼赞普之母梅准的愤怒，她随即向穆尼赞普进以毒食，致使赞普在木牛年的二十四岁时死于雍布宫（pho-brang-yun-bu），穆尼赞普执政一年零九个月。

此后，开释了天子穆底赞普（mu-tig-btsan-po），并从北方羌塘将此赞普迎回，以便委任其继为赞普，但是，在途中那囊氏人将马弄惊，结果穆底赞普堕马身亡[28]。

大凡赞普的高尚王系，其所有一切都是这样产生的：据《大轨范师莲花生传》中的伏藏之五百零一函记载："在近来的六十一岁的牛年时，赞普亦将无常涅槃，等等。"法王墀松德赞在牛年的六十一岁的新年夜晚，因马奔驰，落马身故，但此事被人隐瞒，故直到轨范师掌政三年之后，始将政权委交于穆底赞普（mu-tig-btsan-po）。据说，当时轨范师前往森域地方(phrin-yul)，所有的人均为其送行。再者，在那时大部分的时间里，西藏后世的著作也正是那样反映的。因此，疑此种说法其中有假。

又，所谓（轨范师）说："将天子拉杰（rgyal-sras-lha-rje）带来！"并且又做了预言。对此，如果思考一下，那是把赛纳莱（sad-na-legs）及穆底赞普二人混淆后，而又对此来加分析研究就予以反映了。

此外，一种谓之《伏藏》（gter-ma）的书又载：正当墀松德赞五十五岁时，轨范师为其修了延寿法（tshe-sgrob-mdsad-pa），致使墀松德赞的寿命又延长了十三年，至六十九岁时逝世。再者。《布顿佛教史》（bu-ston-chos-byung）亦载："(墀松德赞）死于六十九岁。[29]"

以前一般有关王统的书，均载（墀松德赞）死于五十五岁。《拔协》一书也仅载（墀松德赞）五十五岁时前去修道。同时还载："(墀松德赞）说：随着大轨范师的去世，我等寿命亦不会长久。"此种说法是认为益希旺波与墀松德赞享年相同，因此，其意就是以其修道之年作为死年。至于墀松德赞陵墓是早已建好的，因此他希望将其遗骨设法埋在佛塔之中。

穆尼赞普应活到二十九岁，但是当其十七岁时据说被其母害死。继而将政权又付于年方四岁的赛纳莱（sad-na-legs）[30]。虽然有上述这些说法，但不认为这是正确的。

《大贝若偶像》（bi-rovi-vdra-vbag-chen-po）载："降旨把贝若咱纳（bi-ro-tsa-na）流放到擦瓦绒（tsha-ba-rung）[31]。此后时满三月，就在毕玛拉米扎尚未到达（吐蕃）之时，法王墀松德赞死去。翌年，穆尼赞普亦亡。正当举行超度法会之时，从绿松石中发出了声音："报应！"此后，众王臣向贝若献了十一清净颂（yang-dag-bcu-gcig-gi-bstod-pa），故此遂说在塞纳莱时贝若咱纳来到吐蕃。

第十节 墀德松赞执政

此后，委托墀德松赞执政，并称其名为青云赛纳莱（vjing-yon-sad-na-legs）[32]此赞普建造了噶琼多吉英寺（dkar-chung-rdo-rje-dbyings-kyi-lda-khang）[33]，供养了许多译师、班智达[34]，并翻译了一些佛经，同时盟誓并颁布“任何时候均不得毁坏佛教”的命令。[35]墀德松赞执政三十二年，五十四岁时死于查浦（sprags-phu），其陵位于松赞干布（陵）前，由于其母为（其陵）添了一撮土，因此，次日清晨陵墓高了起来，并堆满了珍宝，遂称该陵为杰钦朱日（rgyal-chen-vphrul-ri）。

所谓，第四子墀德松赞亦或定墀（ldeng-khri）[36]于二十三岁的阳火虎年时执政。其时，诸大臣曾商议：“这位年龄太小的赞普担任赞普是否适宜，首先让他试一试为好。”刚商议完，一位福气十足的人就来了，因此就称此人为塞纳莱青云（sad-na-legs-vjing-yon，意为“试行伦颈王”——译者注）。

第十一节 恢复桑耶寺供养

其时，桑耶寺的（供养）能力已经受到短暂的损坏。据《拔协》记载："其时，桑耶寺僧侣供食中断，只有说话的气力；寺院的仓库被毁；寺院的墙基处积满了鼠粪；所有僧舍的房门均被贼盗走。"这种破坏情况，被一位住在康地（khams）的名叫夏纳迪（shvanadi）的人听到，他因此不悦，随即书写呈文，然后手持禅杖前往吐蕃本部（bod-tu-mchis）。此事传到主母墀莱(jo-mo-khri-legs）耳中，继之把呈文书简（byang-bu）呈递到（赞普）御前，于是颁布御旨："一切僧侣，信仰笃诚。至于想立佛法，如无过失，若以使人搜集恶语而加以制止，此举不妥。"夏纳迪闻之不悦。后夏纳迪在梦中梦见一位纯洁妇女，该女说道："如你欲想建造桑耶寺仓库，那么最早在吐蕃创立佛法的拔益希旺波（rba-ye-shes-dbang-po）有二女，其中之一现在居于亥波日山（has-po-ri）前，你与她合作，并开展供奉三宝之事，如是即可获得成就。"夏纳迪听罢，便前往查玛（brag-dmar）寻找。（益希旺波之女）坚日塞(spyan-ras-gzigs）随即前来向夏纳迪敬礼，相见于池沼之上部，二人结为朋友，继之又找到了格甸木（dge-ldem)。夏纳迪梦醒之后，旋即建成仓库。为弘扬佛法，夏纳迪又在集会上取得了建立慈氏弥勒及现证菩提供的物资。而格甸木特别予以配合，进行供养之事。其时，按僧楞伽教义(ring-lugs-bandhya-langka）所说举行供养活动。但是，由于所得物资中断，于是格甸木就宣布说："停止（举行供养活动）吧!"因此，两位长老害怕了，任何物资也不予借给了。夏纳迪、坚日塞等等以及各上层施主也均惊恐，并停止了供养活动。

此后，格甸木向施主主母绛秋法（jo-mo-byang-chub-rje）禀明。于是主母绛秋法连续献出七克青稞麦（gro-nas-khal-bdun)、酥油、一颗金刚钻石，以使（寺院）不失去供养，为桑耶寺的每尊神像又提供了供神食品以及（作为量具用的）升、绳索等，并将面粉以每三个单位作为一份，将这些运到广场作为供养，献给全体僧侣及众生以便举行法会；大臣德陆玛（lde-dlon-chen-glu-ma）献了（价值）二十五两黄金的镶玉腰带一条、两匹绸缎及三匹布；格甸木献了重三十二克的五种谷物；僧坚日塞（bandhya-spyan-ras-gzigs）献了一户属民（vbangs-khyim-gcig-phul）；杰伦陆杰（rgyal-blon-klu-skyes）献了十一克青稞；佩巴延（bus-pa-yan）献了披肩等等；主母贝氏（jo-mo-sbal）献出了一匹坐骑、二百克青稞麦、一匹彩缎及一匹丝绸；僧侣们也为慈氏弥勒及现证菩提供增添了布施。于是，从此以后主母江姆（jo-mo-lcam）及波雍妃姐妹、堪布夏纳迪（mkhan-po-shvanati）及格甸木等人又如前一样建立了慈氏弥勒和现证菩提（供）。

此后，坚日塞本人当她意识到自己行将死去的时候，她便到青浦（mchims-phu）修行，随后去世。对此事《拔协》亦载：“当赞普墀松德赞未去修行之前，（坚日塞）已经在修道。”而且穆尼赞普所建之现证菩提供业已遭到破坏，后来得到恢复，但那是在塞纳莱之时。

第十二节　建多吉英寺及颁布兴佛诏书

墀德松赞迎请了天竺的轨范师毕玛拉米扎（bi-ma-la-mi-tra）、咱纳斯纳（dsnyva-na-se-na）、泥婆罗鸿嘎（bal-po-hva-kar）等等，翻译了众多佛经[37]，在逻娑河下游（skyid-shod）建造了噶琼多吉英寺（dkar-chung-rdo-rje-dbyings-kyi-lha-khang）[38]。同时向全体臣工属民颁布不准毁坏佛教和坚守三宝之诏令，并令上述人等发誓，其誓文是：

在天子墀德松赞之时，于蓝纸上书以金字，储于颇罗弥箱箧之中，在桑耶寺存有原本。（本誓文）即以此为据，录写成文。

任何时候均不准毁灭佛法，为此，赞普墀德松赞曾予以发誓，发誓之后，录作誓文（gitsags-kyi-yi-ge）。

兹郑重写出如何发愿之原委。此至高无上之佛法，妙善博大。至于（佛法）之不可不奉行，其根据与原因是：父王墀松德赞之时，最初发誓永不毁灭佛法，这在讲述如何得到佛法的文书中业已谈及，彼佛法之文书遂得以悉取之。如是，此佛法妙善而博大，不可不奉行。初，先祖松赞干布对（佛法）业已知晓，故自建逻娑之寺院以来，父王墀松德赞遂通达众多佛法，并建桑耶寺及吐蕃境内之众多庙宇。赞普墀德松赞驾前，了悟佛法并奉行之，此后七代赞普亦均奉行，并且无不善不佳之事。当先祖墀德祖赞之时，自从于查玛之嘎丘地方（brag-dmar-gyi-kwa-chu）建造寺院之后[39]，遂奉行佛法。但在父王墀松德赞幼年之时，某些不知佛法之人便毁坏（佛法），并写成法令：“此后不得奉行佛法。”此后，父王墀松德赞身逢厄运，然因奉行佛法遂获利益，故而弘扬佛法，并发誓：“永不毁灭佛法”，同时写成誓文。之后，父王去世，于是，我王臣耳中多闻有关卜卦及梦兆（等流言）：“奉行佛法将给赞普贵体及政权带来灾难和不利，赞普宫中所建三宝之所依亦应摈除，不宜奉行佛法。”但是，如果以卜卦及梦兆之虚言伪词而导致抛弃三宝之所依及佛法之大义，那对长远后世不善又不利，此亦违背前世王臣所立之誓愿。因此，应按先世所做之“世世代代永不毁灭佛法”之誓愿行事。父王时期所做之立誓发愿等等，均铭记吾心，所重新立誓：“此誓文所载之各种内容，任何时候均信守遵行。”兹朕立誓发愿，内外大小臣工亦立誓发愿，并写入盟誓文书之中。因发愿盟誓，遂奉行佛法。但是，对于爱护佛法均说是罪过或谓之不善，这些卜卦和梦兆的话均不能容忍。至于所谓毁灭或摈弃佛法的言论，无论大小臣工，也无论是出自谁的禀奏，均不得信从！赞普子孙从幼年起直至掌政止，均需从比丘中为其委任善知识（dge-slong-las-dge-bavi-bshes-gnyen-bskos），使之学习佛法并尽量铭记在心。整个吐蕃亦应打开学习和奉行佛法之门，永远不得关闭吐蕃上自贵胄下至属民遁入解脱之门，使众信佛者得入解脱。其间之能者可长期委任为世尊之宗师（bcom-ldan-vdas-kyi-ring-lugs）。担任世尊之宗师者要出自寺院，应听从一切诏令，同时掌管寺院事务，并委任其担任善知识。诸出家僧侣不得被给予他人为奴，不得强行征税，不得被彼等列入俗人范畴而予以诉讼[40]，对待彼等就如同我们父子把他们作为供养对象那样加以对待。在赞普宫中建立三宝之所依，对此应当供养而不得摈弃和停止，应以此作为供养对象。总之，在赞普宫中和吐蕃境内应有三宝，而不得以任何方法予以抛弃，先祖子孙无论何时亦应如是。所确定之三宝顺缘等等，不得减少、不得毁坏，应以作为佛法之中事而行之。如是，王臣以下全体臣工予以发誓，赞普之王族亦应发誓。此后，凡新立之王妃亦或新委任之政务大臣等等，均应参加（盟誓）[41]。在应该发誓的人中如有未发誓者，应做如是之发誓。

王妃姐妹发誓者：王妃没庐氏墀穆莱（jo-mo-vbro-bzav-khri-mo-legs）、王妃琛氏洁萨莱莫赞（jo-mo-mchims-rgyal-bzav-legs-mo-btsan）、王妃属庐氏赞洁（jo-mo-cog-ro-bzav-brtsan-rgyal）。

小邦发誓者：外甥吐谷浑王堆吉布什桂波尔玛噶吐谷浑可汗（dbon-va-zha-rje-dud-kyi-bul-zhi-khud-por-ma-ga-tho-yo-gon-kha-gan）、工噶波莽波支（rkong-kar-po-mang-po-rje）、娘尊墀波（myang-btsun-khri-po）。

宰相同平章事及大小臣工发誓者（chab-srid-kyi-blon-po-man-chad-blon-po-che-phra）：钵阐布同平章事（ban-de-bkav-chen-po-la-gtogs-pa）：班第勃阑伽云丹（ban-de-bran-ka-yon-tan）、班第娘丁增（ban-dephyang-ting-vrdsin）。

宰相同平章事（chab-srid-kyi-blon-po-bkav-chen-po-la-gtogs-pa）：大论尚没庐墀苏热莫莫夏（blon-chen-po-zhang-vbro-khri-gzu-ram-shags）、尚琛结赞热列斯（zhang-mchims-rgyal-btsan-bzher-legs-gzigs）、韦论莽支拉略（dbav-blon-mang-rje-lha-lod）、韦论绮心热多赞（dbavs-blon-khri-sum-bzher-mdo-btsan）、尚琛结拉热内夏（zhang-mchims-rgyal-lha-bzher-ne-shags）、朗论绮心儿贝拉（rlang-blon-khri-sum-rje-speg-lha）。

囊论（nang-blon）：尚那囊绮力思札结（zhang-sna-nam-khri-sgra-rgyal）、尚蔡邦多热佩波（zhang-tshe-spong-mdo-bzher-phes-po）、尚蔡邦拉桑陆贝（zhang-tshe-spong-lha-bzang-klu-dpal）、尚那囊结列格促（zhang-sna-nam-rtyal-legs-dge-tshug）、尚那囊拉热贝赞（zhang-sna-nam-lha-bzher-sbe-btsan）、勃阑伽论结桑堆恭（bran-ka-blon-rgyal-bzang-vdus-kong）、娘论墀桑列堆（phyang-khri-bzang-legs-vdus）、列乌论拉桑金金（levu-blon-lha-bzang-byin-byin）、东论悉诺列布（tong-blon-stag-slebs）、尚琛结多斯（zhang-mchims-rgyal-mdo-gzigs）、朗论萨木结（rlang-blon-bsam-skyes）、尚蔡邦拉隆多（zhang-tshe-spong-lha-lung-sto）、尚那囊年略（zhang-sna-nam-gnyan-lod）、翁卡拉金（vong-ka-lha-sbyin）、没陵耶论悉诺玛（vbring-yas-blon-stag-rma）、藏支论其乌琼（rt-sang-rje-blon-khyevu-cung）、贝论没庐玛（vbal-blon-vbro-ma）、聂秀论达祖聂（snya-shur-blon-da-tsug-snyas）。

悉南纰波（snam-phyi-pa）：喀哇支论赞列布（khar-ba-rje-blon-bt-san-slebs）、洁悉诺则布（khu-stag-tshab）、夏阿坚悉诺略（zha-snga-gcan-stag-lod）、琼波论结琼（khyung-po-blon-rgyal-vbyung）、许布论孔墀（shud-pu-blon-khong-khri）、列乌论陆热（levu-blon-klu-bzher）、尚蔡邦陆措多（zhang-tshe-spong-klu-mtsho-sto）、巴曹论措斯（pa-tsab-blonvtsho-gzigs）、娘论列赞（phyang-blon-legs-btsan）、朗论塞列布（rlang-blon-gsas-slebs）、韦论拉波赞（dbav-blon-lha-bo-btsan）、勃阑伽萨木巴（bran-ka-blon-bsam-pa）、尼哇论屯恭（nyi-ba-blon-ldon-kong）、许布论悉诺列布（shud-bu-blon-stag-slebs）、夏阿塞赞（zha-snga-gsas-btsan）、库托赞（khu-thog-btsan）、那囊拉邦（sna-nam-lha-vbangs）。

王侯、将军、戚论伽罗笃波（dbang-po-dang/dmag-dpon-dang/phyis-blon-bkav-la-gtogs-pa）：洛论绮立桑由赞（lho-blon-khri-bzang-gyu-bt-san）、韦论冲热（dbas-blon-khrom-bzher）、尚琛结东聂门赞（zhang-mchims-rgyal-stong-snya-sman-btsan）、尚蔡邦绮立斯崩日宗（zhang-tshe-spong-khri-gzigs-spung-re-tsung）、尚琛结达热结列布（zhang-mchims-rgyal-stag-bzher-rgyal-spebs）、尚那囊赞扎墀列布（zhang-sna-nam-bt-san-sgra-khri-slebs）、仲论结热卡孜（vbrom-blon-rgyal-bzher-khar-tsi）、拉隆论莽布支噶恭（lha-lung-blon-mang-po-rje-skar-kong）、尚没庐悉诺热扎贝当（zhang-vbro-stag-bzher-pra-bal-stang）、韦结多日悉诺桑（dbavs-rgyal-to-re-stag-snya）、属庐论洛恭（cog-ro-blon-lho-gong）、朗卓论冲列（lang-gro-blon-khrom-legs）、韦论多赞（dbav-blon-mdo-bt-san）、列乌论古玛（lev-blon-ku-rma）、尚没庐悉诺当（zhang-vbro-stag）、莽扎论陆玛（mang-sgra-blon-klu-rma）、尚琛玛赞（zhang-mchims-rma-btsan）、孜仲论噶古（rtsi-vbrom-blon-sga-vgu）、琼波论梅桂（khyung-po-blon-mes-kol）、巴曹论贝玛（pa-tsab-blon-spe-ma）、冲色日当（vbrom-sa-ri-stang）、韦论潘列（dbavs-blon-vphan-legs）、韦论冲列（dbas-blon-khrom-legs）、嘎哇论措略（ska-ba-blon-mtsho-lod）、属庐论恭更（cog-ro-blon-gung-keng）、韦论麦列（dbas-blon-mye-slebs）、楚列斯（khru-mye-gzigs）、夏阿穆年（zha-snga-mu-gnyen）、尚没庐贡当（zhang-vbro-gung-stong）、尚琛结玛年孜（zhang-mchims-rgyal-ma-rmyin-brtse）、尚蔡邦玛赞（zhang-tshe-spong-rma-btsan）、属庐丹恭

（cog-ro-brdan-kong）、囊玉松（gnang-yul-bzung）、属庐戚赞（cog-ro-khyi-btsan）、章莫玛（sbrang-mo-rma）、没庐多松顿（vbro-ldog-srong-ston）、仲扬斯（vbrom-yang-gzigs）。综此前后之诸种盟誓（文书），是基于古本而抄录者。据云，就是如此辛勤推行佛法的。赞普领悟众菩萨之功德，并见到必需促进对佛法的信仰，随后便书此誓文。

注释：

[1] 关于墀松德赞有几个儿子及其名称，藏史记载不一。《贤者喜宴》说其有三子，持此说者还有《雅隆觉卧佛教史》及《西藏王臣记》等，但诸子名称不尽相同。《西藏王统记》载其有四子，特别是四子丁墀（ldeng-khri）的记述尤为特殊。《拔协》与《布顿佛教史》均载其有二子，但名称不一。

据《贤者喜宴》载，穆底赞普是墀松德赞之次子。《西藏王臣记》说穆底赞普是第三子，其母蔡邦氏（该书1957年排印本，90页）。《汉藏史集》说其母是蔡邦氏噶杰措梅多准（tshe-spong-bzav-sgar-rgyal-mtsho-me-tog-sgron）。此书说穆底赞普是四子中的第三子（影印本，142页下）。唐书《吐蕃传》不载此人。

[2] 武仁（dbu-rings），《拔协》作“vu-ring”或“glon-zhang-vu-ring”（排印本，81页）。《西藏王臣记》写作“buvu-rings”（该书，90页）。据《雅隆觉卧佛教史》（该书手抄本，40页上）载，武仁是舅臣那囊结擦拉囊（zhang-sna-nam-rgyal-tsha-lha-snang）之子，所以武仁之名又称“尚赞巴武仁”（zhang-btsen-pa-dbu-rings）。《汉藏史集》（142页下）说武仁之父是舅臣贾擦（zhang-rgya-tsha）。在《敦煌吐蕃历史文书》中记载，武仁之父的名字是“sna-nam-zhang-rgyal-tshan-lha-snang”，此人继恩兰·达扎路恭之后为吐蕃大相（见巴黎《敦煌吐蕃文书选集》，第二册，《大臣世系》）。据《西藏王统记》（排印本，231页）

载，结擦拉囊（zhang-rgal-tsha-lha-gnang，即rgyal-tsha-lha-snang或rgyal-tshan-lha-snang）与将军拉桑陆贝（dmag-dpen-lha-bzang-klu-dpal）等率吐蕃军多次侵略唐朝西境临洮及南诏一带（sman-rtsevi-yul）。此人外侵邻族、内屠异己，公元796年死（《通鉴》，卷二三五，贞元十二年九月条；《新唐书·南诏传·南诏王异牟寻遗韦皋帛书》）。

看来，武仁是因为其父而成为赞普重臣的。穆底赞普杀武仁的原因有两种记载，《西藏王臣记》说，杀武仁者是墀松德赞的次子穆茹赞普(mu-rug-btsan-po)，原因是“当赞普与二舅臣商议征服三分之二的世界时，穆茹赞普来到会议之会址，舅臣武仁说：任何人均不准进入王臣会议之地，因此，穆茹赞普随即刀杀武仁”（该书90页）。《拔协》记载其因是：“将政权委任给穆尼赞普，这时大臣舅氏武仁也参与了商议委托赞普事，地点是在大殿中的二层殿鼓楼（rnga-khang)。事情被王妃梅准(jo-mo-me-sgron）见到，她怀疑并认为一定是将政权给了那囊氏（sna-nam-pa)，于是禀告了穆底赞普，穆底赞普便在屋门中间将武仁用刀杀死。”（排印本，81~82页）看来，《拔协》的记载较为合理，因为那囊氏结擦拉囊（即唐书之尚结赞——zhang-rgyal-tshan）独揽吐蕃大权近二十年，严重削弱了赞普王族势力，所以王族在任命赞普的关键时刻怀疑那囊氏族的武仁是统治者间的权力之争。

[3] 处罚穆底赞普的经过是，当穆底赞普杀死武仁之后，正遇到墀松德赞，赞普问：“尊热（btsun-bzher，指武仁——译者注）到何处去了?”穆底赞普便将带血的刀扔掉后说：“武仁到远地方去了。”说罢即逃到二层殿。赞普心生疑惑，疑其表现，心中不安。于是诸聪慧大臣共同讨论，由大臣桂氏以《三喜法》判处之。（排印本，82页）

关于流放地点。所谓“北方”（gyang），一般指今羌塘（gyang-thang）一带。《红史》只是说穆底赞普被流放，未提地点。《汉藏史集》根本未提流放事。《西藏王臣记》说后来从门域地方（mon）把穆底赞普

迎回。据此又可知穆底赞普的流放地是门域。（见该书90页）

[4] 桂氏即《敦煌吐蕃文书选集》中的“桂墀桑雅甫拉”（mgos-kri-bzang-yab-lag），见巴黎影印本，第二册，有关吐蕃大臣世系部分。伯字1287号，588页。其又简称桂干（mgos-rnan）。此人在结擦拉囊任大相前的两代已出任大相一职。又，关于“三喜法”本译文下述有具体记载。《西藏王臣记》说桂氏在制定“三喜法”的同时，还制定了“三颤抖法”（zhal-lce-vdar-gsum），此法字面意思是令人为之发抖震惊的法律，看来这似是一种严酷的刑法条例。故也可译作“三刑法”。

[5] 益希旺波是绝食死的（《布顿佛教史》，123页下），《拔协》说，在嘎玛拉希拉死后停止进食而死的（见该书78页）。另见下述译文。

[6] 建塔事在《拔协》（78页）中亦有载。建筑佛塔是由益希旺波之女坚日斯（spyan-ras-gzigs，又说是拔赛囊之女）主持进行的，说是为了众王臣属民的福德，而在查玛地方（grag-dmar）建造了一百零八座佛塔。另参见下述译文。

[7] 穆尼赞普。《资治通鉴》称其名为“足之煎”，“吐蕃赞普乞立赞（即墀松德赞——译者注）卒，子足之煎立”（卷二三五，17页下）。《敦煌吐蕃古藏文文书》载有穆尼赞普事：“墀松德赞之蔡邦妃玛洁乐嘎（tshes-pang-za-rma-rgyal-ldong-skar）所生之子是穆尼赞（mu-ne-brtsan）及德松赞（sde-srong-brtsan，即墀德松赞——译者注）。”见《敦煌吐蕃文书选集》第二册，巴黎影印本，伯字1286卷子，556页。

又，《藏文文书》载，穆尼赞普有一兄名穆墀赞普（mu-khri-btsan-po），夭折，无墓。穆尼赞普生于阳水虎年，生于查玛（grag-dmar）。掌政一年零九个月。

[8] 《西藏王统记》说，墀松德赞把政权交给穆尼赞普后，就前往松卡纽玛卡宫（zung-mkhar-sbyag-ma-mkhar-gyi-pho-grang），并住在那里。（排印本，223页）

又，《西藏王臣记》（89页）载，当时吐蕃属民传说，墀松德赞死于热病（tshad-pavi-snyun-gyis-mya-ngan-las-vdas）。墀松德赞享年，《红史》与《西藏王统记》均认为是56岁，《汉藏史集》也持此说。按敦煌藏文文献，墀松德赞生于742年。《通鉴》又明确记载卒于797年。所以，墀松德赞享年56岁之说较准确。《布顿佛教史》说墀松德赞享年69岁，此说不妥（见《布顿佛教史》，木刻版，123页下）。

[9]《雅隆觉卧佛教史》说，墀松德赞陵又叫“外饰陵”（bang-so-phyi-rgyan-can）。参见该书，39页下~40页上，又见《汉藏史集》上册，141页下，及《西藏王统记》223页。上述诸书均载墀松德赞墓基处有带字石碑一通。但今日墀松德赞陵前已无此碑，或许吐蕃晚期吐蕃奴隶属民起义掘陵时此碑被毁？今琼结藏王墓（vphyongs-rgyas-kyi-bang-so）群中只有墀德松赞陵前有石碑一通。

又，今琼结桥头有一石柱，黎吉生称此碑为“琼结达孜桥头碑”（vphyong-rgyas-stag-rtse-zam-snavi-rdo-rings）。此碑文字剥蚀严重，仅有少数残缺文字，其余均不复识。幸有抄本存世，英人黎吉生已将此碑文刊布于英国《亚洲学会会刊》1964年首期。碑文共34行，其内容主要是歌颂墀松德赞之政教伟绩。今择前二十一行碑文译之如下：

“夫圣神赞普先祖，以天神而为人主。佛法经典，其制良嘉；国政权势，坚而增广。夫圣神赞普墀松德赞御前，遵循祖制，不损佛典，所行均顺科于天地间之习规。兹将所述其一切功德之文书，永志于碑矣。伟大法王所建之全部功勋、权势之坚称增固、王期之欣荣，凡此所述诸文，另有详载。夫圣神赞普墀松德赞驾前，非其他四方诸王可比，其所为智深慧远，朝政威严，上自大食边界以下，下迄陇山山脉（long-shan-gyi-la-rgyud）以上，悉归其所辖。……”

从上述碑文“凡此所述诸文，另有详载”一句看，表明除这通有简略碑文的石碑外，应另有记载详细碑文的石碑（或石柱）。总之，《贤者喜宴》等书说墀松德赞墓前曾有石碑应是可信的。

又，有关《琼结达孜桥头碑》事，可参见《西藏研究》1982年第1期，汶江：《赤松德赞碑铭试解》。

[10] 四种大型祭祀（mchod-chen-pzhi），又可译作“四大供”。《红史》（排印本，38页）说是穆尼赞普建立的四种定期祭祀或定期法会，地在桑耶寺（bsam-yas-su-dus-mchod-bzhi）。《汉藏史集》（该书影印本，上册，142页上）说是为了祭祀其父墀松德赞而建立的法会：“为祭祀其父，于夏季月（tshul-vjug-gi-zla-ba，夏季指藏历四、五、六三个月——译者注）在桑耶寺供经藏，在正月（cho-vkhrul-zla-ba）建律藏之供。”《雅隆觉卧佛教史》（手抄本，40页上）说是“建三藏供养”（sde-snod-gsum-gyi-mchod-pa）。据本章下文载，此法会是在逻娑（大昭寺）、昌珠寺及桑耶寺三地举行。详细情形参见下述译文及注释。又，此种法会经长期发展变化，即形成今日藏历五月十五日在拉萨举行的林卡节（vdzam-gling-spyi-bgrang）。

[11] 三次平均贫富。是因穆尼赞普举行“四大供”，令全体属民大量献布施，但富者所献皆贵重珍宝，而贫者所献均破烂衣物。穆尼赞普始发现吐蕃人贫富不均，随即举行三次平均贫富，结果失败。看来，穆尼赞普似曾有此动机或某些活动，但实际上在他掌政一年零九个月的时间内搞三次均贫富，仅从时间上就不可能，这已为不少藏族古代史家怀疑。至于考虑到当时奴隶主间的尖锐矛盾，要搞一次社会重大变革更是难以想象的。详见下述译文。

[12] 穆尼赞普何以被毒死？藏史有两种解释，其一是因“均贫富”之故。《红史》说：“（穆尼赞普）进行四次吐蕃之均贫富（bod-kyi-ltogs-phyug-lan-bzhi-snyoms），遂在其二十四岁时被母所杀，其时父王墀松德赞仍在世。”（排印本，38页）《汉藏史集》载：“吐蕃属民施主三次所献之布施物资甚微，赞普考虑当是其本身布施力量之故，遂又筹划

举行论藏供养（mngon-pavi-mchod）等等，并想发展政教事业（khrims-gnyis-dar-ba），但当其二十九岁时被毒致死。”（该书影印本，142页上）看来穆尼赞普因强令举行大布施和均贫富，直接触动了奴隶主的根本利益，因而被杀。另一说法是因其母出于对穆尼赞普后妃的嫉恨。据《西藏王统记》载：“王妃波雍妃洁莫尊（pho-yongs-bzav-rgyal-mo-btsun），因是父王之母汉公主之化身（rgya-mo-bzavi-skye-ba，即转世），故父王对其眷念在心，当父王去松卡（zung-mkhar）时，遂将洁莫尊赐予穆尼赞普为侍者，后穆尼赞普以其为妃。父王死时，据说波雍妃未卸饰炀，亦未悲伤。于是穆尼赞普母蔡邦氏心生嫉恨，遂派刺客杀之，但遇到穆尼赞普加以护卫。因此，其母生起邪见，遂进毒食，致使穆尼赞普掌政一年零九个月后，在其二十九岁时被害于雍布宫（pho-grang-yulm-bu）。”（排印本，224~225页）看来，这种情况可能是引起母后心生杀机的原因之一，但不会是根本原因。

穆尼赞普被毒死，反映赞普王族内部的矛盾尖锐化，也反映了母后干政之端倪，自此以后，赞普王族内部斗争日益加深，王权每况愈下。

[13] 据《西藏王统记》（225页），其陵名又称拉日丁波（lha-ri-ldem-po）。又据《布顿佛教史》（124页）载，穆尼赞普死年仅17岁。

[14] 穆底赞普之死，《红史》有载：“三子穆底赞普因杀舅氏结擦拉囊之子而被流放，后迎回，受委执政，但那囊氏家族（sna-nam-tshang）不容忍穆底赞普，遂将其害死。”（排印本，38页）

[15] 《汉藏史集》（142页下）称其陵为佳仁丁巴（skya-rings-ldems-pa）。

[16] 《拔协》载，是指拔贝央或拔桑希，即sba（rabl-rgyangs）sang-shi。见该书排印本，78页。

[17] 《拔协》在原注释中说，坚日塞是拔赛囊（sba-gsal-snang）之女。（该书排印本，78页）

[18] 绕塔巡礼，佛教徒认为将来可到达天堂(bde–ba–can–du–vgro–vdod–pa)。后世藏俗每见嘛呢堆或佛塔必绕行巡礼，此俗似源于此时。

[19] 《贤愚经》又写作“mdzangs–blun–zhes–gya–bavi–mdo”，内有释迦牟尼现大神变故事。僧人常以此劝导俗人皈依佛门。但是，《贤愚因缘经》（即《贤愚经》）最初元魏时代凉州沙门慧觉等在高昌郡译成汉文。桂·法成（vgos–chos–grub）大约在朗达玛晚期才据汉、梵两种版本译成藏文。所以，在墀松德赞及穆尼赞普时此经似尚未译到吐蕃。

[20] 包氏（dpogs），在《拔协》中写作“sum–pa–blon–spog–mdav”(排印本，79页)。这一段说的是，墀松德赞晚年仍以软硬两手推行佛教，排斥本教。

[21] 关于汉、霍尔及南诏会商盟和事，在汉文史书中均不见载。《资治通鉴》载有唐朝郭子仪于765年，在泾阳与回纥合胡禄都督药葛罗“执酒为誓”；又在787~788年唐朝与回纥合骨咄禄可汗联姻和亲。这两件事都是唐与回纥（即藏文所称之“霍尔”）和好史实，双方目的都是共同对抗吐蕃，故唐与回纥之和好相处，其间与吐蕃无涉。再者，794年唐崔佐时与南诏寻萝凑联于点苍山神祠，此事也是共同对抗吐蕃，其间亦与吐蕃无关。总之，藏文有关吐蕃主持唐、霍尔、南诏会盟事，在历史上当非事实。

关于唐、霍尔及南诏会盟事，在《新疆发现吐蕃古藏文文书》中有载。该文献见该书第二册，92~98页，沙州条，19、ch、9、I、37号卷子。

该卷子是一份盟誓文书。盟书中说，墀祖德赞时在青海湖区（yul–bkra–shis–dgyar–mo–thang，扎西雅莫塘，此为青海湖区之唐代藏文名称），有座刚落成的德卡玉才孜寺（de–ga–gyu–tshul–gtsigs–kyi–gtsugs–lag–khang），在此寺中由吐蕃瓜州军部（kwa–cu–khrom–chen–po）请求并举行祈愿法会（smon–lam–tu–gsol–ba）。多康（mdo–khams，吐蕃时包括青海藏区在内）地区首领供奉三宝，敬献布施，以此加持，祈祷天神赞普及其臣工人等消灾延寿，政权巩固，属民安乐。

盟书还提到，在圣神赞普墀祖德赞驾前（vphrul-gyi-lha-btsan-po-khri-gtsug-lde-brtsan-gyi-zha-snga-nas），身怀珍宝，心有神变，一切寺院，因循规奉法，致使圣寿增延，天地之所有神龙，亦率先欣悦，具大悲心者坚定不移，合乎于天地之理，长存不变。当彼朝政权势增广之际，治下臣工亦圣明纯正，遂有版面。大论尚绮心儿（glon-chen-po-zhang-khri-sum-rje）及大论尚拉桑波（zhang-lha-bzang-po）二人，削弱敌人军力，令其历属王朝。继之唐、突厥及南诏等边地之王（rgya-drug-vjang-las-stsogs-pa-mthavi-rgyal-po），亦在其间被纳于王朝之下，并以全力及威严之政令教诲之，随即被征服。盟文还说："德卡玉才杰杜塘（de-ga-gyu-tshal-mjal-dum-thang）所建之孜寺（gtsigs-kyi-gtsug-lag-khang），曾在两年间成为三大国（rgyal-khams-chen-po-gsum）会谈和盟誓之基地(mjal-dum-ba-dang-gtsigs-chen-po-mdsad-pavi-sa-gzhi，"德卡玉才杰杜塘"意为"德卡碧玉园会谈坝"，"孜寺"意为"盟誓寺"——译者注)。"盟文又载，此次会商是"敬奉吐蕃王臣之命而举行此次大型政务商讨会议"（bod-rje-blon-gyi-bkav-gus-par-mnyan-tehab-srid-mjal-dum-chen-po-mdsad-pa）。

综上所节译之盟文文意，可知盟文是歌颂吐蕃侵扰唐境、突厥（回纥或霍尔）及南诏之武功的，是对这一往事的追述宣扬。我们知道，在墀松德赞中年曾多次攻掠唐朝西境。后唐蕃举行过清水会盟及平凉劫盟事，但盟址不在青海湖区附近，而在平凉西北之会盟坛。此外，吐蕃与突厥及南诏亦有和盟，安西四镇及南诏地都曾被吐蕃攻掠过。突厥、南诏亦曾搞过联合。但把唐、突厥及南诏三方集中于青海会谈盟誓，此在正史中所未见。或许吐蕃文书是把个别的双方会议而集中一起来的？总之，笔者仅将吐蕃文书有关会盟事提供出来，以便志者探讨。若详阅相当长的盟文全文，可见陶玛斯《新疆发现之吐蕃藏文文书》第二册，具体编号参上述。

现查《贤者喜宴》本节译文内容，其中所载会谈三方是唐、霍尔(即突厥或回纥)、南诏；主持人是墀松杰达纳（即绮心儿悉诺纳）；地点是雅莫塘（即扎西雅莫塘)。看来，《贤者喜宴》所载此事当源于上述之古代吐蕃历史文书。但两者时间不同，出土的吐蕃历史文书指出时间是在墀祖德赞时（815~836年在位)，此赞普是墀松德赞之孙，是穆尼赞普之侄，即墀德松赞（798~815年在位）之子。而《贤者喜宴》则认为三方会盟是在墀松德赞或穆尼赞普时，两者时间不一。

[22] 《旁塘目录》及《青浦目录》均早已亡佚，内容难详。又，《般若经》是佛于中转法轮时在灵鹫山所说之经。

[23] 《丹喀尔目录》今存西藏《大藏经》论部中。

[24] 见习译师，藏文原意是学徒译师、弟子译师。其中“mchan-bu”又有“注释”之意，或许这种译师只负责校审注释的工作。

[25] 此节内容在《拔协》78~79页和81~82页中有同样记载。本文中之“祖谢”当指“武仁”而言。

[26] “无法可言”，原藏文是“thabs-med”，意为“没办法”。此言外之意是，对王者杀属民既然像母亲打孩子一样，那么就是一种属于“管教”范围的事，故无所谓触犯法律，所以对这种事就没什么办法处理。一句话，就是王者杀人无罪。

所谓“三喜法”，就是碑文上、中、下刻有三条法律，其内容可以使三种人高兴，故谓“三喜法”，实际上奴隶制时代的法律不可能使各阶层人都高兴，例如“三喜法”中王者杀属民可以无罪，这样属民岂能高兴？

[27] 此句意思是说，吐蕃王臣属民没有用最大的力量进行布施，还必须大力提倡，佛教发展了，贫富之差才会消失。穆尼赞普信此谬说，不顾属民贫困与否，大肆供佛，结果招致杀身之祸。

[28] 《汉藏史集》又说穆底赞普被巴仓（pa-tshang）所杀（142页

下）。

[29] 墀松德赞死于69岁，见《布顿佛教史》木刻版，123页下。

[30] 赛纳莱即穆底赞普之弟，又名墀德松赞（khri-lde-srong-btsan）。（《红史》，排印本，38页）但《西藏王臣记》主张赛纳莱即穆底赞普（sras-chung-ba-mu-tig-btsan-po-sad-na-legs-mjing-yon，文中“赛纳莱青云”即“赛纳莱”之全称，见该书91页——译者注）。《西藏王臣记》的这种说法独此一家，为一般藏史所不取。《西藏王臣记》说它之所以主张赛纳莱即穆底赞普，其根据是来自《语合二章》（sgra-sgyor-bam-gnyis-pa），但今析索该书，并未见有赛纳莱即穆底赞普之说。

[31] 贝若咱纳（又可译作毗卢遮那）是墀松德赞时传播密宗的主要人物之一，已见前述。贝若咱纳传播密宗受到墀松德赞的特别信任，但以王妃蔡邦氏为首的吐蕃属民担心他乘机篡夺吐蕃王权，遂联合反对他借揭露贝若咱纳传播恐怖的密宗仪规而打击他。蔡邦氏揭露贝若咱纳的情形如下：

“所谓嘎巴拉，就是人头骨；所谓巴苏大，就是掏出来的人的内脏；所谓罔陵，就是用人胫骨做的号；所谓兴且央希，就是铺开来的一张人皮；所谓罗克多，就是在供物上洒鲜血（人血）；所谓曼陀罗，就是一团像虹一样的彩色；所谓金刚舞士，就是戴有人骨头的花蔓的人……这不是什么教法，这是从天竺进入吐蕃的罪恶。”

此原藏文见《贝玛塘益》（padma-thang-yig），143页。本汉文译文引自王森：《关于西藏佛教史的十篇资料》，15页。

由此，贝若咱纳无法容身，而被流放。

[32] 一般藏史多称此赞普为“赛纳莱青云”（见《红史》《汉藏史集》，等等）。何以称此名？据《汉藏史集》载，弟墀德松赞于阴木龙年生于查玛，其四岁时兄死，遂委任其执政，为试验此子气派威风，便让其坐于座位之上，将珍宝之顶髻饰物载在此子头上，因其脖颈支持不住，

于是脖颈摇摆不稳，由于显出众多吉祥之相，随即为其命名为“塞纳莱青云”（sad-na-legs-vjing-yon）。此王掌政三十二年，以大臣巴芒杰达东（blon-po-spa-mang-rje-lda-ldong，应是敦煌文书中之“dbav-mang-rje-lha-lod”之误——译者注）及昌结赞诺恭（sgrang-rgyal-mtshan-no-skong）为大相。（见该书第二册，142页下）

[33] 噶琼多吉英寺。其写法不一，《噶琼寺碑文》写作“skar-cung-gtsug-lag-khang”；《红史》与《汉藏史集》写作“skar-chung-rdo-rje-dbyings-lha-khang”或“skar-chung-rdo-rje-dbyings-kyi-lha-khang”（分见该书，38页，143页上）；《雅隆觉卧佛教史》写作“skar-chu-rdo-rje-byings-kyi-gtsug-lag-khang”（40页）；《西藏王臣记》又称“rgyal-sde-dkar-chung-rdo-rje-dbyings-kyi-lha-khang”（排印本，92页）；《布顿佛教史》则简称为“skar-chung-rgya-sde”（木刻版，124页上）。

此寺名之由来，《汉藏史集》（143页上）有载：“(墀德松赞）说：往昔诸先祖均建有佛寺，我今欲建一座世界上最大佛寺，你等去寻找一处能建造大如太阳或大星一样的寺院之地舆。对此，全体吐蕃属民均不同意，彼等依次陈述奏禀：那将被河流及山岩挡住，像那样大的地区在吐蕃境内没有。但是，有一处像最小的星星（skar-ma-chung）那样大的地方，于是，赞普说：就按那样大的造吧！说罢，随即建造了噶琼多吉英寺（skar-chung-rdo-rje-dbyings-kyi-lha-khang，意译是“小星金刚界寺”）。”

[34] 所供养的著名学者译师是：班智达毕玛拉米扎（panti-ta-bi-ma-la-mi-tra）、嘎玛拉希拉（ka-ma-la-shi-la）、咱纳斯纳（dsanyvan-se-na）、泥婆罗洪嘎热（bal-po-hva-ka-ra）、译师昆陆益旺波(lo-tsa-ba-vkhon-kluvi-dbang-po）及玛仁钦秋（rma-rin-chen-mchog），等等。

[35] 即指兴佛之盟誓诏书，下文有详载。此外，在噶琼寺碑文中亦载有类似的兴佛誓文（gtsigs-kyi-yi-ge）。参见后注。

又，墀德松赞业绩还有，他造了逻娑大昭寺的华丽走廊（lha-savi-khyams-khra），供养全体僧人生活所需，在逻娑及桑耶等地建造了十二处讲院（bshad-grwa），又在叶尔巴及青浦等地建了十二处修道院（bsgom-grwa），还举行了六种供品信规（stangs-vbul-drug）及十二心证（sems-phyogs-bcu-gnyis），等等。（见《汉藏史集》，143页下）所谓供养全体僧人生活所需，这在穆尼赞普时即已如此，即所谓“(僧人生活）由官府上级供给”（vtsho-ba-bla-nas-sgyor）。（见《西藏王统记》，224页）

[36] 定墀。《西藏王统记》对此人有记载，认为是墀松德赞之四子，无政绩，十四岁执政，五十五岁死。再者，墀德松赞执政年代是798~815年。又据《汉藏史集》（143页下）载，据某种史书说，其陵前亦有大石碑（rdo-rings-chen-po）一通。

[37] 据《雅隆觉卧佛教史》载，此时翻译的许多佛经是“前所未译之佛经”（见该书手抄本，40页下）。特别需要指出的是，墀德松赞时期进行了文字改革，也即所谓的“厘定文字”或“厘定语词”，这对藏文的规范及翻译事业具有重大意义。这就是继墀松德赞之后的第二次“厘定文字”。

《西藏王臣记》《西藏王统记》以及《贤者喜宴》等书均认为，第二次“厘定文字”是在墀祖德赞日巴坚（khri-gtsug-lde-btsan-ral-pa-tsan）时期，这种说法与史不合。根据现在所见到的吐蕃时期遗留下来的文献《语合二章》（sgra-sbyor-bam-po-gnyis-pa）表明，第二次“厘定文字”无疑是在墀德松赞时期。《汉藏史集》的观点是对的，该书载：墀德松赞请来的许多学者、译师，“对于以前用各种语言翻译的全部佛经，由于佛教产生于天竺，所以天竺人全部译成了天竺语，因此，遂下令厘定藏语（bod-skad-gsar-dpyad-kyis-gat-la-phab）”。（见该书第二册，143页上）“厘定文字”是因译经引起的，《西藏王臣记》曾说：“往昔先祖之时所译大部分经咒佛典，因是根据天竺中部语言、乌仗那语、泥婆罗语及汉语等等一些语言翻译的，其中不能译成藏语的部分就各自采用了各国的语言译之，结果难于理解。”（排印本，94~95页）

《语合二章》对此次“厘定文字”有明确记载，现将《语合二章》第一卷中有关“厘定之字”的原因部分译之如下：

“稽首佛陀！

首卷

马年（rtavi-lo），赞普墀德松赞（btsan-po-khri-lde-srong-btsan）居机地之温江多宫（pho-brang-skyivi-von-cang-do）。征服了上下部之武装酋长及大盗，葛禄逻（gar-log）使者前来顶礼。大论尚墀苏热木夏（blon-chen-po-zhang-khri-zur-ram-shags）及莽支拉略（mang-rje-lha-lod）等从汉地获得众多财物，遂将大部骆驼、马及黄牛呈上，并赏赐尚论以下诸官。上谕边地之堪布（nyi-vog-gi-khan-po）阿阇黎孜纳米扎（ava-tsvarya-rdsi-na-mi-tra）、苏仁特热波迪（su-rendra-bo-dhi）、西连特热波迪（shvi-lentra-bo-dhi）、塔纳西拉（dva-na-shvi-la）及波迪米扎（bo-dhi-mi-tra）、吐蕃堪布（bod-gyi-mkhan-po）热丹热格西达（radna-rakshi-ta）、达玛达西拉（dharmama-dva-shvi-la）、高明译师（lo-tsva-ba-mkhas-par-chud-pa）、咱纳斯纳（dsva-na-se-na）、咱雅热格西达（dsa-ya-rakshi-ta）、曼殊宝利哇玛（manydsu-shrvi-warmama）、热丹特热西拉（radnedra-shvi-la）等人，将出自大小乘佛典的梵文译成藏文，并将所定之诸种译名编写成目录，所译之经典要义永不改变，以宜众人学习。往昔，天子先父之际，阿阇黎菩提萨埵（ava-tsvarya-bo-dhi-sa-dwa）、益希旺波（ye-shes-dbang-po），尚结年聂桑（zhang-rgyal-nyen-nya-bzang）、论墀谢桑希（blon-khri-bzher-sang-shi）、译师咱纳迪哇果夏（lo-tsa-ba-dsnyva-na-de-ba-ko-sha）、结育楚（lce-khri-vgrug）及婆罗门阿年达（bram-ze-a-nanda）等人，彼等为藏语中尚未普及的佛教语汇确定了许多语词，其间有些与佛典及声明论记（bya-ka-ra-navi-lugs）不

符而必须修改者，今已改定。凡重要词语之增定，应寻其出自大小乘之何种经典、古代大堪布龙树（mkhan-po-chen-po-nva-ga-rdzu-na）及世亲（ba-su-bandhu）等人如何讲述，以及声明论记（bya-ka-ra-navi-sgravi-lugs）如何论及，使其与此相合。举凡难解之诸（词语），应逐一分作单词，言而有据，笔之于书。对于虽然能说但不能理解的语词，应以音译为宜，需严格音译，然后定其名。某些适于音译之诸词，则当严格音译。继之，于赞普御前再经钵阐布贝吉云丹（bande-chen-po-dpal-gyi-yon-tan）及钵阐布丁埃增（bande-chen-po-ting-nge-vrdsin）等人合议，并向王臣会议之与会者呈报，随即确定译经方法及由梵文译成藏文之语词。"

文中之马年应指814年。

又，"温江多官"之"温江多"又作"vu-shang-rdo"（见《西藏王统记》，227页），地处逻娑南，桑浦之西南，在逻娑河东侧（逻娑河流域即所谓"机地"），与纳木（snam）隔河相对（参见《卫藏胜迹志》）。

又，大尚论墀苏热木夏及莽支拉略在下述墀德松赞兴佛盟书中有之，分别写作"blon-chen-po-zhang-vbro-khri-gzu-ram-shags"及"dbav-blon-mang-rje-lha-lod"。

又，"nyi-vog-gi-mkhan-po"文中之"nyi-vog"意为"边地"，这里指是吐蕃南界诸国而言。如孜纳米扎及塔纳西拉就是迦湿弥罗国（kha-che）人。

又，"热丹热格西达"，即拔热甸（rba-rangna），亦拔贝央。"曼殊宝利哇玛"即"rba-vjam-dpal-go-cha"。

又，"声明论记"（bya-ka-ra-na），梵文作"vyākaiana"。据芳村修基在《西藏语词典》中释义为"授记正音"或"语典中的习惯用语"。又，才旦夏茸在《藏文文法》中解释"byva-ka-ra-na"相当于藏语的"lung-ston-pa"，意为"声明论记"，是论证语言学规律或讲述声明学的著作。另有"授记"之意。本文当是指前者。梵文有《文明论记根本三十颂》（byva-ka-ra-na-mvu-la-tri-shad-nva-ma），参见《thon-mivi-zhal-lung》，1981年排印本，甘肃版，44页；《藏汉大词典》下册，"lung-ston-pa"条。

再者，文中之"钵阐布"的藏文对音是"banda-chen-po"，这从《语合二章》中得到进一步证明。《汉藏史集》及《红史》在记载"钵阐布"参加唐蕃会盟情况时，也将"钵阐布"写作"ban-chen-po"。

复次，《语合二章》又写作"bye-brag-du-rtogs-byed-vbring-po-sgra-sbyer-bam-po-gnyis-pa"，汉译名又作《中品区恭之揩切第二品》(见日本影印《西藏大藏经》，第151卷，《丹珠尔·目录》，首函，藏文138页；汉文下194页，124函)。《语合二章》原文见日本影印《西藏大藏经》144卷，71~73页，87页。

再次，"厘定文字"内容较多，待后文译述。

[38] 噶琼多吉英寺。此寺在逻娑河下游南岸的热玛罔村（ra-ma-gan)，逻娑西南行约两公里即可到达此地。该寺已破败，1950年代尚存有残破四围基址，另有石碑一座及大佛塔四座。（见杜齐：《藏王墓》，50~51页，14页）又，噶琼寺石碑很重要，碑文是兴佛盟誓誓文，内容很丰富，与《贤者喜宴》刊载盟文相辅相成。该碑照片见《藏王墓》53页和54页之间的插图。碑文见该书104~108页。

[39] 在此句之前，噶琼寺碑文有如下补充："于先祖墀都松时，于灵地之墀孜（gling-gi-khri-rtse）等处建造寺院，建三宝之所依。"（碑文见杜齐：《藏王墓》，104~105页）

又，在此句之后，噶琼寺碑文载："在先祖墀德松赞之时，建查玛之嘎丘及青浦寺院(brag-mar-gyi-kra-ca-dang-mchang-phur-gtsug-lag-khang)，建三宝之所依。"（该碑见杜齐：《藏王墓》，105页）接此句又载："父墀松德赞时，建查玛之桑耶等寺（brag-mar-gyi-bsam-yas)；又于中央及边地建造寺院（dbung-mthar-gtsug-lag-khang），建三宝之所依。在天神赞普墀松德赞，又建噶琼寺（skar-cung-gtsug-lag-khang）等等。（杜齐：《藏王墓》，105页）

[40] “诸出家僧侣不得被给予他人为奴，不得强行征税，不得将彼等列入俗人范畴而予以诉讼”，此句在噶琼寺碑文中未载。

[41] 在此句之后，噶琼寺碑文有载：“寺属户籍中之处事慎重者亦应如是而行”（lha-ris-kyi-khyim-yig-gi-mgo-nan-las-vbyub-ba-bzhin-ngu-chis-mdsad-do）。此句之“mgo-nan”（处事慎重者，作风端正者）似与“mgo-yang”（轻浮人，不持重者）相对应。故“mgo-nan”似可译作“处事慎重者”或“作风端正者”。又，噶琼寺碑文继上句之后还载有：“亦应祈诸出世间及世间之一切神及非人作证”（vjig-rten-las-vras-pa-dang-vjig-rten-gyi-lha-dang-myi-ma-yin-pa-thams-cad-kyangpang-du-gsol-te）。以上藏文原文见杜齐：《藏王墓》，107~108页。

第十三章 赞普墀祖德赞的事迹

【译文提要】 第十三章共有9节，即墀德松赞死及其后裔；墀祖德赞执政及其事迹；唐蕃会盟；厘定文字；墀祖德赞崇佛；墀祖德赞时的政情；韦达纳坚其人；韦达纳坚等乱政夺权；墀祖德赞被杀。本章主要叙述有墀祖德赞（简称为日巴坚，亦称为可黎可足，又即彝泰赞普）的事迹。墀祖德赞的事迹中最主要的有两个方面，首先是经过他的努力请盟，终于在公元821年及822年举行了唐蕃的两次会盟，实现了唐蕃“舅甥二主，商议社稷如一”的大好政局，结束了过去时战时和的局面，在他主政三十年的时间里，使唐蕃间“边候晏然”。墀祖德赞对祖国的统一、民族的团结做出了巨大贡献，逻娑今存的唐蕃会盟碑就是这时的历史见证。

墀祖德赞时期另一个特点，就是把吐蕃的佛教推崇到前所未有的高度，大搞所谓“以教护政”（rgal-khrims-chos-bzhin-skyongs）。例如，他“把政权交予僧人”（布顿语），使国政蕃僧参政，由“吐蕃宰相沙门钵阐布”阐卡贝吉云丹等僧人主持政权的内外政务（phyi-nang-gnyis-la-dbang-zhing-chab-srid-vdsin-pa，见唐蕃会盟碑），这正是所谓“国之政事，必以沙门参决”的突出反映。由是也必然出现以僧侣贵族为代表的政治势力，其势力的迅速暴涨，无疑会使被不断冷落而失势的世俗贵族们产生“危险”感，以致最终出现以朗达玛、韦杰多日为代表的贵族的激烈抵抗和反击。

墀祖德赞的崇佛太过分，他的言行衣着都以佛教信条为据，以亲身项礼僧伽自誉，甚至一改吐蕃过去的原有度量衡制度，使之与佛教圣地的天竺一致。他还建造了他的本尊寺院——伍祥多贝美扎西根佩寺，此寺由请来的邻族工匠和无数吐蕃奴隶兴建，为此寺院耗费了社会的大量人力和物力。以此为开端，于是臣工王妃也争相建寺。墀祖德赞还将江浦寺作为“供养功德”赐给僧人，同时还赐名勒碑，诏谕永保寺院的一切特权（见江浦寺碑文）。为了维护僧人，甚至竟对敢于指责僧人恶行的属民施以“砍指”之刑。此外，他继续诏请各地译师翻译佛经。特别是，这时确定了“七户养僧制”，这就使僧人及供养僧人成为社会常态化，对于吐蕃及吐蕃以后的藏区社会发展都起了阻碍作用。墀祖德赞上述的各种崇佛措施，其最初本意是借此以巩固他的政权，然而事与愿违——崇佛加速了其政权的垮台，以至于其自家生命和钵阐布生命也没得以保全，而且一场极为猛烈的大规模的反佛行动接踵而来，从而敲响了吐蕃王朝行将崩溃的丧钟。墀祖德赞是最后也是最突出的崇佛赞普，而吐蕃王朝的垮台也始于此人。历代赞普把大量的社会财富越来越多地消耗在崇佛之中，到此时也该结束了。墀祖德赞悲惨的结局不是由于喝多了葡萄酒，而是饮了过量佛教的迷魂汤，昏昏然到了“极乐世界”。

墀祖德赞之死开始了吐蕃王族内部的激烈斗争。在这场斗争中羽翼日益丰满的新兴的世俗贵族势力从中渔利，韦达纳坚就是其中的代表，从他们周密而阴险的夺权过程可以看出，这是一股强大的贵族势力，此后他们一直在幕前幕后左右着吐蕃政局，他们支持吐蕃王族之间的火并，在火并中王族势力迅速削弱，而这些新兴的贵族势力却日益壮大，其中不少人参加了后来的吐蕃属民奴隶大起义。

“厘定文字”在墀祖德赞时期进行的说法是值得进一步研究的，因为《语合二章》明确指出是在其父墀德松赞马年时（814年）进行的。

第一节　墀德松赞死及其后裔

如是，（墀德松赞）执政三十二年，以佛法护持国政，遂使吐蕃属民安乐。墀德松赞年五十四岁时于阴火鸡年死于查吉甫[1](sbrags-kyi-phu)。

《萨迦具吉祥喇嘛佛教史》（sa-skya-dpal-ldan-bla-mavi-chos-byung）载，塞纳莱（sad-na-legs）年十九岁时，其王妃拉孜（btsun-mo-lha-rtse）生子丁墀（ldeng-khri），此子十三岁时死去，据说掌政之王子是臧玛（gtsang-ma）等五兄弟。这种说法是在塞纳莱和日巴坚（ral-pa-can）之间增了丁墀一代王统。又据《广史》（rgyavi-deb）载，墀德松赞在五十一岁铁鼠年时死后则委任穆尼赞普为赞普，此赞普执政十八年于火牛年死，遂委任久孜赞普（ju-tse-btsan-po）为赞普。久孜赞普执政八年于木鼠年死，继而委任塞纳莱为赞普。这种说法是在穆尼赞普及塞纳莱之间有久孜赞普执政，这些是略有不一致之处。但是，我是按照一般王统及蔡巴（tshal-pa）等精通历史的诸学者所说而写的[2]。

墀德松赞有五子，即天子臧玛、墀祖德赞日巴坚、墀达玛乌冬赞、拉杰及伦珠五人[3]。而布顿大师则将所谓的拉杰、伦珠当作一个人，并又增添了一个人——墀钦波，这样总为五人[4]。这五人是长妃先生三子，小妃后生二子。

第二节　墀祖德赞执政及其事迹

又谓，二幼子早年夭折，故无陵墓[5]。天子臧玛放弃政权出家为僧。达玛因喜邪恶行为而不宜为王[6]。次子墀祖德赞日巴坚生于阳火狗年，当其十二岁时父死，日巴坚即于此年继王位，阐卡贝云为大臣（bkav-yi-blon-po-brn-ga-dpal-yon）[7]，并娶久萨贝吉昂翠（co-bzav-dpal-gyi-ngang-tshul）等大小王妃五人。其时十善之政法威严，日巴坚当是金刚手化身。

其时，攻掠唐境，继之会盟（gtsigs-bzung），并于唐蕃交界处建造甥舅神殿（bod-rgyai-mtshams-su-dbon-zhang-lha-khang-brtsigs）。故谓“天上大者为日月一双，地上大者系赞普甥舅”（gnam-la-che-ba-nyi-zla-zung-gcig-ste-sa-la-che-ba-btsan-po-dbon-zhang-grags）。其盟文刻于三座石碑之上。此后，唐蕃各自安居乐业，暂不兴兵。将来得知吐蕃王法被毁，远望（碑文）即可受益，故此王之恩德在吐蕃人中无可与之相比者。[8]

具有恩德之三译师[9]，为使往日所译一切经典不至增减，遂编成佛经目录（dam-chos-dkar-chag-bkod），并进行厘定文字（sar-bcad-skad-kyis-gtan-la-pab），为此颁布了有关厘定文字的三大原则（bkav-sa-bcad-chen-po-rnam-pa-gsum-gyis-bsdams）[10]。其时建造了禅院、讲院及调伏院等三十座[11]。赞普的发辫被编成两条，其上系以丝绸，向左右铺展开来，僧侣坐其上，遂称为二首部（dbu-sde-gnyis）。

在其本尊神殿方面，此赞普建造了伍祥多贝美扎西根佩寺(dbe-med-bkra-shis-dge-vpel-gtsug-lag-khang)[12]。此神殿有九层，有九重飞檐，并以砖瓦、璎珞、流苏、屋檐、牌楼等作为装饰，光辉灿烂。神殿顶部有汉式大屋顶、金顶及玉龙等等，风吹之时，犹如旋转于空中之伞。神殿金犍椎形之顶端与后山之顶部等高，其状世界无与伦比。政教及朝廷王法均依佛法而定。十善之法良好，恶行绝迹。其所做之智慧神变胜过天庭，其权势盛旺犹如地上之帝释天神，其能量与威力，极喜自在天神亦为之恐惧，此赞普战胜四方，世界的三分之二地区均在其统治之下[13]。

第三节　唐蕃会盟

再者，长子天子臧玛（lha-sras-gtsang-ma）因喜爱佛法，遂出家为僧(khyim-nas-khyim-med-par-rab-tu-byung)，居于僧众之中。次子墀达玛乌冬赞因喜恶行而不宜为王。三子墀祖德赞年十二岁于阴火鸡年执政[14]。其时因与唐朝皇帝甥舅之间未能协调一致，于是从吐蕃每个如中共（集合成）十八个千户所的兵力，并携带各部旗帜，击杀了唐朝之诸首领(rgyvi-gen-po-rnms-bkum)，战败了唐军，（唐朝）官员献出他们所珍爱的物品。其时吐蕃所供养的诸译师班智达（bod-kyi-mchod-gnas-lo-pan）及唐朝的诸和尚（rgyvhwa-shang）作为盟证人（dpang-po-mdsad）[15]，以汉地一个名曰孔古梅如（gong-gu-rme-ru）的地方作为唐蕃边界（gong-gu-rme-ru-zhes-bya-bar-bod-rgyvi-sa-mtsams-byas-te），并在该地建造了一座吐蕃赞普寺院（bo-btsan-povi-gtsug-lag-khang）及一座唐皇寺院(rgya-rjevi-gtsug-lag-khang)，此即天有日月一双，地有赞普甥舅，除此之外别无它有。和议之后，遂于磐石之上（刻以）日月之形。此后吐蕃在吐蕃地区安居乐业，唐朝于唐境安居乐业，吐蕃之军不至边界梅如(rme-ru）以东，如果万一至此，则（唐人）可三读唐皇皇宫前之碑文，如是将全歼吐蕃；唐朝军队不至梅如以西，万一至此，则（吐蕃人）可三读逻娑之碑文(lha-svi-rdo-ring-gi-yi-ge)，如是将尽毁唐境[16]。上述即为赞普甥舅之真诚盟誓（btsan-po-dbon-zang-gis-bden-pa-btsugs-te)。为此，并在吐蕃、唐朝皇宫前以及边界梅如等三处逐一立碑（rdo-ring-re-re-btsugs-te)，在石碑之正反两面刻写赞普甥舅之盟文与誓词，在石碑之左右侧面则刻写吐蕃与唐朝之诸大臣（bod-rgyai-glon-po-bkav-la-gtogs-pa）盟文与誓词。为此，以三宝、天神、龙、星辰及一切诸神为证，赞普甥舅盟誓（btsan-po-dbon-zhang-gis-dbu-snyung)[17]。其时赞普年十七岁，唐穆宗执政，时年十四岁，亦即阳水虎年盟誓。吐蕃盟誓是在阳水虎年仲夏六日，当时吐蕃登坛盟誓[18]。所能录写之逻娑碑文即置于此[19]。

第四节　厘定文字

往昔，在天子之父时，佛经文字语词多不流传于吐蕃语中，继因自唐朝、于阗、中天竺、萨霍尔（即东天竺——译者注）及迦湿弥罗（即今克什米尔——译者注）等地翻译了各种（佛经），文字词语多不一致，故难以理解又难以学习。见此情况之后，（赞普）遂命边地堪布阿阇黎孜纳米扎、苏仁札波迪、希兰札波迪、波迪米札，吐蕃堪布达玛热格达、达玛达希拉，高明译师咱纳斯纳译师、咱雅热格西达、曼殊宝利哇玛及热丹札希拉等人，将出自大小乘的佛典按中天竺文字语词译出，以适合众人学习，（所译的这些佛经）永不变更[20]。为杜绝盈绌余欠，又令编写出佛经目录[21]。上述那些译师班智达及具有特殊恩德的三位译师班智达孜纳米札、塔纳西拉及祥益西德，对以前所译之全部（佛经）做了校正，并且厘定文字，对古代诸难懂之词予以舍弃，使之合于地区及时代，既易懂又适宜诵读，为了精减文字，取消了下加字形、重后加字及后加单体字等[22]。诸合乎标准的佛经亦将其卷数准确地载入于目录之中。总之，将墀松德赞时的《丹喀尔目录》及以后的《青浦目录》《旁塘目录》等三部佛经目录，作为钦定副本珍藏于宝库之中[23]。继之又颁布三项谕旨：除去根本说一切有部外，不得建立其他部，亦不得翻彼等之藏经，不得翻译母续密咒等经典。又，升、两、分以内之度量衡单位改定成与中天竺相同；每名僧人以七户属民供养[24]。

第五节　墀祖德赞崇佛

墀祖德赞不喜欢分散的头发，而将头发编成发辫，因此遂称其为日巴坚赞普（意为“有发辫的赞普”——译者注）。赞普坐在中央，其左右安放精致的僧人坐垫，赞普将头发分成两部分，在头发的顶端系以丝绸，然后将丝绸铺展在垫上，令僧人坐在这样的坐垫上面，由于赞普头发的顶端负载僧人，遂有所谓僧人二首部之称。赞普又建造了其本尊寺院伍祥多贝美扎西根佩寺。其时，用（建寺）的第一批土塑造了逻娑强巴却果寺的门神——帝释天王像和大梵天像。所献的第一批木料是饰以珍宝的四根直而大的柱子。所献的第一批手写的（佛经）是一百零八部经卷。所献的第一批铸造品是一口大钟。又，在供献方面又于叶尔巴建造了佛塔。继之又由汉地与泥婆罗的许多能工巧匠建造了具有九层规模的神变佛殿，其下三层以石建造，诸王臣居之；中三层用砖建造，译师班智达及僧侣居之；上三层以神变大材支撑，安放本尊神像，全部佛像均以中天竺佛像为准，用红白铜铸造，并以纯金包之。每层殿逐一建有丹青木的飞檐，同时均饰以砖、半璎珞、檐瓶以及栏杆等等。在每个飞檐之间(的殿堂）内，众译师班智达进行翻译、讲解和编著等工作。在每层突出于墙外的房间，均有门、门廊和牌楼作为装饰。又于顶部飞檐的尖端处，以及在金楗椎的顶端，这些顶端均与顿玛后山的顶端等同，在这些顶端的左右均以苍龙作为装饰。再者，寺院顶端的汉式大屋顶，就像天空中被风吹转着的一柄伞。如果风大时，则将屋顶的四角用铁绳系在石狮上，或者系在四座巨塔上，而宝蔓、伞、幢、幡及金铃等则摇奏发出声响。所建造的这座寺院是百看不厌，世无伦比。总之，此以上，即吐蕃诸赞普所想要建造一千零八座佛寺（中的一部分）[25]。

其时，一些大臣诸如娘班谢坚坚，在逻娑之东建噶如及梅如二神殿，在南面建噶哇及噶哇二神殿，在西面建阐康及阐康达玛二神殿。全体吐蕃属民受用十善，安乐犹如天神[26]。

第六节　墀祖德赞时的政情

(其时）吐蕃属民极多，往昔先祖未曾统辖之地，现在则达到东方升起昴宿星的下方——即汉地陇山山脉，此山如同白色的丝绸帷幕。北方抵达霍尔边界的切玛冈仁，此地如同美丽的鱼脊。西方达到大食边界的巴达夏同门。南方达到超过泥婆罗以外的地方。总之，统治了大千世界的三分之二地区。[27]

从拉托托日年赞到此墀祖德赞王之间，所谓共有十三个半快乐王统，是因为穆尼赞普时间短暂，故将此赞普算为半个王统，而又不把芒松计算在内，遂有“十三个半快乐王统”这样的称谓。这种称谓是因为从梅奥宗到墀祖德赞之间被称为“极乐五世”，所以便以此称早期诸王统。

又，嘎、久、祥三译师在伍祥多寺竣工之时去世，在亥波日山周围建造了佛塔。如是，珍爱众生的诸法王是为他人的利益而努力，而诸凡夫俗人是为自身利益而努力。后者（的意义）不及前者的千万分之一。为了使住在像愚昧无知畜生地区的吐蕃属民生起佛法之志，这是在罕见事物中最为高尚的。我等所知的众佛事业，集中一点就是把（众生）从恶趣之中转生为人，设法涤净心灵则可显出美好的正路，具有大乘心的诸法王的恩德，对此，我等吐蕃属民何以能承担得起呢！知恩报恩，这在凡夫俗人之中是最珍贵的。至于诸贤者则施恩而不求回报。当感念恩德的吐蕃人出现之时，这些人则专心致志于彼等所喜爱的佛教，但是其间中断了。

此后，吐蕃众生的福德像春季的冰一样融化消失了，出现了一些魔奴变的大臣，将十善法败坏了，他们暗中谋划毁坏佛法，即他们倒行逆施、制造流言蜚语，将天子臧玛流放，不准臧玛居住（于逻娑）；继之又无罪杀死阐卡贝云（即勃阑伽贝云——译者注）；对于赞普墀祖德赞也加以罪名然后杀死[28]，在顿卡达的左面建造了陵墓，取名墀丁芒日[29]。

第七节　韦达纳坚其人

曾有一属民之子，其头如猴之头，耳有虎纹，名韦杰多日[30]。一日当此子与众幼儿玩耍时，大臣阐卡贝云骑马至此。正在幼儿玩耍之际，而天降雨，其他幼儿逃走，而韦杰多日则将脱下的衣服埋在沙堆之内，赤身坐于水中，将簸箕遮于头上，阐卡贝云见此情况，则知此子是一凶恶之人。其时阐卡贝云脱口而出说道："青稞未熟之时则需搅拌挤压。"阐卡贝云走了一段路想道："刚才那句脱口而出的话，需看看那幼儿是否听到了吗？"于是阐卡贝云又返回，并故意将马鞭扔掉，遂问（彼幼儿）道："你见到（马鞭）了吗？"于是彼幼儿答道；"当您说'搅拌'和'挤压'的话时，（马鞭）在您手里。"因此（阐卡贝云知）此幼儿是饿鬼化身。此幼儿也知道了（阐卡贝云的用意），因此产生仇恨[31]。

第八节　韦达纳坚等乱政夺权

此后，该幼儿担任大臣之后，其名遂称韦达纳坚。由于佛法之戒律极为纯正，因此使那些喜欢邪恶的大臣感到担忧，他们说："这样我们就危险了。"同时有些人对于僧人进行目瞪手指。有些人（将这种情况）向赞普做了禀告，赞普听后随即下令，"对于僧人不准这样行事（即对目瞪手指僧人而言——译者注），对这种人要挖其眼断其指"。

此后，一些奸臣内相商议毁掉佛法戒律之事[32]，他们说："如果不杀死赞普就不能毁掉佛法戒律。"有些人又说："虽然杀死了赞普，但是还有天子臧玛、王妃、出身于贵族而又戒心好的尼姑和钵阐布，因此仍不能毁掉佛法戒律。”对此，韦达纳坚说道：“先除掉这些人，然后再杀死赞普。”此后，（韦达纳坚等奸臣）先以酬金贿赂女巫及占卜者们，然后让这些人扬言：“如果天子臧玛居住此地（指逻娑——译者注）将毁掉王法，因此必需将其流放。”当这些谣言全部传开的时候，赞普也听到了，随即将（天子臧玛）流放到门域地区[33]，其时众僧人、译师及班智达等，将（臧玛王子）送到雅鲁藏布江渡口，于是所有王臣人等议论商讨，（臧玛）言道：“我无权居住此地而前往边地，对于这种无罪而遭流放有何办法?！僧人从此也不能安心了，我已下定决心，抛掉船缆吧！”臧玛说罢，被前往洛扎阔汀。据说后来那囊氏王妃芒洁又毒死了天子臧玛。

继之，复有流言蜚语道：“王妃及戒心好的尼姑同阐卡贝云有染。”于是（赞普）遂口谕：“当以法律制裁。”其时王妃与戒心好的尼姑极为痛苦，因而自杀身死。大臣阐卡贝云疑心他自己如果被杀，那么赞普也将被杀。于是随即逃往北方，并在地（窟）下修炼铁脉，当修到距头顶只有四指的时候，一个天生盲人被牵来到此。盲人问道：“此处是什么地方?”引导盲人的人说：“据说名曰隆东（意为空地——译者注）。”盲人说道：“我闻到了烟味，因此有人，肯定能找到！”说罢，盲人随即在地上摸，并说：“在这里”，查看后发现有烟迹。盲人由于闻到了烟味而找到了门。继之，便（向门）乞讨饮食物品。（阐卡贝云）为了让盲人不声张而向他行贿，送给他衣服一件。盲人知道那是一种劣等的粗糙衣服之后便说（出了阐卡贝云的隐居点），因此韦达纳坚等人遂将大臣阐卡贝云捉拿，他们虽用武器刺杀大臣阐卡贝云，但是刺伤不了大臣，大臣经过相当长的极端痛苦和悲恨，说道：“在我的头顶上我修炼到四指（深）的程度，用针刺向此处即可（把我）杀死。”于是韦达纳坚等人遂依其言行事，（阐卡贝云）的后颈弯曲下来，随即死去。（阐卡贝云）的皮被立即剥下，并填充成一个假（人）。（阐卡贝云）的亲属将阐卡贝云的残余尸体收集起来，在叶尔巴地方焚化，其时从烟中出现一个发着白光的陶器，并渐渐升到天空。（阐卡贝云）亲属中的一个姐姐边哭边喊道：“大臣你到哪里去啊?!敌人无罪杀害了你，对此你就不报仇了吗?!”由于哭喊，白光渐红，并向下降落，继而形成一场暴风，石与山崖为之动摇，立即出现了一个令人恐怖的大夜叉。此夜叉后来被阿底峡降伏，并将其作为叶尔巴护法神殿的护法神。其假人像在聂塘的嘉绒及强古有之，并作为这些地方的地方神[34]。

第九节　墀祖德赞被杀

此后，墀祖德赞日巴坚在其三十六岁的阴铁鸡年时，一日该王于墨竹香巴宫饮葡萄酒，醉眠于宝座之上。韦达纳坚、久若拉略及列社赞三个奸臣，将墀祖德赞日巴坚的头颈扭转，墀祖德赞日巴坚随即被杀[35]。

注释：

[1] 此处所谓墀德松赞执政三十二年及五十四岁死，均出自《红史》（见1981年北京排印本，38页）。《汉藏史集》亦持此说（见该书上册，143页下）。《西藏王统记》说死于五十五岁，但同载为阴火鸡年，看来，《西藏王统记》是将墀德松赞诞生之年算为一年，故有五十五岁之说。又，关于查吉甫(sgrags–ky–phu）一地，《西藏王统记》（排印本，226页）写作“sgrags–kyi–phu”。查地（sgrags）之位置是在桑耶之西部不远(参见《卫藏圣迹志》)。

又，墀德松赞之陵在朱杰达（vkhrul–rgyal–mdav)，据说因其母的眼泪洒落于陵墓，次日清晨陵墓增高，遂称此陵为杰钦朱日(rgyl-chen-vkhrul-ri)，陵前附有文字的大石碑一通（见《汉藏史集》，上册，143页下)。《西藏王统记》（见排印本，226页）说，此赞普之陵满殉珍宝，陵墓称为杰钦陵（rgyal-che-bng-so)。

[2] 蔡巴（tsal-pa)，即《红史》作者蔡巴·衮噶多吉（tsal-pa-si-ta-kun-dgav-rdo-rje)，因其曾任万户长职故又称“官长衮噶多吉”（dpon-kun-dga-rdo-rje)。此人出家后又名“仲钦唐杰钦巴格哇洛垂”（drung-chen-thams-cad-mkhyen-pa-dge-bai-blo-gros，意译为：大仲益遍知善慧)。见《黄琉璃》，木刻版，122页下。

[3] 此五子系赞普墀德松赞与没庐氏妃芒波洁(vbro-bzav-mang-po-rje）所生（见《汉藏史集》，上册，143页)。而次序是达玛位居第二（同上书)，《红史》也将达玛列为次子（排印本，38页)。《西藏王统记》（排印本，227页）载，长子是臧玛，次子是日巴坚（bar-pa-ral-ba-can)。《资治通鉴》说日巴坚是兄，达玛（即朗达玛）为弟：“吐蕃彝泰赞普（即日巴坚——译者注）卒，弟朗达玛立。”（见《通鉴》，卷二四六，文宗开成三年条）《新唐书·吐蕃传》所载与《通鉴》同。据此看来，《贤者喜宴》记达玛为第三子较妥。

[4] 此说见《布顿佛教史》木刻版，124页上，该书载：“彼（即墀德松赞——译者注）生有五子：墀德松赞日巴坚、臧玛、墀达玛乌冬赞、拉杰伦珠及墀钦波（khri-chen-po)。”

[5] 此处所说之二幼子，是指拉杰与伦珠，《雅隆觉卧佛教史》说：“拉杰、伦珠二人早年而逝，故无陵”（见该书手抄本，民族宫本，41页上)。《西藏王统记》载，拉杰与伦珠是墀德松赞之小妃所生（见排印本，226页)。又，《西藏王臣记》（排印本，1957年版，92页）说，伦珠夭折无陵，拉杰十五岁死，葬于杰哇敦巴谢吉查(skye-ba-bdun-pa-shal-kyi-brag，有人说此地似在桑耶附近——译者注)。

[6] 臧玛出家及达玛不宜为王事，在《红史》中有相同的记载。（见该书排印本，33页）

[7] 据《汉藏史集》载：日巴坚在墀松德赞生后的七十六年，即阳火狗年时生于伍祥多（vu-shang-rdo，即von-cang-rdo之另一种称谓——译者注）。其十二岁时经诸大臣议定，被委任为王，执政二十四年，由阐卡贝云、没庐墀松热木秀（vbro-khri-bzung-ram-shogs）及芝墀杰达纳（vbri-khror-rje-stag-sna）三人担任大臣（见该书上册，144页上）。关于执政年龄，《红史》《西藏王统记》亦认为十二岁执政，但《雅隆觉卧佛教史》则认为十三岁执政（手抄本，41页上），而《布顿佛教史》又说是十八岁执政（木刻版，124页上）。又，上述引文说日巴坚担任赞普是经诸大臣议定的，《红史》（排印本，38页）亦持此说："诸钵阐布及众大臣委任日巴坚（为赞普）（ban-chen-po-la-sogs-blon-po-rnams-kyis-ral-pa-can-bskos）。"由此可知，当时由吐蕃大臣会议决定重大政务的权力还是相当大的。

再者，阐卡贝云以《西藏王臣记》（见1957年排印本，93页）所载之"教法大臣阐卡贝吉云丹"（chos-blon-bran-kha-dpal-gyi-yon-tan）。亦即《语合二章》中的"钵阐布贝吉云丹"（ban-de-chen-po-dpal-gyi-yon-tan）。在唐蕃会盟碑——《西藏王统记》称为"逻娑碑"（lha-svi-rdo-ring）中，此人又被称为"钵迪阐布贝钦波云丹"（ban-da-chen-po-dpal-chen-po-yon-tan）。文中之"钵迪阐布"即"钵阐布"的全称。又，据唐蕃会盟碑的此一记载，使我们知道贝吉云丹又称贝钦波云丹。据笔者所见，有"钵阐布"之称者只有阐卡贝吉云丹及丁埃增二人，只有参与国政的高僧才有此称，故《新唐书·吐蕃传》谓："钵阐布者，屠浮属豫国事者也，亦曰钵掣逋。"《册府元龟》亦云："国政蕃僧号钵掣逋。"一般僧人或高僧不能用此称，只能称钵迪（ban或ban-de，意为"僧人"），而不能称之为"钵阐布"（意为"高僧"或"大僧"），如"钵迪贝孜"

(ban-de-dpal-brtsegs）及“钵迪禄益旺波”（ban-de-kluvi-dbang-po）等。详见《丹喀尔目录》藏文版，第126函，经部解，352页下；日本影印西藏《大藏经》卷145，杂部二，1957年印本。贝孜与禄益旺波虽然是著名僧人和译师，但因不是“豫国事者”，亦即非“国政蕃僧”，故只以“钵迪”称之。关于“钵阐布”，参见本书第十二章的有关注释。有关阐卡贝云（即教阐伽贝云）事参见下文。

[8] 此段即指821年至822年（即长庆元年至二年）唐蕃会盟之前后概况。文中云吐蕃攻掠唐境，是指820年吐蕃攻灵武、盐州、泾州及雅州事（以上均见《通鉴》，卷二四一，二月至十月条。）又，关于会盟后在唐蕃交界处建造神殿事，在《西藏王统记》中则载：“于汉地梅如（rgya-yul-me-ru）交界处，赞普甥舅双方各建神殿一座。”（1981页排印本，231页）有关唐蕃会盟事详见下文及注释。

[9] 所谓“具有恩德之三译师”，是指嘎哇贝孜、久若禄益坚赞及尚班迪益希德（或祥益希德）三人，此三人藏史又简称“嘎久祥三译师”，他们在吐蕃译经史上占有重要地位。有关三位译经的译师见《西藏王统记》，排印本，227页；又见《西藏王臣记》，排印本，94页。但《贤者喜宴》在下文中则说，具有特殊恩德的译师是指班智达孜纳米扎、塔纳西拉及祥益西德。（见下述正文“厘定文字”部分）

[10] “厘定文字”，《汉藏史集》（上册，143页上）称作“bod-skad-gsar-dpyad-kyis-gtan-la-phab”（意为“厘定藏语”）。《布顿佛教史》则写作“skad-gsar-chad-kyis-gtan-la-phab”（木刻版，124页上）。《雅隆觉卧佛教史》写作“skad-gsar-bcar-kyis-gvan-la-phab”（民族宫手抄本，41页上）。有关厘定文字事详见下文及注释。又，所谓三大原则，亦称“三项谕旨”（bkavs-bcad-rnam-pa-gsum），参见《贤者喜宴》，ja函，143页下。《布顿佛教史》又写作“bkas-bcad-rnam-pa-gsum”（木刻版，124页上）。其内容是，规定所译佛经当以一切有部为准，不得

建立其他部派和翻译其他经典，不得翻译母续密咒经典。对此可参见下文厘定文字部分。

[11] 《西藏王统记》载：建闻、思、修三种禅院（thos-bsam-sgom-gsum-gyi-sgom-grwa），建讲、辩、著三种讲院（vchad-rtsod-rtsom-gsum-gyi-bshad-grwa），为三十座寺院建立僧团（chos-sde-sum-cu-tham-par-dge-vdun-gyi-sde-btsugs），建慧、净、贤三种调伏院（mkhas-btsun-bzang-gsum-kyi-vdul-grwa）。（见该书排印本，227页）

[12] “伍祥多”又写作“wu-shang-to”（《红史》，排印本，39页）。“von-jang-rdo”（《语合二章》）、“von-jang-do”（《粗普寺碑文》）及“von-shangs-rdo”（《雅隆觉卧佛教史》，手抄本，41页上）等。“伍祥多贝美扎西根佩寺”，在《粗普寺碑文》中又写作“von-jang-dovi-thugs-dam-gyi-gtsug-lag-khang-chen-mo”（温江多之大本尊寺）。伍祥多一地在逻娑西南逻娑河东岸附近，聂塘对面，这里也曾有吐蕃赞普的宫室，如温江多宫（pho-brang-von-jang-rdo），又称“吉地温江多宫”（pho-brang-skyivi-von-jang-do，“吉地”即指逻娑河流域——译者注），墀德松赞就曾住于此宫（见《语合二章》）。又，据《西藏王统记》载，伍祥多贝美扎西根佩寺是“由于阗精于工巧的木匠、泥婆罗地区的塑造佛像的工匠以及石匠等许多匠人”建造的。（见该书排印本，228页）有关此寺可详见下文。

[13] 有关墀祖德赞时的吐蕃范围，在下文的正文及注释中有详载。

[14] 《红史》《西藏王臣记》《西藏王统记》及《雅隆觉卧佛教史》等均载墀祖德赞生于阳火狗年。《汉藏史集》（上册，144页上）载，墀祖德赞“于阳火狗年，生于伍祥多（vu-shang-rdor-skyu-vkhrungs）”。

[15] 此处关于唐蕃会盟前的形势不确。吐蕃在会盟前侵灵武、泾州、盐州及青塞堡，均未得手，据唐书《吐蕃传》及《通鉴》载，吐蕃不是被唐朝“击却之”就是吐蕃“惧而退”，并未像藏史所说“战败唐军”。

又，会盟之事主要是吐蕃主动先提出请盟或乞盟，然后才有唐朝“诏许之”。820年，“吐蕃请与唐会盟长武城下”，821年四月，吐蕃又“遣使者尚绮力陀思来朝，且乞盟”，继之又“遣使论纳罗来请盟”（分见《新唐书·吐蕃传》及《唐会要》，卷九七，吐蕃条）。《通鉴》又载，821年九月“吐蕃遣其礼部尚书论纳罗来求盟”，同年十月“癸酉，命宰相及大臣十七人与吐蕃论纳罗盟于城西”（见《通鉴》，卷二四二，长庆元年九月及十月条）。据此可知，唐蕃会盟不是唐军被吐蕃军打败而被迫同意会盟的，而是在吐蕃多次“请盟”之后唐朝“诏许之”的。

又，唐蕃会盟在藏史中所载会盟次数，与汉籍所载相同，即821年和822年两次。《唐会要》载，第一次会盟在长安西郊王会寺：“其年（821年——译者注）八月，吐蕃请盟许之。十月命宰相崔植等十四人与吐蕃使论纳罗盟于郡城西王会寺。”但藏文唐蕃会盟碑载，盟址“在唐之京师西石羊寺（？）前”（rgya-yul du-ni/eng-shivi-nub-phyogs-sheg-sang-sivi-drung-du）。见该碑之东侧碑文。第二次盟于吐蕃之闷惧庐川：“刘元鼎奏以五月六日与吐蕃盟于闷惧庐川，是川盖赞普之夏衙也，中有藏河流焉……”（《唐会要》，卷九七），文中之“闷惧庐川”，即“墨竹”（mal-gro或mal-vgro）之对音，即今之墨竹工卡一带（见佐藤长：《西藏历史地理研究》，日文版，191页注79）。此“闷惧庐”亦即“麇谷”，“(刘元鼎）至麇谷，就馆，臧河之北川，赞普之夏牙也”（《新唐书·吐蕃传》），文中之臧河即指逻娑河，墨竹工卡（mal-gro-dgung-kha）在逻娑河之东北，故为北川。此与唐蕃会盟碑之藏文碑文所载一致：“又于吐蕃逻娑东之哲堆园……明誓”（bod-yul-du-ni/ho-grang-lha-svi-shar-phyogs-sgra-stod-tsal-du/……bod-kyis-gitsgs-bzung-ngo），墨竹（闷惧庐或麇谷）位置正在逻娑之东北。关于在吐蕃的唐蕃会盟，《红史》亦载：“此后，吐蕃赞普死，可黎可足（kha-li-kha-chu，此为汉籍对墀祖德赞的汉语称谓——译者注）继位，于逻娑川（lha-svi-thang）吐蕃大臣集会，钵阐布（ban–chen–po）宣读盟文，以期信实，所有大臣亦盟誓。”（见排印本，23页；又见《汉藏史集》，上册，80页上）

又，关于盟证人。本文说唐朝和尚参与盟证，因长安会盟是在王会寺(765年及767年之唐蕃盟誓均在兴唐寺，见《册府元龟》，卷九八一，外臣部·盟誓——译者注)，故和尚做盟证人之说是可信的。吐蕃亦有僧人盟证，在吐蕃会盟时，以钵阐布阐卡贝吉云丹为首，《册府元龟》载：“坛上设一榻，高五六尺，使钵掣逋谈誓文……谈讫歃血，惟钵掣逋不预，以僧故也。”（《册府元龟》，外臣部·盟誓）当时贝吉云丹以掌管吐蕃内外政事的身份与盟，唐蕃会盟碑上各列吐蕃会盟诸臣之首，称其为“bkav–chen–po–la–gtogs–te–phyi–nang–knyis–la–dbang–zing–chab–srid–vdsan–pa–ban–de–chen–po–dpal–chen–po–yon–tan”（北侧碑文）。

[16] 此段藏文记述为汉籍所不载。又，梅如或孔古梅如确切地望待查。在唐蕃会盟碑的汉藏文碑文中均不载双方分界地名，更未见有关梅如或孔古梅如的记载。该碑汉文碑文仅云：“今蕃汉二国所守见管〔州镇为界，以东皆属大唐封疆〕，以西尽是大蕃境土，彼此不为寇敌，不举兵革，不相侵谋封境。”文中所谓二国所守见管［州镇为界］，据公元783年唐蕃清水会盟后的形势看，双方基本以清水会盟时的所定分界为界，未有多大重要变动。吐蕃所寄盟文要节中，亦只提及“各守见管本界”，未涉及具体地点：“大蕃赞普及宰相钵阐布、尚绮心儿等先寄盟文要节云：‘蕃汉二邦，各守见管本界，彼此不得征讨，不得相为寇，不得侵谋境土……’”（《册府元龟》，卷九八一，外臣部·盟誓）又，关于清水会盟时所定唐蕃守界，《册府元龟》有载，藏史《汉藏史集》有译自汉文的藏文译文，今移录如下以备研究当时的历史地理情况：“今国家所守界：泾州（ki–jivu）西至弹筝峡(than–jing–ha）西口，陇州(lu–ju）西至清水县（shing–hu），风州（hung–jivu）西至同谷县（thang–ku，似应作thung–ku——译者注），暨剑南西川大渡水（si–chon–la–thvi–tu–ha）东为

汉界。蕃国守镇在兰（lan–ju）、渭（wi–jivu）、原（wen–jivu）、会（hevi–jivu）西至临洮（shing–kun）；又东至成州（shing–jivu）抵剑南（gyang–nam）；西界磨些诸蛮（gyang–ge–lan–gyi–sa–cha），大渡水西南（hwvi–tu–hvi–lho–nub）为蕃界。其兵马镇守之处，州县见有居人，彼此两边见属。汉诸蛮以今所分，见住处依前为定。其黄河以北（rma–chuvi–gyang–phyo–gs），从故新泉军（《汉藏史集》所载之sug–bcu，似指此地？——译者注）直北至大碛（《汉藏史集》所载之tsa–byivu似指该地？——译者注），直南至贺兰山（ha–la–shan）骆驼岭（tha–tha–ling）为界，中间悉为闲田（stong–par–bzhags）……”（以上引文中的汉文出自《册府元龟》，卷九八一，外臣部·盟誓）引文中括号内的藏文均出自藏史《汉藏史集》，上册，79页下~80页上。《汉藏史集》所载内容基本与汉文《册府元龟》一致，仅方位及次序略有不同，如《汉藏史集》开头即载：“唐蕃地界，以弭药地区之贺兰山为界［rgya–bod–kyi–sa–tsigs（原文sa–tseg，误），me–nyag–yul–ha–la–shan–du–byas］。”又如，《汉藏史集》将“西至临洮”写作“东部临洮”；又将“东至成州”写作“南部成州”。

又，“吐蕃在吐蕃地区安居乐业，唐朝于唐境安居乐业”句，在唐蕃会盟碑中的汉文碑文中有类似文句。“蕃于蕃国受安，汉亦汉国受乐。”据此可知，藏文所载当出自汉文碑文。

[17] 关于会盟碑，藏史载有三通，今仅存逻娑碑一通。《雅隆觉卧佛教史》载：“关于甥舅盟誓之盟文有三，一书存于唐之京师皇宫前之石碑，另一书写于赞普大昭寺前之碑。”（原文说三个石碑，实际仅两通石碑，见该书手抄本，42页上——译者注）又，所谓唐蕃会盟碑、甥舅和盟碑，或长庆甥舅和盟碑，当时并无此称，只云：“是以盟文节日，题之于碑也。”藏文一般称此盟碑为“逻娑碑”（见《布顿佛教史》，木刻版，124页下；《雅隆觉卧佛教史》，手抄本，42页上）。此碑今仍立于拉萨大昭寺前。文中所谓碑文之正反两面为盟文，即指石碑之西面与东

面；所谓石碑之左右侧即指石碑的南侧与北侧。此碑之碑文除东面为单一藏文外，其余均为汉藏文并书。此碑之各侧碑文均有程度不同的缺损、剥蚀，各家对缺损的文字均有各自的添补，故出现不同的意见，因此译文也自然各异，我们从理查德森的《逻娑古代历史文献》（*Ancient Historcal εdicts at Lhasa*，55~75页）及李方桂的《唐蕃会盟碑研究》［*The Inscription of the Sino—Tibetan Treaty of* 821~822，《通报》（TP）1956年4期，1~99页］两部著作对比中可以明显看到这一点。所以对于唐蕃会盟碑碑文本身的研究必须对各家之说加以对比，取其所长方可进行深入研究。今日所见唐蕃会盟牌碑文载述者有《西藏地方历史资料选辑》，16~18页；王尧：《吐蕃金石录》；解放前罗常培所著之《唐五代西北方音》中亦有载述；其他拓片及记录国内外尚有多种。

又，译文正文中说，会盟“以三宝、天神龙、星辰及一切诸神为证，赞普甥舅盟誓”，此与汉文盟文所载相同：“于三宝及诸贤圣、日月星辰，请为知证，如此盟约。”从这种记载看，当时唐蕃两地对于佛教（三宝）、自然界（天与日月星辰）及神等的崇信是有共同点的。

[18] 会盟时墀祖德赞年十七岁，正值年少，此与汉史所载相同：“元鼎既见赞普，年可十七八，号可黎可足，戈衣白褐以朝霞缠头，坐佩金剑。”（《册府元龟》，外臣部·盟誓。文中“以朝霞缠头”，即以红绸或红丝缎缠头，敦煌石窟壁画《吐蕃王子供养图》中的吐蕃赞普的缠头布即为红色，见敦煌第159窟，此图又称《吐蕃赞普礼佛图》——译者注）。

又，文中说唐穆宗时在汉地盟誓是在水虎年，误，应是阴铁牛年。阳水虎年是吐蕃地区盟誓时间，对此，唐蕃会盟碑东侧藏文碑文有载：“唐蕃二者，结此万世安乐之大和盟约于唐之京师西石羊寺前，时大蕃彝泰七年，大唐长庆元年，即阴铁牛年十月十日也。又盟于吐蕃逻娑东哲堆园，时大蕃彝泰八年，大唐长庆二年，即阳水虎年夏五月六日也。登坛，吐蕃告盟，是以盟文题之于碑也，时在大蕃彝泰九年，大唐长庆三年，即阴水兔年春二月十四日也。”（藏文原文除两字需补漏之外，均尚整理，兹移录如下备考：“bod-rgya-gnyis\rabs-khraer-bde-skyid-pavi-mjal-dum-chen-po-mdsad-nas-rgya-yul-tu-ni\keng-shivi-nub-phyogs-sheg-sang-savi-drong-du\bod-chen-povi-lovi-mying-ni-skyid-rtag-lo-bdun\rgya-chen-povi-myizg-ni\cang-keng-lo-dang-po-lcags-mo-glang-gi-lovi-dgun-sla-ra-ba-tshes-bcu-la\dkyil-vkhor-la-vdsegs-na [sa\rgya-yi] sa-gtsigs-bzung-ngo\bod-yul-du-ni\pho-brang-lha-savi-shar-phyogs-sbra-stod-tshal-da\bod-chen-povi-lovi-mying-skyid-rtag-bo-brgyad-rgya-chen-povi-lovi-mying-cang-keng-lo-gnyis\chu-pho-ltag-gi-lovi-dbyar-sla-vskying-po-tshe-drug-la\dkyil-vkhor-la-vdsegs-te\bod-kyis-gtsigs-bgrung-ngo\grtsigs-kyi-mdo-rdo-rings-la-bris-pa-vdi-yang\bos-chen-povi-covi-phying-skyid-rtag-lo-da-gu\rgya-chen-povi-lovi-mying-cang-keng-lo-gsumku-mo-yis-buvi-lo-dpyid-sla-vbring-po-tshes-bcu-bshi-lado-rings-la-yi-ge-gris-so”见理查德森：《逻娑古代历史文献》，55~58页）

[19] 综观此段有关唐蕃会盟记载，是作者基本据汉藏两种盟誓碑文，概括而来。

[20] 有关外族班智达及吐蕃译师人名均引自《语合二章》，只是在希兰札波迪（前译作西连特热波迪）之后缺塔纳西拉一人（见本译文之《语合二章》部分）。又，《布顿佛教史》中亦载有这些班智达及译师人名（见该书木刻版，124页上），并均与《语合二章》所载人名相同。

[21] 《语合二章》载：“将出自大小乘佛典由梵文译成藏文，并将所译佛经定名编目，所译之经典要义永不改变。”而《布顿佛教史》则说：“任何时候除去这些经典之外不得翻译其他经典。”（木刻版，124页下）

又，所谓编出佛经译经目录，主要指《丹喀尔目录》《青浦目录》及《旁塘目录》。译见下文注释。

又，所谓“在天子之父时”所译各种佛经，是指墀松德赞、墀德松赞时所译之佛经，译师是“阿阇黎菩提萨埵、益希旺波、尚结年尼木桑、论绮立热桑希（前译论墀谢桑希）、译师咱迪哇果夏、杰吉楚及婆罗门阿年达等等”（《布顿佛教史》，木刻版，124页上）。此处《布顿佛教史》所载译师人名均出自《语合二章》。（参见本书第十二章的有关注释）

[22] 关于取消“mya”、再后加字“da”及后加单体字“va”的记载，在《语合二章》中没有这种规定，现在看来，这种规定可能是在墀祖德赞日巴坚时才提出的，但是据建于墀祖德赞时的江浦寺碑文看，这种规定虽提出但并未真正实行，例如“mye”“stsald”及“bkavs”等类型的字体依然存在（见杜齐：《藏王墓》，87~90页）。上述三种字形，直到宋代碑文中“mye”的形体仍存，“stsald”及“bkavs”形体始无，在元代碑文中才不见“mye”的形体。（分见《西夏黑水建桥碑》及《山东长清大灵岩寺大元国师法旨碑》）

又，《语合二章》对翻译原则有如下规定：“翻译佛经之原则是：既不违背意义，又适合于吐蕃。在不使梵文次序紊乱的情况下，如果译成藏文，并使意与词密切相符而不误，则应在不必打乱（原文顺序的）情况下进行翻译。如改动顺序即通顺易解，则对于偈颂体译成四句或六句均可。在一首偈颂中亦可打乱（次序）译之。对于单语词，循其所有含意，依其上下文之词与意可打乱（次序）译之。……对于一词多义者，在翻译时用一词而不能概括其全部意义，只定一词而又无重要根据，对此则不译，可保留梵文原词。如有可做多种理解之词，则不得择一而译，应循其总意而译之。”此外，《语合二章》对于地域、动物、花草、数量词、关联词、修饰词以及一义多词以及关于佛的名称译法、确定新词等等方面亦有规定。详见该书原文。

[23] 这三种目录都是译经的书目，三者何前何后，诸家说法不尽相同，有的说先有《丹喀尔目录》，没有《青浦目录》，再有《旁塘目录》

(见《雅隆觉卧佛教史》及《布顿佛教史》)。而《经论大藏目录序》则说，穆底赞普时，先编《旁塘目录》，次编《丹喀尔目录》，未说《青浦目录》编于何时（见《中国佛教（一)》，139页）。现在仅存《丹喀尔目录》，其余两者已佚。《丹喀尔目录》全称是“pho-brang-stod-thang-ldan-dkar-gyi-bkav-dang-bstan-bcos-vgyur-ro-cog-gi-dkar-chag”，由贝孜及纳卡宁波所编（dpal-rtsegs-dang-nam-mkhav-snying-pos-mdsad)，据《丹喀尔目录》说，此经目“于龙年丹喀宫（vbrug-gi-lo-la-pho-brang-ldan-dkar)，由译师班迪贝孜（sgra-sgyur-kyi-bande-dpal-rtsegs）及班迪陆益旺波（bande-kluvi-dbang-po）等人将所知的已译到吐蕃的大小乘佛经（dam-pavi-chos-theg-pa-che-chung）中的经部（mdo-sde-)、大小陀罗尼（gzungs-che-phra）一百零八名号（mtshan-brgya-rtsa-brgyad)、赞颂（bstod-pa)、愿文（smon-lam)、吉祥颂（bkra-shis)、律藏（vdul-bavi-sde-snod)、大乘经疏释（mdo-sdevi-ryvi-ka)、中观宗论（dbu-mavi-bstan-bcos)、禅修文（bsam-gtan-gyi-yi-ge)、唯识论（rnam-par-shes-pavi-bstan-bcos)、因明论（tar-kavi-gzhung）等等佛经将其名称、卷数及页数审订录写成文”。吕澂将《丹喀尔目录》中的佛经分为十七类(《西藏佛学原论》35~36页)。法尊分为十九类(《中国佛教（一)》，141~142页)。王尧细分作二十七类(《吐蕃佛教述略》，载《青海民院学报》，1980年4期)。据法尊统计，佛经总数为721种（详见上引书141~142页)。从内容看，三藏中的经、律、论三藏有之，其中大小乘佛典有之（以大乘为多)，显密佛典有之（以显数为多)，唯识宗的经论已很完备，中观宗的经论（除月称的论疏外）很多都有了。因明类有《观业果论》（las-dang-vbras-buvi-vgrel-pa-brtag-pa，又译作《观因果相属论本释》)、《正理一谛论本释》（rigs-pavi-thigs-pa，此书注释“devi-vgrel-pa”是阿阇黎达玛伍达“slob-dpon-dharmva-au-ta”所作)。这个译经目录为元以后的《日光目录》《蔡巴目录》及《语宝目录》等译经目录的编订奠定了基础。特别应指出的两点是，在这部目录中明确标明：从汉地译出的佛经共计三十二种（经部二十四种，论部八种），译自汉地的大乘经类(theg-pa-chen-povi-mdo-sde-rgya-las-bsgyur-ba）有《大般若涅槃经》(vphags-pa-yongs-su-mya-ngan-las-vdas-pa-chen-po）等等，译自汉地的大乘经疏释(mdo-sdevi-ryvi-kva-rgya-las-bsgyur-ba）有《解深密注大疏》(vphags-pa-dgongs-pa-nges-par-vgrel-pavi-chen-po）等等。此经疏原为唐圆测法师所著，晚唐时法成(mgos-chos-grub）亦译成藏文（见汤用彤：《隋唐佛教史稿》，70页）。从这种译经活动可以看到唐代汉藏文化的交流情况。另一点，从译经目录中，还可以发现藏史所不见记载的当时译经人姓名，如阿阇黎雅休米扎（slob-dpon-ya-sho-mi-tra)、阿阇黎仙迪索玛（slob-dpon-shvandi-so-ma)、阿阇黎秀巴古巴达（slob-dpon-shu-pa-gu-sta)、阿阇黎降措珍（slob-dpon-rgya-mtsho-sprin)、阿阇黎洛垂丹巴(slob-dpon-blo-gros-brtan-pa)、阿阇黎云丹洛垂(slob-dpon-yon-ran-glo-gros)、阿阇黎尼玛约（nyi-mavi-vod)、阿阇黎帕巴拉（vphags-pavi-lha)、阿阇黎嘎切年巴（dgav-byed-snyan-pa）……又，《丹喀尔目录》最后载："对全部佛经之经部及论著，审订其页数及卷数，经过禀奏，遂将此一切（佛经）在龙年于丹喀尔（pho-brang-ldan-dkar）编定成目录(mtshan-byang-dkar-chag-gtab-ba)。"上述所引之《丹喀尔目录》见日本影印北京版西藏《大藏经》，145卷，143~151页；原藏文版第126函，经部解，352页下~373页上。

[24] 根本说一切有部是指戒律经典而说，共有七部，根本说一切有部是其中之一，属小乘。又，关于不得翻译密咒类经典，《布顿佛教史》(木刻版，124页下）写作："不得翻译诸密咒经典"（gsang-sngags-rnams-ma-bsgyur)。这种说法不确切，因为《丹喀尔目录》中就有密咒续经典经目："关于密咒续（gsang-sngags-kyi-rgyud)，译有《不空绢索经大陀罗尼》（vphags-pa-don-yod-zhags-pavi-rtogs-pa-chen-po)，七千八

百叶，二十六部以上……"，此外还注疏四部，总共有十八种（只有事部和行部，缺瑜伽部和无上瑜伽部）。实际上，《语合二章》说得很清楚，其原意是："此后除诏令所翻译之密咒典籍（gzubs-sngags-dang-rgyud）外，不得翻译密咒续及猛咒（sngags-kyi-rgyud-dangngags-kyi-tshig-thu）。"这就是说只要诏准，仍可译密宗经典。

关于七户养僧制，《雍仲本教目录》载："为每个僧人献七户人家作为属民（rab-byung-re-re-la-yang-vbangs-mi-khyim-btun-re-mngav-ris-su-phul）。"（手抄本，55页上）

[25] 此时期所建寺院及神殿较多，据《汉藏史集》载："循先祖建造寺院之誓言，遂修缮未曾修葺的诸寺院。又在汉地五台山建造寺院。在沙州东赞（sha-chu-sdo-btsan）建措吉神殿（mtshovi-dkyil）。在佳吉东波（lcags-kyi-sdong-po）之上建桑结东咱神殿（sangs-rgyas-stong-rtsavi-lha-khang）。在朗地（glang-yul）建造仁波神殿（ring-po）。在松巴地区（gsum-pa，似"sum-pa"之误——译者注），在留垂吉支（slevu-sprul-kyi-kri）之下，建造嘎查衮秋琼内神殿（ka-brag-dkon-mchog-vbyung-gnas）。在吐蕃建造强钦神殿(byams-chen-lha-khang)。在娘地之若孜乃萨（nyang-ro-rtsis-gnas-gsar）建具有铠甲门的神殿（lha-khang-khrab-sgo-can）等等。久若王妃贝吉昂促（cog-ro-za-dpal-gyi-ngang-tshul）建造赞塘玉寺（btsan-thang-gyuvi-lha-khang），娘妃秋格拉莫（myang-bzav-mchog-gi-lha-mo）建造门卓达才寺（smon-khro-stag-tshal-gyi-lha-khang）。长兄达玛（dar-ma，即朗达玛——译者注）建芝寺（vbri-lha-khang，或译比里寺）。达玛之妃赞蒙藩（btsan-mo-vphan）建雅隆巴桑群兴寺（yar-lung-dpag-bsam-ljon-shing）及普波切寺（phug-po-chevi-lha-khang）。尊者、咒师及大德等建查衮波寺（brag-lha-mgon-po）及叶尔巴杨文寺（yer-pa-yang-dben）。娘丁增（nyang-ting-vdsin）建谐拉康寺（zhavi-lha-khang）。阐卡贝云（bran-ka-dpal-yon）建叶才寺

(dbyes-tshal) 及麦域美隆塘寺 (dmas-yul-me-long-thang)。嘎哇欠孜 (ka-ba-dpal-rtsegs) 建嘎哇尤纳寺 (ka-ba-yul-sna)。蔡邦达桑热堆 (tshe-spong-stag-bzang-ra-vdod) 建堆垅拉玛寺 (stod-lungs-lhag-ma)。蔡邦拉桑陆贝 (tshe-spong-lha-bzang-klu-dpal) 建博东恰桂雄寺 (bo-dong-bya-rgod-bshongs-kyi-lha-khang) 等等。" (该书上册，144页下~145页上)

据载，日巴坚为维护僧人曾记述："当属民信口谈论僧人时，如以手指指时，赞普说：'不得如此对待我所供奉的僧人'，并砍断 (当事人) 之手指。" (上册，145页下)

[26] 这些寺院均系当时在逻娑建造的古寺，其中梅如寺即后来清代所称之木鹿寺，藏文又写作"rme-ru"，地处大昭寺东面。

[27] 关于当时吐蕃南界，《汉藏史集》载："南方到达阿达拉哇迪 (mon-ta-la-ba-ti)，此地犹如水晶块。" (上册，146页上) 《拉达克王统记》载："南方统治珞 (blo)、门 (mon)、天竺 (rgya-gar)、里 (li，即指泥婆罗)、萨霍尔 (za-hor，即东天竺)、恒河之大湖甲吉巴扎东 (gadgavi-rgya-mtsho-lcags-kyi-pa-tra-gdong)，西面统治波斯之朱谢 (vbru-shal)。" (见该书34页)

[28] 关于朗达玛及奸臣韦达纳坚等毁佛夺权等事，详见下文。

[29] 日巴坚墓，据史书载："在墓前有无字碑一通。如是，此王无子，于神殿内无供祭，陵内无珍宝，石碑无字。" (上册，147页下)

[30] 据《敦煌吐蕃历史文书》载，吐蕃大相表中有此人，称韦杰多日达聂 (dbavs-rgyal-to-re-stag-snya)，他继没庐墀松杰达囊 (vbro-khri-sum-rje-stag-snang) 之后为相。

[31] 此段记韦达纳坚仇恨阐卡贝云的原因不确，实际上是权力之争引起的。详见下文。

[32] 《布顿佛教史》记载奸相毁佛夺权之因是："由于 (日巴坚)

将政权献给了僧人，故喜好恶行的诸人产生愤怒，遂暗中决定毁掉佛法。”（木刻版，142页下）此说较妥。

[33] 关于臧玛流放地点，《红史》（排印本，39页）说流放到亚东(gro-mo)。《叶尔巴寺志》（刻印本，12页）则说流到上部阿里(mngav-ris-stod-du-bcugs)。

[34] 对于奸相的这些夺权阴谋活动，《布顿佛教史》载：“将出家为僧的天子臧玛流放到亚东（gro-mo)，并造谣说王妃昂促玛（btsun-mo-ngang-tshul-ma）与钵阐布贝吉云丹（bande-chen-po-dpal-gyi-yon-tan）私通，随即杀死钵阐布（ban-chen-po，即贝吉云丹——译者注），王妃亦自杀身亡。”（该书木刻版，124页下）《汉藏史集》载：“贝达纳(sbas-stag-sna）等诸奸臣杀死了钵阐布，天子臧玛被流放到卓莫（gro-mo，即今亚东)。”（上册，147页上）又，阐卡贝云做了所谓叶尔巴护法神。叶尔巴是吐蕃时期的重要地点，《叶尔巴寺志》曾这样赞扬此地之重要：“逻娑是吐蕃的中心主轴，而叶尔巴又是逻娑的中心主轴。”（见该书，21页）

[35] 《雅隆佛教史》（42页上）载：“大臣阐卡贝吉云丹被杀，王子臧玛被流放到洛扎（lho-brag)，（奸臣）又对法王日巴坚施以阴谋，日巴坚遂于阴铁鸡年的三十六岁时死于墨竹香巴（mal-gro-zhom-pa)。”《汉藏史集》（上册，147页下）载：“纯洁的王妃和阐卡贝云无过而治罪，赞普本人亦于其三十六岁的阴铁鸡年，当他走到墨竹香巴神殿的石阶时（mal-gro-zham-pa-lha-khang-rdo-skas)，被久若列查阿东赞（cog-ro-legs-sgra-lnga-ldong-btsan）用刀杀死。”《新唐书·吐蕃传》载：“赞普立凡三十年，病不事，委任大臣，故不能抗中国，边候晏然。死，以朗达玛立。”《通鉴》卷二四六，文宗开成三年条载：“是岁，吐蕃彝泰赞普卒，弟朗达玛立。”一般藏学界认为日巴坚死于836年。

第十四章　赞普朗达玛的事迹

【译文提要】第十四章共有4节，即墀祖德赞死后的吐蕃政局；朗达玛执政；朗达玛灭佛；拉隆贝吉多吉刺杀朗达玛赞普。本章主要叙述墀祖德赞（日巴坚）死后的吐蕃政局，其间包括朗达玛赞普执政及被刺。

墀祖德赞死后吐蕃一蹶不振，急转直下。朗达玛赞普与权臣韦达纳坚等一起反对佛教势力，他们首先集中力量剪除原来支持佛教势力的首脑人物，既突然又猛烈，致使佛教势力群龙无首。继阐卡贝云无罪被杀后，娘丁埃增也被杀，至此两位佛教参政的高僧钵阐布全部被除。然后，反佛势力便对寺院和僧人采取严厉措施：拆寺庙、烧佛经、驱逐外族僧侣、杀害或驱使奴役僧人、禁止佛事等等，以逻娑和桑耶受到的损失最为严重，所谓“大昭寺和桑耶寺成了狐穴狼窝”的形容，就是当时历史的实况。

反佛的实质，正如前述布顿所说，是由于赞普把政权交给了僧人，引起世俗贵族的不满，所以说反佛就是信佛势力与反佛势力的权力之争，也可以说是一次权力再分配，反佛势力手段凶狠，而原来的掌权的信佛势力几乎来不及反抗就一败涂地。当然，宗教信仰问题也是原因之一，但不是引起反佛的主要原因。总之，反佛是借反佛而夺权。

从反佛后的结果看，政治色彩也是相当浓厚的。反佛势力并没有在推行佛教或信奉本教问题上花费精力，而是热心于王位之争，这也反映出反佛者们的主要目的之所在。再者，反佛势力也并非强大的不得了，朗达玛赞普作为反佛势力的代表很快被刺身死，说明信佛势力的潜力依然不可低估。

墀祖德赞死后的吐蕃政局，通过表面反佛的激烈的夺权斗争，从实际结果看，对旧有的王族或贵族集团都是不利的，他们相互争夺也相互削弱，弄得吐蕃政权一分为二，火并不已，以至于最后使吐蕃政权弱到“油尽灯灭”的程度，这正是吐蕃奴隶主阶级行将覆亡的预兆。

吐蕃奴隶起义是吐蕃史中具有深远意义的重大历史事件，它宣告吐蕃政权的垮台，也为藏区社会的进步揭开了新的篇章。本章对这些事件的记载尚是概括性的，详细记载将在下文叙述。

第一节　墀祖德赞死后的吐蕃政局

啊！上述情况反映了什么？[1]

拯救和保护众生的父母，

就如大地依靠太阳一样，
那些并非出自如意之宝[2]。
所谓法王的全部功德，
我等舍命千次方可获得，
由于内心迷恋沉醉，
随之出现危害民族的时刻，
从而毁掉吐蕃属民的全部安乐，
神变法王（将众生）送往闻听之路[3]，
慈悲养育之恩却反遭恶报，
这类人岂能不坠第八热地狱[4]！
为了今世众生不致堕落，
现应了解此地未察之情，
彼时虽然已经消逝，
但诸救世者却留下了传说，
对于那些奸臣无需浪费唾沫，
而吐蕃属民则显示了愚昧的历史，
据说由于世间无保护神灵之力，
想来众神龙便宣布了我等的过失，
在难忍时刻所见之事，
那已不像诸贤者在世之时，
但是如若仔细观察，
仍可见到各种错事，
即使是掌政者而若无五难[5]，
谁能杀害金刚手呢？[6]
生死虽成过去但仍显示着生与死，
依然反映出诸王子的优越。

但是在中途却被割断了。

此后有关吐蕃众属民的福德是：

油已耗尽灯熄灭[7]（snum-zad-mar-me-lta-bur-yal-la-thug），

王权小如冬天水[8]，

王法败坏如腐绳[9]（rgyal-khrims-sog-rul-phon-thag-bzhin-du-zhigs），

政权安乐如虹逝（chab-srid-phan-bde-nam-mkhavi-vjav-bzhin-yal），

恶行好似春风起，

所念善行如梦忘，

寺院译师班智达，

彼等其时无侍者[10]（zhabs-tog-med），

大量译经剩残余（dam-chos-mang-zhig-bsgyur-bavi-vphro-la-lus）。

译师大德返各地，

信佛官民长叹息，

政权交于赞普朗达玛（dar-ma-au-dum-btsan-la-rgyal-srid-btad），

两年后被魔伤心[11]，

佛教遂遭毁灭尽[12]（sangs-rgyas-bstan-pa-ma-lus-vjig-par-bjams）。

释迦二佛慈氏像，

投河后被大臣藏，

为毁逻娑二门神（ra-savi-sgo-srung-phyag-rdor-gzhig-pavi-phyir），

因将绳索系神颈，

系绳之人吐血亡，

中止破坏因畏惧，

为保逻娑免遭害，

此二门神大加持。

为毁桑耶毁小塔（bsam-yas-gzhig-phyir-mchod-rten-chung-du-zhig）。

毁者立刻被雷击，

其余未毁因畏惧，
(桑耶) 因此得存留。
小昭寺与桑耶寺 (ra-sa-bsam-yas)。
沦为狐穴与狼窝 (wa-tshang-spyad-tshang-bcas)，
三宝寺院多被毁 (sku-gsung-thugs-rten-lha-khang-mang-du-bshig)，
大部佛经投水火，
著名高僧被杀害 (chos-pa-rab-bsad)，
次等僧人被流放 (vbring-spyugs)。
低级僧人被驱使 (tha-ma-bkol)。
驱使高洁佛教徒，
背负锣鼓去狩猎[13] (rnga-gshang-bskur-nas-lings-la-gtod)，
有人遣为上马凳[14] (vbab-stegs-byed)。
其时善业护法神，
彼等全部生愤怒，
吐蕃汉地交界处，
吐蕃拉日山倾倒[15] (bod-kyi-bla-ri-vgyel)；
洮水回旋达三日 (klu-chu-zhag-gsum-bar-vkhyil)，
水中发出光与声，
雷击地震同时生，
爆烈之声出四方，
流星陨石相撞击[16]，
遂显毁法诸恶兆。
其时努地之僧侣[17] (snubs-ban)，
法名佛智用咒力 (sangs-rgyas-ye-shes-kyi-sngags-kyi-nus-pa)，
恫吓 (朗达玛) 赞普王。
专修利他心比丘，

拉隆贝多即其名[18]（sgrub-pa-mdsad-pa-lha-lung-dpal-rdor），

彼以大悲生慈心，

为阻赞普之恶行，

为使佛法得留存，

彼身化装成魔妖（bdud-kyi-chas-zhugs）。

遂用武器杀赞普，

继而化装成天神（lha-yi-chas-zhugs）。

得以逃脱未被擒，

同时显现诸化身。

（拉隆）刺杀赞普后，

随即前往多康地[19]（mdo-khams-yul-du-byon），

玛、尤、藏逃下多康[20]（smar-gyo-gtsang-gsum-mdo-khams-smad-du-bros），

朗达玛陵墓圣神变[21]，

所建层层蛇形（墙），

唯有残墙尚遗存。

此王之名称“下丁[22]（smad-kyi-stengs-ces-zer）。”

来年云甸、约松生[23]（yum-brtan-vod-srang）。

所谓“虎耳”诸奸臣[24]（stag-rna-can-la-sogs-pavi-sdig-blon），

彼等不宜毁三宝，

一些佛物遭亡失。

释迦二佛慈尊像，

仍置各自佛座上，

被毁寺殿重修复，

佛教虽然已无有，

若干佛事尚有之，

具发髻者阿罗汉（dgra-bcom-gtsug-phud-can），
此等法规有人修，
密咒亦有修行者，
上述所修诸经典，
诵经均学本教声[25]（bon-du-gyer-ba-byung），
奉旨修法被毁后，
王臣属民轻三宝，
云甸、约松二分权（mngav-ris-gnyis-su-chad），
伍约之争遍吐蕃[26]。
边地哨所均散失[27]（mthav-yi-so-shor），
大小会场亦毁弃[28]（vdun-sa-che-chung-zhig），
王朝法律被破坏，
佛法丝结已解散[29]（chos-khrims-dar-mdud-grol），
众人常纳乌拉税[30]（khral-dang-vu-lag-rtsi）。
首领蒙骗背誓言，
因之彼等受惩罚，
父系部落遂散亡[31]，
霜雹瘟疫饥馑灾，
人们常受灾害苦，
金洞宝源亦枯尽。
阐卡贝云继此后，
彼以所遭诽谤力[32]（smod-pavi-mthus）。
所有全部众属民（vbangs-rnams-kun），
暴发奴隶大起义[33]（rje-la-kheng-log-byas）。
约松陵在朱杰后[34]（vphrul-rgyal-rgyab-na-yod），
杰吾拉甸系陵名（skye-vu-lha-rten）。

此后不建赞普陵[35]。
王者奴隶无区别[36]（rje-kheng-khyad-med），
吐蕃沦为破碎境（bod-khams-sil-bur-song）。
王陵多数被掘分[37]（bgos-te-phal-cher-brus）。
从彼王者歌神口（mgur-lha-rnams-kyi-gyar-ngo）。
九种王系变十王[38]（rje-tshan-rnam-dgu-rje-lhus-bcu-ru-chags）。

第二节　朗达玛执政

再者，在墀日巴坚诞生前三年，亦即阴水羊年时，墀达玛乌东赞（khri-dar-ma-au-dum-btsan）[39]生，知其形体如黄牛，又因彼自幼本性顽固，于是众属民遂称其为朗达玛（glang-dar-ma），彼三十九岁铁鸡年时执政[40]。

朗达玛娶大小二妃[41]任命韦达纳坚（dbavs-stag-rna-can）为大臣。其时，班智达塔纳希拉（panti-ta-dva-na-shvi-la）于逻娑梅如[42]闭关修行（ra-sa-dmer-rur-mtshams-bcad），因修藏巴拉财神（dsambha）久久未成，班智达塔纳希拉怒，遂说是铁金刚杵，又说那是锡杖之供品，后因刺破藏巴拉财神塑像之泥肚，由是发出金眼之巨光，在这些巨光（照射下）形成了一些器物，诸如建成了许多观世音佛像、金座、银雀及具有鹧鸪声的雀鸟等等。彼班智达之门徒系迦湿弥罗人乌达巴拉（kha-che-autpa-la）建成了四座金银弥勒菩萨佛像。

第三节 朗达玛灭佛

其时，因发生了霜、雹和瘟疫，于是就扬言是推行佛法之故，遂有此不祥（之兆）。有此类说法之后，继之又形成为夸张的说法，因此毁灭佛教。为了毁掉逻娑，毁佛者将绳索拴在迦叶佛之门神金刚手像的脖颈处，拴绳者因此便顿时吐血，由于拴绳者死去，致使毁佛者不敢毁之。由于此两种征兆，遭到少许毁坏的逻娑遂得以挽救，此乃（门神金刚手）之大加持也！二释迦佛像及慈氏法轮佛像据说要被抛入河中，对此，一些信佛大臣便假说业已抛入河中，然后又设法将佛像埋藏在诸佛像的佛座之下。毁佛者将神殿之门砌死，然后在所砌的墙面上画以尊者饮酒图。据谓，当下令破坏桑耶寺时，佛塔射出光芒。又说破坏了三界殿与主殿之间的一座小黑塔，因此诸毁塔者遂遭雷击而死，破坏活动从而终止。又，最初，逻娑、桑耶两地寺院先被当作屠宰场，后来沦为狐穴狼窝。其他寺院亦遭破坏。无论何种经典，凡找到者或投之于河，或焚之于火，亦或埋入地下。一些未能逃脱之班智达则被驱往门域（mon）。玛仁钦秋（rma-rin-chen-mchog）娘丁增桑布（myang-ting-vdsin-bzang-po）等等大德多被杀害[43]。大部分僧人逃往边地，未逃者沦为俗人，不听从者即被杀死；一些僧人被拖来，当王臣人等上下马时，即让这些僧人弯身充当他们的上下马凳；又令一些僧人背鼓行猎。

其时，一切神魔发生战乱，于是出现了即将毁灭王法的各种恶兆：发生了大地震（sa-cher-gphos）；四方燃烧，天空血红色；陨石流星相互撞击；汉藏边界之西河州山地平原（si-ha-ci-vu-la-thang）中央，此地为吐蕃所管之界山（bod-dbang-bavi-ri-btsigs）倾倒了，洮水（klu-chu）被阻三日，河水回旋，向上逆流，并自河内发出巨大声光，兼有雷击[44]。

第四节　拉隆贝吉多吉刺杀朗达玛赞普

其时，拉隆贝吉多吉（lha-lung-dpal-gyi-rdo-rje）正单身在叶尔巴查拉孜（yer-pa-brag-lhar-rtse）修行，由于许多光、声和地震使他产生疑问，于是他即外出观看，他见到尊者大德携带鼓与铙钹，牵狗狩猎，因此知悉赞普正在毁灭佛教（bstan-pa-bsnubs-pa），于是拉隆贝吉多吉随即产生特殊的慈悲心。而吉祥依怙神（dpal-mgon-po）、吉祥天母（ma-gcig-dpal-lha）及阴处之堡寨神祇三者说："为保卫佛教，当杀死暴君（rgyal-po-sdig-can），我等将予以协助！"并再三加以鼓励。拉隆贝吉多吉随即穿起里白外黑之喇嘛咒士衣及僧帽，并将铁箭铁弩放于袖内，骑着涂有木炭的白马而去。其时，所有信佛大臣属民聚集哭嚎，颇为愁苦，彼等说道："大王不可如此对待佛教，应去观看一下全部先祖的文书、宝库中的箱箧以及全部石碑碑文。"大臣属民同声呼喊。其时朗达玛赞普正在西部拉哇园（nub-phyogs-gla-bavi-tshal）下围棋（mig-mang-rtse）[45]，因闻众属民呼喊之声而心中不安，随即诵读碑文（rdo-reng-gi-yi-ge-kvog）[46]。同时，据说见到出现一个黑依怙神样之人，此人至此下马。赞普正停留在石碑的龟趺处，被黑依怙者向赞普做敬礼状，第一次敬礼时此人在袖内张开射箭的扳指（theb-ltong-sbrang），第二次敬礼时装好箭，第三次敬礼时则将箭射出，箭正射中赞普两眉之间，箭镞直穿至后颈。其时赞普说道："或者三年之前，或者三年之后。"说着便双手握箭而亡[47]。

注释：

[1] 此节是以诗的形式，概括日巴坚死后到朗达玛赞普死后的奴隶大起义间的政局。

[2] 此三句均极力夸张佛的所谓"神力"，以下多有类似词句。

[3] 闻听之路（thos-pavi-lam），此句指赞普将吐蕃人引导去皈依佛教。“闻听”即指听讲佛法。

[4] 第八热地狱，即无间地狱或阿鼻地狱（mnar-med）。佛书说有八大热地狱，第八热地狱即指无间地狱。另有等活（yang-sos）及极热（rab-tu-tsha-ba）等七个地狱。

[5] 五难（vjigs-pa-lnga），亦可译为五怖畏。一般说世间有“八难”（vjigs-pa-brgyad），如火难、水难、贼难等。“五难”当指“八难”中之五种难。

[6] 此处金刚手是指日巴坚。

[7] “油已耗尽灯熄灭”，此句是形容吐蕃属民的福德已经没有了，如油尽灯灭一样。

[8] “王权小如冬天水”，冬季之水在青藏高原多是干枯或大量缩小。作者以此形容吐蕃王权锐减。

[9] “王法败坏如腐绳”，原来吐蕃法律牢固地束缚着属民，就像绳索捆人一样。现在吐蕃败坏，王法无力，犹如腐烂之绳，已无法管束属民了，也维护不了吐蕃王权。

[10] 无侍者，是指当时已无属民为寺院及译师等僧人提供各种物质或人力的支持。

[11] 魔伤心，这里是指朗达玛赞普反佛是因他的心被魔损伤了，所以他大肆反佛。这是藏史通常的歪曲的说法，实际上朗达玛反佛有着深远的复杂的社会背景。详见后文。

[12] “佛教遂遭毁灭尽”，此说不确。反佛开始甚猛，但仅集中于卫地，后藏就规模小得多，至于康地和青海等藏区，还有阿里地区，当时反佛浪潮尚未波及这些地区。就是卫地反佛也不是达到了“灭尽”的程度。

[13] 佛教不准杀生，此处让僧人狩猎是逼着僧人违反教规，也是对

僧人的一种侮辱。

[14] 当时反佛势力强迫不服的僧人充当他们的上马凳，以示贬低僧人。这些都与兴佛证盟碑所定条文反其道而行之。

[15] 拉日山（bla-ri），当在甘肃河州一带，即本文后文所称之“西河州山地平原”，似是汉藏之间的界山，当时属吐蕃管辖。详见后文。

[16] 上述七句说明当时吐蕃境内的自然界反常现象。后文有详载。另《新唐书·吐蕃传》亦有类似记载：“自是国中地震烈，水泉涌，岷山崩，洮水逆流三日，鼠食稼，人饥疫，死者相枕藉。”（见《新唐书》，卷216下，513页，开明版）。

[17] “snubs-ban”此句指“努地之僧俗”而言，其名为桑结益西，意译为“佛智”或“佛惠”。“snubs”（努），在本书中的“十二小邦”有载。“努地之王”称“snubs-rje”，“snubs”地又作“gnubs-yul”。

[18] 拉隆贝多（lha-lung-dpal-rdor），即“拉隆贝吉多吉”之简称。（以上见《贤者喜宴》，ja函，136页上）

[19] 拉隆贝吉多吉逃到青海，即“多麦安琼纳本宗”（mdo-smad-an-chung-gnam-rdsong），约在今平安县湟水北岸。（上见《红史》，1981年北京藏文排印本，41页）

[20] 玛、尤、藏，指玛释迦牟尼（dmar-shvakya-mu-ne）、尤格琼（gyo-dge-vbyung）及藏热甫塞（gtsang-rab-gsal）三位僧人，他们在反佛时携带经书逃往康地，后来吐蕃后弘期下传佛教即出自这三人。

[21] 朗达玛陵墓称作“vphrul-dang-rgyal-chen”，意译为“圣神变”，又简称“vphral-rgyal”。

[22] “下丁”，这是藏史对朗达玛的称谓，是史学界的称谓，非原来所固有，正如以前之“天墀七王”等等称谓一样。

[23] 此二人系朗达玛赞普之二子，藏史说云甸是乞丐之子，为长妃抱养。约松是朗达玛的遗腹子。此二子在敦煌古藏文文书中已不载。

[24] “虎耳”诸奸臣，即指朗达玛大臣韦达纳坚。其名“达纳坚”意即“虎耳”。

[25] 以上七句表明，反佛后的吐蕃民间仍有少数修佛者。又，所谓“具发髻者阿罗汉”，是指当时束着发髻以修阿罗汉果为主的僧人。至于按本教诵经方式诵经，说明修佛者暂时向本教妥协，也就是说借本教之形而行佛教之实，这是在反佛形势下的佛教特点。

[26] “云丹、约松二分权”，是指云丹占据伍如地区，而约松占据约如地区，两方分权而立，相互火并，此即所谓“伍约之争”。这种纷争具有全吐蕃的性质，从河陇吐蕃占领区到吐蕃卫藏本部都是一分为二。从此吐蕃彻底分裂，长期未再形成统一政权。

[27] 吐蕃这时内部纷争，边地哨所也弃之不守，足见吐蕃之弱。

[28] 《敦煌古藏文历史文书》中记载，赞普与宰相经常在各地举行盟会，以便统一集权和协调政策措施，从本部到多麦（mdo-smad）都举行过这类盟会，藏文称作“mdun-ma”，亦即“vdun-ma”。“vdun-ma”，意为会议之会址或会场，在这里也有会议之意。吐蕃此时撤销大小会议，表明吐蕃分裂，已无法举行统一的盟会。

[29] “佛法丝结”，是说佛法像丝绸打成的结子一样紧严。丝结解散，意味着佛法松弛无力了。

[30] 税与乌拉，税（khral）在吐蕃时已有，如粗普寺碑文及第穆萨碑文中都有这种“khral”税之名。但“乌拉”一词在吐蕃时期未见载，直到元代封文中始见“khral”（乌拉）一名，如《西藏画卷》二卷，750页，封文四，即有载：“za-ma-vu-lag-ma-len”。《贤者喜宴》系明代作品，其所载“乌拉”一事似指元明吐蕃（西番）时而言。

[31] 父系部落（pha-tshan-sde），这是以父系族部组成的部落，似源于“父系属民”（yab-vbangs）。（见《敦煌古藏文历史文书》，第六部分，松赞干布传记）“父系部落”的亡散，反映父系王权继承制的衰落。

[32] 此处说阐卡贝吉云丹因遭诽谤而积怨甚深，遂鼓动属民发起大起义，此说甚谬。奴隶起义主要原因是吐蕃奴隶主阶级长期压迫的结果。当然阐卡贝云等大臣无罪被杀也是起义因素之一。

[33] 关于吐蕃奴隶大起义，后文有详载。“奴隶起义”，藏文原意是“奴隶反对王”（rje–la–kheng–log–byas），句中之“kheng”（更）是奴隶等级中的一种，本书前面有载，此不赘述。

[34] 朱杰（vphrul–rgyal），是朗达玛赞普陵墓名称的音译。

[35] 约松之陵名杰吾拉甸，这是吐蕃王室最后建造的一座陵，此后建王陵之制遂废。

[36] “王者奴隶无区别”，这正反映奴隶起义后奴隶们曾获得的重大胜利，具有深远意义。

[37] 吐蕃奴隶起义中，各起义首领曾议定划分占有陵墓，然后掘陵，但松赞干布等陵未被挖掘。挖陵事详见后文。

[38] “九种王系”是在起义中形成的九个新兴贵族的王，又称“rje–dpon–rje–tshan–rnam–pa–dgu”，详见后文。后来又发展成十一个。

[39] “墀达玛乌东赞”也称为“朗达玛”，“朗”意即“牛”。《敦煌古藏文文书》称其为“吾东甸”（vuvi–dum–brtan），《新唐书·吐蕃传》称其为“达磨”。为了统一，译文中皆采用“朗达玛”。

[40] “铁鸡年”是841年，但按唐书载应是836年执政。

[41] 长妃是那囊萨（sna–nam–bzav）。小妃是蔡邦氏（tshe–spong–bzav），其名为尊莫潘（btshan–mo–vphan）。

[42] 逻娑梅如：梅如是墀松德赞时在逻娑所建之寺，地在大昭寺东侧。此即清季所称之木鹿寺（rme–ru）。

[43] 玛仁钦秋即“七试人”中之玛阿咱热仁钦秋（rma–a–tsarya–rin–chen–mchog），著名译师、大德。娘丁增桑布即丁埃增（ting–nhe–vdsin），系吐蕃二钵阐布之一。至此两位钵阐布均被杀害。

[44] 吐蕃此时天灾甚重。对此在《五部遗教》及《松赞干布遗训》中均有较详记载。另参见拙著《唐朝青藏高原的一次大地震》，《地震战线》，1979年第五期。

[45] 朗达玛在西部拉哇园下围棋事。西部是指逻娑之西部。后文又载朗达玛当时在乃塘（ne-thang），看来拉哇园似在逻娑西的乃塘附近。又，“围棋”藏文写作“mig-mang”，意为“多眼”或“多格”，《敦煌古藏文文书》写作“myig-mangs”，当时生活在囊日松赞和松赞干布时的大相琼波邦色（khyung-po-spung-sad）就精通围棋，可知围棋在吐蕃流传甚久。此种围棋流传至今。藏围棋纵横十七道线，汉地围棋纵横十九道线，表面形制两者相同，但两者棋规有明显差别。有关藏围棋事详见程晓流：《古老的藏棋》，载于《体育史料》（增刊），1982年9月版。

[46] 《布顿佛教史》《西藏王臣记》及《西藏王统记》均载朗达玛时在逻娑，故可知朗达玛所读碑文应是逻娑之碑文。

[47] 朗达玛死于842年。有关朗达玛被刺后文有详述。

第十五章　朗达玛之嫡系及其佛教

【译文提要】第十五章共有4节，即拉隆贝吉多吉逃往康地；《后叶尔巴志》载刺杀朗达玛事；朗达玛之嫡系；朗达玛死后的吐蕃佛教。本章主要叙述叶尔巴寺高僧拉隆贝吉多吉刺杀朗达玛（即达磨赞普）的经过、拉隆贝吉多吉被追赶情况，以及他逃往多康地区等。此外，还叙述了朗达玛的所谓嫡系的争论。最后是记载朗达玛后裔约松及云丹时期吐蕃佛教的情况。

通过本章记载的内容看，拉隆贝吉多吉是一名文武双全的高僧，他既出身行武（参见上述译文），又精于佛道，同时有胆有识，终于按计划刺杀了朗达玛赞普。这一切都是他精心策划的结果。更使人重视的是，他还择机逃脱免于一死，而且成为多康一带的名僧，并为吐蕃后弘期培养了佛学人才。拉隆贝吉多吉一箭结束了朗达玛赞普之命，他出色地扮演了刺客的角色，由是成了吐蕃史上最后一位历史名人。

当然，比起钵阐布勃兰伽贝云（贝吉云丹）的遭遇和结局，拉隆贝吉多吉是幸运的，这也说明拉隆贝吉多吉具有更为丰富的政治斗争经验。不过进一步研究，其刺杀赞普之所以能成功，并又安抵青海藏区，这不能只看成是他个人的行动，而是有某种政治背景的，例如，宗教界的动员，即努桑结益西的请求下山；政界的鼓励，即猎官及鱼官的请求信；还有与朗达玛政敌臧玛王子手下官仆的联合。朗达玛政权中侦察人员的暗中支持，即察觉拉隆贝吉多吉扮演修行的假象后，对他只警告而不捉拿，实际是故意暗示他逃走。所以，由此看来，这些都是拉隆贝吉多吉成功的因素，故而可以说，拉隆贝吉多吉的行动是具有某种代表性的。

拉隆贝吉多吉的行动本身还告诉我们，在吐蕃的政治斗争史上，僧侣总是以种种形式置身其中的，绝不是遁入空门而忘却尘世的，其根本原因就是社会的一切都牵动着佛教界的根本利益。

朗达玛赞普之死，是吐蕃历史的重大转折，朗达玛之子云丹、约松间的“伍约之战”（dbu-gyor-vkhrug-pa），使吐蕃单一的政权从此一分为二(rgyal-rigs-gcig-la-pyogs-ris-gnyis-su-phye)，以至于很快形成“支离破碎”(sil-chad-du-vchad-pa）的局面，为吐蕃人民带来更大的灾难，这也就为奴隶平民大起义制造了有利的条件。

吐蕃奴隶主政权始终是充满着政治斗争的，在每次赞普更迭之际其斗争尤为激烈而明显，朗达玛取代日巴坚掌政是这样，约松与云丹“嫡系之争”本质也是如此，只不过又换了一种形式，长妃那囊氏担心约松将来危及她的权力的那段描写，就是很好的说明。需要特别指出的是，这次“嫡系之争”的结果与以前不同，就是争的结果并未能推出一个统一的赞普来，而是弄出了两张王牌，揣其原因，可能双方背后的实力相当，谁也压不倒谁。另一方面，双方奴隶主间的权利欲望也不再有一点所谓“全局”观念，宁可使吐蕃政权分裂也在所不惜。剥削阶级灭亡前的状态大抵如此。

约松与云丹时的佛教还是有所活动的，并非“佛法之音毫无所闻”，只不过根据当时的形势改变了形式，也就是不那么正统了，例如改了装束，穿了带领之衣和裙子，束起发髻，成了所谓“具顶髻阿罗汉”。诵经按本教仪式，学本教徒诵经之音。人死了还可以诵《般若经》一类的经。安居住夏的僧人可以回家过俗人生活，也可挨门串户诵经。当然，乱世也必然带来佛教密宗中的所谓“逆行”，“和合解脱”(sbyor-sgrol)的密法就是这时所流行的，甚至更产生“活解脱”(gson-dgrol-byed-pa)的罪恶“修法”。

第一节　拉隆贝吉多吉逃往康地

其时（拉隆贝吉多吉）骑上马，说道：“我乃四魔中之最凶恶者，如果杀死暴君就应如此杀之。”随后逃去。众大臣尾追之，然而彼黑人在湖中刷洗了马匹，又将大氅和帽子反转穿戴，说道：“我是天神白太岁(lha-gnam-the-dkar-po)[1]。”言罢逃逸。（众大臣）遂疑其为非人（mi-ma-yin)，如是诸追赶者遭到嘲弄。

又谓，追赶者又向远处追去，于是四方均有人追之，其情况是：在东方追赶的人们，追到嘎莫冬dgav-mo-gdong)，随即天黑，（人迹）消失。南方追赶者抵达支曲河岸（grib-chu-vgram)、西方追赶者抵达旬吉陈（shun-gyi-vphreng)、北方追赶者到了孟卡冬（mong-mkhar-gdong)，均云天黑（人迹）消失。（追逐者们）对此情况进行议论，认为此乃神变所致，当是叶尔巴的拉隆贝吉多吉（yer-pavi-lha-lung-dpal-rdor）。随后即前往（叶尔巴）察看。其时拉隆贝吉多吉已返回叶尔巴，他在修行禅房中抓住鸽子爪，令其飞翔，致使禅房中落满灰尘；继之又燃烧蠢虫使之纷纷乱飞。这样造成（拉隆贝吉多吉）未曾进出过（此禅房）的痕迹[2]。追逐者们见此情况后，说道："(拉隆贝吉多吉）未曾进出该地，仍在彼处。"于是众人返回。然而，有一聪明之人慢慢出现于（此禅房），此人将手放到（拉隆贝吉多吉）的胸上，此人一惊，觉得拉隆贝吉多吉之心在跳动，于是说道："罪犯在此！公家荒地，不得用私犁耕之。"[3]言罢而去。鉴于此言，拉隆贝吉多吉畏惧，随即逃往多康(mod-khams）居住修行[4]。

另有古代典籍载道：赞普朗达玛曾说："我要毁掉一切佛法。"由于赞普口出狂言，于是其小妃说道："还要（杀掉）藏绒努域（gtsang-rong-snubs-yul）地区之努桑结益西（snubs-sangs-rgyas-ye-shes）等精通密咒的五百徒众[5]。"

其时，名叫拉隆贝吉多吉者在叶尔巴岩洞修得真实成就。此人前来，对赞普说道："大王你先前杀人、流放，还有更甚于此两者的行动吗？"于是赞普愤怒，双方随即派遣使者（进行较量）。赞普对前来的努桑结益西（snubs-sangs-rgyas-ye-shes）问道[6]："汝系何人？所做何事？"桑结益西答道："我乃诵持三宝密咒之人（dkon-mchog-sngags-pa-bya-ba），是护卫佛教者（sangs-rgyas-kyi-bstan-pa-srung-ba）。"赞普道："我将灭尽佛教，对此，你现在有何能力？"桑结益西答："我能诵咒，汝可观此功力吧！"随即以手指天，于是见其手指之上有九个黑色铁蝎和七岁牦牛相叠。赞普（见后）畏惧，说道："不可危害诵持三宝密咒之人啊！做佛事吧！"（桑结益西）又说："你再看看这种技能吧！"遂以手做恐吓状[7]，因之出现雷击，毁掉对面山峰之岩石，使之变成碎片。对上述种种，赞普畏惧，言道："不可危害你等徒众啊！"言罢乃去。此后，桑结益西来到叶尔巴，对（拉隆贝吉多吉）说道："我恐吓了暴君，你把（暴君）解脱了吧！"由于桑结益西的鼓励，（拉隆贝吉多吉）遂之解脱了（暴君）[8]。

第二节 《后叶尔巴志》载刺杀朗达玛事

《后叶尔巴志》（yer-pavi-dkar-chag-phyi-ma）一书载：其时，桑耶和逻娑（bsam-yas-dang-lha-sa）均成了狐狸窝（wa-tshang）[9]。于是猎官及鱼官（rngon-pa-dang-nya-pavi-dpon）[10]寄信给拉隆贝吉多吉，说道："你下来吧！"但在（拉隆贝吉多吉）未下来之时[11]，他得到了本尊佛启示[12]，随后下（山）。带着由五名属民仆从在整个夏天精心饲养的一匹白牧马，又携带着一小口袋酥糕、一张弓及箭和两匹牧马出发了。后来他们将这些隐藏起来，空身到了逻娑（lha-sa），适遇一取水女奴（khol-mo），遂敬礼问道："赞普贵体平安否？"女奴答曰："现在（赞普）早餐后外出了。"叶尔巴之拉隆贝吉多吉随即乞讨水喝，然后返回。继之（拉隆贝吉多吉）扮成黑人黑马而来。其时，赞普正在逻娑之草坪（lha-savi-ne-thang）对日养息[13]。（拉隆贝吉多吉）逼近一箭，然后回旋又射一箭，射穿鼻孔，白色液体随即（从赞普头部）不断流出。诸持咒者对此亦云，此应是集聚了咒力所致。（赞普手下人）[14]骑着赞普的坐骑——桂吉恰玛（rgod-kyi-bya-dmar）追赶（拉隆贝吉多吉）。（拉隆贝吉多吉）说道："不要过来，我是黑魔本尊！"遂对（追赶者）稍有阻止。继而（拉隆贝吉多吉）使马卧于芝浦湖（grib-kyi-mtsho）内，因之（拉隆贝吉多吉及马）变成为白人白马。（追赶者们）说道："此真乃非人也。"随即返回。（拉隆贝吉多吉）将此马送到查地（skrags）[15]，因此遂称该地为“桂玛塘”（rgod-ma-thang，意为“牝马坝”）。后来，（拉隆贝吉多吉）因在碉楼为调伏鹫鹰而举行火祭，故众追赶者对此均谓：“此确为拉隆贝吉多吉也。”无论是生前的叶尔巴，还是此后（的逻娑），都是圆满的[16]。于是天空有声曰：“赞普朗达玛(rgyal-po-glang-dar-ma)系被突厥霍尔人所杀（gru-gu-lhor-gyis-bkrongs），而拉隆贝吉多吉即佛陀也。”[17]

如是，赞普朗达玛（btsan-po-glang-dar-ma）掌权六年，于四十四岁火虎（me-stag）年死去[18]。总之，法王松赞干布两次执政（rgyal-sa-lan-gnyis-mdsad-pa），逐一算之，此以上已历四十二王（vdi-yan-la-rgyal-po-bzhi-bcu-rtsa-gnyis-song-ngo）[19]。此以后已无统治全吐蕃之王（bod-spyi-la-dbang-bavi-rgyal-po-ma-byang-ba），故对此后则称之为“支离破碎”（sil-chad-tu-vchad-pa）[20]。

第三节　朗达玛之嫡系

此后，即次年之阴火兔年（lo-me-mo-yos），朗达玛之小妃蔡邦萨赞莫潘（tshe-spong-bzav-btsan-mo-vphan）生一遗腹子，因疑长妃夺杀（其子），故常以灯光护卫，于是遂称其子之名为囊德约松（gnam-lde-vod-srung）[21]。

其时，长妃那囊萨（sna-nam-bzav）亦云：“我昨晚生一有牙之子。”并出示此子，诸大臣均惊叹道：“昨晚所生之幼婴何以能有牙齿?!”但被迫仍附合长妃亦即幼婴之母的言论，故称其子之名为墀德云丹（khri-lde-yum-brtan）[22]。然而许多史书均谓云丹非嫡传，虽有此说，但是在九代王统中大部分是云丹的，这些如非嫡系，那么王的碉堡也就不至于被破坏了，所以长幼二子同为嫡系，可是有些史书仍以偏爱约松的倾向进行写作[23]。

第四节　朗达玛死后的吐蕃佛教

其时，发生了饥荒和瘟疫（mu-ge-dang-yams-nad-byung）。一些毁坏佛法之大臣也遭到了不同的神谴[24]，许多人死了。于是毁佛之人遂同意将二觉卧神像及慈氏法轮（jo-bo-mched-gnyis-byams-pa-chos-vkhor）等，迎请到佛座之上，并予以供奉[25]。

一些人取天然之状，穿着裙子和带有衣领的衣服，剃掉其他（多余的）头发，然后梳成一束顶髻，据说是夏季三月以便安居住夏（dbyar-zla-gsym-dbyar-gsum-dbyar-gnas-byed），居住在寺院之中护持五根本法(gtan-khrims-lnga-srung)。随后当宣布解除安居住夏后，这些人就回到村中过着（俗人的）夫妻生活，因此，就出现了许多这种名叫“阿罗汉具顶髻者”的人（dgra-bcom-gtsug-phud-can），他们成了众生的供养对象(skye-bovi-mchod-gnas-byed)[26]。当时，如成年人死，则诵《般若经》；如青年人死，则诵《般若二万颂》；对于死去的幼儿则诵《八千颂》。

少数智慧高的诵经者能诵佛经集注，红色经书是简略本，黑色经书是详述本，小字经书是释疑本（dogs-pa-dpyad-pa），并出现了一点点具有注释能力的人。

大多数诵持密咒者中断了修炼法，因为没有了修炼，于是就按本教仪规从事佛事，诵读所修行的佛典，然后就到乡村挨门串户诵念佛经，并由于发展了和合解脱和炼尸等方法，因此还出现了“活解脱(gson-dgrol-byed-pa）现象”[27]。

注释：

[1] 拉隆贝吉多吉刺杀朗达玛前，先以黑木炭将白马涂黑，本人又穿上里黑外白的衣服。刺杀朗达玛后，拉隆贝吉多吉在湖中洗去白马身上的炭黑，又把衣服反穿上（即外白里黑），这样拉隆贝吉多吉就由原来的黑衣黑马，变成了白衣白马，以便欺骗追赶者，错误地疑其为“白太岁”。

[2] 拉隆贝吉多吉杀死朗达玛后便逃回叶尔巴寺，为防追赶者追来查讯，他立即伪造现场：弄得禅房灰尘遍地，飞虫乱飞，使人觉得他未曾步出禅房，否则要留下人的足迹。这种描述仅见于《贤者喜宴》，见该书ja函，木刻版，138页上。又，追赶者追到北方的（mong-mkhar-gdong），据日本山口瑞凤的《吐蕃王国成立史研究》附图：此地在西方，即彭城之西南（见该书914页）。

[3] 此人手抚拉隆贝吉多吉胸部，觉其心猛烈跳动，知其心中有鬼，同时也料其必曾外出。因为像有如此修行成就的拉隆贝吉多吉，一般在正常的禅定状态中时，其心脏及脉搏的跳动是既慢而微的。

再者，所谓“公家荒地，不得用私犁耕之”，这是一句双关隐语，在吐蕃奴隶制时，一切土地、马、牧场等等均属吐蕃奴隶主政权，非经封赐使用，任何人不得侵占据为己有。句中“不得用私犁耕之”就是这个意思。全句对拉隆贝吉多吉来说，就是暗示他干了破坏吐蕃政权（即所谓“公家”）的罪行，这是不允许的。这也就是对拉隆贝吉多吉的严重警告。但此人并未叫人逮捕拉隆贝吉多吉，或许有意放其逃跑？

[4] 拉隆贝吉多吉到达多康地区，也称多麦（mdo-smad）地区。《布顿佛教史》（木刻版，126页上）说是在黄河流域（rma-lung）的阿琼纳

本宗(a–chung–gnam–rdsong)。《安多政教史》亦载此事，并言拉隆贝吉多吉在这一带修行，后曾协助自卫地逃到这里的玛（dmar)、尤（gao）及臧（gtsang）三人剃度出家。见该书青海1982年铅印本，18页。

[5] 藏绒即后藏之绒曲河流域（rong–chu)。桑结益西是当时精通密咒的大德。参见《卫藏圣迹志》附图。

[6] 由此句上下文看，努桑结益西在这里似又是拉隆贝吉多吉被派去与赞普较量的使者。

[7] “手做恐吓状”，这是宗教传说的发咒力时的一种手势，据迷信说法，其手势所生之咒力甚大。也是所谓手印之一，故又谓“期克印”(sdigs–mdsub)。

[8] 此处之“解脱”，藏文原作“dgrol”或“dgral”，均为“解脱”之意，是指杀掉暴君朗达玛，杀掉暴君使其不再作恶反佛。从佛教角度来看，对朗达玛也可谓之“解脱”。《拉达克王系》（弗朗克本，34页）没有用“解脱”一词，而用“特殊的慈悲心”（snying–rje–khyad–pa)，意思是说，拉隆贝吉多吉对朗达玛生起“特殊的慈悲心”才杀了他。

[9] 《叶尔巴寺志》原文做“狐穴狼窝”（bla–tshang–dang–spyang–tshang)，《贤者喜宴》引文中漏掉“狼窝”二字。

[10] 此处所载“猎官和鱼官”很重要，反映了吐蕃狩猎业和捕鱼业的发达，说明唐代吐蕃捕鱼业受到重视，设官管理。而后来才日益没落，其因或许受到佛教的影响。

[11] 此处所谓让拉隆贝吉多吉“下来”，是指请拉隆贝吉多吉从叶尔巴山上下来，前往逻娑。

[12] 《贤者喜宴》此处引用“yi–dam–gyi–gnang–ba”，今查《叶尔巴寺志》，知原文应是“yi–dam–lhavi–gnang–ba”。《贤者喜宴》漏引“lhavi”字。故原意则为“本尊佛之启示”。此处之“本尊佛”是拉隆贝吉多吉修行时所崇拜的佛。其文说桑结益西请他下山，但他因是信佛修

道之僧侣，不能下山开杀戒，而此时有本尊佛的启示，即赞成其下山，故拉隆贝吉多吉才得以下山。对此，《西藏王臣记》有载："其时，拉隆贝吉多吉在叶尔巴处于连续禅定之中的时候，吉祥天母（dpal-lha-mo）显示征兆，言道：'今日吐蕃获得成就者，除你之外别无他人，因此正是解脱暴君的时候（rgyal-po-sdig-can-bsgral-ran）。'拉隆贝吉多吉遂问僧侣之中的奴隶，了解其因，彼等详述诸种（灭法）史实，因此拉隆贝吉多吉便生起杀机。"（见1957年北京铅印本，103页）

[13] 此段描述拉隆贝吉多吉是一细心人，他先侦察而后行动，并非单凭所谓"神力"。文中之"对日养息"，原文作"gsus-pa-nyi-ma-la-bstan"，用今日的话似相当于"日光浴"，或俗曰"晒太阳"。又，文中所谓之"然后返回"，依上下文看，应指返回到隐藏马匹、弓箭的地方，而非返回叶尔巴。

需要补充一点，就是《贤者喜宴》漏引了《叶尔巴寺志》中一句重要段落。今补之如下。在拉隆贝吉多吉拿着弓箭、牵着马出发后，《叶尔巴寺志》载到："彼等又与臧玛的两名官仆相遇（rnams-kyang-gtsang-ma-dpon-gyog-ra-dang-vdsoms-pa），条件齐备，遂前往嘎洛地方（lga-lo-la-phyin），将武器及用品全部隐藏在要塞中（mdovi-mkhar），然后只身前往逻娑。其时出现一名携水瓶之女奴（khol-mo），（拉隆贝吉多吉）随之敬礼相问：'大王贵体安否？'（女奴）答曰：'现在未曾外出，到卓德洛热(gro-ti-lo-ra) 去了。'叶尔巴之拉隆贝吉多吉说：'请给些水喝吧。'然后返回上部（指逻娑北部，此处地势高于逻娑，故为上部——译者注）。"随之扮成一个黑人黑马之人（前往逻娑）。其时朗达玛正在逻娑的草坪上（lha-savi-nevu-thang，"nevu-thang"与"ne-thang"同为"草坪"之意，但也可能指逻娑某地的地名——译者注），于道边对日而坐。（拉隆贝吉多吉）一面带好扳指，一面箭置弦上，继之，（对着朗达玛）先一箭，后一箭，穿透鼻孔，白（液）不断流出……"从这段

《叶尔巴寺志》原文可以看出，《贤者喜宴》所引非是《叶尔巴寺志》的全部原文，一方面有漏缺，一面也有巴卧·祖拉陈瓦的改写（据另外史料）。再者，《叶尔巴寺志》记载了拉隆贝吉多吉等人遇到了臧玛的官仆，这很重要，因为臧玛被朗达玛流放边地——《叶尔巴寺志》说是流放到阿里（mngav-ris-stod-du-bcugs），此时其官仆来到逻娑，而又与拉隆贝吉多吉相遇，或许也参与了谋刺朗达玛的计划或行动。《叶尔巴寺志》所记臧玛官仆之事，为他书所未见。

[14] 追赶拉隆贝吉多吉者，据《叶尔巴寺志》载，是朗达玛的骑士（rgyal-povi-chibs-pa）。

[15] 查地（sgrags），《叶尔巴寺志》写作“grags”。此地在桑耶之西南不远，雅鲁藏布江北岸一带。参见《卫藏圣迹志》附图。

[16] 此处拉隆贝吉多吉烧烟举火，是有意向追赶者表明，拉隆贝吉多吉一直在叶尔巴，并未外出。再者，“无论先前的叶尔巴，还是此后的（逻娑），都是圆满的”，此句意思是说追赶者在上述两地都未发现问题。文中的“逻娑”两字是补自《叶尔巴寺志》（yer-pavi-dkr-chag）。

[17] 所谓天空所发之声，其意是想说明杀朗达玛的不是拉隆贝吉多吉，而是突厥霍尔人所为，从而为拉隆贝吉多吉开脱。

[18] 《汉藏史集》载，朗达玛阴水羊年生，其三十九岁时，日巴坚被弑身死后开始执政，前两年仍按王制行事（lo-gnyis,rgyal-po-tshul-bzhin-byas），阴水猪年受大臣杰多日达纳坚（blon-po-rgyal-to-re-stag-sna-can）的影响开始反佛，为时四年半，即四十四岁阳火虎年身死。（见该书影印本，下册，147页下~148页上）这段史料表明，朗达玛是先信佛而后才反佛的，并非一贯反佛。

[19] 《雅隆觉卧佛教史》（手抄本，42页下）载，自聂墀赞普至朗达玛，共历赞普四十三代（vdi-yar-bcad-la-gdung-rabs-bzhi-bcu-rtsa-sum-song）。敦煌历史文书所记赞普世系共为四十代（见巴黎影印本，

PT、1286、554~556页）。

又《汉藏史集》载，朗达玛被住在叶尔巴拉日仁波(yer-pavi-lha-ri-ring-po）的拉隆贝吉多吉所杀，当时他受到一位由大黑衣天母（lha-mo-nag-mo）所变的妇女的鼓动杀了朗达玛，死于唐蕃会盟碑的跟前，其时朗达玛临死时说道："杀我或在三年之后，或者在三年之前。"（《西藏王臣记》亦有此论——译者注）该书又说，朗达玛之陵在朱陵（vphrul）及杰钦陵（rgyal-chen）之间，其陵之名为"bang-rim-vkhor-lo-can"，此陵的残迹仍存。（该书148页下）

[20] 所谓"支离破碎"，是指从朗达玛死后，其二子争夺王位，各据一方，开始分裂为二，继之又暴发奴隶属民大起义，所以吐蕃王系逃散各地，此形势即谓之"支离破碎"。对此，《汉藏蒙土佛教史》载："二子政权不和，遂逐一分之（mngav-thang-la-ma-vcham-par-so-sor-phye-ba），故无统治全藏之王（bod-spyi-la-dbang-bsgyur-ba-ma-byung）。(见该书，木刻版，14页下)

[21] 关于约松生年，藏史所载不一，《雅隆觉卧佛教史》说是阴木羊年（shing-mo-lug），生于雍布拉康宫。（手抄本，43页上）《布顿佛教史》（木刻版，125页下）认为是"阴木牛年"（shing-mo-glang）。《布顿佛教史》还说，小妃为了保卫其子，白天以日光护卫，夜晚以灯光护卫，从不间断，故命其子为约松（vod-srungs，意为"光护"——译者注）。《西藏王统记》（铅印本，238页）又称约松为阿达约松（mngav-bdag-vod-srungs）。

[22] 墀德云丹，藏史又称其为阿达云丹（mngav-bdag-yum-brtan）(《新红史》，影印本，33页下；《西藏王统记》，铅印本，238页）。墀德云丹，据史家考证即《新唐书·吐蕃传》中之乞立胡。据《西藏王统记》载：此子是长妃从一乞丐手中买来的（sprang-povi-bu-chung-skyes-ma-khang-cig-nyos-nas）。何以如此？是因长妃见小妃怀孕，怕小妃生子后将

危害她的权力（bdag-gi-mngav-thang-la-gnod-par-nges-bsam）。又，诸臣为何顺随长妃之言，明知有鬼而不敢说呢？因为害怕长妃势力强大（yum-btsun-mo-dbang-che-bas-smra-ma-nus-te）。以上均见《西藏王统记》，铅印本，238页。

[23] 关于云丹或约松是否是吐蕃王族嫡系问题，一般藏史多认为前者是假，后者为真，如《红史》《西藏王臣记》《西藏王统记》及《布顿佛教史》等等。但《雅隆觉卧佛教史》（42页下）则称云丹是朗达玛的嫡子，“朗达玛长妃之子是墀德云丹”（glang-dar-mavi-btsun-mo-chen-mavi-sras-ni-khri-lde-yum-bstan-yin）。而《贤者喜宴》也认为上述二子均为嫡系，这种认识是值得重视的。认为云丹非嫡系，并大加攻击者是《西藏王统记》（见该书铅印本，239页）。又，所谓“王的碉堡也就不致被破坏了”，是一种反证句，意思是说，奴隶属民起义时，对于凡王系的碉堡均予以毁掉，以泄其愤，云丹及约松的碉堡均被毁掉了，云丹如果非嫡系，其碉堡也不会被毁，从而反证云丹是嫡系。

《雅隆觉卧佛教史》载：约松在其三十九岁时死于雅隆旁塘宫（见该书手抄本，43页上）。

又，据《汉藏史集》（rgya-bod-yig-tshangs）载，当时约松据约如（gyo-ru），其大臣是沽托查详斯（khu-thog-sgra-shang-sri）、俄雅松查杰耶（rngog-yag-gsum-sgra-rje-yas）及俄杰多日格巴（rngog-rgyal-to-re-gel-ba）等。又，当时，云丹据伍如（dbu-gyo），于是与约松双方打仗，谓之“伍约之战”（dbu-gyo-vkhrug-pa-bys，原文写作au-gyor-vkhrug-pa-bys）。由此吐蕃王系一分为二（rgyal-rigs-gcig-la-phyogs-ris-gnyis-su-phye）。见该书影印本，148页下~149页上。

[24] 神谴，藏文作“bkav-chad”，又可译作“天谴”，即意为遭到神的惩罚或天的惩罚和谴责。

[25] 《西藏王臣记》载，“此后，当二王子长大后，诸信佛大臣向

二子说明了原因和理由，于是二子使依言将二觉卧及慈氏像迎请到佛地之上，并在诸寺院举行经常性的供养。”（1957年北京铅印本，104页）

但《雍仲本教佛教史》则载，在约松时，并无佛法，而本教亦未得到发展（民族所藏手抄本，56页下）。《汉藏史集》说：在六十八年间，总之，在吐蕃特别是在卫藏四如（dbus-gtsang-ru-bzhi）地区，未传佛教之音(bstan-pavi-sgra-mi-grags-pa-byung)，中断了传戒之规，诸寺院成了狐鼠之窝，荆棘丛生，讲经院成了厕所（bshad-ra-lud-khang-bys），泥塑佛像之地成了乞丐的秘密藏身处，非善之行径多种多样（见该书，149页下）。

[26] 对此，《布顿佛教史》亦载：其时，“在卫藏地区，被下令中断了传戒、讲听佛法等事，寺院中的僧人侍者，穿着带衣领的衣服和裙子，这些被称之为长老阿罗汉（gnas-brtan-dgra-bcom）。所谓的守戒之人，曾守夏三至四个月，但自让开禁之后，从此就不再有住夏了。诸持咒者们，不解密宗续部（之意义）者，干了许多诸如‘和合解脱’（sbyor-sgrol）等等逆行。”（木刻版，125页下）文中之住夏，即令僧人在此时足不出户，诵经守戒，以免伤害虫蚁等生灵。又，“和合解脱”，系指所谓双身法一类的所谓“密法”。

[27] 所谓“炼尸”（bam-sgrub），是佛教密宗秘密法之一种，将尸体作为虚构的肖像，代表佛教的假想敌人的尸体。另有更为荒唐的所谓“炼尸成金”之说。又，从这一段的记载看，这时还从多少有些宗教活动的，并非毫无佛法之音，只不过各方面都发生了变化，如按正统佛教来说，甚至可以说变了形。

又，据《汉藏史集》载：“云丹死年三十六岁，无陵。”（影印本，149页下）他比约松（vod-bsrungs）早死三年。（见《雍仲本教目录》，手抄本，55下）《雍仲本教目录》（khri-dar-ma-vod-srong）说，云丹是被仲康甫（vbrong-khams-bu）刺死的。（见该书手抄本，55页下）

第十六章　吐蕃奴隶起义及王子云丹和约松之后裔

【译文提要】第十六章共有6节，即伍约之战；吐蕃属民奴隶起义；挖掘藏王陵墓；起义后的赞普后裔；王子云丹后裔；王子约松后裔。本章主要叙述吐蕃属民奴隶起义，其次叙及朗达玛赞普王族经过起义的打击，逃往吐蕃各地的情况。

如果说赞普朗达玛被刺是吐蕃王族失去王权的开端，那么这还仅是其王族内部的问题。但是云丹、约松两王子争权割据，却是一统王朝的分裂之始，这是吐蕃史上前所未有的。继而招致的“伍约之战”(dbu-gyon-vkhrug-pa)，它带来了更为严重的后果。第一，表明吐蕃王族矛盾不可调合，彻底分裂已不可逆转。这种矛盾是以王族争权为现象的奴隶主阶级间的矛盾，其矛盾和斗争与以前有很大不同：这不像以前个别贵族靠施以诡计搞个宫廷政变所能解决的问题，而是以二王子为招牌，各自背后有外戚、贵族出面，并拥有大量军队，各有一定的根据地，双方采取长期的大规模的武装冲突形式，其时间之长、规模之大前所未见。二十余年的混战，从参战的王族来说，除去耗尽了其本身的力量之外一无所得。而全局性的战争却在吐蕃属民面前彻底暴露了吐蕃王朝的可憎，逼得饱经战争之灾的吐蕃广大奴隶、平民和一般贵族无路可走，吐蕃王族成了全体吐蕃属民的众矢之的。最后，吐蕃王族在政治和经济上以彻底垮台为代价。第二，“伍约之战”可以说是奴隶主贵族自掘坟墓，它为吐蕃属民——奴隶、平民、一般贵族准备了起义的条件。奴隶主集团从整个阶级来说从未像这样削弱，而广大属民也向来没有遇到如此深重的灾难，以致非铤而走险不可，正像奴隶主阶级必然灭亡一样，奴隶阶级起义也势必如此。

起义军首先在多康举起义旗，然后南归，与起自叶如、伍如、约如的起义军相配合，其起义规模正如“吐蕃内乱”带有全局性一样，也是遍及吐蕃全境。起义军声势规模之大，迅速猛烈，斗争之策略坚决彻底。这些实出吐蕃掌权大奴隶主的意料之外，他们几乎是无还手之力就慌忙逃亡。历史上曾不可一世的吐蕃王朝终被吐蕃奴隶阶级埋葬了。

公元869年的起义是吐蕃属民奴隶的一次光辉的革命，它宣告吐蕃旧奴隶制的灭亡，也促使封建经济制度的早日诞生。“十种王系统”(rje–dpon–rje–tshan）的出现，就是封建割据的早期标志。

以赞普为首的吐蕃奴隶主政权从此消失，大部分赞普陵墓被掘，表明起义的主要目的达到了。往日“奴隶不得造反”“不准掘陵”的吐蕃法律，已被奴隶阶级踩在脚下。那些法王的大部分王族子孙，在那以后的时期里，均成了属民或属民的属民(vbangs–dang–yang–vbangs– spy–od），而众多的奴隶及奴隶的奴隶则傲慢而自大(kheng–dang–yang–kheng–mang–po–dregs–pas–vgying，《贤者喜宴》，ja函，144页上），这种阶级地位的变化正是起义的结果。奴隶作为一个阶级，从此迅速发生历史演变，奴隶阶级(bran,yang–branm,nying–gyog,kheng,yang–kheng以及gyung等等）随着历史的发展逐渐降至次要地位，并渐而消失，此后在历史记载上已难再见到这些奴隶名称，即使个别地存在类似的等级，但无论在内容、形式和性质上也已发生了深刻变化，远不能与往日同语了。从这点来说，起义推动了藏族历史的前进，这是不朽的伟大历史功勋。然而遗憾的是，起义最终的胜利果实——新的政权却被新的贵族乘机窃取了，这是藏族人民革命史上的历史教训。

起义后，旧的王族四散逃亡，在旧臣僚的扶助下寻找一隅安身之地，经过数十年的惨淡经营，渐从喘息中有所恢复，但已再无旧日的那种神气。恢复往日的王朝已成幻想，唯有在复兴佛教中求得某种精神上的安慰。

第一节 伍约之战

此后，二王妃掌握各自所属之不同臣僚及属民，于是云丹（yum–br–tan）据伍如（dbu–ru），约松（vod–srong）据约如（gyo–ru），遂暴发“伍约之战”（dbu–gyor–vkhrug–pa–bys）[1]。此种（战乱）情况充斥于大部分藏区，各地逐一分成为所谓：大政（che–srid）、小政（chung–srid）；多部（mang–tshan）、少部（nyung–tshan）；金者（gser–pa）、玉者（gyu–pa）；食肉者（sha–zan）、食糌粑者（rtsem–zan）[2]。

第二节 吐蕃属民奴隶起义

从二赞普各自经过二十三年后的土牛年（sa-glang）[3]起，各种属民奴隶起义（vbangs-kyi-kheng-long-rnams-rim-bar-byang）相继发生[4]，于是犹如“一鸟在空，众鸟聚观效仿”（bar-snang-gi-bya-gcig-la-kun-rub-pa-mthong-ba-la-dpe-byas）。首先韦·廓谢来丁（dbavs-kho-bzher-legs-steng）任首领（lag-dpon），于多康起义（mdo-khams-su-kheng-log-byas）[5]。此后，乘没庐氏与贝氏于伍如争战之机（dbu-rur-vbro-sbas-vkhrugs-pa），韦·洛波洛琼（dbavs-lo-pho-lo-chung）任首领（lag-dpon），发动起义。此后，尚杰赛聂赞（zhang-rje-gass-sne-btsan）于约如（gyo-ru）杀死官长尤聂（dpon-gyu-sne），又因于山腰修筑水渠而不能迎奉王妃贝萨阿莫吉（vbe-bzav-la-mo-skyid-btsun-mo），于是（修渠者）说道：“砍人颈易于砍山腰（ri-mgul-las-mi-mgul-gcod-pa-sla）[6]。”因此綝贡弥楚（mchims-kong-mi-drug）担任了（起义）首领，并说道：“去看夜间开放的核桃花吧！”遂举火号召起义（vod-vbar-kheng-ldog-du-grags-pa-byas）[7]。继之，工域哲纳（kong-yul-bres-sna）地区使用贝莫（vbe-mo）的巧计（也举行起义）[8]。

据谓，上述一切起义均系夜叉阐卡贝云（gnod-sbyin-bran-ka-dpal-yon）所为，至于举行起义之占卜祖师（kheng-log-byed-pavi-phya-mkhan-mes-po）[9]，亦系彼阐卡贝吉云丹所为（bran-ka-dpal-gyi-yon-tan-kho-yis-bys）[10]；土地既然不支持王者又何况人乎？[11]总之，起义乃系所有神鬼同族所为，彼等在乌巴塘(vug-pa-thang）集会发誓，其时阐卡贝吉云丹，骑着青色的铁狼，用铁棒敲着土地，他对众神鬼说道：要把王官（rje-dpon）斩尽杀绝，还要摧毁八座碉堡（mo-kha-brgyad）[12]。于是，此时雅拉香布（yar-lha-sham-po）等等（神灵），遂向贝吉云丹禀告：每神跟前要有一组王官（lha-revi-rtsa-ru-rje-dpon-tshan-re）。对此，神鬼同族集会同意[13]。继而首先由藏拉甫达拉神（gtsang-lha-bu-dar-lha）做了禀告：依靠冲巴拉孜坚堡（grom-pa-lha-rtse-btsan-pavi-mkhar），没庐氏与久若氏两家族（vbro-dang-cog-ro-gnyis）担任了玛恰（ma-phyar）[14]，遂在藏堆地区（gtsang-stod-yul）形成一组王官（rje-dpon）；其次，卡热琼尊拉神（kha-rag-khyung-btsun-lha）做了禀告：依靠昌卡切赞坚堡（vbrang-mkhar-bye-btsan-btsan-pavi-mkhar），娘氏及囊氏（myang-dang-snang）担任玛恰（ma-phyar），随后在如仓秀聂地区（ru-mtshams-gzhu-snye）形成了一组王官（rje-dmon-tshan-gcig）；第三，唐拉雅秀拉神（thang-lha-ya-bzhur-lha）做了禀告：依靠萨唐同巴坚堡（zwa-dang-dom-pa-btsan-pavi-mkhar），卓氏与玛氏（sgro-dang-rma）担任了玛恰，随后在彭域萨康（vphan-yul-za-khang）形成一组王官（rje-dpon）；第四，雅拉香布拉神（yar-lha-sham-po）做了禀告：依靠纳莫雅孜及玛孜二（坚堡）（sna-po-yar-rtse-mar-rtse），綝氏及尼雅氏（mchims-gnyags）担任玛恰，随后在上雅隆地区（yar-lungs-stod）形成了一组王官（rje-dmon-tshan-gcig）；第五，达木拉本古拉神（gtam-lha-dpun-dgu-lha）做了禀告：依靠恰仓贡囊坚堡（bya-tshang-gung-snang-btsan-pavi-mkhar），尼哇许布（snyi-ba-shud-pu）担任玛恰，随后在达木许洛扎（gtam-shul-lho-brag）地区形成了一组王官（rje-dmon-tshan-gcig）；第六，却拉衮巴拉神（vchos-lha-dkon-pa-lha）做了禀告：依靠甫桂久卡坚堡（phu-gud-co-mkhar-btsan-pavi-mkhar），沽氏及尼雅氏（khu-gnyags-gnyis）担任了玛恰，随后在却地（vchos）形成了一组王官，等等。如是，遂有九种王官及王族（rje-dpon-rje-tshan-rnam-par-dgu），连同却阔坚地区（chos-vkhor-rkyen）的一个小王（rje-lhu）则共有十种（王官及王族）。这些均系经神灵禀奏后形成[15]。此后，阐卡贝吉云丹转变为心慈面软者[16]，遂使王臣和好(rje-vbangs-bsdums)[17]。以上均系《广史》（lo-rgyus-chen-mo）

一书所云[18]。

第三节　挖掘藏王陵墓

在起义之后第九年的火鸡年（kheng-log-nas-lo-dgu-pa-me-bya），经许布达孜（shud-pu-stag-rtse）等四人商议后，将诸陵墓瓜分，并大部分被挖掘[19]：尼雅氏（gnyags）挖掘了敦卡达陵墓（don-mkhar-mdav-yi-bang-so）[20]。蔡邦祥（tshe-spong-zhang）挖掘了杰钦陵墓（rgyal-chen-bang-so）[21]。许布氏（shud-pu）挖掘了僧格坚陵墓（seng-ge-can-gyi-bang-so）[22]。珍却沽（greng-vphyos-khu）挖掘了朱杰陵墓（vphrul-rgyal-bang-so）。尼哇（snyi-ba）得到俄谢（陵墓）（sngo-bzher），致使（该陵）未被挖掘而得以留存[23]。松赞干布陵被没庐氏及久氏（vbro-cog）二人所得，遂得以留存[24]。

第四节　起义后的赞普后裔

约松王（mngav-bdag-vod-srong）之子贝阔赞（dpal-vkhon-btsan），此人建造了一些神殿，后被达孜（stg-rtse）及尼雅氏（gnyags）杀死[25]。

贝阔赞有二子，彼等前往上部（stod），遂统治阿里三围（mngav-ris-bskor-gsum）等地，故有“上部王法如帽（大）”（stod-tu-rgyal-khrimszhwa-tsam）之说。此二子之一些世系后裔传到下部，遂统治多麦宗喀之广大地区(mdo-smad-tsong-khavi-yul-chen)[26]，于是乃有“下部王法如靴（大）”（smad-du-rgyal-khrims-lham-tsam）之说。中部卫藏四如地区（bar-du-dbus-gtsang-ru-bzhi）分崩离析（sil-bur-gyur)[27]，从云丹及约松分出来的小王，多分居各地，故其王系（rgyal-rgyud）确未衰落，彼等体态及智慧亦优于他人[28]，贵族之善行使众生快乐，此后这些人成了诸贤者予以颂扬的对象。

第五节　王子云丹后裔

再者，墀德云丹（khri-lde-yum-brtan）之子是墀德衮年（khri-lde-mgon-mnyen）。墀德衮年之子是墀德日巴衮(khri-lde-rig-pa-mgon）及尼玛衮（nyi-ma-mgon)[29]。

尼玛衮之子尼约贝衮（nyi-vod-dpal-mgon)。尼约贝衮之后裔多在垅雪（klung-shod)、彭域（vphan-yul)、多兑（mdo-stod)[30]。

长子日巴衮之子是德波（lde-po）及多吉巴（rdo-rje-vbar)。德波之子是拉甫哇坚巴（lha-bug-can-pa）及塔拉扎巴（thar-lha-prag-pa)。多吉巴之子是墀旺久赞（khri-dbang-phyug-btsan)。墀旺久赞之子是擦拉益西坚赞（tsha-la-ye-shes-rgyal-mtsan)。擦拉益西坚赞之子是墀巴（khi-pa)。此父子二人做了桑耶（寺）的侍者（bsam-yas-kyi-zhabs-tog-md-sad)，而其时卫藏十人（dbus-gtsang-gi-mi-bcu）从康地归来（khams-nas-byon)[31]。

墀巴之子是阿咱热（a-tsa-ra)、格隆（dge-slong）及喇嘛波底热咱

(bla-ma-po-dhi-dve-dsva)。长子阿咱热之子是陈波哇（phreng-po-ba)、江久哇(lcang-rgyab-ba)、拉巴朗巴（blag-pa-lam-pa)、哲甫巴（grib-pa)、聂塘哇(snye-thang-ba）及隆巴臧布（lum-pa-rtsang-po）等。格隆之后裔是贝喜哇(spel-zhi-ba)。波底热咱之后裔是拉尊温莫（lha-btsun-sngon-mo)、木容巴（smug-rum-pa)、拉支岗巴（lha-vbri-sgang-pa）等。在温（von)、俄（rngo)、恰塘（chab-thang)、桑耶（bsam-yas）及臧布（rtsang-po）等地广为发展者均为云丹之后裔（yum-brtan-gyi-rgyud)[32]。

第六节　王子约松后裔

名为囊德约松者，彼系王族后裔（rgyal-rgyud)，这是无争议的。此人生于雍布拉康（pho-brang-yun-bu-bla-sgang)，彼三十九岁的木蛇年(shing-sbrul）时死于旁塘宫（pho-brang-vphang-thang)[33]。

约松之子贝阔赞王（mngav-bdag-dpal-vkhor-btsan)，此人在其父十九岁的木鸡年时生。贝阔赞二十一岁时其父死，随即执政，并建造了缅隆寺(sman-lung）等八座寺院。三十一岁时死[34]。其长妃之子是吉德尼玛衮（skyid-lde-nyi-ma-mgon)，其次妃之子是墀扎西孜巴贝（khri-bkra-shis-brtsegs-pa-dpal)[35]。上述二人之政权因被云丹夺去，于是前往上部(stod)[36]。扎西孜巴贝居拉堆（la-stod)。尼玛衮去阿里（mngav-ris）时，大臣尚巴曹仁钦德（blon-po-zhang-pa-tshab-rin-chen-sde）及久若来扎拉米（cog-ro-legs-sgra-lha-legs）二人，将尼玛衮送到切玛雍仲（bye-ma-gyung-drung）地区，巴曹氏送给尼玛衮一件狼皮斗篷，久若氏送给尼玛衮一头骡子[37]。二人送罢物品流下眼泪。此时尼玛衮王说道：“我如果在阿里掌握了政权，将分别选派你二人之女（为妃）。”言罢乃去。诚如所谓：“贵族所行将有显示。”由于尼玛衮行为高尚、智慧广博，而使阿里三围众人满意，遂请其为王。尼玛衮于布让（spu-rangs）建造了尼松堡寨（sku-mkhar-nyi-bzungs）[38]。二大臣(blon-po-gnyis）各献一女为妃。

久若氏妃之子谓之“上三衮”（stod-kyi-mgon-gsum)，其间之长子是贝基德日巴衮（dpal-gyi-lde-rig-pa-mgon)，占据玛尔域（mar-yul-bzung)。次子是扎西德衮（bkra-shis-lde-mgon)，占据布让（spu-rangs)。幼子是德祖衮（lda-gtsug-mgon)，占据香雄（zhang-zhung)[39]。

注释：

[1] “伍约之战”（dbu-gyor-vkhrug-pa-byas)，在藏文史书中多数为这种写法，但《西藏王臣记》写法不同，该书载：“再者，属民不和，约松据云如（gyon-ru)，云丹据布玉如（sbus-ru)，由是遂生大乱(vkhrug-long-chen-po-byung-ba)。”（该书，民族出版社1957年排印本，104页）文中之所谓“云如”（gyon-ru）当是对“伍如”（dbu-ru）一带的另一种称呼和写法，是与后藏“叶如”（gyas-ru）相对而言，即左右二如之一。但是，“布玉如”（sbus-ru）一说甚为罕见，仅见于《西藏王臣记》，而且与吐蕃四如之设的名称不合，也就是说不见此称。看来可能是原文刻版之误。其地当指多数藏文史书所载之“伍如”（dbu-ru）辖地而言。例如，《西藏王臣记》说，松赞干布时曾在布玉如（sbus-ru）地区建嘎才寺（见该书53页）。而《贤者喜宴》（见本书第三章）则说“于伍如（dbu-ru）建嘎才寺（ka-tshel)”。可见所谓“布玉如”地区与“伍如”地区当指一地。又，“伍如”地区系指以逻娑小昭寺为中心的地区；“约如”地区是指以雅隆昌珠（yar-lungs-khra-vbrug）为中心的横跨雅鲁藏布江南北的地区。（见本书第二章）

“伍约之战”的重要意义在于它是吐蕃开始分裂的标志，也是吐蕃王朝覆亡的重要转折点。

吐蕃“伍约之战”，其初始就是权力之争。藏史对这种“权力之争”的原因记载不多，而汉文史书略有补充。朗达玛842年死，以争夺赞普王位为标志的权力斗争也就随之展开。朗达玛死后“无子，妄相立其妃琳氏兄尚延力之子乞离胡为赞普，才三岁，妄相与妃共制国事，吐蕃老臣数十人皆不得预政事。首相结都那见乞离胡不拜。曰：（赞普宗族甚多，而立琳氏子，国人谁服其令，鬼神谁飨其祀！国必亡矣；比年灾异之多，乃为此也。老夫无权，不得正其乱以报先赞普之德，有死而已！）拔刀掩面，恸哭而出。妄相杀之，灭其族，国人愤怒”（《通鉴》，卷二四六，37页上）。《新唐书·吐蕃传》亦载：“三年，国人以赞普立非是，皆叛去。”上引文有三点与藏史所载有异，即汉文说朗达玛无子；而藏史说有两子，一嫡出，一为抱养他人之子。再者，所谓乞离胡（即云丹），藏史多说是乞丐之子，但汉史说是长妃“琳氏兄尚延力之子乞离胡”。第三点相异处，关于“吐蕃内乱”的原因，汉史说是因为是立“赞普宗族”还是外族的分歧，但藏史则说其因源于两子争权的问题。

汉藏文史料关于“吐蕃内乱”的原因虽说法有异，但有两点却是共同的，即指出争夺赞普权位的问题是关键所在。而另一点则指出母后外戚是此次争权的主要背后策划者。也就是说，朗达玛之死，赞普宗族掌权的局面也就开始结束，外戚背后操纵政局，“妄相与妃共制国事”，可见外戚势力之大。

上述史料表明，两个王子都是傀儡。按藏史说，两王子出生大体同年，汉史说“才三岁”，这告诉我们两个王子是不可能掌权的，完全受制于母后。但母后外戚掌权必须有其他大臣的支持，其中“妄相”即是这种重要人物。汉文没有指出“妄相”姓名，藏史也所云不明。《布顿佛教史》记载朗达玛有两个大臣，一个是韦杰多日（dbas-rgyal-to-re），被任命为内相（nang-blon）。另一个是那囊·杰擦赤松（sna-nam-rgyal-tsha-khri-gsum)，并说此二人均做了许多反佛的事（该书木刻版，124页下）。照这种记载，上述二人应均属“妄相”之列。但是，汉文史料指出“首相结都那”是反对乞离胡（云丹）的，那么“结都那”是谁呢？《汉藏史集》说，朗达玛的大臣是杰多日达纳坚（blon-po-rgyal-to-re-stag-sna-can)，此人在《敦煌藏文文献选》中又被写作：“dbavs-rgyal-to-re-lhag-snyas”（巴黎影印本、Ⅱ、P、1287)。《汉藏史集》作“rgyal-rto-re-stag-sne-can”（148页上)。从“结都那”与“杰多日达纳坚”的对音看，应是一人。如是“结都那”（杰多日达纳坚）就似应被排除在“妄相”之外。那么妄相就应是那囊·杰擦赤松（sna-nam-rgyal-tsha-khri-gsum）等人。《〈新唐书·吐蕃传〉笺证》将“大相结都那”推断是那囊·杰擦赤松，这从上文可知在对音上是不合的。

从十四章、十五章看，韦·杰多日达纳（结都那）是赞普朗达玛的忠实支持者，当为朗达玛之“妄幸之臣”。但从汉文史料看，从朗达玛死后，杰多日达纳改变了态度，即同其他“妄相”发生了根本分歧，他站在小妃的立场，支持了约松，这是藏史所说的朗达玛的嫡子，可谓“国族”或“赞普宗族”，这同朗达玛一贯支持赞普王系的立场相一致。他这样做就被有实权的长妃排挤，从而“不得预政事”，所以他后来发出“老夫无权”的慨叹。

总之，“伍约之战”是长妃、乞离胡（云丹)、妄臣那囊·杰擦赤松为一方与幼妃、约松、韦·杰多日达纳（结都那）为一方的纷争，其实质是吐蕃贵族内部的权力之争。

[2]“大政、小政；多部、少部；金者、玉者；食肉者、食糌粑者”，这些是随着“伍约之战”在吐蕃的漫延过程中形成的各种小割据势力，各霸一方。这些都非赞普王族。这表明“伍约之战”的结果使吐蕃更加分裂，战乱波及面更加扩大，反映了吐蕃王族已无回天之力，日益衰弱。另外也为最后的奴隶起义做了准备。吐蕃这种内乱从“伍约之战”起，

几乎乱了二十二年。

[3] 土牛年（sa-glang），即《红史》（北京排印本，40页）所载之“阴土牛年”（sa-mo-glang），此年即869年。《贤者喜宴》说，这年是两个赞普已经过二十三年了，上推23年，应是847年，可知“伍约之战”应始于847年。《新唐书·吐蕃传》也说：“三年，国人以赞普立非是，皆叛去。”文中之三年当是大中元年，即847年。这就是说，到土牛年时，“伍约之战”引起的吐蕃内乱已进行了二十三年了。但朗达玛死后的贵族间拥王子的争位之乱却发生较早，从会昌二年（842年）即朗达玛死的当年就开始了（见《通鉴》，卷二四六，37页），至于公开爆发大规模的“伍约之战”，则是在847年。

[4] “属民奴隶起义”（vbangs-kyi-kheng-log-rnams-rig-par-byung）。其写法不一，《西藏王统记》（北京排印本，239页）作“阴土牛年起义”（sa-mo-glang-la-gyen-log-byung）；《红史》（北京排印本，40页）作“sa-mogla-nga-la-khung-lag-byung”；《汉藏史集》（上册，影印本，148~149页）作：“‘伍约之乱’发生，王族一分为二，沽托查祥斯（khu-thog-sgra-shang-srid）、俄雅松查杰耶（rngog-yag-gsum-sgra-rje-yas）、俄杰多日格巴（rngog-rgyal-rto-re-gel-ba）任大臣。彼等王臣（rgyal-blon）福德衰落（bsod-nams-chung-pa），遂于阴土牛年发生起义（sa-mo-ngagl-la-khengs-lakh-byung）。”《西藏王臣记》（北京1957年排印本，104页）作：“此后不久，遂有起义发生（de-nas-mi-ring-bar-gyen-vog-byung）”；《新红史》记载有些特殊，该书（西藏人民出版社1982年排印本，38页）载：“约松在世六十年，在第二十九年时乃有‘王仇之乱’（vod-srong-kyis-lo-drug-cu-bzhugs-shing/nyi-shu-rtsa-dgu-lon-dus-rje-khon-gyi-vkhrug-pa-byung）”；《汉藏史集》（153页下）说是在云丹之子墀德衮年及日巴衮之时爆发奴隶起义；《汉藏蒙古佛教史》（民族宫藏本，木刻版，14页下）载：“先是，因佛法及王法之过，遂有

属民奴隶起义（sngar-chos-khrims-danggyal-khrims-nor-bavi-rkyen-gas-vbangs-gan-log-byung-nas）。”869年的属民奴隶起义规模很大。

[5] 此次吐蕃奴隶起义虽具有全局性，但却是依次发生的，正如本章所载，首先于“多康起义”（mdo-khams-sa-kheng-log-bas）。《西藏王臣记》（1957年排印本，104页）亦载，奴隶起义“首始于康”（thog-mar-khams-nas-log）。《汉藏蒙古佛教史》（木刻版，15页下）亦说：“起义之初，始向多康下部（gyen-log-dang-po\mdo-khams-smad-nas）。”上述之康（khams）、多康（khams）或多康下部（mdo-khams-smad，亦可称作“多康多麦”），在古时，所谓康地包括今甘、青、川等藏区，并非像今日专指昌都以东至康定一带的“康区”。《莲花生广传》就说青海湖地区（dbyar-mo-thang）在北方康地（khams）。

起义在康地爆发是有原因的。因为河西或者河陇地区，是吐蕃占领区，这一带集中了以吐蕃高级将领为首的大量吐蕃占领军，也是吐蕃人数最多的随军奴部——温末部的驻地。这些占领军已统治这一带长达60余年。从大量的敦煌及新疆出土有关这一带的藏汉文史料看，这里已成为吐蕃本部的政治、经济、军事及属部的东方重地，直接关系着吐蕃本部的生存，这里的各种变化都直接牵动着吐蕃本部的变化。但奴隶起义前夕的这里是怎样一种情况呢？简要情况如下：

1.此处同吐蕃本部一样，在立赞普上也分为两派，并相互残杀，可以说是“伍约之战”在河陇地区的延续。其支持正统赞普王族的是“国相尚思罗”和“鄯州节度使尚婢婢”（见《吐蕃传》）。而“洛门川讨击使尚恐热”是以反对乞离胡为名，实际是想自为赞普。上述两派各挟吐蕃、苏毗、吐谷浑、回鹘、羊同、羌、龙及温末等兵，相互攻杀，给各族人民带来了重大损失，“五千里间，赤地殆尽”（《通鉴》，卷二四九）就是这种情况的典型描述。从而引起吐蕃一般官兵的反战，其表现就是“所部多叛”（《通鉴》，卷二四九，大中五年条）。这种混战直到866年尚恐热于西川被杀之时。

2. “时吐蕃大乱”（《通鉴》，卷二四九，大中五年条）的情况下，张义潮将瓜、沙等十一州“河湟之地尽入于唐”，将吐蕃占领军逐至星宿岭以南的吐蕃牧地。受到战争折磨的吐蕃官兵处于进退维谷的艰难境地，其中原主要将领或在混战中死去，或是归唐，如吐蕃酋长延心率河清二州及浑末部万帐归唐（857年）。此时，吐蕃兵已成群龙无首之势，作为随军奴部——温末部也是“奴多无主”，“遂相纠合为部落”。总之，久居这里的吐蕃残留官兵只有南归本部一路可走。

3.河陇原吐蕃官兵久居这里，深受汉地封建经济制度的影响，并已在很大程度上改变了原本部奴隶制经济而实行某种封建经济。如给吐蕃官兵划拨口粮地（《〈新唐书·吐蕃传〉笺证》，115~116页）；广泛实行封建性质的私有财产，如“作物田”，私有耕牛、农具、相互伙耕（出处同上），吐蕃将领接受私送田园（tshal-zhing），然后委派自己的私人代理人成为地主(zhing-bdag)，遂在辖地内建立民宅（khang-khyim），插上木栅(zhing-ra)，丈量辖地，立起木牌（khram-tu-btab），建立土地文册(zhing-yig-dkar-chag)，遂成自己私田（bdag-gi-zhing）（《敦煌藏文文选》，巴黎影印本，Ⅱ、P、1078号卷子）；封建借贷关系的出现，如借麦不能按期偿还，则需增以二倍偿还，借者要将自己所有的庄稼、牛及室内一切用具等物偿交借麦人（《新疆发现吐蕃藏文文书》，Ⅱ册，58页，沙州条，11A）；寺院已具寺院庄园的地主经济的性质，如敦煌藏经洞发现的《敦煌寺丁壮东牛役簿》，内载敦煌龙兴等十三寺寺户的劳役账，寺院集攫了大量土地，寺院辖有生产所需之一切“营田夫”、各种工匠、牧人及杂役，这些已具有地主庄园及农奴的性质（中国科学院历史研究所《敦煌资料》261页，原卷为S、0542）。这些新的封建经济比吐蕃奴隶制经济要进步得多，这对百受折磨的吐蕃一般奴隶（军官）及奴隶（士兵），具有强烈的吸引力，激发他们变革的强烈要求。

由于上述主要原因，吐蕃属民奴隶起义遂首始于河陇。藏文史料只载起义领袖是韦·廓谢莱丁，未见具体事迹。这很可能指的是吐蕃奴部——温末（浑末），《通鉴》载："及论恐热作乱，奴多无主，遂相纠合为部落，散在甘、肃、瓜、沙、河、渭、泯、廓、叠、宕之间，吐蕃微弱者反依附之。"（卷二五〇，二二页上）据此可知，这些温末部已经独立，而且在862年向唐入贡（出处同上）。藏文所说吐蕃在这一带的奴隶起义，很大可能就指的是这些温末部的随军奴隶。这些长期背井离乡的奴隶士兵，其中一部分留居该地，而另一部分南返吐蕃本部，从而成为吐蕃本部广大属民奴隶的起义榜样。

奴隶起义声势、规模均是空前的，包括奴隶、平民及一般贵族、军官等等。多康义旗高举，吐蕃各地依次效仿。《西藏王臣记》（1957年排印本，104页）说："一鸟腾空，众鸟聚而效仿为害（da-yang-gyen-log-ni/nam-mkhav-la-bya-gcig-vphur-bar-bya-gzhan-mang-po-vdus-te-gnod-pa-byed-par-dpe-byas）。"这种比喻是与《贤者喜宴》相同的，所不同者它是站在奴隶主立场上说话，对奴隶主说来，奴隶起义可谓"为害"，但对广大奴隶和社会进步来说却是奇功一件。

首先效仿起义的是后藏叶如地区，而后依次是伍如及约如。《汉藏蒙古佛教史》（民族宫藏本，木刻版，15页）载："属民奴隶起义的情况是，由于国政失误，遂有属民奴隶起义（rgyal-srid-nor-su-stor-pas-vbangs-kyi-gyen-log-gyur），由于属民奴隶藐视王者，乃有天灾乱世发生（vbangs-kyis-rje-la-brnyas-bas-ge-dus-vkhrugs-langs），起义之初，始自多康，继而自上部藏地之叶如（gtshang-gyas-ru），然后是伍如（dbu-ru）及约如（gyo-ru，原文作"gyas-ru"，因前已有叶如，此又重出，当是"gyo-ru"之笔误，今改之——译者注）之起义发生，旋即依次于吐蕃全境发生起义（rim-gyis-gyis-log-yul-phyogs-kun-tu-byung-ba）。

[6] "砍人颈易于砍山腰"，这是流传藏区的谚语，亦有的说"砍人

头易于山头”者，意指向统治者进行武装反抗，停止为统治者进行劳役。此即所谓“平山头”说，流传较广，并有民间故事存世。

[7] 此句是说起义者借口，乘属民夜看核桃花之机，聚众起事，以火为号。

[8] 工域哲纳是约如地区的东端，详见本书第二章。

[9] “占卜祖师”（phyu-mkhan-mes-po）。在古代吐蕃，凡行事多先请“占卜师”占卜，然后决定行动（见《敦煌藏文文献选》，伯字55号卷子，Ⅰ卷）。军队中也必有此种“占卜师”。在吐蕃政治活动中，如会盟，也不可缺少“占卜师”。汉文所称之“巫”者，即包括这种人。这同古代本教有密切关系，这类人有男、有女，女者称“ma-mo”。传说这类人可传达神言，是神、人之间的信息传达者，信誉颇高。在吐蕃政治斗争史中，这类人多次参与，起了重大蛊惑作用。此处将阐卡贝云誉“占卜祖师”，就是说他是起义行动的鼓动者。

[10] 阐卡贝吉云丹，即钵阐布勃阑伽贝吉云丹。此人之名在敦煌藏文文献写作“ban-de-chen-po-dpal-gyi-yon-tan”，此人曾到过河西。详参黄文焕：《河西吐蕃文书中的“钵阐布”》，载于《中国民族古文字研究》，社会科学院出版社1984年版，222~236页。

[11] “土地既然不支持王者又何况人乎？（mi-bas-sas-kyang-rje-ru-ma-theg-nas）”此句之意是，奴隶起义如此迅猛，直指吐蕃之王，这种情况表明，最有力量的大地也支持不了行将垮台的赞普王权，既然如此，世间的人有谁能扶住王位宝座不倒呢?！总的意思是说，王朝已无人支持，必然垮台，

下文所述，亦将阐卡贝云神化，误认为他是神通广大之人，各地护法神也得向他禀奏，他鼓动各地奴隶主乘奴隶起义之机搞地方割据。显然这是受到了后世佛教思想的歪曲。

无疑阐卡贝云之死实属冤屈，并引起吐蕃属民的不满，但奴隶起义

本因却非死者阐卡贝云所致。当然，起义者将阐卡贝云神化，并加以利用，这是有可能的，实际上也这样做了，因为在长期受佛教影响的吐蕃社会这样做也是能起作用的。

起义的根本原因，正如《汉藏蒙古佛教史》等书所说，在于“国政失误”和“佛法和王法之过”。“伍约之战”的王族争权，使属民无法生存。正如《莲花生广传》（木刻版，168页上）所说：“王族约松、云丹，兄弟不和，而生伍如约如之乱，昼夜混战，为时十二年，颇多杀人致死之事。云丹收集一切税金奴役属民（gcan-dgu-yum-brtan-khyer-te-vbangs-rnams-vkhol），当王系至九十八世之时，遂出现一位无德之王，继而发生众属民奴隶起义，这是对王的报应（vbangs-rnams-khengs-log-rje-yi-la-yogs-vbyung）；上无三者下无属民（steng-na-rje-med-vog-na-vbangs-med-pa）。”《五部遗教》（木刻版，ca函，157页上）亦载：“王与属民不和，内部分裂（rje-vbangs-mi-vcham-nang-gyes-byed），遂有夜叉起义（gnod-spyin-khengs-log-byung-tsa-na，此处之“夜叉”，指天神也表示愤怒——译者注），于是贱民攀登到国王（头上）（ma-rabs-gong-mavi-sdeng-snyeg）；“天时反常，天空呈血红之色，日月同时并行，雨水不调，遂有旱灾”；“女巫反抗，吐蕃全境遂之瘟疫流行”；同书（58页上）又载：“军队交战，吐蕃境内尽是各类军士；在洛域门域边地能遇到吐蕃农区人，而大量边地人又出现在吐蕃卫地（bod-rnams-lho-mon-mthav-la-thug/khams-pa-mang-po-dbus-su-vbyung）”，上述数例，说明吐蕃属民在兵连祸结之下，几无宁日。吐蕃王朝已成为众矢之的。《五部遗教》说，当时天怒地怒（指地震“sa-vkhpl-chen-po”——译者注），神怒鬼怒，甚至边地捕鸟者（khams-kyi-bya-thul）及墨竹工卡的二王妃（mal-grovi-btsun-mo-gnyis）也起来反抗（出处同上）。说明吐蕃王朝已处于天怒人怨的境地。吐蕃属民就是身处绝境而奋起反抗的。

[12] 八座碉堡，可能是吐蕃当时王族分布在各地的重要驻地，摧毁

这些碉堡，也就表明搞垮了王族统治。

[13] 神鬼同族集会，这是原作者的一种迷信说法，实际上是起义者集会。下述各种神，如雅拉香布（即雅隆地区保护神）等等，都是各地的保护神。

[14] 玛恰（ma-phar)，此词不知何意。从全文看应是起义队伍中的一种重要官职名称，负责起义的总领导。

[15] 向神灵禀奏事，这反映了当时起义者还受着宗教的影响，借神灵之名而行事。当然，这也是原作者的迷信之词。

[16] 阐卡贝吉云丹心变软，这与开始描述他因屈死而怒气冲天，并鼓动起义相呼应，“心变软”之说此亦属妄谈。

[17] 遂使王臣和好，指起义后期各王族四散奔逃，然后定居一方。各逃亡之王族大都有一批随从旧臣僚相伴，对此无所谓“和好”可言。至于属民起义打击王族，并未穷追全歼，从而使旧王族得以残留，也无所谓“和好”。再说起义平息是一个漫长的过程，其结束是起义者本身的行动，与阐卡贝云心变软无涉。

[18] 这十个王官（rje-ngpon）及王族（rje-tshan）系统，大都是一般贵族，也可能有原某氏族的奴隶出身者，他们乘起义之机搞了上述十个地方割据势力，这些就是吐蕃从奴隶制走向封建割据的开始。有关奴隶起义的这种较详细的记载，仅见于《贤者喜宴》的记载。

[19] 起义掘陵一事，反映起义军对吐蕃王族之恨。掘陵是在877年(火鸡年)。其他藏史说起义军将吐蕃王陵全部挖掘，此说不确。

[20] 敦卡达陵，这是雅隆河谷藏王墓（vphyong-rgyas-kyi-bang-so）之一，是最早的墓葬群，从墀年松赞起就建陵于此。该地叫“don-mkhar-thang”。这里埋葬许多赞普，各有其名。此处仅提敦卡达陵太笼统。

[21] 杰钦陵是丁墀赞普陵。

[22] 僧格坚陵是都松芒波杰陵。

[23] 朱杰陵是朗达玛赞普陵。俄谢陵是芒松芒赞陵。

[24] 松赞干布陵未被挖掘。从上述所掘陵墓看，说明包括松赞干布陵在内的不少陵墓并未被掘，因为不少陵墓的名称并未被提到。

[25] 贝阔赞又作德贝阔赞（lde-dpal-vkhor-btsan），他曾在阿里建八座寺院并写了许多般若等佛经（见《拉达克王统记》，弗朗克本，35页）。贝阔赞在江孜一带曾建有谢嘎杰孜五堡（shel-dkar-rgyal-rtse-lnga，见1983年西藏排印本，5页），后被刺于娘若香波城（即今江孜城，见东嘎·洛桑赤列：《论西藏政教合一制度》，唐景福汉译本，甘肃民族出版社1984年版，27页）。又说此人三十一岁时被刺于夏卡（shar-kha，见《新红史》，38页）。又，贝阔赞是久若妃杰莫列（cog-ro-bzav-rgyal-mo-legs）所生，生于雅隆旁塘，他在娘麦（nyang-smad）、锥甫麦隆（sgrol-buvi-smad-lung）等地建寺八座。其大臣是“spyang-rgan-a-po”和“vbrog-drig-dgra-ldong”。三十三岁被聂氏及达孜哇（snyegs-stug-rtse-ba）杀死于雅隆香波（yar-lungs-shor-po，见《汉藏史集》，153页下）。

[26] 此句是莲花生对墀松德赞的预言，莲花生初见墀松德赞，墀松德赞迎莲花生时，未系外衣的腰带，手持一升金粉，莲花生见此装束，遂做此预言。

[27] 此记载另见《西藏王统记》：rgyal-po-kyi-dbu-la-la-thod-gsol-pas/sdod-du-mngav-ris-zhu-cem-cim-la-khrims-shig-chags/zhabs-la-chag-gsol-pas-smad-du-mdo-khams-lham-tsam-la-khrims-shig-chags/sku-lus-la-sku-rags-ma-bcings-pas/bang-vdir-rgyal-khrims-myur-du-vjig-nyen-yod/von-kyang-rin-po-chevi-phyag-rten-phul-bas-chos-byar-btab-gsungs-so（见该书北京排印本，203页）

[28] 这是原作者从外貌对吐蕃王族后裔的过誉之词。

[29] 又见《西藏王统记》，239页。又，云丹死年36岁，无陵，参见《汉藏史集》，上册，149页下。

[30]《西藏王统记》作“rlu-shod”及“mdo-khams”（该书239页）。

[31]“擦拉益西坚赞”及“墀巴”，《西藏王统记》分别作“tsa-na-ye-shes-rgyal-mtshan”及“mngav-bdag-khri-pa”，在二子之时，“佛教之火花自多康燃起”（bstan-pavi-me-ro-mdo-khams-nas-lang-ba-yin），见该书240页。当在朗达玛灭法时，从卫地逃往康地的尤格琼（gyo-dge-vbyung）等人学法，这时尤格琼等十人学成佛法返回卫地。此即佛教后弘期下路弘传之始。又，拉甫哇坚巴又作“yar-stod-phug-pa-can”（《新红史》，43页）。

[32]《西藏王统记》（240页）说，该系在吉约（kyi-gyor）地区的后裔改名为觉卧（jo-bo）。《新红史》（43页）说，“jo-bo”一名始自拉尊波底热咱（lha-btsun-bo-rti-rwa-jwo）之时。这一系在桑耶地区繁衍，故其子“拉尊温莫”又称作“bsam-yas-lha-btsun-sngon-mo”（《新红史》，44页）。云丹这一系统后裔很多，如后来著名的第巴拉甲里哇（sde-pa-lha-rgya-ri-ba）、擦绒宰波（tsha-rong-rtsad-pa）、第巴甫才哇（sde-pa-bu-tshal-ba）及拉灵嘎哇（lha-gling-dkar-ba）等均是此系所出（《新红史》，44页）。这一系在后弘期（bstan-pa-phyi-dar）的宗教发展中起重要作用的是擦拉益西坚赞，他又称“bsam-yas-rtsad-po-tsha-na-ye-shes-rgyal-mtshan”。他做施主，派鲁梅促陈喜饶（klu-mes-tshul-khyims-shes-rab）等九人赴康求戒（khams-mu-sdom-pa-len），求戒学成后全部返回桑耶。但其时擦拉益西坚赞已死，其子阿达墀巴（mngav-bdag-khri-pa）任施主，首先大力发展比丘、沙弥等受戒僧人，继而建立各种寺院道场（nnas-gzhi），遂有“弘法”（bsdan-pa-dar-ba）之誉。（见《新红史》，44~45页）藏史多赞该系“恩德广大”（bkav-drin-che-ba）。这种重新剃度僧人弘法，时间说法不一，以朗达玛灭法之时算起，有说经过七十余年及九十余年者，亦有说经过一百余年者。

[33] 囊德约松死于木蛇年，照《贤者喜宴》这种记载，应是885年死。又，旁塘宫即“yar-lungs-vphang-thang”。约松有陵，在朗达玛（bang-so-vphrul-rgyal）之后，陵名久拉甸（skyivu-lha-rten），从此以后再无建陵之制（de-phyin-chad-bang-so-rtsig-pa-yang-nub-so）。见《雅隆觉卧佛教史》，手抄本，43页上；《汉藏史集》，上册，149页下。

[34] 贝阔赞事迹请参见前面有关注释。

[35] 吉德尼玛衮之母是蔡邦氏（tshe-spong-bzav），携此子居约如（gyo-ru）；墀扎西孜巴贝之母是贝萨朋杰（vbal-bzav-vphan-rgyal），携此子居伍如。见《汉藏史集》，上册，153页下。

[36] 吉德尼玛衮及墀扎西孜巴贝的政权是被云丹的家族（yum-brtan-tshang）所夺，非被云丹本人所夺，因为云丹早于约松六年死去。此二子去“上部”，即指拉堆至阿里一带（见《汉藏史集》，上册，153页下~154页上）。《汉藏蒙古佛教史》又称“拉堆”一带为“藏堆”（gtsang-sdod），意为藏地之上部（该书15页上）。拉堆分南北，元代为万户府之一。尼玛衮等去上部是被迫逃走的（mngavr-ris-stod-phyogs-la-bros），译见下文。

[37] 当时跟尼玛衮西去阿里的有以贝玛苏卡（dpal-ma-zag-gar）、琼贝丹珠（khyung-dpal-ldan-grub）及木雅巴阿格咱拉（me-nyag-pa-av-ka-bdsu）等为首的百名骑士。去阿里的路上，尼玛衮还吃了鱼和蛋品（nya-dang-sgo-nga-gsol-dgos-vbyung）。详见《拉达克王统记》，35页上。

[38] 吉德尼玛衮是最早到阿里为王的吐蕃赞普王族后裔。阿里地区（mngav-ris）之得名即始自此王。《汉藏史集》（上册，154页上）说：“父吉德尼玛衮先行并统治上部诸地，故乃总称该地为阿里（stod-yul-rnams-mngav-vog-tu-bsdus-pas）。”“阿里”意为“领地、领土及属民等”。在藏史中称吉德尼玛衮为阿里王（mngav-ris-kyi-rgyal-po），并说他此外又统治布让(spu-rangs)。参见《西藏王统记》，243页。

又，“尼松堡”（sku-mkhar-nyi-bzungs），是吉德尼玛衮之子扎西尼玛衮（bkra-shis-nyi-ma-mkon）所建。（《汉藏史集》，154页上~154页下）《拉达克王统记》将扎西尼玛衮称作格西扎西赞（dgi-shes-bkra-shis-btsan），该书35页说他建造了尼松堡，并作为王都（sku-mkhar-nyi-zungs-rtsig-stegyal-sa-btab-nas）。

吉德尼玛衮也建了宫堡，如马年建了红宫（mkhar-dmar），羊年建造了（rtse-sho-rgya-ri）（宫殿）。（见《拉达克王统记》，35页）

[39] 贝吉德日巴衮据玛尔域（mar-yul）。“玛尔域”（mar-yul）一名，《布顿佛教史》《汉藏史集》《西藏王统记》均同此写法。《西藏王臣记》及《新红史》作芒域（mang-yul），分见该书105页及41页。“mang-yul”在后藏吉隆（skyid-grong）之南，可知此处之“mang-yul”应是“mar-yul”之误（见卡尔梅：《格言宝库》，附图；山口瑞凤：《吐蕃王国成立史研究》，附图；弗若瑞：《卫藏圣迹志》，附图）。玛尔域一带即上拉达克（la-dwags-sdod）的天竺河上游玛尔曲河（mar-chu）流域，属上香雄（zhang-zhung-sdod）。《拉达克王统记》亦载贝吉德日巴衮（又称拉勤贝吉衮“lha-chen-dpal-gyi-mgon”）占据阿里玛尔域（mn-gav-ris-mar-yul）。并说其属民拿着黑弓，称作“持黑弓者”（gzhu-nag-can）。其辖界东到如托（ru-thogs）、色嘎果来之德丘嘎波（gser-kha-vgog-lad-kyi-lde-mchog-dkar-po）、仓地之红围（mtshams-kyi-ra-ba-dmar-po）、瓦木利益米之帕朋山头（bla-ma-le-yi-mig-gi-pha-bong-la-mago）之间。西部是克什米之山脚（kha-chevi-la-rtsa）及多甫巴坚（rdo-bug-pa-can）以上。北部是色嘎果波（gsar-kha-vgog-po）以内的广大地区（见该书35页）。《汉藏史集》（上册，154页上）对此辖地仅记：“长子辖玛尔域，西至热拉（ral-la）。”

次子扎西德衮又称扎西衮（bkra-shis-mgon）或扎西尼玛衮（bkra-shis-nyi-ma-mgon），他据布让（spa-rangs）。此布让又写作“pu-rangs” “pu-rang” “spu-trang”等，即今之普兰宗。此地在《拉达克王统记》（该书35页）中写作“古格布让”（gu-ge-pu-trangs）。扎西德衮除辖布让外，还辖有孜地（rtse）等（同上）。

《汉藏史集》（上册，154页上）载其辖地包括香雄（zhang-zhung）、二吉久（ci-cog-gnyis）、尼贡（snyi-gong）、二如托（ru-thog-gnyis）及布让二湖（spu-rangs-mtsho-gnyis）。

幼子德祖衮据香雄（zhang-zhung）。《汉藏史集》（上册，154页上）未说该子辖香雄事，仅载其辖地是桑嘎（zings-dkar）及卡尔夏（gar-zha）。《拉达克王统记》（35页）载其辖地是：“桑嘎果松（zings-dkar-sgo-gsum）、比迪（spi-ti）及比久（spi-lcogs）等地。”香雄即古羊同之地。香雄一名指一个相当大的地区名称。山口瑞凤在《吐蕃王国成立史研究》中记有上香雄（zhang-zhung-stod）及下香雄（zhang-zhung-smad），前者即玛尔域所在地，亦系大羊同及女国所在地。后者在布让北部及娘若之西北，即小羊同地（见该书附图）。美国玛尔汀（Martin）根据本教经典《母续密乘三续根本释》又记有“zhang-zhung-phug”“zhang-zhung-bar”及“zhang-zhung-sgo”，将香雄分为三部分，其中心依次是“sham-po-lha-rtse”“rgya-mkhar-ba-chod”及“khyung-lung-dngul-mkhar”（参见玛尔汀：*An Altaic Sacral Kinship Complex in fhe Bonpo Mofher Tanfra liferafure*，1984年匈牙利国际藏学会论文）。根据《西藏香雄语辞典》（*TIBETAN IANG IUNG DICTIONARY*）一书附图，“zhang-zhung-sgo”即今藏北奇林湖及加仁措湖以西。“khyung-lung-dngul-mkhar”在冈底斯山西南不远。德祖衮所辖并非全部香雄，仅是其中几个地区而已，其辖地之桑嘎、卡尔夏、比达及比久均玛尔河南，即古格地区的西南不远。其西止于拉达克东缘。

第十七章　德祖衮后裔及其兴佛之举措

【译文提要】第十七章共有2节，即德祖衮后裔；德祖衮后裔兴佛之举措。本章记载了吐蕃王族后裔的传承情况（主要是约松一支的情况），这一支虽分布到各处，但主要是以阿里为基地，然后分衍到卫、藏、山南、藏北及东部青海的湟水流域。这说明吐蕃王朝虽已崩溃，但其王族依然存在。他们各据其地为政，虽然仍谓之曰"赞普"（btsan-po，或btsad-po），但只是一地之长而已，与昔日"赞普"相比，唯有其名而无其实。然而总观其时诸王后裔之行为，他们对阿里地区进一步地开发和管理还是做出重要贡献的，其他各地之发展也与诸王裔的推动不无关系。

这时各地都在发展佛教，以阿里托林寺为主要道场形成一个新的地区性佛教中心，重建并振兴了佛教。这时建佛寺、塑佛像、筑塔、写经，甚至在1076年孜德王（rtse–lde）于阿里举行了火龙年法会（me–vbrug–chos–vkhor），此会会集了卫、藏、康（dbus–gtsang–khams）三地执持经藏大德（sde–snod–vrdsin–pa），他任施主。如此大规模法会的召开，反映了当时吐蕃社会已趋于稳定，经济亦有相当的发展，这时从吐蕃奴隶起义算起正好经过了一个世纪。其他各地教派也在逐渐形成并开始发展。热振寺、萨迦寺以及卡恰•恰萨等寺院的出现就在此时。当时又出现了一种宗教热，为了搜集黄金迎请外族高僧，拉喇嘛益西约不惜交出政权、付出生命为代价。不少王裔子孙也相继往投止贡巴、帕竹、萨迦诸派大德，陆续出家为僧。这种情况表明，诸王裔又在重步昔日赞普之后尘。

通过佛教的重兴，吐蕃的宗教文化又有所发展。翻译了许多佛经及五明之学，并出现了像仁钦桑布这样的大译师。与此同时，天竺、泥婆罗、迦湿弥罗等地的高僧被迎进藏地，人数之多不逊于往日吐蕃盛世。著名的天竺高僧（今孟加拉国）阿底峡带来了佛教的新风，使业已濒于没落的吐蕃佛教有了生机，阿底峡入藏传法不仅直接导致噶当派的出现，而且噶举、萨迦及格鲁派亦受其惠。阿底峡的学说对吐蕃后期佛教教派的形成起了重要作用，这也是天竺、泥婆罗、迦湿弥罗与我国吐蕃地区佛教文化友好交流的事例。从天竺佛教来说，当时已处于衰微时期，寺院被毁、僧俗外流，正当此逆境之际，却绝路逢生，其佛教竟假吐蕃僧人之手而得到意想不到的发展。

吐蕃王族在其所在地区提倡并支持佛教，固然有利于提高自己的威信，但是这样从政治上及经济上对寺院支持的结果，实际获益者却是教派首领及其僧侣集团，这些逐渐独立起来的佛教势力，随着时间的增长，正慢慢形成一种取代吐蕃王族而左右吐蕃政局的地方政治力量。

第一节　德祖衮后裔

德祖衮之子为松埃（srong-nge）及阔日（vkhor-re）二人。松埃娶妃，生子纳卡热咱（nva-ga-rtsa）及提瓦热咱（de-wa-rva-dsva）二人，后因阅读先祖史籍，心生愁绪，遂出家为僧，乃称拉喇嘛益西约(lha-bla-ma-ye-shes-vod)[1]，并建托林贝吉神殿（mtho-ling-dpal-kyi-lha-khang)[2]。继而派遣二十一名聪慧少年赴天竺，其间大译师仁钦桑布（lo-chen-rin-bsang）及小译师查久喜饶（grags-vbyor-shes-rab）返回，饶益佛教[3]。复迎施利嘎热哇玛（shri-ka-ra-wa-rma）、达玛巴拉（ngharma-pva-la）及扎咱年巴拉（sra-dsnyva-pva-la）。达玛巴拉于上部（阿里）弘扬律藏（vdul-dar)[4]。

拉喇嘛为迎阿底峡（jo-bo-rje)[5]亲自往见噶逻禄王（gar-log-gi-rgyal-po），身死[6]。

德祖衮之次子阔日（vkhor-re）建卡恰神殿（kha-char-gyi-lha-khang）。彼之子拉德（lha-lde）迎请班智达苏帕克达（su-bha-she-ta）。拉德之子为约德（vod-lde）、波昌喜哇约（pho-brang-zhi-ba-vod）及尊巴绛秋约（btsun-pa-byang-chub-vod）等三人。其间之绛秋约（lha-byang-chub-vod，即“尊巴绛秋约”——译者注）迎请阿底峡（jo-bo-rje)[7]。时有一大臣，能见地下埋藏之物，挖出十六秤（shing-srang-bcu-dug）完整之金块等众多财物，以此作为迎请阿底峡之资。因之使业已被毁之佛教得以弘扬。

约德迎请迦湿弥罗人咱纳施利（kha-che-dsva-na-shri)[8]。约德之子孜德（rtse-lde）迎请班智达喜哇桑布（zhi-ba-bzang-po）等，并遣俄译师洛甸（rngog-lo-tsva-ba-blo-ldan）往天竺[9]，遂弘扬佛教。

孜德之子巴德（vbar-lde），此后，其传承依次是：扎西德（bkra-shis–lde)、拉德（lha–lde）及纳卡德哇（nva–ga–de–wa）等等，上述均为阿里之赞普（mngav–ris–kyi–btsan–po）[10]。

纳卡德哇之子赞秋德（btsan–phyug–lde），彼任亚泽之王（ya–tsevi–mngav–bdag）[11]。赞秋德之子为扎西德（bkra–shis–lde）。扎西德之子系查赞德（grags–btsan–lde）。查赞德之子查巴德（grags–pa–lde），彼用七十秤黄金铸妙音菩萨像，又用一千零十二秤白银铸弥勒菩萨像、金银混铸及纯金纯银所铸之大梵天像和一些佛塔[12]。

查巴德之子阿索德（a–sog–lde），彼于天竺伽耶城（rgya–gar–rdo–rje–gdan）买下曾是无忧王（chos–rgyal–mya–ngan–med）所献出的四十二座村庄，然后将这些村庄又献给索波人（sog–po）[13]。

阿索德之子为孜塔梅（vdsi–thar–smal）及阿年梅（a–nan–smal）。其间之兄孜塔梅建造了银质之欢喜金刚。弟阿年梅修缮了金刚座[14]。此以上均为止贡巴（vbri–khung–pa）之施主[15]。

阿年梅之子日乌梅（rivu–smal），彼曾任天竺多处地方之主宰（rgya–gar–gyi–rgyal–khams–mang–povi–bdag–byas）[16]，并以白银造八座善逝佛像（bde–gshegs–brgyad）。复为逻娑大昭寺主殿奉献金顶（lha–sar–gtsang–khang–dbus–mavi–gser–thog）。日乌梅之子桑卡梅（sam–gha–smal）[17]。

孜塔梅之子系阿孜梅（a–vdsid–smal）[18]。此人曾为萨迦（sa–skya）之大德（lha–btsun），此后执掌政权，二世之后亚泽王系乃绝（gdung–rabs–gnyis–nas–ya–tsevi–rgyal–rgyud–chad）[19]。于是遂自布让（spu–rangs）迎请索南德（bsod–nams–lde），因而称其为布耐梅（pu–nya–smal）。

布耐梅之子系支迪梅（pri–ti–smal）及伦布贝甸扎巴（blon–po–dpal–ldan–grags–pa），彼等奉献有萨迦之法座（sa–sgyavi–chos–khri），并为逻娑大昭寺之十一面观世音像献金顶。

上述系据《布顿佛教史》（bu–ston–chos–byung）及《雅隆觉卧佛教史》（yar–lungs–jo–bovi–chos–byang）所撰。

然而另有所云：即谓德祖衮（lde-gtsug-mgon）据玛尔域（mar-yul-bzung）。又言扎西衮（bkra-shis-mgon）之子为阔日（vkhor-re）及松埃（srong-nge）。

贝阔赞（dpal-vkhor-btsan）之子是墀扎西孜巴贝（khri-bkra-shis-brtsegs-pa-dpal）。墀扎西孜巴贝之子为贝德（dpal-lde）、约德（vod-lde）及吉德（skyid-lde），此三人被称作“下三德”（smad-kyi-lde-gsum）。贝德之后裔往温波村波（sngon-po-tshon-po）。所谓之克甫贡塘哇（khab-gung-thang-ba）、陆洁哇（klu-rgyal-ba）、吉巴（spyi-pa）、拉孜哇（lha-rtse-ba）、朗隆（glang-lung）、宰阔哇（rtsed-skor-ba）等等，即其后裔也[20]。

幼子吉德前往解达纳（vjad-rda-nag）[21]。彼有六子，其间之第五子往北方（byang-du-gshegs）。叶如及如拉之诸赞普（gyas-ru-dang-ru-lag-gi-btsan-po）即其后裔[22]。

次子约德（vod-lda）有四子，其间之帕哇迪斯（pha-ba-de-se）后裔分布在藏容（gtsang-rong）、努域（snubs-yul）及娘兑（nyang-stod）等地[23]。约德之次子赤德（khri-lde）到了多康（mdo-khams），宗喀十八区（tsong-kha-yul-chen-bco-brgyad）等等多麦（mdo-smad）之大部地区由其统治，因之遂有所谓“下部王权如靴大”（smad-du-rgyal-khrims-lham-tsam-chags）之说，坚阿屯钦（spyan-snga-don-chen）等等王系即出自该地[24]。三子尼雅德（nyag-lde）之后裔，即叶如之吉卡赞普（gyas-ruvi-skyi-mkhar-btsan-po）[25]。四子赤琼（khri-chung）前往雅隆（yar-lungs）。属民建宫堡以献，遂掌握邦孜（宫）及青昂达孜堡（vbangs-brtsigs-dang-sku-mkhar-mching-nga-stag-rtse-bgung）。其子为约吉巴（vod-skyid-vbar）[26]。

约吉巴有七子，长子为祥杰擦赤德巴（zhang-rje-tsha-khri-lde-vbar）。其弟即谓之臧擦之六兄弟（gtsang-tsha-dpun-drug），此六兄弟是：

拉坚(lha-spyan)、尤坚（gyu-spyan）二人，塔热（ta-ra)、伦布（lhun-po）二人，约赞(vod-btsan)、孔赞（gung-btsan）二人。

长子祥杰擦赤德巴有六子，其间之玉脱世系（gyu-thog-gi-rgyud）即纳莫哇（sna-mo-ba)、青昂哇（mching-nga-ba)、顿卡哇（don-mkhar-ba）及唐果哇（thang-khor-ba）等。而切琼拉贡（bye-chung-lha-sgom)、贡德（gung-lde）及赤托塔（khri-thog-thag）三人绝嗣。

达哇世系（zal-bavi-rgyud）即达夏巴（rta-shags-pa）及查纳哇(bra-sna-ba）等。

兴坚巴世系（bzhengs-can-vbar-gyi-rgyud）即门卡哇（mon-mkhar-ba)、祥达哇（zhang-mdav-ba）及本敦塘巴（dpun-bdun-thang-pa)。

拉敦嘎莫世系（lha-ston-dkar-movi-rgyud）即齐琼哇（byi-chung-ba)[27]。

臧擦六兄弟（gtsang-tsha-drug）之后四人，彼等即发展为昌珠(khra-vbrug)、青（bying）及恰（byar）等地之赞普（btsan-po)。而赞普尤坚（btsan-po-gyu-can）被嘎米云丹雍仲（gar-mi-yon-dan-gyung-drung）迎至恰萨（bya-sa)[28]。尤坚有子久嘎（jo-dgav)。久嘎有三子，其长子恰萨拉勤（bya-sa-lha-chen）新建恰萨神殿（bya-savi-lha-khang)，甲玛本顿（rgya-mavi-dbon-ston）为之开光，并依贝帕木竹巴(dpal-phag-mo-gru-pa）为上师。幼子亦出家为僧，称拉希哇（lha-zhi-ba)，居洛莫贡康（lo-mo-sgom-khang)。次子赤达玛（khri-dar-ma）有四子，即祖德（gtsug-lde)[29]、赤祖德（khri-gtsug-lde)、乃久（rnal-vbyor）及门兰木（smon-lam)。四子中之赤祖德掌管恰萨（bya-sa）及托温（do-sngon）等地，遂出现雅达之诸赞普（yar-mdavi-btsan-po)。门兰木出家，建布吉多之白色寓室（pu-gu-dovi-gzims-khang-dkar-po)，并且建立了一些法规和佛事（tshos-khrims-dang-bstan-povi-bya-ba)。乃久（jo-bo-rnal-vbyor）于邦孜地区（vbangs-brtsigs）护持王政[30]。上述诸兄弟做了京俄大师（rje-spyan-snga）及杰哇托杜巴（rgyal-ba-thog-brdugs-pa）之施

主。

乃久有三子，其次子出家，任吉甫之方丈（lcil-buvi-gdan-sa），遂称其为拉钦波（lha-chen-po）或拉隆格旺久（lha-lung-gi-dbang-phyug）。幼子从止贡琼仁波切（vgri-khung-gcung-rin-po-che）出家而成大德（lha-btsun），故其名为拉昂雪巴（lha-ngam-shod-pa）。长子久巴（jo-vbag）掌政，有五子[31]，其次子出家，遂名拉卓衮（lha-vgro-mgon），任吉甫之方丈（lcil-buvi-gdan-sa）[32]，彼有无数稀有事迹。三子德波（lde-po），掌管邦孜地区（vbangs-brtsigs）。其子释迦杰（shvakya-rgyal），于叶切琼（gye-che-chung）地区任主宰。释迦杰之子释迦贝（shvakya-dpal），从八思巴喇嘛（blo-gros-bzang-po-bla-ma-vphags-pa）出家，并做弟子。四子德琼年少早逝。五子久杰（jo-rgyal）往普陆（bu-lu）。久杰子久佩（jo-vphel）[33]。久佩之长子拉苏康巴（lha-zur-khang-pa）掌握吉甫（lcil-bu）。幼子之后裔即冲波哇等人（khrom-po-ba-rnams）[34]。

久巴（jo-vbag）之长子释迦衮（shvikya-mgon），彼分封（财、政）于诸弟[35]，并建乃琼宫（pho-brang-gnas-chung），复为萨迦班智达（sa-skyapanytita）之施主。其子释迦扎西（shvakya-bkra-shis）建宁玛宫（pho-brang-rnying-ma）。释迦扎西之长子即吉甫之拉查卡哇（lcil-buvi-lha-grag-kha-ba）。幼子查巴仁钦（grags-pa-rin-chen）做了杰哇托杜巴（rgyal-ba-thog-brdugs-pa）的弟子[36]，后又成为八思巴之门徒[37]，并曾得到薛禅汗之封印（se-chen-gyi-dam-kha）。查巴仁钦建有查卡宫室（pho-brang-brag-kha），尚建造佛像、佛经及佛塔等三宝业绩，同时创建了佛教集会的捐献习俗（jo-stan-tshogs-pavi-chos-gzhi-gtan-du-vdegs-pavi-srol-mdsad）。彼五十三岁时将政权交予其子释迦衮波（shvakya-mgon-po），本人专事修行[38]，七十四岁时死。查巴仁钦有四子，长子即吉甫哇洛垂约（lcil-bu-ba-blo-gros-vod）。其第三子从帕木竹巴出家[39]，遂名拉尊促陈桑波（lha-btsun-tshul-khrims-bzang-po）。四子名贝（vbal），年少早逝。次子释迦衮波（shva-kya-mgon-po）自持政权，并支持雅隆译师查巴坚赞（yar-lungs-lo-tsva-ba-grags-pa-rgyal-mtshan），于雍布拉康宫（pho-brang-yum-bu-bla-sgang）建造寺院（gtsug-lag-khang）。此人曾多次任法会之施主，饶益佛教。上述诸事均记载于《雅隆觉卧佛教史》（yar-lungs-jo-bos-bsgrigs-pavi-tshos-byung）。

第二节　德祖衮后裔兴佛之举措

此后诸聪慧者均随上、中、下三区之王系从事佛教事业。若观察所行之安乐习规，应以无偏见的公正心思看待此时。如是，这些分散的王系以王族之身在地方上各有所奉之神，因此遂有“九王部”（rje-tshan-rnam-pa-dgu）之说，若加上桑耶法会顺缘（chos-vkhor-bsam-yas-kyi-rkyen）时的一支王族（rje-lha-gcig），则总为十部。这些王系未曾衰败，并因诸种功德而得以特别的发展。阿底峡来藏时曾谓：“此吐蕃保护者静命大师之裔也（bod-kyi-rva-kva-bo-dhi-sa-dwavi-brgyud-pa）。”并对所有一切赞普均极尊敬。众属民亦因此效仿阿底峡行事矣[40]！

注释：

[1]《汉藏史集》《西藏王臣记》及《红史》诸书认为，“拉喇嘛益西约”一名，是阔日（vkhor-re）出家后的僧名（分见上述诸书之154页下、105页、42页）。持《贤者喜宴》说法者有《西藏王统记》（243页）、《新红史》及《阿里佛教史》。

又，《汉藏史集》记载，“拉喇嘛益西约”名称的由来是，当时因

为无举行出家仪式的堪布，遂在佛像前教授修习，乃取名“拉喇嘛益西约”。（见该书上册，154页下）

[2] “托林贝吉神殿”即托林寺，又称托定金寺（mtho–lding–gser–gyi–lha–khang），后音讹而为托林寺。最初，拉喇嘛益西约建寺时，曾祈愿以其所掷之桧板（即楗椎）落地处为寺址。后随即在桧板自空中落地处定为寺址。“托定”意为“高翔”，故“托林寺”又译作“高翔寺”（见《黄琉璃》，219页上）。该寺建于公元996年。后诸阿里古格王依次增补扩建而成阿里大寺。阿底峡及仁钦桑布译师在此相会，并讲经问道、切磋佛学。该寺在今扎达县之扎朗区。

[3] 《红史》说派往天竺学经者为二十七人，大都死去，唯仁钦桑布及查久喜饶生还。

仁钦桑布（958~1055年）生于古格地区的农旺日丹（gu–gevi–savi–char–snyu–wam–datna）。自幼聪敏，两岁时即在地上学画。十三岁从益西桑布出家。他是拉喇嘛益西约派往天竺学法的二十一人之一（有的书籍载是赴迦湿弥罗）。他前后三次赴印，历尽艰辛，曾到迦罗哇日城(ka–la–wa–ri)，受到婆罗门僧的鼓励。后至森迪（santi），谒见班智达夏罗达嘎拉哇玛（panyti–ta–shranghaka–ra–warma），听译了瑜伽修习法（yo–gavi–rgyud–sgrub–thabs）。又随班钦那若巴（pany–chen–nva–ro–pa）、嘎玛拉古巴达（ka–ma–la–grupha）及孜纳密达拉（dsi–na–mi–ta）等学者广听佛法，前后曾从七十五位班智达大师学法。他不仅因此广泛涉猎了大量佛教经典，而且精通了梵、藏两种文字和语言，由是精研了显密经论。四十九岁从拉钦（bla–chen）受近圆戒。仁钦桑布从天竺返藏时，曾迎请夏罗达嘎拉及哇玛达（panyti–ta–shrangngha–ka–ra–dang–warma–da）等五位班智达来吐蕃。他译经甚多，如法相乘（mtshan–nyid–kyi–theg–pa）、四续部（rgyud–sde–bzhi）、般若部（shrer–phyogs）、瑜伽部（yo–ga）及集密（vdus–ba），等等。其所译之密咒经典后世称为新密咒（gsang–sngags–

gsar-ma)。他不仅翻译了大量显密佛典，而且学习并翻译了声明、因明正量学（tshad-ma）及医学等，他所译的《医学八支》（sman-dpyad-yan-lag-brgyad-pa）等医著亦多，从其学医而成为名医的有九人。在佛教后弘期时吐蕃医学之能有显著发展，功在仁钦桑布。后人称其为大译师（lo-chen）。他曾被请为赞普之上师（bcen-gyi-bla-ma），赞普将布让的溪卡庄园（pu-trang-gzhir-gyi-gans-gzhi）献给他。仁钦桑布死时年八十八岁。（上见《松巴堪布佛教史》，ka函，119页上；《西藏王臣记》，106~107页；《红史》，1981年排印本，324~325页，注244）

小译师查久喜饶（grags-vgyor-shes-rab）。《西藏王臣记》及《红史》称此人为俄列贝喜饶（rngog-legs-pavi-shes-rab）或列贝喜饶（legs-pavi-shes-rab）。此人系仅次于仁钦桑布的西藏佛教后弘期之著名译师，为阿底峡门徒，阿底峡在叶尔巴拉日山（yer-ba-lha-ri）将《密法迦当宝卷》（gsang-chos-bkav-gdams-glegs-bam）传给他，而成为阿底峡之嫡传弟子（thugs-kyi-sras-po），后来，查久喜饶又依阿底峡之预言在桑浦（gsang-phu）建寺（见《土观宗派源流》，1984年甘肃民族出版社藏文排印本，92页）。

[4] 当时所迎天竺班智达之名各书籍记载不一，有说二人者：夏罗达嘎拉（shrangha-ka-ra）及哇玛达（warma-ta），见《西藏王统记》，244页。有说一人者：达玛巴拉（panyti-ta-dharma-pva-la），见《西藏王臣记》，106页。有说四人者：达玛巴拉（dharma-pava-la）、萨杜巴拉（sad-hu-pva-la）、古纳巴拉（gu-na-pva-la）及扎咱年巴拉（sra-dsnyva-pva-la），后三人总谓之“三巴拉”（pva-la-gsum），均为达玛巴拉之弟子，见《土观宗派源流》，排印本，53页（梵文“pva-la”意为“护”，即藏文之“skyong”，故“三巴拉”即“三护”——译者注）。亦有谓五人者，即如《红史》所云，但该书未载所迎之具体人。以上诸人所传谓之“上部律学”（stod-vdul-ba）。仁钦桑布所传为极无住之中观见（lta-ba-ni-

rab-du-mi-gnas-pavi-dbu-ma-ba-yin）。见《土观宗派源流》，藏文排印本，53页。

[5] 阿底峡（982~1054年），此人来藏后传教，被称为西藏佛教噶当派（bkav-gdams-kyi-chos-lugs）之开派祖师。他为天竺王族，为萨霍王格瓦贝（dge-bavi-dpal）之次子，原名达瓦宁波（zla-bavi-snying-po），梵文名作“迪巴嘎热施咱纳”（di-paka-ra-shvi-dsnya-na），藏文称为“贝玛尔梅泽益西”（dpal-mar-mes-mdsad-ye-shes），意为“吉祥燃灯智”。藏人多称其为“觉卧杰”（jo-bo-rje），意为“尊王”。此人年幼出家，为天竺超岩寺大德。阿里之古格王拉喇嘛益西约闻其名，乃派贾尊珠僧格（rgya-brtson-vgrus-seng-ge）往迎阿底峡，但迎请未成，去时携带大量黄金，使团官员仆从人等近百人（vkhor-brgya-tsam-dang-bcas），但大部随员因热病而死。所带黄金其散碎者丢失，整块者复奉还拉喇嘛益西约。初次未成，益西约又派贾尊珠僧格及纳措二人（rgya-brtson-seng-dang-nag-tsho）再次赴天竺迎请，师徒共六人同往天竺，此次成功。

阿底峡1042年抵阿里，居藏前后十七年，其间他在阿里三年，聂塘（snye-thang）九年，藏地卫地其他地方五年（逻娑、桑耶、叶尔巴、聂塘、连巴“lan-pa”、塘波切“thang-po-che”、日喀则区“gyas-ru-gtsang-gi-svicha”）。阿底峡“宣扬显密贯通观行并重之大乘学、藏传密典及中现论籍因之完译而臻于美备”。其弟子甚多，以仲敦杰微琼内（vbrom-ston-rgyal-bavi-vbyung-gnas）、杜敦洛垂查巴（gtum）及沽顿尊珠雍仲(khu-ston-brtson-vgrus-gyung-drung)、俄译师列巴喜饶（rngog-lo-tsa-ba-legs-pavi-shes-rab）等最为有名。其中前三人当时谓之“三顿”。阿底峡学说以《菩提灯论》（byang-chub-lam-sgron-ma）为代表，于藏区佛教影响甚大，因其弟子的传播而广为流传，噶举派、萨迦派、格鲁派等亦均因阿底峡学说而兴（bkav-brgyud-pa-dang/sa-skya-pa-dang/dge-ldan-par-grags-pa-vdi-rnams-kyang-jo-bo-rjevi-vphrin-las-la-brten-nas-byang-basha-stag-yin-te/)。宗喀巴的《菩提道次第广论》（bstan-bcos-lam-rim-chen-po）亦据此发挥而成。阿底峡《菩提灯论》由洛扎玛尔巴译师（lho-brag-mar-ba-lo-tsva-ba）译成藏文（玛尔巴在天竺时曾拜见阿底峡学法）。他曾依约返天竺，因战乱受阻未成，后于聂塘（snye-thang）圆寂。（以上分见《土观宗派源流》，藏文排印本，81~103页；《西藏王臣记》，110~113页；《汉藏史集》，上册，154~156页；吕澂：《西藏佛学原理》，27~28页；《红史》，1981年排印本，43页；《阿底峡传》，21页，117~118页）

[6] 拉喇嘛益西约在派贾珠僧格及纳措二人再次赴天竺迎阿底峡的同时，他本人为寻求迎阿底峡所需之黄金，随即将王权交予其弟，便前往天竺边界，但被边地之异教之王擒获，投入狱中。其子绛秋约（lha-btsun-byang-chub-vod）随即向全体吐蕃属民征集黄金，虽然达到异教王（即噶逻禄“gar-log”）提出的赎金数量（要求黄金重量与益西约体重相当），但因为其中没有集到与头颅等重的黄金，仍然拒绝释放益西约。这时益西约传信于其子，让将所集黄金用于迎请阿底峡及诸班智达学者、装饰托林寺以及修缮逻娑及桑耶的寺院，总之将黄金作为发展佛教之用。但其子虽仍说要寻找与头等重的黄金以便赎出益西约，然而益西约已死于边地。（《汉藏史集》，上册，155页下~156页下；《西藏王臣记》，106~109页）

[7] 真正实现阿底峡来吐蕃之计划者是绛秋约。而拉德所迎之班智达虽然到了吐蕃，但返泥婆罗（bal-po）后死了（《汉藏史集》说，所迎之班智达与《贤者喜宴》所载不同，即为弥迪“smri-ti”及帕拉仁莫“phra-la-ring-mo”，见上册，156页下）。所以当时准备翻译佛经的计划因无译经学者而停顿。当时泥婆罗的学者梅如孜（rme-ru-rtse）来吐蕃，此人通晓梵文，其所讲佛法吐蕃人不懂，于是梅如孜复返泥婆罗。这样使吐蕃多年无班智达前来。

其时绛秋约知贾尊珠僧格正在天竺（《青史》说此人死于天竺——译者注）。纳措译师也已成为一位学者，返抵吐蕃。绛秋约召来纳措译师，再次动员他往迎阿底峡。绛秋约携带准备献给阿底峡的十六秤黄金、献给译师的七秤黄金、路费所需七秤黄金、献给向导的五秤黄金以及准备献给三种师长的黄金，然后五名官员前往天竺。纳措等人先到班智达施利噶玛拉希拉（shri-ka-ma-la-shi-la）的寓所，在这里与贾尊珠僧格相见，贾尊珠僧格告诉纳措，无论如何要请阿底峡，其他班智达虽多，但与吐蕃无益。随后，纳措至阿底峡处，献上金曼陀罗，详细说明吐蕃情况。阿底峡祈祷空行母，遂得"可以前往吐蕃"的预言，但预言又说："如去吐蕃，寿命将减二十年，但可使佛教如太阳一样光明。"阿底峡说："为了佛教，命短就短吧，应怜悯吐蕃众人，出发吧！"阿底峡在年六十二岁的阴水羊年（1043年）到达泥婆罗(bal-po)，贾尊珠僧格因受外道恶咒伤害致死。阿底峡说："对于整个吐蕃来说，贾尊珠僧格死了，福德也不存在了，现因无精通翻译的译师，我已无益于吐蕃，我将返回（天竺）。"但因纳措诚心劝求，遂将阿底峡迎到吐蕃。在托定寺（mtho-lding-lha-khang）与拉尊绛秋约相见。后来大译师仁钦桑布（lo-chen-rin-bzang）及纳措等人担任翻译，译出了众多佛经。仲敦（vbrom-ston）亦来阿里拜谒阿底峡。阿底峡在阿里、卫、藏等地居十一年又五个月，他为无数三宝供物开光，凡无供施处均行供施，对死者无超度时，则举办超度佛事（dge-rtsa-stong-pa），总之，阿底峡举办并提倡了许多佛事习俗，极力弘扬佛教。阿底峡受到尊崇供养，其师徒人等于吐蕃恩德无量。其亲传弟子是沽、俄、仲（khu-rngog-vbrom）三人，彼等持噶当派系(bkav-gdams-pavi-rgyud)，广建寺院。阿底峡所讲佛法，由大译师仁钦桑布等人予以翻译，对所译一切密咒、法相等佛经，谓之"初译"（snga-vgyur）。阿底峡七十三岁阳木马年（1054年）九月八日圆寂于聂塘(snye-thang)。（以上见《汉藏史集》，上册，156页~158页）

[8]《西藏王统记》将“kha-che-dsnya-nashvi”写作“kha-che-dva-na-shri”（该书245页）。

[9] 孜德（rtse-lde），《汉藏史集》称其为“阿达孜德”（mngag-bdag-rtse-lde）。该书载，此时迎请天竺十三位学者来吐蕃，其名是：堪布喜哇桑布（mgan-po-zhi-ba-bzang-po）、学者咱纳施利（mgas-pa-dsnya-na-shri）、齐梅萨热黑达（vchi-mad-sa-ra-he-ta）、班智达卡雅达拉（panyti-ta-ga-ya-ngata-ra）、尊莫坚（btsun-mo-can）、班智达布尼雅施利（panyti-ta-pu-rgya-shri）、苏尔雅斯迪（surya-si-ti）、班智达苏玛迪格拉迪（panyti-su-ma-ti-shrhira-ti）、班智达旬努朋巴（panyti-ta-gzhon-nu-bum-pa）、塞吉果恰（gser-gyi-go-cha）、泥婆罗巴拉连扎(bal-po-shta-lentra)、迦温弥罗班智达释迦施利（shvakya-shvi）。（该书159页上）上述均为外族进入吐蕃的学者。担任这些学者翻译的吐蕃译师有十九人，这些人是：俄洛甸喜饶（rngog-blo-ldan-shes-rab）、苏嘎多吉(zu-dgav-rdo-rje)、旬努秋（gzhon-nu-mchog）、曲色（chos-sar）、琼巴查僧（khyung-pa-grags-seng）、古如仁钦查（gu-ru-rin-chen-grags）、卓弥释迦益西（vgrog-mi-shvakya-ye-shes）、定增桑布（ting-vdsin-bzang-po）、桑嘎帕哇喜饶（zangs-dkar-vphags-pa-shes-rab）、年琼朗达玛查(gnyan-chung-dar-ma-grags)、久若却秋（cog-ro-chos-mchog）、玛尔巴多巴（mar-pa-do-pa）、洛扎玛尔巴译师（lho-brag-mar-pa-lo-tsva）、巴曹尼玛查（spa-tshab-nyi-ma-grags）、玛班曲巴（sma-ban-chos-vbar）、热洛（ra-lo）、介洛（bcal-lo）、萨洛衮噶坚赞（sa-lo-kun-dgav-rgyal-mtshan）及卓洛强巴贝（khro-lo-byams-pa-dpal）。（出处同上）

在孜德的后半生，他又派卓浦译师强巴贝（khro-phu-lo-tsva-byams-pa-dpal）从天竺迎请译师。被请来的译师是迦湿弥罗大班智达释迦施利(kha-che-panyti-da-chen-po-shvakya-shri)，他是在佛涅槃三千二百五十八年的阳水虎年（1122年）诞生，当他八十五岁依预言应邀来吐蕃，时在阳火虎年（1206年），他在西藏十二年，像萨（sa）、卓（khro）、贾（lcags）三人那样的弟子多人因此成长起来。臧索哇促陈孜（gtsang-so-ba-tshul-khrims-mdses）及多强（rdor-byang）受命成了他的弟子，建立了佛教仪轨、吐蕃大祭（bod-kyi-spyi-mchod）、四部集会（tshogs-pa-sde-bzhi）。他九十七岁返天竺，其九十九岁阴土兔年（1219年）去世。（《汉藏史集》，上册，160页）

又，俄译师洛甸（1059~1109年）。此人即《红史》及《汉藏史集》所记之俄洛甸喜饶（rngog-blo-ldan-shes-rab）。他被派往天竺，学经十七年，遍习五明之学，许多梵文因明及般若佛经被他译成藏文，遂成为吐蕃当时译经最多者之一（见《红史》，注252，引自《桑浦寺志》）。

[10] 文中之拉德（lha-lde），在《红史》(43页)及《汉藏史集》（上册，160页下）中写成帕德（ba-lde）或巴日（bha-re）。而孜德之子巴德（vbar-lde），《红史》（43页）与《汉藏史集》（上册，160页下）及《西藏王统记》（1243页）均写作“bha-lde”。

又，孜德的后裔控制着古格（gu-ge）、布让（lpu-rangs）及芒域（mang-yul）等地，成为这一地区的赞普（btsad-po）。详见《红史》，43页；《汉藏史集》，上册，160页下；《西藏王统记》，245页。这时这些所谓的赞普仅是一个小地区的主宰，与早期的朗达玛以前的那些赞普显然不同，上述《红史》等诸书也均提出了这一点。

[11] 亚泽（ya-rtse），地在今泥婆罗境，在柏林山口东南及平都山口西南不远。

[12] 《汉藏史集》认为这些佛事是查赞德（grags-btsan-lde）所为，该书载：“用十七秤黄金建妙音菩萨像（《贤者喜宴》说是用七十秤黄金——译者注），以二十四秤黄金建佛塔，五百秤白银建金刚亥母及与其同类之神像，以一千零一十二秤白银建弥勒像，并缮写众多佛经。”（该书上册，160页下）

[13] 据《汉藏史集》说：阿索德所买的四十二座村庄是为了给伽耶城（天竺的伽耶城“rdo-rje-gdan”为佛教圣地）、每年以十二（秤）白银为代价，逐年献给索波人。（该书上册，161页上）文中之索波人当指十二世纪信伊斯兰教的异族入侵天竺事，据载摩揭陀国佛教徒大约在1195年被入侵异族逐出摩揭陀国。阿索德向索波人交钱，赎回被异族所侵之村庄再献给中天竺佛教圣城伽耶，作为佛教的一种功德。此说《红史》亦有相同记载（该书43页）。

[14] 《汉藏史集》载，孜塔梅以白银铸九尊双身喜金刚佛像，弟阿年梅修缮金刚座（rdo-rje-gdan，此字一般指天竺伽耶城，有时又指逻娑——译者注），并缮写金字甘珠尔经（gsar-kyi-bkav-vgyur）。（见该书上册，161页上;又见《红史》，44页）

[15] 止贡巴，此为噶举派（bkav-brgyud-pa）一支系，源出自生于康区邓柯（vdan-ma）的乔巴吉甸衮布（skyob-pa-vjig-rten-mgon-po），此人随帕木竹巴（vgro-mgon-phag-mo-gru-pa）学法，故又名为仁钦贝(rin-chen-dpal)。此人后来在1177年建止贡寺（vbri-khu-thel），故称其为“止贡法王”（vbri-khung-chos-rje），简称“止贡巴”。其所传派系称止贡派。其徒众甚多，有时举行法会（chos-ston），领筹码（tshul-shing）之比丘多达十万人。其著名门徒有四京俄（spyan-snga-bzhi）、三虐嘎曲(gnyos-sgar-chos-gsum）及十二贝钦（dpal-chen-bcu-gnyis）。著名的京俄大师（rje-spyan-snga-rin-po-che）即出自此派。该派从宗教方面说，后来变成了“宁玛派之大持咒者”（rnying-mavi-sngags-vchang-chen-po），至饶仲珠隆巴（zhabs-drung-sprul-lung-pa）时则专修“宁玛之诛法”（rnying-mavi-lcags-sdig）。后受三世达赖的抵制，止贡传承（rje-skyob-pavi-gding-brgyud，“止贡巴”又称“乔巴”，即skyob-pa——译者注）断绝（见《土观宗派源流》，排印本，125~127页）。该派历代住持，均缮写金字及银字甘珠尔经，并建寺院多座，如曲德恭寺（chos-sde-

gong)、贝哇寺（dpal-vbar-dgon)、恰嘎寺（cha-dkar-chos-sde)、格杰寺（dge-rgyas-chos-sde)、唐佳寺（thang-skya-chos-sde)、钦定寺（mchin-stings）及仁钦冈寺（rin-chen-sgang-gi-chos-sde）等。止贡派主寺止贡梯寺在1290年时曾被萨迦及蒙古联军烧毁。

政治上，元时止贡曾是万户府之一，设有万户长，辖三千余户，曾颇有势力。其内部设“贡玛”（sgom-ma）一职，专管政务。后其内部不和，多次纷争，削弱了实力。后又与萨迦、帕竹多次争战，最后兵败，1290年“止贡之复”（vbri-khung-gling-log）后原气大伤。明时曾封为国师（don-grub-rgyal-po，封敦珠杰波）。该派曾与格鲁派联合，从而增强了一定力量，后因强迫格鲁派僧人“变帽”（zhwa-bsgyur)，破坏了友邻，削弱了自己。后被帕竹军队击败，遂受制于帕竹第司。（见《新红史》，1982年逻娑排印本，65~70页）

[16]《汉藏史集》说是“日乌梅从天竺取得许多土地”（revu-smal-gyisrgya-gar-nasgyal-khams-mang-po-blangs，上册，161页上）。《红史》亦有同载(44页)。

[17]《红史》及《汉藏史集》均作“zang-gha-smal”。

[18]“阿孜梅”藏文写法不一，《红史》作“a-byid-smal”，《西藏王统记》作“a-vdse-smal”（分见上述两书44页及246页)。

[19]阿孜梅之子是嘎连梅（ka-len-smal)。嘎连梅之子是帕迪梅(bar-rti-smal)，此即所谓之“第二世”。此子之名《汉藏史集》又作“sri-ti-smal”；《红史》作“sri-tismal”。此子生于亚泽。分见《西藏王统记》，246页；《汉藏史集》，上册，161页上；《红史》，44页。此子曾为萨迦寺之大法座及大昭寺十一面观世音像建造金顶（《汉藏史集》，上册，161页上~161页下；《红史》，44页)。此子以上均为长子吉德尼玛衮(skyid-lde-nyi-ma-mgon）之后裔。

自帕迪梅（即phri-ti-smal，或gri-ti-smal，从写法上看，皆似是写法有别，《新红史》作“sri–ti–smal”——译者注）后，亚泽王系绝。

[20] 据《西藏王统记》（264页）载，这一系的后裔分布在拉堆上下（la–stod）、臧堆（gtsang–stod）、宗喀（btsong–kha）、多麦（mdo–smad）及雅隆（yar–lung）。

[21] 解达纳（vjad–rda–nag），《西藏王统记》（247页）又作“shangs–rda–nag”，即今之后藏谢通门一带，这一带称解（vjad）或香（shangs）。香曲河流域经此。《青史》作者旬努贝即这里的达纳人。

[22] 第五子往北方，其后裔即卓（vbro）、叶如（gyas–ru）、如拉（ru–lag）之赞普（btsad–po或btsan–po），在莫巴（mus–pa）、巴木（pam）、娘堆（nyang–stod）亦有其后代。（《西藏王统记》，247页）《红史》将巴木“pam”写作“rnams”。《汉藏史集》（上册，161页下）将其另一后裔之分布地区写作：“藏仲巴（gtsang–grom–pa）、塞（srad）及娘堆（nyang–stod）。”《红史》亦有同载（44页）。

[23] 《红史》说，最初帕哇迪斯同弟赤琼（khyi–cung）同往卫地（dbus）。后来帕哇迪斯带着银勺及鹿肉又返回藏地（gtsang）。其后裔就分布到努域（gnubs–yul）、容（rong）、雅德（gyag–lde）及娘堆（nyang–stod）、达蔡（stag–tshal）等地。（该书44页）

[24] 坚阿屯钦（spyan–snga–don–chen），在《红史》（44页）中称作“东部宗喀王坚阿屯钦”（shar–gtsong–khavi–rgyal–po–spyan–snga–don–chen）。《汉藏史集》（上册，162页上）有此相同记载，并说这一系即“多麦之王系”（mro–smad–kyi–rgyal–brgyud）。此东部宗喀王裔似即宋代之唃厮啰，宋史载“唃厮啰者，绪出赞普之后，本名欺南陵温篯逋，篯逋犹赞普也”（《宋史》卷492，列传251，外国八，吐蕃·唃厮啰）。从对音看，《宋史》说“河州人谓佛‘唃’，谓儿子‘厮啰’自此名唃厮啰”。可知“唃厮啰”应是“rgyal–sras”之对音。但藏文正史中均未见此种记载。而正史记载所见者只有“spyan–snga–don–chen”的写法。那么从推

测其对音，“spyan”（坚）似可对“唃”，而“snga”似也可读作“厮俄”，这样“厮俄”与“厮啰”读音近似。从意义上说，“spyan-snga”一词，对贵族官长而言，可译作“阁下”，对王族来说或可译为“御前”。这些都有首领或王的含义。盖言之，“spyan-snga”即“坚（唃）厮俄”的音译，而“坚（唃）厮俄”似应是“唃厮啰”的同音异译，两者相近。而从意义上说，“佛子”与“阁下”或“御前”相较，似亦无相悖之处。再者“spyan-snga-don-chen”一词，从唐代以来不少人名的汉译看，常以前一词为代表，而后一词不译。这样，“don-chen”亦可省略不译。再者，从原藏文句看，“spyan-snga-don-chen”之后有“la-sogs-pa”（“等等”之意）三字。这样“spyan-snga”与“don-chen”似可分开看待。如果这种推测成立，那么“don-chen”（屯钦）似即“董毡”的对音。董毡是唃厮啰之子，继唃厮啰为首领。总上述藏文句全意，据此又可译作“东部宗喀王坚阿（唃厮俄=唃厮啰）、屯钦（董毡）等等（皆为多麦之王系也）”。或将“spyan-snga-don-chen”译作“董毡阁下”。以上仅是一种表面的推测，不知当否？

[25]《西藏王臣记》及《汉藏史集》均写作“skyin-mkhar-btsad-po”(分见两书之247页及上册162页上)。

[26] 此系为约松世系，皆是卫地之赞普（dbus-kyi-btsad-po)。分见《红史》，45页；《汉藏史集》，上册，162页。

[27]《汉藏史集》将“byi-chung-ba”写作“rje-chung-ba”（上册，162页下)。

[28]《汉藏史集》说，昌珠地区及曲弥果波（chos-mig-gog-po）地区有塔热（dar-ra即da-ra）之裔；青地（gying-pa）之诸赞普分布的就是约赞、拉赞(lha-btsan，亦即lha-spyan）之后裔；恰地（byar）是伦布的后裔住地。以上均为约松后裔。（见该书上册，162页下）又，《西藏王统记》将“gar-mi-yon-tan-gyung-trung”写作“gar-mi-yon-tan-gyu-

rung”（247页），该书又载，尤坚一系即雅隆觉卧（yar-lung-jo-bo）系（同上）。

[29] 此人无子（《西藏王统记》，247页）。又，赤达玛幼年出家为僧，后来还俗。

[30] “vbangs-brtsigs”又作“vban-tshigs”（见《西藏王统记》，247页）。“布古多之白色寓室”又作“spu-guvi-gzims-khang-dkar-po”（同上）。又，文中之“bya-sa”（恰萨）及“do-sngon”（托温）又作“byas”及“dos-sngon”（同上）。

[31] 长子名觉卧释迦衮布（jo-bo-shva-kya-mgon-po）。见《西藏王统记》，248页。

[32] “lcil-buvi-gdan-sa”又作“spyil-phuvi-gdan-sa”。见《西藏王统记》，248页。

[33] 久佩（jo-vphel）又作久巴（jo-vbar）。见《西藏王统记》，248页。

[34] 此子曾被人迎为官长（dpon），遂称拉冲波巴（lha-khrom-po-pa）。见《西藏王统记》，248页。

[35] 释迦衮即觉卧释迦衮波（jo-bo-shvakya-mgon-po），他将诸弟弄到塔塘（tha-thang）地区。见《西藏王统记》，248页。

[36] 杰哇托杜巴（rgyal-ba-thog-brdugs-pa，1203~1267年），此人属帕竹噶举派僧人。止贡法王任多年帕竹寺（phag-gruvi-lha-khang）主持，后赴止贡任止贡寺主持时，将他的侄子杰哇托杜巴派往帕竹任帕竹寺主持（《红史》，122页）。

[37] 在去甲域（rgya-yul）地区时（《西藏王统记》，248页）。

[38] 此人曾任吉甫寺主持（spyil-buvi-gdan-sa）。见《西藏王臣记》，248页，“spyil-phu”又作“lcil-bu”。

[39] 在丹萨替寺（gdan-sa-thil）。此拉尊促陈桑波曾著有王统史，内

载雅隆王统世系。(《西藏王统记》，248页)

[40] 此以上见《贤者喜宴》ja函的143页上。又，此以上诸系仅述及今阿里东部所分布的王系后裔情况。今拉达克地区亦出自吐蕃王系后裔，其详情见弗朗克本《拉达克王统记》。

第十八章　阿底峡进藏前后的吐蕃社会及佛教

【译文提要】 第十八章共有2节，即阿底峡进藏前后的吐蕃社会；奴隶起义后寺院的败落与恢复。本章主要记载阿底峡进藏前后的吐蕃社会、经济及佛教情况，以及记载吐蕃奴隶起义后的佛教衰败情况，同时记载原作者对这些情况的评论。

从本章看，吐蕃奴隶起义后的三大变化最为显著，一是阶级变化，原来的许多王室后裔沦为一般属民，而原来的奴隶或平民却扬眉吐气，作者如实地指出了这点，这是其他史书所不载者，反映了作者对政治变化的重视。另一大变化，就是奴隶起义后广大下层属民生活的悲惨，如大昭寺、桑耶寺内变成了乞丐住地就是例证。第三个大变化是佛教寺院长期荒废、破败无修；而僧侣初时不在寺内，如大昭寺、桑耶寺不住僧而住了乞丐，后来渐有恢复，但只是“剃发更名”而不受戒，而且不少僧人多做邪行、背离教规。作者甚至指出，其所做的非佛法的行径甚至比朗达玛灭法时还甚（指除去杀僧、烧经以外的离经叛道之事）。这种记载弥补了其他诸书中所不载的一段空白，从而增强了我们对这一段时期佛教情况的认识。实际上，佛教的这种混乱衰败，也是当时社会的一种反映。此后，特别在阿底峡进藏前夕，社会渐有恢复，于是出现了逻娑、桑耶地区的佛教集团势力，彼此争夺地盘。从多年战乱看，这些争夺属于僧侣贵族势力封建割据的争夺战，也可以说是以后以教派为主的教派势力形成的前哨战，不妨看作是对原奴隶主势力地盘的重新分配，这正是由奴隶制走向封建制的一种斗争形式。从我们引用东噶先生的补注材料中可以明显地看到这点。

再者，从本章有关佛教如此衰败腐化的情况看，使我们认识到迎请阿底峡进藏及阿底峡传法的宗教意义。阿底峡进藏传法远非一般书上所载的那么容易，他遍游卫藏各地，看来不是轻松的游历和一般传法，他要以极大力量，据佛教教义以匡正吐蕃佛教的时弊，直至佛教大体回归了正道，这点是颇费心力的。从此看来，在佛教意义上说，大喇嘛益西约舍命迎阿底峡，而阿底峡也为整顿吐蕃佛教而死于西藏，这种情况应当给以积极的评价。从社会意义说，安定了吐蕃佛教的严重混乱局面，也可以说安定了吐蕃社会，因为佛教界情况总是同社会情况密切关联的。

也必须指出，作者巴卧·祖拉陈瓦在揭露当时佛教的败坏情况是客观的，是揭示了历史的原貌，应对此予以称道。然而，身为佛教徒的作者又引用大量佛经教义，去为伤风败教的所谓“僧人”的邪行大力开脱，那显然是错误的，也开脱不了的。

文中记载了大小昭寺及桑耶寺的破坏和恢复、增修、装饰，说明今存的大小昭寺及桑耶寺已经在历史的动荡中，在相当大的程度上失去了最原始的某些重要原貌，而这些珍贵原貌的失去竟是在僧侣集团混战之中，这是令人唏嘘的。看来，僧侣集团为了权力与经济发生不义的争夺，是不管什么佛教圣地的。当然，我们从文中也看到，那些虔诚的僧侣大德，他们对恢复和修缮、增建寺院，为保存劳动人民创造的佛教文物是不惜余力的，在这点上他们不失为大德的称号。

第一节　阿底峡进藏前后的吐蕃社会

(关于尊重赞普之事，) 众属民说，如果按照阿底峡的“应该尊重赞普”的说法行事，我等众百姓肯定要（对赞普）予以尊重。属民遂依此言怀念那些具有菩提心的诸法王的功德和恩惠，不管他们是否有权势均应如此对待，并应加以大力供奉[1]。就（赞普）的族系而言也是高贵的，他们是转轮王及佛的种族，是高贵种族乔达摩释迦族，他们的源起之佳地系来自光明天（vod-gsal-lha-las-bbas）[2]。他们掌握天空宝库，具有丰足的财富。他们智慧渊博，无所不知。他们显示着由慈悲神变而成的身躯，(其业绩）大过于转轮（王)。像上述这种神变法王已历四十代（sprul-pavi-chos-rgyal-gdung-rabs-bzhi-bcur-byon)。他们在吐蕃为现世和未来的众生清除了罪恶，并为他们安排了当时的和最终的功德及安乐，对于(赞普）的这些恩德是难以衡量的。神、仙人、父母及亲友等等，谁能有上述那样美好而有益的功德啊?！但是，那种即使帝释天王也无法比拟的权势，时至今日唯存虚名而已矣！那些诸法王的大部的后裔在此后的时间里均做了属民或属民的属民（chos-rgyal-de-dag-rnams-kyi-rigs-sras-phal//phyi-dus-vdi-na-vbangs-dang-yang-vbangs-spyod/)；而广大的奴隶及奴隶的奴隶则高傲而自大（kheng-dang-yang-kheng-mang-po-dregspas-vgying)。[3]人们各自均按“族系高贵”的说法，都不容争辩地认为（自己）种姓高贵稀有。啊！请看此即是“轮回”（srid-pa）的本性。[4]请想想，对于所有的挚友其本义是什么呢？此所谓生之末则死，聚之后则散，积之终则尽，高之顶则落。当前虽然尚未显示出来。然而，可以看到，像转轮王一样的那些圆满富贵，业已变成犹如一个蜂窝的残墟，并且（这些财富）成了牧牛者的生活享受。这些各自的权势是谁改变的呢？诸世间王者们的权势，就像“无常”（mi-rdag）那样没有益处[5]。在现在恶时之际的某些众生之中，像梵天那样的人岂不正是高傲的象征吗！所有那些如同神一样的享受，人们正在看到，这些均已像秋天的浮云一样消失殆尽了。为了在混乱的现时（获得）几口低劣的（食物），因此就抛弃一切，对此何以留恋?！此“有轮回”和“自性”等等情况，虽然极明显地经常反映出来，然而今日仍有人接受这种陈旧的名称，（对于这类人）岂能承认他们是持藏者呢?！贪欲的思想没有丝毫减弱，为了得到利养供奉（rnyed-bkur）而无所不为，该种人却自夸作是“神变之身”（sprul-pavi-lus-can），这类情况因为充斥于世间而使人颇为懊丧。[6]

为了克制自己的思想，则应立即诵读佛法。然而，今日有人却以所持之佛法而狂妄自大，从所有俗人家中特别地泛起了贪嗔之风，啊！这样的时刻是否是以前曾出现过的呢？朗达玛赞普迫害僧侣诸事，以及他加害佛教之事，虽然众人立即知道了，但是，对于后来伪装成亲善的人，所有的僧侣对他们那种千方百计地损坏佛教是不知道的：全部僧人被驱使从军，有大志者被引诱毒害；从歹徒中委任僧侣长老，在家俗人却取得了所有僧人的供养；被承认为学者的却都是空谈的愚人；茶酒之徒的丑角竟成了堪布；用诅咒针对僧人；其他这样的情况无法计算。那种被朗达玛赞普灭掉的佛教，这种事即使有千分之一也不能做啊！那时已知没有了佛教，然而后来又出现了佛教的火苗。因此，现在则可称那种“非佛教”（bsdan-min）为佛教了。如是，对于这种从事安排佛教的人则谓之佛学家（bstan-pa-vdsin-po）或佛教施主（bstan-pavi-sbyin-bdag），并因此又出现了十六罗汉(vphags-pavi-gnas-brtan-bcu-drug)[7]。然而，现在究竟怎样才能建立一种真正的佛教呢？赞普朗达玛的思想是否现在已经结束了呢？啊！如果有聪明的人就应对此事加以分析，如果有善思索的人就应思考一下佛教，如果有学者就应观察一下什么才是佛教，如果是通达事务之人就不要跟着错误随波逐流，如果是有信仰的人就不应用虚伪进行欺骗，如果有了一些明智之人也就会出现真正的佛教。当出现这样的佛教之时，可以知道我们这些缘分低的人就将聚会一堂了，正义在任何时候都是没有好坏之分的。"自思"会在彼处发生错误，为此，错中之错以及善恶会被贪欲所制约。"幻化军队"（sgyu-mavi-dmag-dpung）将被所掌握的真理消除[8]。权势、享受就像梦中得宝一样（是空虚的），族系种姓高低这只是名称而已。这所有一切均可谓之"无益"(snying-pos-dben-pa)。那些圣神法王，在他们传记中所显示的佛教情形，其本身正如"莲花出淤泥而不染"（vdod-pavi-vdam-na-padma-ldar-ma-gos），不为自他（bdag-gzhan-ma-dmigs）而致力于解脱众生。想到诸圣神法王的恩德就应当予以顶礼敬奉。

在此后之时，由于经常需要士兵，有鉴于此，（一些人）就将姓名挂名于寺院，但是，王和大臣是否为那些喇嘛寺院布施供物呢？当发生战争时，那些（挂名于寺院的）人是否去做使臣、信使或侦察者呢？他们是否还做出引诱、欺骗和毒害的事呢？或者甚至委任一个因阿谀献媚而招人喜爱之人。当时除去落发更名（skra-bregs-ming-brdses），并无授戒之规（sdom-pa-vbogs-pavi-srol-med)[9]。那种担任阿阇黎和长老之人传授贪嗔和违反佛法的观点。最初，那些在家俗人（所传的）十万颂是不可想象的粗劣；人们虽然见到了俗人之诸种谬误，但对此无丝毫忧伤表示。虽然听到了佛之功德，但却对此无丝毫之信仰，无耻无羞又无些微悲悯之心；对于所做的那些特大罪恶竟无一点懊悔之意；虽然六无

(med-drug) 圆满但于佛却无缘[10]，云云。无著菩萨所说的这些“无理性”(digs-chad-kyi-mtshan-nyid) 均集成为完整的十万颂，这些虽然正好作为听闻 (thos-pa)，然而这些所知竟成了傲慢和贪嗔的起因。如果获得一点密咒，就像凡夫吃了剧毒一般，此后就被导致成为无穷痛苦之因。将这些未生“刹那见”佛教思想的人集中起来，就对于这些人称之为“僧团” (dge-vdun-gyi-sde)[11]。此后却轻辱和排除弱小者。但在参加战争方面却毫不犹豫地加入之。诸官长 (rje-dpon) 在当时让全部僧人承担差税、兵役及乌拉 (khral-dmag-vu-lag)，这是背离佛法的[12]。随后，即施加恶行进行迫害，他们的所为即使是十万敌人也不敢做。此后，对于与“二种安乐” (gnyis-kavi-bde-ba)[13]背道而驰的事。他们虽然知道这种迫害行径却不以为然。这类官长即是我们所谓业已知道的施主，他们就是这样毫不犹豫地抛弃了生命和佛法。此种情况遍及吐蕃，像这样的所谓佛教，以前朗达玛赞普虽然灭了佛，但未能达到其十万分之一[14]。这正像“没有得到药，却以毒替代了清淡之药”，这可不像是观世音所赐予的啊！

杰赛仁波切 (rgyal-sras-din-po-che) 对帕竹大万户长绛曲坚赞 (phag-gruvi-khri-dpon-chen-po-byang-rgyal) 说道：“不宜让僧侣负担兵差、税赋及乌拉 (bandrahya-rnams-la-khral-dmag-va-lag-vgel-pa-mi-vthad)。”因此，万户长绛曲坚赞说道：“对按佛法之规行事之诸僧侣将予以侍奉 (chos-tshul-bzhin-byed-pa-rnams-la-ni-zhabs-tog-byed)，此外，河谷上部的牧人 (vgrog-vidsan)、河谷下部的耕田者 (zhing-vdebs) 以及商人 (nyo-tshong)，如果这些人家不负担差税、兵役和乌拉，那么还让谁负担呢?!”[15] 我们回答不了这个问题，然而有记载，在《地藏菩萨十眷属经》 (savi-snying-po-vkhor-lo-bcu-pavi-mdo) 中佛祖已指出了这个问题，此经载云：梵天藏 (tshangs-pa-lhavi-snying-po) 答问并教诲云：诸王与大臣对无一戒之诸僧人 (rab-tu-byung-ba-tshul-khrims-sna-gcig-med-pa) 不加以制裁。大象与獐鹿之尸体，衰败之木兰花以及燃烧着的香等等。此等诸物虽已败坏，然其象黄、麝香之香气尚存，此为它物所不及也，如是，但见僧人之形，遂想起佛祖，不依外道。想到戒律则扬弃罪恶。诸比丘思念施舍、忍耐、精进、禅定及智慧，并予以施行，此则可谓“扬善”矣！木兰花虽枯败，但胜过其他之花；比丘虽败坏了戒律并有恶行，但仍较外道为佳[16]。昔世尊有言：当象王生出六齿之时，东胜身洲之王女为得大象之牙，便由国王遣一猎人，但此猎人发现此大象倾心于诸佛，于是猎人就用鹅黄色袈裟将弓箭盖上。其时大象毫不怀疑地踢到了弓箭的要害处，于是善良的众母象等所有象群愤怒了，这时象王将此猎人藏在它的脑下加以保护，众象问其原因，于是象王答道：如果找不到象牙，所有的猎人就将被国王杀死。保护这些人是因为袈裟是一切圣者的宝幢。说罢对袈裟深表敬重。随即亲自拔出六颗象牙，并用绳索系好献给（猎人）[17]。

（象王又云，）在巴咱拉地方（yul-pnyatsa-la），国王战胜了敌人，并把将被处死的一切人送往可怕的卡兰巴大尸林（dur-khrod-chen-po-kha-lam-pa）。魔女吃饭时一天吃一人，令人畏惧。是时剃去被处死者的头发、胡须，将一束法衣系在颈部，然后由刽子手再绑于树上。魔女及五百盲人来到，魔女敬礼、环绕而行，随后说道：“你等众生莫怕，安坐，我等不加害于你，见你等剃法、穿法衣，使我等想起曾被忘却的佛祖。”但魔女之诸子说道：“让我等吃了此人吧！”然而魔女却说：“佛祖得有恒河之沙，身穿解脱之宝幢服，对此若生歹心，定堕无边野兽之地狱。”于是，魔女、生有驴牙者、面有怒纹额生毛者，彼等各携武器，如是者五百余人，他们放弃了先前的那种迫害行为，环绕敬礼和赞诵袈裟。最后，魔女将被绑（于树上）之人予以释放。于是，彼国王像以往一样宣布顶礼一切僧人，将来成陀族国王、成陀族婆罗门和成陀族大臣等，凡抢劫僧侣财产和伤害僧人者，神佛将不保佑他们，并对他们施以肢解、割舌致哑之刑，同时令彼等死后堕入于第四热地狱[18]。

对此，《金刚场》（rdo-rje-snying-po）又解答道："有些僧人损害了殊胜行（lhag-pavi-spyod），但未损坏信仰；有些僧人损坏了信仰但未损害殊胜行；有些人损坏了（上述）两者，也有的未损害（上述）两者；有些僧人破坏了戒律而未有损于见解；有些僧人损坏了见解而未损坏戒律；也有对上述两者均损坏者，也有未均损坏者；有的僧人虽未损坏这一切，但却成了狐朋狗友的朋友；有些僧人虽然依持善知识，但又如绵羊一样成了哑痴之人；对于此等一切确应予以解脱之。"

其他经典有载：狮王发誓示意尊致猎人之袈裟，并诵念"八字说句"（yig-vbru-brgyad-smra），然后脱去外皮，说道："为了佛教我只穿袈裟。"随即又拉着其子女之手说道："为了一瓢酒就从此酒妇之家游荡至另一酒妇之家，有些人即谓之这样做乃是涅槃于善轫。而大德则见到由佛化身的僧人，遂以此为缘起，继而出家为僧矣（khyim-nas-khyim-med-par-rab-tu-byung-bar-gshegs-pa）！"因此，僧人虽犯下大罪，仍不应处以死罪，又怎能强派差税、兵役及役使为奴呢（rtags-can-gyis-nyes-pa-cher-byas-kyang-chad-pa-gcod-tu-yang-ma-gnang-na-dpya-khral-dang-dmag-dang-bran-du-bskul-ba-ni-ga-la-rung-ste）？若如是而行，则对十方三时之一切诸佛是一种亵渎和不善。抢夺三宝之财物者则将沦为他胜之罪（phas-pham-pa），亦即佛所说的抛弃了佛教；对于犯戒的比丘，如果夺其袈裟并加以打击，或将这类人投入监狱，或取消僧籍，或者处死，那些犯五无间罪者、执邪见者、抢劫村民者等等，这些就是构成众生（落入）大地狱之因。

以上所云，概言之，这些教诲表明，在王与大臣业已存在的慈悲心中，所说的这些根本罪是顿时出现的，这同下述那种说教是不同的，即所谓"拿着一片袈裟就说是皈依了佛的观念"。

对于所管辖的河谷牧业及谷口土地，亦应予以治理，对出自这些中间的人们，如果不将（土地、牧业）赐予他们，那么亦应送予僧侣。那些有大乘菩提心的比丘僧人，他们已经有了所曾赐予的利他观念，因此，(构成) 主要思想动机的物质少了，那么也就不成其为主要了。

如是，不应（对僧人）予以治罪，但是把无戒律之诸人亦置于僧侣之中那也是不对的；或已知将五种比丘置于僧侣行列之中，如果将他们排除则谓之犯罪，当将这类比丘从住地驱逐，对此，可依诸国王而不加以排除，那么比丘可以到其他住地去。因此，被束缚的凡夫俗子、国王、大臣、僧侣中的诸大德、喇嘛上师及十二侍者，特别是现今那些把自己装扮成为号称守佛法的人，这些人竟拿着三宝的财物并抛弃佛法，侮辱圣洁的补特伽罗等等，如果见到这些罪恶的根源，我等未能以菩提心去加以抵制，那么怎能算作国王和大臣呢?! 又怎能算作僧侣中的大德呢?! 以上就是在祈祷过程中，由地藏十眷属所详述。

第二节　奴隶起义后寺院的衰落与恢复

在吐蕃王法衰败不堪的情况下，出现了无与伦比的贤哲和大德，修复了佛教的命树——逻娑及桑耶等处被毁坏的部分，并且又弘扬了佛教。

关于佛教后弘期（bstan-pa-phyi-dar）的情况还有一些其他的说法：后来善良的众生出现了，因此，逻娑和桑耶地区（ra-sa-bsam-yas）的情况是，在奴隶属民起义（kheng-log）之际，逻娑等两地已经没有侍奉寺院的人，那里的寺院变成了乞丐窝（sprang-tshang），他们在神殿内建造了炉灶，致使神殿被搞得黯然失色。其时，桑噶译师帕巴喜饶（zangs-dkar-lo-tsva-ba-vphags-pa-shes-rab）和堆琼巡视官（mdol-chung-bskor-dpon）为此另外建造了乞丐房（sprang-khang），当时一面施舍食物，同时埋伏军队夺取乞丐集中地，从而消除了乞丐窝。此后，又见神殿主殿的诸佛像过于矮小，且不美观，遂将这些佛像迎请到上殿，但是未遭战乱破坏的其他佛像则说道："不去！"因此遂称这些佛像为"觉卧敏卓"(jo-bo-mi-vgro，意为"不去尊者"——译者注)[19]。此后，又建造了大雪能仁（thab-pa-gangs-chen)、海王菩萨（mtsho-rgyal-sems-dpav）及男女菩萨及门神等等，大力修葺并广为供奉。后来，堆琼巡视官又用油布将佛像裹起来，又从佛像头顶起依次燃起酥油灯，以此献至觉卧佛像之前，并站立做两次善行祈祷："我等来到众依怙神的跟前矣。"正当诵念及祈祷之时，霎时佛像的头部所缠头巾自然地脱落下来，而且一道巨大亮光出现于空中，据说，还出现了地震和猛烈的花雨[20]。

在逻娑，出现了鲁梅（klu-mes)、拔（rba)、热（rag)、真（vbring）"四下律部"（smad-vdul-gyi-sde-bzhi)[21]，举行听闻佛事。后来拔与真两部发生战争，因此所有佛殿毁于战事。当娘麦巴（nyam-rmas-pa）之时，依法王之预言，玛衮（ma-mgon）及宗赞（rdsong-btsan）请来杰贡巴促陈宁波(rdse-sgom-pa-tshul-khyims-snying-po）平息战乱，当贡巴促陈宁波为此遇到困难并决定走时，觉卧佛像流下了眼泪，说道："如果你不去平息此乱，那么谁去平息呢?!"此语被众人所闻。再者，当此极端困难之时，喇嘛拉杰（bla-pa-lha-rje）本人前来至此，说道："贡促你(sgom-tshul-khyod）敢阻当我吗？"贡促答道："觉卧和冈波巴是不同的。"于是随即平息了战乱[22]。

再者，又在花廊、环行道等等地方建造了高顶建筑物；绘制了画面等等，这一切均系基本建设，又，觉卧佛像原放在净宝殿南面，后迎至中间（佛殿)，从而改变了原来面貌。这些犹如预言所云："施行无量供，奠定佛教基。"《大悲经》（snying-rje-pad-dkar-gyi-mdo）载云："彼比丘以黄金装严我之佛塔等等，此（工程）将需进行五年。"依此预言，正当杰贡促在此五年之际，杰冈波巴（rje-sgam-po-pa）前来作为

（此工程）侍者。

贝卡厥旺波（dpal–mkhav–spyod–dbang–po）曾说：此后逻娑二寺院交予高徒祥仁波切（zhang–rin–po–tshe）护持[23]。此后又依次交予其弟子蔡本达玛旬努（tshal–dpon–dar–ma–gzhon–nu）等人。继之是大臣格尔（blon–po–mgar）的家族蔡本桑杰约珠（sangs–rgyas–dngos–grub）等人。他们建造了法王夫妇像、门房、外部依怙门神像及紫檀门扇等等。此外，他们还做了很多诸如建造大河堤（chu–rabs–chen–po）等等服务性工程。再者，拉杰格哇朋（lha–rje–dge–ba–vbum）及其姨妹益西秋（ye–shes–mchog）、喜波图兹（zhig–po–bdud–rtsi）等等多人，彼等亦承建了河堤等等服务性工程[24]。

亚泽王（ya–rtsevi–rgyal–po）日乌梅（re–vu–smal）迎请了学高望重的仁多大师（ston–pa–rin–rdor）及佐巴阿热祖（mdsod–pa–ar–dsu）等等，他们将十八克铜分包成一百零四包，另有五百两黄金，用这些于阳铁狗年（lcags–po–khyi–lo）在觉卧佛像头上造了金顶。所余黄金又为十一面观世音造了金顶。此后，亚泽王布涅梅（ya–rtsevi–rgyal–po–pu–rgye–smal）又建造了大金顶。此后，卓衮东措日巴（vgro–mgon–dung–mtsho–ras–pa）、楚托衮奔（grub–thog–mgon–yes）、涅巴云却（snel–pa–yon–mchod）等等多人，他们也做了许多修葺一新的工程。噶玛巴瑞贝多吉（rje–ksma–pa–dol–pavi–rdo–rje）及德新协巴（rje–de–bzhin–gshegs–pa）也行了许多甚佳善事，例如他们为觉卧佛像敬献了无价之宝的珍珠佛衣[25]。后来，萨迦的萨班喇嘛等（sa–skya–dpal–ldan–bla–ma–dam–pa）也是功德无量，他们也为此做了极多的修缮及供奉之善事。

往昔，法王松赞干布本人亲用之佛物有经藏（mdo–skor）、修道（sgrub–skor）及教授部（zhal–gdams）等三种，后被打开，计有经藏方面的二十一部经读（mdo–brgyud–nyer–gcig），这些给了其子孙。其行事历史部（mdsad–lo–rgyas–kyi–skor）及本生部（skyes–rabs–kyi–tshogs）等，计有修道部大小十三部（sgrub-skor-bcu-gsum）。其教授部（zhal-gdams-kyi-skor）分为高、中、低教法三部（bkav-chos-tho-tha-bar-gsum），总计其卷页之数为：大教法或增广法（zhal-gdaps-che-tsho-vam-rgya-che-ba）、关于利他语诀教法部（gzhan-don-du-gdams-pavi-chos-skor）八十五部。小教法或深教法部（zhal-gdams-chung-tsho-vam-zab-pa），总计利己教法部（rang-don-du-gdams-pavi-chos-skor）七十四部。以上诸部均为圣神法王所云者。吞米·桑布扎所写之文书（yi-gar-gris-pa），均藏在主殿北面马项金刚佛像之下，佛像旁边及药叉殿内。此后阿阇黎莲花生掘出伏藏（gter-kha-phye-lte），并交予墀松德赞法王，由是广为传播。后来，楚托约珠（grub-thob-dngos-grub）又发掘一些，交予了法王墀松德赞的化身娘·尼玛约斯（myang-nyi-ma-vod-zer）。大慈南喀杰布（thugs-rje-chen-po-na-mkhav-rgyal-po）之现观（mdon-rtogs）及现证（mngon-byang）等等，盖上秘印，藏于五药叉哺喀俱吠罗左腿的丝绸服的下面，后由掘藏者释迦桑波（gter-ston-shvikya-bzang-po）掘出，交予了拉杰格朋（lha-rje-dge-vbum）。上述诸物次第传播于有缘之人广为弘扬，以为解脱涅槃之基础[26]。

注释：

[1] 此处说对赞普应当尊敬，其意是说，因为自奴隶属民起义之后，赞普后代对恢复和发展佛教有“功德”，故应予以怀念和尊重。

[2] 赞普来自光明天之说见《贤者喜宴》ja卷第5页，又见《敦煌藏文文选》巴黎影印本伯字1286号卷子。又，作者又错误地宣扬了赞普出自释迦族的谬说。

[3] 此句指出吐蕃奴隶属民大起义之后，统治阶级与被统治阶级之间的阶级地位的巨大变化。这是很形象的比喻，体现了吐蕃其时社会的进步。有关属民（vbangs）及奴隶（kheng）的记载见本书第二章。又，有

人认为“kheng”一词似有平民性质，亦即类似“dsangs”这个阶层。

[4] “srid-pa”即“轮回”之意，巴卧·祖拉陈瓦将此佛教思想用来解释吐蕃奴隶起义后的阶级地位的变化，这显然是解释不通的。

[5] “mi-rtag”意为“无常”。在此段中，原作者用“轮回”和“无常”解释这种社会现象，显出作者深受佛教教义的束缚。然而也反映出佛教教义的无力，以前大量发展佛教，以便祈祷神佛为吐蕃统治者贵族“护政”“延寿”及“丰足昌盛”，然而花了几代赞普的大兴佛教，却被奴隶起义搞得一蹶不振，这怎能用“轮回”“无常”来解释得了呢?！从作者的解释中既看出其说乏力，又表现无可奈何，只得让没落的统治者在“轮回”一类的说教中寻求安慰和解脱。

[6] 此段指出吐蕃奴隶起义之后，统治者及一些出身其间的僧人，不仅在政治上、经济上的实力像“秋天的浮云”一样流逝了，而他们的思想和品德也堕落了。

[7] 这里记载了其时佛教界的腐败和混乱情况，其史料价值很珍贵。又，十六罗汉是佛书所说的十六位尊者，释迦佛令他们掌管佛教。

[8] “幻化军队”似指“虚假”的事物或行为，也指那些要手段搞欺骗的人。

[9] 意指当时许多“僧人”只是形式上为僧，但不受戒。表明其时佛教的衰败。

[10] “六无”，此词原文不具体，似指“六无上法”而言，即所谓见无上、闻无上、利无上、学无上、念无上及行无上，亦可能作者系指“六种无明”或“六种无知”而言。

[11] “刹那见”，是佛教徒所应具备的思想，佛书载有“刹那无常，通行一切”之说。另有刹那生、刹那灭等教理。此句说，当时佛教界严重不纯，把没有一点佛教思想的人聚为僧团。

[12] 这正反映当时曾一度出现过强迫僧人承担差税、兵役及乌拉的

事，否则作者无需这样论述此种措施的是非。

[13] “二种安乐”，即佛书所载之身乐、心乐。

[14] 作者认为，奴隶起义后的一段时期里，吐蕃佛教受到世俗和佛教内部的多种冲击、干扰，致使佛教败坏的程度超过朗达玛灭法时期，看来是有根据的。

[15] 帕竹认为，寺院、僧人不应支差、纳税、出兵，但世俗人等应承担这些义务。实际上，根据元代封文看，早在萨迦时期已经这样做了。

[16] 这是引佛书为有邪行污点的僧人行为开脱之词，是属于一种诡辩之类。

[17] 此说见《雅宝藏经》卷第二之“六牙白象缘”，文载：“昔舍卫国，有一大长者，生一女子，自识宿命，初生能语，而作是言：不善所作，不孝所作，无惭所作，恶害所作，背恩所作。作此语已，黠然而止。此女生时，有大福德，即为立字，名之为贤。渐渐长大，极敬袈裟，以恭敬袈裟因缘，出嫁作比尼。不到佛边，精勤修习，即得罗汉。悔不至佛边，便住佛所，向佛忏悔。佛言：我于彼时，已受忏悔。诸比丘疑性问佛：此贤比丘尼，何以故从出家以来不见佛？今日得见佛忏悔，有何因缘？佛即为说因缘，昔日有六牙白象，多诸群众。此白象有二妇，一名贤，一名善贤。林中游行，偶值莲花，意欲与贤，善贤夺去。贤见夺花，生嫉妒心：彼象爱于善贤，而不爱我，时彼山中有佛塔，贤常采花供养，即发愿言：我生人中，自知宿命，并拔此白象牙取，即上山头，自扑而死。寻生昆提酰王家作女，自知宿命，年既长大，与梵摩达王为妇。念其宿怒，语梵摩达言；与我象牙作床者我能活耳；若不尔者，我不能活。梵摩达王，即募猎者，若有能得象牙来者，常与百两金。即时猎师，诈被袈裟，挟弓毒箭，往至象所。时象妇善贤见猎师已，即语象王，彼有人来。象王问言：着何衣服？答言：身着袈裟。象王言：袈裟中必常有善无恶也。猎师于是遂使得近，以毒箭射。善贤语其夫：汝言

袈裟中有善无恶，云何如此？答言：非袈裟过，乃是心中烦恼过也。善贤即欲害彼猎师，象王种种慰喻说法，不听令害；又复畏五百群众必杀彼猎师，藏着歧间，五百群众皆遣远去。问猎师言：汝须何物，而射于我？答言：不敢自取。如是慈悲，覆育于我，我若自手取，手当烂堕。白象即时象大树所，自拔牙出，以鼻绞捉，发颓而与，以牙布施。愿我将来，拔一切众生三毒之牙。猎师取牙，便与梵摩达王。尔时夫人得此牙已，便生悔心，而作是言：我今云何取此贤胜净戒之牙，大修功德，而发誓言，愿使彼将来得成佛时，于彼法中，出家学道，得阿罗汉。汝等当知，尔时白象者，我身是也。尔时猎师者，提婆达多是也。尔时善贤者，今比丘尼是也。尔时善贤者，耶输陀罗比丘尼是也。”

[18] 见《佛本行集经》卷第四十九之“罗刹图”。此段系该文之大意。

[19] 以上此段又补述奴隶起义后逻娑、桑耶地区佛教的衰败和恢复情况，也反映了其社会在相当时期里是混乱的，人们生活之贫苦由如此多的乞丐而得到反映。

又，“觉卧敏卓”系对该殿内的佛像的称谓，显然是一种附会之谈。

[20] 帕巴喜饶及堆琼巡视官显然是那一地区的掌权者，他们对大昭寺的恢复和逻娑秩序的恢复均起了重要作用。

[21] 文中之拔、热、真三人，分指拔促陈洛重（rba-tshul-khrims-glo-gros）、热西促陈琼内（rag-shi-tshul-khrims-vbyang-gnas）、真益西云丹（vbring-ye-shes-yon-tan）。拔促陈洛重兄弟二人主管桑耶寺主殿等，成为该寺之首脑；热西促陈琼内在墨竹工卡建陈卧拉康寺（vphreng-vog-lha-khang），并以此为基地；真益西云丹在彭波（vphan-po，在逻娑——译者注）建恩兰吉莫寺（ngan-lam-spyi-mo-dgon），并以此为根据地。前述鲁梅即鲁梅促陈喜饶（klu-mes-tshul-khrims-shes-rab），他任噶琼寺（ka-chung-lha-khang）主。此人势力较大，后在今藏地上部建莫恰德吾

寺（mor-chag-devu-zer-bavi-lha-khang），又以此为基地。他有四个弟子，谓之“四柱”（ka-ba-bzhi），这“四柱”各有基地，其情况是：香·那囊多吉旺久（zhang-sna-nam-rdo-rje-dpang-phyug）建彭波杰鲁来寺（vphan-po-rgyal-lug-glas-lha-khang），并以此为基地，谓之“香派”（zhang-skor）；俄·绛曲琼乃（rngog-byang-cub-vbyang-gans）建弃尔巴帕让寺（yer-pa-bar-gi-lha-khang），并以此为基地，谓之“俄派”（rngog-skor）；连·益西喜饶（glan-ye-shes-shes-rab）建嘉萨冈寺（rgya-sar-skong-gi-lha-khang），并以此为基地，谓之“连派”（glan-skor）；楚梅·促陈琼乃（gru-mer-tshul-khrims-vbyung-gans）建唐波且寺（thang-po-chevi-dgon-pa），并以此为基地，谓之“唐派”（thang-skor）。上述四个部派（skor-tsho-bzhi）总谓之鲁梅集团（klu-mes-tsho-pa）。又，前述拔、热、真三部也是三个僧侣势力集团，热西兄弟除在墨竹工卡有势力外，他还任格吉切玛林寺（dge-rgyas-bye-ma-gleng）之主；真氏也同时担任康松桑康林寺（khams-gsum-zangs-khang-gling）之主；拔氏也同时建彭波连巴吉甫寺（vphan-por-lan-pa-spyil-buvi-dgon-pa）。总之，上述鲁梅、拔、热、真为当时逻娑地区之四个部派势力。另在卫地还有以松巴·益西洛垂(sum-pa-ye-shes-blo-gros）为首的一个部派力量。这样卫地就有五个部派力量。与此同时，在藏地也有五人，实际上也是五种部派力量，这五种力量分别以下述五人为首：古尔莫热甫卡哇洛敦多吉旺久（mgur-mo-rab-kha-ba-lo-ston-rdo-rje-dbang-phyug)、藏地上部之夏甫果阿地方的丛尊喜饶桑格（sted-kyi-shab-sgo-lngavi-tshong-btsun-shes-rab-seng-ge)、阿里巴卧杰（mngav-ris-pa-vo-brgyad）兄弟、博东巴乌巴德噶哇（bo-dong-pa-au-pa-de-dkar-ba）等五人。这些前后藏的部派势力都是在阿底峡进藏前的僧侣势力。上述资料见东噶·洛桑赤列：《论西藏政教合一制度》，1983年藏文版，52~54页。

[22] 文中之拔与真之战即前面注释所述拔氏部派与真氏部派之间的

战争，是旨在争夺经济基地的战争。东噶的《论西藏政教合一制度》记载是拔氏、热氏与鲁梅部派之间在桑耶寺地区的战争，当时把桑耶寺周围大部神殿焚之于火，围墙及砖墙亦因之倒塌。后由热译师多吉查费时两年才修复，此次战争发生于1106年，后1160年，逻娑、雅隆、彭波之间又发生战乱，烧毁了逻娑的大小昭寺及昌珠寺的一部分。后述波拉杰(dwags-po-lha-rje）弟子达贡促陈宁波（dwags-skom-tshul-khrums-snying-po，即杰贡巴促陈宁波——译者注）调解息战，又修复了大小昭寺。(文中之喇嘛拉杰即达波拉杰)

[23] 祥仁波切，即祥卓微袁布仁波切（zhang-vgro-bavi-mgon-po-rin-po-che)，又称公堂喇嘛祥尊珠查巴（gung-thang-bla-ma-zhang-btson-vgrus-grags-pa)。生卒年是1122~1193年。此人博学多才，其33岁时与达贡促陈宁波相遇，听达波噶举教法。后来他一心修行。其时洛卡、止贡、约卡等地众多的贵族及官僚（sger-btsan-dbon-rigs）出兵夺取了达波噶举的属民。其晚年经噶玛巴都松钦巴（karma-pa-dus-gsum-mkhyen-pa）的请求，他未结束修长寿的修道活动就平息当时的战乱。1175年建蔡扬衮寺(tshel-yang-dgon)，后在1187年建公堂寺（gung-thang-gi-dgon-pa)。其所发扬之佛教教派即所谓之蔡巴噶举，又别称达波噶举。此处资料见《红史》藏文排印本，445页，注583。又见《红史》正文蔡巴噶举部分，126~128页。

[24] 文中所载之修河堤事，当即指修的逻娑河之河堤。

[25] 噶玛巴瑞贝多吉，旧译作乳必多吉，《土观宗派源流》称其为噶玛噶举派（黑帽派）四世（见该书藏文排印本，117页)。又称达玛格底(dharma-kvi-rti)。十九岁曾赴内地，返藏后不久又返内地，为元帝讲授佛法，被称为吉祥喇嘛（bkra-shis-pavi-bla-ma)。详见笔者译注的《新红史》，注258，西藏人民出版社出版。

德新协巴（1384~1415年)，系噶玛噶举派黑帽派五世，又称法王却贝桑波（chos-dpal-bzang-po）。明永乐帝曾迎请他赴南京，封为大宝法王（rin-po-che-chos-kyi-rgyal-po）。

[26] 以上为掘伏藏情况。见《贤者喜宴》，ja函，149页上。

第十九章　保护大昭寺及修缮桑耶、叶尔巴等寺

【译文提要】第十九章共有2节，即保护大昭寺及兴建逻娑河坝；修缮大昭、桑耶、叶尔巴等寺。在本章中，作者分两个主要内容来写，一是从佛教意义上阐述保护好逻娑、桑耶、叶尔巴地区的寺院及其有关佛教文物的意义及必要性。因此，必须对上述诸佛教文物加以保护、预防及修缮。作者从吐蕃佛教的实际情况及对未来的预测出发，认为逻娑、桑耶、叶尔巴地区之佛寺对吐蕃至关重要，作者借阿阇黎莲花生的说法，逻娑及桑耶是吐蕃的中轴核心，而叶尔巴又是逻娑、桑耶的中轴核心。所以必须对上述三地佛教文物严格而妥善地加以保护，保护了这些，吐蕃就有了前途，吐蕃人就会有到西方极乐世界的可能。看来作者如此看重逻娑、桑耶及叶尔巴诸寺，是根据记载吐蕃历史的史料说的。吐蕃佛教徒把吐蕃的一切事物均与佛教相关联，甚至把历史(lo-rgyus)亦通常以“佛教史”或“佛法史”(chos-vbyung)代之。他们认为，吐蕃佛教的兴衰即吐蕃的兴衰，故对佛教倍加重视。逻娑之大昭寺、小昭寺是早期的佛寺，具有开创性意义；桑耶寺之建，标志吐蕃在严格的佛教教义上发展佛教之始，以此为转机，吐蕃佛教由是广为发展；叶尔巴寺是古寺之一，地位虽不如大昭、桑耶，但是在朗达玛赞普灭法毁寺使吐蕃佛教面临生死存亡的关键时刻，叶尔巴寺的高僧拉隆贝吉多吉为了保护吐蕃佛教亲手刺杀了朗达玛，从而刹住反佛之风，由此叶尔巴寺声名大振。恐怕将叶尔巴寺视为吐蕃佛教轴心的轴心，就是渊源于此。

再一内容是：为保护和发展吐蕃佛教，本文着重提出首先要保护逻娑，为此就必须大力建造保护逻娑的逻娑河堤坝。从本文记载，即可以看到关于建坝治龙的神话传说，又使我们得知逻娑河坝的建造过程，逻娑平原农牧业经济的发展与逻娑河坝的兴建密切相关。今日所存河坝已经历代藏族人民维修补建，显示了吐蕃劳动人民在兴建水利工程中的勤劳与智慧。

关于维修和保护逻娑、桑耶及叶尔巴地区诸寺，本章反映了不少佛教的说教和神话附会，一些防范具体措施也不足取，如逻娑寺院某处遭到天灾人祸，为此进行修缮及防护，但许多方法是靠诵经、抛朵玛食子、浴佛、抛珍宝于曼陀罗、插彩箭、挂佛冠、祈祷供养等等办法解决，这显然是不可能的。寺院是吐蕃人民用物质手段建造的，是智慧的结晶。保护寺院及防范天灾人祸，最终只能依靠吐蕃劳动人民用物质手段及勤劳智慧予以实现。需要指出的是，作者在这方面还是有些改写之处的，原《叶尔巴寺志》记载逻娑防范天灾人祸的措施是，根据叶尔巴寺是逻娑的中轴核心的佛教徒说法，逻娑地区发生天灾人祸不必在逻娑采取相应措施，而要在叶尔巴地区采取防护措施。《贤者喜宴》的作者对此进行了改写，把在叶尔巴寺采取的措施均改为在逻娑本地进行，删掉了

“叶尔巴寺”的提法。这点比之《叶尔巴寺志》原书要进了一步。至于书中一再提醒吐蕃人防备天灾人祸对逻娑、桑耶、叶尔巴诸寺的可能出现的危害，这一点还是可取的，反映了吐蕃人民爱护藏区佛教文物的美德。

本章最后由作者说明他撰写《贤者喜宴·吐蕃史》（ja函）的目的和所依据的史料。在作者所提到的史料中，可以看出作者所列的书目仅是主要部分，而非全部，例如作者在前述正文中提到他曾引用过的书就未列入文末书目之中，这些书是：《大盟誓》(bkav-gtsigs-chen-mo)、《后叶尔巴寺志》(yer-pavi-dkar-chag-phyi-ma)、《大伏藏》(thang-yig-chen-mo)、《逻娑诸传承》(lta-savi-gdung-rnams)、《萨迦喇嘛佛教史》(sa-skya-bla-ma-dam-pavi-chos-vbyung)、《大贝若像记》(be-rovi-vdra-vbag-chen-po)、《大阿阇黎莲花生传》(slob-dpon-chen-povi-rnam-thar)、《王者亲誓》(rgyal-po-nyid-kyi-dam-dzhag)等等，此外，作者还引用过《汉书》(rgyavi-deb)。在论述吐蕃译经时，还参阅过丹喀尔、青浦、旁塘经目以及《大乘密严经》《世间施舍论》等等许多佛典。特别是作者还引用了古老的近似敦煌文献的文书档案资料，更加珍贵。作者还有许多实地考察的调查资料在写作时曾引用，如兴佛诏书、碑文、大昭寺及桑耶寺内部实物等等。总之，作者是在博览群书的情况下而写成此名著。

第一节　保护大昭寺及兴建逻娑河坝

如是，吐蕃之诸种可教导培育的众生，由于真诚而被置于觉悟之境，此后随着未来时光的流逝，那些有所坚持的思想转变者，为使彼等次第显示出纯正圆满，按照将要显现的涅槃神变，诸凡大昭寺神殿中的一切情器世间[1]及所依诸物，均被聚集于神变法界及涅槃界（chos-dbyings-zhi-bavi-dbyings）之中，世世代代均可受到空行者的迎请[2]，可得见进入密严刹土(vog-min-stug-povi-dbyings)[3]，同见那些被彩虹光环所笼罩的情景。一切神龙在举行供奉祭祖，从河流中心而进入大海，随之消除龙世间的黑暗[4]。而桑耶寺大殿（bsam-yas-pho-brang-chen-po）中所显示的神变是，在彼处尽是被智慧之火锻炼的情景[5]。因此，在那些大寺（gtsug-lag-khang-chen-po）之中，那些受水火危害而得救的人，此后均成为努力精进者，其福德得以渡往天界。业已存在的金刚宝座未曾损坏，凡夫世界也显出了和睦，我等吐蕃属民除恶向善，其行为正显示了慈悲本性。

再者，小昭寺及桑耶寺两座寺院像极乐世界一般，这是真实的神变之物，因此，最后又如同所显示的美好的神变涅槃身一样，将显现出化身聚合而成的形象。大阿阇黎莲花生曾预言道：阔汀之伏藏（kho-thing-gi-gter-ma）载，阿阇黎莲花生教诲道："当诸寺兴建之时，则众生福德增长；当巡礼诸寺之时，则众生福德平庸；当毁灭诸寺之时，则众生福德下降。你等世系自三世起，则王位空空而王法废弛，吐蕃属民暴乱而神鬼动摇，神鬼动摇则五行乱，日复一日以致最后，则逻娑被水所毁，桑耶寺焚于火，总之，此乃众生之福德也，对此只有稍许延长之法。"对莲花生之言，吐蕃王者说道："总之，桑耶佛塔与逻娑乃吐蕃之核心(mchod-rten-bsam-yas-dang\lha-sa-pod-kyi-srog-shing-yin)[6]，对此将有何法？"（莲花生言道：）"啊！吐蕃属民可怜，闻法当以寺院为妥，修念当以寺院为妥。"（吐蕃王者又问：）"对此将有何法？"（莲花生答曰：）"啊！吐蕃属民何等痛苦！犹如天上之日月。"（吐蕃王者问道：）"此种黑暗如何消除？"（莲花生答曰：）"犹如持刀刽子手那种敌人一样，当从水火两者中拯救之[7]。"以下即为阿阇黎根据请求而又做的教导："啊！法王莫要哭泣，当知轮回幻化，当知因缘恶业，诸凡光明佛法，因是无常而应抛弃痛苦，因非断绝而不应心灰意冷。对于具有争相之众生，应知佛之永存，而佛国不空，众生轮回并非漂流，众生轮回而无固定，四大种无粗恶之象（vbyung-bzhi-rtsub-vgyur-snang-ba-med）[8]，桑耶逻娑不会被毁。那些被蒙蔽迷惑的众生，彼等虽生于桑耶逻娑本地，但却未见那些佛寺。消除众生的蔽障之后，水火两者乃是‘精进之神’（brt-son-vgrus-lha）[9]。此即观世音菩萨之本性。伟大法王心思稳，方便之王可自显。”阿阇黎说罢，因其结铁钩之手印，遂使安止龙王得以显现，并献出大小珍宝及水晶，这些均被埋置在桑耶寺核心中轴(bsam-yas-kyi-srog-shing）之下，在保持此种情况期间，则寺院将不会焚于火。此后经过一些时刻，寺院将会损坏，其时当要大力修缮。那时你等要担任寺院的属民及侍者，应予供养及巡礼。（寺院墙壁）有裂缝处应以细泥填补之。对于一切三时之佛应予供养，应修习一切佛法，应敬礼一切善逝诸佛。应新建寺院，如是则将获得福德。随着时间流逝，在极乐世界将会长出莲花茎[10]。阿阇黎莲花生说罢，即将作为将来修缮寺院的一些财宝埋藏起来。随后莲花生又说道：往昔之法王松赞干布确系观世音菩萨，对此你等应当知晓，因此，逻娑大昭寺已建于藏布江畔（gtsang-povi-vgram）。此藏布江流至大昭寺之跟前[11]，后世之众人应为建造河堤，如是诸众生之三门蔽障（sgo-gsum-gyi-sgrib-pa）将被清除，并将播下慈悲之种子，因此观世音菩萨之化身将使藏布江再次流显于（寺院）附近[12]。其时，一切众生在建造河堤及修护寺院之后，凡甘心于此事之诸人均将获得神变之身[13]。（阿阇黎莲花生）的这些增补言论，将使人获得受用之身（longs-sku）[14]。那些存心挂念并想保护寺院的人们将获得法身（chos-sku）[15]。其时，以身、语、意三者之精进努力，并赞成（修筑）河堤及巡回供养朝佛者们，他们将被消除三门之蔽障，并将获得大乘（之道），对此是无须置疑的。上述乃（阿阇黎）所云。这些功德在法王遗教（chos-rgyal-nyid-kyi-bkav-chems）中有之，而且（所记情况）与此一致[16]。

（阿阇黎）又教导云：至于逻娑大昭寺，外观如引导喜愉众生，内观则有抛弃平凡庸俗之象。秘密之象系智慧，毁寺之因藏河水。外观如迎三依（rten-gsum）之龙，内观有清除众生蔽障之水，天生秘密涤清净，尚有寺院护法之神像及供灯。外观有如路上之精进者，内观则是圣者之真实化身，如是获得秘密菩提矣（gsang-ba-byang-chub）[17]。啊！未来所有一切众生，有缘闻知讲善法，五百（年）后释迦身。当迎请不暖龙王之时，关于截断藏布江城之情，当延伸藏布江右侧时，应在乌托（vur-thog）处安放石块[18]，当螺颈龙王祈请之时，所有当时造坝之人，不仅要制止轮回魔众的战争，而且要用堤坝截断藏布江之右侧，同时应在堤坝的坝口处建造多门佛塔。此事则可遏制龙王之螺颈，当截断藏布江水之时，要在湿皮之上安放一个斗，这即是龙王的象鼻（glang-san）[19]，其时所有建造寺院堤坝的人，通过因果陶冶而得大乐，堤坝应建造圆轮状，并在堤坝之坝口处建造三角形之牛，如是则抵制了龙王的象鼻；当藏布江水环流之时，要安装一盘水磨，这是为了迎请不暖龙王。其时人中之众生，所有其中巡礼寺院及建造堤坝之人，均应进行并完成一一祈祷，并将堤坝环绕在寺院之四方，在四角处各建一个锤子。忿怒阎罗王之死神及马项神，这些即是甘露漩明王[20]，并应向四大力士（stobs-po-che-bzhi）进行赞颂，如是而行，遂有稍许利益。当迎请龙王之时，亦即像皮船沉入湖中之时，应大力供奉和祈祷，将获得无量广大之祝福，其时集会之众生，当系真正之菩萨矣。这些正误之影像均如是而显现。对于有争相者来说，他们所见到的寺院就是到了报身佛住地（vog-min-gnas）；最后的印象是，寺院经过幻化引导，在水中形成彩虹光环。再者，凡见闻上述诸境相之人，均可获得进入解脱之地矣。阿阇黎说罢，遂携王者而去。以上即逻娑诸伏藏（lha-savi-gter）所显示者[21]。这些诸种被阐述的微言大义，瞬时便抄录成为修证之物，然后献给桑耶寺的诸神像。此情与法王之所做预言相一致。

在被延伸的藏布江右侧及逻娑两地之间，其大水犹如陆地上的鱼。或乌托之中心（vur-thog-gi-thil）[22]，其状呈长方形，那是被迎来的螺颈王之眼。当其地像鱼形之时，据谓其地就像展开的鱼鳍一样。在藏布江右侧被截断之后，遂在河坝口处建造一座吉祥多门宝塔。在藏布江被断开之后，随即出三角形的陆地，当其地呈现圆形之时，据说其河坝之形象如同所戴之帽，河坝之颈部呈环绕着的三角形；其顶部像三角形之星宿（kag-ni-zur-gsum）。上述均应交其形而造实物[23]。如是则可遏制龙王之象鼻矣（glang-snavi-spyan-vdren）[24]。此后，四方形之陆地逐渐分散，被水环绕，诸众生又迎请不暖龙王前来，据说，其时的河坝像铺开着的地毯，随即建成四方形围墙，在四角各建一楼或一佛塔，对于四大明王应加以供养和敬奉，如是可稍获利益。此后，四方形陆地之四角损坏，其地望变成圆形之鼓状；当（河坝）像笔状之时，则应大加隆重供养，着力敬奉，随之则会有几许安宁。总之，所有做这些种种事情的人，将会成为具有祈祷之力的人。此后，当（该地）像皮船沉入湖中而消逝之时，将会出现一些不同影像，众人应从山上观望并予以祈祷。在逻娑及桑耶等地之多数寺院被毁坏的情况下，据闻有如下传说：其时昌珠寺之宝库房门被打开，松赞干布之墓门被打开，并对其中之五座神殿进行巡礼供奉，自生之供物亦降至地上。此后，诸众生修缮佛教之核心大昭寺及桑耶寺，未被毁坏之寺予以发展。诸化身王臣之本尊神，均在所有寺院中良加供养、敬奉之，献礼品、巡礼敬佛、献曼陀罗、献花、香及酥油灯等等，可谓功德无量，《经》云：身语意三者如不行善，虽为人身但与生于黑暗劫中无异；如不勤于敬奉三宝及布施，虽然有了享受并守护着宝库，但是却行同于犬；如不知黑白业果真实，虽然对此已显精通，但这仅如猴子一般[25]；如果不承继必需的佛法，虽获人身也仍是无义空幻。空幻的享受及众生的公用财物，那是当时谁都能得到的常用粮食。无义不洁之事犹如水泡[26]。身体得到心脏之时那只是现在，但此生之存在却被梦所迷；最终的理想应求问于佛法。解脱则需依靠智者。对于寻到的大德应依之以命；当被许多浮沉欺骗之时，其教诲要义当问根本动机。喜爱明天或后天才做事的人就会招致死亡，现在常想之事就应竭力实行。无论做何事都不应以私欲对待善业。对于虚空方法与智慧的最终理想就应贯彻实施[27]，在自他生死涅槃[28]等方面应有所增益，若仅停留于智慧及无垢跟前，如是将像无知梦境一样混乱。如母众生从怜恤而至爱境，如是对所知空性智慧及未知者，均应设法予以无量慈悲。以不变平等（mi-phyed-ro-mnyam）双运并行，为修圆满成果则应精于十波罗蜜多[29]。从诸法本性到一切种相，有寂自他等等如同无取[30]。凡有所调伏者则其功德无量永存，唯有所做相方可消除痛苦。由众佛处而得到功德者，将会获得观世音自在恩德大念之位[31]。

第二节　修缮大昭、桑耶、叶尔巴等寺

此后，为寺院之长久存世，诸智者为此竭力为之。彼等努力修缮寺内佛像及寺外堤坝。特别由于叶尔巴寺（yer-pa）又是大昭寺的核心(lha-savi-srog-shing)[32]，因此，此（寺）与因缘密切相关联，据《叶尔巴寺志》（yer-pavi-dkar-chag）载：神变之王说道：在勤于供奉我的修道处等等方面，佛的侍者由佛来承担。他们承担对一切佛的诵经祝福及侍奉等工作。应当修建佛塔，这些塔（之多）应当充满尚待开发的三千世界中的所有地方。因此，尚应造一座泥塑之小叶尔巴寺，或者对寺院进行大力维修。对于所有三千世界之一切诸佛，应献十万供，因此，要对叶尔巴寺进行一次极其隆重的供养。

此外，由于要进行百年修行，因此，在叶尔巴寺应举行一大的极为盛大的修行佛事。逻娑是吐蕃之核心，逻娑之核心是叶尔巴（lha-sa-bod-kyi-srog-shing-yin/lha-savi-srog-shing-yir-pa-yin），如果叶尔巴之佛塔不毁，则逻娑之佛教将永存，地震、老鼠、水、火及风，这些均将不会危害逻娑矣！如果叶尔巴不毁，则诸凡修缮逻娑（寺院）者将源源而至，这些修缮者亦即是所谓佛之侍者由佛承担的人。在叶尔巴未遭毁坏之间，则无疑逻娑之佛亦不会被毁矣。如欲使修缮逻娑（寺院）之人及香灯师长存，则当修缮叶尔巴之佛塔、补漏房屋及寺院泥墙，在房屋漏处及泥墙之缝处，均应插上白香。如果（寺院）会场有毁坏处，则应以青稞麦粉涂堵漏缝之处，并保护好倾斜的柱子[33]。如发生地震[34]，则应将珍宝像洒尘水一样洒在曼陀罗之上。如遇火灾，则应以屋檐水救护，裂缝处以丝绸及黑葶苈堵之。若遭风灾，则应护好寺院之门，其裂缝处以五种红土堵之。如发生人疫，则以法器五甘露护持坛城。如遇畜病，则对岩石佛像进行浴佛[35]。若遭边军武力之害，则以祈祷供养护之，并悬挂铁灰色丝绸佛冠及安插彩箭。如遇房屋穿漏及水雨之患，则应保护好供养殿、香殿及灯房。如果国王请释迦佛像，就应保护好释迦像的座位及佛塔的塔座[36]。如果国王遭到不测，则应保护好乐器、铃及鼓等。如发生动乱，则应维修好门闩，并以松香涂之。如出现疯人、疯犬[37]，则应以桦木、柏树挡护之。如果发生天灾，则应修缮好厨房并做好谷类之面粉。如遇到强盗、窃贼及暴徒之害，要维护好壁画的（佛像）头部及手[38]。如果庄稼不能适时成熟，则应维修好泉眼，并要抛洒（酪、乳、酥所谓）三白（dkar-gsum）及（冰糖、红糖及蜂蜜所谓）三甜（mngar-gsum）之朵玛食子。如果发生粮食短缺，则应维修好（晒谷物的）支架及放朵玛的器具，并要抛洒谷物做的朵玛食子。如不降雨，则修缮好龙殿[39]，并抛洒龙所食用的朵玛食子。如果命短，则应（保护）佛塔之主心木——柏树之树干，并应以五种珍宝、药、谷物、旃沉香等等，以及丝绸及彩色涂料等缠绕之[40]，予以保护。如果财宝不盛，则应修缮好宝库中之宝箧，对宝箧的缝隙以珍宝堵之，并应举办会供轮法会。如果有了浪费，则应修缮好灶眼，并应作为布施，焚烧各种珍宝及食品。衣着、坐垫有了困难，则应维护好房屋墙上所涂的白土及修好座位的靠背，并附以各种丝绸及布。如果遇到蜂及蝗虫之灾，则应妥当地修好门钉及门锁。如果发生蜘蛛及蛙害，则应将门槛修得严实无缝。如果遇得虱子、虮子及蛀虫之害，则应重新修好佛经经书的系带。如果受到结膜炎的危害，则应维修好窗孔和看天孔[41]，并应涂以白土及建造有洞的房间隔板。如果受到龙及地祇之害，则应保护好钟（cong）[42]，使之无垢无锈。如逢男鬼女鬼之害，则应严格地防护好坚硬之险路。如发生凡夫之鬼(byis-pavi-gdon)[43]，则应保修好梯子，不使其继续损坏。如果戒律被破坏，就应建立使比丘纯正如一的四部[44]。如果中断了佛法的闻听之事，就应建立由高僧（住持）的具有纯正誓言的经院（chos-grwa）[45]。如果众人本性粗暴，则应建立精神专一观心之修道院（ma-yengs-sems-la-la-lta-bavi-sgom-grwa）。如果不吉利，则应建立由咒师（住持）的（念诵）真言的修道佛事。如果修缮匠人进行危害，则应以极大精进及长期地予以维护。如果逻娑的香灯师有了困难，则应在叶尔巴（寺）诵读佛经。再者，这正是真正地珍爱清净。此外一切逻娑之有愿望者均出自修缮叶尔巴寺之人[46]，然而由于两种天鼓慈悲的鼓励，许多修缮叶尔巴（寺）的人来到了。这也就是佛的侍者由佛任之。

上述种种系吐蕃王者所说，据谓这些事是在《主母汉公主志》（jo-mo-kong-jos-dkar-chag）一书中所记述者[47]。上述以及其他种种，对于一切边压诸寺（mthav-vdul-ru-gnon）所遭到的破坏[48]，特别进行了修缮。对于这修缮过的一切（寺院）没有再损坏和毁坏，辗转不变。除去所必需的修缮物资及佛经伏藏应予以挖掘之外，而总的库藏特别是珍宝之库藏不可掘取。凡镇压妖魔鬼怪的（物品）不得掘取。应敬奉观世音菩萨，应知不要阻止供奉及举行法会等事。除去佛教及众生事务之外，自己所图之虚名及为了成为王者等等，这些在此生尤不应存在于自己的欲望之中。如是，殊圣观世音菩萨承担起特别调伏的任务，因此相应地显示为调伏身像：于是诸法王及译师、班智达等到来，其恩德令人一再想念，对彼等的信仰之力不可阻挡；那种因缘使我们受到永久的鼓励。彼等所提出的理想不断地得到发展。啊！那种虚伪的传说岂能流传！应当修习精要的佛法，当自我教诲之时，从一些二资粮光明广智的善劫中不时受到鼓励[49]，并由此宣说佛教之伟大。为了不忘佛教之恩德，为了记住诸王的教导，遂将所有这些良言善语集中起来，故有此著作。这种集王者格言为书的著作，就像世间放光的太阳，给人以能指示正确宽广之路的光明。诸贤者做了令人欢快的格言，这是给人以随心所欲的宝瓶，这好似取得了一段金山，虽然量少但却可消除心中之黑暗，至于进入圆满意境也就无须说了，因此难以得到像上述这样的格言，但是以后将会得到并予宣说，然而不要被编辑起来的诗词辞藻所束缚，应掌握其中各种信念及教言，此是为诸众生易于了解而已。

本著作的（史料）来源是：《法王松赞干布总遗训》（chos-rgyal-srong-btsan-gyi-bkav-chems-spyi）；《小涅槃经》（mya-ngan-vdas-chung）；《阐明秘意》（gab-pa-mngon-phyung）；《尊者伏藏遗训》（jo-bovi-gter-ma-ka-bkol-ma）；《大桑耶寺志》（bsam-yas-kyi-dkar-chag-chen-mo），此亦即《大中本拔协吐蕃史》（rgyal-rabs-dbav-bzhed-che-vbring）；《库敦尊珠雍仲之广史》（khu-ston-brtson-vgrus-gyung-drung-gi-lo-rgyus-chen-mo），此亦即所谓之《广本镇魔记》（log-non-chen-mo）；《德敦佛教史》（lda-ston-chos-byung）；《衮钦甫佛教史》（kun-mkhyen-buvi-chos-byung），此即《布顿佛教史》；《雅隆觉卧王统史》（yar-lungs-jo-bovi-rgyal-rabs）；蔡巴之《红史》（deb-dmar），等等。本书以上述诸史为据，此后虽然还有一些文书，但难以见到，零碎

的文书则不必考虑，仅以现时所得的著作去撰写本书。此书精进善良像天空一样宽广，它可涤净浊世之时的所有众生心中的黑暗，使一切人置于正道之上，愿观世音圆满意足。《佛教诸转轮王之产生显扬善说贤者喜宴》（dam-pavi-chos-kyi-vkhor-los-bsgyur-ba-rnams-kyi-byung-ba-gsal-bar-byed-pa-legs-par-bshad-pa-mkhas-pavi-dgav-ston），此书引述了吐蕃时期诸法王出现及逻娑、桑耶诸寺之佛教前弘期（bstan-pa-snga-dar）之情况，并为之广说，此为其中之第二时。

愿得吉祥！安乐产生佛教宝，如何产生法史库，吉祥祖拉陈瓦之论述，此即《贤者喜宴》佛教史（chos-byung-mkhas-pavi-dgav-ston），此为献给世间之贡品。吐蕃法王之所为，所说佛法长流水，佛教施主东南去，法王兄弟及父母，凭借纯心修成道。（此书由）雕刻家冈举珠古哇（rgang-rgyud-sprul-sku-ba）、才旺达波（tshe-dbang-dar-po）等人（雕版）完成，校勘者是强巴顿珠（byams-pa-don-grub）。此种无垢之善业，可除一切暂时之逆缘[50]及危难，最后祝愿获得遍智佛位！愿一切皆吉祥！

注释：

[1] 情器世间，藏文作“snod-bcud”，意指世间之大地及动物。

[2] 空行者（mkhav-vgro），意为天神。

[3] 密严刹土（vog-min-stug-povi-dbyings），即报身佛住地，亦为金刚持住地。

[4] 龙世间（sa-vog），亦可译作“地府”，即地下。佛教种世间天上、地上及地下为三域（sa-gsum）。

[5] 此句是指那些用所谓佛的智慧进行修道的佛教徒。

[6] 此说是强调桑耶寺、大昭寺（或桑耶及逻娑地区）在吐蕃的重要性。这是从佛教意义方面说的。下述还谈及叶尔巴寺在吐蕃的地位。

[7] 以上几句，意指吐蕃属民如无寺院，则像日月一样空悬宇宙，没

有生命，属民心愿懊恼，其痛苦就像生活在刽子手下的水火之中，故应加以拯救。

[8] 四大种（vbyung-bzhi），指地、水、火、风四者。无粗恶之象，是指四大种地水火风稳定如常。

[9] 此句意思是，佛教徒对佛经精进修习，必须克服水界、火界的苦难始得有所成就，得道成佛。

[10] 长出莲花茎，意指有了修行成果。

[11] 此处之藏布江是指逻娑的吉曲河（skyid-chu），即逻娑河，该河南流入雅鲁藏布江。逻娑河流经逻娑，吐蕃早期逻娑河古河道更靠近大昭寺。

[12] 根据莲花生的说教，吐蕃人修筑了逻娑河堤，造福于世，佛教徒认为是观世音化身（似指松赞干布）所为。

[13] 神变之身（sprul-pavi-sku），即"sprul-sku"，意即化身，佛书说成佛后有三种化身，即受生化身（skye-ba-sprul-sku），如转业活佛等；殊胜化身，即释迦佛；事业化身，即指从事身、语的佛事活动。

[14] 受用之身，即受用身或报身，为佛家"四身"（sku-bzhi）之一。"四身"即自性身、智慧法身、受用报身及变化身。关于受用身，佛书解释颇多，《佛地经论》云：受用即是次受用身，能令自他受用种种大法乐故。详见《法相辞典》，第三册，727~728页。

[15] 法身（chos-sku），佛书解释不一，《无性释》云：法性即身，故名法身。或是诸法所依止处，故名法身。《成唯识论》云：此牟尼尊所得三果，永离二障，亦名法身。详见《法相辞典》，第三册，757~758页。

[16] 此处之所谓法王遗教，即指本书最后所载之《法王松赞干布总遗教》一书，是《贤者喜宴》所引用藏史之一。又，"三门"指身、口、意。

[17] 所谓外观、内观，是指从内、外两方面观察大昭寺的内外情况。

[18] 这里描写吐蕃治逻娑河的情况，佛教徒视逻娑河为龙，以下之各种治河措施均从这种想象出发。又，“乌托”（vur–thog）似是一地名。

[19] 龙王象鼻（klu–rgyal–glang–sna），或许指龙须而言。

[20] 甘露漩明王（bdud–rtsi–vkhyil），系忿怒明王之一。

[21] 此处所指诸伏藏似指本书最后所载之《尊者伏藏遗训》（jo–bovi–gter–ma–ka–bkol–ma）。

[22] “乌托之中心”（vur–thog–gi–thil），文中之乌托（vur–thog）似是一小地名，待查。“thil”似是“中心”“底部”（mthil）之异体。

[23] 以上是说河坝在修筑过程中，河坝及河坝围田所呈现的不同形状的地形。

[24] “glang–snavi–spyan–vdren”，此词组不解。似是一种藻词，待查。

[25] 此处以猴相喻，意指不懂业果佛教经义者，则如低等动物猴子一样无知苟活而已。

[26] “如水泡”（chu–bur）句，意指转瞬即逝，空无所有。

[27] 此处“方法与智慧”的藏文写法是“pha–ma”，系指“thabs–dang–shes–rab”而言。此处之“方法”佛书释为“方便”，指修道之法。

[28] 自他生死涅槃，即“bdag––gzhan–vkhor–vdas”。“自他”即“自身”与“他”。

[29] 十波罗蜜多，即十到彼岸（phar–phyin–bcu）。《辩中边论》云：颂曰：十波罗蜜多，谓施、戒、安、忍、精进、定、般若、方便、愿、力、智。见《法相辞典》，第二册，111页。

[30] 有寂（srid–zhi），即生死涅槃。又，文中之“无取”（mi–dmigs），即又作“不可得”解。佛书瑜伽云：言无取者，谓无所住识，无

有趣入名色事故。自体永不生故。（见《法相辞典》，第四册，1041页）

[31] 大念即“drin-ched”，牢记铭心之意。位即“go-vphang”，意为品位、等级。修行所得之品级（位）。

[32] “叶尔巴是大昭寺之核心”，此句见油印本《叶尔巴寺略史》（yer-pavi-dkar-chag-lha-lung-dpal-rdor-bstan-pa-dar-rgyas-ma-bzhugs-so/），20~21页。此句说明叶尔巴寺的特殊地位。

[33] 《叶尔巴寺略史》载，用白色丝绸缚好柱子进行保护。（该书油印本，22页）

[34] 此处地震指逻娑地震。见《叶尔巴寺略史》，22页。

又，前面注释所述的寺院会场有毁坏处，则以麦粉堵漏缝，并同时保护好柱子。但据《叶尔巴寺略史》载，此处所说“寺院会场”是指逻娑寺院会场（实际是指大昭寺会场）；以麦粉堵缝是堵叶尔巴寺缝；保护柱子是保护叶尔巴寺柱子。这就是说，逻娑寺院什么地方有了事故，只要相应地维护好叶尔巴寺某些部位，就可保护好逻娑寺院了，这是因为叶尔巴寺是逻娑的核心。本文以下所述发生地震、火灾、风灾、人疫、畜病、兵祸、水患等等，均指逻娑地区而言。本文所述为对付上述灾患所采取的各种措施，均指在叶尔巴寺实施，如逻娑有了地震，就将珍宝洒在叶尔巴寺的曼陀罗上；如逻娑遇到火灾，则以叶尔巴寺的屋檐水救之，等等。以下同此，不再注释。

[35] 此处之“岩石”系指叶尔巴岩（yer-pa-brag）。

[36] 据《叶尔巴寺略史》载，既要保护好叶尔巴寺佛座及塔座，也要同时保护好逻娑（大昭寺）的佛座及塔座。（该书23页）

[37] 《叶尔巴寺略史》载，还记有疯驴。

[38] 此处之“头部及手”是指“一切诸佛像”的头部及手部（见《叶尔巴寺略史》，24页）。

[39] 《叶尔巴寺略史》将“龙殿”（klu-khang）写作“klu-bsgrub”。

[40] “以五种珍宝……等缠绕之”一句，在《叶尔巴寺略史》中没有记载。

[41] 看天孔（skar–khung），藏族房屋顶部可以望天的孔洞。

[42] 《叶尔巴寺略史》将“钟”（cong）写作“钟楼”（cong–khang）。（《叶尔巴寺略史》，26页）

[43] “凡夫之鬼”是指普通人死后为鬼。此与佛书所说天生的非人之鬼不同。

[44] “四部”指佛经四续部。

[45] 《叶尔巴寺略史》又载，这些经院也是在叶尔巴地区。

[46] 此句之后，《叶尔巴寺略史》有载：“叶尔巴是逻娑之核心（或译轴心、中轴），如果此核心被毁，则逻娑亦将被毁，因此修缮叶尔巴则会出现奇迹，我等逻娑地区出现何事，就应在叶尔巴地区精进努力，如此即可到达西方极乐世界矣！”（该书27页）

[47] 根据对照，以上所记修缮叶尔巴寺等等诸事，均出自《叶尔巴寺略史》一书，22~27页。《贤者喜宴》说是出自《主母汉公主志》一书，或许该书亦有同载，或转载。

[48] 边压诸寺，是松赞干布时在吐蕃边地建造的一些小佛寺，详见前述松赞干布建边压寺部分。

[49] 二资粮（tshogs–gnyis），即福德资粮及智慧资粮。资粮即善业（dge–bavi–las）。

[50] 逆缘，藏文作“vgal–rkyen”，即不利条件。

国家出版基金项目
NATIONAL PUBLICATION FOUNDATION

藏籍译典丛书
ZANGJIYIDIANCONGSHU

贤者喜宴·噶玛岗仓史

[明] 巴卧·祖拉陈瓦/著
周润年/译注

青海人民出版社

译者简介

周润年，1954年生，河北省康保县人。中央民族大学藏学研究院三级教授，博士生导师；兼任台湾政治大学及西藏民族大学等6所大学客座教授。讲授有《古代藏文文献》等10余门课程；撰写和参与编撰专著20余部；翻译藏文典籍8部；主编、撰写辞书10部；撰写论文120余篇。曾主持国家社科基金和教育部重大项目等6项，著作及其论文8项成果获北京市优秀著作一等奖和中国珠峰奖等。

藏籍译典丛书

ZANGJIYIDIANCONGSHU

贤者喜宴·噶玛岗仓史

[明] 巴卧·祖拉陈瓦 / 著

周润年 / 译注

国家出版基金项目

NATIONAL PUBLICATION FOUNDATION

青海人民出版社

图书在版编目（CIP）数据

贤者喜宴. 噶玛岗仓史 / （明） 巴卧·祖拉陈瓦著 ；
周润年译注 . -- 西宁 ： 青海人民出版社 ， 2016. 12（2024.4 重印）
（藏籍译典丛书）
ISBN 978-7-225-05302-8

Ⅰ. ①贤… Ⅱ. ①巴… ②周… Ⅲ. ①喇嘛宗—佛教史—藏语 Ⅳ. ① B946.6

中国版本图书馆 CIP 数据核字 (2017) 第 040447 号

《贤者喜宴·噶玛岗仓史》得到国家社科基金的资助（基金号：11BMZ022）

藏籍译典丛书
贤者喜宴·噶玛岗仓史
[明] 巴卧·祖拉陈瓦 著
周润年 译注

出 版 人 樊原成
出版发行 青海人民出版社有限责任公司
西宁市城西区五四西路 71 号 邮政编码: 810023 电话:（0971）6143426（总编室）
发行热线 （0971）6143516 / 6137730
网 址 http://www.qhrmcbs.com
印 刷 西安五星印刷有限公司
经 销 新华书店
开 本 720 mm × 1010 mm 1/16
印 张 39.75
字 数 513 千
版 次 2017 年 4 月第 1 版 2024 年 4 月第 3 次印刷
书 号 ISBN 978-7-225-05302-8
定 价 198.00 元（全 2 册）

目录

前言

藏文史籍《贤者喜宴——噶玛岗仓史》共计475页（1986年民族出版社出版的藏文本），是《贤者喜宴》全书中篇幅最多的一卷，主要内容是叙述了噶举派的历史。由于作者是噶举派的活佛，故作者在撰写此书时颇费功力。该卷取材丰富广泛，而且吸收了大量原始资料；以时间而论，从元朝初年一直到明朝末年的西藏历史；言其内容，除噶举派的历史及西藏地方史之外，尚涉及汉地、蒙古、西夏等地的历史。概括其内容主要有以下六个方面：

一、元、明中央王朝的治藏政策

该卷记述的重点是噶举派的历史，尤其是对噶玛噶举派第一至第八代大宝法王（即黑帽系活佛）和第一至第五代红帽系活佛与元、明中央王朝往来及封授过程的记载。噶玛噶举派的发展更加突出的原因是有着政治支持者，特别是中央王朝的支持。元朝忽必烈支持萨迦派，也同时支持噶玛噶举派，萨班、八思巴和噶玛巴什先后被迎往内地，他们作为藏族的代表人物受到朝廷的重视和尊崇，而他们也以自己的力量支持朝廷，双方通过这种互相支持而不断增强本身的实力。进入明代，噶玛噶举派许多僧人又先后被迎往朝廷，受到各种封号，明朝对历代噶玛巴的扶持政策得到加强，噶玛噶举派的政治实力大增，其教派势力也相应壮大。上述这些史实在该卷中都有详细的记述，特别是本卷还收录有不少皇帝的封文和诏书等，而这些资料较其他诸书尤为详备，史料颇为珍贵。

二、民族关系史

该卷对于汉藏关系史、蒙藏关系史研究的价值也是值得重视的。本卷出现有许多汉文资料缺载或因载籍疏略、莫能详述的人物、事件的记载，甚至有些已经佚失的汉文资料，也在本卷中有记载。本卷中有许多记载可弥补明代汉文史料之不足。如关于明武宗时派遣太监刘允到西藏迎请第八世噶玛巴一事，《明史》《明实录》等汉文史书中对刘允在西藏的经历语焉不详，只是说刘允在西藏遭到抢劫，无功而返。而本卷记载有刘允在西藏出行时的盛大排场和奢侈生活，并详细记述了刘允在西藏的行程，对刘允与噶玛巴上层之间的关系，也有较完整的记述。此外，本卷还详细记载有西藏噶玛巴、止贡巴、蔡巴、萨迦、格鲁等教派的高僧大德与蒙古诸王的关系。还有在汉文文献中只笼统地描述了元代汉藏间友好往来的情况，但其具体情形则不甚了了。而在本卷中都有名有姓地记载了前往汉地朝觐的藏族官员、高僧和一些来西藏的内地官员的活动。所有这些大大地加深了我们对历史上汉藏、蒙藏之间关系之深度和广度的认识，开阔了研究民族关系史的视野。

三、西藏地方史

该卷不仅叙述了噶举派高僧大德的历史业绩，更是大量地记载了元、明时期西藏的政治、军事、法律、文化、行政建制等方面的丰富史料，较全面地反映了元、明时期西藏地方的历史。尤其是一般藏族史记载较少的西藏金沙江流域及朱倭下部的历史状况，在本卷中却有较多的记载。例如灵仓（即灵赞善王）所在地，该地有土司、本勤及万户长的设置，白利地方设有白利万户长，邓柯地方也设有邓柯万户长。此外，还涉及其他史籍不见记载的万户长的名称，如羊卓万户长伦珠坚赞巴等，这有助于了解元、明西藏万户设置的情况。这些记载是当时、当地人记载的最权威的第一手资料，它对元、明时期西藏地方行政建制的记述更为翔实，其内容更有价值。该卷特别还记载有西藏门隅地区门巴族的历史。从记载看，元、明时期门隅地区有东门隅和西门隅之分，而且都由门隅王统治，当时由噶玛巴活佛担任门隅王之上师。这些史料对于解决我国与印度的“麦克马洪线”边界纠纷问题提供了第一手资料，并充分说明历史上“麦克马洪线”以南的大片领土本就属于中国。

四、噶举教派史

噶举教派兴盛于元、明时期，而本书的作者是噶举派的高僧，所以作者对本派的历史了如指掌，能够系统地记述本派的历史。有关噶举教派的记述，本卷运用了大量第一手资料记述了噶举教派的兴起和发展历程。噶举教派从请僧建寺伊始便得到元、明王朝强有力的支持，这无疑是噶举教派能够迅速发展的关键所在。如本卷记载的元代中后期，噶玛巴颇得元朝帝王的尊崇，噶玛巴第三世活佛和第四世活佛先后奉诏进京，向元宁宗、元顺帝等帝王和王公贵族传授密法灌顶的详细过程。明代成祖皇帝迎请噶玛巴第五世活佛到南京，噶玛巴第五世活佛在南京建诸多密宗坛城，实施了盛大的密宗超度仪式。本卷对诸位噶玛巴在内地的宗教活动，提供了许多细节，尤其对法事活动中的密宗仪轨的记载更为翔实。此外，本卷还记载了噶举教派主要高僧大德的生平事迹，同时也记载了噶举教派的寺院、佛教经典及修道的传承和仪轨等。这些资料正好可以弥补汉文史籍记载噶举教派主要高僧大德的生平事迹时语焉不详、史实混淆不清的缺憾，因此它是研究噶举教派史的最好素材，具有重要的史料价值。

五、西夏史

该卷还详细地记载了西夏的历史。通过该卷的史料得知，四川木雅地区在元、明时期是藏族与西夏密切联系之地，此地也建有寺院，并有寺院属民和贵族属民之分。这说明从唐代开始，西藏与西夏建立关系以来，政治、宗教、文化的联系一直在发展。该卷记载西夏王执政时，西藏应西夏王的请求曾派遣著名的大师藏索瓦到西夏，担任西夏王之上师，西夏也不断向西藏的寺院提供布施。元、明之际西藏与西夏仍有密切交往，该卷较为详尽地记载了噶举教派的活佛在西夏建寺传法、广收门徒的史实。通过这些资料，再结合黑水城出土的藏传佛教文献、文物及现存的相关西夏佛教史料，有望重构噶举派在西夏的传播历史。

六、活佛转世制度

最早实行活佛转世制度的是噶玛噶举派。其创始人是藏族历史上享有盛名的噶玛巴第一世活佛都松钦巴，他用毕生的精力弘扬噶举派教法，创立噶玛噶举支系，并建立了几座著名的大寺院，使该教派颇具影响力。据该卷记载，都松钦巴大师临终前口传遗嘱，说他要在人间转世，让他的大弟子们在他圆寂后寻访教法继承人。他是藏传佛教高僧实行转世传承的第一人，在西藏历史上开创了“活佛转世”的先河。活佛转世制度虽然起始于噶玛巴教派，但后来为藏传佛教各教派所广泛采用。活佛转世制度经历了由简至繁，由一教向多教，由宗教到世俗的演变过程。随着政教合一制度的逐步完善，活佛转世即从狭隘的地方性走向高度的统一性，以致成为中央政权管理宗教、治理藏区的一项定制。历代噶玛巴活佛都以得到中央政府的支持来提高自己的地位，中央政府亦非常重视噶玛巴活佛的转世及其地位，利用他们的地位来加强中央政权的高度统一，促使两者之间的关系不断向前发展。该卷全面介绍了活佛转世的由来、转世的程序、转世的方式、第一至第八代黑帽系活佛和第一至第五代红帽系活佛的生平事迹，同时也介绍了黑帽系活佛与红帽系活佛互为师徒的关系。

由于《贤者喜宴》本身的史料价值及其重要性，近十几年来，在许多学者的论著中，尤其是研究吐蕃和元、明时期的西藏历史和宗教文化的论著中，许多史料被广泛引用和论证，成为极有价值的学术资料。《噶玛岗仓史》与《吐蕃史》是姊妹篇，也是全书与众不同的精华所在，受到广泛的关注。它对于中国历史以及藏族历史是一份珍贵的资料，在国内外属于珍奇的史料之一。藏文史籍《贤者喜宴——噶玛岗仓史》研究的价值：

第一，通过该卷记载的噶举派在西夏传播的历史，对于进一步研究西夏历史和文化，认识西夏佛教对蒙元帝国的影响以及蒙元帝国与藏传佛教各派之间的关系，有着重要的研究价值。

第二，噶玛噶举派黑帽系自创始人都松钦巴至现在的乌金赤列多吉共传有 17 代。历代噶玛巴活佛与中央政府的关系一直很密切，他们都和中央政府有过直接或间接的联系。尤其是从第五代噶玛巴活佛受封为“大宝法王”以来，这个封号即成为历代噶玛巴活佛专有的一个封号，他们都自称“大宝法王”，按期派人进京朝贡。他们热爱祖国，为维护国家的统一、各民族的团结做出了贡献。该卷为研究汉藏、蒙藏等民族的关系史提供了极为珍贵的史料，为我们今天研究元、明王朝对西藏地方的政策，借鉴元、明王朝成功的治藏经验具有重要的研究价值。

第三，该卷不仅记载了八世噶玛巴与元、明中央政府在政治上保持着亲密的关系，而且在经济上往来不断。中央政府准许他们持发给的凭证，进京朝贡。朝贡是下级臣属对君主奉献礼品，反映了政治上的从属关系。明代中央政权对于赐封过的历代大宝法王，皆确定了朝贡的关系。噶玛巴活佛及其徒众、侍从的朝贡队伍人数日多，次数日增，规模亦愈大。他们将藏族地区的牲畜、皮毛、药材、藏绒、藏香、铜佛、唐卡、法器等土特产品和手工艺品作为贡物带到内地，又把中央政府赏赐给的金银、绸缎、布匹、粮食、茶叶以及各种生产工具和生活用品带回藏族地区。这种以贡赐方式出现的特殊经济往来，对汉、藏、蒙等民族之间交流物产、发展贸易与繁荣经济起到了重要的作用，使西藏与内地各民族在经济上形成了密不可分的关系。

第四，该卷引证了大量史料，对噶举派的发源、传承、发展以及各个不同时期的人物业绩做了翔实的记载，为研究噶举派的历史奠定了基础，同时也填补了噶举派在西夏传承、发展历史的空白。

第五，对明代藏族史这段扑朔迷离的历史过程，该卷做了翔实的记录。大量的史实批驳了藏独分子散布的“明代西藏地方是独立于中央政府之外的”“明王朝与西藏只有贡施关系，而不存在臣属关系”等谬论，肃清其流毒，还历史的本来面目。

第六，该卷为研究元、明时期西藏地方的政治、经济、社会、军事、宗教、文化等方面提供了珍贵的资料，同时也填补了汉文史籍记载中国历史及西藏历史资料方面的一些空白。

综上所述，该卷的内容是十分丰富的，它所蕴含的众多历史文化信息，需要从多方位、多学科的角度加以研究，从而不断充实元、明时期西藏地方的思想史、文学史、民族关系史及语言学、民俗学等方面的史料。该卷不仅记述详备，考证精当，而且史料丰富、可靠，大多可与汉文史籍相互印证，有极高的史学价值。今天，国内外藏学界视这部历史文献为研究中国历史和西藏地方史不可缺少的重要史籍。

此外，需要说明的是我们除了全文翻译和注释《贤者喜宴——噶玛岗仓史》外，还做了以下工作：

第一，通过翻译《贤者喜宴——噶玛岗仓史》，发现有许多诏书、谕旨及珍贵的第一手资料是首次面世，所以我们特在注释中标注，并加以说明。

第二，参考了藏文史籍《历辈噶玛巴法王传略——如意树》《红史》《青史》等重要著作，对此书所涉及的藏族历史事件、著名人物以及汉、藏、蒙等民族关系进行了考证。

第三，经过分析研究，纠正此书史料记载的错误。比如，“成吉思汗五十八岁时使整个西藏归顺于蒙古”，此说有误，根据汉、藏文史料记载应该是在成吉思汗四十五岁（1207年）时使整个西藏归顺于蒙古等诸如此类的一些问题。

第四，发现了本书中一些明显的错误，并加以分析和说明。例如，第五章对红帽系第一世活佛扎巴僧格的圆寂之年记载有明显的错误，此章记载扎巴僧格圆寂之年为六十七岁的藏历土牛年（1349年），而在此书的第三章《让迥多吉的弟子》一节中又将他圆寂之年记载为八十二岁的藏历木蛇年（1365年）。如此前后文在记载红帽系第一世活佛的圆寂之年存在明显不一致的地方。又如第二章的第四节中记载“1252年阔端派图必达之蒙军进藏”，而阔端于1251年已经去世，显然有误。

第一章　第一世噶玛巴活佛都松钦巴（1110~1193）

【译文提要】第一章共有 6 节，即幼年时的都松钦巴；都松钦巴受比丘戒；都松钦巴随从岗布巴、日琼巴等人修持佛法；都松钦巴调解祥蔡巴与贡钦巴的冲突；都松钦巴建造楚布寺及圆寂；都松钦巴的主要弟子。

本章主要记载了都松钦巴的生平事迹。都松钦巴于藏历第一饶迥的阳铁虎年（1110 年）出生在多康的朱倭下区，父亲名贡巴·多吉贡，母亲名拉托萨·岗恰明珍。都松钦巴自幼年即随从父亲及祖父学习藏文及其文法，并开始涉猎佛学知识。十六岁时于曲科迦查钦哇寺由却吉喇嘛任亲教师、恰·森格扎任轨范师，剃度出家为僧，赐法号吉祥却吉札巴。二十岁时，由墨·都增任亲教师、益喜洛追任羯摩师、穷格泽代任屏教师为他授比丘戒。此后，他随从格西夏惹瓦、瑜伽师喜饶多吉、贝噶洛、康巴阿僧、约却旺、绒巴帕格、宾浦巴敦杰、嘉莫邦卡巴、岗布巴、日琼巴等多人，听闻了“噶当教授”“六加行”“金刚亥母”“六庄严饰”“喜金刚教诫”“道果”及希解派等各种显密教法。他一生四处弘传佛法，大做利他事业，曾调解祥蔡巴与贡钦巴的纠纷；他广收弟子、建立寺院，创建了噶玛噶举教派。都松钦巴的弟子众多，主要有五位有缘弟子，即神通有缘弟子德琼桑结、神变有缘弟子贝擦达德哇、传记有缘弟子查哇嘎当巴、通达有缘弟子扎叶格曲尊、利他有缘弟子卓衮热钦等人。本章还介绍都松钦巴的主要弟子洛拉雅巴、藏巴佳日、灵热、热钦巴、崩查巴什等人的生平事迹。噶玛巴都松钦巴一生的主要功绩是开创噶玛噶举派，为该派建立了寺院，创造了继续发展的基础和条件。噶玛噶举派后来为了解决自己的接班人问题，遂追认德高望重的噶玛巴都松钦巴为该派黑帽系的第一世活佛，首创藏传佛教活佛转世制度，因此本章对于研究都松钦巴和噶玛噶举派的创立情况以及藏传佛教活佛转世制度，具有重要的史料价值。

第一节　幼年时的都松钦巴

论述殊胜噶玛噶举传记宝书之作者，向具有一切佛之自性第二佛陀不动佛（噶玛巴）足下之莲花敬礼。

观音威福悲心藏，
调伏浊世众生故，
续说殊胜之化身，

稽首敬礼噶玛巴。

复次，法王松赞干布预言未来大悲观世音菩萨将会在不同时期化身，并做利益众生之伟业。殊胜噶玛巴是贤劫的第六佛，在申格地方的尚仁波切挖掘的伏藏里曾有预言，班智达·释迦室利的讲述中均有所预言。贤劫所有菩萨自无始以来所呈现的观世音菩萨之解脱性相我们虽难以叙说，然观世音菩萨为利益众生所呈现之诸化身事业，吾侪尚可做些许记载。

尊者都松钦巴（dus-gsum-khyen-pa）[1]于藏历第一饶迥的阳铁虎年（1110年），即鄂译师去世之翌年，于多康的朱倭下区出生，父亲是贡巴·多吉贡（sgom-pa-rdo-rje-mgon），母亲是拉托萨·岗恰明珍（lha-thog-bzav-sgang-lcam-ming-vdren），父母为其起名盖培（dga-vphel）。七八岁时，其曾请求祖父贡巴·哲巴（sgom-pa-sges-po）和父亲教授他"吉祥天母自生却敌佛母修行法"，嗣后便有了教证。他曾亲见吉祥天母之行藏，示现了在石头上留下的神变脚印，并调服自身种种业障。十六岁之时，都松钦巴于曲科迦查钦哇寺出家为僧，拜却吉喇嘛为亲教师，拜恰·森格扎（chag-seng-ge-grags）为轨范师，赐名法号吉祥却吉札巴。剃度之时，他看到了圣智空行母和胜乐泗鲁迦[2]等天众环绕在头顶，空行母把用自己头发做成的一顶黑帽法冠戴于其头上，并为其取名曰"噶玛巴"，此即是我们后来所闻之噶玛噶举派黑帽系（的由来）。

第二节　都松钦巴受比丘戒

年届二十岁之时，都松钦巴前往卫藏地方之堆龙萨塘，师从甲玛寺寺主堆龙甲玛瓦（kya-mar-ba）和恰巴·却吉森格（cha-pa-chos-kyi-seng-ge）学习，并精通了中观自续的三传承、《因明七论》及《弥勒学二十论》，被公认为桑普寺的“康巴三人”之一。嗣后，他于巴曹译师处听闻了中观自续和中观应成（派）之教授，并由墨·都增（mal-vdul-vdzin）任亲教师，益喜洛追（ye-shes-blo-gros）任羯摩师，穷格泽代（gcung-gis-dzad-de）任屏教师授予比丘戒，从此精通了《戒律》。又师从格西夏惹瓦（dge-shes-shar-pa）、瑜伽师喜饶多吉（rnal-vbyor-pa-shes-rab-rdo-rje）、贝噶洛（dpal-rga-lo）、康巴阿僧（khams-pa-a-seng）、约却旺（yol-chos-dbang）、绒巴帕格（rong-pa-vbar-dge）、宾浦巴敦杰（spen-phug-pa-ston-rgyal）及嘉莫邦卡巴（skyab-mo-spang-kha-pa）等多人，听闻了“噶当教授”“六加行”“鸦面明王法”“金刚亥母”“六庄严饰”“喜金刚教诫”“道果”及希解派[3]等藏地公认之诸教法。

第三节 都松钦巴随从岗布巴、日琼巴等人修持佛法

都松钦巴年届三十岁时，法王岗布巴（rje-sgam-po-pa）六十一岁，即藏历的阴土羊年（1139年），都松钦巴前去拜见了岗布巴叔侄。由于圆满地修习了“方便道”，他九日后便能着单衣而全身出汗，修行九月后可使手上无垢。总之，他在岗布巴处修习了三年，在八百修行者中被公认为最佳苦行者，但却未能证悟（佛法）。（后来）法王岗布巴建议他到桑日德普、帕木竹、沃喀等地修行，于是（都松钦巴）前去依止鲁如地方的热穷巴。因为热穷巴曾梦见一位丑陋妇人于梦中对其言道：“一位佛的化身明天将会来拜见你，你要把你的教授全部传于他。”（此妇人）随

后就不见了，第二天都松钦巴到来了。在依止热穷巴的两个月里，都松钦巴精通了米拉日巴[4]和德普（te-bu）的教授。后来他来到了拉堆和拔卓等地，依止尊者米拉日巴的亲弟子阿杰卓玛（sngags-sgyes-sgron-ma）、孜门卡赛准（rtse-mon-mkhav-gsal-sgron）及二沙弥昆仲（dge-shul-dpun-gnyis）等。总之，都松钦巴完满精通了尊者米拉（日巴）的七个亲传弟子的圆满教授。在帕里附近，雷不能伤害到他；在门多仓修行时，神变圣智空行母环绕着他，地方神化身为两位妇人拿来装满甘露的葫芦，回来时天降大雪，由于他裸露身体，便请求空行母让附近的雪下得小些，空行母同意并让莫拉山中的雪融化。都松钦巴隐藏在茹恰聂地方，雪度母让空行母给都松钦巴以生活上的照顾，以便让他修行。

都松钦巴于秋季来到了色吐布，尼木下区的胜乐藏瑜伽母幻化为漂亮美丽之妇人呈上苏朱的蔬菜和天神的甘露乳，此乃尼泊尔帕厅的施主阿秀噶（a-sho-ka）的第七个女儿达玛斯迪（dharma-si-ddhi）从尸林中得到的。都松钦巴从那妇人的拇指上看出了她的胜乐圆满（真身）。（都松钦巴）在宗地之寺院（rdzong-dgon-pa）[5]与宗巴喇嘛（bla-ma-rdzong-pa）[6]相见，遍知宗巴喇嘛所有一切，并言道："如是而已。"继言曰："宗巴喇嘛诸人已到过克什米尔的尸林桑巴达热会供轮处(kha-chevi-dur-khrod-sam-pa-ta-ra-tshogs-vkhor)。"由于宗巴喇嘛已经回答了（都松钦巴）曾思考过的事，所以便不宜再考虑（提问）。嗣后，都松钦巴听闻了《大手印霹雳》（phya-chen-thog-babs）、《胜乐凶年三卷》（bde-mchog-lo-nag-dril-gsum）、《精进圆满》（sgyed-rdzogs）等诸多佛典，旋又赴岗布（sgam-po）地方，喇嘛自言道："此事已人尽皆知。"尊者贡巴（rje-sgom-pa）[7]亦自言曰："关于所说在大喇嘛（bla-ma-chen-po）驾前会见之事，亦已为众人所知悉。"总之，尊者（塔布拉杰）叔侄（rje-khu-dbon）、热琼哇（ras-chung-ba）、宗巴（rdzong-pa）、宾古巴（sben-gug-ba）、嘎洛（rga-lo）、阿僧（a-seng）、扎尔巴（krar-pa）、玉曲贝若哇（dngul-chu-be-ro-ba）等获得了修行之成就，据说还出现了很多纯正的上师（nges-kyi-bla-ma）。由于向师尊（bla-ma-chen-po）呈现了使其得以证悟的（道理），故康巴斯布（khams-pa-se-po）对（都松钦巴）言道："我对你有所期望，（然）你尚有不妥，仍需继续修行。如果说没有适当之（修行）处而仍想（继续）修行，并修行了六个月，这对我等而言即使修行百年亦不会有所精进。如果一错再错，如此情况，我们自己（再去）请求贡巴（sgom-pa）尊者并予以顶礼，那亦将非弟子之辈了。对于佛法之释义以及（自身）之表现均不可有所骄傲，而是需要正直诚实的。"

时值尊者法王（塔布拉杰）圆寂三年之际[8]，格西康巴（dge-shes-khams-pa）又至此地，康巴三人（khams-pa-gsum）[9]聚会，彼等严守禁酒之戒。由于此三人举行了会供轮（tshogs-vkhor-mdzad-pa），故此高兴地提出了祈请，于是管理僧众事务者遂从住地而来，而所有空行护法者亦尾随而至，所有树木的果实均弯腰（致意）。法王（塔布拉杰）仅着单衣并手持藤鞭，言道："彼等三人何往？吾亦前往。"言罢而去。其时彼等吟唱了问答歌，并在一大磐石上留下了彼三人之足迹，然后彼等离去。众人对此一致表示敬仰。（康巴三人）曾将所有教诫尽行传授，特别是传授了一些（过去）未曾传授他人之诸如《生次第俱生》（skied-rim-lhan-cig-skyes-ma-dang）、《圆满次第心风无二》（rdzogs-rim-rlungs-sems-gnyis-med）等佛经。同时，（彼等）预言道："徒儿，尔当在康地冈木布雪域（khams-gyi-gam-po-kangs-ra）[10]修道吧！如是利他之事业将遍行于卫藏康（dbus-gtsang-khams）三地矣！"

此后都松钦巴曾驻跸彭域之恰桑查（vphan-yul-ja-bzang-brag）、秀地之拉日坚布（gzhuvi-lha-ri-rgyan-po）及丘波（byug-po）[11]等处，因山岩不能阻挡其修行，故称其为查巴喇嘛（bla-ma-brzag-pa）。其汗水、甘露、唾液等一切均聚为各种颜色的小如芥子的舍利，其形态犹如小似芥子样的字形、佛塔、用具等，多至无数。传言这些在彭域恰桑之所有岩谷各处均有之，同时能亲见声光升扬等等，时隐时现，据说因此也消除了（人们的）一切疑虑。

都松钦巴四十二岁时掌管了空行者住地——秀地之楚西（gzhu-gru-bzhi）[12]，并由四十部众护持，其生活所需虽不丰富，却聚集起所有四部（bzhi-sde）之善业资粮，而空行者又献出了禁食斋金丹术(smyung-gnas-bcud-len)，都松钦巴遂藉此禅定而生，传言他不顾自身枯瘦之躯。当都松钦巴得知法王（塔布拉杰）圆寂后随即出走，在约卡之波若宗琼（vol-khavi-pho-rog-rdzong-chung）地方祈请与尊者贡巴（rje-sgom-pa）及上师帕思巴（bla-ma-vphags-pa）[13]相会。因此三人亲见法王（塔布拉杰）现身。因是在楚西（gru-bzhi）地方出现了风界之景观，都松钦巴遂以大神变而成为名人。数日之后，完成入定及出定之修行，随即修持三时无障之举。

在都松钦巴五十岁之时，尊者贡促(rje-sgom-tshul)[14]驻锡拉垅（lha-lung）地方，当其时都松钦巴欲前往康地(khams)，曾敬礼尊者[15]，言道："我不会久居此地，将要出行。"尊者道："你在康地如遇困难仍可返回来啊！"又说："(我）可为汝安置能瞬即绕行印度金刚座及能见证无量佛土等罕有之法门。"据说，其时上师帕木竹巴（bla-ma-phag-mo-gru-pa）曾致书益西沃（ye-shes-vod）说道："汝勿去康地。如果前往则灌顶、开光等均不宜施行，（我）还怀疑那样将有损汝寿。他对我是慈爱的，而我如果没有五种牲畜也就不具备牧人之名了。如果无此信念，将无须进行灌顶、开光，即使灌顶也不会得此八十四岁之寿数，而唯米拉日巴上师（bla-ma-mi-la）能享此八十四岁之寿数，所以此长寿之事绝非偶然而至。"此后，都松钦巴在北方（byang-lam）及朱倭（kre-bo）等地大行利他之事。

都松钦巴五十五岁时前往乃囊（gnas-nang）地方[16]，因睡眠时不断出现亮光及羊叫声，都松钦巴言道："此乃法王（塔布拉杰）得知情况后所做之预言，欲使人们按其教诲进行修行而给予之加持，故此（我）在彼处未被移动的罗睺罗星之毒所害。"此后，（都松钦巴）因饮水不服欲离开此地，但居士多吉贝孜（dge-bsnyen-rdo-rje-dpal-brtsegs）献上有益于身体之火，恳请都松钦巴留居下来。

第四节　都松钦巴调解祥蔡巴与贡钦巴的冲突

七十四岁之时，都松钦巴驾临止垅(vbri-kluangs)地方，并为金沙江流域（vbri-chu-rgyud）之所有僧俗人等灌顶讲经，后驾往朱倭（kre）[17]，（此地）所有纷争随即自动平息。于七十七岁的藏历木蛇年（1185 年）时，都松钦巴驾勒列杜噶麦（gle-du-sgar-mal），并建造寺院，行利他之事，而后取道南路（lho-rgyud），前往卫地（dbus）。由于尊者吉甸衮布（rje-vjig-rten-mgon-po）居住于岗布（sgam-po），故其曾对都松钦巴言道："而今已时至我侄孙辈执掌喇嘛仁波切（bla-ma-rin-po-che）寺院之时刻了，诸大弟子中唯有汝（可以担当）。"并同时对都松钦巴叙言："汝当到我等寺院中来。"虽然如此，但都松钦巴仍未驾往（彼处），而是前往止贡替（vbri-khung-thel）。尊者吉甸衮布在庞塘（vbam-thang）地方迎接都松钦巴，并言道："汝一心听法，故喇嘛仁波切（bla-ma-rin-po-che）曾预言说汝乃众生之怙主龙树(vgro-mgon-klu-sgrub)。"（都松钦巴）说道："我来卫地有四种需要，尊者贡巴（rje-sgom-pa）曾说：'你在康地如遇到困难可返回卫地。'我即依言而行；请让我向寺院敬献百部金写佛经（gser-chos-brgya-vbul-byed-pa）；祥蔡巴（zhang-tshal-pa）与贡钦巴（sgom-chen-pa）发生冲突，此事令人闻之不悦，故（我）欲加以化解；（我）想在秀与楚布之间(gzhu-mtshur-gyi-par）建造一座寺院。”（都松钦巴）言毕即前往蔡（tshal）地方，因为平息了纷争，祥上师（bla-ma-zhang）见到都松钦巴具有无数净相，遂拉着都松钦巴的手跳起舞来。此后，他在都松钦巴去世之前从未再发生过纷争。

总之，都松钦巴五十岁前往康地时曾驻跸于楚布的查盖（mtshur-phuvi-brag-rgyab）地方，他曾在该地施放过朵马食子（gtor-ma）[18]，并为之加持祝福。他建造了一座寝宫，并收集了与寺庙有关的各种供物。

第五节　都松钦巴建造楚布寺及圆寂

于八十岁之时，都松钦巴建造了楚布寺(mtshur-phuvi-mchod-khang)[19]。祥仁波切（zhang-ring-po-che）敬献了有八庹[20]长的大伞，该伞是修光明大威德的噶如玛拉尼雅巨伞（lha-chen-dpal-vpar-grung-pavi-ka-ru-ma-la-nya-byus-kyi-gdugs-chen）。祥仁波切又向楚布寺敬献了噶如玛拉（ka-ru-mar）伞、三界制胜（khams-gsum-zil-gnon）等三种供物。总之，（供奉了）萨乐和（sa-ra-ha）、麦哲巴（me-tre-pa）[21]、多吉哲浦巴（rdo-rje-dril-bu-pa）、咱连达拉（dzav-lan-dhara）及塔布拉杰(bla-ma-lha-rje）等上师，彼等所传千手千眼金刚亥母(phag-mo-dvu-stong-spyan-stong-ma)、三十六位空行母(dpav-mo-so-drug）等，传言他们讲解了所谓胜乐金刚吉祥续（he-ru-ka-dpal-rgyud）等密乘续部（rgyud-tshig-gsung-ba)，都松钦巴还见证欢喜佛（dgyes-mdzad）坐于光圈之中，其所闻习之佛法中有教诫（bar-dovi-gdams-pa）及欢喜颂（dgyes-mdzad）等，

（以及）上师本尊菩萨之观感，如此均载于今日之传记中，多至难以计数。都松钦巴又以神变幻术前往参加天竺金刚座之定期法会（rdo-rje-gdan-gyi-dus-mchod），令骑者祈请在哈哈卓巴（ha-ha-sgrog-pa）尸林的众有成就者（grub-thob），彼时来自天竺的纳波厥巴（nag-po-spyod-pa）、兴洛巴（shing-lo-pa）、咱连陀热巴（dzav-lan-ngd-ra-pa）、因陀罗菩提帕巴（i-nadra-bo-nghi-bor-pa）四人；来自藏地之喇嘛仁波切（bla-ma-rin-po-che）及达摩宝利（ngtarma-shiv-la）二人[22]，共计六人前来同做会供轮[23]。然后瞬息返回，取道克什米尔（kha-che）[24]及普兰（pu-rangs）[25]，（都松钦巴）在拉堆塘琼（la-stod-thang-chung）向格西藏索哇（dge-shes-gtsang-so-ba）[26]讲论了从因陀罗菩提帕巴（i-nadra-bo-nghi-bor-pa）所听之四续，然后又前往楚布（mtshur-phu）地方。都松钦巴曾预言：在前四辈之时，汝乃是弟子，宜去修行，嗣后会获封为西夏王之供奉师长（mi-nyag-rgyal-povi-bla-mchod）等。然而由于弟子们在远近各处看不见都松钦巴，故此他们隆重祈请，都松钦巴旋即而至，并举行了诸多开光活动。当其时，花朵自然落在佛像上、佛塔上，法器悬置于空中。神殿环绕，诸倾斜的塔等佛教建筑变为端正，并以加持之力使残疾人及驼背等（疾患）得以康复，如是此等情形大都载于（各种）传记之中。其时（众人）亦清晰见证了（都松钦巴）的所有过去、现在和未来全部利他事业之地方。以前是在东方琉璃地域，该地的（利他事业者）幻化为比丘。在赡部洲及牛货洲之间的达日陀（gling-phran-dha-ri-tha），上师拉杰（bla-ma-lha-rje）变成瑜伽自在苏热（rbal-vbyaor-gyi-dbang-phyug-su-ra-ta），并担任了阿阇黎轨范师。

在乌仗那之小洲（ao-tra-na-gyi-gling-zur）达迪嘎（ta-rdi-ka），有嘎瓦族自性瑜伽（rang-bzhin-kyi-rnal-vbyor-pa）名阿底峡（a-ti-sha）者，此人系一获殊胜能力者。西方牛货洲称此人为婆罗门比丘达磨阿底峡（bram-zevi-dge-slong-dharma-a-ti-sha）[27]，并指出此人为迪洛巴之弟子（te-lo-pavi-slob-ma）。此人乃七百俊才中最有能力者，于是（他）招致了暴君（sdig-spyod-kyi-rgyal-po）的陷害，将其驱逐出住地，他即是此后的云达衮巴哇（yon-bdag-dgon-pa-ba）。在东方迦陵羯地区（ka-li-ngaka），月王（rgyal-po-zba-ba）进行了调伏，将出现上师拉杰（bla-ma-lha-rje）、桑杰益西（sangs-rgyas-ye-shes）及尊者米拉（rje-mi-la）、强贝西年（vjam-dpal-bshes-gnyen），并将有吉祥聚米塔（dpal-ldan-vpras-spuns）环绕[28]，因此将获得所有一切之成就。在乌仗那，德洛巴（te-lo-pa）之弟子宝利甸迪（shiv-la-dandi）[29]，将获得殊胜能力。赡部洲的东北交界处之具莲花河处（chu-klung-padma-can），婆罗门萨咱恰纳（bram-ze-sadzja-na）之弟子比丘达磨格迪（dge-slong-ngharma-kirti），他恳求格西恰班琼（dge-shes-phya-pa-chung）作他的轨范师(slob-dpon)，并在雀巢岩（ri-bo-bya-skyibs）向卓卑胜乐金刚（tombi-he-ru-ka）做祈请。在东胜身洲有大王之女名喜饶桑姆（shes-rab-bzang-mo），她请上师拉杰（bla-ma-lha-rje）、比丘达磨僧迪居住下来。在东西二洲之间有一处名为热甸帕拉（radan-pha-la）的小洲，该地之城称做热咱帕拉（grong-khyer-ravdzav-pha-la），有一名为苏卡价迪（rje-rigs-su-kha-kirti）的王族，他向由上师拉杰变成的贝吉贝巴（dpal-gyi-sbas-pa）祈请授戒，遂成为寿至一百六十四岁的能行瑜伽者（spyod-pa-nus-pavi-rnal-vbyor-pa）。其时，在向上师请求做会供轮的地方，上师言道："弟子，汝现在年仅二十，而且此云达衮巴哇(yon-bdag-dgon-pa-ba）将成为一富豪之子，因此随其做了施主(yon-bdag)，不仅现在任施主，以后还要当施主。"同时叙说了许多他自己过去的情况，言道："格西藏索哇（dge-bshes-gtsang-so-ba）将护持西杰哇（skye-ba-bzhi），尊者米拉（rje-mi-la）就是阿阇黎强贝益西（slob-dpon-vjam-dpal-bshes-gnyen）。"（上师）又说了许多其他关于过去的情况。当时又询问了都松钦巴关于目前他本人的化身情况，他答道："总之，虽非真实，但却颇为明显。在化身方面大约有四种，在阿里（mngav-ris）及克什米尔（kha-che）之间，在布日（spu-rig）地方有名曰比丘格哇洛追(dge-bavi-blo-gros）者，他建造了众多寺院（gtsug-lag-khang)，其中的一位弟子将在一个小沙弥弟子死去之地出生，并做很多有益之事。”

在尼泊尔、西藏交界的莲德（lan-de）地方，有一名为却吉扎巴(chos-gyi-grags-pa）的居士，（他）讲授唯一世俗法（brda-chos-vbav-zhig)。在印度东部，有一位所谓真正具有大悲心者居于该地，但（我）却未实际行至此处。因为彼处并非东方世俗国王，在此未调伏之地，传言有成就的持律国王甚多。另外似乎还有许多其他的情况，以上即是我现在的情形。又传说此西夏王(mi-nyag-gi-rgyal-po）乃是贝帕仓巴(dpal-phag-tshang-pa）之转世化身。最初曾有一弟子死去，据说将转生于咱木域（vdzam-yul)，后来此弟子来到了咱木域时，因他思念转世，随即追随为侍者，故此称其为咱木杰瓦松巴(vdzam-skye-ba-gsum-pa)。此外，其他所知今世（da-lta-ba-mkhyen-pa）之事多至无数。犹有甚者，在尊者玛尔巴（rje-mar-pa)[30]之居住地贝吉山（dpal-kyi-ri）附近的宝利纳噶热城（shriv-nav-ga-ra）中，居有一班智达，此人系一瑜伽修行者，行无量利他之事。上师拉杰（bla-ma-lha-rje）转生于克什米尔及印度之间的具莲花城（grong-badma-can）中，取名为西瓦果恰（zhi-bavi-go-cha)。因为此人做了诸多修行之事，遂培养出弟子四十名。后来，上师拉杰之化身在西部之安乐乡（bde-ba-bkod-pavi-zhing）中则称作绛森扎迈(byangs-sems-dri-med)，在东部之珠饰乡（mu-tig-bye-bas-brgyan-pavi-zhing）中其名则称为达瓦沃（zla-bavi-vod)，其真身西瓦果恰降服了外道之王（mu-stegs-kyi-rgyal-po)，使该地所有人成为佛教信徒，其真身逝去后即在世间无忧树下（获得）圆满证觉。

复次，尊者贡促（rje-sgom-tshul）生于藏地贡嘎纳（kong-ka-na)，他降服了外道之王而行有益之业。热穷巴（ras-chung-pa）在印度、尼泊尔交界处被称作热丹苏卡（radan-su-kha）的地方做各种修行；大成就者宗巴（grub-chen-rdzong-pa）在克什米尔与乌仗那之间，同其往昔弟子一起施行种种修习；宾浦巴（spen-phug-pa）生于拉堆藏索（la-stod-gt-sang-so），取名嘎瓦益西（dgav-bavi-ye-shes）；贝噶洛（dpal-rga-lo）在北方珍珠珞饰乡（mu-teg-dra-bas-brgyan-pavi-zhing）转生，名为贝吉琼内贝巴（tpal-gyi-vbyung-gnas-abas-pa）。玉曲（dngul-chu）贝若巴（be-ro-pa）降生为东君王（stong-kun-rgyal-po）之子；阿阇黎恰巴（slob-dpon-phya-pa）[31]在克什米尔赤甸（kha-che-khri-brtan）地方降生，成为班智达。众人所见异景无数。再者，东部之达波帕恭巴（dgas-po-phag-sgom-pa）及恭巴西泽（sgom-pa-zhi-mdzes），西部雅思温莫（ya-zi-sngon-mo）及斯衮益西宁波（gser-sgom-ye-shes-snying-po），以上为拉杰上师（bla-ma-lha-rje）之四大弟子（的情形），彼等现在正奉行无数利他之事。

关于未来情况，（都松钦巴又说道）：“门兰喇嘛（smon-lam-bla-ma），汝死后将在西部具莲花乡（padma-can），成为堪布阿里巴（mkhan-po-mngav-ris-pa）行医者之弟子（tshevi-rig-vdzin-brnyes-pavi-mkhan-bu）。云达衮巴哇（yon-bdag-dgon-pa-ba）将随杰瓦松巴（skye-ba-gsunm-pa）进入正道(lam-rnal-ba)。”（弟子）问道：“您死后将生于何处？”都松钦巴答：“将在乌仗那之东北噶底噶（kar-ti-ka）成为瑜伽师热丹僧迪（rnal-vbyor-pa-radan-singhi），并将调伏该地之王。同时与拉杰上师将再次相会。此云达衮巴哇将为一位密咒师（sngags-pa），并将追随我出家为僧。云丹沃（yon-tan-vod），汝之未来乃是降生于王族，并将与我相遇。阿阇黎仁杰（slob-dpon-ren-rgyal）等许多人将出生于该地，并将与拉杰上师相会。然后在洛扎（lho-brag）七修道圣地（grub-pavi-gnas-bdun），虽会有一弟子出世，但其不会久居于此。复次，或生于印度南部伍如（dbu-ru）地方及空行母住地贡噶恰哇（kong-ka-bya-ba），而云达衮巴哇则降生为一王者，并使之进入正道。当我证得佛果时，我的第一批弟子是：印度南部的瑜伽者米扎左格（rnal-vbyor-pa-mi-tra-dzo-gi），阿里上部（mnganv-ris）之比丘格哇洛追（dge-slong-dge-bavi-blo-gros），西夏王之上师佳绛秋僧巴(mi-nyag-rgyal-povi-bla-ma-rgya-byang-chub-sems-dpav)、格西衮秋僧格（dge-bshes-dkon-mchog-seng-ge）等四人。”关于都松钦巴所成佛的名称他虽未说及，但祥仁波切（zhang-rin-po-che）则称其是第六狮子佛（drug-pa-seng-ge）。

有关于此，由于（都松钦巴）遍知所有三时之事(dus-gsum-thams-cad-sgrib-med-tu-mkhyen)，并说了将留下少量的实际上应当予以完成的调伏之事，故称其为贝都松钦巴（dpal-dus-gsum-mkhyen-pa)[32]，其声望犹如日月当空。都松钦巴之教诫著述包括了《四面金刚亥母》（phag-mo-zhal-bzhi-ma)、《四续释》（rnam-bzhi-rgyud-grol)、《梦事三种》（rmi-lam-vbrel-pa-gsum-ldan）及《神鬼饶益之隐身术》（lha-vdre-stong-gi-sgrib-shing）等，彼等均系都松钦巴尚未广传的无穷深奥之至正教诫，但被佛徒聆听而得以保留。印度迦耶城的贝多吉甸巴（dpanl-rdo-rje-gdab-pa）敬献了曾被龙树菩萨（vphags-pa-klu-sgrub）吹奏过的佛会法螺，此法螺作为佛教根本（法器）而今存于藏地。据说龙树居住在施利达磨格迪处时，曾（将此法螺）送给其师教主萨乐和（bstan-pavi-bdag-po-sa-ra-ha-chen-po)[33]。如今被奉为礼物，今置于寺庙的佛龛内。

如是，在都松钦巴证得圆满之后，自八十四岁之藏历阴水牛年（1193 年）八月起，（身边）逐渐不断出现声响及地震等征兆，在十一月即虎月三日，都松钦巴言道：“住持之位不可荒废，当（有人）居于此位。冈译师（sgang-lo-tsav-ba）来做随侍之时，年轻人，尔应在若干年后坐此住持之位。（关于）我之身语意、三所依等，尔应使彼等一字不失，我亦将对此予以护法。”在其进入神变真身之时，都松钦巴如实地预言了上述种种。临近初三日之时，（令人）惊恐的地震不断（出现），而寺院之上被彩虹之伞所覆盖。当天空传来许多鼗鼓之音时，都松钦巴寿终圆寂。（人们）于其焚尸处建造了一座吉祥聚米塔（dpal-ldan-vbras-spungs-kyi-mchod-rten），并安置了如来二十一位俊杰之舍利及都松钦巴之舍利等等，数量无穷。此后，格西藏索哇（mi-nyag-nas-dge-bshes-gt-sang-so-ba）自西夏做了敬献，用金铜将此塔予以包裹，由贡钦热巴西（sgom-chen-ras-pa-bzhi）[34]建造了闭关修行居住处及大尸骨塔。

第六节　都松钦巴的主要弟子

关于都松钦巴大弟子之情形，在《宝鬘传》（rnam-thar-rin-chen-phreng-ba）及《普闻飞幡》（kun-khyab-snyan-pavi-ba-dag）等传记中虽无（记载），而在往昔之所见之其他（文字中）有之，诸如：神通有缘弟子德琼桑结（mngon-shes-kyi-bkav-babs-lde-chung-sangs-rgyas）、神变有缘弟子贝擦达德哇（rdzul-vphrul-gyi-bkav-babs-vbal-tsha-stag-del-ba）、传记有缘弟子查哇噶当巴（bra-ba-bkav-bdams-pa）、通达有缘弟子扎叶格曲尊（dbra-ye-dge-chos-brtson）、利他有缘弟子卓衮热钦（vgro-mgon-ras-chen），以上为五位有缘弟子（bkav-babs-kyi-bu-lnga）。其他弟子是：恰哇康巴（gya-ba-gangs-pa）、让迥桑结（rang-byung-sangs-rgyas）、藏索哇衮僧（gtsang-so-ba-dkon-seng）、卓衮热钦丹巴（vgro-mgon-ras-chen-bstab-pa），以上为持续四弟子（rgyud-vdzin-gyi-bu-bzhi）。纳木喀约（na-mkhav-vod）、云丹约（yon-dan-vod-ba）、格须约（dge-vngun-vod），以上即四光近驻弟子（nya-gnas-vod-bzhi）益西喇嘛（ye-shes-bla-ma）、门兰喇嘛（smon-lam-bla-ma）、琼内喇嘛（vbyung-gnas-bla-ma）、江村喇嘛（rgyal-mtshan-bla-ma），以上为四比丘尊珠西饶（dge-slong-brtson-vgrus-shes-rab）。仁钦坚赞（rin-chen-rgyal-mtshan）、多凯巴（mdog-mkhas-pa）、梅格久塞（rmed-ge-jo-sras），以上为四初弟子（snga-bu-bzhi）。藏顿楚桑（gtsang-ston-tshul-seng）、朱倭衮秋贝（tre-bo-dkon-mchog-dpal）、多吉西饶（rdo-rje-shes-rab）、冈译师（sgang-lo-tsav-ba），以上为四位晚辈弟子（phyi-bu-bzhi）。总之，以上为众所周知自我解脱之大弟子。洛地雅巴绛曲约珠（lho-la-khung-gi-vjig-rten-gsum-mgon）、达波堆巴真巴（dkas-po-vdul-pa-vdzin-pa）、止贡之吉甸松衮（vbri-khung-gi-vjig-rten-gsum-mgon）、达垅之塘巴钦波（stag-lung-gi-thang-pa-chen-po）、纳浦（rna-phu）之灵热巴（gling-ras-pa）[35]、热垅之藏巴嘉热（ra-lung-gi-gtsang-pa-tgya-ras）、缅阿垅巴之禅顿塔柴、热贡之桑结年顿（ri-gong-gi-sangs-rgyas-gnyan-ston）以及佳波瓦垅巴（rgya-pho-ba-lung-pa）等，以上均系与佛教有关之大勇者。在《青史》（deb-sngon）中亦将祥仁波切（zhang-rin-po-che）视为都松钦巴之大弟子。

洛拉雅巴遍知者绛曲约珠（lho-la-yag-thams-cad-mkhyen-pa-byang-chub-dngos-grub）[36]及达波堆怎钦波（dags-po-vdul-vdzin-chen-po），此二人系都松钦巴之同门师兄，彼等敬信都松钦巴并崇拜之。至都松钦巴逝世之后，洛巴遂继任楚布寺之住持达二至三年。而《温顿杰冈巴传》（dbon-ston-skyer-sgang-pavi-rnam-thar）又载："洛巴喇嘛在梦中得闻在多波寺（mdo-bo-dgon）将受灌顶之说。后即渐次前往（多波寺），此洛巴喇嘛化身为胜乐金刚而传法，并受灌顶。我也得此（灌顶）。今日在西藏能做胜乐金刚真实灌顶者，据谓除此洛巴喇嘛之外，已无他人矣！"（洛巴喇嘛在楚布寺造了都松钦巴之身像，并迎请至岗布寺），随后他继任岗布寺（sgam-po-gdan-sa）住持，达波堆继其后出任岗布寺之住持[37]。

大成就者灵热（grub-thob-gling-ras）[38]将罗藏热（lo-gtsang-ra）三尊

者、尊者乌色（rje-dbu-se 即都松钦巴）、祥仁波切（zhang-rin-po-che）及吉祥帕竹巴（dpal-phag-grub-pa）等同，待之以根本上师（rtsa-bavi-bla-ma）之礼，礼拜尊奉。五身圆满，所显法身之圣者，无明证道之贤人，此为洛藏(lo-gtsang)；心思如空、根器纯净、遍知无诤、美名远扬之如来诸佛吉祥宝，此为尊者帕竹巴（rje-phag-grub-pa）；诸成就者之无诤者为普色尊者；当调伏难以教化者，此为依怙无生吉祥者（vgro-mgon-skye-med-zhang）。又谓在蔡（tshal）及楚布（mtshur-phu）所显示之情形是：热琼哇（ras-chung-pa）及其弟子、尚有吉祥唐巴（dpal-ldan-dam-pa）三人。岗布巴（sgam-po-ba）及祥仁波切（zhang-rin-po-che）、都松钦巴之楚布巴(mtshur-phu-pa)、无生祥(skaye-med-zhang)及仁钦强(rin-chen-mchog)。又有传言说康巴普色（khams-pa-dbu-se）居于楚布多波寺（mtshur-phu-mdo-bovi-dgon)，遍知三世之尊者[39]曾为诸弟子祝福加持。

卓贡藏巴嘉热（vgaro-mgon-gtsang-pa-rgya-ras)[40]亦曾前往楚布，闻习诸法。他向都松钦巴祈请听取佛经，言道：“我乃藏巴嘉热，知悉修道之理与道歌”，并表达“(希望）赐予预言”的想法，于是普色在授记[41]之寺（lung-bstan-gyi-dgon-pa）中做了预言，（藏巴嘉热）并因之开悟。纳浦哇（rna-phu-ba）之传承人根据“将受持于尊者”之预言而居住于楚布地方，嗣后随祥仁波切（zhang-rin-po-che）出家，其间他曾戴花帽现身，后前往北方擦卡（byang-tsha-kha)，（他思忖)：返回时将来此处修道，做为顺缘故，将以所携之财宝敬献。因此有如是语：“搅动器皿吧！”（藏巴嘉热）顿感奇异，后自一大器皿中得到旧鞋底一块，旋即扔掉。于归途中，出现了手持弓箭和矛的果巴洛巴（sgom-pa-lho-pa）强盗，他们见到普色喇嘛宗派之帽，说道：“此楚布人也！”他们避开了僧人，恰如传记所载：“而今那顶帽子挽救了生命。”而且（藏巴嘉热）亦在其道歌中唱道：“见到夜叉果巴洛巴杀人掠财之时，我未被投入监狱皆因山寨大王（之故），似因有噶举加持之祝福，亦是都松钦巴之恩德。”其弟子依次相传是“四光”之纳卡（vod-bzhivi-na-mkhar），均为光所生（vod-kyi-skaye-pa）[42]。自夏扎巴僧格（sha-grags-pa-seng-ge）[43] 起，即是红帽系传人矣（zha-dmar-tsod-pan-vdzin-pa）；洛巴唐杰钦巴(lho-ba-thams-cad-mkhyen-pa）沉稳慈悲；生于堆垅河畔(stod-lung-gram）之让迥桑杰（rang-byung-sangs-rgyas）继任住持[44]；此后继任住持者是嘉瓦康巴(gya-ba-gangs-pa)、绛措喇嘛（gay-mtsho-bla-ma)。上述三人均为都松钦巴尊者之嫡传弟子。此后仁查（rin-grags)[45]任住持，三人均生于嘉瓦（gya-ba)，皆系牧民（出身），再后则是尊者噶玛巴。

主要继承人之一卓衮热钦（vgro-mgon-ras-chen）系藏巴云丹堪布(gtsang-pavi-yon-tan-mkhan-po），生于雅砻（yar-lung)。他九岁时便心存小士、中士之愿望，随即皈依了桑日热巴（zangs-ris-ras-pa)，听闻道歌及《安立真言之耳传》（thun-vjog-snyan-brgyud）等教诫，由是连续得到安净无分别之观念。他只穿单衣，故称其为热钦（ras-chen)[46]，若依其氏族论，又称其为朱孤热巴（gru-gu-ras-pa)[47]。上师十五岁时染病，他知道持守教诫之人业已来至，确信尊者之教法，从开始便不可敷衍地宣讲教诫，于是将所有之教诫如数宣讲，并曰：“我今遇难，现在于大修行方面我已完成了（宣讲）教诫之事，因此（以后）将依靠他人了。总之，无论怎样，弟子们应好自为之。”言毕圆寂。嗣后，与之依次相见者乃兑吉楚君涅（dol-gyi-tshur-ston-dbang-nge)、吉祥帕木竹巴（dpal-phag-mo-gru-pa)、聂地之藏顿衮秋（gnyal-du-ktsang-ston-dkon-mchog）师徒、杰贡希波（rje-sgom-zhig-po）等。热巴随以上诸人闻习了很多新旧教诫佛典(gsar-snying-gi-gdams-ngag)[48]，尊者岗布巴（rje-sgam-po-ba)在丘堆(chu-vdus)之弟子达磨喜饶（grub-thob-dar-ma-shes-rab）尊前曾修习（佛法），（热巴）则随从此人继续学得《入中论》[49](dbu-mar-tshud）及《光音天》等，并祈请灌顶加持，因而得到了禅定之诸种功德。

他曾想去雅砻，但未前往，因为想到他未曾到过的家乡，于是途经叶(gye)、达波（dags-po)、工布（kong-po）等地抵达康地（khams)。关于断除福报如意方面（thod-pa-bsam-vgrub-la-gcod-kyi-skor)，他在途中从阿里巴（mngav-ris-pa）听闻了《金刚手持赤衣者》（phyag-rdor-gos-dmar-can）及《善金刚之二十一明述》（rdo-rje-legs-pavi-byang-bu-nyer-gcig-pa）等诸多佛典。嗣后，他在波卧（po-bo，即今波密）与聂巴久赛（gnyal-pa-jo-sras）相会，亲眼目睹了从前所闻之妙吉祥善恶(vjam-dpal-zhi-khro)，特别是依怙嘉巴(mgon-po-lcags-pa)。而且为了在母亲召唤时而不必前往，他假言道："无钱物而不能返回。"后来来到了擦瓦冈容及芒康(tsha-ba-sgang-rong-smar-khams）地方[50]。在布波（pu-vbor）之布域（vbu-yul）地方，他调解了该地之内乱[51]并调伏了本教徒，建造了十八处大密宗修院（sngags-grwa-chen-po-bco-brgyad)，至今仍广为弘扬，并出现了许多护法修道者。正当他根器功德（rtsa-rlung-yon-tan)、能力及知识大增而心生傲慢之时，他听说尊者都松钦巴在岗布乃囊(kam-po-gnas-nang）居住且颇负盛名，他不想去求问佛法却想去礼拜。于是便前往尊者都松钦巴处，尊者都松钦巴说道："你这位具有智慧的小持咒者可以做我的再传弟子吧。"（热巴）问道："您有什么样的弟子？"都松钦巴说："有德琼桑结（lde-chung-sangs-rgyas）及贝擦达德哇（vbal-tsha-stag-del-ba）等弟子，你到这些人那里去吧。"于是他（准备）前往德琼处。尊者（都松钦巴）言道："你这位聪明的小持咒者可来此做我的再传弟子了，现在你去贝擦达德哇那里吧！"（热巴）抵达(贝擦达德哇）那里，但在洞窟处卧有一巨虎，（热巴）惊慌而逃，并说："我还要去的。"言罢遂去。在老虎所在地有一小湖，（热巴）环绕而行，他抛掷了一些小石子后继续前行，并说："我还要走的。"在小湖处有一大修道者，其怀中放有热巴先前抛掷的小石子，于是（热巴）想道："(尊者）之弟子竟如此（神通)，更何况上师之功德呢。"于是不由自主生起了信仰，随即请求教诲。而后（热巴）七年头不沾枕，发誓修道，以达彻底证悟。关于此事，正如《甘露宝瓶传记》（rnam-thar-bdud-rtsi-bum-bzang-ma）所载，据乃囊巴（gns-nang-pa）传说，热钦巴（ras-chen-pa）欲想与（都松钦巴）较量，遂前往都松钦巴处，见在洞窟处有一位大修道者，于是庄重地敬礼道："我想同您较量一番。"（尊者）答道："我老矣，不能同你较量了，（但）热情款待你。"言毕遂将头骨碗中的水倒入砂锅内，又系上犀牛骨及绳索，然后置之炉灶上，搅动两次，（水）随即沸腾，两人各以一管饮之，（热钦巴）尝到了前所未知的、无法比拟之滋味，遂由此心生信仰。（尊者）说道："你如果想要较量就到我的弟子德琼桑结（lde-chung-sangs-rgyas）那里吧！"（热钦巴）像以前一样，在贝擦达德哇预言之后，他见到了德琼桑结的神变之身，（热钦巴）有与忿怒女较量之能力。在此后的冬天，于大山之深夜中，在山溪之冰的上面，达德哇（stag-del-ba）突然坐于其上，而热钦巴则在一块长石头下面也如此坐姿。但达德哇所坐的约三尺长的冰融化了，变成了温泉，但此温泉之水不向下方流而是回旋向上，并向上（回）流至达德哇身上，温水与蒸气相混而形成层叠的云。热钦巴身体凡所触及处，其冰立时融化，并稍渐变热。由于热钦巴播撒了的水气、水滴而（使空气）变得极为寒冷的黎明之际，尊者都松钦巴驾临空中，言道："达德哇，汝不要在冰山上杀害此小持咒者。"因此，当达德哇解除禅定之时，温泉形成的河流瞬即将所有的冰席卷而去。（热钦巴）由此产生极大信仰，并皈依上师足下。嗣后，热钦巴在阿阇黎噶当巴（slob-dpon-bkav-bdams-pa）处修道三年。此前，他曾到瑜伽师江洛坚（rnal-vbyor-ba-lcang-lo-can）处，聆听法王（都松钦巴）及噶当巴（bkav-bdams-pa）讲佛，并于三十七岁时随堪布赤木巴出家受近圆戒。完成此事后，（他）曾经想念的那种喜悦实现了，当时为其命名为索南查巴（bsod-nams-gargs-pa）。

其次，（索南查巴）在噶玛寺法王处驻留了三年，修习了所有的佛法教诫。始时，法王言道：“我将到卫地去。汝（索南查巴）亦喜爱卫地，卫地乃我祖师之居地，我将暂回卫地。”索南查巴问道：“可否前往他处?”（法王）答曰：“玛多之地系修习至善佛法处，故此汝到何处均可。”（索南查巴）问：“您驾临过卫地吗?”法王答：“去年我曾前往。”言毕，法王遂驾往卫地。索南查巴将法王送至达雪纳杰（rta-shod-rnam-rgyal）之间时，法王复言道：“汝若往卫地将大有裨益，一俟提出前往卫地之愿望后而睡卧，汝将会见到盛装发光之金刚瑜伽母。”嗣后，（索南查巴）多次见到了法王被无数金刚瑜伽母、圣乐金刚及佛母围绕着。后来，当阿阇黎噶当巴（slob-dpon-bkav-bdams-pa）灌顶之时，（索南查巴）遂依其要求修行，当智慧形成之时，在黄丹坛城之上，见到有四名持弓箭者，每当（索南查巴）心意所向，他们即微笑持弓箭(相对)。（索南查巴）由是敬信堪布，并请求为（自己）灌顶。总之，他可以随其所愿得见一切护法本尊，一切善恶行为均由金刚瑜伽母以诸种身形示现。知悉法王在楚布即将圆寂，索南查巴便祈请法王，法王言道：“此后在做祭祀佛事时，将显现无数之净相，此上师之祭祀佛事本就极其罕见，（汝等）将会亲见。”

此后，（索南查巴）以能力及神变降伏了一切本教徒（bon-po），并著有战胜本教徒的道歌（bon-po-las-rgyal-bavi-mgur）[52]。（索南查巴）先后居住在噶玛及乃囊（gnas-nang）等地，并担任法王（chos-rje-rin-po-che）之代表（rgyal-tshab），（有）护持（法王）之功德。当其七十岁时，梦见噶举派诸上师（bkav-brgyud-kyi-bla-ma）驾临，而一些出家人多是瑜伽行者。迪洛巴（te-lo-pa）则谓：“犹如飞鸟在空中，善慧贯通则可致。”言毕向西南方天空遁去。如是数次述说此短偈，传说这种消失本身是飞翔而去的。此后（索南查巴）显示出身体稍许不适，他说道：“我以前之诸上师（bla-ma）均遁形于西南方，我亦将前往彼处。”言毕，遂于二十五日黎明时分圆寂。遗骨火化后，其舍利在天空变成雨水落下，并有仙乐可闻。其（所用过的）一些佛事贡品、用具，特别是一些水晶等物，均放置在佛塔内。（索南查巴）曾对诸弟子言道："我之诸弟子，要持守善心。知心者甚多，然有些乃我无所需者。"

（索南查巴）之主要弟子是杰赛崩查巴（rgyal–sars–spong–brag–pa），生于止唐巴却丘（vbri–dam–pa–chos–phyug）。自五岁起即精于读写。九岁时在年拉康冈巴（gnyan–lha–khang–sgang–pa）闻习了续部。因十四岁时曾听说杰卓衮（rje–vgro–mgon）之大名[53]，遂知悉其（佛经）注释，生起了殊胜禅定。一位被诸多妇人环绕的红（衣）女人对其预言曰："您的上师是生于达波工琼（dags–po–sgom–chung）的卓衮热钦（vgro–mgon–ras–chen）。"于此后之第十日时，（杰赛崩查巴）在波嘎冈（vbob–skar–sgang）处与尊者热钦巴（rje–ras–chen–pa）相会。他出家后起名索南多杰（bsod–nams–rdo–rje），并认定其上师确系金刚手，遂祈请赐予佛母灌顶（rje–btsun–mavi–dbang–bskur）。由于做了灌顶，因而（他）生起了智慧。其时，在佛母之坛城上长久地显示着十方（诸佛），于是上师说道："此小尊者已获得我之灌顶。"其后，他对此如父子相合般铭记在心。在贡寺（skung–dgon–pa）所见神乐天众（vkhor–lo–sdom–pavi–lha–tshogs）大会盛大而壮观。此后，（索南多杰）又宣讲了如何探讨心性之远离戏论的理论，继之不久在华山松树前禅定。因为（禅定时）见到松树的每片叶子上均坐有法王都松钦巴，同时（都松钦巴）言道："为不修无生之理（skye–med–kyi–don）[54]，则不贪各种所缘。"（法王）的这种说法见之久矣！其时（法王）复谓："当应去证悟无修之真性（sgom–med–kyi–ngo–bo–rnal–ma）。"

索南多杰还在噶玛寺见到众多空行勇者环绕着法王，在拉甫纳木宗（lha–phu–gnam–rdzong），吉祥天女（向法王）敬礼；白度母为之加持；密咒主同意做施主；众多忿怒度母环绕着不动金刚佛。其时，显现出了诸多情景，（索南多杰）为此询问上师，上师答曰：“唯有修证大瑜伽行者之道，不许对此骄傲。”继之又一再说：“热琼瓦是得道者。”由于（索南多杰）被称作有功德者，因此，他虽是一个弱小者，但却在一千个僧人中受到大家的敬重，故上师极为高兴。云贡（yon-sgom）从查谢（grags-shes）带来了大量礼品，请求（教授）护法之朵马灌顶（chos-skyong-gtor-dbang）时，（索南多杰）乘机也作了祈请，因而一时得见二护法、四臂及三臂（护法神）。上师言道：“不许（把财物）献予护法神。”于是云贡随即将食品、财物抛掉。复言：“对于热穷巴连一普（phul）水也不需要给予，对此将令人高兴。”为此，（云贡）想到上师（热钦巴）系有恩之人，应敬献一些礼品。正当他想着要前往萨麦（sa-smad）地方的查格之供奉上师处时，上师则对他说道：“热钦巴他被魔鬼带走了，他已做了上师之侍者。”如是说罢，（索南多杰）正欲迅速而去，但上师则对他说道：“根本不要到萨麦(sa-smad)[55]去。此地方人心邪恶，多有挫折，便在此修行足矣。”上师在行将圆寂时又言道：“我众弟子如今能自立，希望洛追仁钦（blo-gros-rin-chen）及汝（索南多杰）二人成为佛教之主(bstan-pavi-bdag-po)，特别是你（索南多杰）将成大业，汝之弟子及再传弟子将会在四方弘法。”此时，（索南多杰）见到释迦能仁佛及无量寿佛环绕着上师，（上师）言道：“这就是佛教之主的法相。”上师圆寂后，在给上师沐浴遗骸时，（众人）见到了与五佛（rgyal-ba-rigs-lnga）及其眷属在一起的无数天神(lha-tshogs)，并出现了色究竟天[56]，此后又出现了悲歌及舞蹈等。有人因之则不高兴地说：“正当我们痛苦之时，（你们）竟如此这般！”

后来，（索南多杰）为了断除噩兆而前去修行地时，法王都松钦巴说道：“你什么地方也不要去，就在此修行吧，如此即可通达到二利（don-gnyis）之境。”索南多杰依从了法王所言，遂在帕列贡（ba-le-gong）[57]修道，因之获得了无量功德，未经（很多）努力即完成了四种功业（vphrin-las-rnam-bzhi），并集聚了一切人与非人。其受用多如雨水，名扬四方，他驻跸此地十六年。

其时，冈托藏顿巴（ka-thog-gtsang-ston-pa）颇负盛名，当其做梦时，能见到受用身之天众、其头上的虹光以及诸多胜乐金刚（he-ru-ka），并听到他们讲经授法，因此其学识广增无边。此后，他在查雪崩查（khar-shod-spong-brag）担任住持，然而他却身体不适，于是所有噶举派喇嘛特别是依怙法王(rje-vgro-mgon）前来，他也听到了（索南多杰）的教诲："在无生之时则无入定出定，并修成三身自性(sku-gsum-gyi-ngo-bo)。"在其广行利他之事后，当他（即索南多杰）暂时去芒康（smar-khams）之时，其身体罹病，遂言道："我将去做法王噶玛巴（rje-kar-ma-pa，即指都松钦巴）之侍者了。依怙法王（rje-vgro-mgon）曾一再劝说不要到芒康来，但我却突然到了这里，因此我违背了上师所言。想来我不能违背因缘，现在已有我将离去之征兆了。"他说唱了以上诸多言辞之后，瞬时出现了兜率天之弥勒佛像。其时（索南多杰）又说："我今得以向弥勒佛顶礼矣！我之化身将作为耳饰者都松钦巴（ka-rni-ka-na-rdo-rje-dus-mkhyen）法王化身之代理人，并将成为一位大利他事业者。"继之他又对法王噶玛巴说道："将有一位噶举派阿阇黎之身具大功业之弟子（slob-ma-vphrin-las-che-ba）出现，以前我一切噶举派上师之事业唯有依靠汝了，有缘之弟子将（多至）难以想象。"（索南多杰）言罢而逝，并显示了无数征兆。

注释：

[1] 都松钦巴（1110~1193年），系藏传佛教噶玛噶举派创始人，后世称其为第一世噶玛巴。本名称却吉札巴，西康哲雪地方（今四川省甘孜藏族自治州兴隆镇）人。其父母皆为修密法者，自幼从父母学法。宋宣和七年（1125年），随从噶当派大师绛吉喇嘛和恰·森格扎出家。宋建

炎二年（1128年），至前藏随从嘉玛尔巴诸大师学习噶当派教法，后于梅律师座前受比丘戒，并学戒律。宋绍兴九年（1139年）至塔布拉札拜见塔布噶举派创始人塔布拉杰，从闻显密诸法，修习喜金刚灌顶、拙火定和大手印法。后至洛饶地方从热琼瓦、那饶巴、弥勒巴等人学习那饶六法及方便道等教法。绍兴十七年（1147年）创建噶玛丹萨寺（位于西藏昌都市卡若区嘎玛乡加云山上），遂创立噶玛噶举派。宋淳熙十六年（1189年）创建楚布寺（位于今西藏拉萨市西郊堆龙德庆县境内），此寺后来发展为噶玛噶举派的主寺，一直延续至今。

[2] bde-mchog 意指上乐、胜乐。梵音译作泗鲁迦，指出现证大乐智道果次第之无上母续及其本尊名。

[3] zhi-byed-pa 译作希解派，系藏传佛教教派之一。“希解”意为“能寂”。12世纪初由来藏印僧丹巴桑结创立。这一派有前、中、后三种传承，是按照丹巴桑结前后三次为不同的人传授的三种教法而划分的。前传拉琼欧色，中传玛·曲杰喜饶、索穷·格巴尔和噶木·益希坚参等人；从益希坚参又分出上、下传。后传绛赛更噶（1062~1124年）、巴擦贡巴（1077~1158年）、嘉哇德乃（1127~1217年）。这一派没有固定的宗教活动场所，以修般若性空义断除一切生死流转的苦恼为主。至15世纪已经消失，此派教法被其他教派所吸收。

[4] 米拉日巴（1040~1123年），系藏传佛教噶举派早期僧人。俗名米拉日巴·脱巴噶，法名协巴多杰。生于后藏贡塘地方（今西藏吉隆县北部）。7岁时，父亲去世，家产被伯父等人所夺，其与母亲、妹妹过着贫穷的生活。后学习宁玛派之教法。宋元丰元年（1078年），投从佛教大译师玛尔巴门下，学习佛法六七年，最后得到玛尔巴之全部教法，遂潜入深山继续修习。得成就后，收徒传法，以唱歌方式传教。提倡坐静、苦修，反对空谈，其与弟子日琼巴和塔布拉杰形成了噶举派中之修行派。其《道歌集》在藏族群众中流传甚广，并对后世藏族诗歌的发展亦有一

定的影响，在文学史上占有重要的地位。

[5] 宗地寺院，可译作“宗寺”（rdzong-bya-bavi-dgon-pa），位置在秀地与尼木两地之间（gshu-snyevi-bar）。这里是尼木河流域上游，在楚布山口（mtshur-phu-la）的以西，当地有一地名为尼木秀（snyi-mo-gzhu），宗寺大致在此地附近。

[6] 据《青史》所载，宗巴喇嘛系那若巴之弟子。另据《红史》载，上文所提噶译师及康巴阿僧（khams-a-seng，即 grub-thob-a-seng）等人，均曾于此地同宗巴喇嘛一起向都松钦巴传授过佛法。

[7] 尊者贡巴（1116~1169 年），即指达波贡巴（dags-po-sgom-pa），初名达杰灵（zla-rgyal-gling），曾于十六岁时随阿里巴西饶宁波（mngav-ris-pa-shes-rab-snying-po）出家，得名楚诚宁波（tshul-khrims-snying-po）。据《青史》载，其乃拉垅寺（lha-lung-gi-dgon-pa）的实际建造者，曾将卫藏康三地之大量僧人集中于此。其人佛学造诣颇深，都松钦巴、祥仁波切等著名人物均出其门下。他曾在拉萨调解过地方势力间的纠纷，羊卓之乱亦是其协调和解。塔布拉杰圆寂后，他为其修建了金质多门宝塔以存真身，当时其被佛教徒誉为“善说诸法之大师”。（见《青史》，第 551~554 页）

[8] 即 1153 年。

[9] 即前文所述桑普寺之“康巴三人”。

[10] 此处指都松钦巴。

[11] 《青史》作“jug-po”，见第 568 页。

[12] 《红史》译作“楚西寺”（gzhuvi-gru-gzhivi-dgon-pa），而据载都松钦巴在到楚西（gru-gzhi-dgon-pa）之前曾先至曲沃日山（cho-bo-ri）。此地在卫藏分界线冈巴拉山北，隔雅鲁藏布江北岸即为曲水（chu-shul）。（见《红史》，第 85 页）

[13] 尊者贡巴即达波贡巴。此处“上师帕思巴”非萨迦派八思巴帝

师，八思巴生于1235年，在塔布拉杰1153年去世时八思巴尚未出生。

[14] 即达波贡巴楚诚宁波之简称。藏史对人名简称者颇多。例如塔布拉杰简称上师拉杰（bla-ma-lha-rje）即是。

[15] 此处尊者指达波贡巴，即贡促“sgom-tshul”。

[16] 此“乃囊”指岗布之乃囊，地在达波境。前述所谓达波岗布即此地。

[17] 《青史》将“ kre”写作“tre ”，均指朱倭而言，唯写法不一。《青史》又说，当时在朱倭听都松钦巴讲经者达千人之多。

[18] gtor-ma 译作食子、朵马。系由糌粑捏成用以供神施鬼的食用丸子，进行宗教活动时，依念诵咒力、抛散食子，用以镇伏魔鬼。

[19] 楚布寺：或译作楚普寺等，位于西藏自治区拉萨市西的堆龙德庆县古荣区。据考该寺前身为唐代所建的江浦神殿，宋淳熙十四年（1187年），由噶玛噶举派创始人都松钦巴（1110~1193年）在原址建成寺院，是该教派早期的主要寺院。南宋宝祐四年（1256年）蒙哥汗召见二世噶玛拔希，并赐金丝黑帽、金印等，后传承为黑帽系。噶玛拔希去世后，该系开始活佛转世，成为藏传佛教史上活佛转世之始。明永乐八年（1410年）寺院毁于地震，永乐十二年（1414年）重建，历代黑帽系活佛均以此寺为母寺。17世纪中叶，格鲁派得势，寺院受格鲁派常驻僧官监督。“文化大革命”中寺院被毁，寺藏大量文物法器散失，仅存9世纪初吐蕃王朝时的通藏文碑。现已修复。

[20] 即是“夺巴”，系藏民族古老的长度计量单位，相当于汉语中的量词“庹”，约合五尺。与此相似的度量单位还有“冲”、“所”。一“冲”相当于一肘长，一“所”相当于一指宽。这三种度量还可相互核算，四“冲”相当于“广夺巴”，二十四“所”相当于一“冲”，九十六“所”相当于一“夺巴”。

[21] 萨乐和、麦哲巴二人均为四大语旨教授的传播者，系古天竺

人。

[22] 兴洛巴、因陀罗菩提帕巴，均为印度四大语旨传授的传播者，前者为东传派，后者为西传派。

[23] tshogs-vkhor 译作会供轮，系会供曼陀罗。佛教修行者，观想凭借神力加持五欲及饮食品成为无漏智慧甘露以供师、佛三宝及自身蕴、处、支分三座坛场，积集殊胜资粮的仪轨。

[24] 旧译迦湿弥罗。

[25] “普兰”系藏语音译，本意为“独毛”。地处西藏自治区西南部、喜马拉雅山南侧的峡谷地带、阿里地区南部。西与噶尔县、札达县相连，北与革吉县相接，东与仲巴县为邻，南与印度、尼泊尔国接壤，该县是西藏自治区边境县之一。总面积 12 497 平方公里，辖 3个区、10个乡、51 个村民委员会，总人口 0.73 万。历史上曾译作“补仁”“补人”“布让”“塔格拉各特”“布拉木达克喇”“塔克拉科特”“辅仁宗”“普兰宗”等名。“普兰”历史悠久，据传“普兰”地区最早为象雄古国的五个“喀尔嘎”（行政机构，类似宗）之一，名叫“塔格拉各特”。朗达玛被刺杀后，其曾孙吉德尼玛衮逃往普兰一带，并同当地头人之女卓西柯琼结婚，建立统治政权。吉德尼玛衮有三子，后因不合分裂后各占一方。次子扎西衮占据今普兰一带，称为雪峰环绕之地（属阿里之围），后来，被其弟建立的古格王国吞并。元代古格归属于萨迦地方政权，以后屡有变更。五世达赖建立甘丹颇章地方政权后归属西藏地方政府。清嘉庆二十四年（1819 年）前普兰被列为西藏边境十三宗之一，宗本由五品官员担任，每三年一调换。普兰地处中、尼、印三国边境地带，自古以来是相互通商场所，同时也是中、尼、印的交通孔道，地理位置十分重要。1960 年，成立普兰县人民政府，归属阿里地区管辖至今。

[26] 格西藏索哇，此人系都松钦巴弟子，西夏王与噶玛噶举派的最早沟通者即此人，他被都松钦巴派到西夏担任西夏王之上师。

[27] 阿底峡为印度名僧，对佛教在西藏的复兴起过重大作用，成为噶当派祖师，被尊称为“觉沃杰”（尊者之意）。许多大寺院中供奉其画像或塑像，其画像为尊者盘坐于莲座，头微左倾，弯眉，眼睛正视前方，方口自然闭合，表情和蔼可亲。双手在胸前作手印，掌心向上。左腿在内，右腿在外，赤脚。头戴锥形遮耳大帽，帽耳垂至双肩。内着坎肩，外披袈裟。体侧置法器，右为宝瓶，左为宝塔。

[28] 月王系指香巴拉王，亦称为月贤王（rgyal-po-zla-ba-bzang-po）。所谓吉祥聚米塔，即月贤王讲授《无上瑜伽续》之处。另，格鲁派认为，世间护法神中的主神是白哈尔神。据本教徒的信仰，白哈尔神有时被称为象雄护法神。在不同的地区，白哈尔神往往有不同的称呼：在印度语中白哈尔被称作水晶白鬼王；木雅人称他为月王；尼泊尔人称他为地王；汉族人称他为冬王哈；霍尔人称他为白木鸟王；莲花生大师称他为自在智慧护法。白哈尔神的父亲是白天神（也称菩提天神或白天），他的母亲是持财龙女。西藏人认为，最初，白哈尔神居于蓝天云上，其时，他是梵天，称为“具海螺发髻者”，是三十三天神之主；中劫，他居于霍尔地方，称为“水晶白鬼”，主持巴达霍尔的禅院；最后，白哈尔神来到西藏，居于桑耶寺，从此统治全藏。关于白哈尔神从巴达霍尔迁移到西藏的说法，藏文文献记载不统一。有的文献讲，桑耶寺建成以后，莲花生大师决定指定一位神灵为桑耶寺的守护神，他先找到了龙王苏普河巴，但遭到拒绝，莲花生又根据苏普河巴的建议，带人到霍尔，请回了一位神灵，他就是后来的白哈尔神。图齐在《西藏画卷》中还列举了白哈尔神到西藏的另一种说法：莲花生为了使白哈尔神离开其居地前往西藏，以各种神变法力制服了白哈尔神。降服后，白哈尔神骑了一只镶嵌珍珠的木鸟，在众多天神的陪伴之下来到了雪域。在白哈尔神得到了他的所司神职之后，莲花生大师在他的头顶的冠盖上放置了一把金刚杵，从而使白哈尔神成了佛教的护法神。西藏佛教认为，白哈尔神在桑耶寺度过

了700年，到五世达赖时期移到哲蚌寺附近的乃穷寺，即他后来的居处。一则叙述乃穷寺起源的传说时讲道：白哈尔神的化身来到了蔡公堂寺，这个化身被称为金刚乘护法。他很想成为蔡公堂寺里重要而显赫的护法神，为了证明自己的存在，他在寺内变化各种幻象，然而寺僧们并不喜欢这位招惹麻烦的护法神，没邀请他来做寺院的护法神，相反称他为“恶鬼”。为了驱走他，僧人们就以禳邪之法强使他进入一个木箱内，抛入了拉萨河。这只木箱被一名喇嘛捞起后，他逃了出来。事后，白哈尔神应邀从桑耶寺迁到了乃穷寺。根据藏传佛教的观念，白哈尔神被看作是“五身王”神的一组神中的首领。

[29] 宝利甸迪，《青史》又作“shiv–la–ra–tan”，系四语旨教授之传播者。

[30] 玛尔巴·却吉洛卓（1012~1097年），系藏族著名佛学家，噶举派创始人。生于西藏洛扎地区，自幼习法，后从著名译师卓弥学梵文，曾先后三次赴印度投那若巴、麦哲巴等名师学喜金刚、密集、大印等密法，返藏后，广收徒众，宣说佛法，形成噶举派，为一代宗师，对藏印文化交流做出了贡献。所唱道歌，分别辑录在《玛尔巴传》《米拉日巴传》等著名传记中，对道歌诗流派的形成有一定影响，在藏族文学发展史上占有一定地位。

[31] 阿阇黎恰巴，即恰译师（cha–lo）。“贝若巴”系佛教前弘期进藏的贝若咱纳，亦名格佳唐达，吐蕃赤松德赞时的一位藏族大译师，出生于前藏尼木地方的巴阁滩。幼年时，随从父母学习藏文。8岁，被命名为最初出家的预试7人之一，并应召拜见了赤松德赞。9岁开始作内外侍臣3年。12岁，随从莲花生和静命大师等人学习佛法。此后，前往印度、克什米尔等地学习佛教典籍，并随著名医学家达俄尊听受许多医学论著。后返回吐蕃，著书立说，弘扬佛法和藏医学。著名的译著有《六十如理论简说》《无边光明佛赞》《甘露精义八支秘诀》《药诊诸种要诀》

《赞木央本草》和《月王药诊》等，并撰写有《四续释难明灯》和《词义注释》等论著。这些译著及论著对藏族文化，尤其是对医学的发展，有深远的影响。

[32] 意为吉祥遍知三世者。

[33] 相传此人为古天竺一婆罗门，乃最初弘扬大乘密宗者，龙树论师的师傅。

[34] 热巴西，即“四热巴”之意，因喇嘛祥蔡巴的四个弟子名称均附有“热巴”一词，故此得名。

[35] 止贡之吉甸松衮、达垅之塘巴钦波、纳浦之灵热巴依次为止贡噶举、达垅噶举和竹巴噶举的创立者，其事迹在《青史》中有专门的记载。

[36] 绛曲约珠系都松钦巴之弟子，其于都松钦巴去世后曾担任楚布寺堪布约三年，乃是西藏传授胜乐灌顶的最著名者。

[37] 据《青史》载，达波堆继阿阇梨贡琼（sbob-dpon-sgom-chung）之后任岗布寺住持，生于达波斯噶（dags-po-zes-dkar），系本教世家出身，此后岗布寺住持则为止贡巴法王（rje-vbri-gung-pa）。见《青史》第554~556页。

[38] 灵热，又称灵庆巴（gling-chen-ras-pa），系祥蔡巴之弟子，又称灵热巴贝玛多杰(grub-chen-galng-ras-pa-pad-ma-rdo-rje)，平时又称纳浦哇（rna-phu-ba），生于1128年，卒于1188年。因为建纳浦寺（rna-phu-dgon-pa)故又名纳浦哇（rna-phu-ba）。

[39] 遍知三世之尊者即指都松钦巴。

[40] 藏巴嘉热（1161~1211年），即是藏巴佳日益西多吉（gtsang-pa-rgay-ras-pa-ye-shes-rdo-rje），系祥蔡巴之弟子，出生于娘堆库列(mayng-stod-khu-le)。幼年学新旧密咒，后随灵热巴广听佛法，曾在楚地（vbrug）建寺，形成了以后之楚巴学派（vbrug-pavi-chos-lugs）。

[41] 预言之意，旧译授记、记别、悬记等。

[42] “四光”系指都松钦巴的四个带有“光”（vod）字名称的弟子，其中之一称纳卡沃（nam-mkhav-vod），生于如仓（ru-mtshams），终年67岁。

[43] 夏扎巴僧格乃是法王让迥多吉（chos-rjes-rang-byung-rdo-rje）的弟子，因为修行时只穿单衣，故又称昌古热巴（dbrang-gu-ras-pa，意为单衣者昌古）。他常住德钦(bde-chen）寺，终年67岁。

[44] 让迥桑杰继洛拉雅巴之后担任了楚布寺住持。

[45] 仁查，又称仁钦查（rin-chen-gargs），以上三人因均生于嘉瓦（gay-ba）地方，故名称嘉瓦巴。

[46] 意为伟大之穿单衣者。

[47] 意指突厥人热巴。

[48] 热巴从兑地（dol）之促旺埃（vtshur-dbang-nge）听新旧密咒。

[49] 全称《入中论根本颂》。大乘佛教中观应成派根本典籍，藏传佛教格鲁派必修的“五部大论”之一。月称（约600~650年）著，纳措·茨程嘉哇和巴操·尼玛札合译，有木刻和铅印两种版本。全书用颂文著成，共分十品，是按照《十地经》十种发心为纲目，分十一地详细讲述入观的次第、慧度、抉择二谛等。从发菩提心讲到佛果功德，提倡由深观、广行两种方法修学中观，破唯识见。第六品是全书的重点，篇数占全书的三分之二，主要解释般若波罗蜜多，讨论如何抉择二谛，是月称论师的一部主要著作，亦是《中论》通论性质的著作。月称自注，有宗喀巴和根敦珠巴的注释本和法尊法师的汉译本。

[50] 芒康，县名，系藏语音译，意为善妙地域。地处西藏自治区最东部，昌都地区东南部。该地历史上曾译为“麻康”“麻喀木”“麻康江卡”“满康”“马尔敢”“亦思马尔甘”“磨儿勘”“马康”“马康宗”“芒康宗”“江卡宗”等等。芒康地域旧时属下朵甘思六冈中马康

冈地区，元时属宣政院管辖的亦思马尔甘万户府，明时归朵甘都指挥使司，清时西藏地方政府设立宗治。据清嘉庆二十四年（1819年）噶厦呈报给当时驻藏大臣的官员任职情况的呈文载，芒康属当时噶厦地方政府所辖边界13宗之一，宗本由五品官员担任。清末，赵尔丰在川边进行改土归流后，在此地设江卡县，后又改名为宁静县。1918年西藏地方政府在昌都地区设“多麦基巧”后，逐渐收归“多麦基巧”（后改为昌都基巧）辖属，并改宁静县为江卡宗，后又复改为芒康宗，现芒康县辖境。在1960年前分治于1912年所设的宁静和盐井二宗。1959年7月，分别改称宁静县、盐井县人民政府。1960年4月，两县合并称宁静县，1965年11月改称芒康县，县府驻嘎妥，隶属昌都地区至今。

[51] 所谓“内乱”，系因该地建密宗院（sngags-pa-garb-tshang）之事所引发的一次纷争。

[52] 此处多次述及佛本之争，可见康区本教势力比较发达。

[53]《青史》记载此人是热钦巴（ras-chen-pa），见该书574页。

[54] “无生”（skye-med），据《瑜伽》87卷第9页载：“于后有，无复更生，说名无生。”

[55] 萨麦（sa-smad），即《青史》所指芒康（dmar-khams），见该书575页。

[56] 色究竟天位于四往禅天的第八层，是色界的最极胜处，居住此天者已脱离了 八种污点。能居无想天、无烦天、善现天、善见天、色究竟天五种天者，为圣者。

[57]《青史》作贝果寺（spel-sgo-dgon-pa），见该书575页。

第二章　第二世噶玛巴活佛噶玛巴什（1206~1283）

【译文提要】第二章共有 10 节，即噶玛巴什幼年的生活；噶玛巴什与忽必烈王子相会；噶玛巴什在蒙古地区的宗教活动；噶玛巴什与忽必烈关系的恶化；噶玛巴什在内地的活动；噶玛巴什返回藏地；噶玛巴什会见八思巴；噶玛巴什圆寂；噶玛巴什之主要弟子及乌坚巴的生平事迹；噶玛巴什之其他业绩。

本章主要记述了噶玛巴什的生平事迹。其生于西藏多康金沙江流域丹巴却吉秋巴上部之齐列擦多地方，出自尊者乌族之家，其父名佳旺粗擦，母名森萨芒吉。其五岁起即精通诵读文字，十岁时即熟识无数佛典。十一岁时出家，起名为贝钦波却吉喇嘛。之后，由冈托巴强巴朋任堪布、崩查巴任轨范师、坚阿芒布哇任屏教师，为其授了近圆戒。此后，他一直随从崩查巴学习佛法，并逐渐有了名气，在人们眼中他是一位“神通广大”的上师。他从楚布寺回到康区后，开始收徒传教，座下门徒达数百人。

此外，本章记载了噶玛巴什来到蒙古以传播佛教、利益众生为己任，并未参与其他政事。但由于蒙哥汗偏信阿里不哥，所以噶玛巴什赴蒙哥汗驻地，在事实上也就被人视为站在阿里不哥一边。这样，皆蓄有谋取汗位之意的忽必烈与阿里不哥在蒙哥汗 1259 年死后的争权斗争中，忽必烈受人挑拨，未辨真伪，故将噶玛巴什错认为是支持阿里不哥的人，遂对噶玛巴什百般加害。后来忽必烈又将放逐的噶玛巴什请回，也因未列出噶玛巴什支持阿里不哥的事实，结果不了了之，但也不再重用。此后，忽必烈同意噶玛巴什之请求，欣然准其返藏，准其随意于任何地方传教，并给予财物支持。当噶玛巴什到达西藏藏北九子拉山口时，卫藏地区的所有蒙藏僧俗高级官员前往予以盛大欢迎。噶玛巴什内地之行，一心传教、除灾祛病、建寺修庙，来往如一，途中做了诸多利他之事。噶玛巴什返藏扩建楚布寺，其功非小，但本章提供的史料表明，楚布寺的扩建是元朝中央提供了“七驮黄金” 和大量的有关物资，这也是元朝中央与西藏地方间密切关系的反映。

噶玛巴什弟子众多，其中益西旺久及仁钦贝二人是随从噶玛巴什赴蒙古地方的忠实弟子，本章提到忽必烈曾误解噶玛巴什不忠，而对其降罪，令其师徒三人同遭火焚。从中可以看出益西旺久及仁钦贝当是其之忠实弟子，故本章将此二人列为诸徒之首不无原因。此外，本章还详细介绍了噶玛巴什的另一弟子乌坚巴的生平事迹。乌坚巴是噶玛噶举承上启下的关键性人物，同时也是上主巴噶举派的创始人之一。在噶玛噶举教派中，乌坚巴曾发挥了重大作用，噶玛巴什在临去世前，特将护持噶玛噶举派的重任置其肩上，嘱其在噶玛巴什转世活佛未出现和成长前，由其护持教务，特命其为楚布寺住持代理人，亦即代摄住持。在乌坚巴一生中，他对元代蒙藏关系贡献较大。他曾受到忽必烈三次迎请，最后他于六十三岁高龄亲赴元朝，为忽必烈大汗治病讲法，皇帝曾赐以“上师法王水晶印”。乌坚巴内地之行，表明噶玛噶举派继噶玛巴什之后，仍与朝廷保持密切联系，并得到元中央王朝的大力支持。

综观噶玛巴什的一生，不仅在康区发展了噶玛噶举派势力，而且将已趋败损的楚布寺加以修缮，并在藏区大力弘扬噶玛噶举的教义。其次，噶玛巴什是一位仅次于莲花生大师的“神通人物”，人们称为“朱钦”，意为大成就者。由于他的影响，该派随着本身政治、经济实力的增长，采取了活佛转世制度。再次，噶玛巴什积极与元朝建立了政治及宗教联系，1255 年噶玛巴什赴内地同蒙古建立关系，使蒙古了解并支持该派，这为以后蒙古全面管理卫藏地方创造了条件。同时噶玛噶举派也因此第一次有了中央政权的依靠，其势力仅次于萨迦派。从本章关于忽必烈、蒙哥尊奉噶玛噶举派的记载可以明显看出这点。本文有关噶玛巴什在蒙古活动的记载，其表面虽以宗教活动为主，但实际影响到蒙古的整个社会，例如废除监狱、开仓施财、四大节日时不得杀人等。噶玛巴什所倡祭天、守斋持戒、奉行十善法等，也影响到蒙古社会民俗及意识形态，同时也增进了藏、汉、蒙各民族人民之间的友好关系。

第一节　噶玛巴什幼年的生活

具有圆满佛之体相的吉祥噶玛巴[1]，最初在具圆满佛之未知具净之初，亦即众拥戴王（mang-bkur-rgyal-po）持金刚以因陀罗菩提（rdo-rje-vchang-ain-dar-bhu-ti）显示智慧无遮之身（ye-shes-sgrib-pa）时，如若得见释迦种族，则可悦意进入瑜伽空光智慧界（rnal–vbyor–nam–mkhav–vod–ye–shes–dbyings）。而后在佛七世之时，圆满完成教诫，其中有《八殊胜声闻》（nyan–thos–mchog–brgyad）、《八勇识》（sems–dpav–br–gyad）、《八瑜伽大修行者》（rnal–vbyor–grub–chen–brgyad）及《时轮金刚》，显现广博之密咒修行成就。在赞普赞（rgyal–po–dza）[2]之宫廷中降下佛教经书之时，赞普赞的侄子成了帕赞热释利（bdza–shri）。金刚勇识的化身即拉甫衮嘎宁波（lhvi–bu–kun–dgav–snying–po）则作了极喜金刚（dgav–rab–rdo–rje）。此后在显示出大圆满时，则又幻化成多孜乃久旺丘（tog–tse–rnal–vbyor–gyi–dbang–phyug），随即知晓了一切大圆满法（rd–zogs–chen）。时至今日，一切新旧密典（sngags–gsar–rnying）[3]之情况如何，现已变得清晰而令人难忘。且他在释迦牟尼佛前成为了一位大王，但此王却毫无阻碍地交出了所有王权。如是龙树之弟子比丘云丹洛追（dge–slong–yon–tan–blo–gros）成为一位非常出色者。此外，于东君[4]处（rgay–nag–stong–kun），（其）成为了持明瑜伽行者（rig–vdsin–rnal–vbyor–pa），并使神、鬼、人三者立誓（驯服），为佛教建造了威猛之门（darg–povi–sgo）；在北方之夜叉住处（byang–phyogs–lcang–lo–can）成为夜叉王之子，并推行诸夜叉之主张；后来成为比丘益喜坚赞（dge–slong–ye–shes–rgyal–mtshan），并修成金刚忿怒佛母；先祖松赞干布之时，东方转轮王神变为狮子，其王至今仍在，名为阿阇黎兴噶多杰（slob–dbon–zhing–gi–rdo–rje），彼等处在同一时代；后在西牛货洲（nub–ba–galng–spyod）又化作瑜伽行者尼玛沃色（rnal–vbyor–pa–nyi–ma–vod–zer），调伏了外道，是故，（外道）现在才容易调伏了。其时，在西方有一统治黑依怙（mgon–po–nag–po）的持咒者（sngags–pa），他遂被称作真依怙神（mgon–po）。又，在西方天竺有一瑜伽士僧格益西坚（rnal–vbyor–pa–seng–ge–ye–shes–can），他以住戒调伏众生，当其时，瑜伽佛母（化身）一卖酒妇，她以有利万物之功业（sanng–srid–dbang–vphrin–las）解脱了国王和属民（rgal–

vbangs）。彼时恰如现今一般，所有地方均以神变之力予以调伏。与前相似，尊者叙说了其前后多至无数的种种情况，今在裕固地区（yur-gur）之内，仍然以住戒（brtul-zhugs）进行调伏。在尼泊尔与西藏交界处（bal-bod-kyi-mtshams-na），住有猎人及雅砻之旅者，在这些地区亦有佛身显现。此事亦为（尊者）同时所述，于此等所述的历史之中，（反复）出现了佛之真身。总之，其法身是天然无相中因陀罗菩提之乌仗那；其受用身是大乐有相中因陀罗菩提之乌仗那（ain-tar-bhu-ti-dang-povi-ao-rgyan）[5]；其变化身则是色法果林者动物界后因陀罗菩提之乌仗那。

从上述三身而显示为化身因陀罗菩提大婆罗门萨乐和（bram-ze-chen-po-sa-ra-ha）者，此人在西藏被称为证果者乌色（grub-thob-dbu-se）。尊者都松钦巴逝世十七年后，有一位出生于雪域多康地方金沙江流域丹巴却吉秋巴上部之齐列擦多（bod-chen-po-mdo-khams-vbri-chuvi-rgyud-dam-pa-chos-kyi-phyug-pvi-yul-stod-byi-levi-tshag-to）之人[6]，他出生于尊者乌族（btsad-po-auvi-rigs），其父名佳旺粗擦（rgyal-dbang-tshur-tsha），母名森萨芒吉(seng-bzav-mang-skyid)[7]。彼等幼子生于藏历阳火虎年（1206 年），《青史》则认定其生年是在此两年之前的木鼠年[8]，其名为却增（chos-vdsin），五岁即能精通诵读，十岁可熟识佛典无数，其心性沉稳如山。因其对自性略有领悟，于是法王崩查巴（rje-spong-brag-pa）做以解释，故此却增遂识得自性，犹如与往昔熟人相知一般。（崩查巴）又对却增说道：“彼时，天空充满行勇者，而你所在之一侧，却显现出法王都松钦巴等多如浓云的噶举上师。你是一位有缘者，与你相见，（给人）留下了不可磨灭的清净而至正之印象。”此后于却增十一岁出家时，起名为贝钦波却吉喇嘛（dpal-chen-po-chos-kyi-bla-ma，意为大吉祥佛法之喇嘛）[9]。在他学得所有一切根本教诫之后，恰值适龄之际，由冈托巴强巴朋（ka-thog-pa-bayms-pa-vbum）任堪布，仁波切崩查巴（rin-po-che-spong-garg-pa）任轨范师，坚阿芒布哇 （spyan-sangmang-pu-ba）任屏教师，为却吉喇嘛授了近圆戒。由于（却吉喇嘛）不停转动凶猛太子光明无分别大手印心风要害之轮，遂能以安乐之热力使雪山溶化，故其师言道："对此传承之教诫你应做同样之努力。"却吉喇嘛祈请赐予护法之灌顶，于是顺利修成了可见之功业。期间屡见重颂尊者佛母之要义，对于所见数不清之佛土及空行勇者诸佛众，上师言道："此为心风集聚之形，亦为大修道者之像。"由于只在查果仓坚(brag-go-tshang-can）修行，由是十一面观音于十方放出光芒，而在光芒之顶，显现出极大的红色六字明咒，同时在（遍及）所有天界的六字明咒声中，可以闻悉如下言辞："观音菩萨慈悲业，彼之光芒遍十方。"同时，一切光辉也同样照耀到每位众生之前。继而复闻如下："五种金刚瑜伽母，佛母金刚瑜伽母，乃系诸事之根本。"于是打开了一千七百续部（rgyud-sde)[10]之门，并看到在一处宽阔的红色山谷中，酒的河流如夏季河水聚汇一样向下奔泻，一妇人向此山谷中走去，（欲）看（河流）从何而出。(尊者）于是言道："此河即你，今后还要长久流去。"随后（却吉喇嘛）前往此处河谷，见到河流从一个庞大的头盖骨中泄出，其上有以佛母为首的七十位眷属。上师也歌颂密续教诫之伟大，并向（却吉喇嘛）预言："噶举派的圆满（功业）将为汝所得。"护法神之尊容布满天地，其眼犹如日月升起。随后听到如是说法："一日发出了哞声，同时将得到调伏万物之功业。"（却吉喇嘛）以所炼之咄火热力（gtum-movi-drod），即使冬天身处大山冈（sgang-chen），其地亦不结冰。所在谷底之岩头及石板地面的一切黑白石头，均按灌铸法相混制，所谓该种石头至今还能见到。嗣后，（却吉喇嘛）被东部崩日山(spung-ri）之首领予以迎请，遂以此山附近为驻地，并请求建一座宫室。其时虽然有一些"应奉行（世俗）事业"之预言，但其心却无丝毫动摇，他持禅定达十一年。当山摇地动、雷雨降临之时，（却吉喇嘛）则以诸神变降伏之，并逐一努力完成各项功业。当时各地之阿阇黎所未想过的那些必备道术，诸如大手印之命力

(phyag-rgay-chen-povi-srog-mthu)、《修而资粮圆满之宝》(tshogs-gnyis-rdzogs-pvi-nor-sgrub)、《菩提心自在圆满》(bayng-chub-sems-kyi-dbang-fsdud)、《举一反三之所知》(gcig-shes-kun-grol-gyi-mkhyen-pa)等之圆满四要法性(longs-su-rdzogs-pavi-gnd-bzhi-chos-nyid),(却吉喇嘛)弘传了这些佛法,并使五百名僧人不可无所事事,集中精力修行。因此,彼等能将神鬼八部(lha-srin-sde-brgyad)役使为奴,又派护法兄妹做使者。他在汉地及云南维西(vjang)以上地区修通大道并做了四种事业。在学识方面,他消除了愚昧及心魔。四人抬不动的一朵马食子(gtor-ma)而却吉喇嘛一只手即可将之抛出。师尊黑自在天(yab-legs-ldan-nag-po)役使萨麦神兵(sa-smad-lha-dmag)遍布(此地),又在地上以旃檀木棍绘成三幅图画,其中所喻想的内容是:诸福德坚如山峦;持续者明如日月;所闻似满盈天穹。然后(他)将(图画)猛地掷于(却吉喇嘛)足下。(却吉喇嘛)遂由此业力生起欲摇撼世界之念。嗣后,面对措荣神殿(mtsho-rong-mchod-khang)之门,(却吉喇嘛)言道:"让我成为世间一切之主吧!"并将(此念力)画于(神殿之门),但是谁能解此(喻意)呢?此时,十一面观音遍布天空,言道:"(汝)应以六字明咒之业力施行利他之功业。"四种空行者(rigs-bzhi-mkhav-vgro)曰:"如今已是施行此佛法调伏之时。"受诸言鼓舞,(却吉喇嘛)遂以六字明咒为主进行调伏。后来,据说桑哇益西空行海(gsang-ba-ye-shes-mkhav-vgro-rgya-mtsho)环绕(却吉喇嘛)曰:"应诵六字真言(ma-nvi-dbayngs),如此念诵吧,当授以所有一切见闻。"(却吉喇嘛)闻知此言后旋即口诵六字真言,故而于集聚之地所有人等均获得了智慧加持。此时观世音菩萨曰:"天空、雪、湖皆系我之化身,一切均应依靠祈祷,因此去获取大祈祷(smon-lam-rgay-che)吧。"于是(却吉喇嘛)即在众所依菩提心坛城(kun-gzhi-bayng-chub-sems-kyi-dkyi-akhor)施行祈祷之事。当其在崩日山顶抛洒朵马之时,在当钦崩热

(vdam-chen-spong-ra)之山顶处，在似水晶云般而又与雪山无别之地，身具红、黄色之观世音菩萨正保持着舞姿，其上下各有一个空行海(mkhav-vgro-rgya-mtsho)环绕之[11]，此空行者言道："我乃向所有众生发出光芒者，此后将以六字明咒取得无量功德，且无亲疏与爱憎之别。"此后，在（却吉喇嘛）修行的后期，虽未（再）得到灌顶，而阿阇黎能圆满地施行佛法，其功德如同观世音菩萨。

大修道者的各种观音菩萨之修道法（圆融无上），如补特伽罗按此等道法修行，则如知非知（shes-ma-shes）、见非见（mthong-ma-mthong）、全非全（tshang-ma-tshang）、净非净（dag-ma-dag）等皆能获得，且祝福会顺至。此外，虽然出自观世音原本之悲心，（但）如仅仅是为了诙谐及玩笑而讲自己所知道（的这些）却不修习功德，那就是让我欺骗如来尊者。

此后，（却吉喇嘛）见到了东方药师佛土（shar-phyogs-sman-blavi-zhing）及世间莲花界（vjig-rten-khams-pad-ma-can）等佛土大海(sangs-rgyas-kyi-zhing-rgya-mtsho)，并讨论佛法。继之又见到千手千眼观世音及无量手（zhal-phayg-grangs-med）、桑哇益西（gsang-ba-ye-shes）、协恰热甫绛（zhal-phayg-rab-vbyam）等本尊。经常所见这些本尊多至无数，他自己还同样了解阿阇黎莲花（生）(slob-dpon-pda-ma)[12]、吉祥马头金刚（dpal-rta-mgrin）、唐巴嘉噶弥多罗措（dam-pa-rgya-gar-mi-tar-dzo)[13]等。他还从克什米尔红衣首领(kha-che-gos-dmar-sde-pa)处以神变之力闻习了《律现量》（vdul-tshad-mngon-gsum）、《律无边海》（vdul-ba-rgya-mtsho-mthav-yas）等佛典并皆保存于全集中。

却吉喇嘛在藏地多康六岗地区（bod-chen-po-mdo-khams-sgang-drug）以神变之力降服了所有本教徒及外道邪见（bon-dang-log-lat），遂使佛教明如太阳[14]。当其时，据说十万部黑吉祥天母（dpal-lha-mo-vbum-sde）驾临了楚布（mtshur-phu）地方并驻留三夜，佛母神众在所有一切果林之中，彼等言道：“行路畅通无阻。”然后在前方遁迹。一俟路途稍有延误，（彼等）随即向依怙神发出邀请，于是由依怙率领十万部天兵（mgon-povi-lha-dmag-vbum-sde）奔来，大多数人见到了此景。其时见到止贡帖巴（vbri-khung-thel-ba）予以敬礼，在拉萨河下游（skyid-shod）有阿底峡（jo-bo-rje），在彭域热玛（vphn-yul-rag-ma）有唐巴嘉噶（dam-pa-rgay-gar）。（却吉喇嘛）由此想道：“这些尊者们功德长在。”继而看见拉萨（lha-sa）的觉卧释迦佛发出的光融于佛身，当敬献黄金之时，马头金刚、千手千眼佛被阿阇黎莲花（生）等无数尊者所环绕，并发出如日月般之光芒。（却吉喇嘛）问曰：“此乃统治万物之兆？”（却吉喇嘛）后被所有护法神从嘉热(ca-ra)迎至楚布地方[15]，然而楚布寺（mtshur-phuvi-dgon-gling）佛殿及绘画均已毁弃，其所见之（楚布）寺已空。天母殿（lha-movi-pho-brang）亦由东北方迁至彼处。由此可见，曾有类似风嚎地震的现象（在此）出现，长达数日。因在楚布寺曾驻跸六年，（却吉喇嘛）遂对该寺进行了修葺和扩建。当时见有天女前来护持冈木仓教法传承，（众人）虽然不解修道之法，但一切同道者却甘愿为此奉献一切。又见到上师拉杰（bla-ma-lha-rje）从岗布融入须弥山，（却吉喇嘛）言道：“此乃修道传承之福力。”继之又观见有成就者无数，环绕着大婆罗门，无生（skyes-med）之音传于十方。（却吉喇嘛）心想：“（愿）此刻出现众多大成就者之象征。”随后（他）见到了众胜乐金刚并亲见了尊者米拉日巴，看到（诸圣）到了杂日山（tsva-ri），并显示出很多净相。佛神幻变无数化身，并有佛语曰：“神变之身为利他（vgro-don），不需任何之努力。”（却吉喇嘛）心想：“此为未经努力而出现之功德。”

此后，（却吉喇嘛）又前往藏地，并见到所有胜乐金刚天众前往彼处，由是遂知佛教将在藏地弘扬。（他）在葱堆古尔莫（tshong-vdus-vgur-mo）等地解脱诸多众生。无数天竺空行母后来出现在赞查（btshanbrag）地方，（却吉喇嘛）祈请道："今夜多地有会供轮（tshogs-kyi-vkhor-lo），请来做集会之主吧！"于是以上诸胜乐天众立刻现身于嘎迪嘎（ka-rti-ka）、乌仗那（ao-rgyan）、哈哈卓巴（ha-ha-sgrog-pa）及贝吉山（dpal-kyi-ri）诸地，许多有成就者们举行了会供轮（tshogs-vkhor）。

其他诸地显示的情景（如下）：在不安之境出现了对法、十二丹玛（brtan-ma-bcu-gnyis）、哈波冈桑（ha-pho-gang-bzang）及念青唐拉（gnyan-chen-thang-lha）等，所有世间之神鬼对此十分崇敬（srog-sny-ing），心生敬意。龙螺护法神（klu-dung-skyong）之子，即卫藏之主念青卡纳（dbus-gtsang-gi-bdag-po-gnyan-chen-khar-nag）皆献出了卫藏全部之人、财及土地等，并言道："卫藏此后将会弘扬佛法矣！"嗣后，（却吉喇嘛）前往藏扎（gtshang-vgram）时，所有的龙化身为蓬头者（sprul-mgo-zings）予以顶礼。后在桑赤桑卡（gzang-khri-zam-kha）举行眷属诵经大会（nye-vdon-chen-mo-mdsad）时，无数僧人汇集，规模超过了利他之佛事（vgro-don），由是遂成眷属诵经会之风俗（nye-vdon-kyi-srol）。此后，（却吉喇嘛）在楚古冈（gru-gu-sgang）担任斋本(gral-dpon)[16]后，当他想去约波羌塘（gyor-po-bayng-thang）时，船夫却不划船，于是（众人）见到众多空行母将（却吉喇嘛）迎往天空[17]，（却吉喇嘛）并又行走于彩虹之路。总之，他越过水路（御风）而行，所有阿阇黎与佛门弟子未经水路而抵达洛卡（lho-kha)[18]。无数佛众眷属当时环绕在南方放光的释迦佛身旁，由于大乘佛法之音长时间地传出，于是（佛）语曰："未来佛教将会在此南方弘扬。"其时，一骑龙之赤面多闻天子出现在楚布地方，而眷属十万罗刹则骑绿色马，彼等前来顶礼并祈请道："到我的宫殿中去吧！"[19]

第二节　噶玛巴什与忽必烈王子相会

不久以后，忽必烈王子(go-be-la-rgal-bu) 提出请求：“来边荒之地点燃佛法之灯吧！”[20]密咒之主（sngags-bdad）亦因其获得佛教功业而鼓励其前往。然卫藏之十二丹玛及一切神龙却请求（却吉喇嘛）（继续）驻跸，称：“我等诸寺亟须（您）来此护佑。”

却吉喇嘛同意依诏命完成（忽必烈）之祈请，在其出生于藏历木鼠年后已满五十二岁时，途经多康（mdo-khams)地方[21]，亦即在兔年[22]时在绒域赛堆（rong-yul-gser-stod）与忽必烈王子相会，忽必烈遂生起了菩提心。而后却吉喇嘛前往忽必烈宫殿，以神变之力调伏了彼处外道及森兴(zin-shing)[23]。（众人）在甘州（ke-chu)[24]地方见到金色千手千眼文殊菩萨，此乃（却吉喇嘛）在现世与后世事业之象征。忽必烈王子与（却吉喇嘛）建立了供施（mchod-yon）（关系），虽愿其永存，但他知悉未来将会出现嫉妒。观世音菩萨预言：“此地不宜久留，将会产生诸多爱憎。”此事已被（却吉喇嘛）察悉，然并未（愿意）承认（菩萨之预言），因此,王子忽必烈稍显失望[25]。 此后，（却吉喇嘛）前往西夏嘎地（mi-nyag-gha)[26]，在多闻天子及护法神鼓励之下，耗时一百零一天建造了幻化寺（vphrul-sang-sprul-pavi-lha-khang)[27]。在蒙古与西夏交界处发生了遮天蔽日的毒蜂之灾，却吉喇嘛遂以金刚夜叉之密教眼观法（rdo-rje-srin-povi-lta-stang）予以调伏，而后又以土及沙等加持祝福，故至今当出现蜂（灾）之时（人们）仍抛掷沙子予以抵挡，此事被（当地人）称作（却吉喇嘛）首次（展现）寻常的证果迹象。此后，在北方凉州城（li-chuvi-mkhar）的一些法相者（rtog-ge-pa）及外道徒心生嫉妒，却吉喇嘛遂以神变调伏，其时，空行海（mkhav-vgro-rgya-mtsho）如浓云密布一般襄助（尊者）。嗣后，在螺髻梵天及白天神迎请下，却吉喇嘛到了真正的蒙古地方（hor-yul），该地天女丹玛（lha-mo-brtan-ma）献上金瓶及珍宝财物。（都松钦巴）先前以巨牛身形降伏了暴君，随即迁居（它处），而当都松钦巴住在冈木波乃囊（ka-ma-po-gnas-nang）时，在噶波杂拉（kam-po-rdza-la）地方的本教徒们变成了富人。都松钦巴能施诸般道法的所有弟子被派往了法王处，因此遂称彼等为云达衮巴瓦（yon-bdag-dgon-pa-ba）。此人[28]亦做了汉地、西夏、蒙古、西藏（rgay-mi-nyag-hor-bod）等所有地方的蒙古汗王（rgayn-bo-mong-gor-gan），执掌王政四年后去世[29]。先是，在牛年，八思巴（vphags-pa-rin-po-che）[30]与忽必烈相会后正满三年之际，亦即是在火龙年（me-mo-vbrug-gi-lo）之时，（却吉喇嘛）到达翁格地区（vong-gevi-yul-khams）的色拉乌多宫（pho-brang-chen-po-zi-ra-vur-rdo）[31]。就要抵达宫殿之时，霹雷如暴雨般落下，却吉喇嘛用宝马禅定（rta-mchog-gi-ting-nges-vdzin）施以镇压，故而除降雨之外未伤及任何人。继而又以观音菩萨之正见为蒙古汗王加持祝福，使之显现出彩虹及光辉之净相。蒙古汗王曰："我之灾难被扭转矣。"但次日却吉喇嘛（才）对此应答曰："如您此位统御世界之王乃极为尊贵，虽然有灾，但非我不能扭转。为了扭转消弭所存大灾，汗王当下令祈祀上苍，使众人受益于所有财产及仓库，并开释一切监牢。"此汗王一反原来所持的蒙古埃卡波之修道见解（sog-po-ae-rga-povi-lta-grub）[32]，而转为佛教徒，（却吉喇嘛）为汗王举行了数天灌顶。当（却吉喇嘛）以四身所显本性（sku-bzhi-ngo-sprod）进行加持祝福时，有八十位成就者环绕大婆罗门，每人又分出化身无数，彼等为全蒙古（hor-thams-cad）祝福，然后又融于自身，上述所显之迹象长达三昼夜。当其时，汗王及其臣属等自"心二取"（sems-gzung-vdzin）中获得解脱，并证悟了法性之义，遂将一切仓库无私开放，于是天空发出巨响："大施舍才有大智慧。"（gtong-ba-che-dang-blo-ba-che）此外，经请求（汗王）后，（汗王）连续十三次命令废除监狱（btson-khang），继之又确定（修造）蒙古之大规模民用水渠[33],并决定在其所有统治范围内之四大节日（dus-chen-bzhi）时不得杀生，每月十五日及三日应持守斋戒，在各自之戒条之内均须规定一切祭天（gnam-mchod）之事，所有人均须奉行十善法（dge-bcu），以上均系（汗王）所颁诏令。如是，在汗王心中自然生起大手印之证悟。尊者都松钦巴往昔曾言：“此云达衮巴瓦（yon-bdag-dgon-pa-ba）在其三世之时将进入正道，此后则不需要我了。恰如此言，负有盛名的噶玛巴与蒙哥汗王将融为一体(gcig-povi-don)，即将是一位大丈夫，所有王土行将受益。”蒙古汗王在古绒（gu-rum）地方举行了仪式，随即建造起无数神殿（lha-khang)，同时诏旨发放财物，在汉地、蒙古、西夏、裕固等所有地方修葺并新建佛殿、佛塔，为所有人树立了解脱灌顶之经幢，而六字真言之声遍及各处，在蒙古诸王中，以佛法为王法者唯此王矣。

第三节　噶玛巴什在蒙古地区的宗教活动

所有王族于龙年时在翁格[34]乌多（vur-rdo）会集于蒙哥汗驾前，其时毒龙（klu-gdug-pa-can）及罗睺罗（rva-hu-la）之神变，使黑云密布于罗睺罗[35]星座（gzav-bdud-gyi-gzugs）。当（黑云）如雷暴风雪般漩滚交加之际，大成就者噶玛巴什随即以十怒禅定（khro-bcuvi-ting-nge-vdzin)，并不断口诵“哞音”（ham-sgra)，做驰马状（rta-rgyugs)，追雷逐云，使其遁迹，自行消弭。在依怙神的鼓励下，又于此年六月六日与诸因明、声明家（rtog-ge-sgra-tshad-mkhan）争辩较量，彼等无人匹敌，均折服于噶玛巴什。（噶玛巴什）又显示了能一时痛饮而尽宫廷周围上万买酒者所有酒浆之神变，而且当时兴建幻化寺（vphrul–sang–sprul–pavi–lha–khang）时，整个天界布满众神佛像。当噶玛巴什于凉州查瓦卡（li–chu–khra–ba–kha）宣讲四依[36]法性（gnas–bzhi–chos–nyid）时，金刚萨埵遍布法界。后又于甘州、西夏及霍尔之交界处[37]，噶玛巴什以佛教之功业震动大地时，无量光佛等诸神众充满法界。（噶玛巴什）在宗喀塞甫（tsong–kha–se–bu）[38]驻锡时，不空成就佛等诸佛众发出绿色光芒。在蒙古（hor）、索波（sog–po）交界之察哈台(cha–gan–tavi)领地[39]，当一切外道徒向噶玛巴什顶礼时，具有黄色光芒的功德宝生佛（yon–tan–rin–chen–vbyung–ldan）等诸佛亦遍布法界，由此噶玛巴什预知自己已在五部佛（sku–lnga）中成就圆满，并达到了往西向往的不可思议之境界，而此种境界即是以身、语、意之无量事功所严饰的神秘轮回。由此因缘，当世间之主忽必烈献给噶玛巴什白银一千大升（dngul–bre–chen–stong–grangs）时，噶玛巴什遂于上述诸地修缮并新建三千余座五部佛（rigs–lnga）神殿，作为利益众生之事。当供施双方同住六盘山（lu–pan–shan）后，噶玛巴什为忽必烈施以灌顶加持，当其时，在大般若经（chos–dby–ings–rab–vbyam–yum–chen–mo–shes–phyin–ma）之身、语、意坛城中，顿时实现了一切生死涅槃之圆满。

上述仅为忽必烈汗获得之成果，但噶玛巴什觉知应使一切众生亦获得解脱，故所有一切供施众生又在汉蒙交界的荒原（mya–ngam–gyi–thang–chen–po）修行，针对众生面临的旱灾，经密咒主之鼓动，顿时大雪降下，旱灾因而得以消弭。后当噶玛巴什驻锡汉地灾区（rgya–nag–gyi–than）时，出现了黑风及雷雹等无数神变，噶玛巴什遂幻化畏怖金刚之身，以十六面像收纳万物，遂使黑风、雷雹止息。因此忽必烈汗对于噶玛巴什极为崇敬，并请他终生驻留于（忽必烈汗身前）而勿离去（ji–srid–vtshovi–bar–vbral–med–du–bzhugs–pa）。

虽经忽必烈邀请，但噶玛巴什知道将有诸种时过境迁之事（发生），并且闻悉如下传言：在汉地与西夏交界处，法王都松钦巴已骑着狮子上天了，佛教将出现严重衰落，需要噶玛巴什当即前往西藏。因此，噶玛巴什未接受忽必烈的邀请并且提出返回西藏的请求。于是，蒙哥汗颁布大诏（lung-chen-po）："令汝遍知一切智，令众僧奉行佛法，善守戒规。"噶玛巴什随即得此"世间之诏旨"（vjig-rten-gyi-lung-ma）。因此，大成就者噶玛巴什之印是以珍宝所制的五部佛形相为严饰，上书"大持金刚之令印"（rdo-rje-vchang-chen-povi-bkav-btags-kyi-phyag-rgya）印文，此外未造（其他）汉蒙文字的印章[40]。

此后，噶玛巴什在返回上部西藏途中，驾临河州等城[41]。二十四座城池一切有识之士集聚起来，他们为噶玛巴什在低谷有树林及风水宝地修造法座。请求落驾之时，上下各处均被如来佛像所布满，同时传出如下之言："一切无常，如幻而不可信，众生福德已临衰减之际矣。"但噶玛巴什未信此言，（对众人）阐释说："一如往昔，（我）为众生之利业已行有益之事，此后何至于怀疑众生之福德会如下弦月一般消退呢？那么我们为何还要修筑如此之多的寺院？欲从死亡之征兆中得到解脱，还需汝等一切精神与肉体在魔障中挺立起来。大畏怖金刚即刻要来，此神将使汝等妙善神圣法力显现，如是则无往而不胜矣！"

总之，此后在西藏时，（闻言）许多不加思考之人有这样说法，即当八思巴（vphags-pa-rin-po-che）前往蒙古地区（hor-yul）时，大成就者噶玛巴什尚乃是一位评话喇嘛（ma-ni-ba）[42]。虽然有这样的传播和记载，然而（事实）并非如此。[43]

第四节 噶玛巴什与忽必烈关系的恶化

总之，汉、蒙及西夏三地不同，其间每一地都出现了各自之王，与释迦圣弓王（shvakya-rgyal-po-gzhu-brtan）同时的有周王（cevu-gi-rgyal-po）三十六位[44]，不同的部族十五个[45]，其间有一百二十九位王，而汉、西夏及蒙古（rgya-mi-nyag-hor-gsum）由汉人护持。此后，西夏西乌王（mi-nyag-gi-rgyal-po-si-hu）[46]出现， 在其七代或十二代王系之中，由西夏又做上述三地之王，并对藏地佛教广为敬奉。在眼手月（zla-ba-mig-lag）即在第二甲子过后的第三甲子之第三十六年即藏历水虎年（chu-stag-lo），蒙古成吉思汗王（hor-jing-gi-rgyal-po）出生[47]，此后三十八年的藏历土兔年（sa-yos），成吉思汗成为金、蒙古及西夏之主，至六十一岁时去世[48]。成吉思汗在藏历土猪年（sa-phag）五十八岁时，使整个西藏归顺蒙古（bod-thams-cad-kyis-hor-la-ngo-lta-byas-te）[49]。止贡巴（vbri-khung-pa）归顺蒙哥汗（mong-gor-gan）及阿里不花（a-ri-bo-ga）；蔡（巴）和萨（迦）巴（tshal-sa-pa）归顺于忽必烈（go-be-la）。西藏各教派分别归顺各个蒙古王子与王妃（rgyal-bu-dang-btsun-mo）。由是西藏趋于分裂（sil-bur-song）[50]。

此后之藏历铁鼠年（lo-lcags-byi）[51]，自凉州阔端王子领地(byang-ngos-rgyal-bu-go-dan-gyi-sa)蒙古多达(hor-dor-tog）军队前来，火焚彭域杰拉康寺(vphan-yul-rgyal-bsregs)。多达将止贡法王京俄（vbri-khung-rje-spyan-snga)迎请为供养上师(bla-mcho-du-bos-pa)，并鼓励法王京俄去迎请法王尊者萨班（rje-btsun-sa-pana），而法王京俄原本也有为了全西藏之利益迎请萨班前往凉州一晤的想法。于是在藏历木龙年（shing-vbrug），即萨班六十三岁，八思巴（vphags-pa-rin-po-che）十岁，恰纳(phyag-na）六岁，在止贡巴(vbri-khung-pa)送上大量礼物（rdzong-bavivbul-chen）后，叔侄三人旋即出发。当萨班居住在凉州阔端领地（byang-ngos-go-dan-gyi-sa）后，萨班做了蒙古阔端之供养上师（bla-mchod-mdzad）。[52]此时大成就者噶玛巴什（grub-thob-phag-shi）正驻锡楚布寺(mtshur-phu-na-bzhugs)。此后八年，即铁猪年时萨班去世[53]，而次年阔端派图必达之蒙古军队（do-pe-tavi-hor-dmag）毁坏了门卡最早的依怙神像（mon-mkhar-mgon-po-gdong)等[54]，次年即藏历水牛年（1253年），八思巴与忽必烈相见[55]。此后第二年之藏历木兔年[56]，迎请大成就者噶玛巴什的忽必烈的信使抵达楚布寺，此年噶玛巴什与忽必烈相见。次年即藏历火龙年[57]，大成就者噶玛巴什担任蒙哥汗之供养上师(rgyal-po-mong-gor-gan-gyi-bla-mdzad)，这些信息皆可参阅蔡巴（tshal-pa）诸人等的可信之史。

阔端作为凉州王子并未被委任为汗王，忽必烈继蒙哥汗之后被推举为汗王，此前仅系王子，因此也应该知道“王子”与“汗王”之区别。虽然这样说，但是目前像所谓“评话喇嘛”（ma-ni-ba）此种（称呼），以前并非一直存在。

此大成就者在修完佛海之自在功业（rgyal-ba-mtshovi-dbang-gi-vphrin-las）后，五部空行者（mkhav-vgro-sde-lnga）言道：“应将此等‘嘛呢’（ma-ni）六字真言引入所有村镇和商市（khrom-thams-cad）。所有一切见闻我将给予之，此即所谓‘加持’(byin-gyis-rlob-bo)。”由于见到此说，并且（此种六字真言“嘛呢”）与法缘之目的（chos-vbrel-gyi-dmigs-pa）相合，因此（诸人）受到鼓励。在挖出伏藏《拉萨遗教》（lha-savi-bkav-chems）之后，阿达娘（mngav-bdag-myang）师徒也被佛鼓励在商市上诵说“嘛呢”。古如却旺（gu-ru-chos-dbang）也做了一些属于“嘛呢类”（ma-nivi-rigs）的事情，并从此发展起来，遂成为了单独（弘法）的“评话喇嘛”（ma-ni-ba）风尚[58]。

如是，在藏历火龙年噶玛巴什促使蒙古大王蒙哥汗（hor-gyi-rgyal-po-mong-gor-gan）皈依佛法，此后第五年之藏历铁猴年(lcags-sprel)，此王蒙哥汗死于南宋地方（sman-tsevi-yul)[59]。王子与诸大臣等推举成吉思汗之第四子托雷之子阿里不哥（a-ri-bo-ga）继王位（rgyal-sar-bton)。王子阔端等及在西夏地区之人，则推举成吉思汗之第四子托雷之子忽必烈薛禅汗(go-be-la-se-chen-gan)即王位。因此（蒙古）有了两个王[60]。萨迦和蔡巴（sa-tshal）之再传弟子嘎热（rga-ras)，此人敢与阎王较量，他将阿里不哥王以法术召至并杀死，而后全国大乱[61]。总之，萨迦本钦释迦桑波（sa-skyavi-dpon-chen-sha-kya-bzang-po)、蔡巴斯纳喜饶久(tshal-pavi-zi-na-shes-rabs-skyabs)、康地仁波切顿促（khams-su-rin-po-che-ston-tshul）等，在忽必烈为王子(go-be-la-rgyal-bu-bzhugs-dus)时受到彼等的护持，但当（蒙哥汗）势力极大之时，止贡巴万户长多吉贝（vbri-khung-pavi-khri-dpon-rdo-rje-dpal）却担任了卫地长官（dbus-kyi-dpon)。因此，彼等至蒙哥汗（mong-gor-gan）驾前，依靠阿里不哥，同忽必烈对质辩论(go-be-la-dang-gdong-bsher-byas)以禀明种种是非真伪，并在忽必烈面前吐了唾液[62]，然后回来兴兵开战，归向了彼方[63]，忽必烈亦因此对蒙哥汗叔侄心生不悦。对此，忽必烈对大成就者噶玛巴什未驻跸自已的领地却留在蒙哥王宫也略表不满。然而大成就者噶玛巴什除以佛法调伏众生外，并未干预其他事情。虽是如此，仍有不公正者言称：“噶玛巴虽无偏袒，却希望阿里不哥获胜。”

再者，据说蒙古汗王以前对于名为忽必烈者是称心满意的，而当对众王子进行分封时，复言凡诸不成器者（snod-dang-mi-ldan-pa）均将出走外地。由于此事系暗中所为，（忽必烈）遂落下心病。尤为甚者，由于一些人的挑拨离间，于是（忽必烈）颁布要大成就者必须离开的旨令，并将（噶玛巴什）交给了刽子手，但刽子手旋即吐血而亡，诸种武器散为碎片，忽必烈王怒而斩杀了众刽子手；当（噶玛巴什）被放在火堆中焚烧时，其神态幻如火神（me-lha）一般；当将（噶玛巴什）投入大河中时，他则化为船帆般大的鱼，条条大鱼环游（噶玛巴什）周围，诸小鱼予以敬礼；当向（噶玛巴什）灌一木碗毒汁时，（噶玛巴什）则又化身孔雀（安然无恙）[64]；当将（噶玛巴什）抛向巨崖深谷时，他又化身鸟王（飘然而落），大鸟们环绕而飞，众小鸟予以顶礼。总之上述一切均未能加害（成功）。这时噶玛巴什又被流放到大海之边，此处海水不能饮用，除去生长的芭蕉之外别无它有。在流放的两三年间[65]，（天上）却降下了甘露之雨，且水果丰盛，果实累累，该地变得犹如天堂一般，（噶玛巴什）做了无数利益边民之功业。这些修道之神传入中原，并经过调查之后，（忽必烈汗）遂又将（噶玛巴什）迎请回来。但在没有饮食的情况下，将（噶玛巴什）弄到神殿之中，锁上门，并安排了一层层的守门者。当看守到第七日之时，人们从外面看到房屋如水晶般明亮清净，金刚瑜伽母（rdo-rje-rnal-vbyor-ma）取来了孟加拉王（bham-ga-lavi-rgyal-po）的食品，三界之空行者供之以甘露，婆罗门女七世天女之香味，被空行者用来供做会供轮（tshogs-vkhor）等等。其光明如同日光照耀般，总之，一切护法神又使无数愤怒及离间者刹那间逐一而亡，火焚了一些大城市，天女之风神变令诸山顶倒塌，一些城市毁坏了，所显现的劫之水光毁坏了一些地方，传染病如雨般飘落而下。所有一切均不再受依怙神之庇护，沦入苦难却得不到解脱。

第五节　噶玛巴什在内地的活动

《除暴传》（rnam-thar-gdug-pa-tshar-gcod）言道：“粗俗众生宜教化，剪除热毒症状后，便如阎罗相伴行，呼喊惊恐之声起，应在无声灯烛下，拿起佛教得胜幢，劣等文牍将毁弃，书中所示之一切，若欲批驳势要乱！佛法其中本自性，麻风疮痛癫瘟凶，现时且看此中劫，虽是歪门外道法，诋毁怀疑加叱喝，以此对之乃下策，将会成为阎罗鬼。此情宜应善观察，将见依怙护法者，得享鲜红之血肉，吉祥天女仙驾前，将见堆积之红莱。二百里远圣界内，有一王者之使臣，其名即是埃玛千，此人身藏歹毒心，是一偏好恶行者，狂呼谄笑兼秽语，因之各地降雷雹，轮回随之生错乱，天种人类与飞禽，犬牛骆驼牦牛羊，送此一切至海洲，呜呼哀哉皆错矣！罪孽深重好可怜，吉祥天母之大军，举誓施行瑜伽术，向彼怨敌施咒语，一切星魔妖水魅，皆称欲修诸事业。自然金刚之所属，施主师徒诸士人，彼等胸中勇气起，水火恐怖皆消弭，心怀恶意诸敌人，今需且看此神变，待到时光到末日，嫉妒之人出秽语，国王为此极愤怒，阎罗鬼卒不自主，怒乱贪婪极动摇。瑜伽之心愈坚定，布满三界是彩虹，佛法应悟于自心。国王因之极愤恨，行刑之人命自戕，此后天女极愤怒，派遣风神三面女，出任令人畏惧使。天降充满三界之风雷，并将土石山崖抛天空，遍布疯晕及瘟疫，其势好似暴风雪，所有车辆与帐篷，就似鸡毛之飘零，众人悲号喟叹声，诸神举起白幅幢，吉祥天女妄妖娆，土地颤抖山摇动，部分财宝已毁弃，疫病传播难想象，毛骨悚然令人惊，众人生起大信仰，往昔如同此神变，此情（今日）未闻见。在彼海洲岸畔处，三年所行利众生，富比多闻天子财，派出咒主为使者，雨水清凉含香气，遂使一切得安乐。为使无者生信仰，且于观音神殿内，为期七日显修证。铁钉铁水封其门，守门之人三重绕，依次轮流去观望，彼时其姿如乐神[66]。又从廿四圣地处，尊贵素颜天仙女，真实降临未遮面，一览无余清晰见。四种智慧空行母，出自哈哈拉尸林，婆罗门女夭神母，死后无身无命尸，其尸清净无污垢，空行天母赐加持，遂做法事会供轮，二十四位空行母，来自马来亚森林，带来气味好佳果，诸种果品做献供。上天大小诸善神，降下气香味美雨，秘密金刚瑜伽母，彼从孟加拉宫内，所存历代食品中，带着各类食品来。”以上即为《除暴传》所记载。

其时忽必烈也生起信仰，并有所惧怖。噶玛巴什说道：“此后经历七昼夜，土地神王将高兴，彼将取来莲花冠，取来赞誉之美辞，所有心妒之众生，难道对此不惊奇。所有坚持修道者，噶举证得佛果地。所有比丘众僧侣，岂不颂扬释迦教。所有持力之咒师，岂不大颂护法咒。所有愤怒之勇士，岂不调伏（诸怨敌）。所有悲心之佛子，岂能不立佛法幢。”做此专论之后，（忽必烈等王族）并为之礼足，顶礼膜拜，同时恳祈恕罪。噶玛巴什并未答应忽必烈邀请其驻锡（宫廷之中），但请求道：“但凡可安居处，我即能进行良好之祈祷。”由是广做佛事，并祈祷非时长寿，（噶玛巴什）遂拯救所有地方于疾病、水、火灾祸之中，此即其后来之修道成果之标志。总之，当（蒙古汗）王做了八种不当之惩罚，并又施行了任何一些不宜之残暴举措之时，所有一切噶举派喇嘛为此加持祝祷、祈求，集聚一切空行勇者诸神、所有十方之佛射出光焰，派出能克服艰难之大军严厉惩治此等暴徒。而后又于其时进行利益的非时延寿之祈祷。止贡之迥仁波切（vbri-khung-gi-gcung-rin-po-che）、达陇之桑结（stag-lung-gi-sngs-rgyas-yr-byon）等[67]，其时尚在之噶举派中诸有成就者，均亦腾空襄助。特别是当（噶玛巴什）驻跸海边时，在彩虹之中有三位护地空行母出现，言道：“观世音之化身噶玛巴，汝应赴楚布（mtshur-phu）地方，建造一座十三庹长的世尊佛，如是彻底完成后，汝将证得三世佛之圆满正果。”（噶玛巴什）遂一无所念安居七日，其时以圆满佛等身为主之三佛眷属于天空现身，以佛家无量之悲心轮流至此。其时（噶玛巴什）在修行中又听到如下之语：“观音菩萨噶玛巴，汝乃诸佛之门徒，前遵空行所勉励，辛劳建造佛身像，期间诸事吾佑持。”旋即又有声言道：“神工巴什（pkshi）在彭域（vphan-yul），让巴铜洞有黄铜。”于是（噶玛巴什）授予门徒丹贡（ldan-sgom）七骡驮之黄金等无数财物，然后嘱咐：“你到当（雄）久孜拉（vdam-cog-tse-la）去看看寺院

(gzhi–ra)。”遂遣其徒前往（彼处）。

《戏行传》（mdsad–spyod–rol–bavi–rnam–thar）有载：“此蒙古（汗王）是极喜自在魔及独脚天鬼之化身，因此它将损毁所有之佛教，由于此事无人知晓，故当由我（噶玛巴什）以四业（vphrin–las–bzhi）[68]降伏之，以令其不能毁灭佛教。”此后，该大成就者以神变之力虽未能降伏（恶业），但是最终因依靠祭天及尊重盟誓，故使佛教未遭损毁，并且显示了光明之景象。总之，像如此之有恩德者何处能有呢？如是调伏了此暴君，（噶码巴什）随即从中都王宫(pho–brang）中出走，历时八年时间抵达楚布地方。

第六节　噶玛巴什返回藏地

当抵达汉地环吉城（hun–ci–mkhar）时，各种流行疫病正困扰此地，（噶玛巴什）遂祈祷依怙神保佑（众生），于是乃派慈悲药师佛（下界），从佛手及佛唾液中流入池塘、井和泉眼诸处，再加持成药水，凡饮水者瘟病即除，此事促使众人信服，且信众无数。临洮（shing–kun–mkhar）附近为汉地险要，汉地所有神鬼示以神变，其时黑风卷走土石，一匹烈马跃出并落于大师身前，立起来成为一个九头十八臂之马头金刚，马嘶鸣狂吼，（噶玛巴什）遂予镇压，此马头金刚献出了生命。众人见其身色赤红，然后将汉地、蒙古、西夏及维吾尔等所有一切众生召集起来，躬行佛法。（肆虐）所到之处的疫病被剪除，混乱被止息。（噶玛巴什）并令修缮诸旧寺破殿，所有一切不净之僧人使其所行合于戒律，令诸咒师修行生圆满次第（skyed–rdzogs），遂使佛教犹如日出（般兴旺）。

昔日，（噶玛巴什）驻锡多康（mdo-khams）时，岗布多吉贝孜（kam-bo-rdo-rje-dpal-brtsegs）于乃囊寺（gns-nng）建一尊燃灯佛巨像，此岗布乃囊寺，据《华严经》说乃是大悲观世音菩萨住地。彼岗布多吉贝孜乃是具有十地菩萨悲心缘分长寿千佛之施主，于是遵照“噶玛（噶举派）具菩提心者将应在此建一大弥勒佛像”之预言，在中殿及下殿分建过去和未来之稀有如来佛像。弟子丹贡（ldan-sgom）在楚布寺建造了大供品室之内殿、走廊等，并使神鬼襄助，上述诸事均迅速完成。神工及黄铜等物亦按先前所说出现（送来），他们树起佛像的主心木，历时三年，依照定制以黄铜灌铸成一尊十三庹高之大像[69]。此外，蒙古大军曾兵进天竺某地，其军将一大寺之根椎及金飞檐携至蒙古地区，但（彼等神物）被施以不佳之神变，使其不能为任何人私占，而大成就者噶玛巴什却因祸得福，他以神变之力将此等神物迎至汉藏交界河州之旁（ga-chu-vi-vgram），然由于因缘不合，故飞檐不得从左面运来，于是在该地建有一个大黑（仓）库（存放），至今没人敢触及之。此后，（楚布寺）飞檐左面有一小节被分成两段，后段置于前段之上，两根小飞檐悬空。其顶端系一大型楗椎，此楗椎掘自黄鸟洞穴，因此又塑造了一对黄鸟。

大成就者噶玛巴什抵达当（雄）久孜拉（vdam-cog-tse-la）时，住在卫藏地区的蒙藏官员（dbus-gtsang-na-yod-pavi-hor-bod-kyi-mi-dpon）、上师（bla-ma）、本钦（dpon-cen）、宣慰司之长官及万户长（bron-vuvi-srivi-mi-dpon-khri-dpon）等所有一切人，逐一献茶，迎接供奉[70]。（噶玛巴什）举办讲经大会，又做了《黑帽颂》（zhwa-nag-gi-bstod-pa），其时所有人生起坚定信仰，称其名为“唯一大成就者”（mtshan-grub-thob-cen-po-vbav-zhig-du-sgrog）。众弟子的傲慢被打消，之后（噶玛巴什）依次经过久孜拉（cog-rtse-la）、纳木（gnam）及芝地（sbrid）等处，他呵责道：“（寺院修建等事）各地尚未完否？我未见到楗椎啊！”此后当来到楚布寺时，供品殿规模亦（过）小。于是（噶玛巴什）呵责道：

“便是此等小神吗？”（噶玛巴什）又言道：“弟子造佛像可不得如此啊！应较此为大，佛像之内部将安放丹玛护法神像。”其时有人禀道：“此地若是一处宽广所在，从久孜拉很远处即可见到寺院之楗椎。”（噶玛巴什）说道：“目前可有什么办法建设一座大寺？”（众人答曰：）“此处没有（办法建大寺）”，然而（彼等）特别请求建两尊立像及五部佛（rigs-lnga）。

（噶玛巴什）甚喜，说道：“汝等试着妥善完成造佛之事。”于是（彼等）逐一建成弥勒佛及观世音、五部佛等大佛像。该寺之主要圣物有：一升如来佛之舍利；法王岗布巴之心、舌、眼三物；日中阿罗汉之牙齿；尊者米拉日巴亲用之手杖；杰冈巴之法衣（skyer-sgang-bvi-sanm-sbyar）；听闻二圣（nyan-thos-mcog-zung）之乞化钵、禅杖及法衣；一百五十部金银汁书写的《甘珠尔》经（gser-dngul-gyi-bkav-vgyur）；法会所用且其声悠扬之白海螺等等，寺内器物无数。继之，佛像在装藏之后大佛像严重（右）倾，但是造像工匠（lha-gzo-ba）们束手无策，值此焦灼之际，大成就者噶玛巴什言道:“汝等无须如此。我乃能控制心风（rlung-sems）之瑜伽士，我可加以纠正，汝等（再）去测量吧！”说罢即在大佛像前结跏趺坐（skyil-krung-gis-bzhugs），呼气三次，做持瓶者状。（而后大佛像在右倾之后）又逐渐向左移正，大佛像发出“吱吱”之声后端直挺立。一俟佛像端正，弟子们言道：“上师噶玛巴什，（大佛像的位置）现在合适了、现在合适了！大佛像姿态极佳。”而后（噶玛巴什）修持气脉，曰：“功德如是可致之也！”续言道：“开光之日，弥勒佛将要驾临，故应造大法台一座。”于是（众人）遂建成弥勒佛法台一座，伞、幢、金幡、大旗及吉祥彩幔等等（一应俱全），遍布于法座（台）至大供品殿之间。其时，一些根器足者还观见弥勒佛顶髻其高如山，另一些人见到佛身充满法座，其上丰富之食品多得从法座上坠落于地；某些人又见到大成就者本人比大佛像还大，他坐于彼处，无数噶玛巴僧人环绕

(周围)，手撒青稞。人所同见者：大成就者噶玛巴什其身较前增大，坐于该处，手捻青稞，在大佛前供献礼拜。又见大成就者为大量失魂者诵念佛法，同时见到三种佛像的安置。

此时，一个月内天降花雨，焚香之青香气息不绝如缕。此后对大佛像敬称之为“光耀世界饰佛”（dpal-vbar-vdzam-gling-rgyan）。于安放法王都松钦巴心、舌、眼处，（众人）建造一座吉祥闪光灵骨塔(gdung-rten-bkra-shis-vod-vbar)，继而又造了将来存放法王（噶玛巴什）心、眼、舌三遗物之吉祥天成（塔）、二圣像及五部佛像等。嗣后，作为观音佛殿及十字明殿的杰瓦嘉措佛殿（rgyal-ba-rgya-mtsho）至今仍在，此殿为西藏无与伦比之佛殿，心存疑虑之众生也不会落入恶趣。（关于）以上情形，历代噶玛巴法王皆如是说。

《广史》（lo-rgyus-rgyas-ba）记言：“世间严饰大佛举行加持，以忿怒度母等诸神之（法）力及诸护法神之神变力，显现了似幻化般之神变，待光芒照到法座，彼等一些喜好妖魔及外道邪见之具有神鬼魔力者制造了混乱，初时征兆为两天内发生过六次地震，系柱之绳被砍断，诸造像僧众几乎被杀得濒临灭亡，诸造像人及内外一般僧侣心中（生起）魔害，挑起大乱。”由于心被魔鬼所扰，僧人蔡巴（tshal-pa）所属的一些农民（so-nam-pa）将法王都松钦巴之侄绛求（byang-cub）害死。所有一切地方尽为疾病战乱所害，持咒者让迥多吉（sngags-vcang-rang-byung-rdo-rje)[71]了知此等皆系魔鬼之变化，彼见马头金刚夜叉（rta-mgrin-rdo-rje）及上密身金刚夜叉（gsang-ba-mcog-gi-sku-rdo-rje-srin-po）诸神众，均显现于坛城中，如是七日遍布世间，一切均显现于眼前。（让迥多吉）遂发出禅定之神变巨光加以震慑，并在金刚夜叉坛城中为土、石、果树、森林等一切（加持），特别为楚囊浦达山（mtshur-nang-pu-mdvi-ri-klung）加持祝福，尤其是对新寺之对面山岩（加持），促其呈现出马头金刚夜叉之光，所以从远处即可显见该处之马头金刚夜叉、根本佛母主仆三者及火山等，（尊者）对此亦予以加持祝福。如在三界殊胜金刚之禅定坛城中，讲解诸法本性法相者禅定王(ting-nge-vdsin-gyi-rgyal-po)于大开光之时祈祷广大世间平静。尤为甚者，在大佛开光时，集中了一百〇八束不变之余光，以此加持楚布之一切山岩及三身佛坛城，开光时（佛）光普照，为所有山岩施以永存不变金刚禅定，广为开光，又对一位索仁桑卡之石匠（so-ring-zam-khavi-rdo-ba）施以禅定。使众生敬（佛）并倾心相爱故能清除诸罪孽，此乃需要佛祖之结果。

据《普贤广续》（kun-bzang-yangs-pavi-rgyud）记云："悟解自性瑜伽士，七劫抑或二十一，未能毁坏开光事。"对于具有佛三身任运天成之开光佛祖，诸众生内心向往，在以诸法之本性进行开光的诸佛之前，虽然已有人来此，但为使彼等心住而不分离（sems-gnas-shing-vbral-mi-phod-pa）及有善修无分别心，大师言道："当着意众生之心，应获取众生之心。"上述诸般灾难若不加以克服，小则卫藏，大则赡部洲将出现大神变及战乱纷争，虽然如此，然诸上密主之大王吉祥金刚夜叉威力及禅定之臣的大能量得以圆满现证，如是则使内外之战乱纷争及诸妖魔军俯首平顺，此后任运天成之和平功业即可于各地显现，得成此事后，大佛功业三时不绝，且日臻广大完善，各类语言之众亦远道而来敬奉，（其中）我执者（bdag-tu-vdzin-pa）[72]及供养者甚多。

此外，诸心地纯洁者（观见）佛身晃动发光，而根器中等及低下者亦因之而起信仰之念，病痛因之而消失，（众生）住心而不外骛。上述所现诸种状态之微迹颇多，对于此尊世间严饰大佛举行观瞻、听闻及供奉诸事，超越了世间之功德及成就多至无量。智慧依怙兄妹等亦如是而在，神鬼八部特别是善金刚甥舅及疾驰者、西藏之护法丹玛女神、护佑世界女神、念青唐拉护法神、黑堡金刚王等诸神、诸龙及地神等，上述诸神灵均以大盟誓之力，保护各自财产、施主、大佛之法及教诫。为永恒完成佛教事业，对于佛像及敬佛器物等不得触碰，宜任运天成此四种供佛之事业。为佛教之永生，此事当严肃地使（众生）反复知悉！

第七节　噶玛巴什会见八思巴

复次，彭唐达木结杰瓦嘉措（vbum-thang-thams-cad-rgyal-ba-rgya-mtsho）经五佛圆满观察后，遂造观音神殿一座，复修《十字明咒》及为四方僧众造《烦恼续》（tsha-bavi-rgyun）。继而言道：“观世音及诸苦难众生等之所谓无分别（tha-dad-med-pa），此乃我之本尊。”据言，汉、蒙、藏、西夏、维吾尔（rgya-hor-bod-mi-nyag-yu-gur）彼等地区言语不尽相同，多至近百，故修旧建新之佛殿、佛塔有一千零七或一千零八座之多。为使其不得减少，无忧法王（chos-rgyal-mya-ngan-med）之事业遂不得削弱。在整个尘世与情世间对于噶玛巴虽以各种危害和排挤之心相待，然因具光天母（lha-mo-vod-zer-can）之密咒功德，遂使五善圆满任运天成。因在广博佛经之中得到巨大教诲，（噶玛巴僧侣）则从“佛海无涯，智海无疆”中证得四字佛偈（tshig-bzhivi-tshigs-bcd-pa），以上即所知之佛说经典，此二句佛语乃遍布世界。对此，遂有种种诸多神变传奇出现，《瑜伽士让迥多吉广略传记缘起》（rnal-vbyor-rang-byung-rdo-rjevi-rnam-thar）等不断涌现，多至无数矣。八思巴大师最后一次返藏是在火牛年（1277 年），当时法王噶玛巴什寿高七十有二，而上师法王八思巴则年届四十有三，二人会于楚布。彼此执礼就座，八思巴曰：“以前，我喜见你在（蒙古）宫中发大乘心，此莫非是一种预兆？”据传，（噶玛巴什）言道：“此中情景，是有些人去朝见天界，此外，上乐普照虚幻之一切境界方隅，均降下八字明咒之声及雨露，秘密宝库之门亦为之敞开无遮。”嗣后，在楚布寺上师府邸（mtshur-phravi-bla-brang）所有获得持金刚修行成就传承之一切上师遍及各方，逐一无碍。继而（噶玛巴什）就地持以跏趺坐，众人数日间得闻“大手印”之声传之四方。（噶玛巴什）言道：“此后不宜往任何地方说法。”随后即一心留住下来，并对汇集一处之无数具有天资缘分的弟子们，以根本戒律及菩提之心予以控制，并通过闻思修正确地消除（彼等之）疑虑。彼等擎起成熟解脱灌顶之胜利幢，无分昼夜转动着四根本法性之轮，出现了无数得到佛语传承之佛果的大成就者。其次，亦闻所谓持金刚及蓝色无上天众之光遍及各处，众多佩骨饰之妇人公正洒下智慧甘露。当其时，空行勇者、瑜伽士及瑜伽母之佛光及形象等情景充分展现，且其外围亦出现有无数瑜伽灌顶等情状。而后当略微睡眠，噶玛巴什及其内外一切均显示出上乐本性，而迪洛巴、那若巴等亦展现神变，等到（噶玛巴什）醒来已时过多日。

他曾梦游一处天界，出现一位以人头骨杯饮酒之瑜伽行者，据言他（当时）忖道：“那是因陀罗菩提，而我则是佛三身沙乐和七瑜伽等诸人，均出自诸有修行成就者，出自于我融于我。”然后他将酒抛向天空，（酒）因此幻化成无数瑜伽行者，并且听到发出藏语的“元音和辅音”，（他）随即悟解了胜乐续诸上师之所有一切义理，其本身也幻化一颅碗酒，遂将酒抛洒空中，（酒）因此幻化成无数勇士空行者，所有空行者随即飞空而逝。其自身亦以幻化之法做一神变，使其得一梦，随即幻梦而去。彼以前之瑜伽士，即在其上方而坐，言道：“未曾触及心处，天空犹如中边，无明混乱众有情，因乱追寻至天界，愚人以尺度量天。”此一切令其观想融于自我，上述诸种极佳之纯正形象，在当今书中不仅有所反映，而且多至无量，除此无须他书。

在其梦中显出许多高低广宽之地域，其间有很多垮落的小桥，只能上天入地而行。此时之（噶玛巴什）遂以禅定之力，瞬间施以加持，随即到达一高山之巅，此山名为达拉岗布（dwags-lha-sgam-po）之宝山，所有顶饰天冠及小山峰，皆状似无数天然水晶，又似果树的果食，其佛塔相连如鬘，中央之塔甚高，坐其巅者即身着法衣自然放光之尊者岗布巴，此尊者手指世间曰："看哪！"于是万物自然无碍地显现出佛身及佛塔。如此似睡非睡长达七日（之久），（尊者）方知此即弘扬噶举教法。而后在尊者都松钦巴之诞生地芝冈（kre-kam），（其）家人被恶徒害死，诸死者后被拯救，诸穿破旧黑色大氅之依怙神布满天界，所悬挂之珍贵阴阳鬘百有五十之多，十方依怙环绕，此间一切均清晰显现。此即所谓"弘扬佛法佛教广，促使佛教遍十方"。对于朱倭（kre-bo）、雅砻江（nyag-chu）、热岗（rab-sgang）东之玛擦冈（dmar-tshavi-sgang）等地，（噶玛巴什）亦做以授记："应造依怙及其眷属神像，对此间各所供之佛像及汝等一切之所为，由我去完成。汝应铭记未来不为乱事，好自执掌政务，于一切世间，当完成所应调伏众生之事，我等将护持佛教并完成功业。"后人遂授受此预言。

自藏历马年建成杰瓦嘉措之佛殿后，（噶玛巴什）即多次言道："（我）即将涅槃。"大成道者乌坚巴（grub-tho-chen-po-ao-rgyan-pa）此时年方五十三，即为卫藏众生之大利益而前往。其时藏地干旱无雨，凡乌坚巴所到之处即有雨降，干旱因之止息。（乌坚巴）继而又以诛灭护摩（drag-povi-sbyin-sreg）（之法）调伏了一切魔鬼，后来他想从大河谷及小路而往，俟抵达楚卡（stag-gru-kha）时言曰："此次我将要拜谒噶玛巴大师。"而后即前往藏地北部（gtsang-po-byang）。（噶玛巴什）亦云："呵！不爱说话的楚布人都起来，如同天地间柱石般的大成道者乌坚巴将至此。"言毕即令着手隆重欢迎。乌坚巴说道："噶玛巴诸弟子正在忙碌，（我们）暂且小憩。"说罢即令于路上小憩。随后又行，越过山峰而坐，言道："（让我们）看看噶玛巴有没有先知。"言罢（连夜）步行而去。大成就者（噶玛巴什）对此已知，黎明时分即派了诸迎接之人，而自己则坐于弥勒佛法座之上，因此首先消除了乌坚巴的疑虑。随后居于大寝帐中，乌坚巴言道：“在珍宝寝房中竟有如此（珍贵的）敬佛供品啊！”因此对楚布寺僧人顿起敬意。继之乌坚巴恭敬地进入寺内，对大成就者（噶玛巴什）礼足致敬，而后坐在为其铺设的名贵坐垫之上。大成就者噶玛巴什道：“汝师徒人等是否允许移动一下呢？”乌坚巴等人道：“请便！”（噶玛巴什）即刻便做运气及观想状，乌坚巴师徒等人亦生同感[73]，言道：“现在停下来吧！”由是第二次打击了乌坚巴之傲慢。（噶玛巴什）继而又道：“目前西藏惟汝是大成就者吧？”乌坚巴说：“（我）没有如此之傲慢。”（噶玛巴什）对此道：“那么汝在阿修罗岩谷所唱的道歌可以唱一下吗？”如是则从根本上打击了乌坚巴之傲气。噶玛巴什又说：“呵！汝取小道（而行）之法，乃我以慈悲之心不由自主予以引导。汝知否？”说罢将青稞盛满铜盘，并以杰瓦嘉措藤鞭搅拌，然后置于（乌坚巴）头上予以灌顶。（噶玛巴什）三天之中为乌坚巴师徒授以无数教诲。（乌坚巴）祈请道：“愿皈依你派而成为黑帽派人。”（噶玛巴什）道：“总之，凡所为悉听。因充斥败坏而又扩展，依此增广（势力），则黑帽系传承行将断绝，然而有一位戴黑帽之人将从西方前来。”此事法王让迥瓦（rje-rang-byung-ba）还作有预言。总之，法王都松钦巴厌恶充满败坏之行为，因此可以想象此间化身活佛的出现行将有所延迟。此后，（对乌坚巴等人）进行了贵重赏赐，（噶玛巴什）将《除欲教诫》及《解说三身》等奇书及一顶黑帽交付于（乌坚巴），称：“此物汝必须妥为保护啊！为众生之重大利益，汝此后即往南方去修行，并将很快与我相遇。今生虽只三日之见，而情如父子。”

成道者乌坚巴而后随即出行，成为与法王郭仓巴（rje-rgod-tshang-ba）相同之根本上师。总之，这也反映了其已有心性相同之身。据说此后整个旅途中（噶玛巴什）又一再赐予他相关的教诫书籍。成道者乌坚巴很快就到达了面对芒域（mang-yul）的雪山前方，其他众多信众环拜释迦佛像。在弧形沟谷处（乌坚巴）与大成就者噶玛巴什相会，（噶玛巴什）为来拜见者讲授佛法，进行加持。在拜见者中有一位体弱却精于道歌、宁玛（派）及希解后续教义者，此人名为顿巴却贝（ston-pa-chos-dpal）。（噶玛巴什）对其道："你稍停留一下。"然后赐给他衣食，乃上好赏品，曰："我要为你借一住处，现在给你！"但顿巴却贝并未理解，而告予他人："你等无住处者则去有住处之地吧！"说着含笑离去。

第八节　噶玛巴什圆寂

总之，在藏历马年中，噶玛巴什多次被病魔缠身，虽然彼以一切俱生智慧平等之法，四十天内在极静怒坛城中得以任运天成，但仍知其死亡之兆。故其众弟子为此广做佛事（sku-rim-chen-po-byas）。（噶玛巴什）说："将房门的门楣像取走，安放大佛一尊，用一袋瓶风[74]祛罪。如无噶玛巴，彼以往六次生死之情景就将出现（skye-shi-lan-drug-tsam-gyi-sanng-ba）。"得道者让迥多吉（rang-byung-rto-rje）知悉此乃（将）死的一种兆象，如似灯临熄时一般光明，大成就者（噶玛巴什）同乌坚巴的到来也是如此。由于想成为一个智者，遂问释了一些疑团。（噶玛巴什）因其欲想修行成道，随即反复讲述如下论断："在藏历羊年正月，于贝莫贝塘平原（dpal-mo-dpal-thang）上部，尊者米拉日巴在以颅碗饮食甘露，光芒闪烁，此表明未来之功业将有成就。嗣后，先前诸溪卡（gzhis-ka）之人将会来至秀木雪山（gngas-zhur-mo）之前。"

此后自藏历羊年三月开始，声响、光及地震一再出现，常有雨降。有人问道："此等现象是吉或凶？"噶玛巴什答曰："具证得大乘心正果之僧侣，其生与亡皆有如此之兆。”噶玛巴什教诲众僧之后，又问：“汝等是否有话要说?”僧徒问道:“是否将有不吉之事？”[75]噶玛巴什答：“倘能保护法王都松钦巴诸古寺，佛法将永世弘扬。因有往昔噶举（上师）之预言，遂由我为诸寺做了些应做之事。法王都松钦巴既业已圆寂，世间之事便结束一轮（回），太阳今虽西坠，而次日复将升起。此后（事情）虽尚不明显，然以佛法功业之力可使之与调伏事业相合。如此，一位谙熟诸知识之活佛将如飞鸟般迅即自天而降。”而后噶玛巴什又对温仁波切（dbon-rin-po-che）言道:“此活佛未到之际，汝当护持佛教。”噶玛巴什随即又说:“于藏历阴水羊年（1283 年）九月三日上午（始），七日内不要触动我之遗骸。”言毕，噶玛巴什随即涅槃。其时，噶玛巴什之高徒观其往生兜率天、东方不动佛刹土和极乐世界。普通门徒则长久闻见彩虹、歌舞音乐、花雨及重日。第九日噶玛巴什火化之际，奇异之现象显现，噶玛巴什的心、舌及舍利等显现而出，被逐一供奉，成为福田。

第九节　噶玛巴什之主要弟子及乌坚巴的生平事迹

大成就者噶玛巴什曾言：“较之人类众生之利益，而今非人众生之利益更为重大[76]，即如天竺之嘎玛如巴（rgya-gar-ka-ma-rlu-pa）业主之弟子亦对此无法衡量。”如是之语不可臆测。(得到噶玛巴什）真传成器之首要弟子乃蒙哥汗（rgyal-po-manga-gor-gan)，其已证得胜果及平等加持(spangs-rtogs-mnyam-par-byin-gyis-brlabs-pa)。在忽必烈(se-chen)[77] 以火焚问罪之时，虽然噶玛巴什师徒三人同时遭焚，但（彼等）未能被火所焚，其弟子为益西旺久（ye-shes-dbang-phyug)、仁钦贝（rin-chen-dpal)[78]；又有一因明正量大师，彼曾自居为学者，对因明正量大师言道："何为比量(rjes-dpag-tshad-ma)？何为现量(mngon-sum-tshad-ma)？"[79]当其言谈之时，（噶玛巴什）则施以期克印（sdigs-mdsub)[80]，于是此因明正量大师之鼻血犹如打开瓮塞一般痛流而出，噶玛巴什遂言道："此即比量也！现在是否还需现量?"因此该正量大师畏惧而顶礼（上师噶玛巴什)，此人即才玛班钦(tshad-ma-pan-chen)。（噶玛巴什）之弟子尚有：雅如日巴(gyag-ra-ras-pa)、多甸夏塞瓦（rtogs-ldan-zhva-ser-ba)、夏玛瓦（zhva-dmar-ba)、夏查瓦（zhva-khra-ba)[81]、达果瓦（staga-mago-ba)、斯果瓦(gzig-mago-ba)、佟果瓦（dom-mago-ba)、京俄达雪巴(spyan-sng-stag-shod-pa)、嘉木样洛追森格（vjam-dbyangs-blo-gros-seng-ge)、本仁波切（dmon-rin-po-che)、强森杰瓦益西（byang-sems-rgyal-ba-ye-shes)、纳措瓦钦波（gnam-mtsho-ba-chen-po）及楚妥辇惹(krub-thob-gnyan-ras）等，其间具有证悟之瑜伽权威人士多至无数。[82]

噶玛巴什虽弟子无数，但其转世尚待迎请。故委以佛教（之重任）者乃大成就者乌坚巴（krub-thob-ao-rgyan)。先是，莲花生（slob-dpon-pad-ma）之嫡传弟子，即出自多康（mdo-khmas）之居纳强曲旬努(rgyus-nag-byang-chub-gzhon-nu)[83]世系的达真（rta-mgrin）及普巴楚托(phur-pavi-grub-thob）后裔强曲嘉措(byang-chub-rgya-mtsho）兄弟，彼等来至藏地（gtsang)，降服了十八位阿措部（ar-tsho）僧人，后驻留南拉堆（la-stod-lho）繁衍生息。乌坚巴之父久潘（jo-vphan)[84]，母秋莫东格（phyug-mo-dug-ge)，乌坚巴生于藏历阳铁虎年（1230年)，名僧格贝(seng-ge-dpal)。彼能自生禅定（rang-byung-ge-ting-vdsin)，感生死空虚而行佛法。因先前闻思之事已弃，故参禅修定，待其修定，遂忖道："现时童心与初修禅定之心可有别否？应予观瞻。"而后心生见解，曰："无别！"彼七岁即知金刚橛等一切祖师向道语录（ma-phur-sogs-yab-chos)，后随尊者郭仓巴(rje-rgod-tshang-pa)[85]受沙弥戒。郭仓巴对（乌坚巴）曰："汝将闻法而解脱。"乌坚巴自十六岁即在博东仁孜（bu-dong-rin-rtse）[86]身边精学《阿毗达摩集论》(mngon-pa-gong-ma)[87]，（博东仁孜）令其三天背熟半部经书，并命其三天中重背经书。乌坚巴谨遵师言背熟半部经典。（博东仁孜）又对乌坚巴道："乌坚巴心中自明下半部佛典。"于是重背。上师博东仁孜道："应反复修习未通之佛典，无须研习化身。"乌坚巴随即学习中观、因明及慈氏五论等一切经典（dbu-tshad-byams-chos），被赞誉为最佳善辩者（rtsod-ba-bzang-bavi-mchog）。二十岁时，博东仁孜任亲教师（mkhan-po），祥桑林巴（zhang-bsam-gling-ba）任羯摩师，索约(bsod-vod)任屏教师，为乌坚巴受比丘戒[88]，聆听一切律法（vdul）。（乌坚巴）于十二年中严持每日一斋之戒律(stan-gcig-gi-brtul-zhugs)，并随伯父果隆巴纳卡坚赞（go-lung-ba-nam-mkhav-rgyal-mtshan）等，听恰派（chag-lugs）、热派、卓派（ra-vbro-sogs-lugs）等诸派之时轮法（dus-vkhor），特向时轮者桑结多吉（dus-vkhor-ba-sangs-rgyas-rdo-rje)闻习了赞米派之教法(tsa-me-lugs)。彼投师于一切精通时轮法者，对于六支瑜伽(yan-lag-drug-gi-rnal-vbyor)[89]虽然有所解析，但密续（rgyud-vgrel）之疑团并未消除；对于"辛劳众生"(srog-rtsol）等（语）意虽有解释，但并未称心满足。于是乌坚巴生起欲往香巴拉具种（王系）处（shamabaha-lar-rigs-ldan）之念，随挚友前往乃囊德钦顶（snya-nam-bde-chen-steng)。尊者郭仓巴当时言道："昨日尊者日琼瓦(rje-ras-chung）来此。"复言："我亦生起对佛笃信之念，并予以拜见，由是生起悟性，对于大部分时轮经中难点逐一精读，因之得以通晓。又预言（我）会在天竺东部（rgya-gar-shar-phyogs）有所觉悟。此预言系梦中所托，并被授以圆满灌顶。往昔驻跸咱日山（tsva-ri）时，(我）将一《金刚瑜伽母（rdo-rje-rnal-vbyor-ma）劝赠》之经书吞掉，因此我对一切佛法无所不知。"继之郭仓巴复言："勿去香巴拉，去乌仗那(ao-rgyan）吧，彼将完成修道之功业。"[90]

乌坚巴经措莫（mtsho-mo）、昂热（ngang-ra）等处，取道冈底斯雪山（ti-se）、犍陀罗及阇烂达罗等地修行，最后抵乌仗那（ao-rgyan），制伏了索波人（sog-po）[91]、野兽及非人（mi-ma-yin）等。当时在胡玛塔拉（nghu-ma-tha-la）宫中有一专事召集会议之首领，乃一贵族，名为萨木扎木（sa-mu-dra-mu），此人赐给乌坚巴一碗粥，（食毕）则脉结（rtsa-mdud）消失，并出现了众多六神净居（rigs-drug-gi-gnas-sbyong）处。（萨木扎木）遂将散土揉团而捏成金刚乘土（rdo-rje-theg-pavi-sa），乌坚巴首次获得此土。金刚瑜伽女（rdo-rje-rnal-vbyor-ma）遂亲临此地，为（乌坚巴）传授了三金刚念修（rdo-rje-gsum-byi-bsnyen-sgrub）[92]，并言道："由此郭仓巴神变而成之船，如欲完成则需修行三十二年，未满三十二年之期，将不能做利益众生之事。"（乌坚巴）遂依此言在乌仗那下部之芒域地方（mang-yul）[93]，向当地一名为喇钦（bla-chen）的首领请求驻留，但主人未准。在路途中乌坚巴知悉尊者郭仓巴已圆寂，故得以见此光明境界，并看到聂多（snye-mdo）地区一智者之子降生，此子名贡噶约斯（kun-dgav-vod-zer）。此后（乌坚巴）前往天竺。

乌坚巴抵达天竺金刚座（rgya-gar-rdo-rje-gdan）之时，赞纳噶毗哈（dznyva-na-grbhe）等四人在大菩提树（ma-hava-bo-di-ha）前祈祷。彼等遵依怙神之鼓励阻止了葛逻禄军队（gar-log-ge-dmag）[94]，其首领亦献上最为精华之物。乌坚巴在天竺驻留三年，然后说道："虽有所谓执掌世间三分之二地区一说，然而我已知如何居住此区，而我将怎样在（此所谓）三分之二的区域内行事？"于是（乌坚巴）发出了不贪狮子吼（zhen-log-gi-seng-gevi-sgra），并调伏了清凉园（bsil-ba-tsal）之地方神，而后乌坚巴返回了藏地，施行了一些有益众生之事。此后乌坚巴又曾两赴天竺金刚座。当噶逻（gar-log）毁坏（天竺圣地）之时，僧伽罗（sing-gha-gling）[95]王等三位王及三方中的北方大德（grub-chen-rien-po-che）[96]予以修葺，均向天竺金刚座敬献布施，故称（天竺金刚座）之北门

(byng-sgo) 为吐蕃门(bod-kyi-sgo)。彼时，五百瑜伽师[97]正举行会供轮(tshogs-vkhor)，次第在座之僧侣行列中，（瑜伽师们）逐一死去，故当对此无能为力之时，（乌坚巴）遂迎请礼佛集会会长（tsogs-dpon）前来，彼随即为所有一切死者加持祝福。于是（众人）见到了各坛城之上的神佛（dkyil-vkhor-ki-lha)，因此（众人）遂将（乌坚巴）奉为无可争辩之大成就者。（乌坚巴）为热辛王(ram-shing-rgyal-po）传授戒律。随后（乌坚巴）出走，在与缅隆上师（man-lung-gu-ru）前往普陀山（po-ta-la）之时，杂耶布尔王(dza-ye-pur-gyi-rgyal-po）将佛之右手第一关节之余骨献给了（乌坚巴)，又如卡秋瓦（mkhar-chu-ba）所预言，将念修时所用宝皿(snod-rin-po-che）赠予（乌坚巴）并附上题词。

（乌坚巴）为卫藏众生重大利益（dbus-gtsang-gi-vgro-don-chen-mo）所做之事多至无数。拜见噶玛巴什大师（rin-po-chi-karma-pa）后，乌坚巴即与之同心同德。乌坚巴做了念修解说（bsnyen-sgrub-kyi-khrid-mdzad-mo)，使八十名惹人怜爱的幼童获得修行成就。乌坚巴就此言道：“俟我念修时，隆巴楚托(lung-pa-grub-thob）虽傲满，然却有损彼寿，且对噶举派讲经之制略有不益。”乌坚巴继而又着重讲解了尊者塔布拉杰之大手印教法（phyag-chen)[98]。

蒙古薛禅汗为借道吐蕃以便兵发泥婆罗（bal-po）及天竺（rgya-gar)，曾遣探路金字使（lam-lta-bavi-gser-yig-pa）前来。（彼等）为此将河流水系勾串成网，（乌坚巴）为此（在表面上）赞扬了蒙古汗王，而（乌坚巴）却是水网的串联者，因此蒙古军队不能涉行，由此之故，(蒙古汗王）颁令，推迟发兵，（如此）遂拯救了天竺、泥婆罗及吐蕃三地于毁灭，虽说如此，但知其有如是之恩者却不多。

薛禅汗曾三次遣使迎请，最后一次（乌坚巴）方才成行。（觐见汗王时）尚未听到汗王诏准，（他）便就座于垫上，言道：“不必矫揉造作了！”蒙古汗王见此甚喜，遂出示一根大梁，问曰：“此为何物？”乌坚巴答："此为海中巨鲸之脊骨。"[99]汗王道："真乃神通！"据说，（乌坚巴）对给予诸萨迦巴人的珍宝不以为意。蒙古汗王手痛，谁也不能解其病痛，（乌坚巴）挥动（汗王）之手，遂使汗王得益（止其病痛）。乌坚巴为汗王讲授佛法，汗王谕："赐汝一枚'上师法王水晶印'（bla-ma-chos-ki-rgyal-povi-shel-tham）。"虽有此谕，但(乌坚巴）未受，对汗王道："对皇帝御体，已无须择其吉凶时日，即使让我留下亦属无益"。鉴于乌坚巴出语诚实，遂获诏准其出行。（蒙古汗王）把金升(gser-bre)、银升（dngul-bre)[100]装满并排二车，将此献予乌坚巴。然而诸大臣却对此举心中不满，说道："不能动用乌拉。"[101]因此，（乌坚巴）未能得到金银，而将金银献予汗王本人，言称："我无须财宝，我之诸信徒均系出世者[102]，彼等财宝又有何用？如果不奉佛教，未施佛业则即不收贡品；我如果需要财宝，那就是没有将贵重药的诸商业价值和具有宿业[103]无量价值之人加以区别，(如)密宗《续部》(rgyud-sde）所云：'如能改变黄金，则所有铁皆可变成黄金'。"于是汗王道："演示一下。"乌坚巴随即展示将白锡变成白银，又将铁变成黄金。汗王对此极为惊诧道："我府仓库存之消耗，将无人可知矣！"

此后，乌坚巴又为一些亲贵授以胜乐灌顶(bde-mchog-gi-dbang-bskur)，因而接收些赠品。汗王对此不悦道："乌坚大师（ao-rgyan-pag-shi）由我所请，但未曾驻留却迅即而去，彼不受我之所赐，却收受他人(赠品)。"汗王做了苛责。乌坚巴为此言道："弟子对上师之真言不应有任何命令之语，虽在帝释天神前可以如此，但即使头颅被斩亦心无此念，此毋庸置疑。"言毕即做金刚手菩萨禅定予以摄伏，（汗王）因之珠水涓涓。（乌坚巴）复言："有人说薛禅汗乃文殊菩萨化身，为求验证，我遂做金刚手菩萨禅定予以摄伏，彼非文殊菩萨。总之，（汗王）有福德之大威力也！"乌坚巴六十三岁藏历水龙年（1292年）抵蒙古，次年之藏历蛇年（1293年）时赴布扎（sbu-bkra)。于第三年即藏历马年（1294

年）时，薛禅汗八十岁而逝世。

总之，二十四个地区中乌坚巴曾去过九个，获得了证悟，并能救护死者，诸凡一切十二大业（las-chen-bcu-gnyis）均可用风气和合加以完成，并亲得无修中庸之证悟（sgom-med-vbring-pavi-rtogs-pa），为修行、传播佛法，乌坚巴使其（发展）如旭日东升，而乌坚巴本人亦于藏历土鸡年（1309年）八十岁时圆寂。

关于乌坚巴之弟子，当他在尊者郭仓巴身边时曾言："至于时轮金刚，唯我精通，但我身为法王（chos-rje-pa）仍应学习时轮。"帕盖绛贝（pha-rgan-byang-dpal）问曰："法王您是否有聪慧之弟子？"法王道："真正前来而真正成为我之弟子者有五六人，其一乃无可争辩之活佛（sprul-sku）。"依此说法，其首要弟子即无可争辩之尊者应是让迥多吉（rang-byung-rdo-rje），其他则有聂多瓦兄弟（snyi-mado-ba-sku-mched）、雅桑之法王真钦嘎曲瓦（gyav-bzang-gi-rje-drin-can-mkhar-chu-ba）、朗郭之嘉木样索南沃色（klang-vkhor-kyi-vjam-dbyangs-bsod-nams-vod-zer），彼等即尽人皆知之四弟子。阿隆瓦嘉木样多吉（a-lung-ba-vjam-dbyngs-rdo-rje）、止贡曲洛（vbri-khung-chos-blo）、梅古象巴（mus-sku-zhang-pa）、拉杰巴西（lha-rje-pag-shi）、麦谢瓦（me-shel-ba）、绰浦巴（mkhro-phug-pa）、堪布楚仁（mkhan-po-skrub-rin）、甸萨巴（gdan-sa-pa）彼等即八亲近弟子（nye-bavi-bu-brgyad）。尼木卡巴（snye-mo-ka-pa）、擦琼瓦（tsha-chung-ba）、雅果瓦（gyag-mgo-ba）、达僧瓦（zla-seng-pa）彼等即最佳四弟子（mchog-tu-gyur-pa-bzhi）。另有诸多天竺班智达、贤者（乃其弟子）。阿日噶（a-re-dgav）、苏浦巴（zur-phug-pa）、辛迪日巴（shani-ta-ras-pa）、热佳（ra-ca）、佳日瓦（rgya-ri-ba）等无数得道者（亦其门下）。恰译师丹增贝（chag-lo-bstan-vdzin-dpal）、雄译师多吉坚赞（shong-lo-rdo-rje-rgyal-mtshan）、拉尊益西沃（lha-btsun-ye-shes-vod）等无数学业有成者（亦曾于乌坚巴座前受教）。

第十节　噶玛巴什之其他业绩

（关于）大成就者噶玛巴什之其他业绩，诸佛子及不可思议之生死诸佛之神变化身亦难以衡量（其功德），至于到达长乐净土彼岸之变化诸神，包括十地菩萨亦不可想象。但兜率天宫可使具有大乘心智慧宝者长久驻跸，故大成就者噶玛巴以神变前往兜率天宫，并将世间与其有关系者亦导引至此，又在神变的东方无数宝地，由转轮王使之变成诸莲花彼岸。为使一些徒众生于东胜身洲（shar-lus-vphags-po），（噶玛巴什）施行了一些神变。此外，噶玛巴什预言了未来诸事，特别预言“一位出自西方的精通诸种学识之化身将像飞鸟降落一样来此”。其真实之神变化身情形，嗣后会将其传记及其本身情形全部述及。

噶玛巴什圆寂瞬间，兜率天及一切天界顿显神变化身，并以无穷供云（mchod-sprin）予以敬奉，稍倾而散。八日后，菩萨见此弟子噶玛巴什，准其（灵魂）进入遗骸，并将遗骸涤净。但闻谷地充斥悲泣之声，慈悲本性令人（无不）为此伤感心乱，（菩萨）随后想道：使其夺舍（grong-vjug）[104] 当是造益于众生啊！其时，（菩萨）看见在堆龙帕仓地方（stod-lungs-vphar-tshang），有一具年仅十三岁之少年尸身在两位老夫妇中间，老夫妇哭泣并欲焚化尸身。待彼等直视（尸体）时，见到死者眼睛尚可活动，据说此为凶兆，遂对尸体掷撒灰土，且以针刺扎死者（眼睛），因而死者无眼。菩萨见此想道：“如是将不能完成为众生谋益之事矣！”[105]思毕离开，后虽遍寻诸地，除在绛奇工（byang-phyi-gong）地方发现一被虫衔去之鸽子尸身外另无所获。于是菩萨知悉此处尚未达到为众生谋益之缘，因而只得专心于诸佛之法界空性（chos-kyi-dbyings-mnyam-ba-nyid）。此时在前方有二十五位美女现身敬礼，彼等祈求（菩萨）：“慈悲佛主请勿静息，愿发慈悲赐予一对纯正人身，请做我等弱小众生之父母，赐予一双佛教经幢。”（菩萨）忖道：“如此这般表现，则使我心念所想乱矣！”但俟其祛除干扰安坐之时，又一再闻悉祈求之声，因此（菩萨）言道：“对于欲取暇满人身宝[106]，因杂乱不纯而无父母，持守佛教亦未至其时，我虽有如母亲般之慈心，但护持(佛教）之吉祥事亦(须）稍有缘分，故应于未来佛之时依语修行。”众美女曰：“我等来自人间之中心地区，乃护地空行者，（就吾辈个人而言）对您无有所请，乃是为众生利益受策励而来，身在慈悲之地而不予慈悲，岂像慈悲之佛主?”言后，诸部美女各自献出姓名及肺腑之辞。彼等之名为密金刚降雷女（gsang-ba-rdo-rje-thog-vbebs-ma）、顶金刚光华女（gtsug-na-rdo-rje-dpal-vbar-ma）、边金刚大力女(mthav-na-rdo-rje-stobs-mo-che)、手金刚力胜女（lag-na-rdo-rje-mthu-rgyal-ma），彼等为护地五主母（zhing-skyong-gtso-mo-lnga-po）；普闻女（kun-grags-ma）、普贤女（kun-bzang-mo）、护太阳穴女（ya-ma-skyong）、寂灭主(bshegs-kyi-gtso)，彼等为四伏魔主母（bdud-vdul-gtso-mo-bzhi）；施仁女（gtad-dkar-vgro-bzang)、善牛女（glang-bzang-ma）、长寿女（tshe-ring-ma）、凤头女（khyung-mgo-ma)，彼等为护法四主母(chos-srung-gtso-mo-bzhi-po)；白雪无肉女(gangs-dkar-sha-me)、巨风女（rlung-mo-che)、铜嘴尊凤女（kha-rag-khyung-btsun)、威猛女(drag-mo-rgyal)，彼等为四伏魔主母（bdud-vdul-gtso-mo-bzhi)；佳座女（khru-bzang-ma)、大门女（sgo-mo-che)、大力女（stobs-mo-che)、剑女（ral-gri-ma)，彼等为四护门主母（sko-srung-gtsao-mo-bzhi-po)；护吐蕃女（bod-khams-skyong)、利益女（sman-gcig-ma)、清面女（gyar-mo-gsil)、流冰女（si-li-ma)，彼等为四转意主母(yid-vgyur-gtso-mo-bzhi-po)。上述诸女将各自姓名、族部、真实修道成就、修行之法等均做以讲述，献上肺腑之言。再者，又有四名美女前来，称言：“我等乃萨扎玛金刚女（rdo-rje-sad-tram)、李妃金刚护子女（li-btsun-rdo-rje-bu-skyong-ma)、谷水金刚利益女(phu-chu-rdo-rje-sman-gcig-ma)、金刚小绿松石女(rdo-rje-gyu-chung-ma)。”彼等为贝域四地守护神女（sbas-pavi-yul-bzhi-srung-ma），言毕亦献上肺腑之语。诸女继而唱道：“六趣众生极需悲悯，身处轮回（vkhor-bavi-gnas）何等烦恼，能为众生报应谋益，六道众生之诸种痛苦，对此稍加思索亦应流泪，如我等之辈倘不敢承担(此任)，那么心怀慈悲之（菩萨）为何不敢承担？(我辈）为此前来向（佛）做祈祷。”（菩萨）自忖上述诸结果皆系幻象，业已排除，遂不想出走，遂答曰：“我执寻思比岩坚，勇往情神比天高，所闻之凿已落下，所修石弹（sgom-pavi-skyogs-rdo）已抛出，灾害缝隙不再现，六趣众生得安宁，犹如护地令人笑。”随即天空诸小神降落于地上之俯行者中间，众人俯身于地顶礼膜拜，祈请道：“再生佛子神变身，诸天堕落之痛苦、非天征战之痛苦、众人生死之痛苦、畜生痴呆之痛苦、饿鬼饥渴之痛苦、地狱冷热之痛苦，[107]思想此事心战抖，不能忍受所早遭难，发出悲哀之惨啸，如此之情谁堪忍？谁又能去佑佛教？众生父母何人做？佛教权威谁赞颂？呜呼哀哉太痛苦！”言罢，众人均哭泣而悲痛。其时，（菩萨）又说道：“佛法之地难思议，特别在彼赡部洲，格西学者其无数，佛教门徒难想象，预言弥勒他处寻，众生父母彼处寻，佛教门徒护佛法，佛法权威地神颂，众生父母格西做，尔等众人应欢乐。”(菩萨）言毕入定。

复次，护地神女又祈求道：“格西诸人太嫉妒，诸僧大起竞争心，六趣劣种已确定，对此因已无他法，无论如何祈请您。”（菩萨）嗣后动了恻隐之心，曰：“暇满[108]人身无处寻，具德上师难获得，浊世其胎太龌龊，未来思想弃后行，造益众生有困难，又对所谓之定力（gting-shed)，如获贵族之父母，若见具德之喇嘛，护地女（须）如护佛法，应求权势需圆满，名声福德尽赐授。”与此同时，诸护地神女霎时迎来上乐金刚父母，敬置于神变坛城，并由天神授以难以想象之（神奇）灌顶，所做之《阿里嘎里全集 》（a-li-kva-li-gligs-bum)，此即获得所谓之“五明智”（rig-pa-ye-shes-lnga）。对于五根（dbang-po-lnga）了知之后，则即获得所谓之“到彼岸精义”（pa-rol-tu-pyin-pavi-don）。又所谓涅槃（skye-med）为要义之本，有云：进言者则断绝言路，显之以形则无形，立以范例则无范例，错误已明则无错。此种“根本”（dbang）谁愿传播！若由我决断引导，则应是：自身应语声朗然，心怀坦荡，空明无遮，清晰了然，生死涅槃永驻不衰，佛教事业功德圆满，利益众生如是而成。”

（菩萨）言罢，众护地神女（zhing-skyong-gtso-mo）齐声诵以吉祥偈（bkra-shis-kyi-tshigs-bcad），诸神眷属则合以金刚曲（rdo-rje-glu），诸门神驱逐妖魔鬼怪，其他神众抛撒花雨（me-tog-gi-char）、演奏乐器。此后，彼等又唱道：“一再期望一再得，珍宝彩虹是向导，暇满人身有存处，芒域扎西贡塘处（mang-yul-bkra-shis-gung-thang），吉祥主母小玉女（jo-mo-bkra-shis-gyu-chung-ma），于彼秀莫雪山（zhur-mo-gangs）边，有地名翁隆扎西堪塘（vom-lung-bkra-shis-vkhan-thang）[109]，有房名帕替里沃色（pathig-le-vod-gsal），大宝雪山在谷头，三谷会合在河谷，谷地存有米拉诞生地（mi-lavi-vkhrungs-sa），神山赤红却清凉，北山皆为洁白色，无为欲体之箱笼。”唱罢，彼等即前往天空五色彩虹之上现身。彼等见此大景观，随即前往彼处。在水晶房舍、天门四方，可见彼等缓缓走入白色亮光与赤紫光芒交界处的彩虹之中，于是就有如此一说：“该情形乃（预示）行将出现的欲血之波（vdod-chags-khrag-gi-rba-rlabs）。”（众人）并见到彼等离去之情况。在彼处有天窗（gnam-khung-dgu）九座，每窗一梯，彼等攀登未果。于是有言：“此乃业果难于解脱（之兆）。”因彼等行走于暗中，故曾致短暂迷（思）之中：“思念中（犹如身处）迷谷，黑暗漆漆且浓厚，六界被阻，时而恰似水浪激扬，时而宛如（被）山压垮，时而灼热堪比火焚烧，时而寒冷可比冰凌侵身，自感却又无风可起，彼处之烦恼痛苦太甚。而今忆及此情亦会身患此心疯病（snying-rlung）。”传记中还说：“至于某些纯洁的众生（出现），是母胎反映在安然的水晶宫[110]之中的，将为众生于彼处造益。”

大成就者乌坚巴（grub-thob-ao-rgyan-pa）遂循佛宝教诲，驾临香波雪山（shm-po-gangs）附近之措纳（mtsho-sna）等处，当时看到了（二世）噶玛巴大师（rin-po-che-karma-pa）乘坐骑随一戴黑帽者走入东方天空。（乌坚巴）流下泪水，祈请道：“停下吧！”而后见（噶玛巴什）曰：“无论如何这次我会离去，（但）我会迅速回来相会。”言毕而去。乌坚巴说，昨日噩梦预示噶玛巴大师似已圆寂，遂予以盛大供养祭祀(上师噶玛巴什)。

注释：

[1] 即指噶玛巴什（ka-rma-pag-shi），藏传佛教噶玛噶举派黑帽系第二世教主，即第二世噶玛巴。本名称却吉喇嘛，康区止垅丹巴却秋地方(今西藏江达县境内）人。宋嘉定七年（1214年)，随从楚布寺之喀托巴大师出家为僧，后又拜第一世噶玛巴都松钦巴之再传弟子崩查巴为师，修习教法10年。后于康区收徒传教，门徒达500余人。噶举派信徒认为，他是仅次于莲花生大师的一位神通人物，称其为“朱钦”（意为大成就者)。宋宝祐元年（1253年)，忽必烈遣使持诏至楚布寺召之。是年，于四川西部之绒域赛堆谒见忽必烈，忽必烈命其随侍左右，其不肯，遂北上前往米涅等地传教，并在宁夏与内蒙古交界处创建朱囊贝寺。宝祐四年（1256年）又应蒙古大汗蒙哥之召，前往和林（今蒙古人民共和国境内）觐见蒙哥，蒙哥赐予其金边黑色僧帽一顶及金印一颗，从此，称为噶玛噶举黑帽系。晚年于楚布寺塑造诸佛像及书写藏文大藏经《甘珠尔》。卒后，采取了活佛转世制度，为藏传佛教活佛转世制度之始。

[2] 此处可能是指拉托托日年赞。传说于公元3世纪中期，雅砻部落拉托托日年赞（lha-tho-tho-ri-gnyan-btsan）时，赞普看到自天上掉下四件宝物，包括《百拜忏悔经》《法教仪轨》、六字真言、舍利宝塔。后世

多认为是印度医生到雅砻地区传播医药学及堪舆学知识，还有印度僧人带来《百拜忏悔经》《佛说稻秆经》等佛教经典及佛塔等，雅砻王臣不能理解其意义，故将其作为玄秘宝物供奉起来。另，《尼泊尔教法源流》则认为是尼泊尔戒律大师所传。

[3] 新旧密典即“新密”和“旧密”的合称。藏传佛教史书按照译经时间的前后把密典划分成新译密典和旧译密典两种，一般把仁钦桑波(958~1055年）及其以后各位译师翻译的密典称为“新密”，瑜伽部和无上瑜伽部密典较多。把前弘期（仁钦桑波以前）翻译的密典称为“旧密”，以行部、续部和咒类典籍为多，也有瑜伽部和无上瑜伽部典籍。新旧密典各有多少部尚不清楚。

[4] 藏文史籍常称中央政府之皇帝为“东君”。

[5] 乌仗那（ao-rgyan)，大致就在今天阿富汗一带。

[6] 《红史》将其生地记载为“vbri-glung-dam-pa-chos-phyug-yol”，见第87页。《青史》又将“glung”作“lung”。

[7] 《红史》载，其父为粗擦佳旺（mtshur-tsha-rgay-dbang)，其母名森日萨朗吉（sing-re-za-lang-skyid)，见第87页。《青史》称其父为“rgay-dbang-tsha-spard-dar”，见该书576页。

[8] 噶玛巴什生年，《贤者喜宴》记为火虎年，即1206年。《青史》记为木鼠年，即1204年。

[9] 《红史》将却吉喇嘛写作“达磨喇嘛”（dar-ma-bla-ma)，见第88页。其实二者同义，因“却”（chos）的梵译即为“达磨”。

[10] 音译“怛特罗部”。专门解释密教时轮金刚乘法和灌顶、道次建立、修法和法术的经典。主要经典有《圣秘密藏真实性决定续经》，由印度无垢友论师和藏族译师涅·杂纳玛拉、玛·仁青乔合译，成为宁玛派修习的主要密典。续部有七续部、六续部和四续部之分。七续部，指阿底峡所说的事部、行部、思维部、两俱部、瑜伽部、大瑜伽部、无上瑜伽

部；六续部，指事部、行部、瑜伽部、父续、母续、无二瑜；四续部是于六续部之前三部增加无上瑜伽部，通常称“事部”和“行部”为“下部密乘”，称“瑜伽部”和“无上瑜伽部”为“上部密乘”。

[11] “空行海”如空行母一样，系天神之一。

[12] 莲花生系吐蕃王朝“师君三尊”中之轨范师，生于印度古国乌仗那境内，被国王因陀罗菩提收养为太子，命名莲花生或他生金刚。年长赴孟加拉从巴尔巴哈蒂论师出家，号释迦狮子。从八大持明受八部修行密乘，从佛密论师受幻化讲述密乘，从室利僧哈授予大圆满为主的众多显密经教，云游孟加拉和乌仗那等地，教化有缘皈依佛门，人称莲花生。8世纪中应吐蕃王赤松德赞之请入藏，倡建桑耶寺，教藏地弟子翻译之学，从印度邀无垢友等通人政士至藏，翻译重要显密经论为藏文。为赤松德赞及王妃耶协措杰等有缘者传授无上密乘八法、金刚橛及诀窍正见等教法，创建显乘经院及密乘道场，发展出家、在家两种僧团等奠定西藏旧派密乘之机。此后离开西藏，往之遮末罗等教化有缘，号称罗刹王者、罗刹颅重大师。《格萨尔王传》中称格萨尔为莲花生化身，替其降妖伏魔，传经布道，弘扬佛法。格萨尔一生的重大活动，都是在莲花生指导下进行的。每当格萨尔处于危急关头时，莲花生便会现身为其指引方向，使之化险为夷。

[13] 系印度的一班智达，全称为“dsa-ga-tra-av-nan-ta”（咱嘎达罗阿难陀），藏文意为“skye-vgro-kun-dkav”（众生皆喜），据说曾于1198年进藏传法。

[14] 却吉喇嘛在康区的乃囊寺、吉噶玛寺先后居住过，在当地弘传佛法并建有弥勒佛像一尊。

[15] 却吉喇嘛去卫地楚布寺，是因听说楚布寺寿行将败损。他从北方走，越过雪山，曾经过止贡。

[16] 斋本（gral-dpon），意为“首座官”。

[17] 《红史》载，却吉喇嘛是靠“修风”（rlung-sgom）即御风而行。见第89页。

[18] 洛卡即前藏山南地区。

[19] 却吉喇嘛在楚布寺驻锡六年，功业精进，传说藏地的白雪护法女神（gangs-dkar-ma）及唐拉（thang-lha）等护法神亦听其役使。

[20] 《青史》载：“正当（却吉喇嘛）名望盛极一时之际，蒙古王（hor-rgyal-bo）派金字使者（gser-yig-pa）前来迎请，于是（却吉喇嘛）遂前往汉地。”见第577页。

[21] 宋宝祐元年（1253年），忽必烈遣使持诏至楚布寺召之。是年，于四川西部之绒域赛堆谒见忽必烈。

[22] 此处的兔年即阴木兔年，为1255年。

[23] 森兴（zin-shing），原意为八卦中的震为木，与汉籍中的震为雷不同，此处似指以八卦为术的某种术士。

[24] 《红史》作“rgay-nag-ke-jur”，汉地甘州，甘州即张掖。

[25] 二世噶玛巴于四川西部之绒域赛堆谒见忽必烈，忽必烈命其随侍左右，其不肯，遂北上前往米涅等地传教，并于宁夏与内蒙古交界处创建朱囊贝寺。宝祐四年（1256年）他又应蒙古大汗蒙哥之召，前往和林（今蒙古人民共和国境内）觐见蒙哥，蒙哥赐予其金边黑色僧帽一顶及金印一颗，从此二世噶玛巴与忽必烈交恶。

[26] 西夏嘎地，又作“mi-nyag-vgav”。

[27] 此幻化寺在凉州，即武威。凉州城东有幻化寺，寺内有萨班灵骨塔。萨班曾居此，他的《致吐蕃僧俗人民书》即在此寺写成，后八思巴在此寺讲经并居住。

[28] 云达衮巴瓦既是蒙古大汗之化身，也是都松钦巴之化身。

[29] 忽必烈执政是1260~1264年，而文中所述的“此人”以及下述之“执掌王政”者，即是指云达衮巴瓦，他既是都松钦巴的化身，也是蒙古

汗王的化身。文中之意实为一人。

[30] 八思巴（1235年~1280年），一作“泼思八”“帕克思巴”，法名为罗追坚赞，萨迦派第五代祖师，元代首任帝师，属昆氏家族。自幼聪颖过人，3岁能念咒语，8岁能背诵《本生经》，9岁能为人讲经，故被尊称为“八思巴”（藏语意为圣者）。宋淳祐四年（1244年）于拉萨出家，受沙弥戒，从其伯父萨班·贡噶坚赞学习大小五明及多种显密典籍。是年与其弟恰那多吉至凉州（今甘肃武威）会见蒙古窝阔台第二子阔端，归顺于蒙古。宋淳祐十一年（1251年）忽必烈召见其于六盘山，尊其为上师。后萨班病重，返归凉州，萨班授予其衣钵及法螺，继任萨迦教主。宋宝祐元年（1253年）随侍忽必烈左右；翌年，忽必烈赐给其“优礼僧人诏书”；三年于河州（今甘肃临夏）从堪布扎巴森格受比丘戒。其所提减免差税徭役和不可独尊萨迦派之主张，赢得藏区僧俗首领和广大信徒的拥戴。元中统元年（1260年）忽必烈即位，尊为国师，赐玉印。至元元年（1264年）领总制院事，管理全国佛教及藏族地区事务。翌年返归西藏，清查户口，设官封职，确定赋税，并创设管理宗教事务之“拉章”组织，为元朝在西藏建立地方行政机构。至元五年（1268年）协助元朝划分卫藏十三万户。至元六年（1269年）抵达大都（今北京），呈献奉忽必烈之命创制的蒙古新字（即八思巴蒙古文），次年颁行。忽必烈曾三次于其座前领受金刚乘密法灌顶，故将卫藏十三万户划归其管辖，并加封“大宝法王”，更赐玉印。至元十三年（1276年）由太子真金护送，返回萨迦寺。至元十四年（1277年）集7万余康藏僧众，于后藏曲弥仁摩寺（今西藏日喀则东南）举行大法会。后卒于萨迦。忽必烈封其为“皇天之下，一人之上，宜文辅治，大圣至德，普觉真智，佑国如意，大宝法王，西天佛子，大元帝师”。其一生博学多才，秉性谦逊，不仅精通显密教理，且擅长语言、文字和翻译。著述有30余种，主要有《萨迦五祖集》《根本说一切有部出家授近圆羯磨仪轨》《根本说一切有部比丘习学略

法》和《彰所知论》等论著。

[31] 火龙年即1256年，牛年为1253年。翁格地区即是蒙古翁金地区。《红史》将“zi-ra-vur-rdo”又写作“zi-ra-vur-rdo-hur-rdo”。据《红史》载，却吉喇嘛到色拉乌多王宫时，元宪宗蒙哥汗（rgal-bo-mong-gol-gan）执政，当时却吉喇嘛建造凉州幻化寺及许多其他神殿和僧伽团体（lha-khang-dang-dge-vdun-gyi-sde）。继之又在凉州、甘州等地广做利他佛事，他曾栽一棵宝树，并说：“此后该树之杆长得粗大时我将来此。”后蒙哥汗闻其名，遂遣金字使者往迎。不久抵翁格王宫（vong-ge-bay-bavi-rgyal-sa）。见《红史》第90页。

[32] 藏传佛教传入之前，蒙古族曾普遍以长生天为最高神，即是“苍天”。故此处之埃卡波可能为蒙语“腾格里”之谐音。

[33] “hor-gyi-mi-yur-chen-po”，其中之“mi-yur”似应译作“民用水渠”或“民间沟渠”。但此词在《八思巴简史》中被写作“mi-yul”。如是则“mi-yul”可译作“人区”“民区”等，“hor-gyi-mi-yur-chen-po-bcad”则可译作“划定蒙古之大民区”。

[34] 翁格，即指蒙古大帝国所辖诸族地区，蒙古通称“五翁格”。蒙语“翁格”意为“色”，据谓蒙古将青、红、白、黄、黑五色，分别代表蒙古、汉族、高丽、回族、藏族五族。

[35] 罗睺罗，梵文作nahula，在星算中为九曜之一，称罗睺罗星。

[36] 四依，佛教术语，所谓四依即指法是依、义是依、了义经是依、智是依。

[37] 甘州、西夏及霍尔之交界处，相当于今日甘肃、宁夏及内蒙古的交界地带。

[38] 宗喀塞甫，今青海塔尔寺即地处宗喀塞甫之中心。

[39] 察合台领地，其最初领地即原西辽旧地，包括天山南北及今阿姆河、锡尔河之间的地区。察合台，成吉思汗次子，又译察合带、察哈

歹、茶合带等。成吉思汗正妻孛儿台所生第二子，察合台汗国的创建者。元朝建立后，元世祖追谥为“元圣宗忠武皇帝”。

[40] 从蒙哥汗赐噶玛巴什敕谕及印文看，忽必烈此时可能已对噶玛巴什因其未能留在自己身边而产生了恶感。

[41] 唐代的河州，地望大致在今甘肃临夏回族自治州一带。

[42] 评话喇嘛：是指一种只会讲佛教故事的喇嘛，此种喇嘛讲佛教故事旨在求信徒施舍以便谋生。

[43] 据《西藏王臣史》等藏文史籍所传，元帝忽必烈同时召见了西藏萨迦教派的八思巴和噶玛噶举派的噶玛巴什在朝中供职。一次，噶玛巴什在忽必烈王前显示潜入水底、飞升高空、揉碎坚石等神通。王看后说：“我的‘帝师’八思巴虽是无量光佛化身，但是，若论神通变化，则此髯为高也！”王妃乔氏听了，便赶紧禀报八思巴道：“若王以噶玛巴什为主要供养处，则不利于萨迦派，请上师也显示神通。”于是上师于王臣之前用剑将首级和手足分别砍下，然后显示以五部如来之加持力又复聚合等神通。王臣等大为惊服。

[44] 东周与西周共有三十七位王。

[45] 周朝初分封了七十一国，其中姬姓四十四，武王兄弟辈十五国，而本文所谓不同部族十五个应即指此武王兄弟十五国而言。

[46] 即是指木雅西夏王。1038年，以党项族为主体在今宁夏建立西夏政权，1227年被蒙古所灭。相传其后裔一支南下流落至康定西部木雅地方定居，仍号称木雅西夏王，所谓“西乌王”系汉语“西夏王”谐音。

[47] 本文认为成吉思汗生于水虎年即1182年，实际上成吉思汗生于1162年（即水马年）。

[48] 本文以土兔年即1219年为灭西夏年，实应是1227年（即火猪年）。

[49] 成吉思汗五十八岁时西藏归顺蒙古，此说不确。

[50] 蒙古军队在未大规模进入藏区前，藏区各教派部分首领（同时也是地方首脑）已先后投靠蒙古诸路王子。

[51] 铁鼠年即1240年。

[52] 木龙年即1244年，该年萨班等在止贡法王的大力支持下，前往内地凉州之阔端领地，由此可见萨迦与止贡两派的关系其实相当密切，这也在一定程度上表明了萨班赴蒙绝非代表某一派别之利益和想法，而是很多派别之共识。

[53] 铁猪年即1251年，此年萨班死于凉州。

[54] 阔端与萨班均在1251年先后死去，此处又说1252年阔端派图必达之蒙军进藏，显然误传。

[55] 13世纪中叶，萨迦班智达贡噶坚赞千里迢迢赶赴凉州，与元阔端王会晤，写下了著名的《告蕃人书》，从此藏区进入祖国版图。这是藏民族与祖国关系史上的第二件盛事。八思巴、桑哥等成为当时中央政府的执政官员而进入内阁。元时，分散割据的藏区又重新有了统一的政令。

[56] 兔年即1255年。

[57] 龙年即1256年。

[58] 阿达娘及古如却旺均为藏族古代佛学家，后世之评话喇嘛不仅诵说“嘛呢”六字真言，还说唱佛教故事，他们不住寺院，游说于市，以此为生。

[59] 铁猴年即1260年，蒙哥汗率军自六盘山及陕西两路入川，1259年7月在合州（今四川合川县）战役中，蒙哥汗为流矢所伤，陨于军中。

[60] 蒙哥汗死后，忽必烈与阿里不哥争汗位，忽必烈与阿里不哥均不顾原蒙古忽勒台的会议推举制，分别称汗，忽必烈联合西道及东道部分蒙古贵族称汗于上都开平。阿里不哥原留守蒙古都城和林，此时亦联合蒙哥汗诸子及察哈台子孙称汗。双方争斗四年，后阿里不哥于1264年降于忽必烈。

[61] 嘎热以法术勾召阿里不哥并杀死一说实系谬传。阿里不哥1266年卒，当其时，忽必烈已顺利掌权并治理蒙元帝国。

[62] 在藏族传统习俗中，朝别人吐口水为一大禁忌。

[63] 指止贡巴等转投蒙古阿里不哥一方。

[64] 相传孔雀之胆有毒，故孔雀不怕毒物。

[65] 将噶玛巴什流放海滨三年，应是1260~1262年。噶玛巴什1262年返回西藏，南宋降蒙古是在1276年，所以此时沿海一带为蒙古军所占。

[66] 指噶玛巴什被忽必烈派人关在密室中以图将其窒息之事。据道格拉斯著文说，当时忽必烈派300名士兵先拘留噶玛巴什，此后依次进行诸种迫害。见《西藏噶玛巴黑帽派喇嘛》（1976年伦敦版）。

[67] 止贡迥仁波切系止贡噶举之第三世住持。此前二世是京俄仁波切及温仁波切（rje-spyan-snga-rin-po-ce 、dbon-rin-po-ce）。达陇桑结，即达陇噶举派第三世住持桑结雅群（sangs-rgyas-yar-byon）。此二人均为当时大德，从噶举派整个系统来说，此二派同噶玛噶举派同出一系，关系密切。

[68] 佛教关于人们的四种不同之因果报应。“业”指“身口意善恶记之所作”，即“造作”之意。其善性、恶性，必感苦乐之果，故谓之业因。据《大涅槃经》卷37、《大乘义》第7章、《俱舍论》卷 16等载，认为此四业的主要内容是：一是“黑黑业”，“恶业而感苦果者，因果皆为黑秽，故谓为黑黑”，恶业为黑，由恶所引起的果报亦为黑，谓恶有恶报；二是“白白业”，善业名“白”，由善所引起的果报亦名“白”，即善有善报之意；三是“黑白业”，“善恶交相参者”，即业与报皆是善恶交相混同；四是“不黑不白业”，“离黑白之相者，即无漏业也”，指摆脱了善恶黑白的“无漏业”，即可为达到涅槃最高理想境界的宗教道德修养。

[69] 建此大像时，丹贡先返楚布寺着手兴建，噶玛巴什随后而至。

噶玛巴什对扩建楚布寺其功非小，而且蒙古王室提供了许多财物。

[70] 噶玛巴什在久孜拉山受到蒙藏各类高级官员的盛大欢迎，充分表明元朝在政治上对噶玛噶举派的信任与支持。

[71] 让迥多吉（1284~1339年），系噶玛噶举派黑帽系第三世教主，即第三世噶玛巴。后藏岗玛地方（今西藏吉隆境内）人。元世祖至元二十三年(1286年）被认作噶玛巴什之转世，其为藏传佛教第一个转世灵童。至元二十五年（1288年）至楚布寺，从噶玛巴什之弟子乌坚巴学习佛法。至元二十七年（1290年）受沙弥戒。大德五年（1301年）受比丘戒。后修习噶玛派、宁玛派、希解派等诸密法。曾在康区类乌齐创建噶玛拉登寺，于前藏建德钦登寺。至顺二年（1331年），元文宗召其进京，因故未能成行。翌年，再次下诏催其进京。是年十月，抵达北京，元文宗已卒，觐见元宁宗，并为皇帝和皇后灌顶授法。元统二年（1334年）返藏途中朝拜五台山。至元二年（1336年），元顺帝又召其进京。至元四年（1338年）至京，顺帝封其为灌顶国师，赐玉印。次年卒于北京。其弟扎巴僧格为噶玛噶举红帽第一世教主。其著作有《佛百行传》和《甚深内义本释》等。

[72] “我”是由五蕴假合而成，实有自性，它与法我执同属无明。法我执之无明，即认为所缘对象外界和所缘眼平等皆实有自性，肯定一切现象的真实性；若要通达中观正见，先要破除人我执，因为，“我”是产生一切烦恼的总根源，只要“我”存在，物质世界就会被看成真实存在，这样自生、他生等作用也会存在，永远不能通达中观正见。是故，要明白“我”为假有，有缘起条件下无独立的实体。

[73] 系指乌坚巴等人感到了噶玛巴运气发功。

[74] rulng-bum-can-khug-pa-gcig似为一密宗法器。

[75] 众人怀疑噶玛巴是否在说自己即将圆寂。

[76] 此句是噶玛巴什逝世前的遗言。文中所说“非人之众生”，即人

类以外的所谓的神鬼诸类，佛教亦视彼等为众生，又称“非人趣”。

[77] 又称“薛禅汗”。

[78] 很多藏文史书均未载三人同时被焚之事，仅记噶玛巴什一人被焚。

[79] “比量”（rjes-dpag-tshad-ma）与“现量”（mngon-sum-tshad-ma）均为因明学中的术语。所谓“量”（tshad-ma），乃是“思维是用一定工具来求得知识的过程”，此即被称为“量”。“现量”指人的感觉，而由感觉得到的知识本身也叫现量。以看到、听到的为基础，推及未看到、未听到的，叫比量。“比”即比较，也即推论。

[80] 期克印，又称恐吓印，是佛教徒的一种手势，即用右手食指尖指人以示威胁。噶玛巴什通过“期克印”施展法力，打击其傲气，令其折服。

[81] 夏塞瓦意为“黄帽者”；夏玛瓦意为“红帽者”；夏查瓦（zhva-khra-ba）意为“花帽者”。

[82] 噶玛巴什之弟子不少，对传播噶玛派教法各有贡献。例如益西旺久（《青史》又称阿旺益西旺久）及仁钦贝，彼等随侍噶玛巴什赴蒙古，历尽波折，矢志不移。此二人后来均任楚布寺之堪布。

[83] 居纳绛曲旬努乃乌坚巴之先祖。

[84] 《贤者喜宴》之“久潘”，即《青史》之“温久潘”。久潘妻《青史》又作“尊莫杜格梅”（btsun-mo-dug-ge-me），此二人有四子三女，而乌坚巴系幼子。

[85] 《青史》称郭仓巴为“法王桂仓巴滚布多吉”（chos-ki-rje-rgod-tshang-pa-mgon-po-rdo-rje），乃藏传佛教主巴噶举派上主巴（stod-vbrug）支派的创派人，生于阳土鸡年（1189年），死于阳土马年（1258年）。初名滚波贝（mgon-bo-dbal），他随中巴支派嘉热法王（chos-rje-rgya-ras）出家后，取名滚布多吉（mgon-bo-rdo-rje）。详见《青史》第

796~803页。

[86] 博东仁孜即法王仁钦孜莫（chos–rje–rin–chin–rtse–mo），系博东埃（bo–dong–ae）人。

[87] 《阿毗达摩集论》系印度无著所著，吐蕃益西德（ye–shes–sde）译成藏文，此为大乘之阿毗达摩经。

[88] 乌坚巴受戒，其时博东仁孜是授戒者之一。但《青史》则称郭仓巴自德钦顶（bde–chen–sdengs）至江隆（sbyang–lung）途中曾为之做授戒预言，受比丘戒后乌坚巴取名仁钦贝（rin–chen–dbal）。

[89] 亦称"六加行"。藏传佛教觉囊派主要密法，即收摄，分昼瑜伽与夜瑜伽。先舍一切思维活动，依规定之坐姿分别于白天、夜晚修炼，使烟等十相逐渐显现于眼前；禅定，修行者心专注，明观空色自性法身，以智慧尽除一切戏论，若不解自性显明，只从主观解悟而修持是不行的；运气，亦称"行风"，分语要点与心要点，以调节全身之气；持风，通过对心、喉、额、顶等处气之调节，成就空瓶气，然后调节下部各位之气，使上下左右各气合一，形成运气，融于中脉后称"持风"，从此生起暖乐、无灭之声及三界形象；随念，亦称"作念"，通过对空色、大手印等之修炼，空色与心处立即发挥效力，最终从诸障害及一切歧途解脱；三摩地，意为"等持"，通过修炼脉界使气转依，白色清净净冶血肉，红色清净净冶骨足，精液清净净冶心力，最终获得三界大自在位，证悟"他""他空"义。

[90] 香巴拉系传说中天竺北方山区一佛国，其王称"具种王"。

[91] 索波人（sog–po）应指蒙古人而言，因当时蒙哥汗已派军攻伐天竺（欣都思）。

[92] "三金刚念修"是有关身、语、意三方面的意方面的修法之一，乌坚巴对此念修法颇有心得，相传获得修法者可不惧水、火、毒物。让迥多吉亦承袭此法，并有创新。

[93] 《青史》记载为mar-yul。

[94] “gar-log”指青藏高原南麓异族军队或部落。

[95] 即今斯里兰卡。

[96] 似指乌坚巴而言。

[97] “瑜伽师”原为dzo-ge，后文亦有此字。

[98] 密教时轮金刚乘四手印之一，藏传佛教噶举派主要修法。梵文译音为“嘛哈穆德唠乌巴德夏”，意为“大手印口授”。大手印有显、密之分，显教以空性名“大手印”，以经教为证，要求修行者心注一境，不分别善恶美丑，以得禅定。然后寻觅观察住境之心，是在身内还是在身外，当发现诸处寻不见心时，就明白此心非“实有”，而是“空”的。密教大手印以空乐双运为道，风息于中脉、人、住，融后所生之大乐。它分实住大手印、空乐大手印、光明大手印。大手印修身方法有四种：七支坐法、金刚诵、宝瓶气及明点气脉。口诀为：身调则脉调，脉调则气调，气调则心调，心调气不外散。其目的通过对人体呼吸、脉、明点的修炼，达到一种最高境界。

[99] “巨鲸之脊骨”（nya-chen-po-cig-gi-rmang-ra）。藏文“chu-srin”为鲸鱼，此“nya-chen-po”（巨鱼）应指“鲸鱼”而言。

[100] 金升（gser-bre）、银升（dngul-bre），似即形如升斗的金锭、银锭之意。

[101] 藏语音译，又译“乌拉差役”，意为负担。“乌拉”源出于突厥语，亦见于蒙古语、满语。指差户用人力或畜力为地方政府支应的一种劳役，主要是指长短途运输。县境以外的运输差役叫长差，县境以内的运输差役叫短差，如催粮、催差、送信等。还有一种不定期、不定地方的差役，叫班期差，随叫随到，如汤役、打役、支人差等，主要为过往的政府官兵烧汤、背水、喂马。以上几种乌拉差役一般是无偿的。1959年已废除。

[102] “出世者”，即藏文“bya-bral-ba”，意为遁世修行之人。

[103] “宿业”（las-sgo）亦即“业报”，即福分、缘分、运气。“las-sgo”有“商品”之意。

[104] 夺舍即是夺尸还魂之意。

[105] 依佛教说法，被夺舍的尸体必须完好，否则不能作为夺舍之躯。

[106] 噶举派认为人身是宝，盖因于六道轮回中得此人身而修行实属不易。见塔布拉杰《大乘道次第》。

[107] 此为“六类众生”（vgro-drug），或“vgro-ba-rigs-drug”，又译“六趣”，指天、非天、人、傍生、饿鬼、地狱。“趣”即“vgro-ba”，梵文原做“gati ”，又译为“有情”。

[108] 达至十圆满与离八无暇之境界合称为暇满人身。

[109] 翁隆扎西堪塘，在下文记为“翁隆堪塘”，无有“扎西”（bkra-shis）一词。两名同地异称。

[110] 是指孕妇之肚腹胎气而言，喻指纯洁的三世噶玛巴即将诞生。

第三章　第三世噶玛巴活佛让迥多吉（1284~1339）

【译文提要】第三章共有 8 节，即让迥多吉的幼年生活；让迥多吉初习佛法；让迥多吉随从大师乌坚巴等人修习佛法；让迥多吉为弟子及众生传授佛法；让迥多吉受邀前往元朝皇宫；让迥多吉在元朝皇宫的活动；让迥多吉圆寂；让迥多吉的弟子。

本章译文主要概述了第三世噶玛巴活佛让迥多吉的生平事迹。让迥多吉出生于西藏拉堆地区芒域贡塘地方，其父名曲佩，其母名久莫扬珍。其七岁之时，由卓甫哇贡丹喜饶任亲教师、其大师长任轨范师，出家为僧并受沙弥戒。让迥多吉在少年时代，曾随从许多大师学习佛法，虽然乌坚巴没有担任让迥多吉的传戒老师，但是大成就者乌坚巴一直是让迥多吉的最主要的上师，直到 1309 年大成就者乌坚巴圆寂。第三世噶玛巴活佛让迥多吉不仅随从乌坚巴等上师学习噶玛噶举派的各种显密教法，而且还学习过宁玛、希解等教派以及噶举派各个支派的教法。他勤奋好学，不仅精通医学，而且为了绘制一地图，就用了七支笔，可见他的学习精神是十分可嘉的。他著有《心要论》《梦之显宗经论》《现行之释要》《喜金刚第二品之注释》《历算集论》《释续金刚曼义释》《三昧耶海注》等著作。

第三世噶玛巴活佛让迥多吉是一位未有任何门户之见的僧人，本章记载了他知悉吉祥萨迦寺院缺少佛法资具和法器的情况后，马上召集地方头领和各教派的信众，请求大家为寺院捐资捐物，从此为吉祥萨迦寺院敬献财物者越来越多，使萨迦派教法得以弘扬。由于汉地和多麦地区出现一些邪恶僧人之行为，故不喜欢佛法的大臣们到处议论，遂将各地不净之僧人（指有妻室的僧人）全部勒令还俗处以刑罚，支应赋税和兵役，并命令把他们的寺院毁掉。帝师贡噶坚赞等僧人奏请阻止，未能奏效。法王让迥多吉亲自出面才阻止了驱逐僧人、破坏寺院等行为。通过这一事件，可以看出在元朝后期一部分大臣对皇帝笃信佛教的做法是持反对意见的，同时也可看出噶玛噶举派对元王室影响日益增强的事实。

此外，本章还详细介绍了噶玛巴活佛让迥多吉二次抵达大都等地的活动。他除了为皇帝、大臣及信众灌顶和传授佛法外，还专门回西藏，从桑耶寺取来长寿水献给皇帝；他为了弘扬藏传佛教文化，还将皇帝妥懽帖睦尔赐给他写造大藏经《甘珠尔》《丹珠尔》的金银交给了蔡巴，写造了一部金汁书写的大藏经，并为诸经籍举行了开光仪式。噶玛巴活佛让迥多吉二次进京的过程中，其地位很快就提升到与萨迦派的帝师、国师相近，这说明了噶玛噶举派与元中央王朝建立关系的历史趋势，也表明了以活佛转世的方式确定藏传佛教领袖人物的做法，从一开始就在西藏与中央王朝建立关系方面占据有一定的优势。在噶玛巴活佛让迥多吉之后，噶玛噶举派已成为元、明中央王朝倚重的一个主要教派。值得注意的是，1334 年当噶玛巴活佛让迥多吉准备返回西藏时，皇帝妥懽帖睦尔封他为“圆通诸法性空佛噶玛巴”，赐给了水晶玉印及金字牌符，并赐给他的亲炙弟子多康定真桑波和蔡巴格迥钦波等司徒印信，赐给噶玛噶举派在杂日等地的新旧寺院金锭等大量物品。还下令在楚布寺为元代皇帝兴建影堂，在粗隆地方设立“达尔罕”之官职。

第三世噶玛巴活佛让迥多吉于 1339 年因病圆寂于元大都。本章记载了在让迥多吉临终前的遗言及伯颜太师等人前往探视等史实。让迥多吉圆寂后，以伯颜太师和大元国师衮却仁钦为首的大臣们为他发丧，将尸体用檀香和黑沉香火化。皇帝妥懽帖睦尔等人对其舍利进行大供养，并下令为其修建两座称为“古札达协玛”的影堂。让迥多吉一生的传法弟子众多，本章还详细地记载了其弟子多萨仁巴、多丹泽卧、多丹札森瓦等人的事迹。

第一节　让迥多吉的幼年生活

如是，浊世之引导者、吉甫瓦遍知一切者让迥多吉，生于拉堆地区芒域贡塘卧玛隆堪塘卡孜甫（mang-yul-gung-thang-vo-ma-lung-vkhn-thang-ga-rtsi-pu），其父初授命为师长，名曲佩（chos-vpel），其母名久莫扬珍（jo-mo-gyang-vdren）。当其初生时，母亲有从未享受过的舒适感，昼夜过去，（自觉）犹步入明净之大海。此后，其父母前往毗邻定日朗阔（ding-ri-glang-vkhor）之地，住于嫂子家。藏历阳木猴年（1284 年）正月八日下午，其母于屋顶平安诞下一子，随即就地蹲坐，以手拂面，昂首向月，言道：“此为八日之月啊！”对此话其嫂子不加原谅，言道："刚刚分娩便不应说这种不相宜的话。"（让迥多吉）父母说道："如此我们将前往何处呢？"随后（他们）便移居他处，其父母因此才明白浊世之时的众生是由来愚钝，并说："此后暂停（留）于此地吧。"有关建筑等等能做的事宜均未做。

在正月前，乌坚巴居住尼木佳瓦垅（snye-mo-ca-ba-lung）时，突然出现一次巨大露水（zil-chen-po），噶玛巴大师遂驾临此地，光耀如日，手持黑帽一顶，进行加持祝福，其他人等因而感到如失去（六触）知觉一样（的净相）。大成就者乌坚巴为此泪流成河，同时祈请道："不变自成金刚身（vgyur-med-rang-byung-rdo-rjevi-sku），纯洁佛陀明金刚，无垢法身请就位。"祈祷毕，很快出现了（噶玛巴）"化身"（sprul-pavi-sku）之征兆。

因在劫海（bskal-pa-rgya-mtsho）中能够忍耐并（获得）慈悲，又因在二资粮方面与别人不同，故凡目睹此婴者无不惊异，目瞪口呆，各自忖道："啊！梦想不到的好呀！"继而以各种生活用品供给（此婴儿），由是（让迥多吉）名声大噪，传颂开来。

暂且按一般（传言）所述。（让迥多吉）年至三岁时，他指着黑牛毛毡说："做一顶像这种黑毡的帽子。"后来，此婴得到小黑帽一顶，他把帽子高举到石座上，并对很多孩子介绍了三身（sku-gsum）之事，曰："往昔之事并未忘。"[1]继之又口诵一偈："诸般嬉闹之景象，迷离幻化似彩虹，景象虽真悟作空，汝等幼儿应慈悲。"据传，此偈系该婴所初作。此婴尚知其早先（前世）之事，有次母亲的一些丝绸哈达被污损，心生懊恼，此婴遂对其母道："您若如此地想使哈达发展（变多），在楚布（mtshur-pu）可以大力发展（佛教），可给您（带来）数大箱子的哈达。"[2]再者，其父欲发展羊群，此婴言道："多康（mdo-khams）的马群比这儿的（羊群）还多，我有许多，可以给您。"（其父）曾说："想求教能知我心的佛法经籍。"（让迥多吉）说道："我嘛，即是噶玛巴大师啊！"

（其父）思起以前（噶玛巴）所做之加持及预言，遂流泪顶礼（此幼儿噶玛巴）。父母两人此后诚心敬信大成就者（噶玛巴），聆其教诲，遂不复访求他法。一日，其父正欲言想进饮食之际，然一俟言罢，（此幼儿噶玛巴）即称："如是，您往那边的村镇去吧。"当其父母前往之时，其父母所需之物品早已备好。其父极为高兴，为酒所醉，大喊"噶玛巴大师已经转世"，于是，（人们）尽献市场之所有物品，堆积如山，众人请求（此幼儿噶玛巴）讲法及加持祝福。

尤其是（作为）拉堆地区所有学者中具大乘心之喇嘛上师，（噶玛巴）来到了金屋的首席之上，人们向他详问佛法。据《中阴有情传记》(rnam-thar-bar-do-ma）记载："他亲笔做书，非常重视。在朗阔大祭时（glang-vkhor-spyi-mchod-gyi-dus），人们看到白色遗骸及一些奇异现象融于光芒之中。"人们还听其讲授希解本派（zhi-byed-so-lugs）[3]及后续（rgyud-phyi）等教法。其时（有人）观见（噶玛巴上师）坐在后有幔帐之水晶座上，该处不时放射光芒，上师如飞鸟般进入天空，一切神与人（lha-mi）为之敬礼。其时（人们）共同所见之情景是：众幼儿对（让迥多吉）举行欢迎，佛土一片清净，（他）为一切有隐私之众生谋福。当他谒见吉绒地区（kyi-rong）的圣者哇迪（vpags-pa-wa-ti）[4]时，得以亲睹观音菩萨，并为其加持祝福。

五岁时，（让迥多吉）说欲见大成就者乌坚巴，随即渐次前行。他曾（在梦中）告知大成就者："噶玛巴大师将要在光辉之中驾临。我于次日即至。"而大成就者则已（梦醒）起身，（对众人）道："昨日还梦见与噶玛巴大师相会。"嗣后，大成就者便于寝室平顶处巡视。据说（噶玛巴）确实来到了莫甫地方（mo-pu-gnas）相会，至于昨日莫甫地方那两位男女瑜伽行者的幼子便是噶玛巴。大成就者又说要立刻去观察，"他与我主是亲朋，已经驾临此地。哦！就是此人！现在将海螺号、号筒及众人集中起来隆重地欢迎。先前我曾在此处安放过高垫，结果是噶玛巴，当会自然就座。”随后众人集会往迎。大成就者为了考验，随即禅定，但未做镇压（法术）。（噶玛巴）对大成就者未予敬礼，而是以手摇铃示意。大成就者为此说道：“此乃强悍小儿，将名声大振。”大成就者言毕，（见噶玛巴）径直前往大座就位。（大成就者）问之曰：“汝系何人？”（噶玛巴）以手指天回答曰：“我嘛，乃名声远扬之噶玛巴。”大成就者道：“那就按过去会见之礼仪行事吧！”于是（噶玛巴）言道：“拉堆尊者乌坚巴，业已行至我面前。论述东西天竺事，宜应设置金刚座，知者讲解彼等佛法。”（大成就者）问：“汝欲给我何物（证明）？”（噶玛巴）答曰：“有我的黑帽与书籍。”并言：“此事属实。”后献上了诸物。（噶玛巴）献物之后，（大成就者）手拿帽子大笑，旋即从座位上走下来，言道：“以前我虽是喇嘛上师，而今却要请你收我为徒。”说罢以手指道：“你如是上师，就当会念诵。”随即将书交予（噶玛巴）诵读，（噶玛巴念诵时），有些地方很顺利流畅，有些地方则有所省略之文及不熟练，有些地方还出现了混读。（大成就者）说笑道：“未曾见过漏着读的啊！”随后又问其年龄，言道：“吾之上师藏历羊年九月三日圆寂，你乃藏历猴年正月八日生，其间只相隔五个月。我上师之生身尚未转世。”（噶玛巴）说道：“我成于胎体，时届四月之际，唯灵魂存在而已。最初，虽然一再有所谓业已到达秀木雪山（gangs-zhur-mo）之说，然未有人告知。如是，以前所谓之‘四个月’（的情形），乃是进入一切所依之境地（kun-gzhivi-cha）[5]，是欲想出现一个形体，此即持金刚阶段。后期则进入一切所依灵魂之圆满阶段，并由此而达共生阶段（lhan-cig-skyes-bavi-go-vpang）。此时，鉴于受到诸护地空行母之歌声鼓舞，因而果位持金刚三勇识圆满完成（vbras-bu-rdo-rje-vdsin-pa-sems-dpav-gsum-rdsogs-su-bzhengs-pa）。”[6]（大成就者）又问：“是否有何他念？”（噶玛巴）讲述了（那次）夺舍的情形（vpar-tshang-gi-grong-vjug-gi-tshul）。据说，在讲过真伪见解（bden-rdzun-lta）后，（其转世前后情形）瞬时即为人所了解，人们得以知悉（噶玛巴）在胎中不被外境（phu-rol-kyi-yul）所遮，其母（梦中）听到说："不准停留片刻。"然后（梦见）一女儿，而（噶玛巴）之父则梦见一男儿，而且能呼叫父母，长得面容健康、聪慧。遂被其父母承认，并（对此男儿）讲道："在天竺有释迦能仁佛，而在吐蕃就只有您了。此系胎净而密结为根本，其他则不能生存所致。"

（噶玛巴）言罢，（众人）遂大加赞颂。（大成就者）对（噶玛巴）说道："吾上师之密教名乃让迥多吉（rang-byung-rdo-rje），因此我就给你起此名吧！"遂献让迥多吉之名给（噶玛巴），并为其授以居士戒。

第二节 让迥多吉初习佛法

（让迥多吉）从师（学习），聆听了胜乐金刚根本橛（bde-dgyes-ma-phur）、时轮幻化（dus-vkhor-sgyu-vphrul）等根本续(dbang-rgyud)、三身解说(sku-gsum-ngo-sprod)等一切密法。相关不可见之某些隐秘[7]亦做稍许讲述。为了不进入有危难之境界，（其师）又给让迥多吉密授神通。如是过了两年，让迥多吉年届七岁，卓甫瓦贡丹喜饶（kun-ldan-shes-rab）任其亲教师，大师长任轨范师，让迥多吉依之出家为僧，受沙弥戒，闻习诸律藏佛典，情形较之以前似未有变化。大成就者辇惹（grub-chen-gnyan-ras）当时驻锡楚布（mtshur-phu），他受如下语言的鼓舞，曰："迎请一位观音化身，在西方如日东升般之观音化身之时刻业已来临。"让迥多吉因为此语的传扬，于广大地区受到（人们的）赞颂并敬奉物品。当让迥多吉闻听上乐金刚根本经典之时，得以亲见上乐金刚。郭仓巴讲论了俱生修法（lhan-cig-skyes-sbyor），如是为让迥多吉奠定了悟解（佛法）之根基。（修法期间），所有师长门徒在一切同行之道上，受到无数神鬼的欢迎、敬礼，且表示顺服。（让迥多吉）本人亲见了金刚手菩萨，护法神及密咒主亦鼓励（让迥多吉）即可前往楚布。（当年）被夺舍的小儿之母发出了呼号，（让迥多吉）遂赠送她母牦牛一头，并对其言道："（当时）你为何刺我的眼睛？"人们传言此妇人还曾抛洒过一些灰土。

犛惹（bla-ma-gnyan-ras）上师前来会见（让迥多吉）之时，无数受萨乐和（sa-ra-ha）[8]教诲的有成就者们前来围观，（众人）不断见到进行加持祝福之情景。此时，诸纯正弟子因此已消除了怀疑而得真知，但某些缘分不足及高傲者则仍大为不信（此即是噶玛巴什之转世）。为此，让迥多吉便于一块干燥岩石前称："若我是噶玛巴什（garma-pagshi），就在此处出现一处泉眼。"一俟言毕，立时出现一大泉眼。继而让迥多吉将半根焦烂的木棍插于此处，言道："若我是噶玛巴什，此木棍则生长成活，若不是则不生长。"言罢，木棍瞬间生长成活。（后人）遂称此二物为"修道水"（sgrub-chu）及"修道树"（sgrub-shing），此二物今日仍尚存。

让迥多吉抵达楚布地方，诸护法神极为欢喜，见到（让迥多吉）所修成之功德，大加赞赏。后来当马年发生地震时，（让迥多吉）身体之脉结顺利消除无阻，其心中所理解之一切佛法所获颇丰。（让迥多吉）受善恶天女鼓励新修佛律（chos-khrims）。（让迥多吉）在梦中于南方吉祥山（lho-phyogs-dpal-gyi-ri-bo）与萨乐和大师相会，并了 解了歌词之意。继之又从阿阇黎喜饶贝（slob-dpon-shes-rab-dpal）处闻习了《集释》及五色莲花（sdud-vgrel-panytsa-ka）、本释（bshad-sbyar）。随贾贡益西沃（rgy-skom-ye-shes-vod）闻习了喜金刚及入行论（spyod-vjug）。随纳措瓦（gnam-mtsho-ba）闻习了非一能断经部（ma-gcig-gi-gcod-skor），而（让迥多吉）所闻习之首要者是：从大成就者年日处闻习冈木仓之一切深奥教法（kam-tshang-gi-zab-chos）、玛（尔巴）、米（拉日巴）、达（波拉杰）（mar-mi-dbags-gsum）之诸教诫，并闻习传自俄译师、粗敦、梅敦、日琼瓦、卓浦瓦（rngo-mtshur-mes-ras-chung-ba-khro-phu-ba）等之教法，以及上下伏藏（gter-kha-gong-vog）等上师一切新旧教法。此后，又从嘉木样释迦熏巴（vjam-dbyangs-shvakya-gzhon-pa）处听取《因明七论》（tshad-ma-mdo-sde-bdun-yan-lag）、《上下对法》（mngon-pa-gong-vog）及《瑜伽师地论》（sa-sde）、《慈氏五论》（byams-chos-lnga-vgrel）、《中观根本》《入行》《基础三释》（dbu-ma-rtsa-vjug-gzhi）等佛典、论著及法相藏之大小乘诸佛典（mtshan-nyid-kyi-theg-ba-che-chung-gi-gzhung-lugs）。

让迥多吉十八岁，若加上白胶日[9]和胎月计算的话刚满二十岁，在所有僧侣之引导者、殊胜尊者熏努绛求巴（gzhon-nu-byang-chub-pa）任堪布，学者根顿仁钦（mkhas-pa-dge-vdun-rin-chen）任轨范师，（让迥多吉）遂师从上述诸僧受了近圆戒。总之，为了（后人）对比丘之教导者不忘其名，堪布为此则联系自己姓名（的一部分），随即献赠（让迥多吉）名为楚陈熏努（tshul-khrims-gzhon-nu）。据说，乌坚巴梦中朝圣时，即有一名为楚陈熏努（tshul-khrims-gzhon-nu）之瑜伽主。

第三节　让迥多吉随从大师乌坚巴等人修习佛法

让迥多吉于亲教师和轨范师处闻习了所有调伏论和论典，又来到祥吉查仁（shang-kyi-tsha-ring）地方向大成就者乌坚巴求教，乌坚巴将所有佛法教典做了圆满的讲说。乌坚巴对其曰：“此生再无有见面之机缘。”此后不久，大成就者乌坚巴即圆寂。（让迥多吉）为了能够得到圆满之教法，又从涅朵瓦贡噶顿珠（nye–to–ba–kun–dgav–dun–grub）听闻了一切关于时轮等大成就之法。此时，梦见穿黑色牛皮披风之咒师（ko–ber–ba）对其进行干扰。其即幻变为黑色披风怙主征服之。七位上师举办名为“勇士之宴会”时，乌坚巴之三位空行母于天空以歌舞敬奉。（让迥多吉）在梦里梦到大成就者乌坚巴，并传以全部念修等圆满教授。又从贤者巴雷（pa–ras）闻习医术，从谢宁粗仁巴（shes–nyen–tsul–rin–pa）闻习了秘密圣教法。总之，（让迥多吉）对藏地翻译的所有经论、口诀皆全部得以闻习，并对神圣教法十分虔诚。无有上师之时，自己谨慎修习，对于不熟悉的语诀反复念诵。所有教法只要闻习一遍，全部词义在心里瞬间融会贯通。其不管对强者或弱者皆无欺凌之现象，并慎重对待每一个人。

传说（让迥多吉）制作了唯一的地图（sa–ris–go–na），用完了七支笔。其所闻之教法今世众生除了教法的名字以外，教法之内容是无法理解的。其若闻习《心要》（nying–thig），即圆满三安乐现分，示现法性空相。为促一切空行护法，遂思念利他之业，即前往噶玛地方。于此地其融入毗麻拉(bi–ma–la)[10]之眉间白毫，遂通达诸大圆满之意，并著有《心要论》（nying–thig–gi–yig–cha）。知悉利他之吉兆后，于拉顶（lha–teng）修建日措（ri–khrod）之时，看见许多佛舍利聚合而形成之光辉，遂知悉出现之光即为许多禅师所为。看到极乐净土及许多释迦佛之庄严身，著有《梦之显宗经论》。因听到三位善知识于须弥山顶之六层楼阁中同声念诵弥勒教法，故所有弥勒教法之精义融会于心中。于此楼阁下之金山顶，从观世音菩萨之手不断降下甘露,使众生皆大欢喜，遂消除浊世烦恼之力。其著《现行之释要》之时，见众空行母赐予许多珍宝。拉顶地方周围的大森林突然出现大火之时，众生不知所措，请求堪布循奴贝（mkhas–btsun–gzhon–nu–vbum）给予灭火，其言道：“吾有清净意乐心，先时佛子已聚合，现成十地自在天，取得真正圣谛语，燃烧大火当平息。”其弹指后，在充满黑烟和火舌的天空中降下了大雨，瞬间大火熄灭了，并清楚地显现殊胜度母；又在周围出现有一部分其有嫉妒者开始实施法术时，八人修行恐怖阎王术。放咒之时，看到三面六臂的文殊护法于火盆里显示阻止嗔恨明咒。窑洞塌陷后，彼等即抵达另一地。其次，又显示了许多不同之神变。彼等周围之人皆惧怕，奉献诸多供品。绒赞卡哇噶波（rong-tsan-kha-ba-dkar-po）和噶波多杰贝斋（kam-bo-rdo-rje-dpal-brtsegs）等人前来迎请（让迥多吉），其为此等地方做利乐之事业。夏郭底（shar-kol-ti）地方出现有特大灾难，谁都无法降伏。当得知（此灾难）为鬼神长久争斗所致，其便通过三摩地法降伏了诸鬼神，诸鬼神按照其旨令立誓即自行灭亡。许多轨范师看见念青唐拉（gnyan-chen-thang-lha）等神又将(让迥多吉)迎请至楚布寺[11]，其他人见到了蒙蒙薄雾之念珠。当为拉萨释迦牟尼佛头顶献上华丽之金伞时，看到于无边之佛土上出现有供云。其著《喜金刚第二品之注释》时，心中明了诸菩提之心释。在楚布之修行洞隐蔽处，可看到内外星辰如何运转，遂著有《历算集论》[12]。在珠穆雪山（jo-mo-gangs）等地静修时，莲花生大师融入其身。在北方的一个地方，做文殊菩萨之业，诸非人向其敬礼，并看到都松钦巴之身影布满虚空。在楚希（gru-bzhi）居住时，见业之征兆，遂修建楚布之大乐殿，于此殿显现有许多佛舍利之光，并知悉此乃为噶举派支系许多大修行者所致。在雅拉香波雪山，证悟无分内外及他别之唯一性，获得缘起之非凡智慧。其次，还见到现世佛波吉朗波（spos-kyi-glang-po）之业及其经墙布满天空。因在梦中见到杰瓦强巴佛（rgyal-ba-byams-pa）及其许多侍从，故认为其想到达天空之上不宜，遂从地下幻化为莲花于强巴佛尊前听闻佛法。于东方不动佛刹土，见强塞波朗(byang-sems-spos-glang）之菩提勇识之行。修大乐泉(bde-chen-kyi-chu-mig）一百多遍时，不断显现许多昼夜光明化身之大修行者，见于语脉缘起之空界示现之金字融入身体之每个毛孔，并射出光芒。通达蕴界本性略摄之诸神，并著《释续金刚曼义释》（bshad-rgyud-rdo-rje-phreng-bavi-dgongs-don-bkral）。见胜乐金刚力赐予加持，于外部空行勇士略摄之虹光布满天空，著有《三昧耶海注》（dam-tshig-rgya-mtsho-rtsa-vgrel）。在珠穆康嘎（jo-mo-gangs-dkar）之山洞中塑造莲花生大师像时，知悉（莲花生）之余业尚需长久进行。之后，前往叶茹香（gyas-ru-shangs）地方，有名称为"农业耕种唯一之牦牛"，此牦牛专门以杀戮地鼠为主食。其将此牦牛驯服，长久未有杀戮地鼠。[13]在吉祥萨迦等地僧侣居住的寺院，所有寺院法器和资具短缺。故（让迥多吉）将此地的人、非人以及不分高低贵贱者召集起来，此后敬献财物者越来越多。从乌坚巴身像所产生的具有无遍之福缘，在娘之上、中、下三地以神圣佛法而调伏之，从上部娘地前往雅卓（ya-vbrog）之时，在卡若拉迦（kha-rovi-la-rgyab）地方天气寒冷，出口气都觉得冰凉。讲论教法两遍后，卡若拉迦地方虽是十二月，却如春天般的暖和。此后，在粗拉隆（tshur-lha-lung）地方修缮十万佛塔并涂金饰，知悉未来之比丘幻化为法螺，装入杰瓦强巴（rgyal-ba-byams-pa）之塔。传说其为众生讲经时，噶举派的上师们看到天空中长久出现有两个太阳。

工布地区所有人和非人皆信仰（让迥多吉），故前来迎请。观世音菩萨授记，（让迥多吉）在前往达拉岗布（dangs-lha-sgam-po）的路上，拜见了喇嘛拉杰巴麦（lha-ce-pag-med），讲授大手印后生起利他之智慧。想前往杂日玛钦（tsa-ri-ma-chen），当抵达上部之却赤（chos-khri）之间，因缘起略有不符，故将帕摩之手写经文错拿。未有聚会，故将"吾之教法"后于帕摩嘎鲁（phag-mo-kar-lugs）寺院得以弘传。

在新旧杂日（tsa-ri）的许多地方，看到了许多其他地方没有显现的奇特现象。在达瓦盖增（ta-bar-kyal-tsin）地方，河流冲毁了良田和菜地，此地成为一河滩，（众生）请求救助。（让迥多吉）说："请到小的渡口处，将座椅堆积起来。”遂在河边堆积了座椅，（让迥多吉）坐在上面，真言遂从其手中发出，此河水瞬间开始变小。如此一个月的时间里，所有被水冲毁的地方，又变成了良田和菜地，如今这个地方尚存在。其至那木陀采（nam-thos-tshal）地方后，为贡热三部落（kong-ral-gsum）的众生传授了白印法（chos-kya-kar-po）。在暂时和终究的安乐之地夏查（zhag-khrag）开光时，出现了地震和花雨。当得知为了未来之众生，遂想于森林之山中修建（寺院），并住在森林的边上。此沟内有一奇异处，据说让谁前往谁都不愿意去，此地的人们也讲述了不能进去之情形。（让迥多吉）说：“请看今夜的梦吧！”次日，其详细地讲说了山与路等如此的美丽，当地人生起敬信，遂于此地建立了修行处。虽然此地非常冷，但修行者们所用的水，不管是雪山上流下的水，还是河水等皆不结冰，据说是因为对三宝的供奉。之后，修行地面前出现有红花和杜鹃花等各种各样的花，此乃为（让迥多吉）所加持之花，直至现在也如此。在一年多的时间里（让迥多吉）兴建了无数的修行寺院，在果采（kog-kred）地方，著有《内事自释》（mang-don-rong-krel），修持得到很大长进。见到东方的阎王之地，遂拯救了无数的恶趣众生。

第四节　让迥多吉为弟子及众生传授佛法

前往旁热邦（bang-ram-pang）时，采玛班钦（tshad-ma-pan-chen）之马队到达圣地杂日（tsa-ri）前，没有请求拜见。（让迥多吉）说：“因为杂日下了很多雪，所以我不能显示（幻术）；如果杂日的空行母需要，即可以显示（幻术）。”（众生）请求指示，传授隆普（lung-bu）之教法。其先骑马向东方离去，不久即在薄雾和彩虹的交杂之天空中出现了十八位少女，并唱起了动听之歌曲。

传说（让迥多吉）为坐骑的差役进行摩顶，并赐予每人一吉祥结。言道："现在走吧！"遂消失于他方。此后，亦赐给随从们每人一个护身结[14]，并说："你们以后携带此（护身结）心思就不会分散，以前我的许多仆人携带此(护身结)，此次噶玛巴之内侍们也携带此（护身结）即做到心思不分散。"此后彼等向上部前行，在索恰邦（so-chag-vphang）山下出现有一大湖。需要转山时，（大湖上）出现了一条用沙子铺的山冈路，据说以前是没有此（山冈路）的。之后的二三天，那条路即消失，恢复为以前之大湖。又来到楚布，大行佛教之业。雅德班钦（gyag-sde-pan-chen）居住于蔡巴地方时，（让迥多吉）前往相见，未有行礼，并言道："如若对我信仰的话，依止善知识，侍奉数日。"求神问卜后赐予喜悦。白天，为无数格西讲论了如大海一般的诸多显密经释；夜间，赐予灌顶及传授无量甚深之教法；空隙间，对拜见的无数众生及金字使者[15]进行了循序教诲，看到蔡巴之诸多身语意佛，尤其是接二连三、毫无阻碍地聆听了藏文大藏经《甘珠尔》《丹珠尔》佛经[16]等伟大之业海，并亲见由暇瞒身语意形成之不动佛。如果向（让迥多吉）请教佛法的难点，那么将比其他的都简单，据说像这样的智慧也是前所未闻，唯有这次听到。如此一天天（让迥多吉）之智慧和宗教学业不断增长，超过了心所思量之范围。称为"幻化身宝"(sprul-pavi-sku-rin-po-che)者向其顶礼时，认作最殊胜的根本上师。向（让迥多吉）请教何为"往生"时，答曰："往生时灵魂从头顶离去。"请教何为"五瘟疫"(gzer-lnga)，答曰："无须五瘟疫，一瘟疫即可致死。"唯此问题则使得众人更加敬信。其次，在听闻佛法时，若有许多傲慢者前来拜见，（让迥多吉）直呼傲慢者之名，并做密法，让这些傲慢者知道他们以前的行为和"盲人需要光明"，已有文字记载，从而消除了这些人的傲慢之态，使许多人成为合格的弟子。

（让迥多吉）于聂吉普（nyan-gyi-phur）地方祈请药水时，据说水一触到（让迥多吉）之舌头，其用舌根部就感知到此水三分之二是普通水、三分之一是药水。传说其将手放入泉眼后，即知从东方流来的三分之二的水是无温泉之效力，为普通之水；从西方流来的三分之一的水是有冰凉之效力，是药水。对此堪巴谢仁巴（mkhas-pa-shes-rin-pa）不相信。此后，通过（让迥多吉）加持使普通水也从西方流入，使药水大为增长。此地方的人们说："以前流入此地的水还不到三分之一，法王驾临后流入此地的水增长了三倍，且水冰凉，效力巨大。"（让迥多吉）闻此言后，说道："我说的这些话，此位格西不相信。"此位格西尤为羞怯，遂大为敬信。有诗曰：

极为隐蔽遍知所行处，
衡量真实自性之智慧，
畜生类牲畜与人相同，
吾心变化过失已坦白，
今后尔识拥有六聚集，
修行事业渐能通达意，
是非无垢纯洁之智慧，
去除疑心向尔等敬礼！

又，于那木推蔡（意为多闻园）讲说《释迦牟尼之齿法》时，并请译师翻译。答复说："译师因失音而不能翻译。"（让迥多吉）说："请译师翻译吧！他的音我能听懂。"是时遂出现了大而动听之声音，（此位译师）一直翻译完后又像以前一样失去了声音。有诗曰：

静寂梵天亦是寻香王，

他人话语无有之统治，

吾之话语为统治法王，

向无比语自在佛顶礼！

彼等于杂日（tsva-ri）附近修行了三年，请求给予加持，（此时）出现了干扰，在卫藏等地亦出现了大的冲突，（让迥多吉）说：“我的侍从已经到达康地。”此后，没多久蔡康两地即发生了纠纷，问此乃何因？（让迥多吉）回答说：“此乃由小事开始逐步发展起来的。”因此使细脱（bzhi-thog）[17]和本钦（dpon-chen）[18]内部等整个卫藏不得安宁，据说许多蒙古军队集结，遂出现上述如此情况。有赞颂诗歌曰：“三时皆为无业障之时，向遍知无业障佛顶礼！”

如是，（让迥多吉）若转动塔、工、集薛（dvags-kong-skyi-shod）等地的全部法轮，即出现有花雨、彩虹、层层叠叠的法座等许多奇异之现象，并做了许多息、增、怀、伏四业（zhi-rgyas-dbang-drag）之事。（让迥多吉）看到了许多前往拉萨之侍从和格西各自弘扬佛法的相兆，又前往噶玛地方，则出现了许多止观双运(zhi-lhag-zung)[19]相结合之禅定,遂著有《法性颂释》（chos-dbyings-bstod-pavi-vgrel-pa）。在居士多杰吉波（rdo-rje-rgyal-po）所居住之河上修建有桥梁，并答应此龙王完成一切事业。在观世音“若浊世散逸即出现中断，至它静修地佛法未兴旺，尤应到吉祥瑞林之山中”之语的促使下，（让迥多吉）前往森林中，使等持定（ting-vdsin）大为增长。依空行母的旨令，思绪《密续王善业宝瓶》（rgyud-kyi-rgyal-po-vbum-pari-don-legs-pa），释解《三瑜伽心念》（rnal-vbyor-gsum-snying-gi-dgongs-pa）。因反复想起依止诺桑（nor-bzang）为上师之情形，遂进行了普贤法行之祈愿。在梦里受到文殊菩萨的授记，知悉应到蒙古地方三年，做幻化众生的事业。来到杂日时，大自在观世音曰：“依寂定力功德得增长，前往天空明月之坛城，其他因缘明白又隐没，天空闪烁显现诸星宿，日月因缘显现非显现，自他之事美好常修行。”（大自在观世音）未有出现，但看见许多空行之征兆，方知来世之驻地，遂建了隆珠登新寺(dgon-gsar-lhun-grub-steng)，著有《华严经庄严论》（phel-chen-zhing-bkod-kyi-bstan-bcos)。

第五节　让迥多吉受邀前往元朝皇宫

是时，得到了蒙古皇帝的迎请，此时蒙古王室已经历了忽必烈（se-chen）王在位的三十五年，铁穆耳完泽笃（the-mur-aol-ja-du）王在位十二年，海山完泽笃(hva-shan-aol-ja-du)王[20]在位五年，普颜笃(bu-yan-du）王在位十二年，格坚（ge-gen）王在位八年，热其帕（ra-khyi-phag）王[21]在位四十天，库吐(gu-thug)王[22]在位一个月的历史。[23]图帖睦尔王（thog-the-mur-vjav-yan-du）在藏历阴土蛇年（1329年）开始执政，于第三年的藏历铁羊年（1331年）派遣衮波仓庆康(mgon-po-tshang-ching-gang)[24]带着皇帝颁赐的诏书[25]、金印和礼品前来迎请（让迥多吉）。（让迥多吉）于此年（即藏历铁羊年）的七月出发到达前藏，在拉萨的贡塘（gung-thang）地方与帝师贡噶坚赞（ti-shi-kun-dkav-rgyal-mtshan)[26]会晤。当到达当雄（vdam-gzhung)[27]时，在明月当空的夜晚突然出现了龙和雷声；白天出现了日食，并降下大雪。（让迥多吉）故说：“皇上之寿命将会出现违碍，（我等）此次不宜前往。”于是返回楚布寺。又在藏历猴年（1332年）的二月出发，知悉若前往拜见皇上的话，皇上寿命就会有延长之兆。（让迥多吉）遂迅速前往，但于八月十二日出现了地震等违碍之征兆。格降（gin-jang）元王子热塔纳（radana）敬奉（让迥多吉）

为根本上师，并建立了修行之地。知悉此时皇帝札牙笃（vjav-yan-du，即元文宗）已经去世。（让迥多吉）未到皇上遗体处，即为其做了净障[28]和超荐之法事。此外，（让迥多吉）还对仁钦贝（rin-chen-dpal）皇帝[29]的短寿做了预见。

第六节 让迥多吉在元朝皇宫的活动

（让迥多吉）于藏历猴年（1332年）十月八日抵达皇宫，仁钦贝大皇帝之侍从们给予极大的敬奉。（让迥多吉）知悉皇帝之寿数不长，遂为皇帝之往生等做了准备,一个月后皇帝逝世，（让迥多吉）为其做了超度法事。预测到其兄妥懽帖睦尔（tho-gan-the-mur）将成为“蛮子”地方之皇帝，并言：“再过六个月我和刚上任的皇帝一同返回。”法王也对此做了预测，此期间奥帖睦尔执政。藏历鸡年（1333年）正月之吉日，数十万人聚集在一起前来迎接皇帝（妥懽帖睦尔），除了军队，任何人也无法为其开道。是时法王（让迥多吉）头戴黑帽，口诵六字真言，不管到何地，所有街道的众人自动为其开路，并做了祈愿和请求。皇帝从白色大帐篷之金座上起驾，远迎法王（让迥多吉），并向法王顶礼。此后，皇帝与法王一同前往皇宫，皇帝之皇族族亲、奥帖睦尔、太子等君臣都恭敬地信仰，皈依善教。因诸大臣恶言太子而发生了大冲突，法王（让迥多吉）出面调解，使冲突得以平息，（让迥多吉）承诺其在皇宫期间，将承担使国土安乐之责任。当皇帝（妥懽帖睦尔）即位时，藏历鸡年六月八日，（让迥多吉）在上都宫殿（pho-brang-shang-mdo）为大皇帝的亲政做了吉祥赞颂，看到了于殊胜的东方出现有众护法神为之除去障碍及加持的征兆，皇帝下旨要求身边的侍者们勤奋工作。（让迥多吉）为大皇帝的王妃和皇太子们灌顶时，知悉他们每人所获得的证悟，并给予解答和指导，使彼等获得了无分别之信仰。藏历狗年（1334 年）的正月时，闻悉大慈悲佛曰："前往藏地，将会利益众生。"皇帝（即妥懽帖睦尔）亦曰："尔有自在佛，祈请为朕赐予持明莲花之长寿水吧，因此需要尔回桑耶寺去取吧。"于是，（妥懽帖睦尔）封他为"圆通诸法性空佛噶玛巴"（chos-thams-cad-stong-pa-nyid-du-rtogs-pavi-sangs-rgyas-karma-pa），赐给了水晶玉印及金字牌符，并赐给他的亲炙弟子多康定真桑波（ting-vdsin-bzang-po）和蔡巴格迥钦波（tshal-pa-dge-sbyong-chen-po）等司徒印信，赐给（噶玛噶举派）在杂日等地的新旧寺院和金锭等大量物品。还下令在楚布寺为皇帝加严图（vjav-yan-du）兴建影堂（yin-thang），在粗隆地方设立"达尔罕"（dar-rgan）[30]之官职。

藏历狗年（1334 年）五月之吉日出发前往五台山（ri-bo-rtse-lnga）时，看到了庄严文殊之事业。在米聂噶尔（mi-nyag-vgar）地方，修复了诸多被毁坏的寺庙，并讲说有诸多佛教之理论。在米聂仁莫（mi-nyag-ring-mo）地方，一位俗人从怀中拿出二百一十两黄金做了敬献，平息了一切纷争。从玛尔康（mar-khams）经由噶玛地方，于藏历猪年（1335 年）五月二十五日来到了藏北达木（vdam）地方,卫藏各地的（官员和僧俗头人）前来迎接。之后，出现有尚于东方做利他事业之征兆，九月回到了楚布寺。冬天于秦浦(mchims-phu）地方住了六个月，证悟了许多纯正之见，看到了许多有利于佛教之尊者（出现）。法王噶玛巴活佛让迥多吉将（妥懽帖睦尔）赐给他写造大藏经《甘珠尔》《丹珠尔》的金银交给了蔡巴，并为诸经籍举行了开光仪式，出现有许多奇异之现象。（众人）到各地寻找长寿水，未有找到。法王利用神通从桑耶山沟中迎请了长寿水，诸随从未有丝毫感受即赐予手中。由于元王朝的再三迎请和赏赐礼品及诏书[31]，（让迥多吉）于藏历鼠年（1336 年）的八月出发，十五天即至藏北达木（vdam）地方，在路上做了无数的利他事业。当抵达皇宫后，（让迥多吉）专门在大臣、太子和皇帝之住处，为皇帝敬献了长寿水和灌了长寿顶，使大皇帝的寿数得到了延长，并使元朝的社稷得到了巩固。

在谢多（shad–mdo）地方，无数众生生命受到了大难，遂向观世音菩萨祈祷，听见（观世音）安慰曰："具有自性之白光对大皇帝和信仰佛教的人们不会受到伤害。"在鸡鸣县（gyi–mi–shan）[32]居住之时，出现有地震。因有危险，故（让迥多吉）说："我们现在要住到屋子外面。"后大家住在外面的帐房，皇帝也根据（让迥多吉）所言修建了帐篷。是时藏历阴土牛年（1349 年）的八月发生了大的地震，所有村落被毁掉，而以前随从法王的听法者、请求法王的救度者以及轨范师、供施者们都没有受到任何的伤害。

此时，由于汉地和多麦地区出现一些邪恶僧人之行为，故不喜欢佛法的大臣们到处议论，遂将各地不净之僧人（指有妻室的僧人）全部勒令还俗处以刑罚，支应赋税兵役，并命令把他们的寺院毁掉。帝师贡噶坚赞等僧人奏请阻止，未能奏效。此时，法王（让迥多吉）突然赶到皇宫午门（vu–mon）之法场前群臣聚会的地方，并坐在法场中央设立的椅子上。之前太师等官员及僧俗众人面向帝师，后即转向了法王（让迥多吉），并汇聚于（让迥多吉）之身旁，大加敬信。法王（让迥多吉）以狮子吼般斥责道："你们众君臣将毫无权利之帝师等吾之众僧招来，不仅不做佛教之事，而且还要毁灭佛教，此乃为何？难道我们是为了解决温饱前来向你们乞讨吗？昔日忽必烈皇帝所做之事业错了吗？难道你们要抛弃吗？若大皇帝之安危和国家之社稷你们各位大臣能担当的话，我等马上返回藏地。"之后，诸大臣都非常惧怕，立即修复了一些倒塌的古老寺院，向"达尔罕"（dar–rgan）宣读了"供奉一切僧人"之诏书，并颁布各地。

在元大都（tavi-tu）和临洮（shing-kun）修建了大寺院，赐给止贡、帕木竹巴的法王水晶印，赐给楚布法王金印。大皇帝下旨要求其他地方亦要对应供喇嘛（bla-mchod）进行供施，并问道：“如此他人皆让我赐给布施，难道您就不需要吗？”（让迥多吉）回答说：“我在东部的工布地区也有十万多户的属民。”皇帝遂曰：“那就作为我的布施将管辖此地官职的权力赐予您吧！”（让迥多吉）回答说：“关于此事我已向观世音菩萨祈祷了，佛法驯化之世间，官员是无有驯化之力的。”总之，关于（让迥多吉）之寿数他自己也认为是长寿的，汉地的卦师也算出是长寿的。（让迥多吉）想要返回藏地长期做利生事业，但皇帝君臣不同意他返回藏地。此外，有一位名叫哈丞相（ha-ching-sang）的坏大臣，与天供僧人们发生纷争，使法王（让迥多吉）大为失望。

第七节　让迥多吉圆寂

法王（让迥多吉）心生有逝世之预兆，遂于藏历虎年（1338 年）的三月八日在君臣众人聚集地说：“瑜伽我像天空漂浮的云彩一般，不知道将去何处，祈请诸位尽快按照意愿好好地修行佛法。”此后并言：“要返回藏地。”众人未有听见。藏历兔年（1339 年）五月五日的黎明尚未有睡醒之时，即从光音天传出道歌：

见解如天般纯净，
想象是无有标志，
修行如明空无执，

如天之鸟是因果。
行为取舍乃离系，
取来舍弃是无有，
可怜有情之众生，
取之心意要得当。

侍茶者释迦耶（gsol-ja-ba-shvaka-ye）等人皆闻悉此歌。

此后即出现有轰鸣声、闪电、大地震等，据说从天界传出“怙主法王（让迥多吉）即要圆寂”之震耳欲聋声音，此乃为色究竟天之神等不堪忍受的哀号。五月十四日，从大都皇宫出发前往嘉温泉（chu-tshan-vjams）进行了沐浴，法王（让迥多吉）言道：“此泉水遍及我之全身，若浴上师之身即净身，亦可净障语言和心意。”此后从温泉池内不断流出沐浴水，诸侍从喝（沐浴水）后皆感心旷神怡。是时，天空中布满了乌云，此乌云下飘浮有彩虹之网和花雨，堪钦堆贞巴（vdul-vdsin-pa）问：“此乃为何兆？”回答说：“吉祥之兆将会出现。”

（五月）二十一日，于擦杂嘉（brag-rtsa-vjam）对贡却穷乃（dkon-mchog-vbyung-gnas）等人授以教言。（让迥多吉）曰：“哎呀！由于前世福报之力而获得具有暇满宝行之时，断除衰老、病痛、死亡、无常变化意念导致之无善罪业，施予自他利益而求到达彼岸乃为智者也，勿要贪婪微小之妙欲[33]，落入轮回之海而痛苦。”前往上都（shang-to）途中，路上不断出现虹光，降下花雨。抵达上都后，大兴佛法之业。

（六月）八日，（让迥多吉）之身体略微出现不适，但每日都对皇帝、大臣诸官员讲授佛法，并给予教诲。藏历兔年（1339年）六月十四日正午，当诸君臣围坐在一起时，持律者[34]对堆贞巴说道：“众勇士空行母（dpav-bo-mkhav-vgro）即降临，准备供奉吧。”此后见其呼吸更加急促，伯颜太师（ba-yan-thavi-shri）哭泣着请求道：“请慈悲我们吧，不要离开！”（让迥多吉）曰：“吾想回藏地，汝等君臣未按我的话去做，请你们按照我之言教去做吧！”又请求于此次为其身做了沐浴，并问：“迎请至藏地吗？”（让迥多吉）曰：“以前的事已经过去了，现在后悔也来不及了，我要到别的地方去了。请汝等君臣依佛法及教规护持（国政）吧！”大元国师衮却仁钦(tavi-dben-govi-shri-dkon-mchog-rin-chen)请求赐教。（让迥多吉）言道：“按照我于藏历虎年（1338 年）三月所说的去办吧！”众弟子请求佛法，（让迥多吉）曰：“修习佛法要勤精，我对藏地之众生从藏历猪年（1335 年）至鼠年(1336 年）时就已做了教诲，我即将与上师见面去了。”言罢，做了礼供，并赐予甘露，长时念诵胜乐咒，并摇动法铃，曰：“瑜伽我即将圆寂，汝等要努力修行神圣佛法吧。”说完即圆寂。翌日即十五日，当月亮出现之时，皇宫侍卫轮岗时，侍卫官图仁帖木儿（du-ran-the-mur）见到月亮上有法王本尊坐在佛塔里，遂将此景告诉同伴，其他十八位侍卫皆看到，两位未有看到。侍卫官即禀报于大皇帝，大皇帝及大多数官员也看到了。大皇帝下令照此建造两座影堂，称为“古札达协玛”（sku-vdra-zla-zhal-ma)[35]，其具有与真身同等之加持力。与此相同，此前法王曾救度过的三位蒙古官员及侍从看到（让迥多吉）抵达曲通驿站（chu-dong-vjav-mo），（让迥多吉）说：“要前往藏地。”诸官员在司乌朵(zir-vur-rdo)见到众多侍从将其用轿迎至蒙古地方；堆贞巴也见到（让迥多吉）在一位患疾弟子处，赐予治疗之方法。在五台山噶玛噶举派之寺院轨范师森格（seng-ge）等二十位禅师具有同样的感觉，拜见了（让迥多吉）。并说：“要前往兜率天。”出现此等许多清净之景象。十四天期间，皇帝及诸大富翁前来供奉，所有国师和大官员们赤脚抬着轿子前来谒拜。二十五日，用檀香和黑沉香火化，如同火化佛陀和转动法轮王之身躯，大部分人看到空中遍布诸多彩虹之间隙显现许多法王之身像，并从空中传出“啊哩噶哩”(ava-li-kva-li）之声。二十六日开光之时，诸多人见到西北方显现法王端坐于犹如睡莲堆积彩云之中央，又向西方离去。其梵净穴(tshangs-bug)[36]上有双身胜乐金刚(bde-mchog-lhan-skyes)；眉间有五字交织之法源；无名指骨处留有大悲观音佛之无数稀有之行相。此等已成为汉、蒙、藏、西夏等所有地区供奉之唯一福田。

第八节　让迥多吉的弟子

亲炙弟子有法王本人的诸上师，彼等也都随从其闻习佛法，并对(法王)无比恭敬。其弟子尚有桑普（gsang-phu）[37]、内邬托（nevu-thog）寺、贡塘（gung-thang）、群科林（chos-vkhor-gling）、德觉绥苏（bde-skyor-zul-gsum）[38]等大寺先后之住持和所有轨范师、乌坚巴[39]之转世活佛(ao-rgyan-pavi-sprul-sku)、净行怙主（bram-ze-mgon-po）、莫觉巴(rmog-lcog-pa)、具有梦光净天之技艺者多丹札森（rmi-lam-vod-gsal-gyi-rtsal-mnyam-pa-rtogs-ldan-grags-seng)、明智圆满者多丹萨仁（rig-pavi-rtsal-rdzogs-pa-rtogs-ldan-bsam-rin)、功能圆满者雍敦多杰贝（nus-pa-mthar-phyin-pa-gyung-rdo-rje-dpal)、隐幻术圆满者杰瓦日措巴(sbas-pavi-brtul-zhugs-mthar-phyin-pa-rgyal-ba-ri-khrod-pa)、普波且巴(phug-po-che-pa)、拉杰纳尼（sha-rje-rnam-gnyis)、秋阔巴（chu-sgom-pa)、阔耶盖隆（kho-ye-dge-slong)、库约多丹（khu-yor-rtogs-ldan)、多丹查古（rtogs-ldan-khrag-skyug)、多丹衮杰瓦（rtogs-ldan-mgon-rgyal-ba)、耶杰瓦（ye-rgyal-ba)、拉普瓦衮耶（lha-bu-ba-kun-yas)、东敦熏奴卜（ldong-ston-gzhon-nu-vbum)、京俄多仁巴（spyan-snga-rdor-rin-pa)、达垅衮邦仁波切(stag-long-kun-spangs-rin-po-che)、

克促拉玛日查(mkhas-grub-ngharmarva-dzva)、喇嘛昂琼（bla-ma-ngar-vbyung)、堪孜帕瓦（mkhen-rtsi-bar-ba)、罗本佳年（slob-dpon-vjam-nyag)、罗噶卡西瓦僧格杰参（klog-skya-bkav-bzhi-ba-seng-ge-rgyal-mthan)、昂巴瓦（mngon-pa-ba)、曼隆瓦（sman-lung-ba)、格顿岗巴之堪布盖尊巴（mkhas-btsun-pa）等无数贤哲；国师衮噶杰布（govi-shri-kun-dgav-rgyal-po)、大元国师（tavi-dben-govi-shri)、司徒格琼钦波(singhu-dge-sbyong-chen-po)、喇嘛单增桑波（bla-ma-ting-vdzin-bzang-po）等汉、卫、康、工布之诸寺院堪布。

多萨仁巴（rdog-bsam-rin-pa）于唐拉（thang-lha）雪山[40]脚下修行，并以威猛之热力融化了雪山之顶。唐拉山神曰：“请勿破坏吾之处所。”遂赐予其他殊胜之地，并见到全部自他之风脉、明点（rang-gzhan-gyi-rt-sa-rlung-thig-le）等。

名为“多丹泽卧”之神通者（rtogs-ldan-kre-bo-bya-ba-mngon-shes-can）居于卫藏之交叉路口，菩提月王（byang-sems-zla-rgyal）之转世王子陀麦巴（thogs-med-pa）居于后藏，据说曾敦促彼等“会晤”，此等事迹言而不尽。传说楚布寺大乐殿中的一百〇八尊神像不知何因即前往虚空。（让迥多吉）对殊胜蔡巴之仲钦门拉多杰（drung-chen-smon-lam-rdo-rje）授以比丘戒，赐予法名为格卫罗追(dge-bavi-blo-gros)，此前曾依法王（让迥多吉）为根本上师，获圆满教证[41]。其受戒不久，即力压诸格西之言教。众侍从问：“受戒不久，即可获如此之奇有智慧吗？”答曰：“此等前世即已知晓。”又问曰：“那么，为何以前不言，何因？”答曰：“是佛之殊胜因缘，吾等有罪过者对僧伽讲论佛语，则是对佛宝之轻视。如今因缘与教诫相符，故可讲论。”如是遍知一切司徒（si-nghu-thams-cad-mkhyen-pa）后来住于蒙古时，见到（法王让迥多吉）给予的亲笔信函。此后离去，并于每月一日黎明时分前来，并承诺为吾等灌顶。二年中的二三月间，实现其之承诺，故大加敬信。此后，一两月没有出现，敬信力减弱或未发慈悲或如何是故，此等景象上师皆有感受。

此外，据传法王让迥多吉曾在塔工、卫藏、多康等地方之诸多日超（ri-khrod）静修地住有三年至十二年之久，各地皆出现有无数幻境即共同寿数之见、不同身之庄严等。若看（法王让迥多吉）对道统[42]弟子唯在引导方面如养育一般；若看对出现之智者唯在讲解方面如亲自传授一般；若看对修行处弟子们唯在修行方面如亲自指导一般；若看对著论典者们唯在心著方面如亲自撰写一般，此等方面是难以揣测的。

法王让迥多吉的开创佛教思想之弟子称为多丹钦波札森瓦（rtogs-ldan-chen-po-grags-seng-ba）[43]，其被委任为大乐寺（bde-chen）之堪布，但未有就任。又，受命前往噶波乃囊（kam-po-gnam-nang）之途中，毫无阻碍地登上司斋噶莫粗岱山（kzims-drel-dkar-mo-mtshur-mdavi-ri），因其于山顶美丽草原之泉水处熟睡，心中开始感觉痛感。之后，回到驻地，假立其因缘之地，而只身于粗地居住，以使后世众生不能拜见。故修双运密续次第，（佛母）名为杰瓦雍（rgal-ba-gyung），于茹拉[44]之丛都古莫地方(ru-lag-gi-tshong-vdus-vgur-mo)，使旧密[45]传承从未有中断。彼等之子于木猴年出生，乳名为多杰布（rdo-rje-vbum），少年时先后学习了诸多声明、因明、工巧明、因方明及显密经论，故称其为钦巴达美巴（mkhyen-pa-zla-med-pa）[46]。其随从苏恰巴森格（sur-byams-pa-seng-ge）闻习了所有经幻心三部（mdo-sgyu-sems-gsum）[47]，于香巴释迦布（shangs-pa-shvaka-vbum）处闻习了全部《阎王仇敌教法》（gshin-rjevi-gshed）,精通一切罪因及大业，亦具有无数唯独灵器[48]仪轨之智。故在蒙古地区称其为“新旧密法之大功德”（gsar-rnying-gi-sngags-pa-la-yun-tan-che-ba），遂被迎请至大皇帝身边。据说海山王（hwa-shan-rgyal-po）和帝师札沃巴（grags-vod-pa）[49]下令，像他这样的密咒者应视为苯波僧人所传，（对其所传教法）要无偏见地全部接受，并加以赏赐。其为大皇帝做祈祷灵器大法会，三个月之内聚集五百多位密咒大师，并让彼等修习一个月的时间，遂出现诸多幻变及异象；见到众多幻变者之幻术游戏，遂知晓一切佛法皆如幻化，故专心修佛法，但未得到大皇帝之允许。大皇帝逝世后，其返回藏地。其带回去的所有礼品亦未赐给认识的朋友，而是由其母带领对萨迦、卓普、夏鲁、桑普等寺院所有僧人做了布施及供献。其母曾对他说：“发愿回向，后嗣不要断绝。”为了不违背母亲之心愿，遂娶有一女，并生有一子，遂言道：“终于实现了母亲之心愿。”之后，其马上出家为僧，法名称为多杰贝（rdo-rje-dpal），随从法王让迥多吉闻习了所有圆满语诀，生起殊胜之本尊。于朋波类乌齐（phung-pu-ri-bo-che）、门巴错(mon-spa-gro）等地修行本尊佛，获得无上成就，出现了许多（其将）泥垒之墙变为岩石等之奇异征兆。雅德班钦（gyag-sde-pan-chen）向卫藏诸学者提出问题，谁也不能回答，唯其可答复。其著有《殊胜显密佛法之论典》，雅德班钦[50]拜读后甚是钦佩，遂（拜他为师）成为其弟子。其主要以隐蔽之瑜伽法来利益众生。其八十二岁的藏历木蛇年[51]，于天空布满虹光坛城之景象时圆寂。其著有的个人传记中曰：“传记大多为弟子所写，因大加赞颂而成为骗子喇嘛，略述自己曾经感受之最大心得。”关于其详略之传记详见《噶举之金鬘》。

注释：

[1] “往昔之事并未忘”，意指转业者不忘前世之事，以示其前后因袭继承性。

[2] 此句意在表明年幼的让迥多吉的确是转世真身，故仍能以前世之经历说话。

[3] 藏传佛教教派之一。“希解”意为“能寂”。12 世纪初由来藏印僧丹巴桑结创立。这一派有前、中、后三种传承，是按照丹巴桑结前后三次为不同的人传授的三种教法而划分的。前传拉琼欧色；中传玛·曲杰喜饶、索穷·格巴尔和噶木·益希坚参等人。从益希坚参又分出上、下传。

后传绛赛更噶（1062~1124年）、巴擦贡巴（1077~1158年）、嘉哇德乃（1127~1217年）。这一派没有固定的宗教活动场所，以修般若性空义断除一切生死流转的苦恼为主。至15世纪已经消失，其教法被其他教派所吸收。

[4] 系观音菩萨四同胞手足之一的梅檀像。

[5] 意指珠胎初成。

[6] 此句意指胎儿发育完好健康。

[7] “某些隐秘”系指密宗修习时某些不公开传授的修法内容。

[8] 古天竺一婆罗门名，最初弘扬大乘密教者，系龙树论师的师傅。

[9] 藏历谓太阳在第二十三宿三十二度，即公历3月9日起的十五天内，称延缓半月的日期。此为拉萨和雅砻一带地区的计算法。在此期间正是白胶树出胶或发芽之时，故名白胶日。

[10] 全称名为毗麻拉米扎，又译作“无垢友”，是赤松德赞时曾到过西藏的一位古印度佛学家。

[11] 在西藏拉萨西北堆龙德钦的楚布地方。宋淳熙十四年（1187年）塔布拉杰的弟子噶玛巴都松钦巴修建。为藏传佛教噶举派噶玛噶举支派的祖寺。

[12] 成书于1318年。

[13] 藏传佛教认为，杀生应是断身、口、意十不善业中的身，是三不善之首，普遍把杀生看成严重罪孽，死后要受到严厉的惩罚。所以出家僧尼作为戒律，时刻遵守，绝对不许杀生。普通信众对有生命者，大至人畜，小至昆虫等都不许伤害。对不懂事的顽童伤害昆虫也要加以制止。

[14] 即由高僧大德加持过的结，经常佩戴在身上，起到保护身体健康、长寿的作用。

[15] 指奉皇帝之诏命前往地方传达朝廷指令或办事的官员。藏文

gser-yig-pa 是皇帝的谕旨，称为金字，意思是谕旨像金子一样贵重，送发谕旨的人称为金字使者。

[16] 藏文大藏经由《甘珠尔》和《丹珠尔》两部分组成。《甘珠尔》包括经和部分律，始编于元朝初期，先由曲丹绕珠搜集校订阿里、拉萨等地的译经，编成《大藏经目录论点广说》和《甘珠尔目录太阳之光》。后由嘉木样噶玛巴什的弟子洛赛绛曲益希搜集各地译经和纳塘寺经典，编成《纳塘目录》。14 世纪，噶举派著名人物蔡巴贡噶多杰在《纳塘目录》的基础上，从元泰定五年 （1328 年）开始，用 20 余年时间将蔡公堂地方的译经收集，编成《新造佛说甘珠尔目录》，简称《蔡巴目录》。《丹珠尔》包括论和部分律，最初由布敦编纂。共分显密两大部分，各分七类，附有赤松德赞与各大译师的著作目录。夏鲁本《丹珠尔目录如意宝鬘》，元元统二年 （1334 年）布敦校订。《丹珠尔目录如意宝鬘箧》，元至正二十四年（1364 年）仁青南杰编。南京版《甘珠尔目录》，明永乐八年（1410 年）雕刻。德格版《大藏经》共收 4 673 部；《甘珠尔》1 114 部，分律部、般若、华严、宝积、经部、续部、总目录七大部；《丹珠尔》3 559 部，分赞颂、续部、般若、中观、注疏、唯识、俱舍、律部、本生、书翰、因明、声明、医方明、工巧明、修身部、杂部、阿底峡小部集和总目录等 18 部。

[17] 萨迦地方政权的晚期分成四个拉章（即细脱、仁钦岗、拉康、都却）其中之一。

[18] 萨迦本钦是元代西藏萨迦地方政权的首席官员，元至元二年（1265 年）八思巴返回西藏建立西藏行政体制时设立。“本钦”意译为大官，当是仿照早期蒙古汗国体制设置的“大断事官”（汉文史籍中有时称为大官人）而设立的。本钦由帝师举荐，元朝皇帝任命，并颁给印章、诏书。本钦直接听命于帝师或萨迦座主，掌管乌思藏十三万户的划分、民户的分配、清查户口的征收差税、审理各万户之间的诉讼纠纷、在乌

思藏地区调集十三万户的士兵镇压反叛等，还要负责萨迦派修建佛殿、塔像等。萨迦本钦设一名，在萨迦派贵族子弟中选任。有的萨迦本钦兼任过或曾担任过乌思藏宣慰使，有的还在大都的宣政院中担任过官职，所以本钦和萨迦派宗教领袖与元朝关系密切，并熟悉元朝的法规制度。个别本钦因违抗帝师和元朝皇帝，也曾被元朝派兵入藏处死。藏文史籍记载的历任萨迦本钦为：释迦桑布、贡噶桑布、尚尊、秀波岗噶哇、绛曲仁钦、贡噶宣努、宣努旺秋、绛曲多吉、阿加仑、宣努旺秋（重任）、勒巴贝、僧格贝、俄色僧格、云丹尊追（又名扎巴达）、俄色僧格（重任）、甲哇桑布、旺秋贝、索南贝、甲哇桑布（重任）、旺尊、南喀丹巴（此时萨迦政权已被帕竹政权所代替）、扎巴坚赞、洛追坚赞、具本、扎旺等人。

[19] 心住一境之止与妙观察之观同时运行。

[20] 应为“海山曲律汗”。

[21] 即“阿速吉八”。

[22] 即“明宗和世㻋”。

[23] 这里和汉地记载元朝皇帝的在位时间有出入。依汉地历史记载，让迥多吉受图帖睦尔迎请来内地以前，元朝历任的皇帝有世祖忽必烈在位时间：1260~1294 年，在位 35 年；成宗铁穆耳在位时间：1295~1307 年，在位 14 年；武宗海山在位时间：1308~1311 年，在位 4 年；仁宗爱育黎拔力八达在位时间：1312~1320 年，在位 9 年；英宗硕德八剌在位时间：1321~1323 年，在位 3 年；泰定帝也孙铁木耳在位时间：1323~1328 年，在位 5 年；天顺帝阿速吉八在位时间：1328 年，在位 40 天；文宗图铁睦尔在位时间：1328~1329 年，在位 1 年；明宗和世㻋在位时间：1329 年，在位 8 个月；文宗图帖睦尔在位时间：1329~1332 年，在位 3 年；宁宗懿璘质班在位时间：1332 年，在位 1 个月；顺帝妥懽帖睦尔在位时间：1333~1368 年，在位 36 年。

[24] 即金字使者巩卜臣相。

[25] 诏书的内容是："依仗三宝护持之大福德，朕降旨于让迥多吉，因如来教法向北方诸帝王弘传之授记法力，彼等对佛陀教法甚为精通。此后薛禅皇帝亦供奉及依止了众多高僧大德，使佛陀之教法在此地得以弘扬广大。朕亦欲精心护持佛陀之法，闻得尔听闻多广、功德殊胜、智慧超群，故派巩卜等人为金字使者前来迎请。若尔借故不来，岂不犯使信仰者灰心失望之过失，沾染不愿离弃自己富足处所之恶臭习气，毁坏利益他人之善愿，造下不为佛法着想之罪业，种下不顾有情众生痛苦之种子吗？又岂不会违背朕之诏命，从而使朕心中不乐而使佛法受到损害？难道不是如此？故而应为以朕为首之有情众生之事业着想而尽快前来！尔抵达之后，佛法事业皆会如尔之心愿实现。钦此！羊年春三月十三日于大都有的时分写成。"

[26] 全名称为贡噶坚赞贝桑布（kun-dgav-rgyal-mtshan-dpal-bzang-po，旧译公哥儿监藏班藏卜），帝师八思巴的侄孙，1333 年至 1358 年任元顺帝妥懽贴睦尔的帝师。

[27] "当雄"意为挑选的草场（滩）。此地位于西藏自治区中部，纳木错畔，拉萨北部。西与今天的尼木相连，北与班戈县、那曲县为邻，东接林周县，南接堆龙德庆和曲水二县。总面积 10 036 平方公里。明末固始汗带领藏、回、维吾尔等民族共 500 多人进藏，五世达赖让他们挑选驻地，结果选定此地，故名当雄。该地曾译作达木、党雄、达木蒙古八旗、达木八旗、达木牛厂、达木蒙古等名。相传当雄开始只有 7 户人家，每家都有姓氏。因该地水草茂盛，从西康的理塘、甲学以及安多等地迁来很多牧民。他们依据七户蒙古族的姓氏划分成 8 个部落，即曲考、窝托、果查、恩果、潘加、巴家、娃休、索布。固始汗以当雄为其夏宫所在地，并派兵驻扎。固始汗死后，当雄由其后裔管理。清时称当雄八部落为蒙古八旗。清乾隆十六年（1751 年），清王朝将当雄蒙古八旗划归

驻藏大臣直接管辖，每部落设有一甲本负责管理，同时配佐领“藏革”、骁骑校“坤都”各一员负责军事训练。每年派士兵83名到拉萨供驻藏大臣差遣和护卫达赖喇嘛。八部落统属当雄总管“基巧”，基巧由曲考部落的甲本升任。1913年，十三世达赖将当雄赐封给色拉寺，由色拉寺麦、且、阿巴三大扎仓轮流派出僧官担任基巧，治理当雄，征收差税，每三年为一届。民主改革前，县境内分为三宗四部落，三宗即当雄宗、白仓宗、羊井宗，四部落原隶属热振寺管辖。

[28] 佛典意为盖、障及障碍，即净除一切障碍。

[29] 即“宁宗懿璘质班”。

[30] “达尔罕”为蒙古语，意为长官、首领。此处是元朝在粗隆地方设立管理噶玛噶举派属民的官职。

[31] 此次皇帝派金字使者携带礼品及诏书前往迎请，诏书曰：“依止三宝加持之力，吾太皇太后之懿旨，送往噶玛巴法王仁波切之尊前，去年上师西行时曾以善良之心意答应完成利益众生之善业后即刻返京，如今上师西去已过二年，思起上师所传佛法，对上师更加敬信。先前已派出迎请之金字使者前往尔地，但迄今未闻上师何时动身前来之确切消息，故复派以格西东仁（dge-bshes-don-rin）为首之金字使者前往迎请，望上师应为吾等及利益佛法考虑马上前来，若迟迟不来而不守诺言，即会使虔诚信仰之众弟子灰心，致使那些对佛法有邪见之人闻悉后会说：‘像他这样不恪守诺言前来大都之人，其之所言又何能相信为真呢？’如此这样不利于佛法。故望此次金字使者到后，请上师为吾等着想即刻动身前来，随同此诏书的礼品有袈裟一套、金子一大锭以及供奉之礼品等等。鼠年正月十日写于大都。”

[32] 地址不详，估计为大都附近之地名。据《元史·五行志二》记载，至元三年（1337年）八月辛巳夜，京师地震；壬午，又大震，损太庙神主。

[33] 妙欲有色、声、香、味、触等五种。

[34] 藏语意为持律者，近圆已来护持戒统未断为坚固德，通达律藏巧于讲演为贤善德。比丘具此二德号称持律，堪为戒师。

[35] 古札，藏语意为像身体一般；达协玛，藏语意为月亮之上所显示的尊容。

[36] 梵净穴是头顶上发漩之异名。

[37] 桑普，拉萨西南一地区名，其地有寺庙名桑普寺。

[38] 即德钦寺、觉莫隆寺、绥普寺等三寺。

[39] 宋末元初帕竹噶举主巴派上主巴支派高僧，又称乌坚巴·仁钦贝。

[40] 即藏北念青唐古拉山。

[41] 教证即指教法和证法。教法指十二部契经，证法指戒、定、慧三学。

[42] 即师徒授受修行诀窍之传承系统。

[43] 即红帽系第一世活佛（1283~1349 年），由于元帝室曾封他为灌顶国师，并赐给他一顶红颜色的帽子，故由他开始的这一转世活佛系统称为红帽系。他曾随从黑帽系第三世活佛让迥多吉学习佛法。让迥多吉任命他为大乐寺之堪布，但未就任。1333 年，他建乃囊寺，并以此寺为红帽系之主寺。

[44] 旧称“茹拉克”，其辖地以哲地的图瓦那拉为中心，东至降纳扎，南与尼泊尔的朗纳接壤，西至拉庚雅米，北至挈玛拉恩一带地区的古名，约当今天的后藏与阿里连境的南部地区。

[45] 藏传佛教密宗分为“新密”和“旧密”。藏传佛教史按照译经时间的前后把密宗典籍划分成新译密典和旧译密典两种。将仁钦桑波(958~1055 年）及其后各位译师翻译的密典称为“新密”，以瑜伽部和无上瑜伽部密典较多；将前弘期（仁钦桑波以前）翻译的密典称为“旧

密”，以行部、续部和咒类典籍为多，也有瑜伽部和无上瑜伽部的典籍。

[46] 意为“无月智”。

[47] 旧派密乘生、圆、大圆周满之三部主要密乘经典：《经部·密意集合经》《续部·幻网经》即《吉祥秘密心经》《心部·十八母子经》。

[48] 即供施代替品。用彩线绕成或用糌粑捏成日用品、牲畜、房屋等模拟物。用以供神者称为上供灵器；用以布施鬼神者称为下供灵器。

[49] 即元代第五任帝师，藏文全名称为札巴沃色，旧译乞剌斯八斡节儿，八思巴的侍从，1291~1303 年任元世祖忽必烈、元成宗完泽笃的帝师。

[50] 雅德班钦（1299~1378 年），他是红帽系第一世活佛的弟子，他曾创建有埃瓦木寺，最为知名。

[51] 此处有误。红帽系第一世活佛圆寂于 1349 年，即藏历土牛年，终年六十七岁。

第四章　第四世噶玛巴活佛若必多吉（1340~1383）

【译文提要】第四章共有8节，即若必多吉降生；若必多吉少年时的灵异；若必多吉受沙弥戒；若必多吉受比丘戒；若必多吉受邀前往元朝皇宫等地；若必多吉在返回藏地途中大做利他之事；若必多吉圆寂；若必多吉之弟子。

本章译文主要记载了第四世噶玛巴活佛若必多吉的生平事迹。第四世噶玛巴活佛若必多吉于1340年出生在西藏昌都阿拉荣地方的古觉家族，其父名为索南顿珠,母名为尊追坚。本章记载他自幼就对父母和周围的人说自己是第三世噶玛巴活佛让迥多吉的转世，并能陈述前世活佛在各地的许多事迹。1348年，担任蔡巴万户长的蔡巴•贡噶多吉听到他的事迹后即献上礼品及邀请信，邀请他到拉萨去。1350年他被迎请至楚布寺。1352 年受到了推翻萨迦政权建立帕竹政权刚四年的大司徒•绛曲坚赞之接待和信任。此外，我们也看到，在元朝末年西藏混乱的政局背景中，第四世噶玛巴活佛若必多吉和萨迦、蔡巴、帕竹等教派和地方势力都保持了较好的关系，他曾多次调解了地方之间的纠纷，因此他虽然年纪很小，但是已经有了很高的威望。

本章译文还概述了第四世噶玛巴活佛若必多吉在藏地修习、传法以及受元顺帝之邀在蒙古等地的一些活动。第四世噶玛巴活佛若必多吉随着年龄的增长，其影响也不断地扩大。他不仅在藏区有很高的威望，而且在蒙古等地影响也很大。从 1356 年开始，元顺帝多次派遣使臣及金字使者携带着诏书及礼品到藏地迎请，当时他因修习佛法及受比丘戒，未马上前往。1358 年，当他再次接到元顺帝的诏书后，立即决定前往内地。但因农民起义等反对元朝的战争不断，他在路途走了近两年的时间，途中做出有益众生的事迹。如沿途他主动提出不征集乌拉、乘骑等，无须增加百姓之负担；他还制定戒律，要求所有僧人不可食肉，从而使无数牲畜得以免遭屠宰；此外，他在路途调解、平息了藏地和内地的无数纠纷和战争，并制定了近二百条法律条文；他曾在萨班之驻地凉州幻化寺为不同语言、不同服饰的各地无数众生灌顶、讲经，得到众人的共同信服和爱戴。尤其是他在青海的宗喀地方，应少年时格鲁派的创始人宗喀巴之出家请求，为宗喀巴授予居士戒，并预言其至卫藏，将会成为佛教的杰出人物。

此外，本章译文还记载了第四世噶玛巴活佛若必多吉在元大都为元顺帝父子等人传授佛法，元顺帝则以大赦免除僧众在宫中的礼仪，作为对法王的报答。第四世噶玛巴活佛若必多吉在内地的三年期间，他所到之处，使当地社会太平，人民安居乐业，六畜兴旺，佛法兴盛，呈现出一片繁荣景象。

据本章译文记载，若必多吉一生的弟子众多，主要有大轨范师贡国公仁钦贝、噶玛巴衮循、贡邦贡噶顿珠、止贡却吉杰布、洛仁波切扎巴云丹、杰尊纳阔瓦、仁阔瓦、夏巴、措噶莫瓦、恰却巴降曲坚赞、贝喀觉旺波等人。他们协助第四世噶玛巴活佛若必多吉建寺传教，弘扬佛法，做出了许多业绩。

第一节　若必多吉降生

法王若必多吉（rol-pavi-rdo-rje）之事迹，其身之庄严聚集于旧时之上都宫殿，并于月之坛城上视见赡部洲，瞬间变为兜率天之佛修行者，受薄伽梵慈氏（bcom-ldan-vdan-byams-pa）之敦促，从水晶梯前往金色之大地。从极乐世界等诸佛刹土汇聚此地之神变融入母之胎中，降生于距离苏巴（sum-pa）地方的十八部落洛绒不远的堆阿拉荣（rdod-a-la-rong）[1]地方的古觉（ku-cor）家族。其父名为索南顿珠（bsod-nams-don-grub）,母名为尊追坚（brtson-vgrus-rgyan），其于藏历龙年[2]三月十八日降生，出生不久便呈跏趺坐，并口诵六字真言及佛经。其父大生疑虑之时，其母言道："我与日月曾相融，日月赐予庄严等诸多梦境及真实之情，无须疑虑。"当为其剪断脐带时，香气四溢。前世法王临终时，大师库日贡巴（gu-ri-gung-pa）请求道："(上师）将往何地？请赐予明示。"法王答曰："吾将于东方之工布所辖之地转世。"

第二节　若必多吉少年时的灵异

三岁时，（若必多吉）来到工隆热三部落（kong-lung-ral-gsum）之一的娘波地方（nyang-po），即对其母说：“我是噶玛巴什，因赡部洲有诸多教化之事，故降生于此地。请看我做长生幻轮法吧！”言毕而做。后又说：“因我在你的内心如此做了，故你出现心跳和大口喘气。请到雪卡山后之森林处（zho-kha-brag-phyi-nags-phu）观看，即可见从阎王洞口下面之地狱口拯救出无数众生，这些情况亦不要告诉父亲。”其母又问道：“若你是噶玛巴什，难道就不是让迥多吉了吗？”答曰：“此二者实为一人，见到我之面容，即可避免堕入恶趣。我仍需到皇帝之宫殿，那里有无数教化之事需做。”一次，其母患眼病。（若必多吉）言道：“不要顾虑此眼病，你乃是一百〇八空行母之一，从今往后有许多人前来向你礼拜。”

在娘隆（nyang-long）等地方，（若必多吉）对先前法王之众施主所做之供施及建造之房舍做了清楚说明，使大家消除了疑惑。在塔拉岗布（dwags-lha-sgam-po）拜见了噶举派之众喇嘛，到达纳普（nags-phu）地方时，众人聚集一堂，正在为前世法王举行期供。（若必多吉）言道：“据说你们给我献了供奉，可我什么也没有得到啊。”众人说道：“你若是噶玛巴，应前往上师衮噶强巴（kun-dgav-byams-pa）处。”是夜即前往。回答曰：“到此未有见到（衮噶强巴），而得到一小包。”故而不信，遂说：“你若是噶玛巴，将不会受到伤害。”言毕将其放到熊之嘴前，熊围着他转圈并舐其足。此与纳普寺上师衮噶强巴前往蒙古任帝师的情形相同。来到札奇（brag-phyi）寺的佛殿（bya-rgya）里，曰：“怙主，请将我以前戴的帽子拿来！”将帽子戴上后曰：“都松钦巴也是我，噶玛巴什也是我，调伏汉、蒙之地者也是我，尚有需要调伏者；在云端之上观望者也是我，吾之上师是空性者，你等上师则是我，我的一化身在智慧宝（blo-gros-rin-chen）尊前，另一化身在东方之妙喜世界，前来此赡部洲者则是我。人们现在对我有疑虑，请赶快消除吧。尔等众格西也勿要因贪食而争抢，请努力修行吧。”询问其一生之事迹，遂讲了少有的中阴之事，并坐在法座上曰：“吾刚满四岁时地面长出白莲花，到五岁时为众生讲论佛法，到七岁时做化缘众生之事，故请听吾之开示，对拜见吾者无须入恶道。”

据说有一人在若必多吉面前反复观看也难以辨认，当他再次观看时，(若必多吉）言道：“请看！请看！请看我！此次相见有因缘，黑暗之地显吉祥，佛教从西方振兴，升起讲真言之光。”当夜里出现点点鬼火时，(若必多吉）曰：“此乃为前世非人之幻变。”之后，念起诛敌神咒（drag-sngags）及做弹指仪式使之平息。多丹衮杰瓦（rtogs-ldan-mgon-rgyal-ba）拜见后，据说于法会上烧红的火瓶中发出清凉之风，就像汉地火热的夏天刮起凉风一般。问：“噶玛巴（让迥多吉）说他要活到八十四岁，但五十六岁就圆寂了，此为何故？”若必多吉答曰：“因（世上）罪业太多，遂产生悲心，（从而使其过早离世之故）。”多丹札森瓦（rtogs-ldan-grags-seng-ba）问道：“见到其于兜率天宫行走及坐在月亮上等许多景象，真是如此吗？”答曰：“是如此，是时蒙古地区的人们也如此跪下祈祷，故显示此月相，距离兜率天不远。月上所显示之狮子、大象等都是吾之所为。”又试问：“兜率天中有青稞酒吗？”答曰：“没有此酒，有佛之甘露。”问：“黑甘露为上佳是真的吗？”曰：“黑甘露吾未见到，白甘露如同奶乳一般，有百种味道。”问：“蔡贡塘有许多犹如帛伞的归依处吗？”答曰：“上师于人间少有妙欲，兜率天宫之花朵时有被遗失之情。”问：“（兜率天宫）有无如雅鲁藏布江般之大水，亦有无如达娘之碉房（rtam-nyog-gi-mkhar-khang)？”答曰：“兜率天宫所有水都为甘露，所有碉房全部用珍宝砌成而非普通之土石。”问：“是否有像达娘之淡黄色之骏马？”答曰：“对于佛法而言，若无有时间，就是犯戒之老僧。请如此而行吧！”大轨范师将以前的伺茶者夏噶森（shwaka-seng）派去作为其之近侍。不久，大轨范师贡公巴（guvi-gung-pa）前来为殊胜化身授了不共定识，并将（若必多吉）迎请至狮子大法座上。前世法王于多闻园（rnam-thos-tshal）之法座后种有一棵枯柏树，其曰：“等此枯柏树长到与法座一样高时，吾将到此。”前往雪卡唐（zho-khavi-tang）地方，见有一佛殿，遂曰：“此乃为圣地。”于涅窝（snye-bo）地方，背靠着一棵枝叶繁茂的树讲论佛法，并曰：“等此二棵树树枝长得一样高的时候，我将会到此地。”问：“如此坐到法座，是否每位法王以前也是这样？”答曰：“其他人未曾如此。”

（若必多吉）来到伦珠之新寺（dgon-gsar-lhun-grub），普贤之殊胜之本尊长久显现。七岁时，学习《那若六法之教授》，并将其理解的内容讲解给称为“日巴索噶杰”（ras-pa-so-dkar-can）者，使其明了其意，消除了无智与愚昧之障。其于法座上，著有《除障关键之钥匙——金刚道歌》（gegs-sel-gnad-kyi-lde-mig-rdo-rjevi-mgur）。在杂日地方讲说了无数净地之见，故其名声传遍各地。九岁时，即藏历土鼠年，蔡巴[3]献上礼品及邀请信。之后，安多、前藏等地的诸多头人皆向其敬献茶和礼品。十岁时，预知多丹札森瓦（rtogs-ldan-grags-seng-ba）之逝世。[4]

第三节　若必多吉受沙弥戒

藏历虎年（1350年），（若必多吉）被迎请至楚布寺。十三岁即藏历水龙年（1352年）时，经塔布与沃喀抵达前藏，在雅砻地方受到具有权威的大司徒绛曲坚赞（ta-si-byang-chub-rgyal-mtshan）[5]之接待和信任，此时大司徒绛曲坚赞已经统治卫藏四年。在蔡地司徒塔木尖钦巴（thans-cad-mkhan-po）和轨范师拜见时，（若必多吉）讲了（前世法王）所说过的话，并曰：“现在老了，快要死的人无有心力，也就心满意足了。”在楚布寺称为杰瓦韫（rgyal-ba-gyung）前来拜见，赐予旧时之教诲，使其心满意足，并闻习了居巴仁波切（brgyd-pa-rin-po-che）之所有灌顶之语诀。此前七岁时，从多丹衮杰瓦（rtogs-ldan-mgon-rgyal-ba）所闻之那若六法、六加行（sbyor-drug）等教授；又随从多丹耶衮瓦（rtogs-ldan-ye-rgyal-wa）修习《空行海教法》（mkhav-vgro-rgya-mtsho）；从扎雄巴喜绕贝（rdza-shongs-pa-shes-rab-dpal）修习大藏经《甘珠尔》《丹珠尔》；从大师罗追森格（blo-gros-sgang-ge）闻习《弥勒之教法》。依止诸善知识进行修行，在闻、思、修等方面不断精进。后从岗巴之比丘堪钦顿珠贝（sgang-pavi-mkhan-chen-dun-grub-dpal）及轨范师锁南布（bsod-nams-vbum）剃度，并授沙弥戒，赐法名“贝却吉札巴”（dpal-chos-kyi-grags-pa），并闻习了所有正法之律。桑耶喇嘛克珠巴（mkhas-grub-pa）献上前世（法王）之教旨。此后，又献上所提之问题，当时未予答复。（在众人的）再三请求下，（若必多吉）回答曰：“有关此等问题的解答以前曾在拉萨岗塘（lha-sa-rkyang-thang）地方已经做了答复。”故（桑耶喇嘛克珠巴）眼泪不由自主地流出，反复叩拜。

（若必多吉）在乃囊（gnas-nang）、德庆、楚布等地见到无数纯洁之圣境，其用智慧护法（ye-shes-kyi-mgon-po）所使用之弯刀斩除一切魔鬼，使诸侍从虽在一小卧室内但感到心宽意爽，并皈依，遂唱“穿衣三重着一重，帛衣三重着二重，需要无殊胜之计”等道歌，并曰：“宽窄无处可承受。”十八岁即藏历鸡年（1357 年）时，与具德喇嘛索南坚赞（dpal-ldan-bla-ma-bsod-nams-thyas-mtshan）会面，并相互行礼，遂闻习了红文殊修行方法之法要（vjam-dbyangs-dmar-povi-sgrub-thabs-kyi-chos-vbrel）。觉摩隆巴发生了止囊（skyor-mo-long-pa-la-vbri-nang）战乱[6]，应集薛（kyi-shid）地方僧众之请求，被迎请至拉萨岗塘（lha-sa-rkyang-thang）寺，以其威德降伏了诸官员，使战乱得以自行平息，众人予以敬奉。（若必多吉）在聂塘（snye-thang）地方为汉地皇帝事佛延僧，诵经修法。前世法王之大侍从将“桑绥德”（bsang-zul-bde）三寺等数万僧人聚集在一起，法会中央摆有三把座椅，法王（若必多吉）坐于中央，右为具德喇嘛达木巴（dpal-ldan-bla-ma-dam-pa），左为细脱巴（bzhi-thog-pa）,所有街市都充满信仰之言语，祈祷之声不绝于耳。后应阿薛（ngam-shod）及后藏之羌迦（byang-rgyab）等地方众生之请求前往，遂对本钦杰桑（rgyal-bzang）等众官员予以调服，并修复了楚布寺之无量功德殿（mtshur-phur-gzhal-yas-khang）。

第四节　若必多吉受比丘戒

太子热达纳（rgyal-bu-ratanasa）闻悉（法王若必多吉的事迹）后，奉献诸多供奉礼品。皇帝听到后，也半信半疑，犹豫不决。当定久、朗久院使[7]从前藏返回至皇宫。经询问，司徒蔡巴[8](贡噶多杰）说道：“前世法王之弟子（若必多吉）确实智慧超人，本领高超，定是前世法王之转世。”其他所有伺察者也毫无争辩，遂传为佳言。皇帝双手合十，流出眼泪，（皇帝）身前之所有官员也都如此（流出眼泪），蒙古王爷听到上师之名字，也流出眼泪，激动地无话可言。

（法王）十八岁即藏历火鸡年（1357 年）时，由先前之轨范师和贤者循奴贝（mkhas-pa-gzhon-nu-dpal）[9]作屏教师为他授比丘戒。此后，（法王）凡是有酒、肉气味之地皆不敢靠近，也不愿看到，并要求诸随从不予参加酒肉宴会，对诸如上述极细微之大乘解脱及共同戒律皆认真修持，并对其随从也按照唯一的比丘净行戒律严格要求，关于其纯洁之见是难以讲完的。关于其简略之事迹见《文书观视威严之面》和《明镜赞颂传》。尤其是他在梦中见到精通之经卷，遂打开许多函经卷，并摆放于其身之周围。此外，因于梦中见做身之庄严，后遂于梦中醒来，（身之庄严）皆融会于心中。开始于每十方处显示十位身之庄严，从每十位不同之佛处听到不同之佛法。起初若要记住此等最为困难，精进研习，很快熟练。如今，在十方各处亦显示无数身之庄严，并供奉诸佛，是时牢记诸法都毫无困难。（法王）曰："总之，于吾之梦中幻化及幻术者所显示之非常熟练之幻术乃无有任何区别。"殊胜梦之庄严引入无边恶趣后，遂完成论著《佛说大乘庄严宝王经之传记》（spyan-ras-gzigs-za-ma-tog-bkod-pa-las-gsungs-pavi-rnam-par-thar-ba）。若（法王）之身体出现微疾，见到药师佛（sangs-rgyas-sman-gyi-bla）用水晶宝瓶中之甘露沐浴身体，其病即痊愈。（法王）在乌仗那（ao-rgyan）地方，听金刚瑜伽母念诵《无生心之自性次第生教法》（sems-skye-med-kyi-ngang-la-zhog-skabs-su-skyed-rim），据说若勤于会供与食子的话，亦于八日完成。拜见印度尊者后，闻习少许语诀，遂瞬间融通全部希解之教法。讲说唯一之大乘经即称为《东方吉祥地的精粹庄严饰——消除吉祥佛誓言精要之黑暗即宝光顶》，见到其散布于佛土。来到兜率天，弥勒佛曰："到此赡部洲之时，从莲花中幻化后即出生。"据说，法王之莲花比其他莲花大，且颜色又好，于此生出，并皈依我宗。（法王）关于五明之田和每个身如何遍布所有法界以及所幻化之行相如何汇聚于诸身之脉中，此身与田二者比以前发生的大小诸多变化，遂著有《众贤之传奇神通》。（法王）向喇嘛达杰瓦（dar-rgyal-ba）问道："对汝等来说，现在此景象为何？"回答道："若意念摄受时，此幻术、梦境、神身等稍许修行即会出现；未摄受时，身体则会出现自身相续。”（法王）曰：“对吾而言，一切如水中之月，无有持明空之自性，唯有清静之轮；若此时吾只在一地居住既有善思，须要吾前往佛国净土，（此时）吾所看到及听到的无疑皆是在兜率天或极乐世界拯救（众生）。”

第五节　若必多吉受邀前往元朝皇宫等地

在德钦（bde-chen）地方，（法王）向大轨范师详细讲说了汉、蒙地域及大都宫殿之庄严后，并曰：“不要忘记啊！将来会看得到的。”（此后），于错莫如穷（mtsho-mo-ru-khyung）等北方诸地大做了利他之事。是时，从元朝皇宫送来了迎请之诏书[10]和（藏文长诗）以及诸多礼物。之后，皇宫派来的定久温本（ding-chu-dben-dpon）与噶代米本衮却坚参（kar-sdevi-mi-dpon-dkon-mchog-rgyal-mtshan）等人于藏历鸡年来到法王尊前。藏历鸡年秋，雅砻达司（yar-klungs-ta-si）派人献上了大量礼物。

十九岁即藏历土狗年（1358 年）一二月间，（法王）被迎请至拉萨贡塘（lha-sa-gung-thang）地方，蔡巴与止贡巴皆大加供奉。又，从楚布经过赤拉（sbrid-sa），来到工寺（kong-dgon）、昂寺（sngags-dgon）、开噶（gad-skya）、罗隆莫钦（lho-lung-mo-che）等寺，做了比前世法王还具细微及增持之大事。（法王）当得知楚噶（mtshur-kar）之患者商讨治病之方法及事佛之事后，曰：“汝等勿要多加商讨，跟在我后面即可。”在姣寨（cog-rtse）地方，因上方雨大，传说不能通过黑河（nag-chu），（法王）说：“明天雨会小一些的。”翌日，雨果真变小。遂曰：“是对土地神之供施而使雨水变小的。”在夏颇(sha-pho）地方时，金字使者请求征集乌拉、乘骑等。（法王）说："勿要有损于牲畜，汝等也不要征派乌拉、乘骑等。"由于所有驮骑及食物都从（法王）自己家中拿出，故不用提供食物及乌拉差役，沿途所有驿站的人们都异常高兴。嘉措雅三地（rgya-tsho-ya-gsum）军站以及大小驿站皆对（法王）进行侍奉及敬献无数礼品。无论当面或背后，皆要求（僧人）在寺院立下不食肉之誓言，从而使无数牲畜免遭屠宰，因而其美名遍传。从六月八日由索萨卡（sog-zam-khar）出发至十二月一日抵达德隆塘（vdan-klong-thang）期间，卡日寺（ga-re-sgom-sade）、热仓瓦（ras-tshang-ba）、却拉卡（chab-la-kha）、噶玛（karma）、司衮（zi-dgon）等寺给予无数供奉。在噶玛寺之法会上为数万信众讲法时，金字使者看到天空之日月间法王坐于水晶佛塔上，并长久显现。

此时，印度的五位瑜伽师前来说道："吾等前去汉地五台山，此佛像系由龙树大师用菩提树雕刻而成，暂时寄放在您手中。若吾等五人未聚集时，亦不许交给任何人。"此后将佛像敬献于法王。据说彼等五位瑜伽师由护法神幻化，之后便不知下落。从此，将此地作为主要供奉地（mchod-yul-gyi-gtso-bo），每日供奉，夜间轮换，日夜分四班做敬拜和巡礼，遂使所有侍从也都勤奋修行，专心谋求善事。（所有侍从）又请求菩提之道。（法王）曰："要大做利他之事。"之后，来到则地（kre），于此法王所做一切利他之事皆比前世法王多。

藏历土狗年（1358 年）十二月二十五日，当临近黄河林库（rma-chu-gling-khug）时，法王曰："吾等马匹有点疲乏，应到南边雪山处居住修行，现在不应前往临洮（shing-kun）。"此时，（法王）知悉帝师贡噶坚赞(kun-dgav-rgyal-mtshan)[11]在蒙古地方圆寂以及蒙古官员反叛烧毁上都宫殿之消息。

藏历猪年（1359 年）二月六日，（法王）抵达恰卡（bya-kha）地方，皇子桑噶哈西（sangagaha-shrvi）前来迎接，并住于河与大山之间的皇子宫殿附近。（法王）询问天体之灾难日食（之情况），据说写在纸上，不知下落。（法王）对所有王室成员及众官员进行了智慧灌顶，并使彼等得到安乐，还释放了王胡（dbang-hu）犯人。（法王）在此驻锡了六个多月。（当时）达玛靖王（ngaharama-cing-dbang）和代周平章（ding-ju-phing-chang）各自调集重兵，准备战斗，（法王）出面调解，冲突遂平息。

皇帝父子派人前来再三迎请，是时法座近处从前谁也看不到的花朵的主干上生出百片枝叶，每一枝叶处又生出百朵花，每一花朵的花蕊为红色而花瓣为黄色，生长有一千枝花。所有人将此花朵种植后流传向各地，显出奇异之景。尽管有皇帝之令要求御林军渐次迎请其至皇宫，但传说（因有的地方）未建驿站而耽误了时间。

三月三日，下起大雨，出现了恶兆，（法王）曰："此为恶时，即将会出现大恶言。"此日，帝师之遗体运回萨迦地方，于卫藏修造法轮的大赦罪犯们起来反叛，捣毁了（法轮）。五月十二日，应萨迦本钦贝布（dpal-vbum）之请求，为帝师之遗体进入法轮，要杀死五十头长寿犏牛。（法王）在人少的地方笑着说："说假话的这些人真奇怪，遗体法轮抵达的话当然是件好事，但杀死（犏牛）后剩下的一些牛犊五日之内就会来的。"此后果然出现了此情。（法王）未有到碌曲（klu-chu）那边，碌曲那边就是荒年，（法王）到达任何地方，所有地方成为丰年。之后，金字使者们返回到卡曲，名称为"六加行者查阔喜饶贝"（tsha-go-shes-rab-dpal）之做善事者前来迎请，（法王）到了南部的雅拉库（yar-lam-khugs）、达帕拉（rta-bab-lam）、年采德空（gnyan-tshe-de-gong）、协地（bshal）、查宗（tsha-grang）、佳莫举德(lcags-mo-brgyud-de）等地。未有前往上部的郭莫达（sgor-mo-vdab）地方，而抵达杰莫荣（rgyal-mo-rong）地方，经过四十七个驿站抵达热岗（rab-sgang）地方，调解、平息了查楚（dbra-vdru）和郭定（sgo-lding）等地的无数纠纷，并制定了近二百条法律条文。从藏历（猪年）的九月至鼠年（1360年）的二月间，因调解纠纷，向法王敬献两千两黄金、七百匹马、五百块茶。于热堆（rab-stod）地方建森格岗寺（seng-ge-sgang）[12]，云尊扎仁（yon-btsun-bkras-rin）修复了楚布的恰德佛殿，此时接到迎请。对金字使者之请求不能前往杂日（trsa-ri）之原因，（法王）为使阔莫达（sgor-mo-vdab）的人们知晓而说道："以吾之见，前往多麦（mdo-smad）地区，如官员们不能同意，那么（吾）将回藏地，做菩提心之大乐祈愿法会。以吾之见，应尽快实现。"之后，西饶(shes-rab)携带着迎请之诏书[13]与慧师西饶（huvi-shri-shes-rab）等官员抵达。为使部落无有损害，嘉木样国师[14]（vjam-dbyangs-govi-shris）也前往迎请。

藏历鼠年（1360年）七月十八日，（法王）从热岗（rab-sgang）地方出发前往皇宫，在临洮大乐寺（shing-kun-bde-chen）为堪布贝丹却（dpal-ldan-mchog）等数十万僧人灌顶讲经。来到法王萨班之驻锡地幻化寺(sprul-pavi-sde)[15]，不同语言，不同服饰的各地无数众生汇聚于此，（法王）之法座右边坐有蒙古、维吾尔之译师，左边坐有西夏、汉地之译师。（法王）所讲授的佛经由每位译师用各自的语言进行了翻译，并为无数有缘者进行了灌顶和讲经。（法王）解救出一位汉地反叛大官，使其出家为僧，并使部众得到安乐。（法王）于十二月十九日来到皇宫，住于蓝色宝塔殿中。二十三日与皇帝会面，此时是皇帝妥懽帖睦尔（tho-gan-the-mur）在位的第二十八年[16]。二十六日，皇子之子米孜巴（mi-tri-pa）降生，皇帝父子（十分喜悦），大加敬奉；所有大小官员皆敬献无数礼品，（彼等之虔诚）用语言难以表达。所有皇宫的人们将(法王）作为顶饰，大加敬奉；（皇帝）颁布了大赦全部罪犯之诏书，特别是大太子下达了僧人不用对皇帝行礼之（令），以后王室和官员对僧人要行礼。（法王念经祈祷）国泰民安，以此来回报（皇帝之恩）。（皇帝）遂颁赐"从现在起不要如此做"[17]等兴教之诏书，并派遣贡却坚赞（dkon-mchog-rgyal-mtshan）和法王随身之官员、寺主三人回藏地前往寺院、部落宣布。（法王）以大菩提心之加持，使内外之所有叛乱得以平息，消除了无数瘟疫，以前未出现之丰年连续不断，君臣百姓对妙善教法非常虔诚，大加敬信。在法王之教导下，对止贡、蔡巴、楚布等旧寺做了维修，并新修了许多寺院，使得天下安乐，完成了大皇帝兴佛之意愿。此外，（法王）使大太子变得无比智慧与通达，写了许多学者喜欢之论著。

之后，（法王）告诉大轨范师说："皇帝之社稷与身体出现微碍之征兆，此东方（臣民）也应该教化，但西方有许多信众需要吾前去教化。"而后反复要求返回藏地。皇帝父子再三请求其留下，名为劳姜丞相（lavo-jang-ching-sang）和席热莫丞相（zhi-ra-mo-ching-sang）的二位大臣跪在法王尊前请求道："以前此蛮子（sman-tse）地方十年九旱，病害遍及，内外出现有许多叛乱，每锭银子仅能换到五斗粮食。喇嘛您来之后，所有瘟疫消失，一切叛乱自行得以平息，所有部族得以统一，丰收连年不断，每锭银子增加到可换五十斗粮食，现在可换到八十斗粮食；皇子之子降生，天下所有人皆以'丰收吉祥喇嘛'相称。皇帝父子亦挥泪相劝，如此您却要返藏，何故？能否像以前喇嘛八思巴与忽必烈的供施关系一样，弘扬佛教，安抚国家，请求您考虑！"（法王）笑着说："若街上设置屏障只表演游戏的话，真是奇异。我对皇帝父子所能做的只能祈请三宝保佑，所谓国事我是一无所知，出家人向往安乐之地，需要去做一切利益佛教和众生之事，无论任何地方出现无贪、无嗔，则为善法。"此两位官员眼泪不断流出，据说此话被写成维吾尔文，作为供奉之依。世世代代对喇嘛所说之话不予违背。《劫海串习之圣经》若色法亦无阻，更不用说心识了，（皇帝）遂下达了暂时允许（法王返藏）弘传教法之令，并大加敬奉。

第六节　若必多吉在返回藏地途中大做利他之事

（法王）于藏历虎年（1362年）正月十四日启程，在敦仓（dung-tshang）与喇钦索罗（bla-chen-bsod-blo）会面，对诸多重刑犯予以解救。路途平息了霍雅司（ho-ya-zi）地方的大战乱，在碌培县（lu-ban-shan），为太子热达纳及王妃布尼达哈日（puni-taha-ri）授成熟解脱戒，后经西夏的塔太（tha-thal）地方前往北方。在廓热大寺(gu-ra-dgon-mo-che)兴建有大佛殿, 弘扬佛法之时，见到佛之身庄严，遂做自他佛法殊胜显现之赞颂；因见到文殊菩萨所赐之剑与言教，产生了比以前更迅速之著述勇气；因妙音佛母敬献了奶乳，即看到《诗镜》（snyan-ngag-me-long），并瞬间记于心中。当驻锡于离卡曲（gam-chu）不远的马加斯（ma-gya-si）等地时，维吾尔、西夏、嘎洛、吐谷浑、蒙古等地在二三个月内，以美言前来邀请（法王），并有三步一拜或七步一拜前来迎请之信众为（法王）做了无数供奉，彼等增加了善心。（法王）为弘扬佛法，植下解脱之种子，天亮戌时（法王为信众）灌顶、加持，（信众）今天获得（灌顶、加持），明天即离去。又，对无有戒律之地方也如此（灌顶、加持）九十天，具有金刚身（之法王）无有劳累之感，忙忙碌碌地做着利他之事。此时，上部蒙古（stod-hor）的妥鲁帖睦尔（tho-lug-the-mur）王前来迎请，并献了大量礼物，但（法王）未有答应前往。卡曲等地出现极为可怕之瘟疫，马加斯地方也疑有瘟疫出现之时，大轨范师向（法王）问道：“对此瘟疫有防止之办法吗？”（法王）回答道：“办法是勿要打扰睡眠。”后稍微睡眠，寝室上方即出现发出“呼呼啦啦”响声的一面旗子。（法王）立即站立起来，发现卡曲整个地方布满了展翅飞翔之大鹏鸟，许多瘟神、非人抛下供品，大火将其烧毁，之后落在屋顶上。（法王）曰：“瘟疫即可断绝。”从此瘟疫再未发生。卡曲地方的人们若出现小病，即见到金刚瑜伽母赐予颅器中盛放的甘露，小病即可康复。（法王）见到许多金刚乘度母（rdo-rje-theg-pavi-gnad-gsang），遂唱起《四手印金刚之道歌》(phyag-rgya-bzhi-ldan-gyi-rdo-rjevi-mgur)。（法王）驻廓热大寺（go-ra-dgon-mo-che）时，大量出现天花疫病，其遂于空中显示神变，调伏了疫神，使（天花疫病）得以断除。（法王）抵达藏东之宗喀（tsong-kha）地方，应少年吉祥罗桑扎巴（blo-bzang-grags-pa）[18]之出家请求，授予其居士戒，并预言其至卫藏，今后将为佛教做第二佛陀之事业。宗喀十八大部落之所有僧俗众人对（法王）十分虔诚，遂建有大寺，请求常住，但（法王）未有答应，后著有《除灭邪见论》（lta-ba-ngan-sel-gyi-bstan-bcos），并预言此地以后长时间不捕杀野兽，后来确是如此。总之向菩萨虚空藏（byang-chub-sems-dpav-nam-mkhav-mdzod）献上五百比丘之法衣，瞬间示显袈裟之福田，遂作佛之事业。对此吾等献以财物，部分财宝瞬间去往佛田之处，（部分财宝）变为供云。此等色法亦进入恶趣之道，为佛之事业做无数（功德），对此等无边殊胜者略做供献，自身之资粮即完满。此等财务去往何处及做以何事，众人虽不知道，但以孩童之见亦知悉所有供物皆向诸三宝做以无私之供献，加持所有众生，乃至为（民众）造船、架桥等。因布施财物而平息了所有冲突、争执及怨恨，用此等财务仅做有这些事情，众人皆会看到的。尤其是在此时，（法王）为卫藏、多康十人以上之寺院的僧人布施七次斋僧茶以及为上师们发放布施品。在拉萨、楚布等地用诸多金锭和银锭制作成供灯和供品，并以金箔覆以“世界庄严大佛”之身。同时派遣喇嘛日卧岗巴（bla-ma-ri-bo-sgang-ba）为所有出家人发放生活之资粮，使他们无有短缺，并对三宝之所依佛陀释迦牟尼做供云。正如《律典》中所云：“任何示现聚合，无示现舍弃，亦勿选择；任何示现舍弃，无示现聚合，亦勿选择；任何既示现聚合，又示现舍弃，定要选择。”然而，分合之诸实践家可见自我感受之聚合和舍弃二者，而使众生施以善行，对自己来说无有罪孽，即要如此做“首创所依，勿损非所依”。如是，对法王之所有主张予以实修的大师国贡巴仁钦贝（guvi-gong-pa-rin-chen-dpal）随笔著有《顶礼之唯一处相》（phyag-bya-bavi-gans-kho-nar-snang-ngo），遂成为后世之语诀。

（法王）驻于贝措扎寺（dpal-mtsho-bkravi-dben-gans）之如意山顶之修行地，做有缘之事，若少有病患，见到在布达拉从观音之手流入宝瓶中的甘露后，遂立即康复。王妃布尼达哈日（puni-taha-ri）于梦中梦见，塑有与帕丹漾温吉山（ba-dan-yang-dben-gyi-ri）相同高的佛像。当出现破损时，遂请求修复、加持。（法王）曰：“赐以锦衣即可完成修复。”如此所有工匠不能领悟，法王遂于山前以白石相饰修复佛像之残缺部分。对此，（法王）曰：“坐骑之马蹄无论到何处，即将此（佛像）塑于一白石之上。”如是按照所言去做，遂传为佳话。工匠们为此塑像披以蒙古上等绸缎，遂呈现大红缎子之金身，从右耳到左耳有十一庹长，整个佛像之上部有诸佛供奉、下部有莲花座和凤雀。（佛像）左右分别为弥勒佛及文殊菩萨，（佛像）真实身高有三十二庹，两侧塑像身高有八庹。（法王）曰：“所需费用全部由吾奉献。”之后，连续不断拿出一千零九十锭黄金，遂将此（佛像）塑造成为世间之绝伦之作。当（法王）登上此山为（佛像）开光时，彩虹与花雨于天地间交织。又将（佛像）敬献于法王，并将两侧塑像分别敬献于止贡寺和丹萨梯寺。为使（佛像）之真身安居于雪卡(zho-kha)[19]，法王却扎噶措（chos-grags-rgya-mtshos）于则拉岗（rtse-lha-sgang）修复了不足五庹佛像之上身，遂使佛像之上身安居于则拉岗和雪卡纳（zho-kha-na）二地。由于此因缘对噶玛噶举之教法略有遮障，故将此（佛像）安居一方最为重要。总之，若此（佛像）安居于拉萨，此因缘极为妙善。昔日幻化王及诸多男士于其他诸地修建有七个配殿和九个配殿等三千七百处奇妙之圣地得以全部修复，并进行有盛大会供，燃起无数长明之供灯，遂赞颂此美好之夜。

（法王）居于碌培县（lu-pan-shan）时，曰："据说李吉吉（li-ci-ci）之军队将至，众人有所畏惧。吾对任何人之思想和行为未曾有所损害，故从十方来之军队（众人）也无须逃走，此次更不用害怕。"后（众人）方平静，恢复常态，（再不害怕了）。对于猛兽祸害之灾难之地，（法王）命其离去，并消除了众人之恐惧。

如是，（法王）根据东方大国之高贵、低贱等所有众生的各自因缘给予相应之灌顶、讲经。此后，当返回藏地之时，因无人识路，（法王）曰："如此走的话，即可安全地抵达多堆（mdo-stod）。"之后，经羌玛查岗（byang-dmar-tsha-sgang）很快平安地到达称为"丹"（vdan）的地方，并依次到达了噶玛等地。前世法王曾预言说："此山有一摄受众生之圣地。"(法王)遂按照此（预言）前往大山之沟头，于此修建有一佛殿。在北方之黑山中有一位密咒大神通可使山崩地裂、降下冰雹，（法王用幻术）降服之，使其消失于其他世间。同时，可使距法王二拘卢舍[20]以内的日光下出现彩虹。在夏地（shag-gi-sa），止贡寺之司徒益西坚赞（si-nghu-ye-shes-rgyal-mtshan）前来拜见，使多数人对（法王）生起信仰并出家，尚使彼等生菩提心。（法王）为安立灌顶、讲经，修复了寺院，据说（法王）有近侍弟子二十二人。法王于尼普（nyid-phug）地方患有微病，因见到于布达拉蓝琉璃观世音之甘露灌顶，病即痊愈。因见到诺桑传记（nor-bzang-gi-rna-bar-thar-pa）之诸格西，著有《略义论》（bsdus-don-gyi-bstan-bcos），遂使威猛居士对（法王）顶礼膜拜。在布聂（sbom-nyag）地方，（法王降服）黑禅师施之明咒，并斩草除根使其无法生存。又，（法王）若身体略有劳累，稍加睡眠片刻，即可精神大振。问："此乃何为？"答曰："吾制作的鹏鸟除掉了诸干扰魔鬼之翅膀，当思虑薄雾清风飘散于此山之时，病即痊愈。"为何当患有微病之时，因看到观世音从因陀罗尼色瓶中赐予甘露，很快痊愈，身体更加健壮。因获得了托贝云丹巴麦（thos-pas-yon-tan-dpag-med）之名号，看到无数殊胜菩萨显现，从此建立有念诵此等名号之例规。

又，受工布地方诸神及众人之迎请，在大江洪水危害到许多地方，（法王）行礼后念诵真言，洪水立即像被驯服的烈马一样地听话。（法王）在阴暗峡谷之阳光照射处，修习定持。为纳任仁波切（na-ring-rin-po-che）等诸多善士施以集法之甘露，使彼等心满意足。（法王）打开了诸多犹如杂日圣地的多种殊胜尸林洲，尤其是前世法王让迥多吉于图吉杂日（thugs-kyi-tsva-ri）白吉祥海之圣地突然离世，自此开始略微出现有因缘不合，法王对守门人吩咐道："将来此事就落在你的头上，请你如此去做吧。"按照法王所吩咐的，之前众生谁也不能去打开东方之麦莫空（rme-mo-gong）之门，后（法王）至此圣地之中心，于法王让迥多吉之殊胜佛塔的梯阶下留有脚印。传说此地只有谷如却旺（gu-ru-chos-dbang）[21]去过，普通人是没有到过的，为此众生纷纷前往巡礼和朝拜，并成为许多禅定者修行的一大圣地。之后，因罗若绰纳（slob-rom-khom-nag）之恐怖地方之前门未有打开，遂前往仁布(rin-sbug）之圣地。（仁布施主对法王）说："若承诺于此地建有一寝宫的话，即将岗布拉杰(sgam-po-lha-rje)[22]所建诸多圣地敬献给你。现在修建禅堂为时过早，将来会有其他建筑者来的。"此后，由杰瓦罗热（rgyal-ba-lo-ras）地方的善士臧钦却杰（gtsang-chen-chos-rje）修建，并将（禅堂）赐给四世红帽系活佛[23]，又显现此因缘，并如此知悉了众生之法性。（法王）抵达多闻(rnam-thos）之山，见到许多人生命濒临危难之时，遂施以真言，使彼等从生命危难中解脱出来。

在波密（spo-bo）之凶险大河上修桥时，出现了大的地震及恐惧之声，（法王）皆降服之。众生问："为何大船被洪水淹没？（是谁救度我们）？"法王立即回答道："是至尊度母从洪水中救度彼等。"此后，大船即返回，从陆地出发。如前世法王所言，（法王）打开了波密的普玛谷隆(spo-bovi-phur-rma-kur-lung）空行圣地之大门。来到噶玛等地之上部，做了应有的开示，曰：“(彼等）与吾很快相见。”对此诸贤明者产生了疑问。后于杂莱（vdzam-gle）湖边，止贡法王和大轨范师又前来拜见，（法王）传授了《那若六法》等许多深奥教法，使彼等心满意足。在法会上讲授了《如意藤》(dpag-bsam-vkhri-shing)[24]等等，并依次为工布僧众做有无边之事业。当抵达绣町塘吉昌堆（shu-ding-thang-gi-vphrang-stod）地方，（法王）见牵马者是大师国贡巴（guvi-gung-pa），遂将手指指向娘达木（nyang-bdam）方向，并曰：“明天这个时辰那边的山会发生摇动，一位著名人士会来的。”至雪卡地方，制作有大幡和手书等，并进行了盛大供奉。因担心此地会发生火灾，（法王）曰：“请小心防火。”并做了未来之预言，曰：“以前，曾出现有三次火灾，而没有造成大的危害。若到北方后藏的地方，担心烧火木材短缺，故请带些柏木。”问：“在前世法王之遗体旁为何焚烧檀香与沉香之木？在藏地檀香之替代品是柏木吗？”回答曰：“究竟谁需要檀香和沉香等，对此吾不清楚，所有人皆需要找到此二种（檀香和沉香)。”此后，从北道向前进发。因出现无数清净之幻象，为此著有许多殊胜赞歌和论典，唱有许多金刚之道歌，如此是说不完的。如是所有论典及诗歌所体现出的深奥之意、精美之词、美妙韵律等，藏地其他学者任何人也未曾写过。（法王）曰：“以前九岁生病时，因做以祈祷，吾于妇女等处未有死亡。现将于一本地净土（gdod-sa-gtsang-sa）逝世。”又曰：“若吾在杂阿班（rdza-a-ban）雪山下患病，汝等不必担心。”问道：“从现在才远离诸多肉食，无论身体好坏，皆需要使诸经典不得散失。”回答曰：“按照以前所吩咐的，我们前往遥远北方之具有肥沃之草山和茂盛之树木的地方，并居于此。若在此山之山顶为一圣洁比丘进行火葬，汉地军队即不会来藏地。”之后，（法王）从法座上下来。问道：“浊世众生之诸邪见亦不能进入善道，若产生如此之慈悲法，有何好处？”回答曰：“以前（利益）于诸多静修法会。”

第七节　若必多吉圆寂

四十四岁的藏历水猪年(1383 年）七月三日时，（法王）身体微感不适，大地不断震动，彩虹及花雨连续降下。十五日夜晚，做身语意之所依五十二遍。黎明时，（法王）向弥勒菩萨、文殊菩萨、普贤菩萨、观音菩萨及大威德菩萨反复祈祷，遂证得无二之空性。此时，无数野兽聚集向其巡礼。于山顶火化时，各方皆予以瞻仰。据说，由殓尸房之土、石作为供奉之依，现在仍有野兽经常前来巡礼。因抵达智慧之彼岸，由其修行身、法身、色身等各种法形组成即内由沉香、外由八十大锭银子所制作而成的佛塔等，系由大轨范师亲手制作，此（佛塔）等为众生广增福田。

第八节　若必多吉之弟子

（若必多吉）之弟子有贡邦贡噶顿珠(kun-spangs-kun-dgav-don-grub)、止贡却吉杰布（vbri-khung-chos-kyi-rgyal-po)、洛仁波切扎巴云丹（lho-rin-po-che-grags-pa-yon-tan)、杰尊纳阔瓦（rje-btsun-nags-mgo-ba)、仁阔瓦（ri-mgo-ba)、夏巴（shar-pa)、措噶莫瓦（mtsho-dkar-mo-ba)、恰却巴降曲坚赞（byams-chos-pa-byang-chub-rgyal-mtshan)、贝喀觉旺波(dbal-mkhav-spyod-dbang-po）等无数大弟子。

尤其是大轨范师贡国公仁钦贝（guvi-gung-pa-ren-chen-dpal）在法王让迥多吉驻锡于多隆代乃塘（stod-lung-mdavi-ne-thang）之时，许多小孩拣牛粪玩耍时，一看家狗跑出来，其他小孩不知该往何处躲藏。一小孩（即贡国公仁钦贝）钻进柴火洞里，用绳子将狗套住，狗转了几圈后只得返回，大家为此感到十分惊奇。（贡国公仁钦贝）向其父母献以教诫，知悉二教理，任何人也无法与其比量。其任三品国公后，做有无数业绩。汉地、蒙古之王子、大臣，藏地之本钦、万户长、司徒等的所有事情皆委托其办理，故只称其为"大师"，其他是不称呼的。修习噶玛之教法是作为弟子的头等大事，虽然未有得到一定的时机，但其与法王让迥多吉后半生得以相见，此后又与法王得新谢巴相见，并为他讲授了诸多佛法。

大学者噶玛巴衮循（karma-pa-dkon-gzhon）随从法王让迥巴时间不久，主要是法王若必多吉之弟子。其于桑普（gsang-phu）寺[25]学习因明，获得了藏地大师之称号。仁达瓦循努洛追（red-mdav-ba-gzhon-nu-blo-gros）[26]、洛钦嘉却桑波（lo-chen-skyabs-mchog-bzang-po）、宗喀巴洛桑扎巴等大师汇聚制作纳岑登（gnam-tseng-ldeng）之法轮时，其任法轮首席官。其随从堪钦雅巴（mkhan-chen-gyag-pa）和贡钦绒波（kun-mkhyen-rong-po）闻习《慈氏教法》之后半部分，总之，楚布之噶玛教法由其开创。

如是，（若必多吉）之上首心传弟子有无数，但执持教法核心的噶举派首席者是贝喀觉旺波（dpal-mkhav-spyod-dbang-po），其又是共同徒众相为具德喇嘛噶玛巴本性之瑜伽自在。其幻变为巴吉底（pa-kirti）和贤惠花度母（me-tog-ma-shes-rab-bzang-mo）之时，救护了诸多孔雀之幼雏、风雨所致死亡边缘之蚊蝇、林间之虎崽、野兽之幼崽等，并从恶趣中救度有许多（众生）。如是情形，出现有无数众生之不共师徒，指出正确之道，依次证悟，并为殊胜和平庸之轨范师撰写有传记，名为《由慈悲之铁钩获得诸恩之教言》。尤其是因做德洛巴哈日玛（te-lo-pa-ngha-ri-ma）之奴仆，遂调伏了此地，故称其为"欢喜奴仆"，并于瞬间得以解脱。因见到那若瓦（na-ro-ba）之弟子札瑟衮日（bram-ze-kun-rig）、印度恰那（phyg-na）之弟子裴波循奴（bal-bovi-gzhon-nu）幻变密法，遂又称其为“亲见佛法之幻化者”。其受佛敦促前来藏地与尊者米拉会面，并如此预言：

汝于此雪域地方，
再次降世做佛事，
转世之后成色身，
与诸救度者相遇。

于伍如[27]上部(dbur-slob)，幻化为噶当派的大师楚称贝(tshul-khrims-dpal)。之后，其成为岗布瓦（即塔布拉杰）之弟子，并对法王都松钦巴生起信仰，三十七岁时圆寂。之后，其于如擦木（ru-mtshams）地方转世，八九岁时，拜见法王都松钦巴，法王甚为高兴，遂赐名“虚空光”（nam-mkhav-vod）。十七岁时抵达康区期间，于觉木雪山（jo-mo-gangs）和色莫托（se-mo-do）地方修行，称为“却杰多顿”（chos-rje-don-bdun）。抵达楚布寺后，闻习了全部语诀，并做了演讲。于此地修习十七年，六十七岁时圆寂。之后，其于多康地方转世，从达隆古耶瓦钦波（stag-lung-sku-yal-ba-chen-po）和桑结雅迥(sangs-rgyas-war-byon）学习，赐名“扎西札”（bkra-shis-grags)，又因神通而获得“雅如热巴”（gyag-ru-ras-pa）之称号。在达隆寺专心修习之时，成就者噶玛巴什（karma-pag-shi）降临，并不由自主地言道：“汝等众生乃为吾之弟子，还是跟随我执持教法吧。”如是不断修行，于八十三岁时圆寂。之后，其于夏杂森（sha-grags-seng）地方转世，遂对苦行执障、所赐之众生成就地、水中不沉即持铃、太阳束缚力之空行解脱、夜无光辉之无衣因果、雪山中以风之生存等前世许多情形做了解说。对略有殊胜缘之徒众道：

"示现前世之诸佛，如今之报身之田位于无死之胜舞王处，其有无数身之庄严。"具有极大殊胜缘者是具德喇嘛之主噶玛巴，其所证得的非凡身语意，在其传记中已有预言，预言让迥多吉与若必多吉二者无别，两者之言教也是相同。此外，仁波切噶玛巴曰："请对吾等二十一人授以深奥的慈氏教法。"贝喀觉巴（dpal-mkhav-spyod-pa）以帽之标记，显示出二十一位持红色宝冠者。

注释：

[1] 亦称为窝阿拉荣（rngod-a-la-rong），此地应在今西藏昌都边坝县的热域区阿拉多地方。

[2] 即藏历铁龙年（1340 年）。

[3] 即蔡巴·贡噶多杰（1309~1364 年），藏传佛教蔡巴噶举派著名学者，亦名司徒格微洛追。元延祐元年（1314 年）开始学习文字写诵、大小五明和显密教籍，后以精通蔡巴噶举派教法和经论而知名。元至治三年（1323 年）受任为万户长。翌年，进京朝见元泰定帝也孙铁木儿，得到皇帝册封蔡巴万户长之诏书及赐赠的银印、金饰、绸缎等物。其任万户长的 28 年间，保护和修缮蔡贡塘寺、拉萨大昭寺及布达拉宫等，并迎请布敦·仁钦朱，共同校勘那塘版《甘珠尔》等经藏，以金银汁书写有 260 余部《蔡巴甘珠尔》，后被藏族学者尊为范本，刻印有多种版本。后因与大司徒绛曲坚赞不和，遂于元至正十二年（1352 年）辞职，将权力交给其弟札巴喜饶，随从堪钦顿霞巴桑结仁钦出家，受比丘戒，后于蔡贡塘寺从噶玛噶举派黑帽系第四世活佛若必多吉修习多种经论。其知识渊博，精通佛学和藏族历史，著有《红史》《红史续集·贤者意乐》《贡塘喇嘛尚传记》和《先父默兰多杰传》等，其中《红史》是研究藏族古代历史的重要著作，现有日译本、英译本、汉译本等版本刊行。

[4] 多丹·扎森瓦即红帽系第一世活佛，他正好是在若必多吉十岁

(即 1349 年) 时去世。

[5] 大司徒绛曲坚赞 (1302~1364 年)，帕木竹巴地方政权创建者，出生在西藏止贡地方(墨竹工卡县)。3 岁开始学习藏文拼读。7 岁从京俄却协巴受居士戒，取名绛曲坚赞。9 岁依堪钦次达受沙弥戒出家。14 岁前往萨迦寺做达钦桑波的侍从，使他有机会接受萨迦寺的一套宗教教育和政治教育，因其才华卓越，很受寺主器重。20 岁回前藏属地，就任丹萨梯寺住持和帕木竹巴万户长，命所属各地植树造林，建桥修路，发展农牧业，扩建泽当寺，广传帕竹噶举教义，加强其政教合一的势力。派兵攻打雅桑、蔡巴、止贡和萨迦，于元至正十四年 (1354 年) 打败了萨迦政权，建立了统治全藏的第司帕竹政权。绛曲坚赞随即派人到北京向元帝请封，元顺帝封他为“大司徒”，命他接管西藏一切政教事务。他将原十三万户政权结构改变成 13 个行政单位，取名为“宗”，官吏名叫宗本，每三年轮换一次，并掌握任免权。他依据吐蕃时代的十善法，订立内容为 15 条的新法典。他持戒甚严，禁绝妇女入内，戒饮醇酒，过午不食。59 岁时，著成了自己的传记《遗言史》。次年将布敦·仁钦朱徒弟仁钦南嘉译师等多人邀请到泽当寺雕版印制《甘珠尔》和《丹珠尔》。至正二十三年 (1363 年) 将政权交给嘉央格西释迦坚赞。

[6] 1350 年，止贡巴的军队进攻觉摩隆巴地方。

[7] 此院使是指元朝中央政府中管理佛教和吐蕃事务的宣政院院使。

[8] 司徒蔡巴，藏族历史上司徒蔡巴前后有数名，此处指的是司徒蔡巴·贡噶多杰 (1309~1364 年)，即藏文史籍《红史》的作者。

[9] 贤者循奴贝，不是《青史》的作者桂·循奴贝 (1392~1481 年)，非同时期的人。

[10] 诏书曰：“长生天气力里，大福荫护助里。朕降旨于若必多吉：为教化以朕为首之黎民之着想，闻习尔生于藏地，驻足楚布寺，故此忆昔日之功德与事业。为有情众生之利益，特派以定久和贡却坚赞为首之

金字使者前往迎请。值此浊世之时，请为痛苦煎熬之众生着想，为中土具有缘分之众生遍赐佛法之甘露，使彼等心满意足。为指引迷途忘返众生之业，请尔勿恋故乡，勿顾忌路途之艰险，请尽快前来。其次，往昔佛祖曾为他人之利益而不畏艰难困苦，远走异乡，大行利益众生之事业，此等事迹想必尔已了如指掌。请勿惟留恋抚育尔之身体及闻习尔法之藏土，此为朕派金字使臣前往尔处之缘由。若尔与朕于此会面后，定将会广弘佛法，引无数众生进入解脱之道。请尔不得借口推脱，迅速前来，大轨范师若必多吉钦此！随诏书之供奉礼品有黄金一锭、白银三锭、内外衣各两套。猴年十月十日写于大都。”译自《历辈噶玛巴法王传略——如意树》，中央民族大学图书馆藏书，第81~83页。

[11] 帝师贡噶坚赞（1310~1358年），元史记载为“公哥儿坚藏班藏卜”，系帝师八思巴的侄孙。1333~1358年间任元顺帝妥懽帖睦尔的帝师。

[12] 又称为“贡噶寺”。

[13] 诏书曰：“法王眷顾于朕，已到达朵思麻。尔虽已到达朵思麻，但因使臣和地方官员办事不力，尔似有返藏之意。望法王依前所发菩提心愿，眷顾于朕，尽快前来。朕已派西饶前去迎请，因三宝之护佑，道路及驿站皆已安定，请尔速速前来。奉供养礼物有黄金一锭、白银三锭、内外衣服及牲畜二群。（鼠年）四月一日。”译自《历辈噶玛巴法王传略——如意树》，中央民族大学图书馆藏书，第92页。

[14] 即嘉阳国师（1340~1373年），明史称为“章阳国师沙加坚藏”，帕竹第司第二代，是大司徒绛曲坚赞之侄。1352~1365年间住持泽当寺，曾受封灌顶国师，世称“嘉阳国师”。1365年至西藏乃东就任帕竹万户长，元顺帝封授大司徒勤国公和西藏三部事务，1372年明太祖仍封其为灌顶国师。

[15] 位于今甘肃武威（凉州）。萨班·贡噶坚赞（1182~1251年）于宋淳祐六年（1246年）抵达凉州，驻锡之幻化寺。翌年，他代表西藏地方

势力与阔端会见，洽商归顺条件，后曾两次致书西藏僧俗上层，晓谕归顺条件，宣传蒙古武力之强大，阐明蒙古对西藏降顺后之政策，规定了乌拉制度，指明要清查户口、进贡财物等。在凉州期间，经常讲经说法，弘扬佛教，并为阔端治愈重病，受到嘉奖。后卒于凉州，其肉身灵塔建造于生前驻锡之幻化寺中。

[16] 此处有误，实际在位二十九年。

[17] 此处似指出家僧人对皇帝及官员行礼等。

[18] 即宗喀巴大师（1357~1419年），藏传佛教格鲁派（黄教）创始人，多麦东部之宗喀地方（今青海湟中）人。元至正十九年（1359年），随从噶玛噶举黑帽系四世活佛若必多吉受居士戒。至正二十年（1360年），从噶当派名僧却吉顿珠仁钦出家于夏琼寺（在今青海化隆回族自治县查甫地方），学习显密教法。洪武二十一年（1388年），改戴黄色僧帽，表示坚持戒律，大力进行宗教改革。在大力提倡严守戒律的同时，积极著书立说，创立格鲁派的理论基础。永乐七年（1409年），在阐化王帕竹、扎巴坚赞及其僧俗首领的支援下，维修了大昭寺，于大昭寺创立拉萨大祈愿法会（亦称传大召）。后又于拉萨东北旺古日山上修建甘丹寺，遂此派得名为格鲁派。永乐八年 （1410年）主持甘丹寺之开光仪式。后与徒众长期居住于此寺，推崇、传播大密大乘经典。

[19] 地名，位于西藏自治区工布江达县境内。

[20] 古印度长度单位名。古印度以人寿百岁时代所用弓之长度为一弓，一拘卢舍约五百弓，相当于二百五十市尺。

[21] 谷如却旺（1212~1273年），藏传佛教宁玛派一著名秘籍法师。

[22] 岗布拉杰，全名称为岗布瓦·琐南仁钦，本名塔布拉杰·琐南仁钦。因建塔拉岗布寺，而称为岗布瓦。

[23] 名却扎益西（1453~1524年），他于十多岁的时候，到西宁及蒙古地区传教。明成化十七年（1481年），他指使仁蚌巴诺尔布桑波之子衮

桑巴及衮桑巴幼子顿悦多吉二人，率领后藏军队一万多人到达前藏，格鲁派当时的施主柳吾宗宗本阿旺索南伦波及其子阿旺索南朗杰被迫出走。弘治三年（1490年），在顿悦多吉的支持下，他创建羊八井寺。明弘治六年（1493年），明孝宗授予京俄阿吉旺波王位，但在送诏书和赏物的使者尚未抵藏之前，京俄阿吉旺波已去世，因其子阿旺扎西札巴年幼，暂由红帽系四世活佛却扎益西和仁蚌巴诺尔布桑波之子措结多吉代理执政。在他们二人代理执政的9年间，由于受黑帽系七世活佛的蛊惑，他们二人于弘治十一年（1498年）下令禁止色拉、哲蚌、甘丹等寺格鲁派僧人参加拉萨大祈愿法会。之后的20多年间，拉萨大祈愿法会只有噶举派和萨迦派等寺庙的僧人参加。

[24]《如意藤》，古印度善自在著。用诗歌体裁描述释迦牟尼宿世为菩萨时行道之经历，内分一〇八枝。13世纪时，由印度诗人拉喀迷迦罗及藏族译师匈·多吉坚赞译成藏文。

[25] 全称“桑普奈托寺”，位于西藏自治区拉萨市南的堆龙德钦县奈乌区，是藏传佛教噶当派的主要寺庙之一。始建于宋熙宁六年（1073年），主持兴建者为阿底峡的弟子噶当派著名的译师俄·勒贝喜饶，后由阿底峡的另一弟子罗桑喜饶扩建。15世纪初，格鲁派兴起，噶当派与之合并，该寺亦成为格鲁派寺院。该寺以学习因明学、开展辩经活动而名扬西藏。

[26] 藏传佛教萨迦派高僧，西藏仁达地方人。曾从萨迦派僧人贡噶贝和玛底班钦闻习显宗经典，又从南喀桑波扎巴坚赞等人学习《集密》等密法。后致力研习一度失传的中观学说，极力弘扬月称著的《入中论》和《中论明句论》等哲学方面的典籍，经其努力使中观应成派教理得到弘扬广大。其一生注重研习显宗经论，并规定萨迦派寺院也要学显宗经论。宗喀巴大师在西藏学习期间，他是宗喀巴大师学习显宗主要经师之一。后曾协助宗喀巴于热振寺附近举办调整、改革寺院组织和规章制度

的大法会。

[27] 地区名。以西藏拉萨为中心，东至桑日县境，南至马拉山脉，西至尼木，北至朗玛一带地区的古名。

第五章　第一世红帽系活佛扎巴僧格（1283~1349）

【译文提要】第五章共有 4 节，即扎巴僧格的幼年；扎巴僧格的主要事迹；扎巴僧格患病及圆寂；扎巴僧格的主要弟子。

本章译文主要概述了红帽系第一世活佛扎巴僧格的生平事迹。第一世红帽系活佛全名称为“多丹钦波扎巴僧格”，出生于多麦布波之夏卜拉协地方（今四川省甘孜藏族自治州乡城县境）章库家族，父名达穷，母名扎桂萨。其十三岁时，从杂空瓦的弟子罗追扎巴受居士戒。十七岁时，拜见法王都松钦巴之亲炙弟子嘉波瓦隆巴之弟子喇嘛益西僧格并随从其出家，闻习有许多圆满之灌顶教授。二十三岁时，前往桑普等地方，学习般若及因明学等六年，此后又游学、辩经于卫、藏等地方，遂得“智者”之美称。二十八岁时，于蔡巴地方拜见了第三世噶玛巴让迥多吉，随从其学习了七年。后又于德钦寺修行五年，从堪布循奴降秋和轨范师扎西仁钦等人受比丘戒。五十岁时，根据法王让迥多吉之意，在其弟子的协助下创建乃囊寺。据记载，第三世噶玛巴让迥多吉从内地为扎巴僧格惠赐红帽一顶，从此该系即称为红帽系。其弟子有六百多人，著名的弟子有多丹贡杰巴和雅德班钦等人。

红帽系活佛在噶玛噶举教派中，是地位仅次于黑帽系活佛的另一个活佛转世系统。西藏和平解放前，这一转世系统，共记传有十世，他们不仅建寺传教，而且有的还是热衷于政治权势的人物，如红帽系第四世活佛却扎益西在位期间就热衷于政治活动，他曾多次参加了噶玛派与帕木竹巴及格鲁派之间的斗争。本章对红帽系第一世活佛扎巴僧格的生平事迹做了比较翔实的记述。但是对他的圆寂之年记载有明显的错误，此章记载扎巴僧格圆寂之年为六十七岁的藏历土牛年（1349 年），而在此书的第二章《让迥多吉的弟子》中又将他圆寂之年错记为八十二岁的藏历木蛇年（1365 年）。如此前后文在记载红帽系第一世活佛的圆寂之年存在明显不一致的地方。

第一节　扎巴僧格的幼年

第一世红帽系活佛名称为“多丹钦波扎巴僧格”（rtogs-ldan-chen-po-grags-pa-seng-ge），出生于多麦布波之夏卜拉协地方章库家族（mdo-smad-bum-vbor-gyi-yul-sha-vbu-lam-shavi-yul-du-gdung-dbrang-gu），父名达穷（srag-chung），母名扎桂萨（dbra-rgod-bzav），于藏历水羊年（1283 年）降生。据多丹活佛本人说：“其母为智慧空行母。”其五岁时，

亲见度母与马头明王（rta-mgrin），遂具有了神通力，其曾见到达隆塘巴（stag-lung-thang-pa）、喇嘛贝（bla-ma-sbas）等许多前世救度者。十三岁时，从杂空瓦（rdza-khos-ba）的弟子罗追扎巴（blo-gros-grags-pa）受居士戒，念诵阎罗王之真言（gshin-rje-kha-thun），产生有修证之力。十七岁时，拜见法王都松钦巴之亲炙弟子嘉波瓦隆巴（rgya-pho-pa-long-pa）之弟子喇嘛益西僧格（ye-shes-seng-ge）并随从其出家，闻习有许多圆满之灌顶教授。因修行猛厉火，仅穿单衣即产生很大热力，故又称其为"章库热巴"（dbrang-gu-ras-pa，意即章库家族的单衣者）。亲见黑披风之本尊，并曰："请到前藏。"其请求进行闻思，其父没有答应，曰："带上资具吧。"前往时在索（sog）之曲卡地方梦见黑披风之本尊，曰："吾来帮助吧。"

第二节　扎巴僧格的主要事迹

二十六岁即藏历土猴年（1308年），于楚布寺赐予马鞍。此时，让迥多吉在工布地方驻锡，遂向大师崔仁（tshul-rin）闻习《密集》，从纳瓦（gnam-ba）地方的乌玛巴（dbu-ma-pa，即中观师）闻习喜金刚及瑜伽教法，并予以贯通。从嘉杂巴（rgya-brag-pa）闻习希解（zhi-byed）教法，并获得敬信。抵达桑普（gsang-phu）地方，从嘉木样释迦循（vjam-dbyangs-shvak-gzhon）和苏却巴罗追琮麦（zur-chos-pa-blo-gros-mtshon-gs-med）学习了《瑜伽师地论》《慈氏五论》《因明》《摄类学》《入行论》等经论而成为贤者，故在卫藏(dbus-gtsang）获得"精通般若之贤者"。二十八岁即藏历铁狗年（1310年），法王让迥巴于蔡巴地方任喜乐善逝法轮（dgav-bde-gshegs-pavi-chos-vkhor）之座首官时，初次相见，就有半数人获得信仰，随从其学习了七年。此后，对新旧私利之贪嗔产生了厌离，法王师徒十余人皆隐居起来。当夜晚间黑披风之本尊出现时曰："护法神环绕于你的周围。"此年，法王修建楚布之德钦寺。请求修习《六法之引》，此后于森格隆（seng-ge-lung）地方专心修习，出现有无量热力之征兆，心一直处于等持之中，并出现有无数本尊护法之净相。冬季在德钦寺修行幻身，于梦中出现蒙古战无不胜之军队胜利返归之景象，又于梦中反复看到乌仗那寺（ao-rgyan-gyi-gnas）和金刚瑜伽母。之后，请求前往（乌仗那寺），回答曰："所谓'体验之烈马'[1]甚为重要。"其作为法王让迥多吉的随从由聂摩（snye-mo）抵达后藏。大成就者噶玛巴什之侍茶者此后建有觉囊寺（jo-nang-gi-gdan-sa）[2]，于此寺拜见大菩提杰瓦益西（byang-sems-chen-po-rgyal-ba-ye-shes）时，请求传授前世曾有之时轮灌顶和六加行，遂传授了昔日传法之经验，并曰："圆满了各自心持之功德后，即可到达三摩地之时。"梦中梦见度母曰："不要前往乌仗那寺。"大菩提勇识亦曰："如今印度之佛教已灭，都鲁迦（tu-rushkavi）[3]也出现障碍，故不可前往乌仗那寺。"遂斩断戏论。向循译师罗追丹巴（blo-gros-brtan-pa）请教《胜义念修》（don-dam-bsnyen-pa）和《修法海》（sgrub-thabs-rgya-mtsho），并从一位执实明[4]之善瑜伽师闻习了一些教诫。三年中，游学了六个宗[5]，修持得到增长，于梦中与至尊米拉及桂仓瓦（rgod-tshang-ba）相会。到达济绒（skyi-rong）期间，拜见了裴若尼敦钦波（bal-ras-snyi-ston-chen-po）、成就者仁摩（grub-thob-ring-mo）、克尊索南沃色（mkhas-btsun-bsod-nams-vod-zer）、成就者达西（grub-thob-vdam-zhig）、乌仗那巴之转世活佛等。在室利日（shrvi-ri）地方听到法王让迥多吉于珠穆雪山（shrvi-rir-chos-rje-rin-po-ches-jo-mo-gangs）唱起"再生有缘扎僧你，观见对面之虚空，如此之见吾当念"之道歌。后拜见（法王让迥多吉），请教佛法后甚为高兴。后又于德钦寺修行五年，从堪布循奴降秋（bzhon-nu-byang-chub）和轨范师扎西仁钦（bkra-shis-rin-chen）等人受比丘戒。

以前，其在藏区上部生病时，法王来到后，赐予藏青果，曰："病会好起来。"遂痊愈。在梦中来到岗布（sgam-po）地方，拜见法王岗布瓦[6]，清楚地记起了顿巴楚赤贝钦（ston-pa-tshul-khrims-dpal-phyin）之转世，并为此写有道歌。法王让迥多吉曰："吾等不可施以咒力，多丹（即扎巴僧格）等应对诸佛做以敬事。"遂各自做了不同之敬事。此法王与多丹楚罗（rtogs-ldan-tshul-blos）修行"阎罗王之回遮"（gshin-rjevi-zlog-pa），一个多月患病，从上下亮光中见一明路有一密寺，内有许多门巴族小孩大声哭泣。次日，询问为何有哭泣之声。据说派人前去照看（小孩），诸施咒者传染有红病而后死去。自此法王身体得以康复。修行救度母之时，青稞酒味变成有形之物质，食子（即供品）上自动冒出酥油饰品等。其还讲说了少许有关梦见法王让迥多吉昔日如何被迎请至汉地及后来圆寂等事迹。一天晚上，其梦见修习三十五佛之福田，并于二十四个地方讲授了瑜伽母之庄严等无数梦之奇迹。所有善恶护法神皆有旨令，所有意愿皆可向救度母现实请求与梦中请求，见到中有之识，幻化为马头明王及鹏鸟调伏所有毒害者，多丹（即扎巴僧格）具有此等无数之功德。又见到独臂救度母隐蔽其面，未有讲说大体验。在雅日查（yab-ra-tshag），来到空行母尊前进行供奉，见到真实之乌仗那巴大师，并知悉自我与薄伽梵母无别。又，由于出现诸空行母之迎请，阻隔了少数度母之嗔恨，遂修习、念诵大菩提心金刚持（byang-sems-chen-pu-rdo-rje-vchang），消除身之障。见到法王让迥多吉修无量佛之主尊，亲临无数佛田，运用他心识之神通使徒众远离邪见，此等乃无量之功德耶。

（第一世红帽系活佛扎巴僧格）驻锡于法王都松钦巴之弟子成就者秋果玛萨丹坚（chu-sgom-ma-bsam-gtan-rgyan）之修行地达普喀卓寺（rta-phug-mkhav-vgro-gling）之时，秋果玛萨丹坚从天空而降，并曰："那个地方可建一座寺院，会有很大利生事业。他因为出身低贱不可胜任，故（此任务）落在兄之身上。”其选好的地形，于三十九岁即铁鸡年（1321年）创建乃囊寺。见到黑披风（神）抛弃驮子，其将（驮子）放于卧室下面。两个半月后乃囊寺竣工，数百位僧人聚会，所有僧人得到了唯一圆满六法之功德。曰：“此寺于三代内将会出现许多修行者，此后会来一位耕耘者。”其做了长久利生事业，遂被任命为创寺寺主。之后，其在卧室静修一年。法王让迥多吉从蒙古皇宫中传来旨令，并赐予其红帽，遂驻锡于德钦寺，于此寺修葺一卧室。

第三节　扎巴僧格患病及圆寂

藏历兔年（1339年）（第一世红帽系活佛扎巴僧格）驻锡于德钦寺时，看见法王让迥多吉之身于蒙古皇宫中隐没。其六十一岁（1343年）时出现微疾，见到吉祥度母后，身体即康复。六十六岁藏历土鼠年时（1348年），身体出现微疾，看到天母之俱生之座次上有诸多少女跳舞、游戏，病遂痊愈。总之，其有修行圣教之宝幢后证悟得道之弟子无数。

六十七岁即藏历牛年（1349年）之春季，（第一世红帽系活佛扎巴僧格）身体患病后，虽想以光身[7]隐蔽，但利他之事尚未完成，故获得胜义之任。此身被红色袈裟和骨饰[8]所装点，一白色银塔矗立于东方，所关联之处无有任何恶趣。遂对（弟子们）曰：“尔等无须悲伤，请为上师祈祷，以求无生无碍之观行。”十九日晨，在全部胜乐轮等勇士空行的迎请下逝世了。传说在花雨降下之时，前世之预兆亦显示其转世于达隆（stag–lung）地方。

第四节　扎巴僧格的主要弟子

（第一世红帽系活佛扎巴僧格）的大弟子有多丹贡杰巴（rtags-ldan-mgon-rgyal-ba）和雅德班钦（gyag-sde-pan-chen）等人。其与法王让迥多吉的共同弟子大部分驻锡于乃囊寺，其中做引导众生之事业者有克珠达杰瓦（mkhas-grub-dar-rgyal-ba），其母于唐拉（thang-lha）附近梦见印度的瑜伽师被五位空行母所环绕，其中主要灌顶者融入，成熟后进入母亲之胎中，其母七天七夜无须饮食，出现等持状。胎儿降生后即出现消除愚昧之行，因嬉戏招致身体主要部位之痛苦，故心生皈依之念。忆起前世，唱有许多歌。不久拜见法王让迥多吉，对观世音菩萨生起信仰，遂做了（法王让迥多吉）之侍从。在德钦寺，因其年轻而聪明、智慧，故法王让迥多吉任命其为业师羯摩师。十九年独挡一面，主要护持法座，坚忍不拔地修行，依止诸多上师，尤其是在普摩且（phug-mo-che）地方于尊者扎森瓦（rje-grags-seng-ba）身前解除所有教诫之疑团。其头不沾枕，背不靠座，能忍受水、石、风之苦，三年重病缠身，二年患心风病，一年患错乱病症。其无有标记而入道，从魔障中得以解脱，并得到证悟。其进入梦光之中，每个夜晚梦见乌仗那巴十三次，本尊佛亲自显现面前，见传承弟子后，任命其为乃囊寺之住持，广利众生。此后，据说无有任何阻拦地进入极乐世界而圆寂。

注释：

[1] 此句的意思是修习时一定要心静，不可像烈马一般。反之，心思动荡如烈马，即不可等持修法。

[2] “觉囊”是“觉摩囊哇”的简称，位于西藏拉孜县东北部。觉囊派为藏传佛教主要教派之一，源自域摩·弥觉多杰（约 12 世纪初人），正

式创立于其五传弟子贡却托杰尊哲（1243~1313年）。域摩生于后藏冈底斯山附近，俗姓“阿木”。早年云游卫藏地区拜访名师，学习佛典。后来从卓顿南孜和迦湿弥罗上师等人学习时轮金刚乘密法，以“六支瑜伽”为主进行修炼，开创藏传佛教“他空”之见。他死后，其子继承了全部事业，继续传播“他空”思想。到了13世纪末，“他空”思想已经在后藏地区传播开来。迄域摩的五传弟子贡却托杰尊哲建觉囊寺，便形成了觉囊派，追认域摩为始祖。

[3] 古代克什米尔之突厥族。

[4] 执着事物表象以为真实之学。

[5] “宗”本意为城堡，明代帕竹地方政权时，先后在西藏的日喀则、乃东、贡噶、琼结、仁蚌、沃喀等地修建了13个大城堡，并设置“宗本”作为管理各地的地方官，规定三年一任。格鲁派建立甘丹颇章地方政权后，将前后藏各地划分为若干个宗，每个宗由1~2名“宗本”管理，约相当于现今的县，各宗宗本的官阶从七品至五品。此外，对前后藏的一些政府管辖的大庄园（溪卡），也派官员去管理，称为溪堆，官阶为七品至六品。宗和溪卡合起来通常称为宗溪。宗溪分有大中小三级，大宗“宗本”由五品官担任，中宗“宗本”由六品官担任，小宗“宗本”和溪堆由七品官担任。

[6] 即塔布拉杰。

[7] 密乘所证转五蕴成光明身像之果位。

[8] 佛教密宗修行者所佩戴的骨质饰品。

第六章　第二世红帽系活佛贝喀觉旺波（1350~1405）

【译文提要】 第六章共有 3 节，即贝喀觉旺波的少年时代；贝喀觉旺波受比丘戒；贝喀觉旺波修建寺院弘扬佛法。

本章译文主要概述了红帽系第二世活佛贝喀觉旺波的生平事迹。贝喀觉旺波出生于北方那木循吉切玛隆之喀瓦巴（gnam-gzhung-gi-bye-ma-lung-na-kha-bar-pa）地方，父名为拉杰（lha-rgyal），母名为卓莫（vbrog-mo）。其于 1356 年，在措麦地方拜见法王若必多吉后，受居士戒，并修习了《六大手印法之导引》。1367 年,在德钦寺由大尊者顿珠贝作亲教师、法王若必多吉作轨范师，为其授比丘戒，赐法名无垢贝益西。此后，以堪布顿珠贝和轨范师嘉木样却多瓦桑东循奴贝为主的僧伽为其授具足戒。后又随从多位大师修习了《慈氏五论》《量抉择论》《律经根本论》《精义类之教法》《宁玛派密乘经释》《上下伏藏等旧译经》

《引导之教法》等典籍。1387 年，其迎请刚满四岁的第五世噶玛巴德新协巴到达孜，德新协巴也拜其为唯一之经师。此后，其修建噶丹玛摩寺，成为闭关修行最胜之地，为发展噶举派的佛教事业做出贡献。有关上述记载的史料是少见的，其他史书也是很少有记载，如王森先生著的《西藏佛教发展史略》116 页在记载关于“贝喀觉旺波”生平时，只记有“红帽系第二世活佛喀觉旺波”（mkhav-spyod-dbang-bo，1350~1405 年）一句，无有关于红帽系第二世活佛生平事迹的记载。其次，从本章译文也可以看出历史上黑帽系活佛与红帽系活佛之间互为师徒的关系，这为研究活佛转世提供了第一手重要的资料。

第一节　贝喀觉旺波的少年时代

第二世红帽系活佛名为贝喀觉旺波（dpal-mkhav-spyod-dbang-bo,意为“吉祥空行王”）。藏历铁阳虎年（1350 年）诞生于北方那木循吉切玛隆之喀瓦巴（gnam-gzhung-gi-bye-ma-lung-na-kha-bar-pa）地方，其父名为拉杰（lha-rgyal），母名为卓莫（vbrog-mo）。其出生刚满七个月即（回忆起）法王让迥多吉手持未开之花说：“成熟花朵亦未开，获得暇满亦未兴，知其本性亦平凡，吾系常持佛之子。”此后敬信之眼泪不停地流，其父母等人也为此感动、惊讶和畏惧。又过了七天后，其见到上师弹指三次，使他清楚地回忆起以前三代活佛之事，并略加解说，故所有信仰之众生前来供奉。其满十四个月后，法王若必多吉驾临，众生前来供奉。此时，在一山岗上坐在母亲怀里的（贝喀觉旺波）看到（法王若必多吉），礼拜后流着眼泪哭着祈祷道：“昔日所言解脱之词，哎呀如今请求加持吧！”并长时间地看到（法王若必多吉）之伞盖上闪耀着法王之身光。又因看到法王都松钦巴于昔日之圣地做期克印，故清楚地记起《天光之本生经》。以前看到的八十位大成就者，此次虽看的不太清晰，但可说出彼等之情形。

三岁（1352年）时，能给众生讲授佛法，能记起昔日之圣地，并可讲许多知他人心性之先知，遂可消除他人之邪分别。如此所有众生相信其是多丹活佛之转世。六岁（1355年）时，克珠达杰瓦（mkhas-grub-dar-rgyal-ba）前来迎请，梦见佛子手指系一敏捷而美丽之雄狮之子，拜见时消除是非之疑团，虔诚地迎请。路经且伦（bye-lung）之大河，河水泛滥致使许多大师淹没于水里，因见到空中出现至尊救度母，（淹没于水中之大师）即平安获救，后（贝喀觉旺波）抵达楚布寺和乃囊寺，为比丘达玛崔臣（dar-ma-tshul-khrims）讲授《天光之本生经》。

七岁（1356年）时，在措麦（mtsho-smad）地方拜见法王若必多吉后，（法王）为其传授了居士戒，使其心生菩提；其灌顶成熟后，修习并听受了《六大手印法之导引》。其未有拜见法王即手指着天空曰："请看！法王之身体慢慢地前往空中。"并看见（法王）舞蹈后瞬间变成许多持金刚之幻化者。其也不由自主地跳了许多舞蹈，向吉祥持金刚祈祷曰："请法王都松钦巴关照加持吧！"其祈祷后遂见远离心性之障。拜见法王数日后，见法王于四层佛殿中手持宝瓶，将流散的甘露汇集于宝瓶中，轮番三次灌顶后曰："请密宗智慧赐予六身、六灌顶、六明点、六具合吧！"此后，上师在其头上系一红色宝冠，法王都松钦巴和七空行母唱吉祥之歌，并降下红花与珍珠相杂之雨。如是，其看见喇嘛斜塔巴上师（rje-bla-ma-shel-dag-pa）（为其）赐名，坐于许多大成就者之中开示空性，九次系戴帽冠；并看见双手抚摸头，舌舔唾液，触击金变为铁轮辐即出现有缘起之门；随从达瓦丹（zla-bavi-gdan）和嘉悦监（rgyab-yol-can）之上师闻习《四智慧之语诀》；目睹了坐于骏马宝座上，身披僧衣、口呼“弟子”等欢喜之事。又看见上师之身犹如烈日燃烧，于太阳之七轮中以期克印嬉戏，并听到曰：“未升太阳何能落下山，跳起不动期克印之舞，二十七智慧秘密妙音，仙女坐垫自有宝藏性。”看见坐于香之大象之身使光辉四射的禅定门予以开启，并听到曰：“众生对无碍苍天之门，任何人也无法开启之，无知自身必要断除障，明了自身必要悟道性。那么若要观灭除幻影，门扉共同具有安置性，任何人也无法解与缚，请汝之心思不可懈怠。内部、外部、中间皆纯洁，如何往来皆要观圣地，郑重考虑亦无其必要，此光乃为空性大光环。这样为何如此是这般，请看所有佛法之行相，三摩地乃为殊胜之王，彼等系行相幻化之门。”

看见法王都松钦巴赐予红宝石色的水晶盒，并赐予一称为“七世佛之塔”。聆听《无量福田与身之庄严》和《具有诸业三加行铃之语诀》。看见上师之身庄严驻于兜率天，并跟随无垢佛；于其他世间之域，驻于无垢佛光之处。于乌仗那（ao-rgyan）赐予《引导从法轮聚合之金刚乘之了义》，并赐予如意七珍宝，授予密法之方法；惠赐时轮金刚铃，打开法轮密路之门；赐予许多宝藏，授予三十三语诀。弹起水晶琵琶从妙音中聆听到六不破庄严之佛语。于持成就大山处，其融于本佛俱生之身，获得无死身心之了义等。

其有无数加持善知识之传奇事迹。其出生不久，见到空行母苏卡斯德（su-kha-singnghi），并讲授《要义之镜》；瞬间显现观世音，并传授念修法门，无需将词语记在心间。若害怕天神的话，度母马上会降临并进行安抚。其随从法王日绰巴（ri-khrod-pa）闻习《胜乐之灌顶》时，亲见胜乐诸神，还看见以青莲花为座椅的珍珠装饰之度母以及金刚骏马在空中欢悦而鸣，使大地震动；白胜乐本尊手持琉璃宝瓶、六十二位红色本尊、无数面、臂之喜金刚佛等。还看见与金色观音相同的双臂白佛母，并言道：“欢乐自在持莲花，系胜贤大海之父，六道轮回幻之身，纯净智慧之化身。”其见到四面十二臂金刚瑜伽母及双臂蓝色佛等随从聚合之法轮，彼等瞬间幻化为因陀罗尼王及其随从。其见到金刚解结之穴道，十五位白色的无主佛母边舞边大声说：“大幻化极为纯真！”其听到白般若十方佛赞颂后即幻变为各种大小不同之纯洁身而遍布世间，并讲授了许多教诫之秘诀。其见到遍照佛母和莲花智慧之空行供奉幻化之物品。其还见到普见佛及其无数化身和不动佛等，彼等祈祷和净治此福田。其所见所闻是无法说完的。

第二节　贝喀觉旺波受比丘戒

在德钦寺由大尊者顿珠贝（gnas-brtan-chen-po-don-grub-dpal）作亲教师、法王若必多吉作轨范师，为其授比丘戒，赐法名无垢贝益西(dri-med-dpal-ye-shes)。十八岁（1367 年）时，由堪布顿珠贝和轨范师嘉木样却多瓦桑东循奴贝（vjam-dbyangs-chos-rdor-ba-gsangs-ston-gzon-nu-dpal）为主的僧伽授具足戒。此时，看见空中出现有四个太阳以及自己被三件佛衣所披盖，为许多神、人讲授佛经等景象。从极乐者囊仁（bde-ba-can-nam-rin）闻习《慈氏五论》《量抉择论》和《律经根本论》等；从杰瓦雍拉卓噶（rgyal-ba-gyung-la-sgrol-dkar）和法王让迥多吉之弟子堪钦贡嘎沃色（mkhan-chen-kun-dgav-vod-zer）尊前获得许多金刚鬘等灌顶；从堪钦沃色嘉措（mkhan-chen-vod-zer-rgya-mtsho）闻习《精义类之教法》；从沃色贝瓦（vod-zer-dpal-ba）闻习《宁玛派密乘经释》和上下伏藏等旧译经，以及从雅桑巴索南沃（gyav-bzang-pa-bsod-nams-vod）闻习诸多《引导之教法》；从日措巴克珠达杰瓦（ri-khrod-pa-mkhas-grub-dar-rgyal-ba）闻习《灌顶传承之语诀》。在拉萨梦见从法王让迥多吉闻习《发菩提心》，赐名为米旁贝丹（mi–pham–dpal–ldan）；同时殊胜佛和智慧空行赐名为赞丹巴（tsandi–pa）和喀觉旺波（mkhav–spyod–dbang–bo）；从热擦珠穆（ra–tshag–jo–mo）眉间发出的红色雍仲之光照在其身上，生有俱生之乐。由于在青年时期基本上是专心闭关修行，故乃囊（gnas–nang）寺所有大修行者所做的一切事情皆可以看到，（根据彼等行为）进行惩罚、表扬等教导，对此所有人都感到惊奇，任何人再也不敢随心所欲。此后，经过藏北之达木（vdam）和索（sog）等地抵达惹薛（re–shod）地区之中部，将不知受用者留在乃囊寺赐予安逸之修行，由于日措巴（ri–khrod–ba）的离去使僧人们万分痛心，遂将寺院之住持交给喇嘛索南本（bla–ma–bsod–nams–vbum）后,前往乃囊寺后山之日措中专一闭关修行。因发生一些争辩，遂唱诵菩提道歌：“啊，既然不符佛法，法身尚有何用!”此后，师徒十多人取道上部伍如（dbu–ru）于秋娘布嘉达（phyung–nang–po–rgya–mdar）看见法王都松钦巴宣讲佛法。其在工布（kong–po）各处隐居修习，尤其是驻锡于新杂日之锦勒（tsva–ri–gsar–mavi–byin–legs）处奉法王之命，护持帕玉日寺（ba–yu–ri–dgon）。后驻锡于杂日白岩石山三年，在岩石上留有其清晰之脚印。传说其可从半山腰往返飞行，驻于太阳之上。其亲见诸多空行勇士之庄严，并听金刚之歌。其驻锡于新杂日（tsva–ri–gsar–ma）地方期间，看见法王仁波钦圆寂而唱诵悲歌。

第三节　贝喀觉旺波修建寺院弘扬佛法

二十九岁的藏历土马年（1378 年），修建达孜那杰岗寺（stak–rtse–

rnam-rgyal-sgang)。三十八岁的藏历火兔年（1387年），迎请刚满四岁的德新协巴（de-bzhin-gsheks-pa）到达孜[1]，敬献佛经与财物，同时德新协巴也拜其为唯一之经师。三十七岁的藏历木虎年[2]，修建噶丹玛摩寺(dgav-ldan-ma-mo)，使得三百多位大修行者在夏、冬季各三个月内闭关修行，不断地为周围的人讲授佛法，故出现有无数得道的瑜伽自在者。在工、热（kong-ral）三地数年讲授《白法印》。此后，法王德新协巴师徒一起抵达卫地，在楚布等地大做利他之事业，后又返回工布地方，护持佛教之事业。其若宣讲佛法的话，可于两个闻距[3]之间听得非常清楚。相传曾由于第一世红帽系活佛扎巴僧格不善于言教，自称来世要与言教结为因缘，并寻得一吉祥海螺奉献给法王让迥多吉，由此因缘，其方有犹如空行梵天一样的声音。后来将此海螺镶上赤金之羽翼，使之与金刚座佛殿中的海螺一样作为佛殿之供品，目前还依然存在。其还将诸多非人残暴者引入善士之道，并著有许多奇有的《妙偈讲释之道歌》等，对弘扬佛法大有裨益。其睡眠可入光明，梦境可使幻身之智相于金墙围绕之宫殿中，幻变为殊胜功德王之年轻美貌的儿子，环绕金山顶上之水晶塔朝拜。七位活佛为其灌顶，（此时）天空降下各种水晶塔形状之雨。在唯有金子和绿松石之山沟中驻锡有诸多得道之大师，彼等名称为“持法、宏慧、除暗、定慧、髻称、恒狮、妙高法幢、日月叠、空顶、智慧王、胜海、如意宝贤”等具有各种分身之器具者讲论佛教语诀；其从美丽的白莲花中获得僧伽念珠之佛教语诀；众神亲自为其灌顶之法具由四大天王所持；宝幢犹如布满天空之太阳宝髻闪闪发光，白色的飞幡飘扬在空中，欢喜佛亲手所持；红宝石之腰鼓自动敲响，执持者跳起舞蹈；那塔格玛（na-dva-ki-ma）之僧团奉献盛满甘露之骷髅；其变为转动法轮圣王之上首弟子后，诸佛母为其进献供品，使其忆起如意安乐之天国。所有身发出绿松石之光，诸空行母唱起深奥之歌，并跳起舞蹈，而使四喜得到增长。其于空中无依而坐，在其右手之手心闪烁着胜日轮之光，照亮了整个世界。在宽大的金殿中摆放着七大金鼓，击一鼓所有鼓齐鸣，并听到曰：

广阔无际天空之大鼓，
空中动物何知来击鼓，
非击鼓音亦遍传苍穹，
法音传至无际之天空。
内外之别他人无分别，
清脆妙音之金刚金鼓，
无威圣地变为静修地，
此乃威严真实如意乐。

其看见犹如高山之人骑着骏马，拿着犹如逾缮那[4]一样长的金剑，发出犹如敲击大鼓之声音。听到一位老瑜伽母讲解《律经》。其进入有数万门之宝塔，看见无边善逝大海之庄严。其在遍布山岩花和佛塔之地，看见层出不穷之菩提勇识和瑜伽母，并满意地获得关键之语诀。天空中各种颜色的空行母无限欢喜道："请去转动法轮吧！"为此其回答道："如若尔等也要去的话，我就不去了，法轮即会自行转动。请讲论《轮聚饰之三摩地》吧！"后瞬间自行幻化圆满忆念此经，使其十分满意。待红宝石花芳香四处飘逸之时，修持三摩地，即会从日月同辉之天空中降下如银花般的雨水，若触及之即会到达极乐世界，无数天女唱着"金刚之歌"，可获得《深奥金刚乘之了义》。看见一两位同伴在解剖极为高大之象，所有骨肉皆变为一种舍利，并发出密咒之音，还出现有许多飞翔和吉祥之光身。长约一庹的水晶宝剑之剑尖上有团燃烧着的火焰，瞬间即可降下甘露，其全身顿感十分凉爽，并感到获得与水晶剑一般的圆满之身。其看见前往乌仗那（ao-rgyan）和迦湿弥罗（kha-che）之间的地方人众随从大师修习《帕巴之语诀》；前往汉地董贡（stong-kun）附近修习大圆满法等诸多殊胜之事迹，并记载在传记里，但因未有看到究竟，故称为“未来净土之传记”。其如同法王却贝益西（rje-chos-dbal-ye-shes）于东方大河如同象鼻伸出之山附近的则拉岗（rtse-lha-sgang）地方，按照静命（shi-ba）大师的做法利益众生。先前上师之修行地即北部达隆（byang-stag-lung）地方，此后变为法王绛秋嘉措（byang-chub-rgya-mtsho）之修行地，（于此地）一同塑有二尊像，据说彼等二像脚上皆写有新蒙文[5]“胜”字。第四世红帽系活佛[6]对此传记做了注释并说道：“尊者班杂热杂（bdzra-rva-dzva）等上师言，吾等为善逝金刚王之寺院略做有善事，故此让后世众生也逐渐知悉吧！如是，吾之无比上师修行观世音之真身，与无量光佛一同前往极乐世界是毫无任何困难的；与三怙主[7]一同前往遍照净土是毫无任何困难的；在兜率天驻锡于无垢佛子之圣地，拜见弥勒佛是很容易的；因是萨乐和（sa-ra-ha）佛之本体，故前往吉祥山是很容易的；其是因陀罗菩提（aindra-bhu-ti）总摄轮，故掌管乌仗那（ao-rgyan）等地。”

注释：

[1] 达孜地名，史称卫堆且日达孜宗。宗本起初由帕木竹巴政权委派，后改为世袭，至五世达赖时仍由吉六噶丹巴家族为达孜宗本，清朝曾赐予台吉头衔。清康熙五十六年（1717 年）准噶尔人占领西藏后，由拉杰饶丹统属。康熙五十九年（1720 年）拉杰饶丹被治罪，达孜收归西藏地方政府，并派六品官雪仲前去任宗本。1934 年，拨给热振做俸地，宗本由热振拉章派往。1947 年达扎摄政时重新收归西藏地方政府。1954 年宗本由一人改为一僧一俗。1959 年民主改革后，原达孜宗、德庆宗合并为达孜县，隶属拉萨市至今。该县属雅鲁藏布江中游河谷地带，地势由东北向西南倾斜，东南和西北部为高山区，中间地带为河谷平地。名胜古迹有位于该县章多乡旺波尔山的黄教六大寺之首甘丹寺，叶巴寺是西藏历

史有名的寺庙之一，至今已有1500多年的历史。县人民政府驻地德庆。

[2] 此年应为火虎年，即1386年。

[3] 一闻距大约250市尺。

[4] 古印度长度单位名，五尺为一弓，五百弓为一俱卢舍，八俱卢舍为一逾缮那，约合26市里。

[5] 此处所谓的“新蒙文”，似指帝师八思巴为元朝创制的新蒙文“八思巴文”。

[6] 本名却扎益喜（1453~1522年），又名沙玛尔却扎巴。明天顺四年（1460年）被法王扎巴嘉措认定为红帽系第三世活佛却贝益喜之转世灵童，遂为其削发，并赐予红帽系冠冕和印章。明成化七年（1471年）从桂·循奴贝受比丘戒。后曾至康区、工布及前藏各地传法布教。明弘治三年（1490年）在仁蚌巴·顿月多杰的支持下，创建羊八井寺（位于拉萨西北当雄县境内）。从此，红帽系活佛的主寺也由乃囊寺迁至羊八井寺。后其除主持寺院事务外，还积极为仁蚌巴出谋划策，对付帕竹地方政权。

[7] 藏传佛教密宗三护法神即身怙主、语怙主、意怙主。

第七章　第五世噶玛巴活佛德新协巴（1384~1415）

【译文提要】 第七章共有 11 节，即《青史》记载有关德新协巴及其上师之史料；德新协巴之降生；少年时的德新协巴；德新协巴受戒出家；德新协巴受邀前往京城；德新协巴在皇宫中的活动；德新协巴在京城传法及受封；明成祖封授西藏诸王；德新协巴受到诸教派的迎请和供奉；德新协巴圆寂；德新协巴的主要弟子。

本章译文主要概述了第五世噶玛巴活佛德新协巴的生平事迹。开始作者运用了《青史》所载的相关史料考证了德新协巴之上师及其弟子和有同门之谊的其他一些高僧的相关生平事迹，同时又依据作者所掌握的史料，指出了《青史》所记载的错误，并提出了自己的见解。此外，还概述了第四世噶玛巴圆寂后的一些征兆和第五世噶玛巴的降生及其少年时的一些情况。噶玛巴德新协巴是藏传佛教噶玛噶举派黑帽系第五世活佛，也是明代藏传佛教的著名高僧，《明史》记载他为“哈立麻”，即噶玛巴。根据文中所述，德新协巴出生于西藏年波一处名为娘达木的地方，其父名为阿巴古茹仁钦，其母哈姆吉，而且德新协巴于母腹之中时即可口诵六字真言，出生六个月时便欲饮茶，不但能知前世，亦可推知当下，天赋异禀。总之，为了渲染五世噶玛巴出世的庄严与神圣，作者收录了一些传说与故事，并赋予了这些传说、故事以佛教的神秘色彩。值得注意的是，作者如此描写其实是有着自己独到的考量，一则是源于自身的宗教信仰，二则是为了暗示由德新协巴继承四世噶玛巴的教主地位完全合乎噶举派的宗教法统。德新协巴聪颖好学，少年时便师从大轨范师公贡巴与多丹仁波切研习佛教思想，加之自身较为丰富的社会阅历，从而很早就形成了对于宗教社会功能的深刻理解。虽然他一方面强调“欲接众生入善境，应引众生入释道”，但另一方面更认为“任何佛法也满足不了人的贪欲”，客观地讲，这样的认识即使在今天看来，也具有一定的启示意义。

本章译文还概述了第五世噶玛巴活佛德新协巴在藏地受戒、弘法以及受明永乐帝之邀在汉地的一些活动。尤其是对第五世噶玛巴在明皇宫的活动做了详细地记载。据记载，明成祖即帝位不久，即派司礼少监侯显、僧智光携带着礼品和诏书到西藏召请第五世噶玛巴。德新协巴抵京后，建造坛城，弘扬佛法，并为永乐帝之母迎请牌位，为永乐帝诵《吉祥经》、做无量寿灌顶等。每一次灌顶仪式结束后，永乐皇帝仿佛目睹了许多非凡景象，为让其子孙后代都信仰藏传佛教，他下令由宫廷中最著名的画师将他所目睹的祥瑞图画在丝缎上，皇帝亲笔书写了题记，用藏、汉、突厥等文字抄写在画幅上。今天保存于西藏自治区博物馆的“明大宝法王建普度大斋资福长卷”与此记载完全相同。由于第五世噶玛巴活佛德新协巴在皇宫弘法“多有灵瑞”，永乐帝甚为高兴，多次赐宴和赏赐，还赐封他为“如来大宝法王西天大善自在佛”（简称为大宝法王）。大宝法王原是元朝封给八思巴的，是藏传佛教领袖人物中的最高封号，明朝之所以把这个封号封给了第五世噶玛巴，是因为当时噶玛噶举教派在西藏的势力正逐步扩大，有着重要的影响，实力已经远远超过了萨迦派。自从德新协巴受封为大宝法王之后，这一封号即成为噶玛噶举派黑帽系历代转世活佛专有的一个封号，一直到明朝末年他们都自称大宝法王，按期朝贡。德新协巴不但为弘扬佛法做出了贡献，而且对明中央政权制定藏区政策方面也起了重大的作用。明朝对藏传佛教各教派采取了“多封众建”的政策，对各教派的领袖人物广为赐封。据后文记载，帕木竹巴、止贡巴、藏达仓巴、灵仓巴、贡觉巴等人的受封都与他有着密切的关系。

此外，还概述了第五世噶玛巴活佛德新协巴晚年的一些活动。德新协巴晚年受到藏传佛教宁玛、噶当、萨迦、格鲁等教派高僧大德的敬仰和供奉，格鲁派的创始人宗喀巴大师曾对德新协巴给予高度的评价，并亲自给他写信和敬献了一尊佛像。在青海、甘肃等藏区，所有的僧俗部众都前往迎请德新协巴，由此可见，此时的德新协巴不但拥有着很高的宗教地位，其个人的影响力也与日俱增。德新协巴虽在藏传佛教界享有崇高的地位，但外出讲经说法，都是自己背着行李，来去步行，保持着一个普通僧侣的本色。他修行佛法时，信守教规，严格约束自己；弘扬佛法时，不抱门户之见，不偏袒任何一个教派；尤其是他以各教派高僧大德之道行为己任，修复寺院，刊印经卷，广行布施，爱抚各派僧众，为各教派之僧侣做出表率。

纵观德新协巴的一生，其待人谦虚温和，躬行佛法，不但推动了汉、藏文化的交流与发展，也培养了众多有大成就的弟子。在他的弟子中，除噶玛噶举教派外，还有其他教派的弟子，这充分说明德新协巴对藏传佛教各教派的影响力也是很大的。此外，本章还详细介绍了德新协巴的主要弟子大文殊妙音顿珠沃色、木雅多丹扎巴仁钦、大功业者玛色多丹、第三世红帽系活佛却贝益西等人的生平事迹，特别是阐述了苏莽噶举及其传承，为研究苏莽噶举教派的历史及其传承提供了第一手资料。

第一节 《青史》记载有关德新协巴及其上师之史料

法王德新协巴(de-bzhin-gshegs-pa)自汉地回来之后便与(上师)[1]相见。嗣后，（上师）在则拉岗（rtse-lha-sgang）等地为其讲授有许多经文，此事在《青史》（deb-sngon)[2]上有记载。在关于福田与施主[3]相见之文字记载，自藏历火阳狗年（1406年）末至火阴猪年（1407年）初期间福田与施主相见。而贝喀觉巴（dpal-mkhav-spyod-pa，即第二世红帽活佛）于藏历木鸡年（1405年）圆寂，于藏历火狗年转世。（我）感到此记载有些不太正确。《青史》中还记载，（贝喀觉巴）在享年五十九岁之时来到了噶丹玛摩（dgav-ldan-ma-mo）之后，在所有的手书上加盖有手印后，不久就圆寂于此地。据说康巴之弟子们再三地邀请他，但在去的路上有不祥之兆。后弟子们又一再迎请，他就前往曲尼巴（chu-nyil-pa）地方，一到驻锡之地即讲完了所有剩余之经典。后来（他）身有微恙，并因此疾而于藏历木阴鸡年（1405年）六月二十九日圆寂。其佛身舍利被以肩舆迎请至噶丹玛摩金塔圣瓶之中安坐，随后由比丘本查巴(dbon-grags-pa）与帕月却桑巴（ba-yo-chos-bzang-pa）完成祈祷。其弟子中最重要的是法王德新协巴、帕木杰综（phag-movi-skyed-rdsogs）、杰瓦嘉措拉赤（rgyal-ba-rgya-mtshovi-lha-khrid）等人，彼等将上师之许多讲稿记录下来，其中蒙古人温日热（dbon-rigs-ral）随从上师贝喀觉巴(dpal-mkhav-spyod-pa）闻习经典最多。其他弟子还有扎衮巴却格益西(rdsa-dgon-pa-chos-kyi-ye-shes)、苏衮噶西哇仁钦白（zur-dgon-bkav-bzhi-ba-rin-chen-dpal)、仁弥普巴索南仁钦（ri-mi-vbabs-pa-bsod-nams-rin-chen)、恰卡哇希热贝(chab-kha-ba-shes-rab-dpal）等人均尽其所能做利他之事。

出生于布波岗琼（bum-vbor-sgang-chung）地方名称为盖聂多丹却白益西（vger-nyag-rtogs-ldan-chos-dpal-ye-shes）也是他的有成就弟子，其曾担任无垢萨塔木王（dri-med-pa-sa-tham-rgyal-po)[4]之帝师，称为“色噶桑西”（sri-dkar-snags-she)，其修建有萨色（sa-gser）寺等许多庙宇。哈斯仁钦坚赞（lha-gzigs-rin-chen-rgyal-mtshan）长期依止上师，著有《帕木之圆满发心》等许多手稿，并发扬光大。

楚西索南布（vkhrul-zhig-bsod-nams-vbum）降生在距离乃囊（gnas-nang）很近的玉玛（gyu-ma）地方，不仅成为了上师的上等弟子，并建有乃囊寺，其有嘉多喇嘛坚赞（lcags-rdo-bla-ma-rgyal-mtshan）等弟子。帕月却桑巴(ba-yo-chos-bzang-pa)出生于那雪巴(nags-shod-pa）地方，其为上师之上首弟子，修建有帕月寺（ba-yo）和达孜寺（stag-rtse)[5]。据说比丘本扎巴（dge-slong-dpon-grags-pa）是塔布古热巴（dags-po-sku-rab-pa）之执事僧，因为他曾亲自修建了杰哈岗之寝宫与噶丹玛摩等寺，故对噶举教法（kar-bstan）成就最大。喇嘛仁桑噶波（bla-ma-rin-bzang-dkar-po）也出生于那雪巴（nags-shod-pa）地方，他修建了止东寺(grib-gdong)。彼等诸弟子均功业甚巨。

第二节　德新协巴之降生

吉祥第五世噶玛巴即是法王德新协巴。此外，前世法王若必多吉

(rol-pavi-rdo-rje)在北方圆寂之时，他的所有化机[6]各自看到了许多幻境，即在拉萨的觉卧像尊前有师徒七人，他们手捧装满金子的银盘，后银盘飞升，在空中旋转，又消散于彩虹当中，当驾临了楚布（mtshur-phu）的天空之后，四世噶玛巴言道："我要去兜率天，很快就要转世。"然后就消失在东方的天空之中，总之许多人看见了各种彩色虹光消散在空中；从门隅（mon-yul）[7]来的遁世修行者[8]说："法王师徒八十余人前来，为门隅王素热度穷（gsum-rab-tu-phyung）讲授了那绕尼古（na-ro-ni-gu）六法[9]人"。有游方僧人[10]与客商迷路在途中，在他们面前就出现了许多位仁波切，并为他们指明了路向。（第四世噶玛巴）说："其实我本人并不在那里。"很多人也都看见他骑着狮子走了，大轨范师等人来到诸帐篷中的时候，有人看见四世噶玛巴安坐于上方空中并赐予他们帐篷。快要到达雪卡 (zho-kha)[11]的时候， 所有人在一瞬间还看见了安坐于一匹黑头马上的(第四世噶玛巴)；到达了杰哈岗的时候，人们看见师徒十五人等出现，然后说："将船划过来。"划船之时，看见（第四世噶玛巴）从河水之空中出现并前往寝宫；四月十四日，（第四世噶玛巴）安坐于虹光之上，工布（kong-po）[12]街上的人们基本上都见到了；部分大修行者在嘉莱塞达（rgya-lavi-seng-vdam）也拜见了（第四世噶玛巴），而且还获得了教法，然后消失于彩虹之中；尤其是在娘达木（myang-vdam）上部有一位喇嘛，在下午还有太阳的时候看到（第四世噶玛巴）骑在狮子上，在虹光之中来到珍珠宝舍安坐，现身空中，后前往娘达木方向。

众人一边说："法王（第四世噶玛巴）的贵体难道有疾吗？"一边流下了虔诚的眼泪。众人所见之情景于娘达木地方之上空变为各种彩虹，每天都有花雨不停地飘落，芳香四溢，遍布整个地方。在（第五世噶玛巴）出生的房屋上空，彩虹不断地出现，许多人都做有吉祥之梦，梦见日月同辉，法王（第五世噶玛巴）驾临等等。

以前，所有预言家和降神者们都不约而同地宣布："法王（第五世噶玛巴）是在我们的家乡出生，此乃真实无疑。”诸佛督促众生尽力做利他之事。当得知藏地众生需从战争、灾难中救度时，从工热三地（kong-ral-gsum）而分衍至娘波（nyang-po）[13]一个名称为娘达木的地方，（第五世噶玛巴）之父系那囊香氏（sna-nam-zhang）家族，名为阿巴古茹仁钦（sngags-pa-gu-ru-rin-chen），母亲是拉姆吉（lha-mo-skyid）。当时其母梦见，从北方来有许多穿着时髦的俗人，其中三四个人前来，主要的那个人说“请借一住处”，后即融入自己之身体，其他人则环围其周围。在其房屋后边的一大片空地上布满了海螺，遂捡了一兜。当吹一大海螺时，便从梦中惊醒。此外，还梦见空中日月同辉，虹光密布，金色花朵祥集不断等奇特之景象。

（母亲）为了（第五世噶玛巴）的身体健康，不贪恋美食。是时其在母腹中一遍遍地口诵六字真言及啊哩（ava-li）、噶哩（kva-li）、唵啊哄（aom-av-hvum）。众人还听到：“母亲和许多妇女不可同住在一起。”所有人左右环顾，不知声音是从何处而来，疑窦丛生。因为怕羞且不想让别人知道，又大声传出“母亲不能单独在父亲的寝室睡觉。”众人听后言道：“此乃佛陀之幻化者也”，“不可随便叩拜”。（第五世噶玛巴）的父亲也在梦中见到一个极为精美的坛城[14]，中间有一个圣瓶，遂对之叩拜、祈祷。

据《福德力之论典》（bsod-nams-stobs-kyi-rtogs-brjod）记载，对于诸圣人之福泽是难以测度的。此福力可以治好往时父亲之病源，昔日资具不足，现在尚需何用？桑普（gsang-phu）[15]的一位大修行者也从梦兆中清楚地看到立有许多经幡[16]，并传出“在此等圣地很快将有灵童转世”。一位名为贡坚（mgon-rgyas）的女施主看到于其头顶天空之中，法王安坐于日月之间的坛城中。另一位名叫桑吉（sngas-rgyas）的女施主也梦见法王反复往来于此地。在此方向之所有地方，疾病与战乱断除，粮食丰收。因为于此家中经常有虹光与花朵出现，故而众人皆知道法王将在此地降生。

少数几个与其父亲竞争的咒师嘲笑并嫉妒法王之父亲。如是，法王在母腹中依止，众生欢喜，且于藏历木阴鼠年（1384 年）六月十八日太阳初升之时降生。其时，大地微颤，花雨飘零，芳香四溢，虹光密布。此位心存妒忌的咒师，因为其家中的女人反复梦见了很多美貌女子对法王母亲寝室进行巡礼，其中打扮尤其美貌的四位女人高擎着酥油灯朝拜，故此后他对法王大加敬信，并成为法王的侍奉者。

法王出生那年，其近侍弟子释迦沃（shvaka-vod）编撰有传记，从中我们知道了所谓的“血眼牛年”（khrag-mig-glang-gi-lo），而“血眼”即是专指红色眼睛幻化之特点，即是藏历火兔年与饶迥结合时的木鼠年，而不是牛年啊！尊者聂普巴（snyag-phu-pa）有诗云：

猪年吾将示现圆寂状，
鼠年吾于娘达木转世，
龙年将做利他之事业，
向如此言行虔诚顶礼！

如是，法王安坐于母腹，而后亲自示现，故众人相信，无可争议地大加供奉。

第三节　少年时的德新协巴

法王降生不久，当地的众生虔诚敬奉，给以无数供品。半月后，大轨范师公贡巴（kuvi-gung-pa）前来迎请法王。后又派遣大堪布贡伦巴

（mgon-blon-pa）和轨范师罗追坚赞（blo-gros-rgyal-mtshan）等主仆多人送来大量的食品、衣物等。法王安坐于母亲怀中，对彼等微笑而且展示出了欢喜的表情，然后又抓着管家的手指欢喜地坐在了他的怀中，管家消除了疑虑敬信了法王。之后不久，大轨范师在工布为前世法王修建了大银塔，然后将银塔与五世法王一起迎请至楚布（mtshur-phu）寺，是年的十一月十一日拜见了法王。

法王出生刚满六个月时，就要求喝茶，遂用手去取茶。若在他面前放有糖的话，他会先把糖藏起来然后笑而欢乐地再拿出来。故此将帽子、衣服、金银碗等物放在其坐垫之上，安排喇嘛释迦沃主仆侍奉法王。他们每月延僧念诵[17]广中略三种般若经[18]及《贤劫经》（bskal-bzang）、《宝髻经》(gtsug-tor)、《能破金刚经》（rnam-vjoms-tshe-chog）等，不间断地努力。在九月份法王闭关[19]，结束闭关的时候仅仅赏赐衣服等物品给朝拜者。如是之时，法王安稳地呈跏趺坐，根本无匍匐状。藏历牛年（1385年）元月上旬的一个早上，当身边众人神情涣怠之时，大家没有注意到法王是怎么从彼处到此处缓缓走动，而后又笑着坐下的。有人问："你无须匍匐即可如此走吗？"法王回答道："能走。"释迦沃在法王的传记中将此事记载为藏历虎年（1386年），错后了一年，故误认为法王降生的时间是七月。

（法王）在房屋的柱子瓦砾中间，有如手掌般大小的一位贵人像变魔法似的来回走动。释迦沃请求道："不要如此行动，这有害于身体。"法王回答道："喇嘛你不必为此担心，我会注意平安的。"此后，人们看到天空颤动，冰雹淋淋，法王即手作"期克印"，霎时冰雹移往别处，如此发生了多次。有一天法王对释迦沃说："大轨范师将要从藏地来，你前去迎请。"此后法王立即就去了尼达塘（nyi-zal-thang）会面。大轨范师拜见了法王，而后卫藏（dbus-gtsang）[20]的止贡(vbri)[21]、丹萨梯(gdan)[22]、蔡巴(tshal-pa)[23]等部的施主与各教派的弟子前来迎请,并奉上诸多礼品。

此后，法王又驾临杰哈岗，驻锡此地，并告诉说楚布、噶玛、那普（nags-phu）等地的所有，法王所说如上一切情况完全符合实情。听说大轨范师又要来，法王及其父亲等人前去迎请，大轨范师因故路途耽搁了多日。（有人问）：“今天夜里能到达吗？”法王当时伸出两只手指说：“两天后即到。”事实果真如此。

四月吉日，法王说出四品之名。问：“此等从何而来？”法王以手指着胸膛说：“就在这里。”问：“您有吗？”法王答：“是，是。”然后大笑。法王对施主台卓（theb-grol）等人说：“因病而造成诸多痛苦，只有加持[24]才能好转。”如此照办，各人的病情均有好转。（大轨范师）到岗巴娘波（sgang-pa-nyang-po）地方用了很长时间，问：“现在快到了吗？我们前往迎请吗？”法王答：“现在还不到时候。”半个多月之后，法王对释迦沃说：“该走啦，也给你一些金子”，并（吩咐了）在何处见面，而且如此发生了。

大轨范师等人来到之后就见面了。法王指着一张小法座说：“此法座太高了。”又重新修造了一张小法座。法王对众人说：“你们前来磕头行礼吧！”并给众人一遍遍地摩顶而后大笑。曾从搭瓦箭斋（rta-bar-rgyal-vdsin）将一百匹骏马及大量物品敬献给了前世二位法王的大施主老妇人洛丹（rgan-mo-blo-bde）之子阿白（a-dpal）等人前来，请求向法王敬献一百马匹。法王看到了他们之后马上问：“施主杰巴（dpyal-pa）来了吗？”如是等等，难以计数。

总之，如同小孩跟着母亲学习说话，如果真实情况被掩盖而说了与事实不相符的话，由于心识所行[25]很不一样的原因，浊世[26]众生就不能被教化了吗？为了宣扬如世间和睦等事，如果依赖这些不多的圣人们的天性，便如同太阳坛城中萤火微光就可以被看见而后颂扬，此境并不多。多丹仁波切喀觉巴（rtogs-ldan-rin-pao-che-mkhav-spyod-pa）前来拜谒灵童，然后敬献了许多礼品和前世法王的帽子[27]。法王用手取来放在头顶上的时候，大小相称，丝毫不差，众人对此感到十分惊奇。

杂日（tsva-ri）、那普（nags-phu）、郭城（lkog-phreng）、杰哈岗等地众人再三迎请法王，法王说："我先去娘波（nyang-po）和那普。"而后，信众们各自抄近路前来迎请法王，彼等福德资粮因之大增。在路途若遇到暴风等，法王用手一指，暴风即遁往他处。以大轨范师为首的岗巴（sgang-pa）等人也来到了艾塘（ae-thang）地方，并以狮子宝座迎请，后来法王依次去了那普等地，而且讲述了每位信众的前世情况，所有徒众也必定会皈依法王。

释迦沃因为从马上掉下来使肋骨断裂，法王稍以手触之，其疼痛即消除，并很快痊愈。在大雪纷飞的寒冬，法王只穿有一件薄薄的衣服就走了，而且身上闪烁着微光；在炎热的夏天，法王穿着厚厚的衣服，也觉似凉爽。法王驻锡于隆堡甲卡（long-po-lcags-mkhar）附近的平坝，外出散步之时，在离道路不远处一磐石之上玩耍，用手插有许多树枝，遂出现有洞穴之痕迹，并说："请将此分开。"此间布满有一庹多长像肺一样的动物，外面是黑色动物，里面是像芝麻大的白色动物，彼等用舌头舔着唾液。持定之后，彼等即刻死去，遂出现彩虹和花雨，彼等尸体亦被焚烧干净。问："此乃何因？"答曰："以前于若必多吉（rol-pavi-rdo-rje）之时，此地一位享用生者和死者（食物）的喇嘛承诺从恶趣[28]中拯救众生。此等黑色动物是他用死者之食物做成，此等白色动物是他用生者为报业缘，遂将身形吃掉。（法王）言道："我如此承诺，将迎请众生至极乐世界[29]。"而后，当打开路边的那块磐石，即清楚地看见剖面两侧有此等动物之痕迹，直至现在尚清楚地显现。对此有的说，在法王让迥瓦（rje-rang-byung-ba）时期众生被引导而且罪恶的根源得以显现。所谓这些虽得以闻悉，然在传记之中并未记载。

法王于雪卡（zho-kha）参拜经幡且施以供奉。驻锡此圣地之时，有人说"多丹仁波切（rtogs-ldan-rin-po-che）今日将到"，并为此做了准备。尤其是名为格西释迦多（dge-bshes-shvaka-rdor）者，在法王身边反复说前去迎接。后法王道："今日毋往，明日他会与我路上相见。"此后果真如此，第二天就见到了他。法王遂言道："我说的没有错吧！"自此，（格西释迦多）再不敢妄言。

之后法王又对释迦沃说："你如此之言论，应虑及众生利益，纳入善行之举。"嗣后，法王又依次造访了所有村落，无论到达任何地方皆禁止渔猎[30]，大力弘扬佛法善事，一切皆如松赞干布之事业去做。达瓦江孜（rta-bar-rgyal-vdsin）地方的施主向（法王）供奉有百匹良驹，于万众面前设摒弃罪孽之宴。此日在虚空之中，日月星三光[31]汇聚，花雨如雪，飘零而落。

法王被迎请至涅窝（snye-bo）地方，留有许多脚印。（众人）看到当法王行至悬崖之上，诸护法神随即往迎，此景象反复出现。信众之受用，如海无边。其时，法王对大轨范师说："要反复如此讲，为让众生入善境，应引众生入释道。"如按（法王）所言，大轨范师亦知悉（法王）所思，故（大轨范师）在内外修法过程中显现了一切资具，并做了有意义之事。虽有无数菩提勇识佛之见，然仅赐教少许，（法王）便能说出此等情形。法王说："佛母来了，开一下门。"然后又做了些吩咐。在大家感受到（佛母）出现的同时，（佛母瞬间）又离去。若遇天旱，法王施以命令与真言等，雨水片刻倾盆而下。

藏历蛇年（1389年），法王六岁驻锡郭城（lkog-phreng）之时，对释迦沃说："从噶玛方向要来很多人。"数日后，传说（彼等）即抵达森虎瓦（singhu-ba）地方。法王说："若是为尽快相见，那还是从沃塘（vo-thang）码头出发即可。"之后，（彼等）拜谒了法王而且做了如云之多的供奉。之后不久，止贡（vbri）、丹萨梯（gdan）与蔡巴（tshal-pa）等地的卫藏所有的施主们分别前来迎请，是时楚布[32]的国师桑波仁钦（bzang-po-rin-chen）等人前来，喇嘛洛扎瓦（lo-tsa-ba）将大明皇帝的诏书、帽子、佛珠等殊圣礼品敬献给了法王。当（众迎请者）纷纷前来迎请之时，（法王）朝向所有的迎请者们聚集之地言道："（我）要先去噶玛地方"，并吩咐总管桑波仁竹巴（bzang-po-rin-grub-pa）也需要先去楚布地方。法王用手指指着呵责道："如果不这样做的话，我所谓坐在法床之上还敢说话吗？你等任何人都不了解，我去哪里我自然知道。"之后，众人十分畏惧，不知如何向法王解释，谁也不敢至法王尊前。之后，法王向无数的信徒言道："任何佛法也满足不了人的贪欲。"

此后，法王开始从大轨范师闻习大手印、六法、六加行等方面无数之引导和语诀；从多丹仁波切闻习那（nag）、杰（rgyal）、帕（phag）三种传承等一切深奥教法。法王由于神志进益，断证[33]不断得到圆满。后来法王驾临帕月（ba-yo）与贡萨（dgon-sar）之间的地方，广行利他之事。前世法王的根本弟子即是（现在法王的）营官，他也是帕月等地的庄园主，他在杰哈岗的走廊墙壁上绘有一百多幅《法王都钦（dus-mkhyen）[34]传记》的壁画，并在帕月地方为前世法王塑像。

掘伏藏者桑吉林巴（sngas-rgyas-gling-pa）前来迎请法王，法王对其说："因为金贝和胜海之藤鞭在你之手，请你将我的金贝和胜海之藤鞭拿来。"此后，（桑吉林巴）即将（金贝和胜海之藤鞭）献给法王。（法王）说："你已把藤鞭弄断啦。" 桑吉林巴遂拜伏在法王脚下痛哭。

第四节　德新协巴受戒出家

在法王七岁藏历铁马年（1390年）元月一日，法王来到了杰哈岗一处比丘聚会之山上。在以堪布聂普瓦索南桑波（snyag-phu-ba-bsod-nams-bzang-po）与亲教师扎觉巴云丹罗追（dgra-bcom-pa-yon-tan-blo-gros）为首的诸高僧大德聚会上，为法王受比丘戒[35]和沙弥戒[36]，赐法名却贝桑波（chos-dpal-bzang-po）。此后，藏历水马年（1402 年）法王十九岁时又来此地，堪布、亲教师与持法者共计八十多位中，法王正式受了圆满比丘戒。传说法王在藏地获得比丘之业绩多而胜妙。

据说每位（众生）向法王行礼之时，法王时而依身虹纹之上需要休息，（此时）出现有彩虹与花雨。（堪布）聂普瓦钦波曾受过神胜尊者巴沽拉（ba-ku-la）[37]之教诲，亦曾随从前世法王若必多吉闻习过许多教法，（故此）他是德新协巴的上师，而且比其他的敬信弟子（对法王）更加虔诚，且对法王赞颂有加。（法王）先后从堪布和亲教师那里闻悉了所有律经方面以及觉丹（jo-gdan）教法和许多深奥之著作，还从大师噶西瓦（bkav-bzhi-ba）学习了许多典籍。

在法王十九岁的藏历水猴年[38]（1404 年）八月十五日，法王从雪卡（zho-kha）地方出发，前往扎雪类乌齐俄（bra-shod-ri-bo-che-ngom）等地为所有高尚与低贱人众讲授解脱经。藏历鸡年（1405 年）元月，法王来到了噶玛地方，以佛法教化一切有情[39]。此后，盖热巴（rke-rags-pa）、喀阿聂巴（rga-a-nyan-pa）、厦噶（shar-ka）地方的官员绰沃杰（khro-bo-rgyal）、万户长[40]塔热喀且（da-ra-kha-che）、公觉（go-vgyo）地方的官员南喀悦色（nam-mkhav-vod-zer）等所有僧俗首领前来迎请法王，法王得到了大部分人的信仰，并使每个人都得到无数奇异之征兆。在前往牧区的路上，前来拜见法王的一些人请求法王讲解他本人的传记。法王如是言道：

使生死无常得心解脱，
为救无主轮回之众生，
慈悲有情余故入世间，

转世涅槃兮恒常相续。

（法王）在波措曲茂（vbom-mtsho-phyug-mo）之湖畔念诵真言，遂降下雨露，广行利他之事；公觉地方蝗虫成灾，受到重大危害，法王布令，蝗虫便断绝。因为得到了布波瓦（pu-vbor-ba）再三的迎请，法王答允。复次，来到了工布（kong-po）地方，（为众人）授近圆戒，并行利他之事。

第五节　德新协巴受邀前往京城

昔日，蒙古皇帝妥懽帖睦儿[41](tho-gan-thi-mur)执政三十五年，法王若必多吉回到藏地后的第五年，汉地发生反叛，法王（若必多吉）来到了蒙古地方。汉地皇帝明太祖(rgya-nag-gi-rgyal-po-thavi-jus)[42]执政不久，此后大皇帝便统一了汉、蒙古、西夏，社稷安定。皇帝[43]闻悉法王之美誉，甚为喜悦，故再三邀请，尤其（在诏书中）曰：

兹悉上师汝精通如来之深奥佛法，且利益西方众生之事，使众生皆皈依和敬奉佛法，此乃犹如佛祖降临人间。汝若未获殊胜智慧功德事业之成就，岂能如此广利众生。昔日朕居北方之时，闻知汝之美名，欲得一见。今朕即位，国家普度安乐，朕久思之，须开创犹如消除黑暗之共同业绩。昔日，释迦牟尼佛以慈悲之心利益众生。今汝弘扬深奥之佛法，此举与佛祖同心无二。故迎请汝至中原，弘扬教法，利益国家，此乃朕昔日之所思也，请上师务必前来。先王开创中华乐土，亦已皈依佛法。

朕之皇父洪武太祖及信奉者皇太后久逝，欲报其恩，然未得其法。上师汝以智慧之业绩获得殊胜之成就，唯此乃佛教之本性也。故务请汝速来，完成对诸善逝者之荐福仪轨。现遣司礼少监侯显[44]等人赍书迎请，敬请上师慈悲体念，速来为荷！随诏书之礼品有三锭银子计一百五十两、十四不同颜色的丝绸、十四不同颜色的缎子、檀香木一块、乳香十斤、乳黄香一斤、白茶一百五十斤。

永乐年二月十八日写于皇宫。[45]

此外，按照皇帝诏旨前来迎请法王的金字使者较前有所增多，彼等前往卫地。止贡（vbri）、丹萨梯（gdan）和内邬（snevu）等地众生对法王大加侍奉，（法王）驾临拉萨及楚布，渐次经由北路前行，利他之事相续不断。

二十三岁的藏历火狗年（1406 年）七月三日（法王）驾临拉登(lha–steng) 寺,八日抵达噶玛寺，于此汉地大臣们将诏书和礼品敬献于法王。（法王）于十八日出发，于格东（rke–stong）和格绛（ker–rgyang）地方驻锡二十五日，达波钦波（bdag–po–chen–po）、灌顶国师和获得印绶者等诸位大人与玛尔康（smar–khams）[46]地方的无数比丘皆俱生欢喜之心，夏尔喀（shar–kha）之众生皆来拜见法王。此后，经过第六个驿站渡过长江口岸。灵仓（gling–tshang）地方的供奉无数。（法王先后到达了）热嘉珠索（ra–rgya–gru–so）之间的第十个驿站，卓浦绒瓦(khrom–bu–rong–bar）之间的第十六个驿站，卓浦地方的人们一次向法王敬献了五百匹马。此后，前来迎请法王的大臣抵达第一个驿站。法王抵达第二个驿站临洮(ga–chu)，于(火狗年）十二月三日从临洮出发，而后依次经过三个驿站并于两天后到达了起辇谷（shi–kun），又经过两个驿站抵达曲玛卡（chu–ma–mkhar）。此后，在第十九个驿站，萨兴（zam–shing）王子前来拜见（法王），在第二十个驿站，白阳（pan–yang）王子拜见了（法王），所有人皆供奉礼品、无限敬信并侍奉法王，而且每当闰月时所有人皆聚集起来（拜见法王）。在第十四个驿站洪芒(hung-mang）地方无数比丘（拜见法王)，供奉之多如云四驰。抵达第三个驿站时，秋贡（chu-gun）王宫的两位王子前来拜见（法王)。在第三个驿站的王宫前有大河一条，码头上有船三千艘，（法王走了）三百六十五步（即）一里路，到了一艘上等的大船上，驻锡于（一间）庄严精舍，乘船三百八十里之遥而去。在河对岸有各种不同装饰的大象三十余头和万余比丘迎请（法王)，而且大家都看见晴空之中彩虹出现。

第六节　德新协巴在皇宫中的活动

藏历阴火猪年（1407 年）元月二十一日，皇帝出宫而至城外法王驻地，将一具金色的千辐轮[47]供奉给法王，皇帝亲自为法王敬茶，并为所有师徒赐予新鲜的茶叶。

如今经常讲述的关于皇帝与法王相见之文字记载说，（皇帝）思虑到法王若有神通智慧，应该执有哈达一条，而且放一具右旋法螺于袖筒之中，首先应赐予（朕)。法王亦知悉（皇帝所想)，随即从身侧取出一具右旋法螺，敬献（给皇帝)，（皇帝）遂从内心虔诚敬信（法王)。此后，法王说："(皇帝）赐予的一对金翅鸟，系欢喜天之贡品，其长度略如五指宽之两个右旋法螺。"

因新建有觐见的宫殿，法王于此日晚即驻锡于此宫殿。翌日寅时，(皇帝）赐予所有仆从每人四套衣服、一双鞋；赐予贵人们每人一顶金色盘帽。皇帝从遥远的地方前来住于此处，按照汉地之习俗左为上，法王依左侧安座，其余的人在前方左右两侧坐定，共同恭侍法王。此后，皇帝返回王宫，众师徒驻锡于觐见之宫殿[48]。

二十二日，（宫殿）内外的人们一大早就来到皇宫。为欢迎法王，无数身着盛装之人们敬献有手工制作的绸缎精舍与黄金、绿松石精舍以及华盖、宝幢、经幡、香囊等供品，种类之多，不可思议。此外，欢迎队伍中还有一头白象、三头挂着金银饰品的大象以及三百头披红挂绿的大象仪仗队[49]。身着僧服的五万余僧人分别手执鲜花和各种不同的乐器，以九位皇太子和三千余名大臣为首的十万显贵，一百二十万军士围成一圈，有些人披甲戴胄，有些人携带盾牌，大部分人都手执长矛。人人手执金锤、金钺、金杖等，每百人为一组，手持金、银、绸缎装饰的日月形状者有四千余人。随后大皇帝为迎接（法王）亲临皇宫大门，外面如何安排迎驾，里面也如何安排迎驾，尤其是仅穿戴金甲者就有二百余人。在觐见会聚的宫殿南门，有座五层（楼房），里面有纯金制作的金顶、金柱以及藏式三十二根柱子的寝宫，寝宫四方有三个门，每门有一佩剑侍卫。皇帝与法王之座次惯例一如往昔。法王之身边有三位净妙上师（bla-ma-rnam-gsum），左侧安置有僧众，四门中各有穿金甲者五十人。皇帝左右两侧有持盾、挽弓、佩剑者四十余人。午宴赐予无数种食品。此后，在皇帝面前表演各种喜剧。临行时，皇帝曰："朕已吩咐请法王等走中门，吾等走左侧之门。"皇帝送法王至皇宫中门，前去迎接者们送法王至寺院中。

总之，自蒙古[50]以来，皇宫虽有很多寺庙，然特按照汉俗之设计于城墙外[51]新建有灵谷寺(ling-gu)[52]，于内地[53]新建有大都寺，并建造有驻锡地。这两座寺院与五台山的寺院中之营房到外围之间皆安置有上师之侍卫。关于记载此等寺院之拉章(bla-brang)[54]的书籍保存于杰哈岗，我曾亲眼目睹过。

次日太阳初升，皇帝驾临寺院中。法王从寝宫之内门，所有上师从中门迎接（皇帝）。敬献的礼品有备好鞍的三匹白马，其余白马一十八匹。对此，汉人以白色马匹尤为致胜，然而昔日的老者不以白色（为致胜），今以白色为致胜之始。尚敬献有金七锭、银三十七锭、绸缎百余（匹）、茶三十包、金铃杵十五个、金瓶两个、银瓶五个、金银曼遮一对、五瓣莲花金银盘供一个，其他还有宗教供器、金银碗盘等无数礼品。皇帝称此等礼品为"胜境欢喜天之供奉"。

二十三日，（法王）于寝宫（未出）。二十四日，皇帝下诏，请以三位上师为首的所有随从前往皇宫，并安排于宫殿之廊厅相见。皇帝尚传旨不需要每个僧人为皇帝行礼。（皇帝赐给）仲普国师（vbrong-bu）、轨范师噶西瓦仁钦贝（dkar-bzhi-ba-rin-chin-dpal）、大堪布贡伦巴（mgon-blon-pa）等三人每人银子三锭半、精美之金供器一个、飘幡一条、放置多玛之供器一个、衣服两套、食品盘一个、内用外用绸缎十二匹、钞两千、石铃杵四个、白念珠一副；（皇帝）赐给全部僧人中的上等僧侣每人一大锭银子、钞八百、绸缎六匹、丝织品六匹；（皇帝）赐给中等僧侣每人两三锭银子、六匹绸缎、钞四百；（皇帝赐给）下等僧侣每人半锭银子、绸缎四匹、钞三百；（皇帝赐给）所有的僧人每人白念珠一副，衣服两套、两对石铃杵。[55]二十七日早晨，皇帝驾临法王驻地，赐予法王白檀木制作的高度有两肘之千手千眼观世音一尊以及供奉观世音的银制供器、供灯等，（还有）无数的银制器皿、水晶供器等。

此后在第二个月的上旬一日过新年之时，此即蒙古（历法）二月，现今汉历元月。法王身边的领经师和轨范师于黎明时从皇宫的东门而入，然后坐于廊厅，皇帝到彼等尊前请他们用茶。黎明时分，皇宫四面八方为大元皇帝效劳的五十余万显贵、大人皆向皇帝行礼。尚有虎两只、犀牛五头、雪猞猁两只、大象百余头及（手执）法器者很早就来迎请，每组有一千人，披甲执戟者每组有十万人，二百多舞蹈者率领的各种艺人一千多人，皇帝与法王们观看片刻即至皇宫，安坐如昔，并赐予美宴。

是故，下达诏谕僧侣们不必行礼。安排所有艺人依次来到皇帝与法王面前表演戏剧、歌舞、乐器。晚宴结束后，皇帝送法王至第三道大门外，王子们送法王至寺院，皇帝并赐宴所有显贵、大人。又于十五日早晨，皇帝迎请师徒二十多人至皇宫，照旧赐予戏剧、宴会。此日晚间于宫殿的大长廊上，放有火花与八瑞相徽等多种焰火并表演有十万多种戏剧。深夜，法王等人返回寺院，其寝宫大门口也有与上述相同的会供和各种表演。此后数日，法王依次为皇帝讲授佛法。

二十五日，所有师徒等人被迎请至皇宫，首先从东门到达金銮殿（gser-khang），此后即到达了以前觐见的地方，二人会晤。皇帝赐予法王用一千两银子制成的五锭银等许多礼品，表演的节目大部分与以前相同，特别是皇宫的西门前还表演有黑猴走钢丝、白猴骑马等精彩节目。

第七节　德新协巴在京城传法及受封

此后月（即三月）之五日，绘出内外坛城之线纹，法王制作《胜海》（rgyal-ba-rgya-mtsho）；仁波切制作《宝金刚橛》（phur-pa）；噶西瓦（bkav-bzhi-ba）制作《密集》（gsang-vdus）；轨范师制作《米遮》（mi-tra），其他人制作《金刚性法性经论及灌顶》（rdor-dbyings-chos-dbyings-gsung-dbang）、《喜金刚》（dgyes-rdor）、《至尊度母》（rje-btsun）、《遍知》（kun-rig）、《药师佛》（sman-bla）、《度母仪轨》（sgrol-chog）、《修行大悲心之咒》(thugs-rje-chen-povi-gzungs-sgrub）等十二坛城[56]。开始（制作坛城）之时，皇帝前来赐予法王身边三位上师之礼品，所有上师每人内外衣服四套，其他（制作）坛城者每人内外衣服一套，由皇帝亲手颁赐。

十八日正午，法王修行仪轨，此日如同皇帝父母（生前）驾临一般。法王为皇帝灌顶一次，其他人做度母仪轨。十四日，升起彩帐，皇帝与法王等人亲见了十六尊者之尊容，而且三位汉地大臣也看到了。众生皆看到甘露从一棵大树的枝头上流出，一棵柏树的枝头上长出了一朵金花。总之，从仪轨开始到结束之前，各色彩虹浮现，花雨飘落，一如往昔。

十九日夜晚，法王迎请皇帝母亲之牌位，其他人将彩色细沙运送至大海。此时，无数比丘和用各种饰品装饰的大象前来恭送。此后，法王为皇帝念诵《吉祥经》（bkra-shis），皇帝为法王奉献的礼品有黄金九锭、白银十八锭等大量物品；赐予三位上师每人内外衣九套，每人白银三大锭、钞一千铢、马三匹、绸缎八匹、丝织品五十匹；赐予却银巴（chos-dbyings-pa）和多银巴（rdor-dbyings-ba）二人各绸缎七十匹；赐予贡日巴（kun-rig-pa）等其他人每人绸缎五十匹；赐予每位仪轨僧侣银十三两，每人绸缎四匹，每人钞四百五十。

又于二十日，（法王）被迎请至皇宫。绘制坛城后，法王为皇帝做了无量寿之灌顶。次月（即四月）八日，（法王）首创“六法之导引”（chos-drug-gi-khrid），皇帝亲自实修，（法王）翻译经卷后敬献给（皇帝）。此月，（皇帝赐封法王）“如来大宝法王西天大善自在佛（de-bzhin-gshegs-pa-rin-po-che-chos-kyi-rgyal-po-nub-phyogs-kyi-byams-pa-chen-po-zhi-ba-dbang-phyug-gi-sngas-rgyas）”[57]之名号，赐予用一百两黄金制成的诏书和如意宝贝水晶印，并赐予三位上师大国师之职以及金印和水晶印盒。

一千余名汉僧由于犯罪被擒拿入狱，面临性命之虞，法王劝说皇帝后，拯救了彼等之性命。其次，（法王）先后劝说皇帝对全国狱中的重刑罪犯（进行赦免），为此皇帝先后三次下达赦免之诏谕。皇帝让汉教、本教、震卦[58]等各个宗教按照自己的教规去做，并下诏曰：“此教（指法王所传的宗教）谁也不可危害。倘若有所危害，各自教派之长老立刻来见朕，如何按照法规去执行，朕是知悉的。”将弘扬佛法之诏旨颁布全国。昔日已赐予帕木竹巴“王”之名号和大印，复赐“灵仓”和“贡觉”王之名号和大印。四月中，法王前往五台山住夏[59]。此后皇帝父子护送（法王）至海岸。此后，法王又返归藏地[60]。关于皇帝与法王相见之文字，除此之外，再无其他记载。

总之，明太祖皇帝之福泽无量，他委派大臣首先迎请了比日帕巴（birlbi-pa），供奉有“太平盛世”（ding-phon-bzang-po）之小头巾和鹅黄色僧裙。此后，又迎请了十六尊者[61]，供奉有“太平盛世”之上衣和下衣一套。此后，又准备迎请法王德新协巴之时，（太祖皇帝）驾崩，故大明成祖皇帝也考虑需要完成父母之愿望，尤其大明成祖皇帝是文殊菩萨之化身，皇后是度母之化身，施以妙善之业。皇帝之伟业掉举[62]，使神圣佛法暂时发生乱相之时，据说（皇帝）于梦境中前往普陀拜见观世音，因爬山之疲惫，正欲离开之时，眼前出现一枝高大而茂盛的青莲花。（皇帝）趁机歇息后复返，于山顶上拜见了大悲心佛并得到加持。此后，皇后督促弘扬神圣佛法，迎请法王，并使疲惫的皇帝得到康复，故皇帝曰：“朕的妙善者即是此皇后。”对皇后赞不绝口。修仪轨之时，在每个人面前出现有彩虹、大象和狮子等各种影像，称为“仙鹤”的鸟长时间地显现，各异之花雨不断降下；以前人们未曾见过的许多僧侣环绕坛城，瞬间又出现在彩云之上的诸多阿罗汉[63]；在云隙间出现有菩提勇识佛[64]，并看见诸神亲自前往供奉等等。尤其是当太阳落山时西方出现有大片金光，遍照汉地全境；尚看见自无量光佛刹土[65]发出无量寿佛光等诸多奇特之景象。此每日所出现之景象皆绘在丝缎之上，皇帝亲笔书写有题记，用汉、藏、突厥等多种文字抄写在画幅上，名称为“祥瑞丝绸画卷”，现在尚有保存。[66]由于（皇帝）父母之佛塔的因缘及正果，故修建有极胜之地，各处圣地皆出现有诸多奇特之景象。尤其是法王离开皇宫后，驻锡于五台山之时，每天在灵塔影子之下出现有虹光，虹光中显示有许多奇特之身影。皇帝迅即（向法王）奉上请求教言之诏文，仅此类诏文就颁有十余道，关于此等奇事述说不尽。

此时，皇帝看到德新协巴一庹多高之身像每日都在增长。次月此日，最初存放于天竺一小地方的释迦牟尼之佛牙舍利，出现在皇帝的手中，皇帝知悉此乃为法王之大悲心所致。后关于（佛牙舍利所显现之）纯金的佛像如何看见、如何塑造等原因，请教之诏旨等赐予法王之手。

总之，依皇帝本人思虑，欲效仿蒙古时代用兵治藏，考虑以一种犹如蒙古政教合一的体制治理社稷。但因法王如此弘法，故不宜动用军队。最终，皇帝认为藏地佛教传承不一，宗派各异，必将引发彼此纷争。如若真的发兵至藏，法王定会不乐。（皇帝道）：“朕将遗留于临洮的镏金屋顶上之砖瓦送去（藏地）之同时，派出朕之一小队骑兵，彼等在每匹马的尾巴上系带一块砖瓦，即可平安地到达藏地。后将所有的教派皆统一到您的教派之中，如此每年您可于多康之热岗（rab-sgang）、卫藏之拉萨传法布教。请您允准！”然而（法王答道）：“仅一个教派是无法教化众生的，应按照众生各自之信仰，融入佛之慈悲心。倘若按各教派之教法去修行，即为最佳。”如此，（皇帝）遂未有发兵至藏。

后来虽然皇帝的金字使者又去藏地，但在止贡后面的塞如绒(se-ru-rong）地方被抢劫，而且藏地有人进了许多的谗言。之后，汉地军队临近发兵之时，（有人）亲眼看到帕木竹巴王扎巴坚赞[67]在法王面前可怜巴巴地感伤悲号，连续三次给法王送上献首献身之呈文。此时，（法王）大慈悲之心遍及，（法王）并不恋栈于名利、权势和欲望，因其虑及保证众生之利乐，即向（皇帝）反复进言，故大皇帝又将上师加持过的宝冠戴在头上，双手合十，拯救未来汉地一切灾难，拯救此时藏地一切灾难。总之，法王使藏地免于兵难之险，功德无边。然而在藏地（其他教派）任何人无有领会法王之恩德，吹嘘之所以能够平安地生活乃各教派伪者之所为。唯一如此，因果难知，唯有此等悲心之所在。对此大堪布索南桑波说道：

此法王对无量之众生，
知悉妙善救度完成日，
具有如此神思噶玛巴，
向法王德新协巴顶礼！

加持所谓“如若法王若必多吉能在此山之巅为一位清净比丘的遗骨净治，即可解除汉地军队对藏地之威胁”因缘之关键，系后世之转世（即第五世噶玛巴）真正地阻止（汉军发兵藏地）。

第八节　明成祖封授西藏诸王

如是，法王之恩德不仅使藏地于危难中得以解救，而且尚使帕木竹巴(phag-mo-gru-pa）被（皇帝）赐封为“阐化王”[68]，藏语意为幻化之王子；赐封止贡巴（vbri-khung-pa）为“阐教王”[69]，（藏语意为）兴佛之王子；赐封藏达仓巴（gtsang-stag-tshang-pa）为“辅教王”[70]，（藏语意为）护教之王子；赐封灵仓巴（gling-tshang-pa）为“赞善王”[71]，（藏语意为）依善之王子；赐封贡觉（go-vjo）为“护教王”[72]，（藏语意为）护教之王子等，赐予诸多名号，并使藏地得到了安宁。

总之，明王朝迎请三大法王[73]是在（明成祖朱棣）父子之时；迎请十六尊者又是在此前之时；迎请比热瓦巴（birwa-pa）是在此后的英宗（即朱祁镇）之时。

第九节　德新协巴受到诸教派的迎请和供奉

（法王）于五台山（ri-bo-rtse-lnga)的噶举寺院驻锡之时[74]，在五台山每一处山上皆能看见有不同色身的文殊菩萨，且长久地弘扬佛法，其成就如泉而涌，赋予诸多创新。如是，（法王）使汉、蒙、突厥、西夏、上下安多等地无数人实现了圆满福报与永久安乐。后（法王）动身前往狭小之藏地，当抵达塔木桌子山（rdam-cog-tse-la）之时，若依吉祥萨迦派之见，止贡（vbri）、丹萨（gdan）、达仓（stag）等三地与汉地所辖之领地（无法相比），所有南北卫藏（之财富）尚不及汉地一位小小官吏所有的财富。但是为了佛教更加发展壮大，在西藏各地拥戴和供养两种制度（即政教合一）的首领之多不可思议，故法王受到了（彼等之）迎请与供奉。尊者宗喀巴大师[75]为还释迦牟尼之誓愿，向（法王）敬献有一庹多高、热振寺的名称为“麦笃玛”（me-brdugs-ma）为主的殊胜文殊菩萨响铜佛像，附有礼赞佛之颂词，并写信道：“吾乐意前去向您顶足而礼，但正进行为期三年的闭关修行。亦因修行，无法迎请（法王）等。”此时，甘丹寺（dge-ldan)[76]创建约有五六年之多，贡钦绒东谢恰恭日(kun-mkhyen-rong-ston-shes-bya-kun-rig）等大贤哲聚集在一起，分别著有诸多《关于佛陀入世了义之呈文》（sngas-rgyas-vjig-rten-du-byon-par-nges-pa-vdrongs-pavi-zhu-yig)，吾（指作者）亦亲眼见到。

法王驻锡于当雄（vdam-gzhung)[77]地方，宛如马队奔驰一般，发生了大地震。当山摇地动之时，（法王）念诵道：“请欢喜佛马上降临吾之面前吧！”并祈请驻于此地，乘法王之坐骑。后（欢喜佛）以释迦牟尼(thub-pa-bdud-vdul-ma)[78]之姿安坐，（一切灾难）立刻止息，法王从地震之灾难中救助了众生。此后，前往具吉祥楚布和逻娑[79]之地，为佛祖释迦牟尼奉上无价珍珠之祖衣[80]，为卫藏不同教派所有五人以上的寺院奉赐斋僧茶，并为所有佛殿敬献有大量供品。曾将前世法王让迥多吉之时蔡巴(tshal-pa)[81]供奉的漾波堆（gyor-po-dol）却溪（mchod-gzhis)[82]赐给法王本人之堪布聂普巴（snyag-phu-pa）作为寺属民户，并创建有蔡明(tshal-min）大寺。基拍（skyi-vphan）之领主奈邬巴（snevu-pa）将溪卡(gzhis-ka，即庄园）敬献于拉萨布达拉宫，而后修建有驻地供法王驻锡。法王道：“于此地三摩地[83]甚为增长，一些无碍利他之事不久将会出现。”而后，预示了最终之功业。雪域藏地所有僧俗众人相续不断地聚集，众人同时看到了释迦牟尼和观世音之尊颜。法轮犹如恒河（ganggva)[84]常转不断，（法王）一天究竟为多少人传授了解脱戒，谁也数不清的。

据说，皇帝又三次为法王赐予礼品。其中一次赐予五龙盘旋之雪白瓷盘，有的是七龙盘旋或五龙盘旋之图案，瓷盘底部有皇帝之汉文名字，尚有四种彩色条纹之套子等。前来敬献礼品的人们每人手持着一个瓷盘，从拉萨外围的巡礼大道一直到布达拉的法王宝座前列队奉献。总之，(法王）抵达（布达拉）之宫殿，神殿中名为“芥噶”（gan-dkar）之鲜花遍布，（宫殿）内外鲜有未被遮蔽之处，（人们）还敬献有用丝绸制成的花环。

此后，侍茶者擦拭此（瓷盘），由于神力太大即破碎。而后，（人们）奉上了比以往更多盛放面食之“凯噶”（khyad-dkar）。自彼等之下，所供奉的“凯噶”即变成殊胜之物。（此殊胜之物）我（指作者）年轻时曾经看到过一些，现在当然没有那么多了。对此，今天所出现的此等称为“噶康”（gar-gangs）之瓷器系劣质品。

据说，（法王）喝的茶也是敬献的名为“殊胜莲花之花蕊与胜海彼岸之茶”。（法王）用的“芥斋”（意为神殿铃铛）也是用赤金制成之轴套、黄金制成之铃杵、金刚石制成之铃犄角，在每个铃犄角侧面都嵌有珠宝饰品，如此用合金制成之铃铛，供奉极多。现在人们手上还有许多，此即是真正的“殊胜铃铛”。而此金刚铃杵除了在此皇帝期间[85]（曾出现过），在昔日汉地、西夏、蒙古的任何一个朝代都未有出现过。所谓的“殊胜铃铛”要比称为“热洛坚”（rwa-log-can）等其他铃铛都要好，此等铃铛是赐予三位上师之礼品。是时，上下多堆麦（mdo-stod-smad）之显贵及所有僧俗部众再三迎请（法王），尤其是法王亲自教诲的心传弟子，成为木雅热岗（mi-nyag-rab-sgang）之玛色（rma-se）地方的导师。著名的“五位贤哲”与八九万善知识无论从知识、成就、功德等方面亦无可伦比。传说热岗之贤者名为“木雅嘉木样扎巴”（mi-nyag-vjam-dbyangs-grags-pa）与法王如同日月一般。众人故向他请求说：“尔若能够将（法王）迎请来，无论如何要想办法请他来。”回答道：“究竟能否将（法王）迎请来，我也不知道。但有尔等众人督促，我定要前往迎请。”后携带无数礼品前往迎请。法王也说：“若能与您会晤甚为高兴。”此后，皆大欢喜。他说：“于卫藏之地，如若无有尔之名声，亦即无有佛法。”

后此地因佛法过盛，为使持教之人与寺院能有生活保障，为使尊者巴沽拉（ba-ku-la）及其随从安住于此地，遂出现“为此而请求得到答复”等许多长卷，并张贴在石碑和走廊之门楣上。各个寺院看到后，亦无人回答。一善比丘曰：“于卫地出现胜伏此等比丘，若得不到答复，辩与无辩皆为失败之相。”

如是，噶玛司度仁波切（karmavi-singhu-drung-rin-po-che）前来迎请(法王)，将一条长的化日吉祥哈达[86]作为见面礼敬献给法王，法王以手接受之后，马上赐给其一护身结，并用手指着（护身结）说：“拿好它，不要损坏。”噶玛司度仁波切将此信物存放于匣中。

总之，就像大成就者（grub-thob-chen-po）本人专为蒙哥汗(rgyal-po-mo-gor-gan）行事而驾临，法王亦因文殊菩萨和佛之旨意，专为皇帝之社稷和从汉藏战争中救度众生而驾临。虽然如此，但是一切徒众顺便皆可获得灌顶和佛经。

以前（法王）十七岁之时，曾收过一个学僧，此僧不修行，常睡懒觉。后来此僧从屋顶上时而看到（法王的）头，时而看到（法王的）上半身。此后，法王来到其面前之时，还再三地向他微笑，此僧故非常畏惧，即如此勤奋修行，后成为一位善良而又有大智慧的修行者。（法王）如此悲心，巧于布局，圆满地行利益众生之事。像行利他之事的弟子多丹（rtogs-ldan)，仅法王就有诸多。总之，（法王）尚有其他一百〇八奇有之事迹，为法界所共识。

如是，法王亲自驯化了所有徒众后，一部分化缘僧侣问道：“倘若出现不驯善之行为，玛色多丹（rma-se-rtogs-ldan）将会对彼等进行严厉斥责吗？”（法王）回答道：“对彼等未曾出现过嗔恨，亦不知（何为）嗔恨，但是尔等所有愿望即将实现。”此话而使（法王）增寿，这仅是传说，缺乏根据。总之，使所有贤哲消除了犹豫，使所有的禅定者接受了正确的修行观。

第十节　德新协巴圆寂

法王为王扎巴坚赞（dbang-grags-pa-rgyal-mtshan）等所有大人亲自灌顶，使彼等获得圆满教法。法王亲自吩咐道：“吾在见、闻、忆、触等方面已安置了解脱之种子。因为多康地方的诸多迎请，吾还要迅速前去会面。"此后，法王于三十二岁的藏历木阴羊年（1415年）八月上旬患重病，众人祈请长寿永生。有一征兆显示曰："（法王）于多康之噶玛地方附近已发愿。请为此持感恩之心进行祈祷吧！"（法王）对侍寝官说："所有的经籍、神像不可佚失。嗣后，一个主人将要降临。"后于八月十五日，法王坐化[87]。之后，大轨范师索桑波（bsod-bzang-po）等人前来致祭。火化遗体后，舍利中显现了胜乐金刚等无数身像，拉萨周围整个天空出现许多月亮，其间经常不断地降下彩虹和花雨。广布供施之善根，亦于噶玛地方略有发展，其下为楚布地方，其下为比丘刚巴（sgang-pa）轨范师等，在拉萨如何供施之情况，文字略有记载。（法王）之银塔和珍贵之塑像安放于楚布寺。（法王）住世时之心愿要完成金汁书写的《甘珠尔》和《丹珠尔》（bkav-bstan-vgyur）[88]，妙善之《甘珠尔》安放于楚布寺和其他噶玛寺中。尤其将（法王）之部分舍利敬献于皇帝之供奉处，出现有诸多稀有之征兆；于供奉殊胜佛像之处，（人们）看到出现有无量之供云。

第十一节　德新协巴的主要弟子

（法王）主要的弟子尚有国师桑杰仁钦（sngas-rgyas-rin-chen）、国师罗追坚赞（blo-gros-rgyal-mtshan）、国师仁钦白（rin-chen-dpal）、国师顿珠沃色（don-grub-vod-zer）、国师却吉坚赞（chos-kyi-rgyal-mtshan）、国师释迦桑波（shvakya-bzang-po）、噶西巴仁钦桑波（bkav-bzhi-pa-rin-chen-bzang-po）、朱古却贝意西(sprul-sku-chos-dpal-ye-shes)、顿巴嘉斋(dom-pa-bya-bral)、玛色多丹（rma-se-rtogs-ldan）、木雅多丹（mi-nyag-rtogs-ldan）等人，计有无数善士出现于汉、藏、西夏之所有的地方。其中罗追坚赞自前世法王以来，即是大堪布国贡巴（guvi-gung-pa）的仆从，做政教两方面之事。国贡巴圆寂之后，前世法王[89]的国贡巴所做之事情被交给了罗追坚赞，即做有政教两方面大量的事情。此后，其被以殊胜活佛迎请至狮子座上，短暂任“国贡巴”之职，其圆寂于杰哈岗地方，并安置于佛塔中。

大文殊顿珠沃色（vjam-dbyangs-chen-po-don-grub-vod-zer）即是大成就者噶玛拔希（karma-pagshi）[90]之弟[91]祖多加（gtsugs-tor-skyabs）的继承人索南嘉措（bsod-nams-rgya-mtsho）之长子。其随从法王闻习了全部教法，具足了修行之功夫。因其见多识广且具大智慧，故授予“嘉木样钦波”（vjam-dbyangs-chen-po，意为大文殊）之称号。由于法王之恩德，其被（皇帝）赐予金印及灌顶大国师之职等，其任楚布寺之住持四十三年，其讲有诸多殊胜之佛法要津，却未被他人所领会。譬如，贡钦绒波（kun-mkhyen-rong-po）于此地之山谷未说及别的事情，而是说了许多不能理解的话。（嘉木样钦波）遂说：“走！”即前往相会。后经讨论佛法，贡钦绒波方生起信仰，于嘉木样钦波处闻习了佛法。此后，大译师索南嘉措（bsod-nams-rgya-mtsho）也在康区汇集供品前往敬献。（嘉木样钦波）考虑到许多噶玛巴需要讲论一些佛法，故前往拜见。其从座位上站起来，趋行多步迎迓，互换见面之礼品，同时为大译师设置有相等之坐垫，并设有盛宴，却未开始讲论佛法。后来每天漫谈佛法，范围不可以测度。（索南嘉措）恃智傲人的情绪平息了下来，心中开始不再揣测，很快就生起了悲心。而时间恰值刚刚一个多月的一个晚上，其如是观见（自己的）心，而且觉察到为何未被授予佛法。其思虑到：“何为佛法？需闻习如此之佛法，我本人过分傲慢，因高傲之见导致相信所产生错误知识之观念，未听取（嘉木样钦波之教法）。对善知识而言，未生起佛法之见地，而马上依从朋友和凡夫之见地。因未获得佛法，故非法器[92]耶。”遂悲心生起，痛哭不已。后（索南嘉措）以佛法之见地向嘉木样钦波发出强烈呈请，旋于次日清晨自别处迎请。（嘉木样钦波）驾临之后，上师本人安坐于法座，虽起身但未行礼，（仅）以手加持，在面前铺开了一个梵志[93]，道：“就坐于此吧。”后又言道：“若愿意修行佛法，应如此去做。”旋即讲授有《深奥了义之始——六边四式相合之释续》（zab-mo-nang-don-gyi-dbu-btsugs-mthav-drug-tshul-bzhi）。（索南嘉措）做记录时，又想起了一些内容需要注疏，并用蒙文进行注解等。此后，所有一切皆殊胜卓越，并以长久之心闻习教诫与经验，亦生起不共之信解。

其次，还有班钦那吉仁钦（pan-chen-nags-kyi-rin-chen）、贡钦扎那木巴（kun-mkhyen-bkras-rnam-pa）、朵强曲白瓦(rdog-byang-chub-dpal-ba）等诸位尊者想：“在哪里寻找根本上师呢？”嘉木样钦波道：“因为与你们有业缘，选定班钦那仁为根本上师吧！”经过探究，亦如此出现。后不仅认定了班钦的继承人，而且也得到根本之信仰。（嘉木样钦波）尚著有许多论典，如今楚布寺所传之教法，系嘉木样钦波所著述。但是此时其因有许多繁杂的工作，所有内务的处理也略有困难，在工作中还出现有许多不利的征兆，但在内外两方面未出现有大的危害之征兆。(嘉木样钦波）主持寺院四十三年，其说道：“法王统瓦顿丹（mthong-ba-don-ldan)[94]圆寂后，大国师班觉顿珠（dpal-vbyor-don-grub）在其灵柩之金顶飞檐上放置有两只小鸟，当它们来到之时则于我有害，请暂时放下他们吧。”但未有听。佐那钦摩（mdzod-nag-chen-mo）亦说道：“如若恶劫到来，恶地即可享福。”被迎请至则拉岗，心中稍有不悦，言道：“驻地的金顶已建成，而后我也要去了。殊胜化身之面未有看见。”言毕（嘉木样钦波）就圆寂了。其虽生前曾说：“七日内不要触动尸身。”但至第七日触动后，其胸口暖烘烘的，而后尸身旋即消逝。此事唯有贡钦绒波闻知，楚布寺再无人知道。据说，倘如以歌体迎请的话，即可颂唱（呈文）。对于嘉木样钦波而言，除了楚布寺法嗣传承之外，其智慧与功业更大。

木雅多丹扎巴仁钦（mi-nyag-rtogs-ldan-grags-pa-rin-chen）主要是精通梦境与幻身。正如其所说："通晓幻身的一些征兆已明显地显现。"在楚布寺一个小卧室下边的库房里，他有一处暗界，当法王（德新协巴）安坐其上之时，敬信法王之感受会从身体之面部汇聚至头顶，而后逐渐出现以跏趺坐[95]之姿修行的方法。

在楚布地方的一个隐蔽之洞穴，其安坐修持之时，幻化即自动出现，可在洞穴岩壁之上无阻地行走。据说在此山西侧的山坳中一洞穴，住有一位大修行者，自其背后的洞穴之中（木雅多丹扎巴仁钦）之身形时隐时现，此大修行者便因恐惧而遁去。像此等之事出现有许多，正如米扎阻(mi-tra-dzo）所预言，其亦具有天竺的班钦司布扎(rgya-gar-pan-chen-shrvi-pu-tra）奇异梦境与幻身之能力，类似加持《米扎六引之教诫》(mi-tra-khrid-drug-gi-gdams-ngag）之善士。

尤其是大功业者玛色多丹（rma-se-rtogs-ldan)，其出生于木雅地方的一个家庭。当法王德新协巴来至此地后，其虔诚敬信而前来拜见。因其非常富有而大加供奉，所有大小官员也布施有许多财物。其随从法王闻习佛法教诫，践行修持。当法王及其侍从住锡于前藏之时，其前往拉萨拜见法王。首先，其以自谦之心前往法王座前，官员扎西迥乃（bkra-shis-vbyung-gnas）诵经；其从宝帐大门行礼，遭到热巴朵拔（ral-pa-rdog-pa）之欺凌。此后依次至楚布寺法王座前，依从格顿刚巴(dge-vdun-sgang-pa）出家。法王心中极为牵挂，将其请到身边，传给他许多未有传予别人之深奥教法，此乃为如今著名的苏莽噶举（zur-mang-snyan-brgyud)[96]传承。

（法王曾对玛色多丹）预言道："因为具有上乘之修持与证悟及善妙之经验，汝有能力做利他之事，请返回家乡，修造庙宇，利益众生吧!"

此后，其在洽拉卡（chab-la-kha）等地行利他之事，并承诺修造寺庙。其在父亲的菜园里请求土地，（父亲）不准。一天（父亲）在耕作土地之时，其抓住犁，在很大的一块地里犁了一圈，然后道："我拥有此地了！"父亲再无言以对。其即于此地修建寺院，传播吉祥之苏莽噶举教法。

在多康地方的一个大而清净寺院，常驻寺院和掌管"日措"（小修行地）的两位出家人，且各自掌管有无数"日措"，（两位出家人）之殊胜弟子亦有得道者八人以及三位女僧尼。彼等在丹堆（vdan-stod）地方修建有寺庙。索耶巴（bsod-yes-pa）在苏莽地方传播苏莽噶举教法，弟子众多。秋率悦色桑波（chu-gsol-vod-zer-bzang-po）和库卓多代（khu-dro-rtogs-ldan）二人各自修建有寺庙，亦发展有今天的苏莽噶举，并做出大的功业。

额巴恰斋瓦顿南喀坚赞（ngom-pa-bya-bral-ba-ldong-nam-mkhav-rgyal-mtshan）年轻时第一次来到了岭地（lings），见有一座其形似鹿的山，面向大山屈膝跪于大盘石之上。传说由于其具有神力，故于大盘石上留有足迹。其具有极高之证悟，于法王圆寂后开始长久地服侍殊胜之法身。后来，由于其长久地在泥泞和雨中驻守，一天（法王）抛弃了有漏之身而消逝于空中。此后，其名亦称为东喀觉巴（ldong-mkhav-spyod-pa）。据说，明英宗皇帝前来迎请比热瓦巴（pirwa-pa）之时，其作为比热瓦巴的侍从也前往，（皇帝）赐予其丰厚的礼物。

由其传承的另一噶举支系的（大师）名为索本仁钦桑波（sog-dpon-rin-chen-bzang-po），其降生于索萨卡仲布大国师（sog-zam-khar-vbrong-bo-govi-shri-chen-po）之家族，有关（其家族）的详细传记未有见到。其为法王通瓦顿丹制作成卷轴画，并为此作偈颂一百〇八句，但现在此书未有找到。如若得到，即会记载下来。（索本仁钦桑波）于具吉祥桑普寺（dpal-ldan-gsang-phu）[97]修习经藏，而后开始著有《关于四书格西之僧》(bkav-bzhivi-gra-skor)，从此名声大噪。总之，其在显密一切理论的讲、辩、著[98]方面无有对手，并被赐予日贝热智（rigs-pavi-ral-gri）之名号。其获得了法王德新协巴的一切加持力，并具足断证之功德[99]。此后，其圆满执持殊胜幻身之时，祈请道：

殊胜本性之了义，
愚惑之地得超脱，
祈请赐予金妙宝。

此后，形成双运[100]噶举传承之列次。

注释：

[1] 此处的上师指第二世红帽活佛喀觉旺波。

[2]《青史》系藏族史名著，著名佛经翻译家桂·循奴贝（1392~1481年）著，成书于元至正二十一年（1361年）。原木刻本藏于羊八井红帽派主寺，乾隆年间移归功德林，现有拉萨木刻版和安多噶丹群科林寺版，近年出版了铅印本。全书共分15章，运用汉、藏、梵文的翔实资料，采取编年史的体例，详细记述了教法来源、古印度王统、吐蕃王室传承、前后弘期佛教、旧译密典、新译密典、《道果》教授、阿底峡与噶丹派、中观学、因明学、惟识学、欧译师传承、巴操译师传承、时轮金刚乘教法、噶举派、大手印法门以及希解派传承等，对其中的一些年代、教法师徒传承世次做了考证，为研究藏族史和藏传佛教史提供了许多珍贵史料。

[3] mchod-yon，指受施者和施主，此处指法王德新协巴和明成祖永乐皇帝。

[4] 即丽江木土司。

[5] 达孜是元代帕木竹巴地方政权首设十三宗之一。

[6] gdul-bya，佛书常译作化机、所化，徒众之意。

[7] 在20世纪上半叶门隅的大部分地区被印度非法侵占。1959年5月，错那县人民政府成立，隶属山南专区（地区）管辖至今，县府驻错那。约公元14世纪，帕木竹巴地方政权在错那建宗，因与不丹接壤被划为噶厦直辖的边界十三宗之一，宗本由五品官担任，每三年调换一次，设山南基巧后划属山南基巧辖。该县属藏南山原湖盆谷地中的喜马拉雅区，地势北高南低。全县有各种教派寺庙9座，以觉拉寺、达旺寺、贡巴子寺、扎同寺、卡达寺最为著名。错那县是门巴族的主要分布区，县府错那海拔4 370米。

[8] bya-bral-ba意指遁世者，即避世修行的宗教徒。

[9] 系古印度大乘佛教中观学派论师那饶巴所传修的六法，由玛尔巴(1012~1097年）传入西藏。对于六法，诸位学者说法各异，一说为：脐火瑜伽、光明、幻身、中有、往生、夺舍；一说为：脐火、光明、幻身、双运、往生、夺舍；又说为：内火、幻身、梦、光明、中有、迁有。三家所说第一法相似，是以脊椎基部为主发生热的气功修炼法，主修脉、精神、生理，与心修有区别。“脐火”意为“猛厉火”或“脐轮火”，音译“旃陀离”，指人体心脉轮中的北支脉。集中意念坚守脉、风（气）、明点，以使脐中（丹田）“阿”字火逐渐炽燃，焚尽诸不净蕴界与一切分别烦恼，迅速生起俱生妙智。“光明”是那饶六法的主修法。“光”特指世界创造前的“心”，光的接触是瞬间的，它以修圆满次第密法之力，显现虚空形色。“幻身”，据说是于古印度幻影说理论的基础上发展起来的，此说并非各种现象世界的实在，而是主张幻影。修炼时，实践者的身体成为观想的对象，实践者以空性为思想理论，实践者的心即是诸法，犹如水面般平静，始终处于寂静状态；虽无行相却有诸种现分，虽有现分而无自性，诸法皆空是幻身修法的结果，亦为目的。幻身有譬喻幻身、现分幻身、梦境幻身、中身幻身、光明幻身、变化幻身和智慧

幻身。“中有”亦称“中阴”，密教所说的前身已弃，后身未得，其间无中有。“梦”的修法，认为修炼者能于梦中观见自他二身，集中意念，舍弃杂念，空性光显现，梦中有世界，世界如幻影。“双运”，密教五圆满次第法特指智慧空性与大悲方便的双运，智慧光明空性与俱生大乐方便双运。“往生”，一般与夺舍结合解释，使死者灵魂往生净土。此处的死非指心脏停跳，而是指涅槃。

[10] a-tsa-ra 在此即是游方僧、行脚僧、游学僧之意。

[11] 旧宗名。藏语音译，又译为雪喀。在今西藏自治区工布江达县境内。雪卡宗地处工布江达以东、嘉黎南偏东、林芝西北部，旧属工布地区一小宗，五世达赖前设置，曾属藏巴汗统治。五世达赖时期，固始汗征服藏巴汗后交予五世达赖建立的甘丹颇章政权及以后西藏地方政府辖属。

[12] 旧区域名，现仍沿用，藏文音译。地处今西藏自治区东部尼洋河上游地区，即今林芝一带，所指面积较广，包括原则拉宗、觉木宗、雪卡宗、工布江达四个宗。习惯上分为上、下工布，则拉宗以上沿雅鲁藏布江的地带为上工布，以下为下工布。“工布”一名有两种说法；一说“工布”意为“鸡爪谷”（小米的一种，因该地生产而得名）；一说古时为一名“工”的部落长期领属此地，故亦称为“工域”。工布地区的藏族居民在与自然的长期斗争中形成了自己独特的风俗习惯，如以藏历十月一日为新年，穿宽肩无袖的“谷秀”藏袍等，当地人常以“工布哇”自称。该地在五世达赖建立噶丹颇章以前，相传为藏巴汗（1606~1642年）管辖，设有宗制。17世纪中叶，固始汗征服藏巴汗，协助五世达赖建立噶丹颇章政权后归属五世达赖。工布地区的贵族随之臣服并重新获得封赐。当时取得领地凭证的有江中、甲拉、阿沛三家，拉萨贵族宇妥在下工布“堆”处获得庄园。自此工布地区由各贵族统属。至清嘉庆年间又先后恢复宗制，设四宗。江达宗，由止贡布家族管理；则岗宗，由

仁希吉布家族管理；觉莫宗，由仁素巴家族管理；雪喀宗，由洛吉素巴家族管理。民国初年设太昭县，后改称工布江达宗，1951 年后又称太昭县。今多为工布江达县辖属。

[13] 在西藏被称为“娘布”的地方共有二处，一处是江孜的年楚河流域，一处是工布以西的尼洋河流域。此处的娘布是指工布地区的尼洋河流域，因第五世噶玛巴于七岁时在工布地区的则拉岗出家。

[14] dkyil-vkhor 意指坛城、道场，轮圆具足。梵音译作曼荼罗，乃密乘本尊及其眷众聚集的场合。本智以为主尊，道果功德以为眷众，眷众环绕本尊游戏庄严，是为轮圆。密乘四部的每一部有各自的精神宇宙模式，即坛城系统，这个系统由一密乘主神与一些眷属神灵组成。坛城中的主神就是佛家所称的本尊神。每个修习密乘者都要以一位各自的本尊神作为观修的对象。围绕本尊神灵的眷属神相互之间只是形体和显现标志不同，实际上眷属神是一类神，并且与本尊神保持一致。密乘有无以计数的本尊神，可将其粗分为三大类，即善相本尊、怒相本尊、善恶相兼具本尊。较为著名的善相本尊是文殊菩萨、观世音菩萨、度母、无量寿佛等。较为著名的怒相本尊是大威德金刚、金刚橛、马头金刚、金刚手等。善恶相兼具本尊神有密集金刚、上乐、喜金刚、时轮金刚和金刚亥母。描绘的本尊形体有两类，一类与常人相貌一致，即一面、二臂、双腿，一类是多面、多臂、多腿的神灵。描绘本尊神所依的标准也有两个方面，一是该本尊所有的菩提心的无限知识，一是本尊的智慧特征。

[15] 今拉萨西南部一地区之名称，其地建有著名的桑普寺。

[16] dar-cog 系指小旗、风旗、神幡、经旗。砍下丫枝歧出的树枝，各个枝梢缀系彩色经旗多面，插于屋顶或神垒顶上以祈福禳灾者。

[17] sku-rim 本为敬事、敬奉之意，在此引申为延僧诵经修法以事佛。

[18] yum-rgyas-rbring-bsdus-gsum 系指广中略三种般若经，包括十万

颂、两万五千颂和八千颂。

[19] sku-mtshams 意指闭关，即定时谢客，独居修行的宗教活动。

[20] 即是指乌斯藏，包括了前藏和后藏。元置“乌斯藏田地里管民万户”，明朝设“乌斯藏行都指挥使司”。

[21] 止贡噶举派系帕竹噶举派八支派之一。“止贡”地方名，位于西藏墨竹工卡县境内。止贡巴·仁钦贝（1143~1217 年）创建了止贡替寺后，以此为根本道场授徒弘法，自成一派，名“止贡噶举”。止贡替寺建成后由居热氏家族管理，初四代时，居热氏家族主要掌管宗教事务。止贡被封为万户后，居热氏家族成员成为止贡噶举派首领，兼万户长，集政教权力于一身。这一派从创立起就拥有很大实力，元朝初年得到忽必烈之弟旭烈兀的扶持。13 世纪晚期因与萨迦派不合，被以萨迦万户为首的兵力所败，寺院被毁。至 14世纪中叶，实力逐渐恢复，但因与其他万户联合攻打帕竹万户，被帕竹万户兵力打败。到了 15 世纪，止贡噶举重新抬头，著名高僧旺仁波钦·仁钦巴杰被明成祖封为阐教王。16 世纪，止贡噶举派在与格鲁派的斗争中失利，接受格鲁派的管辖。从此这一派采用了活佛转世制度，一直延续至今。他们的主要法门为“大手印”。

[22] 多吉杰波（1110~1170 年）是塔布拉杰的上首弟子之一，他于绍兴二十八年（1158 年）在帕竹地方建丹萨梯寺，并以此为根本道场收徒传法，形成了帕竹噶举。多吉杰波死后，其弟子管理丹萨梯寺。至 13 世纪初，丹萨梯寺由朗氏家族直接管理，成为教派与地方势力结合的二位一体的派别。

[23] 蔡巴噶举派系塔布噶举派支派之一。“蔡巴”，地方名，指拉萨的蔡公堂。创始人香蔡巴·达玛扎（1123~1194 年），出家后更名尊哲扎，出生于拉萨附近。13 岁时与多吉杰波去拜见塔布拉杰，由于塔布拉杰年事已高，主要从学于贡巴茨程娘波、奥喀巴、帕竹等人。后来于丹萨梯寺学经，在与蔡巴庄园噶尔家族取得联系后，便来到拉萨，于宋淳熙二

年（1175 年）建蔡巴寺，故名蔡巴噶举。12 年后，他又于蔡巴寺附近创建贡塘寺。到了香蔡巴·达玛扎再传弟子时代，蔡巴噶举兼并了拉萨河下游吉麦地方的林寨，扩大了势力范围。从噶尔益希窘乃之子起，蔡巴噶举直接由噶尔家族控制。忽必烈统一全国后，蔡巴被封为十三万户之一，蔡巴噶举得到了大的发展。到了蔡巴·贡噶多吉主管蔡巴噶举时，联合萨迦、雅桑的势力，与帕竹作战，受挫，辖地多失，从此蔡巴噶举开始衰落，元朝末年蔡巴寺和贡塘寺改为桑普寺属寺。格鲁派兴起后，又改宗格鲁派。

[24] byin-rlabs 意指威力、神力、福力，乃是安住圣道法位的自在优势，即是加持之力。

[25] spyod-yul 意指所行之处，乃是语声及心识涉入之处或人们所享用的对象，是思想活动的范围。

[26] snyigs-dus 意指五浊之恶世。劫末寿等渐变鄙恶，如渣滓故，名为浊世。

[27] 法帽在藏传佛教噶举派中的意义尤为特别，与中央政府的封授密不可分。譬如在宋宝祐四年（1256 年），蒙哥汗召见二世噶玛巴什，并赐金丝黑帽、金印等，后传承为黑帽系。噶玛巴什去世后，该系开始活佛转世，成为藏传佛教史上活佛转世之始。让迥多吉大师在北京觐见元朝皇帝时，元朝帝室赐给扎巴僧格一顶红色僧帽，并受册封，由此形成噶玛派红帽系活佛传承系统，扎巴僧格（1283~1349 年）亦成为了噶玛噶举派红帽系第一世活佛。

[28] ngan-song 意指恶途、恶趣、三途。即佛教所言之多行上品恶业为因，往趋忍受单纯上品痛苦为果的三类有情。

[29] bde-ba-can，极乐世界之意，即指无量光佛刹土阿弥陀佛国。

[30] ri-rgya-klung-rgya，封山禁猎的习俗，今日仍然保留在很多的节日中。譬如四川省阿坝藏族自治州大、小金川地方藏族群众的民间传统

节日熏烟烟节，就在每年藏历三月中旬或四月十五日播种后举行，节期不固定。封山时，熏烟烟并宰杀羊、猪或鸡敬山神，请喇嘛念经，点酥油灯，从此封山，不许砍柴、伐木和烧炭、射猎。人们认为违犯此规矩会引起灾祸。喇嘛要在山界插标旗、刻咒文，各户需念经一天。该节忌带白色东西上山。封山后直到秋收完才“开山”，每户要再出一撮粮，敬献给山神。

[31] nyi-zla-skar，三光乃是太阳、月亮、星星的合称。

[32] mtshur-phu 该寺由藏传佛教噶玛噶举派创始人都松钦巴（1110~1193年）创建。他于绍兴十七年（1147年）还曾创建噶玛丹萨寺（位于西藏昌都县嘎玛区察拉乡加云山上），遂创立了噶玛噶举派，后又在宋淳熙十六年（1189年）创建楚布寺，此寺后来发展为噶玛噶举派的主寺，一直延续至今。也正是鉴于此寺在噶玛噶举派中的重要地位，故此在下文中法王要求先去楚布寺。该寺位于今西藏拉萨市西郊堆龙德庆县境内，为西藏自治区区级文物保护单位。

[33] “断”即永远断除一切烦恼障和所知障；“证”即证悟、通达一切所有性和尽有性。

[34] dus-mkhyen，即一世噶玛巴都松钦巴的简称。

[35] rab-byung，在此意指比丘戒，乃佛教用语，亦称为比丘学处或比丘律仪。比丘戒主要是防止比丘或比丘尼犯五堕罪，即他胜、僧残、堕罪、向彼悔和恶作，或者说，比丘戒即为不犯他胜、不犯僧残、不犯堕罪、不犯向彼悔、不犯恶作。比丘或比丘尼做到五不犯，总共需要持守253条戒。以上诸罪可概括为遮罪和性罪两大类。所谓遮罪，依佛遮知，出家人不可行，而对于在家人无罪者，诸如过午进食等。所谓性罪，本身即是罪恶，如杀生等。由于犯上述罪行之一者即要堕入恶趣，故名堕罪。

[36] dge-tshul 在此简称沙弥戒，受此戒者乃是承认守护十所学处及

其所属三十三中违犯之出家男子，遵从沙弥律仪：不杀生，不偷盗，不奸淫，不妄语四根本戒，是除四根本罪恶作之戒；不参与和享受歌舞，不佩戴饰物，不饮酒，不使用高广大床，不过午进食，不触摸金银，此六条为除忏悔恶作之戒。其详者共有三十三条。

[37] ba-ku-la 藏传佛教中，受释迦牟尼之命，护持佛教的十六罗汉之一，居北俱卢洲，主持佛教。

[38] 此处记载的年代及岁数有误，应为法王二十一岁的藏历木猴年。

[39] skye-vgro 原为一切动物之意，这里译作一切有情或众生。

[40] khri-dpon 在此意指万户长。万户长一词本有两方面的含义：第一，是吐蕃王朝时期官职之一。吐蕃征服象雄和吐谷浑后，曾在象雄和吐谷浑设立万户府，掌管万户府的官员称为万户长，相当于吐蕃本部四如的如本。敦煌汉文写卷中又将此词翻译为“乞利本”“一万人将”等。第二，是元朝在藏区设置的官职名。元朝在藏族地区设有乌思藏、朵甘思、脱思麻三个宣慰使司都元帅府，其下又有若干路、府、州及万户府。如在乌思藏按各教派和地方领主的管辖范围设有十三个万户府，即习称的“乌思藏十三万户”。各万户府的长官称为万户长，万户长可以由帝师推荐、皇帝任命，也可以直接到朝廷请求任命，但是都必须得到皇帝颁给的印章、诏书、牌符，才算合法。此处按时间推算，当属后者。

[41] 即为元顺帝妥懽帖睦儿。据《元史·宁宗本纪》载：“明宗长子妥懽帖木耳即位。至元四年三月辛酉，谥曰冲圣嗣孝，庙号宁宗。”“顺帝名妥懽帖睦尔，明宗之长子。”再据《元史·顺帝本纪》载：“八月庚午，大明兵入京城，国亡。后一年，帝驻于应昌府。又一年，四月丙戌，帝因痢疾殂于应昌，寿五十一，在位三十六年。”由此可见，元顺帝妥欢帖木儿自 1333 年至 1370 年共在位三十七年，故此下文所言的第三十五年时应为 1368 年，而此时也是洪武元年（1368 年）。

[42] 即指明太祖朱元璋，明朝开国皇帝。原名重八，后取名兴宗。

汉族，濠州（今安徽凤阳县东）钟离太平乡人，25岁时参加郭子兴领导的红巾军反抗元朝暴政，龙凤七年（1361年）受封吴国公，十年自称吴王。元至正二十八年（1368年），在基本击破各路农民起义军和扫平元的残余势力后，于南京称帝，国号大明，年号洪武，建立了全国统一的封建政权。朱元璋统治时期被称为"洪武之治"。葬于明孝陵。

[43] 此举所言即是指大明永乐帝朱棣（1360~1424年）。朱棣生于应天，洪武三年（1370年）受封燕王。洪武十三年（1380年）就藩北平，多次受命参与北方军事活动，两次率师北征，加强了他在北方军队中的影响。朱元璋晚年，太子朱标、秦王朱樉、晋王朱棡先后死去，朱棣不仅在军事实力上，而且在家族尊序上都成为诸王之首。朱元璋去世后，继位的建文帝朱允炆实行削藩，朱棣遂于建文元年（1399年）发动靖难之役，四年六月攻入南京，夺取了皇位。次年改元永乐（1403~1424年）。他统治期间社会安定、国家富强，由于成祖年号为"永乐"，后世称这一时期为"永乐盛世"。谥号"启天弘道高明肇运圣武神功纯仁至孝文皇帝"，原庙号为"太宗"，百多年后由明世宗朱厚熜改为"成祖"。

[44] 此三人之名姓均系音译，但依据《明实录》《明史》所载，侯显其人可以肯定。据《明史·宦官一》所载，侯显曾任司礼少监，极有才辨，强力敢任，五使绝域，劳绩仅次于郑和。

[45] 此诏应是于永乐元年拟定，原因如下：依据国立北平图书馆红格抄本《明实录》，其中关于哈立麻的记述共有约八处，时间依次为：永乐四年五月辛卯（0802页）、永乐四年十二月戊子（0890页）、永乐五年春正月甲戌（0905页）、永乐五年二月庚寅（0910页）、永乐五年丁巳（0915页）、永乐五年秋七月癸酉（0977页）、永乐五年十一月丙辰（1014页）、永乐六年夏四月庚子（1057页）。虽然《明实录》中并未详载译文所述之诏旨，但从译文中的"永乐年二月"这一时间概念来推断，此诏应当不是在永乐四年二月，而是在此之前。因为据《明太宗实录》

卷五四“永乐四年五月辛卯条”（0802页）所载：“赐尚师哈立麻使臣及爪哇国、琉球国使臣、辽东不林河来朝野人女直头目宴。”可见截止永乐四年五月，法王仍未到京，仅使节到达。再据《明实录·太宗至孝文皇帝实录》卷六二永乐四年十二月戊子（0890页）所载：“遣驸马都尉沐昕迎尚师哈立麻，是命中官侯显等往乌斯藏征哈立麻至是，显遣人驰奏已入境，故遣昕迎之。”由此可知，法王抵京应在永乐四年十二月或之后，而侯显等人奉旨出发的日期肯定远在此前，而且诏旨的拟定应当比出发时间更早些。限于当时之交通，侯显自京畿至乌斯藏半年间来回显然是不可能的。再据《明史》所载：“侯显者，司礼少监。帝闻乌思藏僧尚师哈立麻有道术，善幻化，欲致一见，因通迤西诸番。乃命显赍书币往迓，选壮士健马护行。元年四月奉使，陆行数万里，至四年十二月始与其僧偕来，诏驸马都尉沐昕迎之。”综上可见，译文中的诏旨应是在永乐元年二月拟定，而后侯显等人则是于此年四月奉旨出行。而且在译文中朱棣自述即位不久且驻跸于北方，时间与情势皆合于汉籍记载。

[46] 现今的一个县名，县人民政府驻地嘎托。旧名为宁静，唐代译作马尔敢，元代译作思马儿甘，明代译作磨儿勘。在西藏自治区东部，东隔金沙江与四川省为邻，澜沧江穿流过其西部，南面与云南省接壤。

[47] vkhor-lo-rtsibs-stong 意指千辐轮。乃佛之三十二相之一，即佛之足下有千辐轮之印纹。

[48] 据《明史·西域三》载“帝延见于奉天殿，明日宴华盖殿”，故此处所指的地点应在此两处中的某一处。

[49] 明廷之所以差遣大象仪仗队迎接德新协巴，给以最高的礼遇，是因为德新协巴乃为第一位到朝廷接受中央政府封赐的僧人，他是一个地方政教实力集团的代表，也是带动藏族地区其他教派僧侣及地方实力集团相继投向中央政权的有功之臣。

[50] hor 音译为霍尔，依据不同的历史时段而代表不同的民族。唐宋

时指回纥，元代指蒙古人，元明之间指吐谷浑人。现在指藏北牧民或青海土族。

[51] 指现在的南京城墙外。

[52] 即指南京灵谷寺，《皇明寺观志》载：“灵谷寺在应天府钟山东南，晋建，宋改太平兴国寺。洪武年徙建于此。”另据国立北平图书馆红格抄本《明实录·太宗至孝文皇帝实录》卷六四，第0910页，永乐五年春正月甲戌条所载：“尚师哈立麻奉命率僧于灵谷寺建普度大斋，资福太祖高皇帝、孝慈高皇后，竣事赐哈立麻金百两，银千两，钞两千锭，丝币表里百二十，马九匹。”关于此次法事可另见“明大宝法王建普度大斋资福长卷”，现存于拉萨的罗布林卡。

[53] 指现在的北京。

[54] 大活佛的居室，视经济状况而大小不等。

[55] 据《明史·西域三》卷三三一所载：“永乐元年命司礼少监侯显、僧智光赍书币往征。其僧先遣人来贡，而躬随使者入朝。四年冬将至，命驸马都尉沐昕往迎之。既至，帝延见于奉天殿，明日宴华盖殿，赐黄金百，白金千，钞二万，彩币四十五表里，法器、被褥、鞍马、香果、茶米诸物毕备。其从者亦有赐。”译文中此处皇帝的颁赐亦系法王抵京后的第一次，所赐物品与《明史》所载基本相当。

[56] dkyil-vkhor 意指坛城。坛城的梵文音译为“曼陀罗”或“曼达”“曼遮”，是用立体的或平面的方圆几何图形，绘塑以神像法器，表现诸神的坛场、宫殿，比喻佛教世界的结构，是修习藏密的重要供器。密乘四部的每一部都有各自的精神宇宙模式，即坛城系统，这个系统由一密乘主神与一些眷属神灵组成。坛城中的主神就是佛家所称的本尊神，每个修习密乘者都要以一位各自的本尊神作为观修的对象。围绕本尊神灵的眷属神，相互之间只是形体和显现标志不同，实际上眷属神是一类神，并且与本尊神保持一致。密乘有无以计数的本尊神，可将其粗分为三大

类，即善相本尊、怒相本尊、善恶相兼具本尊。较为著名的善相本尊是文殊菩萨、观世音菩萨、度母、无量寿佛等；较为著名的怒相本尊是大威德金刚、金刚橛、马头金刚、金刚手等；善恶相兼具本尊神有密集金刚、上乐金刚、喜金刚、时轮金刚和金刚亥母。描绘的本尊形体有两类，一类与常人相貌一致，即一面、二臂、双腿，一类是多面、多臂、多腿的神灵。描绘本尊神所依的标准也有两个方面，一是该本尊所有的菩提心的无限知识，一是本尊的智慧特征。

[57] 依据国立北平图书馆藏红格抄本《明实录·太宗至孝文皇帝实录》卷六十五，第0915页，永乐五年丁巳条所载：封尚师哈立麻为“万行具足十方最胜圆觉妙智慧善普应佑国演教如来大宝法王西天大善自在佛领天下释教，赐印诰及金银钞、丝、币、织、金银袈裟、银器皿、鞍马……”

[58] zin-shing乃是震为木之意，而汉籍则常以震为雷，以巽为木、为风，两者有所不同。此处指“震卦”，是八卦之一。

[59] 此处dbyar-bzhugs即是dbyar-tshul-du-bzhugs-pa之意，可译作住夏、安居。在此期间，诸比丘要夏住界内，直至解制。在旧时，西藏各寺院每年都要定期举行该类活动，包括夏安居仪轨、后夏等各类活动。例如夏安居仪轨，事前要洒扫殿宇，准备坐垫，安排人员，正式的仪式要在有遮蔽处，趋比丘前，诵仪轨三遍后，答愿夏令安居，此后，未经加持许可，不得在安居界外住宿至次日黎明，在此期间，众比丘应勤于闻思修的行持，直至解制。

[60] 依据国立北平图书馆红格抄本《明实录·太宗至孝文皇帝实录》卷七十八第1057页，永乐六年夏四月庚子条所载：如来大宝法王哈立麻辞归，赐白银彩币佛像等物，仍遣中官护送。由此可知，五世噶玛巴是在公元1048年辞归。

[61] gnas-brtan-bcu-drug意指十六尊者，乃是奉释迦牟尼之命主持

佛教的十六罗汉：宾度罗跋罗惰阇尊者（旧称宾头卢颇罗堕誓）、迦诺迦伐蹉尊者、迦诺迦跋厘惰阇尊者、苏频陀尊者、诺距罗尊者、跋陀罗尊者、迦理迦尊者、伐阇罗弗多罗尊者、戍博迦尊者、半托迦尊者、罗怙罗尊者（旧称罗云）、那伽犀那尊者、因揭陀尊者、伐那婆斯尊者、阿氏多尊者、注荼半托迦尊者。

[62] gyengs 佛书常译作掉举，意指混乱或心思涣散。掉举者，摇动之意，谓心念动摇，不能摄伏。

[63] dgra–bcom–pa 梵音译作阿罗汉、罗汉，指其完全制服了四魔怨敌，乃是声闻乘中的最高果位名，含有杀贼、无生、应供等义。杀贼是杀尽烦恼之贼，无生是解脱生死不受后有，应供是应受天上人间的供养。

[64] sngas–rgyas–byang–sems 意指菩提勇识佛。

[65] bde–ba–can 意指极乐世界，无量光佛刹土，阿弥陀佛国。

[66] 本文作者巴卧·祖拉陈瓦所记录的上述情景，即明永乐帝与五世噶玛巴的见面情景，其中有相当一部分与“明大宝法王建普度大斋资福长卷”中所说及的情形完全相同，而且作者在此处又明确地指出了：“在现有的许多卷轴画、绸缎之上，（可以）详查汉、藏、突厥等很多的文字（有关）觐见的记载”，故此，我们有理由初步推断巴卧·祖拉陈瓦也是在阅读了该长卷的基础之上创作了《贤者喜宴》中的该部分内容。

[67] 公元 1388 年，明太祖封帕竹第悉扎巴坚赞为灌顶国师。明永乐四年（1406 年）明永乐帝封第五任帕竹第悉扎巴坚赞为灌顶国师阐化王，此后历任第悉的名字前面都加一个“王”字。而且“阐化王”不但是明朝对帕竹地方政权首领帕竹第悉的封号，更是明代中央政府给予西藏地方权势最高的封号。扎巴坚赞规定宗本可以世袭，以后逐渐在帕竹内部形成世袭大贵族势力。就在此年，即 1046 年，德新协巴应明成祖召请，随太监侯显等人经青海、甘肃、陕西、河南、安徽，年底时乘船抵达南京。明成祖派军民百姓隆重迎接，宴请于华盖殿。故从本文此句“在法

王面前无依无靠地感伤悲号”来看，扎巴坚赞应与五世噶玛巴在一起，无非南京或山西五台山。但这一记述在汉籍并未见到。如《明史·西域三》所载："阐化王者，乌斯藏僧也。初，洪武五年，河州卫言：'乌斯藏帕木竹巴之地，有僧曰章阳沙加监藏，元时封灌顶国师，为番人推服。今朵甘酋赏竹监藏与管兀儿构兵，若遣此僧抚谕，朵甘必内附。'帝如其言，仍封灌顶国师，遣使赐玉印、彩币。明年，其僧使酋长锁南藏卜贡佛像、佛书、舍利。”而后“永乐元年遣使入贡。四年封为灌顶国师阐化王”，“正统五年，王卒。遣禅师二人为正副使，封其从子吉剌思巴永耐监藏巴藏卜为阐化王”。并未有其人入京觐见或驻锡于山西五台山的记载。

[68] 公元 1406 年（永乐四年），明成祖封帕竹噶举派首领扎巴坚赞为阐化王。

[69] 公元 1413 年（永乐十一年），明成祖封止贡噶举派僧人领真巴儿吉监藏为阐教王。

[70] 公元 1415 年（永乐十三年），明成祖封萨迦派僧人南渴列思巴为辅教王。

[71] 公元 1407 年（永乐五年），明成祖封朵甘灵仓（邓柯林葱）僧人著思巴儿监藏为赞善王。

[72] 公元 1407 年（永乐五年），明成祖封朵甘馆觉（今贡觉）僧人斡即南哥巴藏卜为护教王。

[73] 即大宝法王德新协巴、大乘法王贡噶扎西、大慈法王释迦也失。

[74] 依据国立北平图书馆红格抄本《明实录·太宗至孝文皇帝实录》，卷六十九，第 0977 页，永乐五年秋七月癸酉条所载：命如来大宝法王哈立麻于五台山建大斋，资福大行皇后，赐白金一千两，锦缎、绫罗、绢布凡二百六十。可见五世噶玛巴曾于公元 1407 年在山西五台山建大斋资福，此乃是继当年（1407 年）南京灵谷寺之后，第二次建普度大斋资福，不过地点是在山西五台山。巴卧·祖拉陈瓦关于这两次法事的记述与汉籍

《明实录》完全一致。

[75] 宗喀巴（1357~1419年）乃是藏传佛教格鲁派（黄教）创始人。青海省多麦东部之宗喀地方（今青海湟中）人。本名罗桑扎巴。元至正十九年（1359年），随从噶玛噶举黑帽系四世活佛若必多吉受居士戒。至正二十年（1360年），从噶当派名僧却吉顿珠仁钦出家于夏琼寺（在今青海化隆回族自治县查甫地方），学习显密教法。明洪武六年（1373年），赴藏抵止贡寺，拜萨迦派上师仁达瓦、宣奴罗追学习显教及其他重要论述。后又前往桑普、那塘等寺院学经，经答辩荣获格西学位。明洪武十八年（1385年），于雅砻南结拉康从楚臣仁钦受比丘戒。后往丹萨梯寺以师礼谒见扎巴绛曲，二人互证所学。洪武二十一年（1388年），改戴黄色僧帽，表示坚持戒律，大力进行宗教改革。在大力提倡严守戒律的同时，积极著书立说，创立格鲁派的理论基础。其一生著有18卷巨著，主要有《菩提道次第广论》《密宗道次第广论》《中观学正文之注释》和《了义和不了义精要》等。

[76] 永乐七年（1409年），在阐化王帕竹扎巴坚赞及其僧俗首领的支援下，宗喀巴大师于拉萨东北旺古日山上修建甘丹寺，遂得名为格鲁派。永乐八年（1410年）主持甘丹寺之开光仪式。后宗喀巴大师与徒众长期居住于此寺，推崇、传播格鲁派教法。

[77] 即是今日的当雄县，旧译达木，在今天西藏自治区拉萨市以北，县人民政府驻地是当曲卡。

[78] 佛的异名。

[79] lha-ldan 乃是拉萨的别名。

[80] snam-sbyor 译作祖衣、重复衣，乃是十三资具中三袈裟之一，众比丘仅在礼拜、乞食、讲闻佛法、羯磨仪轨、聚会等之时，方可穿用之黄色上衣。分九、十一、十三片合成两条半者为下品；十五、十七、十九片合成三条半者为中品；二十一、二十三、二十五片合成四条半者

为上品。在尺度上，上品三类均宽三肘、长五肘，下品三类各减半肘，中品介于两者之间。

[81] 地点在今天的拉萨市东郊，《元史·百官志》称搽里八田地里管民万户，明代因之。蔡巴亦是一噶举教派名。

[82] 即是寺院庄园。

[83] ting-nge-vdzin 梵音译作三摩地，又可译作三摩提、三摩帝、三摩底、三么地、三昧地等，略作三昧，乃是于所观察事或于所缘，一心安住稳定不移的心有所法。

[84] 或写作 gang-gva，乃亚洲大河名，又作殑伽河。其上游为我国西藏的象泉河，后流经印度、孟加拉入海。西藏古地方志说：玛那萨罗沃池东岸有银色岩，形如象口，流出五百小溪，携带银沙，右绕池周，东流入海。

[85] 意指明永乐皇帝时代。

[86] mjal-dar-la-kha-btags-nyin-mo-bde-legs 译作化日吉祥哈达，乃是在织纹上织有藏文“化日吉祥”（kha-btags-nyin-mo-bde-legs）的一种隐花哈达。

[87] 指法王之色身肉体隐入法界，身已圆寂。

[88] 藏文佛教典籍丛书《大藏经》由《丹珠尔》和《甘珠尔》两部分组成。《丹珠尔》包括论和部分律，最初由布敦编纂。全目录分显密两大部分，各分七类，附有赤松德赞与各大译师的著作目录。《甘珠尔》包括经和部分律，始编于元朝初期，先由曲丹绕珠搜集校订阿里、拉萨等地的译经，编成《大藏经目录论点广说》和《甘珠尔目录太阳之光》。后由嘉木样噶玛拔希的弟子洛赛绛曲益希搜集各地译经和纳塘寺经典，整编成《纳塘目录》。14 世纪，噶举派著名人物蔡巴贡噶多杰在《纳塘目录》的基础上，从元泰定五年 （1328 年） 开始，用 20 余年时间将蔡公堂地方的译经收编成《新造佛说甘珠尔目录》，简称《蔡巴目录》，成为

编纂《大藏经》的蓝本。藏文《大藏经》的版本流传有很多，而且各版本所收经典数量不等。

[89] 此指第四世法王。

[90] karma-pagshi 即是指 karma-pakshi-chos-kyi-bla-ma 噶玛拔希。

[91] mched-ya 意指亲戚或弟弟。

[92] chos-kyi-snod 法器此处意指传承如来教法之人选。

[93] bram-ze 在此意指以梵志所绘地毯类器物。梵文写作：brvahman-na，梵志是其别译，意译是净行，音译是婆罗门。

[94] 即指六世法王。

[95] skyil-krung 盘腿坐姿，系毗卢遮那七法之一，又名全跏趺坐等。详言之，结跏趺坐有全跏、半跏之别，交叉两足而置两膝上，为全跏趺坐，置一足于一方之膝，谓之半跏趺坐。

[96] 噶举派的一种教法传承，既是教派名也是地名。传说 15 世纪初，噶玛噶举派黑帽系第五世活佛德新协巴的一个弟子名叫玛色多丹，他得到了德新协巴密传 5 卷经文，遂创立了苏莽噶举派。

[97] 该寺于 1073 年由阿底峡的弟子勒巴协绕初建，而后继由阿底峡的另一位弟子洛丹协绕再次扩建。

[98] vchad-rtsod-rtsom-pa 意指讲、辩、著，指佛学家应当做的三件事：讲说法旨，辩论经意，擅长世出、世间两类著述。

[99] spangs-rtogs 断证之意。指远离染垢，解悟功德，所有二障及习气完全净治，如所有性及尽所有性智慧完全证得，即是如来圆满断证功德。

[100] zung-vjug-ma 意指密乘五圆满次第之一。智慧空性与方便大悲双运，智慧光明空性与方便俱生大乐双运，或指外境完美空性与内心永恒大乐双运。

第八章 第三世红帽系活佛却贝益西（1406~1452）

【译文提要】第八章共有 3 节，即少年时的却贝益西；却贝益西所做的利他之事；却贝益西圆寂及其主要弟子。本章译文详细介绍了第五世噶玛巴德新协巴的主要弟子第三世红帽系活佛却贝益西等人的生平事迹。其于 1406 年出生于娘波地方之库氏家族，父名桑珠，母名帕萨。其于 1413 年在工布和卫藏交界的白朵地方与第五世噶玛巴德新协巴相见，德新协巴为其授以近圆居士戒。此后，随从堪布却吉杰与轨范师衮伦出家并受沙弥戒，法名却吉贝益西，并闻习有《金刚瑜伽之圆满菩提心三有幻梦脉心根本之匙》《那若乃古教法》《热穷巴和乌坚巴之近修》《大圆满六加行》《道果》等许多教法。此后，第三世红帽系活佛却贝益西还收到了大明皇帝之颂词和赏赐，并下令赐予工布所有寺院大量属地作为供养。1415年，第五世噶玛巴德新协巴圆寂。此后，他为第六世噶玛巴统瓦顿丹传授有许多佛法并供奉有大量财物。此后，他抵达达孜地方，以奇石雕刻大石藏，并在噶丹玛摩寺新修建有佛堂。1432年阐化王扎巴坚赞去世，由其弟丹萨梯寺的京俄索南坚赞主持，由他们的侄子扎巴迥乃继任帕竹第悉。据记载，他与王扎巴坚赞和帕竹京俄等人的关系密切，并经常可以得到彼等的奉茶和布施。他于1452年圆寂在噶丹玛摩。本章特别阐述了苏莽噶举及其传承，为研究苏莽噶举教派的历史及其传承提供了第一手资料。

第一节　少年时的却贝益西

朱古却贝益西即是第三世红帽系活佛[1]，正如预言："后世皆为密行瑜伽[2]之因缘。" 其出生地为娘波（nyang-po）地方之凯扎多（khe-brag-mdor）之库氏（khu）[3]家族中，父名桑珠（bsam-grub），母名帕萨（bar-za），于藏历火狗年（1406年）夏十四日具吉祥之辰时降生。其母亲梦有吉兆，人们从胎中就听得见口诵六字真言之声，而且在其住地四方反复出现有柱型彩虹以及侧面如悬挂锦旗之彩虹，并出现有许多奇特之景观。其身形美观，足上显现皇帝手书之新蒙文。其五个多月后即对众生加持，记起昔日诸多弟子虔诚侍奉。在迎请中，因有少许困难，遂利用比丘苯扎巴（dge-slong-dpon-grags-pa）等人为他沐浴之机，于尼洋河[4]中央的船上，塔堪布（thabs-mkhas-po）前往迎请，而后前往达孜养育。其瞬间即可至高崖石窠之上鹰鹫栖息之地安坐，旋即又安坐于寝宫；其多次演示可于墙壁上畅通无阻地行走；以了知他心的通慧[5]消除邪分别[6]；因具有宿住通、宿命通、宿住随念智证通[7]之先知，知悉玛顶（mar-sting）和噶丹玛摩等许多古代之世系，尤其是知悉法王喀觉巴（mkhav-spyod-pa）直接隐匿的经卷，从而消除了众人之疑惑。其随从上师帕月却桑巴（ba-yu-chos-bzang-pa）闻习有《纳、坚、帕三教法》（nag-rgyal-phag-gsum）、《大手印六法》（phyag-chen-chos-drug）、《十万般若经》（rgyud-vbum）等。其亲见桂仓瓦（rgod-tshang-ba）大师之身庄严。其随从比丘苯扎巴（dge-slong-dpon-grags-pa）闻习《二精义》（snying-thig-gnyis）和《十七续》（rgyud-bcu-bdun），并前往波卧之益贡（po-bovi-ye-gong）等地。

其于八岁藏历水蛇年（1413 年）十月三日之时，于工布和卫藏交界的白朵（pad-mdor）地方与法王仁波切（其上师）相见，（法王）旋即为其授以近圆居士戒[8]，并褒以热情颂扬之词。后于十一月十日，在达孜的寝宫中，随从堪布却吉杰（chos-kyi-rje）与轨范师衮伦（mgon-blon）出家并授沙弥戒，赐予法名却吉贝益西（chos-kyi-dpal-ye-shes）。闻习有《金刚瑜伽之圆满菩提心三有幻梦脉心根本之匙》等一切不共之深奥教法以及《那若乃古教法》（na-ro-ne-guvi-chos）、《热穷巴和乌坚巴之近修》（ras-chung-pa-dang-ao-rgyan-pavi-bsnyen-sgrub）、《大圆满六加行》（sbyor-drug-rdzogs-chen）、《道果》（lam-vbras）等许多大小教诫，而且诸法真意得以融会贯通，并随从达贡恭邦巴（zla-dgon-kun-spangs-pa）闻习有许多教法。（此时）亦收到了大明皇帝（tavi-ming-rgyal-po）之颂词和赏赐，并下令赐予工布所有寺院大量的属地作为供养，此后其安居于帕月（ba-yu）等地。

十岁（1415 年）之时，法王德新协巴圆寂，此后其前往涅窝（snye-bo）等地行利他之事，并在杂日（tsva-ri）[9]地方修无量寿之正行，故得以亲见无量寿佛并得到了授记。法王统瓦顿丹自年幼时即来到了工布，其为（法王统瓦顿丹）传授有许多佛法并供奉有大量财物。在法王统瓦顿丹八岁之藏历兔年之时，师徒一起经过塔布（dwags-po）地方来到了沃卡扎西塘（vol-kha-bkra-shis-thang），将殊胜尊者索南桑波（vphags-pavi-gnas-brtan-bsod-nams-bzang-po）之塑像以轿舆迎请，法王统瓦顿丹受沙弥戒之时，其受比丘戒，王扎巴坚赞（grags-pa-rgyal-mtshan）与帕竹京俄（phag-gru-spyan-snga）等人奉茶。此后，师徒一起在工布新寺随从索苯巴（sog-dbon-pa）闻习了慈氏中观论（byams-chos-dbu-ma）等许多的理论、学说、教言、教诫。

其次，活佛却贝益西之事迹有，自藏历牛年（1421 年）开始，从娘（nyang）地经过札松坚（brag-gsum-gyen），前往甲乃玛擦屯（vjam-ne-smar-tsha-thung）、峨（rngod）等地以及郭岱（sgom-sde）与阿日（a-rig）之间的地方，师徒共同行利他之事。噶波仁桑巴（dkar-po-rin-bzang-pa）迎请其至那雪（nags-shod）地方，从他那里也闻习有许多教法。

第二节　却贝益西所做的利他之事

活佛却贝益西又前往多康（mdo-khams）地区，其从北路来到楚布寺，在康巴旺秋坚赞（gangs-pa-dbang-phyug-rgyal-mtshan）处也闻习有许多佛法，行利他之事，而且乃邬东巴（snevu-gdong-pa）也为其进行了大的供奉。此后，亦前往工布地方，随从楚东却仁（mtshur-ston-chos-rin）于噶丹玛摩处闻习有许多教法。法王统瓦顿丹被迎请至达孜（stag-rtse）[10]，其供奉有无数的礼品，所有众生也予以供奉，（法王统瓦顿丹使众生）如愿以偿。其于此地方以奇石雕刻大石藏（rdovi-gter）[11]，并修建有噶丹玛摩之佛堂。因其知悉达隆衮蚌巴绛曲嘉措（stag-lung-kun-spangs-pa-byang-chub-rgya-mtsho）即将驾临，故前往相见，而后相互闻习了教法。其于玛惹顶（ma-ra-steng）地方聚集有很多财物，遂又分赐众人。后于十二日之间，调解了一切纷争，并立有一白色的法印（chos-rgya-dkar-po），使所有人得到了安康。

当一个一个奇怪的现象出现之时，即因触动了护法神[12]，出现有河水淹毁村庄、无数执黑旗者、瘟疫肆虐村庄等，其运用无量之神通使之完全消除。总之，其以诛法[13]之业力，得心应手地使护法神如仆人一样地听话；塑造神像使身后之魔障感到恐惧，发出了各种恶嚎随即逃遁，众人皆听见此恶嚎声。其稍加看一下诸鬼祟[14]之后，彼等大部分就会止息。

尤其是法王（统瓦顿丹）在噶玛（karma）地方身体患重病之时，其又从工布地方迅速返回，当至昂曲（ngom-chu）[15]河岸，宗刚（tsong-kyang）国师国贡巴（govi-shi-guvi-gung-pa）等诸营官前来迎接。师徒相见后，敬事佛法[16]之后调伏了祸害，（法王统瓦顿丹）之福体马上康复。为启请法王统瓦顿丹前来（工布地方），其经过郭岱（sgom-sde）、琼波（khyung-po）、洛兑（lho-stod）等地，提前抵达工布地方。法王统瓦顿丹后来到达，大加供奉，其此生之愿望得以实现。

第三节　却贝益西圆寂及其主要弟子

其四十七岁之藏历水阳猴年（1452年）孟秋之月[17]，于噶丹玛摩身体显有微恙，其以道歌叙说了浊世之情形：

此恶世五浊[18]横流，

身黄衣者亦平凡，
心思与佛法难融，
慈悲六道之众生。
聚货财任性而为，
复虑身灭[19]毕竟无。
凭依上师之事迹，
除却修分别之见，
敬信终究皆无有。
脉、气、明点[20]三语诀，
实修之后毕竟无，
纵使授以深奥法，
践诺之人终是无。
大德至尊之上师，
无须启请与祈祷，
心性宝贝之上师，
关照之人依然无。
法身庄严何处生？
破是立非何处有？
暇满人身此一世[21]，
许多人却空手归，
慈悲六道之众生！

当日益增长四法之日升起时，于无垢之天空中出现纷繁花雨之刻，至尊救度母（rje-btsun-sgrol-ma）与法王德新协巴同时驾临。其言道："请摆置供品吧！"遂又一次做了教诲，而后在狮子坐床上圆寂。供奉其法身之时，传出长久之鼓声，后将其殊胜法身安放于大菩提塔中。

活佛却贝益西之弟子亦有大弟子法王统瓦顿丹，其他弟子大都是师徒共同之弟子，而且却杰益桑哉巴（chos-rje-yid-bzang-rtse-pa）和却杰那巴(chos-rje-nam-pa）等也依其为根本上师。

注释：

[1] 噶玛巴红帽系第三世活佛却贝益西（1406~1452年）。

[2] sngags-spyod-rnal-vbyor 意指密行瑜伽。

[3] 库氏乃是西藏古代一氏族名，旧译作麹氏。在吐蕃松赞干布时领有雅砻即今天的山南琼结一带为采地，《元史》称之为汤卜赤八千户，后作为十三万户之一。藏学家库·尊珠雍中即出生于此氏族中。

[4] nyang-chu 前藏塔工地区一大河名，其流域为古代尼洋氏部族聚居地，因而得名。

[5] mngon-shes 意指慧、通慧、神通、前知。佛教所言的明白现见一切远时、远地、现前、不现前极不现前各种情况的一种神秘智力。

[6] log-rtog 意指佛教所言的三种违理量或非量识之一，即错乱寻思。

[7] sngon-gnas-rjes-dran-gyi-mngon-par-shes-pa 意指能如实知悉自他前生生地、姓名、父母、业、命、资财如彼等诸实况之智慧。

[8] yongs-rdzogs-kyi-dge-bsnyen 意指受持杀、盗、淫、妄四根本戒及酒戒的在家男子。

[9] 今珞隅地区一山名。

[10] 即今达孜县。

[11] 意指刻在石头上的藏经，乃是古代被人埋藏起来、后世被人发掘出来的藏文书籍总称，藏语叫“德尔玛”（gter-ma）或“德尔却”(gter-chos)，大多发现在11至13世纪前后。著名的伏藏如《玛尼宝训》《五部遗教》等。前者传为松赞干布讲述，吞米·桑布扎等记录；后者传为莲花生所著，但实际都是后人的伪托。因其时代较早，记事翔实，又

多神话、传说等，所以是很有价值的文史著述。

[12] chos-skyong 意指护法神，乃是佛教中履行誓词、如法保卫佛教之天神。

[13] drag-po 意指凶恶之诅咒。

[14] gdon-gnod 意指魑魅所造之灾祸。

[15] ngom-chu 昂曲河，发源于唐古拉山，流经青海囊谦县和西藏类乌齐，于昌都流入澜沧江。

[16] sku-rim 意指延僧诵经修法以事佛。

[17] ston-zla-ra-ba 意指藏历七月。

[18] snyigs-ma-lnga 五浊即指寿浊、烦恼浊、众生浊、劫浊、见浊。

[19] vchi-ba 喻指不追求涅槃之乐的行为。

[20] rtsa-thig-rlung-gsum 是脉、气、明点的简称。

[21] dal-vbyor-mi-lus 本意是指暇满人身，八有暇、十圆满之意，此即为塔布拉杰大师所言之“人身宝”。

第九章　第六世噶玛巴活佛统瓦顿丹（1416~1453）

【译文提要】 第九章共有3节，即统瓦顿丹之转世；统瓦顿丹之业绩；统瓦顿丹之弟子。本章译文主要概述了第六世噶玛巴统瓦顿丹的生平事迹。第六世噶玛巴出生于噶玛附近的俄木地方，第五世噶玛巴的弟子俄木巴恰斋瓦认证他是噶玛巴转世后，为他举行坐床大典。八岁时，大德索南桑波以轿舆迎请法王至沃喀扎西塘正式授出家沙弥戒，赐法名为却扎贝桑波。此后，随从第三世红帽系活佛、索本噶西巴等上师修习噶举派的所有教法、灌顶、修法等，诸位上师并将噶举教法全部传承给他。第六世噶玛巴一生致力于发展岗仓噶举的宗教仪式、仪轨。因为传统噶玛噶举所强调的是禅修，而祈祷和仪式往往被忽略了。他为岗仓噶举制定了许多修行仪轨，又将香巴噶举教法和希解派的教法融入岗仓噶举传承。他还在藏族地区广行佛教事业，包括弘法、教学、修建寺院、制定僧伽仪轨等。据记载，明朝皇帝也曾下诏命第六世噶玛巴进京，但未成行，只遣使进贡。自1436至1453年的十余年间，其前后进贡八次。

此外，本章译文还记载了第六世噶玛巴的弟子，主要有大国师班觉顿珠和贡钦绛贝桑波等人以及他们的事迹。大国师班觉顿珠将藏文大藏经《甘珠尔》与《丹珠尔》迎请至藏地。此处所提到的迎请藏文大藏经有可能就是著名的永乐版藏文大藏经。因第五世噶玛巴曾将藏族人民普遍推崇的蔡巴藏文大藏经手抄本推荐给皇帝，明成祖即“遣使往西土取藏经之文，刊梓印施，以资为荐扬之典。下界一切生灵，均沾无穷之福”。同时，明成祖请第五世噶玛巴担任永乐版藏文大藏经刻本的总纂，并在南京雕刻印刷。据记载，大国师班觉顿珠智慧聪颖，学识渊博，精通所有佛教教法，后封其为“加持之受命国公巴”之名号。

此外，本章译文中尚出现有一些新的地名，如俄木、聂沃、沃喀扎西塘、采密、都多沃、公觉、白噶等地名，这些地名对于研究藏族历史地名有着重要的价值。

第一节　统瓦顿丹之转世

第六世法王即称为统瓦顿丹（mthong-ba-ton-ldan）。据传，前世法王（德新协巴）曾于多康噶玛（mdo-khams-karma）附近发愿，并言道：“因为康地之诸多人迎请，（我）很快要去多康地方（与六世噶玛巴）会面。”如所赐言，（统瓦顿丹）出生于噶玛附近的俄木（ngom）地方，其父亲为一大咒师，母亲为一自性瑜伽母，于藏历猴年（1416年）二月八日降生。不久便可跏趺而坐且笑视其母，（其身）芳香四溢，遍布全境。

俄木巴恰斋瓦（ngom-pa-bya-bral-ba）[1]也获得“法王降生”之讯息，此后为了弄清楚（法王）降生于何地，他遂假扮为乞丐前往寻访。当（法王）降生一个月零四天之后，（俄木巴恰斋瓦）拜见了（法王），一见面即表现出喜悦之姿态，并口诵“阿梨噶利”(av-li-kav-li)[2]。俄木巴恰斋瓦悄悄地问道：“你是谁啊？”（法王）就抓住了他的手指，并站起来言道：

吾离系一切无生戏论，
无定离住轮回诸众生，
为拯救至无余解脱界，
吾转世为有情之吉祥，
终生无迁徙异域他乡。

此后，又言道：“暂时要保密啊！”（俄木巴恰斋瓦）故生起敬信，做了侍从。后（法王）又说出许多秘密圣地和未来所发生的事情。七月之后坐于床上进行加持，并宣诵诸佛名与六字修道语。

（法王）被迎请至寺院后，看到了诸多佛像，尤其是看到了黑帽法王像后便笑了起来。（有人）问道：“此何人许？”（法王）便以手指胸反复地说道：“是我。”（法王）安坐于父亲怀中，而俄木巴恰斋瓦突然执其手而问道：“汝何人许？”（法王）回答道：“我即是德新协巴，你知道吗？”

（法王）知悉要问“日尼护法”(re-ne-dgon-ma)，遂言道：“此顶帽子是我的。”言后拿起帽子。因为喇嘛觉第巴（gcod-dig-pa）出现有许多净相[3]，故此获得了敬信，传说乃幻身所致之故。（法王）可直呼来自噶玛寺迎请的管家[4]之名，（法王）抵达噶玛地方后，举手即断绝了天花等瘟病。其可讲说昔日许多事情，众人更加敬信。其为一画像开光[5]，遂形成七星天空（vbru–bdun–nam–mkhar）。此等事迹无有文字记录下来，仅口耳相传。

噶玛仲仁波切（karma–drung–rin–po–che）初次前来拜见，法王立即问道："我曾赐予你护身结（phayg–mdud）了吗？"后拿起（护身结）即赐予。法王陡然站立起来，比量身高与（前世法王）相等。噶玛仲仁波切想起昔日之预言，不禁泪水四溢而后跪拜于（法王）脚下。

此时，在噶玛寺建立了诸多格鲁派之密教仪轨[6]，若坐于修供仪轨之首座，（法王）训斥噶玛仲仁波切道："于此像这样的（密宗仪轨）需要吗？我的典籍中未有。根据彼等之祈请，我已著有典籍即可。"并讲说了著述《金刚性等对法坛城及善本》（legs–pa–bkav–vbum–na–bzhugs–pa）诸经典。

（法王）也梦见大堪布贡伦巴（mgon–blon–pa）安居于前藏，尚得到了大慈悲佛（thugs–rje–chen–po）之授记，曰："所有营地旗幡飘舞，我的上师出生于康地（khams），其父母也有像这样的黑痣。我的上师担心前来。"其化装成大堪布之样子，并且言道："我已到达了自己外面之溪卡[7]。"在噶玛地方的羊贡寺（yang–dgon）拜见了（法王）。舍弃了茶会上约定的座次，（法王）叮嘱所有的噶玛巴僧人道："尔等一定要记住。"因为（他们）一再地请求给予赐教，法王遂宣讲了（佛法）并予以赏赐。众人观此对法王大加敬信，泪流满面。（法王）又道："如若母亲去世之后，（我）将会与其在兜率天宫[8]会面。"（法王）还详细讲述了拉登寺（lha–steng）[9]出现有月食，即会出现像汉皇之尊容一般之情形，看到了无数的本尊护法之尊容，并讲了如果公觉（gon–gyo）地方的主人看到了黑帽。此为蒙古时期，而非汉人统治时代等许多以前未有听说过的事情。

（法王）虽说不满三岁，然而却流利地向成千上万的僧俗众人宣讲有关佛法，所有街道、聚会的人们竞相听法。俨如争相嬉戏般，（法王）

无碍地宣说颂词[10]， 而且谁也不敢就佛经回答（辩问）。值旱灾之时，其时而做戏水之姿，时而调动谛力[11]，时而宣诵佛语，雨就如愿落下，而且雨水极多。其讲述了《兜率天宫等一切无垢净地之庄严》。其随从索本噶西巴（sog-dpon-bkav-bzhi-pa）闻习所有宣讲教言、灌顶、修法等。渐次行至工布（kong-por）地方，随从活佛却贝益西[12](chos-dpal-ye-shes）闻习了《关于本尊主要护法神》，而且大行利他之事。

八岁时，大德索南桑波（bsod-nams-bzang-po）以轿舆迎请（法王）至沃喀扎西塘（vol-kha-bkar-shis-thang)正式出家受沙弥戒[13]，赐法名为却扎贝桑波（chos-gargs-dpal-bzang-po）。大堪布贡伦巴（mgon-blon-pa）也请（大德索南桑波）本人作此活佛之近圆[14]亲教师，遂应允做经忏[15]、祈福。后来将近成年之时，（法王）向所有人问道："(我）已到受噶玛巴近圆戒(之时）了吗？"

一位官员带着诏旨[16]来到了卫藏(dbus-gtsang)， 行至采密（tshal-min）地方，因与仆人不和而发生口角之争，所以仆人就（向法王）虚言讲道："他已经受过了近圆戒。"（法王）言道："尔言真实与否？"此仆人面露怯色，三天后即离去。

第二节　统瓦顿丹之业绩

贡钦绒东钦波谢恰恭日（kun-mkhyen-rong-ston-chen-po-shes-bay-kun-rig）前来拜谒（法王)，并随从闻习了有关佛法。因心中十分信仰，故赞曰：

天上神手执吉祥白伞，
地下龙以大海为供云，
前方众人唱悦耳赞歌，
向神女妙净福田致敬。

同时结合本人亲见和感受，对本尊佛也做了溢美之赞词。

相传，因为活佛闻习了许多的经义和教典，便对大狮子吼曰："我乃佛之弟子也。"根据先前玛色多丹(rma-se-rtogs-ldan)呈文之预兆，此法王即是主要以贵族之行相而至，而后用"业行语诀智慧火之利剑"等降伏了诸残暴者；使主仆所有人亦以金刚乘[17]之法抵达圆满之界。因为实修了所有的舞蹈、歌曲、明点等，故使幻影变为真实金刚乘之教法，并在这一时期得以弘扬广大，使塔、工、多、卫(dags-kong-mdo-dbus)[18]等地方无数有缘所化[19]者得到成熟解脱。

（法王统瓦顿丹）安居于杂日[20]地方时，罗刹国[21]之大轨范师白玛萨木帕瓦（padma-samabaha-wa）委派大修行者罗婆师[22]为使，奉上《无量寿内、外、密之修法》。为了彼等合格之徒众，（法王）行神圣持金刚性之功业。

三十七岁的藏历水阳猴年（1452 年），（法王）驻锡于则拉岗（rtse-lha-sgang）之时说："卦师、梦兆师所谓'我身体方面有恶兆'，若轨范师桑吉森格瓦（sangs-rgays-seng-ge-ba）要奉献长久永生法的话，今年我就不会生病，我可亲自承担各种事务九个月。"此后，至桑普（gsang-phu）寺的胜乐殿，为一切所依[23]奉上了衣物及供品，将每尊佛像放置于箱子中并加盖了手印，将帽子和护摩（sre-vpho）[24]之教诫典籍等交付于大国师（go-shri-rin-po-che），并将其预言加密封存起来。遂言道："在我未回来的期间，此等所依之物上的手印不得损毁。因香巴拉巴（shamaba-ha-la-pa）与玛卡瓦(ma-kha-ba)有纷争，故需要我前去帮助彼等法胤[25]。"

(众人）祈请长久永生而（法王）不允，并做了许多道歌，尤其是开始讲解《北方四柱大狮母经》（ka-bzhi-seng-chen-ma)，且频频起立；此时大地微微颤动，日月敛光；百禽依类成群翔集，发出难以忍受之鸣声，俄顷腾天翱翔。从以前所言，九个月还差一日不满，即是在鸡年(1453年）元月八日之晨，（法王）言道："现在我亦将居于噶举之列次。"故祈请道：

集一切佛教大成之宝，
大慈悲之主统瓦顿丹，
向大慈悲观世音祈祷，
启请常降加持之甘露。

(法王）言罢即圆寂。

第三节　统瓦顿丹之弟子

统瓦顿丹的主要弟子有大国师班觉顿珠（dpal-vbyor-don-grub）和贡钦绛贝桑波（kun-mkhyen-vjam-dpal-bzang-po)。大国师班觉顿珠出生于涅窝（snye-bo）地方，据说他考虑到要拯救未来之众生，（六世噶玛巴）便派遣他随从很多大师闻习了正教。其将藏文大藏经《甘珠尔》与《丹珠尔》（bkav-bstan）迎请至藏地，传说他未曾闻习过的教法。后封其为"加持之受命国公巴"（guvi-gung-pa）之名号，并任命其为政教之主，其为轨范师贝玛之弟子沃柴贝吉旺秋（vod-bran-dpal-gyi-dbang-phyug）

与热巴西瓦沃（ras-pa-zhi-ba-vod）预测了转世，并把《驻法聚合经》(chos-bzhugs-so-vtsal)供奉给了殊胜活佛。具足心见[26]之后，当活佛[27]二十五岁之时，其于楚布（mtshur-phu）寺圆寂，是时花雨大片落下，有白色、蓝色、绿色等花朵，如今还显现于其生前所用过的手提箱上。

据说，贡钦绛贝桑波是证果者[28]，亦是尼木[29]宗[30]祖传的执事僧[31]，故出现有神奇之舍利[32]，而且他依止历任噶玛巴为上师，下传有五代，其出生于白噶（ban-sgar）地方。其于贡钦绒波（kun-mkhyen-rong-po）等大师身边精学了一切经藏[33]，尤其是依止法王统瓦顿丹为根本上师，完成了真如法性之教言，修证于根本处直入一境[34]并得到加持[35]。随从塔布噶举（dwags-po-bkav-rgyud)[36]诸位大修行者，成为一位贤能、清净、圣妙之修行者，殊胜活佛唯在传授修证经验时做了加行[37]。他一生亦追求究竟，而意乐[38]未得圆满，故言道："殊胜活佛受近圆戒后未有修行不成功者。"而后出现神异之征兆等等，殊胜活佛圆寂于北方。其弟子有至尊、僧俗等多人，彼等致力于许多自他两利之事。

注释：

[1] 第五世噶玛巴之弟子。

[2] 藏语元音及辅音字母读音。

[3] dag-snang 净相，清净现分之意。现见一切情器世间均是净土，均系佛身佛智之所示现。

[4] gnyer-pa 意指管理者或司库、管家等职务。

[5] rab-gnas 意指在智慧坛场中为佛像、灵塔、经典等灌顶，以迎神安住的仪轨。

[6] 此处 chog 即是 cho-ga 之意，喻指仪轨。

[7] gzhis-ka 溪卡。即是庄园，旧时领主们占有的成片土地、百姓连同住宅在内的地产。

[8] dgav–ldan 意指喜足天，梵音译作睹史多天。六欲天之一，妙玉资具胜于以天下诸天，身心安适，且喜具足大乘法乐，故名喜足。

[9] 在今天的四川省金川县内，原为本教寺庙。清乾隆时改宗格鲁派，赐名为广法寺，为甲绒地区一大寺庙。

[10] tshigs–bcad 梵音译作伽陀、偈陀，或略作偈。指各句字数相等的诗歌词章，每四句称为一颂。

[11] bden–stobs 大意指运用谛实空之力。

[12] 即是第三世红帽系活佛。

[13] dge–tshul 意指勤策男、劳策、求寂。梵音译作室罗摩尼罗，简称沙弥。

[14] bsnyen–rdzogs 意指近圆、乞士。圆，谓断证功德究竟涅槃，近，谓迅速成就是诸功德，故名近圆，又名具足比丘。

[15] zhabs–brtan–pa 乃经忏、佛事之敬称。指祈福禳灾的宗教法事。

[16] gser–yig 意指圣旨、诏书。据记载，明帝室也曾下诏命第六世噶玛巴进京，但未成行，只遣使进贡。自 1436 至 1453 年的十余年间，其前后进贡 8 次。

[17] rdo–rje–theg–pa 意指金刚乘，系密乘之异名。

[18] 指西藏山南地区的塔布、林芝地区的工布、多康和卫藏。

[19] gdul–bya 意指徒众，佛经常译作化机、所化。

[20] tsa–ri 杂日，今天西藏自治区珞隅地区一山名。12 世纪末，藏传佛教噶举派藏巴甲热也协多吉始说此山为佛教密宗上乐金刚圣地，首创年往巡礼之例。

[21] rnga–yab–gling 意指拂尘洲、罗刹国，为罗刹鬼生聚之地。

[22] la–ba–pa 罗婆师，为大乘佛教顺假相中观师之一，因常着毯衣而得名。

[23] rten 意为所依，指所凭依、借靠的事物。此处应为 rten–gyi–dn-

gos-po 之意，系指依止物，如佛像、佛经、佛塔等。

[24] 即是指火供。

[25] rigs-ldan 意指法胤、法种王。相传，香巴拉的妙吉祥称法王在传授时轮金刚灌顶之时，把日车仙人等许多不同法种的梵净仙人合为一个金刚法种兄弟同时传授，故为此号之始。后世相袭，计有二十五代。

[26] thugs-kyi-bzhed-pa-yongs-su-rdzogs-pa 直译为“心之见解圆满”，故意译为“具足心见”。

[27] 即第七世噶玛巴。

[28] grub-thob 意指证果者、成道者。指修学释道有特殊证悟，获得殊胜成就或共通成就者。

[29] snye-mo 即今日之尼木县，在今拉萨市雅鲁藏布江北岸。《元史》译作“聂摩”，《明史》译作“聂母”。

[30] rdzong，译作“宗”，系元代时已形成的建制，略似今天的县，亦称为“宗堆”，原西藏地方政府派往各宗主管该地行政的地方长官。重要的宗可设两名宗本，通常是一僧一俗，或两人均为俗官；小一些的宗通常只设一名宗本，或僧或俗。宗本的官阶从七品至五品不等，任期通常为三年，少数为四年。宗本的职责为摊派差役、征收赋税、维持宗内社会秩序并审理本地区发生的民事案件。有的宗本特别是大贵族年轻子弟任宗本者，并不亲自到任，自己住在拉萨，而派一名涅巴（管事）到宗内代理。宗本在任内，所有供给全由本宗负担，有的宗拨给若干土地作为宗本薪俸地，派差民耕种，薪俸地收入扣除种地差民的工资外，一部分作为宗本的薪俸。宗政府设秘书（仲译）、康涅（管房屋者）、信差等办事人员管内务，每年亦有固定工资，另设佐扎、根布等地方头人管外务，负责征税派差等。因各宗内分布政府、贵族、寺院的庄园，农奴都有自己的领主或列空管辖，与宗政府的关系并不大，所以宗本行使职权往往要与各领主的代理人和地方头人协商，实权并不是很大，事务也

不是很多。各宗征收的应上交地方政府的粮税，经宗本与地方政府派来的粮库官一起验收入库盖印封存，由宗政府负责保管，以备地方政府需要时调用。

[31] zhal-ngo 意指管理僧团的僧人，梵音译作维那。

[32] ring-bsrel 意指佛骨、骨珠、灵骨。梵音译作舍利、室利罗、设利罗。指活佛圆寂后火化所留的骨珠。

[33] sde-snod 意指藏。梵音译作毗支迦，意译为“箧”，大斗之意，意喻可包容众多小升之大器物，故名藏。

[34] rtse-gcig 聚会于一处之意，佛经译为一境、一缘。

[35] byin-rlabs 意指神力、福力、威力，指安住圣道法位之自在威势。

[36] 塔布噶举系藏传佛教噶举派教派之一。藏文的音译，意译“佛语传承”，即传承金刚持佛亲口所授密咒教义。起源于玛尔巴·曲杰洛哲（1012~1097 年）和米拉日巴（1040~1123 年）。宋宣和三年 （1121 年）塔布拉杰索南仁钦（1079~1153 年）在塔布地区创建岗布寺，正式立宗塔布噶举。塔布拉杰的弟子都松钦巴·曲杰扎巴、向蔡巴·达玛扎、达玛旺秀和多吉杰波分别建噶玛丹萨寺、蔡巴寺、拔绒寺和丹萨梯寺，以这些为根本道场形成了噶玛噶举、蔡巴噶举、拔绒噶举和帕竹噶举四大支派，并在当地地方势力的扶持下迅速发展，且得到了元、明两代中央王朝的支持和分封，有些教派曾握西藏地方大权，政治上、经济上势力很大。从帕竹噶举派又分衍出止贡、达垅、竹巴、雅桑、绰浦、修赛、叶尔巴、玛仓等八小派。格鲁派兴起后，噶举派在西藏的势力虽然有所减弱，但在康区势力比较大。塔布噶举之教法承袭了印度中观应成派论师佛护、月称之见，主张诸法待缘生，空无自性。在实践方法上以大手印修炼为主，内分显教大手印和密教大手印。显教大手印主张在心体之上，专注一境，修无分别，令成住分。密教大手印是指风息于中脉中，入、住、

融后所生的大乐明。采取身、语、意三寂及七支坐法、金刚诵、宝瓶气等修行方法，先从“拙火定”入手，然后修“那若六法”，最后亲证“万有一味”“怨亲平等”“染净无别”“明空无别”“空乐无别”的境界。除此主要法门外，另有五法、八大教导、京俄六法、六平等法和山法等甚深法。这一派在显教方面主要学习龙树、月称等论师之著作，在密教方面主要学习《喜金刚续》《集密根本续》《时轮根本续》《大手印明点续》以及本派著名高僧的注疏。塔布噶举派的寺院分布非常广，几乎全藏区都有他们的寺院，而且在印度、尼泊尔、不丹以及英、法、美、加拿大都有少量的寺院和研究机构。目前除西藏以外，四川的阿坝、甘孜二州和青海的玉树、果洛二州有百余座寺院，其中以噶玛噶举派寺院居多，止贡噶举派次之。

[37] sbyor-ba 意指加行，系智度七十义之一，为于证得自在故，摄集三智而行合修之大乘圣者瑜伽。

[38] bsam-pa 意指思想、思维、意愿，旧译意乐。

第十章　第七世噶玛巴活佛却扎嘉措（1454~1506）

【译文提要】第十章共有22节，即却扎嘉措之降生；却扎嘉措少年时的灵异；却扎嘉措在藏区各地的活动；却扎嘉措拜师学法；却扎嘉措受沙弥戒；却扎嘉措在各地修行讲法；却扎嘉措在各地大做利他之事；却扎嘉措得到明成化皇帝的敕谕和赏赐；却扎嘉措在各地建寺传教；却扎嘉措在拉萨为佛祖释迦牟尼像敬献珍珠袈裟；却扎嘉措在门隅讲法传教；藏传佛教有所颓废、教派斗争日益增多；却扎嘉措采取措施复兴佛法；明代皇帝赐予却扎嘉措礼品等；却扎嘉措对法会的贡献；却扎嘉措制定政教两方面的法规；却扎嘉措在珞隅、门隅等地的一些活动；王顿月多杰供奉却扎嘉措并夺取乃巴庄园；却扎嘉措在拉萨等地做盛大供奉；却扎嘉措对因明学的贡献；却扎嘉措圆寂；却扎嘉措之主要弟子。

本章译文主要翔实地记载了第七世噶玛巴却扎嘉措的生平事迹。却扎嘉措少年时，他曾见到许多藏族著名的大师，如嘉木样钦波、霍尔东噶西巴森格坚赞、噶西玛塞、嘉摩本波、塞恰斋瓦索耶、竹扎喇嘛、霍绒国师衮嘎坚赞等贤哲，不仅随同他们修习佛法开启了智慧之门，而且在思想、行为方面也逐渐成熟。特别是在他五岁时，藏族著名的伏藏师热特那林巴前来拜见，并将自己发掘的伏藏、圣物以及第六世噶玛巴之预言等敬献给却扎嘉措。对此，王森先生著的《西藏佛教发展史略》记载："到十五、十六世纪时，热特那林巴将'上部伏藏'和'下部伏藏'及以后继续掘出来的伏藏，还有他自己发掘出来的一些伏藏汇刻在一起，这就是所谓的'南藏'。"此处译文的记载对热特那林巴发掘的伏藏以及整理、汇刻伏藏经文的时间确定为公元 1458 年前后，并不是十五、十六世纪。此后，热特那林巴与却扎嘉措又有多次交往，并为其传授了声闻乘、独觉乘、菩萨乘、事部、行部、瑜伽部、生起大瑜伽、大圆满等教法，使第七世噶玛巴却扎嘉措对宁玛派的教法有所修习。却扎嘉措于 1465 年，由贡钦嘉木白桑波任堪布，国师班觉顿珠任轨范师，剃度出家，赐名为却扎嘉措白桑波，授圆满沙弥戒之正行。后师从贡钦嘉木白桑波修习所有的经、论、律，并达罗汉之果位。此后，他随从许多大师闻习了藏文以及藏文典籍，他一面勤修，一面为他人说法，成为一位乐意供施、亲示教导、严守戒律的僧人。他曾为许多信众传授了成熟解脱戒。在索地，他吩咐诸弟子建造有一座大桥和一座铁桥，并向赞丹寺众比丘赐予食物。继后，他在达拉绒钦之珠托地方接受了大喇嘛达瓦多杰与地方显贵苏意扎巴坚赞叔侄为代表的木雅热冈之所有僧俗部众的迎请呈文、茶、衣服、绸缎等无数的财物。在囊谦地方，因为两个新的寺院长期纠纷，使所有人都遭了殃，而后他赐以佛语教导，于是这两座寺院的执事僧与住持拜他为师并随从其左右。所谓"纠纷自行平息，二寺成为好兄弟"的佳话在当地寺院中广为流传。他还调解了脱切与蔡瓦的重大纠纷以及多塞的所有重大纠纷。他的足迹遍及苏莽、斋塘、杂喜、措、盖、多康等地。他所到之地，部落纷争自行平息，社会安宁，并使众人财物双盈，获得利乐。

本章不仅记载了第七世噶玛巴却扎嘉措的事迹，而且还大量地记载了藏族社会、宗教和文化等方面的情况，较全面地反映了十五世纪西藏地方的历史，尤其是一般藏族史籍记载较少的西藏金沙江流域的历史状况，在本章中却有较多的记载，而且有些是过去少见的史料。例如灵仓（即灵赞善王）所在地，该地有土司、本钦及万户长的设置，白利地方设有白利土司等。此外，还涉及其他史籍不见记载的万户长和千户长的名称，如万户长南喀坚赞、万户长绰、万户长悦色坚赞、千户长惹馁、千户长杂巴等，这有助于了解明代西藏万户和千户设置的情况。这些记载是当时当地人记载的最权威的第一手资料，它对明代西藏地方行政建制的记述更为翔实，其内容更有价值。明代，噶玛噶举派许多僧人又先后被迎往朝廷，受到各种封号，明朝对历代噶玛巴的扶持政策得到加强，噶玛噶举派的政治实力大增，其教派势力也相应壮大。本章记载了明成化皇帝曾赐予第七世噶玛巴却扎嘉措谕旨、殊胜黑帽、珍珠服饰、帐幕、华盖等无数礼品。大灌顶国师索南嘉措、图康扎西桑波、侍茶者悦色嘉措、尼玛悦色等人进行还礼，并祝祷皇帝万寿无疆。这些史料颇为珍贵。

本章还记载了噶举教派一些高僧大德的生平事迹，同时也记载了噶举教派的寺院、佛教经典及修道的仪轨等，尤其是详细记载了噶玛巴黑帽系的传承法统。例如法王都松钦巴近侍弟子夺绛秋悦之弟子传承分别是石噶瓦、沛冈巴、仔康噶瓦等，以及第琼桑杰、法王噶玛拔格西之弟子肯钦之弟子肯琼、布琼、秋琼三人。肯琼之弟子传承有扎西琼佩、岗巴杂拉绒、康噶瓦以及肯益西森格师徒、漾波瓦、肯嘉日瓦等协琼传承；布琼之弟子传承有蔡若巴和臧瓦巴等茹倡瓦传承；秋琼之弟子传承有羌惹巴和茹永巴等。这些资料正好可以弥补藏文和汉文史籍记载噶玛巴黑帽系传承系统时语焉不详、史实不清的缺憾，因此它是研究噶举教派史的最好素材，具有重要的史料价值。

此外，本章译文翔实地记载了第七世噶玛巴却扎嘉措在藏区各地建寺、修法、传教等活动，特别是记载了第一世噶玛巴都松钦巴曾在门隅拓仓（dom-tshang）修行之时的施主门隅王札彤之后裔摩那、臧米、噶杂惹、嘉噶德等部落以及门隅王顿珠前来拜见第七世噶玛巴却扎嘉措，敬献有无数礼品。门隅王顿珠将其一子赐予法王，请求法王在门隅建寺。从记载看，元明时期门隅地区有东门隅和西门隅之分，而且都由门隅王统治，当时由历任噶玛巴活佛担任历代门隅王之上师。这些史料对于解决我国与印度的“麦克马洪线”边界纠纷问题提供了第一手资料，并充分说明历史上“麦克马洪线”以南的大片领土属于中国。

其次，本章译文还记载了公元 1487 年，第七世噶玛巴却扎嘉措得知明宣宗逝世的消息后，即于工布地方主持召开为明宣宗冥福之祈祷大法会，并祝当今皇帝即位吉祥。此后，皇帝的金字使者大国师扎西桑波仁钦和灌顶国师洛追桑波等人奉旨前来，为法王送来皇帝赐的一百五十块茶、一百匹彩缎表里、三十余根旃檀木、两个大银饰器具等；皇太后赐予的六个金柱幡以及诸多特制佛器；顿法王、杨法王、色拉法王等宫廷中的法王以及王太监等宫廷中的所有的大人们各自都奉献有无数礼品。法王为谢皇恩组织僧人诵经祈祷，祝赞皇帝长寿，并指示其徒众到汉地之噶尔寺、灵谷寺、大都寺、五台山圣地、临洮寺等地为当今皇帝念经祈祷，祈愿天下众人皆弘扬佛法。

晚年，第七世噶玛巴却扎嘉措的宗教社会活动主要有以下几个方面：一、身体力行，提倡严格遵守戒律，奉行戒杀生等许多善行。如法王在沃惹地方举行了盛大的茶宴，初次建立答复之规制。此外，还在有关的寺院建立了许多规章制度，如在工隆惹三寺颁布《大善行之细则》。二、修建寺庙，奉行利他。第七世噶玛巴却扎嘉措自己的修行和利他事业是同时并行的，他将讲法中所收到的供养悉数分给经费不足的寺院和僧俗众人，并将旃檀白度母像和大师玛尔巴像等殊胜的身语意为主的塑像敬献到拉萨的寺院。三、无有派别之见，大力宣扬藏传佛教。晚年他的足迹遍布卫藏、安多、康等三大藏区以及门隅和珞隅等地。他无有门户之见，每到一地皆讲经说法，弘扬藏传佛教各个教派的教法，向当地的僧俗群众传授藏传佛教各个教派的基本教法，为数以万计的人们传法灌顶。四、著书立说，形成自己的独特见地。他著有《释解三世间之明灯》《三毗奈耶事仪轨》和《密集不动之现观》等戒律、中观和密续等方面的论著和法典，尤其他还撰写了一部著名的《因明大全之述要》，亦称为《因明格言之河——摄理之大海》，此书的主要内容是针对陈那和法称的七部因明法典所写的释论，他未有参阅任何佛教典籍，完全依靠自己的智力而写成。五、调解纠纷，促进社会和谐。法王在部落之间发生了利益冲突，双方互不相让、僵持不下时，立即出面调停，平息纠纷与战争。法王不仅调解部落的战争，而且经常平息至尊和僧俗之间在所有事情上的纷争。

第一节　却扎嘉措之降生

关于第七世噶玛巴活佛的情况如下：前世法王统瓦顿丹曾于藏历猴年十二月上弦日[1]赐予大国师十三道遗教令文等，（遗教令文中说），第七世活佛将转世于藏北名为吉拉（byang-phyogs-spyi-lha）[2]的地方，而后在父母家乡出现有征兆，即于藏历水鸡年（1453 年）元月八日投胎。

正如《中有解脱惟是未来辑》赞曰：

噶举派与佛陀菩提心，
诸位圣佛幻化为法王。
圆寂后无生我等，
讲述简要之传记。
于鸡年一月之八吉日，
投胎安乐无比之色身。
恰于心性留光明，
坐化适逢无光时，
大金刚持即降临，
得见释迦牟尼报身[3]装。
其他报身数难计，
余留多神亦得现，
一切诸神相与见。
依据金刚持所言，
其父即成就大修行者，
其母即是佛喜修行人，
所有众生将获得饶益。

根据其报身之田，大慈悲（byams-pa）佛在兜率天宫言道："尔即广行利他之事吧！"东方不动佛言道："尔由家而趋非家，出家后受居士、沙弥、比丘、金刚乘等戒，做利他之事吧！"南方之宝生如来佛[4]言道："因尔先前行无数利他之事，如今为世界之徒众考虑计，宜应去做利他之事吧！"极乐世界之无量光佛言道："你以前做过利益众生的事情吗？"答曰："做过。"无量光佛又言道："现在复以六波罗蜜多[5]使众有情受益吧！"因为（七世法王）前往乌仗那之空行母[6]法会之席次，问道："尔系何人？"答曰：

吾乃前世之都松钦巴，
噶玛拔希和让迥多吉
若必多吉与德新协巴
系诸善转世统瓦顿丹。

（诸空行母）言道：“那么就请尔作法会之轨范师吧。”然后就作了金刚轨范师，所有空行母圆满了诸功业。北方之不空成就如来言道：“汝在赡部洲之父名扎巴白竹（grags-pa-dpal-grub）与母名拉姆吉（lha-mo-skyid）的家中转世吧！”后来活佛（七世法王）亦曾如此赐教。楚布寺的嘉木样钦波（vjam-dbyang-chen-po）言道：“在鸡年七月之时，亦像我在斋茶之时做的梦一样，此活佛的父亲名为白竹的人前来。”贡钦白噶瓦（kun-mkhyed-ban-sgar-ba）也预言道：“（七世噶玛巴）自楚布寺的正东方迎请而来。” 在所有僧俗人的梦中也曾出现许多奇异景象，人们议论道：“在（七世噶玛巴）之出生地出现有芳香之味和花雨。”

如是知悉调伏之时，看到了先前预言过的父母和家乡等等。而后开始在一名为乌仗那小庙，父亲名为密行大成就者扎巴白竹与母亲名为自性瑜伽母觉塔萨拉姆吉二人密修瑜伽自在天之法。正如《瑜伽密续》（所言），因为六门之事业，一切众生被升入大日如来。因为精通《无上瑜伽论》之五种智，于母腹圣殿之中，主要建造了似大日如来之一切种相之色身。（其母）修《有缘瑜伽之自在须弥山微尘成熟解脱经》之法，统瓦巴（mthong-ba-pa，即统瓦顿丹）藉此稍得之机缘，凭借诸善之真性（或当着众贤善之面）进入母腹。母亲的（脸）色与举止等等也较之以往跳跃般地出现了极大（变化），舒畅之暖流炙热周身，光明迅至而无尽。（其母）在梦中与统瓦顿丹频频会面，后山自然形成岩石护法神（brag-lha-mgon-po），据传“此乃为他本人之悉地[7]”。（其母）于梦中得到了舍利之金刚持像、圣金刚、晶石佛塔等，放入衣袋中；还梦见许多日月升起等唯一净相。三月八日，天空中许多乐器之声奏响了三回。因向腹部三施幻轮，其母之身体摇动。六月二十八，其母清楚地听到（法王）于胎中口诵六字真言。故此，每逢良辰吉时周围众人都能听到（法王）口诵“阿梨噶利”和六字真言的声音。倘若母亲取柴跌倒、碰撞之后，（法王）就会说道：“哎哟哟怎么搞的？”母亲喝东西的时候，做还罪[8]之后才能饮用。

有一位女子献上一顶黑帽，金刚瑜伽母对其曰：“从汝身上噶玛巴将要降生。”于心空之境[9]显现白色一面四臂观音，右手中指第三骨节上显现密宗事部三怙主[10]，观世音清晰可见，其余两位却不太清楚。此彼无数真实净相显现于梦境之中，有一位白衣人吹奏一大海螺，声音响彻四面八方。言道：“你不在此处，应前去俄阿拉（rngod-a-la）地方。”

其父此前于洛麦（lho-smad）修行之时，上师曾在梦中授记，言到：“请去乌仗那小庙吧！利益众生的事就会出现。”此后不久，其母也获得了授记，言到：“抵达此地之时，芳香之味溢于四方。梦中的一个白胖男孩即是法王噶玛巴。”而且一切净相[11]皆与法王噶玛巴不可分离，并经常不断地出现。（其母）来自俄吉达（rngod-spyi-mdar），反复得到了授记。此后在（法王）出生地，还梦到了日月交辉和得到了金块等两件事。到了俄地（rngod），（母亲）才知道梦中出现的那个地方就是俄吉达的城堡，而后安住此地。

此时，止贡派（vbri-khung-ba）禅师那里也得到了授记，梦见（上师）说：“在吉达城堡中的两位遁世修行男女那里，法王噶玛巴的转世将会降生。”此地的大部分僧俗众人也梦见“法王到来”等许多情景，以及芳香充溢此地，而且在此城堡周围虹光和花雨不断出现，所有人都知道法王仁波切将会降临，并巡行礼拜。此圣地即是空行母修行地的一秘密地，名曰希达吉拉（gzhi-bdag-spyi-lha）[12]。先前法王让迥多吉在楚布寺受居士戒后，祈请前往此圣地，留有脚印，并为未来活佛降生之地予以加持。故此就如同打开了宝地之宝藏，后山就像赞普安坐于法座上，白雪山顶就如同白丝绸系在头上一般。吉拉（spyi-lha）等地的树山与草山呈现出各种形状，环绕于周围，并出现有天然生成黑帽等许多神奇景象，前面的草坪犹如用绿松石制成的坛城，一〇八座小山犹如各种珍宝和鹰袋一般，其间有阿日（a-rig）平坝等一〇八个、五彩斑斓的地湖等一〇八座，还有遍地的果树森林、各种各样的飞禽走兽，非常美丽。东方夏瓦热果神（sha-wa-ra-mgo），南方岗拉神（brkyang-lha），西方索瓦达孜神（so-ba-stag-rtse），北方杂木布卢如神(dsam-bu-lug-ru)，四位门神守护之地。据说，此圣地之中心位于前世法王圆寂之地——萨普（gsav-phu）的正北方，是由先前的噶西桑钦玛（ka-bzhi-seng-chen-ma）于北方开始创建。而喇嘛旺嘉瓦（dbang-brgya-ba）授记说，（此圣地之中心）位于楚布寺的正东方。

于此，名为甲戌年[13]即藏历木阳狗年（1454 年）之元月十五日即月亮行至丘位[14]之晨时，整个天空莹澈、微露五色彩虹之形、花雨如雪而落，宛如龙吟，发出阵阵不甚清晰之乐舞声之时，（法王）即于母亲无痛苦中降生，随即自口中说出“啊哈哈”，并大笑。其身上有很多种鲜花，头顶上有持金刚之像，胸前有九种图形之文字，在私处[15]有法积佛[16]与剑锋轮[17]，足部亦有法轮，身上清晰显现有六尊天然生成之佛像，小便如同牛奶而流出，且芳香之味四处盈溢。父母亦对其敬信而谦恭，旋即父亲为了祈祷而起名米帕贡布（mi-pham-mgon-po），母亲为了祝寿而起名措阶多杰（mtsho-sgyes-rdo-rje）。七日内他说了许多话，父亲听到他念诵了许多咒语，母亲听到他念诵藏文字母[18]，其他人听到他口诵“嘛呢”真言。据说，密修于吉达城堡中的两位遁世修行的男女处降生有法王噶玛巴，此消息如风一样传遍四面八方。三日程内，所有的天神、人主与一切僧俗会集，秘密已无法守住。涅窝达若顶（snye-bo-da-ra-steng）寺住持却班觉（gdan-sa-pa-chos-dpal-vbyor）闻悉后即考虑前来拜见（法王），因为他梦见（法王）坐于母亲怀中，为法王敬献了黑帽。遂对上师寨波拉（sgres-po-la）就说了如此一番话："在我的梦中，于所有天神所立山顶之上，日月同升，汇集于一住地，故此无须犹豫，请将前世法王所有的衣服、鞋子和帽子拿来吧！"其抵达后，（法王）已降生十五天了，他看到了（衣物等）后就笑了，且表现欢喜之状。当奉上前世法王的衣服、帽子与仲多丹巴（drung-rtogs-ldan-pa）的衣服、帽子后，（法王）只拿走了前世法王所有的（衣服与帽子），其他未有拿。并祈请道："您若是遍知一切的统瓦顿丹，就请（您）给我加持吧！"（法王）便以双手置于其头顶反复进行加持，故即消除了疑虑。

其次，于藏历猴年（1452 年）活佛却贝益西（chos-dpal-ye-shes）圆寂，于藏历鸡年（1453 年）年初法王统瓦顿丹圆寂，第四世红帽系活佛（rje-zhwa-dmar-ba）也在藏历鸡年降生于斋康玛（kre-khang-dmar），并出现有许多稀奇之征兆，而且刚出生立刻就说"噶玛巴"，又言道："（吾）乃是噶玛巴。"众人闻悉后，一时传说其即是第七世噶玛巴。后来真正的（第七世噶玛巴活佛）降生，消除了人们对二位活佛究竟谁是（第七世噶玛巴活佛）转世的疑虑，认定斋康玛地方转世的活佛就是执掌红帽宝冠之活佛。

第二节　却扎嘉措少年时的灵异

达热寺（da-ra）之住持至此地，作为（法王的）仆从安住下来，敬奉承侍。两个月之后，俄（rngod）地所有僧俗部众都在阿日平坝迎请，（法王）安坐于前世法王的法座之上。此后，于一大集市露面时，（法王）有条不紊地接纳所有见面礼品。加持之后，依次观看了整个集市，并以右手慢慢地擦拭了三遍坛城，而后讲解了根本定[19]与自己的见解。威严庄重地坐于此地，以胜伏（众生）而获得敬信。达热寺之住持也在卫地与噶玛地方，但未得到誉词。以仲国师（drung-govi-shri）为首的工匠们于卫地建造有善逝金顶之时，就得到了许多赞誉，犹如太阳东升之年，杜鹃开始鸣叫，天空有雷鸣之声，所有人与此同时都感到欢乐。在祈请了法王嘉木样钦波之后，（他）说："其父母的名字与梦境中是相一致的。"而后，二位国师就决定为此不再争辩了。司膳官与司寝官[20]前来迎请法王，相见之后非常高兴。（法王前往）噶玛地方之喜讯于三个月上旬即至，此时在多康地方出现有严重的旱情，是夜大雪即降下。在竹扎喇嘛（vbrug-grag-bla-ma）、措钦巴（tshogs-chen-pa）、索南多杰（bsod-nams-rdo-rje）等许多人的梦中梦见自前山之巅有吉祥经幡飘动，山谷中所有屋顶上旗幡飘扬、法螺奏响，故所有人即不再怀疑了。至三个月之时，在俄吉贝诺（rngod-kyi-ber-bsnol）地方，（对法王之转世）产生了各种疑问，一些人问道："你不像噶玛巴啊？诸位前世法王于此月皆前来讲经，并示现许多道貌[21]；你若是统瓦顿丹，请赐以令人信服的标志和必要的说明。"法王回答曰：

吾具噶玛巴之名，
乃奇特补特伽罗，[22]
与吾相属之所有，
吾有不谬之誓愿，
十又三月未圆满，
此语出自大密咒，
自此吾将以离诤，
诸般成就渐显现。

此后，（法王）被迎请至涅窝（snye-bo）,并驻锡于达热之山顶。此时，嘉摩本波（lcags-mo-dbon-po）、塞恰斋瓦索耶（gser-bya-bral-ba-bsod-yes）等人将噶玛司徒巴（karma-si-nghu-ba）之书信呈上后，（法王）亲手拿起了呈文，以手指点着文字，随即逐行阅读，虽不懂其意但呈现低声念诵之状。念诵《吉祥金刚经》后，即坐在嘉摩本波怀中，并拽着塞恰斋瓦索耶的手指，且有欢欢乐乐之相。因为先前弟子的名字基本上被（法王）说出，众人皆笃信之，亦因眷念故土，恋念之情使其哭泣乃至晕厥。从此塞恰斋瓦索耶形影不离地成为他的随侍。五个月之后，(法王）驻锡于聂沃之喀廓卡（ga-gor-kha）地方，有时不假思索地唱道：

啊哄空乐幻术技，
以诸般圣智化身，
使诸人得见圣谛，
吾乃离系生灭[23]界。

至九个月之时，国师仁波切自卫地而来，于聂沃一新寺中拜见了(法王)，其身具威仪，做欢喜之状，以手接取了所有见面之礼物。其以手执海螺言道：“(此）乃是我的。”因其具有神奇而不可思议之思想，故赐予“自生遍智之法王”（rang-byung-kun-mkhyen-chos-kyi-rgyal-po）之名号，安坐于营盘内的世界大庄严之狮子座上。

至十一个月之时，纳普瓦（nags-phu-ba）迎请（法王），（法王）在纳达(nags-mdar）之大街上念诵“阿梨噶利”（ava-li-kva-li)[24]。藏历猪年（1455年）新年其驻锡于多钦（mdo-chen)地方时言道：“吾乃为金刚持[25]。”有一个人请求其预测未来，(法王说）:“你可以转世于兜率天宫[26]。”其他的人又提出了一些稀奇古怪的问题，（法王曰）：“不必疑虑，请观待于诸噶举上师之言教吧！空行护法神便会去完成此功业。萨乐和（sa-ra-ha)[27]、比热瓦巴（birawapa）、古古日巴（ku-ku-ri-pa）三位安坐于天空之中，吾乃是执持此三位业绩之人。”旋即以手指指天，其母亦得以拜谒了彼等之尊容。（法王）念诵《显宗之决断经之词句》，问曰：“如何决断？”（法王）回答道：“自根本心性来做决断。”又问曰：“从根本（心性）如何上做出决断？”回答曰：“当以修法（来决断）。”问曰：“不知道（修法如何来决断）？”（法王）以手之食指指天而言：“（知识就像天空）无疆无界。”后迎请（法王）至龙波（long-po），大部分人获得了敬信。

藏历鼠年（1456 年）其住锡于都多沃（sdug-do-bo）之时，其母看见（法王）幻化为手持兵器剑锋轮之马头明王[28]时，问道“你如此做为何？”答曰：“此乃为降服妖魔，请不必向任何人说。”初十的一个时辰，（法王）言道：“我噶玛巴乃是来拯救众生的。”言毕而舞，身形旋即不现，而后又以此方法显现。

第三节　却扎嘉措在藏区各地的活动

五岁即藏历虎年（1458 年）新年之时，经过萨普却米（gsav-phu-chos-mi）到达帕月（ba-yu）、杂日（tsva-ri）、扎西（bkra-shis）三地，米拉（日巴）（mi-la）骑着雄狮，其东方有轨范师莲花生（padma）及三位随从，南方有绕哈达松瓦（ra-ha-mdav-srong-ba）之身形，西方（有人）唱着米拉道歌，北方有披着绵羊大氅之尊者，（法王）言道：“所有这些乃吾（之幻化）。”其赎罪之时，对其母亲说道：“我按照您的食量如此准备，此乃为您（准备）的食品。”（法王）念诵了六字真言和阿梨噶利，又问道："你曾从他那里听到过念诵如此的经吗？"其至杂日(tsva-ri)[29]地方之后，（法王）曰："杂日是补特伽罗加持力之地，此地之门亦将被打开，吾将保护杂日地方之徒众，吾之障碍由（加持力）之地来消除。"

（法王）曰："为（我的）上师准备坐床吧"，而后坐于床上并戴上帽子、穿上衣服，赐予其父母茶等赏赐品，并言道："请看这些礼品吧！"先前曾使（前世法王）深感羞愧的衮嘎坚赞（kun-dgav-rgyal-mtshan）突然进来并行礼，为此（法王）说道："将他撵走！"并予以面斥。有一位弟子前来拜谒，（法王）旋即说道："啊呀！"并认出了他，因为（他）曾祈请法王统瓦顿丹赐名，故曰："（你）是扎西（bkra-shis），是在上部之萨普（gsav-phu），住在对面山下。在萨普有我的舍利塔，马上走吧。"而后（法王）骑马向东到达了（那里）。进入昔日之寝帐后，（法王）言道："此乃我的（寝帐）。"而且上下人等皆不知有一张桌子，当把此（桌子）置于法王身边时，（法王）说道："请把此桌子拿上来。"看了用绣有六字真言的缎面作为镶边的卷轴画后，（法王）曰："吾乃统瓦顿丹、无量光佛（vod-dpag-med）、观世音菩萨（spyan-ras-gzigs）等之（化身），此度母乃为六臂度母[30]。"在（他们）尚未诵经之时，（法王）以食指点向诸位如法珍宝，而后以曼妙之音缓缓赞颂。（法王）言道："此名为'那古来松'（na-gu-le-bzung）的人是谁？"（答）曰："不知道。"（法王）言道："是多闻子[31]。"其以阿聂（a-nyag）王之名望而被召请而来，后来（法王）亲手赐予了许多礼物，众人方才相信。（法王）言道："请打开多闻山(rnam-thos-ri-po）的所有大门。"而后看到了黑色仓库等。（法王）言道："先前即是如此，而其他人未曾见闻，（如今）一切亦显现出来。"总之，反复看到了大慈悲佛(thugs-rje-chen-po)、玛尔巴、米拉日巴，而且（法王）亲口说："此三位上师即是他本人。"老妇人洛丹（blo-bde）的诸子嗣行茶之时，因为施主龙珠（lhun-grub）与格郭（rgan-gog）二人之名望而被召请，（法王）说："请进来吧！"而后给予了赏赐，因此彼等获得了极大敬信。

（藏族谚语云）："酥油灯的油将要耗尽之时，将一捧水置于灯盏中，会比之前更加明亮，而且照明得更长久。"卫地驻在营寨的所有人打算经娘卡（nyang-kha）地方前来，而后（法王）言道："不要经过此地而来，要经由塔布[32]前来。"此后，所有的营寨头人在帕月（ba-yu）地方拜见了（法王）。（法王）叫出了格西绛森（dge-bshes-vjam-seng）（的名字），而后给予赏赐，并且叫出了原来大部分司膳官、司寝官等人的名字。在这些地方出现了许多本尊护法神的幻影，（法王）言道："（护法神）或融入尔等本身或融于卷轴画等诸多地方。"尤其是出现了一特殊之神变，轨范师白玛（padma）、达遮那波（rta-mgrin-nag-po）、白那杰（ber-nag-can）等人显现。至扎西（bkra-shis）地区，（法王）首先准备前往寝宫，并言道："在谁也未请之下，我即前往此寝宫。"而后向前世法王坐床的方向走去，并坐在床上，又言道："此乃我自己的坐床。"

一天，在河谷一处难以行走的道路上，疾走的仆从们（看到了）天然形成的马头明王像出现，颜色、面容和手各不相同，有两个马头或三个马头的最多，遂打开了马头明王庙门。所有人都看见了汇聚在此地的各种马头明王诸天神，（法王）颂咒[33]并言道："所有的人都念诵吧！"旧时，前世法王便有修习所有马头明王成就法[34]之缘起。为了得到好的加持，其预言空行母将会呈上阿密哩多[35]，而后打开圣地诸门。（法王）骑马前往泽玛卡（rtsi-ma-kha），在（马背）上睡着了。因关隘险恶，随从们遂提醒道："（小心）从马背上摔下来。"（法王）醒来后，言道："哪里有轨范师白玛（padma-gar）？"答曰："不知道，请（法王）在险关处要当心。"法王言道："因为我本人就是轨范师白玛，没问题，险关与灾难将不会出现！"（法王）知道，在一个月之内，将有何等人亲自来送礼品，而且正如法王所预见，此种情况就出现了。就像法王所言，诸人便到来了。孙卡王（sum-mkhar-rgyal-po）敬献有一百匹马等丰厚的礼品。（法王）使无数僧俗获得了圆满福报[36]与永久安乐[37]。

（法王）在噶丹玛摩（dgav-ldan-ma-mor）驻锡之时，（弟子们）问道："格西绛森（dge-bshes-vjam-seng）和觉桑萨木岱（jo-bzang-bsam-gtan）驻于斋康玛（kre-khang-dmar）的化身即是尊者多丹巴（drung-rtogs-ldan-pa）之转世吗？是否迎请他？"法王答道："是多丹巴的转世，吾未到康（khams）地之前，请不要前来迎请。"（法王）又说："从恰古隆巴（ja-skol-lung-pa）[38]的沟头有大量的茶叶将送来。"因此，内外之管家卫萨（kar-dbon-dbu-gsar）和木雅洛追桑波（mi-ngag-blo-gros-bzang-po）等人就奉上了象牙诰敕和无数的茶、绸缎。（法王）到达了木雅地方后不久便说道："洛追桑波已经年迈。"言毕，赐之以礼物。艾、珠、贡（ngal-brog-dgon）三座寺院也为法王敬献有大量礼品。

（法王）看到了盖衮萨（skyen-dgon-gsar）之寝宫，马上言道："此乃法王让迥瓦（rang-byung-ba）之寝宫。"复又言道："在杂日地方，一位宁玛派大手印者使法王的身体两次隐没，后复显现，因为用此法不能出现（效果），故悟因心[39]不够广博。"（法王）思考之后，生起了妙善之证悟。以如是之法，（法王）看到了美好之征兆融入马头明王之本身等无数（景象），而且刹土神[40]也出现其眼前，同时还出现在上师萨木岱（bsam-gtan）之面前，他也看见了。（法王）言道："有一兽角恶人者出现。"而后马头明王将身体挺立，并以威猛真言[41]而降服。（法王）对洛追桑波言道："吾在先前曾于此地教授有舞蹈和手印，请修习此（舞蹈和手印）吧！因为前世法王将佛法赐予大国师之因缘，你就敬献出佛法和教言吧！昔日，需要无量寿与六字真言。"

五岁即藏历土虎年（1458年）三月上旬之鬼宿与木星成合的那天[42]，向（法王）敬献有无量寿内外三经之阿毗迄加[43]、加持之朵马[44]、六字真言、所有梵藏的基本字母与元音字母等。故(法王)讲授有执持铃杵[45]、宝瓶等之方式以及灌顶之形式等诸多深奥难解之佛法。

尊者塔布（dwags-po）曾经预言过，将安放佛牙之舍利宝塔迎请至日密寺（ri-mi-dgon）。四月一日，（为法王）做十三种胜乐[46]灌顶之时，将一串沉甸甸珍宝花串敬献到（法王）手中。虽然坛城[47]与法王的驻地相距甚远，但法王将两束主要的花朵依次摆放在（坛城）之上，并使此两束花朵未有遭受任何折损，令人奇异。为（法王）授大天无上（ma-hva-mva-ya）灌顶之时，其看到本性，而后调整坐姿，言道："此非显现给尔等的。"法王在一次赏赐之时，请求道："需要跳个舞吧。"遂起身以优美的姿势跳起圆圈舞，并言道："昔日，我在康马、苏莽（zur-mang）[48]、噶玛等地方也如此跳了舞，此时我乃是大活佛，如今吾成了个小喇嘛，真不知是何因啊？"问道："此地会出现旱灾吗？"回答道："至宝下令现在即降雨。"随即大雨降下。念诵真言之后，众人皆大加敬信。离开营盘之时，雨下得很大，此时（法王）言道："今天未到帕月（ba-yu）之前，雨就会停下来。"事情果如所言。噶本官（kar-dbon）前往卫萨（dbus-sa）地方之时，请求问道："需要对司徒巴（si-ngdu-pa）教诲吗？"回答道："（吾）已对他说了许多有用的话，此乃教诲也！"阿措索恰瓦（a-vtsho-gsol-ja-ba）问道："昔日曾敬献过一匹名叫诺哈（nor-lha）的坐骑吧。"（法王）答道："我也曾赐予尔一匹棕红色的马。"喜饶桑波（shes-rab-bzang-po）问道："昔日有名叫齐谷（vchi-gu）者，如今在何处？"（法王）答道："当然是你本人啦。"

藏历虎年六月之时，于恰斋苏莽瓦（bya-bral-zur-mang-ba）有一位戴有斑斓的帽子、蓄有红色胡须者名叫"噶玛巴钦"（karma-pa-mkhyen），（法王）言道："请为他的寿命作祈愿吧！"遂做了回向[49]。此后于十月时，如云所言出现了送回向礼[50]的人，此时，（噶玛巴钦）便在霍拉姆查郭(lho-lam-khra-sgo）之地去世。（法王）看见昔日上师于蒙古之灵魂，而后将其灵魂安置于善识光佛刹土，并做了许多中阴[51]之事。从噶玛地方送来了礼品，（法王）言道："像这样的碗（吾）也有两个。"而后以手指向一柜中。如是发生此等事迹唯一记载今世之传记中，亦有许多（未有记载）。其驻锡于察隅（phrag-yul）地方，法王让穷瓦（rje-rang-byung-ba）曾降服拉洛王族（kla-klovi-rgyal-brgyud）[52]，许多拉洛人闻悉其美名并前来拜谒，奉上了家乡的资财，喊着："噶玛巴、噶玛巴！"不由自主地产生了信仰，如此（法王使彼等）产生了妙善之能力。伏藏[53]师热特那林巴（radna-gling-pa）奉上了从伏藏中而来的圣物[54]和前世法王本人之预言等等，霍尔东噶西巴森格坚赞（hor-ston-ka-bzhi-pa-seng-ge-rgyal-mtshan）和热岗（rab-sgang）地方的噶西玛塞（ka-bzhi-rma-se）等六位贤者以及所有僧俗部众为迎请法王而行茶，并敬献有许多用金银装饰的坛城、各种各样的华盖、成百的茶碗等。（法王）抵达后，亲自做了教诲、回向和发愿。

（法王）看到了工尊第穆（kong-btsun-de-mo）众人奉茶并前来迎请，随即出发。贡嘎（gung-dkar）地方的施主名叫白玛坚赞（padma-rgyal-mtshan）者，饱受病痛折磨，本已被断定死亡，而后（法王）给予加持，疾病马上康复。（法王）在工尊第穆的平坝之上，欢度兔年（1459 年）藏历新年。（法王）在达瓦坚泽（rta-bar-rgyal-vdsin）地方接受了施主供奉的百匹马等等，然而洪水开始危害到（那里的）村落与土地之时，后来即出现了一些码头，（施主便问：）"能拦住水吗？"（法王）言道："能！"以手赐（法术）后，洪水自达瓦坚泽上部较远的地方向南方退去。

驻锡于达绰木（stag-khrom）小庙之时，（法王）言道："吾乃释迦在布让（pu-rangs）之幻化、香巴拉王（shambha-lar-rgyal-po）者也，将有益于克什米尔赤丹（kha-che-khri-brtan）之渔民等，对汉藏的所有人大有饶益。"苏莽瓦扎西多杰（zur-mang-ba-bkra-shis-rdo-rje）敬献有坐垫，（法王）便说出了他的名字和家族，并对其心中所有的想法作了满意的答复。（法王）对未来做了许多的预言，便得到了（众人）的敬信。

藏历兔年三月十五日，为（法王）授予了圆满时轮灌顶。二十日，为（法王）授予空行海灌顶之时，（法王）以手投掷了一根又粗又长的金钱松木棍，击中了坛城之顶端，然并未丝毫损伤（坛城）之彩色细沙。总之，（法王）做了射箭之姿，讲了弓箭之法，说道："吾乃萨乐和[55]也。"（法王）根据《八十位获得大成就者》，讲述了此修行法以及修此法之坐姿，并言道："此法对于众生与吾无二别。"

（法王）说道："达遮那波（rta-mgrin-nag-po，意为黑马头明王）将至。"故作奉献宝剑之姿。总之，（法王）看到了观世音、诸多静猛[56]天神、亚厦麦崴（yak-sha-me-dbal）夜叉、持剑者、门巴七人、身披黑衫者[57]自云端露出了头、达遮那波脚踩八部天龙[58]、马头明王骑着龙、轨范师白玛主仆五人等，并将（此景）记入文字之中，其事迹难以计数。总之，（法王）妙善智观之根本定，犹如一粒真言沙[59]之净相，而世间众人以百年讲论又如何能讲得完呢？故此境系非常人心识所能想象[60]的。（法王）言道："请迎请四龛本尊佛，将释迦牟尼之紫檀门打开！"问道："是哪个门？"（法王）毫不犹豫地答道："是这个。"遂打开了门。此后，供奉有大成就者拔希（pagshi）亲见的十一面观音[61]像。问道："是谁亲见的呢？"答曰："除非是噶玛巴，还能有谁呢？"

（法王）为聂普巴喇嘛桑吉白（snyag-phu-pa-bla-ma-sngas-rgyas-dpal）介绍了大圆满法[62]，并以左手增益《色箧》（si-chal）之教言，以右手在其周围转动，言道："如此转动，即是如同筒车[63]般轮回之所喻。（其如）彼此之光相抵，喻之为坏灭，所做无光（之功），本是衰竭。"（法王）于绝无戏论[64]之道理上，赐予究竟法性之明相[65]，（使众生）生起了殊胜之信念。在央卡（gyang-kha）的一小块朝阳之地，（法王）看到了无数的本尊佛。总之，法王依止佛法降伏了工、陇、热三地以及门、珞[66]等地凭借征伐和罪恶所生活的人们，大做见、闻、觉、知等利他之事，以六字真言作誓言[67]，念诵陀罗尼咒[68]，禁止渔猎、封路，将放生纳入命价法等之中，解救所有身受监牢痛苦之危难者，调解一切战争，以暂时或最终使（人们）得以安宁，使众多人得以解脱。

此后在藏历龙年（1460年），（法王）在央卡盯（gyang-kha）欢度藏历新年。多康地方的所有徒众皆来迎请，（法王）前后做了许多次摩顶。波卧（po-bo）地方虽有严重的瘟疫，但就像法王承诺的一样，瘟疫未有传播，并断绝该地的传染病，使整个营寨未受到任何损伤。一些大成就者的住地普隆寺（phu-lung-dgon-pa）等一切僧俗人众皆供奉（法王）。此时，因不分昼夜地下雪，（有人）询问道：“会阻断了空托（khyung-tho）地方的山路吗？”（法王）答道：“一些（地方）未下雪，未有开通之道路，由吾来开通吧！”遂诵经并施以朵马。

波卧（po-bo）地方的人们决定不出发，（此时）昌巴（khrang-pa）地方前来迎请，虽然他们大献殷勤，但（法王）就是不听，毫不犹豫地前行。二月三日以来，未有翻过山之期间，此地如同夏日太阳一般炎热，所有的雪都融化了。此月二十六日午后，（法王）驻锡于空托楼上之时，晴空万里，而且非常暖和。（法王）说：“空托居士们穿着各种绸缎衣服，自犹如薄雾的帐幕之中，擂鼓前来迎请。”二十七日，（他们）翻越过山坡，道路极为平坦，令所有的人十分惊奇。二十八日，大雪截断此道路，使所有前往彼地之人都无法前往，据说又返回去了。藏历三月五日，（法王）驾临新的宗（rtshong），霍绒国师衮嘎坚赞(lho-rong-govi-shri-kun-dgav-rgyal-mtshan）奉上无数的礼品。此时旱情出现，（人们）呈请（法王）降雨。据说，有的地方降了雨；有的地方没降雨，因为昨天未向土地神求雨，所以没下雨，（法王）说道：“不会出现干旱之危害。”后来果然如此。

此地的多丹桑岱巴（rtogs-ldan-bsam-gtan）病情危矣，已断定他即将死亡。而后，请求（法王）为他发愿，（法王）言道：“不需要做回向，不会死的。”然后赐之以护身结，而众人虽有犹豫，然（多丹桑岱巴）马上痊愈了。前世法王驾临新宗之时，因如雪喇嘛洛追桑波（ru-shod-blo-gros-bzang-po）曾祈请（前世法王）驾临如雪地方，并赐予（洛追桑波）了一些礼品，言道："当你的寺院佛殿开光之时，吾会前来。"故此佛殿竣工的同时即迎请（前世法王），虽然众人一致同意祈请，但因道路险恶，（法王）仍无法前来。（法王）言道："因为前世法王先前已有承诺，故一定前往。"因为法王亲自开光，故（众人）愈加敬信。

藏历蛇年（1461年）新年，建造新寨子之时，（法王）看见所有噶举派上师以及于云隙间显现有上半身之达遮那波意希（rta-mgrin-nag-po-ye-shes）各种颜色之大鹏等；南方之王圆光幻化神(lhovi-dbang-lha-vod-phrom-sprul）装饰之头顶上的历辈法王，彼等左右为白玛[69]和马头明王，身后左侧有日月，左上角有空托居士诸弟子成就之功业；马头明王与亚厦麦崴（yaksha-me-dbal）等斩除所有恶魔。（法王）突然如此赞颂道：

自生莲花如水月，
雪山之巅无敌手，
离系遍照诸无垢，
傲视世间一切法，
祈祷具有自生业！

问曰："此乃何意？"（法王）答道："第一和二句（分别是讲），吾乃众生之怙主和米拉日巴（mi-la-ras-pa）[70]，此乃傲视一切法之缘由，是所谓无念之修行，最后一句乃是发愿。"

在此地（法王）看见米拉（日巴）左右是绿色海生金刚和白色（海生金刚）二者，左手持有天灵盖[71]，右手持有金刚杵，伸开手掌后响起了悦耳的赞歌，并看到了喜金刚与多米哈胜乐金刚(tombhi-he-ru-ka)[72]等，在看到度母后，（法王）赞颂道：

汝乃妙善之甘露，
向所有善士顶礼。
内外他三界汝为圣母[73]，
做利他之事系为度母，
做利己事亦像度母您！

（法王）看到日轮在米拉（日巴）头顶上自转，而且金刚的帐篷被饰以日月，皆为用兰扎体[74]书写的六字真言。为此（法王）曰：

向恰麦（phyag-med）之法身顶礼！
恩泽众生金刚持，
米拉乃金刚菩萨本性，
向众生之怙主您顶礼！

（法王）看到十位布衣僧围绕着噶西巴仁钦桑波（bkar-bzhi-pa-rin-chen-bzang-po）；吉祥长寿仙女（bkra-shis-tshe-ring-ma）[75]用甘露灌满了宝瓶和头骨碗；米拉（日巴）安坐于布满金字的天空中，还看到了其他无数之景象。如是，囊索国师衮嘎坚赞巴（nang-so-govi-shri-kun-dgav-rgyal-mtshan-pa）在许多的岁月里（为法王）奉献有无数供品，（法王）使其所属的僧俗部落得以安乐。（法王）驻锡此地期间，讲了非常有益于修证，而且也看到了许多前世之情景。总之，（法王看见）霍绒巴（lho-rong-pa）任执事僧之时，使囊索国师周围的所有人思虑到空虚后以真心入法，其将一切社稷奉献给统瓦顿丹。（统瓦顿丹）考虑作为一位遁世的大修行者将要成为仆人，故又封赐他为匡佐[76]，并授以国师之名号。

此后，他讲授了《菩提勇识佛之行为成就利他之事》（rgyal-po-byang-chub-sems-dpavi-spyod-pa-gyis-shig-gzhan-don-du-vgyur），并且他也遵循教导去修习。（法王）也来到了此地，因为霍绒巴为噶举派教法已做了许多事情，考虑到这些之后，故委以此任。

第四节　却扎嘉措拜师学法

六月之后，（法王）离开了寺院，驾临达第（tar-tig）、虎牛崖（stag-gyag）、杂多（rdza-stod）[77]、边坝(dpal-vbar)[78]等地寺院，其看到五位金刚亥母坐于金莲花之上，又看到天母让琼玛（rang-byung-ma）独自坐在血海红莲花之上，并赞颂道：

若见尊胜、命运佛，
一切真佛圣上师，
自性解悟得成就，
解悟大乐喜金刚，
正行圆满得吉祥。

(法王）在感应下亦赞扬道：

抛洒朵马[79]时得见怙主，
胜护法殊胜清净之主，
遵从教诫成如理功业，

如吾之言而成就功业，
做任运天成利他事业。

当（法王）看到在红茎蓝叶的莲花处陈列有二月坛城，二位白、绿度母皆安坐于月坛城上，其左右方出现右旋海螺之时，遂颂道：

度母空性大乐妙化身，
为众生行有缘之慈悲，
无数化身大乐依性行，
吾与一切众生行大乐！
蓝度母妙乐化身，
因有[80]清净胜佛母，
大乐化身遍众生，
众生获圆满五身[81]！

（法王）向边坝寺之属寺等做了供奉。而后在此寺的经堂墙壁之上画上噶举派的所有上师（之像），（法王对画师）仔细地吩咐每位上师的相貌以及面具。如是，（法王）为上部洛（lho-stod）的众生传授了成熟解脱戒之后，前往俄（rngod）地，于阿日（a-rig）平坝等地看到无数幻境。在擦热塘（tsha-rag-thang），噶玛地方和拉登（lha-steng）地方的迎请者拜见了（法王）不久，即看见阿措扎西旺秋（a-khro-bkra-shis-dbang-phyug）的禅带[82]，而后（法王）言道："此乃我所赐予的。"在唐古拉山（tang-la）（法王）看到了萨乐和坐在豹皮之上，遂曰：

智慧天成大乐幻身界，
造此景智慧幻化之技，

大能仁之二徒执其密，
因获成就使迷乱得净。
祝愿萨乐和[83]吉祥如意！

在颉雄廓钦（rgyad-gshong-vkhor-chen），（法王）看到了国师仁波切，遂讲有真实传记：

痛苦使法性清净，
空性智慧无差别，
不灭[84]十三[85]化身力，
此乃为吾之传记。

行至热盖岗（re-rgyab-sgang），司膳官去世，故（法王）悲痛地介绍道：

一切万物乃大乐本性，
所有苦乐皆心之幻化，
于此所谓生灭在何处？
原来天性依止之自地[86]。

在此地，热特那林巴（ratna-gling-pa）也拜谒了（法王），而后奉上了黑马头明王留在黄纸上的预言。在此，法王看到在都松钦巴之座位前，南方之王圆光罗刹神（lhovi-dbang-lha-vod-phrom-srin-po）表露行迹[87]之后，向（都松钦巴）乞求朵马，见此即赐之。并言道："在察仓贡（khra-tshang-gong）[88]，若马头明王气势汹汹地让吾回遮瘟疫之灾，都松钦巴与金刚持就会极大的欢喜。"

（法王）看到，在耶隆（yel-lung）地方许多的魑魅、蛙、蛇、猫头鹰都显露出了神变，随后刹那间米拉（日巴）驾临，而且吉祥马头明王如霹雳般降下，救度了彼等。因为（法王）讲了雅拔太医（gyag-pa-lha-rje）见面后即奉上先前之医疗术等情况，故（众人对法王）升起不变之信念。

藏历蛇年（1461 年）九月二十五日期供之时，（法王）看到噶举派所有上师驾临并为一切有情加持，而后（法王）说道："所有人都祈祷吧！"因为所有的人都做了祈祷，（故）出现了极大的加持之效果。（法王）赞颂护法神道：

众生怙主真威猛，
到达般若之涅槃[89]，
众人祈请灭怨敌，
成就噶举之功业！

为佛母赞颂道：

向诸圣智空行母顶礼！
依照众生怙主之所言，
获如此功业之护法神，
您具神变之力无阻碍，
祈请您完成诸功业吧！

噶举派所有上师来到了索（sog)地[90]之噶钦（ka-chen），（法王）赞颂曰：

在智慧界之坛城，
自体[91]本性知一切，
大金刚持仁波切，
祈请灭生老病死！
众生威严之宫殿，
智慧身系知一切，
底洛[92]三摩般若经，
噶举上师之吉祥！

于此地奉上《相续般若经》（rgyud-vbum-gyi-lung）之时，（法王）遂颂道：

吾乃幻化之身利他事，
证得解脱威严之利他，
法性离戏勤做众生事，
己他二利[93]圆满与吉祥！

欢度藏历马年（1462年）新年之时，（法王）抵达那雪（nags-shod）地方，并在那雪、朗塘（glang-thang）[94]、扎西顶（bkra-shis-steng）、森塘（sing-thang）、郭宗（go-rdzong）等地大做利他之功业，多次亲见本尊而且作了许多赞语，并且做了四大马头明王勇士神（rta-mgrin-dpav-bo-lha-bzhi）之现观。在扎西顶与上师仁波切白嘎瓦（ban-sgar-ba）初次相见，其考虑在加持者手中的无量寿与莲花生的佛像，该向哪一位供奉呢？随即言道："因为敬献了无量寿的佛像，仍然要敬献莲花生的佛像。"故此（法王）开始得到了众人虔诚顶礼。在索地，（法王）吩咐建造一座大桥和一座铁桥，并吩咐了向赞丹寺（tsandan-dgon）众比丘赐予食物。

藏历马年五月上旬，（法王）动身前往噶玛方向，在达拉绒钦之珠托地方（stag-la-rong-chen-gyi-vbrug-mdo）的法座平坝之上，（法王）接受了大喇嘛达瓦多杰（bla-chen-zla-ba-rdo-rje）与地方显贵苏意扎巴坚赞（zovu-yi-grags-pa-rgyal-mtshan）叔侄为代表的木雅热岗（mi-nyag-rab-sgang）[95]之所有僧俗部众的迎请呈文、茶、衣服、绸缎等无数的财物。格西却扎（dge-bshes-chos-grags）前来供奉，并祈请（法王）前往彼地。在珠绛（vbrug-lcang）地方的三岔路口，（法王）看到多闻子之父母秘密修行。在吉多（spyi-stod）地方的十字路口，当司都（si-nghu-pa）活佛师徒上百余人前来迎请之时，（法王）看到了教主[96]。在巴堆哲古达那（par-stod-gri-gu-stag-snar）地方，贡代（sgom-sde）和囊亚（nang-ya）两人敬献有万余只山羊，（法王）为街道之上数以万计的人们赐以利乐。在囊谦(nang-chen)[97]地方，因为两个新的寺院[98]长期纠纷，所有人都遭了殃，而后（法王）赐之以佛语甘露（bkavi-bdud-rtsi），于是两座寺院的执事僧与住持作为仆人随从法王左右。所谓“纠纷自行平息，二寺成为好兄弟”的佳话在寺院中广为流传，而且（二寺僧众彼此）心生和睦。（法王）在多康的色莫冈（zal-mo-sgang）[99]佛教的主要修行之地时，长时间地看到噶举派上师在巡礼。（法王）驾临切拉卡（chas-la-kha）等地，对所有大的纷争赐予了教诲，以加持之法予以调解。（法王）来到噶玛地方，对噶玛噶举四大教主之一的白丹协热（dpal-ldan-shes-rab）吩咐道：“噶玛白协（karma-dpal-she），你明日前往噶玛地方的寺院，不得干扰。”

马年九月八日其抵达噶玛地方。此月的十四日，正值奎宿与金星之成就双运之日，在释迦牟尼像前敬献了头发和顶髻，而且当国师仁波切为（法王）授圆满居士戒并献上殊胜菩提之发心时，虹光与花雨降下，并亲见教主，遂颂道：

获得众知密意者，
乃是教主出有坏[100]，
般若圣者具如意，
于闻、思、修大精进，
犹如获如意珍宝，
乃为一切之殊胜，
化作一切僧伽身，
圣智本性无遗漏，
成就闻思如意事。

是日，与凯贝旺波嘉木白桑波（mkhas-pavi-dbang-po-vjam-dpal-bzang-po）初结法缘，并随从其闻习了长寿不死鼓音如来之灌顶法，并亲见（长寿不死鼓音如来），遂颂道：

佑护智慧空行事，
幻化众生诸怙主，
诸根器有殊胜光，
殊胜光为极无量，
赐持明[101]寿之成就，
获得般若之果位！

当授以决断法之时，出现有诸多量毕量众（tshad-tshar-tshad）和骷髅本性之境[102]，莲花生大师讲有许多决断之语诀。此后，（法王）言道："此地皆有如此之宝藏。"并见到无量光佛刹土和密严刹土[103]，遂赞颂道：

大乐之殊胜净地，

清净如无光之月，
洁白如无垢青莲，
美哉日月宝座上，
持金刚居莲花上，
见吉祥底洛、那若[104]。

（法王）又看到了莲花生大师讲授决断法并授大威德之灌顶，遂颂道：

遍知一切破业心，
莲花上师盛名扬，
圣智古纳塔之藏[105]，
向众生怙主顶礼！
洁白莲花之蕊兮，
如顶髻珠宝之妍，
如赡部河水[106]之清，
赞上师本尊空行！

接着又颂道：

南无古汝帕哈亚！[107]
向报身持金刚作祈请，
依止空性智慧大般若！
祈愿众生脱离诸苦难，
大哉悲之心兮转而生，
旋即为得二智圆满法，

吾乃为利益众生之故，

幻化多次为众生转世，

庄严吉祥威光照世间！

并讲述了自己的传记。

(法王) 在噶玛地方欢度藏历羊年（1463 年）新年后，即前往苏莽地方。在此，第四世夏玛巴[108]活佛之伯父格西却扎（dge-bshes-chos-grags）问道："请清楚告诉我之活佛[109]转世之情况。"此后，（法王）听取了转世之状况。并颂道：

佛赐狮子吼[110]《第六授记》[111]，

本尊神教赐言噶玛巴，

吾一再秉持弟子之礼，

汝乃执夏玛巴宝冠者，

昔日所云缘由人皆知，

如今幻化乃为有缘事，

吾之事业兮永永远远，

尔即执夏玛巴宝冠者，

德庆（bde-chen）[112]、日堆（rigs-bsdu）、杂日久供奉，

汝为无数徒众谋利益，

于东方工布行利他事。

法王不久后到达了工布地方，并讲述了同样的话。（法王）将心中唯一想说的话，明确地言道："传说由于前世之诸因，所谓前世活佛却贝益希（chos-dpal-ye-shes）转世为现世有缘者，所谓今世法王之本人，未来时要教化芸芸众生，后世将在工布地方转世。所谓'杂日之侍从'

即是杂日施主五世红帽系活佛，将于工布地方转世。”

（法王）抵达杂喜（rthar-gsis）地方的林周寺（lhun-grub-dgon）时，于此出现有无数奇迹。其言道：“新札仓的小管家与新札仓的内哨[113]就是索南仁钦（bsod-nams-rin-chen），幼子贡却旺秋（dkon-mchog-dbang-phyug）就是知客[114]扎西迥乃（bkra-shis-vbyung-gnas）。”当一只兔子出现后，法王念诵了总持咒[115]和如来之法号[116]，并言道：“烹茶者是三位年老者，此后就彼等将转世于兜率天。”此外，还依据各种善恶因缘作了许多授记和预言。（法王）在换牙之时，于右侧虎牙上出现了白色的“阿”（ava）字，其余牙齿则出现米拉（日巴）的像及右旋螺式的“哈”（ha）字，非常清晰地显现，犹如出现在镜子里的影像一样。

在顿泽岱（bdud-rtsi-del）地方，问（法王）道：“在囊索（nang-so）寝宫中住一天吗？”回答道：“前辈法王亦曾于此居住一天。”而后便如此住了一天。总之，（法王）足迹遍及苏莽、斋塘、杂喜、措（mt-sho）、盖（ske）、多康（mdo）诸地。在所有地方的街上当拜见（法王）之时，都会出现虹光与花雨。（法王）调解了许多部落彼此之间的纷争，在佛教、本教的法会上，使（众生）财物双盈，获得利乐。

此后，（法王）返回噶玛地方，长时间看到：轨范师莲花生的父母安坐于青莲花之上，旧密[117]诸神环绕；其右侧阿罗汉处有班智达（band-di-ta）和新教[118]诸神环绕；其左侧持金刚处有噶举诸上师环绕。（法王）又看到轨范师莲花生在白玉（sbas-yul）地方作了许多授记。十日之时，轨范师莲花生的像变得非常之大，复变得很小；（法王）看到披黑披风者[119]在妙高山[120]上，许多非常小的（披黑披风者）则环绕着并乞食朵马，护法神欢乐而舞，为五部佛[121]置有许多庄严之福田。居士贝协(dge-bsnyen-dpal-shes）对（法王）敬信而拥戴，最为美丽的七蛇头盘踞于蛇尾左侧的密咒师向其顶礼。

属寺白乃郭瓦（dpal-gnas-sgo-ba）与东果仁钦陵巴(stong-mgo-rin-chen-gling-pa）（为法王）行茶并（奉上）大量的礼品；那木喀坚赞(nam-mkhav-rgyal-mtshan)、桑仁贡觉坚赞（sang-rin-dkon-mchog-rgyal-mtshan）诸人敬奉礼品并迎请（法王）。因为新寺落成，（法王）被迎请至泽恰昂塞波（rtsivi-bya-nga-se-po)，敬献有一万只带角兽，（法王）为所有人讲授了解脱经。上师坚赞桑波(rgyal-mtshan-bzang-po）在觉达(skyo-mad）地方（迎请法王），上师索南班觉（bsod-nams-dpal-vbyor)在萨朵（sa-mdo）迎请（法王)，并将各自的寺庙及所属部众等敬奉给法王，（法王也）对每个人授予职位。

第五节 却扎嘉措受沙弥戒

（法王）欢度了藏历鸡年(1465 年）新年，擦康丹萨巴（tsha-sgang-gdan-sa-pa）前来迎请，（法王）使上下俄（ngom）地方的众人得到了利乐。后（法王）抵达噶玛地方，于藏历木阴鸡年十二岁之时，即于释迦牟尼三重节氐宿月的望日之卯时[122]， 在两根柱子的寝宫处,尊者诺阿达(gannngho）和森噶达（singgha）调伏了图巴曲略玛（thub-pa-chu-lon-ma)，授大自在天[123]之近圆戒。时光已过久远，精通智者支系三藏[124]且通达四明学、大乘[125]教授派了知无漏五蕴[126]等者即名为贡钦嘉木白桑波(kun-mkhyen-vzam-dpel-bzang-po）任堪布；功德之海难以测度、所有汉藏一切显贵尊奉为大师即名为佛子国师班觉顿珠（dpal-vbyor-don-grub)任业轨范师，剃度出家，赐名为却扎嘉措白桑波（chos-grags-rgya-mt-sho-dpal-bzang-po)，授圆满沙弥戒之正行。后师从堪布，每日闻习毗奈耶[127]所有的经、论、律[128]，且顾及细小之明学，抵达罗汉[129]之果位。

此后，乃郭哇（gnas–sgo–ba）等地的布波瓦（pum–vbor–ba）以及斋嘎奇赤（kre–kam–khyim–phrim）的寺主、嘉摩斋瓦(lcags–mo–kre–bo）等夏马杂岗巴（shar–dmar–rdza–sgang–pa）、康定（dar–rtse–mdo）的贵族、木雅热岗（mi–nyag–rab–sgang）的僧俗头人先后多次前来迎请（法王）。（法王）为彼等之功业，考虑适时前往（此等地方）。

藏历鸡年十一月十四日，（法王）离开噶玛地方时，大地微颤，（法王）看到了所有噶举上师围绕在法王统瓦顿丹处，每位上师显现无数幻身，故知悉其为了关键之功业而前往。（法王）于苏莽地方度过了藏历狗年（1466 年）新年，并亲自踏足了噶（rga）、苏贡（zur–dgon）、丹（vdan）诸地。当来到了岭格萨尔（gling–gi–sa），（法王）对于有同室操戈与战乱纠纷的所有人赐以教诲，以加持之法消除了争端，且任命了新的重要官员，一切僧俗部众均就地安置，并给予暂时和长久之利乐，故此成就了无量之功德。

杂益希贡（rdza–yir–zhi–gong）地方的玛色瓦（rma–se–ba）献茶并催促（法王）前往，上师噶托巴（ka–thog–pa）等人前来（迎请法王），于是（法王）亲口答应前往。（法王）来到了嘉莫（lcags–mo）和朱倭（kre–bo）地方，大贤者嘉木样扎巴（mkhas–grub–chen–po–vjam–dbyangs–grags–pa）的大弟子诸人与地方显贵的大量礼品送到，并再三请求（法王）驾临。在此地，证道者米扎堪布（rtogs–ldan–mig–rtsa–mkhan–po）长久地看到，（法王）乃是留有蓝发顶髻者且有一颗大而非常洁白之佛牙的善良瑜伽师。据说，从外表看，（法王）心思散逸，而实际显现于真身。当（法王）在宁静的寺庙中捡起被舍弃的棉布衣时，噶举派的上师从红色的彩虹中看到了所有的棉衣行者被（法王）加持。（法王）在此地度过了藏历猪年（1467 年）新年，灵仓人邢旺塔巴（gling–tshang–can–shing–dbang–thar–pa–rgyal–mtshan）迎请（法王）至色康（gser–khang），敬奉有大量礼品，并从（法王）手中祈请《十万赡部洲庄严饰》。（法王）抵达上下协廓(shal-khog-stod-smad)，从根本上解决了佛教与本教之间的纷争以及佛本僧团之间的矛盾。其从地牢中解救出众生，为彼此所有人施以利乐。此时，佤喀希瓦（wa-ga-shi-ba）、喀喜巴（ga-zhi-pa）、阿日（a-rig）等寺的僧俗部众皆（为法王）请茶并敬献有大量的礼品以及《十法一门》（bkav-bcu-pa-sgo-gcig-pa）。索睿上师贡嘎坚赞（gso-ros-bla-ma-kun-dgav-rgyal-mtshan）极为清晰地看见法王本人长久朝拜泗鲁迦[130]身体之坛城，故而得到了无量之信念。佐吉（dso-gi）派[131]上师迎请（法王）至帕塘兴噶瓦（ba-thang-shing-rgyal-ba）的静室，（法王）为静室开光。天空之虹光遍及乃囊（gnas-nang）寺，（法王）亲见了教主（bstan-gtso）、轨范师莲花生和噶举派所有的上师，而且从色究竟天法宫[132]发出了启请。 见到贡钦嘉木白桑波、持金刚佛后，遂发出启请并做了道歌。

（法王）到达了聂龙（nyag-rong），于阿让灵（avrya-gling）行利他之事，并作赞语“亲见轨范师莲花生，池中生[133]悦目莲花上”等。抵达绰木吉妥（khrom-spyi-thog），（法王）对噶妥巴（ka-thog-pa）等部彼此间以及佛本之间所有大的纷争进行了调解且得到平息，并报以大恩。乃郭（gnas-sgo）的住持前来迎请，（法王）很快答应前往，但暂时抵达斋雪（kre-shod）地方。驻锡于秀日塘（shug-ri-thang）时，（法王）赐予了许多观相和道歌，还有一些其他的观相以及经常出现彩虹与密布的花雨。此时，热岗（rab-sgang）地区之僧俗部众也奉茶并敬献有大量的礼品，并再三敦请（法王）前往。此后，因惦念着夏尔巴之徒众，（法王）依次前来，并调解了脱切（thod-che）与蔡瓦(tshe-ba）的重大纠纷以及多塞（rdo-ser）的所有重大纠纷。

（法王）于冬季居住在若绰木（rag-phrom）和宝吉祥川（gser-gyi-bkra-shis-lung)，而后以六大手印法[134]给此方之所有僧人灌顶讲经。（法王）在此地度过了藏历鼠年（1468 年）新年，而后于正月初十之夜，因看到了薄伽梵母（bcom-ldan-vdas-ma）之千姿百态，故获得许多因缘。此时，大修行者意希贝（sgom-chen-yi-shes-dpal）因为拜谒了（法王），在转变界（得以）离垢并成就为贤者，故此（对法王）生起了殊胜爱戴（之情）。（法王）在札坚（brag-can）地方著有《阴金大欲之吩咐》，在泽卡拉摩达尔塘（vdsi-ga-lha-mo-dar-thang），法王薰努瓦（gzhon-nu-ba）等所有僧俗部众前来供奉，（法王）使内外纷争得以调和，牢狱囚徒得以释放。

安多瓦普擦囊索（a-mdo-ba-phur-thsa-nang-so）、霍尔塞之日塘尼（ri-thang）二部、白利之森格米洛（be-ri-seng-ge-mi-log）之施主等迎请（法王），而且先前于藏历狗年（1466 年）中，米果恰斋（mi-mgo-bya-bral）与杰强本波（rgyal-mchog-dpon-po）在斋（kre）地两次（为法王）行茶。猪年（1467 年），恰斋桑珠（bya-bral-bsam-grub）等人在若绰木（rag-phrom）和宝吉祥川（gser-gyi-bkra-shis-lung）两次（为法王）行茶。鼠年（1468 年），在堆塘牙（rdovi-thang-yag），普擦囊索（phur-thsa-nang-so）与恰斋桑珠等（为法王）奉上了坐骑及无数骆驼等，并再三启请（法王）驾临，（法王）虽未能驾临霍尔塞（hor-ser），但答应抵达距离此地很近的塔（塘）和堆（塘牙），并前往大轨范师莲花生之修行处玛多（rma-stod）、热果（ra-rgod）、同布（mthon-po）、尼夏（nyi-shar）等地。

此时，森格米洛之施主等人敬献大量礼品，（法王）使战乱与纠纷得以平息。普擦囊索之协热悦色（shes-rab-vod-zer）、霍尔塞日瓦（hor-ser-ri-ba）地方的官员阿奴杰（a-nu-rgyal）、廓丹塔巴(kho-ldan-thar-pa)、佩图扎西衮（bal-dur-bkra-shis-mgon）等霍尔部所有主仆拜谒了（法王），奉上了金、银、衣服、绸缎、百余匹马等礼品，而后行茶启请（法王）驾临，并承上了阿尔玛（ar-ma）等人之重罪，请（法王）下达命令皆照此执行，并再三请求（法王）驾临霍尔地方。（法王）答应会渐次前往，却未答应（马上前往）。当（法王）念诵真言之时，（人们）得到了无量之解脱，并承诺内部及边界之一切战乱纠纷在一年之内无论在内外任何地方也都不会动用军队。而后人们也在此等所有地方看到彩虹与花雨之奇特景象，故使大部分人对（法王）生起敬信。

第六节　却扎嘉措在各地修行讲法

（法王）在塔吉涅茂日（dar-gyi-snyan-mo-ri）地方，止息了阿嘉木丹巴（a-byam-ldan-pa）的所有纷争。岗巴（gangs-pa）的施主与福田供奉（法王）。（法王）于石土之处修道，而后动身前往热岗附近的地方，调解了拉木藏沃（lam-gtsang-bor）、达乌（tavu）、日雪（ri-shod）等地方的内外所有纠纷。

而后法王又前往巴玉塞切塘（pag-yu-gser-phye-thang）地方，法王使果、东（sgo-sdong）二部落二十五年未发生纠纷，三年未发生偷盗，并将所有盗贼献上。法王在此地与托拜惹普（do-ber-ras-bud）欢度了牛年新年。面对佛殿，（法王）于外面很远的地方即磕头，并对主供佛和十一面佛多次进行朝拜。在阿日（a-ri）寺和哇希森格（wag-shi-seng-ge）寺中出现有犹如虹柱般之寝帐，并环绕着层层叠叠之花朵。于秋摩地方轨范师索仔（bsod-rtses）在梦中拜谒了（法王），因得到加持，故生起信念。据说因其在乃帕（ne-bar）地方的神殿外做有礼拜，故使其融入主供佛之眉间白毫、咽喉及胸膛，此景一部分人看见，一部分人未有看见。热迪（ra-ti）地方的亲教师、轨范师及其僧人们迎请（法王）之时，看见噶举派全部喇嘛和六臂护法神[135]及侍从。噶玛巴二次第[136]之学僧谷脱却扎（vgu-thom-chos-grags）迎请法王至达寨多（dar-rtshe-mdo）[137]，轨范师索仔（bsod-rtse）等众多僧众及多麦地区的所有庄园主前来迎接，此为本人亲见，也亲自听见从天空传出乐器之声。而后，（法王）被迎请至康丘（gangs-chu）附近的行营，头人扎巴坚赞（grags-pa-rgyal-mt-shan）等达寨多地方的人及谷脱（vgu-thom）地方的所有僧俗百姓供奉有无数的供品。轨范师索仔（bsod-rtse）看到法王系教主，又看到其修炼上师瑜伽，故头顶上出现了蓝光，即变为金刚持。

嘉绒巴喇嘛楚称(rgyal-rong-pa-tshul-khrims)先是略见金刚瑜伽母[138]之身形，后又亲见大能仁[139]安坐于纯金之金刚座上。故此隐蔽之六聚[140]略忆念一切境即可真实显现财富。此乃大成就者乌坚巴（ao-rgyan-pa），其幻化之地真实存在。（法王)抵达此地三月后，众生又做了献新供神[141]之事，并使现前识常驻（其心）。（法王）在康丘（gangs-chu）附近的地方讲授佛法，嘉桑巴头人（lcags-zam-pas-mi-chen）在屋顶上聆听佛法，并看到了观世音菩萨布满天空。

（法王）从村落的远处即可摩顶，当抵达头人的寝宫之时，一触主供佛的心窝，许多丸药遍布寝宫。（法王）在拉毛仔（la-mo-rtse）的德庆顶地方亦用手多次触及佛像，遂使（药丸）从外面散落于房间。当前往距达寨多约有一天多路程的乌达（au-ta）寺，众人请求奉献供物，（法王）供奉有《经藏》，众人向佛殿和寺院供奉财物，此寺僧众故对（法王）大加敬信。热迪 （ra-ti）地方的人们又供奉了众多物品，并向大法轮做巡礼。若修持主尊佛，一切禅定[142]之光明王大手印之证悟犹如大自在天一般，获得坚定之信念，亲见所有本尊佛，并常见本尊佛和不同之佛。其对上师二相生有不可更改之法识，悟其教诲、口诀之义理，除根本之烦恼，达自我解脱，终证得根本与后得[143]。

（此后法王）曾抵达让绰却丹（rang-grol-mchod-rten)、驽奥丹(nu-vog-steng)、杂扎(rdza-bkra)寺、帕噶（vbav-ga）寺、热波喀希(rag-po-kha-bzhi）、恰萨（byams-sar）、玉康胡（yul-ghung）、堆果仁钦灵（stod-mgo-rin-chen-gling）、丹齐仁钦顶（gter-byi-rin-chen-sdeng）等地，（法王）所到之处都进行摩顶，并出现有亲见本尊及虹光等无数奇景。

第七节　却扎嘉措在各地大做利他之事

此后，皇宫派遣骑兵官贡噶坚赞（kun-dgav-rgyal-mtshan）和喇嘛索南嘉措（bsod-nams-rgya-mtsho）等人前往（藏地），彼等到达绛那热瓦（vjang-nag-ra-ba）之时，汉地即出现有奇异的虹帐、花雨及色形各异的云彩。大臣和粮草官等许多达官贵人因为梦见奇特之梦兆，故对法王及其随从大加敬信以及供奉诸多礼品，并使（汉地人）闻其名即产生敬信、祈祷。

此后，（法王）又前往木雅和绛（vjang）交界之果若（sgo-ro）地方，法王使此地二十五年未发生大的战乱，三年未发生匪盗和窃贼，并使整个地方得到安乐。（法王）在此地与惹普（ras-bud）和夏玉（sha-yul）共同欢度藏历虎年新年，并使庄园主多斯左（gzhi-bdag-sdo-gzi-vd-zo）成为居士[144]，赐名为多杰蕃喀迥（rdo-rje-bod-khams-skyong）。而后，（法王）又前往了嘉劥（skya-khing）、玛塞（rma-se）、拉里（la-li）等地，并为这些地方赐予大量物品。

由杂兰（dzva-lan）、达热（ngha-rar）、噶希（ka-bzhi）、玛塞（rma-se）等五位贤者恢复了诸讲经院转法轮和教规戒律，并使昔日的讲、闻、思等优良传统得到弘扬。为了平息柱氏[145]之大纷争，（法王）前往此地，赐予教诲，从而使这场大的纷争得到平息。如是（法王）使木雅[146]（mi-nyag）地区的热堆擦岗（rab-stod-tshar-sgang）的所有僧俗百姓得到满意的佛法及充足的财物，并获得利乐。

藏历虎年（1470年）十月三日，（法王）朝布木波（bum-vbor）方向前行，聂荣[147]众生向（法王）敬献了路费。（法王）又前往德庆[148]上部（bde-chen-steng），使果洛玛绰（vgo-log-ma-khrom）等部落之大的纷争得以平息。（法王）在贡萨（dgon-sar）佛殿之外很远的地方即磕头，进了佛殿内，又瞻仰了许多卷轴画。当天空出现两个太阳之时，法王修行随顺法。（法王）在此地寻持雨衣舍堕，并欢度新年，还为许多人摩顶。因为噶玛派的喇嘛吐杰悦色（thugs-rje-vod-zer）向法王供奉有许多菩提心环绕着佛以及四位裹红、白花头巾，头发散开的神女献唱，反复看到佛祖时隐时现；聂寨本波（nyag-gre-dbon-po）看见文殊菩萨[149]；希波桑杰扎（zhig-po-sangs-rgyas-grags）看见马头明王[150]；其他许多僧俗百姓看见白观世音菩萨[151]。绰吉（khom-spyis）时而看见白色、时而看见红色、时而看见黄色等各种奇异之景象，使其无不敬信。在此地，以蒙古薛禅[152]皇族之王子为首、蒙古龙女的三子即草场官绰卧杰（khyo-bo-rgyal）、绰卧旺秋（khyo-bo-dbang-phyug）、喀乌那（gavuna）以及蒙古山地官阿努杰（a-nu-rgyal）等人向（法王）敬献有无数的舒适老练的坐骑、皮袍等；白利（be-ri）土司的三部落、僧格米罗（seng-ge-mi-log）地方的普哇塔（phur-ba-thar）等人向（法王）敬献有金、银、珠宝等许多物品，之后又派遣恰寨桑珠（bya-bral-bsam-grub）和恰寨米果（bya-bral-mi-mgo）二人前去迎请（法王），并敬献有蒙古的黄诃子[153]。法王对彼等二人再三嘱咐："不要危害佛教和本教，无论何年始终不可发动战争。"而后，（法王）便前往法轮寺郭隆果（sgom-lung-mgo）、供奉圣天之地蕾塘（le-thang）等地，平息了内外大的纷争，并为许多人进行了摩顶。在朝圣路上的止吉格堆地方有一座名为益西坚赞的佛殿，法王在佛殿内为众人进行了摩顶。

藏历兔年（1471 年）三月十三日，（法王）到达了奈果寺（gdan-sa-gnas-sgo）的噶噶（ka-ka）山洞中，当此寺的堪布及僧人迎请法王之时，看到了虹光、花雨等各种奇异之景象。此后，（法王）前往大成就者拔格西（pgishvi）的修行地诺布林（nor-bu-gling）、喀卓林（mkhav-vgro-gling）、恰贵林（bya-rgod-gling）、塔巴林（thar-pa-gling）等寺，内哨索南坚赞塞噶（bsod-nams-rgyal-mtshan-sri-kar）和桑杰罗追（sangs-rgyas-blo-gros）等诸位贤者邀请法王至羌奔（byang-vbos）地方，并敬献了大成就者的塑像、经典等大量供品，法王为众人进行了摩顶，并于却琼顶（chos-vbyung-steng）一磐石上留有六只脚印，噶洛（rga-lo）山洞中留有六只脚印，新的法座之上众人也清晰看见两只脚印。多丹却布木（rtogs-ldan-chos-vbum）梦见于通往噶洛（rga-lo）山洞之路上留有骑士之殊胜脚印。天亮后，共同前去果然见到两只脚印。

夏季（法王）安居于噶波雪山（kam-po-gangs-ra）的乃囊羌奔（gnas-nang-byang-vbos）地方。都松钦巴师徒的弟子传承主要有四条峡谷的十万人以及大小岗（sgang）的僧俗部众汇聚一起，（向法王）敬献无数供品，常转法轮如同宣讲佛经一般之业绩。于此地珠脱聂塞（grub-thob-nyag-se）之转世大成就者邱普瓦（grub-chen-chu-vphur-ba）拜见了法王，并供奉无数礼品；他于长江边上看到法王渐次登上六盘山，而后一个人融入另一个人，法王统瓦顿丹变成四臂观世音，后又变为第七世法王；他于山崖上起初看到十一面不知是谁，细看实际是第七世法王。

法王在桑丹林（bsam-gtan-gling）法座之上朝拜佛祖，在此地的修行房中看见于黄琉璃的土地盛开着红莲花上，法王坐在无量光中，噶举派的上师环绕其周围。（法王）在贝浦桑丹林（bel-phur-bsam-gtan-gling）创立了禅院，从修行官中任命了大成就者。阿绛（a-vjang）迎请（法王），亲见黑堡之圣地。在奔聂（vbom-nyag）地方（法王）为众人摩顶，使万户长南喀坚赞（nam-mkhav-rgyal-mtshan）叔侄以及街上的所有佛、苯僧俗众人得以解脱。

此后，法王又前往崩日（sbud-ri）和萨玛（sar-mar）地方，曾经反叛之施主也前来敬献无数供品，他开始七天拜见了环绕在法王身边的红面观世音菩萨，而后在街的中央看见了白观世音菩萨，在寺院中轮流看见主供佛和观世音菩萨；在萨玛（sa-mar）地方看见大慈悲佛（thugs-rje-chen-po），并从其眉间闪烁着太阳般的光芒，后融入法王之身，于是他便获得了证悟，并更加对法王敬信。

（法王）又前往崩日（sbud-ri）地方，为众人摩顶，后用手触及小溪流，（小溪流）马上就变成了大河流，并于此地安置了许多修行者。此后，（法王）又抵达大成就者拔格西（pgishvi）受居士戒的达钦佐热（vdam-chen-tso-ra）玉湖边，于此安置了许多修行者，期间用手触及小溪流，（小溪流）即变成了大河流。此后，（法王）又抵达巴塘（vbav-thang）[154]，调解了许多大的纠纷。受墨桑噶久瓦（smon-bzang-bkav-bcu-ba）和达擦堪布（stag-tsha-mkhan-pu）的邀请，于德钦寺（bde-chen-gling）创建禅院。此后前往惹尼东奔（re-ne-stong-dpon）、吉苏木（spy-i-sum）、上下协布木（gshe-vbum）等地，使僧俗众人得到满意。此后，前往第琼桑杰（lde-chung-sangs-rgyas）和吒瓦噶当巴（bra-ba-bkav-gdams-pa）之修行地——博德寺（vbo-de-dgon），创建禅院。此后，前往羌惹（mchog-rab）地方，平息了诸多纠纷，寻持雨衣舍堕[155]，创建禅院，使茹伦巴（ru-lon-pa）、俄绰（ngo-khro）、长江一带的僧俗众人得到解脱。后于臧瓦（rtsang-ba）地方修建修行地，并在绛岗地方欢度藏历龙年（1472年）新年，于此地法王讲述了自己的传记如下：

引入大乘三门二派[156]路，
常持转动法轮好传统，
步入美丽之所化寺院，

忠诚不寻思他人缺点，
自己的缺点认真寻思，
慈悲众生常做利他事。
思想行为皆要勤规范，
利益他生善教徒与众，
抓大舍小为生活准则，
诸时善行皆要常奉献，
虔诚念诵佛经少言语，
经常解脱产生勤奋力。
神奇吉祥美丽之前藏，
顶礼上师虔诚敬信佛，
喜欢帮助朋友抛弃悲，
知悉轮回苦难常修行，
终身获得圆满与吉祥！

大成就者拔格西（pgishvi）之居士杰坝尔（rgyal-vbar）之楼下有一昔日曾加持过的法座，三座寺院的僧人将法王迎请到法座前，法王平息诸多内外战乱，使黄河一带的僧俗人众得到满意之教法。卓贡热钦（vgro-mgon-ras-chen）传承的十二派系的弟子迎请法王至瓷木紫（tshem-tsi）寺，又在此寺院创建禅院，并于此寺供奉有手印，墨桑噶久瓦尊追贝（smon-bzang-bkav-bcu-ba-brtson-vgrus-dpal）看见法王手心发出以红色为主的各种光芒，并得到法王的加持。此后，抵达奈果(gnas-sgo）地方，调解了扎柱（dbra-vdru）二部落的纠纷。后于噶噶山洞之桑珠寺（bsam-grub）居夏，并修筑洞门。此时，法王自己曰：“在静室中男士之修行是一切功德之基因，（此基因可）变为殊胜修行之所依境。在噶波（kam-po）山中吾亦对佛宝产生敬信，并生有净思、勤于念经，获得世间与出世间之略微功德，也产生菩提心，断除烦恼，也实现为无主者。其他还示现功德，如此也使一切欲望变为善行。通过修行使所有众生抛弃欲望，勤奋修习唯一的善法。”此后，法王为夏布赤（sha-vbu-khid）三地、四峡谷祈祷安宁。

藏历龙年（1472年）九月七日返回驻地，受到阿桑囊索（a-bzang-nang-so）、布米岱（vbuvi-mi-sde）、上下夺玛（gtor-ma-stod-smad）、嘉当瓦（rgya-ldang-ba）、拉裕瓦（la-yu-ba）、喀瓦噶波（kha-ba-dkhar-po）、艾佤囊索（ae-wam-nang-so）、图囊索（vdur-nang-so）、多丹却桑瓦（rtogs-ldan-chos-bzang-ba）等僧俗众人的敬奉。法王于喀瓦噶波创建禅院，受诸密宗学院之邀请，前往夏赤（sha-khid）地方，于赤嘉热（khid-lcags-ra）地方寻持雨衣舍堕，并欢度藏历蛇年（1473年）新年。赤嘉热地方立有一块自生本尊神之石，故此地的男士皆具有美好的菩提心，法王平息了诸多内外纠纷。此后，多森巴扎西群佩（rdor-seng-pa-bkra-shis-chos-vphel）前来邀请，此地的卫巴喇嘛（dbus-pa-bla-ma）之梦中梦见，法王之大手印系无生无灭，吉祥如意，幸福圆满。据说以后（将此梦）视为根本与后得之区别。大供奉之时，出现有许多奇特之情景，并在此地为众生摩顶，还发现有诸多泉水。此后，漾波（yom-po）、央德擦奎瓦（yang-sde-rdza-khol-ba）等人迎请法王至朵（vdob）地，平息了朵纳（vdob-snar）二部落的纠纷。法王为纳卧（snar-bo）佛塔开光之时，天空布满虹光，并出现有龙、狮子等各种形状。此后，至都松钦巴之修行圣地山洞中供奉其塑像和佛经，并在此夏居，闭关三个月。于此地云南丽江木土司送来大批礼品。

第八节　却扎嘉措得到明成化皇帝的敕谕和赏赐

是时，明成化皇帝赐予敕谕[157]、殊胜黑帽、珍珠服饰、帐幕、华盖等无数礼品，还有大金锭以及数万匹绸缎。大灌顶国师索南嘉措（bsod-nams-rgya-mtsho）、图康扎西桑波（du-gang-bkra-shis-bzang-po）、侍茶者悦色嘉措（vod-zer-rgya-mtsho）、尼玛悦色（ni-ma-vod-zer）等人进行还礼，并祝祷皇帝万寿无疆。

此后，前往布木波大岗（bum-vbor-sgang-chen）地区。在萨堆（sa-stod），法王为无数僧人讲经，出现有许多奇特之征兆。后驾临康噶贡萨（khang-dkar-dgon-gsar）、理塘却果寺（li-thang-chos-vkhor-gling），于此朝拜了许多函佛经。是时，皇帝派遣金字使者到达。

总之，法王不仅是下奈果寺（gnas-sgo）学院的主要施主，而且也是（以下部落和寺院的施主）即布木波大小二岗（bum-vbor-sgang-chen-chung-gnyis）：小岗包括四条峡谷二游牧部落、黄河一带、协（bshal）河一带、夺杂拉绒（btob-rdza-la-rong）、巴塘（vbav-thang）等；大岗包括扎（dbra）、柱（vdru）、厦（bzhag）、理塘（li-thang）等。尤其是法王都松钦巴近侍弟子夺绛秋悦（vtob-byang-chub-vod）之弟子传承石噶瓦（sri-dkar-ba）、沛冈巴（vphel-rkang-pa）、仔康噶瓦（rdzal-gangs-dkar-ba）等，以及第琼桑杰、法王噶玛拔格西（pgishvi）之弟子肯钦（khing-chen）之弟子肯琼（khing-chung）、布琼（vbu-chung）、秋琼（byur-chung）三人。肯琼(khing-chung）之弟子传承有扎西琼佩（bkra-shis-chos-vphel）、岗巴杂拉绒（sgang-pa-rdza-la-rong）、康噶瓦（gangs-dkar-ba）以及肯益西森格(khing-ye-shes-seng-ge）师徒、漾波瓦（yom-bo-ba）、肯嘉日瓦（khing-lcags-ri-ba）等协琼（shal-chung）传承；布琼（vbu-chung）之弟子传承有蔡若巴（tshal-rog-pa）和臧瓦巴（tsang-bar-pa）等茹倡瓦（ru-drang-ba）传承；秋琼（byur-chung）之弟子传承有羌惹巴（mchog-rab-pa）和茹永巴（ru-yon-pa）等；卓贡热钦（vgro-mgon-ras-chen）传承的十二派系的大密宗学院范围是茹永（ru-yon）至臧协（tsang-zher）之弟子传承，即长江一带绰木贝（khrom-ber）之桑彤（gsang-thun）、茹倡盖夺（ru-drang-dge-dog）之札里（spra-leb）、玛希（ma-zhi）之赞丹（tsanada）、协（shal）河一带之峡拉（sha-la）、达廓（sta-gor）之阿丹（sngags-sde）、肯柏（khing-ban）之久奔（bcu-dpun）、惹波（rag-po）之夺阿（mdo-sngags）、东玛（tong-ma）之嘉奔（rgya-dpun）、那嘎热（nags-ska-rags）之久希奔（bcu-bzhi-dpun）、果俄（mgo-sngon）之扎琼（gra-chung）、仔康噶（rdzal-gangs-dkar）之阿丹（sngags-sde）、夺萨那（vdob-sa-nag）之苏久奔（sum-bcu-dpun）等大密宗学院，现在大部分（密宗学院）有不少于十二年的夜间近修阎罗王和救度母。后法王光临奈果寺（gdan-sa-gnas-sgo）所属的十二支寺，第摩瓦（de-mo-ba）、达擦瓦（stag-tsha-ba）、德擦瓦（bde-tsha-ba）、协巴（bshes-pa）堪布等四堪布之弟子传承，乃钦崩日（gnas-chen-spung-ri）、当钦佐（vdm-chen-tsor）、格聂羌秋却格（dge-bsnyen-byang-chub-chos-dge）、博达（vbo-ta）、蚌刹（spang-khra）、翟吉康噶（dbral-gyi-gangs-dkar）三兄弟、贝蚌普（dpal-spang-phug）等处。又受噶玛司徒（karma-si-ngdu）之请求，（法王）于十月前往噶玛寺方向。受阿惹林巴喇嘛塔贝（avarya-gling-pa）邀请前往，路途修筑破损之路，抵达措喀（mtsho-kha），寻持雨衣舍堕并欢度藏历马年（1474年）新年，调解了新旧夏（gzhav）部落的纠纷。后抵达绰吉托（khrom-spyi-thog）地方，万户长绰叔侄等街中央的所有百姓以及噶托巴（ka-thog-pa）施主对法王敬信并供奉礼品。此后，前往追界那杰顶（sprul-lce-rnam-rgyal-steng）、日果扎西那杰吉却宗（ri-mgo-bkra-shis-rnam-rgyal-gyi-chos-rdzong）、达果羌秋林（stag-mgo-byang-chub-gling）等地，创建修行地。于赤绛拉（drivi-jolha）寺中四世红帽系活佛和灵赞善王（gling-tsan-shin-wang）拜见（法王）之时，出现有许多奇异之征兆。后抵达秀日塘（shug-ri-thang）地方，骑士伦珠(lhun-grub）之坟墓中的海螺肝和所有骨头皆变成舍利，并出现有许多白色“阿”（a）字，彩虹布满整个地方。后迎请（法王）至日钦（ri-chen)，进行大供奉；在札嘉寺(brag-rgya-dgon）摩顶后，又抵达朱雪（kre-shod)，在法王都松钦巴之修行地神女洞中的神女殿看见干湿颅骨之护帐，遂促使其做赞词。此后，灵赞善王（gling-tsan-shin-wang）迎请，前往岱伦八坝(del-lung-thang-bgyad)，灵赞善王将其昆季及儿子敬献给（法王)，法王在达波塘沽（bdag-povi-thang-sku）为众人摩顶。灵仓（gling-tshang）之土司丁增益西（ting-vdzin-ye-shes）迎请至伦喀寺（lung-kha)，将官丁增悦色(ting-vdzin-vod-zer）和丁增扎巴(ting-vdzin-grags-pa）二人献出来作为（法王）之侍从，创建佛教寺院。后前往康玛（khang-dmar）和丹赞康（vdan-tsan）佛殿，万户长悦色坚赞（vod-zer-rgyal-mtshan）将官那杰扎巴（rnam-rgyal-grags-pa）奉献给(法王)，于尼丹顶（ni-ldan-steng）地方创建佛教寺院。在措希（mtsho-bshes）受楚布活佛之邀请前往。后抵达苏莽(zur-mang)，于德钦（bde-chen）之山顶上建修行地，寻持雨衣舍堕并欢度藏历羊年（1475 年）新年。后抵达噶玛寺，于嘎且岗（dgav-byed-sgang）夏居，修筑洞门，多次见到黑氅护法神，如像见到所谓“三面忿怒护法”之尊容，遂做出(护法神)之量度[158]与赞歌。此后，前往巴尔喀（par-kha)，并为囊雅(nang-ya）禅院之修行出谋划策。法王驻锡于玛日塔（sma-ri-dwags）之时，冬天大岗上有一棵花树盛开有七个花朵，每个花朵的黄色花瓣上有像睡莲一般的十三个绿色图案，十分奇特。后前往洛宗萨（lho-rdzong-gsar）地方，囊索札巴坚赞（nang-so-grags-pa-rgyal-mtshan）前来供奉。喇嘛悦色桑波(la-ma-vod-zer-bzang-po）和奔仁钦桑波（dpon-rin-chen-bzang-po）迎请法王至拉登（lha-steng）寺，于此寻持雨衣舍堕并欢度藏历猴年（1476年）新年。工布（kong-po）地方的喇嘛班觉（la-ma-dpal-vbyor）和施主森格(seng-ge）要修复则拉岗（rtse-lha-sgang）破损的三尊佛像，请教（法王）何时开光。（法王）经过卜算时间后，告诉彼等于大集市开市之明天当太阳初升之时，进行开光，将会于集市间隙降下犹如各种龙一般的雨，是时要向佛殿中诸佛顶礼。后前往洛堆（lho-stod），向协玉（bzher-yul）、西薛（bshis-shod）、杂贡（rdza-dgon）、贝拔尔（dpal-vbar）[159]等寺院顶礼，尚朝拜了甘露洞(bdud-rtsi-phug)、勊奥（gad-vom）、果厦（sgo-shar）、日嘎贡(ri-dkar-dgon)、贝拔尔（dpal-vbar）等寺各新旧佛殿。

第九节　却扎嘉措在各地建寺传教

此后，（法王）经过了类乌齐(ri-bo-che)[160]和俄那杰岗(ngom-rnam-rgyal-sgang)，于噶尔底洞（kar-ti-phug）寻持雨衣舍堕。后于千户长惹馁（rel-ne）迎请之路上又被千户长杂巴（rdza-pa）迎去，抵达萨布夺(sab-mdo)，欢度藏历鸡年（1477年）新年。后迎请至江达（skyo-mdar)，部落长将所属的部落及其支系全部献于法王。后经过卫波（dbs-po）和驽薛（rngod-shod），谷多尔贡巴（ku-dor-dgon-pa）和拉巴堪布札杰瓦(la-pa-mkhan-po-grags-rgyal-ba）等人前来供奉，并降伏了祖拉熏(gtsug-lag-gzhung）三地的众生。于倭（vor）地，绛钦（byams-chen）前来拜见法王，并供奉有大量礼品。拉巴（la-pa）和多尔碧（rdor-vbi）的官员、侍从共同修建大慈法轮寺，（法王）委派熏努贝（gzhon-nu-dpal）任上师。此后，法王经擦那摩且（vtshams-na-mo-che)，抵达惹馁杰

(rel-ne-rgyal）寺，惹馁千户长前来供奉，法王平息了诸多纠纷，于此地讲说《百本生经之摄义》之时，天空降下诸多花雨。

此后，札惹盖却尊（dbra-re-dge-chos-brtson）之官系传承、法王若必多吉之弟子即大小“大圆满”之弟子传承的白利寺索惹盖(dpal-ri-dgon-gso-re-ke)、秋举巴（chu-rgyud-pa）传承等迎请法王至康顶(gang-steng）地方。玛康（smar-khams）地方的[161]多楚巴（mdo-drug-pa）看见法王统瓦顿丹之奇有手印，并献于法王，亲见法王将（法王统瓦顿丹之手印）带走，调解了诸多纷争。法王又从惹馁（re-ne）地方前往法王都松钦巴之智慧驻地帕贡寺（vphar-dgon)，向万佛塔作了供奉，并创建有奥噶扎西平措寺（dngul-dkar-bkra-shis-phun-tshogs)，委任尊追贝(brtson-vgrus-dpal）为堪布。后前往大师莲花生之修行地多吉绰伦（rdo-rje-gro-lod)[162]，美味遍传整个地方以及果堆（sgo-stod)、波措喀（vbom-mtsho-kha)、查宗寺（khra-tsong-dgon)、奔（vbos）等地，并平息诸多纠纷。此后，抵达哉岗果蕾杰摩（rdzal-sgang-ko-le-rgyal-mo）山下，写有白雪圣地之赞歌，对自然形成的文成公主与毗卢遮那近侍八弟子大加供奉。官员索南（dpon-bsod-nams）迎请法王至德哈威（deha-wan)，并供养。后前往札巴噶当巴之寺院——图伦寺（vdu-long-dgon)，并创建新寺，委任蒙桑嘎久巴（smon-bzang-bkav-bju-pa）为堪布，亦对此圣地作赞歌，调解了内外战争与纠纷。后前往惹布（re-vbur)、玛喜贝拔贡塞喀(dmar-bshis-dpal-vbar-dgon-gser-kha）等地，法王亲自用手修复山寨，经过噶喜巴（bkav-bzhi-pa）佛殿和琮奔崔坚（tshong-dpon-tshul-rgyan）佛殿，抵达噶玛寺，雕塑有大佛，开光之时出现有稀有之景象。后前往卫地(dbus)，于路途之达木（vdam）地方，看见十八罗汉前来迎接，以前未有见到的拔绒巴大师（vbab-rom-pa-chen-po）之脚印明显显现出来。在当雄（vdam-gzhung）建漾寺（yor-dgon）之根基时，九天出现龙声和花水。于此闭关修行时，冬天又降花雨；讲经之日，法场出现花水，并出现新的泉眼。

第十节 却扎嘉措在拉萨为佛祖释迦牟尼像敬献珍珠袈裟

此后，法王抵达楚布寺，由于地震使赡部庄严大佛受到略微破损，维修、开光之时，法王看见佛祖及其随从融入（赡部庄严大佛）。是时，明朝皇帝之金字使者茄那氏图康（che-na-shri-du-gang）等人给法王送来谕旨和无数礼品。此后，法王前往拉萨。当抵达格苯喀(dge-bon-kha)时，乃乌宗(snevu-rdzong）之兄弟及官员、侍从犹如佛降临一般前来迎接。至拉萨后的藏历十五日，为佛祖释迦牟尼像敬献有珍珠袈裟，为不动金刚佛敬献有金衣等无数供品；当祈愿时，出现有奇异之征兆。渐次法王抵达藏北唐古拉山下，转动许多法轮；向奈隆寺(sneb-lung-dgon)敬献供品，为寺院开光后，大有增益。当法王至达木桌子山（vdam-cog-tse）口时，噶举派的所有喇嘛看到皇宫派遣的金字使者们加倍巡礼天湖(gnam-mtsho）且获得吉利。法王于热振寺见到佛祖及其弟子。贡巴孔(dgon-pa-gong）寺之住持敬献有贡巴孔寺所属的上下地方，法王授予其职位，又建寺院之修行地，并见热振寺之护法神楞伽十颈（lang-ka-mgrin-bcu)。当法王思念前往珠穆朗玛峰，即于斯那(gsil-sna）地方见到珠穆朗玛峰白度母前来迎接。仲布（vbrong-bu）老寺的一位密咒师向法王敬献有唐卡，法王手中便出现有许多舍利。法王抵达拉普雪山（lha-phu-gangs-ri)，于塞布木（gser-vbum）沟建有一临时静修室，使许多愿意解脱者得到解脱，尚在却琼（chos-vbyung）山顶一圣地修建有大门。

江聂（gyang-gnyer）邀请，法王使其得到妙善。央嘉措美追（yo-rgya-mtsho-sman-sbrul）敬献有饰物，邀请法王至嘉措（rgya-tsho）地方，法王向佛殿行礼，天空出现有许多月亮。距离遥远（法王）即向达那宗（stag-snavi-rdzong）行辞别礼，于乌由（vo-yug）地方，法王向红帽系活佛[163]等诸多部众赐予百部经藏。此时，京俄蔡尼巴（spyan-snga-tshes-gnyis-pa）为法王修建有乃东（sne-gdong）[164]之法座，前来迎请但却未有成行。法王于撒普隆（za-bu-lung）地方发现许多伏藏经籍，并可以看出是何种伏藏及伏藏主是何人。法王可以在小小的卵石上筑起一座大的（石城），在岩石上显现以前未曾见过的自然形成的莲花生像。经过香（shangs）[165]之北路，前往秀楚喜（gzhu-gru-bzhi）和楚布，在楚布兴建显密讲经院，任命额绰惹绛巴旺秋（ngo-khro-rab-vbyam-pa-dbang-phyug）为吉祥上师（dpal-bla-ma）。止贡巴（vbri-khung-pa）请求法王前往乌堆（dbur-stod）地方，法王到达刹瓦喀（khra-ba-kha），法王之昆季前来拜见，供奉有大量礼品；法王赐予许多噶举派之教法，使彼等心满意足。刹瓦喀分寺噶利宗札木（dkar-leb-rdzong-bram）等请求增上缘[166]，故法王修建禅院。尚有图达尔（du-dar）、绒波（rong-po）、塔喜（mthav-bzhi）等依次邀请，后经过藏北抵达桌子山（cog-tse-la）之间，多康（mdo-khams）地区迎请者也较多。此时，红帽系活佛师徒等人再三请求法王前往乃东（sne-gdong），奉献有大批茶叶等礼品。法王从来不回绝任何邀请者，皆承诺应答。

法王一行渐次经过拉萨后，在聂塘（snye-thang）[167]看见阿底峡的钵盂和预言度母之时，出现有许多阿底峡和菩提心。法王在乌香多（vu-shang-rdo）[168]随念赤热巴坚之宿住[169]。法王在旬斋鑫（gzhung-spre-zhing）朝拜了法王玛尔巴之珍贵灵塔，并亲见法王玛尔巴和俄巴（rngog-pa）师徒[170]等人。雅加巴本勤仁钦桑波（yar-rgyab-pa-dpon-chen-rin-chen-bzang-po）父子犹如神安排一般来到法王面前迎请，绛林巴索南那杰（byams-gling-pa-bsod-nams-rnam-rgyal）和大译师索南嘉措（lo-chen-bsod-nams-rgya-mtsho）等人前来拜见，于此在乃东寨(sne-gdong-rtse）上短暂饮茶。此后在离开乃东寨之路途的吉德普（skyid-bde-phug)，京俄却吉杰波（spyan-snga-chos-kyi-rgyal-po）犹如转动世间与出世间之轮，亲自降临到法王面前迎请，敬献衣食，并虔诚敬信，顶礼法王之足。一月有余，法王驻锡于乃东寨上，为（众生）讲授《六法之引》等多部显宗经典，并灌顶。法王被迎请到泽当（rtses-dang）之日，（法王）用虹光和花为所有信仰不坚定者加持，并赐予《五大手印》之教法，使所有人不再对（法王）有疑心而虔诚信仰。京俄仁波切（spyan-snga-rin-po-che）系政教之大仲科（drung-skor)[171]，其巡礼朝圣达数千次之多，其曾在昌珠（khra-vbrug)[172]之间留有脚印。法王前往此地朝拜圣迹时，随即念起旧时许多王臣之宿住。后抵达琼结达孜（mchong-rgyas-stag-rtse)，朝拜了贡日卧德钦（dgon-ri-bo-bde-chen）寺。至达孜宗（stag-rtsevi-rd-zong)，拉撒第瓦(lhag-bsam-sde-ba）迎请后，供奉有大批礼品。后于夏木布雪山（sham-puvi-gangs-ri）短暂静修，恰巴万户长（bya-pa-khri-dpon）迎请法王至帕耶聂（ba-gye-gnyal）地方。万户长及其官员、侍从由雅仔（ya-rtse）地方前来迎请法王，雅堆巴（yar-stod-pa）和恰瓦笃钦(bya-ba-dums-chen）三天之内到达迎请法王，聂洛恰三地将珠宝、丝绸、伞盖、乐器汇集于一处，第楚（sde-drug）等地的僧侣聚集在一起，庄严之大地上到处都是迎请法王的（人群）。此后法王抵达却杰伦波(chos-rgyal-lhun-po)，每半个月就向法王进行一次大的供奉。总之，始终如一地对法王进行过无数次三大供奉：即一大供奉是以却廓伦波寺(chos-vkhor-lhun-po）为首，名称为益绒（gye-rong）和蒙协摩崔（mon-shal-mo-tshun）所属的朵蔡寺（gtogs-thsad）、贡寺（dgon）、聂寺(gnyal)、楚恰寺(drug-byar)以及下洛日(lho-ri-smad)、洛扎（lho-brag)、喀秋(mkhar-chu)佛殿等所有大小寺院，明文规定所有僧俗众人都要供奉；

二大供奉是万户长之子却杰诺布（chos-rgyal-nor-bu）和扎西那杰（bkra-shis-rnam-rgyal）兄弟二人要将自己的头发供奉，同时要将彼等管辖的所有人进行供奉；三大供奉是以却杰伦布庄园（gzhis-ka-chos-rgyal-lhun-po）为首的协喀尔（shel-mkhar）、东钦央仔（sdong-chen-yang-rtse）、夏奈嘎（shar-gnas-ka）等所属的宗和庄园进行供奉。每个（寺院和庄园）每半月进行一次大的供奉，每次供奉都有无数的钱财、物品。关于此三大供奉的文字记载，吾亦曾在则拉岗（rtse-lha-sgang）亲眼目睹过。

总之，扎西达结万户长（khri-dpon-bkra-shis-dar-rgyas）是一位智慧聪明且具有很大的信仰力，尤其是对（法王）从不改变其信仰，虔诚敬信；其思虑将所做政事全部转到佛教上，（法王）为此也进行了许多祈愿和赞颂。其大儿子被（法王）认作为伦杰旺（lung-rgyal-dbang）法王之转世，起法名为却吉札巴（chos-kyi-grags-pa），并赐予国师之职位。（法王）开发了杰吉协鄂(sgyer-gyi-zhal-ngo）政教两方面之智慧，命令其将官场上的事置于佛教之中，赐名噶玛赤列（karma-vphrin-las），并任命其为却廓伦波(chos-vkhor-lhun-po）之堪布。（法王）将两座密宗学院赐予塔布惹绛巴凯珠却杰丹巴（dvags-po-rab-vbyam-pa-mkhas-grub-chos-rgyal-bstan-pa）和推夏巴释迦旺秋（dus-zhabs-pashvakya-dbang-phyug）二人（管理）；将两座因明学院赐予凯巴南喀贝桑巴（mkhas-pa-nam-mkhav-dpal-bzang-pa）和德敦惹绛巴旺秋坚赞巴(sde-bdun-rab-vbyam-pa-dbang-phyug-rgyal-mtshan-pa）二人（管理）。亦于萨摩央塔日（zab-mo-yang-dag-ri）和扎玛（rdza-dmar）等地创建禅院；为夏居建夏修行地。首次创建噶玛札仓之讲经院，任命米聂惹绛巴贡布贝洛巴（mi-nyag-rab-vbyam-pa-mgon-po-dpal-klog-pa）为轨范师。至尊玛阿日杰摩(rje-btsun-ma-mngav-ris-rgyal-mo）前来拜见，并敬献礼品。羌达隆吉宁果（byang-stag-lung-gi-nyen-ko）地方有一转世活佛，其一定要修行长寿。法王赐教曰：“你修增上缘最佳，若不修的话，为利益佛教，我可以修行。”于是其修增上缘，拜见时第一次将发新[173]敬献于法王。在色瓦伦（se-ba-lung）地方，法王见到了塔布（dwags-po）[174]之尊容，后亦前往塔布之降生地，于此地经常见到上师塔布拉杰。（法王）为此地金刚座上的摩诃布底（ma-hva-bo-nghi）敬献金哈达，为释迦牟尼赞颂、祈祷，为金刚座之门匾加行，（法王）成为一名翻译且依附于佐给（dzo-gi）[175]之长寿护法。

第十一节　却扎嘉措在门隅讲法传教

昔日，法王都松钦巴在门隅[176]拓仓（dom-tshang）修行之时的施主门隅王札彤（grwa-thung）之后裔摩那（mo-na）、臧米（tsang-mi）、噶杂惹（ka-tsa-ra）、嘉噶德（rgya-gar-ste）每个部落以及具有一万户之主——门隅王顿珠（don-grub）前来拜见法王，敬献有无数礼品，并将其一子赐予法王，请求法王在门隅建寺。圣地拓仓绒（dom-tshang-rong）之施主前来修建，法王赐予“持金刚”之寺名，后变为圣地达结（gnas-dar-rgyas）。如是，法王于此地做有关事情一年有余，利益无数众生。复经过耶绒（gye-rong）地方，京俄仁波切迎请，前往雅汶（yar-von）之方向。当过雅茄（yar-chab）河之日，京俄仁波切师徒从帕日（pha-ri）前来迎接法王，当迎请的队伍到达河的对岸之时，刚看到法王的队伍之瞬间，法王即坐于京俄仁波切之坐骑上，遂使所有师徒对（法王）生起敬信，并行无数礼。法王与施主同时看见圣地桑日康玛寺（zangs-ri-khang-dmar）[177]，法王于此地又看见了大师麻吉（ma-gcig）[178]和决域噶举（gcod-yul-bkav-rgyud)[179]的诸位上师。（法王）抵达泰（thal）地，迎接队伍前摆放着胡拉（hu-la）王敬献的大幡等供品，法王使京俄仁波切等诸多不同教派的僧人及以札觉巴仁钦桑波(brag-cog-pa-rin-chen-bzang-po)、隆德惹绛巴（lhun-bde-rab-vbyam-pa）等堪布、轨范师、上师为主的所有僧人获得满意的财物和教法，于此地还经常看见大师帕竹巴（phag-gru-pa)。此后，法王与施主一起抵达桑耶寺，看见莲花生、菩提萨埵(bonghi-sa-two)、菩提王臣等无数幻影，此等亦显现为虹光和花朵，意乐着众生。

第十二节　藏传佛教有所颓废、教派斗争日益增多

此后，法王与施主一起抵达秦浦（mchims-phu)，第三世法王让迥多吉昔日曾在此地建有静修室，法王遂于此创建禅院，任命贤者隆钦巴(klong-chen-pa)为住持，上师克珠巴（bla-ma-mkhas-grub-pa）等人将此禅院之相续称为“旧秦浦”。但是，此时佛法颓废，法王看到修行者甚少，遂创建新禅院，将秦浦地方的庄园赐予此禅院，任命贤哲塔布松惹莽彤(dwags-po-gsung-rab-mang-thos）为上师，遂使此禅院修行纯洁、道行增高。此后，噶松日增玛（bkav-srung-rig-vdzin-ma）和桂波达热(rgod-po-ta-ra）不准让修行者到别处修行，虽对禅院略有伤害，但加大了惩处力度，遂使禅院护法之名声渐次增强。京俄仁波切甚为虔诚，顶礼法王之足，由于对法王十分敬仰，其眼泪如泉水不断涌出，法王为其启请和祈祷后离去。昌波森格岗巴（vphrang-po-seng-ge-sgang）将多杰札杂（rdo-rje-brag-rtsa）寺敬献于法王，法王封其为“上师”。后法王从

色拉(gser-la)前往拉萨，据说，隆波仔（lhun-po-rtse）王顿月多杰(don-yod-rdo-rje)[180]手中得到水晶的同时，瞬间即消失，落于拉萨的法王手中，后包裹起来将大部分水晶送到隆波仔宗中，使众人既惊奇又喜悦。

总之，弥勒佛（rgyal-ba-byams-pa）授记曰：“因将佛祖释迦牟尼像置于黑寨之中，故使整个佛教衰败，尤其是藏传佛教衰败，认为殊胜化身是一种不吉祥之征兆，故本教徒遍布藏地。若于释迦牟尼像前修建一座僧侣纯洁修行地，即可使佛教复兴。”法王连续听到三次，如此想到奈巴庄园（gzhis-ka-snel-pa）自形成以来，虽庄园主是三代法王之施主，但不能自主(行使权力)，也不按（法王）之命令办事，庄园之外面也不容许僧人居住。但是法王又想到不按弥勒佛之授记办也是不行的，若在噶玛札仓（karma-gra-tshang）之驻地修建噶玛禅院的话，可使三士道传承弘扬光大。

浊世之沙门和婆罗门唯有贪财，大多数人舍不得离开家，他们的心已经被魔众搅乱。表面有出家之标识，实际收集所有武器，开始陈兵布阵。所有的人只图有佛教之名而非实际修行，闻此情的所有僧俗众人也意境错乱，称为“恰巴格桑却吉嘉措”（bya-pa-bskal-bzang-chos-kyi-rgya-mtsho）的贤哲也建有如此（虚假）之修行地。恰巴万户长（bya-pa-kri-dpon）等具有信仰的施主明确下令进行惩处，并请求（法王）赐教，红帽法王[181]也请求说:“像建有这样的修行地，不合适。此责任，由我单独承担!”恰巴万户长之强烈的请求书中曰：“处理此事正值时机，我独自去办理。”工布的所有汉官(rgya-bdag)请求说：“工布的军队已经立下誓约，（随时可以出征)。”王顿月多杰和嘉摩悦色瓦（lcags-mo-vod-zer-ba）等人请求说：“我们领地上的此宗教，无论如何也不可以如此，（如何处理）请赐教。”法王对此言道：“所有这些请求书，吾都亲自阅读。对此吾对任何一方有益之事也不伤害，尔等僧侣之施主若秉承佛法办事的话，亦为吾之主张。对吾而言十分明确，若对他人有危害的话，非吾之随从。”并下达命令“神圣佛教是唯一的宗教”。若看（法王）对外颁发的文书，或看真实的问答文书，有所谓的“如此前行”，显示其真正之意图。其反复祈祷，亦是其最佳之赐教。赐予一些善行，遂产生信仰敬事之心。

红帽系法王呈递有灰心之文书，文书曰：“恰巴万户长，尔系佛教之教主，如若尔不护法的话，像我们这样的人只好待在那里，对所谓的‘神魂’有着无比的灰心。将来，唯有恰巴万户长承担此重任，消灭雅、孔、乃三(yar-gong-snel-gsum)[182]政权，建立藏巴政权[183]。”当两三万军士向吉雪(skyid-shod)[184]地方进发之时，法王驻锡则拉岗(rtse-lha-sgang)。彼等虽得到红帽系法王的保护，但也要向法王呈递、赐教。此后，派遣快速信使到则拉岗，（法王）复起草重要文书。故恰巴万户长为此也写有不能灰心之文书，吾都亲自见到先后之（文书）。仅从后面之（文书）看，不仅得到红帽法王的保护，而且也有法王本人之赐教，作者等人的生命、财富、所依等全部是（法王们）赐予的无畏之布施，显示出了所谓“世界上之圣者是以怨报德”的真实传奇，吾对此传奇产生有无限敬仰之情。

第十三节　却扎嘉措采取措施复兴佛法

此后，（法王）前往乌堆（dbur-stod）方向，魔众之幻变的大风从四面形成狂风被法王以三摩地制服，瞬间即消失，止贡派的所有僧俗众人前来供奉，街上聚集有五六万人，修禅也使（众人）见面，听经后获得敬信；请求教诫，修禅必产生殊胜之信念。（法王）于德钦琼阿（bde-chen-khyung-ngar）地方建禅院和密乘僧院，康巴万户长(khri-khang-pa）前来供奉。（法王）于柴瓦喀却赤塘（khre-ba-khavi-chos-khri-thang）闭关修行时，看见智慧护法黑氅神（ye-shes-kyi-mgon-po-ber-nag-can）和吉祥天母之修行功业。止贡王仁波切（dbang-rin-po-che）和苯仁波切（dpon-rin-po-che）兄弟三人等从很远的地方前来迎接，抵达止贡梯（vbri-khung-thel），居住在蔡乌喀塘（tshe vu-khavi-thang），为法王敬献有王之纯金衣服、大红僧服、旃檀柱套等无数礼品，法王为王仁波切创建的大佛堂中的新大佛开光。此时，噶举之佛法衰败，尤其是止贡派深奥之佛法和经籍得不到弘扬之时，法王思虑需要复兴佛法，遂于法会上讲授宁玛派之经、仁波切叔侄之所有深奥之教法以及《六大手印之导引》，特别还为王仁波切讲授了《大手印之修持——噶举之次第》，播种禅修之种子，制定有堪布之任命等规则，也制定有佛教教规，使止贡派的教法得到恢复。于此地，法王经常可以看到赡部洲护法等神。

达协茹瓦（stag-zher-ru-ba）也前来迎请法王，并答应不危害出家人。当抵达夏坡桑（sha-pho-gsang）时，米聂（mi-nyag，亦译“木雅”）之许多茶商敬献有大量礼品。在当雄（vdam-gzhung），法王为上师之灵塔修建有金顶，并为月贡寺（yod-dgon）制定有寺院教规。札卧贡巴（bra-bo-dgon-pa）敬献有扎西达林（bkra-shis-dar-gling），法王创建帕摩（phag-mo）之修行祭供地。于达隆颇多霍（stag-lung-phod-mdo-ho），康巴（khang-pa）父子二人前来迎请后，以堪布和轨范师为首的所有僧人也前来拜见，并敬献有大量礼物。

是时，一些零星病[185]传播至村寨，虽然有许多种零星病，但是无有任何伤害，（法王）使诸多瘟疫断绝。工布先后有许多邀请者，尤其是除了法王，（彼等）无有其他任何想法。工隆巴（kong-lung-pa）统治者王顿月多杰（don-yod-rdo-rje）的得力助手大施主绰拉胡惹（vbro-la-hu-re）对法王说：“法王您到达荒芜之地，荒芜之地上年代久的木棍会生火，年代久的青稞会酿酒，年代久的猪会有肉。如果您未到达的话，老狗一定会长久地守在那里，吃冰凉的屎。”为此依万户长们之见，对无有能力敬献财物者，要下达威严之文书。法王对此曰：“工布地区以前未有改造的地方，现在也不要去改变。”法王遂笑着允诺将这些物品赐予(彼等)。

此后，（法王）从隆雪（klung-shod）地方前往娘卡（nyang-kha）方向。名称为“白岩神水”（brag-dkar-lha-chu）的山上清楚地显现天然的金刚亥母之像,密法洞中有三支清泉，天天不断地流出甘露水；若至中央，中心有幻化法轮等，每个法轮中塑有许多佛；顶梵天洞、耳眼之沟等圣地大门敞开。若问此处有无脚印，回答道：“有！请看岩石之侧面。”若看的话，就可以清楚地看见米拉日巴之脚印，但是虽然吾等已看到，若请赐脚印的话，回答道：“那么，那边有六字真言。”因发出低沉的嘛呢（ma-ni）之妙音，（法王之）右手指一触及岩石，随即就犹如书写一般，瞬间就出现有像雕刻出的藏文字体一般之六字真言，于是法王即在此圣地建禅修院，任命了上师。后受命前往那普（nags-phu），路途亲见大师莲花生等之尊容。抵达那普地方后，仓萨瓦(tshangs-gsar-ba）敬献的一乘骑死后即出现有无数舍利。于那多塞岗(nags-mdovi-gsal-sgang）地方，请求朝拜岩石沟，法王用手一指使许多岩石融化。当到达札松（brag-gsum)[186]，清晨看大幡之时，出现有许多彩虹和花雨。对于略有破损的寺院，法王即进行修复，法王还驾临措秋（mtsho-chu）和米聂多丹（mi-nyag-rtogs-ldan）创建的多钦(mdo-chen）寺等。札松巴总管（brag-gsum-pa-spyi）交有许多差税，法王依止香瓦（zho-ba）佛殿，扩大了禅修院。从工布渐次到达札琦岩（brag-phyi-yan），上下工布（kong-stod-smad）各地迎请者无数，当抵达萨普（gsav-phu）后，看见噶举派的所有上师也前来。在色摩聂赤（se-mo-gnyan-khri），以国师仁波切（govi-shri-rin-po-che）之转世活佛和扎西顿珠活佛(drung-bkra-shis-don-grub)

为首的所有政教首领及上师前来迎接，觉托三围（gyang-tho-skor-gsum）、下工布（kong-smad）所有僧俗众人汇聚在一起，十分喜悦，各自表演了舞蹈等节目，并供奉有大量礼品。尤其是在雍仲仔（gyung-drung-vdzin）地方，昔日之老妇罗丹（blo-bde）之子系——施主绰拉胡惹（vbro-la-hu-re）敬献有百匹骏马，其他还有敬献二三十匹骏马的无数人。（法王）于果称（lkog-phreng）修建禅院。当抵达则拉岗(rtse-lha-sgang)，法王之棕色乘骑死去，瞬间变为虹伞后消失，并出现有许多风交花雨和舍利。法王看见黑仓库后，复新建碉堡，并于此新增印度持金刚之狮子座。“若(法王您)是一切殊胜地方之赡部洲教主——名称为‘无比大贤哲吉祥益吉辛达(yid-kyi-shing-rta)’的大持金刚，就需要发展印度之金刚座[187]和摩诃迦罗[188]之教法。”像上述之内容的邀请书不断送来。从优秀的噶、绛、香三译师[189]繁衍出来的大译师——名称为“夏鲁译师”念诵梵咒：“雅札秀帕颇玛乍尼萨噶拉苏喀哒玛哒羌玛曼遮喇拉木嘎惹夏惹塔米达胡胡孜札萨嘎比玛拉嘎拉哈瓦力哒克拉梯喇那扎勒琇木”（ya-tra-shu-bha-bhomaspra-ne-sa-ka-la-su-ga-ta-ma-ta-bo-ma-manta-lva-lam-kva-ra-sha-ra-da-mri-ta-hu-hu-tsi-pra-sa-ka-bi-ma-la-ka-la-ngha-wa-li-tva-khi-la-diglantaleshum），吾之堪布为此写有祈祷词。却迥贝桑波（chos-skyong-dpal-bzang-po）及其弟子洛卧译师贝丹札巴（glo-bo-lo-tsva-ba-dpal-ldan-grags-pa）为法王侍从之时，即成为译师。有诗曰：

任何吉祥之地皆为善逝圣地，
教派变为虚空坛城美丽装饰，
犹如秋天之月亮明亮而无垢，
洁白之月亮照耀所有之坛城。
具名、兴盛、清凉之龙脑[190]已布满，
聪明、美名、珍贵、具吉祥之上师，

拉玛帕（lamaba）、噶玛（karma）、祥仔（sho-tse）之美丽足莲，

大菩提之雨降至圣地艾惹杂（ae-ranta）。

河之圣地具吉祥大堪布之心，

继承者于地上叩头百遍敬信，

具吉祥上师您之行为受崇信，

功德之根基广大、深远而具名。

获得真实七试人[191]妙善之功德，

吾等沐浴慈悲大菩提之雨露，

赡部洲之众生心生大喜大乐，

无垢之眼定要观看且心思想。

为一切静思作赞词和唱妙歌，

所有无垢源自吉祥圆满佛法，

具有美名和显赫权势上师您，

愿意观之且所有愿望可实现。

任何许诺和承诺皆如愿实现，

本人具有威德、声望以及财富，

本人尚有资粮、智慧以及功德，

无有利己专门利他视为高尚。

为此一味追求具吉祥利他事，

为积聚最宝贵之功德而勤奋，

未做利他之事视为无菩提心，

无有做菩提之事究竟为何方。

佛教认为利他则是圆满自己，

变为菩提者得到诸普贤赞颂，

其他形式之情形和所有因缘，

无有菩提心何谈永世皆遍知。

藏历三月水曜日。

写于诸多菩提树之树叶上，如同称为“吒界斯勋驽”（dgra-gcan-zin-gzhon-nu）大学者即昔日之六庄严[192]二胜[193]的书函一般，词义丰富美丽。此书函的藏、汉两种版本都保存于楚布寺的仓库中，吾亲自看见，但是现在此书函之原版本已经不见了。

曾也出现过玛嘎哈（ma-gangha）王迎请之书函，此书函、八大圣地之土石、吉祥山之加持物等由佐给其美贡布（dzo-gi-vchi-med-mgon-po）等人敬献。所谓“圣地之供品”中的土石变为一百〇八圣地之土石球，而后又由此做成一个灰白蓬松的大球，直至今天还可以经常看到。（法王）对吉祥山之大成就者们赐予会供曼陀罗[194]和信函，从而显现净相，无疑与彼等进行讨论。此后，法王抵达察隅（phrag-yul），复遣人送去赐予彼等之答复函、金刚座之供品、锡兰洲[195]众人行善之书信等。于茶朱蔡(phrag-grum-tshal)，修建禅修院之根基。于此地之寝房中，每天夜晚出现白色虹光。虽然人们传说“白天可见星星，夜晚可见彩虹”是不吉祥之征兆，但是一旦修行菩萨之时，此等全部忘记。就像十二眼（mig-bcu-gnyis-pa）降生小孩不久，争吵、烦恼、仇恨就犹如树影，早晨出现，晚上即消失，就如同甘蔗榨出糖一样甜美，何有不吉祥之说。大师降生不久，即笑着大声说：“此乃是吾之最后转世。”随后向每个方向迈了七步，惊奇地说道：“赡部洲之影子未照射身体，若证觉（即成佛）即可独自享受甘蔗等之精华。”

此后，法王平息了茶隅地方人们的大骚乱，于杂孔（tsa-gong）圣地之沟头建禅修院。此后，前往帕月（ba-yor）地方，祭奠楚布活佛之逝世，并于扎西宗(bkra-shis-ljongs)建寝房，设置刹土神之密宗传承师[196]，于帕月地方设置有刹土神之酬供食子和酬补供物[197]，并对杂日（tsva-ri）山之五新圣地颁发山规之令。前往茶隅地方的路途，所谓“香达九

(shang-stag-bcus）之白土，填平嘉拉仔度木（rgya-la-rtse-sdum）之山顶”之日杂瓦（rivi-rtsa-ba）、蚌秋隆（sbang-chu-lung）、梅热（me-rag）寺、杰冲（rgyal-grong）寺等各自所属的僧俗众人（向法王）敬献有礼品。赍降（vjigs-skyob）寺请求（法王）修建圣地，一部分人请求修建禅修院，一部分人请求修建布施房。法王在达庞茄那杰康（rta-bang-chab-nag-rgyal-khang）之沟头静修之时，经常听到洁净无垢等供奉音乐声，遂绘制大幡之华盖。（法王）为工隆惹（kong-lung-ral）三寺制定有《白印法》以及噶玛教法与政治、密宗与政治等两方面的法规，使所有人得到利乐。

此时，东印度的一位比丘名称为“室拉萨嘎”（shri-la-sva-kar）为实现其唯一的愿望来到（法王）身前，得到大的信仰，（法王）并赐予印度的两位学者和国王书信。对此若听到昔日之传说，金刚座之堪布“吒界斯勋驽”（dgra-gcan-zin-gzhon-nu）和东印度大学者“益吉辛达”（yid-kyi-shing-rta）以及其后依止此受居士戒，当法王听到这些事迹后，遂显现金刚座之堪布“吒界斯勋驽”，其正在给大学者“益吉辛达”书写信函。

（法王）在林波且蔡（gling-po-chevi-tshal），出现皇宫派遣金字使者即将到达之先兆，祈愿金字使者平安抵达卫藏、阿里等地，不会出现乱世。于是暂时安定，但在玄冶护法[198]之圣地初次听到打击之声。以后每个月期间，其他铁匠无有能力打造铁器。（法王）抵达支拉仔诺(gri-lha-rtse-rnon)，得到此地众人之供养，并于惹喀（re-kha）寺设置有酬供食子和密宗学院。于达瓦（rta-ba）之山洞中进行了两个月的静修。后抵达波卧(po-bo)[199]地方，于斋摩秋多(bre-mo-mdo)地方创建了那杰林（rnam-rgyal-gling）寺；此地以前有座大桥已断裂，法王做善事修好了大桥；平息了波工(po-kong)[200]之纠纷，在波卧上部的玛库塘（mar-khu-thang）修建有寺院。

第十四节 明代皇帝赐予却扎嘉措礼品等

因汉地之金字使者近日到达，故法王又前往工布地方，琼托(khyung-tho)地方的杂辛堆瓦（rtsavi-shing-tshul-ba）和绛堆瓦喇嘛札杰(skyo-tshul-ba-bla-ma-grags-rgyal）将上中部寺院等所属的土地、领空等全部敬献于法王，并将仓库管理者和煮茶者交给法王。（法王）为明代已逝世的皇帝诵经祈愿，为当今皇帝祈福。此后，皇帝的金字使者大国师扎西桑波仁钦（bkra-shis-bzang-po-rin-chen）和灌顶国师洛追桑波(blo-gros-bzang-po）等人奉旨前来，为法王送来皇帝赐的一百五十块茶、一百匹彩缎表里、三十余根旃檀木、两个大银饰器具等；皇太后赐予的六个金柱幡以及诸多特制佛器；顿法王（don-chos-rje)、杨法王(yang-chos-rje)、色拉法王（ser-ra-chos-rje）等宫廷中的法王以及王太监(wang-thavi-rkyen）等宫廷中的所有大人们各自都奉献有无数礼品。（为谢皇恩)，法王组织僧人诵经祈祷，祝赞皇帝长寿。

以前，由于从波卧（po-bo）到粗洛普（tshur-glo-bu)，那边对法王未有服侍的托喀囊索（thog-kha-nang-so)、嘎那宗巴（ka-nam-rdzong-pa)、雅梅巴（gyav-dman-pa）等地首次来到波卧官府拜见者无数，敬献有以三十多匹骏马为主的礼物。此后，法王抵达赛普（gsal-phu）地方，住在山崖上的侍从们敬献有刺藦念珠，法王建阐修院，并于幢上置有寝宫之基。同时，赐予二位国师金字使者满意之教法，且得到信念。于则拉岗（rtse-lha-sgang）法王为金字使者们显示佛尊容之时，出现有诸多奇异之征兆。为扎西班觉(bkra-shis-dpal-vbyor）授予噶本(kar-dpon）职位后，又授予噶玛寺司徒之职位。

总之，汉地的官职分为政治官员和宗教官员两个系统，由此而分出许多高低不同的官职，这些官职除了皇帝任命外，其他任何人无权任命。

第五世噶玛巴德新协巴回到藏地之时，大明皇帝因藏汉两地距离甚远，谕旨不能及时到达。故法王做重要教导曰：“对法王本人请示皈依之处，无论（藏地）的政治官员和宗教官员任何一个系统的职位，无须问吾，必须由法王亲自任命。所增加的职位，由吾决定，故此国师和司徒等职位是由吾任命的。司徒是元代之官职名，此后延续下来。为当今皇帝社稷如一、龙体长寿，请僧人们到汉地的噶尔寺（kar-dgon）、灵谷寺(ling-gu-sivi-sde)、大都寺（tas-tu-kar-sde）、五台山圣地（ri-bo-rtse-lngavi-sde）、文殊幻化寺(vjam-dbyangs-sprul-sde)、临洮寺(shing-kun-kar-sde）等地虔诚供奉，祈愿天下众人皆弘扬十善教法。”此后，金字使者们又返回皇宫。

第十五节　却扎嘉措对法会的贡献

（法王）做有二十支[201]仪轨，于佛教四大节日[202]，尤其是藏历一月的大神变月的一日至十五日期间，供奉无量佛，有珠宝阿利眼（a-li-mig)、各种颜色的水晶器皿、红紫黄三种颜色之金饰、银饰器皿、景泰蓝制成的各种供器，此等宝物藏区是前所未有的。法王全副盛装礼拜，并从一大早开始即进行大祈愿法会。如今的大祈愿法会中之回向是法王本人之佛教净治福田之祈愿，唯有法王从舌上念诵。此日寺院所有僧人回向闻而念诵，午后演出许多佛之本生、汉藏大成就者们的经历、转动法轮王、汉藏蒙之王、阿修罗、帝释天、四大天王等各种舞蹈和游戏。总之，此时法王经常以金刚跏趺坐、双手合十、双目注视而不分散，世间之闲言乱语不说，除了少许佛法之漫谈而不大声宣讲，不动摇经常唯一之持定。无论法王的寝帐抵达何地，拜见者从远地而来甚多，有的需要三天，大部分人需要五天或七天。法王每天除了接见朝拜者及例行之法会，大部分时间用来修持闭关，从不去观山散心等。故此，营寨的人们也难以拜见法王。虽有无数之珍贵情缘，但在神变月期间，一大早有营寨之拜见者，午后所有街上的人们前来拜见，崇信者们唯一想的就是拜见法王，不管高低贵贱众人就像营寨过新年一样极为欢喜非凡。

此后，在卫藏的拉萨和喀如顶（mkhav-ru-steng）等地方用一种汉地帆布制成的大帐，称为“天蓝色的房子”，内有一百根柱子的彩幔，窗户和门边上绣着金鸟和金龙，帐幕上绘有身着盛装之少年敬献供奉品，神殿顶上镶嵌着大明皇帝赐予的大如拇指、小如豌豆一般的白红黄蓝各种颜色的珍珠，在十三层华盖的第七层环绕有一庹半之珍珠。（法王）头顶上有珍珠华盖，其身后放置有幔珍珠靠垫和软座垫。若要说放置的珍珠大幡等殊胜供物，卫藏四如[203]的主宰者王顿月多杰（don-yod-rdo-rje）等人也感到十分惊讶，犹如人到达天界，虽十分稀奇，但丝毫也未有询问之勇气。蒙塘嘉木样巴（sman-thang-vjam-dbyangs-pa）等人十分好奇地说：“哎呀！难道是做梦或是幻术，又好像是来到多闻子[204]的宫殿。”佛像及丰富的供品主要以汉地雕刻的十尊佛像为上品，藏于黑仓库中。若看营寨中的佛像及供品，就更不必说行旅之仓库中的那些（佛像及供品）了。营寨中的所有礼物，当然是历代法王所存放。对此除了多贝益西（rtogs-pavi-ye-shes）知晓外，任何人也找不见一个放满礼物的箱子，诸位国贡巴（guvi-gung-pa）也不知道。对此吾亦清楚地记得非法王之推测。但是若看以前第五世噶玛巴德新协巴等人之时，稍微出现一些线索，放在神殿中的大佛龛，以前的佛盒长有三十二量度，但是至前世法王时，（佛盒长）有十六量度多，后来只有七八量度。

二十支仪轨最初是在萨普（gsav-phu）降神之时即藏历九月十五日设立的，为此氐宿月十五日三大节日相聚[205]。樌宿月[206]四日在法轮节日中唯有进行祈愿法会；神变月的半月期间，可以进行祈愿法会和舞会，此期间出现有虹伞和花雨。鹫虽不会飞抵工布地方，但鹫在天空盘旋，遂于大地上生长有花朵，降下阵阵香雨。（法王）的每件事情都有无数奇异之景象，吾无有胆量详细记载。

总之，法王坐在哪里，哪里即经常出现彩虹和花雨；法王抵达哪里，哪里即病及瘟疫断除。当法王到达迦杰（skya-rgyal）、隆董钦波（lung-stong-chen-po）等地时，大街上经常聚集不少于数万人，白天转经，夜晚议论神鬼转经并出现奇异景象；所有牛、骡、狗死后即变成彩虹、花雨和舍利，此等也会出现文字。以前营寨的许多人虽然亲眼见到，但各自未有记载；营寨的官员们也不能做买卖，利用资具不可求神问卜。三续[207]智慧空行大海佛和金刚界佛等所有大小坛城之音乐和舞蹈之间，（法王）可独自胜任。决断和六法之美好誓愿，《中等子续》为十个字；大日如来、护法神与马头明王之小咒，大的有四亿字，中等有三亿字，小的也有一亿字，若不念诵的话无以计数。

第十六节　却扎嘉措制定政教两方面的法规

各寺院有上师们、国师们、大官、小官；此下有执法者和执法侍从，彼等属于营寨阶层的人员；此下有上、中、下三等徒子徒孙，彼等在文书中又分为多种。每三个多月，国师即担任法官，轮流任命三十多位执法者。（所有执法者）不准愁眉苦脸，在法场不准穿补缀衣服和破旧鞋，不可穿单一的披单；除了大人（指官员）的坐姿外，不可有任意坐姿以及伸胳膊、跷腿等不雅之坐姿；所有谈话、问答、议论等要根据地方官员的类别等执行，不得有任何偏见，法律文书不得随意翻阅。

信使拜见者等无论有何事，要由二位卓尼官（mgron-gnyer-dpon）[208]在法房中接待，此后请示大侍寝官和国贡巴，并依次启请。所有到达的宾客，开始要由轮流的执法者们基本招待，此后依次由法王之囊索（nang-so）[209]和国贡巴等人接待，宴会上不准摆放肉食，也不可直接往营寨里拿肉食。上等人要从根本上戒烟和戒日酒[210]，妇女不可以住在寺院。执法者轮换期间，一定要向房东发誓说："我做的法律事务已经完成。"如此，营寨的人非常之多，无论内外任何地方都不会出现战争和暴力，故所有众生对（法王）十分敬信。长寿殿、马头明王殿、摧破金刚殿、集要义殿、护法神殿等五敬事[211]佛殿，有负责之大管家六十多人，每位大管家下属不少于五六位大小官员以及不少于十位执法者。总之，大部分执法者外出，被安置于仆从之寝室。据文字记载，彼等七十多人是仲科（drung-vkhor）[212]和金字使者的所谓"大小膳食官"。彼等由于缘分，少数人为接待宾客者。所有卫藏地方皆赐予营寨之小官三股佩索和围裙，赐予大官软座垫和围腰，吾曾干过（此职）十三年。

马队出行之时，亦由手持经幡和乐器的大小领队之驮骑，前行者之马队前有一位骑着白马、身带神殿之佛像、头戴金帽的骑士，马队后有以国贡巴、国师、上师、本钦（dpon-chen）等各级官员；彼等左右有许多挥舞日月相合图形者；所有执事者皆头戴顶帽，国贡巴和国师的执事者身穿官服[213]；唯有获得红色鞍套和鞍垫之上师以及身穿官服、头戴圆形帽的本钦等大官员，编成一马队，彼等不可出现马具破旧、服装破烂等现象。如此边上不少于三百俗人，编成大的骑队。同时，出现彩虹和花雨。

总之，法王身前的两位细致的上师敬献佛经时，法王无论春夏秋冬大部分时间都在一小茅庵中闭关，进行闻思修。大国师为大官员之知事僧、轨范师及侍从们讲授灌顶、密宗、显宗之实践；大喇嘛讲授《决断》和《大手印六法之引》。官员们除了关注马鞍、骡垫、服饰外，不关注

（佛教）之资具；彼等一旦离开营寨，即到有幔大门之帷顶花[214]寝帐中，披上布披单、自由自在地坐在那里，饮着热茶等，并派遣有内哨。天黑时无论得到马或骡，只要骡马满厩，即（心满意足），至于自己的马鞍、骡垫等事项全部交给侍从去做，彼等对闻思修极不感兴趣，故被称为“央瓦囊巴”（yol-ba-nang-pa)[215]。此后，像这样的人多时，由于在幔帐中坐不下，就坐在一大花帐中，故被称为“察谷囊巴”（khra-gur-nang-pa)[216]。此二者中具有高尚善行者们各自在一小帐篷里静修，随着人员的增多，故被称为“本波日瓦”（dpon-po-ri-ba）；由此又出现的静修者，被称为“扬日瓦”（yang-ri-ḃa)。此后，“央瓦囊巴”们为了得到一间有幔的房子，甚至两个不同教派的人合住在一起，许多佛教密修者、苏莽（zur-mang）遁世者[217]、嘉敦（rgya-ston）遁世者等到达山中（修行），其他大部分人被任命为“执事房东”。在“扬日瓦”之禅修院，（法王）任命一位善行低的人为“乌则”（dbu-mdzad)[218]，每天在寝帐之外为（彼等）传授《七支要法》。（法王）未有闭关时，每三天都要汇报一次境相[219]。有如此之政教两方面之大法规，（法王）设立有大祈愿法会，并做出奇有之事迹。

第十七节　却扎嘉措在珞隅、门隅等地的一些活动

（法王）抵达卧塘（vo-thang）和普邱谷（bu-chu-skor）地方，于工隆惹(kong-lung-ral）三寺颁布《大善行之细则》。后暂时住于则拉岗，于夏木波(sham-po）圣地的新寺中新建佛殿，并驻锡于圣地。森波（zing-po）地方的施主旺秋（dbang-phyug）前来迎请，当法王献供以及为众人

讲经时，天空降下的雨犹如蜂蜜一样甜，天空出现有三个太阳。（法王）又抵达卧塘（vo-thang）地方，为营救狱中深受苦难的杰括桑波（rgyal-gog-bzang-po）三兄弟，法王于此地住了两个月，使双方皆获得利乐。在惹雪诺撤(re-shod-no-vphrad）的吉绛寺（vjigs-skyob-kyi-dgon-pa）和隆珠新寺（lhun-grub-dgon-gsar)，法王弘扬兴盛之教。此后，法王抵达斯波奔巴岗（zing-po-vbum-pa-sgang）,在欢度藏历龙年（1496年）新年和大祈愿法会之时，以前返回皇宫的金字使者们在路途的驿站中遇到大火，使许多人从夜宿地失散。法王用手指卜算后，立即使彼等团聚。法王知悉工布出产有各种青稞后，马上（派人将各种青稞）敬献于皇帝，使众人皆喜。法王驻锡于则拉岗之多闻园（rnam-thos-tshal)，桂丹（gus-ldan）地方的大施主恰万户长扎西达结（bya-khri-dpon-bkra-shis-dar-rgyas）及其子国师却吉札巴（govi-shri-chos-kyi-grags-pa）等四百三十三名官员、仆人如同佛降生于多闻园一样，前来迎请和拜见法王，并敬献有数千钱黄金、王母一肘之珊瑚、水晶器物、三顶日殿寝帐、二十三匹马和骡、许多匹上等的绸缎等。此时万户长敬信之泪水如同夏天河水一般涌出，不由自主地将金银财宝等全部身饰敬献后，并将发新献于法王手中，请求出家为僧，诸家眷再三请求，其嘱咐说要护持社稷如同佛法一样的话，将会利益众生。法王亦答应其前往，其患有一种重病。法王言道：“乃似一种病患。”其非常感恩戴德，故使此病患大略痊愈。于黑仓库中见到上好的衣服绣有许多孔雀之翎眼，并见到十圣地——汉地之万佛等无数庄严。（诸家眷）舍不得与万户长分离，由于法王之指令才将其引入外面。后前往察（phrag）地，著有《详细大法与大商》。昔日法王让迥多吉在珞隅（klo-yul）幻化为骑着狮子者驯服了珞隅，札噶之王(klo-gra-dkar-gyi-rgyal-po）等人前来拜见，敬献有野黄牛等，并答应奉行戒杀生等许多善行。此时，在杂日草山洞的一位神通修行者说：“去年说前去驻地，亦未有迎请。今年所有勇士空行[220]前来迎请，请前往。”

虽说帕央日寺(ba-yo-ri-dgon)等无有任何人前来迎请，但法王突然前往帕央(ba-yo)，摩罗唐惹木(rmo-lo-thang-ram) 前来敬献礼品。于此地许多珞巴人也前来，敬献有当地的各种技艺，答应戒杀生以及献上许多珍宝，并承诺不损害杂日周围的圣地和在自己的家乡不发生任何战争。

（法王）前往扎西宗（bkra-shis-ljongs)，于果摩山（sgo-mo-la）之勇士空行前来迎接，于惹玛山（re-ma-la）阅读《心性安息论》[221]和《白空行母》以来，自己在预兆山阿玛热胡迪（a-ma-ra-nghvu-ti）前面见胜乐等无数密乘诸神，此间还有许多幻影，如同排列的路标一般。在水岩上打开空行母脚印之圣地；在朗孔德钦（glang-gong-bde-chen）顶上说：“得到寺院”，遂从手中散失；于杂日安置有许多修行者，熟练念诵《修行口粮之常规》；使纠纷迅速得到平息，并念诵《大白法》。此后，红帽系活佛在噶丹玛摩（dgav-ldan-ma-mo）修建了新的佛殿和大佛，迎请法王前去开光，从朗拉(glang-la）经过帕央（ba-yo)，初在察（phrag）地嘉札巴（rgya-brag-pa）等人发生稍微不和，法王使其和好。当抵达噶丹玛摩后，开光极为吉祥，并为以红帽系活佛为首的数万名僧俗众人赐予佛法之喜宴和二教派之教法。抵达则拉岗后，欢度新年祈愿法会，在林蔡（ling-tshal）地方创建自成佛母之念修，此后在朗绰蔡（glang-khrod-tshal）建立念修之方便。此等时分，如同巨龙狂吼般的雷声日夜常鸣，尤其是在娘卡（nyang-kha）方向刮起了红色、黑色、蓝色、白色等各种颜色的狂风，又有右旋和左旋等许多种狂风，连续不断地席卷而来，将娘卡许多树干刮断。当山摇地震之时，法王亲眼看到诸佛母，并做诸劫之赞颂。法王驻锡于那彤山（rnam-thos-kyi-ri）之时，波额聂（po-rngod-snye）三地、上下安多、卫藏等各地的许多大人物前来迎请，法王对喇嘛噶托巴悦色坚赞（bla-ma-ka-thog-pa-vod-zer-rgyal-mtshan）说：“在波卧（po-bo）吾之法座后面，吾亲手栽有一棵果树，树上已有三个成熟的果实。” 喇嘛噶托巴悦色坚赞按照法王所言前去寻找。法王抵达萨普德羌（gsav-phu-bde-mchog）宫殿，修建有外围的高大石墙。复返往那彤山时，绛萨塔木王（vjang-sa-tham）[222]那屯西饶（rnam-thos-shes-rab）派人送来迎请信。按照波卧迎请者的建议，到达鲁囊（klu-nang）。于此地洛绒（lho-rong）、囊索（nang-so）、香结（zhang-skyabs）等地的主仆前来迎请，并供奉有许多马匹等大量礼品。后到达翟摩秋朵（bre-mo-chu-mdo）地方，波卧的大小头人敬献有一百匹乘骑以及无数礼品。撒比瓦（zar-be-ba）地方的人们将所属的土地敬献出来，法王任命喇嘛悦色坚赞为那杰林（rnam-rgyal-gling）寺的住持，法王又到达工布地方，坚增（rgyal-vdzin）之施主老妇罗德（blo-bde）之子后裔敬献有大量礼品。波卧益贡（po-bo-ye-gong）和玛库塘（mar-khu-thang）等地的大街小巷聚满了朝拜的人群，献上洛嘉顿巴（lho-rgya-ston-pa）之礼品以及额巴（rngod-pa）之数千银两和三百头牛等，并请求法王为洛嘉顿巴之德顶（bde-steng）寺新塑持金刚佛像和修建额地的释迦（shvakya）寺。由于在撒比瓦（zar-be-ba）地方住的时间短暂，故许多佣人还未有侍候法王，以波卧、托喀（thog-kha）、囊索为主的许多地方都献有马匹。总之，波卧地方所有噶举派的寺院请求加持，法王祈愿每年波卧之政教事业昌盛兴隆。坚增（rgyal-vdzin）之老妇罗德(blo-bde）儿子之后裔扎西（bkra-shis）和卓拉胡惹（vgro-la-hu-re）请求法王前往彼等住所，法王用手触及卓拉胡惹之房柱子后，房里出现有许多柱子。于此夏（shar）[223]、门（mon）[224]王以及觉拔（jo-vbag）主仆多人前来拜见，敬献有无数礼品，彼等亦将发新献上，请求皈依佛法。法王给位于大海中统领有数十万渔船的弩杰（nu-rgyal）王写信道：“请捎来九只海螺！”由于弩杰王虔诚敬信，具有先知之明，故敬献有（九只海螺）等许多礼品，据说此后又将回信送到法王手中。法王下令从汉地之森林中寻找五根紫檀木，找到后将中间的那根紫檀木制成诵经时之檀板。

法王在则拉岗欢度藏历猴年（1500 年）新年，尤其是在新年的初八见到弥勒佛，十五日见到释迦牟尼及其弟子。此后，多康噶苏(mdo-khams-kar-zur) 前来迎请，并敬献有一百多驮大砖茶。如同昔日的许多预言一样，法王在扎西果称（bkra-shis-lkog-phreng）将莲花生大师埋藏的长寿泉水和长寿药丸取出，存放在宝库中。此时莲花生大师由四空行母环绕，讲诵了许多语诀和佛法，瞬间修行此等誓愿时，见到诸多无量福寿田及寿身。于此为恰巴（bya-pa）做佛事，扎西那杰(bkra-shis-rnam-rgyal) 主仆前来迎请，从卫藏前来迎请者也比较多。因为需要为恰巴万户长的善逝做回向，故答应还是前往卫藏为宜，并使其他迎请者也心满意足，各自返回。

第十八节　王顿月多杰供奉却扎嘉措并夺取乃巴庄园

藏历猴年九月二十三日，法王从那彤山（rnam-thos-kyi-ri）返回驻地，看见贡尊第摩(kong-btsun-de-mo)[225]等护法神护送，仿佛亦看见天空彩云中有土地神马、狮子、龙等许多身形，并朝法王前进的方向行走。工布地方的所有信仰者怀有极大的悲痛心情，所有老的说唱艺人也唱出许多悲歌，并祈愿尽快前往。法王一行抵达察地，对内外事情皆做了吩咐。在珠木蔡（grum-tshal）委任智美桑杰（dri-med-sangs-rgyas)，到达驻地还要经过水路及帕央（ba-yo)、杂日（tsva-ri)，在朗拉（glang-la)家中恰巴行茶，回想起以前在囊索弘扬佛教。京王班桑（skyen-rgyal-po-dpal-bzang）和洛果瓦（lho-sgo-ba）前来供养，嘱咐要调解上下果地方的纷争。此后平息了至尊僧俗所有事情之纠纷，为札瓦（bra-ba）一带的人们建立了闻思修的居所。塔布谷热巴(dvags-po-sku-rab-pa）等沿途大小部落皆供奉有礼品，在塔拉岗布(dvags-lha-sgam-po）山出现有许多幻境，并做大规模的供云。此后，从崩卡(sbung-mkhar）到达羌卡波(byang-mkhar-po)，于此恰果吉巴白玛达强旺杰（bya-sgo-gcig-pa-pad-ma-rta-mchod-dbang-rgyal）等人前来迎接，王顿月多杰也派人前来迎请，后抵达恰崩（byar-sbung）地方，欢度藏历鸡年（1501）新年，尤其出现有许多护法神之幻影。后经过查木萨(khram-sa)，在多门巴塘（rdo-mon-pa-thang）见到黑智慧护法神之面具，并亲眼见到护法神，在佛殿参拜了佛经和大成就者之预言，并递交于手中。抵达却杰伦布（chos-rgyal-lhun-po)，国师兄弟供养法王三四个月，并敬献有无数礼品，法王为善逝者做盛大之回向。喇嘛巴卧（bla-ma-dpav-bo）也到此地拜见法王，法王派人嘱咐在绰沃隆（dro-bo-lung）修建修行地。后经过噶尔巴达（sgar-pa-stag）至雅则（ya-rtse)，拉挲德瓦（lha-bsam-bde-ba）前来行茶。在热摩（ra-mo）出现有一头犏牛（般大的）佛之脚印，在隆布岗（lhun-po-sgang）供奉有无数礼品，萨霍尔（za-hor）王的后裔达孜瓦（stag-rtse-ba）前来迎请。在松赞（srong-btsan）忆起昔日的许多往事，并得到供奉。后经过梅卡（sman-mkhar)、香卡（zhang-mkhar)、溪卡伦珠林(gzhis-ka-lhun-grub-gling)、嘎杂（vgar-rtsa)、董伦珠拉寨（dol-lhun-grub-lha-rtse）等地，雅加本钦（yar-rgyab-dpon-chen）敬献有大批的礼品。法王修复了董达日则（dol-mdavi-ri-rtse）山顶上大师玛尔巴的法座，后此法座与协仲那沃拉（zhal-sprod-mnav-vo-la）山顶的(法座）皆成为法王之法座。如若祈愿天下太平，即可见到大师玛尔巴师徒和粗旺吉多杰（mtshur-dbang-gi-rdo-rje）所祈愿之吉祥。后法王抵达循扎西岗(gzhung-bkra-shis-sgang)，此时王顿月多杰用武力夺取了乃巴庄园(snel-pa)，成为庄园的真正主人。其他卫藏的大部分地方属于帕木竹巴管辖，虽统治数年，但彼等主仆亦前来行茶且迎请前往。当数万人聚集布满大地之时，天空出现许多奇特之景象。法王在沃惹（vo-rags）进行了盛大的茶宴，并初次建立答复之规制。此后，法王与施主一同乘船渡过金水河，依次向乌玛巴协村（lumpa-shel-grong）、诺布格佩桑村（nor-bu-dge-vphel-bzang-grong）等地进发，此时色哲甘三大寺的僧人前来献茶。当抵达大法轮拉萨之日，以上下寺院两位法王为主的所有藏区的讲经院以及桑乃乌托（gsang-nevu-thog）之僧人以及贡茹西饶桑(gung-ru-shes-rab-bzang）等僧团、法王祈愿者、凯巴列却巴(mkhas-pa-legs-chos-pa）等为主的色哲甘三大寺、德觉绥(bde-skyor-zul)三寺等雪钦吉隆（shod-chen-skyi-lun）大小寺院的僧人聚集在各自上师的周围，数万名僧侣列队迎接。此时，据说法王曾预言："将会出现许多净相。"遂而天空出现有彩虹，并降下五种颜色的花雨，故使所有僧俗众人虔诚信仰，各自请求与法王善结法缘，法王使众人在佛法和财物等方面皆心满意足。后法王祈请为释迦牟尼佛涂金，并进行盛大的供奉，并亲见佛做了诸多授记。

法王于此地欢度藏历狗年（1502 年），夏卡(shar-kha)[226]地方的康巴喇嘛等人和丹玛（vdan-ma）大成就者等多康之寺院的僧人敬献有数千包大砖茶和大量金银，使众人十分惊奇。巴卧却旺伦珠(dpav-bo-chos-dbang-lhun-grub）也遵照法王的指令，在绰卧隆(dro-bo-lung）建有修行地以及修复色喀（sras-mkhar）寺以及做增上缘，并将大量财物亲自献于法王手中，法王再三吩咐："你要好好地护持。"东方工布以尊者扎西顿珠（bkra-shis-don-grub）为首的部落喇本（bla-dpon）、嘉本（rgya-dpon）及施主等人敬献有大批礼品，并向拉萨献有周长为二十四庹的大鼓，尤其是运送大鼓时，将大鼓放在木车上，数千人也拉不动。当工人们毫无办法之时，法王下令让噶玛札仓的一百五十多名僧人向十方佛祈祷三次，然后用手指长的绳索就像鸟飞一般将大鼓安稳地放在法座上。此鼓不仅声音宏大，而且自然增长，大家齐擂发出惊天动地之声。

法王渐次到达楚布、北方一带的琇（gzhu）、尼木（snye-mo）[227]等许多地方，于此法王唯一看到自己，故写有金刚道歌曰："哎吗嚯！闪烁着光辉之智慧坛城的许多画由谁来绘制？”并言道：“用大麻做成竹堡后，用手将丝绸画挂在门上。”如此照办后，献有一铜盆白青稞,播撒在琇（gzhu）和尼木(snye-mo）一带。当打开竹堡的门看时，竹堡上下皆布满密密麻麻的种子，当把这些种子收集起来，比以前尚要多。为报答恩德，遂建有青稞房，本萨色康玛（dpon-sa-gser-khang-ma）母子二人经常向噶玛札仓供奉食粮。

在大峡谷一带，昔日玛尔巴曾预言说，若快要到仁蚌（rin-spungs）庄园，王顿月多杰就会像财神之财富一样财源滚滚而来。法王吩咐绛钦却隆(byams-chen-chos-lung）各自以堪布为主的僧侣；嘉木样贡嘎却桑(vjam-dbyangs-kun-dgav-chos-bzang)等白哲域宗(vbras-yul-rdzong-dkar-ba)；班钦释迦强旦（pan-chen-shvakya-mchog-ldan）等色多坚巴（gser-mdog-can-pa)；贡东旺秋珠巴(kong-ston-dbang-phyug-grub-pa）等达那图丹南杰（rta-nag-thub-bstan-rnam-rgyal）之僧团；绒土米耶（rong-dur-mig-yan）的大小寺院的所有僧侣，各自以上师为主及大施主等需要列队。每个人也一定如同在此圣地一般，最应该如此去做，集中心力，虔诚信仰。据说有两三万人列队迎接（法王），当展示大幅缎制佛像时，诸佛如同竞赛一般争相出现，天空出现有各种彩虹之华盖的形状，花雨飘洒在虚空，当人们的供奉品增多时，所有的贤者也消除了傲慢之态势，敬信之汗毛都在摇动。法王使所有的人得到满意的教法和赐予财物，各大寺院的所有师徒聆听许多有关佛法，亦使所有的人获得敬信，尤其是对于年轻的贤者就如同太阳之坛城一样开启智慧之门，大班智达释迦强丹(shvakya-mchog-ldan)之奇有业绩照亮心田。因见到大乘太师[228]圆满性相[239]，故法王在后藏驻锡期间，得到大部分人的供养和侍奉，诸僧团也进行数月的侍奉，闻习了许多显宗等诸经书。本人[230]聆听了许多不同之深奥佛法，心生诸多修持之断证[231]，故认其为最佳根本上师。法王在卫地期间，跏趺坐可将脚直接放置于头顶，流出许多冰凉之泪水，长久做祈祷。此后法王指着大屋门槛下对王顿月多杰苛责道："你的屋门槛下有一大块金石，你不知道拿取，吾从这里拿取一小块，非常有好处。"

法王于喀如顶（mkhav-ru-steng）欢度藏历猪年（1503年）新年，大慈寺之住持谷结（sku-skye）等少数师徒修多种自我解脱[232]，闻习独有之佛法。后法王抵达仁蚌巴邀请之地，任命王子阿旺那木杰（ngag-dbang-rnam-rgyal）为寺院领经师，其经常在身边侍奉（法王），并聆听有多种佛法。总之，主要以王顿月多杰为施主，经常不断地为法王供奉大量财物，也乐意经常对善知识[233]供养 。近日（法王规定）除了名声之信仰外，不会强迫对佛法之信仰，暂时不可产生此思想，在热阿（ra-rnga）等地闭关修行。在大寺香（shangs）[234]方向正常居住时，信仰者敬献有近千包大砖茶，并送来大批财物。命令结聂盖（gyad-snyen-sger）三地之驮队等北方大牧主们前来迎请（法王），当大牧主们带着驮畜来时，法王在香地未有接受（驮畜）。不依靠部落的薪俸和差役，法王思虑经过北方措姆古（mtsho-mo-dgu）[235]前去多康之时， 绛钦谷结（byams-chen-sku-skye）和王子阿旺那木杰二人不知何所适从，尽管每天昼夜哭喊着祈祷，也未有完成心愿，因此法王决定不管到何处也要为侍从们着想。部落头人也匆匆忙忙地赶来不分昼夜地说，要到香地的山洞里做侍从。丹玛赤本（vdan-ma-khrims-dpon）和噶玛赤列巴（karma-vphin-las）等人再三请求法王赐教，法王很久才给予答复。

第十九节　却扎嘉措在拉萨等地做盛大供奉

法王渐次经过绒钦（rong-chen）、羌塘（byang-thang）、秋卧（chu-bo）、日尼塘（ri-snye-thang）等地，于藏历猪年（1503年）七月上旬抵达拉萨，将第五世噶玛巴德新协巴的本尊神——白旃檀八岁时的白度母像和大师玛尔巴像——名为恰库玛斯塘达协玛（bya-khur-ma-si-thang-zla-zhal-ma）等殊胜的身语意为主的塑像敬献出来；同时还为拉萨的大小昭二寺、蔡贡塘（tshal-gung-thang）、绛秋林（byang-chub-gling）为主的寺院敬献大量礼品；为叶尔巴（yer-pa）为主的大圣地供奉有无数礼品，并答应在释迦牟尼佛像前的僧人藏术巴（gtsang-hrug-pa）一个请求，但部落头人极力请求想在布达拉宫山的一侧建一寺院的愿望，法王未有答应。法王为拉萨东面的图钦却廓（thub-chen-chos-vkhor）寺奠基建寺。此时法王米聂巴（mi-nyag-pa）圆寂后，任命噶玛赤列巴继任。在图钦却廓寺任命囊索地方的丹玛赤本为（堪布）；因明轨范师为乌寨德列巴（dbu-mdzad-bde-legs-pa）和却杰莱协巴（chos-rje-legs-bshad-pa）；密宗轨范师为衮嘉巴（dkon-rgyam-pa）和洛追巴（blo-gros-pa）。在叶尔巴寺任命塔布热绛巴堪珠却杰丹巴（dvags-po-rab-vbyam-pa-mkhas-grub-chos-rgyal-bstan-pa）为（堪布）。工布的札雍（gra-yon）等人前来迎请法王，王顿月多杰的随从护送到鲁木巴驿站，雅加（yar-rgyab）大官员对法王极为信奉，并大加供养。后迎请到乃东寨（sne-gdong-rtse）地方，十六岁的拉斯阿旺扎西札巴（lha-gzigs-ngag-dbang-bkra-shis-grags-pa）前来拜见，许多随从和大人物请教有关修行五分[236]和塔布之四法等，法王给予奇妙之答复。一个多月来，著名的大师布木热绛巴仁钦却旺（vbum-rab-vbyams-pa-rin-chen-chos-dbang）写有草稿，将（法王）视为一位奇人。渐次经过塔布之中心地带，工布之迎请者以及各地送来的礼品无以计数，法王在（各地）播下利乐之种子。

第二十节 却扎嘉措对因明学的贡献

（法王）在则拉岗欢度藏历鼠年（1504年）新年，并进行祈祷。法王知悉国师之转世活佛于康地圆寂，最初未有告知。后来吩咐道：“（国师之转世活佛）的所有一切事项皆要由吾承担。”并将所有事情交给杰曹活佛（rgyal-tshab）。曾有预言曰：“于此三年无有任何障碍地闭关修行神圣佛法，终身会利益佛法。”故法王在那彤山（rnam-thos-ri-bo）自己的寝宫修建有一修行洞，闭关修证。昔日佛祖释迦牟尼所化徒众聆听神圣佛法，若未实现自己的愿望，即使在夏天的三月里也会闭门修行，如此就如同是在如来转识[237]王之田得到觉悟，可以获得不可思议之所有如来和殊胜佛教之业，无疑将会理解（诸法）。如是，雪域自在观世音之传承才渐次得到发展，此等（贤者）中也唯有法王做出殊胜两种制度[238]之伟业，使无数具缘之弟子成熟；法王著有《因明大全之述要》，此著作的内容包括有因明七论的大师著的《释量广论》《定量中论》《理滴略论》[239]如何编著；另外有关（因明）的四本论著[240]如何编著，并帮助找到了修习广论、中论、略论之捷径；拉释迦坚（lha-shvakya-rgyan）等人对因明七论做的印度注释[241]如何编注。总之，法王的著作亦称为《因明格言之河——摄理之大海》，未有参阅任何西藏之典籍，完全依法王自己的智力写成。吾[242]之上师杰塔惹巴（rje-dvags-ram-pa）说：“三世间[243]能言者中若有像吾这样的说客，很快就会找到，像（法王）这样的大师难以寻找；对此《摄理之大海》的作者，我要启请；此遍智一切的法王[244]与其他人完全不同；从来连因明著作的（作者）身边也未有住过，也未有看过书籍；经常是双手合十、双目微闭、心中持定、念诵佛经。（法王）为两种制度之总指挥。”法王的思绪从未曾间断过，如果他的口述被某件事打断，他可以在打断处重新接上。有时他的侍者要求他解释某个深奥难解之处，此时法王往往会表现得似乎忽略了侍者所提出的问题，然而这个问题的答案却很快就在后面的口述中出现。并言道：“以后应对上师的话具有信心，解释自然会在后面出现。从今不用如此请示，无论讲什么皆可记录下来，对于此争辩要提出一种奇异之见解。”当向法王回答问题时，若略有疑问提出后，法王吩咐道：“如此非有一定原因的（问题），皆要牢记！”并用右手略指向天空且微笑着说：“要按照吾说的去办吧！”后法王伸出手对身边的侍从们说道：“除吾再不会有的。”若要按公正的贤者看的话，像法王著的如此因明学论著，不仅雪域西藏未有，而且圣地古印度也未有。法王赐教曰：

圣地印度与雪域山中，
佛教典籍、释论诸多种，
尚有因明七论和注释，
词义双关美妙一经函。
稀有典籍亦无有瑕疵，
内容正直亦无有邪见，
如此言论遭王子掠夺，
无有他人思想所行处。

此外，法王还念诵《因明经藏》，讲解《其他有关因明之释要》和《释量论》等著作。法王让迥多吉也曾预言曰：“若对自己著的因明著作做一注释的话，不仅对吉祥佛法有益，而且还可以示现本人身之庄严。”因此法王参考吉瓦强巴（rgyal-ba-byams-pa）著的《现观庄严论明义小释》,著有《释解三世间之明灯》，此著作的总义是所有经藏之难处全部在于论议，要将所谓“三法轮”[245]遍传。但在闻修之时，应置于初说法轮，本人要念三遍。《佛说圣大总持王经》之内容说的是一位补特伽罗为三净大小污垢，即需依次诵经。《解密经疏》所说的是三异徒众要置于行相。总之，究竟之见是主张一法轮要在雨水中旋转，此主张是雪域西藏的贤者持有比梵天还要大的梵天之傲气；其他所有人如同黄牛一样，无有任何见解，彼等正如格言所言，若连梦中也未有梦见的话，何有之见解会传到耳中。总的说来，佛法的主要论议应理解为完成善说与广释之间的见识，此二见虽说最主要是他空见[246]，但他空见对内心之见只是名义而已，就像西藏一部分人之愿望，并非全部（人之愿望）。总之，法王之主要心性空性是宣扬的深观之见续；主要自性光明是宣扬的广行之行续，此内心之深与明二者不可分离，故承认大乘两派[247]为统一之思想。

此外，法王还著有《三毗奈耶事仪轨》和《密集不动之现观》等稀有之著作。对于许多奇有问答者提出浊世之徒众不知何去何从之时，法王就像导盲者一样，（引导众生步入正道）。

第二十一节　却扎嘉措圆寂

如是，法王所做的利他之事就像天空一样（高不可测），所教化之众生如同恒河的沙子一样多。当法王到五十二岁藏历牛年（1505 年）之岁末之时，工布地方的许多人也眷恋法王，不忍别离，部分人传说，法王已不在人世。其他在寺院驻地的人享受欢乐、虔诚信仰，所有的人郑重承诺要在藏历虎年（1506 年）前往拜见法王。法王指责说："尔等是否喝完牛奶，若挤不出奶时还要杀牛吃肉呢？"在众人的再三请求下，法王答应于一月十二日接见。十四日数十万僧俗人众汇聚在大街上，法王的转世化身前往大街的法座上，法王曰："此乃圆满报身啊。"转轮法王之服饰身着珍珠佛冠和六饰珍珠服饰，使所有人亲自拜见了法王。此时天空的彩虹和花雨比以前任何时候都要鲜艳明亮，各地敬献的礼品如云朵一般，所有寺院住地的人们受用如同大海之波浪，满足了获得财物之希冀。总之，法王此生所做出圆满之业绩，并将书信交给康区的司徒仁波切，预示了他的下一世将转生于昂（ngom）[248]地以及双亲的名字。法王身边的大部分侍从也得到受用，夜晚法王呼喊侍从也未到，遂将模糊之遗言、手书置于桌子上。黎明菩提时分，法王之报身汇集于法界，发出极亮之光，溶入于诸佛和无分别之本性中。从此时起地震、彩虹、花雨每日皆会出现，法王究竟住于何地之奇异征兆，众人经常是疑惑不已，喇嘛秋嘎图巴（bla-ma-chu-dkav-thub-pa）说，法王就寝于无量寿山。此等天地之兆也极多，梦兆也同其他不一样。昔日法王曾言道："行脚僧闭关修行时未有获得所见，或是进入涅槃。"此后，驻地之居者和行者之智慧家们经过讨论，暂时对外保密。法王遂诵经修法以事佛，勤于供奉和祈祷。后渐次至尊僧俗大师信奉者敬献给法王的资具堆积如山，藏地之所有高低贵贱者们将每个人的信资极大地供奉出来，如同供云；王顿月多杰供奉的财物最多；法王赤列夏（vphin-las-zhabs）和丹玛赤本（vdan-ma-khrims-dpon）建立有规范仪则；卫藏、康地、工布之供施合理；法王使供施者们皆心满意足。所有在外面的人们说看到法王之遗体抵达福田之基地，从帕由（ba-yu）到楚布（mtshur-phu）。火化遗体后，遗骨成为像芥子粒一样的许多各种颜色之舍利，尤其是脊椎骨和肋骨未有变形和散落，就像各种颜色的鱼骨盖；咽喉以上之骨头上示现出十一面佛；每一根肋骨示现出多手之画面；手心上最清楚地示现出十一面观世音；其他在所有的舍利上还清楚地示现出千手千眼佛。杰曹活佛（rgyal-tshab-sprul-pavi-sku）将（法王之遗骨和舍利）安葬于则拉岗的金塔中。然而，正如第八世噶玛巴所言："昔日汉地和西藏二地谁也未有殊胜之所依，但由此而出现有许多稀奇之事物。若只要外面有口，即可利益众生。”

第二十二节 却扎嘉措之主要弟子

总之，诸等觉佛之身、语、意每一瞬间亦可使众生之心成熟解脱，而三千世界[249]最多的极微尘[250]并非如此；其他则对身、语、意毫无知觉，更不做利他之事。此时如同恒河沙粒多的徒众若被纳入殊胜之实体，更不用说做佛法之业。摄受四品类佛法其中之一，即会有无数众生，此等乃为结集[251]者们之唯一的家园。此等广阔无量的家园谁来执持？但最近这边依部分觉知者之见，其主要弟子有杰曹活佛扎西那木杰（rgyal-tshab-sprul-pavi-sku-bkra-shis-rnam-rgyal）；京俄仁波切第四世红帽活佛（spyan-snga-rin-po-che-zhwa-dmar-ba-bzhi-pa）等许多殊胜活佛以及五座身语意智慧事业之寺院的赤苏（khri-zur）、帕木竹之京俄次尼巴（phag-mo-gruvi-spyan-snga-tshes-gnyis-pa）、止贡王仁波切（vbri-khung-dbang-rin-po-che）、止贡法王贡嘎仁钦（vbri-khung-chos-rje-kun-dgav-rin-chen）三师徒；岗布之京俄乃乌塘巴（sgam-povi-spyan-snga-snevu-thang-pa）等噶举派的大师们之族属及其佛法派生出知事寺院之大狮子座之圣者们以及仲普国师巴（vbrong-bu-govi-shri-pa）、恰国师却吉札巴（bya-govi-shri-chos-kyi-grags-pa）、加摩国师巴沃色坚赞（lcags-mo-govi-shri-pa-vod-zer-rgyal-mtshan）、丹玛国师索南扎西（vdan-ma-govi-shri-bsod-nams-bkra-shis）、洛绒国师贡嘎坚赞（lho-rong-govi-shri- kun-dgav-rgyal-mtshan）父子二人；林土司单增沃色（gling-du-si-ting-vdzin-vod-zer）等许多政教共主[252]以及在昂擦（ngom-tsha）、囊索

(nang–so)、钦市（chen–shri）等地执行任务的汉藏金字使者和许多在宫殿工作者、各种自行解脱之大慈转世者、恰嘉木样扎西那木杰（bya–vjam–dbyangs–bkra–shis–rnam–rgyal）；岗第（sgom–sde）中二支寺主等许多大贤哲以及至尊嘉斯多丹（skya–se–rtogs–ldan）、大成就者秋浦瓦（chu–vphur–ba）、桑吉聂巴（sangs–rgyas–mnyan–pa）、夏喇嘛贡噶贝（gzhag–bla–ma–kun–dgav–dpal）、苏莽甲赤（zur–mang–bya–bral）、嘉董甲赤（rgya–ston–bya–bral）、斯尕衮蚌巴甲赤（gsi–dkar–kun–spangs–pa–bya–bral）；喇嘛札杰瓦（bla–ma–grags–rgyal–ba）等自在瑜伽得道者等许多持教大师以及大学者释迦强丹（shwakya–mchog–ldan）、米聂热绛巴公布贝（mi–nyag–rab–vbyam–pa–mgon–po–dpal）、额绰热绛巴旺秋贝（ngo–khro–rab–vbyam–pa–dbang–phyug–dpal）、堆摩瓦扎西沃色（dul–mo–ba–bkra–shis–vod–zer）、纽拉班禅阿旺札巴（smyug–la–pan–chen–ngag–dbang–grags–pa）、噶玛赤列巴钦波（karma–vphrin–las–pa–chen–po）、塔布热绛巴却杰丹巴（dwags–po––rab–vbyam–pa–chos–rgyal–bstan–pa）、塔布热绛巴松惹莽屯（dwags–po–rab–vbyam–pa–gsung–rab–mang–thos）、旦敦巴旺秋坚赞（sde–bdun–pa–dbang–phyug–rgyal–mtshan）、推夏巴释迦旺秋（dus–zhabs–pa–shwakya–dbang–phyug）；协廓巴达惹（shel–khog–pa–stag–ra）之噶玛尕久巴（karma–bkav–bcu–pa）以及藏阿热绛巴（gtsang–nga–rab–vbyam–pa）、达乌诺桑巴（rta–vu–nor–bzang–pa）、惹第凯珠森格贝（ra–tivi–mkhas–grub–seng–ge–dpal）、江萨瓦卫格西热桑（byams–sar–ba–dbus–dge–shes–rab–bzang）；聂绒（nyag–rong）[253]地方的羌央却贝（chang–yo–chos–dpal）、阿斯札巴（a–se–grags–pa）和绛公巴（byams–mgon–pa）等获得圆满教法之大格西们以及巴卧却旺伦珠（dpav–bo–chos–dbang–lhun–grub）、堪钦释迦桑波（mkhan–chen–shakya–bzang–po）、追康巴索南嘉措（vgrus–khang–pa–bsod–nams–rgya–mtsho）、柴瓦喀巴顿珠那木杰（khre–ba–kha–pa–don–grub–rnam–rgyal）、热振萨丹林巴（ra–sgreng–bsam–gtan–gling–pa）；恰公

巴札巴贝丹（cham-dgon-pa-grags-pa-dpal-ldan）等许多道统[254]持教者；甲当塔巴坚赞（bya-btang-thar-pargyal-mtshan）等许多做有无量大慈悲事业者；萧喀玛尼瓦（zho-kha-ma-ni-ba）和玛尼瓦伦珠嘉措（ma-ni-ba-lhun-grub-rgya-mtsho）等奉命转经者——多、卫地方许多转经功德者；秋噶图巴（chu-dkav-thub-pa）、大成就者蔡普巴（vtshem-bu-pa）、多丹岱群（rtogs-ldan-vdan-chung）等许多隐居瑜伽师；纽拉囊索卓巴（smyug-lavi-nang-so-cgrom-pa）和万户长扎西达吉（bkra-shis-dar-rgyas）等许多居家自在瑜伽师。上述这些人是法王亲自使他们成熟解脱，故全部是法王的根本弟子。

此外，随从法王闻习多少不等的有关佛法而获得信仰者有伦德热绛巴（lhun-bde-rab-vbyam-pa）、札交巴（brag-cog-pa）、厦梅巴（shar-smad-pa）、凯贝旺波（mkhas-pavi-dbang-po）、止贡堪钦香热瓦（vbri-khung-mkhan-chen-zho-ra-ba）、达隆嘎楚巴（stag-lung-ka-drug-pa）等止丹达隆（vbri-gdan-stag-lung）[255]等地的许多大小师君三尊[256]；钦波哲林巴（chen-po-vbras-gling-pa）和斋聂巴（rtse-nyag-pa）等大讲经院许多大小经师；大寺院有桑乃乌托（gsang-nevu-thog）三寺、德觉绥（bde-sky-or-zul）三寺、色哲甘（ser-vbras-dge）三寺、绛钦却伦（byams-chen-chos-lung）等卫藏所有的大寺院许多前任、后任、大小讲经大师；多茌贡蚌巴（rdo-reng-kun-spangs-pa）等许多具吉祥萨迦派之大勇者；贝嘉仲第巴（dpal-rgya-drung-dig-pa）等多康色朵（mdo-khams-gser-mdog）地区的先后大喇嘛；巴博夏玛瓦（pa-bom-zhwa-dmar-ba）和达那噶久巴（rta-sna-bkav-bcu-pa）等玛仓[257]噶举（smar-tshang）传承的许多大德；五贤者等米聂热岗（mi-nyag-rab-sgang）等地方的诸位大喇嘛等无数贤者团体以及桂译师循奴贝（vgos-lo-tswa-ba-gzhun-nu-dpal）、大译师索南嘉措（lo-chen-bsod-nams-rgya-mtsho）、恰译师仁钦却杰（chag-lo-tswa-ba-rin-chen-chos-rgyal）师徒、杰夏鲁译师（rje-zha-lu）等许多大译师；厦

热绛巴（shar-rab-vbyam-pa）、厦喀惹钦（shar-kha-ras-chen）、藏噻（gt-sang-smyon）、卫噻（dbus-smyon）、揣希桑萨木巴（vkhrul-zhig-sangs-bsam-pa）、竹噻贡嘎勒巴（vbrug-smyon-kun-dgav-legs-pa）许多自在瑜伽师；最详细的要看第八世噶玛巴法王赐予的《大弟子名册》。总之，法王在印度、汉地、绛地[258]、藏地之所有高低贵贱的人们有的未获得神圣教法，也有的虽与法王见面并闻习了佛法，但未得到成熟解脱。

于此地国师(govi-shri)[259]之转世降生在涅窝（snye-bo）地方，法王却扎嘉措曾清楚预言、认证了前世活佛本波扎西（dpon-po-bkra-shis）之转世，并将其迎请在法王尊前剃度，为其命名扎西那木杰贝桑波（bkra-shis-rnam-rgyal-dpal-bzang-po），法王之五座寺院的所有人对其像法王一样地拥戴。第七世噶玛巴圆寂后，其做了法王所属寺院之主人，名称为杰曹活佛（rgyal-tshab-sprul-pavi-sku）。其将第八世噶玛巴迎请至狮子座，并亲授沙弥戒，传授有许多佛法。后不久圆寂，其有许多奇迹。

注释：

[1] yar-thses 意指上弦日序，即上弦半个月的日序。

[2] 该地名之意应为“主管北方诸道的神”。

[3] longs-sgu 意指报身、受用身、圆满受用身。佛身之一，亦为智度七十意之一。住法身中不动不起，但于化机菩萨圣众之前示现身形，成为化身之所依处，为诸相好所庄严者。

[4] rin-chen-vbyung-ldan 即指宝生如来，系佛教五佛之一。

[5] pha-rol-du-phyin-pa-drug 六度即六到彼岸、六波罗蜜多之意。六度即是佛经所言之布施度、持戒度、忍辱度、精进度、禅定度、智慧度。

[6] mkhav-vgro 空行母之异名。

[7] dngos-grub 意指成就，梵音译作悉地，即修习诀窍而得的如意妙

果。

[8] vkhrul-vkhor 直译为还罪。如果以惑为罪，还罪即有忏悔之意。譬如，vkhrul-vkhor-khyim 即是法庭的异名。

[9] thugs-ka-stong-pavi-nang-na 意指其母已达现证心我空之境，心空即境空。

[10] rigs-gsum-mgon-po 意指密宗事部三怙主，包括了佛部文殊、金刚部金刚手、莲华部观世音。

[11] dag-snang 意指净相，即是清净现分。现见一切情器世间均是净土，均是佛身、佛智之所示现。

[12] mannaddala 即是指坛城、轮圆、曼荼罗或佛教祭祀供品曼扎。

[13] dngos-po 意指实有，乃甲戌年、木狗年之异名。

[14] mchu 乃二十八宿之一。

[15] gsang-gnas 意指男女生殖器，或讳言为私处。

[16] chos-vbyung 意指宗教源流、宗教史，或法基（三角形物体），或法积佛，或法源。

[17] vkhor-lo 意指剑锋轮，系佛教密乘本尊所用一种手帜名，其状钢轮无辋，辐皆双口利刃，尖极锋利，半杵作柄。

[18] dbyangs-yig 意指藏语的元音字母，代表深吼音一类的字母。

[19] mnyam-bzhag 意指定、等引、平等住、根本定。梵音译作三摩呬多。修定时一心专注、无我空性而引生的禅定。

[20] gsol-gzims 旧译作梭本和森本，即旧时管理高级贵族和喇嘛膳宿等事之官员。

[21] grub-rtags 道貌，即指证果迹象，为修学佛道成正果者的外表行迹。

[22] gang-zag 指人，数取趣。梵音译作补特伽罗。佛说依附五蕴命名为人，为士夫，为有情众生。其身心中所有功德过失，时增时减，数

数聚散，故以命之。

[23] 即时而新生，时而毁灭的无常事物。

[24] 系指藏语元音及辅音字母读音。

[25] rdo-rje-vchang 意指金刚持，乃诸佛共主，梵音译作伐折罗陀罗。佛书说为当释迦牟尼讲演密乘时所显现的身相。

[26] dgav-ldan 意指喜足天，梵音译作睹史多天。六欲天之一，妙欲资具胜于以天下诸天，身心安适，且喜具足大乘法乐，故名喜足。

[27] 古印度一婆罗门名，乃最初弘扬大乘密教者，是龙树论师的师傅。

[28] rta-mgrin 即是指马头金刚，乃密乘一本尊之名。

[29] 今天西藏自治区珞隅地区一山名。十二世纪末，藏传佛教噶举派藏巴甲热也协多吉始说此山为佛教密宗上乐金刚圣地，首创年往巡礼之例。

[30] sgrol-ma 度母，或曰救度佛母，梵音译作多罗。佛教依救度八难而立的一类本尊佛母名，依身色、标帜、姿态之不同，可分为二十一度母。

[31] rnam-sras 意指多闻子，梵音译作毗沙门，佛书所言一北方神名。

[32] 松赞干布时划分全藏为五大翼，此地为腰如之一部。当时是以塔氏为主的一个部落所在地，故名塔布。其后改为加查、朗、拉加里、匝鲁那木吉、金东五个宗，大致位置是在今天西藏加查县和朗县境内。

[33] sngags 意指咒语、真言，梵音译作怛荼罗，乃佛教密乘修法之中用以守护行者心意，远离庸俗境界，策励本尊及其眷众的一种有严密结构的若干字音。

[34] sgrub-thabs 指密乘修习本尊的仪轨。

[35] bdud-rtsi 意指甘露、天酒、不死药，梵音译作阿密哩多。

[36] mngon-mtho 意指增上生、现高、胜生，即佛书所言人天善趣之

圆满福报。

[37] nges-legs 意指定胜、决定胜、永久安乐，即佛书所言的解脱位及一切智位。

[38] 此处意为熬茶之地。

[39] vtags-vdsin-sems 悟因心，比度因。领会因理，同时忆念三性之心。如在即将领悟声是无常者之心中，生起确立有此命题所比度事、同品定有、异品定无之心。

[40] zhing-skyong 系指刹土神，乃是守卫神山、方国的护法神祇。

[41] drag-sngags 系指威猛真言，诛敌神咒。

[42] 此处之 rgyal 系指鬼宿，即是二十八星宿之一。phur 则为 phur-bu 之意，系指木曜，乃五行算中所言之星期四的值日神。vgrub-sbyor 即是遇合、成合之意，七曜中共有七个成合，分别为太阳会轸宿、月亮会牛宿、火星会娄宿、水星会房宿、木星会鬼宿、金星会奎宿、土星会毕宿。依占星者言，成合当为大吉，是故，本句所说“鬼宿与木星成合”应是吉兆。

[43] dbang 即是灌顶之意，有驱散、注入之意。阿毗迄加系梵音，谓能驱散二障，洗净身心，而后于此净器注入智力。乃是凭依真实仪轨，种植四身种子于蕴界处中，完全成熟身心相续之道。

[44] gtor-ma 译作食子、朵马，系由糌粑捏成用以供神施鬼的食用丸子。

[45] rdor-dril 铃杵乃密乘之法器，金刚杵代表方便，金刚铃则代表了智慧，合称为金刚铃杵。

[46] bde-mchog 意指上乐、胜乐。梵音译作泗鲁迦，指出现证大乐智道果次第之无上母续及其本尊名。

[47] dkyil-vkhor 意指坛城、道场，轮圆具足，梵音译作曼荼罗，乃密乘本尊及其眷众聚集的场合。本智以为主尊，道果功德以为眷众，眷

众环绕本尊游戏庄严，是为轮圆。密乘四部的每一部有各自的精神宇宙模式，即坛城系统，这个系统由一密乘主神与一些眷属神灵组成。坛城中的主神就是佛家所称的本尊神。每个修习密乘者都要以一位各自的本尊神作为观修的对象。围绕本尊神灵的眷属神相互之间只是形体和显现标志不同，实际上眷属神是一类神，并且与本尊神保持一致。密乘有无以计数的本尊神，可将其粗分为三大类，即善相本尊、怒相本尊、善恶相兼具本尊。较为著名的善相本尊是文殊菩萨、观世音菩萨、度母、无量寿佛等。较为著名的怒相本尊是大威德金刚、金刚橛、马头金刚、金刚手等。善恶相兼具本尊神有密集金刚、上乐、喜金刚、时轮金刚和金刚亥母。描绘的本尊形体有两类，一类与常人相貌一致，即一面、二臂、双腿，一类是多面、多臂、多腿的神灵。描绘本尊神所依的标准也有两个方面，一是该本尊所有的菩提心的无限知识，一是本尊的智慧特征。

[48] 帐玛赛·罗舟仁钦（1386~?），藏传佛教噶玛噶举派苏莽噶举支系创始人，今青海省玉树地区苏莽囊杰则寺的创建者，今四川省阿原嘎玛江谢地方人。父亲玛赛嘉阿，原木雅部落千户。自幼厌烦千户府邸富贵悠闲的生活，决心追求宗教理想，到西藏拜噶玛噶举派黑帽系第五世活佛德新协巴为师，在楚布寺学经达10年之久，学业颇著。后遵师命，云游西藏各地和今青海玉树、囊谦境内的桑冬日、帐叶哇、觉莫贡、苏莽多松等地，寻找最佳建寺地点，决心将潜心修悟的经法传给后人。约在明永乐年间，被青海囊谦地区子曲河南岸今毛庄乡政府所在地的奇异景致和优美环境所吸引，遂选择该地，修建了苏莽囊杰则寺。他一边潜心修悟，一边招徒授法。相传他弟子众多，最出名的有15人，皆为囊谦地区弘扬苏莽噶举教派的先驱和大德。其中弟子扎吾和贡嘎江才，在今玉树县小苏莽乡修建了作为子寺的苏莽德孜堤寺，两寺相距约60公里，合称苏莽寺，是青海玉树地区旧时著名的三大政教合一寺院之一。

[49] bsngo-ba 意指回向，转变、增长之意。转变轮回因力之诸善根

成为大菩提因，增长有尽之诸善根成为无尽。亦即欲求转变、增长自他三世所积一切有漏无漏福泽皆为无上菩提之因，名为回向。

[50] bsngo-rten 意指回向礼，即请求为死者诵经、回向、发愿时所致送的礼物。

[51] bar-do 意指前身已弃，后身未得，即死后未投身中间。

[52] kla-klo 原意指野蛮人、未开化之人。

[53] gter 亦为 gter-chos 之简称，意指伏藏，乃是古代被人埋藏起来、后世被人发掘出来的藏文书籍总称，藏语叫“德尔玛”或“德尔却”，大多发现在 11 至 13 世纪前后。著名的伏藏如《玛尼宝训》《五部遗教》等，前者传为松赞干布讲述，吞米·桑布扎等记录；后者传为莲花生所著，但实际都是后人的伪托。因其时代较早，记事翔实，又多神话、传说等，所以是很有价值的文史著述。

[54] dam-rdzas 意指经过诵咒加持的器物或药物，或修行时所用的器物如铃杵等。

[55] sa-ra-ha 萨乐和是古印度一婆罗门名，乃最初弘扬大乘密教者，系龙树论师的师傅。

[56] zhi-khro 寂静与勇猛合修之谓。

[57] ber-nag-can 喻指咒师。

[58] sde-brgyad 八部之意，指八部鬼众、天龙八部、冥部八众：天、龙、药叉、寻香、非天、金翅鸟、人非人和大腹行。

[59] thun 意指真言芥子、真言沙，系诵咒加持后用以驱魔的沙子、芥子等物。

[60] spyod-yul 意指语声及心识涉入之处，或人的思想活动之范围。

[61] spyan-ras-gzigs-bcu-gcig-zhal 十一面观音乃是大悲观世音化身像之一，前方三面为静像，右方三面为半静半猛像，左方三面为猛像，后一面为笑像，顶上有无量光佛像，共有十一面像。

[62] rdzogs–chen 意指大圆满、大圆满胜会。旧密说心性自体性空为法身，自性光明为报身，大悲普照为化身，三身一切功德任运圆满，即是诸法真实理趋，故名大圆满。

[63] zo–chun 筒车，乃从河中汲水至高处，水车之谓。

[64] spros 意指繁文缛节，无益的思路与不切实际的礼节，佛书谓之戏论。

[65] snang–ba 隐没于次第之中，先似秋月明空，月光满天，继而唯见白茫茫一片空明别无所有的微细意识景象。

[66] klo–mon 即指门巴族和珞巴族。

[67] ma–ni–dung 此乃藏区习用的发誓语之一，意指念诵一亿遍六字真言来作证。

[68] gzungs–sngags 即是指总持咒，以征得本尊身语功德为主、显现空乐为文字的咒语。

[69] pad–ma 即指莲花生大师。

[70] 米拉日巴（1040~1123 年）系藏传佛教噶举派早期僧人，俗名米拉日巴·脱巴噶，法名协巴多杰，生于后藏贡塘地方（今西藏吉隆县北部）。7 岁时，父亲去世，家产被伯父等人所夺，其与母亲、妹妹过着贫穷的生活。后学习宁玛派之教法。宋元丰元年（1078 年），投入佛教大译师玛尔巴门下，学习佛法六七年，最后得到玛尔巴之全部教法，遂潜入深山继续修习。得成就后，收徒传法，以唱歌方式传教。提倡坐静、苦修，反对空谈，其与弟子日琼巴和塔布拉杰形成了噶举派中之修行派。其《道歌集》在藏族群众中流传甚广，并对后世藏族诗歌的发展亦有一定的影响，在文学史上占有重要的地位。

[71] ka–pva–la 指人的天灵盖，或用人颅骨做成的碗状容器。

[72] 梵音译作哂噜迦，指胜乐金刚，也可理解为忿怒神之总称。

[73] vphags–ma 意指救度佛母、圣度母。

[74] 系古印度天城体梵文字母，公元7世纪，吞米·桑布扎据此创制了藏文。

[75] 传说中的珠穆朗玛五仙女之一。

[76] phyag-mdzod 即是指管家。旧译商卓特，乃代理封建领主管理资产的人。

[77] 在今天青海省玉树藏族自治州南部，唐古拉山北侧，县人民政府驻地是萨蒲塘。

[78] 在今天西藏自治区东北部的怒江上游，县人民政府驻地东马塘。

[79] dgu-gtor 意指二十九朵马。在藏历十二月二十九日或除夕前一日，用以驱魔送鬼之食子。

[80] srid-pa 此处译作有轮回、有业所造之烦恼、轮回之去处的意思。

[81] sku-lnga 系指法身、报身、化身、自性身、不变金刚身，或旧密二十五果法所从以判别之处：身、语、意、德、业，或密乘经典所说的二十五果法身之一类：法身、报身、化身、不变金刚身、现证菩提身。

[82] sgom-thag 译作禅带。指参禅打坐时，套在双膝及颈上的带子。

[83] 此处之 sar-ha 系 sa-ra-ha 之缩写，即是指萨乐和。

[84] ma-vgags 意指不灭，乃是释迦牟尼座前十大声闻弟子之一，为天眼第一。梵音译作阿泥律陀、阿那律。

[85] sna-tshogs 因为欲天等身共有十三个，故可表数字“十三”，也可做“各种各样”解。

[86] rang-sa 这里译作自地、本地，系指在修习佛法的过程中，各人自己所达到的不同阶段。

[87] gzugs-su-byas 在佛经中常译作表色，即指形迹、姿态等。一经触受而可示现转变为坏灭者，皆曰色。

[88] 一地名。

[89] pha-rol 意指来生、后世、彼岸、清净涅槃等。

[90] 即今之索县，元代译作索格，清代译作销庄子，在今西藏自治区东北部，怒江上游，县政府驻赞丹雪。

[91] ngo-bo-nyid 意指本质、天然，或行相、性相、自体、自性等。

[92] te-lo 公元 10 世纪印度那若巴之上师，原名慧贤，乃修密宗得成就者，因曾作榨油工，故此得名。

[93] ton-gnyis 意指自利和他利，合成二利，故译为己他二利。

[94] 在今西藏自治区林周县境内。公元 1093 年，朗塘格西曾在此地建有著名的朗塘寺。

[95] 雅砻江中游东部地带的古代名称，是下区朵甘思六冈之一，在今天四川省甘孜藏族自治州乾宁以东的康定等县境内。

[96] 此处教主系指释迦牟尼。

[97] 囊谦县，现在青海省玉树藏族自治州南部，澜沧江上游南岸，县人民政府驻地在香达。

[98] 此处的 tshang 即是 grwa-tshang 之意，译作扎仓、僧院，指在同一座寺庙中依据地域而划分的僧团组织。

[99] 金沙江和雅砻江上游的中间一带地区之古地名，是下朵甘思六冈之一。元朝时设置剌马儿冈等处招讨使司，归宣政院管辖，辖地在今天四川甘孜藏族自治州的白玉、德格、邓柯、石渠等县境内。

[100] bcom-ldan-vdas 出有坏即是指世尊，佛的别号，梵音译作薄伽梵，“出”谓之超出了生死涅槃两边，“有”谓有六功德，“坏”谓之坏灭四魔。

[101] rig-vdzin 译作持明。指修持密乘，证得成就者。明谓密乘本尊大乐智慧；深入修持此智慧者，称之为持明。

[102] 量毕量众乃是直译，意指有或无、多与寡。视为骷髅，意指修不净观时，把贪念的对象视为骷髅，可绝贪念。

[103] vog-min 密严刹土即是金刚持住地，报身佛住地，又称色究竟

天，乃色界之最极盛处。

[104] 即那若巴，公元 11 世纪出生于印度，为得大成就者底洛巴的弟子，西藏玛尔巴译师之师，为玛尔巴曾传授过大乐及那若六法等。

[105] kundavi-snying-po-can 此处的“藏”系指 snying-po，乃是精华与永恒真实之意。

[106] dzam-buvi-chu-bo 意为赡部河。

[107] na-mo-gu-ru-bhya 中的 na-mo 系指顶礼，梵音译作南无；gu-ru 系指上师、师尊，梵音译作古汝。

[108] zhwa-dmar-ba 音译作夏玛巴，系指噶举派红帽系活佛。因黑帽系第三世活佛之弟子扎巴僧格曾得元顺帝所赐红帽，其后便形成了红帽系转世系统。此处所言的夏玛巴系噶玛噶举红帽系第四世活佛却扎益喜贝桑波（1453~1522 年）又名沙玛尔却扎巴。明天顺四年（1460 年）被法主扎巴嘉措认定第三世活佛却贝益喜之转世灵童，遂为其削发，并赐予红帽系冠冕和印章。明成化七年（1471 年）从桂译师循奴贝受比丘戒。后曾至康区、工布及前藏各地传法布教。明弘治三年（1490 年）在仁蚌巴·顿月多杰的支持下，创建了羊八井寺（位于拉萨西北当雄县境内）。从此，红帽系活佛的主寺也由乃囊寺迁至羊八井寺。后除主持寺院事务外，还积极为仁蚌巴出谋划策，对付帕竹地方政权。

[109] 指四世红帽系活佛。

[110] 此处的 seng-ge-sgra 系莲花生的别称。

[111] lung-bstan 可译作预言，佛书常译作授记、记别、悬记等。

[112] 现西藏达孜县人民政府所在地。

[113] nang-so 意指保卫或巡逻者。

[114] 意指知客、知宾，旧译卓尼，内外接待宾客之人。

[115] gzungs-sngags 意指总持咒、陀罗尼咒，是以证得本尊身语功德为主，显现空乐为文字的咒语。

[116] sangs–rgyas–kyi–mtshan 意指如来佛。如来共有十名，分别为：如来、应供、正等觉、明行足、善逝、世间解、无上丈夫调玉士、天人师、佛、世尊。

[117] gsang–sngags–rnying–ma 意指旧密、旧密乘。在公元 7 世纪初，松赞干布邀请印度佛教大师孤萨罗等入藏，开始翻译密乘经典，后于 8 世纪中，赤松德赞又邀请莲花生大师和班钦·比马拉米札等继续翻译。直至 10 世纪末，印度佛学家米底来藏为止，此前历代所译之密宗教法总其名曰旧密。

[118] gsar–ma 意指后弘期佛教。

[119] ban–nag 指咒师所披的黑衫，故 ban–nag–can 在此应该是指披黑色披风的咒师。

[120] ri–rab 乃是 ri–rab–lhun–po 的简称，妙高山之意，或译作善积山、妙光山，梵音译作苏迷卢山、须弥山。根据佛教的宇宙图式，这是在器世间基础金轮上形成的高山。因其势美仑故言妙，称群山之王故曰高，其山东面银质，南面琉璃，西面赤晶，北面黄金，四方天空、海水各呈宝光，山以下没入海中八万由旬，高出于海面者亦八万由旬。

[121] rigs–lnga 意指五部佛：不动佛、宝生佛、无量光佛、不空成就佛、毗卢佛。

[122] 文中 sngas–rgyas–kyi–dus–chen–gsum–vdsoms 系指释迦牟尼三重节。在氐宿月即藏历四月十五日乃是释迦牟尼入胎、证觉、涅槃三大行迹的纪念日，而后文中的 sa–ga 乃是氐宿，为二十八宿之一，nya 为望日(时轮历固定在十五日，而时宪历不固定)，nam–langs 为卯时，故此，按时轮历，文中所言的时间当是在藏历此年四月十五日卯时。

[123] brtan–pa 毗纽天的异名；贤者、练达之士的异名；大地、器世间的异名；大自在天的异名。

[124] sde–snod–gsum 三藏。一切佛语，所依诠释之义理分为三学，

依能诠释之文字分为三藏，谓经藏、律藏和论藏三者。十二分教一切文义，色法乃至遍智之间一切所知，总集于此三者之中，故名为藏。

[125] theg-chen 又称 theg-pa-chen-po，大乘、上乘、菩萨乘，以七种广大、胜出小乘，故名大乘。

[126] zag-med-kyi-phung-po-lnga 无漏五蕴：戒蕴、定蕴、慧蕴、解脱蕴和解脱知见蕴。

[127] vdul-ba 意指律、律经。梵音则译作毗奈耶，意译为灭。阐述八事，谓五篇堕罪、犯堕原因、出堕、离堕、依何制戒补特伽罗、所制学处本体、学处名目、抉择犯和未犯等八，以灭三业罪过，故名为律。

[128] mdo 乃是指佛教三藏中的经藏；bstan-bcos 指论、论典。

[129] dgra-bcom-pa 应供，杀贼。梵音译作阿罗汉，略作罗汉。完全制伏四魔怨敌。

[130] vkhor-lo-bde-mchog 乃是密乘无上本尊泗鲁迦之异名。

[131] 此处 dzo 乃是 dzo-ki 之意，为印度一教派名。

[132] vog-min-chos-kyi-pho-brang 色究竟天法宫。色究竟天系四禅天之第八层即最上层，乃是五净居天之一，生于此中之诸天，已在色界之最极胜之处，自此以上再无有色，故称有色究竟天。

[133] mtsho-las-skyes 译作池中生，乃莲花的异名。

[134] phyag-chen-chos-drug 译作六大手印法。大手印法乃是藏传佛教噶举派主要修法，此法强调直观自心，而非经由巧善法门认知自心。梵文译音为“嘛哈穆德哕乌巴德夏”，意为“大手印口授”。大手印有显密之分，显教以空性名“大手印”，以经教为证，要求修行者心注一境，不分别善恶美丑，以得禅定。然后寻觅观察住境之心，是在身内还是在身外，当发现诸处寻不见心时，就明白此心非“实有”，而是“空”的。密教大手印以空乐双运为道，风息于中脉、人、住、融后所生之大乐。它分实住大手印、空乐大手印、光明大手印。大手印修身方法有四种：

七支坐法、金刚诵、宝瓶气及明点气脉。口诀为：身调则脉调，脉调则气调，气调则心调，心调气不外散。其目的通过对人体呼吸、脉、明点的修炼，达到一种最高境界。

[135] mgon-po-phyag-drug-pa 六臂护法，护法神之一。

[136] rim-gnyis 二次第，生圆二次第，指无上密宗修法二次第。

[137] 旧名打箭炉，现名康定。在今四川省甘孜藏族自治州东部，大渡河流域。现为甘孜藏族自治州州府和康定县所在地，距成都 366 公里。康定历史久远，汉武帝时康定属牦牛县管辖，唐时置土司统治，元时归属青海。明永乐五年（1407 年），康定土司阿旺坚赞因随征有功，被册封为“明正长河西鱼通宁远军民宣慰使司”，康定一举复归明正土司统治。清雍正十一年（1733 年）设打箭炉厅，清光绪三十年（1904 年）升为直隶厅，光绪三十四年（1908 年）改打箭炉厅为康定府。1913 年改康定县，1939 年设立西康省，省会设于康定。1955 年撤销，原属区分别并入四川省和西藏自治区。

[138] rnal-vbyor-ma 瑜祇母、瑜伽母。佛教密宗一本尊名。

[139] thub-pa-chen-po 大能仁，佛的异名。

[140] 眼、耳、鼻、舌、身、意六识。

[141] phud-mchod 献新供神，在饮食前用指拈少许向空弹撒敬神。

[142] ting-vdzin 定、等持，为五别境之一。缘谛实、功过、精粗等自相、共相所察事务而起之专注心所，具有能生观慧，对治散心之作用者。

[143] mnyam-rjes 根本和后得，即根本位和后得位，修定之中和出定以后。

[144] dge-bsnyan 居士、近事男，梵音译作优婆塞或邬婆索迦，别解脱七众之一，为承认守护五戒而居留俗家之男子。

[145] vdru 柱氏，历史传说为西藏六氏族之一，在松赞干布时领有泽

当附近一带封地。

[146] mi-nyag 木雅，旧译弭药，今四川省甘孜藏族自治州康定县折多山以西，道孚以东地区名。也作西夏，宋代时曾在宁夏银川。

[147] nyag-rong 新龙，县名。在今四川省甘孜藏族自治州中部，雅砻江流域西岸。县人民政府驻巴伙。

[148] bde-chen 德庆，地名，又作迪庆。今云南省属藏族自治州名。在云南省西北部，邻接西藏自治区和四川省，下辖德钦、维四、中甸三县。金沙江和澜沧江纵贯东西两翼，州人民政府驻中甸。

[149] vjam-dbyangs 妙音、文殊菩萨，梵音译作曼殊瞿沙。体相集诸佛智慧之色，表相现十地菩萨之形，言辞无粗恶之过，语音有美妙之德。具此自性，故称妙音。

[150] rta-mgrin 马头明王、马头金刚。密乘一本尊名。

[151] spyan-ras-gzigs 观音、观世音。总集一切佛语、大悲为性、恒常瞻念众生、随侍如来的八大菩萨之一。

[152] se-chen 薛禅。se-chen-rgyal-po 薛禅皇帝，即元世祖忽必烈(1215~1294 年)，元朝第一代皇帝。1260~1294 年在位 35 年。1264 藏历第四丁卯的甲子年，迁都北京。1271 年，改国号为元。尊八思巴为帝师。次年在西藏设立“乌斯藏纳里速咕噜孙等三路宣慰使司都元帅府”。1276 年清查西藏定居的农业户口，得十三万户，置十三万户府，开西藏设土官管民制度之先例。

[153] 一种植物，可补养身体。

[154] 地名，现为一县名，在今四川省甘孜藏族自治州西部，金沙江东岸。

[155] 三十舍堕之一，在安居一月以前或解制半月以后，寻求和执持雨衣所犯堕罪。

[156] 三门即身、语、意；二派即大乘佛教无著开创的广行派以及龙

树开创的深观派。

[157] 敕谕曰："皇帝敕谕乌斯藏大宝法王葛哩麻巴等，尔等世居西域，能够顺天道，尊事朝廷，恪修职贡，愈久愈虔。兹复遣使，以方物来进，诚意可嘉。今使回，特赐尔等彩币表里等物，以示褒答，至可领之，故谕。大宝法王葛哩麻巴给赐纻丝表一匹、红一匹、黑绿二匹、彩绢蓝四匹。回赐纻丝青十匹、绿五匹、黑绿十匹、钞九千锭。国师班着端竹给赐纻丝青一匹、绿一匹、彩绢蓝二匹。成化七年正月二十九日。"此敕谕为黄棉纸地，长 115. 3 厘米，宽 44.5 厘米；敕谕边框四周绘黑色云龙纹图案；墨笔楷书，汉藏两体，款上钤珠印"广运之宝"。此敕谕保存在中国国家博物馆。

[158] 即尺度和标准。

[159] 即今天的边坝县。"边坝"，藏语音译，意为吉祥的光辉、火焰。传说元朝忽必烈在位时期，有一要员名沙西仲贡曲帕尔从内地来到该地，点燃一把火炬，宣称要修建佛塔，"边坝"即由此而来。边坝县现处西藏自治区东北部，昌都地区西部，北与索县、丁青，东与洛隆，西与比如，南与嘉黎、波密县比邻。总面积 8894 平方公里，辖 2 区 13 乡 105 个村民委员会，总人口近 2.7 万。"边坝"一词在历史上有"边巴""班巴""宾巴""冰坝""达宗""达尔宗""达隆宗"等译写。现边坝县为原边坝宗与沙丁宗于 1960 年 1 月合并建立。

[160] 即今天的类乌齐县，为藏语译音，意为大山。地处西藏自治区东北部，昌都地区北部。北与青海省接壤，西与丁青县相连，南与洛隆县、八宿县相接，东与昌都县为邻。总面积 5887 平方公里。历史上曾译作"内乌齐""内五旗""锐乌齐""锐乌杞""类伍齐""类乌齐宗"等名。唐代为吐蕃属地，元朝由吐蕃等路宣慰使司都元帅府管辖。明代类乌齐因米拉日巴弟子桑吉恩建类乌齐寺而得名，由类乌齐寺住持管理。寺主也由桑吉恩家族世袭了十二代后成为转世活佛。转世系统称为"济

仲”，至“济仲”第三代时，受到明朝嘉靖帝的赐封。清雍正四年（1726年）设类乌齐宗。清雍正九年（1731年），皇帝封类乌齐寺转世庞球为呼图克图，并封类乌齐为其采邑。庞球呼图克图的养滚寺“拉让”统一管理该宗所有政教事务。1918年，噶厦地方政府直接派“拉尼”（相当于宗本）管辖该宗。1960年，成立类乌齐县，隶属昌都地区管辖至今。1972年县府驻地从类乌齐镇迁至桑多镇。

[161] 即今芒康县，地处西藏自治区最东部，昌都地区东南部。西与左贡为邻，北与察雅县、贡觉县相连，东有金沙江与四川省隔江相望，南与云南省接壤。总面积11 654平方公里，辖1镇2区23乡159个村民委员会，总人口约6.6万。该地历史上曾译为“麻康”“麻喀木”“麻康江卡”“满康”“马尔敢”“亦思马尔甘”“磨儿勘”“马康”“马康宗”“芒康宗”“江卡宗”等等。芒康地域旧时属下朵甘思六冈中码康冈地区，元时属宣政院管辖的亦思马尔甘万户府，明时归朵甘都指挥使司，清时西藏地方政府设立宗治。据清嘉庆二十四年（1819年）噶厦呈报给当时驻藏大臣的官员任职情况的呈文载，芒康属当时噶厦地方政府所辖边界13宗之一，宗本为五品官员担任。清末，赵尔丰在川边进行改土归流后，在此地设江卡县，后又改名为宁静县。1918年西藏地方政府在昌都地区设“多麦基巧”后，逐渐收归“多麦基巧”（后改为昌都基巧）辖属，并改宁静县为江卡宗，后又复改为芒康宗，现芒康县辖境。在1960年前分治于1912年所设的宁静和盐井二宗。1959年7月，分别改称宁静县、盐井县人民政府。1960年4月，两县合并称宁静县，1965年11月改称芒康县，县府驻嘎妥，隶属昌都地区至今。

[162] 藏语意为忿怒金刚，莲花生八种名号之一。

[163] 即第四世红帽系活佛。

[164] 宗（县）名，藏语译音，汉译也曾出现过“勒东”“尼东”“耨东”“奈布东城”“亚龙乃东”等异写。藏语意为“象鼻山尖前”。

乃东县地处西藏中南部、冈底斯山南部、雅鲁藏布江中游，现今为西藏自治区山南地区辖县之一，东与桑日、曲松，南与隆子、措美，西与琼结、扎囊，北与墨竹工卡等县相邻。总面积2213平方公里，总人口近5万，辖1镇10乡3个居委会，共计49个村民委员会。乃东历史悠久，被认为是藏族文化的发源地。约在公元前4世纪，第一代藏王聂赤赞普来到雅砻河谷，当时被称为“博域”的地方，人们在扎西次日山上建造了西藏最早的宫殿——雍布拉康，故民间有“经书”莫早于“邦贡恰加”，农田莫早于“索当”，房屋莫早于“雍布拉康”，国王莫早于聂赤赞普等“四早”的说法。此后，乃东、琼结一带形成古代西藏的政治中心。吐蕃王朝时山南地区被划为五如之一的约如，乃东为约如下辖之“雅砻东岱”。萨迦地方政权时期，乃东属雅桑万户和帕竹万户领地。帕竹政权建立后废除万户制度创宗溪制，乃东于元至正十三年（1353年）设宗，为帕竹政权下辖13宗之首，帕竹政权第一代法王在此称乃东王。五世达赖建立甘丹颇章政权以后，乃东归属甘丹颇章管辖。清乾隆十六年（1751年）噶厦地方政府建立，乃东遂隶属噶厦地方政府，其间被先后分封赐给八世、九世、十一世达赖家族做领地。1911年，噶厦地方政府设山南基巧，基巧则驻乃东。1959年建立乃东县人民政府，划归山南地区所辖至今，县府驻乃东。

[165] 后藏香曲河流域，今在南木林县地区，是13世纪八思巴建立的十三万户之一。

[166] 四缘之一，对于生果能增强效力，如眼等五根对于生起眼果等五识能增加效力，故名增上缘。

[167] 拉萨西郊曲水县境内一地名。佛学家阿底峡曾在此讲学，居住九年，并在此地圆寂。仲敦巴曾在此地建度母寺。

[168] 即乌香多寺。公元9世纪初，赤热巴坚时所建。现位于拉萨西南吉曲河东岸。

[169] 随念过去世间所有一切自他众生生处。

[170] 俄译师叔侄的合称，即俄·雷必喜饶和俄·罗丹喜饶。俄·雷必喜饶，11世纪人，其家族为吐蕃时期贵族。幼年出家，后赴西康从赛尊学习佛法。宋庆历五年（1045年）返归前藏，于拉萨附近创建札纳寺，讲经授徒，拜阿底峡为师学习佛教诸论。宋熙宁七年（1074年）创建内邬托寺（后改称为桑普寺）。阿里古格王曾派遣其至克什米尔学习佛法，其为所派遣27个僧人中最博学者之一。一生中曾翻译和修订过多种佛教典籍，故获得“译师”之称号。俄·罗丹喜饶（1059~1109年），著名译师，亦为西藏昌都地区格鲁派的著名活佛。自幼随伯父俄·雷必喜饶学经，并继任桑普寺之堪布。宋熙宁九年（1076年）同译师赞喀沃且、穹波却尊、热译师和年译师等人赴克什米尔，随从班智达萨迦那和拔热醯多等人学习显宗、密宗、声明学和因明学等，并将《量庄严论》译成藏文。宋元祐八年（1093年）返藏，复从班智达布查松巴和苏玛帝织底学经。后曾至尼泊尔短期学习密法。返藏后，于拉萨、桑耶一带讲经传法，曾将《因明》《般若》等数十种经典译成藏文，故获得“译师”之尊号。晚年赴昌都察雅一带讲经，驻锡马贡寺。其一生有门徒数千人。

[171] 旧时西藏地方的官员名称。

[172] 位于今西藏自治区乃东县雅砻河东岸。据记载，昌珠寺始建于7世纪松赞干布时期，后经帕木竹巴政权的大司徒强曲坚村扩建，以及之后各代修缮，形成规模较大的寺院。相传松赞干布要在拉萨修建大昭寺，文成公主用五行算法算出妖魔的一臂就在贡布日的西南方向。这里是一个大湖，湖中有一条五头怪龙在作乱。为了镇服怪龙，松赞干布来到竹康孜修行，成正果后，变成一只大鹏，飞到离贡布日不远的另一座山上，这山叫铁不日。大鹏停在山头，一眼就望见了湖中怪龙的活动情况。大鹏紧盯着怪龙，它一露头，就马上俯冲下去，一口便啄掉一个龙头。这样反复五次，终于把怪龙的五个头全部啄了下来。为了彻底镇压怪龙，

松赞干布在湖上填土建了一座佛殿，命名为“昌珠”。“昌珠”的意思是“鹰叫如龙吼”，取意松赞干布变成大鹏，与龙相斗激烈时，发出震天动地的吼声。

[173] 藏俗僧人初出家时，由堪布剪去的第一撮头发。

[174] 即塔布拉杰（1079~1153年），藏传佛教塔布噶举派创始人。

[175] 古印度一教派名。

[176] 门巴族居住的地区。

[177] 在今西藏山南桑日县境内，公元1139年由大师麻吉拉准创建。

[178] 即大师麻吉拉准。

[179] 由大师麻吉拉准所传出的藏传佛教派系名，也译作“能断派”。

[180] 顿月多杰属仁蚌家族，明成化九年（1473年），仁蚌家族的顿月多杰先率军攻占前藏许多宗豁，藏中政教大权归仁蚌巴掌握，藏巴汗建立第悉政权后又归属藏巴汗。

[181] 即第四世红帽系活佛却扎益西（1453~1524）。

[182] 当时西藏地方有雅、孔、乃三个强大的第巴。在山南上部，第巴雅郊巴势力最强大；在山南下部的塔布、工布、聂、罗若、加日等地区，第巴孔绕巴势力最强大；在山南中部，雅鲁藏布江和雅拉香波曲一带，第巴乃乌巴势力最强大。

[183] 明末清初在西藏兴起的地方政权。创建者为辛厦巴才丹多吉，据称他是吐蕃王朝贵族聂氏之后裔，曾是仁蚌巴阿旺几扎的家臣。明嘉靖四十四年（1565年），他利用官员和属民的不满，激起对仁蚌巴家族的暴动，推翻仁蚌巴的统治，掌握了统治权，并将首邑从仁蚌宗迁到桑珠孜宗（今日喀则），自称为藏堆杰波（意为后藏之王），又称第悉藏巴，汉文史籍称之为藏巴汗。辛厦巴才丹多吉之子噶玛丹松旺波和孙子彭措南杰时，吞并了后藏的江孜、拉堆绛地方势力，继承仁蚌巴的做法，支持噶玛噶举、止贡、萨迦等教派，以武力压制格鲁派。三世达赖喇嘛与

俺答汗会见后，一些蒙古军入藏支持格鲁派，逐渐与第悉藏巴发生武装对抗。万历四十六年（1618年）他再次进兵前藏，击溃帕竹政权的残余势力，格鲁派也表示服从其统治，从而建立起统治前后藏绝大多数地区的第悉藏巴汗政权。噶玛噶举派黑帽系活佛却英多吉承认彭措南杰为前后藏所有地区的统治者，并赠给他一颗印。彭措南杰之子噶玛丹迥旺波于明天启元年（1621年）继位，势力更加扩大，他支持觉囊派，为觉囊派高僧多罗那他修建达丹彭措林寺。

[184] 意即拉萨河下游。

[185] 藏医病理学中无有列入，散见于藏医各科的十九种病症，如声音嘶哑等病症。

[186] 即现在的巴松措，在今西藏自治区工布江达县巴松普曲的上游。此地有一个天然的湖，该湖群山环抱，古木参天，湖面26平方公里，水清如碧。工布江达县的县城西北50公里巴嘎山腰有仙人洞，洞顶有一脸盆大小的通天眼，半山壁上有一泉，每天定时流水6次，吸引着众多游客前往参观、度假。

[187] 菩提道场，坚固永恒的地方。中印度伽耶地方一佛教主要圣地名，是释迦牟尼第三世诸佛成道处。此外，金刚座也是释迦牟尼的另一个名字。

[188] 佛教所说观音菩萨示现的一类保护神。

[189] 公元8世纪中叶，吐蕃王赤松德赞时，噶瓦贝寨、绛若鲁坚赞、香益西德三位青年译师的简称。

[190] 一植物的名称，非常像樟脑，梵义作身旺或极凉，味涩而辛，性极寒，功能清壮热，散郁火。

[191] 公元8世纪中，赤松德赞赞普时，为观察藏人能否守持出家戒律，命令试从静命论师依说一切有部出家的七人：即毗卢遮那、巴·赛囊、巴·赤协、杰瓦却漾、款·鲁易旺波、玛·仁钦却、藏勒竹。

[192] 古印度六大佛学家，被称为装饰南赡部洲的六庄严，即精通中观学的龙树和圣天，精通唯识和对法学的无著和世亲，精通因明学的陈那和法称。

[193] 即精通佛教最胜根本，即戒律学的古印度两大论师，释迦光和功德光。

[194] 佛教修行者观想凭借神力加持五欲及饮食品，成为无漏智慧之甘露，以供上师、佛三宝及自身蕴、处、支分三座坛场，积聚殊胜资粮的仪轨。

[195] 佛书旧译僧伽罗，是亚洲南部印度洋中的一个岛国。

[196] 神山的护法神祇。

[197] 酬补仪轨中供神所用各种食品。

[198] 别名玄冶将军，佛教一护法神。

[199] 即现在的波密，在西藏自治区东南部，属今林芝地区。波密地区原分上、中、下三部，由吐蕃第八代王赤贡赞普之子怯蚩的后裔噶朗木王统辖。17 世纪后半叶，清驻藏大臣会同噶厦地方政府开始向该地区的普隆宗、须莫宗、玉如宗、汤堆宗、穷多宗等地委派俗官总管，征收赋税，行使职权，但噶朗木王的官员汤堆扎波拒不接受，派人杀了清驻藏大臣的送信专差。清道光十四年（1834 年），清朝廷降旨令藏政府派兵征剿波密，战争持续三年，汤堆扎波被诛，委任噶朗木为波密基巧，统辖波密。1928 年，下波密噶朗木部落头人顿堆称王，率众反叛噶厦地方政府，反被噶厦地方政府派兵征服，顿堆逃往印度。1931 年，噶厦地方政府重新划分了波密行政区，波密上、中、下三部分及穷多寺、普隆寺、须莫寺、玉如寺等划为一宗，名为“波堆宗”，把易齐、查盖、荣巴等地划为一宗，称“波密宗”。

[200] 即西藏的波密和工布。

[201] 修学佛法时的加行二十法，如积资二十支、密乘二十支等。

[202] 即二月十五日的神变节、四月十五日的成佛节、六月六日的说法节、九月二十一日的回降节。

[203] 旧时西藏地方的四个行政区。吐蕃王朝兴起后，首先统一了雅鲁藏布江、拉萨河、年楚河流域，设置伍如、叶如、约如、如拉等四个如。该四个行政区以农业为主，兼营牧业，社会生产形态相近，各部落交往密切，语言差异小，所以被认为是吐蕃王朝的本部。吐蕃四如又称吐蕃本部四如，一直到17世纪人们仍习惯用“吐蕃四如”来称呼前后藏地区。吐蕃四如的范围大约相当于今天西藏自治区的山南、日喀则两个专区和拉萨市。

[204] 北方一神名，该神是西藏的财神，也是西藏的土著神灵。据说其身体是纯金般的黄色，从他的身上散发出万道光芒。他的右手持有如意珠的胜幢，左手上持有一只能吐宝的如意兽。他身穿华贵的飘动丝衣，头戴珍贵冠。在他的右肩上放有一个太阳骰子，左肩上放有一个月亮骰子。其经常骑一头白狮，伴神为身穿华贵铠甲的骑士，他们的左手都持有吐宝如意兽，合称为“八马神”。

[205] 藏历四月因氐宿出现，故名氐宿月。相传释迦牟尼于藏历四月十五日降生、成道、圆寂，故此藏历四月十五日三大节日相聚。

[206] 藏历六月的异名。

[207] 修道果时，总集密咒金刚乘中诸基、道、果成为三续而修习之。基位为因续，持生死涅槃无二无别之见；体位为方便续，修四灌顶相属之道；究竟位为果续，现五身五智之德。

[208] 亦译为知客或知宾，即接待内外来宾的官员。

[209] 服侍法王的内寝官员。

[210] 即白天喝酒。

[211] 引申其义为延僧诵经修法以事佛。

[212] 西藏地方的俗官。

[213] 旧时，西藏地方政府官员的制服。

[214] 屋内墙壁上部所绘彩帷上端之五梅花。

[215] 藏语意为“幔帐中的在家者”。

[216] 藏语意为“花帐中的在家者”。

[217] 避世修行的宗教徒。

[218] 藏语意为“领经师”，即带领大家念经者。

[219] 佛书译为“所缘”，即思考的事物。

[220] 密乘所说的持明男女。

[221] 14 世纪时，宁玛派佛学家隆钦饶绛著，全书共计有 13 章及注释。主要阐述了显宗和密宗一切法轮，皆为圆教之理。

[222] 即云南丽江木土司。

[223] 即夏尔巴，主要居住在今西藏樟木的立新村。

[224] 即门巴族，主要居住于今西藏墨脱县等地。

[225] 西藏工布地区一神名，是藏传佛教十二女护法神之一。

[226] 位于今西藏自治区边坝县境伍金丹达与恩珠格之间的地方。

[227] 县名，藏语译音，意为“麦穗”。地处今西藏自治区中南部，拉萨市以西，雅鲁藏布江中游北岸。北与班戈县、当雄县相连，东接曲水县，西邻南木林县，南与仁布县连接。总面积为 3 275 平方公里，辖 13 个乡，45 个村民委员会，总人口 2.8 万。元代译作“聂摩”，明时译为“聂母”，后又译为“聂马”“聂莫曼卡”“尼穆”“尼莫”“尼冒”“凝莫门噶宗”“尼木门卡溪”“孟嘎宗”等。尼木在五世达赖建立甘丹颇章政权后设宗，宗本由西藏地方政府直接委派。据清嘉庆二十四年（1819 年）噶厦呈给驻藏大臣的官员任职情况的呈文载，尼木为噶厦直辖的 43 个普通宗之一，宗本由六品官员担任，属拉萨地区 29 个宗溪之一。民主改革前尼木境内分为尼木宗和麻江宗，1959 年合并二宗建立尼木县，隶属拉萨市管辖至今。

[228] 藏传佛教上层喇嘛以及活佛的经师，藏语意为全面护持。可教养保护，使人能够脱离生死、涅槃的老师。

[229] 实有三法全具备者，为诸法性相。例如能顶起屋梁是柱子之性相。

[230] 此处的“本人”应是指作者，但作者的生卒年是 1504~1566 年，此时还没有出生，疑有误。

[231] 断证即是远离染垢，解悟功德。所有二障及其习气全部净治，如所有性及尽所有性智慧完全证得，即是如来圆满断证功德。

[232] 密宗大圆满四大解脱法之一。自然本智从来未受任何对治之所造作，凡所显现，皆如蛇结自解，无用其他方法可以解脱者，故称为自我解脱。

[233] 藏语也简称为格西，意为良师益友，是对精通佛教经籍者的敬称。

[234] 后藏香曲河流域，今西藏南木林县所辖地区。此地是八思巴于 13 世纪所建的十三万户之一。

[235] 山口名，位于今西藏加查县境内。

[236] 即分为修菩提心、修自身为本尊、修上师为本尊、修无分别观和发愿回向。

[237] 即可察觉外境之五种识根。

[238] 即世间和出世间的二种政教制度。

[239] 古印度佛学家法称著的因明七论中属主干的广、中、略三本著作，此三本著作是解释因明之本体。

[240] 古印度佛学家法称著的因明七论中另外四本著作，即《因滴论》《关系论》《悟他论》《诤理论》，此四本著作是解释因明之组成部分。

[241] 印度佛学家对因明七论的注释。

[242] 指作者本人。

[243] 即地上天世间、地面人世间、地下龙世间。

[244] 指第七世噶玛巴却扎嘉措。

[245] 即释迦牟尼说法所经历的初、中、晚三个时期：初说四谛法轮，中说无相法轮，晚说分别法轮。

[246] 藏传佛教觉囊派的见解，即承认通达外境内心无二无别的智慧和圆成实，此智慧不沾染其他世俗事物如依他起及遍计所执等，名为他空。

[247] 即大乘佛教无著开创的广行派和龙树开创的深观派。

[248] 昂位于康区，藏区有一昂曲（河名），发源于唐古拉山，流经康区的囊谦、类乌齐、昌都等地，后流入澜沧江。

[249] 第一、二、三级千世界，小千世界为第一千世界；中千世界为第二千世界；大千世界为第三千世界。

[250] 色法之最极微细粒子。如欲界所有之八尘质聚，分别说一切有部等大师承认极微尘为无方分微尘实体。

[251] 佛圆寂后，弟子大众将其在世时的言论教义诵述总集而成的经典。

[252] 政教合一制度中执掌政教二权的统治者。

[253] 地名，位于雅砻江流域的西岸，即今天的四川省甘孜藏族自治州的中部，现称为新龙县。

[254] 师徒授受修行诀窍的传承系统。

[255] 即指止贡、丹萨梯、达隆三地方。

[256] 师君三尊即指亲教师、轨范师、法王。

[257] 藏传佛教帕竹噶举派中的一支派名。

[258] 即现在的云南丽江。

[259] 此处的“国师”应与下文的“活佛本波扎西”同为一人。

第十一章　第四世红帽系活佛却吉扎巴益西贝桑波（1453~1522）

【译文提要】第十一章共有12节，即却吉扎巴益西贝桑波幼年出家的经过；却吉扎巴益西贝桑波受比丘戒；却吉扎巴益西贝桑波在藏区各地弘扬教法；却吉扎巴益西贝桑波为桂译师循奴贝等上师的圆寂做供奉；却吉扎巴益西贝桑波在门隅等地传播教法；却吉扎巴益西贝桑波拜见第七世噶玛巴并奉献诸多礼物；却吉扎巴益西贝桑波调解地方之间及教派之间的纷争；却吉扎巴益西贝桑波为达隆仁波切的圆寂进行供奉；却吉扎巴益西贝桑波保护各教派的利益；却吉扎巴益西贝桑波与王顿月多杰建立福田与施主的关系；却吉扎巴益西贝桑波晚年所做的事业；却吉扎巴益西贝桑波的主要弟子及其事迹。

本章译文主要记载了第七世噶玛巴却扎嘉措的大弟子噶玛噶举红帽

系第四世活佛却吉扎巴益西贝桑波的生平事迹。却吉扎巴益西贝桑波出生于多麦藏区之斋雪康马地方，其父名董衮巴，母名札萨索南卓玛。其于 1462 年由第七世噶玛巴却扎嘉措为其削发，赐法名为却吉扎巴益西贝桑波，并赐夏玛巴之宝冠及封书。不久，亲教师国师仁波切和轨范师贡钦嘉木贝桑波为其剃度出家并授沙弥戒。1476 年，却吉扎巴益西贝桑波以尊者益桑泽巴为亲教师、尊者热觉僧格为轨范师、尊者那木巴为屏教师等五位轨范师，受比丘戒。他随从诸位上师闻习有《时轮金刚幻密》《喜乐经》《经忏》《法嗣》《慈氏法行》等无数经典。后他至康区、工布及前藏各地学习佛法，他先后随从尊者益桑泽巴、尊者洛钦、桂译师循奴贝等数十位上师闻习了大量的佛法。从本章的译文可以得知，他与桂译师循奴贝的关系极为密切。文中记载，他随从桂译师循奴贝闻习《金刚橛之灌顶》诸多佛法。当桂译师循奴贝患病时，他为桂译师循奴贝进行了诸多祈愿；桂译师循奴贝于 1481 年圆寂后，他亲自为桂译师循奴贝之遗体进行祭供，还为参加桂译师循奴贝之圆寂祈祷法会的四千名僧人发放了布施；此后将桂译师循奴贝之遗像安放于《宝箧经》中，并亲自为桂译师循奴贝的灵塔开光等。此外，本章还记载了红帽系第四世活佛却吉扎巴益西贝桑波在藏区各地建造了许多修行地，并做了许多利他之事，如建造扎西格佩之修行地，修复寺院和佛像，为大德、僧侣们赐予衣物以及为四十位修行者赐予修行口粮，等等。

第四世红帽系活佛却吉扎巴益西贝桑波一生善于结交上层人士。据记载，他之根本的僧伽以及侍从中，喜好佛法的大德与种姓高贵者最多，他经常不断地为这些上层人士灌顶、讲经等，因此结下了深厚的友谊。他不仅为这些上层人士传播佛法，而且还经常出谋划策，深得这些上层人士的信赖。他在这些上层人士的资助下，修建有许多佛像和寺院。比如，他曾在乃囊寺的佛堂塑造有新佛像；在雅加地方，用金、铜铸造三十二庹高的大佛像；他还在伦珠寺大规模地修建有新佛殿；在热普岗精心建造了九十四根大立柱面积的佛殿；在上工布的东噶岩石山上修建寺院；在当雄修建有羊八井寺，从此红帽系活佛的主寺也由乃囊寺迁至羊八井寺。此外，他还不断利用自己的威望，调解教派及地方政权之间的纷争，如调解了恰塔、雅则之间的纷争。其次，本章还用大量的篇幅记载他与第七世噶玛巴活佛的交往。因二人是师徒的关系，故他经常拜见第七世噶玛巴，并为第七世噶玛巴奉献有黄金及许多的礼物。此外，他们师徒二人除主持寺院事务外，还参与了一些政治活动。他们曾积极为仁蚌巴出谋划策，以对付帕竹地方政权等。

第四世红帽系活佛却吉扎巴益西贝桑波晚年，在羊八井寺修造了大佛及其弟子之塑像；为前三世红帽系活佛修造了金像；于护法神殿中塑造有按噶玛噶举规制和印记的护法神像，尚在所有上下佛殿之中绘有庄严的壁画。他还在羊八井寺建有面积为一百多根柱子带有走廊的殊胜弥勒殿，建造有弥勒像，并书写金汁大藏经《甘珠尔》和《丹珠尔》。他于七十二岁的藏历猴年十一月二十五日圆寂，弟子们为其修造了银质珍宝舍利塔，经常供奉。本章最后部分还记载了噶玛噶举红帽系第四世活佛却吉扎巴益西贝桑波的主要弟子达垅法王南杰札巴、司徒扎西班觉、尊者塔杰钦巴、扎斋热绛巴索南热觉、恰嘉木样扎西南杰、至尊嘉色多丹等人的事迹。本书的作者巴卧·祖拉陈瓦在却吉扎巴益西贝桑波六十岁时，接受了却吉扎巴益西贝桑波之出家教诲。总之，其弟子众多，据记载：“未曾祈请过一切种类大小佛法而成为其弟子者，在藏地的上师和官员中大概没有啊！”其弟子们继承和弘扬了他所传的佛法，建寺修行，做出许多奇异之事迹。

第一节 却吉扎巴益西贝桑波幼年出家的经过

第四执掌夏玛巴[1]宝冠者，正如昔日贝喀觉旺波（dpal-mkhav-spyod-dbang-po）[2]所预言："其从东转世于东方，乃利益于众生。"自往昔之故乡，其出生于东方多麦(mdo-smad)[3]之斋雪康马(kre-shod-khang-dmar)[4]地方，其父名董衮巴（ldong-dgon-pa），母名札萨索南卓玛（dbra-bzav-bsod-nams-sgrol-ma）。当其入胎之时，母亲梦见在天空之上，两个月亮升起，此地的东方不太明显，在西方则极为明显，而后住在丰收的卫(dbus)[5]地等，而且非人[6]之圣士宣布："噶玛巴即将驾临斋雪康马（kre-shod-khang-dmar）。"在此地，很多人都看到了诸多吉兆。其在母腹中不辞劳苦地以安乐三摩地之法（bde-bavi-ting-nge-vdsin）[7]自居处(即指母腹——译者）言道："在瑞颜[8]藏历水阴鸡年（1453 年）龙月[9]三日太阳升起之时，噶玛巴将与日同生。"并在七月中，达热（rta-ra）寺的住持多次前来面试、认定。

当将其迎请至康马寺中之时，虹光前来迎迓，其无忧无惧地端坐于众僧之中，打开《噶玛巴文集》（karma-pavi-gsung-vbum）和《句读指导》（a-khrid-kyi-tshig-mtshams）后观看，并讲说《胜乐经》（bde-dgyes）与《噶玛传记——净土庄严》（karma-rnam-thar-gyi-zhing-bkod）等。尚亲见本尊[10]与护法等诸多神，言说许多先知[11]，对于雨水匮乏和害虫肆虐庄稼等，其用稍许之真言便将此等止息。其做有奇异的游戏之姿。在换牙时若长出虎牙之际，其看到一部分人在乞讨，想给予赏赐时，未有找见彼等，遂获得昔日之佛牙舍利。

年届十岁时，其前往东方，明见土地神来迎迓，并亲见了世尊[12]。在索脱（gso-thog）地方，其看到了诸多有缘佛像。其在嘉摩（lcags-mo）地方时，当他知道昔日法王统瓦顿丹（mthong-ba-don-ldan）未曾被敬信之事，遂赐之以教言，使彼等忏悔。在玛（dmar）地中部，当河水涨溢使得行路有困难之时，其赐以朵马[13]，（河水）随即平息。以鼓乐之方式（rnga-rol）前来迎请。在热（ras）地，当林火焚烧之灾难肆虐时，其看到护法神降下大水，而后大火自行熄灭。对于诸多的恶行，护法神决定予以惩戒。

据说，鹿群前来迎迓，而且护送者乃是土地神[14]。到达出生地附近之时，雷电与冰雹猛烈而至，此时，其看到刹土神[15]到达而后迎请（他）。很快，因为大轨范师郭兴巴（govi-shri-pa）与往昔近侍弟子等欲以却扎嘉措（chos-grags-rgya-mtsho）的吩咐来敦请，故为迎请而前来。国师仁波切（govi-shri-rin-po-che）[16]与其见面，彼此甚为欢喜，而后其闻习有诸多佛法。

林地（gling）之主人、官员、土司等人虔诚敬信。在热塔谷布木（rag-thag-sku-vbum），其看到了刹土神。向域虹图波噶坚（yul-lhung-du-bo-ga-rgyal）之土地神讲论佛法。在岱龙塘（vdan-klong-thang），其看到了噶举派的所有上师。在长江（vbri-chu）之上，大风骤起，因为其做了缘起法[17]，（大风）遂止息。其知道，在采朵（tshal-mdo）地方来自飓风之中的不净色尘在作害，遂以次第生起之法（skyed-rim）降伏。在苏莽寺（zur-mang-dgon），于藏历马年（1462 年）十二月十五日，第七世噶玛巴法王开始与其相见，为其削发，赐法名为却吉扎巴益西贝桑波（chos-kyi-grags-pa-ye-shes-dpal-bzang-po），并赐夏玛巴之宝冠及封书。不久，亲教师[18]国师仁波切（mkhan-po-govi-shri-rin-po-che）、轨范师贡钦嘉木贝桑波（kun-mkhyen-vjam-dpal-bzang-po）[19]拜谒，为其剃度出家并授沙弥戒。其自亲教师与轨范师处闻习了诸多佛法。

此后，其驾临了噶玛（karma）、拉岱（lha-sde）、类乌齐（ri-bo-che）[20]、董措木普（ldong-tshom-phug）等地，所见许多境相，而其回遮了对霹雳之畏怖。在波卧（po-bo）地方，传染病肆虐，其赐以了命令，而后言道："不会再对吾等侍从有任何危害。"遂止息。在兴玛（shing-dmar）、若丹木（ro-ldem）等地，其看到了本尊护法（yi-dam-chos-sky-ong）与噶举上师，并因为其训诫了住宅的小鼠、土地神，遂使传染病断绝。（因为）工布（kong-po）[21]的僧俗部众迎迓，而后其于藏历木猴年（1464年）十二岁之时驾临了工布。

其驾临了玛热顶（ma-ra-steng）、达孜（stag-rtse）[22]、隆丹卡（lung-bstan-mkhar）、噶丹玛摩（dgav-ldan-ma-mo）诸地，而且在各个地方多次亲见本尊并讲述了昔日所发生的情况。在此诸地，多次亲见护法神。在玛热顶见四面观音（zhal-bzhi-pa）从外面赐予朵马。其在噶丹玛摩闭关[23]了六个月，期间虽低声念诵《宝积经》[24]，但于很远的地方都听见了，乃至于天鼓之声与花雨一再地降下，而且在梦境中其看到了无边之佛土。

米拉（日巴）曾经授记曰："其将要至（前辈）法王让迥多吉曾驻锡之山中小庙杂热（rdza-ra），建静修室。"其在加木顶（gyam-steng）[25]看到了金刚瑜伽母（rdo-rje-rnal-vbyor-ma）；在德木塘（de-mo-thang）[26]看到了观世音（spyan-ras-gzigs）在诵咒。其听到护法神的赞颂。工尊第穆（kong-btsun-de-mo）[27]（向法王）致礼，并预言了（未来的）善恶之事。在德木塘的宝座之前，长出昔日曾见到的花朵之茎和如同彩虹一样的叶子，显现极为奇异之现象。在梯木域（thim-yul）地方，其看到了大师莲花生。

其在达孜反复多次看到十方护法环绕着怙主以及刹土神。外面飓风骤起，大地微颤，周围之邪见（使法王）心生厌离，遂考虑前去天竺。当抵达杂日（tsva-ri）时，于帕由（ba-yu）看到佛母让迥杰姆（lha-mo-rang-byung-rgyal-mo）。驾临乃囊（gnas-nang）时，其亲见了金刚坛城。驾临钦莱（byin-legs），其建造静修室，并闻习了《八空行母之歌》。后其看到了金刚身如是之情形，遂做了道歌。当观相湮灭后，其对此进行修复并打开诸多新的面孔。

其亲见泗鲁迦[28]之坛城时，其他人亦看见了稍许的虹光；其于白湖边亦看见佛在湖之中央水晶塔上讲经；于石窟中，其回答了三位狮面空行母（mkhav-vgro-ma-seng-gdong-can）的问题。从阿玛热怙达(a-ma-ra-nghvu-ta）山的四面流出犹如牛奶一般的四股清泉，当流至其身边时皆变得极为神奇。在扎西宗（bkra-shis-ljongs)，其与空行母商讨佛法；在深邃的山洞中，长寿泉水不断地上涨；其看到了西方旺普吉日沃（dbang-phug-gyi-ri-bo）犹如泗鲁迦，而且帝释天(vjigs-byed)[29]之色身清楚示现。其回忆起往事并言道：“以前在此方向有罗刹村庄之时，降生有八面罗刹王（srin-povi-rgyal-po-gdong-brgyad-pa)，吾曾为彼等宣讲佛法。”后其亲见有新五圣地（gsar-ma-gnas-lnga)，并新著有《百余明法》（br-gya-lhag-gsal-ba)。其在班厦普（pan-zhwa-phug）和钦莱（byin-legs）极小的卧室中竟然可以容纳许多人，真是不可思议，并在路途的岩石上留有深深的足迹。

其到达第八个部落后，生有重病之时，对一些人言道：“(我）想前去诸佛土。”启请后升起安住之心，与此同时，在大成就者藏钦巴(mkhas-grub-chen-po-gtsang-chen-po）之观相中示现出，此活佛仁波切亲自驾临并言道：“因为难于教化浊世之众生，故吾要前往其他净土，尔本人又来启请，遂只好答应。”出现如此征兆之后，（众人）也奉上了安住之启请信。其驻锡于隆珠顶（lhun-grub-steng）山中时，其他人看见密教主（sngags-bdag）向其谦恭致礼，并为其赞颂。

其在梦中梦见妙音天女[30]赐予其藏青果与经函，并得到了《修辞学之智慧天成》（snyan-ngag-gi-mkhyen-pa-rang-byung)。在彩虹洲（vjav-tshon-gling）极为清楚地显现出喜金刚（dgyes-rdo）[31]，其看到了外境无遮[32]，而后打开了（坛城）之门，安坐于噶丹玛摩高高的法座之上，其手拿《文殊之赞歌——诸意念经函》，为无数众生念诵，并亲见无量佛。其从睡梦中醒来时，此《文殊之赞歌——诸意念经函》即记在心中，并心生诸多三摩地，故其每次看到诸佛教典籍后，即知晓（其意）。

其又随从轨范师嘉木贝桑波闻习了《所有噶举派仁波切之文集》（bkav-rgyud-rin-po-che-rnams-kyi-bkav-vbum）、《乌坚念修》（ao-rgyan-bsnyen-sgrub）、《那若六法》（na-rovi-chos-drug）等所有噶举派大师的殊胜、高深论著，以及那坚帕（nag-rgayl-phag-gsum）三人关于《胜乐金刚鬘》（rdo-rje-phreng-ba-bde-mchog）、《忌年铃杵》（lo-nag-dril）、《三时剑锋轮》（gsum-dus-kyi-vkhor-lo）、《二无空行海尊胜》（mkhav-vgro-rgya-mtsho-gnyis-med-rnam-rgyal）等新旧坛城中上百的灌顶传承注疏与无数的耳传口授之语诀，而且打开诸多心要之门。在闻习制作不同坛城之基线，略为不明白之时，（轨范师嘉木贝桑波）即让他前去大师阿帕噶热（a-bhya-kva-ra）班智达身前，此时其如同睡梦中得到清楚的教诲一样，当醒来之时便领会了所有不明白的地方，故对贡钦大师（即轨范师嘉木贝桑波）心生不变之信仰。此时，其实际感受到于睡梦之中见到续部诸神为自己加持，并看见诸多幻境。其因忆起昔日诸多圣地，故使许多人心生对他的信仰，特别是他还为多丹却桑（rtogs-ldan-chos-bzang）讲述了德新协巴（de-bzhin-gshegs-pa-dkon-mchog，即第五世噶玛巴）之殊胜事迹。

第二节　却吉扎巴益西贝桑波受比丘戒

此时，贡钦大师吩咐其他的学问暂时要保密，（却吉扎巴益西贝桑波）为此未有讲述。杰瓦洛惹（rgyal-ba-lo-ras）之转世即藏钦却吉旺秋凯珠钦波（gtsang-chen-chos-kyi-dbang-phyug-mkhas-grub-chen-po）昔日于吉恰（cig-char）做邬日瓦（dbu-ri-ba）寺之怙主时，因为贪嗔于各种宿业而心生烦恼，在邬日瓦寺专注于掉举[33]。后来（他）为了打开吉恰东部的大门而前去，但因为征兆不好，遂在白海琼宗（mtsho-dkar-khyung-rdsong）修行了三年，后来岗布拉杰（sgam-po-lha-rje）前来赐予若木（rom）和日普(rig-phug）之圣地，其看到此地后，遂在日普地方建造修行地，此后又在央木（yom）等地建造了许多修行地，并做出极大之功业。因为法王本人（却吉扎巴益西贝桑波）即是夏鲁派[34]之善知识，故其使布敦[35]派之遍知时轮（kun-rig-dus-vkhor）与林派（glings-lugs）之大乐、八大教授等法得以发展。当对佛法大有饶益之时，热龙（ra-lung）地方的坚旺却杰（rgyal-dbang-chos-rje）在（却吉扎巴益西贝桑波）二十一岁时前来迎请，并敬奉有寺院等，（却吉扎巴益西贝桑波）也承诺让坚旺却杰随从其闻习所有佛法。其于驻地看到有许多妇人，于是言道："请不要如此做！"（虽然）一再请求，然而其不愿听，故此大藏法王(gtsang-chen-chos-rje，即坚旺却杰）心生不悦，其也未有讲佛法，并言道："如要把吾之所有寺院赐予他，僧人就要回家了。"故未有赐予。后亦做有未前去之缘起。此后，活佛仁波切（即坚旺却杰）将其迎请到此地，由于（其）具有贤正善良[36]之功德，（坚旺却杰）生起了无限虔敬之心，如同以前岗布拉杰曾为法王若必多吉(rol-pavi-rdo-rje)[37]奉献过寺院之缘起一样，（坚旺却杰）将邬日瓦的所有寺院敬献给了（却吉扎巴益西贝桑波）。

因噶举派要求对佛法持有唯一的修证体系，而法王本人不单依赖于修证。虽有圆满果报，但是为噶举派之传承与寿命之缘起，（众人）再次请求其暂且赐予正行[38]。因此缘起[39]，其前往岗布(sgam-po)闭关（修行）。此时，僧侣如同许多鹰鸠一般前来迎迓。当其驾临兴蚌塘（shing-spang-thang）之时，其看到了所有的噶举上师在加持。其坐于岗布巴尊者[40]之法座上，讲说《塔布四法》（dwags-povi-chos-bzhi）之时，花雨降下。其修行九个月后，出现有诸多之净相与奇异景象；其做长寿仪轨之时，看见获得六十二瓶之征兆；其修证大增后见到诸多之缘起，并反复看到普茂且·札协（phug-mo-che-trag-shad）；其为格西却札（dge-bshes-chos-grags）做七期菩提修行之时，其看到天神降下；在许诺前往工布地方之时，见到塔拉岗布（dwags-lha-sgam-po）亲临身边一再地请求法王驻锡，是时大雨将前往的道路冲毁；其在苏卡（zur-mkhar）地方拜见尊者塔布之舍利时，舍利随即增长；其渐次驾临了噶丹玛摩（dgav-ldan-ma-mo）和萨普（gsav-phu）等地，亲见尊者洛扎瓦（rje-lo-tsva-ba，译师）之后又予以颂扬。由于此时其在卫藏之名声渐增，桂译师循奴贝（vgos-lo-tswa-ba-gzhun-nu-dpal）和凯巴那木喀罗追巴（mkhas-pa-nam-mkhav-blo-gros-pa）等许多大的善知识专程前往拜谒，而且向其行礼之后并闻习了诸多佛法。（众人）启请其前来卫藏方向，（此方的）刹土神奉以承诺而且又做了圆满成就法之仪轨。其在噶丹玛摩、噶玛颇扎（karma-phog-rtsa）、达孜（stag-rtse）等地多次亲见本尊护法并予以颂扬。此后经过涅窝（snye-bo）、俄（rngod）、波卧（po-bo）等地方，从多康之洛绒（lho-rong）直至南方之十八大区（lho-lung-chen-bco-brgyad）以及丹玛（rdan-ma）、林（gling）、帕日（be-ri）等地，黄河(rma-chu）流域的人们各自前来迎请，遂使各地出现奇异之景观、干旱被消除、彩虹与花雨等征兆，以及鬼神前来侍奉等（传奇）是难以说清的。

藏历马年（1474 年）二十二岁时，其经过达尔（dar）与朵（rdo）等地，驾临斋（kre）、绒（rong）、嘉（lcags）三地等东部区域。遍知一切法王却札嘉措（chos-grags-rgya-mtsho）抵达此方，当驾临其身边，随从法王闻习有浩瀚无边的佛法等，并从二位上师闻习了大量的佛法，师徒暂且一同安坐于此。

此后，其经过灵仓（gling-tshang）、类乌齐、噶玛及波沃和工布等地，于藏历猴年（1476 年）二十四岁之时，自噶丹玛摩出发，而后经过了塔布（dwags-po）[41]、沃卡（vol-kha）[42]等地方，抵达丹萨梯（gdan-sa-thel）和丛堆（tshong-vdus）、札卡（brag-kha）等地，其看到了以前在工布见过的两位天神——尊者益桑泽巴（yid-bzang-rtse-pa）与尊者那木巴（nam-pa），因已变为起气（rlangs）[43]之帝师，其便对（二位）主尊大师敬重而大加承侍，而且京俄仁波切（spyan-snga-rin-po-che）对其大为恭敬。仲春[44]四日晨时，尊者益桑泽巴成为（却吉扎巴益西贝桑波）亲教师以及比丘会众之引经师；尊者热觉僧格（rab-vbyor-seng-ge）成为（却吉扎巴益西贝桑波）轨范师[45]；尊者那木巴成为（却吉扎巴益西贝桑波）屏教师，其于五位轨范师中受比丘戒。其随从亲教师先后闻习有《时轮金刚幻密》《喜乐经》《经忏》[46]《法嗣》[47]《阎罗鬼卒》等以及《慈氏法行》等无数经典。其随从二位轨范师闻习有诸多佛法；其随从位于首座的轨范师循旺（gzhon-dbang）闻习了诸多佛法，而且后来益桑泽巴在外声名尽知；其随从大成就者译师索南嘉措（lo-chen-bsod-nams-rgya-mtsho）闻习了玛尔巴[48]之学说（mar-lugs）与班钦之学说（pan-chen-lugs）以及新旧(密法）等诸多教法。由于大译师之鼓舞与殊胜之功德，雅加（yar-rgyab）地方的大（女）施主多杰德玛（rdo-rje-bde-ma）之子及亲属们生起无限之敬信，大加供奉，并承诺作为施主永久敬奉，其使众人皆得以愿望圆满实现。此后，其又亲自修建了乃囊（gnas-nang）的弥勒菩萨像与噶丹玛摩的主佛释迦牟尼像等等。其还多次驾临弥勒寺（byams-gling）祈愿大法会之座首，抵达拉萨（lha-sa）和楚布（mtshur-phu）等地方，奉有无数供云，而其也为卫藏所有的大寺院供施了许多财物。拉札巴塔耶（lha-grags-pa-mthav-yas）前来迎请，其为雅桑(gyam-bzang)[49]等做利他之事，并授予恰扎西达结（bya-bkra-shis-dar-rgyas）律仪护[50]之发心。

第三节　却吉扎巴益西贝桑波在藏区各地弘扬教法

藏历土狗年（1478 年）三月，其经过哲古(gri-gu)[51]庄园，而后从札堆（gra-dol）抵达拉萨大做供养之事，并于乃囊地方随从轨范师喇嘛坚赞（bla-ma-rgyal-mtshan）处闻习有诸多佛法。其驾临楚（布）、那木雄(gnam-gzhung)、达木（vdam)、纳木错(gnam-mtsho)[52]与秋摩扎西多沃且(phyug-mo-bkra-shis-do-bo-che）之间的地方，使僧人、营官等得以满意之佛法。其在热振（ra-sgreng）寺做有供施，后被迎往达隆（stag-lung)[53]后，以佛法与财货做以布施。其从澎域（vphan-yul）和帕拉姆(ba-lam）东部，经过雯（von)，驾临沃噶却宗（mngon-dgav-chos-rd-zong)，随从尊者益桑泽巴闻习有诸多佛法，而益桑泽巴亦（从却吉扎巴益西贝桑波处）闻习了《空行海之注疏》等。其于丛堆地方赐予京俄仁波切（spyan-snga-rin-po-che）许多佛法，而且为桑耶之罗刹山等做以供奉。其抵达朵伦珠拉孜(dol-lhun-grub-lha-rtse）地方，随从尊者洛钦(rje-lo-chen）闻习鄂之教法[54]时，从空中传来神鼓之声，并看见向一大海大加祈祷之征兆，尊者洛钦亦听见了四面亥母等许多（天神的声音)。因为曾经许诺过观看玛尔巴的修行地，所以其驾临洛扎（lho-brag)[55]，而后至藏历土阴猪年（1479 年）驾临塞卓沃隆（sras-dro-bo-lung）地方，做以供赞[56]。其抵达堡与水相间之地方时，所有人（对却吉扎巴益西贝桑波）敬信因而大加供奉，其亦为众人赐予佛法与财物，并做了大量利他之事。

其开始在拉隆（lha-lung）地方建造修行地时，看到了佛母故乡之神奉上一块土地，遂建造名为扎西格佩（bkra-shis-dge-vphel）之修行地。其于此地闭关一年期间，当自己的右手垂下显现睡觉之相时，便听说楚布寺的经堂稍有崩裂以及大佛之手断裂，其即赐予许多修复工具。在卓沃隆桑普(dro-bo-lung-zangs-phug）地方，三十位修行者汇聚于大门，（其赐以)加行[57]。自藏历铁鼠年（1480年）三月，其前往门布塘（mon-bum-thang)。当驾临普茹（ba-run）与却廓（chos-vkhor）之间的地方，于一月之内超过三百位新的大德们前来（朝拜），其为彼等加持衣物，彼等获得了比丘之名号。而后于藏历六月十五日，其建造了林周寺的经堂。后抵达扎西格佩，四十位修行者需要修行口粮[58]，其为彼等置办了精美之啖食[59]。后又驾临雅加雯（yar-rgyab-von）等地，其与诸位上师相互讲论佛法并进行商榷。其随从桂译师闻习《金刚橛之灌顶》（phur-pavi-dbang）之时，尚于梦境中看见了轨范师莲花生（padma)。其赐予京俄仁波切和诸多三藏法师[60]各自向往之佛法。此时，其在梦兆中看到自乌云之中出现了擎金刚橛黑人，并以（金刚橛）刺向其胸。于是其身体略感不适，得了涎胆[61]之症， 后又随即痊愈。其父母实际无有慌乱，遂于亚堆(yar-stod）地方建造有无量寿（tshe-dpag-med）之像，而且从(无量寿）救苦之手开始建造。当熔铸（佛像）之时，未有焚烧颗粒青稞，而是在模具的间隙中即得到了（佛像)。

京俄仁波切从曲绛卡(chu-byang-kha)[62]抵达乃东(sne-gdong)[63]之寺座，而后迎请（却吉扎巴益西贝桑波)，其赐以如愿以偿之佛法。其赐予仁蚌之内哨措结巴（rin-spungs-nang-so-mtsho-skyes-pa）和乃巴（snel-pa）之威夏（dben-sha）等人各自向往之佛法。在藏历九月一日时，其著有《万偈吉祥颂》。其于亚堆（yar-stod）地方，塑造有一尊大佛像，并举行开光仪式。

其受恰巴（bya-pa）之迎请，从鄂斋（ngor-bral）地方经由郧（g-ye）和俗坡（sho-po）[64]地方，并于十月一日驾临却结伦波（chos-rgyal-lhun-po)，（众人）大加敬信而供奉之。其大加供奉用金粉（装饰）之佛塔与殊胜大成就者噶玛巴的授记[65]之佛殿。其驾临桑波切（zangs-po-che）等地后，在六座寺院做了供奉。于恰（byar）地之寺院，其赐予大圣上师(bla-ma-vphags-chen）等人诸多佛法。

第四节 却吉扎巴益西贝桑波为桂译师循奴贝等上师的圆寂做供奉

到达杂日（tsva-ri）地方后，其在此地的上部弘法并施予大量的财物，在此地的下部塞瓦采（gsil-ba-tshal）传授有帕木（竹巴）之生圆满菩提心，并使所有的僧众得到如愿以偿之教法。此等之时，其身体经常有点不适，虽以医术治疗却无助益。然而在此地方有一士夫（skyes-bu）执兵器四处（游走），而且朗声大笑，后以兵刃将其生病之处悉数切成碎片，其观见了此相，身体随即腾起并剧烈摇动，而后痊愈。此后其驾临却结伦波（chos-rgyal-lhun-po）地方时，尊者益桑泽巴（rje-yid-bzang-rtse-pa）已达九十三岁的高寿，虽年岁已高，但不生惑乱心[66]，身体轻捷而安适。但因为身染各种邪气[67]，其已闻悉到(尊者益桑泽巴）有微恙，于是为他做了许多敬事[68]。因其知悉(尊者益桑泽巴)将要涅槃之征兆，遂奉上如此文告，之后不久（尊者益桑泽巴）圆寂。

擦玛瓦（rdza-dmar-ba）前来迎请，并向其奉上一座寺院，而后其与(擦玛瓦）在央木（yom）等地共同做增上缘[69]。迎请至德邬热（rtevu-ra）地方，其本人的具礼弟子恰洛仁钦却吉（chag-lo-rin-chen-chos-rgyal）奉上了非常多的灵像[70]。于藏历十二月六日，其为却廓伦波(chos-vkhor-lhun-po)[71]的佛塔开光。其为桂译师循奴贝圆寂（1481 年）进行诸多祈愿之时，观见了大量的净相[72]。后来，其自嘉热（rgya-rab）经由邺（g-ye）地，而后驾临廓曲宗（gor-chos-rdzong)[73]之时，尊者洛钦（lo-chen）前来，告知没有得到其长寿永生[74]之加持。其在哉塘吉拉耶（rtses-dang-gi-bla-yel）法会上为参加桂译师循奴贝之圆寂的四千名僧人发放了大布施，所讲授的佛法使彼等如愿以偿。其又在寺院中为（桂译师循奴贝）之遗体进行祭供，并将（桂译师循奴贝）之遗像安放于《宝箧经》（za-ma-tog）中。

藏历水虎年（1482年）元月三日，其被迎请至琼结达孜（vphyong-rgyas-stag-rtse），朝拜了德庆山（ri-bo-bde-chen），并大加供奉。（因为人们）对其十分地崇信，遂成为了根本施主[75]。后来在雅加（yar-rgyab）地方，其与尊者洛钦讨论佛法。后第七世噶玛巴从多康（mdo-khams）抵达卫（dbus）地，其前往拜谒（第七世噶玛巴）时，从雅加地方带来大量的供品。大轨范师国公巴（guvi-gung-pa）前来拜见，其外出迎接。藏历元月二十六日，在楚布的吉祥新宫中师徒二人相见。藏历二月一日，其举办了盛大的聚缘喜宴礼，其随从第七世噶玛巴闻习了许多显教的经教论，并做了许多利他之事。达隆巴（stag-lung-pa）前来迎请，其经过吉佩（skyi-vphan）地方时，六个寺院的僧侣前来迎接，而后于大佛殿中拜谒。自三月二日晨，其随从贡钦阿旺札巴（kun-mkhyen-ngag-dbang-grag-pa）闻习有止（贡替寺）、丹（萨替寺）、达（隆寺）三寺的许多教法，并为法王及同门等人讲授有《深奥佛法意》和《空行全集》等，在法会上传授了《塔布四法》。（众人）敬献的财物彼此双方皆甚丰，其渐次从吉雪（skyi-shod）和吉麦（skyi-smad）抵达雄斋兴（gzhung-spre-zhing）供奉了活佛之灵塔。于朵桑丹寺（dol-bsam-gtan-gling）尊者洛钦为其传授了《六加行》（sbyor-drug），故看到了"大空色身"以及诸多深奥之要义。其圆满闻习了诸部律经，并闻习了法王统瓦顿丹的《足铃身洲中广灌顶经》和《空行海注》。其与轨范师一起来到了札卡央寺（brag-kha-yang-dgon），而后为桂（译师循奴贝）的佛塔进行开光。

其驾临弥勒寺（byams-gling）祈愿法会，讲述了诸多佛法。而后经过牧区，拉札巴塔耶（lha-grags-pa-mthav-yas）前来供奉。其看见了洛扎东部（lho-brag-shar）[76]的善言师觉波（smra-bo-cog-po）之圣地。其做法（护持）檀香、小麦、青稞等，并在恰隆（cha-lung）静修室修行二十日。而后其来到了僧人处，独自笑着扎起六个顶髻，每位施主各自将琼仓(khyung-tshang) 大块土地敬献出来，其为彼等赐以增上缘。其驾临僧格宗(seng-ge-rdzong)[77]，雅卓（ya-vbrog）万户长伦珠坚赞巴（khri-dpon-lhun-grub-rgyal-mtshan-pa）前来供奉。驻锡于扎西格佩（bkra-shis-dge-vphel）之时，其为楚布寺的大轨范师国公巴做善逝佛事。此后不久，迎请其前往贡玛衮嘎勒巴（gong-ma-kun-dgav-legs-pa）善逝之首座，其即从雅卓经亚堆（yar-stod）驾临彼地。后来在藏历七月二十五日，其在五百多人的法会上做供奉灵塔回向（gdung-mchod-kyi-bsngo-ba)[78]。后来在藏历八月十三日，在哉塘吉拉耶(rtses-dang-gi-bla-yel)法会上,其成为了五千会众之座首。其赐予了土司诸多的师法[79]。其在恰达尔（byar-mdar）与尊者洛钦相会，后来其在亚堆的所有地方行利他之事，随后抵达牧区，为彼等（施以）甘美良药。

其驾临拉隆（lha-lung）时，出现了很多不好的梦兆，（行）至扎西格佩之时，（告知）尊者洛钦圆寂的信使抵达，而后其在藏历九月十七日出发，于二十一日驾临伦珠拉孜（lhun-grub-lha-rtse），对（尊者洛钦）之遗体进行了供奉。一天晚上梦见其坐在桂（译师循奴贝）与尊者洛钦二位的身边，其感觉到二位上师之身如蕴[80]之光汇聚,升入空中渐渐逝去。此时，因为心中敬信，其随此痕迹寻找究竟是什么？后看到（二位上师）就像是在西南空中射出的箭一样消失了，并看到他自己一个人返回。此乃是《时轮金刚经》[81]所说的智慧身成就之标志，上述皆为法王（却吉扎巴益西贝桑波）本人所述。此后，其对（尊者洛钦）之遗体进行净治，并在僧人驻地岗巴（sgang-pa）和译当（rtses-dang）等地赐以僧茶和大量的布施。自雅嘉（出发），其安坐于（尊者洛钦）圆寂之地唐东钦茂(thang-ston-chen-mo）的座首，并著有《尊者洛钦之赞颂》和《尊者洛钦传记——神奇之海》。其在于此期间，尚为恰罗(cha-lo）译师等三人传授有《二分别心之论》等。

第五节　却吉扎巴益西贝桑波在门隅等地传播教法

藏历十一月三日，其被迎往贡嘎（gong-dkar）[82]地方，并在金刚座[83]上做以祭祀。其以威德之自在为衮噶那木杰（kun-dgav-rnam-rgyal）灌顶并赐予诸多加持，其在伦珠拉孜为尊者的塑像进行了开光等，后又从雅卓驾临洛扎，并在塞绰沃隆（sras-dro-bo-lung）做以祭祀。普塘巴（bum-thang-pa）再三恭请，而后于十一月二十五日，其驾临伦珠寺（lhun-grub-chos-sde），并大规模地修建了新经堂。

其之根本的僧伽以及侍从中，喜好佛法的大德与种姓高贵者最多，其无论驻锡何地，如此灌顶、讲经等利他之事相续不断，并每日不断地写出（关于）一切显密佛教理论的心得之作，此即是经常流传之传记。此时，佛教在边地徒具虚名，因为邪魔不堪忍受，在施主之中出现了纷争。瘟疫危及了身前诸侍从之时，其稍加思索之后，便特别生起了心力，并以三宝为证[84]做以祈祷，而且身前诸侍从也就解除了痛苦。此后，其以冰泥和药泥圆满塑造了三世诸佛、近侍八大弟子、二忿怒神等（塑像），并做以大量的供奉。巴卓（pa-gro）等地的西门隅的人们和古茹隆（ku-ru-lung）等地的东门隅的许多人以及东日海（dung-ri-rgya-mtsho）等地的人们前来迎请，其并未应允前去，但是因为拜谒之人无数，就接受了彼等之供品。（如若出家人）仅仅凭借僧装，无有如何戒律之名，无数僧侣皆要从各自理解的戒律出发，进行祈祷，故其为无数的门隅出家人赐以戒律。

上师益希嘉措（ye-shes-rgya-mtsho）师徒从工布前来迎请。冬至日时，其莅临朗替（glang-mthil）与东（日海）等地，此时万木枝叶繁茂，橄榄子成熟，格萨松巴（ge-sar-gsum-pa）等花朵盛开，看到美（景）胜过了夏天，马上使倦怠之心得到了恢复。藏历十二月一日，其驾临热佩

(re-phal)、札顶 (brag-steng)、东里 (dung-li) 等地，十七日抵达寺院。藏历龙年 (1484) 二月上弦[85]，其做迎神安住的仪轨并设盛宴。此时，魔鬼以力蛊惑，许多人在马上疾驰，思虑就如鞭打 (马) 身之时，彼等听到了佛 (语)，拉住了坐骑，而后衣服与大氅被翻到了头上，由于一下子(遮住了) 正前方，(他们) 稍微有些迷乱与无助。噶波乃囊 (kam-po-gnas-nang) 德彩堪布(bde-tsha-mkhan-po) 的一位侄子从马上下来，因为受到了保护，暂时能够(避开魔鬼)，后来所有的马队穿过了此地。他本人 (指德彩堪布的侄子——译者注) 后来被杀死，并在门隅地区转世为人。显而易见之结果就是现在所谓的“德彩(bde-tsha) 上师”行利他之事。

二月底，其策骑前往藏地，并抵达了其弟子之幻化宫。此时，因为看到了在宫堡[86]中极其恶劣之侍奉，其便在圣人的小寝室中下令让圣人之侍从及其密咒师们将汤药放入牦牛奶中，做好后作为迎神安住之供品。因为这时尊者巴卧 (rje-dpav-bo) 发出信号，其就驾临了此方，开始为其弟子之寝室做迎神安住的仪轨，见面后 (其弟子) 闻习了有关佛法。后其离开扎西格佩 (bkra-shis-dge-vphel)，并将修行地托付给施主们。其传记中记载：“因为此修行地极为重要，吾等即以执持佛教之名而生活，对此就应当比以往任何 (时候) 还要更加努力。”

后从汤桌 (dang-spro) 经过梅塘 (sman-thang) 和卓章达 (vbrog-brang-mdav) 等地方，在朵绛林 (dol-rgyang-gling) 受到大施主的迎接，后在扎西那木杰 (bkra-shis-rnam-rgyal) 为地方官多杰德玛 (rdo-rje-bde-ma) 母子赐予了佛法；在上师的修行地萨木丹林 (bsam-gtan-gling) 为 (僧侣) 赐予了深奥之语诀；在绛林 (byams-gling) 为王格瓦旺波 (dge-bavi-dbang-po) 讲述了上师之传记等，并转有诸多法轮；在伦珠林 (lhun-grub-gling) 为王子母子做了多种灌顶。藏历六月十二日，受京俄贡玛钦姆 (spyan-snga-gong-ma-chen-mo) 之邀请，抵达乃东(sne-gdong）宫殿，赐予诸多灌顶和佛法，并于大法会上讲论有《修行五分》[87]；九月一日出发，前往雅堆（yar-stod）之东西方向做利他之事，复返往乃东（sne-gdong）驻锡，并讲论佛法。

第六节　却吉扎巴益西贝桑波拜见第七世噶玛巴并奉献诸多礼物

受第七世噶玛巴之命，于十月六日启程，经过雅孔（yar-gong）、卓（vbrog）、绒钦（rong-chen）、仁蚌（rin-spungs）[88]等地，并受到各地大施主们的侍奉，后经雅鲁藏布之北路，于邬由普嘎（vu-yug-phu-dkar）地方拜见了第七世噶玛巴，其（为第七世噶玛巴）奉献有黄金及许多的礼物。为利益众生，其从经藏中（拿出）百余部赐予法会，而后（众生）祈祷后得以闻习，后为营官及其师徒等大营中的所有僧伽赐予了诸多灌顶教导[89]与经教。

其根据（第七世噶玛巴）所下达“前往卫地和南方一带的切古（che-gu）地方调动功业以帮助（众生）”之命，抵达坚巴（rgya-pa）地方。而后其于藏历木蛇年（1485 年）三月二十七日出发，朝拜了阔沃（gos-sngon）寺之佛堂。其拜谒努达却隆（snubs-mdar-chos-lung）寺之大堪布热塔那瓦兑巴（radna-ba-vdus-pa）之时，由于其讲授有噶举派所主张的见、修、行、果之有关佛法，故使（大堪布热塔那瓦兑巴）对其大为敬信。仁蚌巴（rin-spungs-pa）之王多杰才丹（rdo-rje-tshe-brtan）等人依旧对其拥戴并进行盛大供奉。而后其渐次前往，出现有少许危难之征兆，其遂于雅卓雍错湖（ya-vbrog-gi-mtsho）庄严之岸的附近一处寂静之地闭关[90]七日，之后看见了危难已被排除之征兆，并看见了鄂洛(rngog-lo)[91]与玛（尔巴）的出生地，故大生敬信之心。四月上旬之后，其在雅加(yar-rgyab）地方的大施主索南（bsod-nams）的地域，大做佛法之功业，而后再次驾临乃东王宫(sne-gdong-rtse)，讲授了诸多噶举派的教法。后被迎请至雅堆（yar-stod）和洛（lho）一带，其调解雅则（ya-rtse）双方之间的纷争。因为雅桑京俄(gyam-bzang-spyan-snga）之法缘，使其获得了非常年轻的身体。其经过达孜、贡塘（dgon-thang)、喀脱（mkhar-thog)，后驾临拉萨的布达拉，讲授有诸多教法，摒弃了大小官员中之不善者[92]，亲手塑造大司徒之身像以及建造了年波（ngang-po)河[93]之铁索桥。其驾临雅加地方，于比丘岗巴(dge-vdun-sgang-pa）等地转动法轮，于此时使遁世者舍离家庭充当僧侣。就像贝喀觉巴（dpal-mkhav-spyod-pa)[94]在梦中所听到此弥勒佛像言道：“尔在将来会完成的。”而后其按照此吩咐塑造有弥勒佛像。此时，贡玛因为病患而前来迎请，后因其赐之以无死鼓音（vchi-med-rnga-sgra）之灌顶等等，（贡玛）得以从病痛中解脱。此后，其又在雅加地方为本钦贡嘎仁钦杰布(dpon-chen-kun-dgav-rin-chen-rgyal-po）讲授了大手印之教法。

第七世噶玛巴的命令到达，而后其于七月四日出发，抵达桑普(gsang-phu)[95]，为桑普寺之净胜度母（sgrol-ma-rtsod-rgyal-ma）敬献一副衬垫，并于拉萨（lha-sa）做了许多的供奉。后庄园主乃乌巴（snevu-pa）为其做了供奉。其于此地诵道：

此时于十五日之梦境，
宝贝因陀罗尼[96]闪光芒，
找到善形二身合为一，
牢记未来时分之授记。

对此，昔日曾认定一位活佛有两次转世，然而果如有两次转世，若因陀罗尼又需要（二位）彼此存在的话，则对合一而不适。此后，其被迎请至达隆(stag-lung)[97]地方，而后彼此(相见)甚喜。于藏历七月晦日[98]，在达木敦山（vdam-stong-ri）上，其拜见第七世噶玛巴。此时，楚布国师(mtshur-phu-go-shri）师徒于巴热（sku-mched-la-pa-ra）地方发生有少许摩擦，为了平息（此摩擦)，其奉命前往平息，而后其至堆龙（stod-lungs）并使彼等之（摩擦）平息。其后又于十一月四日，前往拉萨与第七世噶玛巴师徒相见，（第七世噶玛巴）受国师仁波切(govi-shri-rin-po-che）之命，为其敬献祝福礼品，本应授权于国公巴（guvi-gung-pa)，复因国公巴有极大之功业，此生无须做服侍工作。总之，国师仁波切班觉顿珠（guvi-shri-rin-po-che-dpal-vbyor-don-grub）之遗教再三吩咐道："祈请将吾之此传承赐予此位红帽活佛（sprul-sku-zhwa-dmar-ba)，而且因为他本人往昔有两次转世之经过，故祈请交予工布（kong-po）之主人，而且祈请在任何地方师徒二人无论如何不得分离。"随即国公巴将此（遗教）交给仲普国师（vbrong-bu-govi-shri)，而且将寺院的管理委托于工布之主人，暂时一定需要服侍，但未有出现。由于出现有桂译师（rje-vgos）再三邀请前往卫(dbus) 地之（幻境)，故此专门修习所有显密佛教之闻、思、修之教法，并做任运自成之利他和无量之成就。从拉萨取道，(第七世噶玛巴）师徒一同经过雄（gzhung)、札（gra)、堆（dol）诸地，于十二月二十日受贵巴钦波(bkod-pa-chen-po）之迎请，而后京俄孔玛采尼仁波切（spyan-snga-gong-ma-tshes-gnyis-rin-po-che）初次与第七世噶玛巴相见。

藏历羊年（1487 年）二月中旬，（第七世噶玛巴与第四世红帽系活佛）师徒二人转动法轮并做以无量之供奉，后来师徒共同驾临雅堆东部偏西的地方时，授予意乐林园（bsam-bde-skyed-tshal）的二位僧人以空行海之灌顶等。驻锡于雅仔塘（ya-tse-thang）时，师徒二人共同以温和之法（调解）了纷争。珞隅王向（师徒二人）进行了服侍和供奉，而后即前往大寺。其本人（即第四世红帽系活佛）于五月中驾临了雅堆东部偏西的地方和雅加地方。其用了两个月又两天塑造弥勒像，并首次进行了开光和圆满布施。后来，其又被迎请至吉雪（skyi-shod）地方，由于其曾在乃囊（gnas-nang）寺的佛堂塑造有新佛像，故于此月下旬十四日，进行了开光、正行、喜宴等。其于十一月十日驾临拉萨以来，渐次前往（各地）。在昌布（vbrang-po）之金刚岩(rdo-rje-brag) 前面师徒二人相见。后来在雅加（yar-rgyab）地方，其下令用金、铜铸造三十二庹高的大佛，而后珞卧扎西衮(glong-bo-bkra-shis-mgon) 用羊毛换取了许多的金、铜等，并奉献出来铸造成大佛。后迎请前往工布地方，于其面前幻变出乘骑，贡玛（gong-ma）及其随从亲自护送其至沃喀扎西塘（vol-kha-bkra-shis-thang)[99] 之间的地方。由陇拉（glong-la）经从茄尼（bye-nyil）地方，其暂时驻锡于塔布央寺(dwgas-po-yom-dgon-pa)，仲巴(grum-pa) 父子对其大为拥戴并进行供奉。其于谷热寺（sku-rab-gdan-sa）念诵吉祥语祝福贡嘎坚赞巴（kun-dgav-rgyal-mthsan-pa）坐床；其于上工布（kong-stod)[100] 的东噶（dung-dkar）岩石山上修建寺院。总之，据说钦氏神[101]也是属于黑品[102]，其听见钦氏神也在东噶岩石之地为其托有一梦，让其使仁普圣地等兴盛。各地（的人们）皆对其极为拥戴且供奉，其遂驾临噶丹玛摩（dgav-ldan-ma-mo）大寺。

藏历土猴年（1488 年）三月二十二日，其为热普岗（ras-bud-sgang）之圣地举行破土仪式[103]，而后精心建造了九十四根大立柱面积的佛殿，(包括）经堂、内殿、走廊、转经堂以及门楼等。诸位吠陀师[104]也从雅加地方前来为其服侍，说话之间便证得了究竟，而且彼时由于善业，故见面后即在讲、闻等诸方面非常相和合，同时在诸方面也根本未受到病魔和牛皮船等的危害，故使所有人觉得特别奇怪。一时，邪道蛊惑人心，此刻纷争汇集而生,而后其颂扬了至宝[105]，生有护法之功业，做了止息之火供，故此（一切）止息。藏历十月，其在察隅（phrag-yul）等地，其以密法使黑水河变为白水河。

从藏历鸡年（1489 年）开始，其周游普塞（phu-gseb）、鲁囊（klu-nang）、达瓦（rta-ba）等各地，接受了旧俗（敬献）之鲜花，其在达孜慈悲岗（stag-rtse-thugs-rje-sgang）建造修行院。于预言堡（lung-bstan-mkhar）用水晶制成的殿堂之中看见佛像全身闪耀着光辉，由此善缘可看见成就无间善业之征兆。此时，第七世噶玛巴自娘卡（nyang-kha）地方驾临，工布地方的居者与行者们同时前往上达瓦（rta-ba-stod）迎迓以及进行了热情的招待，而后其驾临噶丹玛摩（dgav-ldan-ma-mo），消除了本年三灾之厄运。后来驾临扎西君（bkra-shis-ljongs）和晋勒（byin-legs）地方，其使所有能够见到者们清晰地看见本尊，并开启许多昔日未见之佛尊。复驾临噶丹玛摩之时，其又著有《圣地之安立——持金刚之谕》（gnas-kyi-rnam-bzhag-rdo-rje-vdzin-pavi-zhal-lung）。此时，夏鲁译师（zha-lu-lo-tsva-ba）随侍其左右，故其下令将以前未有翻译的《俱舍论释——悬挂天空之铁雷》（mdzod-vgrel-gnam-lcags-thog-gzer）翻译出来，此后（夏鲁译师）很好地进行了翻译。

藏历狗年（1490 年）六月十日以来，其建造好（羊八井）佛殿之后，又绘制了早期噶举派上师的画像。为了从卫地迎请大佛，其动身从比米瓦拉（pimbi-la）地方出发，抵达藏地隆恰（lung-bya）与却结伦波（chos-rgyal-lhun-po）为洛举旺波（lho-rgyud-dbang-po）兄弟、大贤哲格桑却吉嘉措（mkhas-pa-chen-po-bskal-bzang-chos-kyi-rgya-mtsho）、却坚诺布活佛（sku-skye-chos-rgyal-nor-bu）等人加持、灌顶，并赐予《噶举传记》等。在雅堆（yar-stod）地方给所有的大施主们施以五陀罗尼灌顶[106]等； 在乃东地方与施主见面；其驾临雅加地方后，为大佛母金刚德玛（yum-chen-rdo-rje-bde-ma）之善逝进行了大善根之回向。其受天竺东部布噶木噶（pukkma）地方之比丘擦聂那芒卡（dsnyva-na-mangga）催劝，用梵文著有《玛哈普底（ma-hva-bonghi）颂赞》。

（藏历猪年）二月三日，京俄贡玛（spyan-snga-gong-ma）自桑耶的协索（shan-so）地方迎迓，其与施主共同抵达丹萨梯（gdan-sa-thel）寺，为三所依[107]精心地奉献有所需一切财物，并将实物(清单)交付给丹萨梯寺的会计，并请求其今后赐予法位。在绛[108]地的宫殿中，师徒们聚会之时，其赐世族以名号及（京俄贡玛）居士戒。其与施主驾临泽（rtse）地，而后其著有《修行之体验》。在施以了百余次长寿灌顶之时，其看到了恶兆。此后，其前往琼结(vphyong-rgyas)[109]，被护送至贡塘（dgos-thang）寺,其做了许多善事。五月二十日，其为扎西泽巴（bkra-shis-brtsegs-pa）之精舍进行开光仪式，而后驾临雅加（yar-rgyab），为誓言三尊[110]像进行开光。此时，因为贡玛（gong-ma）突然（感到）疲惫，故此迎请其，虽然匆忙地赶到，但由于已经圆寂所以未能见面，以延僧诵经之法为之增益，其位于祭供和大圆满法会之首。此时，虽然（身处）极大困境，其仍能化悲心为吉祥。贡蚌钦波(kun-spangs-chen-po）承担了内外之事务，为顺利完成大佛的塑造，迎请其前往噶丹玛摩。所有做这些（事情）之时，由于恶劫的原因，虽然有很大的困难，然而其无有任何障碍地完成了（这些事情)，为感恩三宝，其写有《百偈颂》。

第七节　却吉扎巴益西贝桑波调解地方之间及教派之间的纷争

藏历水鼠年（1492年）新年之后，上师益希嘉措（ye-shes-rgya-mtsho）为噶丹玛摩的一尊佛像制作了一新座。三月八日，为尊者桂（译师循奴贝）的遗骨净治之时，其在泽（rtses）和堆热（stod-rags）两地皆布施有金子。其答应前往工布，但是军队在雅砻（yar-lungs）已经集结，因为需要其前往赐予教导，所以推迟前往（工布）。驾临哲古地方后，其成为了恰格桑巴(bya-bskal-bzang-pa）受近圆戒之亲教师。王顿月多杰的军队威胁所有亚贡（yar-gong）诸地，而后其施以无畏施[111]，并为贝那坚旺巴(dpal-bsnams-rgyal-dbang-pa）赐予许多佛法。

藏历水牛年（1493 年）二月，其从雅加（yar-rgyab）为佛祖敬献有服饰等大量的财物。 第悉帕木竹巴[112]之智囊团前往卓衮仁波切(vgro-mgon-rin-po-che)[113]之寺院，请求其赐以（帕木竹巴）世系（政教）两方面之怙恃。贝喀觉旺波（dpal-mkhav-spyod-dbang-po）在《未来预言》(ma-vongs-lung-bstan）中曾说道：“因为乐于完成尊者帕扎热咱（rje-btsun-bdsra-rva-dsva）之意愿，但为了完成此意愿，请前往洛哈第(chu-bo-lo-ha-ti）河边获取（之)。”其知悉时机已到，遂亲口说（将要）执掌丹萨钦波（gdan-sa-chen-po）之法座。此后便驾临于法座之上，就任第悉帕木竹巴（政教）两方面之首领。昔日在执事未有出生之时，其为此世袭做过庆典。后来（执事）降生，未成年期间即以悲心护持政教两方面（之社稷)，故看见蔡尼仁波切（tshes-gnyis-rin-po-che）之神，所有的执事认为此位法王[114]是世间唯一的大恩人， 其他任何人也无法承担(此任)。此后，王顿月多杰又前来迎请，其驾临曲水伦波寨（chu-shul-lhun-po-rtse)，并且满足了(王顿月多杰的）愿望。达隆仁波切（stag-lung-rin-po-che）邀请其前往彼处，并欢喜相见。

后驾临楚（布）寺中，其赐予俄楚热绛巴（ngo-khro-rab-vbyam-pa）等人《修心》（grub-snying）等。在楚布寺，其朝拜世间庄严之大佛(rten-chen-vdsam-gling-rgyan)，并予以供奉。

从藏历六月一日以来，其于那木则（gnam-rtsed)、定达木(ldeng-vdam)、尼仲（snying-drung)、拉普（lha-phu）等地做利他之事。其在月贡寺（yor-dgon）为贡秦钦波（kun-mkhyen-chen-po）灵塔进行供奉。藏历七月，其于达隆仁波切处闻习了诸多佛法，而且任法王胞兄受近圆戒之轨范师，并赐予诸多佛法。此时，霹雳降下而无一受损，佛法与财物使双方皆大欢喜。后来，其又抵达拔绒（vbam-rom）、朗林拉（glang-ling-la）、玉那泽（gyug-sna-rtse）等北部地方，做了很多利他之事。其经过了吉曲（skyi-chu）[115]之源头米第曲（smri-ti-chu）河后，翻越过了恰琇（bya-zhu），抵达娘（nyang）、隆（long）、札（brag）等三地之娘卡（nyang-kha）地方时，众人皆恭敬拥戴并大加侍奉。在佐丹寺（dzo-gdan-dgong-pa）其任命了上师。

藏历虎年（1494 年）新年之后，其驻锡于衮仓（gun-tshang），而后亲自驾临吉祥帕木竹巴尊前，因为（菩提之心）沉入于心，旋即一位殊胜修行者降世。其在萨普（gsav-phu）看到了雪卡地方的长寿老人；在多闻山上，其亲自拜见了第七世噶玛巴活佛，并使其详细地见到了殊胜三所依等。驾临噶丹玛摩之后，其著有《妙善大佛之宝陀罗尼》（gzungs-bzhugs-legs-pa）。在此期间，塑造有八近侍弟子的殊胜吉祥像，并制作有木质漆画等。是时请求其前往恰塔（bya-drags）中间，其消除了对恰古（bya-skur）之冤仇。贡蚌钦波（kun-spangs-chen-po）施以心法之功，遂于柽柳女墙[116]之间修建有一座神殿。在察竹蔡（phrag-grum-tshal），其梦到多闻子[117]将飘带交予其手中，由于手执（飘带），遂向多闻子之上方飞去，到达一无量净土，言道：“此乃兜率天[118]。”旋即又言道，看见了天界、下界、帝王、人等。如此感觉到弥勒宫的屋顶如彩云一般，光芒闪耀少许，从中什么也看不到，故其梦醒。

藏历兔年（1495 年），其驾临了下工布与波密地方，于寺庙等处进行盛大供奉。在普龙寺（phu-lung-dgon）附近，其于梦中看到了如此这般的止贡梯寺。其于秋尼玛（chu-nyi-ma）之贝喀觉巴（dpal-mkhav-spy-od-pa）圆寂之处，建造有佛塔，而且其所做的善行一直相续不断。其又前往工布，于多闻园（mang-thos-tshal）为噶玛赤列巴（karma-vphrin-las-pa）授予时轮金刚灌顶（dus-kyi-vkhor-lovi-dbang）等，并使佛堂内外吉祥如意。此后，其驾临噶丹玛摩，十月十三日，依止启达降巴（vchi-bdag-vjoms-pa）进行善住[119]，十四日做前行，十五日做正行，颂扬佛教相续不断，运用此转轮功业之广善发回向之愿。又举行了盛大的喜宴、礼节之后，将其迎请到僧众首座之第七世噶玛巴之庄严坛场中。十二月十日，其为政教之喇嘛、官员、诸贤士、数千百姓赐予吉祥，并为数万僧俗众人进行了大规模的布施。一个多月来，（迎请的）喜宴相续不绝，并出现有一切信众绝无争斗等奇迹。十二月，其抵达则拉岗（rtse-lha-sgang）。

第八节　却吉扎巴益西贝桑波为达隆仁波切的圆寂进行供奉

藏历龙年（1496年），其（却吉扎巴益西）举办了盛大的藏历新年演出活动。因为无法完成所有的佛语教言，（人们）献上了净罪之言辞，而且觉得需要在（言辞）之上加盖印章，而后一再地（请求）觐见，且亦有困难，于是祈请（在信函）末尾以顶礼的方式（觐见）。此后，其驾临了噶丹玛摩（dgav-ldan-ma-mo），并做了一些适当的吩咐。后经过了东噶扎（dung-dkar-brag）、塔布（dwags-po）、沃喀（vol-kha）[120]等地，抵达丹萨梯（gdan-sa-thel）寺[121]，为卧室（gzims-mal）中的金佛像进行开光。在拉耶钦摩（bla-yel-chen-mo），其为聚集如海的僧伽赐以礼品，世袭官宦为其进行了盛大的供奉，是日即抵达了其之寺院。虽说昔日因为在诸方面由于修行的原因而容易进入（此寺），故出现连续不断有住寺的人，但其考虑将以营盘的方式向各地发展。所有的政教显贵大人前往寺院，并依次献上吉祥之礼物。其被迎请至秋瓦吉日（chu–bar–gyi–ri）地方，后其抵达了雅加(yar–rgyab）地方，著有《恒常不变富足之赞颂》。在雅堆（yar–stod）地方，将其迎请至王米久旺波（mi–vgyur–dbang–po）之部的首座，王那木杰沃（rnam–rgyal–vod）恭敬地供奉其，而后其恩赐佛法，将佛法、教言、资粮赐予所有师徒，并为佛像开光，还在泽当(rtses–dang）的集会地和三座寺院等发放斋茶和布施。其为本钦古噶仁钦旺吉杰波（dpon–chen–kun–dgav–rin–chen–dbang–gi–rgyal–po）剃度出家为僧，被(人们）称为“智慧方便大乐遍知一切”[122]。此时，因达隆仁波切（stag–lung–rin–po–che）业已圆寂，他的兄妹等人迎请其。后其经雯(von）和澎域（vphan–yul）驾临。路途中驻地的喇嘛与官员以及那烂陀(nva–lendra)、日沃噶丹（ri–bo–dge–ldan）等地寺院的所有师徒礼敬其，而且用一切财富供养其，并请教有关佛法。其行至达隆塘（stag–lung–thang)，向（达隆仁波切）的舍利做以供奉，而且从喜金刚之门（开始）祭供。在无数僧俗集会之上，其做了极大的供施，并安坐座首，并赐以回向供。礼拜之后，为（达隆仁波切）之圆寂，其敬献有许多供品并做以布施。由于银塔之缘,其赐予了大资具加持[123]， 而且将政教两方面之(事业）赐予了法王（达隆仁波切）之兄弟，其还在此地的修行室中做了盛大的（供奉）等。此时，札底浦擦（bra–ti–phu–tsha）等许多多麦(mdo–smad）藏区地方的拜谒者前来，其赐予佛法与财物，使众人心满意足。其又抵达拉萨，向觉沃仁波切(jo–bo–rin–po–che)[124]做了供奉。 应王阿旺那木杰(ngag–dbang–rnam–rgyal)的王子之请求，于乃邬[125]做了供奉，并为(王子)授予金刚瑜伽母之灌顶。在桑乃邬托（gsang–nevu–thog）寺，其为两位法王为主的所有僧侣进行随缘布施教法和财货[126]。 扎卡(brag–kha）地方的土官迎请其，又在大寺院中，其赐予了佛法、财货等礼物。

此后，在闭关诵经期间，其著有《时轮俱舍坛城之注疏》（dus-vkhor-gyi-mngon-dkyil-dang-rnam-bshad）；在康萨钦茂（khang-gsar-chen-mo）其为诸位会众讲授了《三摩地王经》(mdo-ting-vdzin-rgyal-povi-bshad-pa)，并用大量的衣物等供奉了所有的三所依。

第九节　却吉扎巴益西贝桑波保护各教派的利益

藏历蛇年（1497 年）新年，土官前来拜见，而且在此年，其于雅堆麦(yar-stod-smad)、雅加（yar-rgyab）等地做了许多利他之事，其中在寺院的茅庵上用金铜合金制作了华盖，为释迦牟尼之牙舍利制作了银盒，将堪布菩提萨埵（mkhan-po-bodhis-sa-tva）之皮饰等饰物放入在雅加地方建造的珍宝与旃檀的殿中，而后加以供奉。其在此寺院中还做了许多利他之事，并在杂日[127]建立了山顶修行基金。在华盖茅庵之门上，其（写有）“如若无法进入的话，请祈祷后即很容易地进入”。其（位居）艾瓦塔杰钦巴(ai-wam-thams-cad-mkhyen-pa）丧葬佛事之首座。

藏历土马年（1498 年），其为乃囊（gnas-nang）寺中的金塔敬献有金铜合金制作的雨具。后在达孜（stag-rtse），其于王多杰才旦（rto-rje-tshe-brtan）往生的队伍之首作法，并为殿中的无量光佛塑像开光。为了使名身[128]翻译得清楚，其下令于尊者夏鲁译师(rje-zha-lu-lo-tsva-ba）进行翻译。其在雅堆麦（yar-stod-smad）行利他之事，并在底色（ti-se）与秋瓦（chu-bar）之地建立了山顶修行基金，而且在阿里三围[129]各地赐以教令，故使圣地的所有仆从均（获得）殊胜之大福命。（因为）在雅加等所有地方的种种如是承诺，所以其一再策马（前往），并饶益他人。此时，恰藏（bya-gtsang）的大军抵临吉雪（skyi-shod）地方，即将威胁到乃巴（snel-pa）地方的溪卡[130]，庄园主乃乌巴（snevu-pa）本人诚恳地祈请（法王出面），达隆巴（stag-lung-pa）与颇卡瓦（bol-kha-ba）亲自出面请求其援助，而后于藏历九月八日，其从寺院出发并抵达扎西岗的草原（bkra-shis-sgang-gi-na-khar）。因为其悲心之大，以及诸王也未有破坏昔日优良的传统，故全部接受了其之命令，从而使色拉寺与哲蚌寺免遭损害，而且使各个却溪[131]依然存在（均免遭损害）。同时，其也为乃巴地方的王阿旺伦布（ngag-dbang-lhun-po）之弟兄将世袭之土地分开，而且还将乃乌溪卡的收入如何赏赐，使彼等毫无损失与违碍，尤其是拉萨的二寺也未受丝毫的损失。其观看了前藏蔡公堂（thal-gung-thang）[132]等寺之后，经过桑耶等寺院，并授土官以职务，做吉祥之赞颂，赐以无量佛法，所有的官员奉上了需要修建永兴寺（gdan-sa-won-sring）之呈文。在洛举旺波（lho-rgyud-dbang-po）圆寂后，其赐函所有执事僧们不要悲伤。其又在一静修地闭关。其间，其看到了恶兆显现，后来在寺院中显现出了粗恶苑[133]之征兆。

此后，又前往雅加地方，其于土官的葬礼队伍之首作法，自胜乐[134]之门消弭恶趣，其在近侍大法会上施以大善逝妙法。在尊者达沃循努（zla-vod-gzhon-nu）之主持法王索南嘉措（chos-rje-bsod-nams-rgya-mtsho）受比丘戒时，其成为授戒之堪布。大王顿月多杰（don-yod-rdo-rje）[135]前来迎请，即动身前往后藏。于班觉热旦（dpal-vbyor-rab-brtan）处，其为年长者索南迥乃贝桑波（thu-btsun-bsod-nams-gnas-dpal-bzang-po）剃度出家。迎请大王前往仁蚌的溪卡等候，其赐予了大王叔侄《大圆满金刚渡》（rd-sogs-chen-rdo-rje-zam-pa）等，而且赐予恰罗松巴（chag-lo-gsun-pa）与绛木钦堪布（byams-chen-mkhan-po）等人《大梵天全集》《rang-byung-bkav-vbum》等许多经典，并做了讲解。在帕托（ba-do）地方，其供奉至尊玛尔巴师徒[136]之像，并安坐于玛尔巴之法床，讲论《三怛特罗二品之概要》。其驾临香仲康（shangs-vbrong-khang）期间，为大王（顿月多杰）等人讲解了《六正行之引导》。由于此方所有僧俗贤愚对其极为恭敬，故赐予会传[137]。于此上师却帕（bla-ma-chos-vphags）已有吉祥预兆，故其为善逝者进行广善祈愿。此后，其渡过大河，抵达色朵坚（gser-mdog-can），大班智达活佛回答有关问题之因。因有令迎请其前往桑珠孜（bsam-grub-rtse）[138]，故抵达，其为臣宦、官员们讲述了《时轮后续》（dus-vkhor-rgyud-phyi）与《六加行佛音》（sngas-rgyas-dbyangs-kyi-sbyor-drug）等经典，并赐会传予扎什伦布（bkra-shis-lhun-po）寺之僧侣，尤其是在此寺赐导师[139]班钦益喜载摩（pan-chen-ye-shes-rtse-mo）《空行母之密续》等；赐达纳尊胜佛（rta-nag-thub-bstan-rnam-rgyal）之导师贡敦旺秋珠巴（kong-ston-dbang-phyug-grub-pa）《乌坚念修典籍之注疏》（ao-rgyan-bsnyen-sgrub-kyi-gzhung-bshad）等。那塘古寺(snar-thang-gnas-rnying)[140]、噶瓦东（dgav-ba-gdong）等寺的所有僧官对其虔诚信仰；夏鲁（zha-lu）寺的住持仁增杰波（gdan-sa-pa-rig-rdsin-rgyal-po）等夏鲁部落与寺院全部向其敬奉。（因为）其身体略有不适，故向白度母祈祷，身体遂渐趋于好转。其被迎往贝纳（dpal-bsnams）一带并供奉。在路上所遇到无论贤愚皆将各自的财物如是供奉。此后，其抵达了仁蚌（rin-spungs）地方，为嘉木却伦（byams-chos-lung）寺的所有僧官和僧人大规模地赐予佛法，并为德岱宗(bde-ldan-rdzong）新建的静修地进行开光。载（rtse）地的东西方以及堆（stod）地的南北方等各地皆为其行茶。大王（顿月多杰）亲自在所有的溪卡大加敬奉其，尤其是在仁蚌地方，所有见闻者皆十分惊奇地对其大加供奉。

此后，其又动身前往卫地。在雅胜（yar-sring）地方，名称为羊卓的官员亲自大加敬奉。从羌塘[141]地方，其驾临曲水[142]的伦布载（lhun-po-rtse）寺，（此寺）再三祈请其长久担任寺院之住持，其遂答应。后其驾临吉（雪）上下部，并在拉萨（lha-sa）进行供奉，而且为布达拉（po-ta-la）宫的新佛堂开光。桑普（gsang-phu）寺、贡塘(gung-thang）寺、噶觉绥（bde-skyor-zul）三寺、哲蚌寺、色拉寺等处的讲经院的诸位讲经者和郭雅（sgo-yab）等处禅院的所有上师前来觐见其，并各自祈请佛法以如其所愿。门（隅）[143]和工布地方的所有礼品送至。止贡（vbri-khung）寺住持尊者吉丹衮布（rje-vjig-rten-mgon-po）为了亲见其，特邀卦师尊者衮噶仁钦(rje-kun-dgav-ren-chen）前往拜见，（二人）抵达拉萨后，于大廊厅（khyams-khra-chen-mo）中（得以）觐见，其赐予灌顶、秘法及无数语诀，满足了（彼等）之心愿，大王（顿月多杰）为止丹寺（vbri-ldan）的两位活佛奉上无数供云。

第十节　却吉扎巴益西贝桑波与王顿月多杰建立福田与施主的关系

此后，其动身前往雯（von）地区，在门卡（smon-mkhar）地方福田与施主相见，抵达寺院之后，赐予（众人）礼物。其任命了乃囊(gnas-nang）和噶丹玛摩寺院的新住持。其驾临泽（rtse）地，赐予了诸多佛法。一路上从雅加地方就供奉其，而且大王（顿月多杰）前往羌塘迎迓。其于九月上旬驾临珠穆卡热(jo-mo-kha-rag）附近的达孜宗，看见（珠穆）卡热之圣地，并为大王（顿月多杰)、施主与福田授以了无上时轮灌顶。自该月二十三日，其正式闭关修行。在闭关修行期间，著有《六大加行道法》（chos-drug-lung-sbyor-chen-mo）。

藏历铁鸡年（1501 年）的新年之后，其著有《玛雅修法之种》(mva-yavi-sgrub-thabs-son)。其于梦中梦见好似骑着大象而前往雪山，而后抵达之时，见长而大的一条龙盘踞在云雾之中，驾驭着青色的乘骑，从西方前往西北方。在其头顶之云中，雷声轰鸣而长久。其看见了此等征兆后，即想起德钦羊八井（bde-chen-yangs-pa-can）寺院之征兆。夏天，其将驻地迁移至玉杰（gyul-rgyal）之城堡，而后在闭关之时，著有《四座曼陀罗仪轨》（gdan-bzhivi-dkyil-chog）与《僧众之增益次第行相说》（vdus-pavi-skyed-rim-rnam-bshad）等许多部著作。其看到珠穆卡热(jo-mo-kha-rag）排除了干扰，并获得了成就。因为在梦中看到佛宝塔天然之光闪耀，于是其按照此征兆修建有尊胜佛塔。在闭关中，由于(彼等）未得到解脱，其遂赐予大施主、施主与福田时轮圆满灌顶以及菩萨心戒。

藏历九月二十六日，施主与福田一同从曲沃日[144]出发，而后抵达伦布载（lhun-po-rtse)，其为大王赐予金刚手大势至[145]大轮之灌顶等，并赐嘉木钦丹萨巴（byams-chen-gdan-sa-pa）六法等等。其在法会上为多康(mdo-khams）的嘉敦巴（rgya-ston-pa）等许多人赐予了佛法与如云的货财，大王（顿月多杰）奉上了许多稀世之宝。在斯波山（srin-po-ri)，其供奉了德却让迥（bde-mchog-rang-byung）并且祈愿。因为委任了强卡(byang-kha)地方政权的继承人，自雅加地方（开始)，（继承人）年长而有德的兄长亲自承侍其。十一月六日，其驾临(丹萨)梯(寺)[146]，（众人)供奉的礼品如云。为得到解脱，其制作了身背高达十八卡[147]的无量光金铜合金(佛像)。此时，大黑天[148](向其）敬礼之梦兆出现。

藏历水狗年（1502 年）元月十日，其为（丹萨）梯（寺）的轨范师与亲教师等许多人赐予“胜乐五神之灌顶”，并著有《密乘修供续》(sgrub-mchod-kyi-rgyun)。其将大佛迎请至（丹萨）梯（寺)，完成陀罗尼装藏后，藏历四月之上弦日进行了开光。其按照（丹萨）梯（寺）之先后之惯例，赐予喜宴与圆满布施等。此后，其于曲瓦（chu-bar）地方发放犹如山一样的布施。其驾临泽(rtse）地与琼结[149]地方，并在林园之中闭关修行。在底斯（ti-si）发放犹如山一样的布施，因为吉祥山神（dpal-ri）之降临，其修建有佛塔并予以开光。其驾临伦布岗（lhun-po-gang），各种大神前来敬奉其，为堪布雅桑京俄（gyam-bzang-spyan-snga）等人授比丘戒。其又驾临松赞（srong-btsan）地方，为所有大施主们施以圆满时轮之灌顶。为殊胜寺院的（僧侣们）施以四手护法之加持，并且认定此为护法神。其又在乃东（sne-gdong）与扎卡(brag-kha）地方，施主们觐见其，其赐予了金刚界之灌顶等。此后，其抵达（丹萨）梯（寺），赐予（此寺僧人）诸多的佛法与灌顶。土官将其短途护送至杰桑（rgyal-bzang）地方，而后其抵达吉雪。大王（顿月多杰）从澎波王（vphan-yul-rgyal）的沟头即将堆龙德庆[150]寺的僧人及属民户之礼品献上，而后其驾临（此地）。

藏历八月二十八日，以大王（顿月多杰）为首的众人迎迓，而后其驾临阿绛秋益希（ar-byang-chub-ye-shes)的却溪[151]那赞顶(gnam-rtseng-lding)。因为法王噶玛巴同时坐于中间，故此共同拜见。但因为大施主闭关修行，又由于佛教的身像出现意外而且众化机[152]法缘不足，所以未能亲自拜见。师徒双方考虑不能（因此产生）分歧，也极少（有人会如此），众人颔首赞同。九月二日，其赐予大王（顿月多杰）长寿鼓音之灌顶百余次。此月的六日，其为认真审校、刻印《蔡巴甘珠尔》经函，赐予许多财物和工具，并为两百位大德献上了能维持僧众生活的所有却溪，并为所有新人授予居士戒。其于十月五日出发，经过宁仲（snying-drung）行至达隆塘(stag-lung-thang)，为法王之弟兄赐予金刚界之灌顶等诸多教言，而且满足了所有参加法会者对于佛法与财货的愿望。

此后，其被迎请前往止贡（vbri-khung）地方，路上如是做了利他之事，当抵达洽当浦（ja-ldang-phug）（时），法王陀卡瓦（thog-kha-ba）师徒前来迎迓，而后抵达采乌卡（mtshevu-kha）之大寝宫。城堡上的大小官员亲自供奉，敬奉法王叔侄的礼品有僧粥、财物和服装等。十一月四日，其驾临（丹萨）梯（寺）后，著有《供奉与救度之赞词》，为堪布、轨范师、法王等上师们赐予灌顶和诸多教法，并答应为法王叔侄赐予百次长寿灌顶和时轮灌顶等。

藏历水猪年（1503年）新年的元月二十八日开始出发，法王将其短途护送至惹擦卡（reb-tsha-khar）地方，其驾临藏北各地并为两万余人行利他之事；其莅临当雄等地，并供奉了月贡寺（yor-dgon）的十万佛塔；其看见护法神前来迎接以及示现庄严美丽之姿。其抵达增顶（rtseng-ldeng）之后，（由于）一切顺缘，大王（顿月多杰）经常供奉。在考察寺庙方位之时，其正好看到了八神山（lha-brgyad-kyi-gangs-kyi-ra-ba）中间的名为心形食子[153]山以及位于念青唐古拉[154]东方的大乐山。其从三月十三日开始做了三天的乞地[155]仪轨，并在第三天的黎明时分，从梦中看到了妙善。而后在此月的二十四吉星日，运用时轮坛城和腹行分别心仪轨等，进行（建寺）吉祥之破土仪式。其年届五十一岁的水阴猪年四月十九吉祥日，奠基了含有七十六根柱子的佛殿以及大喇嘛寝殿和僧房一百九十七间。此月的二十三日，其以大量供品敬奉三宝之时，也派人前往拉萨、桑耶寺等地献供，祈祷建寺工程无碍。遵照大王（顿月多杰）的指令，卫、藏、康、卓等地的无数工匠前来修建。九月之前，佛殿上下以及周围两层小楼全部工程基本完工。九月二十三日，大殿[156]开光之供品由王仁钦坚强（sa-skyong-rin-chen-rgyal-mchog）敬献。自则（拉岗）、止（贡）、达垅等地众人敬献有庆功茶。此时，其赐予了许多讲经与教言，并赐予新弟子们戒律以及诸多灌顶与佛法，并创立了许多的成规。其驾临乃囊（gnas-nang）、曲水的官寨，而后复又驻锡于乃囊并行利他之事。

藏历木鼠年（1504年）新年，其讲解了《集学论》[157]等典籍。其为回答洛沃·却杰罗追坚赞（glo-bo-chos-rje-blo-gros-rgyal-mtshan）提出的“雪域与底斯（te-se）有何不同？”等问题，故写有《智者之耳饰》。其离开觉隆（skyor-lung）[158]和鲁木巴（lum-pa）等地，从桑耶渡过了大河，在则（拉岗）与施主会见。后又返回其驻地，以佛法与货财施予此地所有供奉礼品之人，并为塑造羊工颇章（yang-dgon-pho-brang）新佛像的人们写了吉祥颂词。此后，下令于此塑造背高六卡的弥勒佛金像。此后塑造完成，其亲自开光后，赐予门（隅）寺庙作为主供佛像，并在底斯（te-se）建立了山洞修行基金。

藏历七月六日，其在乃东寨（sne-gdong-rtse）为地方官请求册封，并为活佛却贝益西（sprul-sku-chos-dpal-ye-shes）长久之事业敬献有马匹，其于赡部洲之主洪吉（mdzam-gling-bdag-po-hung-ji）座前予以赏赐。总之，雍巴苯仲才旺（gyung-pavi-dpon-drung-tshe-dbang）在江孜（rgyal-rtse-ba）举大军，遍及江绒（rgyang-rong）地方，当（雍巴苯仲才旺）身陷囹圄之时，交代主要是洛兑巴（lho-stod-pa）之需要，并手拿其印信，遂向江孜（rgyal-rtse）进军。故仁蚌巴（rin-spungs-pa）君臣对洛兑巴（lho-stod-pa）甚为不悦。此时，所有军队集于噶摩林卡（dkar-mo-gling-kha）。若洛兑巴决定撤军的话，因为（洛兑巴）以前长期系（却扎益西）之施主，遂（却扎益西）心生慈悲，请求主仆们要保持安定，溪卡也听从其令。由于赐予部分土地，故使这场(战争）得以平息，之所以使洛兑巴的政权稳固皆是此法王（却扎益西）之恩德。仁蚌（rin-spungs）从结喀瓦却载札巴仁钦（rgyal-mkhar-ba-chos-mdsad-grags-pa-rin-chen）之手中抓获贝琼（spe-chung），所抓获的人员于午后抵达，（次日）早上法王便赏赐了皈依之人员；对先前过来的人员法王亲手施以灌顶，并使贝琼得以安稳。之所以使贝琼得以存在，也是此法王（却扎益西）之恩德啊！

如是，其驻锡于琼结（vphyong-rgyas）地方，并做了许多的大功业。后经泽查（rtse-brag）、卡塔玛（kha-thar-ma）等地返回驻锡地。在上述所有地方，赐予嘉顿本南喀巴（rgya-ston-dbon-nam-mkhav-pa）等许多人以教诫和佛法，尚完成授予许多人比丘戒与近圆戒。其莅临泽（rtse）地之后，为地方官之妻勒措杰摩（legs-vtsho-rgyal-mo）的首次抵达，赐语祝福，并为麦康巴（sman-khang-pa）剃度出家。

又在之后的藏历木牛年（1505 年）新年，因为各个溪卡（送来）礼品，其遂赐予无数佛法与灌顶。其驾临乃乌（sne-vu），为哲蚌寺（vbras-spungs-gdan-sa）的贤者大德赐予了佛法与灌顶。二月十一日，大王(顿月多杰）等所有福田与施主抵达了布达拉（po-ta-la）[159]，并为郭雅丹萨巴仁钦（sgo-yab-gdan-sa-pa-rin-chen）与札巴纽（brag-pa-snyug）等诸位法王讲论了许多佛法。后来，其经过囊泽（snang-rtse）、乃囊(gnas-nang)、门卡(smon-mkhar)等地，驾临羊八井寺[160]，并开始在佛殿柽柳女墙上绘制了油漆画，尚赐予所有僧众所希求的各种佛法。此时疫病略有发生，由于其向三宝祈祷以及应答地方神的承许，遂使（疫病）止息。其建立了诸多无上坛城之供修，并得到了四面八方寺院之盛赞。传说昔日曾出现有龙头在云隙间吼叫之征兆，因为以前第二世红帽系活佛贝喀觉旺波（dpal-mkhav-spyod-dbang-po）曾在离此地不远处的洞穴中修行过，故将此地称为“喀觉宫殿”（mkhav-spyod-pho-brang）。此后其预言：“未来之时，此地即是吾之住所。”根据其本人所著的《青莲花之双垂璎珞传》（rtogs-brjon-autpalavi-do-shal）中记载，此（预言）大约出现在其五十四岁时所写的传记之偈颂中。

第十一节　却吉扎巴益西贝桑波晚年所做的事业

此后，其（却扎益西）在羊八井寺修造了大佛及其弟子之塑像；为历代红帽系活佛修造了金像；于护法神殿中塑造有按噶玛噶举规制和印记的护法神像。在所有上下佛殿之中绘有庄严的壁画，尤其是还绘有麦塘巴（sman-thang-pa）、药师佛（sman-bla）、不空成就如来(don-grub)[161]和智悲佛像。因为佛殿内外的所有工程同时竣工，其言道："像这样竣工之快、清净无杂、大顶饰的（建筑），以前是未有过的。"在吾很小的时候，即听说过（此事）并得以知悉（如上）。在前方草坪上，麦塘嘉木样巴（sman-thang-vjam-dbyangs-pa）穿着缎制的靴子，手执绘画的炭笔，于展开的锦缎布面之上绘制大佛像，书以彩色文字，并将各种颜色锦缎剪裁，而后拼接完成一幅非常大的锦缎佛像。据说在之后的开光仪式等时刻，出现有许多的奇异征兆。绘制如此之大的缎制佛像，不仅未有弹墨线，而且连一次也没有画错，并没有做任何修改。吾想这除了有优秀、聪明的画匠外，主要是法王（却扎益西）的大慈悲。刹土神使人说："因为兜率净殿的柱子中有腐烂之味，需要其前来更换。"而后至马年（1510)，由于柱子下的根基下沉，后将腐烂严重的柱子截断，其以神变进行维修。此时，大威势王（mthu-stobs-chen-po）之军队抵达耶拉净(gye-bla-vbring）地方，故所有人（向其）求救。其一个月又十天抵达，而后使战争止息，为许多的部落酋长进行无畏施之法，使（彼等）得以解脱。其年届六十岁的藏历猴年（1512年）之时，吾接受了（法王却扎益西）之出家教诲。

此时，汉地使者们抵达，赐予其诏书及大量礼品。此时，大王（顿月多杰）逝世，其以末劫仪轨（dus-mthavi-cho-ka）追念。其前往吉耀(skyi-gyor）之途中，为诸人行利他之事，而后驾临丹萨梯，做了许多殊胜之功业。后来又驾临羊八井寺，其建有面积为一百多根柱子带有走廊的殊胜弥勒殿，并承诺建造弥勒像。其于梦兆之中，观见了佛陀释迦牟尼正在讲法，故按照此梦境建造了高大的释迦牟尼金像。其承诺要书写金汁大藏经《甘珠尔》（bkav-vgyur)，并发誓要书写大藏经《丹珠尔》

(bstan-vgyur)。其于美貌吉祥的棕色空行母之第五世转世——杰尊玛聂札桑摩让琼（rje-btsun-ma-snyan-grags-bzang-mo-rab-byung）与盖崔玛[162]身前修行，并闻习了许多佛法，成为了（彼等的）根本弟子。大贤者绛木贝样齐美白桑波（vjam-pavi-dbyangs-vchi-med-dpal-bzang-po）随从其闻习了许多佛法，不但心中得到了信仰，而且祈请得到《大手印注疏之心著》。其赐予止贡官员普隆巴（phu-lung-pa）增上缘，而后授予沙弥戒，并赐予所需求的佛法。其庄严地委任珠康巴（vgrus-khang-pa）师徒二人为止贡寺之住持，并将同族的优秀年轻者委任为（丹萨）梯寺之住持。其再三迎请第八世噶玛巴法王驾临工布，尤其是还邀请了官员却迥瓦（chos-skyong-ba）。其言道："在他（第八世噶玛巴法王）未亲口答应抵达期间，无论遇到何种情况我也不会前去，永远会等在这里。"第八世噶玛巴法王本人虽然乐意前往，但寺院的人们请求不要去。藏历猴年（1512 年），（第八世噶玛巴法王）驻锡于载（rtse）地时写的手书中曰："吾虽然乐意前往会见，然寺院的人们意见不统一，故无法前往。"为了前往（彼处），（第八世噶玛巴法王）置呈文于头上言道："吾之上师的尊前若没有其他人的话，即像吾呈文中所言，容许吾前往吧！"其遂以手抚顶，言道："如此我就不必在此等待了。"旋即从载(rtse）地出发，地方官员亲自护送其至贡塘（dgon-thang），而后其曰："此丹萨梯（gdan-sa-thel）（寺）之职位对我甚为有害。"但仍急速前行，而后为拉萨觉卧[163]大佛敬奉了坐床，并抵达了羊八井。其派人到第八世噶玛巴法王座前说，祈望能于上工布地方相见，并下达命令要求官员却迥瓦（chos-sky-ong-pa）返归。后其（却扎益西）于七十二岁的藏历猴年（1524 年）十一月二十五日圆寂，为其修造的珍宝舍利塔为银质佛塔。

第十二节　却吉扎巴益西贝桑波的主要弟子及其事迹

总之，此法王（却扎益西）名声远播而清净笃实，于修法注疏、坛场仪则问答诸等，所造论典颇丰；词与义曼妙多姿，简略得当，透彻而公允，故而（其）超群绝伦于他人，俱乃实有啊！其弟子还在主要传记的附言中说，此时之卫藏（dbus-gtsang）、塔工（dwags-kong）[164]、阿里（mngav-ris）等所有地方被灾难所困扰，其赐予无畏施之法，所有的上师和官员都将其视为唯一之救星。其在羊八井寺迎请的主要大师是那塘（snar-thang）寺的大堪布喜饶贝丹巴（shes-rab-dpal-ldan-pa）与后来的轨范师根敦桑(slob-dpon-dge-vdun-bzang)。其主要的弟子是达垅法王南杰札巴(rnam-rgyal-grags-pa）等人。总之，未曾祈请过一切种类大小佛法而成为其弟子者，在藏地的上师和官员大概没有啊！（执掌）第一世噶玛巴都松钦巴(dus-gsum-khyen-pa）之身、语、意之功业五座寺院，尤其是语业方面遍传寺院的著名司徒扎西班觉(singhu-bkra-shis-dpal-vbyor）主持政教两方面的事务，并满足了所有信众在佛法、灌顶等（方面的）要求。特别是依止尊者本人的预言，认定了第八世噶玛巴法王之转世，并首次做侍从，（司徒扎西班觉）对于噶玛噶举教派之贡献巨大。

总之，此时尊者塔杰钦巴（thams-cad-mkhyen-pa）又抓住了最后的几日时间，但每次除了与法王见面外，很难求得佛法。法王本人根据机缘以密宗略作加持，愿获得诸多佛法者们只能向国师仁波切与尊者司徒之昆玉仲普（vbrong-bu）国师等人求教；讲经以及授比丘戒和近圆戒则由至尊嘉色(rje-btsun-skya-se）去做，故依据功德者们之听讲记录，弘扬教法者极多。大慈法王那措让追（sna-tshogs-rang-grol）显然就是仁蚌巴（rin-spungs-pa）的执事僧之转世，也是第七世噶玛巴法王之根本上师的殊胜依止，同时又是最著名赐予密咒究竟教诫的大弟子。（那措让追）任大慈教法寺之住持，完全达到了修行之断证[165]，他敬献财物将拉萨的旧金顶改换为新金顶，并修葺了旧寺；尚考虑修复如来法坛之净殿，但是鉴于整个藏地的福报不足，又因部落战乱，未能修复。（那措让追）从此地的所有河流中搜寻金银写就了《甘珠尔》（bkav-vgyur），并将《十万密续》（rgyud-vbum）敬献给第八世噶玛巴法王，还将其他经典赐予所有噶举派寺院和后藏所有的大寺院。此后，（那措让追）贵体微恙之日，言道："观见白云一片自东方那边而来。"（次日的）早晨，彩虹环绕的一团白云，从山顶飘向远处，而后逐渐向这边迅速飘来。问道："会飘到寝宫顶上吗？"（那措让追）回答道："（白云）会径直飘至我的坐垫的案帏[166]处。"（那措让追）双手合十，看着此团白云，前去迎请尊者塔杰钦巴（thams-cad-mkhyen-pa）。（那措让追）言道："我作为仆从，将前去无垢空行。"此后，（那措让追）本体变为彩光而消逝。

噶玛巴札仓之扎斋热绛巴索南热觉（gra-sgres-rab-vbyam-pa-bsod-nams-rab-vbyor）向此法王（却扎益西）祈请佛法语诀，而后生起了妙胜证悟。因为在邬由（vu-yug）地方的一座山中小庙修行，故清楚知悉法王（却扎益西）圆寂之事，自闭关之后，其便达到了一切清净。之后，其遇见法王（却扎益西）的遗体火化，故极为虔诚祈祷，遂听到火化法王（却扎益西）之心的声音。当将烧施物[167]置于供奉之小门后，又出现于其怀中。据说出现奇异之舍利，他本人亲自所见。

恰嘉木样扎西南杰（bya-vjam-dbyangs-bkra-shis-rnam-rgyal）乃是第七世噶玛巴法王主要的亲传弟子。总之，至尊嘉色（rje-btsun-skya-se）、法王赤来巴（rje-vphrin-pa）、都夏巴（dus-zhabs-pa）等人依止其成为了大学者。（彼等）著有《宝行海》（nor-spyad-rgya-mtsho）等世间法之论典以及《四大部教义之关系》等诸多重要论典。由于威严法轮时劫衰落，复建莲花庄严之僧侣部[168]，从（政教）两个方面做了（很多）

法事。

至尊嘉色多丹（rje–btsun–skya–se–rtogs–ldan）家乡是北部达垅巴（stag–lung–ba）附近的嘉色部落。先前未出家之时，名为嘉色阿衮（skya–se–a–mgon），所有宾客和野兽略闻其名皆颤栗，故做了强盗之首领。此后，其快到六十岁时，开始抢劫一部分客人。彼等进攻时，用刀剑射中一匹怀孕的母马，剑将母马的腹部划破后，小马驹掉了出来，母马用舌头舔着小马驹，其看到此情后十分悲痛，即前往贡钦降贝桑波（kun–mkhen–vjam–dpal–bzang–po）尊前剃度出家，为此尚准备有一块禁门[169]白色金刚坐座以及修习佛法的吃穿生活费用，并立下誓言将要漫游到妖魔鬼怪中，去完成人间所有神佛和魔鬼的全部事情。其从法王却札嘉措（chos–grags–rgya–mtsho）修证了六大手印佛法。王顿月多杰（don–yod–rdo–rje）等卫藏地方的所有大人物皆敬奉其为根本上师。称为多丹盖达巴（rtogs–ldan–vgal–ltag–pa）的大智慧者写有许多首劝请诗，虽在将来得以相见，但对所谓的“黄色米拉日巴”有极大信仰，将以前之忏悔和正确之赞颂献上，并受一生出世戒，圆满完成且利益前世法王之剩余事业以及工布的所有佛法，执持密修佛法犹如（保护自己的）眼睛一般，临近享年九十岁之时，圆寂于札松雪喀(brag–gsum–zho–kha)[170]地方，塔也建于此地。其弟子僧团众多，早期的弟子有多丹斋钦（rtogs–ldan–kre–chen）和斋琼（kre–chung）二人，具有很好的修证，因英年早逝，故未有亲自做利他之事。

此后，其弟子斋钦那木喀沃色瓦（kre–chen–nam–mkhav–vod–zer–ba）是以后桑耶秦普（bsam–yas–mchims–phu）修行院之上师；斋琼却吉嘉措（kre–chung–chos–kyi–rgya–mtsho）是如此著有《白金刚等至尊嘉色之传记》，帕木地方的仁波切贡巴（rin–po–che–sgom–pa）师徒和庄园主仁蚌巴（gzhis–ka–rin–spungs–pa）等对其虔诚信奉。贡钦（sgom–chen）有众多弟子，主要弟子名称为至尊达木巴（rje–btsun–dam–pa）即洛卧却吉贡噶卓强（glo-bo-chos-rje-kun-dgav-sgrol-mchog），其是降达伦（byang-stag-lung）之法王昆仲，也是卫藏之上师以及大部分寺院之住持。斋钦和斋琼二法王出生地非朱倭（kre-bo）地方，而由于彼等在楚布任斋卧之职，故而得名。

出生于康区的喇嘛如巴萨丹嘉措(bla-ma-ru-pa-bsam-gtan-rgya-mtsho）除了吃一些具有营养的药外，不吃任何食物，主要依止修行，任果波京俄扎西岗巴叔侄之上师，并护持耶达(gye-dwags)地区之事业。其主要弟子有恰波多丹巴(byar-po-rtogs-ldan-pa)，具有甚高之行教诫[171]圆满证悟，传说其具有神通。虽从乃东寨（sne-gdong-rtse）和丹萨梯(gdan-sa-thel）郎拉斯(rlangs-lha-gzigs）之知事僧未有邀请，但建有信任之住地，并制作了护身结，其弟子有赤列弩巴喇嘛摩拉木嘉措（vphrin-las-nus-pa-bla-ma-smon-lam-rgya-mthso）等人。其他还有那普却培瓦(nags-phu-chos-vphel-ba）昆仲等至尊嘉色的许多弟子。

大修行者秋普瓦（chu-vphur-ba）是以前法王帕木竹巴[172]的弟子，名称为珠托娘惹色卧（grub-thob-nyang-ras-se-bo），其承认是大修行者噶玛巴什之幻化身，其利用幻化降服了桑普瓦（gsang-phu-ba）。其曾想前往印度降服外道徒众，（走到）桑普地方出现有不好之征兆，故又前往多康地区。（路途中）一头白色的骡子死在玛沁博热（rma-chen-pom-ra）地方附近，其遂知悉于玛沁博热地方有不祥预兆,故而进入能看见雪山的修行洞，取来积雪做出玛沁雪山的模样，找来一桶酒倒出后自饮，由于（酒）水的出现而使其融化，伴随模型的融化，玛沁雪山也自然消融,其融化的痕迹至今犹存。面对此（不守戒律之举），玛沁山神给予容忍。后来，他全身心彻悟悔改,前往敬献出一百〇八匹骡子。却听到言道："这次我不需要，将来需要时再来献吧。"此后，赐予了许多教诫和未来之预示，将其作为伏藏埋藏起来。此后，大成就者诞生之时清晰记得原来伏藏地方而得以挖掘。转玛沁雪山时，见—匹白色骡子带路，后面还有一百零七八匹骡子。此后其言道：“因出现有一匹白色骡子,现在事已圆满完成。”故而终止其前往。后来传闻,此乃岗木布多吉贝斋（kma-po-rdo-rje-dpal-brtsegs）及其神山所为。总之，因生起自性证悟，故认定了噶玛巴第七世为根本上师。听说在康区曾出现有江水飞越天空之象,故而得名曲普瓦（chu-vphur-ba）。

注释：

［1］zhwa-dmar-ba 音译作夏玛巴，系指噶举派红帽系活佛。

［2］喀觉旺波 （1350~1405 年），系藏传佛教噶玛噶举红帽系第二世活佛。系藏北南雄切玛隆地方人。7 岁时出家，于黑帽系第四世活佛若必多吉尊前听闻诸法，起法名为益喜贝。18 岁受比丘戒。后从上师绛仁学习慈氏法要、因明及律藏诸法。明洪武十一年（1378 年）创建达孜南吉寺。洪武十九年（1386 年）又建噶丹玛摩寺。后收徒传法，曾任黑帽系第五世活佛德新协巴之上师，传授那若六法及中观教理等经要。

［3］现译作多麦，古译脱思麻，别译野摩塘，在今天青海省青海湖西南和黄河流域一带。

［4］康马县在今天西藏南部江孜与亚东之间，南与不丹接壤。

［5］前藏地区的总称，意指中区卫藏四翼之“卫”。

［6］mi-ma-yin 译作非人，意指鬼神等。

［7］ting-nge-vdsin 意指三摩地，略作三昧，乃是定、等持之意，即于所观察事或于所缘，一心安住稳定不移的心所有法。

［8］dpal-gdong 译作瑞颜，即癸酉年、水鸡年的异名。

［9］vbrug-zla 译作龙月、辰月，即藏历三月。

［10］yi-dam 指密乘的不共依怙主尊佛及菩萨。

［11］mngon-mkhyen 意指全知全能的神通与智慧。

［12］bcom-ldan-vdas 出有坏即是指世尊，为佛的别号，梵音译作薄

伽梵，“出”谓之超出了生死涅槃两边，“有”谓有六功德，“坏”谓之坏灭四魔。

［13］gtor-ma 译作食子、朵马。系由糌粑捏成用以供神施鬼的食用丸子。

［14］yul-lha 可译作土地神、当方神、家乡地祇等。

［15］zhing-skyong 意指守卫方土、神山等等的护法神祇。

［16］即是指上述的“郭兴巴”而言。

［17］此处 rten-vbrel 系 rten-cing-vbrel-bar-vbyung-ba，缘起之简称。

［18］mkan-po 在此意指亲教师。梵音译作邬波驮那，指传授出家戒或近圆戒的僧侣。

［19］据说，贡钦嘉木贝桑波是证果者，亦是尼木宗祖传的执事僧，而且他依止历任噶玛巴为上师，下传了五代，在贡钦绒博（kun-mkhyen-rong-po）身边精学了一切经藏，尤其是依止法王统瓦顿丹为根本上师，完成了真如法性之教言；修证于根本处直入一境并加持，随从塔布噶举（dwags-po-bkav-rgyud）诸位大修行者，成就了贤能、清净、圣妙之殊胜。

［20］该县在今天的西藏自治区东北部，与青海省连境，县人民政府驻地热扎卡。

［21］西藏自治区东北尼洋河上游地名。

［22］达孜，意为虎顶、虎峰。地处今西藏自治区中南部。“达孜”一名有几种说法，一说境内有山，形似虎，左前爪伸向平坝玩耍，故得“达孜”（意为老虎玩耍）名；一说为纪念古时战死的英雄，取百兽之王“虎”之英勇含义。该地名也曾译作“打则”“打孜”“打者”“格泽”“澎波达孜”“第巴达克匝”“巴达克泽宗”等名。

［23］sku-mtshams 意指一种定时谢客、独居修行的宗教活动。

［24］dkon-brtsegs 乃是 dkon-cog-brtsegs-pa 之简称，译作《宝积

经》。全书共四十九品，后来分别由梵文、汉文，以及于阗等西域其他文字译成藏文。

［25］或译作“在岩窟的顶部”。

［26］de-mo 译作德木，乃是今天工布地区的一个地名。

［27］工布地方一神祇，乃是西藏十二女护法之一。

［28］此处之 vkhor-lo-bde-mchog 乃是密乘无上本尊泗鲁迦之异名。

［29］vjigs-byed 乃是大威德之意，梵音译作威罗瓦，是以凶暴威猛之势慑服一切魔障的一位无上密乘本尊名称，亦是“阎罗”“罗刹”“大天”“梵天”“帝释天”之异名。

［30］dbyangs-can-ma 译作妙音天女或妙音佛母。据古之传说，微风拂动南海之时，海中的动物与静物均发出了悦耳之音，大梵谛听多年，十分喜欢而心醉，后来众多声音合为一体幻化而为妙音仙女。

［31］此处乃是 dgyes-pa-rdo-rje 的简称，意指喜金刚。

［32］yul-gyis-bsgribs-pa 译作外境无遮。外境系指有境或内心以外，根及识之所取如色、声、香、触、法等事物。无遮即是指自性并不妄惑，无障碍。

［33］rgod-pa 译作掉举。因想念贪嗔的对象，而心生放逸，不能宁静安住，佛书称其为掉举，乃是二十随烦恼之一。

［34］藏传佛教教派之一，亦称“布敦派”。

［35］布敦·仁钦朱（1290~1364 年），元朝译为“卜思端”，藏族佛学大师，乃是夏鲁派创始人。后藏夏卜麦地方（今西藏日喀则境内）人。其生性平和、谦恭、聪颖，幼年随从母亲学习藏语文及读诵佛经，对所学教法能过目不忘。元元贞二年（1296 年），向大菩提粗普瓦发大乘愿。元大德二年（1298 年），求取萨迦派胜钟坛城四灌顶，受持明戒。大德十一年（1307 年），于堪布仁钦僧格贝桑布和大师索南贡布座下剃度受沙弥戒，聆习三藏（即毗奈耶藏、阿毗达磨藏、修多罗藏）经典和五部大论

(即释量论、现观庄严论、入中论、戒律本论、俱舍论)。元皇庆元年(1312年),从堪布勋努扎巴贝受比丘戒。后随从著名大译师堪布塔尔巴学习音韵、梵文等多种语言。皇庆二年(1313年),其致力于佛法的讲、闻、修诸业,常云游各地讲经说法,广转法轮。曾至楚布等寺宣讲《波罗蜜多经》《因明学》《初级辩理》《大乘阿毗达摩集论》等,并为有缘者传授显密语诀。元延祐元年(1314年),日喀则东南方之夏鲁万户迎请其至夏鲁寺奉为寺主。元元统元年(1333年),大兴土木,重建夏鲁寺,嗣法弟子衍成夏鲁派。其弟子甚多,来自内地、蒙古、新疆、卫藏、安多、康区以及印度、尼泊尔等地区,其中有不少知名弟子。一生翻译过许多经典,对所传密宗典籍做了分析、鉴别、整理等工作,对显教经论亦做了许多注释。首次校勘、修订、编出《蔡巴甘珠尔》,编辑有《大藏经目录》,著有《佛教史大宝藏论》(亦称《布敦佛教史》)等28函,约200余种。

[36] mkhas-btsun-bzang-gsum意指贤正善良,包括了才识精湛、德行严谨、心地善良三者。

[37] 若必多吉(1340~1383年)乃是噶玛噶举派黑帽系第四世教主,即第四世噶玛巴。又名室利达玛格尔提,俄阿拉绒地方(今西藏洛隆县境内)人。幼年被让迥多吉之弟子贡杰瓦认定为三世噶玛巴之转世灵童,遂于元至正十年(1350年)迎请至楚布寺,受沙弥戒,后随从贡杰瓦和雍顿多杰贝等人学习噶举和宁玛两派教法。曾受帕木竹巴大司徒绛曲坚赞和蔡巴司徒格微罗追之邀请,前往蔡贡塘寺传法布教。至正十六年(1356年)元顺帝召其进京,翌年受比丘戒。至正十八年(1358年)起程赴京,途经青海宗喀地方时,为格鲁派创始人宗喀巴授居士戒。至正二十年(1360年)抵达北京,觐见元顺帝,为顺帝父子讲那若六法,传授方便道及金刚亥母灌顶。至正二十五年(1365年)返藏,沿途建寺传教,广结善缘。明洪武元年(1368年)明太祖朱元璋即位后,召其至京,

未前往。遂于洪武七年（1374年）遣使至南京，向明廷进贡。此后，一直与明廷关系密切，按期进京朝贡。

［38］sgrub-pa 译作正行，乃是四谛十六行相之一。灭颠倒心，行无倒心，行向涅槃，故名为行。

［39］rkyen 意指缘，即指外因而言。

［40］sgam-po-pa 即是塔布拉杰。

［41］塔布地方乃是松赞干布时划分的前后藏之五大翼中腰如的一部。后来改为加查、朗、拉加里、匝鲁拉木吉和金东五个宗，大约在今天的西藏自治区加查县和朗县境内。

［42］系前藏山南地区一地名。

［43］此乃 rlangs-pa 的简称，乃是五比丘之一，也可据梵音译作“婆师婆”“婆湿婆”“婆沙波”。五比丘之一。译曰起气、泪出、气息。佛灭后，窟内窟外结集时，于窟外领界外之大众结集三藏者，即大众部之祖也。

［44］dpyid-vbring 即是藏历二月。

［45］此处之 las-slob 即是 las-kyi-slob-dpon 之简称，译作业轨范师。据《毗奈耶经》云，乃是于僧伽中为受戒者告知白四羯摩之比丘，五轨范师之一。

［46］kha-ston 经忏之意，乃是日常讽诵的经文。

［47］gdan-rabs 法嗣之意，系指寺院堪布与活佛的传承。

［48］玛尔巴·却吉洛追（1012~1097年），系藏族著名佛学家，噶举派创始人。生于西藏洛扎地区，自幼习法，后从著名译师卓弥学梵文，曾先后三次赴印度投那若巴、麦哲巴等名师学喜金刚、密集、大印等密法，返藏后，广收徒众，宜说佛法，形成噶举派，为一代宗师，对藏印文化交流做出了贡献。所唱道歌，分别辑录在《玛尔巴传》《米拉日巴传》等著名传记中，对道歌诗流派的形成有一定影响，在藏族文学发展

史上占一定地位。

［49］原文 gyam–bzang 即是 gyav–bzang 之意，译作雅桑，即今日西藏自治区乃东县地名。13 世纪时，八思巴曾建雅桑万户，元代在此置牙里不藏思八万户府，明代因之。此句实指法王为雅桑噶举等其他派别行利他之事。

［50］sdom–pa 译作律仪、律仪护。意指根本断除了损他行事，能遮能灭恶戒相续之善戒。

［51］今西藏自治区措美县的旧名。

［52］即是纳木错湖，蒙语称之为滕格里海，在今天的拉萨市以北的当雄、班戈两县之间，有波曲河等注入，面积 1 993 平方公里，乃西藏第一大湖。

［53］在今日西藏自治区浪卡子县的中部地区。

［54］rngog–chos 即是 rngog–chos–sku–rdo–rje 之简称，意指鄂曲古多吉（1036~1102 年），乃是西藏佛学家，噶举派远祖玛尔巴四大弟子中，解经传承主持者之一。

［55］此地乃是玛尔巴译师的出生地，玛尔巴·却吉洛追亦因此而被称为洛扎玛尔巴（lho–brag–mar–pa）。

［56］意指供奉、敬礼、歌颂等宗教活动。

［57］sbyar–ba 译作加行，乃是智度七十义之一。为于证德自在故，摄集三智而行合修之大乘圣者瑜伽。

［58］sgrub–rgyags 意指修行者在修行时需用的饮食物品。

［59］bcav–ba 意指副食品，律经常译作啖食、嚼食，梵音则译作珂但尼食。

［60］sdi–snod–vdzin–pa 意指奉行律藏、经藏、论藏的佛学通人。所谓三藏，乃是佛教典籍的总称，是根据诠释之义理划分的。“藏”，写作 sde–snod，梵文音译为“毗支迦”，意译为“箧”或“大斗”，原为盛放东

西的竹箧。另有“括摄”之意，即于所诠中摄集多义。三藏包括十二分教的一切文义、色法以及遍智之间的一切所知。经藏，音译为“素怛缆藏”。于何处为何补特伽罗说，为契合处；叙说世俗谛与胜义谛的一切性相，为契合相；叙说蕴界生处等为契合法；叙说甚深意趣为契合义，此四合称为“经”。“经藏”主要阐述增上慧学，十二分教中的契经、应颂、讽颂、自说、授记、方广、希法都属于经藏之中，凡是经皆为佛说。律藏，音译为“毗奈耶藏”。“毗奈耶”意为“灭”或“调伏”，是佛教为比丘、比丘尼制定的禁戒，以制伏诸恶。“律”主要阐述五堕罪、堕戒因、还净、离堕、依何制戒补特伽罗、所制学处本体、学处名目、抉择犯、抉择未犯等八事，以灭三业罪过。律藏主要宣说增上戒学。十二分教中的缘起、譬喻、本事、本生都属于律藏。论藏，音译为“阿毗达磨藏”或“阿毗昙藏”，意译为“对法藏”。“论”音译为“阿毗”，意为“对观”或“对证”，现证真实性。它有三层含义，第一“证”，即现证真实性；第二“再三”，即由蕴、界、处、假有、实有等再三宣说而显现；第三“威慑”，即制胜各种说法。论藏主要宣说增上慧，十二分教中的议论分属于论藏。

[61] bad-mkhris-kye-bsnyun 译作涎胆之症，系指涎液与胆并病，症见食物不化、口苦、头重、囟门不举等象。

[62] 就其字面意思而言，此地点亦可译作“河北岸”。

[63] 今西藏自治区山南地区一县名。汉译也曾出现过“勒东”“尼东”“耨东”“奈布东城”“亚龙乃东”等异写，藏语意为“象鼻山尖前”。地处西藏中南部、冈底斯山南部、雅鲁藏布江中游，东与桑日、曲松二县，南与隆子、措美，西与琼结、扎囊，北与墨竹工卡等县相邻，总面积 2 213 平方公里。乃东历史悠久，被认为是藏族文化的发源地。约在公元前 4 世纪，第一代藏王聂赤赞普来到雅砻河谷，当时被称为“博域”的地方，人们在扎西次日山上建造了西藏最早的宫殿——雍布拉康，

故民间有“经书”莫早于“邦贡恰加”，农田莫早于“索当”，房屋莫早于“雍布拉康”，国王莫早于聂赤赞普等“四早”的说法。此后，乃东、琼结一带形成古代西藏的政治中心。吐蕃王朝时山南地区被划为五如之一的“约如”，乃东为“约如”下辖之“雅砻东岱”。萨迦地方政权时期，乃东属雅桑万户和帕竹万户领地。帕竹政权建立后废除万户制度创宗溪制，乃东于元至正十三年（1353年）设宗，为帕竹王朝下辖13宗之首，帕竹政权第一代法王在此称乃东王。五世达赖建立“甘丹颇章”政权以后，乃东归属“甘丹颇章”管辖。清乾隆十六年（1751年）噶厦地方政府建立，乃东遂隶属噶厦地方政府，其间被先后分封赐给八世、九世、十一世达赖家族做领地。1911年，噶厦地方政府设山南“基巧”，“基巧”则驻乃东。1959年建立乃东县人民政府，划归山南地区所辖至今，县府驻乃东。

［64］此地应在今日西藏自治区隆子县境内，俗坡达拉山口（sho-po-ltag-la）一带。

［65］lung-bstan乃是预言之意，旧译作授记、别记、悬记等。

［66］vkhrul-pa意指错乱、迷失、迷惑、误失等，系指对于所见自境生起错乱之心识，以是为非者。

［67］sku-grib邪气，晦气的敬称。

［68］sku-rim敬事、侍奉之意，可引申其意为延僧诵经修法以事佛。

［69］bdag-rkyen译作增上缘或奖掖。增上缘乃四缘之一，对于生果能增强势力，譬如眼等五根对于生起自果眼等五识能增强效力，故名增上缘。

［70］rten-ngo-mtshar-can译作灵像，意指具神异灵应之佛像、佛经、佛塔。

［71］却廓伦波的字面意思是“法轮妙高山”，但因在此是一具体的地名，故此音译。

［72］dag-snang 净相，意指清净现分，现见一切情器世间均是净土，均乃佛身、佛智之所示现。

［73］其地在今西藏自治区波密县境内，原为波密第巴、吐蕃第八代王止贡赞普之子怯蚩之后裔噶朗木土王统辖。1928 年，噶朗木土王反叛噶厦政府，爆发了“波密战争”，失败后，噶朗木土王顿堆逃往印度，波密一带归噶厦地方政府直接管理。1913 年，将原波密地方划分为波堆宗、波密宗和曲宗 3 宗，宗本由噶厦地方政府定期委派。曲宗宗本由一俗官担任，辖今曲宗、松宗、达兴、札木、萨镇（绕郭）、噶称等地。

［74］brtan-bzhugs 意指长寿永生、久住世间。

［75］sbyin-bdag 梵音译作檀越，施主之意，乃是寺院僧人对于施舍财货给僧团者的敬称。

［76］其地应在今日的洛扎下曲河（lho-brag-shar-chu）一带，即今西藏自治区措美县南部。

［77］其地在今天西藏自治区洛扎县境内的洛扎怒曲河畔，汉译地名还有“申隔宗”“僧格宗”“森格宗”“僧宗”“申格宗”等。当地群众多信佛教，较著名的寺院有桑嘎古多寺和拉隆寺。

［78］bsngo-ba 意指回向，转变、增长之意。转变轮回因力之诸善根成为大菩提因，增长有尽之诸善根成为无尽。亦即欲求转变、增长自他三世所积一切有漏无漏福泽皆为无上菩提之因，名为回向。

［79］bkav-chos 意指口头给弟子讲授佛法，即口授佛法，常译作“师法”。

［80］phung 蕴、阴之意，表聚集、积聚，指蕴集事物一切差别于一处，故名蕴。

［81］此处的 dus-vkhor 乃是 dus-kyi-vkhor-lo 的简称，意指时轮金刚。系无上之密乘，基道果位一切建立，均与内、外、别三种时会密切联系，故名之曰时轮。

［82］《明史》译作公哥儿寨，其地就在今西藏自治区雅鲁藏布江中游、羊卓雍措湖北面，县人民政府驻地腊麦。

［83］rdo-rje-gdan 译作金刚座，乃是菩提道场，坚固永恒之地。本是中印度伽耶地方一佛教圣地，释迦牟尼等三世诸佛成道之处。

［84］此处 dkon-mchog 系 dkon-mchog-dpang-btsugs 之简称，乃是发誓以表明心迹时常用的口头禅，直译为以“三宝作证”。

［85］yar-ngo 意指初一至十五。

［86］sku-mkhar 译作官堡，意指碉楼官殿。

［87］即修菩提心、修自身为本尊、修上师为本尊、修无分别观和发愿回向。

［88］即今西藏仁布县，系藏语译音，意为多宝、聚宝、宝堆。明代译为“领思奔寨”，后又译为“仁本”“仁绷”“仁朋”“仁蚌”“仁穆”“仁崩”“仑彭”“仑朋”“能本”“林绷”“林奔”等。位于西藏自治区中南部，日喀则地区东部，在雅鲁藏布江中游南岸，东接曲水，东南邻浪卡子，西南为江孜，西与日喀则相连，北与尼木相接，西北是南木林县。总面积 2 130 平方公里，辖 10 个乡，79 个村民委员会，总人口约 3 万。仁布县是通往前后藏的要道，14 世纪帕木竹巴地方政权建立后，在要冲地点兴建宗制，仁布即为首设 13 宗之一。帕木竹巴派其家臣仁蚌氏二人分别任仁布宗和桑主孜宗宗本，至 15 世纪 40 年代，仁蚌家族势力扩大，以仁蚌宗和桑主孜宗为中心建立了后藏地方割据势力，背叛了帕木竹巴。后仁蚌巴被其家臣辛厦巴所取代。至明崇祯十五年(1642 年）辛厦巴家族后裔藏巴汗噶玛登窘旺波被固始汗所杀，之后归属西藏噶厦地方政府管辖，是为噶厦所辖 43 个普通宗之一，宗本由六品官员担任。1960 年 8 月，废宗制，成立仁布县人民政府，隶属江孜专区。1964 年 5 月划归日喀则地区管辖至今，县府驻德吉林。该县地处雅鲁藏布江中游河谷地带，地势东北、东南高，以农业为主兼有牧业，主要农

作物有青稞、小麦、豌豆、油菜籽等；牧畜有牦牛、犏牛、绵羊、山羊等；工业以民族手工业、农畜产品加工业为主，有玉器加工厂、卡垫厂、面粉加工厂、榨油厂等；该县交通便利，主线与中尼公路相通，向东可直达拉萨，各乡均通支线公路。境内名胜古迹有黄教著名寺庙，宣德七年（1432年）修建的强钦寺，寺内有高13米紫铜铸成的大强巴佛像；在该县南部有一被当地人视“神湖”的勇则绿湖，面积约76平方公里，现已对外开放。

［89］dbang-khrid 意指灌顶教导，系密乘的灌顶和指导经义。

［90］sku-mtshams 即指闭关，乃是定时谢客、独居修行的宗教活动。

［91］即是指著名译师鄂·勒巴协绕，曾经师从阿底峡大师学经，著有《中观心论注》等，后于1073年修建了著名的桑普寺。

［92］lhad 本意为杂质，常可引申为存心不纯、不够磊落等义。

［93］前藏塔工地区一大河名，其流域为古代西藏尼洋氏部族聚居地，因而得名。

［94］此处的贝喀觉巴即第二世红帽系活佛贝喀觉旺波（dpal-mkhav-spyod-dbang-po）。

［95］拉萨西南部一处地区名，其地有著名的桑普寺。

［96］aindra-nvi-la 即是蓝宝石，亦可译作帝青宝、帝释青，梵音译作因陀罗尼。

［97］在今西藏自治区浪卡子县中部。

［98］gnam-gang 晦日，即每月最后一日。

［99］前藏山南的一处地名。

［100］工布乃是地名。习惯上分为上、下工布，则拉宗以上沿雅鲁藏布江的地带为上工布，以下为下工布。

［101］mchims-lha 译作钦氏神。钦氏又称琛氏、綝氏，乃是古代西藏一个氏族名称，其地在今天西藏扎囊县的属钦沟。

［102］nag-phyogs 意指罪恶，佛书常译作黑品。

［103］sa-chog 意指修建寺院时的破土仪轨。

［104］rig-byed-pa 亦译作韦陀论师，即古印度奉祀梵天、受持韦陀四典的宗教徒。

［105］dkon-mchog 意指至宝，乃是最稀世之珍。未积福者不得见，故曰希；本非污浊之法，故曰无垢；成就自他利益，故曰有力；乃是众生善心之因，故曰世间美饰；最胜第一超出世间；性非可变，故曰不变。具此六德故曰至宝。

［106］gzungs-chen-gra-lngavi-dbang-bskur 意为五陀罗尼灌顶。五陀罗尼即指为塔、像装藏时所用的五种咒文：尊圣佛母陀罗尼、离垢佛母陀罗尼、妙密舍利陀罗尼、事庄严十万陀罗尼和缘起藏陀罗尼。

［107］rten-gsum 即三佛田，佛像为身所依，佛经为语所依，佛塔为意所依。

［108］vjang 绛，即是今云南丽江一带地区的古名。

［109］琼结是西藏古代文化发祥地之一，为雅砻部落活动、居住区的一部分。第八代藏王辞世后，此地便建起第一座藏王墓。从第九代赞普拉脱脱日年赞到最后一代赞普朗达玛的陵墓都建于此。松赞干布与文成、赤尊二妃合葬墓，墓基高大，顶上有一陵庙，供奉有松赞干布、文成和赤尊二妃塑像。金城公主陵下面的青瓦达孜宫，为吐蕃王朝的主要宫殿之一。从第九代到第十五代赞普时期，先后在琼结青瓦山上建了 6 座王宫。到 6 世纪末，在琼结建立了匹播城，这是西藏最早的城堡。吐蕃时期，琼结属于约如青哇青城区的青隆千户所。元至元五年（1268 年），萨迦地方政权在该宗唐波切设万户府治所。

［110］dam-tshig-gsum-bkod 意指释迦牟尼身、语、意三德和合的影像名。

［111］mi-vjigs-pavi-sbyin-pa 意指无畏施，使从怨敌、猛兽等的怖

畏中，得救得益。

［112］sde-srid-phag-mo-gru-pa 帕木竹巴政权。

［113］ 即是指众生怙主、佛。

［114］指第四世红帽活佛。

［115］又称为拉萨河，因流经拉萨，故名。源于念青唐古拉山南麓，流经墨竹工卡、达孜、澎波、堆龙等地，于曲水县流入雅鲁藏布江。

［116］spen-bad 译作柽柳女墙。系藏式建筑中的正房屋顶边缘用柽柳树枝叠累造成的矮围墙。

［117］rnam-sras 多闻子，梵音译作毗沙门。佛经所言北方一位大神。

［118］dgav-ldan 兜率天，亦可译作喜足天、睹史多天，乃是六欲天之一。妙欲资具胜于以下诸天，身心安适，且喜具足大乘法乐，故名喜足天。

［119］在智慧坛场中为佛像、灵塔、经典等灌顶，迎神安住的仪轨。

［120］沃喀系前藏山南地区一处地名。

［121］位于今西藏自治区桑日县境内的一座寺院。宋绍兴二十八年（1158 年）由噶举派喇嘛多吉杰波所倡建，因其地在帕竹，故名帕木竹，而从此寺出家者名为帕竹噶举。元代在此地设有帕竹万户，后来，此寺第八代寺主扎巴僧格之兄大司徒绛曲坚赞击败了萨迦派，建立了帕竹政权。

［122］此名号亦可音译为“厄旺塔杰凯巴”（ai-wam-thams-cad-mkhyen-pa），其中 ai 表示智慧空，意指真如法性之种种相、一切根皆是空，心之法性亦即法性之心；wam 表示方便大乐，因为心之法相有特点三者：由众生直至成佛皆无变异；是能各自了别之内证份；是最不变异之大乐。故厄旺即是法性真如，亦名因位金刚持、第一佛。

［123］yo-byad-rlabs 意为 yo-byad-byin-rlabs 资具加持。力求除治持蓄律中所说之活命、必须、格外等三种资具堕罪所做加持。捧诸资具欲

比丘前口诵加持三种资具咒文三遍，比丘答言“方便”“善哉”，仪式即成。

[124] 觉沃仁波切即是释迦牟尼的报身名。

[125] 即桑普乃邬托寺，简称桑普寺。位于拉萨河以南，公元1073年，由阿底峡的弟子鄂·勒贝喜饶创建，后阿底峡的另一弟子洛丹喜饶加以扩建。

[126] 即布施摄，菩萨摄持众生的四种方法之一。

[127] tsa-ri 译作杂日。今西藏自治区珞隅地区一山名。

[128] 此处 ming-gi-mngon-brjod-sna-tshott 即 ming-gi-tshogs 之意，即是表示事物本身的各种名词，如柱、房、山、人等。

[129] mngav-ris-skor-gsum 即是阿里三围。

[130] gzhis-ka 溪卡，即是指庄园，包括旧时领主们所占有的土地、人民连同住宅在内的地产等。

[131] mchod-gzhis 即是指寺院庄园，乃是旧时寺院占有的庄园，包括土地和农奴。

[132] tshal-gung-thang 蔡公堂寺。其地位于今拉萨市东郊，始建于宋孝宗淳熙十四年，即公元1187年，由宇札巴·达玛循努所倡建。

[133] 此处 rtsub-vgyur 即是 rtsub-vgyur-tshal 之意，译作粗恶苑。乃帝释天所居之善见城南一处林园，有池塘、林木以为装饰，凡人行至其地，即生粗暴之心，故名之。

[134] bde-mchog 胜乐之意。指出现证大乐智道果次第之无上母续及其本尊名，梵音译作泗鲁迦。

[135] 其是仁蚌巴根都桑波之子，其与第四世红帽系活佛结为施主与福田的关系后，大力支持第四世红帽系活佛。明弘治三年（1490年），在其资助下创建羊八井寺（位于拉萨西北当雄县境内）。从此，红帽系活佛的主寺也由乃囊寺迁至羊八井寺。

［136］rje-btsun-mar-pa 译作至尊玛尔巴。其中，至尊系指能为他人引领解脱之道者，犹如舵手，且身、口、意未染不善者，一般用作对菩萨与出家之人的敬称。玛尔巴相传系噶举派祖师。

［137］tshogs-chos 译作会传，意指对信众公开讲说的佛法。

［138］藏语意为如愿成就之顶，西藏日喀则的古名。

［139］引导众生超脱轮回达到解脱和遍智境界者，或为佛的名号之一。

［140］那塘寺，也译为“纳唐寺”，位于今西藏自治区日喀则西南部，由藏传佛教噶当派僧人董敦（1106~1166 年）兴建于南宋绍兴二十三年（1153 年）。当时寺院规模较大，极盛时有僧人 3 000 余人。该寺以编译佛经而闻名全藏，设有藏区最早的印经院，寺内原藏有许多藏文经版和佛教典籍手抄本。13 世纪末叶，该寺住持迥丹热赤曾将寺内所藏大量经典编辑为《甘珠尔》《丹珠尔》（即《藏文大藏经》）。清雍正年间，当时掌管西藏地方政权的颇罗鼐主持刻印《藏文大藏经》，历时两年完成，这就是著名的那塘版《藏文大藏经》。原寺院大殿外檐悬挂有清世宗所题“普恩寺”大匾，寺内还藏有明清两代的不少珍贵文物，有合金弥勒和释迦牟尼的佛像，现文物不存。

［141］byang-thang 音译为羌塘，本意指藏北高原。地处今西藏自治区北部冈底斯山、昆仑山、唐古拉山之间，水草丰茂。

［142］chu-shur 音译为曲水，旧名卓可营子，位在今日拉萨市的西南方。

［143］此处 mon 即是 mon-yul 之简称。其地在今西藏自治区错那县境内，六世达赖喇嘛仓央嘉措即出生于此地。

［144］chu-bo-ri 译作曲沃日，在今西藏自治区贡嘎县境内。

［145］此处 phyag-rdor 即是 phyag-na-rdo-rje 之简称，译作金刚手大势至，其意总集一切佛意，大势为性，手持金刚杵，随侍如来的八大菩

萨之一。

［146］此处之 thel 即是 gdan-sa-thel 之简称，而 gdan-sa-thel 即是 gdan-sa-mthil，意指丹萨梯寺。

［147］拇指尖到食指尖或中指间张开的长度，亦称为虎口尺。

［148］nag-po-chen-po 意译为大黑天，梵音译作摩诃伽罗，佛教护法神之一。

［149］vphyong-rgyas 即今日琼结县所在，地处西藏自治区南部雅拉香波河西面，雅鲁藏布江南面。

［150］stod-lung-bde-chen 译作堆龙德庆，位于今西藏自治区拉萨市西北堆龙河流域。

［151］旧时寺院所属的庄园。

［152］gdus-bya 译作化机、所化，徒众之意。

［153］vbrang-rgyas 译作心脏形食子，系祭祀鬼神的朵马之一。

［154］gnyan-chen-thang-lha 即是念青唐古拉山脉。

［155］藏传佛教密宗所进行的地基仪轨之一，主要是乞求起坛所占土地。

［156］vdu-khang 大殿之意，系寺庙内札仓所属僧众聚会的神殿。

［157］古印度佛学家寂天论述菩萨学处和道果的著作。

［158］此地应该位于今觉摩隆寺（skyor-mo-lung-dgon-pa）附近，该寺始建于公元 1169 年，处于堆龙德庆县境内。

［159］译作系舟岛，旧译普陀或普陀洛，即是佛教中的南海圣地、观音菩萨刹土。

［160］yangs-pa-can，位于今天西藏自治区当雄县境内。

［161］即是 don-yod-grub-pa 之简称，意即不空成就如来，系五种姓佛之一。

［162］dge-tshul-ma 又名求寂女、沙弥尼，属于别解脱七众之一，系

指身心具足沙弥律仪之妇女，梵音译作室罗摩尼理迦。

[163] lha-sa-jo-bo 意指在拉萨身着报身服饰的如来神像。

[164] 今西藏山南地区的塔布与林芝地区的工布两地之合称。

[165] spangs-rtogs 译作断证，系指远离尘垢，得以解悟之功德，即是如来圆满断证之功德。

[166] 遮挡桌子前面作装饰物的丝绸等织品。

[167] res-rdsas 意指烧施物、护摩物，系佛教密宗焚烧杂粮花果等祭神，以息灾求福之物品。

[168] dge-vdun-gyi-sde 系具戒比丘人数达四人以上之僧侣团体。

[169] 意即禁止跨出门槛。

[170] 此地位于西藏的工布江达境内。

[171] 由大师麻吉拉准传出的舍身、施食之教诫。

[172] 元代西藏十三万户之一，《元史》百官志称为伯木古鲁万户。其地在今西藏自治区山南地区乃东县。帕竹噶举为噶举派的一个重要支系，主寺是雅鲁藏布江北岸的丹萨梯寺，创始人为帕木竹巴多吉杰波，宋末元初时，朗氏家族的扎巴迥乃担任丹萨梯寺寺主，后又任止贡替寺的京俄巴。从他开始，丹萨梯寺的住持一直由朗氏家族的人担任，形成家族和教派相结合的地方势力。蒙哥汗将西藏分封给诸弟时，帕竹是旭烈兀的封地，约于此时在帕竹任命了万户长，设立万户府。帕竹万户长除个别人外，都由朗氏家族的人担任。萨迦和止贡派发生战争时，帕竹受到重大损失，不少领地和属民被没收，萨迦又支持原为帕竹的一个千户的雅桑成为单独的万户府，竭力限制帕竹。朗氏家族的绛曲坚赞幼年在萨迦学习，返回帕竹后，就任万户长，赎回失地，全力整顿内部，力量日益增大。不久帕竹和雅桑纠纷再起，直至兵戎相见。绛曲坚赞先败后胜，并在战争中培养出一支军队，萨迦以审理帕竹和雅桑的纠纷为名，拘禁绛曲坚赞，但因萨迦内争而使绛曲坚赞获释返回，得以整兵再战，

先后击败雅桑、止贡、蔡巴等万户，最后利用萨迦的内乱，支持萨迦的一派反对另一派，进兵后藏，控制了萨迦寺和后藏主要地区，收缴萨迦本钦的大印，并得到元朝封给的大司徒的名号和印章、诏书，以帕竹地方政权取代了萨迦地方政权。此处指的是第九世帕木竹巴多杰仁钦。

第十二章 噶玛噶举派的著名大师

【译文提要】第十二章共有 12 节，即格鲁、萨迦等教派的大师与噶玛噶举派的关系；尊者纽拉班钦的生平事迹；尊者噶玛赤列巴乔勒南杰的生平事迹；尊者却杰丹巴、松绕芒统巴、扎西沃色和旺秋坚赞等人的生平事迹；尊者推夏巴释迦旺秋、托沃日巴和巴卧却旺伦珠等人的生平事迹；喜饶迥乃等尊者的生平事迹；尊者绒敦巴的生平事迹；尊者塔坚钦巴等人的生平事迹；上师本益巴、大成就者释迦达擦、尊者桑洛瓦等人的生平事迹；上师默朗桑布、大成就者曲贝瓦、比丘僧塔丹顿丹等人的生平事迹；大堪布释迦桑布、上师恰木贡巴扎巴贝丹、桑木旦林巴等人的生平事迹；大成就者桑杰年巴的生平事迹。

本章译文开始主要记载了噶举派与萨迦派、格鲁派之间的关系，如格鲁派的创始人宗喀巴大师曾依止尊者止丹达隆巴、巴热瓦等噶举派的多位高僧闻习大部分显密佛法,被止贡年尼仁波切授予“宗喀巴上师”之名号,他还将自己的贤侄和安多瓦以及阿里巴的全部僧团赐予宗喀巴大师,让其建立甘丹寺,使得止贡噶举派的僧人全部聚集于此。由于宗喀巴大师弘法功业昌盛,先后使楚布寺、那普寺、噶玛寺、止贡替寺、丹萨梯寺、岗布寺等噶举派的大多数寺院的教法传承发生变化，也接受和传播了格鲁派的一些教法。

其次，记载了噶玛噶举红帽系第四世活佛却吉扎巴益西贝桑波的弟子格西噶久巴丹、尊者纽拉班钦、尊者噶玛赤列巴乔勒南杰、岗布巴之京阿嘎巴兄弟、恰嘉央扎西南杰、尊者达波绕降巴堪珠却杰丹巴、法尊松绕芒统巴、至尊扎西沃色、第堆热降巴旺秋坚赞、推夏巴释迦旺秋、法尊托沃日巴、尊者巴卧却旺伦珠等人的生平事迹，同时也记载了上述诸位大师与噶玛噶举黑帽系第七世活佛、第八世活佛之间的关系。这些大师随从噶玛噶举红帽系第四世活佛和噶玛噶举黑帽系第七世活佛等人修习佛法，修建寺院，弘扬佛法，做出了很大的贡献。此外他们还著书立说，传承噶举派的教法，同时还撰写有许多高僧大德的传记，如尊者推夏巴释迦旺秋所著的《第七世噶玛巴传记》，一直流传至今，对于我们研究噶玛噶举教派的历史以及有关人物的生平事迹提供了重要的史料。

此外，本章译文还记载了藏族著名大师绒敦巴等尊者的生平事迹。绒敦巴是藏族历史的一位著名高僧，他出生在康区，年幼时笃信本教。后来接触噶举派几位活佛后，对藏传佛教噶举派开始有了兴趣。在研习噶举派教义的过程中预知到前世的相关事迹，从而开始了他的赴西藏、印度等地求学的生涯。本章译文从他在西藏和印度等地研习噶举教义、发掘伏藏、建寺传教、弘扬佛法等为切入点，概述了他十二岁到三十岁之间的人生经历。此外，也概述了他的前世的事迹以及注重修持佛法、传承佛法事业等方面的事迹。

本章译文的后半部分主要概述了藏传佛教噶玛噶举派的大成就者释迦达擦、上师本益巴、尊者桑洛瓦、上师默朗桑布、大成就者曲贝瓦、比丘僧塔丹顿丹、大堪布释迦桑布、上师恰木贡巴扎巴贝丹、缀康巴索南嘉措、桑木旦林巴以及尊者塔坚钦巴等多位高僧的生平事迹。尤其是对尊者塔坚钦巴的坐禅与修行、讲经弘法直至最后圆寂的整个过程做了详细的记载。尊者塔坚钦巴是藏传佛教噶玛噶举派著名的人物，他不仅培养出许多弟子，而且还为寺院的僧侣制定了许多规制，如他规定“无论谁也只能讲论佛教的词语，不能谈论家常话；无论坐在哪里也要显示身体的主要部位，即眼睛像金刚一样的看姿，连中部的呼吸都无法分辨出来”。由于他平时的严格要求，故得到僧俗众人的敬重，“所有高低贵贱之人都对其毕恭毕敬。其说话文雅，使用敬语，那样的温和平静，谁也无法与其相比，其打开喉间受用脉轮而流畅地唱出金刚道歌。”因此，他在藏传佛教噶玛噶举派中有着较大的影响。通过本章记载诸位高僧大德的一系列宗教活动，为我们研究这一时期藏传佛教噶玛噶举派在西藏各地的发展状况以及与其他教派之间的关系提供了重要的资料。

第一节　格鲁、萨迦等教派的大师与噶玛噶举派的关系

学识渊博而又注重修行的宗喀巴大师（rje-tsong-kha-pa）曾依止尊者止丹达隆巴（vbri-gdan-stag-lung-pa）、巴热瓦（vbav-ra-ba）等噶举派的多位高僧闻习大部分显密佛法,此后听闻在一个非常寂静的山间修行处有近五十位噶举派修行者（sgru-pa-po）,便前往拜谒。宗喀巴经过试问方才得知,上述修行者所学教法寥寥无几,如同牧羊人坐在山上,由此他想到此

地佛法兴盛之状犹如此般境况。鉴于对以上佛法现状的不满，遂著有《善心问答之精要》等论著。其因修建宣讲佛法教义的讲经院，而被止贡年尼仁波切（vbri-khung-nyer-gnyis-rin-po-che）授予“宗喀巴上师”之名号,并且依次将自己的贤侄和安多瓦（a-mdo-ba）以及阿里巴（mngav-ris-pa）的全部僧团赐予（宗喀巴大师），让其建立甘丹寺（ri-bo-dgav-ldan）,使得止贡噶举派的僧人全部聚集于此。（宗喀巴大师）按照最初讲述《佛法密意》（bstardgongs），后来又著有《遮遣》[1]。由于（宗喀巴大师）弘法功业昌盛,先后使楚布寺（mtshur-phu）、那普寺（nags-phu）、噶玛寺（karma）、止贡替寺（vbri-khung-thel）、丹萨梯寺（gdan-sa-the1）、岗布寺（sgam-po）等噶举派的大多数寺院的教法传承发生变化。当噶举教派传承濒临断绝之危时，大成就者广施财物，从噶举教法的修行与行为规范等多方面振兴噶举派教法，对弘扬佛法做出无与伦比的贡献。总之，萨迦派与止贡派之争（sa-vbri-rtsod- gzhi）[2]也是止贡仁波切索南扎巴圆寂之时，前往冈底斯山的少部分山中隐士抵达萨迦地方，尊者萨迦班智达问：“仁波切到达密严刹土了吗？有什么祥瑞之兆？”一隐士回答道：“何止是密严刹土，已经到了‘顶麦’（sten-min）刹土，降下舍利之雨，出现所谓的一肘大小之大手印金佛像。”对此,尊者萨迦班智达没有回话，但（对隐士）言道：“吾明日在辩经场找你，你所做的毁弃诺言无有德行之事，需改掉你昨日所言谬论，方才是对我的恩惠。”（隐士）听闻此言后心里不悦。后来，官员多吉贝（dpon-rdo-rje-dpal）在后藏地方为官之时，为了报复宿怨，跑马扰乱尊者萨班的讲经院，向大铜缸里灌入马尿，拆除茅屋改建街道等，此般举动使萨迦众人不悦。后来，因尊者八思巴（vphags-pa）心地善良，念众生安康而并未采取任何行动。但当他圆寂之后，萨迦派与止贡派之间发生大战之事，《红史》（deb-dmar）有记载。像萨迦与止贡两派最初争端的起因仅是贪欲，并无其他原因，这个如同沙门贝（dge-sbyong-sbed）杀害比丘后，使得恶魔（bdud–sdig–can）叫好称快，使（沙门贝）变得更加高傲猖狂。又如，当增长天王（vphags–skyes–po）施舍僧俗之时，有恶业者幻化为释迦老翁(shvakya–rgan–po）趁机骗取。如此看来,尊者萨班遇见的隐士与宗喀巴大师看见的修行者必然有损于佛法，此等犹如真正的恶魔，此乃是吾唯一的想法。总之，所有智者不该因为遇见一个愚者从而将所有人视为愚蠢之类，无论如何也不应该这样，思量一下因明学的《遍因论》便可知晓此理。大成就者掘出的伏藏之中也有关于第七世噶玛巴之后的许多比较清晰的预言。

夏喇嘛贡嘎贝（gzhag–b1a–ma–kun–dgav–dpa1）从第七世噶玛巴处闻习全部教诫,而成为大成就者。热岗地方（rab–sgang）的五位贤者之中，降萨瓦钦波（byams–gsar–ba–chen–po）对原来的驻地记忆犹新，升起许多信仰真谛。热布岗诸寺因战乱使得佛法传承长久中断，正当诸寺衰落之时，此位尊者出面调停所有的战乱纠纷，并制定僧规戒律，重新恢复了佛法传承，才使得热布岗寺佛法得以继续弘扬,尤其有降萨（byams–gsar）地方广兴佛法，用佛法教化了热布岗寺的所有格西。他还使多麦地区（mdo–smad）的所有人皈依佛法，尤其是蒙古大王和康定地方（dar–rtse–mdo）官员等，（包括）众多汉族大臣和王子的无上尊崇和供奉。八世噶玛巴米觉尊者（rje–mi–bskyod）在昔日许多地方如此预示："昔日释迦牟尼的敬奉者班钦旺秋嘉措（pan–chen–dbang–phyug–rgya–mt–sho）就是你。"多康的喇嘛佛法功业光大，一生做有利益众生之事,后有其侄兄等人继承事业。

苏莽恰寨瓦（zur–mang–bya–bral–ba）在苏莽寺奉行舍弃一切遁世之事，圆满完成修行，大做利他之业。嘉顿恰寨瓦南木喀坚赞（rgya–ston–bya–bral–ba–nam–mkhav–rgyal–mtshan）被第八世噶玛巴米觉尊者认定为嘉顿法王（rgya–ston–chos–rje）之转世，于嘉顿寺奉行舍弃一切遁世之事，建起修行胜利之幢，其是第八世噶玛巴米觉尊者最初主要的服侍者，服务细心而周到。斯嘎贡邦巴（gsi-dkar-kun-spangs-pa）于下部寺进行灌顶、讲经等利他之大功业。喇嘛札坚瓦（bla-ma-grags-rgyal-ba）出生在绒布（rong-po）地方，担任扎西宗（bkra-shis-ljongs）持金刚（rdor-vdzin）之职，其经常于大寺中看见胜乐坛城和本尊佛。据第七世噶玛巴说："在前世法王弟子中，他与法王二人见面的（次数）最多。"其有无穷的密宗法力，创建索定寺（sog-steng-dgon）和茨寺（tshil-dgon），功业甚大。

大班智达释迦强丹（pandi-chen-po-shvakya-mchog-1dan）出生在吉雪（skyi-shod）的一个贡东（kong-ston）家庭，幼年于桑普寺闻习佛法，十三四岁时成为领会所有教法的标准格西，大做利他之事。此时的桑内邬托（gsang-nevu-thog）和藏区传说他是最公道正直的贤者，这点从他著的《正果论》中也能知晓。其于叶茹（gyas-ru）[3]创建有色朵坚（gser-mdog-can）大讲经场,功业无边。后来拜七世噶玛巴为师听闻教诫，修持得以圆满，将七世噶玛巴尊为根本上师。此位噶举派的活佛是唯一能领悟大手印法，将其独尊为根本轨范师。尚闻习帕木竹巴教法等许多其他佛法，唯有尊者塔布（rje-dwags-po）使其解开疑惑，从而将（尊者塔布）尊崇为根本上师，此后（大班智达释迦强丹）是主要的弟子。

米聂热降巴贡布贝（mi-nyag-rab-vbyams-pa-mgon-po-dpal）出生于木雅（mi-nyag），幼年拜第七世噶玛巴为师，听从其教诫。后至西藏，有人喊他到哲域宗嘎（vbras-yul-rdzong-dkar）学经，随即前往，依止贡勤强钦热降巴（kun-mkhyen-byams-chen-rab-vbyam-pa）修习，成为大学者。后来，遵第七世噶玛巴之命，建立噶玛札仓，刚开始因一些波折只剩下七名小僧，但其依然担起领经师、戒律师、上师等三个职责，艰苦经营，不久聪明的僧侣逐渐增多。吉采地方（skyed-tshal）却杰嘉样巴（chos-rje-vjam-dbyang-pa）和上师（米聂热降巴贡布贝）志同道合，在堪钦亚巴讲经院（mkhan-chen-gyag-pavi-chos-gra）修建园林时，订立契约和小法律条文，并与雅卓噶久巴[4]南卡坚赞（ya-vbrog-bkav-bcu-pa-nam-mkhav-rgyal-mtshan）为建僧舍赐茶。当佛法传播到吉采瓦纽拉（skyed-tshal-smyug-la）等地时，已经出现有法会与民俗合二为一的习俗。总之,米聂热降巴贡布贝心地善良，关爱所有的学生，对学习较弱者也进行赏赐和施舍。本萨赛康玛（dpon-sa-gser-khang-ma）等虔诚富有的诸多施主每月奉献许多衣服，他只接受一件，剩余的（衣服）全部换成茶叶为僧人熬茶，并将（衣服）赐予没有僧服的僧侣。其次，他不会挑剔绸缎的新旧、好坏，他给十至十五位僧人轮流熬午茶，对学习较弱者晚上另外赐教。他经常前来诵经，现场承侍,闭眼冥想,不论风雨交加坚持讲经。晚年他对《波罗蜜多》《因明》等有很好的领悟，因对众说纷纭之贪嗔而未有著书。他认为念修佛法，重要是需要正行。僧侣们也对其甚为崇敬，他因病去世时，捐出多余的钵、僧帽、僧衣等所有财物进行煮茶以及后世所用，传说他（一生）未曾有第二件披单。杰瓦旺波（rgyal-bavi-dbang-po）[5]前往拉萨时，因舌部得瘊痣，临近去世时，他反复说到："吾慈爱的僧徒们，请他们到我的身边吧。"因尊体虚弱，未让他前去（见僧徒们）。临终他说道："慈爱的僧徒们，吾是前往兜率天宫去了。"传说其圆寂后，天空马上降下花雨。

第二节　尊者纽拉班钦的生平事迹

格西噶久巴丹（dge-shesdkav-bcu-pa-bstan-dar）在桑普寺法会上辩论因明无有匹敌，喜宴中的诸多贤者和转世小活佛等尽其所能大做利他之事。俄绰热降巴旺秋贝（ngo-khro-rab-vbyams-pa-dbang-phyug-dpal）

于杰瓦旺波（rgyal-bavi-dbang-po）少年时即前往俄绰地方拜其为师。因嘱咐前往卫藏色朵坚（gser-mdog-can）[6]学经，遂前往，依止班禅夏强巴（pan-chen-shva-mchog-pa）为师，融会贯通全部教典，他还经常看见穿有黑色披风的护法神和本尊佛等。他在楚布寺讲经时，著有《教法之注疏》等许多部论著，传法弟子有夏喇嘛贡嘎贝（gzhag-bla-ma-kun-dgav-dpal）、雅桑京俄喇嘛楚喜巴（gyam-bzang-spyan-snga-b1a-ma-gru-zhi-pa）、喇嘛次旺嘉措（b1a-ma-tshe-dbang-rgya-mtsho）、杰罗追旺秋（rje-b1o-gros-dbang-phyug）等。

尊者纽拉班钦（rje-smyug-la-pan-chen）生于藏历土虎年，是本萨赛康玛（dpon-sa-gser-khang-ma）之子。他正行佛法，成为真正的博学多才的贤者。他依止大堪布热达那瓦（mkhan-chen-radna-ba）和洛巴京俄索南勒强（1o-pa-spyan-snga-bsod-nams-legs-mchog）等人为师，认知噶当派仪规，众人称他为京俄粗成拔（spyan-snga-rtshul-khrims-bar）之转世。他修尊者卫能巴日巴（rje-dbus-smyon-pa-rig-pa）戒行之时，当尊者纽拉班钦的头部至脚被大石压住不见身影时，而后他突然一跃站立，身体毫无损伤，当即吟诵道歌，心生感悟，听闻诸多教法，（大家）颂赞其为“六种法轮遍住持金刚”，亦为其写有传记。依止蔡丹西摩（mtshan-ldan-zhig-mo）和索南勒强巴（bsod-nams-1egs-mchog-pa）等诸多贤者为师，仅修习噶举派之教诫，拜第七世噶玛巴却扎嘉措为殊胜之上师，修行领悟透彻。其无论前来求法的人有多少，不断施舍茶水，解决所有求法者的生活。他说此乃前世之誓言，定将承诺实施，他还立下誓言一年要教授一次《噶当教典》，并说此时一定会降下花雨。我们请教时，他回答说：“若想要进行十六明点之灌顶，花雨可穿透两层（宫殿），使整个金色的寝宫闪耀着光芒。”总之，此时此地他已经成为雪域西藏所有的格西、大修行者、瑜伽师以及大小喇嘛唯一的聚会地和赐教地。他传授《噶当教典》时，在每尊不同的释迦牟尼佛像前摆放有五种供品，念诵一次《释迦牟尼赞》和《内明七支》。如此，每次传授任何教法时都要供养相符合的佛像等一系列神奇的礼拜。虽有需要处理的繁多政务，却交给侍寝官顿珠巴（gzims-dpon-don-grub-pa）等人办理，他身前除请求教法者、上师、格西之外，不允许俗人排队（献供），一生无论大事小事全部是为了佛教事业。他规定身前安排的侍候俗人——侍寝官索章瓦（gzims-dpon-sor-vbrang-ba）等人也要遵守五戒和居士戒，断绝白衣饰者[7]，专行佛事，五十八岁逝于兜率天。此时，顿热却杰（stong-ra-chos-rje）梦见，天空中彩虹和云隙间显现有奇特的楼房，大地之上立有三个金梯，京俄粗成拔（spyan-snga-rtshul-khrims-bar）从中间的金梯上去。此后供奉诸神，并看见尊者纽拉班钦从中间的金梯上去，走进无量宫殿。遂祈祷说："此乃不祥梦兆，需诵经修法以事佛。"其有洛巴京俄（1o-pa-spyan-snga）等利他事业光大的无数弟子。侍寝官顿珠巴（gz-ims-dpon-don-grub-pa）继承了上师的全部弘法事业，最终舍弃一切彻底证悟。

第三节 尊者噶玛赤列巴乔勒南杰的生平事迹

尊者噶玛赤列巴乔勒南杰（rje-karma-vphrin-las-pa-phyogs-lasr-nam-rgyal）出生于藏历火鼠年，他是结（dgyer）家族杰钦古热巴（rgyal-chen-sku-rab-pa）之知事僧珠达格迥瓦（vbrug-mdav-dge-sby-ong-ba）的儿子。少年时，住在托苏卡（thog-zur-mkhar）地方。随从舅舅阿沃却杰（a-bo-chos-rje）学藏医，成为著名的医生。由于部落战乱，他前往念（gnyal）地方受戒出家，闻思诸多教法。此后，与苏卡却杰

(zur-mkhar-chos-rje) 之兄塔布班禅顿珠坚赞 (dwags-po-pan-chen-don-grub-rgya1-mtshan) 一同前往锡金宗嘎 (rdzong-dkar)，依止贡钦桑杰贝 (kun-mkhyen-sangs-rgya-vphel)、嘉样贡嘎曲桑 (vjam-dbyangs-kun-dgav-chos-bzang)、班禅本查 (pan-chen-vbum-phrag) 三人为师，学习、精通全部经典。随从杰桑萨木巴 (rje-sangs-bsam-pa) 领悟大手印法与六法，依止尊者多吉丹巴 (rje-btsun-rdo-rje-gdan-pa) 等许多贤者，在曲杰伦布 (chos-rgyal-1hun-po) 拜见第七世噶玛巴却扎嘉措，因请求赐教六法，(第七世噶玛巴却扎嘉措) 要求继承其事业，遂答应，故赐“杰噶玛赤列巴” (rje-karma-vphrin-las-pa) 名号，委任法轮须弥山之法台。他在杂玛 (rdza-dmar) 等地也建有静修室，后引领噶玛札仓之佛事，并创建勒协林寺 (1egs-bshad-gling)，还担任第七世噶玛巴的业之轨范师，传授《波罗蜜多》《因明》《戒律》《现观庄严论》《中观》等全部经典。在降秋林 (byang-chub-gling) 建立续部札仓，建造第八世噶玛巴的灵塔，并整理噶玛十万教言，所著显密宗典籍数十部。

以前，他在三十多岁时，闭关修行长寿法之时，梦见从无量寿佛画像的心中发出许多光芒，喊了一声就有七十二束光，又传说发出七十二束欢乐光。又有一自称是尊母珠巴杰摩 (ma-gcig-grub-pavi-rgyal-mo)[8] 的年迈妇女，身着丝绸衣服，手持宝瓶，并用吉祥草在此宝瓶口轻轻一点，随即在云隙间出现有许多青稞粒大小的无量寿佛像。(尊母珠巴杰摩) 令其数之，数得七十又二，预示年寿为七十二岁，(尊母珠巴杰摩) 又曰：“本不应言之，但如今因年老故而告知于你也。”故对无量寿佛本尊画像极其敬重，为第八世噶玛巴做祈福延寿仪式时，也在其头饰上显现有五个青稞粒大小之佛像以及在宝瓶上显现有三个青稞粒大小之佛像并插许多花。开始尊者看见，此后为所有人看见，还有一个一庹高且绘画不是很好的名称为珠杰玛 (grub-rgyal-ma) 的唐卡画像。六十四岁之时，尊者全身毛孔如针扎般疼痛难忍。内外征兆均已变化之时，遂向白度母膜拜祈祷，随即康复。大概是亲眼所见所致，又有人说是梦中在云梯顶端见到白度母佛身。据说（此佛像）又出现在一位制作舍利塔者的手中，其手划过的光辉遍照汉地，尊者在此答应暂时不示涅槃之相。尊者在工布地方为第八世噶玛巴讲授佛法时，吾（指作者——译者注）于绰卧隆（dro-bo-lung）闭关修行，期间显现了如是梦境，即吾坐在一红帽前，空中有一大群天鹅自南向北飞去，其中有一较大者越来越红，幻化成尊者骑在一头红色鬃毛的狮子身上，到了吾面前从狮子身上下来走了过来。那边有一些牵着坐骑的人说是来迎请尊者，吾请求给予加持，尊者将双手和头置于吾之头顶说："孩子，你有何祈祷，我一定赐予你。"吾（作者——译者注）请求说："祈祷尊者住世百年。"如此答应吾，并示意那边的迎请者们暂先回去，那些人随即离去。后来尊者刚到纽洛（smyug-lo），就因这个吉兆而派人前去请求长期驻锡于此，正好碰上尊者在纽洛嘎楚载（smyug-lo-ka-drug-rtse）为做延寿仪轨修行而铺设坐垫，说是吉祥瑞兆而高兴不已。尊者说："有多少地毯全部铺上，用来长期驻锡。"据说共铺设有八十四层，故之后年寿八十四岁时圆寂。

第八世噶玛巴活佛、殊胜活佛二尊、噶玛巴寺上下两院的仁波切、岗布巴之京阿嘎巴（spyan-snga-sgar-pa）兄弟、恰嘉央扎西南杰（bya-vjam-dbyangs-bkra-shis-rnam-rgyal）等无数高僧大德以及能够清晰记得贡钦绒波（kun-mkhyen-rong-po）之转世活佛且无人能及的贤者楚布尊者尼玛扎西（nyi-ma-bkra-shis）、精通显密两宗的大师丹巴嘉措（bstan-pa-rgya-mtsho）、当了一个月住持后任丽江木土司（sa-tham-rgyal-po）之上师沃绰钦热南杰（ngo-khro-mkhyen-rab-rnam-rgyal）、住持法尊喜饶南杰（shes-rab-rnam-rgyal）以及丽江木土司的上师降秋西年（byang-chub-bshes-gnyen）等尊者的博学多闻的根本弟子有上百人之众；还有许多像扎喇嘛却吉沃色（chos-kyi-vod-zer）等宣讲经典教法的业绩显赫者、尊者的侄子下院寝殿前后住持、仁青札巴寺（rin-chen-brag-pa）

的历任上师、香地的古热尊者（sku-rab-cos-rje）、恰木（cham）寺院和朗隆巴（glang-lung-pa）等羊卓地区的许多上师、托卧日巴（do-bo-ri-pa）前后两世活佛、大小斋（kre）等地的修行院大部分上师皆于尊者座下闻听有诸多教法。尊者和纽拉班钦（rje-smyug-la-pan-chen）相互为师，秋旭堪钦巴（chu-shul-mkhan-chen-pa）、寝官贡帮巴（kun-spangs-pa）等政教事业两方面有作为者颇多。总之，（尊者）还在那烂陀寺下院寝殿当了贡钦哲那巴（kun-mkhyen-bkras-rnam-pa）的寺主，为昌波瓦的法尊色朵巴（gser-mdog-pa）和札托法尊（brag-thog-chos-rje）等萨迦派许多格西讲授了《道果法》以及俄、宗（ngor-rdzong）两派之不同教法和玛字卷、尕玛卷、娘玛卷、玛尔玛卷、黑部卷、藏书卷等不同卷本的二十多种《道果法》，并做了“因果道灌顶”，为萨迦、噶举两派教法传承做了许多事业。

第四节　尊者却杰丹巴、松绕芒统巴、扎西沃色和旺秋坚赞等人的生平事迹

尊者塔布绕降巴堪珠却杰丹巴（rje-dwags-po-rab-byams-pa-mkhas-grub-chos-rgyal-bstan-pa）于藏历土蛇年出生于岗布之前面的聂尼隆（nyag-nyi-klung）地方。年幼时即于央木寺（yom-dgon）藏钦法尊（gtsang-chen-chos-rje）身前出家，取法名为却杰丹巴坚赞（chos-rgyal-bstan-pavi-rgyal-mtshan），闻习诸多教法和语诀。在内邬唐寺闻修因明，尤其融会贯通了《时轮续注释——布道实践》等教法。又到锡金静园的贡钦桑吉培（kun-mkhyen-sangs-rgyas-vphel）座前圆满完成了对三藏的

学习。总而言之，尊者可谓是："精通内外其他三种《具合历算学》、佛像舍利塔等之形状与规格、工巧技艺出类拔萃无人能及；深谙因明之道以别自他两派以及语言、语法方面又精通声明之学；观研释教佛学之深奥教理时，不仅自己通晓而且能指点他人《时轮密续及注释口诀》等内容。"如是所言，尊者出类拔萃于众学者，在讲授、辩论、著书等方面更是无人能敌。到泽当（rtses-dang）游学之时，与具有八十部经卷的秋强瓦格西（chu-byang-bavi-dge-bshes）和精通十万佛经的仁钦却旺（rin-chen-chos-dbang）三人齐聚一地。尊者因为讲授了二十五部教法，讲得最好且通达明了，尤其是对《时轮经》的开示更加优异殊胜，故在诸贤者中犹如众星拱月，使得满座惊叹。温萨蔡尼仁波切（dbon-sa-tshes-gnyis-rin-po-che）对尊者褒扬有加，恳请留下讲授佛法，但其没有答应。在学习讲、辩、著三事业的众学者中，吾（作者——译者注）亦从未见过能与尊者相媲美者。尊者依止法王噶玛巴广闻所有深奥教法，实证修行之了悟非常优异，息灭一切幻象并入定空性。尊者塔结钦巴（rje-thams-cad-mkhyen-pa）亦视其为非同寻常之弟子，授予其绿色头冠和法王统瓦顿丹（mthong-ba-don-ldan）之手铃等物。因尊者赤列巴（rje-vphrin-las-pa）祈祷其为雅巴（yer-pa）之上师，故做了雅巴寺之住持。其著有《佛教释义——稀有之宝》，第八世噶玛巴活佛也说："《佛教释义——稀有之宝》唯此最好。"所讲之佛法是噶举派活佛所传之独特教法，分别于其他（教派）而做详细开示。吾（作者—译者注）于十二岁时拜见过尊者（却杰丹巴坚赞），（对吾）有非常大的恩德。吾曾邀请尊者到图钦（thub-chen）寺，并做教法之祈祷，前藏所有噶玛巴寺院的大部分上师和格西聚集在一起，除尊者能讲授《时轮灌顶》《金刚念珠灌顶》和《因明论著海传承》等经典外，其他人是不会讲授的，尊者并赐予此理论根据。总之，传承分明地全部讲授噶举派活佛之教法，尤其是第七世噶玛巴却扎嘉措之教法，不掺杂讲授其他教派的佛法。尊者于时寿七十六岁之藏历木猴年时，留下“吾之绿色头冠要小心看管”之遗言并答应转世后回来，而后圆寂。由于其封有大寺院之许多上师，故其成了此寺院之大小官员的上师。恰木寺院（cham-dgon）和丹巴嘉措（bstan-pa-rgya-mtsho）大师继承了大得道者噶玛巴什的《教法集》与《律论》之传承，并敬献给尊者赤列巴。

法尊松绕芒统巴（chos-rje-gsung-rab-mang-thos-pa）于塔布谷热新寺(dwags-po-sku-rab-dgon-gsar)出家为僧，在贡钦桑吉培（kun-mkhen-sangs-rgyas-vphel）座下学习《三藏》而成为贤者。又拜第七世噶玛巴法王为根本上师，净除孽障、圆满悟道。据说其曾在色拉、哲蚌、甘丹三大寺与法王摩拉贝（smon-lam-dpal）和勒曲巴（legs-chos-pa）等人辩论中取得大胜。（法尊）向达隆仁波切阿旺扎巴（stag-lung-rin-po-che-ngag-dbang-grags-pa）请教《止贡一意之法》，达隆仁波切以“汝乃萨迦派不宜授我止贡之法”而拒绝。再三诚挚请求后，达隆仁波切说：“那么你需执我止贡一意教派之传承且每年需做一次开示。”法尊遂立下如此誓言，达隆仁波切将其教法很好地传授于他。其著有与法王却扎嘉措[9]思想和《止贡一意教法》相同的著作《道次第菩提树》，并经常宣讲《止贡一意之教法》。若将《大藏经》所有经卷堆在一起要问其“从中欲选何部遂对其”的话，法尊肯定会说：“只选《止贡一意之教法》。”可见对此是十分重视的。法尊是听过吾（作者——译者注）的上师凯珠桑罗瓦之再传教法的具德上师之一，也是桑耶秦浦之修行院之引领者，做出了很大的业绩。

至尊扎西沃色（bkra-shis-vod-zer）诞生于多康佳、兑、赛（lcags-dul-gser）三地之间兑摩（dul-mo）地方，初至卫藏进入甘丹寺学习三藏和密宗，成为甚为博学之人。在返回家乡途中遇到第七世噶玛巴活佛，仅仅一面之缘即得到了加持，遂对其不由自主地生起敬信，故改变回家之举，求得教言且一心修行，获得如虚空般之觉悟，净除孽障，功德圆满。其主要独自于山间静处修行，后做出很大之业绩，并将全部殊胜教言敬献于第八世噶玛巴活佛座前，人们视“至尊扎西双尊”与桑吉年巴（sangs-rgyas-mnyan-pa）有相同之恩德，杰曹活佛扎巴班觉（grags-pa-dpal-vbyor）等诸多大德和多康地区各个部落的所有僧人和俗人皆尊其为唯一之上师，至尊也致力于宣讲噶举派活佛之独特教法思想。

第堆热降巴旺秋坚赞（sde-bdun-rab-vbyam-pa-dbang-phyug-rgyal-mtshan）是后藏顶克巴寺（rting-khebs-pa）之执事僧，于色朵坚寺（gser-mdog-can）学法，因主要精通《因明七论》[10]，故得此名[11]。由于做了管理班钦（pan-chen）著作的印刷出版等事宜，故很受人们的尊敬。班钦向第七世噶玛巴做大供养时，以第堆热降巴旺秋坚赞为主的“释教十一位格西”之名敬献有呈文。其任噶玛寺的讲经师，收有许多弟子。后来又做了雅桑寺的堪布及讲经院的宣讲教法者，继承衣钵者颇多。

第五节　尊者推夏巴释迦旺秋、托沃日巴和巴卧却旺伦珠等人的生平事迹

推夏巴释迦旺秋（dus-zhabs-pa-shvakya-dbang-phyug）求学于茹新寺（ru-dgon-gsar）和夏鲁寺（zha-lu），精通《三藏》[12]，尤其精通于密宗修行和布敦[13]之时轮，故得名为推廓夏巴（dus-vkhor-zhabs-pa）。（尊者）随从第七世噶玛巴闻习佛教语诀，并成为其获信之弟子，于塔布地方建密宗学院。将尊者纽拉班钦所著的《噶玛金鬘传承之不变传记》放于他写的大传中；米聂罗仁巴（mi-nyag-blo-rin-pa）著的《第五世噶玛巴德新协巴传》等和《索温巴（sog-dbon-pa）之传记小百篇》以及由霍

尔东桑吉坚赞（hor-ston-sangs-rgyas-rgyal-mtshan）著的《第六世噶玛巴统瓦顿丹》，（因）《班噶瓦（ban-sgar-ba）和国师巴的传记》未有找到，故由尊者著有一部赞颂词，并将上述著作编为一个卷帙中，每年一定要做一次授记。“至于第七世噶玛巴(却扎嘉措）传，因为你拜师时间长且很熟悉，故撰写《第七世噶玛巴传记》之任务非你莫属。”在相互听闻教法之时如此鼓励说的。尊者推夏巴所著之《第七世噶玛巴传记》殊胜最佳，虽然尊者班钦曾将此传言传于吾（作者——译者注），但是原版已经甚为罕见了。

法尊托沃日巴（do-bo-ri-pa）于雅卓额噶（ya-vbrog-mngon-dgar）出家为僧，享有“噶久巴南喀坚赞（bkav-bcu-pa-nam-mkhav-rgyal-mtshan）之“辩者之冠”的美誉。其在噶玛寺旁讲授佛法，从第七世噶玛巴处获得本尊之证悟，致力于以修行实证，并在托沃山和小鸟泉两地创建修行院。吉雪(skyid-shod）地之格鲁派的本萨法王（dpon-sa-chos-rje）尊其为根本上师，并生大手印之证悟，其尽力指导法王贡帮巴（kun-spangs-pa）和噶久巴旺秋贝（bkav-bcu-pa-dbang-phyug-dpal）等修行且利益于众生。

尊者巴卧却旺伦珠（rje-dpav-bo-chos-dbang-lhun-grub）出生于前藏雅砻上部居曼地（rgyus-sman）之年顿庄园（gnyal-ston-gzhis-ka)，为米聂之后裔。其父为孔玛贡噶列巴（gong-ma-kun-dgav-legs-pa）之索本[14]扎杰瓦（grags-rgyal-ba)，其母为朵托巴（rdor-thog-pa）后裔之嘉姆宗(rgyal-mo-vdzom)，其为兄弟三人中之老二。出生后即忆起前世之诸多事情，其母将其抱在怀中翻炒青稞时，尊者眼中所见之青稞颗粒皆幻化为六道众生之形象。因其前世住地是罗若红崖（lo-ro-brag-dmar)，故刚睁开眼后便说：“我要到红崖地方去。”父母疑为受到危害。其年幼时，用手指雕了一尊金刚青年（rdo-rje-gzhon-nu）塑像，从那时起经常看见天空显现为充满五色之光点和光线之息、怒坛城。一次其反抗母亲，逃跑时用手抓了螳螂树，螳螂树上随即留下了其清晰的手印。父亲将其献给乃东（sne-gdong）地方的孔玛贡噶列巴（gong-ma-kun-dgav-legs-pa），让其做近侍。其经常因感悟尘世轮回毫无意义而多次试图逃跑出家，但由于父母阻止而未果。此后于十七岁的一个冬季里，一次茶宴席间，其在铁炉里熬茶。因在石锅里放了茶和酥油煮沸后溢出而引起火焰，故生起证悟，双手握着铁勺目瞪口呆。因为茶水外溢之缘故，烟灰充满石锅，父亲将其引到室内加以责备，其将除了金嘎乌[15]以外的所有首饰卷在围裙里，藏在父亲能够找到的地方，后拿着金嘎乌跑到桑日第布红崖（zangs-ri-tes-po-brag-dmar）的洪迪热降巴（lhun-bde-rabs-vbyams-pa）驻锡处。洪迪热降巴对他说："昨晚梦见拜会古如却旺（gu-ru- chos-dbang），你会成为像他那样的成就者。"并为其取名为却旺伦珠（chos-dbang-lhun-grub），授沙弥戒。将京俄（spyan-snga）派传承之《大手印六法》[16]稍加开导后，便浑然了悟，昼夜之幻象合而为一。一年半后，其应允修密法而渐次来到拉萨时，只见所有山谷与村庄皆无，全部幻化为光明之性，以释迦佛祖为主及其随从五人坐于此光芒之中，此时其心相顿生，径直走到佛祖身边，拉着佛祖尽力进行诸多祈祷，从此开始凡到有加持的地方修行总是能够生起悟性。此后，其到吉雪和北方诸地修行密宗，期间从蒋林巴熏努洛追（lcang-gling-pa-gzhon-nu-blo-gros）、达隆阿旺扎巴（stag-lung-ngag-dbang-grags-pa）、贝奇麦珠巴（dpal-vchi-med-grub-pa）、至尊贡嘎桑姆（kun-dgav-bzang-mo）、法尊热伦杰旺（ra-lung-rgyal-dbang）等诸多上师处聆听教法。并对蒋林巴、杰旺法尊和尊者伦德巴（rje-lhun-bde-pa）三人言道："你们三人要为我各塑造一像。"此后其他两位尊者为他各塑一金像，另一位尊者用宝龙土塑造了一尊五指大小之像，其看后非常高兴地说："觉得自己如同此像。"是一位能够用嘴吸进首额的加持力者，现在尚存。并对其言道："侄子你将来能做出伟大事业，故需勤奋修习。"故到哲蚌寺（学习），然而因工作发生械斗而伤心，前往静地修行。其从楚布寺行教诫[17]者却吉多杰(chos-kyi-rdo-rje)处听闻猛火厉[18]教法口诀，后于黎明时其用冰水浸湿布衣，一杯茶的工夫，衣服即被烘干且冒着热气。如此法力是他人的三四倍之多，故视为神奇。后沿用此法，修此教法时，让弟子闭气，于鼻孔前置鸡毛，用木棍压腹看鸡毛是否被吹起等做法也传承于此位上师。其想前往工布地方，在敦雄（stong-shong）之桥里边看见六臂护法神后，承诺要我众生护法及做利他之事。其在桥外边看见多吉帕姆(rdo-rje-phag-mo）前来并对他言道：“孩子如若你在七月十日不能到达杂琼桑(rtswa-chung-zangs）的山岩湖边，就会耽误了此机缘。”因此其经过沃卡(vol-kha)，所有路途危险惧怕但未受到伤害并安全地到达，众客对其十分尊敬。到达杂琼桑的山岩湖边那天，天空中呈现五彩斑斓的彩虹以及大地像是在迎接他，还看到空行母和地方神也来迎接他。与此同时，道行高深的大修行者贡桑巴（grub-chen-kun-bsam-pa）也来到此地，二人相互进行了交流并获得正见，聆听了许多隐士教法等。此时，由于尊者巴卧却旺伦珠著有《证悟之精髓——空行要旨》，所以他的思想到了一种很高的境界，尤其是许多空行母像进入于其心绪，讲述了许多以前没有讲述的经文，对听众以前所做的坏事皆进行消除，赐予他们未来的预示。此时湖面上像呈现一土地，湖中显现土地神驾骑之痕迹和热玛迪(re-ma-ti）佛像，（此后）又同时消失于湖中；出现的许多手印和脚印皆消失在湖中，所有人对此感到非常惊奇，有些人断定他疯了，大部分人认为他是一个英雄，故为其命名为“英雄”。尊者贡桑巴梦中有许多征兆，拜见尊者后生起证悟且甚为敬仰，并像上师一样地敬奉，并著有《传记——降下甘露之雨》，做出如此奇特的事迹，但（因）生命之短暂，(故）有长寿永生诗曰：“于空行之卓热桑(bro-ra-zangs)之岩湖边，亲见诸多土地神和空行母，执持正见留有许多脚手印，向幻化英雄你虔诚地祈祷，虔诚祈祷您永远驻锡世间。”二人相互做梦后又相互见到多次。其前往后藏地修行密法，有时以武力决断，后藏桑珠孜(bsam-grub-rtse)[19]的许多人对其非常崇敬。在树木和花草茂盛的藏布奇林（gtsang-povi-phyi-gling)，每天白天都能看见像彩虹一样的帐篷和花雨出现，每天夜晚都能看见无数空行母聚会。前去问一对乞讨的老人时，从草丛中走出一个年老的女人。去拜见上师时问谁也没有见到，然后到上师身边再三询问，出现一位容光焕发的老者，礼拜后说：“你像一位修善者。”并问道：“白天如何不会分心？晚上如何不会迷糊？”回答道：“你已经过了艰难的第一步了。”此位上师对谁也不会说很多话，每天不分昼夜地念：“帕舒帕舒（bhru-bhru)”，时而说“蓝、黄、红、绿”，又说“你有缘分”，还说“他亲自在千佛前聆听（佛法)，并在千佛前讲授（佛法)”，并对其说道：“业、因、果是非常重要的，以前我法力无边，征服了许多妖魔鬼怪。尤其在托仓绒（dom-tshang-rong）众魔聚集的地方砍松树，但没有受到一点伤害，同时也放火烧树，魔鬼们以为是打雷，出现了如此情况。”其头顶受伤即在头盖骨上出现了拇指大的洞，涂抹甘露后，（甘露）流入口中上颚之处，由于此处剧烈的疼痛，遂念诵了摧破金刚咒，但是没有多大的用处，念诵了马头明王咒三次也毫无用处。向释迦牟尼祈请后，在头顶上来回摇搓，惊叫道：“啊呀呀！我头顶上的此众生之业具有很大的法力。”向至尊度母祈请后，言道：“如果要消除此疼痛，以后需在地狱中再转世一次，如若此生接受此疼痛，以后就不用受此疼痛了。”遂回答道：“那么现在就受此疼痛吧。在很久以前，现在的噶玛巴和我同时生有菩提心，但是他（噶玛巴——译者注）由于二资粮广大，完成利他诸事，然而自己却无有，所以来生要大做利他之事。”此后，抵达拉奇（la-phyi）等地方，拉奇和林瓦札(ling-ba-brag）等地的人们得了与至尊相同的病痛。在银塔旁的山泉处，有一男一女骑着黄色的马前来，其心里想：“现在要献何物？”此位女子献上了一串水晶念珠。其心里想：“没有阻碍地顺利地过了河，此二人功不可没。”在郭若

(ko–ro) 地方遭遇了七个强盗，并给他们说唱道歌，此与米拉日巴大师传里出现的情形完全相同。又抵达了前藏和罗若 (lo–ro) 等地看到觉囊 (vjol–snang) 地方便心生感受，以前在加阿 (skya–snga) 地方有三间像壁炉一样的房子，如今只有一个而已。温波夏札杰瓦 (dbon–po–shakra–rgyal–ba) 言道："那仓察沃 (nag–tshang–khra–bo) 山顶的五彩佛殿倒塌了。"到了觉囊里时，从灵塔中流出甘露之水；再到觉囊后面，想起以前这儿有个小佛塔，当地的老人们记得有，但具体的地方就想不起来。其言道："就在此田地之中央。"挖掘后出现有佛塔的根基和许多擦擦[20]，当地的人们遂于此处建立佛塔，故名称为"生忆塔" (skye–dran–vbum–pa)[21]。

第六节　喜饶迥乃等尊者的生平事迹

活佛坚赞贝桑(rgyal–mtshan–dpal–bzang)和活佛旬努伦珠 (gzhon–nu–lhun–grub) 以前在许多地方讲经说法，故被以前众弟子信赖，称之为名副其实的活佛，再有日卧瓦那喀沃(ri–bo–ba–nam–mkhav–vod) 所著的《曲杰任钦林巴传》 (chos–rgyal–rin–chen–gling–pavi–rnam–thar) 里引经据典，却古威巴美 (chos–sku–vod–dpag–med) 的转世大活佛图杰钦波 (thugs–rje–chen–po) 征服了世界，于印度的一位大王之供奉地任居士[22]班智达，他经常与外道布衣者二人对《五轮王与百禳灾法》进行辩论，当外道布衣者快要辩赢时，居士班智达即向三宝祈祷，并使他的夫人孕有图杰钦波沃色 (thugs–rje–chen–povi–vod–zer)，没过多久小孩降生并立马能开口说话，得到了文殊的加持，获得了语自在。到七岁时，外道布衣者声称现在要打败他，就把小孩和国王请到辩经场，此小孩很流利地念诵声明之语，并紧抓对方缺点很快打败了外道布衣者，因其智慧无人能比，即获得“喜饶迥乃”（shes-rbas-byung-gnas）之称号，并使外道徒们皈依佛教。但是他们不怎么信服一个没有导师的人之才能，再次向贝却吉札巴（dpal-chos-kyi-grgs-pa）和森格桑布（seng-ge-bzang-po）请教，在莲花生大师处闻习所有《金刚乘之道》，并修得殊胜之正果。其大部分的时间都居住在此地，此后做停尸房守门者即守护那烂陀（nwa-lend）的西门者，在显密宗方面各有两批弟子。最后，住在索萨林（so-sa-gling）尸林之时，从西方乌仗那地方（ao-rgyan-yul）的骨锁[23]宫殿中的金刚瑜伽母（rdo-rje-rnal-vbyor）佛像的身上发出光芒，此光又照射到他的身上，变为吉祥法轮律仪之本性，并融于金刚瑜伽母之心间，使二者同时俱生。此时不知何因，由心间出现了红色“什”（hrvi）字，遂使国王的王后有孕，十个月里破除了十道难关，以金刚瑜伽母的化身幻变为女儿身，此后接受比丘戒，即变成真正的比丘尼，起名为德炯桑姆（bde-skyong-bzang-mo），随从色林巴（gser-gling-pa）、却协（chos-bshes）、觉沃吉（rjo-bo-rje）那若巴（na-ro-pa）等人受教诫，并以比丘之姿态，白天念诵《三藏》，晚上在修行地为所有僧尼念诵《金刚乘》。然而就在此时，名为顿巴嘎日（ston-pa-ka-ra）的外道徒有先天预知能力，知晓在尸林（dur-khrod）的中央有一位佛教的比丘尼要消灭外道教法，并声称要让三个年轻的小伙子到她的住所灭除其净行。此三个年轻的小伙子到达后，只见比丘尼右手拿着一个金钹、左手拿着钵盂在跳舞，而后她拿金钹一击，就击破了他们的生殖器。血和菩提心相掺和不断流出，盛放在钵盂内供她食用，使她容光焕发。此后三个年轻的小伙子逃走，并变为女人。顿巴嘎日知道后十分生气，并说：“我自己前去。”后以有漏幻术趾高气扬地前往，只见（比丘尼）变为真正的金刚瑜伽母在遍入天上跳舞，就不敢靠近，遂幻化为一条大毒蛇前往。（比丘尼）之右耳朵上显现了一个黑猪面，一下子就把那条大毒蛇吞下去并从其生殖器里放出来。由于（顿巴嘎日）的法力消退，不能从那条蛇变为人身，从此所有的外道徒皆归入佛门，弘扬佛教。此后，在吉祥法轮律仪之大坛城中央出现一道光，瞬间即照射到胜乐金刚之心间，无有二样地入于大乐佛。为何射出“吽”字，就因一个国王的第七个儿子要降生，摄政后将所有的财物皆捐献给他人，尤其把名字叫“萨桂”（sa-vgul）的力大无比的大象送给婆罗门女乞丐（bram-ze-slong-mo-ba），遂遭到其父和所有亲戚、臣民的斥责，而且将他流放到他乡，路途中他将自己的妻子也送给了他人。空行母迎请他，大尸林胫骨号筒中坛城之诸佛前来为其灌顶传法，圆满证悟，并以瑜伽自在密宗行利益众生，故名称为“南觉若贝益喜（rnam-vbyor-rol-pvi-yi-shis）”。最后，从汉地五台山的文殊菩萨心间射出一道光，照射于他的心间，瞬间他就变成文殊菩萨之身。后此光又融入文殊菩萨心间，（他与文殊菩萨）无有二样。为何从心间发射出许多光芒，一道光射到帕嘎啦（bha-ga-la），出现了自然形成的金刚瑜伽母佛像，并不断流出甘露；一道光射到尼泊尔，出现了大慈悲佛像，并以水牛之酪供奉；一道光射到藏区耶琼（gye-chung），清楚地显现出释迦牟尼佛像的上半身；一道光射到藏区时，天空中乌云密布，右方射有二箭，显现出一幅白色的景象，左方之青莲花种在一边缘处，并显现出十一朵青莲花用金银等不同金刚装饰的美丽景象。此处的二箭是贝丹桑杰绒巴（dpal-ldan-sngas-rgyas-rong-pa）和却杰仁钦林巴（chos-rgyal-rin-chen-kling-pa）；十一朵青莲花就像《却杰仁钦林巴之大弟子传》中所说的一样，彼等转世后步入不违之道。

此后白色的“什”（hrvi）字以美丽之姿态行利他之事，于藏区玉如（gyu-ruvi）家族的罗若（lo-ro）家里降生，一位上师言道：“你与以前的班智达喜饶迥乃（shes-rbas-vbyung-gnas）相像，就取名字为喜饶迥乃吧。”其依止鼎巴译师（steng-pa-lo-rtsa-ba）、止贡吉丹贡布

（vbri-khung-vjig-rten-mgon-po）和达隆塘巴 （stag-lung-thang-pa）等为经师学习佛法，精通所有《三藏》和《密续》，故称为桑杰绒顿钦波（sangs-rgyas-rong-ston-chen-po），并多行利他之事。其本想去印度，但鼎巴译师言道："佛教在藏区就可以了，还是去想想来生修行之事。"其后于四个不同的地方塑有四庄严佛像，同时在觉囊等地修建四个寺院。到六十四岁之时，从布达拉宫中的大慈悲佛心间射出一道光照射到他的身上，并幻化为文殊佛之身，后此光又融入大慈悲佛之心间，人们看见天空中出现有许多幻境，当这些幻境消失后从天空中掉下了僧服等物。

第七节　尊者绒敦巴的生平事迹

一天，在所有佛光之催请下，白色"什"（hrvi）字照射下，罗若次卓（lo-ro-tshe-sgro）家中的母亲怀孕，一天晚上（婴儿）降生后天空如太阳升起来时一样明亮，祖父念诵了所有佛法之语诀。其于年幼之时，梦境中梦见帕巴鲁珠（vphags-pa-klu-sgrub）[24]前来，打着手势言到："世间所有事物都是相互依存的关系。"帕塔巴 （pha-dam-pa）在空中挥着手言到："所有佛法都是无垢明。"莲花生大师用手指着天空言到："所有佛法皆为空。"觉沃佛（jo-bo）做着爬梯子的模样言到："所有佛法都是有道次的。"故其得到了以前诸上师之加持。向其问道："做佛教之事还是做家务之事，修习密宗还是出家为僧。"其回答道："不做世俗烦恼之事，要做修行佛法之人，不做未戒除世俗、未修习佛法及穿着俗衣的密咒者，年轻时要受比丘三戒，需精通佛法之精要。"其小时候就言道："我是绒敦巴 （rong-ston-pa）。"五六岁之时，自己在山洞里修行证悟，其母找了许久都没找到，回到家中受到母亲的打骂。其言道：“我是多丹上师之子，非母亲生而自然生，为湖中莲花之精华，现在逝世无须再生。”母亲十分生气地问：“不是母亲生的，那是谁生的?”后其跑出去，找到了五色花并拿回家，祖父见后言道：“在天寒地冻之时能找到如此之花，其必定是真正的活佛!”当即跪拜。年幼之时，其将所有的小孩聚集在一起用雪制作会供曼荼罗[25]以及念诵佛经，当小孩们的父母知道他们在做讲经、灌顶等游戏时，即吓唬他说：“你将我们的小孩哄骗，使他们什么事也不做，再这么下去要揍你。”此后，他将弓箭和乌多[26]投向这些小孩们的父母，故使小孩们遭到（父母）毒打。他（为了反抗此暴行）遂在每家的门口及大街小巷都堆满荆棘，这样迫使所有小孩们的父母放弃了暴行。

其十二岁后，通晓《金刚橛母经》（ma-phur）等所有父续教典。在上师仁青夏扎（rin-chen-bya-bral）跟前受戒出家，其后前往年杰（gnyal-skye）[27]神山修习各种显密教法，在三个月内通晓《喜金刚续二品》，故尊称其为“智慧聪颖者”。此后，依止上师塞郭瓦（gser-sgo-ba）和上师鲁普巴（klu-phug-pa）等许多贤者修习，并于梦中梦见多种授记。因朋友之托匆忙赶往拉萨，为十一面释迦牟尼佛像敬献金面具。在此期间，后藏拉堆定日（stod-ding-ri）[28]的强色贡嘎（byang-sems-kun-dgav）道：“你需要此目录。”遂将《果若札之伏藏目录》（ko-ro-brag- gi-kha-byang）敬献于他。其看后感到方能发掘（伏藏）而感兴趣，空行母也显现出发掘伏藏的祥兆，与此同时掘出《甚深修行五部》（zab-mo-lnga-ldan）等。发掘伏藏的上师进行修行后，见到上师化身之面。因有预言要前往印度布达拉山（rgya-gar-gyi-ri-bo-po-ta-la）和苏噶热第山（su-ka- ra-ti），故抵达印度，噶玛达（ka-ma-ta）的一个小王为其服侍及供养，到达噶玛茹巴（ka-ma-rvu-pa）林山，降服了杀生祭祀的外道徒，并用自制之丝绸结为所有人进行加持，（外道徒们）夺取后弃之。（外道徒们）

用兵法围困，但因其骑风马快速逃脱而未能被抓获。其又摘取一个未熟果子当作投石器抛出，驱逐（外道徒们）后使所有人逃散四方。后要行数日的水路，即用绳子捆扎的木筏当小舟渡河，当行到河的中间时木筏断裂成数段，其心中默念道："如是违背佛法必死无疑。"同时用捆扎经文的带子将木筏捆扎好平安渡过。后在人烟稀少需走许多天的森林路途中，处处有凶猛的野兽，树上布满了毒蛇，一路上不断响有非人之怪音，孤苦伶仃的一人硬着头皮前行。（之后）见到布达拉山的四周皆是水，中央有一大沙漠，于此中间有个大沙丘，沙丘上长有藏青果（a-ru-ra）等多种树木。沙丘顶上建有四方形的小岩石庙宇，庙宇内有一尊自然形成的八岁释迦牟尼石像，据说每当佳节之时石像上会流出甘露圣水。其于此地住了七天之后，都茹伽（tu-ru-ka）的军队攻打到此处，寺庙的香灯师背着石像逃跑了。（绒敦巴）因中暑得了重病，但在（都茹伽）的军队前来时将经文袋隐藏在草丛中，使他们未能找到。其他人又问："身上有黄金吗"？遂将其僧衣撕扯成几块分别拿走。虽然受到各种殴打，但其除如同一场噩梦一般的感觉外，并未有其他感受。因长久的日子没有食物，导致身躯发虚，过了两个月后病痛痊愈，身心愉悦。抵达廓赖（go-le）后，在泉水边吃到一些小石、草根、野果、树叶使身体变得健壮，证悟不断提高。又过了一个多月，经过几条艰难之道，前往昔日莲花生大师"修行长寿持明"（tshevi-rig-vdzin）之圣地，称为噶迪（kar-ti）即坐落在艰难行走的密林深处，用白石疖（vdzing-dkar）与花岗石等磐石建成如同帐篷一样的修行洞，内放有许多自然形成的神奇坛城。其进入修行洞内后，看到坐有一圈的男女青年白衣班智达，正在受四种姿势之灌顶，并明示让其在此修行三年后便可离去。遂于此修行三年，曾无数次亲见上师、本尊之幻境，并修上师之报身。

此后，经过艰苦而畏惧地行走，寻找（伏藏）时，找到了称为"蝙蝠和黑乌龟"恐惧之妖龙，并显现为非人，还掘出《三类大乐》

（bde-chen-skor-gsum）伏藏。修习伏藏后，使其修为上师之法身及受圆满四灌顶[29]。其想要返回藏区时，昔日之施主国王无比敬奉。一位佐吉（dzo-gi）[30]神通者见到（绒敦巴），立即顶礼膜拜及转圈祈祷。（绒敦巴）手持独有的、用梵文书写的伏藏说："要赐予一位印度人。"知晓后即赐予（佐吉神通者）。国王再三请求挽留，（绒敦巴）未有答应即返回藏区，无数有缘弟子蜂拥聚此，其名声遍及于整个藏区。（绒敦巴）预言道："善知识们使得国王归信佛法，大修行者们将设立禁路法规等。"第三世噶玛巴活佛让迥多吉使蒙古汗王归信于佛法，一位修行者在达贡（dgas-kong）设立禁路法规，全都得到了实现。女修行者又说："继任上师之寺主等是不祥之兆。"说完后，见到打开法门的时机成熟了，（绒敦巴）遂在朵仓（dom-tshang）明亮的修行岩洞里开始讲《三类大乐》，出现有无数奇兆。总之使无数有缘之人得到了成熟解脱，使无量光佛及莲花生上师之法身为一体，彼等之身、语、意、智慧无有二样。

（绒敦巴）言道："总之要亲身居于大乐菩提心，庄严化身之名，出现身、语、意、功德、事业等五大庄严。"一位徒弟曰："守住郭若（ko-ro）修行岩洞。"昔日，仁青林巴（rin-chen-gling-pa）年轻时抵达觉囊（vjol-snang），香灯师将其堵在门外而使他感到痛心。（仁青林巴）曰："自己的地方若无权管辖的话，只能等来世再降生此地吧。"并将此话写在桦树皮上，存放于门楣之间隙。此征兆使得以后转世到觉囊的旬努伦珠（gzhon-nu-lhun-grub）降生于昔日的雯系（dbon）家族中，又如同从莲花生大师心中射出了光芒，还出现有许多奇特之征兆。其幼年时，具有先知能唱诵道歌，并能流利地书写古藏文，留下许多手印和足印，掘出许多莲花生大师的伏藏，在未有做出大的事业而于年轻时夭折。（旬努伦珠）之转世灵童名称为坚赞贝桑（rgyal-mtshan-dpal-bzang），其明晰通慧，能断除人们的迷惑之心，以修行禅坐为主，并修得无以计数的断证功德，然于二十一岁时归于空门。据说上述尊者皆能预知前世的诸多事情，此等一切皆渊源于前世也。

（绒敦巴）驻锡于此地，二十五岁时身患重病。（绒敦巴）唱道歌曰：“生病不请医生，附魔不施仪轨。”未有进行任何医治，依靠自己均衡调解力得到痊愈，其与几位舍弃弟子游行四方。总之，此位尊者在进行出世清净律仪时，不一定显现出各种行相。其有时于隆栋绰朵拉则（lung-stong-grog-mdo-la-rtse）等地驻锡多日，未与任何人交谈过；有时唯有赞颂上师、本尊、佛陀、菩提心等，不分昼夜连续凝视天空；有时唯有唱诵痛苦及出离之道歌，含泪讲述前所未闻许多地方大官贵人脱胎恶趣之事，对中阴之幽灵们念诵佛法之道歌；有时金刚乘（又译为密宗乘——译者注）传承中以往未闻的许多词汇油然而生；有时撰写无数证悟之道歌，弟子们除了对这些（道歌）产生兴趣外，并不认为这些是佛法；有时将任何人所敬奉之所有供品当做犹如放在猛兽前之青草；有时一件小事也未能完成；有时见到的未来授记毫无一丝假意之行相，除了具有先知及证悟外，不会承诺任何事情。

总之，（绒敦巴）言道：“我从三岁起已略知他相续，世间万物皆有相互之缘起，无须离于人心也。”如此快到三十岁期间，共同修习所有的《中小秘密行相》和《明智行相》等无戏论与无上无戏论。为此还与羌赖南巴杰瓦（phyogs-las-rnam-par-rgyal-ba）和措觉钦波（tshogs-spyod-chen-po）一起修习，为许多有缘弟子赐予成熟之道，又为众生做见、闻、思、触[31]等利他之业。后见到吉祥天母兑索玛（dpal-ldan-lha-mo-dud-sol-ma）[32]和奎波达陀尖（khol-po-dar-thod-can）前来迎请，前往绰卧隆（dro-bo-lung）方向。此时这些地方有瘟疫，几位仙女下到人间便讲道：“一位莲花生大师的化身即驾临此处，将会遏止此瘟疫的。”（绒敦巴）抵达此处不久，即止息了瘟疫。在苏普（zur-phug）和尤其在桑普（zngas-phug）长久闭关修行期间，据说有时整个夜晚赞颂及敦请护法神后，使得降伏一切，无生纷乱。（绒敦巴）道：“看见门布木塘（mon-bum-thang），前往曲却（chu-khyer）的话，略有不祥之兆。”故返回故土。路人使（绒敦巴）心慌而快马加鞭穿越艰难之道，抵达塞卡（sras-mkhar），对路边的小姑娘说：“你手里拿有什么，现在就敬献吧。”小姑娘遂割掉一条柽柳[33]敬上，（绒敦巴）曰：“要保护柽柳女墙。”此后，在玛尔巴（mar-pa）的身居碉堡即米拉日巴（mi-la）修砌的九层塞卡城（sras-mkhar-dgu-thog）顶，仍留有玛尔巴生前残留的犹如茶叶渣滓的零碎腐烂柽柳女墙之生还，同时为上下佛殿供奉有许多。杰卡瓦囊索贡桑巴（rgyal-mkhar-bavi-nang-so-kun-bzang-pa）对其极为崇信并侍奉之；敬献圣地塞绰卧隆（srs-dro-bo-lung），请求留住。但（绒敦巴）曰：“我不会做此地的主人的。”同时婉言拒绝。

（绒敦巴）于称为“觉”（skyol）的山中，修建有称为伦珠扎勒(lhun-grub-brag-le）的寝宫，并驻锡于此，对玛瓦（smar-ba）[34]讲授佛法，为此派遣诸多僧侣到却隆措巴（chos-lung-tshogs-pa）和措格顿岗(tshgs-dge-vdun-sgang)。此后，在噶钦（sgar-chen）的尊者嘉色(rje-btsun-skya-se)身前受沙弥戒。首先，由（尊者嘉色）在释迦牟尼像前为分成二十和十五人一组的每一组僧人剃度，使所有人皆持净戒。此事并记在胜乐罗诃巴贝丹（bde-mchog-lo-hi-pa-dpal-ldan）上师撰写的《兴盛俱舍坛城与近修》著作中。其将《乌坚（ao-rgyan）近修》与《六法塞卡玛(chos-drug-sras-mkhar-ma)》等倾囊相授，并于此地居住多年。又在东南方向的达续（rat-shul）地方因阴晦[35]使其身患疾病，其知悉即将要离世，故言道：“瑜伽者要逝世在村落，请将（遗体）送至山上吧！”此后，其被延请到四神寺之时，见到土地神擦隆札赞（tsha-lung-brag-btsan）四兄弟驾骑的许多蹄印。刚抵达此处，（其）身体便明显康复，并长久驻锡于此，培养出许多弟子。身居在称为玉塞仓（yugs-se-tshang）的圣地，大部分僧侣居住在大山洞深处，其余僧侣将每个山洞修建成暗窟，每隔两三夜全部僧侣到洞口打坐修行。当时法王却扎嘉措(rje-chos-grgs-rgya-mtsho)

还未返回聂却结伦布（gnyal-chos-rgayl-lhun-po）之时，已经闻名于世，使东南西三方的众生前去礼拜。此时，在暗窟修行者们生起前往礼拜尊者的强烈愿望，老者们恳求前往（拜见）。（绒敦巴）言道：“我与尊者塔坚钦巴（rje-thmas-cad-mkhyen-pa）以光芒形式不相分离，故而是否亲自膜拜没有关系。如是膜拜也是以往的一种祈愿所有的护持大悲心。若此次前去的话，你们的善行遂散乱放逸，但依从你们的愿望还是去吧。”遂驾临，一见到寺院皆有同感。进行大供奉时，每件供品都做无数赞颂诗并做一祈愿文等同时敬上。（绒敦巴）的身躯魁梧、言辞无人相比、崇信及威力与他人不同，当其出现在集市上后，引起一片喧哗。其与尊者塔布热降巴（rje-dwags-po-lab-vbyam-pa）志同道合而成为引领者。尊者塔坚钦巴在大集市讲经，为此杰巴卧（rje-dpav-bo）问道：“为尊者赤列巴（rje-vphrin-las-pa）敬献一坛城如何?”（绒敦巴）回答道：“(尊者塔坚钦巴）已有坛城，不便敬奉。满地点燃熏香是否可行，我想行与不行是有没有任何区别和功效的。”说完后站起来敬奉坛城，使所有人生起敬信并呼唤（其名）。之前集市人群大声喧哗，此日人群鸦雀无声地倾听讲经，从相见之日起，尊者塔坚钦巴十分欢乐地说：“茶宴散后，要留住巴卧上师。”并笑着又说道：“您需要完成我的一个吩咐。”如此再三嘱咐，赐予了各种经文，成为知心合一的故友。还言道：“往后你无论如何要在具有盛行噶玛教法之祥兆的洛绰卧隆（lho-dro-bo-lung）地方，可之前没有遇到合适人选，现在你在此能完成大的事业。故于此处无论如何要修建我的一座禅院。”因此吾（作者——译者注）尽力修建。此后，因其亲自修建敬献，故请求派遣一位上师前往绰卧隆（dro-bo-lung）地方，囊索贡桑巴（nang-so-kun-bzang-pa）非常高兴地说道：“是玛尔巴大师之慈悲心。以前供奉没有接受，现在无论怎样替代，首先要敬奉一座宫堡。以前城堡下方的中部坍塌了，只剩下轻巧人能通行的窄飞桥，需要很好地重修此城堡。”在宫堡顶粉碎泥墙之时，晚上大部分是非人来粉碎。施主与福田二人在绰卧隆勘察禅院之工地，数日未能决定。一天在天女塑像印度母前供奉朵马（gtor-ma），因心情欠佳而用皮鞭抽打塑像并责骂道：“恶魔女，你不是答应了护持佛法吗？此方的教派是什么？传法者又是谁？”第二天天刚亮的时候，拉姆寺的香灯师来到那仓住持（nag-tshang-gdan-sa-ba）身前说：“新建一座寝宫就要对平民征收大量差役，所以将我的此头冠敬献出来，它能代替许多活人之善根。”故将（此头冠）敬献出来，命名为“德钦泽（bde-chen-rtse）头冠”，修建了寝宫，并将属于他自己的玛尔巴秤斗（mar-pa-mkha-ru）[36]也献出来，实际上这一切都是神女供奉的。关于这方面为禅院之茅草房积累了许多资金，但是杰巴卧（rje-dpav-bo）说：“茅草房里不能传授佛法，蜂窝般小型房屋即可（传授佛法）。”便出现了此样。以前，他遵照一位门隅（mon-yul）地方的大修行女告诫一天需吃一顿饭，并按照此告诫去做，求法者们也一天仅吃一顿饭。到了午饭时纳仓（nag-tshang）寺布施面条，并发放给每个人，从此闭关修行者们也不在房内做饭了，闭关修行者们到洞口讲法，念诵《皈依发心百字亥母经》；修习上师瑜伽之后，做加行七法；善士们为积累功德，从今以后需守持不杀生等别解脱戒，发心入菩萨行和遵守菩萨戒，遵守五部佛戒律和胜乐二十二善妙密乘仪律；祈祷后做禅定四灌顶，并对大手印平等摄持。此后依次做回向祈愿；在彼等行列中除炊事僧之外，所有僧伽于早晨、下午、初夜、黎明四时坐禅，不可中断；又，非集中或不忙之时，僧众凌晨各自独自修行；极忙之时，亦在煮二次茶之时间内必须禅定。回向祈愿结束后的凌晨穿好所有衣服，僧人们站起来，念诵一遍《玛纳玛祈祷广经》（ma-na-mavi-gsol-vdebs），以此代替闭关修行；所有的僧人们集中于一起进行闭关活动，除开始和结束之外，所有的人皆保持禁语，集中意念修行善法，做法如同先前噶举前辈之优良教法之传承一般。仁钦扎巴（rin-chen-brag-pa）之法王索南坚赞巴（chos-rje-bsod-nams-rgyal-mtshan-pa）师徒二人向其敬献头饰，并在拉叶（bla-gye）为其建造法座，（其）见此吉祥因缘而甚为喜悦。修建禅院之后，向禅院隆重敬献由塞绰隆（sras-dro-lung）禅院中的僧人绘制的唐卡。尊者塔坚钦巴（thams-cad-mkhyen-pa）先去后藏，随后又去拉萨相见。有时，也敬献一些所写的赞颂诗和祈祷词，虔诚地盼望并反复祈祷的（人）在所有的街道上都会出现。

又，吾（作者——译者注）开始受声闻沙弥戒，中间又不时地穿着密宗修行者之服饰，有时又如儿童之行为、如疯子之行为、如狮子之行为等各种各样行为。此后，尊者伦德瓦（rje-lhun-bde-ba）独自答应授比丘戒。但后来伦德瓦圆寂了，遂于伦德瓦的灵塔前敬献头发。（因）授比丘戒的合适堪布没有找到，故做了先前帮助他修行的竹巴摩（sgyub-pa-mo）之侍从。此原因是嘉色多丹巴（skya-se-rtogs-ldan-pa）曾说："此位上师巴卧（dpav-bo）具有一种他续加持力，他得到加持或未得到善戒都感到非常高兴。"

大堪布德勒巴（mkhen-che-bde-legs-pa）曾说："此街市中哭泣的人一个也没有，比我顽固不化之人也没有。此生除了死亡不会有其他出现，此死亡谁也无权控制。此位上师想要去做侍从，若他前往轨范师的驻锡地，即会看到一位长头发的明妃，据说其有手印母，因其为法相之领经师，怀疑其有责难，故未向其问法，遂亲自听闻了佛法。将色卡（sras-mkhar）[37]和修行地（sgrub-sde）等奉献出来，若您不接管的话，派去看管驻锡地的人也不会收下（百姓之布施）。"后又亲自为法王献茶，并承诺事事不能违抗上师之命令，要完全按照上师的旨意行事。王顿月多杰（sa-skyong-don-yod-rdo-rje）和侍从等也敬献了佛幢等来自大圣地的许多供养资具。路经雅卓（yar-vbrog）时，当地人也虔心地奉献了许多牛羊等牲畜，遂于这一带建立了塞吉噶托（sras-kyi-dkar-thog）之传承。一位名称为塞卡坚赞（sras-mkhar-rgyal-mtshan）的卓雪人（gro-shul-ba），是位弱小之僧侣，依靠出售牲畜草料所赚的钱财为宫堡添加白土，后即相沿成俗。

第八节　尊者塔坚钦巴等人的生平事迹

昔日，红帽活佛修建的桑普修行地，主持（修行地）的上师贝丹桑布（dpal-ldan-bzang-po）因是其以前的弟子，为了不生有贪嗔，答应同时任命为（住持和弟子），但是他未有前来拜见也未有完成（住持的事务）。因法王贡萨巴（chos-rje-kun-bsam-pa）之圆寂，故再三邀请其前来住寺。（此时）天女的面具上出现了泪痕，刚刚敬献的食子也散落下来。刚刚出发不久，即大雪纷飞使人不能通行，所有人都做了噩梦，请求留住。其言道："虽然我也没有遇到好的征兆，但此乃为上师之预言，还是走吧！"遂任命了寺院的官员、领主和法王。路途非常艰险难走，并做身后之事。其为堆则波(dol-rdzas-po）做长寿庆典而闭关修行，以此化解不顺之缘。在卓德顶(vbrog-bde-steng）的法王山中，出现有许多穿着米拉日巴胜乐金刚服装的师徒，于是为他们献有许多礼品。后言道："到达之时，你们不要哭泣，要唱诵吉祥之道歌。虽讲说《宝髻鬘经》，但心思不敢放逸，所有的人穿好衣服而哭泣，此乃不祥之兆。你们在三年之内，除了后藏之外，不要从东边来，否则将会出现障碍。"此后又说："现在需要拜见尊者塔坚钦巴。"于是从噶钦藏(sgar-chen-gtsng）来到吉雪（skyi-shod）[38]，拜见法王之时，其身体有微恙。抵达寺院之时，噶举派的僧人挤满寺院，言道："我的这座寺院乃是律仪轮之宫殿，寺院里应有尽有，像在坛城边缘的天葬场一样，没有任何邪见，并得到尊者塔坚钦巴向所有佛之本性即真正的观世音佛之祈祷。部落头人和寺院头人也是律仪轮之化生。有福德者已完成，你们二人都没有经历过这样的苦难。”在羌塘[39]，一个侍从者也没有见到，在吉雪等地才见到（侍从者），并接受了许多供奉。

第二天其去寺院用过午茶之后，在沟渠旁边种植了成行的树木，尊者塔坚钦巴坐在离树木不远的地方，仲科[40]们尽力去侍奉尊者，尊者巴卧站起来，在身前做了一些手势。稍微坐后，又在左右两边也如此做了一些手势。为何来到尊者塔然巴（dwags-ram-pa）的跟前？遂于身前、左边、右边皆进行了祈祷，并受了四灌顶。其问道：“是否可以在后方祈祷?”尊者塔坚钦巴听到此问话后笑着说：“对我来说，他是否已经看到了四张脸？如此做即可。”此后，尊者塔然巴说：“在树木和佛像的中间一庹多的地方，做长时间的祈祷吧。”次日，抵达聂塘之卡纳塘（snye-thang-gi-mkhar-nag-thang），驻锡于寺院中。寺院不仅为他们师徒二人设置了寝帐，而且还记住了其于四十九岁的猪年七月一日之时，在其身前献茶迎请。师徒二人大约走了十五天的路程，遂于桌子的右角摆上酥油，尊者巴卧在上师跟前坐下来，眼中不断流下泪水，并长久双手合十，其信仰心之强烈，在许多史书中均有记载。

总之，据说（尊者塔坚钦巴规定）无论谁也只能讲论佛教的词语，不能谈论家常话；无论坐在哪里也要显示身体的主要部位，即眼睛像金刚一样的看姿，连中部的呼吸都无法分辨出来，所有高低贵贱之人都对其毕恭毕敬。其说话文雅，使用敬语，那样的温和平静，谁也无法与其相比，其打开喉间受用脉轮[41]而流畅地唱出金刚道歌。偶遇内心惊慌之时，即可以隐蔽；还可以预见未来，从未出现过差错。其言道：“当雨中断之时，闭上双眼即完成了所有意愿，具有无量大慈悲，获得无量之功德。”

此后，（尊者塔坚钦巴）要离开用茶的队伍，尊者巴卧突然站起来，磕了三个头后说："我即将生病，需要如何办？"连续问了三遍。尊者塔坚钦巴也回答说："如此办即可。"又问道："在此可以圆寂吗？"回答道："前世夏日之子（shva-rivi-bu）在佛祖面前连续问了三遍'我要圆寂'，佛祖答道'有寂灭此乃为众生之法性'，我还有什么可说的呢？"如是所言。不久，（尊者塔坚钦巴）从后半部的座席站起来，是时尊者桑洛瓦引领僧人们诵经。（尊者塔坚钦巴）用手指着喊道："领经师桑洛巴请坐一下！"后将（尊者桑洛瓦）带到塔坚钦巴的跟前并请求道："请让他现在担任绰卧隆寺院的住持。"遂为其用手加持。此外，领主却吉瓦（chos-rgyal-ba）那天在绰卧隆去世的消息，他一定是预先知道了。不久，为其敬献有服装、绸缎、红黄两色的袈裟、身上佩戴的铜镜、披单、腰带、僧裙等物品，并俯首贴怀地进行了许多的祈祷。（尊者巴卧）说道："我不能裸身到上师跟前啊！"说着遂用披单遮挡住身体，一同与寺院的仲科和僧人们转经，并在帷幔中也不断地转经。面对着（尊者塔坚钦巴的）脸的正前方，双手合十，眼睛凝视着（尊者塔坚钦巴的）面部，连续三次祈祷说："请求您长久地护持我吧！"尊者塔坚钦巴也微笑着点了三下头。此后言道："现在我心愿都圆满实现了。"然后退出帷幔。（尊者巴卧）走出帷幔后不久，大声对寺庙中的人斥责道："你们把供品吃光了，因此无法完成尊者塔坚钦巴的心愿了。"还对这些僧人们说："你们的福德从此已尽。"返回寝帐不久之后，对桑洛瓦说道："我传承了所有上师的思想法续和无有宗派之见，你将来有如此需求的话，由于此帽系教法传承，只有噶玛巴才具备此传承。"除此之外，别无他言。过了一会儿又说道："请你们暂时坐在这里，我给你们讲述一些经文。"次日初二，其从大寺出发前往拉萨，师徒们驻锡此地。四日黎明之时，心入明光之境。以尊者桑洛瓦为主的人们到帷幔外面供奉灵塔。此时彩虹环绕寝帐，像酥油花花瓣的雨不断降落。聂塘地方的人们将尊者塔坚钦巴在寝帐留下的痕迹保留了下来，后人们知道此寝帐的一位上师圆寂了，所有的人都围着寝帐转经。八日中午，塔坚钦巴坐化，人们来到其跟前，为其做回向祈祷。起初大家神情严肃，后见到了法王芒吞巴（chos-rje-mang-thos-pa），言道："我的大修行者保持坐化的姿势而圆寂了。"大家听到这句话后面部出现笑容。（尊者塔坚钦巴生前）说过："寺院上师们中谁要是信仰虔诚的话，即派谁前去。"故尊者塔然巴请求自己前去迎请、净治法体，王顿月多杰也敬献有供云[42]。据说可到聂塘寺院自愿迎请，遂将（尊者塔坚钦巴遗体）迎请至诺布岩（nor-bu-brag）的下面。

到了藏历七月，称为"色瓦悦艾"[43]部落的人们不准火化（尊者塔坚钦巴的遗体），请求部落的头人后，部落的头人说："不要这样，（火化后）会加持这片土地的。"火化遗体之时，最初四周刮起大风，大地上的尘埃全部被吹散。之后，雷声大作，天降雨水，聂塘上部的坑洼全部积满雨水，形成雨水汇集一地的景象。雨停之后，色彩缤纷的彩虹笼罩天空，花雨像雪花一样飘落。此时，尊者塔然巴站立起来，爬到碾房顶上，手里拿着花雨跑来跑去。

总之，在吉祥圆满之际会降下衣食之雨和珍宝之雨以及佛陀降临于庄严的道路上。起初风扬起尘埃，此后雨水冲刷尘埃，再后鲜花、食物等降落，按次第单独呈现。然后尊者塔然巴说道："你的前世火化之时，我去参加了。于祭祀殿内当抓住倒置的白瓷碗手柄时，圆形的花雨逐渐出现，如此大的花雨我未曾见过，当时后悔未结下法缘。现在您来到我的跟前，我就不后悔了。"吾（作者——译者注）亲自听到（这些话）。（尊者塔坚钦巴）之头盖骨像琥珀一样晶莹，并出现有许多奇异的舍利子；后脑骨呈现三角形状，颜色微微发黄；此后头颅之前方也全部变成了金黄色，此中间放射出白色的光芒。二臂大悲卡萨巴那（khar-sa-paw-na）的身像每半个月清楚地显现一次，吾（作者——译者注）的手中也出现过，此后又融入法王自己的像中。（尊者塔坚钦巴）之舍利如同白黄两色的豌豆，形状似空心结，紧密排列成正方形，次日的空心结与以前的一模一样。吾（作者——译者注）看到第八世噶玛巴的传记中所说的（尊者塔坚钦巴）之舍利完全正确。（尊者塔坚钦巴）之遗体火化完出现许多舍利，灵堂的砖块、骨灰都融化了，然后即于此地建造灵塔。吾（作者——译者注）年幼的时候也捡过灵骨，并进行了供奉。由于四季供奉，形成天降花雨之景象，许多地方都曾出现过。

尊者（塔坚钦巴）的弟子中，能自立修行的瑜伽师极其多。日绰热钦（rje-ri-khrod-ras-chen）是尊者（塔坚钦巴）之弟，尊者为其授予居士戒，取名为绛央伦珠（vjam-dbyangs-lhun-grub）。藏扭巴（gtsang-smyon-pa）、夏卡热钦（shar-kha-ras-chen）有缘到此处，其随从彼等获得圆满之语诀，故取名为“日绰热钦”。其为胜乐金刚（he-ru-ka）制作了衣服，其有许多弟子并福报极大，尊者巴卧他们的唯一根本上师。尊者（塔坚钦巴）圆寂后，部分弟子将（尊者巴卧）迎请到寺院，但以前之预言未有印证。其回到绰卧隆(dro-bo-lung）寺院后，经历了长时间严重的病痛，邀请向（尊者巴卧）献茶，但是未来，故寿命遭遇危难。之后其转世化现，现在在做利他事业。其弟子是苏巴堆苏（zur-pa-stod-zur）之密教大修行者索札巴（bsod-bkras-pa）。其之弟子是果扎巴喜饶嘉措（ko-brag-pa-shes-rab-rgya-mtsho）。其前半生的弟子是官员多吉南杰（rdo-eje-rnam-rgyal），是其驻锡在桑措(zangs-mtsho）等地时的弟子。后来其驻锡于札达隆（gra-dar-lung），进行药加持和守饥行等，并做了许多利他善业。喇嘛仲顶巴（bla-ma-khrom-steng-pa）兄弟也是其之主要弟子。此后其常住在琼结达孜（vphyong-rgyas-stag-rtse）的街上，听说其做了许多善业。一位名为德钦达（bde-chen-dar）的比丘修证极好，他让吾（作者——译者注）前去汉内地五台山，遂前往。

第九节　上师本益巴、大成就者释迦达擦、尊者桑洛瓦等人的生平事迹

上师本益巴（dpon-yig-pa）生于札氏（gra）[44]，且是降岭巴（byams-gling-pa）寺的格西，其依止尊者具足一切教诫，领悟极高，还曾做过收集文集者，其名称为伦珠嘉措（lhun-grub-rgya-mtsho），具足神通，目睹中阴[45]之灵魂，得到诸多舍利。

大成就者释迦达擦（shvakya-nghwa-dza）是恰却德（byar-chos-sde）寺的格西，顶礼尊者圆满断证[46]，尊者示寂后继而代任住持，服务周到，其以法和财物照顾吾（作者——译者注）到九岁。此后十八年间，只在诞生地洛若麦萨赖岗达（lo-rovi-smad-sa-le-gangs-mdab）专心修持。据说其数珍宝时投向了土地神，以修证之力驯服了香蚌嘎（zhang-sbang-dkar），并创建有杨柳寺[47]，从此该地佛法昌盛。

尊者桑洛瓦（sangs-blo-ba）生于卓哇日（vbrog-ba-ri）山下，拜尊者巴卧（dpav-bo）后闻法，生起真实的三士道[48]，拜止贡热钦巴（vbri-khung-ras-chen-pa）等诸多上师，精通十明和显密学问且见识无边。虽无缘主持绰卧隆（dro-bo-lung）寺，但修建了札隆札杂（brag-lung-brag-rtsa）寺，大力弘扬灌顶、传承和教导等事业，对吾（作者——译者注）有施于教法与资财之大恩。大成就者嘉雄巴索南扎巴（rgya-gshongs-pa-bsod-nams-grags-pa）也随从此位尊者聆听诸多教诲，据说在朵普嘉雄（dol-phu-rgyag-gshong）修行长寿经时获得神通。

第十节 上师默朗桑布、大成就者曲贝瓦、比丘僧塔丹顿丹等人的生平事迹

上师默朗桑布（smon-lam-bzang-po）生于雄[49]（gzhung）地，在桑普寺[50]（gsang-phur）学习因明且极为精通，在蔡敏（tshal-min）学习了时轮，并从尊者巴卧听闻近修[51]（bsnyen-sgrub）等一切教诫，成为心传弟子。后授记其建朵曲廓岗（dol-chos-vkhor-sgang）寺，功绩卓著。

大成就者曲贝瓦（chos-dpal-ba）生于朵（dol）地，虽然贡献不大，但据说有缘长寿。八十一岁时，在其坐处前方两庹的案帷[52]旁边有一梯子，一侍从攀爬时遭雷击，梯子只剩下一小段木炭，此侍从身体也只剩一部分。（他的）铁串念珠熔为一小丸，他的身体却只微微一动。大成就者罗谢瓦（blo-she-ba）精通梦幻术，只在朵姜（dol-rgyang）深谷甲达（bya-mdav）处建有修行之宝幢，在卫地（dbus）不久即成为声名远播的大修行者。藏地（gtsang）将其称为雍巴多丹巴（gyung-pa-rtogs-ldan-pa），其于朋波山（phung-po）大做修行事业。吾（作者－者注译）也曾见过其信徒上师卓仲布隆巴（vbrog-mgron-bu-lung-pa）在房中将手在空中出现有很多，后来又变成有七层交织在一起的细小蜘蛛网。帕普（phuvi-bu）地方的持咒者隆珠郭勒（lhun-grub-mgo-legs）是一位具有大慈悲的尊者，据说在阿羌央涅（sngags-vchang-yang-gnyal）地方的深谷中逝世时因病痛在诸多的石头上留下了他的手印脚印。因其在朵德雄（dol-bde-shongs）寺修行，昔日之贤者称为禅师索南丹巴（bsod-nams-brtan-pa）也随从其听闻教法，拜其为根本上师。

比丘僧塔丹顿丹（thabs-ldan-don-ldan）能够以语召集全市，虽然后来成为诸王之尊敬者，但临死时经历了痛苦的折磨，临近第一中阴时，出现奇幻之征兆。札地（gra-nas）名称为结德却载玛（ce-te-chos-mdzad-ma）的女成就者是尊者之根本弟子。六十多岁时，在札萨珠却宗（gra-bsam-vgrub-chos-rdzong）之帕热本寺（pha-rvi-dbon-dgon）静修时遭雷击，被困在火中的双膝和额头之间未遭雷击，垫子、衣服和屋顶之木多被烧焦。但人们看时，（他）身中主要部位未受丝毫损伤且毫无任何感觉，虽然有几天有一点意识不清，但很快就恢复了正常，这是吾（作者——译者注）十岁的时候亲眼目睹的。

另外在各地出现有无数增上利他之事业的上师和山中隐修的禅师，雅迦贡邦巴（yar-rgayb-kun-spangs-pa）和拉仓丹萨巴（glag-tshang-gdan-sa-pa）等广结法缘者众多。茹巴（ru-pa）上师也在乌坚地方（dbu-rgyan）拜见（其）遂求得许多佛法。其言道："你在我的榻上睡一次，会生起事业之缘。"此后其（便）得到业缘，遂拜其为根本上师。在卓奇札（vbrog-phyi-rdza）驻锡时，谒见赞如（btsan-ru）的密咒师，获得信仰并拜师求法，因向其祈祷故言道："你的这张脸与错乱永灭者（vkhrul-zhig-pa）[53]有业缘。"此位授记者就是此后的名为谢德瓦贡嘎索南（zhal-der-ba-kun-dgav-bsod-nams）之人，并是他的根本上师。在楚绪（gru-shul）地方建立了婆罗门[54]耳传学院，有三位学佛法者前来求法，其吩咐说："你们与尊者塔坚钦巴（thams-cad-mkhyen-pa）有法缘，请去吧。"于是，他们三人便前去，因此尊者塔坚钦巴分别赐予他们名称是桑吉坚赞（sangs-rgyas-rgyal-mtshan）、却坚赞（chos-rgyal-mtshan）、格顿坚赞（dge-vdun-rgyal-mtshan）。彼等三人因行出世苦修之事，故修行地的人们称彼等三人为"三位米拉日巴"（mi-la-ras-pa-gsum）。第一位被称为"喇嘛米拉"（bla-ma-mi-la），修建查噶玛却宗（khra-chos-rdzong）寺，其余两人分别修成正果。另外上师智热瓦（vbri-ra-ba）、朗昆巴坚赞贝（glang-khungs-pa-rgyal-mtshan-dpal）、聂乌坚岭巴（gnyal-ao-rgyan-gling-pa）等（将尊者）迎请至各自住地并请求授许多教诫。上师恰木贡巴扎巴贝丹（cham-dgon-pa-grags-pa-dpal-ldan）和降钦喇嘛拉旺瓦

(rkyang-chen-bla-ma-lha-dbang-ba) 等每年两人侍候(尊者)。如此,(彼等)还没有拜见尊者巴卧 (dpav-bo) 之时,就已经拜尊者塔坚钦巴为殊胜根本上师了。后来在吉祥绰卧隆 (dro-bo-lung) 的大寺院里为噶玛噶举派的教法缘起传承做了诸多事情,直到圆寂,被视为中流砥柱。

第十一节　大堪布释迦桑布、上师恰木贡巴扎巴贝丹、桑木旦林巴等人的生平事迹

大堪布释迦桑布 (shvakya-bzang-po) 在多康修行噶玛巴的近性空法中坐寂于行宫,后又在此地诞生。其抵达卫地在楚布寺[55](mtshur-phur) 精修密宗之大手印,随从尊者欧绰 (ngo-khro) 领受一切教诫。后来在噶尔 (sgar)[56] 的央日 (yang-ri) 地方驻锡并且聆听教法。当塔拉岗布 (dags-lha-sgam-po) 的教义衰落时,京俄乃邬唐巴 (snevu-thang-pa) 在尊者塔坚钦巴的座前请求增上缘[57],因祈祷弘扬传承,尊者塔坚钦巴任命其为岗布寺之堪布并弘扬传法,并在恰喀 (phyag-mkhar) 地方建修行地,广集弟子。在岗布寺 (sgam-po) 能使政教两方面之事业兴盛,皆是昔日尊者吉丹工布 (vjig-rten-mgon-po) 师徒和后来尊者 (塔坚钦巴) 之恩德,且成为京俄扎西岗巴 (bkra-shis-sgang-pa) 兄弟和京俄噶尔巴 (sgar-pa) 兄弟等的根本上师。在工布 (kong-po) 地方,无论任何教派以及上下修行院皆统一归属于噶玛噶举派。

上师恰木贡巴扎巴贝丹 (cham-dgon-pa-grags-pa-dpal-ldan) 生于卓巴托旭巴 (sba-do-shug-pa) 地方,其随从诸多上师学习,尤其是跟随仲巴赛乎巴 (drung-pa-si-nghu-pa) 临摹其书法,间隙聆听深奥之教法,并

供奉尊者赤列巴（vphrin-las-pa），后来任皇帝[58]之帝师（ti-shri），并在曲沃日山（chu-bo-ri）建修行院。

缀康巴索南嘉措（vgrus-khang-pa-bsod-nams-rgya-mtsho）是多康地区缀康巴（vgrus-khang-pa）寺的总管，从尊者塔坚钦巴聆听所有教法。其自从成为贡嘎仁钦（kun-dgav-rin-chen）的弟子后，在多康地区传承教法，后抵达卫地做了温苏（dbon-zur）寺的住寺上师。因赤瓦卡巴顿珠南杰（khre-ba-kha-ba-don-grubr-nam-rgyal）是尊者（塔坚钦巴）的根本弟子，故在止贡（vbri-khung）一带做了诸多事业。

桑木旦林巴（bsam-gtan-gling-pa）是贡钦降贝桑布（kun-mkhyen-vjam-dpal-bzang-po）和法王第七世噶玛巴的根本弟子，圆满修行热振的一支教法并获得大成就，另外也做了无数力所能及的利他之事。纽拉瓦(smyug-la-ba）的土官色康玛（gser-khang-ma）声称圆寂时要亲见尊者，囊索仲巴（nang-so-vbrom-pa）也看到在曲沃日山（chu-bo-ri）的上空出现有法王噶玛巴身着单衣、头戴黑帽并降下花雨之幻境。由其转世后即为佛教的引领者大成就桑杰年巴（sangs-rgyas-mnyan-pa），其于藏历木牛年降生在多康地区长江流域的丹隆（vdan-lung）地方的丹万户长(vdan-khri-dpon）之家族，其母年氏[59]是智慧空行母[60]之化身，能看到乌仗那[61]之地。其刚出生时就会说话且具记忆力，故一岁时就能记住，因了悟生死，其于五岁时就自行剃发独自修行。（当他）听到噶玛巴之名后精神焕发且泪流满面，尤其生起虔诚之信念。因心中怀念法王噶玛巴，故日不能食，夜不能寐，身体也变得消瘦而憔悴。故其父母在他六岁时带他拜谒法王，刚见面就如父子相逢，故得名扎西班觉（bkra -shis-dpal-vbyor)。其八岁时从二位上师出家，九岁至十六岁期间在丹地的寺院从智者桑杰贝瓦(nangs-rgyas-dpal-ba）精修“慈氏五论”[62] 等所有显密戒律与教法，于是修得一世一身之证觉。他想这都是缘于其根本上师。其十九岁时，尊者塔坚钦巴的住地距布木波（pum-vbor）有两个月的路程，其不分昼夜地独行，经过十八个昼夜后拜见了尊者。师徒三人相守七年，其聆听了一切殊胜之教诲。其为使所得这一切（教诲）不致遗忘，以必要生起次第和脉、气、明点来清净异熟身；以光音天和大手印决断万物三身；修学了出离、敬戴和菩提等三心之技能。其苦行使身体受到了损伤，并经受风吹日晒之苦，故得名为年温俄江（gnyan-dbon-sngo-skyog）。二十三岁时，其想到如今已进入修善水流之瑜伽川，应有一静修地之所依，于是请示尊者塔坚钦巴。尊者塔坚钦巴回答道："如此而已，首先去多康之诸圣地，接着再从卫地南北任意一方于诸圣地开始修行！我也渐次抵达卫藏。"于是，其首先在噶波乃囊（kam-po-gnas-nang）三年、在"博普"（sbom-phug）两年，接着来到卫地，在楚布（mtshur-phu）两年、在唐拉（thang-lha）一年，共计八年中其不进火煮食物，仅靠气与心之精华。一般来说，在闻思之时饮食丰富，其却将（丰富的饮食）赠予体弱的朋友，（自己）只享用劣质的饮食。除了大殿和坐垫外，丝毫不受僧财和特别邀请。在住寺期间，除了享用残茶剩饭和祭祀剩余的朵马外，不接受头人的布施份子等。上述所做的一切除上师外，对他人闭口不言，不给任何人情面。此后，法王噶玛巴将塞甲斋瓦格顿坚赞（gser-bya-bral-ba-dge-vdun-rgyal-mtshan）流放时，其前往陪同，二人如同水木之谊友，在纳木错（gnam-mtsho）附近仅以常啼杜鹃、佛手参等之精华为生度过五年。在门托仓（mon-dom-tshang）、绰卧隆（dro-bo-lung）、桑普（zangs-phugs）、香布岗（shambu-gangs）等地各住一年，秋季的两三个月里稍去化缘，其时适逢安多、卫地的诸多瑜伽行者和幻化之人，随从彼等聆听了近圆戒和诸多教法。四十岁时，想去西方乌仗那（ao-rgyan），为观察朋友之意图，便说："我想去香巴拉，你有何想法？"塞甲斋瓦说："啊！不会是玩笑吧？连曼隆古如（man-lung-gu-ru）和邬金巴也未曾去过的地方你如何有能力去啊？如果你有这样的心思，最好是去邬金，其次是如夏嘎（ru-shaka）地方之森林达鄂坚（rta-rngog-can），再次是杂兰达热（dzav-lan-ngha-ra），请选择！”二人遂去了邬金，朋友却患了世俗菩提心，堕入非时之病，最终去世。当时他想，上师所说的金刚亥母和邬金究竟在哪里？朋友也可能是这样去世了。现在心中的苦乐只有法王噶玛巴知道，便向（其）呈请原因。（法王噶玛巴）言道：“请你思考，有何想法由我来支招。梦中也别忘了我，并向二光明佛祈祷！”其照此办后，梦中便有一白人言道：“你不想去看一下根本之母并结一次法缘吗？”于是其生起强烈的探母之心。如此请求之故，遂赐予喜悦之教诲，在归途中到达苏日札（su-ri-brag）时，见母亲已过世并幻化为智慧空行母即咒生之本相，并看见（母亲）言道：“为了让我从地行天[63]升入空行，赐予胜乐之灌顶，大瑜伽师明鉴！”于是进行了三昧灌顶，并唱金刚歌。其心想，现在在擦果沃浦（rdza-go-bo-phug）或莱杜扎（sle-du-brag）似天梯之地摆放有白花花的尸骨。其临走时因悲伤暂住于杜扎地方，父亲的家乡阿措（a-gro）和丹玛（vdan-ma）地方发生纷争，尊者上师的兄弟被一俗世贤者杀害，听说（俗世贤者）的一个遁世兄弟正从卫地往家乡赶来，如若不放了刽子手，看见雪山之中似一蝙蝠巢里草垫上有一瘦弱的衣衫褴褛之人，仇恨之心便全部平息，自然生起虔诚之心，奉上所有一切。其如此坚定的菩提之心，使父系与敌人双方认为，对于我们双方无休的纷争，如果能够迎请像法王却扎嘉措的弟子扎西班觉这样的人，定能平息我们双方的纷争。双方遂前往邀请，但（扎西班觉）未做答复，前去查蚌札（khra-spong-brag）。法王噶玛巴赐教道：“你去建一座僧侣居住的寺院吧！我要去卫地转大法轮，到时也要敬献礼品，对彼等会带来好运，此等全部于路途，可助你产生菩提之心。”其心想，我并未具足功德，这肯定是来验证的。便再次请求前去修行，可如前一样得到命令。（其）心想上师之命是唯一殊胜成就，便应允。此后抵达了阿绰（a-gro）和丹域（vdan-yu1）等地方，双方前来迎请到乌仗那（ao-rgyan）地界的一个山洞中。四十三岁时，其修建了寺院，修习断除一切仇恨之法，赐予兄弟即杀死阿绰（a-gro）地方的刽子手等人教法和财物，大做利他事业，得到了人们的敬信。

第十二节　大成就者桑杰年巴的生平事迹

从此年起，（大成就者桑杰年巴）引导和护持（弟子），聚集有诸多有缘之断行者[64]，扩建寺院，培养出了一批像多丹阿噶（rtogs-1dan-a-vgag）一样能够幻变的圣贤弟子。此时，此地出现有一些人未能克服对家的向往而放弃在寺院多年的修习事业，不但没有苦恼且没有发生片刻争论，放弃了这些计划不去发展扩大事业，如同大地震一般将这些情器世间[65]大部分遭到毁坏。此伟大事业之声誉也非常重要，正如修房子前尚需一间供住的房子并声称要到一高墙顶上腾飞一样，为此命名年巴珠托（gnyan-pa-grub-thob）[66]。将寺院搬迁到平原建菩提寺，用一千户集资的钱修缮了僧人聚集地之大门。此时，尊者塔坚钦巴（rje-thmas-cad-mkhyen-pa）言道："你放弃了一切禁行，前往多堆（mdo-stod）所有地方做化缘之行吧。"遂抵达多堆，在所有地方为噶举派的寺院修复旧的、建立新的佛殿，为无数出家受具足比丘戒者进行引导和护持，在热岗（rab-sgang）等地诸多大法轮前坐于首位，所有各教派著名的贤者和大成就者皆对其顶戴。其化解了各地的怨恨，得到了和谐平安，劝善会是其每日例行之事务从未间断过。像天空一样广阔的诸多财物中，将上等财物敬献于法王面前，中等财物作为常行善事之用，下等财物作为（自己）的临时需要以及僧人学习之用，其向尊者塔坚钦巴进行了数以万计的供奉一次、数以十万计的供奉四五次、数以千计的供奉无数次；向第八世噶玛巴法王进行了数以万计的供奉多次和数以千计的供奉无数次；尊者塔坚钦巴圆寂之后，其组织上万的僧侣（为尊者塔坚钦巴）举行了三次大法会，并为寺院僧侣布施无数财物，后还为尊者塔坚钦巴敬献有圆满法轮的镏金屋顶等特殊的供品。总之，第八世噶玛巴法王在传记中记载道："像我这样的上师从世间八法[67]中得到解脱，断除世俗果报之根本，斩断了一切无常之风脉，离戏地狱红白之火焰，修得了智慧的正知与正见，降服了'呼帝'（nghvu-ti），如光明普照大地，消除种种蒙昧，显示出佛体，得到殊胜不变之胜乐而心满意足。"幻化使诸有缘者得到加持，并使双入之身的大瑜伽师得到永恒之光明。其被列入殊胜大修行者之中。其为第八世噶玛巴法王的全部事业中的灌顶、讲经、制定教诫等奉献四五年之多。其于六十五岁时言道："我已证得圆满而要去世。"后圆寂于他的寺院中。（圆寂后）第七天时，听见第八世噶玛巴法王在梦境中唱智慧空行之道歌曰："前世唱赞胜乐之歌，浊世寻找智慧之念，现世安置北方之处，立于六十七万比丘前，丹玛（vdan-ma）大修行者即如此。"并显现班智达米底（pandi-smri-ti）利他之身像。尊者塔坚钦巴是众生的主要主人，毫无疑问地使无数众生得到解脱，总之，因其是多丹（rtogs-1dan）之弟子，故诸业缘安排其为第八世噶玛巴法王之弟子。

注释：

[1] 驳斥邪说谬论的著作。

[2] 指西藏历史上萨迦派和止贡派之间发生的一次战争。八思巴之弟恰那之子答尔麻八剌饶其达于元至元十七年（1280 年）起任萨迦派教主长达 8 年。在他执政一年后，止贡派的第十二任京俄仁钦多吉死于止贡，由仁波切扎巴益西接任，而扎巴益西则将自己的外甥那察扎勒巴送到萨迦喇嘛益西仁钦那里，当萨迦派准备委派他为止贡寺寺主的时候，被第十二任京俄仁钦多吉的弟弟甲沃扎巴仁钦杀害。为此萨迦派打算向止贡派问

罪。但甲沃扎巴仁钦的背后有全体止贡派僧人为后盾，萨迦派和止贡派之间的纷争和战乱即始于此。萨迦派教主答尔麻八剌饶其达执政后的第五年即至元二十二年（1285年），止贡派的滚多仁钦引上部蒙古汗旭烈兀的9万多兵到西藏与萨迦派交战。尔后非萨迦家族的加央仁钦坚赞从至元二十四年（1287年）起执政8年，在他执政的第四年，萨迦本钦阿兰引忽必烈塞钦汗之子铁木耳不花的蒙古兵到西藏，汇合后藏军队讨伐止贡派，焚毁止贡替寺的主殿，杀死僧俗1万多人，原属止贡替寺的庄园觉日、达布、工布、矮、聂、罗若、洛喀、扎嘎儿、雅儿交、门等地均被萨迦抢占。这就是藏族历史上称为“止贡林洛”的事件。

[3] 吐蕃王朝行政区划名。据《贤者喜宴》记载，其地东至色朗玛古尔普，南至聂拉那牙保那，西至介玛拉古，北至迷地曲那，以襄·雄尼蔡为中心，大致相当于今日喀则地区雅鲁藏布江以北的地区及那曲西部的一部分。叶茹又分上下部，共辖10个千户所，即朵容、象顶为穹波氏的千户所；朗迷、帕噶尔为巴曹氏的千户所；章村、年噶尔为朗巴氏的千户所；叶若布、松顶为桂氏的千户所；襄（小千户所）为仁勤甲氏的千户所；赞普的西侧近卫千户所。

[4] 藏语意为“获得十个命令者”，是噶举派的一种学位。

[5] 即指米聂热降巴贡布贝。

[6] 今西藏自治区后藏一地名，位于日喀则市境内。

[7] 即在家人的事务。

[8] 似指那若巴大师的夫人。

[9] 即七世黑帽系噶玛巴活佛。

[10] tshad-ma-sde-bdun，即法称大师所著的关于因明学的七部论著。

[11] 即七部或七论之意，因精通因明七论故得此名。

[12] 佛教典籍的总称，是根据诠释之义理划分的。“藏”音译为

“毗支迦”，意译为“箧”或“大斗”，原为盛放东西的竹箧。另有“括摄”之意，即于所诠中摄集多义。三藏包括十二分教的一切文义、色法以及遍智之间的一切所知。经藏，音译为“素怛缆藏”。于何处为何补特伽罗说，为契合处；叙说世俗谛与胜义谛的一切性相，为契合相；叙说蕴界生处等为契合法；叙说甚深意趣为契合义，此四合称为“经”。“经藏”主要阐述增上慧学，十二分教中的契经、应颂、讽颂、自说、授记、方广、希法都属于经藏之中，凡是经皆为佛说。律藏，音译为“毗奈耶藏”。“毗奈耶”意为“灭”或“调伏”，是佛教为比丘、比丘尼制定的禁戒，以制伏诸恶。“律”主要阐述五堕罪、堕戒因、还净、离堕、依何制戒补特伽罗、所制学处本体、学处名目、抉择犯、抉择未犯等八事，以灭三业罪过。律藏主要宣说增上戒学。十二分教中的缘起、譬喻、本事、本生都属于律藏。论藏，音译为“阿毗达磨藏”或“阿毗昙藏”，意译为“对法藏”。“论”音译为“阿毗”，意为“对观”或“对证”，现证真实性。它有三层含义，第一“证”，即现证真实性；第二“再三”，即由蕴、界、处、假有、实有等再三宣说而显现；第三“威慑”，即制胜各种说法。论藏主要宣说增上慧，十二分教中的议论分属于论藏。

[13] 即布敦派，13 世纪中，布敦仁波切驻锡后藏夏鲁寺，从此传出藏传佛教之夏鲁派。

[14] 内务官，主要负责饮食后勤。

[15] 即宝盒，内装神像或活佛喇嘛所赐的物品，面镶各种珠宝翡翠，珍珠为链，一般挂于项下。除作饰品外，相传祈请可获神灵保佑，逢凶化吉，因此又叫护身佛盒。

[16] 藏传佛教噶举派主要修法。梵文译音为：“嘛哈穆德哕乌巴德夏”，意为“大手印口授”。大手印有显密之分，显教以空性名“大手印”，以经教为证，要求修行者心注一境，不分别善恶美丑，以得禅定。然后寻觅观察住境之心，是在身内还是在身外，当发现诸处寻不见心时，

就明白此心非“实有”，而是“空”的。密教大手印以空乐双运为道，风息于中脉、人、住、融后所生之大乐。它分实住大手印、空乐大手印、光明大手印。大手印修身方法有六种。口诀为：身调则脉调，脉调则气调，气调则心调，心调气不外散。其目的通过对人体呼吸、脉、明点的修炼，达到一种最高境界。

[17] 由麻吉拉准传出的舍身、施食的教诫。

[18] gtum-movi-me 系密乘圆满次第根本法之一，也是那若六法中猛严火、光明、幻身、中有、往生和夺舍之一。

[19] 即今西藏日喀则。日喀则藏文译音，意为土质最好的庄园。历史上曾有“溪卡桑珠则”“桑主孜”“三竹节寨”“溪孜”等名称。14世纪初期，大司徒绛曲坚赞战胜萨迦政权，建立帕木竹巴政权后，派属臣仁蚌氏建溪卡桑珠则，并以此和仁布宗为中心逐步扩大势力，至藏巴汗时终于推翻帕木竹巴政权，建立第悉制度统治并居住该地。在固始汗帮五世达赖灭藏巴汗后，该地交由班禅统辖。

[20] 指用泥制成的小供品。一般大小如拳头，呈圆锥形，有佛像、佛塔及经文由木头和金属模具制作而成。泥土多为黄或红色。常供于寺院、佛塔、转经堂及各户人家的房顶、经堂等纯洁之地。

[21] 即出生后记忆起来的佛塔。

[22] 承认守护五戒而居留俗家的男子。

[23] 骨锁是八大尸林之一。八大尸林为东方暴虐尸林、北方密丛尸林、西方金刚焰尸林、南方骨锁尸林、东北方狂笑尸林、东南方吉祥尸林、西南方幽暗尸林、西北方啾啾尸林。

[24] 即龙树，大乘佛教中观学派开派祖师，出生于南印度婆罗门家族，精通密宗四续、显宗三藏等一切经典，在那烂陀寺依萨乐和大士出家，法名具德比丘。其著有《中观理聚六论》和《本续集论》等阐明如来教义的经典以及医学方面的书甚多，其一生遍建塔寺于印度各地。

[25] 佛教行者观想凭借神力加持五欲及饮食品成为无漏智慧甘露以供上师、佛三宝及自身蕴、处、支分三座坛城，积集殊胜资粮的仪轨。

[26] “乌多”藏语音译。一种放牧用具，也可作随身武器之用。长约 2~3 米。其制作方法是，将牦牛毛搓捻成粗毛线，再编成毛辫，一头略粗，粗头有一直径为 10 厘米左右的套环，中间是一块手掌大小的椭圆形的“乌梯”（放石头的扁兜）。驱赶牛羊时，将套环套在手指上，把石头放在“乌梯”里，再用手捏住鞭梢，然后提鞭挥抡，抡到想要击中的目标时，放开鞭梢一端，石子即刻飞出。如果运足劲抡鞭，石子可飞出一二百米远。

[27] 即聂，指西藏自治区隆子县。“隆子”藏语意为“万事顺利、实力雄厚”。该县地处西藏自治区南部，山南地区中部偏北，喜马拉雅山东段北麓。北与曲松县、加查县、朗县、米林县相连，东与墨脱县为邻，南与错那县相接，西与措美县接壤。总面积 10 566 平方公里，辖 1 区 14 乡 86 个村民委员会，总人口 3 万人。该地也曾译作“隆孜”“隆次”“聂”“仑孜”“纯则宗”“伦则宗”“隆子宗”“聂隆子”等。“聂隆孜”一名的“聂”为隆子河谷地区的统称。“隆子”是帕木竹巴王朝第一个第司绛曲坚赞执政时设宗所命之宗名，宗址设在现松巴乡。隆子古为雅砻部落和吐蕃王朝辖地。帕木竹巴王朝时归帕竹政权，五世达赖建立噶丹颇章地方政权后归西藏地方政府所辖，列为西藏 10 个主要宗之一，也是山南基巧管区 6 个一等宗之一，宗本官阶五品。民主改革前的历任宗本均由西藏地方政府委派。1959 年 5 月成立隆子县人民政府，属山南地区至今。

[28] 定日地处西藏自治区南部、喜马拉雅山中段北麓、日喀则地区南部。北连昂仁县，西接聂拉木县，东与拉孜、萨迦、定结三县相连，南与尼泊尔接壤，是西藏自治区边境县之一。定日一名，传说印度一位喇嘛掷石落在该地一小山上，发出“定”的一声响而得名。定日为通往

尼泊尔的交通要道，也是尼泊尔商人从兰巴山口通过绒辖与藏族进行交易的国际市场。清时设定日汛，并派驻兵丁500防守，由定日代本管辖。1960年6月，定日县人民政府成立，县府驻地设在协格尔。

[29] 四种灌顶权授，分别是宝瓶灌顶、秘密灌顶、智慧灌顶、句义灌顶。

[30] 古印度一教派名。

[31] 五遍行之一，根、境、识三者和合，从而触境察辨自境之心所。

[32] 即空行天母德索玛，指妙音天母形象中的一尊护法神。

[33] 柽柳，一种野生灌木，藏式建筑中，常用作正房屋顶短墙的材料，亦有用以制作扫帚。

[34] 即玛巴，指玛仓·西绕桑哥，玛仓噶举派的创立者。

[35] 即马阴，指藏族习俗中孕妇和病人等要回避马阴上身，认为马阴会使病情加重。

[36] 一种计量工具。

[37] 全名为“色卡古托寺”，位于西藏自治区洛扎县境内，为噶举派著名人物米拉日巴大师所创建，寺内保存有珍贵的经卷和壁画。

[38] 吉雪，西藏古地名，指拉萨河中下游一带。

[39] 羌塘，藏语译音，意为北方的草坝，指藏北高原。位于昆仑山脉、唐古拉山脉和冈底斯——念青唐古拉山脉之间，东西约2400公里，南北约700公里，约占西藏自治区面积的2/3，平均海拔4500米以上，由多座平缓的山丘组成，低处常积水成湖，多鱼类、兽禽、药材、矿藏，为西藏的主要牧业区。

[40] 旧西藏官员的名称，一种俗官。

[41] 藏医认为，受用饮食味道的脉轮，位于喉间，由五百微细脉轮围绕而成。

[42] 供云，即供养云，又作供养云海。有三义：其一比喻加持一供养物，即为加持无量之供养物。其二比喻供物之数量无限，多如云海。《大日经疏》卷一：“现种种身语意，兴种种供养云；以无尽大愿，广修诸度。”其三谓诸菩萨兴起种种云，如一切摩尼宝花云、一切莲花妙香云等，以供养如来，称为供养云。

[43] 藏语意为“定有冰雹”。

[44] gra 音译为札氏，神话中自猿猴传下的西藏古代六大氏族之一。

[45] bar-do 意指前身已弃，后身未得，即死后未投身中间。

[46] spangs-rtogs 意为断证。是指远离染垢，解悟功德，所有二障及其习气完全净治，如所有性及尽所有性智慧完全证得，即是如来圆满断证功德。

[47] 传说是金刚手菩萨和多闻天子所居住的宫殿。

[48] 意指上、中、下士修学佛法所经地道。

[49] 在今西藏自治区嘉黎县，此县位于西藏自治区那曲东南部。嘉黎一名因其境内有拉里山而得名。据考古发现，早在四五千年前就有人类活动。6 世纪时，属工布部落。7 世纪松赞干布统一西藏建立吐蕃王朝后，归吐蕃王朝管辖。元时属止贡巴万户长。明末清初，五世达赖喇嘛建立甘丹颇章政权，将嘉黎划归拉里寺辖，后收归西藏地方政府噶厦管理，设宗制。清嘉庆二十四年（1819 年）宗本为六品官阶，宗本每三年一调换，当时辖有桑巴、通多、阿扎、拉日部、同德、许达、乌苏绒、南口珠、古拉 9个部落。嘉黎古为四川通往拉萨的必经之道，清时嘉黎为打箭炉至拉萨的 13 处汛地和 84 台站之一，派把总 1 员、兵 50 名驻防。后又为噶厦地方政府在拉萨至昌都设的 24 驿站之一。

[50] 全名桑普内邬托寺（gsang-phu-nevu-thog）。在拉萨河南，1073 年，阿底峡弟子鄂·勒巴协绕所初建，继由阿底峡另一弟子洛丹协绕加以扩建。

[51] bsnyen-grub 意译为近修、念修。指念诵本尊咒语和如议修习。

[52] 亦称为桌帷，遮挡桌子前面做装饰物的丝绸等织品。

[53] 即一切幻想皆消散无余者，即通达空性的人。

[54] 意译净行，梵文音译婆罗门，别译梵志。古印度的贵族僧侣阶级名。

[55] 楚布寺，藏传佛教噶玛噶举派主庙。1189 年，为噶玛噶举派高僧都松钦巴倡建。其地位于拉萨市西北堆龙的楚布地方。

[56] sgar 噶尔，县名， 位于西藏自治区最西部、印度河源头的森格藏布和噶尔藏布流域，系西藏自治区现今 18 个边境县之一。该县北与日土县、东与革吉县、南与札达县为邻，西与克什米尔接壤。“噶尔”为藏文音译，意为兵营、宿营地。因该县处于西藏上部“堆”，故又有“堆噶尔”之称，历史上曾有“克尔”“噶尔宗”等译称。传说“噶尔”之名源于原西藏地方政府在抗击克什米尔的森巴（锡克族）军队入侵时，蒙古人甘登次旺率兵打败森巴军队后在此扎营。清朝乾隆年间设宗，宗官称“噶本”，由西藏地方政府委派五品职衔官员两人共同负责管理该县和阿里部分地区，直至西藏 1959 年民主改革前。1959 年 10 月 8 日成立噶尔县人民政府，划归阿里专区管辖至今。

[57] bdag-rkyen 增上缘，四缘之一。对于生果能增强势力，如眼等五根对于生起自果眼等五识能增加效力，名增上缘。

[58] che-sa-vgro-bavi-mgon-po，藏语意为“众生怙主”。

[59] gnyan 音译年氏，西藏古代一氏族名。

[60] mkhav-vgro-ma 意译空行母。证得殊胜成就的瑜伽行母。

[61] 义同 au-rgyan 音译为乌坚、乌金，意译为飞行。古印度因陀罗菩提王国名，今之阿富汗，亦译乌仗那、乌仗耶那、欧提耶那。

[62] 相传为弥勒给无著所说《现观庄严论》《庄严经论》《宝性论》《辨法法性论》和《辨中边论》。

[63] 往生人间净土之天神。

[64] 独居小寺修行的宗教徒，佛书译为乞化。

[65] 即大地和动物。

[66] 意为玄秘之大成就。

[67] 对自己稍有损益即生喜怒的世间八事，即利、衰、誉、毁、称、讥、苦、乐。

第十三章

第八世噶玛巴活佛米觉多杰（1507~1554）

【译文提要】 第十三章共有 25 节，即第七世噶玛巴却扎嘉措关于转世活佛米觉多杰的遗言；米觉多杰降生之前的征兆；米觉多杰的诞生及幼年的生活；米觉多杰受沙弥戒和比丘戒；米觉多杰修习佛法及做利他之事；米觉多杰受明武宗皇帝的迎请；米觉多杰与作者巴卧·祖拉陈瓦的因缘；明武宗皇帝再次派人迎请米觉多杰；丽江木土司迎请米觉多杰；作者巴卧·祖拉陈瓦对佛经的诠释；米觉多杰为诸多僧侣授戒传法；噶玛巴活佛与元、明中央政府的关系；米觉多杰兴建寺院大做利他之事；作者巴卧·祖拉陈瓦与米觉多杰第一次相会；各地纷纷迎请米觉多杰传授佛法并对其大加供奉；米觉多杰认证第五世红帽系活佛；米觉多杰继续从事宗教活动并受到各地官员的供养；米觉多杰修建讲修院、组建僧团并委任寺院的住持与上师；米觉多杰严格按照标准铸造大佛像；米觉多杰在修行等方面所出现的奇有净相；米觉多杰利用多种方法传授佛法；米觉多杰在神变、讲论、建寺、著述、塑造佛像等方面的业绩；米觉多杰患病及圆寂；作者巴卧·祖拉陈瓦对米觉多杰的评价；米觉多杰的弟子。

本章译文前部分主要概述了第七世噶玛巴却扎嘉措对其转世等方面留有的遗言，尤其是详细记载了第八世噶玛巴降生之前的征兆和幼年的生活。藏传佛教的活佛是指所谓已经修行成佛的人，在他圆寂后为了继续完成普度众生的善缘，再度转为世人，以人的肉体为其现身，不昧本性，寄胎转生，继续接替前世活佛之位。第七世噶玛巴却扎嘉措在其圆寂之前预示并留下遗嘱自己再次降生的地点是多堆地区噶玛大寺附近的昂秋河一带。其次，本章还记载了第八世噶玛巴幼年的生活，他从小就显示出更多的才能和智慧，如其刚出生不久即能将前世法王的帽子、法衣、发辫以及前世法王的家人辨认出来。五岁时，就能跳护法神的舞和空行海的舞，并能念诵未曾见过的《般若经》等佛经。其于七岁随从摄政活佛扎西那杰贝桑波受大乘八支圆满居士之长净仪轨并剃度出家，起法名为却嘉扎巴贝桑波，后随从桑杰年巴受沙弥戒。二十一岁时以修道正果的却珠僧格夏为堪布、噶玛巴大成就者那巴杰瓦为轨范师、堪布贝释迦桑波为屏教师受圆满比丘戒。此后，其勤奋修习佛法，先后修习了佛祖释迦牟尼教诲之大小经典、大乘教派中的有关菩提发心注解语诀、四续部主要坛城中灌顶解脱等注释语诀以及六支瑜伽、道果、希解、决域、香教法、觉囊等一切语诀，特别是认真修习了《慈氏论》《集量论》《释量品》《定量论》《分离四论》《上下对法论》《律经根本论》《入中论》《历算集论》等有关经典，并进行灌顶、讲经、制定教诫等事项。其于布木松地方为上万个僧俗群众讲经说法，并平息了诸多纠纷。由于其教法渊博以及德高望重，所以各寺之堪布、轨范师以及所有僧伽都将其迎至上座，深受尊崇。

此外，本章还记载了明武宗正德皇帝按照永乐皇帝迎请法王德新协巴的惯例，下令迎请第八世噶玛巴到皇宫。明武宗先后派遣藏汉金字使者陀察佛子、太监刘允、都纲多杰桑布、知宾扎罗等前往西藏邀请第八世噶玛巴，并赐予“上师五智如来齐集聚，密宗三怙主之噶玛巴，吉祥如意之太子佛子，愿实现福报心想事成”等祈愿诗。本章出现有许多汉文资料缺载或因载籍疏略而莫能详述的人物、事件的记载，甚至有些已经佚失的汉文资料，也在本章中有详细的记载，并可弥补明代汉文史料之不足。如关于明武宗时派遣太监刘允到西藏迎请第八世噶玛巴一事，《明史》《明实录》等汉文史书中对刘允在西藏的经历语焉不详，只是说刘允在西藏遭到抢劫，无功而返。而本章记载有刘允在西藏出行时的盛大排场和奢侈生活，并详细记述了刘允在西藏的行程以及最后的下场。此外，本章对于汉藏关系史研究的价值也是值得重视的，第八世噶玛巴与许多汉地的官员和信众保持有亲密的关系，如第八世噶玛巴与辛图霍宫、甘州、凉州、包头等地的无数人结下法缘。同时，本章还详细记载了汉地的官制、习俗，尤其是为了让藏族学者更进一步地了解汉地文化，遂对一些汉语词汇进行了解释，如“所谓太监是为了保护汉地的皇妃，将许多男子的睾丸取了出来，待伤口愈合之后，可作为皇妃的侍从，其名称为阉人”。所有这些大大地加深了我们对历史上汉藏之间关系之深度和广度的认识，开阔了研究民族关系史的视野。本章还记载了第八世噶玛巴米觉多杰与作者巴卧·祖拉陈瓦的关系，尤其在佛教方面通过诸多提问和回答的形式，说明了二人的亲密关系，并充分说明了作者巴卧·祖拉陈瓦就是第八世噶玛巴米觉多杰的亲炙弟子。作者巴卧·祖拉陈瓦博学多闻，他对佛经中的名词术语进行了详细的诠释。

第八世噶玛巴活佛除了在藏族地区建寺、弘扬藏传佛教外，还参与了许多民间的活动。如参加藏传佛教传统的大祈愿法会，并为众生做利他之事。同时也介绍了工布地区的大祈愿法会，工布地区的大祈愿法会除进行宗教活动外，还要演出节目，他们将男女分类，杀有许多牲畜，因此犯有十不善等许多戒律。为此，以后的大祈愿法会只举行宗教仪式，不再举行各种娱乐活动，但许多珞巴人献上了野黄牛进行了诸多娱乐表演活动。此外，本章还记载了“桑耶的山沟里第一次出现大批采茶工”，这充分说明以前西藏不仅在藏东南的昌都察隅一带种植茶叶，而且在离拉萨不远的桑耶一带也有种植茶叶的情况。尤其是本章还记载“明武宗朱厚照正德皇帝与噶玛巴活佛同祖同根，并为回、蒙、纳西等族颁赐有圣谕”。这些资料是比较罕见的，对于研究中国的民族历史和民族关系具有重要的意义。

作者巴卧·祖拉陈瓦与第八世噶玛巴活佛米觉多杰第一次相会是在藏历水龙年（1532 年）六月十五日，本书的作者巴卧·祖拉陈瓦在斯波奔巴岗的身之坛城处初次拜见法王，从此二人结下了法缘。其次还介绍了第八世噶玛巴时期制定的许多法规，如禁止女性到僧舍学法、摩顶等，不准妇女到寝宫拜见法王，行宫不准给外人借宿、不准经商、不准给外人施舍等法规。再次，尚概述了藏族历史上几次大的事件，如藏历土狗年（1538 年）夏季，因众生之命运前后藏发生了战争；藏历土猪年（1539 年），拉堆洛万户长因内讧而败落，第八世噶玛巴为了及时的拯救，遂将帕楚千户地赐予万户长父子作为世系庄园，原本需要一位执事僧作为人质而抵押拘留，后经第八世噶玛巴出面调解，那位人质未被抵押拘留并在寺内修行佛法；同时还概述了萨康玛头人与藏巴王之间的矛盾等历史事件。本章最后概述了第八世噶玛巴法王认证第五世红帽系活佛的全部过程。

第八世噶玛巴晚年在“佛祖也难以教化人心，特别是在浊世间许多信徒出现有所谓的意念、手印、脚印以及能飞上天空等说法，还出现许多有转世活佛的地方，有些人一生的奋斗目标只是为了自己的财物和优礼侍奉等”乱象中，还经常利用不同的方法为信众传授佛法，得到广大信众的信赖和敬仰。第八世噶玛巴除了连续不断地忙于茶列、献礼、使者往来、委派煮茶、著书、口头命令、公文、问候、吩咐供奉身语意所依、修改手稿、红黄色手稿的分类、安排比丘僧之座次、寺院供奉仪式等纷繁事务外，还不断地撰写著作。据记载，第八世噶玛巴活佛米觉多杰从小即撰写有诸多稀奇的佛经注疏和金刚道歌，成年后还撰写有《根本律经注疏》《般若大注疏》《梵文声明汇集之注疏》《根本律经之广义注疏》《俱舍论大释》《中观大注疏》《般若婆罗蜜多经》《玛哈玛雅注疏》《大乘金刚续经坛城》《密集心要》《五十四颂难作体修饰法》等许多著作。

第八世噶玛巴一生培育了众多佛学无阻的殊胜弟子，主要弟子有红帽系第五世活佛衮强耶拉、摄政活佛扎巴班觉、司徒活佛却吉沃色、年巴活佛、吾玛谷杰、日绰谷杰等诸多善男信女，彼等传承了第八世噶玛巴活佛米觉多杰之衣钵。

第一节 第七世噶玛巴却扎嘉措关于转世活佛米觉多杰的遗言

诗曰："诸位三世之佛陀，所有密宗坛城神，全部同宗亦同源，顶礼不动佛之足！"对此难以记清吾（作者——译者注）的诸位具吉祥上师之大名，所有圆满功德佛的本质显现的同样是佛身。丹巴杰瓦米迥夏（bstan-pa-rgyal-ba-mi-bskyod-zhabs）是十方诸佛和弥勒佛，现在是释迦牟尼佛在世界上最后五百年的末法时代，因此众生向恶趣转变，这全部是你的业所致。这些都在他的著作中提到，并说有一位可以调服一切的导师。如上所述，他以跏趺坐居于十万瓣莲花的如意之心上，遍知世间所有众生之身体、器官和信仰，无论降服难与易皆使心等持，观其具有降服一切之力，唯对此佛隐秘内外的一切，并供奉有如祥云密布之供品，遂使无量光明照亮所有众生且得到解脱。祈愿道：“英雄胜利者你是最早的佛，离开世间而居于兜率天，降服对己凶恶之妖魔，成就慈善救世宏伟业。”做了如此祈愿和发誓后，对弥勒佛顶髻的两个佛塔进行了装饰。言道：“(弥勒佛）顶髻上的这些塔是我修造的，你的上师是年巴珠托（gnyan-pa-grub-thob）。”律仪轮由六十二神环绕组成之坛城，并执有持金刚之因和持金刚之业果。金刚十二业是如何为众生做利他之事呢？即为殊胜缘之行为，在《我之十二行传记》中是这样述说的。如此赐予本人的教言如大海中的一滴水一样在浩瀚无穷的智慧中是微不足道的。若以共通众生之见，第七世噶玛巴却扎嘉措留有书面遗言:“我是无生便可显示生之情形，无有存在也能显示存在之情形，无有死亡也能显示死亡之情形，无有出生也能显示重生之情形。”其还说道:“我本来是没有动摇也没有无常，彻底抛弃出生、存在和死亡，恒久十方动摇而无常，显现出各种生、死、存在之情形，一切就如在做梦一样，如此便知所有之时机。”遂将下一世转世活佛[1]的出生地和父母等情况清楚地记载于许多遗书上，并留言分别将遗书交给了杰曹活佛（gyal-tshab-spru1-sku）和司徒巴（singhu-pa）二人，并将这些遗书放在桌子上面。遗书上说的(第八世噶玛巴）出生地是多堆地区噶玛大寺附近的昂秋河（ngom-chu）[2]一带，在河右边名为尕热迪普（ka-ra-ti-phug）山谷的一个叫切轧萨达(bye-brag-sa-tam）村子里，一个普通的家庭所生。

此外，第七世噶玛巴的遗言中说：“他（指第八世噶玛巴）具有隐秘之父母，圆满受用身之福田有智慧诸佛之本性‘斯’字，隐秘父亲却杰吉丹旺秋（chos-rje-vjig-rten-dbang-phyug）面部有律仪法轮，隐秘母亲金刚瑜伽母阿卓（a-sgron）的子宫受孕，父母二人是具有十地菩提心，后圆满受用身之因即胜乐金刚使其受孕。”昔日，萨霍（sa–hor）掌管藏地三区之时，第九大军官之后裔色恰斋降巴谢聂（gser–bya–bral–byams–pa–bshes–gnyen）言其出生于秋米（chu–mig）和秀滂（shug–phung）之地的主妇龙女达热赛卓（da–ra–gsal–sgron）之腹，此庆祝之语略有不祥以及亲戚们都谈吐不流利或智障，预言中父母均是修习密宗二十四地一切法的虔诚弟子。如此说第八世噶玛巴在母腹中即受了金刚乘的一切圆满灌顶，从母腹中降生时呈现出洁净之化身。另外一种说法是第八世噶玛巴的父亲名为阿降（a–byams）以及母亲是顿喀觉巴（ldong–mkhav–spy–od–pa）的侄女名为顿萨喇嘛卓（ldong–bzav–bla–ma–sgron），其父母二人在梦中梦见被赐予密宗大祈愿之二十四地。

第二节　米觉多杰降生之前的征兆

藏历火兔年（1507 年）二月十日的傍晚时分，房顶上出现了一个闪闪发光的大光圈，从天窗处发出铃声，进到房中发现里面就如太阳升起一般通明光亮。此时，（第八世噶玛巴）入住至母腹中，即像菩提勇识佛入住至母亲腹中一样并非普通的红白种子。是夜，母亲梦见在布满花朵的大坝子中央有一个非常美丽的大帐篷，里面摆满了奇特的身、语、意佛像，白如海螺宝塔一样的雪花悠然飘落，骨质六饰[3]翩翩起舞，山后面虹帐和绿色的浓雾就像一个小女孩拿着用不餍足之宝贝装饰的各种供品从外面边转边跳地敬奉。此时，从供奉的列队中取出一个闪闪发光的金质金刚，从一个妇女淡褐色的辫子中取出一个大海螺，并吹出了洪亮的声音。这时坐在宝座上的一位上师言道:“这海螺声大的足以使中原各地都能听到啊!” 外面所有的街道都挤满了人，父亲拿着一个大转经筒为大家做“嘛呢”加持，那位上师把一个白海螺佛塔形的念珠赐给母亲并说：“用这个来念六字真言吧。”（母亲）念着念着就醒了，是时身体舒适平安，略比以前加了些体重。后来，（母亲）又梦见在房子后面舀水的勺子里出现了一个自称是观世音菩萨的小孩子，此（小孩子）端坐在活佛的宝座上为众生讲授大慈悲修行经，并为众生念诵六字真言。此小孩从房顶的宝座上来到自己的怀中，无数的众生围绕着进行朝拜。还有另外一个妇女也梦到了同样的情景。西方出现了一条犹如丝绸蜿蜒绵长的多种颜色的彩虹带，彩虹相连的帐房里有一头绿色鬃毛的大狮子，它上面的虹帐里有位身上光芒闪烁、头戴一顶长帽的上师，在其左右方有许多击鼓的尊者，周围许多神和人进行供奉；下面大地上所有街道的人们多次为自己祈福和祈祷，后看见（此小孩）向西方前去，此乃是莲花生大师要为（其）赐福加持。

又在日月星辰相聚（之日），成百上千的人围绕着骑着白马、穿瑜伽装束的上师，于房子前卸下了许多驮子，并从佛盒中取出无量佛，同时将出现的母亲和儿子之像放进了佛盒中言道：“我一直到现在也没有找到。”后不久出现一位穿着金饰装束、骑着白马并挂有金鞍子的人，经幡、海螺声、各种音乐以及香烟密布西方天空。这些都是后来杰曹活佛在迎请(第八世噶玛巴）出现的景象。又在自己（指第八世噶玛巴）的田地中央搭建了大帐篷，周围环绕有许多小帐篷，帐篷里布满了佛像、佛经及佛塔，在正中的宝座上坐着一个小孩，后变为一位美丽的尊者。上述这些都是执事老喇嘛梦见的，后来又看见桑杰年巴（sangs-rgyas-gnyan-pa）在侍奉（第八世噶玛巴）。

实际情况是（第八世噶玛巴）入住于母腹后，房子内外都充满了念诵《八千颂》和“嘛呢”经的诵经之声，如闹市之声音巨大，又常有时而听见时而听不见之隐隐约约的奇幻之声。一些当地的人还看见母亲的房屋内外皆燃烧着大火。一些人还传说，其母亲的身体漂亮轻盈，不吃食物却没有饥饿感；一天要为寺院制作六罐酸奶，从不到床上休息，也没有丝毫的累意；播种二藏升的种子即可收获四藏斗的粮食。有一次其母去割茅草时略坐了一会儿，就听见腹中发出一个轻轻地声音说:“别磨磨蹭蹭的，冰雹快要来了。”母亲怀疑是自己死去的姐姐的声音，同伴（母亲）问道：“你在说什么?”母亲回答说：“我什么也没说，是从腹中发出轻轻的声音。”彼等刚刚返回家里不久，就下起了大冰雹，还听到（第八世噶玛巴）念诵一些六字真言。父亲与母亲吵架的时候，父亲用粗柳木棒打母亲时，从腹中发出“不要这样对待我们母子”的声音，房里的人们都听见了，父亲的气也就消了。如此的事情都是（第八世噶玛巴）在犹如蛇心檀香木筑成的房子——母腹中完成了菩提勇识佛所交代的一切，并在母腹中健康成长完成了莲花生大师之幻化。在母亲来奶之时，阿塔（a-thar）叔叔问母亲道:“你是否怀了一个小魔鬼?”后拿起刀就向母亲的肚子刺去，但母亲丝毫没有受伤，只是乳房流出了奶水。父亲在梦中见到一个金身大佛委托自己说:“如果你想塑造一尊金佛的话，不需要你亲自动手，我会自己来的。”后遂出现一尊最殊胜的能仁佛金像。父亲还梦见莲花生大师在大街上讲经后，将装满布袋子的海螺念珠撒在大街上并言道:“我是世间的引领者，世界上再没有一个能胜过我的人了。”有一天天还没亮之时，出现了许多人和骡驮子，其中一匹白色的骡子驮子上的圣物箱中放有《六庄严》经，并且在驮子里还出现一顶帽子，但拿在手中不久就消失了。又一次梦见十三位项上佩戴着骨饰、手持忿怒宝剑、身穿青色雕皮大氅的女子言道：“你手中得到一个可以照亮三界的宝贝，需要迎请。”法王的姐姐鲁卓（klu-sgron）看到母亲身上照射的彩虹后告诉别人，此后其他人也都看到此种情况，人们都非常惊讶此种梦兆会真实地出现。

第三节　米觉多杰的诞生及幼年的生活

据说，未见其母生育之痛苦，所有蕴界处[4]似已幻化圆满，如此八月投入母亲胎中，为无数众生秘密地做事。藏历十一月四日上午母亲在无痛分娩的情况下将孩儿降生人间，此吉祥之时到处散发着香味，净治胎秽不久，其睁开双眸后，喊了两声“噶玛巴”（ka-rma-pa）。此时房顶上出现了彩虹，天雨瑞花，数天里母亲身上一直散发着香味。当听到天神们悦耳之声音时，人们自然地聚在一起委婉地传说着“噶玛转世活佛已降生”，噶玛巴之美名传遍了四方。

此时，噶玛司徒巴王子扎西班觉（bkra-shes-dpal-vbyor）来到此地，（藏历十一月）十三日法王父亲阿降（a-byams）前往拜见，并对（噶玛司徒王子扎西班觉）说：“我家生了一位圣童。”（噶玛司徒王子扎西班觉）遂从手提箱里拿出一张纸看后言道：“你们父母的名字如何称呼？（你们）房屋背后的柏树和泉水是向东的吧？”法王父亲如此一一做了答复。聂热丹巴（nya-ra-dan-pa）说道：“你的名字不符。父名为降巴（byams-pa），母名为拉玛措（bla-ma-mthso），但是与阿降（a-byams）和拉玛卓（bla-ma-sgron）有点相似。为了身世之缘起，遂于藏历龙年（1508年）三月之间（转世）。”故献上七个圣经集丸、一个布饼盒、茶和酥油、一盒黑白相掺和之藏香等，并告诉说：“此乃噶玛司徒巴所赐予法王的法衣和茶。此藏香能驱邪；奉献此些圣经集丸若是转世活佛的话任何都不会出现，若不是（转世活佛）的话将会出现一种征兆。此时多则说四句少则说三句，若出现此种情况的话，你就前来此处。”法王父亲如此做后，当拿到法衣和茶后略有所思时，（转世法王）即说：“唉嘛哞！不要怀疑我，我就是噶玛巴。”其他没有说任何话。熬茶时，法王降生已有十三天，当举行歌舞欢庆的董拉贵（ldong-lha-rgod）之女和臣仆二人前来拜见之日，天空出现彩虹和花雨。众人就似谒见前世至尊上师般地对法王产生敬信，感恩戴德。当为了具信者一些衣服和饼子，具信者二人发生争抢时，法王对他们说："你们不要争抢了，还是念诵六字真言吧。"谢恰蚌聂杰（shel-khyam-dbon-nya-skyabs）对法王说道："我父亲在前世噶玛巴活佛幼年时就敬献过一件衣服，如今我也要为您敬献一件衣服。"法王手拿衣服说："献了就好。"

法王出生一个月后，类乌齐禅师[5]（ri-bo-che-sgom-chen）拜见法王后敬献有金子和金刚铃。此后于许多街市请求法王主办法会，法王手中拿着献给他的宝瓶，喜悦地为众生摩顶赐福。（类乌齐禅师）问道："若你是噶玛巴的话，在则拉岗（rtse-lha-sgang）给我讲授的是什么经？"法王回答："是大手印（phyag-rgya-chen-mo）和那若六法（na-ro-chos-drug）。"尊者司徒巴（drung-sidhu）为了验证转世活佛，派遣管家措结（mtsho-skyes）前去时，法王念诵有许多次六字真言。据说乌度巴色吉（dbu-dum-ba-gser-ji）拜见时，闻到法王全身皆散发着香气，除发髻和眉间白毫之外，其他瑞相皆具备，此消息遍传类乌齐（ri-bo-che）各地。法王于称为恩萨岗（ngom-sa-sgang）地方的附近，听到有一个大弟子之寺庙现在传承甘丹巴之法脉，并邀请其前往。当众僧来谒见时，法王大声地念诵六字真言（yig-druk）和"阿里噶里"（a-li-ka-li），遂得到众生的敬信。董奇章玛（ldong-khyi-sbrang-mas）谒见之时，法王幻化般地曰："我已远离生灭[6]之世间。"遂得到众生的敬信。此后部落的人们前来拜见，法王欢喜地给众生摩顶赐福。名为本章杰（dbon-sbrang-rgyal）的人前往谒见时，法王笑曰："你是有罪者。"而后此人亦进行了忏悔。巴博巴（pa-bod-pa）的一位上师说："我为则拉岗（rtse-lha-sgang）敬献一两黄金，请求加持，如今请求您用手脚摩顶加持。"法王遂高兴地为他摩顶，并反复地为他加持。一位赤脚上师前来拜见，并请求讲经说法。此时，法王以跏趺坐、双手交叉之姿态，双眸望着天空，久而无语，故得到虔诚之敬信。

法王降生两个月后，众人皆看到其之右乳房上同时长出三个类似白芥子[7]般的白色舍利，曾出现有一个多月。此后，一位晦气者前来看时即消失。三个月后，法王身上出现有两个类似白芥子般的佛牙舍利，法王父亲阿降触摸后说：“此是否是吃我兄弟的魔鬼之牙?”故在此晚法王父亲的舌尖略有疼痛。总之，虽然出现所谓“无视自生舍利”，（出现）说一些不吉祥话的人，对此无见之来源。因头发和指甲也是佛之舍利，故虽对自生之头发和指甲等讲说不吉祥话和陀罗尼咒；此乃为陀罗尼之舍利，然念诵咒语或讲说不吉祥话，无疑必须要自律。阿塔（a-thar）说：“若您是噶玛巴的话，不会对彼等有任何伤害的。”此后，将一个大药丸融化后涂在身上，身上便出现有许多小泡。一次，法王父亲将母亲的捻线纺锤扔出后又抓了回来。母亲对其说：“不要玩捻线纺锤，一旦扔远的话会有危险的。”并打了（法王）一个耳光。法王说：“妈妈，您老实地坐在那里念经吧，我有一位主人要来。嗡嘛呢呗咪哞（aom-ma-ni-pad-me-hvmu）!”此后不久，类乌齐巴（ri-bo-che-ba）和洛绒巴（lho-rong-pa）之邀请者抵达，他们各自将哈达和迎请函献到法王手中，大家十分喜悦。后将法王迎请到类乌齐之时，鲜花开放，就像供奉之盛宴一般欢迎法王的到来。此时法王已满七个月，法王看见一碟葡萄上放有三块糖，非常高兴地说道：“三个糖即是三身，一碟葡萄即是一位母亲之尸体。”说着津津有味地都吃了。法王在所有街市中摩顶作法、念诵六字真言。以前，法王曾对父亲说道：“你的儿子若是噶玛巴的话，无论何时也不要请我对（您）加持。”（法王）要约后，无论何时也未对（父亲）进行过摩顶，其父也对法王非常敬信。类乌齐寺的执事僧、官员、闭关者、善修者等所有人皆前来为法王献茶，各自将前世法王赐予的公文、法物等请求法王认证，法王对此等认证后，众人皆对法王虔诚敬信。法王吉丹旺秋（chos-rje-vjig-rten-dbang-pyug）给洛绒巴（lho-rong-pa）

母子下令道："既然对此噶玛巴转世活佛无有争议，你们就应该好好侍奉，请多加敬奉吧！"遂敬献有乘骑等，并将法王迎请至洛绒新宗[8]。此时，当摄政活佛坐在街中的蛇尖上时，一位名为索南坚赞（bsod-rnams-rgyal-mtshan）的活佛说道："我听到一种悦耳的方言，昨晚来了一位裁缝师说遍智一切（法王）一定是转世出现吉祥之兆，他身心健康，乃是非常好的预兆。"此时，一位有心计的安多人说，他的一个儿子出生时父母也有这样的好梦兆和吉祥之兆，（父母）遂对儿子善为培养，后来成为遍智一切活佛，居住在札松（brag-gsum）[9]，此灵童居住的寺院里到处都是美味可口的佳肴，并过着花天酒地的生活。虽然上师和僧侣前来迎请，认证其为转世灵童，但两个多月后此位活佛即离去。摄政活佛（rgyal-tshab-rin-po-che）以前之预见在此活佛身上未有得到显现，虽然大家心里清楚，但寺院众多僧侣尚需关照。是时，世间和睦行动者们抵达札松(brag-gsum)，拜见了安多人的儿子，敬献有三种哈达，三时任何时候皆未有出现吉祥之兆，震耳的龙声之兆像似来观看此活佛（即安多人的儿子——译者注）。

但是，智者想办法派遣仲扎西顿珠（drung-bkra-shes-don-grub）将（法王）迎请到则拉岗，请求其闭关。经常做梦，亦梦见西面广阔无垠的地区很暗淡，令人悲伤；东面的整个地区光芒四射，令人喜悦。于涅窝（snye-bo）山洞里坐禅时，有一只怒吼的猛狮不敢靠近，东面震耳欲聋的一条大龙瞬间变成一条狗，梦兆中显示东面那位活佛就好似无可争议，绒卧喇嘛觉巴（rong-bo-bla-ma-gcod-pa）很早以前就提过，当我九岁来转大能仁法轮时，在位的大赤本丹玛国师（vdan-ma-govi-shri）插话问："此位活佛的父亲是一位干练的人吗？"回答道："我的札松地方的这位活佛有一位干练的父亲。为让父亲出现，此活佛学习两句即可，说记得就记得，说不记得就不记得，说认识就认识，说不认识就不认识，这样即足以。"所有智者们皆毫不犹豫地相信了。殊胜活佛被迎请到洛绒

(lho-rong) 新宗，并至南喀佐(nam-mkhav-mdzod) 等寺院。以前（法王）的法帽和法衣存放在其他人的箱子里；前世法王的东西和其他人的衣物包在一起；前世法王的牙和嘉敦巴（rgya-ston-pa）的牙放在一起；前世法王的一些法衣和其他上师的一些法衣放在一起。然后说道：“请将您的帽子等物辨认出来。”一会儿工夫，（法王）全都将前世法王用过的物品辨认出来。总之，辨认这样的殊胜活佛就如同识别骏马会不会赛跑一般，但是有些人单从外表上看的话，伪装的非常相似，让人们不得不相信。嘉敦恰赤瓦（rgya-ston-bya-bral-ba）也向（法王）发出邀请函，拿着两条相同的发辫，请（法王）辨认。（法王）毫不犹豫地指着前世法王的发辫说道:“这是我的头发，这些是其他上师的头发。”辨别得十分清楚。前世法王的夫人和女儿都十分高兴地前来拜见，法王亲切地喊“阿佳”[10]。后请法王辨认前世法王的舍利和其他人的舍利，法王连（前世法王）曾用过的玛瑙的修持手珠都辨认出来。在守护一侧放有前世法王母亲的一面镜子，遂问：“这是谁的?”法王回答道：“妈妈的,”并用手抓住了镜子。问：“您若是却扎嘉措（chos-grags-rgyam-mtsho）的话，请跳空行海（mkhav-vgro-rgya-mtsho）之舞蹈吧。”法王遂拿起两根木棍作为金刚铃铛，边舞边抛撒着五谷，嘴里还喊着“扎西祥”!

（法王）四岁时（1510 年），仲巴札巴扎西巴（drung-pa-grags-pa-bkra-shis-pa）作了（法王）的侍从。在前往类乌齐的路上，吉诺活佛索南仁钦（ki-nog-bla-ma-bsod-nams-rin-chen）敬献有绿松石，并问:“您若是噶玛巴的话，请给我讲法吧。”（法王）回答道：“我有时是莲花生大师（pad-ma-vbyung-gnas)，有时是萨乐和巴（sa-ra-ha-pa)[11]，有时是弥勒佛（byams-pa-mgon-po）。”问：“弥勒佛坐姿如何?”（法王）遂摆出很好的坐姿。类乌齐跳神法师迎请后，（法王）长久跳黑色披风之舞蹈。问：“这些圣物是前世法王亲手做的吗?”（法王）回答道:“此黑色披风的壁画是我在楚布（mtshur-phur）寺赐予你的。”故他十分敬仰

（法王），激动地流出眼泪。类乌齐寺的喇嘛谷陀瓦（bla-ma-sku-do-ba）说道："你给法王季丹旺秋（vjig-rten-dbang-phyug）叩头吧。"（法王）回答道："我是噶玛巴，不需要叩头，你要给我叩头。"此后，将前世法王的坐垫铺开，脸朝外坐在上面说道："孩儿，你给我叩头，请求加持吧！"此时（法王）将手伸开，挺直头言道："我不叩头，也不请求加持。"过了少许，（法王）将手伸开说道："我已经给你加持了。"遂使众师徒十分惊奇。将前世法王的绸缎法衣和秋普瓦（chu-vphur-ba）的绸缎法衣放在一起，问："请您辨认哪件是（前世法王的）。"（法王）马上就辨认出（前世法王的绸缎法衣）。将顶髻帽、黄帽和马蹄银锭修行帽放在法王面前问："您要哪顶帽子？"（法王）马上拿起顶髻帽而将其他两顶帽子放在一边。问道："做前行时，孩儿您是去类乌齐喝茶还是去工布吃糌粑？"法王回答道："要去工布吃糌粑，此乃前世法王说的。'当心情不好时就要思虑教化周围之众生'，此非噶玛巴（kar-ma-pa）而是佐瓦（rdzo-ba）之（主张）。"此后，类乌齐巴（ri-bo-che-pa）、嘉敦巴（rgya-ston-pa）和洛绒巴（lho-rong-pa）等三方代表发布指令，并派人到寺院，并宣称："当前世法王的大弟子、亲炙弟子在位期间让此法王坐床最为适宜。"

（法王）五岁时（1511 年），住在沃隆（vo-lung）地方的女土司噶瓦坚（dgav-ba-can）家时，说道："我的一位转世活佛在楚布（mtshur-phu），另一位在何地未有听说过。"女土司很高兴地回答道："安多地方的小孩像是噶玛巴。"（法王）回答道："我是噶玛巴，安多地方的小孩是苏莽活佛（zur-mang-sku-skye）的转世，他是我的弟子。"问："那么，是圆寂在则拉岗（rtse-lha-sgang）的那位？还是圆寂在扎希（rtsar-bshis）的那位？"（法王）回答道："是圆寂在扎希（rtsar-bshis）的那位。"据说由于三业果之因，此位活佛后来转世为苏莽小活佛，就是现在的蔡伦（tsher-lung）活佛。问道："在康地虽不会划木船，但花园里似船的是什么？您在何处看见的船？”（法王）回答道：“我第一次看见（船）。”并反复说道：“有时我是萨乐和巴（sa-ra-ha-pa），有时我是噶玛巴，（ka-rma-pa）。”又说：“家乡的一位女法王请求为其做回向，去年给我捎话，但未有做回向。”女土司问道：“虽然去年是噶玛巴，但不能匍匐修行而业大，从而站立起来。其他不请求什么。”听说至尊法王的驻地从工布搬迁至札松（brag-gsum）。（法王）回答道：“未有搬迁，还在工布，以后会如此的。”后（法王）又拿着铃铛说道：“这是护法神的舞，这是大师莲花生的舞，这是空行海的舞。”并反复跳着舞蹈。（法王）又喊：“母亲拉姆吉（lha-mo-skyid）。”女土司问道：“她是谁？”答曰：“是你的母亲。”并做出步伐偏跛之姿。还说道：“我有两位母亲。”前世法王的上师桑结坚赞（sangs-rgyas-rgyal-mtshan）开玩笑时，（法王）说道：“侄子，不要如此，谁也不用请示。”（法王）念诵了家乡的人未曾见过的《般若经》，进行了赏赐，并说：“楚布寺是我去世弟子的降生之地。”驻地的人们问：“在京俄塔坚钦巴（spyan-snga-thams-cad-mkhyen-pa）红帽系活佛的座前需要为札松活佛敬茶吗？”（法王）回答道：“居住在那里无可争议，要顾惜寺院的面子，但不可委任敬茶这样的事情。”

第四节　米觉多杰受沙弥戒和比丘戒

无光之佛教何而为，
无误物性可善予寻找，
执持正确方法勤奋者，
定为圆满教法祈祷者。

此诗载于《真实皈依佛陀教理之圆满传记》，若进行同一教派之灌顶，佛陀之正确教理是律经，七别解脱律仪[12]中之沙弥戒乃为入教门之戒，比丘戒乃为佛教圆满之戒。为了具备一位勤奋学者的全部知识即像尊者一般能发大悲心以普济众生。（法王）遂于七岁开始随从摄政活佛扎西那杰贝桑波（bkra-shis-rnam-rgyal-dpal-bzang-po）受大乘八支圆满居士之长净仪轨，中间于神殿佛像前剃度出家，起法名为却嘉扎巴贝桑波（chos-skyabs-grags-pa-dpal-bzang-po）。后随从桑杰年巴（sangs-rgyas-mnyan-pa）受沙弥实修戒。此后，到了二十一岁的藏历猪年（1527 年）十一月二十三日，正好是比丘岗贝斋巴色扎尖塞桑波（dgang-pavi-vdren-sras-dgra-can-zin-bzang-po）塑像满十五周年之际，以精通三藏[13]且从大乘金刚获得修道正果的却珠僧格夏（chos-grub-seng-gevi-zhabs）为堪布、噶玛巴大成就者那巴杰瓦（rnam-par-rgyal-ba）为业之轨范师、众僧之堪布贝释迦桑波（dpal-shvakya-bzang-po）为屏教师，并从斋琮巴（grib-tshod-pa）、喇嘛本（bla-ma-dpon）、益巴（yig-pa）、扎西桑波（bkra-shis-bzang-po）等七僧团中受圆满比丘戒。（法王）做的所有佛教事业与如来佛相同。

大乘教之殊胜之性乃为大乘以大慈、大悲而发大心，以解脱众生，修证无上菩提，智不堕世，悲不离世，永远济世救众为目标，自利和利众事业同时并举，互为因缘，故乃为大事业。以坚定的信念依止金刚萨埵，修行者应将金刚勇识佛视为一切具足圆满智慧，方便大力及无数慈悲的佛陀其净罪力之化身[14]。上等金刚乘[15]是金刚乘除了发无上菩提心之外，还有其善巧方便的修行法门之观想，透过观想了知空性之实相。大乘的修行方式是利用因来趋向果，而金刚乘的方法则是将因果放在一起，果实际上就是因。金刚乘与大乘，在究竟真理方面并没有差别，但是两者处理相对真理的方法则有出入，特别是金刚乘通过观想本尊、念诵真言等转化相对真理的方法和大乘有所不同。金刚者，摄集一切大乘者，是般若六度；摄集六度者，乃为方便及智慧；摄集六波罗蜜多、方便及智慧为一体者，是菩提心，亦是金刚菩萨之禅定，故名金刚。金刚亦是乘，故名金刚乘，即真言乘之义。金刚乘着重讲述从佛的思想意趣所产生的各种真言咒语及其仪轨之道，是方便和智慧双运的金刚菩萨之瑜伽，最终证得金刚身。若违背了密宗戒律（sngags-sdom）[16]只会导致无边之坠落，从而使身心走火入魔。这乃是事物发展的法性（chos-nyid）[17]，那样不但会使身心受到伤害，而且还会有损于自身之护法。始终没有人能真正理会到大乘佛法中因果之教义，就如同现在藏区的那些旧教派，他们没有理会到佛之教诲，抛弃了个人的修行，一味地沉醉于世俗生活，将自己的修行置之度外。大乘佛法主要是以修行菩提心为主，然而如今只会给敌方施咒，违背了佛的本意。修密是将人之身心合而为一，寻求一条成佛之路的捷径，而不是为了施咒。为什么藏人们还未能正确取舍，未能遵循佛之三律仪（sdom-pa-gsum）[18]？不去做那些邪恶之事，追寻真正的自我解脱呢？切记上师之教诲，祈愿得到真正之解脱。有诗云：

此等一切永久之愿望，
念其源于尊师之见地，
敬献殊胜敬仰之诚心，
祝祷已渡信仰之彼岸。

此诗载于《法之根本信仰殊胜之传》。解脱之根本唯有信仰，凡夫俗子以闻所生慧（thos-byung-gi-shes-rab）即可得信，诸殊胜菩萨（byang-sems-vphags-pa）要熟习《本生之大海》（skyes-pavi-rbas-rgya-mtsho）方可入之，诸如来（de-bzhin-gshegs-pa）具有亲眼所见清净之功德且具备崇高的虔诚之正见，即可看见舍利塔（ring-bsrel-gyi-mchod-rten）。如来亦会流泪，并对法衣塔（bla-gos-mchod-rten）进行祝愿祈祷，故依止诸善知识进行修行时亦可见诸佛之本性（sangs-rgyas-thams-cad-kyi-ngo-bo-nyid）和解脱之法门以及恶魔之灭亡，而且能预见一切智慧之渊源，故应知悉侍奉、恭敬和敬礼，甚至一句嬉戏之言也不可违背，故以一切欢喜使彼等喜悦，犹如大海中的水流一般，使其变为集所有五明之学（rig-pavi-gnas-lnga）[19]、三藏（sde-snod-gsum）[20]、四续部（rgyud-sde-bzhi）[21]、大藏经（bkav-bstan-bcos）于一身的智慧之海。

开始（法王）在大国师尊前闻习佛法时，即见佛陀（sangs-rgyas）、菩萨（byang-sems）、上师（bla-ma）、本尊（yi-dam）以及护法神（chos-skyong）之幻境，并可讲说许多前世法王之传记以及前世法王之坐榻的结构布局等，还可讲述昔日尊者班觉顿珠（drung-dpal-vbyor-don-grub）的随从上师觉巴（bla-ma-gcod-pa）如何出家为僧等情况；讲述昔日大国师在绒波巴塘（rong-po-par-thang）为前世法王进行十四供之时礼供之水变为香水等加持之情形；还能辨认前世法王护身中每位法王之舍利。向法王问道："箱子中有一本什么书?"回答道："是遍知一切法王之噶塘玛卷（pi-ti-dkar-thang-ma）。"打开箱子后并说："此卷帙木版上的噶玛巴什之身像是由法王却扎嘉措（chos-grags-rgay-mtsho）所画。"此外，法王还看到无数环境，并念诵有许多奇特之了义佛法。此地方的所有非人被（法王）降伏，（法王）尚讲授了极乐世界佛和黄色无量光佛等佛经。又于苏莽仁波罗追嘉措（zur-mang-rin-po-che-blo-gros-rgay-mtsho）和古吉杰桑巴（sku-skye-rgyal-bzang-pa）尊前书写今天之藏文，并说："护光佛（sangs-rgays-vod-srung）是我，燃灯佛（mar-me-mdzad）也是我，黑色披风咒师（ber-nag-can）还是我。"尊者扎西顿珠（bkra-shis-don-grub）派遣萨普喇嘛文字官扎西桑布（gsav-phav-bla-ma-dpon-yig-bkar-shis-bzang-po）和侍茶者南卡（gsol-ja-pa-ngam-mkhav）前来，文字官（扎西桑布）虔心做了（法王）的随身仆从。

第五节　米觉多杰修习佛法及做利他之事

藏历鸡年（1513年）九月二十日，（法王）从宗萨（rdzon-gsar）前往多康（mdo-khams）的东部，当渡过金沙江后，于所有的地方看见诸多幻境，类乌齐的人（ri-bo-che-pa）对法王大加侍奉，法王所讲述的佛法犹如夏天的河流一样得到了迅猛发展。此后，法王朝拜了佛殿，并为配殿中一尊未开光的佛像进行了开光且进行朝拜。法王于布木松（vbum-gsum）法座上为上万名僧俗群众讲经说法，并平息了诸多纠纷。据说法王看见陈那（phogs-glang-chos-grags）[22]讲说佛法，还看见自己的出生地。于此地会供朵马（gtor-ma）[23]时，法王从前面山顶听见莲花生大师（slob-dpon-pad-ma）说："我是莲花生，你是杰瓦强央（rgayl-ba-mchog-dbyangs），同样是大持金刚（rdo-rje-vchang-chen）。"施主萨岗巴（sa-sgang-pa）迎请时，据说一群羊作为侍从未有阻挡并紧随其后，昔日之非人被法王降伏后亦变为奴仆。法王抵达岗巴寺，委任丹巴坚赞（bstan-pa-rgayl-mtshan）为住持。在此等地方，多次看到六臂护法和黑色披风咒师。于热乃寺（re-sne-dgon）任命贝丹扎西（dpal-ldan-bkar-shis）为住持。营地官扎西札巴（bkar-shis-gargs-pa）前来敬茶，法王问道："你的右眼怎么了?"回答道："是噶玛巴的人和类乌齐的人（ri-bo-che-pa）战斗时被打伤的。"法王问道："你二人胜利，为什么还不为佛教效力?"此后，法王看到了达温阿惹（rta-dbon-a-rag）和绒波释迦（rong-po-shvagya）中阴之灵魂。法王顿丹夏（don-ldan-zhabs）降生后，法王于欧协恰木圣地（gnas-ngom-shel-khyam）任命南卡坚赞（nam-mkhav-rgyal-mtshan）为住持。迎请噶玛地方举行了盛大的迎请，法王看到诸多净相。

（法王）渐次到达理塘（li-thang），敬献有无数礼品，希达喀卓玛（gzhi-bdag-mkhav-vgro-ma）迎请法王到山上，并留下了虔诚的足迹。此时，大国师在此地圆寂，（法王）为其举行了盛大的祭奠活动。（法王）为释迦牟尼之金顶敬献有一百包茶、五十头牦牛、一千两金子、十四块铜等，并运送到卫地。在多邦普（vdob-spang-phug）任命喇嘛囊索（bla-ma-nang-so），并新修有修行地。后前往董隆果（dung-lung-mgo）和郭岗（vgom-sgang）地方，当抵达达朗（mdav-lang）地区之惹董擦岗（rab-stong-thsar-sgang）后，施主夏热拉哉（gzhag-ra-lha-rtse）献出心脏；当抵达聂绒码头（nyag-rong-gru-kha），施主们献上往来船只之差役。（法王）下令修复尊者嘉样扎巴（vjam-dbyans-grags-pa）之扎兰达热（dzav-lan-dna-ra）修行地。此后，前往热岗（rab-sgang）之三成道者和五尊者之四大寺即董果仁钦寺（stong-mgo-rin-chen-gling）、绛萨寺（byams-gsar）、热底嘎丹寺（ra-ti-dgav-ldan-gling）等，各寺之堪布、轨范师以及所有僧伽迎上法座，深受尊崇，供奉有许多物品。此后，大土司前来迎请，法王驾临达则多（dar-rtse-mdo，今康定——译者注），法王与辛图霍宫（pho-brang-shin-du-ho）、甘州（vgag-cus）、凉州（li-cus）、包头（vgo-thum）等地的无数人结下法缘。此后，法王又抵达热底（ra-ti），任命热绛巴摩朗贝喇嘛（dpal-bal-ma）为住持。此时，（法王）言道："最适合法王的金刚上师是京俄塔坚钦巴（spyan-snga-thams-cad-mkhyen-pa），但其未能到达多康（mdo-khams）。前世法王师徒可相见，但此后（我）与其无缘相见。在前世法王的遗教中的亲传弟子中（京俄塔坚钦巴）被认为是最佳上师的候选人，也是佛陀最推崇的。京俄塔坚钦巴也是法王之上师，能够获得修行之正果。"（法王）随从大国师闻习了许多灌顶秘诀[24]，不久大国师圆寂。

昔日，所有弟子拜见（法王）时亦对至尊扎西（rje-btsun-bkra-shis）二人非常敬信，亦对获得格西学位表示祝贺，故上师和护法本尊也对至尊等人做有预言。藏历鼠年（1516年）十一月，法王在佛祖面前首次受别解脱戒[25]。此后，修习了有关佛祖教诲之大小经典、大乘两派[26]中的有关菩提发心注解语诀、四续部主要坛城中灌顶解脱等大经典之注释语诀以及现在汉藏流传的主要是六支瑜伽、道果和希解（zhi-byed）、决域（gcod-yul）、香教法（shangs-chos）、觉囊（jo）、口授、修心等一切语诀，特别是从无比的塔布噶举的《加持之续——酥油灯》中获取了加持之教诲。彼等之时，（法王）经过惹果瓦（rab-ko-ba）、热沃拉（ra-vog-la）、蔡隆达（tsher-lung-mdav）、斋域朵擦囊（kre-yul-dom-tsha-nang）等地驾临觉囊派的寺院赞塘（dzam-thang）[27]，（赞塘）的人们所献礼品无数。

第六节　米觉多杰受明武宗皇帝的迎请

（法王）驻锡于吉卡拉摩达托（vji-ga-lha-mo-dar-thog）时，大明武宗正德皇帝（cing-de-rgyal-po）按照永乐皇帝迎请法王德新协巴（de-bzhin-gshegs-ba）那样，下令迎请法王米觉多杰到皇宫，遂派遣藏汉金字使者陀察佛子（dom-tsha-ho-tsi）和宫中太监刘允（thavi-kyen-livu-yun）[28]等人前往迎请。彼等从皇宫出发，经过十昼夜，都纲多杰桑布（du-gang-rdo-rje-bzang-po）等金字使者来到法王身边，不久知宾扎罗（gargs-blo）等人也同时抵达，赐予祈愿诗曰：“上师五智如来（rgyal-ba-rig-lnga）[29]齐集聚，密宗三怙主（rig-gsum-mgon-bo）[30]之噶玛巴，吉祥如意之太子佛子，愿实现福报心想事成！”

（法王）抵达察域（vdra-yul）与绒波梅瓦（rong-po-rme-ba）交界之时，具备有修建隆达寺（lung-mdar-dgon）的条件，（法王）遂下令进行修建，如此任命喇嘛却吉沃色（bla-ma-chos-kyi-vod-zer）为住持。（法王）到达朵擦斯理塘（dom-tsha-si-li-thang）地方，无论在何处皆可看到龙树大师并做赞颂。此后，（法王）抵达嘉摩桐杰囊（lcags-mo-thong-rje-nang）地方，为追康法王索南嘉措（vgrus-khang-chos-rje-bsod-nams-rgya-mtsho）的未来做了授记。此后，林仲巴鼎沃巴（gling-drung-pa-ting-vod-pa）叔侄前来迎请，抵达斯达（zil-mdar）地方，其叔为法王敬献有约一万的僧人，其侄子也初次为法王敬献有一百多名僧人。（法王）于此地赐予嘉摩灌顶国师沃色坚赞（lcags-mo-kun-ting-govi-shri-vod-zer-rgyal-mtshan）未来预见之书信；还为林仲巴（gling-drung-pa）做了许多预见和教诲。此后，随从大修行者蔡普仲巴（tsher-phur-drung-pa）闻习《时轮注疏大全》，看见时轮金刚和上师米拉日巴，并融入了大修行者后做有赞颂。追康法王和博颇瓦（sbom-vbor-ba）再三邀请法王之时，因蒙古动乱，故说："不要前去！"但因官员权力大不得不去，临走时对大修行者仲巴说："因你的脚不太方便，逃跑不了，故请你留下吧。"刚看到一山口，游牧部落的蒙古人进行抢掠，（法王）马上向外跑去，此次蒙古人危害甚大。（法王）经过聂降秋寺（gnyan-byang-chub-dgon）、达绒擦（stag-rong-tsha）、达斯阿丽囊（stag-gzig-a-leb-nang）、江达（skyo-mdav）等地，抵达噶玛寺，于金刚座看到五部佛。此后经过果阿拉托（sgo-nga-la-thog），抵达聂塘修行地（sgom-sde-snye-thang），后又到达扎秋卡热瓦塘（rdza-chu-kha-ra-ba-thang），是时皇宫太监大人派遣的三位办事官员以及居住在藏地擦托图孔（tsha-thog-thu-gon）等地的五百汉人到达，送来皇帝的谕旨以及太监大人的迎请前往皇宫的信函。后（法王）又返回噶玛寺，当叩拜于法王都松钦巴像前时，听见法王都松钦巴说："此次不要前往汉地。"此后，（法王）任命尊者索南那杰（bsod-nams-rnam-rgyal）为噶玛司徒，并赐予司徒扎西班觉（bkra-shis-dbal-vbyor）的转世活佛却吉沃色（chos-kyi-vod-zer）鞍套和红色坐垫。如此，（法王）在一年中的两个半月的时间里不分昼夜地闻习灌顶传承和讲经实修，并将所有内容牢记在心。阅读经籍时，如遇到疑问之处当机立断理解所有问题，吾（作者——译者注）略加指点时，（法王）说：“不需要指点。”大修行者也虔诚敬奉后顿生灵感，（法王）说：“现在是我之圆满境地，故此时也该如此。”

有诗曰：“显示圆满示寂之时辰，获得法界无边大手印，无明时遇及生老病死，二现[31]启蒙众生之常持，摄略身体显现之影形，哎呀发出悲痛之声音。”（法王）亲自看见一位大修行者坐于大佛之右肩，讲说深奥之佛法后消失。故依止至尊扎西沃色（bkra-shis-vod-zer）闻习《喜乐大威德密宗之基础》等所有大密续部之一切礼仪问答语诀和一切密宗语诀，特别是随从前世法王修习的所有深奥教法。其共同之感受是菩提发心佛经过类乌齐擦瓦岗（ri-bo-che-tsha-ba-sgang）抵达拉瓦寺（la-bar-dgon）。据说，因（法王）向大慈悲佛行礼拜，故出现将三升青稞抛洒后再收集起来就有七升青稞之情形。此后，（法王）从苏巴珠（sum-pa-gru）、果达寺（mgo-zla-dgon）等寺到达贡觉（gon-gyo）之都松钦巴的修行地图伦寺（vdu-long-dgon），又经过玛尔康猛扎木（dmar-khams-mod-vgram），于莲花生大师的修行地多杰绰隆（rdo-rje-gro-lod）出现有许多的幻境和脚印。后经色布木岗（gser-vbum-sgang）和长江码头（vbri-chu-gru-kha）抵达巴塘协（ba-thang-shas），法王打开白若杂纳[32]修行地之门，噶波多杰贝载（kam-po-rdo-rje-dpal-brtsegs）向修行地之门礼拜，敬献一条白哈达，并请求完成息静之业[33]，亲见法王都松钦巴之尊容。此后，法王前往理塘（li-thang），嘉追肯寨（rgya-vgrul-khing-kras）等三地为法王行茶。当法王抵达托木扎胡（dom-tsa-hu）后，为法王献上皇帝之谕旨。于聂荣渡口（nyag-rong-gru-kha）出现有足迹，法王前往却隆多（chor-long-mdo）、协廓（shel-khog）、觉格寺（jo-gi-dgon）和协惹玛岗（shal-ra-ma-sgang）等地，此时，从卫地（dbus）来的旦玛法官（vdan-ma-khrims-dpon）为法王献有止（贡）和丹（萨梯）二位法王的信函和京俄塔坚钦巴（sbyan-snga-thams-cad-mkhyen-pa）的信函以及邀请函，（信函）中对他说：“无论先后如何下达指令，昔日如何说，也会虔诚信仰。”不久，嘉摩国师（ljags-mo-govi-shri）写信后即前来拜见。当抵达噶特（vgav-thag）地方时，看见热岗（rab-sgang）诸土地神前来迎接。

藏历龙年（1520年）四月，（法王）抵达热底甘丹林（ra-ti-dgav-ldan-gling），此时显现出诸金字使者前来膜拜以及被法王所降服并不断地闻、思、修的景象。之后，在多闻山（rnam-thos-kyi-ri）上受比丘戒时，堪布为（法王）献上无量寿智诸佛（tshe-dpag-med-krub-rkyal-lha-mang）之长寿灌顶和多闻子红面护法（rnam-sras-mdong-dmar-can），做了许多关于他空见（gzhan-stong）的讲解，并呈请堪布须持这一观点。而后，著有《般若觉色派（jo-zivi-lugs）之诠释》；（堪布）献上《律经之花鬘》（vdul-ba-me-tog-phreng-brgyud），（法王）请求为释教行事，并随从闻习《妙道六支瑜伽心要》（zab-lam-yan-lag-drug-gi-rnal-vbyor-snying-por-dril-ba）。授比丘戒时，向穿金黄色的僧衣尊者赤列巴问道：“金黄色是否不可形成加持？”堪布弹指后回答道：“对他来说已经出现金黄色，难道噶玛巴对金子和土块没有区别吗？”授比丘戒之夜，（法王）说道：“我梦见已在尊师足下授比丘戒，我安心地居于贡布达拉（kong-po-da-la）之山顶。”授长寿灌顶之夜，（法王）说道：“因我做有印塑泥像（sav-tsha）[34]，由此印塑泥像发出灿烂之光，对佛教大有裨益。”于是大堪布的侍从们请求其写一《长寿永生经之赞》，不久（法王）便以传记的形式著有《前往香巴拉之授记》。授比丘戒之前，（法王）曾向夏鲁译师（zha-lu-lo-tsav-ba）请教过如何修持，（法王）遂说道：“若无有任何障碍地受比丘戒，我还会回来与您相见。”当受完比丘戒后，（法王）顿时感到紧张万分，为感恩酬谢，进行盛大的供施后，经聂卡（nyag-kha）而去。（法王）在茂密的树林里入座安身时，因随行的厨师忘记灭除火种而导致火势蔓延，烧了大片森林，随后又被大风所刮，大火越过（法王）之马队。此时（法王）吩咐道："将当今未有出现之天王食子，即刻准备摆设。"此后，便下马做了回向食子，并将食子扔到火上，不久就如同用水般扑灭了大火。后（法王）抵达天王林（rgyal-chen-gling），拜见大译师（即夏鲁译师——译者注），大译师大悦。之后不久（大译师）因病而身体欠佳，故法王说道："于香巴拉建立法会即可，当狮子来到后可铺设敷具[35]。"后（大译师）圆寂。法王说道："此时虽无法告知大译师，但尔等无法隐瞒，现今我也去之。"说完便立刻动身离去。（法王）在赤列大师（rje-vphrin-las）足下首先闻习《现观庄严论明义释》，一日要闻习三遍，经过无数次的反复请教和多年的苦修，使得彻底领悟了要义，并闻习其他四部《慈氏论》《集量论》《释量品》《定量论》《分离四论》《上下对法论》《律经根本论》《入中论》《历算集论》等显密巨著。此外，还将俄译师（rngog-lo-tsva-ba）与恰藏（phya-gtsang）之书籍以及萨班之律仪等总共二十五部巨著的全部内容彻底领悟并融会贯通。在这期间还曾无数次闻取"给予加持的诀窍训诫"，如此不断地闻思长达四年两个月之久，但在他的印象中似乎只过了一年，而且在修行过程中很少进食，且昼夜不停地思索词义的难点和疑惑之处，并深入分析和了解等，对每部经文进行深层次的修习，对此尊师也极大地赞赏他此种刻苦钻研的精神和毅力。后随从噶玛译师仁钦扎西（rin-chen-bkra-shis）等人学习了有关声明学等方面的知识。总之，正如谚语"就算儿童口中之格言，智者也将全部取之"所言，像这样的贤人能完全融入到如此之佛法中，故所有人对他产生了无比的尊敬与仰慕。无论任何贤者之知识也满足不了他之所求，也不会藐视无知者，西藏的高僧大德来到他面前也会被他的威慑力所降服且不能向他发问，若有个别发问者也后悔莫及，但是他毫无傲慢之心，常常说："因自己知识浅薄、缺少见闻，故所知甚少。"此乃他唯一之想法，并非谦虚。此后，前往卫藏等地时，（法王）见到所有善知识（学者），无论是在萨迦派、格鲁派、止贡派、达垅派、觉囊派等新旧教派中皆持无派系之见，一心想着拜师请教且恭敬有加。诸如这样的智者在整个雪域也都没有出现过的，因此（众人）将其升华至扎西二尊者（bkra-shis-rnam-gnyis）和喜乐佛（sngas-rgyas-mnyan-pa）之地位并产生坚定不移之信念。（法王）在尊师面前进行修念已形成了习惯。总之，（法王）从佛教经文巨著中的《二胜六庄严》（rgyan-drug-mchog-gnyis）获得教旨，并获得独特、深奥密宗之语诀以及空行智慧母之圣言，对异说进行赞颂；亲自为受用身和化身之善知识诵经，亦与所有菩萨谈论佛法。尽管如此，对现今略微听过的格言也持欢喜和赞同之见。因当时相传大师夏扎强巴（shvakra-mchog-pa）之弟子班钦多尔杰瓦（pan-chen-rdor-rgyal-ba）和恰降贝央扎西南杰（bya-vjam-bavi-dbyangs-bkra-shis-rnam-rgyal）二人精通时轮法，遂分别寄信敦请他们，漫谈佛法；若对观察及能论则依止经师，同时如果班钦巴定能为上师则前往拜见，对当今众生凡人亦决定恭敬呈文请教。（法王）因看见金刚瑜伽（rdo-rje-rnam-vbyor-ma）于火山缝隙中射出兰札字[36]而后向外发光，预料到这并非好征兆，所以没有做重要指示。

第七节　米觉多杰与作者巴卧·祖拉陈瓦的因缘

此后抵达止贡（vbri-khung）时，见法王坐于新大殿的座席之首，并提问吾（作者——译者注）：“按《三律仪论》《声闻十八部》以及不同律经十八种，从而分为十八个学派，彼等有何不同？”且声音非常大。吾遂用大量传入的《俱舍论》《中观论》《因明》等有部与经部（mdo-sde-smra-ba）的零散内容作以答复，又问了诸如十八个学派的特点，吾虽对这些问题进行了许多如同儿歌之答复，但法王仍然追问道："那么为何未有回答现有的十八个学派？"而后吾（作者——译者注）用颤抖之音悄悄地承认了如此事实。法王又问道："我派不承认一切有部，而承认显宗，将唯识宗看作诸法之本性，排斥中观派，密宗言道我派会成佛，那么，我派与这些学派的区别是什么？"此时吾（作者——译者注）比以前更低声地颤抖着回答了诸多有关因明学之表色（gzung-rnam）与了相（vdzin-rnam）[37]等与此无关紧要的问题。最后法王问道："难道你不知我派与他派之间的区别吗？"于是吾低声地承认了自己的无知。法会结束后，好像吾对所有佛经皆娴熟，特别是从昨日开始吾如此不分昼夜地阅读经文，加深印象，巩固记忆；尤其对法王可能要提出的如此问题倍加思索，而法王对自己所看的内容却只字未提，使吾顿感疑惑，设想莫非法王预料还是知晓吾不能作答而有意的呢？此后，准备了一张写有"若律部未有堪布是否会产生律仪"等问题的纸卷和其他七张零散地写着般若、因明、对法、中观、密宗，特别是时轮等各方面的概论，并将写有这些观点皆为他空之见的纸卷献上。法王答曰："对此，在讲律经时若无疑难之处，可参阅我的律经注释，如将以上所有的观点视为他空之见则为不妥。"为此吾献上理由并作以回答，但答复极为奇异，曰："你的回答不符合法规，这样会使人们对噶玛巴产生怀疑并不会信之。"仅此!但是依贤者之见商议增上缘之舒气。在恰域（bya-yul）地方绛央却杰（vjam-dbyangs-chos-rje）献上近两百卷稀世珍贵之经函，并告诉说他的所有知识都是通过阅读这些书而获得的。而后，法王在香却廓（shangs-chos-vkhor）地方通知一位精通时轮的格西到（法王）面前，闻其（法王）以前曾知悉时轮僧经和仪轨等，紧接着又修习全部《灌顶密续注释之菩提发心》，并获得敬信。总之，法王说："我曾去过卫藏所有的地方，江惹格西（lcang-ra-rab-vbyams-pa）是一位贤者；锡金（vbras-yul）名为降萨瓦（vjam-gser-ba）之人虽无大智，但必定是严守戒律的出家人；论知识尊者齐梅巴（rje-vchi-med-pa）为最全面，可他的这些知识也会有完结之日；卫藏地方在密宗方面唯有止贡衮杰（vbri-khong-mgon-rgyal）地位最高。”此番话吾（作者——译者注）亲耳所闻。（法王）对红帽系第四世活佛之化身贡却耶拉（dkon-mchog-yan-lag）与摄政王之化身扎巴班觉瓦（grags-pa-dpal-vbyor-ba）二人只可视为上师之真实情分而不可视为弟子之情分。总之，始终将精通佛法之格西视为尊师而拜之。

有诗曰：“此生名利无意去静修，非仅词语心中得大悟，远离厌和欲之解脱者，祈祷此无所求之定念。”此为舍弃世间之传记。昔日曾有许多僧人敬仰西方的活佛，可是在洛绒（lho-rong）一带时而会有侍奉不周之处，但法王仍会特别欢喜。由于他认为转世已在别处，所以不需要转世之名誉。此时，若想要毫无杂念地对佛法进行修习即可大悦。

第八节　明武宗皇帝再次派人迎请米觉多杰

在大太监（thavi-kyen-chen-po）拜见之前年，法王被邀请到丽江（vjang-yul），丽江王（sa-tham-rgyal-po）顶礼并献有无数礼品，亲自请求（法王）做永久的上师并加以供奉，但法王未有答应，不过（法王）在那里新修有许多寺院，任命格西丹洛（dge-bshes-brtan-blo）等人为上师，从而形成了如此宏大事业之传承。其次，如同法王却扎嘉措（chos-grgas-rgya-mtsho）所言：“若吾来世做一噶玛巴，则完成不了佛教之大业，故需要两个噶玛巴来完成。”于是当明正德皇帝（cing-de-rgyal-po）显现身之庄严之时，第八世法王降生后即坐于皇帝之狮椅上，此位皇帝也戴上黑帽，并曰：“吾是噶玛巴啊！”此后因托擦囊索（dom-tsha-nang-so）去献马匹而大悦，将提拔其职位并邀请法王。皇帝对大法官（khrims-ra-chen-po）等人下旨曰：“为实现吾之大业，请前往西方迎请无量光佛之化身。”皇帝谕旨下达至名称为董太监（dung-thavi-kyen）的一位大臣之属下，其他群臣之首名称为太监刘允（thavi-kyen-livu-yun）属下有四位小太监，四位小太监属下分别有十位将军，每位将军各统领士兵两三千人；应供喇嘛下属有四位上师，每位上师分别有汉僧部众百人，供物有祭品和餐具等各种上等珍宝，次等为金、银，奇特的袈裟和坐垫等数百箱，以及无数茶叶、绸缎、檀木等，尚有乌拉差役七万余人前来迎请。停留之时，乌拉差役们将各自的衣物犹如马鞍般地排列整齐，犹如两行铁山，此中用黑幔围绕四周，如同星星化成的屋顶一样，外围的士兵分为外部、中部、内部等士兵，其中的方形黑铁布幔里住着许多级别不同的执事、将军和大臣等。大库等用五层或三层的帐篷覆盖，诸营帐中间的黑铁布幔围绕之中有他（太监刘允——译者注）的大营帐以及皇宫赐予的供奉礼品等箱子，依次排列的箱子中有宽大的金制宝座和上等的铺垫。他（太监刘允——译者注）仰卧着，身旁五十余名孩童不断奏乐、伴舞；许多儿童在他（太监刘允——译者注）的十几个用珍宝制成的小碗中不断添加饮品和干粮；在他（太监刘允——译者注）周围和营帐外部有千余名士兵轮流守护，在他（指太监刘允）面前站立着诸多大臣，处理大小事务；每日卖出的大批汉地商品皆要列出，每日各种颜色的布和线、各种颜色的丝绸、各种颜色丝线等，除同一种货物之外不得带走，而且要当日兑换。如有违令者则用不同程度的刑罚惩处，若要计量的话，以前要派遣许多差役、驮畜、军队等，火祭时要有二百多人身上带着火药袋，左右手拿着铁火炮，耳上放着点火用的香，边行军边往炮筒里装火药，后用木头堵上枪口，点火后放在地上不久即可爆炸。此后反复如此进行。除了火祭之轰鸣声和恐惧声外，犹如天动地摇一般。此后，有乘马匹和骆驼的骑士们以及坐着轿子的达官贵人们，尤其是大太监(thavi-kyen-chen-po) 坐在由许多人用一百多条黑色的丝绸绳撑着的牙帐伞盖中，众人为他敬献各种食物和歌舞，各种音乐之声传遍整个山谷，手持各种兵器的数千名侍卫轮流对此牙帐进行守护，像吾（作者——译者注）这样的人在藏地从未有闻得汉地如此之佳话，此时由军营中亲耳所闻。当到达他（大太监）的驻地，到处都有其亲手制作的斯唐（si-thang）[38]画，尤其是在其寝室帐中的小画，让人看了目瞪口呆。总之，所谓太监是为了保护汉地的皇妃，将许多男子的睾丸取了出来，待伤口愈合之后，可作为皇妃的侍从，即名为阉人[39]。被派来迎请法王的这位太监是位不信仰本教之宦官，若不顺从前往，其即欲用军兵来强请。此时，汉地宦官的军兵增至七万多人。法王为了无损于藏地，即抵达热岗（rab-sgang）地方。皇帝下达了御旨，于是按照御旨中的指令从军营（sgar）不断地派人行茶，行茶时间长短不一。大臣将不断地（向法王）发出邀请函，但（法王）未有答应，遂向一些熟悉西番的人询问：“(法王）如何才能同意前往？”当知悉需要僧官强佐巴扎西桑谷(phyag-mdzod-pa-dpon-po-bkra-shis-bzang-mgu）出面即可，便用钱财贿赂将其请来并承诺到达皇宫中将会封国公巴（guvi-gung-pa）之职。于是，派人又去邀请并嘱咐，若还是不同意，要将所有的礼品作为抵押品，在未答应期间不得赐予。最初前来拜见法王的是位大臣，仅是大臣个人所献的礼品就不计其数。次日，向法王敬献有皇帝的御旨，法王恭迎接旨，御旨曰：“一切按照往日的折子照办。”此后，每日都有各位大臣的礼品以及皇后、皇子、其他的太子及应供喇嘛等先后敬献的邀请函等，礼品大略像如今陈列在大佛龛上的各种银质和金质的佛灯、香炉、莲花盘和曼陀罗等等。是时，大臣与法王初次相见之时就犹如天上的日月相遇，日月将要坠落大地，出现有不祥之征兆。于是法王说道：“大悲观音菩萨亦对皇上的玉体有所不利。”因此，法王未答应前往。后法王与嘉敦巴(rgya-ston-pa)、苏莽巴(zur-mang-pa)、林土司（gling-du-si)、嘉摩国师（lcags-mo-govi-shri）、丹玛法官（vdan-ma-khrims-dbon）等人进行磋商后，决定此次不想前去，并答应了前去的具体日期，尚将所献之物一一接纳，又一一回送了礼品。此后，上呈文书于皇上，只留两名最小的官吏作为迎请法王之使臣。法王吩咐道：“若有他人回遮，对他们也不必惩罚，如此对福田和施主都有裨益。”法王还对大臣说道：“此次我虽未有缘分前往，但对你也不会遭受惩罚的。”此时，大臣原以有秘密邀请之计策，加之自己未能马上迎请，顾及到自己的面子以及自己无福泽等原因，大臣不屑听取言从，反而更加生气，言道：“将所献之礼品全部带走，用军兵征讨吐蕃九洲（bod-yul-gling-dgu）之地！”遂从两个营帐返回，于是强佐巴（phyag-mdzod-pa）也随从前往，并说要去短送一下。国师们（govai-shrirnam-pa）也说：“我们也不去汉地服务去了！”遂从汉地离去。此后，大臣和强佐巴磋商后，准备强行把法王迎请过去，但国师们已秘密地将法王迎请过去。皇上所献的礼品都没有到达法王之手中，大臣返回汉地的途中，礼品全部中饱私囊，士兵和差役都趁机逃走。当法王看见日月降落于大地之时，皇帝已驾崩。后继任皇帝是位信仰本教之士，做了许多有害于佛法之事。由于董太监（dung-thave-kyen）之请求，此太监（刘允——译者注）免遭杀头之罪，只是降职做了园丁。此时汉地遭遇疾病、战争、火灾、洪灾等灾害，大臣们认为（这些灾害）是因为未有把皇上的礼品敬献于法王而使噶玛巴不欢而造成的。然而，大成就者噶玛巴什（即第二世噶玛巴——译者注）由于在蒙古地区尽显神通，故使得其名声大震。强佐巴也尽自己的能力参与办理这些事务。之后，他（强佐巴——译者注）迎请摄政活佛的灵童到寺庙，并将工布剩余的土地奉献出来。此时，一些外表不净之人发出各种污秽言语，但是由于有情之人与佛陀无缘。此位太监也没有按照皇上的吩咐办事，一路上实施扶亲灭敌之事而延误日期，故受到惩处。皇上的礼品也未有送到回向之地，而成为办理恶友所言之事的资助，因此遭到至宝

(dkon-mchog）的天谴。怨恨圣贤之士、对无边殊胜之所有不敬的行为，使穷尽其福泽，遭到即将变得犹如奴隶一般之报应。彼等（太监们——译者注）拥有的财富远多于现在藏区所有权贵众人财富的总量，但此刻这些（财富）犹如汹汹波涛瞬间变成了泡沫一般。所有这些对我们启示到：未遵照圣贤之言办事、倾听恶友之词、不敬圣贤之士，终会在现实中遭到报应，享受和财富都是毫无意义的。相比之下，法王对财富和安乐皆不所思。

第九节　丽江木土司迎请米觉多杰

当法王抵达工布之地，所有居者和行者请求法王讲述其前辈们之功德法印。法王只言道："前辈们护持政教之业，侍从中也多有行政教之功德者，此为良劫也。如今我们出生于恶劫，世间的人们时而发生变化，我们没有造就伟业之人，欲求佛法之徒皆已空度一生。因此我们不能成就如此伟业。"此后，霍尔·塔巴本（hor-thar-pa-vbum）再三迎请法王，并央求道："请法王在北部当雄（byang-vdan-gzhung）建一座大寺院，对霍尔上中下地区所有部落（ru-sde）的支帐篷者都实施借贷或者征调徭役差役，并使霍尔自己相关的庄园或地方成为聚居万众僧人之要地。"但法王未接纳其请求。丽江木土司（vjang-sa-tham-rgyal-po）也请求法王驻锡于其地，福田和施主共同主管政教两方面之大业。但法王也未有答应。法王笑着说道："虽然我想拥有一座因明讲经院（mtshan-nyid-kyi-bshad-grwa），但吾要是到达热岗（rab-sgang）之地，便有五千名极为清净之讽诵僧人（klog-pa-po），他们全部是噶玛巴的旧友。所以那些都不重要了，故不能接受请求。”又说道：“在寺院的规则方面，我于二十九岁时在森波奔巴岗（zing-po-vbum-pa-sgang）之地初次相见时，有大帐三十余座，后渐次将（大帐）集中在一起。当抵达卫藏之时，大帐实际上归属强佐、厨房（gsol-ja-khang）、法王之内管家（chos-rje-nang-so）等所有。摄政转世活佛灵童的四个灶门等大小相似的帐篷皆依照法王之命归属到五六位轨范师。多麦（mdo-smad）等地区的许多富贵者虽无数次迎请，但未曾前往；卫藏腹地经济并不富裕，甚至草木都匮乏的人们前来迎请，吾不是为了吃住和赏赐而想的是少食罪恶之饭、寡欲专注，故承诺驻于此地。为了主仆（sku-vkhor）众生也要按需布施所有的一切，但也有像未按地方习俗的一两个借贷债务，亦并无碍事。”因为曾经有许多乞讨者依止法王即享受到了大酋长之财富，尚对一些埋怨之士也感到心灵之慰藉而少生动摇之心。诸圣贤之徒是少欲知足之三衣比丘[40]，他们不卖弄自己的学识，有着自他相换菩提之心，在梦中也不会疑虑此生和佛法。当出现遍传信仰之法轮即与上师无离散之净相者幻见无边的西方极乐之土和本尊者，睡眠可使自己摄入净光且梦幻可使自己洁如幻身者，部分圣贤之士造就功业的协助者亦视黄金如同土块一般，进行其他主要事情之时将所有财富、住所、生死都视为即将沉没的大船一般的智慧者，将所有赞扬和名声赞号仅想为系魔鬼之业者，当知悉真实幻见唯有梦幻中出现，并从此生的一切和睦中长久地解脱出来。

第十节 作者巴卧·祖拉陈瓦对佛经的诠释

所谓“渴望仁慈之智慧悲心，无分离系出离之净相，常常从苦因中获解救，祈愿思无常了义之心。”是行宏伟利他之解脱。此外，因从无数劫中习惯了仁慈，使其变得姿态美丽，成为百看不厌之人，然而众生皆视为相同并无两样。若看见身之坛城，使诸怨恨皆可平息，此犹如婆罗门（bram-ze）望见月亮一般，使众生油然生起信仰，使得众生的见闻觉知都如自己所愿，使得众徒都能成为得道圆满之士，此乃为一大功业也！不能使天下所有大慈悲心者经常依他之狃习，更不能使彼等受到日月煎熬之痛苦。连对梵天（tshangs-pa）、帝释天（brgya-byin）、大自在天（dbang-phyug-chen-po）、声闻和独觉（nyan-rang）、十地之佛子（sa-bcu-thob-pavi-rgyal-sras）等的无边悲心也与日俱增，单独对世间的有情者都不会、不敢、不舍得从悲心中丢弃，此乃为具悲心者利他之行为耳！许多圣贤之士都有从四口误中改正之良习，并有行有益于他人的一些行为。尤其是具有无量功德的尊者对知识之处，别人是无可比拟的。连略微有些名声的人都没有学习任何知识，即能够详尽地给人教言，使得他们明白自己的学识还有很大潜力，便不再傲慢，把他们引入正道之中。有些对所知之事特别迷惑之人士，由于听到详尽之教言，便认识了自己傲慢之误，从而看到自己将要走上正道。对独执噶举派和噶玛岗仓（karma-kam-tshang）之人士，劝说彼等舍弃那种癖见，指点固执本教派的信仰不是真正的信仰，并让他改正癖见。部分人对此极为怀恨，但也束手无策，因此口出不敬之语，对此没有感到异样，认识了此等之因。此因犹如佛陀视罗睺罗（dgra-gcan-zin）和天授（lhas-byin）一样一视同仁地对待，故油然升起敬仰之心，即心生信仰。有些人认识到了不能固执任何一种教派，而对所有的教派皆一视同仁。有些下等人心略生疑虑，如何知道上师之功德？如何看到自己之罪孽？从而变为洁净之人。对从事一些贸易、劳作和有欲望之人，要从自性开始让他们认识到非所行之言，从而得以教化。对有些人也通过自己之业究竟有了厌离心；对有些人也从自性开始了解到佛法之差别性，从而变为清净；对有些傲慢之人若通过赞颂其所有的傲慢，使他们明白自己的错误，故而放弃了那种高傲之态；对有些人通过讲述自己以前的秘密之事，从而进行调治；对有些人也通过未来所做出的预言进行调治；对有些人通过贬低和揭发过失来让其发现自己的过失，从而改正自己的习行；对有些人若经过教育，照旧还不听，通过委以其他任务使其改变错误观点，并得到最大的信任。总之，通过各种形式的教育来调治众生，依吾（法王）所闻未得到调治之人几乎都没有看见。故此，吾（法王）于儿童时所看到的地方即如此不变，其他就更不必说了。此乃见闻者有益，使众生得到调治。总之，通过身、语、意三门之功业从无始之时起，已成为众生唯一的利乐之根。不管回向者如何做就如同陶工长久地使劲转动轮子一般，最后不勤劳的话也是劳而无功。对身、语、意若无有勤勉，仅为自己做些利他之事，是无有任何目的及无有任何任运成就的。对众生不断持以菩提心，此乃为崇高之定离成就[41]，无论做任何事实际上也就打开利他之大门。如此，所谓“一声厌离纯洁”是愿意全力入于高尚菩提之众生，即为大乘纯正之厌离，徒众要纳入如此之菩提心；对于中等众生要从轮回苦难之自性和显示的真实因缘，纳入中等众生解脱之路。对于看见彼岸所有的人也要聚集，因示现自己的罪孽处于无常和有漏[42]之轮回，纳入业果之见下等众生之路。此等乃是言语声之法轮所教化徒众之门。总之，神圣教法虽已毁灭，但对佛法之事不变之徒众们为了使远离佛法者不增长，按照《方便善巧之说》，使佛教之法无有任何变化。

所谓：“烦恼邪念一刻也无有，倘若出现即制止蔓延，不摒弃善良之好作风，为诸善知识安乐祈福。”是将勤奋者视为河水一般急流涌进之传记。汇集贪、嗔、痴等三毒之业力仅为不善之业其中之一，此世的思想行为若俱为善事则属于法缘，为贪求个人的解脱而勤勉精进为独一涅槃之因，一切错误和庸俗的思想用“烦恼恶念”一词概括之。此等坏想法于心中瞬间也不可出现，若证觉菩萨化身为恶魔欲天之使者，生出贪欲、忿怒和障碍之三分别心。对此以破斥之法批判之，远分对治法远掷之，断对治法无根断离。以根对治之桥使错误的河流永不流淌。最初、中间和最终之三律仪之优良作风不得衰败，不断地将不熟识之众生的亲友以及无因缘之亲密者视为檀香和斧子一般成为众生唯一的朋友。无论谁如此做仅利益于此次的修行，甚至三门教言未有示现而修行之时，唯有十善法行日夜连续不断地永存。

所谓："正直平等修学经典教义，开启了义不了义之智慧，不听信传播无稽之言谈，为讲求正了义法而祈祷。"是为一切法门不依靠他力而自行精通之传记。此如同船主们将船只排列于水上，由商人们在各个海域捞寻而获得的珍宝，在此时此地为自己和他人谋利，而遍寻大海的每一处。寻捞所有珍宝并非不善之业。从无量大海般的佛祖经典中，各位宗派的创始人以及诸位轨范师于各个法门中寻找到自己的相宜之缘，并领悟精进智慧的一切法之要义。不做"吾独拜此师且只追随其人"的偏执之事，不持"独信爱我宗、仇恨他宗"之偏见，对诸宗派一视同仁，此智慧难以估量。修习十二支经（gsung-rab-yan-lag-bcu-gnyis）和显密经典的诀窍要义以及《生起因三摩地王经》（ting-nge-vdzin-gyi-rgyal-po）、《妙法莲花经》（dam-chos-pad-ma-dkar-po）[43]等诸三摩地（ting-nge-vdzin-gyi-gnas），以及十四摄释波罗蜜多乘（phar-phyin-theg-par-rnam-par-bshad-pavi-sgo-bcu-bzhi）等法门和要意；从无上瑜伽父续密咒（sngags-bla-na-med-pa-rnal-vbyor-phavi-rgyud）中论议七庄严（rgyan-bdun）、六边（mtha-drug）、四相（tshul-bzhi）等法门。示现化机的福缘一一呈现，不仅改变贪欲，而且要改变有缘化机中有些已入不了义[44]（drang-don）道，虽有些已入了义[45]（nges-don）道，间或示现不了义，间或又变为了义。为一切法由不可言说转为言说之，为不了义之相，使佛祖的教言永远不欺诱，并使相互了义而将众生化机归入了义之道，绝不相违。故为佛之教言做注释而同印度大乘两派（shing-rtavi-srolchen-po-gnyis)如此所做一样，吾（法王——译者注）是获得为所有经典自愿做注释之力。藏地喜听信前人之传说，盲目追随所谓的贤者，独缺以自己的智慧伺察之能力，诸轻慢伺察者如同乌鸦寻找牙齿一样，一位嗜恶懒人去做事以为先前无人发现之观点而现出一副骇人之相。吾(法王——译者注）并非如此，而是将先前诸大德无能力鉴别的三藏续部经典的疑难之处如同睁开眼一般做注释，所做的翔实之注释如同大婆罗门萨乐和（bram-ze-chen-po-sa-ra-ha）和龙足父子（kluvi-zhabs-yab-sras，应为龙树师徒）的见解一样，印度和藏区的大成就者一致将法王的经典奉为究竟、清楚、从根本上消除疑虑，并可作为标志性之殊胜著作。

所谓：“对著名人物要爱护宣传，诸祈愿无垢者相互关联，修习善之智慧行为所依，为一切回向和修行祈祷！”是为造就永久解脱生死涅槃的功业之传记。所谓“著名人物”之声音并非大，而应理解为誓词。此为何意呢？应理解为世人皈依转轮王（vkhor-los-bsgyur-ba)[46]、帝释天(brgya-byin)[47]、梵天(tshangs-pa)[48]和大自在天(dbang-phyug-chen-po)[49]等所显现正见。此等实属无意义，轮回安乐之果只能间或暂且拥有，有为无欲之本性不曾脱离堕罪之欲念。不仅如此，声闻（nyan-thos)[50]、缘觉(rang-sangs-rgyas)[51]、十地（sa-bcu)[52]等之间并非到达有利之地，好比客人滞留于途未到达，是为意乐未圆满故。此等全部无有无上悲悯之力，并显现极大的动摇，宽宏无边的欲利济之智慧愈来愈增长，并做相宜之调伏。誓愿之别如同无边大海，将所教化和调伏的联结起来，以善为因与觉为果结合而成为功业。此因乃为一切贵贱化机之族属生有殊胜妙乘(thag-pa-mchog）智慧生起圆满菩提，尽所有福善回向所有相、所有世和所有理，是故虚空永久，有情众生永久，直至功业之海永不干涸，是与诸佛之功业而无分别。

所谓：“如是修功德得何善业？具彼功德言说功德语，菩提者具有真实身心，为噶玛巴之善逝祈祷！”是以不可思议之回向全部摄之，如是将自己如何获得法以无增益、无歪曲如实告之而入此法门。他人了解此中之意，信仰、修习、念诵等亲自体验，得到何种善业便以何种回向之，如此功德及具此功德将说者是师尊本人之回向。无论修任何功德则可自得福善，如像佛祖自己命自己著《方广大庄严经》（rgya-chen-rol-pavi-mdo）[53]，为所有化机成就解脱之善业一样。何处回向？师尊之教言语调清晰、纯熟通达，若教言略有不熟便可消除回向，最终使身具义而化色身[54]，心具义而化法身[55]，获得圆满成就而成佛。众有情如此安立，与众佛之功业相同之成就与不空成就如来（rgyal-ba-don-yod-grub）[56]，并与噶玛巴之见解相同。

此赞文以传记的形式将佛法传授，第一偈颂中仅为佛法命名并非餍足，还需要寻得正法修习之，要善知佛法与非佛法，并抛弃自己之罪念。在具妙法善知识处修行，无论如何都寡欲知足，不作多余之想。修大乘自性菩提心，只证悟自续之阶位并调柔领悟之，不听信无稽之谈，证悟公道正直之智慧，除求得圆满菩提心外，其他不适易发愿，而后只追求超脱生死涅槃，一切善业回向正菩提等教义以赞颂示现。

如此示现主要事迹后，对于共通之众人如何呈现所做之过程呢？具有如此功德之主——法王自热岗（rab-sgang）动身西行抵达哲绒嘉（kre-rong-lcags）三地，于朱倭（kre-bo）之一山顶处停留稍许，并授记道："在此处建寺。"建成后以须弥顶（lhun-po-rtse）而闻名，并想到此处也是其之后转世活佛的驻地。其返回噶玛（karma）寺后，于沃钦山（vor-chen）脚下，对王贝协（rgyal-po-dpal-shes）言道："您此次未去印度甚好，因印度之鬼神闻听您将驾临皆前来迎接，并与吾藏区之土地神于热岗地方发生战争，最终吾藏区之土地神获胜，您未竟的功业我等必去完成。"此后，其从噶玛（karma）、类乌齐（ri-bo-che）、惹嘎索（re-dkar-sog）三地经过洛绒（lho-rong），翻越过昆陀（khyung-tho）山，于普仑贡耶衮洛（phu-long-dgon-ye-gong-klo）等峡谷险道等各个路段做有利他之事，并出现有莲花生等许多大师之尊容。

第十一节　米觉多杰为诸多僧侣授戒传法

法王十七岁即藏历水羊年（1523年）二月之时，随同大堪布释迦桑布（mkhan-chen-shvakya-bzang-po）、喇嘛扎坚瓦（bla-ma-grags-rgyal-ba）、喇嘛秋嘎图巴（bla-ma-chu-dkav-thub-pa）等人与工堆麦（kong-stod-smad）的一切政教人士多次行茶。德木拉（de-mo-la）[57]执政者达瓦堆（rgyal-vdzin-ta-ba-stod）也前来迎接，并为（法王）进行了供养。绛妥活佛（gyang-tho-sprul-sku）等绛妥地方之政教人士前来迎接，于多闻园（rnam-thos-tshal）举行了三大洲之大供养，并为尊者扎西顿珠（drung-bkar-shis-don-grub）之圆寂做了祈愿，噶玛普秋（karma-bu-chu）等人设立有供云。（法王）于五月上旬抵达了多闻山（rnam-thos-kyi-ri-bo），著有《观现宝库之鉴察》，亲见身语意以及奇异珍宝，并于此时能够讲述无有标题的翔实历史。其命令尊者大堪布调解噶玛峡谷之纠纷。

此时，法王之面色红润光泽，身着紫黑色布裙，下身系有骨严[58]，顶髻所系的红丝带悬垂于鼻子左右方，胸前执有佩刀，右耳饰一白莲耳坠、下身右角悬挂孔雀之羽毛，其上示现它处不见之纯金指环犹如空行母执一孔雀之宝伞、两串金质法铃将双足微微托起。（法王）对悟性之疑问做如此之回复曰：“何谓第一地悟性？现空双运之法身，无实如丝绸薄雾。哎呀！何谓第五地悟性？明空双运之法身，无二清净之光明。何谓第八地悟性？空乐双运之法身，离戏不变空金刚。何谓第十地悟性？了空无别[59]之法身。二障自除哎呀呀！”又曰：“自观自与他人无关，现知乃此智慧无二，此乃众生亦为佛陀，现在智慧之自音调，无须疲倦以及劳顿，唯有此处无有它处。”

色林喇嘛却吉坚赞（gser-gling-bla-ma-chos-kyi-rgyal-mtshan）于骐骥园（gyi-ling-tshal）中请求法王讲述其事迹，法王如此讲道：“我从小时候就对妙欲、梦、幻化诸学，以厌离心受之。别解脱之金瓶，没有沾染堕罪之污垢；发菩提心之白莲，没有沾染私利之霜。金刚密乘之木马，被愚痴的灰尘所掩蔽，一刻也不得显现。”茹巴达尔哲琼瓦喇嘛（bla-ma-ru-pa-dar-kre-chung-ba）前来拜见法王，并献上了丰厚之供品。丹萨瓦喇嘛（bla-ma-gdan-sa-pa）和雯波却迥（dbon-po-chos-skyong）将京俄塔坚钦巴（spyan-snga-thams-cad-mkhyen-pa）的茶供及邀请函献给法王。此时，京俄塔坚杰钦巴又知悉以前有影响师徒关系的逆缘后，更加迫切地想要拜见法王，并派雯波却迥前去呈上一关键的邀请信，言道：“先前因为我之命运，未能拜见您而甚为遗憾，现今我有能力邀请您了，请无论如何要前来。驾临的路线如果选择雅砻（yar-klungs）方向的话，不能做到很好的接待。因此希望从娘卡（nyang-kha）方向驾临，我老者会在札松（brag-gsum）地方迎接您。见面之礼节若施以头之加持，则不违背我雪域众僧之长者的身份，非刻意为之。此外，按照我寺院的惯例是，将碗的套绳系于食指，携带敷具前往，根本不需获得允许。所有止贡、达隆在世的法王全都是我的弟子，因此他们也毫无困难地会接纳（您）为入门弟子。若非如此，这些人连如何请教拜见之难处都不知道。（您）抵达之后，我寺院之供养功德主以及所有弟子皆会向您敬献（礼品）。”驻地的官员们对此（邀请信）讨论后，认为若是如此将会得到听法之机会。但议论结果是此举不善，身受限制之邀请信最终未有获得允许。此后，京俄塔坚钦巴亦舍弃身寿，不久即示现涅槃。

法王住于当杂（tang-rtsa）之时，由康区来的管家札西桑（bkra-shis-bzang），此人特别爱好做恶作剧，故除了摄受于他人外，无有任何斥责或追究，在无斥责的情况下给予（此人）谒见（法王）的机会。住于森工蔡（seng-gong-tshal）与羌冬嘎（chang-dong-sgar）之时，法王前去过世的侍马官贡却坚赞(dkon-mchog-rgyal-mtshan)身边，施予迁识法[60]，并唱："生老病死等境相，我若见则心忐忑，上亿聚集街市中，千名老翁不可得"等道歌。

在达恰那四大林(tab-chab-nag-gling-bzhi)与杰工呼札(rgyal-gong-lhum-brag）等地，法王为卫藏的拜见者与二千余僧人讲授了《正法念住经》（mdo-sde-dran-nye）等，从此地被侍寝官丹玛国师（vdan-ma-govi-shr）迎请至达卡（vdav-kha）地方，并献上各种礼品。法王赐予其良好会遇之教敕，并授记本生曰："此处有一美丽小鸟，美丽小鸟善于言说。"（侍寝官）十分恭敬听后流下了眼泪，并于法王面前问道："这个善于言语的鹦鹉会生慈悲心吗?"法王用偈颂诗回答道："昔日，桑杰梅朵喇嘛(sangs-rgyas-me-tog-bla-ma）在佛法末劫变为王妃时，有一名称为莲花的阿罗汉前来乞食，侍女勒载玛（legs-vdzin-ma）毁谤阿罗汉，阿罗汉为其说法而生信，来生历经多次恶趣，即转生为此鹦鹉。"之后，法王来到果称寝宫(lkog-phreng -gzims-khang)，因地方幽静而心生欢喜，唱了诸多道歌，尤其嘱咐道："尔等要牢记这些道歌，并学会此曲调。"

此后，法王言道："心寂静安住离戏论，清澈觉识起安乐，寻伺气息呼吸止，彼之中具这般妙善，你若具大修持当玩味。细分念头纷纷然，以念知掌握起安乐，二执识之计算者，彼之中具这般妙善，你若具大修持当玩味。刻意之空为穷者，乍看之下是空然，细看心性具觉照，执着为一的浮夸者，彼之中具这般妙善，你若具大修持当玩味。此就是平常心，不染有无二边之尘，偕于四行持中亦分别，彼之中具这般妙善，你若具大修持当玩味。受恶生离上师之地，独身不群出离者，因恶缘易丧失善行，你若具大修持当精进。想方设法顾此生，他生发愿具大势，八法鬼魅军队聚，恶劣习气内取受，我执所迫丧善行，你若具大修持当断贪恋。友无常伴却环伺，以放逸僧为福德门，执传承我慢嘴说法，多不遵誓言受众疑，你若具大修持请专心。重要施主顾面之本，毁誉之大寺存贪嗔，不懂法于会供中央，妙好身形众环伺，不对治心续不知耻，障碍梵行受众疑，你若具大修持当总结。衣食之希求当尽弃，依止乞士生活食宝库，熟习之十二种功德，无尽之恒利当致力。能所之迷惑根本止，于彼时平凡本来自性，不依因缘迁动为普贤，义与本初佛无二致，心大乐空性金刚界，身语之作为名善逝，好坏之分别彼中除，心顽固之造作原中融，此如是妙善之希求勿舍。”

法王又前往桑（gsang）与德扬（bde-yangs）等地，接受了供养，由多雄瓦（do-zhong-ba）献上旅费。又于工称寝宫（lkong-phreng-gzims-khang）闭关时，在闭关房内授予了至尊堪钦巴（mkhan-chen-ba）许多甚深教法。法王抵达伏藏瓶戏山（gter-bum-gyi-ri-ltad）时，出现有三个脚印。来到杰载（rgyal-vdzin）时，僧、俗、官、民等前来拜见，（法王为彼等）传授了诸多灌顶与教法。见到抵达龙王海宫殿的境相以及至尊司米日迪族（smri-ti-gdung）献供的境相，法王说：“故此，请印藏所有大成就者按照此等境相所绘画吧。”遂于贵卓（vgos-vbrog）、玛忠（mar-vbrom）等地请来画师进行绘画，并连同背文偈颂一同书写。（法王）又抵达香巴拉（shambha-la）后，在东门前见到赡部洲三百六十个民族聚集之境相，遂交代按照此境相绘制，并连同遍照雪海佛卷画及背文偈颂一同书写。于此处渐次出现有无数境相，（法王）吩咐道：“绘画一天境相吧。”尔后又言道：“坛城中央八瓣莲花上安住着金刚勇识父母尊，坛城周围被白云覆盖，其前方为八吉祥瑞[61]、幡、乐器、头饰、冠带、花鬘、狮子宝座、甘露瓶颅器以交杵金刚为盖、摩尼宝、拂尘、钹、香囊、涂香、神馐、虎皮上方为会供物、弓箭、轮宝、金刚戒指等；其右方为十方诸佛化身，安住于多彩明点之内；其前方以五妙欲功德供养；其下方布满正方形四门坛城、圆形八门坛城、法基交错坛城、单一法基坛城所；其周围红光环绕，其下方明点内布满头颅、布满眼睛、布满手等，并于明点内渐渐升起。其下方为十瑞、黑暗及清澈之虚空，外围有云和日月之光圈笼罩，并降下霹雳、冰雹、毛毛雨等，众多男人和女人行走，金刚、铃与宝瓶口出现彩虹，宝瓶内出现火舌，带马尾之铁蝙蝠悬挂于天空，湖、莲花、流淌的泉水、山林、药地、花园轻风吹拂，如意宝树上涌现蜂蜜琼浆，令众人取饮；雪山融化，猎人狩猎，鹿女清理土石，从大地上回返；须弥山崩塌，蛇结解缚，梳理头发，白色胜乐之父单从口中喷出甘露泉，五光轮如每个眼珠一般转动着，遍入天、腹行与单根线香之烟迎来太阳，从十方吹来十风并融入虚空，之后黄金塔以菩提树庄严，诸多金刚连环套相连，以及偶尔犹如佛被经布一般的莲花与纯净水银等等。犹如白草短秸中大风吹入其内，草头皆由五色彩虹所组成，并融入到周围的绿光之中。其他还有天杖、各种手鼓、鸟、猴、兔、鹿、岩羊、羚羊、印争、丹顶鹤、鸭、秃鹫、棕熊、马熊、豺狼、虎豹、狮、猫、水鸟、鱼龟、蝎子、蛇、摩羯、地鼠、孔雀、鹦鹉、命命鸟、摩尼宝洲等，并由虚空之云降下衣食之雨等等，又将其绘制成一幅唐卡。又从龙树大师、大黑天、第七得胜鼓大师、勇士大师等尊前听法，见到祥仁波切（shang-rin-po-che）[62]，并为其做殊胜庄严之身，后降伏龙而将其作为自在天之女；尚对自在天示现佛法、讲论佛法以及示现涅槃，而将其作为转轮王妃；以死缘与国王结法缘，使须弥山倒塌，为罗睺罗传授斋戒以及调伏阿修罗等等事宜。”有诗云：

我于出生大地上之时，汉地喀且裕固及黎域，
霍尔金洲等地稀有之，诸多神变令众生起信，
尤其众人之王汉国君，为积福德以财物资粮，
供养我之汉地长官们，成百上千供养而休养，
然而因故须前往汉地，生起殷切祈求然而我，

经分析得知汉地国君，是为延长其寿命之故，
故缓前往该处积极性，人王使者愤怒归自处，
对此护法等众降指示，国王宫殿降下火水雨，
甚多致使可悲无奈之，诸多恶兆于东方世间，
于众人等造下普闻事，尤其息止云汉之军队，
霍尔地方降下锅巴雨，蒙古之王札竹卡巴拉，
麻风因信消除为报恩，裕固地方有一大毒蛇，
书信一封令归大海内，喀且附近十万僧团众，
需一经师故写此书信，立誓为了来世而修持。

并写有偈颂之传记。

裕固（yu-gur）地方一大毒蛇肆虐，裕固国王经过汉地之王向法王转述道：“我之地方毒蛇危害，您噶玛巴可有办法？”（法王）写信道：“残暴者你莫伤害有情动物，任何（动物）需要具足安乐，毕竟你是大有情应知晓，从理塘书文愿善乐增长。”如是写有一封书信后，出现毒蛇离去之现象。后调解杰载（rgyal-vdzin）地方之纠纷并任命一汉主（rgya-bdag）。安多一上师转世后，（法王）按照预言派遣了上师并献茶，赐言道：“幻化之身于汉地、香巴拉、喀且、乌坚等地皆有，仅是藏地亦有诸多化身。”至尊米札左格（mi-tra-dzo-gi）昔日于丹（vdan）地方拜见时，大约是二十多岁。之后理塘地方拜见时，已六十多岁，其身形枯瘦青黑，白发苍苍，说是从拉萨而来，并介绍了藏地各个寺院教派好坏之情形。又说过去我曾做梭惹夏札王（sourashata）之福田，现在要去玛哈惹山（ma-dha-ra）驻锡，并将以此身住世千年，之后将成佛，并赐予诸多教诫与誓物。又示现身如水晶般无障，杀秃鹫又令复活，以期克印[63]撼动雪山等诸多神变，并对（法王）说：“您是藏地成就者，更容易做到。”又说：“以后会于东方相见一次。”

（法王）又来到多闻子山，藏历阴木鸡年（1525 年）六月八日，为阳贡桑佩旺布朵（yang–dgon–bsam–vphel–dbang–povi–tog）的寝宫与禅房奠基，尤其是在建法尊堪钦寝宫的拂晓，见到大悲观音所授记的东方尊胜光佛及亲眷加持此处，金刚手除障、保护。还听道："以此具义人善行，成就具义三代中，将成各种法源处，修持者亦延长三年寿。"又说班钦释迦强（pan–chen–shvakya–mchog）与贡钦绒波（kun–mkhyen–rong–po）等经常不分离之理。（法王）为消除二十一岁的妖厉而进行闭关。为将三身修持法授予仲堪布（drung–mkhan–po），并指示要在不取得文字等情况下闭关，后入住于三根本总修之修持。（法王）于睡梦中梦见在琉璃山脚下甘露河如恒河般地流淌，来到近处则变成护摩铁山与红铅熔液，显现出的大桥也成为二怒狮守护之地狱。此时菩提心强烈升起之时，由虚空发出："生老病死大河中，欲解迷心之胜者，痕迹犹如此百桥，能所念头如猛兽，外相境虽显安乐，贪着是苦之因果。"并听到"若贪婪的话，则甘露与红铅是相同"之教法大语。又见到说是乌坚近修之诸多经卷显现，在仅显现的八千黄金字中，即听到："甚深智慧胜者母，不能言诠密咒道，返老还童除死亡，消除瘟疫胜者母。"又于杂蓝达惹（dzva–landha–ra）处有各种宝石之山窟和湖泊之地方，以及不远处火山尸林之中央有无数黄丹[64]自然形成的无量宫。来到此处，在莲花绽放中央有一仙女将手置于（法王）之头顶言道："唉玛！红色鲜花非精血生耶，水银调制药丸不食耶，不老无死锋利之利剑，不用沸腾之水清洗耶。"问道："汝是何人?"回答道："汝即是汝除汝并非他，此寺院为自身金刚垫，关键就在菩提树之旁。"并看见将甘露琼浆置于舌上，开启了诸多禅定门。若前往此处时，上述一切所依皆消散，轮主尊亦赐予灌顶后，此地域又成为眼睛之幻境一般。又在难以言喻之庄严佛殿东边走廊上，画着《贤愚经》[65]所说之本生故事，其前方显现一个十六岁青年，头上具有五髻并以花装饰，念诵《般若》经卷，心想此为文殊菩萨，此时当请问关键净密。因而提出诸多问题后，回复道：“冬天瓶若盛满水，将因结冰脆裂，凡夫若气滞则死，瑜伽士能因内外二气息不移停顿而成就空行，犹如置于水中之物，不受兵刃毁坏一般，此外在精华中的精华如水银等物，滋养内在精华中的精华之力，不令坏灭，故以水银成就无死身，世间神延寿法为未来生为人时，以当下法性之神变取得而改变，对于咒道堪为所依之身，住于根本佛、法器、风字、明点、种子、法音等，此等有文字，因此俱卢洲人与割草打柴众人无如是故，不具有堪为密道容器之文字性相。俱卢洲人虽仅有风字之相，却于外界无法利用。住于无上瑜伽者身上之虫子等，无缘向外驱离将导致患有虱子病，具缘众将与其瑜伽士转为无别而成佛，无量善逝亦将为此身欢喜。所谓‘登天绳’乃为虚构，像我哺乳一般，彼等具福德之国王以其人身转为神身。劫初成之人众，能依所依细致之故，身能消散，之后粗重故，不能消散。女子烦恼多故，病亦多，亦多造遮罪，故女子所依身上不可生有五殊胜[66]。密法说女子为殊胜，乃为说显教之中不具方便菩提心之智慧是歧途，于密法为说智慧即本慧之故。金刚乘说圆满为本尊，以及火神等等虽与主尊无分别，又火与火神无分别等等，金刚乘中宣说情器本即胜者海会故。业力之身中有宝性，如贝壳中有珍珠一般，人尸能成金，罪障能成水银，辟支佛为了作为众生之福田而加持遗体故。畜生转为人，乃人与畜生之结合，生为人等为各自之业力。如黄金消除贫困一般，虽是虚构，然而于世俗谛上亦稍微合情理，若令黄金去毒是为延寿。外在七珍宝具足之时，人亦将行持十善法，各种珍宝有诸多功德。黑龙将有毒珍宝放于云中，其雨造成瘟疫与饥荒等，因此摩尼宝过失与功德之力极大。心间八瓣脉结，上下数不同。传染病犹如一柏树被虫啃食，则会传染一切柏树一般。被魔附体，就如水中浮现影子，即与本慧尊降临相似。”又问：“可有用药延寿之法？此药生于何处，是何名称？”回答道：“有，此药到处都有，却不生于任何地方，此药名为‘远离死与非死之歌’，法与非法欢喜汤汁不分为二，等同视之而饮用，如是此为道歌大手印观修次第。”

如是，（法王）想起未向文殊佛致敬礼而即将起身之时，文殊佛已融入走廊画像中，从门房上方传出“善哉！善哉！”之声。此时，（法王）心想未从文殊佛处听闻《心性定秘》时，此画像亲口言道：“善男子，心性是过去、现在、未来之诸佛皆无讲论，即便讲论亦未揭示其义，于片面心中，恰如其分地显现安置诸多教理、譬喻、理因，亦不可得心性奥秘。”此时，（法王）心想若此净室开门，即可作为七清净，（突然）一巨声“阿”使（法王）从睡眠中惊醒。又有圣虚空藏菩萨不现身形而言道：“呜呼！众友明咒于此生，为除修持令何为，又此生中具义修，虽善世间讥之根。”（法王）又听到殊胜观世音为鼓励比丘热塞旬驽（rab-gsal-gzhon-nu）所讲论的激励发菩提心之内容，以及迦叶佛（sangs-rgyas-vod-srung）时代称为莲花生的老比丘讲论若想要无有生、老、死的话，必须于无明佛（ma-rig-pa）面前得到加持。问道：“汝现住何处，如若迦叶时代是莲花生，则在何地由莲花中出生？此虚空现在位于何处？迦叶时代此虚空由何处出现？”问着话便消失了。（法王）想那么千佛每位亦都出自于千尊莲花生，此时便出了“如是”之声音。

又有一位名为师利巴惹巴达（shri-parpa-ta）之人生于南印度杂日札（tsva-ri-tra）地方，其手持带叶之果实，由风吹动而发出声音言道：“从此不久将解除一切短命之缘，此生需精进。”（法王）想到南印度也有一地方称为杂日札之时，即听见师利巴惹巴达言道：“可从位于南印度称为帕塔巴（pha-dam-pa）成就者之父母的传记中得知。”“师利巴惹巴达”意译为吉祥山，据说赡部洲中有十二座吉祥山，南方吉祥山就是此时称为的杂日山。（法王）又听到朗巴噶（lambha-ka）地方的护法神言道：“暂时勿对众弟子宣讲密法，以修心为教授，未来将出现密法法器者。”有诗云：“如是各种兆相总集为，第一兆相拜见具乐母，第二文殊等等菩提心，跟前诀窍关键除疑惑，第三当下之理虽长寿，将不具义虚空藏所说，由八佛子妥善随教化，第四命与下行成僵滞，第五身处莲花部等众，显现欢喜圣者智眼睛，第六舌现语障清净兆，第七莲花生等之性相，除了以十不反拆宿业，其他修寿等等勤勉故，可从黑缘解缚如是闻。”

（法王）如此讲说后解除闭关，在杰曹国师（rgyal-tshab-govi-shri）活佛抵达时，（法王）为其授居士戒，并赐法名札巴班觉（grags-pa-dpal-vbyor），又为两位转世活佛以及噶温多杰旬弩（kar-dben-rdo-rje-gzhon-nu）等人传授甚深教法。（法王）于此地见到名为善住（rab-gnas）的声闻阿罗汉，而以发菩提心偈颂作为促请，令彼等趣向大菩提。上师羌贡巴（cham-dgon-pa）前来拜见（法王），并献上大寝帐等。乃东寨（sne-gdong-rtse）的雅加本钦（yar-rgyab-dpon-chen）参照昔日的寝帐，并用上等的材料与饰品为噶玛佛殿制作的大伞盖以及殊胜物等许多礼品托付给央日巴（yang-ri-pa）上师。

第十二节　噶玛巴活佛与元、明中央政府的关系

（法王）讲了在梦中梦到乌坚（ao-rgyan）前来结集法轮之情景，又在白色胜乐法基中心矗立的佛心中之黑色明点川流不息，从左边发出“萨噶热嗨雅”（sa-kva-ra-hi-ya）之声音，四颗牙齿由甘露瓶装饰，显现与母体分离之境，上述是吾（作者——译者注）亲眼所见。与此同时，四面传来了从鼓音中发出的“啊哈哎哇嗷哄”（a-ha-ae-wa-ao-hvu）金刚道歌之声，并出现有伏魔树花。心之脉纹上出现“菩萨之顶”之字且

发出蓝光，还见到“我执”等许多意想不到之情景。听见“变成正确诸教之门，八传记是诸多之形，如诸殊胜善逝之母，让身体融入天空中”所谓的“嗒格玛”金刚道歌。当听见“如何将身隐蔽于天空，如果你也想融入天空，像解开身、口、意之蛇结，让灵魂在天空中离体”之时，马上看见在如同鸡蛋大小的蓝色光环中显现出一切有寂如同十二种幻化，此中发射出许多光辉的如来佛言道：“喂！天空是安置诸如来遗体的地方，请将信解牢牢地铭记于心吧！”此后，所有一切如彩虹一样消失。

此后，噶玛巴法王又讲了自己的简略传记曰：“诸多畜生中会说话的、能理解有思想的人中，骄傲是低贱人之共性，虽有相同观点未实现。富有智慧的每一个人，大小地位安置于何处，诸殊胜者以随从为悦，愚昧者不管怎样都行。为自己的生活而做事，从普苏谷拉（bhu-su-ku-la）之第三位，所有一切无作意之心，相同思想为吉祥之征兆，无论任何阿噶夏帕查(akasha-bdzra)，定是具乐善喜之大王。”诸多宁玛派僧人议论噶玛巴法王获得了“抵御外寇的授记，一天便问莲花生大师是否受到如此授记，回答道：“正德（cing-de）皇帝[67]与您同祖，正德皇帝为回、蒙、纳西等族颁赐圣谕。在西藏抵御外寇前需做法事，驱除一些不佳之征兆。有些好的建议却没有实际行动，有些行动虽好但思想却恰恰相反，总之除了今生以外没有为来世考虑，由于以上原因助长了邪恶之人的气势，他们利用瘟疫进行骚乱。如果您之所为与阿底峡一般，外寇就不会出现，浊世也就不会形成，虽然最终西藏会受到印度和蒙古等的大肆蹂躏，但也可以得到暂时的安宁，请在拉萨、桑耶等地如此进行一个多月的抵御外寇的祈祷活动吧。”此外，（噶玛巴法王）还讲了一些与大家的说法一致的《佛本生传》。（弟子）请求道：“若有水晶印在手，就能办成事吗?”（法王）回答道：“总之，都是依据一些印度法王和西藏法王的断证功德的大小来确定对他们尊崇的次第。传授此经验所谓的‘事业’才得到了发展，对此萨迦教派的前辈和我们的前辈们为元、明中央朝廷所办的一些事情是为利养恭敬[68]之故，其实不然，实则是为了藏地免受兵役（战争）之苦和利乐广大众生。总之，皇帝赐予我们出家人执掌政教合一之权力，并封为‘统领天下释教之上师’。另外，只有手持水晶印章是不能尽其职权的。特别注意的是元、明中央朝廷世袭的官员要记住皇帝具有至高无上的权力却不会一一处理事件，派遣前往工作的每位人员也要任职三年、五年、七年或十二年不等，另出现有交换职位等现象，世袭的官位也是父之职务只有儿子可接替，并无其他中用之工作。大明皇帝授予德新协巴（de-bzhin-gshegs-pa）[69]永久性的官印，因此便不需要再次确认了。由于不清楚上述的原因，出现了用朱砂制成的印章和官印。因此，法王心生恐惧，历代法王均为元、明中央朝廷做了有关事情并盖有印章等，此只为满足皇帝之心愿，其他小官员们见如此，便也心生畏惧，心想自己也可担当此任，如今感到非常羞愧。像我们现在用的黑印章即可以办事。”此后法王又反复讲说了许多事情。此前的历史以及上师之官方文书在智者们的著作中均有略述。

第十三节　米觉多杰兴建寺院大做利他之事

都察珠彩（dus-phrag-grum-tshal）寺院在前世噶玛巴法王之时，并未能兴盛发展，故重修之，因此在寺院噶玛巴法王的圣座上显现文殊菩萨之像，遂将此寺取名为“欢喜文殊寺”。托绰热降巴钦饶南杰（do-khro-rab-vbyam-pa-mkhyen-rab-rnam-rgyal）在噶玛巴札仓聆听佛法，之后返回接受了（法王）之令，修建了僧侣的驻锡地。仁蚌巴曾教授有大乘教二十卷，暂时兴盛起来，但是热降巴之兄费力将其邀请到自己的家乡，其目的无非是贪婪，另和仆人勾结将收入挥霍殆尽。这一时期，教法出现衰败之势。而后由公正而具有菩提之行的贡嘎扎西（kun-dgav-bkra-shis）为完成法王之命，只教有七位小尊者，并进行念诵、辩经、修习佛法等，很好地护持，还建立了欢喜文殊讲经院，将以前仆人等所造成的亏损悉数弥补回来。专心弘扬噶玛教法且功绩最大的法王释迦桑波（shvakya-bzang-po）使得声闻山上的修行院兴盛起来，而后在察隅（phrag-yul）扩建了修行院，对弘扬佛法大有裨益。法王在二十一至二十三岁时，在尊者赤列巴（vphrin-las-pa）处勤奋闻思佛法，如此师徒二人圆满地完成了闻思佛法等事项。在尊者赤列巴七十四岁藏历牛年的年末，向夏杰吉顿波（zhabs-skyel-gyi-dod-po）至札奇（brag-phyi）之间的寝宫出发，奉献有多如云的供品。此后其抵达卫地，又任命智者喜绕南杰为莱协寺(legs-bshad-gling)[70]之住持。其住在悦泰钦载（yul-theg-chen-rtse）为《喜金刚二品注释》的作者多扎措且（mdo-rtsa-mtsho-mchan）修改经典与注释相混合的错误，建立了密宗札仓，并雕塑了第八世噶玛巴的像以及编辑了一些文集等。其考虑到法王寺院以前的传统大法因时间的原因不再需要，虽然寺院有优良的传统，但自从前世法王闭关以来，嘉擦仁波切(rgyal-tshab-rin-po-che）将寺院的一些优良的传统逐渐仿照政教两种制度的规则进行了变更，故心相也发生了变化。前世法王赐教曰："我的一生，除了著有《波罗蜜多》和《因明》等著作外，未能完成讲、闻佛法，从此以后他将主要从事讲、闻佛法的事业。"其见到前世法王如此发誓的情景后，心有所动地说："你们寺院的僧侣各自回去，我要去静修。"在闭关修行时，将许多生活上的琐事交给了自己的一个随从大修行者，同时担任侍奉和赐茶等事务。此寺院的所有僧侣出面再三请求赐予建立法规之命令，才使寺院未有解散。此后，林贝丹(gling-dpal-ldan)的侄儿林本桑杰坚赞（gling-dpon-sangs-rgyas-rgyal-mtshan）被封为大侍寝官同时兼任管家，并嘱咐他要建立讲修院。此时，将以前央日巴

(yang-ri-pa) 制定的三十几条传统法中因有一两条重复，最终被废除了。其又对泽当噶久巴旬驽罗追 (rtses-dang-bkav-bcu-pa-gzhon-nu-blo-gros) 领经师桑杰僧格格顿贝桑 (sangs-rgyas-seng-ge-dge-vdun-dpal-bzang)、格顿平措 (dge-vdun-phun-tshogs)、图钦巴札巴向巴 (thub-chen-pavi-gra-pa-shangs-pa) 等四个比丘下令说："你们住在一起，祈祷时不要念经，只祈愿即可，央日巴祈愿的话也可以。"后来他们按照嘱咐完成了祈愿。此外，还召集了白岩中观 (dbu-ma-brag-dkar) 的一些僧侣、北方达隆 (byang-stag-lung) 的少部分人和林巴 (gling-pa) 等许多具有缘分者，同时驻锡于此地，并形成了现在央日巴之传承。吾（作者——译者注）去朝拜时亦是如此，有三十多个僧侣，彼等梦幻中也认为命运不佳，只能依靠三件破旧的法衣度过人生，不可能有大的人生转变。听到祈祷声也只能是梦境依稀，不拿一份公钱而只能靠化缘而生活。

藏历兔年（1531 年）的新年，祈愿大法会依旧举行。此新年如前世法王之时一样，为众生做利他之事。如今许多人从很远的地方来到工布地区观看节目，他们将男女分类，杀有许多牲畜，因此犯有十不善等许多戒律。为此以后的新年法会只举行祈愿仪式而不再举行各种娱乐活动。此次许多珞巴[71]人献上了野黄牛，进行了多项娱乐活动。

法王遗忘了身体被晦气所冲之时，他幻见了许多佛境，使他不能下达命令，遂给桑布热 (sambho-ra) 写信说："要举行息静烧施[72]。"尊者大堪布为其进行了"帕木之百种火供仪轨"，使其身体得到了康复。此后，法王从苏木寨 (gsum-vgrig) 抵达森波 (zing-po)，于此地桑耶寺的喇嘛察仓巴 (bla-ma-khra-tshang-pa) 二兄弟为其供奉有许多财物，喇嘛察仓巴是朗拉斯 (rlangs-lha-gzigs) 的三个传承人贡、厅、察 (gung-thing-khra) 其中之一，也是以前极负盛名且具有密咒法力的"大察仓巴"，同时也是精通新旧密宗者。由第七世噶玛巴却扎嘉措完成其心愿，因而成为（第七世噶玛巴却扎嘉措）的根本弟子，并在桑耶寺东南楼阁中兴建有法王的身像。桑耶寺的僧侣们说："不知以前究竟是这么回事，开光之后即降下大雨。几天过后，桑耶的山沟里第一次出现大批采茶工，之后不仅是茶，连着七年庄稼丰收，此后感受到信解[73]。"法王说："我身与一切受用已回向给前世法王处。"

第十四节　作者巴卧·祖拉陈瓦与米觉多杰第一次相会

此后，法王前往昂雪（ngam-shod）的雅、温（yar-von）二地方之时，一个上师也未有前去，而得到许多供养财富，大多数人对于这些财富，即便是不吝啬财富的人也难以止息吝啬之心。总计有白色旧哈达、黑底彩色花纹、蓝底彩色花纹等四十一种布匹各一驮，各种颜色的绸缎衣服等各一驮，各种布匹各一驮等，仅就绸缎衣服即令人惊讶；殊胜之所依供养，如犍椎、铃等许多资具堆满仓库，尤其是所食用的青稞就有两三万藏克[74]，此数量要供应寺院两年都用不完。其抵达时，不准拜见，而对所有的执事僧慎重地嘱咐道："我的这个（东西），谁也不能拿，还是交到法王之手吧。"此后，对桑耶王（bsam-yas-rgyal-po）做了吩咐后离去。执事僧的弟兄们又对耕种青稞的百姓下达命令，令彼等在氆氇衣服上佩戴铃铛和手书，如此完成一切指示后，所有资具如其所愿，全都到了（法王）的手中。法王二十六岁时，即藏历的龙年（1532 年）六月十五日，吾[75]二十九岁时，在斯波奔巴岗（zing-po-vbum-pa-sgang）的身之坛城处初次拜见法王，吾很荣幸地献上吾之身受用乐善等等。五天之中，不仅出现法王的身甘露变成冰片之征兆，而且法王教授阿日热降巴强朗勒巴（mngav-ris-rab-vbyams-pa-phyogs-glang-legs-pa）、康巴热降巴森格桑波（khams-pa-rab-vbyams-pa-seng-ge-bzang-po）、古格热降巴德敦巴（gu-ge-rab-vbyams-pa-sde-bdun-pa）、乌载桑杰森格（dbu-mdzad-sangs-rgyas-seng-ge）及吾（作者——译者注）等五人制作金刚瑜伽母甘露丸之方法并做修持，遂使法王大为欢喜。

自从此藏历龙年十月起，智者仁钦勒巴（rin-chen-legs-pa）、热降巴桑杰益西（rab-vbyams-pa-sangs-rgyas-ye-shes）等首次聚集二十多人创办了讲经学院之先河。此时，果、朵、林（mgo-dom-gling）三地方的官员来到此寺院，由于波卧秋朵瓦（chu-mdo-ba）的危害，波、工等地的噶玛政权调集大军，进军波卧，却难以阻挡危害众生之事，故法王亦无有任何遮遣和教诲等。当诸官员前来法王身前商讨时，法王起心动念除佛法上的问题，商讨的话语一句也不听，亦不发表任何意见，犹如土中的水银一尘不染。此时，正是吾（作者——译者注）当侍从之时。之后，波卧地方政权掌握有中等权势之时，第穆拉喀瓦（de-mo-la-kha-wa）号召大家进行所谓的“弃恶扬善”行动。当决定要毁坏（寺院）时，法王对广大的庄园主们，尤其是对官员绰杰贝（khro-rgyal-dpal）严厉地斥责道：“若拆除此寺院的话，你与我将永远不得和睦！”故未敢毁坏。此时对于我方的大部分允诺者表示赞成，且仲巴则拉岗巴（drung-pa-rtse-lha-sgang-pa）也心怀埋怨地说：“按杨日仲贡桑巴（yang-rivi- drung-kun-bzang-pa）所说，我噶玛巴今天露了一手成就相，喜欢任意留有手印和脚印，噶玛巴之成就相是以德报怨，就得需要如此。”说后甚为欢喜。对此虽无多少有见识之人对其加以称赞，然而秋朵瓦（chu-mdo-ba）等人闻讯，不久携骏马等一些供品奉之。一两位有名望的轨范师及其随从抵达蔡贡（tshal-gung）住地，并言到：“此举并非为兵败而来忏悔，而为思去年法王在德木拉山口（de-mo-la）救护我等，遂视为观世音之所为而生信仰，故前来忏悔。”此后，一位有名望的轨范师请求赐予关于宁玛派修行方法之书籍，法王曾对此人笑言：“汝乃为格鲁派之徒，而我为噶玛派之徒，求教宁玛派之教法实为笑柄也。”在此之前有蒙古汗（mon-rgyal-po）噶唐（gwa-thang）的后裔觉拔（jo-vbag）之子——小名称为卓波达（sprang-po-dar）之人，曾随其四位丞相前来拜见，又将他的头发献上，并封国师之职，奉献无数之供品，其丞相森德噶（blon-po-sin-ti-ka）也奉献殊胜之礼品。

第十五节　各地纷纷迎请米觉多杰传授佛法并对其大加供奉

此时，雅加本钦巴（yar-rgyab-dpon-chen-pa）因缘分在后藏巡游时作为侍从也前来朝拜，于此受沙弥和比丘戒，奉献珍珠之佛塔，此后（雅加本钦巴）也得到了教法和财物。止贡法王贡嘎仁钦（vbri-gung-chos-rje-kun-dgav-rin-chen）送来邀请信；达隆法王南杰扎巴（stag-lung-chos-rje-rnam-rgyal-grags-pa）多次送来邀请信和财物，邀请信中言道：“跪拜具足三世一切佛之本性、通晓诸法之实相之足莲，作为释迦之比丘的南杰扎巴在达隆佛殿五处[76]顶礼，以施手势礼为先，将僧袍的一端垂于一旁，并把右膝盖跪立于地上，如此呈禀。”在多麦地区夏喇嘛贡嘎贝（bzhag-bla-ma-kun-dgav-dpal）也曾数次将贵重物品作为供品让其属下官员奉之，其也请求说：“我等往昔每年招募贵族子弟不少于三四十人，未有找到您的寺院，只好派到色拉、哲蚌和甘丹等寺，现在请您不要嫌弃礼品之轻重、好坏，今后需要倍加关照。”噶托（ka-thog）[77]法王如同佛一般具有诸多远见卓识，也是赞塘（vdzam-thang）之萨桑玛德（sa-bzang-ma-ti)[78]法王之转世。马康色多巴（smar-khams-gser-mdog-pa）寺院之诸高僧大德为其多奉供品，并言从云南丽江军队手中能够施救的唯有此人（噶托法王——译者注），故前来迎请。帕竹政权之官员京俄仁波切（dpon-sa-spyan-snga-rin-po-che）奉献上等的哈达、丝绸、坨银、观世音菩萨像及用礼赞诗写的邀请书等许多礼品。此时由于考虑到卫藏地区是佛教的发源地，故只好前往此地，但顾虑到噶玛教派未被邀请而前去即视为不光荣之事。当今工布地方因富有权力和奢华，官员们对各自地方之税收的贪婪，因此官员们对前往（卫藏）并无多大兴趣。卫藏对于尊者来说不仅远离财富和享乐，而且无有离系善友者，故其前往是毫无疑问的。现有理性智慧、对信仰的需求如饥似渴的许多人，他们希望尊者前来改变这种佛法濒临边缘的状况。虽有一两位（修行者），但彼等就像硝盐大海八支流中的一滴水一样，但是此时尊者如同游子思母似的一心一意想去卫藏，并言道："此等时分将会生长于索萨木康（sog-zam-khang）。"故仲布国师巴（vbrong-bu-govi-shri-pa）之使者从工布得来的青稞种子播撒于整个索萨木康的坝子上，自行长出幼苗、成熟，以前不成熟的庄稼，现在年年丰收至今。因此为法王贡嘎仁钦的灵塔开光所需求的青稞种子从则拉岗(rtse-lha-sgang)而真实地到达止贡替(vbri-khung-thel)，贡布坚赞王（mi-dbang-mgon-po-rgyal-mtshan）为此十分敬信。其虽然难于经常服侍，但请求前去迎请，并想与霍王塔尔巴本（hor-gy-i-dpon-thar-pa-vbum）共同前往以反复邀请。

藏历羊年（1535 年）三月，法王略微观看一下黑仓库，即亲眼见到了大明皇帝所赐的金佛、两幅以十尊者为主的福田与施主之丝绸大唐卡以及珍贵的服装和坐垫等，并引进不少财富。六月，开始在东波珠索（sdong-po-gru-so）宿营，大殿里聚集有许多人，其中有尊者的身前侍从、活佛、楚布寺中级以上僧官、摄政、国师等师徒四百多人以及闻、思、修活佛等师徒二百多人，营地中还有八十多顶大黑帐篷和无数顶小帐篷，下达央日(yang-ri)[79]也有八十人为一大部需要拿出份子之命令，央日以外的静修地达到五十多、札仓达到近一百，还有近两千营地的人逐渐来到了普秋札奇（bu-chu-brag-phyi）等地。

藏历猴年（1536 年）新年，法王于此地欢度并共同祈祷。夏季驻锡于札松(brag-gsum）地方，霍尔（hor）与绒布钦波（rong-po-chen-po）等部落前来斟茶和邀请。秋季前往止贡等地，像以往的规矩于坝木塘（vbam-thang）法王师徒前来迎接，但是前世法王的师徒不在的情况下，第巴和吾（作者——译者注）再三请求制定关于拜见规制，也不知道如何去做。在采乌克塘（mtshevu-khavi-thang）宿营驻锡的四五个月期间，对参加法会的僧侣讲授共同教法、对俗人讲授热法（ras-chos），进行多次灌顶和讲经，并讲授了《密意之大注疏》。在讲第一章的时候，吾把所有的内容都记录下来，在讲后面的六章的时候，吾只记录一些内容的摘要，再加上以前法王对吾的传授，并结合记录如此做了记述。此后根据这三次记录不断扩充，写成了四部文集。贡布坚赞王之兄囊索大轨范师（nang-so-slob-dpon）于此受比丘戒，另外还有堪布察瓦卡谷杰瓦(khra-ba-kha-sku-skye-ba）和钦波达普巴（chen-po-stag-phu-pa）等止贡僧俗部众中的上师等，从降达隆(byang-stag-lung）派来的侍茶者阿杰师傅（dge-rgan-a-rgyal）等，以及降巴绒（byang-vbab-rom）的六大活佛和贡巴京俄（kong-pa-spyan-snga）兄弟二人、乌玛谷杰（dbu-ma-sku-skye）等，还有从索巴卡如瓦(sog-pa-mkhar-ru-ba）和禅院相遇的所有僧俗民众都前来拜见、供奉。特别还有霍王塔尔巴本前来拜见，并邀请法王前去开光。

藏历鸡年（1537 年）法王于此地参加了大祈愿法会，二月前往隆薛（klung-shod）地方，夏天在扎西塘（bkra-shis-thang）安居，此时勒谢林（legs-bshad-gling）寺的师徒们前来拜见。此时的住持是法王喜饶南杰（shes-rab-rnam-rgyal），管家是岗布京俄谷热却载(sgam-po-spyan-snga-sku-rab-chos-mdzad)，拉统却载巴（lha-mthong-chos-mdzad-pa）等人驻锡于札仓的时候，法王本人驻锡于察瓦卡（khra-ba-kha）修行中心的寝殿里。此后一个半月的时间，止贡大师和两位活佛分别住在各自的小寝殿里进行讲经、灌顶、闭关修行等诸多活动。此时，甘丹寺夏孜札仓（shar-rtse）和降孜札仓（byang-rtse）的法王和堪布、贡邦巴杰索扎巴（kun-spangs-pa-rje-bsod-grags-pa），以及哲蚌寺的格顿嘉措大师（dge-vdun-rgya-mtsho）皆十分尊敬地迎请法王，请求与法王相见。法王给吾（作者——译者注）下达命令于藏历龙年末至蛇年六月建好札仓，并升任上座。从此卜卦后任务落在阿里热降巴强朗勒巴（mngav-ris-rab-vbyams-pa-phyogs-glang-legs-pa）之肩上，并行茶。后法王又游历热振（ra-sgreng）、达隆（stag-lung）等地，为了具缘弟子之事其驾临堆龙楚布（stod-lung-mtshur-phu）寺，不久身患两年疾病的管家林蚌（gling-dpon）去世，活佛寨群（kre-chung）为其做了盛大的超度法会。

藏历狗年（1538 年）新年，法王被迎请至纽拉（smyug-la）地方，住持喜饶南杰（shes-rab-rnam-rgyal）等噶玛札仓的僧伽、夏鲁摩朗巴（zha-lu-smon-lam-pa）等桑普廓贝（gsang-phu-kho-pe）的僧伽、尊者拉旺洛（lha-dbang-blo）等下院林卡的僧伽等人前来迎接，在纳卡普（na-kha-phug）设帐安住。此年夏季因众生之命运前后藏发生了极大的纷争，后经法王调解并颁赐约定条文方得以平息。由乃东寨（sne-gdong-rtse）敬呈有关于噶玛巴之地位上书，此后又敬呈有关于中原之大师上书，复敬呈有关帕木竹巴本教派之大师上书，此三次上书中最重要的是第一次上书，上下民众呼声极高。以书信和供奉金银财宝之举迎请法王，派去前往迎接的人有伍如（dbu-ru）[80]大将军靖巴玛钦（bying-pa-ma-chen）和仲益纽谷瓦(drung-yig-myu-gu-ba)，另有孔嘎庄园（gong-dkar）和琼结大庄园（vphyong-rgyas-pa-rgyal-chen-gling）等处的人也奉茶欢迎。此外，靖巴玛钦在此剃度受戒，以不同之信奉方式拜（法王）为唯一之根本上师。

法王又封本波宗追巴（dpon–po–brtson–vgrus–pa）为仲孔玛（drung–gong–ma）大官，并记录在案、颁发证书。虽有人请求法王前往霍尔（hor）和绒布（rong–po）之间的地方，但因法王决定冬季在楚布寺闭关修行，尚未到达当雄（vdam–gzhung）、天还没有亮时就有许多人前来拜见法王。法王在冬天修行地建静修室，大力弘扬教法。索萨巴（sog–zam–pa）兄弟敬献礼物并剃度出家，溪卡仁蚌巴（rin–spungs–pa）请求上师前去后藏。藏历猪年（1539 年）五月上旬，法王从楚布寺出发，经乌日（dbu–ri）到秀地（gzhu），嘉贝央晋美贝桑布（vjam–pavi–dbyangs–vchi–med–dpal–bzang–po）前来此地拜见法王，并拜其为师。尼木仁青泽（snye–mo–rin–chen–rtse）地方的王赛康玛（gser–khang–ma）供奉法王。依次翻越了萨嘎楚索（sa–dkar–gru–so），经过绒钦吉囊（rong–chen–gyi–nang），此后又经过一天的路程，仲雍巴康巴瓦（drung–gyung–pa–khams–pa–ba）等大小官员争相前来邀请法王。一天后藏叶如（gyas–ru）[81]和如拉（ru–lag）[82]大王阿旺南杰（ngag–dbang–rnam–rgyal）的二位公子与仲雍巴玛钦（drung–gyung–pa–ma–chen）等诸达官贵族近五百骑士列队迎接，降钦却隆（byams–chen–chos–lung）和尊者嘉木样萨玛（vjam–dbyangs–gsar–ma）等哲域结蔡（vbras–yul–skyed–tshal）[83]的僧团以及法王江日热降巴（chos–rje–lcang–ra–rabs–vbyams–ba）和本然巴格顿尼玛（vbum–rams–pa–dge–vdun–nyi–ma）为主的身穿金色法衣的僧伽等数千名僧人列队迎接，并以晒大佛等许多隆重的仪式欢迎，于喀如顶（mkhav–ru–steng）设营驻锡，于此法王封大修行者贡噶桑布（grub–chen–kun–dgav–bzang–po）为央日寺（yang–ri）之上师。

此时恰逢拉堆洛（la–stod–lho）[84]万户长因内讧而败落，法王为了及时的拯救，遂将帕楚千户地（pha–drug–stong–skor）赐予万户长父子作为世系庄园，原本需要一位执事僧作为人质而拘留，后经法王出面调解，使那位人质可以留在寺内做法事。（法王）为托杰巴（thob-rgyal-pa）剃度出家，赐名为噶玛顿达央塔帕（karma-don-ldan-yang-dag-vphags）。起初其在诵经班学习，不久即成为一名大学者，其于噶玛蜕扎林寺（karma-vdus-gkrwa-gling）建立了闻思讲经院并得到了迅速发展。从牛杰康(nyug-rgyal-khang）到桑珠孜（bsam-krub-rtse）[85]之间法王与施主一路同行，从而有机会天天拜谒和闻习经典。有着当今“唯一聪明善知识”之称号的尊者热那巴扎（rje-btsun-ran-bha-dra）和轨范师那波觉巴（slob-dbon-nag-po-sbyod-pa）之转世活佛名为尊者贡噶卓强（rje-btsun-kun-dgav-sgrol-mchog）二人也于此时拜谒第八世噶玛巴法王，并随从其闻习经典。当时第巴自己决定请法王在仁蚌（rin-spungs）地区留驻一年以及在香仲康（shang-vbrong-khang）[86]和桑珠孜等地留住一年，但因法王之前已答应森格孜巴头人（seng-ge-rtse-pa）与施主们连年共同前往南部地区（lho-skor）以及法王要前往僻静处修行，故未能实现第巴之所愿，但（法王）赐予其前往夏鲁（zha-lu）、俄尔（ngor）、绰普（khro-phu）[87]等寺朝圣。因法王对讲经学院非常重视，故按照其想法将施主布施的部分财物赐予许多合意之尊者，但此后此讲经学院却没有出现许多法王得意的有缘弟子。此后，法王携带着大量的供奉品前往靠山界边的珠穆康噶马（jo-mo-gangs-dkar-ma）[88]地。以前从林温谢巴（gling-dben-gshegs-pa）至本波多杰布（rdo-rje-vbum）担任管家职务仅一年多即卸任，前往后藏任代理活佛（rgyal-tsgab-sprul-bavi-sku）仍旧做国公巴之事务，并答应兼任管家之事务，因经常出现大的错误，做事相当于现世孩童们的诸多思维，故又不得不辞职。法王又经常喜欢静修，尤其是极度厌恶浊世而时刻想脱离凡事，并希望其侍从也是讲修合格的弟子。然而此寺非常清贫，可是在谷热却载巴（sku-rab-chos-mdzad-pa）担任管家和侍寝官时采取灵活多样的办法，从而使该寺没有生活依靠的那些贫苦僧人们的生活也有了依靠。

第巴噶尔巴（sgar-pa）之女儿是一位瑜伽修行者，送其至尼木[89]仁钦孜（snye-mo-rin-chen-rtse）成为著名的萨康玛头人（dpon-sa-gsar-khang-ma），因以前（法王与其）在秀（gzhu）地方相见过，后来又在桑珠孜遇会，但是（法王之）寝室禁止女性入内和不可摩顶等规定而使其不满。后来因卸任止贡巴（vbri-khung-pa）的到来，不分法王和施主一同与第八世噶玛巴驻锡于珠穆朗玛雪山边、仲普旧寺（vbrong-bu-dgon-rnying）、贝若木（spel-rom）等地时，制定秀、尼（gzhu-snye）二地的任何人不准拜见以及行宫[90]不准给外人借宿、不准经商、不准给外人施舍等法规，使人们无法前往行宫，虽然侍从人员竭尽全力阻止行人，但是卫、藏、南、北等藏区的大量信徒想到家乡不能容纳自己而经常聚居到此地。这时雅卓万户长（ya-vbrog-khri-dpon）也前来拜谒，并请求法王到雅卓地区。此时法王曾连续三天在法会上讲到："我不久将要去拯救尼木地方（snye-mo-lung-pa）以及平措惹丹宅院（phun-tshogs-rab-brtan-khang-pa），赞林然降巴（vdzam-gling-rab-vbyams-pa）和尼木地方那里的人们正在赶往此地邀请我去拯救他们。在这种情况下我将派遣以下人员前去，后藏人极其贪婪而要派香噶瓦（shar-kar-ba），能说会道而要派格西桑吉贝珠（sangs-rgyas-dpal-grub），威胁恐吓而要派工布喇嘛（mgon-po-bla-ma），这样我们就能收回平措惹丹宅院。"此时萨康玛头人和法王的事业已经到达顶峰。

此后过了一个半月后，因萨康玛头人有背叛藏巴王之嫌，藏巴王派兵（抓捕），致使白天到处出现空喊乱叫，遂使萨康玛头人惧怕而弃秀、尼二地与法王一起出逃，其余留守人员也感到恐惧而派堆钦札仓（vdus-chen-grwa-tshang）的法王赞林巴（chos-rje-vdzam-gling-pa）和尼木地方的其他官员及其长者到第八世噶玛巴处祈求帮助。他们按照噶玛巴以前所颁发的命令占领平措惹丹宅院，除管家等人以前毁坏之外未有毁坏的全部保留下来，准备归还萨康玛头人或藏巴王，但此时的萨康玛头人直接逃到卫地。过了二十多天，藏巴王的军队到达后将平措惹丹宅院从留守人员手中抢走，（法王）使尼木地方从战争的浩劫中拯救出来，功德无量。

总之，噶玛巴法王本想请京俄塔坚钦巴（spyan-snga-thams-cad-mkhyen-pa）到其身边并向他供奉所有的财物，遭到寺院执事僧的反对而未能成行，京俄塔坚钦巴也感到失望，并留下“相遇在达工[91]二地之交界或工布地区的上部”的遗书后圆寂。此时因杰波蔡丹（rgyal-po-mtshan-ldan）是噶玛巴大师的特殊施主，法王准备前去会见时，接到了“您在此地等候，我即将到达工布与您相见”的书信。

第十六节　米觉多杰认证第五世红帽系活佛

第五世红帽系活佛贡强耶拉（dkon-mchog-yan-lag）生于藏历鸡年（1537 年）八月十日，系杰波蔡丹（rgyal-po-mtshan-ldan）之幼子。法王到达扎西迥（bkra-shis-ljongs）后杰波蔡丹前来拜见时向他提出：“请将你的幼子赐给我吧！”藏历狗年（1538 年）九月十五日法王与贡强耶拉相会在帕由（ba-yur）地方，并认证其为贝喀觉巴（dpal-mkhav-spyod-pa）之转世活佛，后法王亲自为其剃度，认为其就是以前的桑杰贡强耶拉（dkon-mchog-yan-lag），故取名为贡强耶拉。（贡强耶拉）到三岁半时与法王再次相会在察隅（phrag-yul）地方后，一直跟随于法王，并头戴传世之红帽。此时，因赏识羊八井（yangs-pa-can）寺的一位转世活佛，法王从扎西达杰（bkra-shis-dar-rgyas）到工布地区时也对这位转世活佛大加赞赏，最后言道：“请将这位转世活佛交给我们来抚养吧。”并反复说道："现在继位的不仅仅只有一位转世灵童，谁的可信度大就由谁来继位。"行宫执事僧也再三请求道："我们没有必要对此位红帽系活佛如此赏识和重视，交给对方抚养较为合适。"但法王说道："此乃因上辈师徒二人相处的时间短而造成的，我不管你们想认同哪位转世灵童，但我已决定抚养我自己认同的灵童，将他培养成大成就者。"所以没有把转世灵童交给他们，由于这个原因曾出现对寺院的转世活佛不信任的现象。此后法王又言道："我认为就是此转世活佛，并已决定向乃东（sne-gdong）和琼结（vphyong-rgyas）汇报。总之对此位转世活佛的赏识不管是否对与错，仅考虑到羊八井地方之土地就应该赏识此位转世活佛。京俄塔坚钦巴的弟子们一定要记住，若我们想全部更改的话，实质上就是对上师的不敬，京俄塔坚钦巴也会对弟子们产生灰心，即会出现长久不敬奉、拒绝会见之情。住在龙雪查瓦卡（klung-shod-khra-ba-kha）地方时，孜顶（rtse-ldeng）头人等到羊八井奉茶，与他们开玩笑时说到你们已认同的那位转世活佛从十八岁起到一定的年龄会有如此之征兆。恰逢到了预言说的那个年龄时出现有管家与家人不和等多种令人不悦的许多事情，遂使管家如梦初醒般地对活佛转世略产生疑心。后来由于法王之慈悲和护法神的护佑，使原先所拥有的庄园就像预言说的那样交还到你们的手中。"此后，因霍尔（hor）[92]和管家的邀请，法王抵达羊八井寺为（第五世红帽活佛）的真实转世灵童坐床敬献祝愿词，然后又回到了秀尼二地，并迎请法王到卡尔寺（mkhar-gyi-chos-sde），并请求法王护佑。

第十七节　米觉多杰继续从事宗教活动并受到各地官员的供养

此后，（法王）受雅卓万户长迎请，前往浪卡子(sna–dkar–rtse)[93]万户府，受到盛大的供奉。因法王答应绰卧隆寺的住持（gro–bo–lung–gdan–sa–pa)日措热钦(ri–khrod–ras–chen）的转世活佛噶玛桑布（krma–bzang–po）和施主杰卡巴（rgyal–mkhar–pa）头人扎巴班觉（grags–pa–dpal–vbyor）的邀请和南部众信徒的福泽以及朝觐圣地，遂经过达隆（sta–lung）地区再翻越摩达山（smon–mdavi–la）而抵达洛堆（lho–stod）地区。因这些地区的大王即年幼的阿旺米迥南杰（ngag–dbang–mi–bskyod–rnam–rgyal）兄弟们请求，法王前往梅唐奈（men–thang–gnas）和拉隆（lha–lung)[94]等地，受到盛情款待和诸多的供奉。后法王到古如佛殿(gu–ru–lha–khang)，供奉释迦牟尼佛时恰逢有位老人在此地逝世，法王的无边法力使此尸体火化后出现了大小与芥子粒一样的舍利，并供信众拜谒。法王经过准拉山（grung–la）和曲拉山(chos–la）到达雪域噶举教派之源——色卡幻化大寺[95](sras–mkhar–sprul–pavi–pho–brang）和吉祥绰卧隆寺，并宣称为色卡幻化大寺建镏金屋顶，因其因缘和悲心之力而到第十个年头最终竣工了。贝琼瓦（spe–chung–ba）和廓亭拉康瓦(kho–thing–lha–khang–ba）等诸多地区的大小信徒前来拜见法王，向寺院敬献的财物就如同大海中的一滴水而已，但法王也为这些地方的人们惠赐有无数礼品。法王于此地因查巴地方的头人顿珠(khra–pavi–dpon–sa–don–grub）的邀请又经过准拉山抵达梅塘(sman–thang）地方。依据僧众的请求在雄卡寺（zhong–khavi–dgon）的基础上新建有噶玛丹贝寺(karma–bstan–dpal–gyi–chos–sde)，并捐献了大量的财物，同时还派遣了二百多名劳役，他自己也改穿俗装而充当头人。虽委派热降巴桑布坚赞（rab-vbyams-pa-bzang-po-rgyal-mtshan）为该寺的轨范师，但后来因其在斯宗（srib-rdzong）山上修建赞宗寺（btsan-rdzong-gi-chos-sde）而未能到任。为了雅卓地方官民的安定，虽使用严厉之办法，但也未有建成寺院，实现以前之愿望。因头人才旺达杰（dpon-sa-tshe-dbang-dar-rgyas）请求能够跟随法王学经，法王回答道："只要你们能够认真遵从我所教授的经典，其实你们可以各自返回家乡进行佛事，不必追随于我。"

藏历牛年（1541年）冬季，法王驻锡于哈沃康桑（ha-bo-gangs-bzang）雪山附近的卡若（kha-ro）圣地时，此地的万户长心想顶礼大师之足，但未敢说明时法王主动将脚伸向他处，因而使他对法王更加崇信。法王还捐献有大量财物为逝世的江孜[96]头人（rgyal-rtse-bdag-po）父子进行超度法会。此时侍寝官贡勒（kun-legs）请求剃度出家。

藏历虎年（1542年）二月法王被纽拉巴（smyug-la-pa）迎请后，于贝丹(dpal-sde）寺受到信仰施主半个多月的供奉，第司帕木竹巴[97]的官员们以礼供养第巴桑果瓦（sde-pa-srang-mgo-ba）等人，后抵达具有甘泉的擦热普伽（tsha-rags-phur-sgar）地方，一直驻锡至秋天末月，由佛教之施主纽拉巴长期供养。第司卓瓦贡布（sde-srid-vgro-bavi-mgon-po）[98]从孔嘎尔（gong-dkar）地方（为法王）敬献有大量礼品。法王为京俄塔坚钦巴（spyan-snga-thams-cad-mkhyen-pa）之转世活佛授近圆戒，即催促前往工布之诸寺院，并做了从寺院到一个驿站之间的准备工作，主要受到雅堆(yar-stod）东部的领主拉普巴坚巴（lha-bug-pa-can-pa）及其属臣哲古宗(gri-gu）官员贝钦巴（dpal-chen-pa）的突然迎请。（法王）遂从藏北高原的山路，穿越牧区的中部，首先抵达哲古宗，并渐次抵达雅堆，在冲萨塘强秋顶（khrom-sa-thang-byang-chub-sdings）等地行利他之事，并想于香布（shambu）雪山进行静修，也修建有一个小禅室。（法王）为土司的后代剃度，使其成为近事男[99]。拉宗(lha-rdzong）领主过去曾在伦波岗（lhun-po-sgang）下面修建有一龙王庙，据说于该处曾有噶玛巴的僧团到达，故在石碑上刻有称为“喜苑佛法之宫殿”（dgavtsal-chos-kyi-pho-brang）之文字，并于该处修建了一座寺院，赐名为讲经院。（法王）又驻锡于哲古央噶（gri-gu-yol-dkar）地方时，受到南方一带的聂（gnyal）、洛（lor）、恰（byar）三地的领主恰巴万户长（bya-pa-khri-dpon）[100]兄弟的迎请，经过谢卡宗钦（shel-mkhar-rdzong-chen），到达雅萨营地（dbyar-sar-sgar）过冬，（法王）为恰巴万户长剃度，使其成为受持一分戒之近事男，此时恰巴活佛驻锡于后藏，恰巴兄弟亲自出面再三祈请，虽答应于法王尊前受比丘戒，但是由于众多大人们的挽留，之后于十七岁时，让其于具德大乐（dpal-vkhor-bde-chen）寺的法王尊前受比丘戒等，未有拜见（第八世噶玛巴法王）。恰巴自己又请求在札贡吉祥山上（brag-gong-dpal-ri）修建寺院，虽请求迁至贝摩贵（padmo-bkod）[101]，然而庄园的人们不听从，故（法王）又将吉祥山命名为金刚座（rdo-rjevi-gdan）而加持，故此（法王）也接受了供养。

第十八节　米觉多杰修建讲修院、组建僧团并委任寺院的住持与上师

大王谷惹巴（rgyal-chen-sku-rab-pa）迎请（法王）后，又做供养承侍。在此之前，仅有殊利（zur-ri）之名，尚未组成僧团，各自随意安住。此后，（法王）组建了僧团，委任了领诵师以及制定了教规，并授予仲顿仁巴（drung-don-rin-pa）上师之职位。有人请求于塔堆宗卡（dwags-stod-rdzong-kha）地方修建寺院，但因地势险要，（法王）未有答应。而

在德瑭(mdavi-thang) 修建了讲修院之大殿并组建了僧团，委任谢冲热绛巴却丹惹觉央（shel-drong-rab-vbyams-pa-chos-ldan-rab-vbyor-dbyangs）上师之职位，又在恰（byar）、吉（skyid）、布（sbug）等地广行利他之事。藏历蛇年（1545年）应门巴人（mon-pa）之请，参观了陀仓绒(dom-tshang-rong) 之圣地，门巴国王在印度与释迦贵族相会之后前来拜见，并奉献了许多财物。此时，为了那些官员做佛事活动，（法王）将重要的达官贵族聚在一起，创立了密宗学院（sngags-gra-tshang），嘉察(rgyal-tshab) 活佛亦于此时圆寂。乃东寨（sne-gdong-rtse）地方的人们向（法王）敬献了苏普（zul-phu）大佛殿并请求其前往，（法王）于夏天的后期抵达此地为有缘者做了许多事情。

藏历马年（1546 年），（法王）于此地言道:“如若囊索（nang-so）[102] 的管家噶玛顿达央塔炯（karma-don-dam-yang-dag-skyong）逝世的话，我们两寿数差不多。”又对殊利寺（zur）前来化缘的僧众言道：“我的文集已经完成了，因此再难获得教言，（你们）请求经文灌顶吧！”因此，(法王）将文集堆集起来，授予经文灌顶，并赐予诸多事业圆满之授记，故使僧众们皆变得忐忑不安，遂于塔坚钦巴（thams-cad-mkhyen-pa）活佛尊前以及所有佛教大师尊前（为法王）请求长久住世。由于众人皆(为法王）请求长久住世，因此法王暂且念经祝寿。虽然法王许诺要朝拜拉萨释迦牟尼佛像，但是听到哲蚌和色拉寺的僧人们眷恋家庭的消息之后，觉得不方便前去。虽然众人一致地祈求法王本人前往拉萨，若能在释迦牟尼佛像前发愿，使藏地不起外患、瘟疫、战争、饥荒，社稷安宁，但如此难以实现。法王抵达苏普（zul-phu）之山顶朝圣，留下了许多脚印，连行走的脚印也清楚地出现在岩石上。此时，贡塘（gung-thang）的大佛殿也被火烧毁了。

藏历羊年（1547 年）法王经过纽拉擦惹（smyug-la-tsha-rags）回到楚布寺（mtshur-phur），大规模地修建了（楚布寺）的无量宫和金顶等建筑，并委任克珠贝康巴阿旺却吉嘉措（mkhas-grub-dpal-khang-pa-ngag-dbang-chos-kyi-rgya-mtsho）为图钦（thub-chen）与秦普（mchims-phu）寺之上师、下额仓（rngog-tshang）知事僧克珠索南丹增（mkhas-grub-bsod-rnams-bstan-vdzin）为楚布寺讲经院之上师、克强索南桑波（mkhas-mchog-bsod-nams-bzang-po）为勒谢林（legs-bshad-gling）讲经院之上师。此时，达隆（stag-lung）之大佛殿被火烧毁了，前些天法王曾做过一些授记，之后也送了些重建的资具。法王又按照止贡（vbri-khung）苏巴活佛（zur-pa）所提方式与之会见，并满足了他的要求。此时，大成就者贡桑巴（kun-bzang-pa）出现稀有之瑞象而圆寂，之后委任了杰瓦雍仁钦贡（rgyal-ba-gyung-rin-chen-mgon）为央日寺（yang-ri）之导师。此时，法王曾预言会出现日食，之后即出现月食，之后又曾预言后藏的官员们会发生危难以及南方牧区出现的情况等未来之事。此时，庄园百姓因为战乱而迁至娘堆（nyang-stod），因为恐惧，故请贝囊（dpal-bsnams）地方官杰旺多杰（rgyal-dbang-rdo-rje）为书信之主笔，由杰喀则（rgyal-mkhar-rtse）官员再三请求，务必请（法王）前来消灾，又殷切恳求将杰则（rgyal-rtse）与贝囊作为噶玛巴的供养庄园，使（法王）可以名正言顺地居住。虽然如此，却不能满足庄园百姓之心愿，然而法王说：“我会尽所有力量帮忙的。”此后，当着官员的面言道：“现在打仗的话，对你不利。”虽再三请求而前来，到杰喀则地方的时机还不成熟，贵族之供养只说说而已并未实现。此后，虽下达了所有指示，但从此官员们逐渐倒台了。此时虽到达驻地，仍不能改变众生之业报，法王也曾许诺去朝拜圣地萨普隆（za-phu-lung）。

藏历猴年（1548 年）猴月[103]十日，于相同的时间中，（法王）因受冈底斯十三大宗之中札噶（brag-dkar）庄园的知事香拉普瓦（shangs-lha-phu-ba）之迎请，而前往朝见圣地并饶益众生。在此地收到仲巴司徒活佛（drung-pa-si-dhu）献上大供养：一百件绸缎僧服、一百件丝绸罗幔、一百件佛衣、一百包茶叶等诸多成百箱的供养物品。在诸位尊者的殷切迎请下，（法王）于藏历阴铁鸡年（1549年）动身，言道：“若答应前往桑耶(bsam-yas）寺朝圣的话，并说了不去乃东地方的原因。”于是仅派了几个出家人前去，预言他（乃东的官员）将会发生不幸，（法王）言道：“因为我受到了他的训斥。”之后，（法王）所至他之领地也未有很好地享用食物，当抵达他之府中，（法王）著有《经卷大海——进入僧院》。此后，仁蚌巴（rin-spungs-pa）献上了释教金色供养庄园(thub-bstan-gser-mdog-mchod-gzhis）等供法王驻锡，遂委任克巴擦瓦热绛巴（mkhas-pa-tsa-ba-rab-vbyams-pa）为上师。当塔坚钦巴活佛从工布(kong-po）回来之时，营地官员以世俗与出世间两种方式隆重迎接，请其坐于无分别的法座上，之后为了顾及寺院之缘起，近侍献上了前世活佛之遗物及许多财宝，恰谷（bya-skur）之知事僧众进行了盛大供奉。从此开始，神殿中的所有一切殊胜遗物，每天以表演的方式亲自敬献给一切智活佛，并全部做了交接。师徒一同前往雅堆（yar-stod）地方，并受到了盛大供奉。此时于工布地方，噶玛政权（kar-srid）的一位上师想收贿，声称要为寺院恰巴(bya-pa）转世活佛进行供养。若于此地建立修行院的话，其知道就不属于自己所管辖的范围后，遂言道：“让我来守护此地吧!”如此对噶玛政权来说，为了要成为噶玛政权的一分子，不分缘由打算制造乱世之后，依靠噶玛政权出兵，由洛若札西通门巴(lo-ro-bkra-shis-mthonng-smon-pa）等人于尼姑之中抢夺了因战乱丢失的上百头营地的公母牦牛，他们将杀剩下的一些（公母牦牛）做了供养，竟未受到丝毫追究与苛责。法王又前往讲修院(bshad-sgrub-gling)，举行大祈愿法会，传播了许多佛法并做金刚舞与火供等等，各庄园与各地方也做了盛大供奉。（法王）又吩咐要扩建佛殿及大佛殿，之后（法王）驻锡于密咒门林（sgo-gsang-sngags-gling）时，塔布的军队难以到达雅砻(yar-lung)，当时丹萨梯（thel）的地方官近侍秘书再三迎请法王务必到边境之故，师徒召集了少部分人从沃卡（vol-kha）抵达替地方，传授了诸多法要，详细地朝见圣地。（法王）驻锡于商贸之地札卡（brag-kha）时，前任地方官前来礼拜并请求皈依，近侍认为此乃塔坚钦巴活佛赐予之增上缘，心想若将卫藏所有人献上的话，定能令法王欢喜，遂献上大乐供养庄园（bde-chen-mchod-gzhis）之册，此时（法王）对羊八井（yangs-pa-can）的年轻管家以及那里所有的人惋惜地言道："我不需要，你去做吧。"此后，大乐供养庄园全部如同授记般地于藏历牛年交到（法王）手中。充满世俗与出世间二种功德即来自琼结（vphong-rgyas）[104]地方的自在主霍尔索南塔杰（hor-bsod-nams-dar-rgyas）以及来自纽拉（smyug-la）的侍寝官贡蚌巴（gzims-dpon-gun-spangs-pa）二人相互熟知，皆作为法王的随从，家族传人主仆能从塔布（dwags-po）到来，并临时签订了协议，使众人皆稍得安乐。法王顺便到桑耶寺等地朝圣，为获得大菩提心而献上一大批服装，并赐予朗堪巴米拉浪巴（lam-mkhan-pa-mi-la-brlams-pa）发菩提心[105]。（法王）被迎请到强巴林寺（byams-pa-gling）后，雅嘉巴（yar-rgyab-pa）恭敬地进行了供奉。过去有人冒用法王之名号制造舆论欺骗宁玛派，致使所有宁玛派僧人不相信（法王）。此后，彼等分析其缘由，消除疑虑，种下称为"正直之种子"。又迎请（法王）至乃东寨（sne-gdong-rtse），在传法时，要求当地官员在场，令某个应当继任的家族传人以摄政的形式作为服侍，而消除其忧心。法王又赐教曰："若在继承法位上无有争议，则对整个社会皆有利。"（地方官）请求说："如何不再出现此类事情？"法王回答道："虽有口头约定，二人难以互相信任时，心生厌烦，无论任何一方越此界线制造战乱，必将遭到护法神之惩罚。"法王也不听劝阻，前往讲修院等地，并前往杂日白湖（tsa-ri-mtsho-dkar）。止古瓦（gri-gu-ba）欺骗女公主，恰谷（bya-skur）进入到雅雄（yar-gzhung），两人皆遭遇罪恶，因此众人议论说，此乃越过界线将遭到惩罚。

第十九节　米觉多杰严格按照标准铸造大佛像

为了用上好的红铜三百克（khal）铸造大佛像，法王对吾（作者——译者注）指示道：“此讲修院的大佛殿虽是为了施主净罪增善，主要是我责任在身，你负责完成此事吧。”虽如此指示，但为了维持僧团，遂请求道：“许多人说无有能力完成。”法王又言道：“那么就依照加持之因缘，按照密续中所说的标准去铸造吧。”又接到法王的指令：“铸造此大佛像虽然需要泥像模子，但必须按照造像的标准去做。”故在让堆（ram-stod）寺的一个旧大佛殿中，依止显教经典和喜金刚经典，三天中按照标准进行加持，虽然也依止诸吠陀派[106]的标准进行传授皈依及加持大佛等，但在加持因缘做吉祥诵之时，出现大成就者巴什（pagshi）[107]完成楚布寺（mtshur-phu）大佛时做吉祥诵与唱诵道歌的情景，因此也认为是相当好的缘起。然而虽派遣了许多工匠，法王又说：“若认真去做则不需要赶时间，一年之中必定能完成。”此后，此大佛像之影子于天空中显现有很长的时间。然而，法王抵达孔拉（gong-la）地方时，按照（法王）所指示的“脸与发之蜂鬘以及下面顶髻摩尼宝等都要做好”，吾（作者——译者注）已做了开光之仪轨并进行了礼拜，获得了（法王）的认可。中间出现多种战乱，致使不能运送放置佛像的以扁红铜为材质之房屋，只能保证（佛像）不得受损。之后，委任佛子贡噶仁钦（kun-dgav-rin-chen）为讲修院之上师，才圆满完工。之后，第八年的藏历鸡年进行了圆满开光。在这样的战乱时刻，还是无任何障碍地完成大佛的铸造，工人也未有发生障碍，这都是法王意趣之加持，因此只有坚信三宝就可成功。

第二十节　米觉多杰在修行等方面所出现的奇有净相

（法王）驻锡在白湖（mtsho-dkar）之时，达隆法主三兄弟表现的有点不和睦，老二来到（法王）之住地请求庇护。为此，法王劝说道：“虽然表面上见面欢喜，然而心不相投，私下各自寻主，此事完全不可，因此唯有同心和睦才可。”如此劝说后方使矛盾、隔阂未有加大。

藏历虎年（1554 年）新年过后，吾（作者——译者注）亦出现许多凶险之梦兆，又因（法王）年近太岁，因此请求（法王）于藏历虎、兔二年前往一地进行闭关与敬事[108]。吾（作者——译者注）即便有此想法，可（法王）不听私利之想，故告诫说：“比起此想法，更要关注所发生的重要不可思议之事。”总之，像如此之法王与一切圆满佛自性相同而无分别，只是因应教化而示现其身，即便一刹那得见，其事迹都不可思议，更何况法王所有事迹，然而为了摄受得见者大众，而给予清净之观想，其事迹虽说无量无数，权且分别稍做讲说如下：

能纳三千世间像顶中，充满人尸融化酥油内，
自身枝干炽燃之顶端，孔雀之卵口所生之舞。
乃是于智慧中脉中，意识中脉清净之相。
一时自身所具之四肢，转成四棵大树两手之，
树根坚硬通天抵大地，身中皆空一切俱不存，
唯有二堆雪山傲光辉。

如是等等为清净之异熟身，以及身七对与五隐脉，四肢五气与四支分气及一切微气三脉各自之气等能够燃烧之兆，脉轮与五脏六腑及身体

大种燃烧之后转为智慧身，总之金刚乘拙火瑜伽一切功德皆圆满俱足，三十七面猪面金刚瑜伽母身中，中脉为罗睺之形，脐轮为带有劫火之蛇头，中央猪面三眼，三尖之舌吐至头顶晃动，饮血尊安住中脉尖端，从中放光迎请瑜伽母，胜乐金刚头顶上安住白色金刚持发出吽声，令胜乐金刚身上之皮犹如蛇皮脱落，披于金刚萨埵身上，转成蓝色，佛母头颅如二酥油灯熄般脱落融入金刚持喉间之下，胜乐父母消融于三千世界中，金刚杵中央核心为琉璃宝瓶具摩尼顶髻，瓶内四续部本尊众中具德上师之智慧甘露，轮涅任何人尝受，必将永离意识，宝瓶之能依所依被清净之火蕴完全沸腾，宝瓶外溢，洒于轮涅一切处，犹如铁因成就银液所染皆转成银般，佛之智慧以金钢铁钩之相不可坏灭，不住于实有与不实，常与无常等等之戏论中，金刚钻石三角三面火灶之内，瑜伽母摇曳会聚之火舌尖端，上师饮血尊手持闪电套索，套住一切法，降于上师身中，与火合一，五智慧之白黄红绿蓝色的虚空中央，自他一切有情皆是饮血尊，头手无量无数，如此明观之头顶与手上，皆安住饮血尊，犹如月亮降雨一般融入自身毛孔，犹如无量之太阳升起，在身暗蓝色光芒之中如雾气般消失，罗睺从虚空中升起，吞入口中，消失于心间，火蕴之内，己为智慧怙主，以侏儒肥胖之相安住，从虚空中三千世间破开，在虚空上交金刚杵与日轮上，形如大菩提塔之宝瓶内，上师智慧怙主安住其中，由己口中出气，转成甘露雨，令虚空中如意宝树的枝叶与花及果实成熟，从中化现勇士与瑜伽母众，犹如光尘般密布做供养。此佛塔也于刹那间进入己心间、八大尸林等中央，骷髅鬼卒眼中放出日光，由身腔中落下肠与食物，黄红色头发卷起状，八毒蛇为装饰，手持各种兵器，身广如由旬，此鬼卒守护尸林场之尸体，天空上上师金刚鸦面女，主二手持金刚杵与颅器，下二手持天杖与长腰鼓，骑乘金翅鸟，亲眷饮血尊父母皆以秃鹫与乌鸦之相围绕，如云密布，一见彼等从天际出现，即令尸体于原地消失，骷髅鬼卒众之腿如木头般僵硬，更由上师口中降临噶举派上师众，四角四门金刚藩篱内，红色狗面女与白色象面女具超越世俗之威仪，上师以释迦之相降临，其心间二萨埵摆动拂尘。益西贡布（ye-shesh-mgcn-po）[109]等黑色披风者会供之下像火焰燃烧，之上噶举派的上师似云彩遮蔽，中间智慧空行母犹如沸腾水一般。这一切都是因为彼等之祖师拥有无量光辉，并具有诸多智慧之预见。其次，如同梦幻一样，第八世噶玛巴赐予的无数修行秘籍在许多圣深的教义中也有详细的记载；尤其法王的身像用银子镶嵌，高度为一肘之美丽塑像，宝座用各种金银珠宝装饰点缀后，请来高僧大德及修行者进行开光祈祷。

第二十一节　米觉多杰利用多种方法传授佛法

在隆雪扎西唐（klung-shod-bkar-shis-thang）地方由摄政活佛比丘僧贡桑瓦（kun-bzang-ba）、仲巴央（drung-pa-gyung）、绛普比丘（vjam-bu-dge-slong）等十多位虔诚信仰菩提勇识佛的修行上师经常不断地诵经祈祷。法王连续修行七昼夜后，看见于南方圣地的如来佛大梵天王前涅槃成佛，并于十亿菩萨聚会的地方讲经说法；同时还出现有用身之庄严的花粉进行供奉以及胜乐金刚佛站立起来为其赐予殊胜不变之智慧等各种奇特的景象。因为每位修行者所见真实的幻境是十分罕见的，故吾（作者——译者注）每天按他们的所言所语记录下来呈献。总之，法王也经常利用不同方法为大部分僧伽单独传授《六大法》等经典，并根据听法者们的不同缘分将三人分为一组进行传授。吾（作者——译者注）反复带领彼等念诵，还将各自的体会写在纸上及时奉上。根据前后的听法人之所见，他们认为以前的诸上师所做的事情就像儿戏一般，感到十分的惊讶。但担心自己非法器[110]也，只好将各自的功德隐瞒下来。法王主要将自己的功德隐藏起来，又担心彼等的修证受到危害，故言道："我只有将内藏[111]装入外，其他就不要装了，也不必宣扬了。"此外还听到法王向其亲戚和朋友每个人做了交代，虽有许多稀有之事迹，但为了让别人不记在心中故未有记录。总之，无论如何视而知悉、圆满证悟金刚五眼和六神通[112]皆是不学大乘之大圣者们特有之共性。但是如今佛祖也难以教化人心，特别是在浊世间许多信徒出现有所谓的"意念、手印、脚印以及能飞上天空"等说法，还出现许多有转世活佛的地方。以后对于上述这些事情思索的话，就会发现有些人一生的奋斗目标只是为了自己的财物和优礼侍奉等丑陋行为，此等如神通般的幻变，不知道还会发生怎样的情况？一旦发生就像神通眼看到有许多魔天在施法，不知彼等为何所因。为此，此法王绝不会用神通眼看待事物，仅以噶玛巴这一名号加持，不会以自己的名号亲自加持。正如今天人们所说的："现在所得到的任何福报皆是前世之善行。"因此，如今恶行必然导致生活之自满，在日常生活中遇到好事，事情进行得很顺利之时，人们就习惯性地说，这是因为前世的恩德，那是因为祖辈的功劳。当然，人们相信在世的噶玛巴的所作所为同样也利乐众生的，相信来世轮回，相信会给人们带来更多的幸福与快乐。因此，（法王）毫无思虑地写有："顶礼蓝色那嘎杂怙纳（sngon–nva–gardzhu–na）[113]，道近因即连接诸善行，吉祥慈悲瑜伽尊胜佛，无我具名遍传苍天之下。薄伽梵母修行之吉祥，上师具有无畏之智慧，护持幻化之地呼玛塔（nghu–ma–tha），名为白玛白杂（padma–badzra）传天下。上为佛之宫殿兜率天，幼年尊胜上师云之力，入住妙境地方之勇识，名为罗追仁钦（blo–gros–rin–chen）传天下。西为普贤妙法之净土，土地神敬奉之檀香寺，此时具有稀奇之十善，名为白玛南瑞（pad–ma–rnam–rol）传天下。北方为广阔无垠之地，尊者具有权势和臣相，显赫权势步入诸邪道，名为坚瓦强央（rgyal–ba–mchog–dbyangs）传天下。大蕃之疆域美丽富饶，聪明勤奋修习之名师，向上师贡巴饶赛（dgons-pa-rab-gsal）顶礼，名竹益西坚赞（grum-ye-shes-rgal-mtshan）传天下。尊者无忍受赞扬名声，从多麦（mdo-smad）启程前往卫藏，又拜诸多学者之上师，难道不是名为乌塞茹（dbu-se-ru）？得到胜乐金刚母加持，吉祥妙音天女唱赞歌，蓝色天王击鼓除习气，对深奥之要义生信念。向殊胜修行之父顶礼，从实际掌握地方之兆，知悉守护家乡是为佳，分辨整个地方是与非。胜义真谛自己能识别，见断之瑕疵极好断除，邪果向之结定能解开，转世活佛之缚可解缚。幻化之生灭如何显示，完成松赞干布之伟业，头戴实际需要之黑帽，要牢记噶玛巴之大名。周边皆为大海继续行，具有斗诤时所有众生，依止丰富办法和财物，修行吉祥法轮戒之田。摄集于二十四尊胜地，幻化大密乘时轮坛城，吾加持仪轨之力倍增，思议金刚身心之还罪，制服此处四身之王土，修行吉祥宝瓶之身体，奉献殊胜共同之货物，如若有一些有缘之人，形成今天信仰之习气。”以及许多奇有的金刚道歌。总之，（法王）之身、语、意、功德、业绩之诸秘密是唯一秘密主之境界，那只不过是大海里的一滴水。吾（作者——译者注）虽然听闻许多，但为了他人不多思虑也就放而置之。关于他人说法王具有先知之神通，但法王亲口说：“我未有先知。至于他人不承认此言，又在背后对徒众的未来进行游戏般地预见，此乃极大的欺骗。”并对梅唐降木样活佛（sprul-sku-sman-thang-vjam-dbyangs）说：“您在天未亮之时来即知道修行是这么回事。”当其来到屋里后，方知道法王具有神通。此后法王言道：“其他人对我的这个地方不熟悉，此神通非常厉害，请不要外传。”吾（作者——译者注）前来侍奉法王，法王对我说：“你两三个月要学通《历算集论》[114]之图表。”并亲自做了示范。仅仅就一小幅多位数除法的图表我就很难掌握，更不要说赐予浩瀚的知识了。法王言道：“《尊者赤列巴之注疏》的内容深奥不易理解，要做一注释。”除了请教外，就是在侍候时法王尚讲授有关知识。法王除了连续不断地撰写《律经注疏之心著》外，还有茶列、献礼、使者往来、委派煮茶、著书、口头命令、公文、问候、吩咐供奉身语意所依、修改手稿、红黄色手稿的分类、安排比丘僧之座次、寺院十九日的多玛仪式等纷繁事情很多，但他一点也感觉不到疲倦，忙于各项事务，也不断撰写著作。吾（作者——译者注）也在(法王）身边协助整理图表和注释以及干一些杂活。有时大法座在时就不需要请教这里有语句的毛病，想到应该如此去注释，其他内容又是那样去注释等。每当自己分心时，法王瞪大眼睛当面赐教道："有时在这方面要如此去做，有时在那方面要那样去做，有时向别人请教时又要如此去做。"但有时向别人讲论时有些人如此说应该这样去做，有时向别处看时有些人又那样说，当说话中出现错误之时那些人又不知道说些啥，而当清醒后吾（作者—译者注）也全都领会了，像上述的情形是说不完的。

吾（作者——译者注）从藏历龙年（1532 年）一月十五日[115]来侍奉法王起一直到猴年（1536 年）的秋天抵达札松（brag-gsum）地方期间，吾的所有任何疑难问题都得到解决，在这之前稍有不清楚的地方就抱怨自己之信力甚低，但是如此直接请教的话就像与奉承没有任何区别，而感到不好意思就未有请教。

吾（作者——译者注）在轨范师热降巴贝拔瓦(rab-vbyams-pa-dpal-vbar-ba）身前时，法王对我言道："你马上从止贡地方到嘉唐（lcags-thang）大师身前。"遂遵命前去，正逢嘉唐大师快要去世之时，拜见后，嘉唐大师言道："法王噶玛巴之法物不可接收。"由于闻有语诀，心生殊胜誓愿遂即圆寂了。法王在工布由于受邪气及伤风而反复患病时，吾(作者——译者注）大部分时间在守护其睡眠，当其睡眠极困难时，自己也会出现不清净之幻觉。若身体无有睡眠，哪里还会有心思修习佛法？若出现昏沉，一旦祈祷即会感觉到身体轻松，且不可不闻不问，坐以待毙。若一个人身体出现病情后，医生们除了为其把脉之外，不可以长久守护在患者的身边，身旁周围的人们也不知道使用何种方法治疗。若患有伤风病寒时，只要将酥油融化后饮用，并无有任何副作用，马上就可痊愈。我接到了如此之命令，当听到赞颂、长寿永生、歌功颂德等任何一种道歌时即会感到身体如释重负。我将一面镶嵌着许多珍珠的铜镜敬献于普秋（bu–chu）之释迦牟尼佛，并做了许多祈祷。当来到佛像前之后，我一连数日梦见法王左手持一无数珠宝镶嵌的金莲花，左耳戴有帝释金刚杵，并连续三声曰：“这就是你献给我的曼扎[116]。”自此，释迦牟尼佛也使工布地方成为噶玛巴的地界，法王之身像经常做利他之事。法王言道：“关于在某些地方出现有许多手印和脚印，那不是什么奇怪的现象，就连动物也有手印和脚印，此多半是过分夸大渲染。”但法王也没有否认斯噶苯(gsi–dkar–dpon）曾于幼年时玩要过的小石子，是为了作为圣物而留存下来的。此后，于藏历蛇年（1545 年）法王抵达朗绰园（glang–khrod–tshal）时，言道：“现将你的信物拿来了。”我才得以看见。此后，直到他（指法王）临终之前，又命我拿出并将信物赐予我，现在尚保存有此信物。

第二十二节　米觉多杰在神变、讲论、建寺、著述、塑造佛像等方面的业绩

关于神奇幻变方面：当朵擦囊索（dom–tsha–nang–so）前去汉地敬献马匹时，遭到斥责：“这人是噶玛巴的假金字使者。”此时，金色的宫殿中的诸多王臣看到噶玛巴法王头戴黑帽出现在空中；朵擦囊索看见两只仙鹤在宫殿中飞舞，使其感到十分惊讶；当前来迎请（法王）的大臣们

临近噶玛巴法王之住地时，军人们看见在天空的云隙间出现有头戴黑帽的噶玛巴法王之身影。当法王抵达丽江王宫之时，大王之大象和老虎向法王致敬；当法王抵达聂秋达（nyag-chuvi-dar）[117]时，雅砻地方的许多人看见法王消逝于空中以及魔鬼将病害和死亡皆降临于法王身上等许多景象。

关于讲论方面：法王对所有显密经典都有许多不同的诠释，并宣扬了噶当派独特的《菩提道次第广论》及诸如之类的步入佛门的方法。因此，信徒们将法王所讲论的佛法作为真谛，将生死无定、需求无常铭刻于心，并将众生视为父母，生有爱他利他的菩提之心。尤其是法王就像河流一般经常不断地赐予《不共金刚乘之引》，三日出现一景象，使众生得到成熟解脱；使合格的弟子修得净相，修行一个班次即可出现无数心绪，获得与法王无分开之信念。法王此生培养出将世间的事情不看作儿戏的无数圣贤弟子。

关于撰写著作方面：法王从小即撰写有诸多稀奇的佛经注疏和金刚道歌。特别是在二十二岁的时候撰写有《根本律经注疏》；二十三岁时，撰写有《般若大注疏》；二十四岁时，撰写有《梵文声明汇集之注疏》；二十六岁时，撰写有《根本律经之广义注疏》；二十七岁时，撰写有《俱舍论大释》；此后，撰写有《中观大注疏》等无数《般若波罗蜜多经》，以及《玛哈玛雅注疏》等许多种《大乘金刚续经坛城》修行的方法，以及《密集心要》等大乘金刚路之心要教法，并赐予无数的讲经次第。所有这些并非一般的著作，善知识者越研究越发现其作品具有高深之处。仅就诗词而言，法王所著的《五十四颂难作体修饰法》[118]，十二位贤者联合写作也无法相比，雪域西藏的五十八位作家也难以超越。至于世间所做的事情，此法王从未脱离十善法，对前来顶礼的人讲解行事之道，促使彼等行善。

特别是此法王在世期间，僧侣之寺院不断增长，即丽江土司兴建有康萨果（khang-gsar-mgo）寺院和多帮普（vdob-spang-phug）寺院；喇上师云丹旺秋（yon-tan-dbang-phyug）被任命为（住持）的寺院；赐予俄绰热绛巴索南朗杰（ngo-khro-rab-vbyams-pa-bsod-nams-rnam-rgyal）的代如云(te-ru-yon）寺院；降边嘉措（vjam-dpal-rgya-mtsho）在卡瓦嘎波(kha-ba-dkar-po）兴建的寺院；嘉摩囊索（lcags-mo-nang-so）兴建的伦波载（lhun-po-rtse）寺院；林仲巴（gling-drung-pa）兴建的扎西朗杰(bkra-shis-rnam-rgyal）寺、长江沿岸的栋丽（dtong-le）寺、洛沃玛隆(lho-vo-ma-lung）重建的寺庙、札采隆达（vdra-tsher-lung-mdar）寺院；夏喇（bzhag-bla）叔侄在雅砻江边和热岗（rab-sgang）等地兴建的多座寺院；果洛（mgo-log）[119]土司在果洛地方兴建的寺院。总之，在达邬协廓(tavu-shel-khog)、大小博木卜（spom-vbor)、甘青川等藏地新建有诸多大小不同的寺院。特别是云南丽江的夏埠（sha-vbu)、俄绰（ngo-khro)、拉岗(la-sgang)、栽河流域（mdzal-chu-rgyud)、巴塘（vbav-thang）[120]、中甸(rgyal-thang）[121]等地每年都要派五百名左右的出家僧人前往波堆噶尔布岗（po-stod-dkar-po-sgang）地方新建寺院。至于新建的讲经院如下：有工布地方的茹顿（rvu-gdong）寺院、雅堆（yar-stod）地方的噶玛嘎蔡旬鲁（karma-dgav-tshal-gzhung-lugs）寺院、塔布（dwags-po）地方的噶玛讲修院，善知识仁钦勒巴（mkhas-pa-rin-chen-legs-pa）在康区的然德甘丹林（ra-ti-dgav-ldan-gling）新建的讲经院，热降巴尊追(rab-vbyams-pa-brtson-vgrus）在敦果（stong-mgo）地方建的讲经院，松热嘉措(gsung-rab-rgyal-mtsho）和托坚巴（thob-rgyal-pa）在后藏地方建的嘎玛兑札林（karma-vdul-gra-gling)、密宗学院等。关于新建修行院：有法王所属的央素（yang-zur）两座修行院、法王大堪布所管辖的则拉岗(rtse-lha-sgang）修行院、察隅（phrag-yul）修行院、那普（nags-phur-sgrub-sde）修行院等；上师桑吉扎西（sangs-rgyas-bkra-shis）按照法王的命令在波卧亚曼（po-bo-gyav-sman）所修建的修行院；拉斯卓威贡布(lha-gzigs-vgro-bavi-mgon-po）之王后等人向法王请求后于所供奉的地方新建的秋瓦日(chu-ba-ri)修行院；在塔坚钦巴活佛(thams-cad-mkhyen-pa）的住地杨日(yang-ri)、贝绰卧隆（dpal-dro-bo-lung）等地所建的嘎玛仁增（karma-rig-vdzin）修行院；在羌邬玛（byang-dbu-ma）重建的许多修行院，大约每座寺院最少不低于一百名僧人，最多的有三百多名僧人，此等不一一详细介绍。

上述所有之业缘是此位法王（第八世噶玛巴——译者注）善于慷慨赐予诸多物品。一般无论去任何地方都要向寺院供奉礼品，赐予僧人无数财物。法王在其驻地从第一世噶玛巴都松钦巴的三日供开始，要为每一位法王的期供[122]以及为佛母的十二日期供等均进行各种仪式，而且最主要还要进行三十大坛城供奉的许多仪轨等所谓的“白业”数不胜数。每日还要有六十位出家人和六七位比丘僧在坛城前修行，如此相续不断。一年之中有无数僧人和比丘僧随从法王学习和修行，此等事迹是无计其数的。

关于塑造佛像等方面，在涅窝（snye-bo）和倭（rngod）两座寺院中各塑造高度为二十卡的能仁金像一尊；在则拉岗寺院中塑造高度为二十五卡的噶玛巴金像；在波卧萨色（po-vbor-sa-gser）大昭寺中装修了具有一百根柱子的地面和天花板；在苏茹敦（su-ru-gdong）寺院中塑造高度为三十卡的释迦牟尼金像；在岗布（sgam-po）寺院中塑造高度为十三卡的法王都松钦巴金像、由檀木和犀牛及各种珠宝等制作成高度为一万卡的密宗双运[123]佛像、由金铜合金制成的十六位行脚罗汉像；在前世法王的寝宫中制作有一座半箭杆高的银塔，在前后两位摄政活佛的头盖骨供奉殿中制作有两座箭杆高的银塔；在存放有许多稀奇的唐卡以及有功绩法王的灵塔的名称为“喜乐园”处，遵照大施主母子二人之嘱托塑造了能仁佛金像、佛祖身前每位弟子的金像、玛尔巴大师的金像；在讲修院中塑造的大佛，主要材料都是由法王所赐并由其亲自建造，此乃为法王之大慈悲所建造成功的。法王在宫邸亲自雕刻了《量学论》之版本，并在雅堆（yar-stod）为至尊们修建休息之地，尚向吾（作者——译者注）下令将《量学论》的内容做一注释。

总之，法王就像将历代法王所有的善业集中在一起去完成。（法王）预言在扎俄（rdza-angom）方向会出现噶玛噶举教法，法王本人也会转世于此地；（法王）预言在后藏方向会出现佛法，并在后藏初次新增噶玛噶举的寺院，这些寺院与预言在南方最初发展的前世法王的两三座寺院相比，还是法王第八世噶玛巴的寺院多。关于文集方面，从第二世噶玛巴活佛噶玛巴什到现在也只有十六卷，而法王第八世噶玛巴一人就有三十多卷经卷，对于徒众们来说也只有法王的文集最为实用。尤其深入研习佛教经典、虔诚证悟的弟子们以及广大的信众皆以法王作为取舍之标准。所谓的“皆恶行善”，（法王）在路途中所做的事情也难以计数。如此所做的业绩是不可思议，此位法王的最主要的功绩是就像前世法王即便师徒之间出现矛盾，也要专心忙碌噶玛噶举的全部事业。后来，京俄塔坚钦巴邀请法王，虽然法王未有亲自前去，但是像亲自相见一样且心意相同。（京俄塔坚钦巴）预言了法王之转世将在塔贡（dags-kong）之间的地方降生，并请求作转世活佛之导师。因此缘故，（京俄塔坚钦巴）为转世活佛的坐床做了诸多服务，传授了三律仪，赐予了《证悟之宝库》，培养成为教派之主。此后，成为京俄塔坚钦巴的所有弟子中最聪明的一个。（众人）对其虔诚信仰，无论其是否是活佛皆摆脱了纷争，专门信奉；即使憎恨之毒箭刺入心脏，也会坚定地说信奉，不会寻找其他出路，大部分人也无可争辩地对其信仰，其已成为众所周知的噶玛岗仓支派中的无派别之大师，此乃是法王的殊胜之善业。

像如此圣贤至尊（第八世噶玛巴——译者注）将无量智慧之大海及诸佛陀之圣地赐予众生并能经常执持，并示现反悔无常法门之符号。为示现法身之摄受佛法之姿态亦显现了涅槃之整个过程。总之，从前世修行之征兆中亦显示：“哎呀！此生结伴修密法，修行密法有何用？此世修行真实意，世间咒语之根本。”显示此生长寿且有许多徒众。这是(法王）为吾（作者—译者注）初次讲说有关佛法，之前为上师查仓巴(khra-tshang-ba) 兄弟所授的金刚道歌中也言道：“前世曾享大乐拉利巴(lva-li-pa)，今世修金刚经为极乐，来世于弥勒前得安乐，修行自他二利妙音女，众生略看身影之戏法，命终之情形亦非恐惧，抛弃全部中有[124]有缘者。”此等主要说明了摄身极为短暂。（法王）之道歌和《对前三世法王之舟子赞颂》等手稿的整理工作落在吾（作者——译者注）的身上，整理此手稿时是藏历羊年（1547 年）法王驻锡于则拉岗之时。有诗曰：“寨薛（kre-shod）大雪山之环绕中，水声动听修行好地方，自然形成大慈悲佛前，距离大慈悲佛不远处，看见今后转世之标记。”如此（法王）想到了转世灵童之预言即此生之征兆。虽然（弟子们）请求暂时不说也不宣传，但(法王）言道：“现在即要宣传！”由比丘僧斋嘉（bkras-rgyam)、比丘僧桑贝奔博（bzang-dpal-pod-vbor）、格西比丘僧嘉木布(vjam-bu）等讲论者们在（法王）身前讲说《噶举派道歌——法王道歌》，尤其是讲说结尾时，略使(法王)心中不安。（法王）在札松（brag-gsum)讲自他之前生与今世之诸多身世时，（弟子们）请求问：“法王之寿数和事业如何?”回答道：“事业有非常大的缘分，寿数请你们看吧！”

藏历马年（1546 年)，在苏普（zur-phu）为全体弟子讲授佛法时，诸僧团也对吾（作者——译者注）至关重要的命令，（吾）从内心深处进行祈祷并派人前去祝（法王）长寿永生。僧众们再三请求吾（作者——译者注）帮助祈祷法王与第一世噶玛巴都松钦巴寿数相同，但未被答允。如此发出求助信，僧众们在经堂里也只念长寿永生经，而得不到如此祈祷。我（指作者）连回复的命令也未有接到，何能答应（僧众)呢？此后于藏历狗年（1550 年），（法王）从后藏和纽拉(smyug-la) 前往塔布的路上抵达雅卓（ya-vbrog）之时，让我（指作者）给镏金屋顶盖铜瓦时首先要用铜片为莲花瓣上的大慈悲佛像及其三位侍从镀金。（法王）到达卓噶札（vbrog-sga-vdra）前往拜见，服侍五天后吾（作者——译者注）想为（法王）办一个隆重的长寿永生法会时，（法王）严厉地说道："我觉得长寿永生都是个形式，如今佛法也已过时，且没有太师，众生没有其他怙主，故请求我长寿永生，（众生）说着便流下泪水，不要这样进行（长寿永生）吧。"因而未有答允。此晚（法王）对吾（作者——译者注）说："要铺一个十字金刚毯，请坐在那里！"（法王）便写有一首"殊胜吉祥金刚座，永世不变大安乐，智慧金刚未转移，有生之年持经典"等三偈颂的诗。吾（作者——译者注）为法王做长寿永生祈祷，并对僧人们说道："你们僧众们要念诵此（长寿永生经）。此次没有太多认知的话，以后想到起初未有答允，此期间不要想让（法王）永世长住，这主要是未有做长寿永生祈祷。可是长寿永生要用八年的时间祈祷呀。"

藏历水牛年（1553 年），（法王）从雅砻（yar-lungs）到措噶（mtsho-dkar）的路途中，吾（作者——译者注）于塔布果（dbags-bo-sgo）拜见（法王）坛城之尊容。此时，（法王）为吾（作者——译者注）及其随从以文集进行灌顶，并打开《瑜伽续》，从开头略念诵一些，并言道："如何？请你们自己去看吧！"遂将《瑜伽续》赐予吾的手中，尚对旁边的人们说道："现在他们需要你讲论佛法，但现在你还不能为他们全面讲解，你将来会有讲论的时间。"此话含义很深。此后，（法王）直接抵达措噶（mtsho-dkar）地方。

第二十三节　米觉多杰患病及圆寂

藏历虎年（1554 年）新年，当吾（作者——译者注）住在塔布古热

(dwags-po-sku-rab) 之时，（法王）身体出现不适，诸位医生对疾病的认定意见不一，故来信催促我前往。当时，正值措噶的草地被大雪覆盖，除鸟类飞禽以外无法越过。但经过维修道路，我终于顺利抵达，拜见法王之莲足，为此非常高兴。医生们也说道："今天法王的脉象不平稳。"但究竟是何病，医生们的意见不统一，发现各类用药过于繁多，为此暂时停止服药，进行服侍休养。虽用膳不像病前一样，但比此前有所好转，体力也有所增强。不能动身的情况也日益好转，一个多月就可以走路了。逐渐知道因该地的潮湿对（法王）的身体不宜，故迎请（前往他地）。但是，（法王）好像表现出毫无恋世之意，身体也非常虚弱。央日瓦(yang-ri-ba) 的一位名为帕夏(bar-shar) 的比丘梦见塔坚钦巴法王说要到极乐世界去，带着无量光佛像和黑帽前往西方。一会儿又说是法王的转世活佛，同之后迎请的那位干枯身体者非常相似，将会迎请到多里(mdo-li) 等云云，或许也正是如此。此时，祈祷也未能见（法王）好转，示意建造刚去世不久的仲译师贡却巴 (drung-lo-tsva-ba-kun-chos-pa) 和叶巴宁波 (ye-pa-snying-po) 两位贤者的舍利塔，但寻找"第三"(gsum-pa) 阻止预兆而未能找见。以前（法王）患病之时，对管家兄弟们反复吩咐道："如果我死了，你们不要贪恋于财富，转世（活佛）、三宝、支分[125]等都是重大责任。"对群巨贡嘎 (chung-rgyud-kun-dgav) 反复吩咐道："你拿着这个木碗 (vbe-phor) 到一个留有辫子且自称是噶玛巴灵童的康巴孩儿处熬茶歇息。你去了不会有任何益处，但你千万不要走。"（法王）到措噶后，言道："无论如何，前世历代法王都有对卫藏地区各寺院广泛布施的传统，但我没有做到。现在就要做一次不分教派的大敬奉之事。（此事）要告诉给转世活佛和前任第巴 (sde-pa-gong-ma)，向其他人就不要告诉了。"上述所言是由师徒萨木丹(bsam-gtan) 转述。此后，（弟子们）请求敬事 (sku-rim) 之时，（法王）言道："我要做一次大敬奉之事，因此也就是敬事了，不要把供器放的零乱。”此后渐次抵达昆拉（gong-la）和南杰（rnam-rgyal）等地。此时，因仁蚌庄园主仁钦旺杰(rin-chen-dbang-rgyal）去世，为祈福发愿回向，遂将仁蚌的所有奇珍异宝敬献给（法王）。此时，多位著名医生也说（法王）的身体大有好转，但只是都属于个人的觉知，因不同的认知而开出的医药处方都疑为相互矛盾，每种药皆服用。从（法王）的起居来看像无病的样子，但在那杰噶尔丕钦摩（rnam-rgyal-gyi-skar-phibs-chen-mo）之时，（法王）利用近两个月的时间从早到晚翻看所有箱柜，并将确定为前世历代法王的财物和拿到吾（作者——译者注）手里的(财物）为一部分，另外给下个转世活佛留存的财物等用具及《佛说大般若经十万颂》为一部分，留有共同用具为一部分，为供施而准备的供器为一部分，并详细登记造册。此时的奇珍异宝等财物如果不亲自查看，有许多也不太清楚。一般来说，如果将所有财物从箱柜里拿取一番，就是没有疾病缠身的青年也会因身体困乏而懈怠，而法王没有丝毫困乏。对有病在身的人而言，有劳损增病之险，但法王没有丝毫困乏之状态，真是具有不可思议的功业。法王对所有财物登记造册后，并亲自签字画押，使后来的管事者们对此受益匪浅。

法王在昆拉（gong-la）地方，为嘉摩国师（lcags-mo-govi-shri）进行了丰盛的布施，要求其必须前往，并进行护送，请今后要牢记在心。一般来说，佛陀之身是自心所无法领悟的，但吾（作者——译者注）为了知晓治愈法王之玉体，一直侍奉到三木多（zam-mdo）地方，然而法王的贵体大有好转，加上杂日(tsva-ri）地方许多官员的盛情邀请，前往下部地区讲法十余天后在昆拉地方见面时，因诸位医生开出许多不同的处方而使法王的贵体出现反常。提出以前五六名医生的处方均以七天的服用量，以后要停止并降低服药量；还有各类药物轮换服用的方法也有不妥之意见，但均未采纳。虽然猜测到未来的情况但也毫无办法，因而按照法王每天要供奉曼荼罗的要求，供奉胜乐喜金刚等三种时轮。当知悉各种增益以及法王自己所供奉一切佛之本性后，遂念诵供赞经，并献会供。问："用赞颂宝瓶之圣水沐浴吗?"法王吩咐道："现在能够听到此尊者之教诲，也能请求会供曼荼罗，还能用圣水沐浴是何等的幸事啊！一想从现在开始过不了多久，另一个（转世活佛）会来，此地即成为一处空旷之地。因管家年老，诸位医生说我的身体已康复，但我的心里非常不踏实。转世活佛也住在工布，你说要跟随侍奉，但众医者也未必能听。照看我的人虽多，但不喜欢他们看到我的逝世，故从藏历蛇年起准备供物、祈福灌顶、进行祈祷，不要将历代法王之物品丢失，这些你要知晓！"。此后，法王亲手为比丘嘉木样（vjam-dbyangs）戴上一顶帽子说："你要做到札仓的上师和赛绰卧隆（sras-dro-bo-lung）的寺主。"此后过了五六天，法王渐次抵达讲修院（bshad-sgrub-gling），街道上排起长队争相拜见，法王也对众人赐予佛法。此后，法王抵达果密宗院（sgo-gsangs-sngags-gling），此时法王的病情加重，渐次将法王从雅多热摩（yar-stod-ra-mo）之间迎请到多里（mdo-li）地方，在途中对近距离见到的所有人问"你现在干什么，以后想干什么"等问题，这是(法王）对虚度年华的惋惜。（藏历虎年八月）二十二日到热茂（ra-mo），因法王之病情较重，故于此地设营。藏历虎年八月二十三日早晨，法王说道："最近丕瓦巴（birba-pa）和代洛巴（te-lo-pa）二人抬起本人了。"然看似病情好转许多，众医生也觉得脉象平稳，皆悠闲恬静。午前，晴空万里布满彩虹，法王圆寂于法界。据说此后不久在雅堆（yar-stod）路边的一村庄处出现有骑马护法(dam-can-pa）主仆二人打尖吃茶，然后又骑上马并言道："一切智者噶玛巴好像已圆寂，你马上去看看吧！如果圆寂，藏地即会来边军。"（骑马护法主仆二人）随即消失。

法王之遗体先被迎请到楚布(mtshu-phu)寺，此后，塔坚钦巴(thams-cad-mkhyen-pa）转世活佛[126]从工布渐次前往楚布寺，母子等相见时揭开了秘密。此前，于楚布、则拉岗（rtse-lha-sgang）、止丹(vbri-gdan)、仁蚌等地商议时达成一致的意见。因此，塔坚钦巴转世活佛被迎请到宝座。宝座是法王在以前亲自交代的，在讲修院对寺官（sgar-pa）们吩咐道："我需要一段时间的静修，你们寺官们有事请示塔坚钦巴转世活佛吧。"此类事情先后皆做了交代。法王尚想尽快委任摄政，并言道："我已吩咐管家等人去办理，将遗体由许多白、红檀香树及红、黑沉香树进行焚烧，檀香树之青烟缭绕、布满天空。此外，于日出时焚烧，到中午一定焚烧完毕。还要从停尸房的东北处点燃起又亮又细的火花，火势蔓延到东、南、西、北四方和中间，火势大而无烟。之后犹如一座灯盏的火光长时间地照亮东北方，直到日落时熄灭。"此时，一部分人说因火势太猛，建议用鲜奶浇灭。此火属于自燃，只是我们不知晓而已，不要人为干预。一部分人还议论说由此征兆转世灵童有可能会出现在东北方向。阿里三围（mnga-ris-skor-gsum）、拉堆（la-stod）、藏（gtsang）、卫（dbus）、洛（lho）、羌（byang）等地苯波、萨迦、格鲁、塔布、宁玛等各教派有百名僧人以上的寺院，大行布施斋茶，以祈福发愿回向。根据昔日之传统主要在止丹（vbri-gdan）二地进行供奉，这些地方有五名以上僧人的所有噶玛派寺庙进行等额供奉与加持。此时该地各教派的所有大活佛以十三或十五人为一组、以下的活佛以七人为一组进行供奉，所有供奉的财物犹如供云一般，并于（灵塔）前安置有相同之供器，于灵塔上敬献有无数资具。由于以前法王德新协巴（de-bzhin-gshegs-pa）逝世时所供奉礼品的清单存放于楚布，法王却扎嘉措（chos-grags-rgya-mtsho）逝世时所供奉礼品的清单存放于则拉岗，故与上述礼品相比所供奉之殊胜礼品达百倍以上，完成（法王）以前所说的"不分教派进行大经忏[127]"之意愿。此时，吾（作者——译者注）担任一切智转世活佛之侍从；大管家和执事僧二职由噶玛多居嘉措（mdo-rgyud-rgya-mtsho）和噶玛却金嘉措（mchod-rgyun-rgya-mtsho）两兄弟担任；遇有急需处理之事时，由羊八井（yangs-pa-can）[128]的管家和纽拉（smyug-la）的五名内哨（nang-so） (nang-so) 共同负责办理。以前，法王说："要给我建一银塔。"此后由于许多人供奉有白银，加上信众所敬供的财物，完成法王生前所说之心愿，并由法王非常器重的却载噶玛司查 (chos-mdzad-karma-srid-bral) 管理保存所敬献的财物，后建造有高达三十卡的"天降塔"，塔里放有法王之传记，塔的四周镶有一颗像核桃大小的珍珠以及许多奇异珍珠、玉石、红宝石等，闪闪发光；其他还有红莲宝石及现在流行的宝石，颜色有纯蓝、灰蓝、红蓝、灰红、大红、紫红、黄红、灰黄等多种；各种珍宝堆积如山，纯金打造的殊胜器具不计其数，此等宝物不仅在藏区，就是在印度也未见得有。尼泊尔的工匠们赞叹道："我们尼泊尔所有金银的价值也比不上这颗大珍珠的价值。"如此建成这样一座世间稀有的宝塔后，塔中放有以法王无价舍利为主，还有袈裟、宝座等用具以及无数殊胜的佛像、佛经、佛塔等，仅塔像内藏的芳香价值就有二十两金子，更不要说其他的了。如此建成一座汇聚所有佛像的稀有之大殿，新装饰高大的舍利塔安置于法王若必多吉(rol-bavi-rdo-rje)和法王德新协巴 (de-bzhin-gshegs-pa) 的两座舍利塔中间。

藏历蛇年 (1557 年) 十二月十六日为开光祈福准备有诸多仪轨；二十三日时供之日，正式对舍利塔进行大加持，据说从开光之时起风和日丽、气候温暖；二十四日，上千名僧人依仗行列，经幡飘飘，四方皆洋溢着吉祥圆满的气氛。还将以新塑造的 (法王) 替身像为主以及历代法王的旧塑像等安置于红、白檀香之宝座上，并一同供于上师殿中，完成了 (法王) 生前之意愿。羊八井的管家无须费力将奉献出的庄园拿回自己的手中，后因其知道法王之慈悲，为报答恩情，法王在措噶时其虔诚前来邀请，但未能见面，故答应承担塔坚钦巴转世活佛在卫地大寺中的所有服侍事务，并承担建造佛塔的工匠薪资和贵客来往所有的接待工作。听说以前 (法王) 师徒在佛殿见面时，要敬供许多库中的宝物。法王为此言道："(这些宝物) 不属于噶玛巴，觉得我只有这个，你不必如此

（敬献宝物），我的所有一切都会作为赏赐物。”在琼结（vphyongs-rgyas），师徒见面时，因交换考卷而塔坚钦巴转世活佛念道“三十师徒”时，以前京俄（spyan-snga）活佛也有如此，现在听到“三十”之时，看着他说：“你有薪俸要给的话，就不会成为穷人。”因此，（法王）之身所依是讲修院的大塑像；语所依有却载玛南卓（chos-mdzad-ma-rnam-grol）作为施主用金汁书写的文集；心所依是殊胜宝塔。此外，其他各地信众及有缘者根据自身缘分和需求建造的所依圣物不计其数。

第二十四节　作者巴卧·祖拉陈瓦对米觉多杰的评价

此外，在佛法方面无论其深邃之理论体系还是其广远之行道而言，龙树（klu-sgrub）[129]和无著（thogs-med）[130]两位大师开辟了新的历史纪元，其功德无量。于佛教戒律方面，当遭遇“不可容忍之十事”（mi-rung-bavi-gzhi-bcu）之时，阿罗汉札巴（dgra-bcom-pa-grags-pa）利用二摄法（bsdu-ba-gnyis）降服之。与此同时，阿底峡[131]大师前往吐蕃宣讲《业果》和《菩提心》，将殊胜印度之所有佛经用口传的方式宣讲，广传于吐蕃大众。至尊米拉日巴（rje-mi-la）[132]和桂仓巴（rgod-tshang-pa）两位上师潜心虔信佛法，并把众多有情众生引入佛门。俄大译师（rngog-lo-tsva-ba-chen-po）[133]将经藏中所讲之无数业绩弘传后，虽使佛法犹如日中天、皎洁满月般威震四海，但当时一切按佛法所言行事，有情众生的根器尚好，与如今相比，世间弘法并不那么困难。目前实处末法时代，正法犹如幻影，大乘佛法只存名词和概念而已，其真意犹如夕阳西下。稍懂显密者便望文见意，大肆宣讲，雪域大地遍地充斥着歪门邪道，乱象从生。在如此险恶的窘境下，他们不分显密，精通理论，修行得力，立场分明，善始善终，成为了显密各宗的领路人。不用说“不可容忍之十事”，就出现在十恶戒律都不懂遵循者，抓住某个经文的要点，断章取义，自称已受戒，行仪轨，好自吹自擂、沾沾自喜，雪域大地没有几位真正精通正法精髓之修行者。此种境况下，犹如正法戒律精要之开启者，彼等指明行路，引人入法门。昔日班钦释迦室利（pan-chen-shvakya-shri）言道：“藏地很难推行戒律之现行。而米拉日巴通过自身的修因法和仪轨，能完全按照戒律之现行做事，实为美哉也。”在众多修行弟子中像米拉日巴按照戒律之现行修行的许多大师潜心修行，精通戒律，使佛法再次复兴。

如今，甭说凡夫俗子，就连大多数出家人也将双山（la-dor）、似能破（ltag-chod）、语病（tshig-skyon）之辨别之业果看成是慈悲之境，一些傲慢的修行者称没有取舍之分，认为舍乃取、取乃舍。所有不善之行都说成是从密乘而来，不管从何种教派，都不把业果放在考虑之内。此时能完全按照佛陀之意，行善抑恶，利益有情众生。总之，因非慈悲广思之境，其他人长年累月宣讲因果业缘，法王于大街小巷宣讲玛吉（ma-gcig）[134]的戒杀生、戒偷盗等的弃恶行善，并大力提倡口诵一亿次六字真言，决心奉行善事。众生只要看见（法王）在大街小巷做利他之事时，所有众生看见（法王）便不由自主地蜂拥而至，祈请忏悔罪恶，动情流泪，供奉祝祷；诸多贤士看见（法王）也无不尊崇百倍，甚至屠夫看见（法王）便匍匐祈祷，祈请加持，口念六字真言。（法王）向弟子们宣讲佛之精要《入菩提心论》以及执持《入行论》《菩萨地论》《胜义发心》等要义，教授有法王自己的不同之发心，并要求进行多种发心。尤其法王培育了众多佛学无阻的殊胜弟子，连吾（作者——译者注）等晚辈亦对因果业缘和慈悲等方面有所见长。

（法王）将显密经典编写成口诀进行宣讲，当法王之名声在印度流传之时，其也做出了空前稀有之业绩，主要是将三十五位空行母和五十五位大成就者等的经文传授给众生。法王是不观待他人之说法，不加任何思量，根据每位信徒之佛缘用不同的方法讲授佛教，详解其意。通过（法王）自身丰富的教授经验，解除理解之障碍，把深奥的教义传授给众生。法王对于善知识，信仰虔诚，他人无法能及。同样，米拉日巴也对上师玛尔巴十分尊敬，按照上师之教诲去做，对上师之教导从不起邪念。依吾（作者——译者注）所见，对上师一定要虔诚且视为至高无上。尊者桂仓巴（rgod-tshang-pa）是上师米拉日巴最年轻的弟子，上师米拉日巴对其要求甚严，并赐予今后任“修行上师”之教诲，言道：“桂仓巴，你要完成吾的一教法，认真做一修行上师。因见喇嘛桑杰（bla-ma-sangs-rgyas），故可获得殊胜之敬戴。”按理说上师为上座、弟子为下座的话，更容易显现尊师之意，可法王不如此认为。至尊扎西（rje-btsun-bkra-shis）二人是受比丘戒的两位堪布和轨范师，彼等为不同的四位善男子赐教，彼等全部应是法王却扎嘉措的弟子。而法王认为彼等仅为根本上师之情，只有敬奉而未将彼等视为“修行上师”。从开始即对佛性生有敬信之心，连做梦也不能想我是噶玛巴而心生傲慢，而是要对比自己资历浅、地位低的人都要无比容忍，给人一种尊者自己似乎比弟子还要卑微的感觉，实为无上慈悲所然也，奇哉！

如此，因高贵种姓、寺院名门、权势显耀等，而导致鼠目寸光、心生傲慢，并在大师面前狂言：“我已向你顶礼膜拜了，你应该回拜；并要求与大师同起同坐。”大师并不是因为傲慢而不回拜，而是此行为使不得。这其中有个故事说的是，从前在香巴拉国（koo-shambha），有一位残暴的国王名为热囊（rab-snang），来到大师帕巴帕热达擦（vphags-pa-ba-ra-nghva-dza）跟前时，大师因未有起立恭迎，于是国王顿生大怒，即想到谁向自己不起立恭迎，便要诛之。大师早有预知，遂起立恭迎国王大驾，国王身上的自然形成之光环立马消失了。大师向前迈了六步前往迎接，遍布国王全身的衣服融化，哗哗地向下跌落，此时国王十分恐惧，于是马上请求大师保佑。大师言道：“大王，你想个法子让我欢喜，就可以让土地如初，恢复光环。”国王欣然答应了大师之命，土地和光环便恢复如初，国王十分敬信。此后国王请求到：“做何业缘使我不受到危害?”大师回答道：“如果我迈七步前往迎接，你的社稷即将衰败；如今迈了六步前往迎接，你的社稷将会衰败六个月。”如此，法王言道：“这样做是我想到此危险之后果。你原本见我也不用叩拜，我们可以省去相互叩拜之仪式。”不进行叩拜是为了保护对方的利益不受损失。所谓“需要同等享用高坐垫”，那完全可以按照他们的意愿来布置，至于是否享有资格，这个姑且另当别论。贝倍（dpal-sbas）言道：“以前外道者们迎请佛法大师时，先前他们坐在外道者们的后面，后来渐次坐在外道者们的前面了。他们对待法王您也是如出一辙，只是现在坐下来也无妨。总之，我向你请求佛法，所谓‘需要回拜’等。昔日，所谓‘你需要向我请求佛法’等在藏地闹得沸沸扬扬。以前，陈卡贝琼（phreng-kha-ber-chung）向仲敦巴(vbrom-ston-pa）说道：‘你像是来自经院的居士，我陈卡贝琼也是大有名气的人物，你向我磕个跃狐般的头吧。’像此类事情尚在北方出现有许多，愚痴者为了世俗的财物做些坑蒙拐骗的事情也可以理解，但向一位有名望的高僧大德行此手段，将对因缘完满是个不利的信号，难以祈请加持。” 总之，世间人与人之间并不是一碰面就要磕头膜拜，信徒们向一位佛法圆满者磕头膜拜是功德无量。为此，据说赛坚国王（rgyal-po-gsal-rgyal）也行礼磕头，以示敬之。据说大部分婆罗门因不膜拜，而使婆罗门之幼儿免遭痛苦，不住生死涅槃、由如实道来成大觉之各种佳话广传世间。对一位上师的虔信，并不能一开始就不问青红皂白地膜拜顶礼，而是需要观察一段时间。但在藏地而言，只有雅德班禅(gyag-sde-pan-chen）曾向法王让迥多吉做过类似的观察，但大多未有听信。总之藏地的人们偏信耳闻之话语，痴于明咒（rig-sngags)[135]，迷于摄根之咒（dbang-sdud-kyi-sngags）等，开始并不能分清利害便匆匆膜拜顶礼，甚至接受了一些与佛法相悖之内容，后来所授佛法与灌顶不管适用与否，似乎都会全盘接受。如今，藏地的人们甄别上师时，并不是看其方法好、能言巧辩、俘敌救亲、远离诳言而求真等，与佛法甚为相背，实为风气也。

至于种姓优越的问题，也不能完全作为信仰佛法之依据。例如释迦家族按理对佛法是毫无瑕疵的，但也出现过像天授（lhas-byin）[136]和妙星（legs-skar）如此（反对佛教）的人物；虔信佛法的吐蕃王朝世系也出现过像朗达玛焚经、屠杀僧侣的事情。因此，对于佛法的虔信和弘扬，并不能完全看其血统和氏族，而是听其言，观其行，修行是最为重要的依据。一位在一座寺院修行的出家人，也要看其是否有与寺院名望相匹配的德才，如一位痴迷于世间的凡夫俗子，尽管在菩提树下坐修数日，也不可能大智大觉而成佛。如在聂那追普（snya-nam-grod-phug）中略坐片刻是不可能得到与米拉日巴同等的佛学地位。有人说像噶玛巴这样德高望重者，会见一般人时如此恭敬实为不妥，可法王视名望为虚幻之泡影，而唯视佛法为一切根本，乃世间圣物，极其尊崇。善男信女听此言，对法王之功德尤为敬仰膜拜。然而，如今世间无法无天，许多小人习惯弄虚作假，不守规矩，凡事当作儿戏，没有信誉可言，既没有新立的世间道义，又不愿遵从昔日已有的恭敬守法之传统。

总之，法王总认为别人过分的尊崇会给自己带来不必要的麻烦，于是把学识都尽量隐藏起来，不愿崭露头角，尤其避讳出现在公共辩论场所，总是显得十分低调；只有想方设法抬高他人之名誉，从来不把自己看作高深莫测。总之，法王将世间的名利、散动（rnam-gyeng）视为罪恶之源，把人生的功和名置之度外。法王隐藏于雪山原野之中，而当地即使是犹如百川汇于大海之财富，法王却对此视而不见，并将财物宝贝赐予众生，用以解除他们的苦难。雪域大地的诸多高僧大德经过一代又一代积累起来的无数珍珠宝贝，其价值难以与法王之功德相比。（法王）无论走到哪里，都奉行弘扬佛法之业，各地慕名而来的朝拜者不计其数，法王赐予五谷丰登、无病无恙、无有战乱纷争、天下太平等之无量功德。

第二十五节　米觉多杰的弟子

法王的弟子有深知法王乃一切佛之化身而倍加崇信者，也有对痴嗔、贪念极其厌恶,就像汞银落地一样有世间八事[37]和做人鬼之事的无数善士。如此，（法王）的无数传记也是由其徒众完成的，这些传记唯有宣扬神圣之佛法，即《自赞九事说》《善行和恶行三十三说》和《二十七和传记等学习之引导说》等。此位法王于成熟解脱期间培养有无数贤者，大部分弟子记载于《法王净罪世事之论典》，主要有红帽系五世活佛衮强耶拉(dkon-mchog-yan-lag)，其作为法王之代理佛法之主，实无与伦比也；还有摄政活佛扎巴班觉（grags-pa-dpal-vbyor)、司徒活佛却吉沃色(chos-kyi-vod-zer)、年巴活佛（mnyan-pa-sprul-sku)、吾玛谷杰(dbu-ma-sku-skye)、日绰谷杰（ri-khrod-sku-skye）等诸多善男信女传承了法王之衣钵；止贡寺的第十五任堪布仁钦那巴杰瓦(rnam-par-rgyal-ba)、寺院的上中下三级的知事僧、岗布京俄谷勋巴(sgam-povi-spyan-snga-sku-gzhon-pa)、倪仁活佛（ne-ring-rin-po-che）等执掌噶举派寺院者；尚有善讲百经的降塞尼玛扎西(byang-sems-nyi-ma-bkra-shis)、轨范师丹巴嘉措（btan-pa-rgya-mtsho)、倭绰热降巴索南那木加（ngo-khro-rab-vjam-pa-bsod-nams-rnam-rgyal)、大智者西绕那木加（shes-rab-rnam-rgyal)、佛子贡噶扎西(kun-dgav-bkra-shis)、热降巴强秋喜聂(rab-vjam-pa-byang-chub-bshes-gnyen)、大智者羌朗勒巴（phyogs-glang-legs-pa)、大尊者那木加札巴（rnam-rgyal-grags-pa)、格西桑杰贝珠（sangs-rgyas-dpal-grub)、大智者索南桑布(bsod-nams-bzang-po)、贤者仁钦勒巴（rin-chen-legs-pa）等诸多弘法传承之贤者；大贤哲翁然巴（dbon-ram-pa)、夏拉翁巴(gzhag-bla-dbon-pa）兄弟等众多从事弘法事业者；仲贡桑瓦(drung-kun-bzang-ba）等许多能断除此生一切烦恼障碍并可明鉴诸事者；热降巴贝拔瓦（rab-vjam-pa-dpal-vbar-ba）乃是用语诀得到成熟之佛子；其他不论随从法王时间长短，并依止法王为根本上师的善士和大修行者不计其数；嘉木样其美贝桑布（vjam-dbyangs-vchi-med-dpal-bzang-po）等三位著名的尊者以及在藏地听法者为数众多，甚至法王之法缘遍及至汉地宫廷、尼泊尔和印度等地。面对如此的殊荣和礼遇，法王并没有心生丝毫傲慢之情。各位大官拜见后，一致称赞法王之行为高尚。法王曾言道：“诸位随从我听法，但不能想从此就是我的弟子了。”法王之殊胜化身第九世噶玛巴及其法王之亲炙弟子塔坚钦巴等许多人亦有许多奇异之事迹，考虑到彼等身世之因缘，暂时无须著述。

上述对噶玛岗仓之历代高僧大德的生平事迹略加记载，但吾（作者——译者注）始终将法王米觉多杰上师牵挂于心，这也弥补了巴卧·祖拉陈瓦撰写《贤者喜宴》这一巨著之不足。克珠贝丁巴吉底夏热(mkhas-grub-dpal-sdings-pa-kirtvi-sha-ra）曾于以前就嘱咐如此撰写，并于十二年前就再三催促撰写此内容。吾（作者——译者注）接受任务后，于藏历鸡年（1561 年）七月二十五于工布密乘普行、风景如画之地方的中心噶丹玛摩大殿完成此章的撰写，吉祥圆满！

善悲广远惠众生，观音化生噶玛巴，

普度有情功德满，祈祷获殊胜佛位！

此为《贤者喜宴》的第三品之第八函。

注释：

[1] 即第八世噶玛巴米觉多杰。

[2] 发源于唐古拉山，流经青海省的囊谦县和西藏自治区的类乌齐县，后经昌都流入澜沧江。

[3] 藏传佛教密宗修行者佩戴的用人骨制造的项链、叉环、耳环、冠冕、络腋带和涂于身上的骨灰等六件饰品。

[4] 亦译作“入”，梵文译作阿耶坦那。内能取根，外所取境。均为心及心所诸识未生者新生，已生者增长之处或生长之门。

[5] 即指修行者或瑜伽行者。

[6] 即时而新生，时而毁灭。

[7] 白芥子是十字花科植物名，可入药。

[8] 即相当于今之县。

[9] 札松是一个地名，现指西藏林芝地区的巴松湖。

[10] 意为“大姐”。

[11] 古印度一婆罗门名，最初弘扬大乘密教者，是龙树论师的上师。

[12] 七别解脱律仪。别解脱戒之依报有七种，谓比丘，比丘尼；沙弥，沙弥尼；优婆塞或男居士，优婆夷或女居士；正学女，即介于具足比丘与沙弥尼二戒中间戒之女性。

[13] 三藏，一切佛语，依所诠释之义理分为三学，依能诠释之文字分为三藏，谓经藏、律藏和论藏三者。

[14] 四身，佛所具备的自性身、智慧法身、受用报身和变化身。

[15] 金刚乘，密乘的异名。

[16] 密乘律仪，密乘三昧耶。密乘行者所持防过、止非之戒。心境分别寻思、迁流习气为所防护；誓守大乐智慧、殊胜方便所摄心及种子为能防护；别别灌顶、现前生起为其自因。

[17] 法尔天然，自然的意思。又指法性、实相等如何涅槃等概念，着重指现象的本质、本体而言。佛教各派对“法性”的内容有不同解释，般若宗以为诸法缘生，体性本无所有，故以“空性”为诸法之“法性”；法相宗以圆成实性为诸法之“法性”。

[18] 三律仪：即密乘律仪、菩萨律仪、别解脱律仪。

[19] 五明，又名五明处。“明”是梵文的义译，意为学问，印度佛教教授的五种学问，即声明，语言文学；工巧明，一切工艺技术历算等；医方明，医术；因明，考定正邪，诠释真伪之理法，所谓的伦理学；内明，明自家之宗旨，即佛学。

[20] 三藏，即律藏、法藏、经藏。

[21] 四续，亦称为四续部，即事续、行续、瑜伽续、无上瑜伽续。

[22] 古印度一佛学家，生于南印度，从胜根出家，并依世亲论师，精通因明学，著有《集量论释二》等许多因明学著作，后成为因明学的开派祖师。

[23] 一种用糌粑做成的祭品。

[24] 秘诀，指佛或上师对其弟子传授的教法或修持密法的口诀。

[25] 谓沙门相续中，以厌离心为等起，断除损他心所相应之戒律，欲界所摄，但生起于今生之戒律。

[26] 大乘佛教无著开创的广行派和龙树开创的深观派。

[27] 即今壤塘，位于四川省阿坝藏族羌族自治州的西部、大渡河上游。

[28] 明武宗时派遣太监刘允到西藏迎请第八世噶玛巴一事，当时令朝野震动。刘允此行声势浩大，《明实录》记载：“以珠翡为幡幢，黄金为七供，赐法王金印、袈裟及其徒馈赐以钜万计，内库黄金为之一匮。敕允往返以十年为期，得便宜行事。”刘允一路飞扬跋扈，耗费巨资，物议沸腾，朝臣群起而反对，而明武宗一意孤行，仍派刘允前往。

[29] 五佛（五智如来），即不动佛、宝生佛、阿弥陀佛、不空成就佛、毗卢遮那佛。

[30] 密宗事部三怙主，即佛部文殊、金刚部金刚手、莲华部观音。

[31] 承认内心和外境分别存在的感觉。

[32] 8世纪时的藏族大译师，出生于今西藏尼木县境，是吐蕃赞普赤松德赞最初选拔的七试人之一，后成为西藏早期的三大译师之一，译有《六十如理论简说》和《无边光明佛号赞》等书。

[33] 一种消除疾病魔障的宗教活动。

[34] 一种用模型印造的小泥塔和小泥像。

[35] 十三资具之一，出家人用以保护坐褥卧具的坐垫之一，长三肘，宽二肘六指。

[36] 古印度天城体梵文字母。7世纪藏族学者吞弥·桑布扎根据此字体创造了今天藏文的楷书字形。

[37] 了相，即能取行相。面向内心进行了别的相状，了别对境之识所有自体，如领略眼识自证分。

[38] 即用丝线制作的画。

[39] 即割掉睾丸的太监。

[40] 为了除治贪欲多衣之心，立誓仅仅穿用“支伐罗、祖衣和七或五衣”等三种衣服，不营制更多衣服度日者。

[41] 智度七十义之一。为毕竟趋入大乘，而依大乘发心证成无上菩提以成就二利事业者，必定无疑究竟出离。摄于第十地胜道之中者。

[42] 一经作为所缘即能增长烦恼之事物。

[43] 《妙法莲花经》共十三卷二十七章。印度佛学家苏任陀罗菩提、西藏译师僧纳南·智军翻译校订，后秦时代鸠摩罗什、流支由梵译汉。

[44] 不了义，未了义。为诱导寻常徒众，以世俗之现象为主，指出

补特迦罗、有情和蕴、界、处等，及其生灭往还，能渐次以言说思议称量而增益者，以及开示此义之佛典及其注疏等。

[45] 了义。佛对殊胜化机，所说诸法法性远离生灭戏论之甚深空性，及实有事性自然光明，超出一切思议言说境界之究竟义等，均是了义。此等经典及其注解为了义经。

[46] 转轮王，转轮圣王，略作轮王。佛书说人寿自无量岁至八万岁中，分别有金、银、铜、铁四轮王出世，征服四大部洲一切众生。

[47] 帝释天，三十三天。梵音译作憍尸迦、因陀罗。为三十三天王。即欲界第二重天界之主。

[48] 梵天，居梵众天的大梵眷属，部众已净除罪业。

[49] 大自在天，东方护法神。

[50] 声闻，弟子、佛弟子、三乘中的声闻乘人。对于大乘声教，自己虽不主要修习，但仍从佛等处所听闻，复以所闻大乘之法，向人宣说，故名声闻，亦名宣闻。

[51] 缘觉，独觉，独觉佛。梵音译作辟支佛。及至轮回最后时分，不依阿阇黎教言，但寻缘起道理，通达人无我和法无我又半，而证成独觉阿罗汉者。

[52] 大乘菩萨十地：一曰欢喜地；二曰离垢地；三曰发光地；四曰焰慧地；五曰极难胜地；六曰现前地；七曰远行地；八曰不动地；九曰善慧地；十曰法云地。

[53] 《方广大庄严经》，别名《广大游戏经》，共十八卷二十七章。由印度堪布姿纳迷札等人和译师智军译为藏文，后又根据改革后的文字加以修订，载在如来三转法轮时所讲《宝积经》第二函。唐代地婆诃罗由梵译汉。

[54] 色身。由于有缘福德资粮究竟圆满，面对一切净及不净所化众生应现利他有贪报身及无贪化身的两类身形。

［55］法身。佛二身之一。断证功德已达究竟的果位身。

［56］不空成就如来，五种姓佛之一。

［57］一山口名，位于今西藏自治区工布和波密之间。

［58］佛教密宗修行者所佩戴的骨质饰品。

［59］即明空无别，心与空性融为一味。这是宁玛派大圆满见之本性清净，此为法身。

［60］使亡者之灵魂往生净土或进入其他尸体以借尸还魂。

［61］也称为八吉祥徽，即吉祥结、妙莲、宝伞、右旋海螺、金轮、胜利幢、宝瓶和金鱼。

［62］即祥益西德，赤松德赞时期的一位著名译师，其著有《诸种见之分别》《普贤行愿品四家注集义》《成他世论》和《四种秘密意笔记》等。

［63］一种手印。

［64］即橙黄色的泥土，入药味涩、性凉，功能去腐生肌，清除肌肉和经络之邪热。

［65］北魏时期，凉州沙门慧觉等人将梵文《贤愚经》译成汉文，共计六十二品，大译师郭法成根据梵文和汉文的版本将其翻译成藏文，共计十二卷五十一品。

［66］也称为五第一，即多闻，庄严第一；欢心，安乐第一；施舍，聚财第一；不欺，伴侣第一；舍利，智慧第一。

［67］即明武宗朱厚照。

［68］意为供奉财物和优礼侍候。

［69］《明史》称其为哈立麻，即第五世噶玛巴，其出生不久即被认作黑帽系第四世活佛若必多吉的转世灵童，被迎请至则拉岗出家，为黑帽系第五世活佛。其幼年随从堪钦涅普瓦索南桑波和大师坚赞贝受沙弥戒，起法名为却贝桑波。明永乐元年（1403年），明成祖即位不久，闻悉

噶玛巴活佛德新协巴道法甚高，遂遣司礼少监候显前往迎请。永乐四年(1406年)，德新协巴从噶玛地方出发，前往南京。明成祖在大都城内和灵谷寺建造营盘式住地，以利德新协巴及其随从居住。翌年初，抵达南京，受到皇帝、皇后、皇太子、大臣及僧俗众人的盛大欢迎。在南京期间，德新协巴把藏族普遍推崇的蔡巴《甘珠尔》手抄本推荐给明成祖，皇帝甚为高兴，即命德新协巴担任永乐版《甘珠尔》刻本之总纂，刊梓印施。永乐版《甘珠尔》不仅是第一部雕版印刷的藏文《大藏经》，而且也是现存最早的藏文印刷品。此后，德新协巴率领僧众先后在南京灵谷寺和山西五台山设普度大斋，为已故的明太祖朱元璋及皇后“荐福”。由于“多有灵瑞，帝大悦”，故赐予德新协巴“如来”的名号，封其为“万行具足十方最胜圆觉妙智慧善普应佑国演教如来大宝法王西天大善自在佛，领天下释教”，简称“大宝法王”，地位高于大乘和大慈二法王，成为当时藏传佛教领袖人物中的最高封号。

[70] 藏语意为“格言”。

[71] 珞巴是中国的少数民族之一。世居西藏的东南部，藏语称该地为珞隅，意为“南方之地”。珞隅，历史上分上珞隅和下珞隅。上珞隅指历史上所称的白马岗、马尼岗、梅楚卡一带，白马岗相当于今墨脱县；下珞隅泛指永木河、锡约尔河、巴恰西仁河流域，直至南部同印度接壤的广大地区。珞巴族是一个古老民族，由于非法的“麦克马洪线”分割了珞隅地区，在该线以北中国实际控制地区的珞巴族并不多，他们主要分布在西藏的米林、隆子、墨脱、察隅等县。另有少数散布在拉萨、林芝、山南等地。在20世纪60年代以前，珞巴族没有本民族的统一族称。“珞巴”是藏族称呼，“巴”是“人”的意思，“珞”在历代藏文典籍中有不同意思，或为“智慧”，或为“附近”，或为“南方”，或为“没有开化”等。珞巴族自称均以部落名相称，如博嘎尔、坚波、崩如、崩尼等。

[72] 一种宗教活动。

[73] 五别境之一，执着唯此为所确定事物之心所，具有其他对境不能动摇之作用者。

[74] 1藏克大约有24市斤。

[75] 即巴卧活佛祖拉陈瓦，1504年出生，1566年故世，寿63岁。拉萨业塘地方人氏，为“尼牙”（gnyags）族，父名喇嘛达尔，母名拉尼卓玛，是他们三子之老二。五岁被确认为“巴卧曲旺仑珠之转世”，迎到洛扎卓沃寺坐床、受教；九岁时从四世噶玛巴红帽系活佛却扎益西受沙弥戒；二十九岁（虚岁）与第八世噶玛巴活佛相会，得名“大德祖拉陈瓦”，有多种著作面世。

[76] 身体的五个部位，即顶间、喉间、心间、脐间及密处。

[77] 是宁玛派在康区的一座较为著名的寺院。

[78] 为明初时西藏的一位译师。

[79] 藏语意为“又山”，似为地名或一部落的名称。

[80] 吐蕃王朝行政区划名。以拉萨为中心，东至桑日县境，南至喜马拉雅山脉，西至尼木，北至朗马一带地区的名称。

[81] 吐蕃王朝行政区划名。据《贤者喜宴》《五部遗教》记载，其地东至色朗玛古尔普，南至聂拉那牙保那，西至介玛拉古，北至迷地曲那，以襄·雄尼蔡为中心，大致相当于今日喀则专区雅鲁藏布江以北的地区及那曲专区西部的一部分。叶如又分上下部，共辖10个千户所，即朵容、象顶为穹波氏的千户所；朗迷、帕噶尔为巴曹氏的千户所；章村、年噶尔为朗巴氏的千户所；叶若布、松顶为桂氏的千户所；襄（小千户所）为仁勤甲氏的千户所；赞普的西侧近卫千户所。上部之将军为甲哇·意希德周墨波、穹波·达桑娘朵，战马为白踵虎纹，军旗如黑色大海，护军官为巴曹·措热，告身品级为铜告身，人数为35万；下部之将军为桂·赤年贝玛，战马为青色玉翼，军旗为狮子豹纹，护军官为朗巴·官卜，告身品级为铜告身，人数为35万。

［82］吐蕃王朝行政区划分。据《贤者喜宴》《五部遗教》记载，其地东至强木尼扎，南至泥婆罗朗那，西至拉金牙迷，北至介玛拉恩，以折地方的都尔巴那为中心，大致相当于今日喀则专区雅鲁藏布江以南的地区。如拉又分上下部，共辖10个千户所，即芒噶、墀贡、仲巴、拉孜为没庐氏的千户所；娘若为哲氏的千户所；墀塘为穹波氏的千户所；格呈木为桂氏的千户所；喀尔巴为许古氏的千户所；春玛（小千户所）为没庐氏的千户所；赞普的南侧近卫千户所。上部之将军为没庐·坚赞森格，战马为鹅黄及丹红色，军旗为白色狮子朝天咆哮，护军官为朗·达许如察，告身品级为铜告身，人数36万；下部之将军为哲·嘉多日墀类，战马为鹅黄及纯黑色，军旗为白缎覆盖原野，护军官为穹波·布纳森，告身品级为玉石告身，人数为36万。

［83］即锡金，位于亚洲南部、喜马拉雅山脉南坡。在我国西藏和不丹、尼泊尔、印度之间，原为世袭君主国。1975年，被并为印度的一个邦。

［84］《元史》中失载。拉堆洛在今西藏自治区拉孜县以西、雅鲁藏布江以南。《汉藏史集》记载该万户有差民1 990户。后期拉堆洛万户与拉堆绛万户发生长期纠纷，拉堆洛万户逐渐衰落。

［85］今西藏日喀则。

［86］地名，在今西藏尼木县境内。

［87］此寺位于后藏绰普地方，为13世纪初年由绰普译师绛巴贝所创建。

［88］珠穆朗玛峰的别名。

［89］县名，藏语译音，意为“麦穗”。地处今西藏自治区中南部，拉萨市以西，雅鲁藏布江中游北岸。北与班戈县、当雄县相连，东接曲水县，西邻南木林县，南与仁布县连接。总面积为3275平方公里。元代时期译作“聂摩”，明时译为“聂母”，后又译为“聂马”“聂莫曼卡”

"尼穆""尼莫""尼冒""凝莫门噶宗""尼木门卡溪""孟嘎宗"等。尼木在五世达赖建立甘丹颇章政权后设宗，宗本由西藏地方政府直接委派。据清嘉庆二十四年（1819年）噶厦呈给驻藏大臣的官员任职情况的呈文载，尼木为噶厦直辖的43个普通宗之一，宗本由六品官员担任，属拉萨地区29个宗溪之一。民主改革前，尼木境内分为尼木宗和麻江宗，1959年合并二宗建立尼木县，隶属拉萨市管辖至今。

[90] 行宫（sgar-pa），根据《东噶藏文大辞典》，因第七世噶玛巴活佛曲扎嘉措得到明朝皇帝和云南大理王的尊崇而拥有庞大的随从人员，从而设置了原萨迦本钦时的十三侍从官，也就形成了规模庞大的行宫机构。

[91] 地名，是工布和达布两地的简称，在今西藏拉萨、山南、日喀则三地交界处。

[92] 这里专指今西藏那曲地区的人，因为萨迦王朝时蒙古人的后裔居留此地，藏人习惯上称之为霍尔（hor）。

[93] 县（宗）名，藏语译音，意为"白鼻尖""鼻形白山梁"。地处今西藏自治区南部的喜马拉雅山中段北麓，是山南地区海拔最高的县，也是西藏自治区的边疆县之一。西连仁布县、江孜县、康马县，北接曲水县、贡嘎县，东邻措美县，南与不丹为邻。历史上也称"浪卡""浪噶于""那则宗""那孜宗""郎噶子""朗噶孜""纳噶拉则""拉噶子""南噶子""纳噶尔宗""那戛子宗""那戛尔宗"等名。吐蕃时期属约如管辖，14世纪中期，帕木竹巴政权设浪卡子宗，宗本由六品官员担任。1954年，噶厦分设浪卡子、白地两宗，归洛喀基巧管辖（山南基巧）。1960年，浪卡子和白地宗合并设浪卡子县，打隆与岭豁合并设打隆县，皆归江孜专区管辖。1964年，打隆县并入浪卡子县，划归山南地区管辖至今。

[94] 后藏一地名。

[95] 亦称为色卡古托寺。今西藏洛扎县境内一古寺名，为噶举派著名大师米拉日巴所创建，寺中保存有珍贵的经卷和壁画。

[96] 县名，藏语译音，意为“胜利顶峰或法王府顶”，位于今西藏自治区南部，日喀则地区东部。北接日喀则市、仁布县，东邻浪卡子县，南连康马县，西与白朗县接壤。历史上曾译作“季阳孜”“江喀孜”“协噶江孜”“佳勒则”等。因年楚河流经这里，历史上又称该地名为年堆。相传500多年前，当地首领曲杰·绕登滚桑巴在山上建一名为“杰卡尔孜”的官殿，经长期演变为“江孜”。五世达赖建立甘丹颇章地方政权后设宗，清嘉庆二十四年（1819年）时，宗本为五品官员担任，为西藏10个主要宗之一，隶属前藏噶厦地方政府管辖。1959年7月31日，江孜县成立，划归江孜专区行政公署管辖。1964年5月，江孜、日喀则两专区合并为日喀则专区，江孜县隶属日喀则地区至今，县府驻江孜。

[97] 第司帕木竹巴即指阿旺扎西扎巴，成化五年（1469年）第司扎巴迥乃之弟贡噶勒巴承袭父位后，帕竹政权分裂为支持贡噶勒巴与支持贡噶勒巴妻子曲贝桑姆（仁蚌氏之女）的两派。贡噶勒巴在位时期，仁蚌家族用武力兼并了后藏一带，前藏的贵族也纷纷倒向仁蚌巴。诺布桑波之子错杰多吉执政时，仁蚌巴控制了帕竹的统治中心泽当，甚至可以操纵阐化王的废立。扎巴迥乃之子阿格旺波（《明孝宗实录》作阿吉汪束札巴，《明史》作班阿吉江东札巴）在位时，各处冲突迭起，帕竹第司仅能勉强维持局面。阿格旺波死后，第司之位空出，仁蚌巴掌握了帕竹的实权，后来拥立年仅十二岁的阿旺扎西扎巴(《明史》作阿往札失札巴坚参）为第司，并让他娶仁蚌氏之女为妻。阿旺扎西扎巴时期，帕竹第司的权威有所恢复，但帕竹与仁蚌巴的冲突公开化，多次兵戎相见。在宗教上，原本信奉帕竹噶举派的帕竹第司与不同宗的格鲁派（黄教）结盟，仁蚌巴则支持同一派系内的噶玛噶举派，政权冲突又导致了教派冲突。帕竹第司与格鲁派、仁蚌巴、止贡派、达隆派之间发生混战。仁蚌

巴一度禁止拉萨的格鲁派参加祈愿法会，改由噶玛噶举派和萨迦派主持。帕竹第司则恢复格鲁派的权力，并延请格鲁派僧人根敦嘉措（后来被追认为二世达赖喇嘛）主持拉萨的大祈愿法会。根敦嘉措还接受了帕竹第司赠予的住所，即今哲蚌寺内之甘丹颇章。嘉靖四十三年（1564 年），阿旺扎西扎巴才遣使向朝廷请封阐化王之位。

［98］第司，藏语意为“地方行政官”，旧时在西藏政教合一的制度下，代表法王管理政务者；卓瓦贡布，藏语意为“众生怙主” 。明神宗万历七年“乞赐职”，“加称乌思藏帕木竹巴灌顶国师阐化王”。

［99］梵文译为优婆塞或邬婆索迦。别解脱七众之一。承认守护五戒而居留俗家的男子。

［100］明代西藏地方官。传说其先祖乃山南雅砻下部麻域琼之鸟王所生，故其家族称“恰巴”（意为“鸟人”）。曾被帕竹政权第司札巴坚赞委任为恰巴万户长，从此其后世历任恰巴万户长之职。

［101］贝摩贵，又称做贝玛贵 padma-bkod，位于西藏与印度的交界处，据传说是莲花生大师加持的圣地，有空行与勇父在此地修行。

［102］囊索，萨迦派执政时的一种官名，如：nang-so；phyi-so；so-srung-dpon 等。

［103］即藏历七月。

［104］县名，藏语译音，意为“房角悬起多层”。地处西藏自治区南部、雅鲁藏布江中游南岸的琼结河谷地。西北连扎囊县，东北连乃东县，南与措美县为邻。历史上也曾译为“冲姐”“群吉”“琼杰”“穹结”“匹播城”“垂佳普郎”“吹佳勒坡”“巴朗宗”“穷结”等。琼结是西藏古代文化发祥地之一，为雅砻部落活动、居住区的一部分。第八代藏王逝世后，此地便建起第一座藏王墓。从第九代赞普拉脱脱日年赞到最后一代赞普朗达玛的陵墓都建于此。从第九代到第十五代赞普时期，先后在琼结青瓦山上建了 6 座王宫。到 6 世纪末，在琼结建立了匹播城，

这是西藏最早的城堡。吐蕃时期，琼结属于约如青哇青城区的青隆千户所。元至元五年（1268年），萨迦地方政权在该宗唐波切设万户府治所。14世纪中叶，帕木竹巴地方政府在琼结建宗。西藏噶厦地方政府时期，琼结为10个主要宗之一，宗本为五品，每三年一换，属于山南基巧管辖。1957年，琼结宗改为琼结县。1960年隶属山南专区管辖至今。

[105] 发菩提心是以希求他利为主因，以相应希求自证菩提为助伴，成为趣入大乘正道之门，住大乘种姓引生大乘殊胜意识。

[106] 吠陀派是古印度的一教派名。此派承认现、比、圣教和譬喻等四量真因、似因等正量观察之规律。

[107] 即噶玛巴什，第二世噶玛巴活佛。

[108] 意为延僧诵经、修法，进行敬奉佛事。

[109] 即一位护法神的名字。

[110] 意即修行佛法者。

[111] 装入塔或佛像中的咒文和经卷等。

[112] 即神境通、天眼通、天耳通、宿命通、他心通和漏尽通。

[113] 一佛的名称。

[114] 第三世噶玛巴活佛让迥多吉著，成书于1318年。

[115] 此处记载的作者与法王见面时间与前面记载的见面时间——藏历的龙年（1532年）六月十五日不符，相差五个月。

[116] 佛教所用供器之一。

[117] 雅砻江，位于四川省西部，发源于青海巴颜喀拉山南麓，东南流经称多、石渠、甘孜、雅江等县，于渡口市（1987年之前，攀枝花市的旧称）附近流入金沙江。

[118] 反复使用若干同形文字，组成回文和半回文；由若干同韵同声文字，组成一句或一首诗歌等，以文字音形为主的、不易作成的修辞方法。

［119］地名。位于今青海省东南部。果洛之名正式出现于明朝初年史册，后有“俄洛”“郭罗克”之称。果洛地区早为白兰羌、党项羌活动之地，吐蕃王朝建立后攻破党项及白兰羌，留居部分吐蕃人于此地，经长期与党项、白兰羌融合同化，形成今日果洛藏族的祖先。元时属吐蕃宣慰使司，明置麻儿匝安抚司，后在边远地区各少数民族中推行土司制度，果洛曾归朵甘思行都司属。清时属果洛土官治，果洛分上果洛、中果洛和下果洛三部分，合称为三果洛，分别由三个大土司所管。

［120］地名，旧称巴安。在今四川省甘孜藏族自治州西部，金沙江东岸，邻接云南省和西藏自治区，位于康定483公里处。巴塘之名由来已久。相传很久以前，一人牵着驮干粮的羊寻找安家之地，行至巴塘时见水草丰美、气候温和，便决定留下来，此时恰遇羊“咩咩”直叫（藏语称羊为“巴”），加之巴塘一带地势开阔，相对平坦（“塘”藏语为平坝之意），故取名为“巴塘”。巴塘自古以来既为川、滇、藏商客贸易之地，也是由川入藏之主要门户。元世祖（1260~1293年）时，在巴塘置招讨司。清康熙五十八年（1719年）因巴塘土司扎什彭措随军征战有功，被封为宣慰司。清乾隆十三年（1748年）巴塘置都司、千总、把总各一员和粮务委员管理。清光绪三十一年（1905年）进行改土归流，三十四年（1908年）设巴安府，康安道也驻于此。1912年废府改县称巴安县。1950年8月，巴安县临时人民政府成立；1951年3月，正式成立巴安县人民政府，10月，巴安县改为巴塘县至今。

［121］地名。今云南省迪庆藏族自治州州府所在地，金沙江环绕，邻接四川省，为滇西北和川南藏区同西藏经济、宗教、文化交往的重要通道。清时在此设中甸厅，1913年改为中甸县。2001年，更名为香格里拉县，2014年撤县设市

［122］定期的法会或定时的祭祀。

［123］密宗双运是指智慧空性与方便大悲双运，智慧光明空性与方便

具生大乐双运，或指外境完美空性与内心永恒大乐双运。

［124］在轮回世界中前一死有和后一生有之中流转的有情。

［125］修学佛法时的加行七法，如积资七支、悔罪七支、密乘七支等。

［126］第九世噶玛巴旺秋多杰（1556~1603年），于藏历火龙年（1556年）七月初七诞生于藏东。六岁时，被带往楚布寺。藏历金鸡年（1561年）四月七日，受沙弥戒并在楚布寺的大佛像前举行剃发，随后红帽系活佛正式为噶玛巴举行坐床大典，并认证旺秋多杰为第九世噶玛巴，同时接受皈依、菩萨戒、阿弥陀佛灌顶以及许多本尊法的灌顶口传和教示。1580年，旺秋多杰随从红帽系活佛受了具足戒，并在他的指导下研读律藏，第五、第六和第七世噶玛巴的教法以及所有的论著，他还随从红帽系活佛修习了许多止贡噶举和噶当巴的教法。1583年红帽系活佛圆寂。其将上师的灵骨安奉于羊八井寺的舍利塔中，并把他的财产遗物分赠给前藏和后藏的寺院。其主要弟子有最具影响力的是著作极丰的觉囊巴学者多罗那他，他著有《印度佛教史》等诸多著作。此外还有第六世红帽系活佛却吉旺秋、第五世司徒活佛、第五世杰曹活佛以及止贡噶举却吉仁钦南嘉、达隆噶举却吉贡玛扎西等人。

［127］法事之一，即为逝世者念经、叩拜、祈祷等法事。

［128］羊八井原是西藏地方政府宗（县）名。在今西藏自治区拉萨以北偏西约90公里处。清时设宗，据噶厦地方政府于嘉庆二十四年（1819年）呈报给当时的驻藏大臣的各级官员任职情况的呈文所载，羊八井宗为西藏地方政府所辖43个宗之一，宗本为六品官。羊八井宗地处后藏和前藏通往青海、内地的交通要道，历史上五世达赖、六世班禅及前后藏进京纳贡的僧俗官员多由此地北上。羊八井寺是噶玛噶举红帽系活佛的主要寺院之一。

［129］龙树，大乘佛教开派祖师。其生于南印度裔婆罗门世家，幼

年即精通密宗四续、显宗三藏等诸经典以及道术之学，于那烂陀寺依喜乐和大士出家，法名具德比丘。其一生著有《中观理聚六论》及《本续集论》等阐明如来教义之书甚多。在医学方面著有《寿世经颂》《草药龙须根泡制法》《珍宝药物次第》《水银炼制法——宝鬘论》《疗毒四瘟疗法》等著作。其在印度建有多座寺院和佛塔，其弟子有圣天等许多人。

[130] 无著，佛教广行派开宗大师，公元4世纪时生于北印度一婆罗门家族，相传其前往鸡足山修行，亲见弥勒，向人间传播解说大乘经中隐义现观次第之《慈氏五论》，著有注释其密意之《瑜伽师地论》《阿毗达摩集论》和《摄大乘论》等论著多部，有弘扬对法学之弟子世亲等人。

[131] 阿底峡为印度名僧，对佛教在西藏的复兴起过重要作用，此后成为噶当派的祖师，被尊称为“觉沃杰”（尊者之意）。

[132] 米拉日巴　（1040~1123年），藏传佛教噶举派早期僧人，法名协巴多杰。生于后藏贡塘地方（今西藏吉隆县北部）。7岁时，父亲去世，家产被伯父等人所夺，其与母亲、妹妹过着贫穷的生活。后学习宁玛派之教法。宋元丰元年（1078年），投从佛教大师玛尔巴门下，学习佛法六七年，最后得到玛尔巴之全部教法，遂潜入深山继续修习。得成就后，收徒传法，以唱歌方式传教。提倡静坐、苦修，反对空谈，其与弟子日琼巴和塔布拉杰形成了噶举派中之修行派。其《道歌集》在藏族群众中流传甚广，并对后世藏族诗歌的发展亦有一定的影响，在藏族文学史上占有重要的地位。

[133] 即俄·雷必喜饶，11世纪人，其家族为吐蕃时期一贵族。幼年随从征·益喜云丹出家，后赴西康从赛尊学习佛法。宋庆历五年（1045年）返归前藏，于拉萨附近创建札纳寺，讲经授徒。拜阿底峡为师学习佛教诸论。宋熙宁七年（1074年）创建内邬托寺（后改称为桑普寺）。阿

里古格王曾派遣其至克什米尔学习佛法，其为所派遣27个僧人中最博学者之一。一生中曾翻译和修订过多种佛教典籍，故获得“俄大译师”之称号。

[134] 即玛吉拉准，西藏著名的佛学家，其依止帕当巴桑杰为师，是希解决域派的主要传承者，其生卒年虽有不同说法，但多数认为其生于1031年，卒于1129年。

[135] 密宗中以修习本尊事业部分和心金刚智慧部分为主的所念诵真言，即女身本尊及其声音和手势等。

[136] 梵文也译为提婆达多，是释迦牟尼的一弟子。曾持有反对释迦牟尼、破坏佛法之主张。

[137] 即对自己稍有损益即生喜怒的世间八事：利、衰、誉、毁、称、讥、苦、乐。

附录

藏文与拉丁字母转写符号对照表

ཀ	ཁ	ག	ང	ཅ	ཆ	ཇ	ཉ
ka	kha	ga	nga	ca	cha	ja	nya
ཏ	ཐ	ད	ན	པ	ཕ	བ	མ
ta	tha	da	na	pa	pha	ba	ma
ཙ	ཚ	ཛ	ཝ	ཞ	ཟ	འ	ཡ
tsa	tsha	dza	wa	zha	za	va	ya
ར	ལ	ཤ	ས	ཧ	ཨ		
ra	la	sha	sa	ha	a		
ི	ུ	ེ	ོ				
i	u	e	o				

参考书目

1.张怡荪主编.藏汉大辞典[M].北京：民族出版社，1985.

2.丹珠昂奔，周润年等主编.藏族大辞典[M].兰州：甘肃人民出版社，2000.

3.东噶·洛桑赤列编纂.东噶藏学大辞典（藏文）[M].北京：中国藏学出版社，2002.

4.巴卧·祖拉陈瓦.贤者喜宴（藏文）[M].北京：民族出版社，1986.

5.蔡巴·贡嘎多杰.红史[M].陈庆英，周润年译注，拉萨：西藏人民出版社，1986.

6.桂·循奴贝.青史（藏文）[M].成都：四川民族出版社，1986.

7.仁钦多吉.西藏噶玛巴黑帽派喇嘛（英文版）[M].伦敦：伦敦出版，1976.

8.噶玛德列仁波切.西藏十六世噶玛巴的历史[M].孙一居士译，台北：台北噶举佛学会，1994.

9.恰白·次旦平措等.西藏通史——松石宝串[M].拉萨：西藏古籍出版社，2008.

10.噶玛巴传（藏文古籍）[M].保存于中央民族大学图书馆.

11.巴卧·祖拉陈瓦.贤者喜宴（藏文古籍长条书）[M].保存于美国弗吉尼亚大学图书馆.

译后记

最初翻译出版《贤者喜宴——吐蕃史》是受黄颢先生的嘱托，黄先生生前住院时，我多次前往医院看望过他。记得在2004年5月2日我去医院看他时，他语调深沉地对我说："我一生最大的愿望就是将《贤者喜宴——吐蕃史》全部翻译出版，现在我是无能为力了，只能请你帮我完成此任务。"说完就将一大包手稿交给了我。看着躺在病床上（当时已经知道他的病到了晚期）的黄先生，我无言谢辞，只好接受了此重任。黄先生是我的良师益友，认识黄先生是在1978年，当时我与中央民族学院少数民族语言文学系藏语文教研室的教师大洛多先生同住在中央民族学院的12号楼1035房间，此时黄先生正在摘译《贤者喜宴》的有关内容，因此他经常到我们的房间来向大洛多先生请教有关翻译中出现的一些问题，就这样我们相识了。虽然时隔近40年了，但黄先生不耻下问、谦虚求教、打破砂锅问到底的治学态度依旧历历在目。在我们相处的日子里，他还给我讲了藏文资料的重要性。在他的启发下，我才入手先后与他人翻译了藏文史籍《红史》《萨迦世系史》，译著《藏族古代法典译释考》等著作。后来我与黄先生一起参与了多项课题，比如编写《西藏五十年丛书》、编辑《中国西藏文化大图集》，为北京电视台拍摄《走进喜马拉雅》担任历史顾问等。在一起工作的日子里，不仅从他身上学到了新的知识，而且更重要的是学到了做人的基本道理。今天此译著终于出版了，实现了黄颢先生的遗愿，不仅以此寄托对黄先生的深切怀念，同时也祝愿黄先生关注的藏学研究事业蒸蒸日上，取得更大的成就。

《贤者喜宴——吐蕃史》是在黄先生摘译（译文已在《西藏民族学院学报》上分期发表）的基础上，将《贤者喜宴》（ja 函）中的吐蕃史全部内容译出，同时对黄先生摘译的译文及注释进行了录入、校对及部分修改。本译注按照黄先生的嘱托，根据其内容，共分为 19 章 121 节，每个章节均加小标题；为突出其主要内容并有助于研究之便，每章的开头皆写有译文提要，并对有关内容做了一些注释。在翻译《贤者喜宴——吐蕃史》过程中，恰逢甘南师范专科学校的阿旺嘉措博士（现为兰州大学教授）到我身边做国内访问学者，他除了做有关课题的研究外，还帮助我翻译了《贤者喜宴——吐蕃史》部分内容的初稿。

此后，应读者的要求，我又继续翻译了《贤者喜宴——噶玛岗仓史》。根据其内容，共分为 13 章 127 节，每个章节也都加有小标题，同时还在每章的开头撰写译文提要。我的博士研究生张屹、塔娜、韩觉贤等在学习期间参与了部分初稿的翻译工作。此译著尽管我们做了很大努力，但由于本人才疏学浅，水平有限，故译文或注释难免有误，敬请藏学前辈及藏史专家批评指正，以便使拙译作再版时不断得到修改，日臻完善。

此译著的完成，要特别感谢中央民族大学历史文化学院的达力扎布教授，是他将此译著列入中央民族大学“985 工程”语言文化教育与边疆史地基地边疆史地中心的选题，并对翻译的体例、内容以及经费方面给予了帮助。在他的启发下，我还将此内容申报了国家社科基金项目，现已经结项，并获得了优秀，为此特向他致以谢忱！我的老师——著名藏学家王尧先生曾对此译著给予很大的关注，在百忙中应我的请求，慷慨作序，使此译著大为增辉，对于王尧先生这种无私风格和提携晚辈的精神，特致以崇高的敬意！我的研究生纪绘为本书的抄录及校对做了大量工作，青海人民出版社为该译本的出版做了大量工作，在此我一并向为此译著付出辛勤劳动的人们表示衷心的感谢！

今年是我从事藏学教学和研究的四十周年，特以此书献给关注和研究藏学的朋友们！

周润年

2015 年 8 月 26 日于北京